U0868366

谭钟麟奏稿校注 上

[清]谭钟麟　撰
赵维玺　标点　校注

国家古籍整理出版专项经费资助项目
2022年兰州大学中央高校基本科研业务费项目（2022ibkyz003）
2021年国家社科基金重大项目（21&ZD227）阶段性成果

岳麓書社·长沙

校注者简介

赵维玺，男，1974年生，甘肃天水人，现为兰州大学历史文化学院二级教授，博士生导师，西北大学铸牢中华民族共同体意识研究基地兼职研究员。国家社会科学基金重大项目首席专家，长期从事中国近代边疆史、晚清重要人物、近代西北区域史等方面的研究。出版专著多部，发表学术论文50余篇。

前言

谭钟麟，字云觐，号文卿，湖南省茶陵县人。生于清道光二年（1822）。咸丰六年（1856），中进士，选翰林院庶吉士。九年（1859）散馆，授编修。后历任会试同考官、湖北乡试副考官、江南道监察御史、杭州府遗缺知府、河南按察使。任职御史期间，以敢言著称，直声名震海内。同治十年（1871），授陕西布政使，次年（1872）护理陕西巡抚。任内，调理汉回民族关系，废除回民出城禁令，缓解了回民困境。他指示下属秉公办理回汉诉讼，不得有所偏袒，回民感泣。左宗棠督师陕甘，设粮台于陕西，谭钟麟负责收发各省协饷，以精于理财深受左宗棠倚重，成为左宗棠顺利收复新疆的得力助手。军事、政务之余，他兴学校，立书局，振兴地方教育。此外，倡导兴修水利，疏浚郑国渠和白渠，发展农业生产。注重实业，发放蚕种，教民蚕桑，推动了当时陕西社会经济的发展。光绪元年（1875），谭钟麟实授陕西巡抚，赏一品顶戴，并赏戴花翎。三年（1877），陕西大旱，奏请缓征蒲城、绥德等地本年未征和旧欠钱粮，急调各州县社仓库粮赈济灾民。严禁囤积居奇，惩处肥私官员，民困大苏。五年（1879）秋，调任浙江巡抚加兵部尚书衔。下车伊始，即派人清查土地，核实漕平，更定厘税，疏浚河道，鼓励商运，修筑炮台，并重建文澜阁，名震一方。七年（1881），调任陕甘总督。设官车局，减轻了百姓负担。为解决盐贩哄抬盐价问题，制定就场征课法，使食盐价格下降。于兰州创建求古书院，在甘州（今甘肃张掖）创建河西精舍，选拔文人学者著书讲学。十四年（1888），谭钟麟以目疾开缺回籍养病。十七年（1891）春，以尚书衔补吏部左侍郎，后历任户部左侍郎、工部尚书等职。十八年（1892）五月二十八日，调任闽浙总督兼管船政大臣。二十年（1894）十月二十二日，调署四川总督，加赏太子少保衔。二十一年（1895）春，调任两广总督。二十五年（1899）冬，任直隶总督兼北洋大臣。后因对慈禧太后租借香港九龙于英国事件不满，以年迈为由告老，回归故里。光绪三十一年（1905）逝世，谥文勤。

谭钟麟一生宦迹较广，其治政理事过程中形成的大量奏折，是研究晚清历史的重要史料。其传世文献《谭文勤公奏稿》，共计二十卷，宣统三年（1911）刻本，收录于《清末民初史料丛书》和《近代中国史料丛刊》。卷首主要为上谕、御制祭文，御制碑文，国史本传，清末著名文学家、史学家王闿运所撰碑文，陈寿纶之谭公墓表及谭氏后人所撰行状。卷一至卷六，是谭钟麟抚陕任内的奏折，主要涉及办理西征粮台事务、陕西灾荒救济、维护地方治安等内容；卷七至卷八，是谭钟麟浙江巡抚任内的奏稿，主要包括办理浙江海防、清查地亩、地方治安，兼及漕务、盐政、文化事业（重修文澜阁）；卷九至卷十四，系陕甘总督时期处理政务的内容，涉及新疆建省官制，战后新疆裁军、收支报销，新疆防务、整顿甘肃军务和地方治安、处理青海民族关系、裁革陕甘陋规等内容，尚有少许科举变通、振兴学校的举措；卷十五至卷十六，为谭钟麟任职闽浙时期的奏稿，包括整顿海防、调整地方经济等内容；卷十七至卷二十，包括两广总督任内裁革浮费陋规、料理海关财政、维护两广地方治安、加强广东海防以及防范法国侵略等内容。

总之，传世文献《谭文勤公奏稿》内容囊括了晚清政治、经济、军事、文化、外交、边疆和民族关系等诸多内容，对于研究晚清史、边疆史、地方史、对外关系史等有着重要的史料价值。但令人遗憾的是，目前这一文献仍处于半尘封状态，尚未点校整理且并不完备，给研究者带来了诸多不便。因而对此文献予以系统整理、点校并加以增补，为广大学术研究者提供一部较为完备、方便利用的《谭钟麟奏稿校注》，正是我们的目的所在。《谭钟麟奏稿校注》分为上编、下编和附录三部分。上编以宣统刻本《谭文勤公奏稿》为底本，编排顺序仍旧。因原文献未标注奏稿的时间，此次整理时均查对第一历史档案馆、台北故宫博物院以及《清实录》、上谕档等原始文献，予以补充，使之更为完整。下编主要是对《谭文勤公奏稿》中缺漏的部分奏折，通过查阅《光绪朝朱批奏折》《明清宫藏台湾档案汇编》中的月折档以及《申报》等资料中的奏折进行了补充。附录部分补充了谭钟麟与军机处的收发电报，以便读者和奏稿对照使用。下编与附录部分的编排以时间先后为序。原文献中出现的重要人物，均以脚注形式予以简介。此次点校过程中，采用简体、横排的方式，对于原文献中出现的错字、衍字、倒字，除保持文献的原貌外，在正文中用（　）〔　〕进行校正，方便读者使用。

由于本人水平有限，智识浅陋，加之整理文献的经验不足，书稿中难免存在很多错讹和缺漏，敬请广大读者不吝赐教，以便进一步修改、完善。

赵维玺

目　录

上篇　谭文勤公奏稿

谭文勤公奏稿卷首

谭文勤公奏稿卷一

谭文勤公奏稿卷二

谭文勤公奏稿卷三

谭文勤公奏稿卷四

谭文勤公奏稿卷五

谭文勤公奏稿卷六

谭文勤公奏稿卷七

谭文勤公奏稿卷八

谭文勤公奏稿卷九

谭文勤公奏稿卷十

谭文勤公奏稿卷十一

谭文勤公奏稿卷十二

谭文勤公奏稿卷十三

谭文勤公奏稿卷十四

谭文勤公奏稿卷十五

谭文勤公奏稿卷十六

谭文勤公奏稿卷十七

谭文勤公奏稿卷十八

谭文勤公奏稿卷十九

谭文勤公奏稿卷二十

下篇　谭文勤公奏稿补

一、陕西巡抚部分

二、陕甘总督部分

三、闽浙总督部分

四、两广总督部分

附录　谭钟麟收发军机处电报

上篇　谭文勤公奏稿

谭文勤公奏稿卷首

001. 上谕、御制祭文[①]

光绪三十一年四月十三日内阁奉上谕："前任两广总督谭钟麟，老成练达，学问优长。由翰林改官御史，简放外任，洊陟疆圻，服官四十余年。所在整饬吏治，勤恤民依。于地方要政，尤能力持大体。前因患病，奏请开缺回籍。兹闻溘逝，轸惜殊深。谭钟麟着加恩予谥，照总督例赐恤，任内一切处分，悉予开复。应得恤典，该衙门察例具奏。伊子安徽试用道谭宝箴，着俟服阕后，以道员仍留原省尽先补用。伊孙谭辅宸，着赏给员外郎，用示笃念荩臣至意。钦此！"

谕祭文："朕惟专阃，重师干之寄，资辅翼于元臣；归田乞簪笏之身，示优崇于耆宿。方冀里居通德，长荷殊荣。何期望重灵光，遽来遗疏。眷怀劳勚，用锡馨香尔。原任两广总督谭钟麟，性秉忠贞，才长干济。少年登第，标清望于瀛洲。万里持衡，拔英才于鄂渚。负青橐绣衣之望，气本如霜。重铜虎竹符之司，民争颂佛。惟良报最，典名郡以敷猷。破格酬庸，超外台而晋秩。嗣是开藩陕右，移节浙西。蜺旌布化者廿年，蝉冕行春者七省。戎容暨暨，焕牙旗鼓角以增严。良士番番，寄舟楫盐梅而无忝。品原超众，优给头衔。用叶为仪，特崇羽饰。虽引疾许归桑梓，而趋朝旋附棘槐。日赞赞襄，不负天官小宰之职。功懋懋赏，爰崇东宫少保之称。朕轸念边疆，重烦硕辅。聿颁龙节，坐镇羊城。控桂林象郡之提封，靖烽火鲸波于绝域。节楼尽瘁，久昭授钺之

①标题为校注者所加。

勤。宣室陈情，再允县车之请。还乡六稔，应知梦绕觚棱。示疾崇朝，忍说魂归箕尾。噩音远达，追念良殷。稽古典以易名，命外臣而赐醊。於戏！勤宣中外，听鼓鼙则思将帅之臣。礼备哀荣，式尊俎而志股肱之美。钦兹休宠，尚克歆承！”

002. 御制碑文

朕惟国家于疆圻大臣，恒慎厥选，聿求操履纯洁，才识优裕者，畀以重权，俾之巩固提封，外攘内安，用嘉惠我士庶。于殁也，则易名以荣之，镌石以永之，典至懋焉尔。原任两广总督谭钟麟，易直朴诚，根于天性。自通籍登仕，入直玉署，出赋皇华，克励躬行，爰彰令望。洎乎南台备职，白简生风。言事则洞达闾阎，养廉则勤饬簠簋。用是试尔为杭州知府、太守，为股肱之吏。临安实财赋之区，尔莅事惟勤，处膏不润，诚能动物，惠以得名。关西有清白称，湖学为东南最。用是擢尔为河南臬司，累迁陕甘总督。夫陈臬开藩，拥旄建节，岂为示优崇于耆宿，实将普教养于烝黎。尔剔蠹安良，整纲肃纪，提祥刑于汴水，备岳牧于镐京、钱塘。昭坐镇之勋，关陇寄保厘之任。岩疆硕辅，节钺名臣。鉴湖虽赐知章宣室，旋征贾谊，用是起尔为吏部侍郎。当海疆多事之秋，正臣子致身之会，典选固资良弼，折冲尤恃通才。遂移寇準于北门，重任守仁于南国。用是除尔为闽浙、四川、两广各总督，扬历中外四十余年。两粤东西兼圻最久，值横流之泛滥，峙砥柱以嶙峋，卒收总制之功，无忝鞠躬之谊，朝廷亦宠之仪羽，优以宫衔。锡仗马以趋朝，赐安车以就第。何图殂谢，良用咨嗟。谥曰文勤，俾彰懿美。於戏！人臣苟能清白乃心，奉公体国，则生也委任，卒也哀荣，饰终之典，容有靳欤！其勒贞珉，昭兹来许。

003. 国史本传

谭钟麟，湖南茶陵州人。咸丰六年进士，改翰林院庶吉士。九年，散馆，授职编修。是年秋，大考翰詹列二等，赏袍料一匹。十年，充会试同考官，钟麟甫留馆，未与考差，盖异数也。同治九年，充湖北乡试副考官。一年五月，记名以御史用。十一月，补江南道监察御史。时天下多事，言官率昧大体，毛举细故。钟麟以为御史当效忠补阙，深维国家利便，令可施行。若但讦阴，私立朋党，非朝廷重谏官意也。乃疏请申明定例，非廉明伉直有节操者，勿得保送御史，违者坐其长官。下部议，如所请。三年，截取奉旨记名，以繁缺知府用。四年春，恭亲王奕䜣被严旨罢议政，下其事内阁，令王公以下详议具奏，罪且不测。钟麟独与吏科给事中宗室广诚等，联名上奏曰："三月初九日，内阁奉旨交下惇亲王及编修蔡寿祺①具奏折件，着王公大学士九卿、翰詹科道会议。又于十四日，奉旨发下醇郡王等各折，着一并详议具奏。等因。钦此！仰见皇太后、皇上审慎周谘之至意，臣等恭阅惇亲王、醇郡王等所奏，均系为大局起见。恭亲王自议政以来，夙夜在公，尚无遗误。屡荷优诏，奖其贤劳。在圣恩非私于一人，此天下臣民所共信。至于召对之时，言语不检，诚不得为无罪。一经天威震叠，当必愧悔交集，补救不遑。臣等伏念海内多事之秋，全赖上下一心，共资康济，而于懿亲为尤甚。若庙堂之上，先启猜嫌。根本之间，未能和协。骇中外之观听，增宵旰之忧劳，于大局实有关系。臣等忝居谏职，未敢缄默不言。至用舍之权，操之自上，非臣下所敢妄议。"疏入，懿旨以广诚等折内各语，持论固属重大，于朝廷办理此事苦心，尚未领会。因复降旨，宣示百僚，以

①蔡寿祺（1815—1868），原名殿济，号棋菴，江西德化（今九江）人。道光二十年（1840）进士，授翰林院编修。修《起居注》十余年。有《梦绿草堂诗钞》。

毫无猜嫌之意，命恭亲王仍在内廷行走，并仍管理各国事务衙门。十二月，授杭州府遗缺知府。五年到省，时浙江当大兵后，百废待举，巡抚马新贻[①]重钟麟名，即奏补杭州府知府。下车，以恤流亡、理狱讼、清赋税为务。六年二月，以前在国史馆纂办大臣年表，赏加道衔。是冬，署杭嘉湖道，督海塘工，浚长安河，皆称利赖。马新贻密保其才可大用。七年，擢河南按察使。八年三月，母忧去官。十年，服阕，入都。陕甘总督左宗棠[②]疏请[③]饬赴甘肃，既得请，未行，授陕西布政使。十一年正月，护理巡抚事。钟麟故尝游陕，知其民情，取所疾苦，更易之初，汉回积不相能。至

---

①马新贻（1821—1870），山东菏泽人，字穀山。道光进士。初任安徽建平（今郎溪）、合肥知县。1853年（咸丰三年）随袁甲三、翁同书镇压太平军，累迁安徽按察使。1863年（同治二年）任安徽布政使。次年任浙江巡抚。在任期间，修筑海塘，奏减杭、嘉、湖、金、衢、严、处七府浮收钱漕，复兴各府书院等。1867年授闽浙总督。1868年任两江总督兼通商大臣，奏撤临淮关蒋坝分关。1870年赴署西偏箭道阅射，事毕还署时被张汶祥刺死。有《马端敏公奏议》。

②左宗棠（1812—1885），清末洋务派和湘军首领。字季高，湖南湘阴人。道光举人。初入湖南巡抚张亮基、骆秉章幕。1860年（咸丰十年），由曾国藩推荐，率湘军五千人赴江西、皖南与太平军作战。1862年（同治元年）初任浙江巡抚。次年升闽浙总督。1864年率军攻占杭州，控制全浙。1865年奉命节制赣、粤、闽三省军务，镇压太平军余部李世贤、汪海洋。1866年创办福州船政局，同年调陕甘总督。次年以钦差大臣督办陕甘军务，率军镇压回民起义和捻军。1868年会同李鸿章击灭西捻军后，又率军返回西北，于1873年攻占肃州（治今甘肃酒泉）等处，击灭回民军。1875年（光绪元年）以钦差大臣督办新疆军务，率军讨伐阿古柏，收复迪化（今乌鲁木齐）、和阗（今和田）等地，阻遏俄、英对新疆的侵略。后在西北创办兰州机器织呢局等新式企业。1881年任军机大臣，调两江总督兼南洋通商大臣。中法战争时督办福建军务，病逝于福州。

③同治十年十月二十六日，陕甘总督左宗棠上《请调谭钟麟赴陕甘练习边务片》：再，丁忧在籍前任河南按察使谭钟麟，品正学优，才识卓越。同治四年，由御史出守杭州，嗣署杭嘉湖道。时值浙江新复，诸务创始。谭钟麟殚诚尽职，百废俱兴，凡有关国计民生者，无不竭诚力行，期有实济。臣督闽浙时，深悉其才。嗣臣调督陕甘，谭钟麟亦奉命特擢河南按察使，甫及三月，刑政肃然。旋以母忧去任。现计释服已久，臣念其人才实有可用，未便任其闲散，可否饬令前赴陕甘练习边务，遇有缺出，请旨简用之处，出自圣裁。臣不敢以乡谊引嫌，壅于上闻，谨附片具奏，伏乞圣鉴训示。谨奏。（刘泱泱点校：《左宗棠全集·奏稿五》第144—145页，岳麓书社2014年版。）

是值回乱，众禁回民出城，穷饥者无以营生计，钟麟弛其禁令，汉民不得相仇。遇诉讼，戒属吏毋有所袒，回众感泣，誓不犯法。旋还布政使任，时左宗棠方督师甘肃，设粮台于陕西，各省协甘军饷，亦皆道陕，钟麟乃设局行钞，征发立应，悉无留误，更以余暇兴学，立书局，浚郑白渠，教民种桑，蚕织大兴。光绪元年，擢陕西巡抚。先以筹饷功赏头品顶戴，左宗棠复奏言："数年来百姓绥靖，粮餫不匮，臣得一意军事，无兼顾忧，皆钟麟力。"奉旨赏戴花翎。三年，陕西大旱。先是，钟麟依社仓法，督州县积谷至数万石，乃尽发以赈。选任干吏，不假手胥役。颁禁令十条，严治囤户及侵渔者。富平知县刘志同、高陵知县陈衍昌办赈欺饰。钟麟奏革讯治，斩胥吏以徇，官民震慑。时晋、豫皆旱饥，两宫为之旰食。发内帑，籴沿江粟以赈之，犹不能全济，陕独晏然。论者以晋、豫、陕灾同，而有司请发独异，疑陕讳灾，朝廷乃以钟麟前后奏宣示，且有实惠及民之褒焉。五年春，因病请开缺。奉旨赏假两月，勿庸开缺，并勉以时事艰难，当力图报称，未可遽萌退志。八月，调浙江巡抚，加兵部尚书衔。浙江自兵燹后，田业失主，多为豪强兼并，号荒产，匿不纳租，有司按问，率不得要领，钟麟遣官按籍稽征，晓以祸福，遂各还其初。钱塘县吏何秉仁浮收（遭）〔漕〕粮，计赃盈万，逮斩之。知县陈国香亦坐遣戍，尽革垫完透息诸弊，民情大欢，踊跃输纳，增运十余万石。于盐，则查减晒版，召商集资承运，又更定厘税于货物，首所过局，计远近并征，听其所之，不再留难，商民称便。筑炮台，修海塘。重建文澜阁①，庋藏高宗所赐四库书。开局延文儒校刊群籍，治闻一时。七年八月，迁陕甘总督。甘省边远贫瘠，屯军岁饷数百万，皆仰给他省，至不以时。钟麟奏奖诸布政使运解迅速者，自是馈饷相属。新疆既平，创设巡抚，岁以甘饷三之二济之，时其缓急，不令缺乏。西域道远，轺传相望，州县辄敛民车，费时失业，最为害。钟麟乃立官车局，以供转运，民不知役。旧商人承运花马池盐贪利，昂其直，私贩因以充斥。商困税绌，乃罢旧商，定就场征课法，税增什二，盐直反大减。尽罢诸苛细捐及刍豆征累民者，民困以苏。又以久遭兵燹，士多失学，于兰州建求古书院②，甘州建河西精舍，选高才生讲肄其中。十年，法、越

①文澜阁：在浙江杭州市孤山南麓。清乾隆四十七年（1782），《四库全书》告成，全书三万六千余册，分抄七部，藏于文渊、文溯、文源、文津“内廷四阁”，和扬州文汇、镇江文宗、杭州文澜“江南三阁”。历经战火，七阁今存四阁，其中“江南三阁”只存文澜一阁。其《四库全书》在太平军杭州战役中散失，后屡次钞补，至1925年始补齐。阁仿宁波天一阁形式，初建于乾隆四十七年（1782）。光绪六年（1880）重建。系木构六开间两层楼房，屋面重檐、筒瓦板垅，背山轩立。阁前凿水池，中有奇石耸立，名仙人峰，并建平厅一座，当年作阅览室用。东南侧有碑亭一座，碑正面刻清乾隆帝题诗，背面刻颁《四库全书》上谕。平厅前有假山一座，上建亭台，中开洞壑，玲珑奇巧。清阮元《四库总目提要跋》：“乾隆四十七年，《四库全书》成，特命如内廷四阁所藏，缮写全册，建三阁于江浙两省，恭颁文渊阁藏本发钞，以惠士人。至六十年，工竣，扬州大观堂建阁曰文汇，镇江金山寺建阁曰文宗（淙），兹奉命视学两浙，又得瞻礼文澜阁于杭州之西湖。”清陆以湉《冷庐杂识·四库全书卷册》：“高宗纯皇帝命儒臣编辑《四库全书》，特建文渊、文溯、文源、文津四阁藏庋……又于扬州大观堂之文汇阁、镇江口金山寺之文宗阁、杭州圣因寺行宫之文澜阁，各缮一份安贮。有愿读中秘书者，许陆续领出，广为传写。”领出，非外借，乃谓就阁下抄录。

②求古书院：光绪九年（1883），陕甘总督谭钟麟、甘肃学政陆廷黻在兰州府旧贡院（今城关区教育局址）创建省立求古书院。招考各州、县举贡、生员入院肄业。书院内中为讲堂，堂后为客厅。宅门内为上房和东西厢房。左右两侧为东小院、西小院。山长住西小院，监院住东小院。东西厢房为学生居住的斋房。

事起，钟麟奏请自率精兵五千人入卫，有诏止之。乃以提督雷正绾[1]自代，饷械自给，不别请部款，迄于罢兵。十三年，河决郑州，工久不就。钟麟筹解六十万金，助塞及赈灾民，奉旨优叙。督甘九年，库储至百余万两，州县积谷数百万石，十倍初至时。初，钟麟至甘肃，即患目疾。前后四请解任，均赏假慰留，赐珍药。十四年，益剧，至不能视，自陈乞开缺。两奏，始奉朱批：谭钟麟向来办事认真，深资倚任，前因目疾，屡经宽予假期，并赏药饵，以期速愈。兹据缕陈病势日剧，万难任事，情词迫切，未便拂其所请。谭钟麟着准其开缺回籍，安心调理。一俟就愈，即行来京陛见。家居两载，目复明。十七年二月，奉诏入都，恩赐紫禁城内骑马。四月，诏以尚书衔，补吏部左侍郎。八月，兼署户部左侍郎，兼管三库事务。十八年三月，署工部尚书。五月，授闽浙总督。二十年，恭逢孝钦显皇后六旬万寿。正月懿旨，赏加太子少保衔。七月，兼署福州将军。十月，调四川总督，未行。二十一年四月，调两广总督。粤素多盗，赌风尤甚，奸猾之徒，惧为吏所持，则公请以博进赢余助军饷，岁输三十万金，所谓四成报效者也。钟麟至任，以赌为盗源，不禁赌则盗终不可止，而官征赌款，尤伤政体。乃奏罢赌饷，尽封禁诸赌馆，尤严官吏赇请之罚。又闱姓商岁输公家，亦数十万金。闱姓商者，乡会试方入闱时，取与试士子姓为覆，听人射之，谓之卜榜花得多者胜，赢利巨万。闱商六年一更易，争欲承充，则竞纳贿。自总督以下，多寡有差。钟麟恶之，将议禁，而闱饷所从来尤久关于部款，猝

---

[1]雷正绾，四川中江人。咸丰三年，随从多隆阿出援安徽石牌、潜山、太湖、桐城，因功擢副将，以总兵记名。多隆阿率师入陕后，随从镇压捻军和回民起义，被擢为陕西提督，负责帮办军务。咸丰四年，由四川督标右营把总从军湖北，积功至都司。六年，克武昌汉阳，以游击升用，赐号直勇巴图鲁。同治二年，进剿甘肃回民军，连战灵台、镇原，皆捷。后率师平定宁夏固原，规复灵州，解安定之围。杨岳斌督师陕甘后，雷正绾归其节制。六年，左宗棠入陕督师，雷正绾率军助剿，出援庆阳，克复董志塬，因功晋号达春巴图鲁。湘军会攻金积堡之时，屡克要隘，功勋卓著。中法战争后，加太子少保、尚书衔。光绪二十一年，循化撒拉地区回民起义爆发后，因督剿无功，被革职留任。

未可革。钟麟乃令输资百六十万者充之，自总督以下不得更索一钱，示定期限。逾期不如数，以所输没入官。群不便者，造蜚语百端，不为动。久之，中外言筹饷者，稍稍及赌捐，欲弛禁。朝廷下总督议，钟麟覆奏曰："禁赌以来议者纷纷，至谓赌为粤民生计，禁终不止。费出于赌，取之无伤，臣愚窃所不解。夫上之于民，犹父兄之于子弟。为父兄者，必无恃子弟博以自奉之理，况国家岁得不过数十万金，而小民倾家荡产者，何止百数十万。民之不利，国何利焉。臣非不知赌禁虽严，未必遽绝。然上无所利，则聚赌之匪人，受贿之官吏，无可借口，尚不敢肆意横行。一旦弛禁，人民既无忌惮，不肖官吏，复因而牟利。上下交征，乱可立待。虽有百万，将焉取之？至于所言禁赌则生计日穷，一省之民，恃赌为生计，中外古今安有是理？若谓盗风之炽由于禁赌，言尤不经闻，因赌而窝盗，赌输而为盗者矣！不闻赌可弭盗也。无识之徒，罔顾利害，饰辞耸听，所言万不可信，所请断不可行。"奏上，上深韪之。然言者犹不止，钟麟复疏争之，事乃寝。广东交涉日繁，钟麟不得行其志。乃以病求去，疏五上。二十五年十一月，命来京陛见。旋赏假两月，回籍就医。明年万寿，覃恩赏戴双眼花翎。四月入觐，复自陈始，命开缺留京当差。七月，乘舆西幸，钟麟以衰疾不能从，乃乞归。三十一年，卒。遗疏入，谕曰："前任两广总督谭钟麟老成练达，学问优长，由翰林改官御史，简放外任，洊陟疆圻，服官四十余年。所在整饬吏治，勤恤民依。于地方要政，尤能力持大体。前因患病，奏请开缺回籍。兹闻溘逝，轸惜殊深。谭钟麟着加恩予谥，照总督例赐恤，任内一切处分，悉予开复。应得恤典，该衙门察例具奏。伊子安徽试用道谭宝箴，着俟服阕后以道员仍留原省尽先补用。伊孙谭辅宸着赏给员外郎，用示笃念荩臣至意。"寻赐祭葬，予谥文勤，子宝箴安徽道员、延闿[1]翰林院编修。孙辅宸员外郎。

头品顶戴湖南巡抚奴才端方[2]跪奏，为在籍大员因病身故，代递遗折，恭折仰祈圣鉴事。

---

①谭延闿（1880—1930），字组庵，号畏三。湖南茶陵人。谭钟麟子。清光绪三十年（1904）进士（会元）。授编修。三十一年（1905）任长沙中路师范学堂监督。三十三年（1907）组织湖南宪政公会，积极推行立宪。宣统元年（1909）任湖南谘议局议长。次年任北京资政院议员。先后两次赴京，参加各省立宪派请愿，要求速开国会。出席各省谘议局联合会议，与湖北汤化龙等发起组织宪友会。辛亥革命长沙光复后，出任湖南参议院议长，兼湖南军政府民政部长。立宪派长沙政变，被推为都督。次年加入中国国民党，任湖南支部长。“二次革命”中宣布独立，不久被袁世凯免职，寓居青岛、上海。袁死后，再出任湖南省省长兼督军，逾年去职。乃联合桂系、直系军阀，驱逐皖系军阀、湖南督军张敬尧。集湖南督军、省长、湘军总司令于一身。1920年被赵恒惕逼迫下台，走上海。1922年重新加入中国国民党，随孙中山前往广州，任大元帅大本营内政部长，又任湖南省省长兼湘军总司令，率军讨赵。1924年后历任国民党中央执行委员、国民政府常委、国民革命军第二军军长、中央政治委员会主席，并曾代理国民政府主席。1927年后依附蒋介石，任国民党中央常委，代理武汉国民政府主席、国民党政府主席、行政院长等职。弟谭泽闿亦有名。

②端方（1861—1911），托忒克氏，字午桥，号匋斋。满洲正白旗人。世居直隶丰润（今河北唐山市丰润区）。光绪八年（1882）中举，甲午战争后曾参与变法维新活动，“百日维新”时设立农工商局，端方奉旨办理，但变法失败后又受荣禄和李莲英的保护，未受株连。光绪二十四年（1898）底，出任陕西按察使、布政使，并署理陕西巡抚。八国联军占领北京，慈禧与光绪帝出逃陕西，端方因接驾有功，调任河南布政使，旋擢升湖北巡抚。光绪二十八年（1902）代理湖广总督，历二年，代任两江总督，之后，调任湖南巡抚。在历任上述封疆大吏期间，端方“奋发有为，于内政外交大有心得”，被朝野视为开明人士。光绪三十一年（1905），升闽浙总督，未及上任，清廷以预备立宪名义，委派其与载泽、徐世昌等五大臣出使西方考察宪政，历访欧美十国，于次年八月归国，端方上《请定国是以安大计折》，力主以日本明治维新为学习蓝本，尽速制定宪法，还献所著《欧美政治要义》，识者以此乃中国立宪运动之经典著作。回国后，任两江总督。翌年，学部遣南洋查学委员钱恂和学部专门司董鸿祎到印尼等地考察华侨教育事宜，钱恂致电端方，称拟择当地通国语学生30人，归国读书，迭地南京，端方立即上奏清廷，建议于南京设立学堂，“以宏教泽而系侨情”，清廷准其所奏，暨南学堂得以筹办，江宁提学使陈伯陶受端方委派，料理学堂事宜，拟议用“暨南”做校名，典出自《尚书·禹贡》，“朔南暨，声教讫于四海”。端方欣然允诺，故视端方为暨南校名命名人之一，端属不差。光绪三十三（1907）三月，暨南学堂正式开学，首批侨生21人。端方与他们合影，正坐其中。国家兴办的华侨教育事业正式开始。宣统元年（1909），端方在慈禧出殡日派人拍照，被罢官。两年后，端方被委任渝汉铁路督办，强行将四川当地民办铁路收归国有，激起保路运动。清廷遂派端方率新军入川镇压，至四川资阳，新军哗变，端方被杀。有《端忠敏公奏稿》《匋斋吉金录》等。

窃据太子少保原任两广总督谭钟麟家属禀报，该故督前于光绪二十五年十一月，在两广总督任内，奉旨来京陛见，并因病奏请开缺在先，赏假两月。二十六年，假满北上。又经吁恳开缺，奉旨留京当差。嗣因旧病复发，请假回籍就医，迄未痊愈。兹于光绪三十一年三月十二日，因病在籍身故。遗折一折，并该家属呈请代奏前来。奴才覆查该故督臣谭钟麟，本以翰林，受三朝知遇之恩，改官御史，外放知府，洊（涉）〔陟〕疆圻，服官四十余年。宅心中正，莅事推诚。官御史时，遇事敢言，多所论列。外任浙江知府。旋授河南按察使、陕西布政使、陕西巡抚，调补浙江巡抚。所在整饬吏治，勤恤民依，实心行实政。当在陕西时，关辅初定，库积空虚，而边事未清，军需尤急。谭钟麟剔蠹理纷，钩稽出入频年，而军府饶裕，官民赖之。及在巡抚任内，积存银六十余万。又令州县办积谷，逾数百万石。其后陕省大饥，即出谷赈贷，不足，以存银买谷继之。是时，晋、豫邻省，皆赤地千里。陕西虽饥，独无流离之患。奴才官陕时，民间父老述其遗爱，犹为称道不衰。旋由浙江巡抚升授陕甘总督，因目疾告归。病愈后，补吏部左侍郎，改闽浙总督，调补两广总督。值时局多艰，海疆有事，谭钟麟从容镇静，不假张皇，官民恃以无恐，地方要政，尤能力持大体，言论丰采，为僚辈所敬惮。卒以旧病复发，开缺回里，未竟厥施。奴才到湘后，该故督病势已深，未能频加咨访。兹竟溘逝里门，湘省士绅无不同声悼惜。谨为举其莅官大略，并将该故督家属缮送遗折，恭呈御览。其应如何加恩赐恤之处，出自逾格鸿慈。该故督长子宝箴，安徽试用道。三子延闿，翰林院庶吉士。四子恩闿，从一品荫生。五子泽闿，分部郎中。孙辅宸，从二品荫生，考授主事。翊宸、光宸均幼。曾孙三人。合并查明，附陈所有在籍大员因病身故、代递遗折缘由，谨恭折具陈。伏乞皇太后、皇上圣鉴。谨奏。

军机大臣奉旨：“另有旨，钦此！”

004. 皇授光禄大夫太子少保两广总督赏双眼花翎谥文勤谭公之碑特赏侍讲衔翰林院检讨礼学馆顾问官湘潭王闿运①撰

公讳钟麟，字文卿，长沙茶陵人也。其先自吉安、永新，徙十四世，世为良农。考讳之恒，国子监生，强学博物，乐诲童冠，公即其叔子也。仁、宣之际，农儒交困，涉履寒苦。在约渊澹，早倾乾荫，母刘训育。千里赴试，徒步负（极）〔笈〕，提学取进第一，乡举第八。咸丰六年进士，选翰林。九年，授编修。大考高等，遂充会试同考官，不由考差，盖承特简。同治元年，湖北乡试副考官。二年，补江南道监察御史。四年，署吏科给事中。文宪之任，风采高翔，朝宁忧危，毅然不挠，恭忠亲王以负扆之望，遘画室之疑，有诏大议，众皆阿，唯公不随署。独上奏曰："海内多事，正资康济，若庙堂之上先启猜嫌，根本之地，未能和协，骇中外之观听，增宵旰之忧劳，大局有关，未敢缄默。"同台感悟，佥名者十余人，大臣悚待，惧于不测。翌日有诏，恭王复直。当此之时，公名振海内。明年，出补杭州遗缺知府，巡抚钦名，即补杭州。未及考满，擢河南按察使。母丧服除，擢陕西布政使。令望既章，三迁超次台省之重。佥曰：允哉！到陕，护巡抚事。光绪元年，就授巡抚。五年，陛见，加兵部尚书，移抚浙江。七年，补陕甘总督。目眚请告，诏令卧治三岁，四请许归就医，道出华阴，隐士杨叟慕公德政，扶杖施针翳目，复明。以亲政诣觐，两宫优礼，留补吏部左侍郎，权工部尚书。出督闽浙，

①王闿运（1833—1916），清末民初学者、文学家。初名开运，字壬秋、壬父，号湘绮，湖南湘潭人。咸丰举人，同治初为两江总督曾国藩幕客。后讲学四川、湖南、江西等地。1908年（光绪三十四年）授翰林院检讨，加侍讲衔。民国初，任国史馆馆长。治经主今文公羊学，通群经。工诗与骈文，皆宗六朝，主盟湖湘文坛，与邓辅纶齐名，世称"王邓"。所著除经子笺注外，另有《湘军志》《湘绮楼日记》《湘绮楼诗文集》。编有《八代诗选》《八代文粹》。门人辑其著作为《湘绮楼全书》。

一兼将军，移四川，未上，调督两广。于时朝政更新，人谋富强，贪入奢出，唯恐不给，领海繁富，摸金搜粟，官征博进，自同囊家。公坚申赌禁，奏驳群议，罢岁收头钱银卅万两，及部征赌饷数十万，利臣大惭，蜚语诋諆。暨康梁为妖，交通权幸。公簿录其家，具发私书，群小盗憎，危撼百端。廿五年，法琅西议界，特诏广西提督莅盟，不关总督，提督弃地，公自劾乞罢。前后七请，被命入朝，更给假两月，促征诣觐。乘舆西迁，不及扈从，澒洞隔绝。还归增疾，杜门五年，祝宗是祈。卅有一年三月乙酉薨于长沙里第，年八十有四。诏书特赐祭葬，谥文勤。录其子孙，礼同在位。粤以明年二月，葬于善化白泉之原。官立御碑，于是故吏门人，以为国有史牒，乡有表著，公私之义也。公四佩督印，两长部堂。尝自许不动声色，厝安天下，国患贫弱，未尝言利。任陕藩，偿逋饷银百数十万两，储库犹百余万，积谷数百万石，募籴又数百万。晋、豫振荒，万里驿骚。关陇初不告，饥民无流亡。抚浙饬吏，澄清盐漕。督陕甘，罢无名税捐，免征民车刍豆。津沽用兵，自请率五千人入卫，且供赍粮。郑州河决，上助工六十万金，闻者惊嗟，怪其恢侈。知杭州，捕斩土豪徐都司，在吏部廷杖奸吏。督闽浙，裁汰骄军，严核船工，皆职思其外，不徇时俗。海上军兴，南北洋敛船避敌，闽船巡洋自如。承浙陕军荒，抚绥完辑，乃视学修文，开局刊书。自厉勤俭，一无玩好，僚吏简肃，黎民便安。雍凉回叛，官严禁锢，死瘞庭室，饿枕墙壁，公弛城禁，居民并欢。回感德威，终任驯伏。兴陕蚕桑，户有机声，至今传谭公绸，以配召杜。李鸿章、张之洞先镇南海，利开赌禁，公独奏赌为乱源，虽日入百万，于国无利，兹可谓持大体去食去兵者已。宜其贵寿无极，以维世作型，天禄有终，京师鄂惊哲人其萎，吾将安放。乃为铭曰：

於穆我公，纲纪三朝。克静以威，不浊不挠。爰在宪台，曾弗摭拾。一言兴邦，四海和叶。亦既剖符，高陟台司。遂镇秦越，民忘兵饥。芃野实荒，经营辟亹。偃武以文，汲卧淮阳。入掌铨衡，吏不敢饭。命作司空，禹垂是纂。闽土瘠贫，公至如春。南海多赆，捐金于渊。国不患弱，患无与立。公之所临，熙精默洽。名不赫赫，志则匔匔。藏形一丘，善始令终。何以表哀，百寮叹诵。

夫人同州陈氏，先三十年薨，葬州茶乡。子宝箴，附贡生，安徽试用道员，遗疏恩以道员尽先补用。次子宝符，中书科中书，早卒。侧室颜宜人、钟恭人皆先卒。李恭人子延闿，试贡士第一，选翰林院庶吉士。湖南科举以来，会试未尝首贡天下，荣公之教。次恩闿，从一品荫生。泽闿，分部郎中。孙冠宸，中书科中书，早卒。辅宸，从二品荫生，特用主事，恩赏员外郎。继祖，丁酉拔贡生，候选同知，早卒。次翊宸、光宸、赞宸。曾孙寿曾、颐曾、嗣曾。

005. 诰授光禄大夫太子少保两广总督文勤谭公墓表醴陵县教谕武陵陈寿纶①撰

光绪三十有一年三月十二日，茶陵谭公薨于长沙里第，时以两广总督致政归五年矣。事闻，天子震悼，诏用总督恤典、赐祭、赐葬，予谥文勤，盖异数也。越三年，其子延闿以状来，谓余稔知公行实，求为表隧之文。余维公自通籍后，扬历中外五十年，政行炳于国史，且湘潭王检讨闿运既铭其墓，本末详尽，何俟鄙言？无已，惟举所习闻者，以示来叶焉。公幼禀承家学，入词垣，受知于文宗皇帝。咸丰九年，大考翰詹，上亲擢二等，即邀简在，逾年未与考差，特命校士礼闱。同治初元，典试鄂中，同官谓："我辈衡文，贵择老境。"公曰："不然，当为联捷地。"是科得人之盛，鼎甲悉备，皆公所甄采。生平侃侃论事，持正不挠，初登

①陈寿纶，字椿坞，湖南武陵人。名孝廉，博学能文，长期在谭钟麟家中任教职。谭钟麟子女多由其启蒙。后长期担任湖南茶陵县教谕。邑中人士深感其教。诗文遗稿多散佚。

台谏，值天下多事，言官互相攻讦，率昧大体，公奏请申明定律，非廉明伉直有节操者不得保送御史，违者罪坐长官。得旨，下部议行。穆宗初年，恭忠亲王委裘辅政，言者讥其簠簋不饬，屡播弹章，朝廷一旦震怒罢之，罪且不测，下廷议。诸贵近希旨言，王既罢政，宜邀宽典，持稿示群臣，则皆书诺。公独不之从，谓国有大疑，始谋及卿士，否则安用会议，为众讶曰："上意已定，小臣敢尔耶?"公正色曰："职无大小，事有是非，公等曷由知上意?"遂抗疏，同列感动，愿附名者四十余人。奏略曰："伏见恭亲王自议政以来，夙夜在公，尚无遗误，屡荷优诏，奖其贤劳，在圣恩非私一人，此天下臣民所共信。至于召对之时语言不检，恭亲王渥承恩眷，自蹈愆尤，诚不得为无罪，一经天威震叠，当必愧悔交集，补救不遑。臣等伏念海内多事之秋，全赖上下一心，共资康济，而懿亲为尤甚。若庙堂之上，先启猜嫌，根本之地，未能和协，骇中外之观听，增宵旰之忧劳，于大局实有关系。臣等职司谏诤，未敢缄默不言，至用舍之权，操之自上，非臣下所敢议也。"上大感悟，诏恭忠亲王复直枢廷。一疏回天，于是公之直声震天下，此同治三年也。明年，出守杭州，中丞马端敏公倾心委任，公选吏清赋，理讼狱，恤流亡。其安良之实，尤在除莠，拘土豪徐正魁，数其恃众杀人、夺良家妇诸罪状。白巡抚，亟斩之，万众欢踊。仁和蠹吏何秉仁，以浮勒钱漕，富累巨万，声气广通。公拟治之，无其端。厥后抚浙，民炷香于顶膝行，讼秉仁者数十人。逮之至，秉仁曰："有何罪?"公掷各状，令自省，始匍匐悚息，命牵去诛之。秉仁一顾，缓颊者即至，则无及矣。其后入掌天官，每叹驭贵驭富之柄悉操自吏胥，铨选进退，弊不胜穷，乃留心精核。一日廉得其奸，予杖不稍贷。廷杖胥吏，殆创见也。督闽中亦然，若辈冠服楚楚，数其罪，褫而笞之。左右索僚属规费者，立予屏逐。所在威惠大行。初权杭嘉湖道时，督治海塘，浚长安河，汲汲为民，兴利工，皆速就。洎由陕藩跻开府，浚郑白渠，收八川之利甚厚。罢织呢局糜费，一意治蚕桑，移浙桑秦地，募浙工教之，蚕织大兴，人号谭公绸。公私饶衍，与民休息，郡县积谷至数百万石，库储充实。已而秦饥，出谷以振，全活数十万人。同时三晋鲁豫，皆赤地千里，奏请发帑截漕，犹虞不足，独秦抚寂无所闻。台臣以膜视劾公，朝廷宣示公奏，皆备虑不虞，民怀其惠，言者大惭。当是时，左文襄公督师西征，粮储百物，悉综于公，遣客军万余人，偿欠饷百数十万，皆节缩冗费所致。文襄公言："秦中自兵燹后，百物雕敝，民生日蹙，仓府之积储扫地以尽。中丞不动声色，措置其间，馈粮转饷，无时或乏，余得以廓清扫荡而前，无后顾忧者，皆中丞之力。而又口不言功，沈怀渊默，余曷敢忘其劳。"以此奏上朝廷，嘉安秦之绩，赏戴花翎，命移抚浙中。至则巡历沿海郡县，慨然叹曰："浙亦东西海疆门户，用武之地也！"饬修葺温台、乍浦、澉浦、镇海、定海诸炮台，兵弁则留强汰弱，又增十数营，以备征防。水师则裁并画一，随在有备。德清俞樾氏为文寿公，历举其功在庙社、功在闾阎、功在海疆、功在艺林四端，以宣布令德，自附于四子讲德之义，盖曲园之重公至矣！旋总制陕甘，继文襄公擘画新疆行省，规模宏远，皆公手定。修吏事，汰冗兵，立新饷，转运所，不令缺乏。设官车局，禁敛民车，民大安之。迨光绪十年，法越事起，公忠义愤发，奏请提精兵五千入卫，或直捣谅山，惟朝命是听，优诏止行，乃以提督雷正绾自代，居帝畿，饷械皆自任。于时，文襄公诒公书曰："某公之意见，夫人而知之矣。至谓中国不可战，不能战，自是无耻。"公览而壮之。既闻和议成，于是中宵叹喟，言："国事自兹不复振矣！"治秦陇九年，吏畏民怀，无水潦兵戈之事，库储百余万。河决郑州，日久不塞，尝提六十万金为助，且振灾民。上谕褒美，此疆吏中所未闻者。至甘之五年，即患目眚，数请解任，递赐珍药慰留，至于废视。乃力请开缺，两奏始得俞允，自谓："此生无复报国期矣！"僚属饯公之夕，中道目忽开朗，见星月皎洁，顷刻复蒙，亦属异事。还过西安，得异人杨医者，能以针法治目。初针，左目深入分许，细拨翳障。

公喜曰："吾能视矣！"医请仰卧三日勿动。三月再针，右目遂复明。医言脑漏入睛，则成云翳，目光犹玻璃垢，去则如初，无他巧也，特今人不讲耳。居长沙二年，寄谕。闻公疾愈，起为吏部左侍郎，兼权工部尚书。凡估计工役，人视为利薮，公不列衔名，吏以十倍牍进者，则痛减之，膳银却不受。同列以为难比。总制闽中，申严军律防海，又采运湘谷十万余石，以济民贫。兼将军时，悉以所入偿前将军亏负，余皆发善后局济公用，一无所取。闽自左文襄、沈文肃公①创船政，立法綦严，厥后闽人窟宅其中，岁糜百余万，数载成一船，轮启船退，走则皆笑。大臣裴公自愧无状，投马江几死。公简阅各厂，百工循环，伺其所至，炉锤攻错之声哄然。退则散去，乃立斥主者，择精核廉能数员，董之两载，成兵轮二艘，省费无算。已而东事兴，公驰奏宜合南、北洋兵船，先据朝鲜攻日本海口，不能坐待敌，时议悉主保船，故南北海军咸屏息避匿，公曰："制船原为今日，保船何为者！"独饬闽船转运台湾、上海，来往自如。在闽三年，移督两广，时吏事窳惰，盗贼公行。公一绳之以法，廉得积弊，官民皆注意于赌，闱姓尤大宗，号闱商。商专其利，输银数十万，号闱饷。内外借以自肥，禁之颇格部议，乃倍其值。令有输百六十万入饷者，许充闱商，意在不禁之禁，于时牟利者多不便，造蜚语，百计陷，公不为动，朝廷亦右之。久之，中外言筹饷者，思弛赌禁。公覆奏曰："自禁赌以来，议者纷纷，至谓赌为粤民生业，禁终不止，费出于赌，取之无伤，臣愚窃所不解。夫上之于民，犹父兄之于子弟，为父兄者必无恃子弟博以自奉之理，况国家岁得不过数十万

---

①沈葆桢（1820—1879），福建侯官（治今福州）人。原名振宗，字幼丹。道光进士。1856年初（咸丰五年底）任九江知府，继署广信知府。后随曾国藩管营务，擢广饶九南道。1861年升任江西巡抚，镇压太平军。1866年（同治五年）调任福建船政大臣，主持福州船政局。1874年授钦差大臣，办理台湾等处海防兼理各国事务大臣。在台湾部署海陆防务，调整行政区划，购置机器设备，开采基隆煤矿。1875年（光绪元年）升任两江总督兼南洋通商大臣后，督办南洋海防，扩充南洋水师，与李鸿章同为清政府筹建海军之主持者。有《沈文肃公政书》传世。

金，而小民倾家荡产者何止百数十万，民之不利，国何利焉？即甚患贫，岂遂须此？或能责取百万，亦犹饮鸩止渴，终必随毙。”两疏剀切忠直，语在奏议中。封上留中，而事竟寝终。公之任，未尝弛禁，生平华夷之界最严，遇事一无迁就。甘州教主以教堂失材木恣睢督堂，公命系之皋兰狱。又洋工以织呢既罢、失重利赘赘不休，令械送汉口，彼亦无辞。至闽中，民教互讼，州县敛手达于制府者，必据理以争。既总理衙门让公，公令录案寄总署自理之。二十三年，德人踞胶州，奏言割地断不可许，许即无以为国，不报。是时，英人欲筑九龙至广州铁路，法索合浦矿权，公皆持约章力拒之。及英租九龙，法租广州湾，既定约，乃告公。公大愤，谓自坏长城，要挟将无穷矣！业许，德诚无辞拒英法，法果背租约，溢索吴川、广州湾界，更强踞遂溪境地，几尽东海全岛。公不许，相持一年，遂溪民结团练以死拒敌。公遣将五千人为声援，势汹汹，不相下。二十五年秋，朝廷命广西提督苏元春往议界事，濒行，公坚属力争，至则尽偿法所索地，略不关白。公大怒，电奏劾苏，请立废所定约。会遂溪民与法兵斗，伤其酋，法攻焚陈村及赤坎各墟，墟民男妇死者殆尽，反昌言于朝，必斩知县。公电陈此皆总督事，无与知县。法屡伤吾民，问何以偿。朝廷不得已，黜遂溪县知县以谢，界遂定。公叹曰：“为国家守土，不能保复，重伤吾民，尚何颜居此。”乃力求解任，五奏皆给假，并赐尚方珍物。至冬，方许入觐，因奏陈病状，仍给假两月，回湘就医。明年，以万寿恩赏戴双眼花翎。及入都，召见颐和园，恩慰隆厚，公拜起艰，特命内官扶掖。公力陈衰老，乞许开缺。三请虽奉俞允，仍命留京当差，公意祝嘏后请归。未几，拳乱大作，朝部一空，人谓公曰：“既无官，守留亦无益，盍速行？”公曰：“尝为大臣，睹国难忍先去耶？”至七月，西巡，始以衰疾增剧，乞归。归则西望长安，不时哽咽，盖忧国之诚，未稍释也。

公讳钟麟，姓谭氏，字云觐，一字文卿。湖南长沙茶陵州人。少苦贫，封君时出为乡里解纷难。太夫人终岁纺织，黾勉有无。

岁腊，尝出匹布，令公馈其师，出涕曰："此吾家度岁资也。"公以此发愤励学，就试长沙，往返千里，皆徒步。道光二十五年，督学陈公坛拔置州学第一，食廪饩，自度尚难中隽。丙午，不赴省试。己酉，遂登乡举。咸丰丙辰成进士，改翰林院庶吉士。戊午，授编修，任国史馆总纂。己未，会试同考官。辛酉，充湖北副主考，不肯以边郡例处施南①，是科施南中式七人，官文恭公②大愧服。同治二年，记名御史。冬，补江南道监察御史。转京畿道。三年，署吏科给事中。五年，以京察一等，授浙江杭州遗缺知府，署杭嘉湖道。文文忠公③议政时，心窃重公，荐于朝。七年，擢河南按察使。三月，丁母忧。十年，服阕，入都。时左文襄公方督陕甘，奏公才略，请饬赴甘肃习边事，许之。旋授陕西布政使，至则权抚部节。明年，还任布政使。光绪元年，巡抚陕西，赏头品顶戴。五年，调补浙江巡抚，加兵部尚书衔。七年，

①施南，府名。清雍正十三年（1735）升恩施县治。治所在恩施。辖境相当今湖北建始、恩施、宣恩以西地区。1912 年废。

②官文，字秀峰。满洲正白旗人。先隶内务府正白旗汉军，由拜唐阿补蓝翎侍卫，后升为头等侍卫。道光二十一年（1841），出任广州汉军副都统。调荆州右翼副都统。太平军兴后，受命专统荆州防兵，与汉阳太平军对敌。咸丰四年（1854），任荆州将军。派兵夺回宜昌等地，并增援武昌，配合湘军作战。五年，受命为湖广总督，以钦差大臣督办湖北军务。次年，克汉阳、武昌。八年，论功加太子少保。派兵夺回麻城、黄安（今红安）等地后，升为协办大学士。九年，派兵回援湖南，与太平军石达开部大战于宝庆（今邵阳）。十一年，升文渊阁大学士，加太子太保衔。同治元年（1862），派兵进攻鄂豫边境之捻军。三年，湘军攻陷天京，特赐一等伯爵，号果威，世袭罔替，升入正白旗满洲，赐双眼花翎。太平天国革命失败后，官文与湘系的矛盾激化。五年，遭湖北巡抚曾国荃参劾，被解除湖广总督之职，回京管理刑部事务，兼正白旗蒙古都统。六年，攻讦直隶总督刘长佑，代其任直隶总督。七年，因剿捻不力，危及京师，被下部严议。八年，奉调回京，管理户部三库，任内大臣。十年病逝。

③文祥（1818—1876），清末洋务派首领。瓜尔佳氏，字博川，号文山，满洲正红旗人。道光进士。曾任礼部、户部、吏部右侍郎等职。1859 年（咸丰九年）在军机大臣上行走，调户部左侍郎。1860 年英法联军攻陷北京时，随恭亲王奕䜣留京议和。1861 年充总理衙门大臣，参与祺祥政变。后升工部尚书、吏部尚书、协办大学士、体仁阁大学士、武英殿大学士。自 1861 年起，以军机大臣兼总理衙门大臣达 15 年之久，号称晚清能臣，奉行奕䜣的政治主张，推行洋务"新政"。

授陕甘总督。十四年，以目疾告归。明年，疾瘳，翁尚书[①]赠联，有“君目再明，天有功”之语。十七年，奉召入都，以尚书衔补吏部左侍郎，署工尚，又派充殿试读卷大臣。十八年，总督闽浙，兼船政大臣。七月，摄福州将军，管闽海关税务。二十年，加太子少保。十月，调署四川总督，未行。二十一年四月，调两广总督。二十五年，因病辞职益力。十一月，乃有来京陛见之旨，于后公造辟，自陈言“臣非惜身，恐衰疾贻误国事”，始奉旨开缺。其历官如此。性孝友，每念伯兄、季弟早世，不远数千里延仲兄恕堂君西安，举觞为寿，相对怡怡，请貤赠褒荣，冀纾其曩时艰苦。七十告归，焚黄祭墓，犹伏地举哀，观者莫不感动。至赒恤同年故旧无间，死生自处。又力崇俭觳，平居谕学，一以践履笃实为主，训子弟与诲他人亦然。宦辙所至，必垂情古典，扬滞甄微。甘州创河西精舍以课士，兰州则建求古书院。及至浙中，重新文澜阁庋藏《四库全书》，延文儒校雠，又出千金购《图书集成》，以惠来学。访同里谭希思所著《明大政纂要》及《马端敏公奏议》《傅青主征君方书》刻于闽中，皆不惜重资。所著有《陕甘奏议》《闽浙奏议》《两广奏议》《春及庐文稿》《家训》《札记》若干卷。公生于道光二年壬午三月十九日，享寿八十有四。曾祖讳和，祖讳世畯。父讳之恒，国子监生，即九涛先生也。皆以公贵，赠光禄大夫。曾祖妣周氏，祖妣李氏，继祖妣刘氏，皆赠一品夫人。配陈氏，封一品夫人，先公三十年卒。侧室颜氏封宜人，钟氏封恭人，皆前卒。李氏封恭人，刘氏封宜人。子男五：长宝箴，附贡生，安徽试用道，奉旨服阕后尽先补用。次宝符，中书

---

①翁同龢，字声甫，号叔平。江苏常熟人。1856 年中状元，授翰林院修撰，充实录馆协修。曾任陕甘乡试副考官、陕甘学政、山西乡试正考官、任翰林院侍讲等。1868 年任国子监祭酒。1870 年起任太仆寺卿、内阁学士、刑部右侍郎。曾任光绪帝师。为光绪讲解经世致用之学。1878 年起，任都察院左都御史、刑部尚书、户部尚书等。中日甲午战争后，支持康有为组织强学会，奏光绪帝“教育人才，自强之本，未可阻遏。使天下寒心”。1896 年任方略馆总裁。次年以户部尚书兼协办大学士。后被革职。著有《翁文恭公日记》《瓶庐诗稿》等。

科中书，早卒。皆陈夫人出。次延闿，由优贡生中式壬寅科举人，甲辰会试第一，翰林院编修。次恩闿，从一品荫生。次泽闿，分部郎中，天资尤卓越。女一，适善化附生唐赞慈。皆李恭人出。孙六人：冠宸，中书科中书，卒。辅宸，从二品荫生，特用主事，奉旨赏员外郎。继祖，丁酉拔贡生，候选同知，卒。翊宸、光宸、赞宸。孙女四，长适翰林院编修尹铭绶。曾孙三：寿曾、颐曾、嗣曾。曾孙女一。以三十二年二月卜葬善化白泉荷叶塘之原。公馆余六载，礼遇至厚。暇则就予谈早岁辛苦，及中外时事，辄相与欷歔，及夫晚节，每遇交涉重务，则耿耿独立，持理分寸不移。姜桂之性，天下殆无复有我公者已，是可长太息也。自谓粗足以知公，兹从延闿请，特纪其夙闻者如此，其他政绩，详于状者，不具载。

光绪三十四年戊申九月醴陵教谕陈寿纶表。

006. 皇清诰授光禄大夫太子少保头品顶戴赏戴双眼花翎兵部尚书兼都察院右都御史两广总督先府君行状

曾祖讳和，赠光禄大夫，妣周氏，赠一品夫人。祖讳世峻，赠光禄大夫，妣李氏，继妣刘氏，赠一品夫人。父讳之恒，国子监生，赠光禄大夫，妣刘氏，赠一品夫人。

府君姓谭氏，讳钟麟，字云觐。始讳二监，字文卿，乡举后更今名。湖南长沙府茶陵州石床乡人。先世自江西永新来迁，当元至正时，世为农，朴谨有家法。十三传至世峻公，是为府君祖父，敦厚豁达，不苟然诺。以忠信率乡里，名闻湘以东。父之恒公，能文，有懿行，教授湘潭，学者称九涛先生。母刘夫人，慈孝勤俭，更百苦保持其家，见府君所述状。兄弟四人，伯讳鑫麟。仲讳锡麟，赠资政大夫。季讳镇麟，国子监生。皆前卒。府君其叔也，幼而英毅，目光炯然，声清洪如钟，后官京师，投谒公卿，阍人闻謦咳，皆竦肃出侍。始入塾，发问已屈其师。家贫，不能供饘粥，年十六，即授徒自给，已乃发愤读书山寺，诵习常至夜分。所处绝困厄，非人所堪。而志气弥厉，入府应试，徒步数百里往返，未尝乘船车。道光二十三年，提学试第一，入州学。明年，补廪膳生。二十九年，乡试中式。咸丰六年，会试中式，赐进士出身，改翰林院庶吉士。九年，散馆，授编修。是年秋，大考翰詹，府君名在前列，文宗亲第甲乙，有所进退，以次置二等。明年，派充会试同考官。故事，考官必尝与考差者，府君独否，盖大考简帝心故也。同治元年，充湖北乡试副考官。施南府入国朝鲜得乡举，总督官文恭公欲别出其试卷，俾用边郡例得举，试官同辞称善。府君独曰："奉命主试，不可更旧章，且安知施南终不举者，而苗疆例之。"持不可。是科，施南中式者七人，文恭大愧服。二年，记名御史，或谓府君居史馆久，以劳即得外任，宜谒假勿他徙官，府君笑谢曰："富贵在天，可趋避乎？"冬，补江南道监察御史。时天下多事，言者杂进，率昧大体，毛举细故，府君深非之。以为御史不效忠补阙，深维国家安危利害，令可施行，苟逞私意攻讦，致朝廷益轻谏官，所关系不浅。乃奏请申明定例，非廉明伉直有节操者不得保送御史，违者罪坐长官。得旨，下部议行。三年春，恭忠亲王被严旨罢议政王，下其事九卿科道。罪且不测，府君以署吏科给事中会议内阁。至则诸贵近大臣已夙为奏大略，言王先有成劳，以罪业罢政，宜得免议。传示众曰："议已定，趣署名。"府君既取视其草，则大言曰："朝廷惟有所疑，故令集议，奈何首鼠持两端，某不署名。"皆大诧曰："此何事，上意已定，小臣乃尔耶？"府君正色曰："御史何职？事有是非，安知上意？何小臣也。"奋然下堂，具语同列诸大臣议不可用，将独奏论列，闻者感动。自给事中广诚君以下四十余人，争愿联名。府君乃为奏曰："伏见恭亲王自议政以来，夙夜在公，尚无遗误，屡荷优诏，奖其贤劳，在圣恩非私于一人，此天下臣民所共信。至于召对之时，语言不检，恭亲王渥承恩眷，自蹈愆尤，诚不得为无罪。一经天威震叠，当必愧悔交集，补救不遑。臣等伏念海内多事之秋，全赖上下一心，共资康济，而懿亲为尤甚。若庙堂之上，先启猜嫌，根本之地，未能和协。骇中外之观听，增宵旰之忧劳，于大局实有关系。臣等职司谏诤，未敢缄默不言。至用舍之权，操之自上，非臣下所敢议也。”奏上，上大感悟，复恭忠亲王直军机，竟用尽平诸寇，致中兴。当是时，府君名震京师。五年，以京察一等，授浙江杭州府遗缺知府。浙江当大兵后，百废待举，巡抚马端敏公夙闻府君贤，相见大喜，即奏补杭州府知府，倾心委任，事无大小，一以咨府君。府君慎选僚属，恤流亡，理狱讼，清赋税，捕斩诸豪强徐正魁、张桂林等。徐正魁者，从军至都司，横行乡里，擅杀人。又公夺良家妇，积不法，人侧目视，无如何。官不敢捕，群谓党羽众，急之且生变。府君不听，密部署吏役诱入城，急捕下狱，尽案得罪状。白巡抚，置之法。观者数千人无不欢呼：“知府真好官也!”在官三年，一署杭嘉湖道，威惠大行。督治海塘工，速办浚长安河，舟楫大通。于是马公奏荐府君可大用，而军机大臣文文忠公自议内阁时已伟视府君，屡言于上。七年，擢河南按察使，是时，文忠未尝识府君，府君初不知为文忠所举。及后知，亦竟不谢，知者于是两贤之。召对，之官三月，以母丧归。十年，除丧，入都。陕甘总督左文襄公前督闽浙，深知府君才贤，奏请饬赴甘肃习边事。既得请，未行。授陕西布政使。至则护巡抚。府君故尝游陕，知民情伪。至是尽取所疾苦更易之，微密周致，皆如人意所欲出，至今尸祝不衰。民与回民积不相能，值回乱，因公禁回民出城，即死瘗室中，虽穷饿，终不得出谋生计。府君恻然曰：“海内皆朝廷赤子，回独非人耶？何为趣之反也。”将弛其禁，僚属皆谏。府君笑曰：“即欲反，宁以城限耶？”竟下令听出城，禁民毋得相仇。即讼，戒属吏无有所袒。回众感泣，誓不犯法。后府君督陕甘，回众相谓：“公在此，无敢有贰。”回性狡悍，当承平时，已无数年不为变，终府君任九年，竟无事。及去，未几遂大乱云。十一年，还任布政使。府君初至陕西，直军事新定，府库空竭，养兵多，岁以不给。而左文襄公方督师甘肃，征饷东南，设粮台陕西，他别将金忠介公[①]、穆果勇公[②]诸军饷亦皆道陕西餫，道远或不时至，悉赖陕西转输，乃设局行官钞，钞多不能（对）〔兑〕，持钞者嗟怨，相戒不授受，公私大困。府君乃取浮蔓不急之费、官吏所窟宅为奸者，尽廓清之，岁得巨金，别储之以赎钞，来易者如钞予以钱，费不十万，钞大行，至不可赎。乃益奖进廉吏，倡节俭，谨出内。行之期年，军府饶裕，竟用罢遣客军万余人偿欠饷百数十万，库储犹百余万。于是袁文诚公[③]内召所谓西征粮台者，总于府君，征发立应，不继即取库储济之师行，悉无留误。更以余暇兴学，立书

①金顺（1831—1886），字和甫，伊尔根觉罗氏，镶黄旗满洲成安佐领下人，二品荫生。世居吉林，少孤贫。咸丰三年（1853）以佐领随僧格林沁部从征山东剿匪，后从多隆阿援湖北，赐号“图尔格齐巴图鲁”。后移师安徽，历迁协领。同治初，金顺随军入陕，累战积功，历宁夏副都统，署理宁夏将军，补乌鲁木齐都统，帮办新疆军务。光绪初，调任伊犁将军。光绪八年（1882），金顺奉旨接收伊犁，按图划界，并实心任事，办理伊犁善后。光绪十二年（1886），因部属哗变，遭陕甘总督谭钟麟参劾，去职回京，病死于奉旨入都陛见途中。身后不名一钱，几无以为敛。寮寀醵金，丧始归。赠太子太保衔，谥号忠介，建祠。

②穆图善，字春岩，那拉塔氏，索伦部，隶满洲镶黄旗人。咸丰三年（1853），随多隆阿镇压捻军，升佐领。同治元年（1862），擢记名副都统，补西安右翼副都统。二年，率军入陕西。后授荆州将军，调宁夏将军。与都兴阿不协，调甘肃督办军务。对西宁回族起义采取招抚政策。光绪元年（1875），调吉林将军。十年，助左宗棠帮办福州军务。十二年，奏呈在上海设立机械军火采运局，上从之。翌年，力疾阅操，自奉天（辽宁沈阳），吉林而黑龙江。行抵乌拉街（今吉林市），卒于道。谥果勇。

③袁保恒（1826—1878），字筱坞，项城城郊袁张营村人，后随父母迁居淮阳县城。袁保恒系清漕运总督、钦差大臣袁甲三长子。道光二十六年（1846）中举，三十年（1850）进士。咸丰三年（1853）送亲回项城，旋赴安徽，随父行营剿捻。八年（1858），因军功赏“伊勒图巴图鲁”名号。咸丰九年（1859）随父奉召回京，充文渊阁校理，任顺天（今北京市）乡试同考官。咸丰十年（1860），随父赴军听调。同治初以军功为翰林院侍讲，后累官升任内阁学士兼礼部侍郎衔。同治十三年八月，奉召协助左宗棠督转粮饷，帮办军务，进驻肃州。光绪元年（1875）八月，袁保恒兼代吏部右侍郎。二年（1876）四月，调任刑部左侍郎。九月，充顺天（今北京市）武清乡试正考官。十二月，保恒上疏陈言：“台湾僻处海烽，物产富饶，请改福建巡抚为台湾巡抚，治驻台湾。而以总督办理福建全省事务，各专责成。”疏入，交吏部讨论，决议准行。光绪三年十月，复遣保恒回河南帮办赈务。光绪四年（1878）四月病亡，赐祭葬，谥文诚。

局，浚郑白渠，教民种桑，蚕织大兴。陕人所谓谭公绸，由府君也。光绪元年，授陕西巡抚。府君官陕西五年，习知僚吏才短长，使各当其任，威信孚于军民。令行禁止，恢如也。三年，关内外悉平，府君先以筹饷功，赏头品顶戴。至是，左文襄公奏言数年来百姓绥靖，粮餫不匮，得一意军事，无内顾忧，皆巡抚力。奉旨赏戴花翎。其年陕西大旱，府君既有先事之蓄，又尝依社仓法督州县积谷至数百万石，乃尽发以振。更出库藏，购之湖广、宁夏、包头，数道并进。募民挽运，计里授食，设为更相递代，以兵法部勒，虽远道毕达。分设筹振，所选廉干吏及乡之负民望者任之，不假手胥役，所请发直达巡抚，应时立行。颁禁令十条，严治囤户及侵渔者。富平知县贪浮，立投之狱。其胥吏斩以徇，官民震慑，无敢作奸。当是时，山西、河南皆旱饥，天子为之旰食，出重臣发内帑，告籴遍江海，天下骚然，仅乃得济。独陕西晏然若无事，所振活百数十万，人无流亡之患。而府君焦心劳思，昼夜治文书，数月未尝安枕。每中夜起立庭除，仰视天高无云，忧心旁皇，辄坐达旦。浃旬之间，须发皓然尽白，论者谓陕西微府君，且大乱。甘肃、新疆地初定，人心易摇，天下事未可知也。府君惟知此，故先事率属勤政，厚其蓄积，成不可动之势，赏罚严明，人灼然见利害所在，不敢玩偷，民忘其荒，上下均赡。府君治之甚从容也，既事而无矜容。浅者猥见陕西、山西、河南灾同，所请发独异，疑有所讳，颇以上闻。及朝廷宣示府君前后奏，且有实惠及民之褒，始惭叹自失。五年任满，入觐。三召见，慰勉有加。十月，调补浙江巡抚，加兵部尚书衔。前官浙江，功绩声闻，为士民所信爱。闻当来，皆大喜。府君亦自喜得尽其志，锐意为治，纠污奖良，吏治清明。以为今筹饷亟，欲无过求于民，必自复经常之制。始，浙江税以盐漕为大。自兵燹后，田业无主，多为豪强兼并，号荒产，租税匿不纳。前巡抚按问，率不得要领。于是毅然排群议，遣官按籍稽定，晓以祸福，各还其初。仁和县吏何秉仁浮收漕粮，积资数十万，立逮斩之。将军以下皆为请，卒不听，按知县罪至遣戍，尽革垫完透息诸弊，民输踊跃，增运十余万石。于盐则查减晒版，召商集资承运，于厘税则首所过局，计远近并征之，听其所之，商民大便。后二十年，计臣建统税法，本此也。躬巡海濒，莅筑炮台，督修海塘，视一日之工以为程，费半功倍。重建文澜阁，收藏高宗赐四库书。开局延文儒，校刊群籍，浙江治闻天下。七年冬，授陕甘总督。承左文襄公后，大功初定，善后万端，剧且大。甘肃地边远贫瘠，岁饷四百八十万，皆仰给他省，常苦不至。府君乃奏奖诸布政济饷迅速者，尤务联以情，手书殷勤，至诚相感发，得者竞劝馈饷，无不继。新疆设巡抚，府君本谋也。设官分职，规画宏大，多出手定。立新饷所，岁以甘肃饷三之二济之，时其缓急，不令缺乏。内则汰冗兵、修吏事，尤务休息民。甘肃为通西域道，轺传相望，州县率敛民车，废时失业，最为害。府君乃立官车局，供转运。禁役民，劾罢不如令者。花马池盐，旧以商承运直昂，私贩充斥，商大困，税亦绌。府君罢旧商，用就场征课法，税增什二，盐直反大减，于是尽罢诸税捐及刍豆征累民者。又以民遭乱失学，下州县，出公家钱广立义塾。复斥金，起大屋，兰州曰求古书院，甘州曰河西精舍。选诸生秀异者讲肄其中，厚其廪给以通经，习当世务为程，风趣为一变。十年，法、越事起，府君奏言："甘肃虽褊小，尚可得精兵五千人，请率以入卫。"优诏止行，乃以雷提督正绾自代，饷械一甘肃任之，迄于罢兵。未几，河大决，郑州工久不就，府君复奏言："甘肃幸有余蓄，请以六十万助塞河及振灾民。"朝野惊叹，以为非意所及。当是时，天下言贫弱首甘肃，而府君临事忠义奋发，急君父之难，常为天下先。一岁中，三奉上谕褒美，天下服其公忠。居官九年，吏畏民怀，无水旱兵戈之事，库储银至百余万两，州县积谷数百万石，十倍初至时。后三年，甘肃大饥，卒以无害。初，府君至甘肃之五年，即患目眚，数请解任治疾，皆给假慰留，赐珍药。十四年，疾益剧，至不能视，乃力陈状，乞开缺。两奏始得俞旨。明年，受代还长沙，道陕西，得杨医针目复明。居二年，朝廷知府君疾愈，诏趣入都。十七年三月，至京师，上初亲政，召见，问西北边事及当世人才甚悉，府君具以所知对。四月，诏以尚书衔补吏部左侍郎。部臣风尚，位尊者不亲庶务，卑者又无权，胥吏乃攘其柄，府君独勤于职司，壹是无少假借，尝以公事予吏杖，一时京朝官皆诧为未闻。署工部尚书，吏以牍进，所列工值十倍，府君痛减之，同列或不怿。府君曰："必若此，吾当执奏。"会去任乃已。十八年，出为闽浙总督。福建故瘠区，自甲申治海，防费甚巨，皆贷之外人。罄岁入偿，库储扫地尽，养兵数十营，恣横无纪律，数为暴民，衔之次骨。诸统将狃台湾役，尤骄蹇，不易裁制，而船政局岁费百余万，在事者视为利薮，肆侵牟。府君大简船局，冗食者尽斥去之，选精核者主工，廉干者主材，人思自奋。两年成船二，工倍往时。既深知兵不堪用，召诸将数之曰："若等前事幸耳，朝廷赏功不薄，今库藏垂竭，忍坐视乎？且兵以卫民，奈何暴？闾里皆惶恐。"自引责。由是尽汰罢老，申明约束，军律一新。句稽岁出入，除冗去滥，遂毕偿前所举债，又以闽困极矣，所可借手者惟盐，然盐课岁四十余万，徒虚语以文书督责而已。非大减旧额，酌变更章，必无效。凡三四奏请，终格部议不行。二十年，加太子少保衔。六月，中东事兴，大兴兵防海，府君独谓兵力视夙所备何如耳？苟募乌合无益，害且滋多。时浙江、台湾皆务增兵，多者至百营，不能如府君所戒。然其气精锐、军实备，皆不如闽远甚，敌亦竟不至。后和议成，诸防海者率费数百万，罢遣所募，兵多哗变，久乃得定。福建独无事，费不过百万，世以是多府君。当事初起，府君电奏宜合南、北洋兵船，先据朝鲜，攻日本海口，不宜坐待敌。时议皇皇，言保船不能用，福建惟两船，府君令往来台湾、上海间，职转运，诸海军蜷伏不敢出，海上独有闽船。或谓府君："公岂谓独闽船堪战耶？"府君曰："掷巨万金制船，为有今日，不能一收效，何以谢天下？诚知不堪战，保船何为？"于时，北洋海军多闽人，恇怯为世诟病，而闽船奉令无敢避，人以知府君能用人也。七月，兼署福州将军，管闽海关税务。海关故多弊，值军事，商旅不行，税常绌。府君所以整饬之甚具大，要在屏吏役、任士人，所入过承平时，尽以补前将军亏负，未尝自言功。十月，调四川总督，未行。二十一年四月，调两广总督，承困敝之后，纲纪放弛，盗贼公行，吏事不修，贪虐窳惰之风相扇，万事纷然，不可猝理。府君一绳之以法，矫之以廉，持之以静。慨然曰："粤患盗多，非民性然也。充欲幸获之心，不至为盗不止，则赌为之也。终岁捕斩以千计，而盗不少戢，此非禁赌不为功，且官食于赌，复何以临民?"乃奏革旧所定赌饷曰四成报效者，岁三十万，尽封诸赌馆，有犯必惩，尤严官吏纳贿之禁。于是以赌为利者皆怨谤。寻复有闱姓商事，闱姓者，覆乡、会诸试者姓听人射之，得多者胜，赢利巨万。以商专其事，号闱商。岁纳银数十万，号闱饷。每六年易商，则竞纳贿。总督以下贿多者得为商，府君深恶之，将并议禁，而闱饷旧关部库，格不行。会易商，府君下令输资百六十万入官者即充闱商，自总督以下不得更索一钱，明示期限，逾期输不如数，并所输没入官。或请于府君，商所输非尽己资，没之疑太过。府君曰："固知之，不如此，不足示信，粤人久虚视文告，竞思以他途进。吾所为，亦使知法不可尝试也。"时群不便者，造作蜚语，怪幻不可究诘。言者纷起，百计欲倾府君，冀开赌禁，遂其私。府君坚持不为动。又朝廷向用殷，计不得售，居久之，中外言筹饷者稍稍及赌捐，妄言弛禁即得巨款。章下府君，府君以赌不禁，广东终不可治。覆奏言："自禁赌以来，议者纷纷，至谓赌为粤民生业，禁终不止，费出于赌，取之无伤。臣愚窃所不解，夫上之于民，犹父兄之于子弟，为父兄者必无恃子弟博以自奉之理，况国家岁得不过数十万金，而小民倾家荡产者何止数十百万，民之不利，国何利焉?即甚患贫，岂遂须此。臣非不知赌禁即严，未必遽绝，然上无所利，则聚赌之匪人，受贿之官吏无可借口，尚不敢肆意横行，一旦弛禁，人民既无忌惮，不肖官吏复因而牟利营私，上下交征，乱可立待。虽有报效百万，将焉取之？至如所言禁赌则生计日穷，一省之民，恃赌为生计，中外古今安有是理？若谓盗风之炽由于禁赌，言尤不经，闻因赌而窝盗，赌输而为盗者矣！不闻赌可弭盗也。无识之徒，罔顾利害，饰辞耸听，所言万不可信，所请断不可行。”奏上，上深韪之，然言者犹不止，至取中旨相压。府君复奏曰：“粤人嗜赌甲天下，自富商豪族、官胥牙役收规开赌，视为故常。通衢僻巷，莫不有馆，即莫不有规。岁以三十万纳公家，美其名曰报效，此四成报效所由起。幸而所得尚少，害浅祸迟，设令竟集巨金，则赌益盛，害愈深，祸愈速。诸无赖自禁赌后，失所凭依，挟贿行求，歆动言者，不过谓赌禁一开，百万立至。否则徒饱官吏，无益国家，有禁之名，无禁之实。此辈岂知公义，但欲幸偿所欲，借以自肥，若欲责取百万，不可得也。即竟得之，亦犹饮鸩止渴，终必随敝。今日之事，但问当禁否耳，不宜复计及难禁，譬犹子弟纵博，父兄必禁，断无因其难禁而反纵之。至于官司骫法，国有常刑，岂可尤而效之，因以为利。臣去年奏覆一折，祇奉朱批：‘所奏甚是，着一体禁止。钦此！’仰见圣明洞烛利弊，故敢据实缕陈，非敢显违谕旨也。”奏留中，而事竟寝。终府君任，与赌禁终始焉。广东滨海互市，最先交涉，繁于他省。府君一据公理，非条约明许，不肯丝毫迁就，虽恫愒无所让。英吉利欲筑九龙至广州铁路，法兰西索合浦县矿权，皆力拒绝。二十三年，胶州变起，电奏宜力争不可许，许即无以为国，语绝严正，当事稍厌苦之。及英租九龙、法租广州湾已定约，乃告总督。府君始闻，即电奏言其形势关系，不可轻许状，竟无及，则大愤。既而叹曰：“国势不振极矣！”业许德，诚无辞拒英法，乃奏言两害相形取其轻，英于九龙势已固，宜舍勿争，专力待法。法所索广州湾界几尽，吴川、遂溪县境大背租约，又东海、硇州两岛在海中，为高、廉、钦往来孔道，尤不可许，绝交通路。相持一年，遂溪、吴川民相与为团练拒敌，府君复遣将，将五千人为声援，势汹汹不相下。二十五年秋，朝廷乃命广西提督苏元春①莅广州湾议界事，府君具分别可许不可许，坚属理争。苏至，则尽许法所索，无少辩难，亦不关白府君。府君大怒，电奏劾苏，请立废所定约。会遂溪民与法兵斗，伤其渠长，法人言于朝，必斩知县。府君电陈："此皆总督事，无与知县。法屡伤吾民，将何以偿？"朝廷重开边衅，命黜遂溪知县以谢，界遂定。府君叹曰："为国家守土不能保，又重伤吾民，何颜复居此乎？"乃上奏力求解任，于是府君五上疏矣。中间一蒙人参之，赐给假相属，终不得去。十一月，奉旨迅速来京陛见。旋以奏陈病状，赏假两月，回籍就医。明年，以万寿恩赏戴双眼花翎。四月，入都，召见颐和园。恩慰隆厚，以府君拜起艰，特命内侍扶掖。府君力陈衰老，恐误国事，非敢惜身，乞许开缺。三请乃奉俞旨，仍命留京当差。府君自以必与祝嘏后乃请归，而拳乱大起，朝官多劝速行。府君曰："明知无官，守留无益，然尝为大臣，睹国难忍先去耶？"因不复言。至七月酉幸，始以衰疾增剧，乞归家居。五年，以老谢客，绝口不问世事，被服儒素，忘其贵官。至于忧国之诚，时时见于辞色。尝独坐叹愤，或有闻见，辄累日不怡。呜呼！府君之深识远虑，固未易一二言也。府君为学，以躬行实践为主，持己敬而与人忠，尤笃故旧。同年生刘君殁京师，独归丧其家，为经纪之，晚年更修葺其墓。福州将军卒，子幼，负公私责巨万，尽以署任所入代偿，有余悉赙之。将吏有劳绩，死无以归，必厚赙赠，存活其妻子，遣吏为规画，前后凡十余人。视僚属若子弟，用惟其长，不以喜怒进退。有过面斥责，不为姑息。当时几不自容，后无不知感者。所密举当世人才甚众，皆不令知。性严毅，当官守法，无

①苏元春（1844—1907），清末湘军将领。字子熙，广西永安（今蒙山）人。团练出身。初投湘军席宝田部，参与镇压太平军和贵州苗民起义，升总兵。1884 年（光绪十年）中法战争时，署广西提督。率兵赴越抗法，初战皆捷。次年初，从潘鼎新在谅山等地作战失利。后随冯子材在广西镇南关（今友谊关）大败法军。授广西提督。1903 年以治军不严被劾，充军新疆。获释后病死。

所挠屈，意所不可，虽诏旨不少阿。官知府时，总督过境，驺从暴横，立擒笞之。巡抚欲曲法活人，令按察使谕意，卒持不可。廓尔喀使臣入觐，携译人所过婪索。至陕西，府君谓曰："使臣入侍天子，从者所为不法，此不可至京师，宜留下吏。"译人叩头流血，使臣亦跽请。乃曰："后复尔，归时吾斩汝矣！"亮节清操，由于天性，生平无华侈之奉、珍异之好，然不肯苟自洁以污人。管闽海关，既一无所取。粤海关岁馈总督数万，悉发善后局充公用，亦终不自言。尝称曰："今日大患，在近利而不务实，二者不除，国终不振。"又曰："兴利必先除弊，不然，是兴弊也。"故其为治，恶粉饰，戒虚糜，视公家之事逾其私言。理财专以节冗费、除中饱为务，不稍加敛于民。甲午以后，国债起，诸省竞增厘税，议房捐，纷然相继。府君所部，独一无所举，然事亦办。至救济山东西、湖广灾荒，甘肃回乱，不待调发，立致巨金累数十万，皆取节俭所蓄及俸余，不以劳司库，闻者叹服。若夫临大事、决大疑，颜色不变。徐起而定之，尝诵言不动声色，措天下于泰山之安，盖自期许然也。故其所计画，宏大精密，本末灿然，度事不行，行之无益，决不轻发，发必事立效著。不为人挟持，准律定谳，老吏无以难。服官五十年，未尝一干吏议被谴谪也。府君秉质强固，自治极严，饮食起居，皆有常度。未明而衣，秉烛待旦，数十年如一日。非其精力有大过人者乎！本起科第，未尝以学业自表襮。晚岁里居，偶与博学通儒言及《诗》"南东其亩"，《左传》说非是，一坐惊其确实。既积忧劳，兼跋涉南北，感婴寒暑，初受于目，晚年患中寒，时有末疾，虽神明愈湛，而体力日衰微矣！三十一年春，若有前知，坚屏药饵，三月十二日亥时，端坐而终。去生年道光二年三月十九日，享年八十有四。天乎！痛哉！遗疏闻，天子震悼，照总督例赐恤，赐祭葬，予谥文勤。赏子孙官有差。配陈氏，封一品夫人，先府君三十年卒，葬茶陵。侧室颜氏，封宜人。钟氏，封恭人。皆前卒。李氏，封恭人。刘氏，封宜人。子男五人：长宝箴，附贡生，安徽试用道，奉旨服

(阙)〔阕〕后尽先补用。次宝符，中书科中书，早卒。延闿，翰林院庶吉士。恩闿，从一品荫生。泽闿，分部郎中。女适善化附生唐赞慈。孙六人：冠宸，中书科中书，卒。辅宸，从二品荫生，特用主事。奉旨赏员外郎。继祖，拔贡生，候选同知，卒。翊宸、光宸、赞宸。孙女四，长适翰林院编修尹铭绶。曾孙三人：寿曾、颐曾、嗣曾。曾孙女一。不孝等侍疾不谨，罪通于天，偷生视息，将如吉卜，以三十二年二月戊戌朔己未，葬我府君于善化白泉荷叶塘之原。谨就府君立朝大节追忆旧闻，述其荦荦大者，不敢稍涉虚诬，以重罪戾。伏维当代宏达君子，锡之铭诔，传示无穷，世世子孙，感无既极，谨状。不孝宝箴、延闿、恩闿、泽闿泣血状。

赐进士出身诰授中宪大夫道员用前署江西提学使司、提学使翰林院编修门下士汪诒书，顿首拜，填讳。

谭文勤公奏稿卷一

007. 保送御史请申明定例折同治四年正月二十七日

奏为请申明保送御史之例，以肃台谏而慎言路，恭折仰祈圣鉴事。

窃惟科道为朝廷耳目之官，匡政治之阙失，纠臣寮之奸邪，通下情之壅蔽，职虽微而所关甚巨。我国家慎重言路，满、汉御史员缺，例由各部院保送升补，非洞达治体、砥砺廉隅之员，不得滥保。近来各衙门循例咨送，不辨淑慝，于是贤否混淆，言路庞杂。或毛举细故，不识大体。或瞻徇情面，受人指使。甚至招摇纳贿，颠倒是非，种种谬妄，难逃圣明洞鉴。夫以风宪之地，有此骩法营私之员，非特台谏无色，抑亦政体有关。臣愚以为，整饬于败露之后，不若审慎于保送之先。相应请旨，饬下各部院衙门，申明定例。嗣后保送满、汉御史，须择品端守洁之员。倘保送之后，有贪污劣迹，则原保之堂官，分别交部议处。庶几有所责成而所保不滥，有所牵制而咸知自敛，亦正本清源之一端也。

臣愚昧之见，是否有当，伏乞皇太后、皇上圣鉴。谨奏。

上谕："谕内阁，御史谭钟麟奏请申明保送御史定例一折。据称近来各衙门保送满、汉御史，但计资俸，循例咨送，不辨淑慝，遂至言路庞杂。请饬各部院衙门，申明定例，嗣后须择品端守洁之员保送。倘保送非人，将原保堂官议处。等语。科道为朝廷耳目之官，职司弹劾。凡臣寮之贤否，政事之得失，民间之利弊，随事敷陈，以通壅蔽，责任綦重。非洞达治体、砥砺廉隅之员，不克胜任。前年曾经明降谕旨，令各该衙门堂官保送满洲御史，认真考试选择，以期得人。方今言路宏开，凡在廷满、汉言官，果能剀切指陈，有裨政治，无不立加采纳。近年以来。从台谏中擢用者，颇不乏人。即有毛举细故、不谙政体者，亦未尝过事苛求。惟招权纳贿，颠到是非、骫法营私之员，实为台谏中败类。不得不执法严惩，以肃纲纪。第整饬于败露之后，不若慎重于保送之先。谭钟麟所奏不为无见。嗣后各衙门保送满、汉御史，务须遵照前旨，选择才具开展人品端方者，保送候任，毋得滥竽充数。如保送御史后，犯有贪污劣迹，所有原保之堂官，应如何查照例保处分议处之处。着吏部议奏。”①

谕内阁：“前因御史谭钟麟奏请申明保送御史定例一折，当经谕令吏部议奏。兹据该部奏称，向来御史保送后，有犯贪污劣迹，原保堂官，例无议处明文。惟保送时，各衙门皆得遴员咨送，实与京察体例无殊。自应比例定拟，以专责成。等语。御史为朝廷耳目之官，职司弹劾，较之保送京察人员，更须认真遴选。着各部院衙门，嗣后保送御史，毋得但计资俸，务须认真考核，选择得人。如保送后，有犯贪污劣迹者，即将原保之堂官，比照京察保送不实例，由该部奏明议处。如能访出揭参者免议。此旨并着该部纂入则例，通行知照。”②

008. 遵旨议奏折同治三年三月二十五日

奏为遵旨议奏事。

同治三年三月初十日奉旨：交下惇亲王及编修蔡寿祺具奏折件，着王公大学士翰詹科道会议。又于十四日奉旨：“发下醇郡王等各折，着一并详议具奏。钦此！”仰见皇太后、皇上审慎周咨之意。

---

①中国第一历史档案馆：《清实录·穆宗实录》卷128，同治四年正月癸亥条，中华书局1986年版。

②《清实录·穆宗实录》卷130，同治四年二月庚辰条。

臣等恭阅惇亲王、醇郡王等所奏，均系为大局起见。恭亲王自议政以来，夙夜在公，尚无贻误。屡荷优诏，奖其贤劳，在圣恩非私于一人，此天下臣民所共信者也。至于召对之时，语言词气，诸多不检，恭亲王渥承宠眷，自蹈愆尤，诚不得为无罪。一经天威震叠，当必愧悔交集，补救不遑。臣等伏念海内多事之秋，全赖一德一心，共资康济，而于懿亲为尤甚。若庙廊之上，先启猜嫌，根本之地，未能和协。骇中外之观听，增宵旰之忧劳，于大局实有关系。臣等忝居谏职，未敢缄默不言。至用舍之权，操之自上，则非臣下所敢妄议也。

臣等意见相同，谨合词缮折覆奏，伏乞皇太后、皇上圣鉴。谨奏。

009. 补授河南按察使谢恩折同治七年八月二十八日

奏为恭谢天恩，仰祈圣鉴事。

窃臣于同治七年八月二十三日，接奉浙江抚臣行知，七月二十九日奉上谕："河南按察使，着谭钟麟补授。钦此!"祗聆之下，感悚莫名。伏念臣楚南下士，由编修升任御史，蒙圣恩简用知府，典郡三年，涓埃未报。兹复渥荷鸿慈，破格超擢，忝窃逾分，惕息难安。查豫省处四达之冲，臬司汇刑名之总，平情执法，课吏安民，风纪攸关，责任綦重，非臣愚所克负荷。惟有趋叩阙廷，敬聆圣训，庶几确有遵守，借以勉副生成。

所有微臣感激下忱，谨缮折叩谢天恩，即于拜发后迎折北上。伏乞皇太后、皇上圣鉴。再，臣此次拜折，系借用杭州府印信，合并陈明。谨奏。

010. 恭报接印任事日期折同治七年十二月二十四日

奏为恭报接印任事日期，叩谢天恩，仰祈圣鉴事。

窃臣于十一月十九日趋诣阙廷，恭觐天颜。二十六日，荷蒙召见，跪聆圣训。遵即陛辞出都，于十二月十七日，行抵河南省城。适抚臣李鹤年[①]亲驻荥河督工，臣趋赴工次谒见。抚臣札催赴任，当即星驰回省。二十四日，准署按察使臣蒯贺荪将印信、文卷移交前来。臣恭设香案，望阙叩头，祇领任事。

伏念河南居天下之中，臬司汇刑名之总，事繁责重，报称为难。惟有随同抚臣遇事详慎，力求整顿，以期仰答鸿慈于万一。

所有微臣到任日期，并感激下忱，理合缮折叩谢天恩。伏乞皇太后、皇上圣鉴。谨奏。

011. 护理陕西巡抚谢恩折同治十一年二月初四日

奏为恭报微臣接护抚篆日期，叩谢天恩，仰祈圣鉴事。

窃臣蒙恩简授陕西布政使，十年十二月初七日，陛辞出京。

---

①李鹤年（？—1890），奉天义州（今属辽宁）人，字子和，号雪琴。道光进士。任御史时，以劾肃顺、奏起用曾国藩而著称。同治元年（1862）授常镇通海道。四年擢湖北巡抚，寻调河南，成立毅军、嵩武军，交宋庆、张曜统之，以御境内捻军。七年奉命督师出境镇压东捻军。十年擢闽浙总督。以善治河著称。光绪元年（1875）授河南巡抚兼河东河道总督，亲督民工治黄。逾年，黄河复决。发军台效力，未几释归，旋卒。

于本年正月二十二日抵陕。二十六日，前抚臣翁同爵[①]奉到批回折件，同治十一年正月十八日内阁奉上谕："前有旨令邵亨豫[②]署理陕西巡抚，邵亨豫未到任以前，着谭钟麟暂行护理。钦此！"二月初一日，据署西安府知府李慎、抚标中军参将陈照台将王命旗牌、关防文卷赍送前来。臣当即恭设香案，望阙叩头，祇领任事。臣猥以菲材，叠膺超擢，涓埃未报，愓息难安。兹复渥荷温纶，护理抚篆。闻命之下，弥切悚惶。念秦中疮痍初复，元气宜培。陇右余逆未平，边防孔亟。吏治军储，在在均关紧要，如臣梼昧，惧弗能胜。惟有益矢慎勤，随时随事禀商督臣，认真筹办。断不敢以暂时护理稍涉因循，冀仰酬高厚鸿慈于万一。

所有微臣暂护抚篆日期，谨缮折具报，恭谢天恩。

再，臣经过直隶、河南地方，麦苗甚茂。入陕以后，连日大雪盈尺，麦秋可望丰收。民情均极安谧，堪慰宸廑，合并陈明。伏乞皇太后、皇上圣鉴。谨奏。

012. 筹画边防并遣撤营勇另行添募折同治十一年三月十一日

奏为筹画陕省边防并遣撤略武四营，另行添募，以期得力，恭折仰祈圣鉴事。

---

①翁同爵（1814—1877），江苏常熟人。字玉甫。翁同书弟，由荫生用主事，分兵部。1860（咸丰十年）年任员外郎，1862（同治元年）年任湖南布政使，11月加盐运使衔。1866年署按察使、布政使。次年，调任四川按察使，未赴任。1868年改任陕西布政使。1871年升任陕西巡抚。1874年，授湖北巡抚。1875年（光绪元年）署湖广总督。

②邵亨豫（1817—1883），江苏常熟人。字子立、汴生，别署雪泥鸿爪。寄籍顺天宛平县。1850年进士。改庶吉士，散馆授编修。与修宣宗实录。屡充乡、会试考官，官安徽学政。同治间累擢陕西巡抚，调湖南巡抚，被劾内用，官至吏、户、礼部侍郎。《续碑传集》卷13有传。

查陕西防军，经前抚臣蒋志章[①]奏调总兵李辉武回汉中本任，替出提督谭仁芳所部仁胜一军，分扎北山。复经抚臣翁同爵檄饬原驻北山之提督周家盛等五营，归谭仁芳统领。总兵王名滔所部略武四营，都司杨达思一营，归李辉武统领。先后奏明在案。臣到陕后，据各路探报，甘肃两当、徽县均有零股回逆窜扰，因巩昌防堵严密，该逆欲归无路，游弋于徽县所属之榆树、坝江、南坝等处，与凤、宝毗连。不特西南边境防范宜严，秦州运道尤须加意保护。当即咨调李辉武所部律武左、右两营，一由略阳，一由凤县，驰赴徽县。会同提督殷华廷扼要驻扎，相机堵剿。惟李辉武五营不敷分布，前抚臣翁同爵曾饬王名滔率略武四营开赴三原，归李辉武统带。乃迟延日久，未据开拔。且闻其勇丁多半疲弱，难期得力。臣已檄令王名滔悉数遣撤，由李辉武另募六营，以新集之军，分布褒、沔，以原驻大安驿两营填扎凤县。现在北山静谧，经延榆绥镇道分营扼扎各要隘，可保无虞。暂留谭仁芳所部仁胜四营驻守陇、宝，与李辉武各军联络，以壮声援。前甘肃提督曹克忠[②]各营，尚驻乾州，经前代办抚臣英奎咨商，已派马队两营扎陇州，步队五营扎宝鸡，于陕防较为周密。至省城为根本重地，汉回杂处，奸宄最易潜踪。现饬在省各营分扎城关，巡查弹压。臣莅陕未久，一切防剿机宜，随时与谭仁芳、李辉武悉心商办，总期密益加密，以固藩篱。

除前敌军情由督臣自行奏报外，所有筹画边防并遣撤营勇另行添募各缘由，谨缮折具奏，伏乞皇太后、皇上圣鉴训示。谨奏。

---

①蒋志章，原名志淳，字恪卿，江西铅山人。同治三年（1864）正月任四川按察使。九月丁母忧离任。同治六年（1867）以浙江按察使擢四川布政使。同治八年（1869）擢陕西巡抚。

②曹克忠（？—1896），天津人。初投效湘军，后从多隆阿，积功至都司。1860 年受命募 500 人为忠字营，与太平军战于潜山、太湖，因功升参将，赐号悍勇巴图鲁。后升副将，以总兵记名。1862 年随多隆阿西征。次年予一品封典，以提督记名，授河州镇总兵。1865 年在金积堡战败，因前功免罪，授甘肃提督。1871 年接统淮军，专防肃州（今甘肃酒泉、高台）。1872 年署甘肃提督。1883 年，受命募六营防山海关。1884 年授广东水师提督。1885 年病罢。1894 年命治天津团练，统津胜军。1896 年卒。

013. 探报甘省军情片 同治十一年三月二十日

再，臣正封折拜发间，接据汉中镇李辉武二月十八日自宝鸡来函。据称西路探勇回报，二月初十日辰刻，有马、步贼匪五六百人，由白马关窜至大南峪焚掠，未刻已至距略阳百二十里之郭家坝。该处团首李自新督团丁扼守，被贼斫伤。十一日窜至瑶坪，将入陕境。适统带律武左营刘楚华率勇赴徽，行至略阳，迎头截击。旋调大安驿律武前、后两营各出七成队，前去堵剿。谅此小丑数百，当不敢觊觎陕南。惟律武左、右两营调赴徽县，前、后两营已出列队，律武中营填扎凤县。恐汉中空虚，人心惊惶。现在亲募六营业已成军，以三营驻汉郡，借资弹压，兼顾川省门户，以三营扎宝鸡，居中策应。旋据汉中府县及略阳县禀报，大略相同。除飞饬李辉武严密布置，确实侦探，相机迎剿外。相应附片陈明。

同日，又据甘肃泾州侦探委员陕西候补知县王遇春禀称，探得西宁、河州两处回酋，先后赴督臣安定大营投诚，愿缴枪炮马匹。二十七、二十八等日，河回已缴军械数百件，马七八百匹。督臣左宗棠未敢深信，一面听抚，一面调集各营分扎要隘。现在前敌运道，尚无梗阻，合并声明。伏乞圣鉴。谨奏。

014. 交卸抚篆接藩司本任谢恩折 同治十一年三月二十九日

奏为恭报微臣交卸抚篆，接藩司本任日期，叩谢天恩，仰祈圣鉴事。

窃臣前蒙恩命，暂护抚篆，业将到任日期具报。同治十一年二月十八日奉旨："知道了。钦此！"三月初十日，署抚臣邵亨豫抵陕。十三日，臣交卸抚篆，即于是日准署布政使臣英奎，将藩司印信文卷移送前来。臣当即恭设香案，望阙叩头，祇领任事。

伏念陕省当患贫患寡之秋，藩司有裕国裕民之责。举凡用人、行政、筹饷、招垦，事事均关紧要。如臣梼昧，惧弗能胜。惟有实力实心，勤慎自矢，随时禀商督抚臣认真办理，以冀仰答高厚鸿慈于万一。

所有微臣交卸抚篆接任藩司日期，谨缮折具报，恭谢天恩，伏乞皇太后、皇上圣鉴。谨奏。

015. 敬陈悲恋吁恳节哀折同治十三年十二月二十四日

奏为敬陈悲恋下忱，吁恳节哀，仰祈圣鉴事。

窃臣于同治十三年十二月二十一日，奉抚臣行知，接奉礼部咨文，痛悉大行皇帝龙驭上宾，伏地哀号，莫知所措。当即随同抚臣，举哀成服。伏念大行皇帝临御寰宇，十有三年。圣德覃敷，武功震铄，薄海内外莫不戴荷生成。微臣忝邀恩遇，洊陟陕藩。感激涕零，更难言状。遽闻銮舆晏驾，不禁催裂五中。钦惟我皇上大统缵承，付托至重。惟有吁恳勉节哀思，勤求郅治。上慰在天之灵，下孚臣民之望。臣不胜哀痛恳切之至！谨沥忱具奏，伏乞皇上圣鉴。谨奏。

谭文勤公奏稿卷二

016. 补授陕西巡抚谢恩折光绪元年三月初九日

奏为恭谢天恩，吁请陛见，仰祈圣鉴事。

窃臣于光绪元年三月初八日，准抚臣邵亨豫咨开。准吏部咨，二月二十日内奉上谕："陕西巡抚，着谭钟麟补授。钦此！"钦遵恭录转咨到臣，当即恭设香案，望阙叩谢天恩讫。伏念臣楚南下士，由御史出守杭郡，洊擢秦藩。在任三年，毫无报称。兹复仰承恩简，畀以封圻，闻命自天，负惭无地。

窃思陕西地当边徼，陇上幸就肃清，塞外尚劳师旅。巡抚有绥戢之责，筹防、筹饷均关紧要。如臣梼昧，深惧弗胜。惟有趋诣阙廷，跪聆圣训，庶有所禀承而免陨越。

所有微臣感激下忱，并吁恳陛见缘由，谨缮折叩谢天恩，伏乞皇太后、皇上圣鉴训示。谨奏。

017. 恭报接印日期折光绪元年四月初九日

奏为恭报微臣接印任事日期，叩谢天恩，仰祈圣鉴事。

窃臣恭膺简命，补授陕西巡抚。谨即具折，恭谢天恩。于四月初四日奉旨，昨据邵亨豫奏请，已有旨批示："该抚即着毋庸来见。钦此！"随准前抚臣邵亨豫于四月初七日派委西安府知府李慎、抚标中军参将胡得成赍送巡抚关防、王命旗牌并文卷等项移交前来。臣即恭设香案，望阙叩头，祇领任事。伏念臣一介庸愚，毫无知识。自擢任藩司以来，涓埃未报，悚惕方深。兹复仰沐殊恩，畀以疆寄，责任愈重，报称愈难。况陕境甫安，边防未撤。

凡整饬吏治、抚绥地方、筹饷练军各事宜，均属方今要务。臣惟有殚竭血诚，实事求是，矢夙夜勿欺之志，守始终如一之忱。固不敢操切图功，亦不敢因循废事，以期仰副圣主委任之至意。

所有微臣接印任事日期，除循例题报外，谨缮折叩谢天恩，伏乞皇太后、皇上圣鉴。谨奏。

018. 赏头品顶戴谢恩折光绪元年六月二十八日

奏为恭谢天恩，仰祈圣鉴事。

窃臣于光绪元年正月二十七日，接准正白旗汉军都统金顺咨称，五月初二日，准吏部咨开，内阁钞出同治十三年十二月初十日奉上谕："金顺督师西征，经陕西筹拨饷项，军火源源接济，均能无误要需。自应量予奖叙，布政使谭钟麟着赏给头品顶戴。钦此！"钦遵恭录到臣，跪聆之下，感悚难名。伏念臣供职词垣，备员谏院。曾珥貂蝉于内史，旋陪獬豸于外台。管钥虚持，懔维藩之重任。封圻忝寄，跻开府于长安。仰沐高深，未酬涓滴。比以劳师塞外，馈饷关中，本属职分，所应为只期转输之无误，乃荷殊眷，录及微劳。闻命自天，抱惭无地。念头衔之忽晋，恩重三山。幸章服之增荣，衣披一品。糜顶踵而莫报，矢感戴以靡涯。臣惟有殚竭愚诚，顾全大局。时箴赤芾，免贻诮于鹈梁。愿请长缨，冀肃清夫雁塞。

所有微臣感激下忱，谨缮折叩谢天恩，伏乞皇太后、皇上圣鉴。谨奏。

019. 奏陈司道接办粮台事务折光绪元年六月二十九日

奏为司道接办西征粮台业已接收清楚，谨将各省关欠饷开单陈明，恭折仰祈圣鉴事。

窃臣前准部咨，光绪元年三月二十八日奉上谕："袁保恒已令回京供职，西征粮台已谕左宗棠责成陕西藩司经理，应行奏催及咨行各省事件，呈由陕西巡抚核办。等因。钦此！”钦遵在案。旋准督臣左宗棠咨，委署藩司裕宽接办西征粮台事务，并委驻陕军需局、陕安道沈应奎就近帮办，以资熟手。兹据该司道等详称，五月初一日接管西征粮台，先后准户部左侍郎袁保恒将经手一切款项、卷宗移交，司道等于六月十三日逐一接收清楚，并将粮台经催各省关协饷积欠数目，开单呈请，具奏前来。

臣查各省关协解西征军饷，历年解不足数，积欠至二千六百余万之多。经粮台按月咨催已成例案，就同治十三年一岁收数，核之督臣左宗棠，每年专饷六百一十四万四千两，实解到者三百三十四万四千两。前宁夏将军穆图善专饷，由台经催者一百零八万，解到者只十七万五千两。提臣雷正绾每年专饷三十万两，实解到者只八万两。综计所收，尚不及半。而穆营、雷营月饷，不敷尤巨。悉由督臣军饷内通融借支，愈分则愈少，此必不可支之势也。现在新疆军务及关内外粮运事宜，均归督臣左宗棠督办。各军陆续出关，此后军行愈远，运费愈重，全赖各省关竭力筹济，方足以措危局而策成功。臣亦知各省关库款，均形支绌。若将前数年积欠，一时悉数措解，固属万难。然若仍如前数年解不足数，必致贻误，关系匪轻。除由臣随时分别咨催外，相应请旨，饬各省关以后照原协饷数，按月提前筹解，并将前欠陆续弥补，以济急需。理合将各省关欠饷数目，另缮清单，恭呈御览。

所有司道接收粮台事务业已清楚缘由，谨缮折具奏，伏乞皇太后、皇上圣鉴。谨奏。

020. 请催各省应协金营月饷片 光绪元年七月十七日

再，各省关应协乌鲁木齐都统金顺月饷，向系西征粮台咨催到陕，由该都统所委驻陕局员自行领解。现在该军远在前敌，需饷孔殷。除由臣分别咨催外，应请饬下各省关，提前拨解协饷，以资接济。至前乌鲁木齐都统景廉①军饷，本系自行催解。各省应协饷数，无从查悉。兹该军已归金顺统带，自应归并代催。现已移咨金顺，将景营协饷数目开明，一俟咨复到日，再行提催。谨附片陈明。伏乞圣鉴。谨奏。

021. 请饬催各省欠饷折 光绪元年九月二十五日

奏为军饷匮乏，恳恩饬部指提各省积欠，凑发年终满饷，以固军心而作士气，恭折仰祈圣鉴事。

窃臣前奏西征粮台接收清楚请饬催各省关欠饷一折，钦奉谕旨：着臣督饬该司等悉心妥办，俾前敌得以源源接济，毋任稍有匮乏。等因。钦此！”仰见圣怀廑念边事、垂恤兵艰之至意。窃查各省关应协陕甘军饷，自本年五月初一日陕藩司等接管西征粮台起，截至八月底止，四月之中，只收银八十余万两。以督臣左宗棠现在营数计之，每月需实饷四十余万两，即以此悉发月饷，亦仅得其半。况督臣奉命出关，兼筹粮运，近于新疆南北两路，创设采运数道，计程皆四五千里而遥，粮价运费十倍内地，每月又非二十万不敷支放。而且举办屯垦有费，购买车驼有费，制备军火器械有费，整顿营伍、裁撤勇丁有费，出款日增，入款愈少。数月来得以勉强支持者，恃借到洋款三百万。除还旧欠外，尚有百七十余万，悉解大营，稍资挹注。然随到随散，现亦告罄矣！

---

①景廉（1823—1885），字俭卿，颜札氏，满洲正黄旗人。咸丰朝进士，历任内阁学士、户部尚书等职。咸丰九年（1859）任伊犁参赞大臣，查办塔尔巴哈台（今塔城）、阿克苏、叶尔羌（今莎车）三处大臣的贪污案件。同治元年（1862）调任叶尔羌参赞大臣，禁绿营兵重利盘剥乡民。二年，因故革职，发宁夏军营效力。五年，任哈密帮办大臣，以新疆东路不靖，留甘肃募兵。八年，自安西带兵赴任，与办事大臣文麟会合，增强清军在东路的实力。十年，授乌鲁木齐都统，因被浩罕（今乌兹别克斯坦共和国境内）阿古柏侵占，暂驻巴里坤，接统各路民团武装。十三年，授钦差大臣督办新疆军务。光绪元年（1875）奉召回京，入军机处，补内阁学士，任兵部尚书等职。收复新疆后，伊犁将军金顺为其前功请奖，以“边帅推功枢臣，恐开迎合之渐”，奏请勿许。（《清史稿》第四三九卷）

本年各营月饷，固未满给，并有盐菜尚未按给者。转瞬年关，需饷如命，若仍不发一月足饷，何以泯觖望之心，而作效忠之气！查同治九年至十二年年节，历经袁保恒奏蒙恩施，饬部催提积欠六十万两，为各营年终一关满饷，分别拨解在案。现在出关诸军，整理待发。月饷之外，益以粮运诸费窘乏情形，较往年为尤甚。前月，业经臣饬委各员分赴广东、江苏、湖北、四川等省守提出关粮运的饷百四十余万，仍无报解消息。合无仰恳天恩，饬部速议，分别指提各省关欠饷六十万，为年终一月满饷，不准稍有蒂欠。并将各省奉拨出关粮运的饷，一并如数筹解，务于十月内外赶解到陕，转运前敌，以资支发。西事幸甚！大局幸甚！

谨将军饷匮乏情形，据实缕陈，恭折具奏。伏乞皇太后、皇上圣鉴。谨奏。

上谕："前据谭钟麟奏请指提西征年终一月满饷，并催各省奉拨出关粮运的饷暨催提金顺等军粮饷。当令户部速议具奏。兹据该部奏称，本年九月间，左宗棠奏请将部拨出关粮运专款内短解银一百四十余万两，限期提解。经该部奏准，令各省查明欠解上年部拨各款，勒限一个月解清。即着该将军、督抚等查照户部奏案办理。至谭钟麟请提西征各军年终一月满饷六十万两，据户部奏称，拟于浙江、四川、湖北、山西各提银七万两，福建、广东、河南各提银六万两，江苏提银五万两，安徽提银四万两，湖南提银三万两，山东提银二万两，共银六十万两。均在各省积欠西征协饷内提解。"等语。即着各该省督抚如数筹拨，限本年十一月内解清，毋得稍有短欠。至金顺军饷，山西月协银二万两，河东道月协银一万五千两，四川月协银三万两，湖北月协银二万两，陕西月协银一万五千两，江海、粤海、江汉三关各月协银二万两，共银十六万两。嗣将湖北、四川两省协饷内，按月划分明春银三万两。现在金顺每月协饷银十三万两，明春每月协饷银三万两，金顺接统景廉一军月饷，山东月拨银二万两，河南月拨银二万两，山西月拨银一万两，四川月拨银二万两，湖北月拨银五千两，共银七万五千两。经户部奏明，在各省欠解新疆军饷内，按月拨解。豫师月饷，山东月协银一万两，河南月协银一万两，两淮月协银五千两，共银二万五千两。张曜月需驼干五千两，亦经奏准，在山西藩库按月拨解。自本年五月以来，除陕西月协金顺饷银，业经筹解外，其余各省关，应解各军月需饷干，或全未解报，或欠解甚多，着各该督抚等将每月应拨金顺等军饷干，饬令各监督司道等，按照协拨数目报解，月清月款。如再迟延短解，即由左宗棠、谭钟麟分别指名奏参。其以前欠解月饷，并着先解一半，限一年内，分解各军应用。其余一半，仍随同现解饷银，按月设法措解，俾资接济。谭钟麟于前项各饷解到时，即迅速拨解各营，以应要需。将此由五百里谕左宗棠，福州将军，两江、湖广、闽浙、四川、两广、江苏、安徽、江西、浙江、福建、山东、山西、河南、湖北、湖南、广东、陕西各督抚。并传谕粤海关监督知之①。

022. 请催提欠饷片 光绪元年九月二十五日

再，金顺、豫师②军饷，向由西征粮台经催。景廉所部，现归金顺接统，自应一并代催。查自五月以来，金顺月饷十三万，除陕西每月一万五千两尽先筹解外，各省仅报解二万五千两，欠解之数，为数甚巨。景廉月饷七万五千，仅报解一千八百两，豫师

①《清实录·德宗实录》卷19，光绪元年十月甲戌条。

②豫师（？—1906），镶黄旗汉军人。字锡之。咸丰二年（1852）进士，补授内阁汉本堂中书，升内阁侍读。八年，任四川乡试副考官。次年，补授山东道监察御史，继转任陕西道监察御史。后补甘肃平凉府知府。同治五年（1866），简放兰州道，以功加授按察使、布政使。九年正月，赏副都统衔。是年四月至光绪四年九月（1870—1878），任西宁办事大臣职八年多。其间，西北回民起义，烽火遍地，西宁被义军马尕三等控制，前任西宁办事大臣玉通忧郁而死，其协助陕甘总督左宗棠募勇筹饷，征剿回军。因在上任初驻平番（今甘肃永登县），防剿有功，被赏给头品顶戴。光绪元年（1875），进驻西宁。卸任后，任迪化（今乌鲁木齐）都统。三十二年（1906）卒。著有《豫师青海奏稿》12卷和《险异图说》。

月饷三万五千，仅报解一万两。此外如明春[①]军饷，张曜[②]驼干，均未经报解到台。而金顺粮运、张曜屯费、明春粮价，悉由督臣设法挪垫，勉顾大局。各军待哺嗷嗷，又无别款可以划还，是以督臣军饷益形匮乏。理合仰恳天恩，一并饬部催提积欠，以资接济而清款目。

谨附片具陈，伏乞圣鉴。谨奏。

023. 请仍饬刘典速赴兰州片 光绪元年九月二十五日

再，臣准兵部咨，光绪元年八月十六日内阁奉上谕："王文韶奏据情代奏一折。据称，现接帮办陕甘军务，候补三品京堂刘典[③]呈称，母衰年迈，病尚未痊，恳请在籍养亲治病等语。览其代奏各节，尚属实在情形。刘典着毋庸帮办陕甘军务。钦此！"钦遵恭

---

①明春（？—1887），蒙古正红旗人。清同治十二年（1873）任哈密帮办大臣。光绪二年（1876）授办事大臣。清军收复新疆时，筹办粮饷运输，安置难民。十一年（1885）授塔尔巴哈台参赞大臣。次年因病离任。

②张曜（1832—1891），河北大兴（今属北京）人。清同治十三年（1874）率部出关，驻哈密屯田，垦荒地2万多亩。光绪三年（1877），奉命配合刘锦棠西进收复新疆，负责安置流亡、筹办善后等。六年，帮办新疆军务，驻阿克苏。翌年移驻喀什噶尔，组织军民垦荒种地。后调任山东巡抚等职。

③刘典，字克庵。湖南宁乡人。少以读书为志，弱冠补县学生。咸丰六年（1856），奉湖南巡抚骆秉章命，会办宁乡团练事务，因镇压该县斋教起义，奖训导。十年，左宗棠在长沙编练新军，以刘典与王开化、杨昌濬总司营务。开往江西途中，屡败太平军，擢直隶州知州并赏戴花翎。同治元年（1862）初，败太平军于开化、遂安，进援衢州，因功被擢升为浙江按察使。随后攻占兰溪、浦江、诸暨，浙西太平军连遭挫败。二年，再败太平军于梅林、黟县，清廷赏加阿尔刚阿巴图鲁名号。三年，受命帮办江皖军务，在湖南募新勇八千，师次江西贵溪，先后占领崇仁、宜黄等县。十一月，在新泉大败汪海洋部太平军。四年，配合左宗棠剿杀李世贤、汪海洋部太平军于广东嘉应州（今梅州），因功赏云骑尉世职。六年，清廷授左宗棠为钦差大臣督办陕甘军务，刘典以三品衔帮办军务。七年，奉命督办陕甘军务，旋署陕西巡抚。八年，开缺回籍养亲。光绪元年（1875），清廷令左宗棠督办新疆军务，命刘典帮办陕甘军务。二年春赴任，坐镇兰州，总理后路军务粮饷，并帮同指陈方略，先后授太仆寺卿，赏头品顶戴，擢通政使司通政使。五年，卒于兰州军营中。

录移咨到臣，窃维督臣左宗棠奉命督办新疆军务，自应亲督诸军出关。后路防军百数十营，远者相距三千余里。公牍往来，动需两月。仓卒有事，无所禀承。大兵直捣乌城，计不难立拔。而白彦虎一逆，凶悍异常，飘忽无定，难保不穷蹙内窜。后路情形吃重，必得一与诸军相习者，为之统摄，斯声气足以联络，局势不至散漫。默计督臣左右，堪此任者实难其人。昨有自南中来者，臣询悉刘典实无大病，特以高堂年迈，依依膝下，不忍远离。而其母深明大义，闻命之日，以西事为重，慷慨谕刘典西行。揣刘典所以恳辞者，或因前以养亲乞退，一旦绝裾而行，恐天下士议其后耳！殊不思徇私情而不顾国家之急，亦于大义有乖。且其兄弟众多，侍养有人，更与家无次丁者有别。相应请旨，敦促刘典速赴兰州，如以母老为念，一俟新疆事定，仍准归养，以遂初志。庶公义私情，两无所憾。臣与刘典向未谋面，前在浙时，闻其总理督臣营务，洞悉机宜，深得士心，为楚军所悦服。若令驻兰，专顾后路，俾督臣得以壹意前敌，迅赴戎机，早蒇一日之功，即可省一日之饷，并可以少纾朝廷西顾之忧。

臣愚昧之见，是否有当，伏乞圣鉴训示。谨奏。

上谕："谕军机大臣等，前据王文韶代奏刘典恳请养亲治病，当经降旨，令刘典毋庸帮办陕甘军务。兹据谭钟麟奏称，刘典兄弟众多，侍奉有人，请仍饬速赴兰州等语。陕甘后路防军，襄理需员。着王文韶传知刘典，仍遵本年七月初九日谕旨，迅速驰赴左宗棠军营，帮办陕甘军务。将此由四百里谕令知之。"①

024. 清厘司库节年奏销陈请核销折光绪元年十一月三十日

奏为清厘司库节年奏销开造，实支实用各数，陈请核销，恭

①《清实录·德宗实录》卷19，光绪元年十月丙寅条。

折仰祈圣鉴事。

窃查陕西自咸丰十年办理奏销后，即值军兴，筹防筹饷，需费浩繁。司库左支右绌，罗掘一空，未能依限奏销。十余年来，屡经展缓，臣前在藩司任内，逐渐清理历年款目收支，既未能如额奏销，即难以照例详请。经前抚臣邵亨豫奏请变通定例办理。奉旨："该部议奏。钦此！"嗣准部咨议覆，令自咸丰十一年起至同治十三年止，即行查明每年司库出入、实支实用数目，造具简明清册，咨部核销。以后仍应按年照例办理。于光绪元年五月十五日具奏。奉旨："依议。钦此！"钦遵咨行到陕，当即行知署藩司裕宽，委员督同各书，将司库收支各款，自咸丰十一年起，分年、分案逐款清厘。兹据藩司蒋凝学①详称：接任以来，督饬候补知州濮垚、布政司理问王涞、库大使马旬宣详细核算积十年之案，阅六月之久，始得一律勾稽，销算完竣。查收款以地丁为大宗，协饷次之，厘金、捐借各款又次之。支款以军需为大宗，旗、绿各营饷次之，杂支各款又次之。现查军需局报销提用司库之银，与司档逐一核对，数目相符。旗、绿各营欠发者尚多，至杂支款目纷繁，有以支作收者，有以领抵解者，有暂列未支项下俟库裕再行酌量补发者，有挪借未经筹还应归捐输请奖者。统计自咸丰十一年起，截至同治十三年底止，出入相抵，尚有不敷预提。光绪元年地丁银二十八万九千余两，其余兵马本色粮料、草束及常

---

①蒋凝学（1810—1878），字之纯。咸丰二年（1852），太平军进攻长沙，奉命办理团练。五年，随罗泽南攻陷太平军驻地，历叙从九品、国子监典簿。咸丰六年，蒋凝学领左营，攻占武昌、黄州等地，翌年攻占小池口。八年攻占九江、麻城等城，升为知府，以道员补用。后以功赏盐运使衔。咸丰十一年，奉命率部回援湖北，以道员记名。同年十月，受命驻霍山、六安，增募陆军，创立淮河水师，攻破太平军许多圩寨。同治元年（1862）初，被任为甘肃安肃道。二年春，于舒城打败太平军，后回援寿州不力，褫布政使衔。同治三年，督办皖北平圩缴械事宜，继率部迎击太平军，被围困七十余日，得外援脱围。同年冬，奉调率部援甘。因士兵不愿远征，遂返湘遣散，以病请求辞官，不准。同治五年，另募安字营，率领入甘。初授山西按察使，旋署布政使。光绪元年（1875）春，授陕西布政使，兼理西征粮台。三年秋，以新疆军务转饷功，赏头品顶戴。四年乞休，同年七月病卒，年六十九岁。清廷赠内阁学士。

社仓粮，均照实收实支，造具简明清册，咨部核销，并缕陈各款不能照例奏销缘由，详请具奏前来。

臣覆核无异，谨将实支实用各款目，另缮清单，恭呈御览。吁恳天恩，俯准核销，以清积案而重库款。

除各册咨部外，谨缮折具陈，伏乞皇太后、皇上圣鉴。谨奏。

025. 陕西旧欠东三省俸饷请暂展缓片光绪元年十二月十八日

再，臣承准军机大臣字寄光绪元年十月十五日奉上谕："崇实①等奏请拟东三省来年俸饷并请饬催欠饷一折。直隶等省积欠银两，着谭钟麟按照单开，设法筹措，务于年内解齐，以便散放。本年积欠各项要款，原单着钞给阅看。等因。钦此!"臣即钦遵查阅清单，内开乙卯年俸饷案内，陕西欠解杂项银二万一百二十九两七钱，丙辰年俸饷案内又欠解杂项银四万两，又欠解耗羡并扣半养廉银一万两。当经恭录行司筹解去后。兹据藩司蒋凝学详称：陕省欠解东三省乙卯、丙辰等年俸饷银七万一百二十九两七钱，自应遵旨赶紧筹解，以济要需。无如陕省军兴，年久地荒，蹂躏殆遍。现虽腹地肃清，民间元气未复，各属地丁钱粮征解仍未敷额。每年收储银两，又因筹拨边防各军口粮及旗、绿各营官兵俸饷、文职廉费，并杂支制造、赈抚各款，搜括一空。现在库储万分短绌，即本省应发之款，亦已左支右绌。若再拨解积欠俸饷，

①崇实（？—1876），满洲镶黄旗人。完颜氏，字朴山。道光进士，入翰林。1852年充文渊阁校理。次年升通政使司通政使。1854年擢内阁学士，兼礼部侍郎。是年4月补工部右侍郎。1859年3月，迁詹事府詹事，10月任驻藏办事大臣。1860年补镶黄旗汉军副都统。是年7月，署理四川总督。1861年，任成都将军，接办川陕防御事宜。1871年6月，任镶白旗蒙古都统。9月充武令式监射大臣。1873年4月，署理热河都统，12月补刑部尚书。1875年，调补盛京将军兼兵部尚书。任内，改设官制，变通章程，严惩污吏，倡革时政，力除时弊，主张任官不分满汉，量才委用。禁止民间私买枪炮、洋药。在锦州添设洋枪队。派陈济德、左宝贵等进剿高希殄，擒斩宋三好。1876年10月病逝。谥文勤。有著述。

实属刻难筹措。等情。具详仍请奏咨展缓前来。

臣查陕省积欠东三省俸饷银两，攸关兵食。如果稍有余力，何敢再事推延，第陕省常年所入，尚不敷出。军兴后人民逃散，田荒未辟。近虽赈垦兼筹，疮痍尚未尽复。各属地丁征解，仍难敷额，以致库款奇绌。筹拨边防各军口粮及制造、赈恤各款，并旗、绿各营俸饷，时多掣肘。该司所详，无项可筹，尚属实在情形。相应据实奏恳天恩，俯准暂行从缓。一俟各属地丁钱粮照数征收，库款充裕，即当陆续筹解，以清积欠。

除分咨外，所有陕西旧欠东三省官兵俸饷银两，现仍无款筹解，请暂展缓缘由，理合附片陈明。伏乞圣鉴。谨奏。

026. 查明特参各案据实覆陈折光绪二年三月十四日

奏为遵旨会同查明特参各案情形，据实覆陈，仰祈圣鉴事。

窃臣钟麟于上年七月十四日承准军机大臣字寄，光绪元年七月初六日奉上谕："有人奏，特参陕省挟诈营私各员，并陈钱粮仓谷等弊一折。据称，陕西鄠县知县王骧衢纵囚害良，长安县知县张国钧于革员戴昌泰诈赃一案，受贿不结。现任华州知州胡焘，前署宁陕厅同知，任用讼棍等鱼肉平民，得贿销案，并有勒征荒粮，带勇扰民各重情。知府李慎改拟重案致毙人命。西安府知府纳贿酿命、勒结京控各案。至该省钱粮，各州县竟有以荒作熟、以完作欠情事，出入仓谷，亦多弊窦，请饬查办。等语。该御史所奏如果属实，亟应严行惩办，着左宗棠、谭钟麟按照所参各节，认真查办，据实具奏，毋稍徇隐。原折均着钞给阅看。将此各谕令知之。钦此！"[1] 遵旨寄信前来。臣钟麟当即移咨臣宗棠，钦遵办理。一面转行藩、臬两司检齐各案卷宗，认真确查。臣宗棠于

①此上谕见《清实录·德宗实录》卷13，光绪元年七月庚子条。

奉旨后，亦即饬详细查覆。兹据藩司蒋凝学、臬司裕宽按照所参各节，逐一查卷，核明议覆，会详前来。

臣等覆加确核，如原参鄠县知县王骧衢纵囚讹诈，并听勾引妇女进监住宿及委查概不准理一节。查监犯樊董城因殴伤奸拐罪人常五薅，拟绞减流配，逃被获收监。曾托素好之刘丁娃等向李荣祥索欠争殴控县，李荣祥撞见同监刘城江之妻郑氏送饭，诬为樊董城勾奸，赴府呈控。经西安府知府李慎派委候补知县侯鸣珂前往查悉前情取具，并无讹诈勾奸切结。由府禀经前臬司英奎饬审未结。此外，并无受害之家控告。旋于同治十一年二月接准部咨，樊董城改发近边充军。该县王骧衢因原告李荣祥挟嫌诬控，屡传不到。即将樊董城请牌发遣，并无概不准理之事。

又原参已革同知戴昌泰，前因拷诈乡民，经控讯明，任听长安县知县张国钧受贿放逃一节。查戴昌泰前在署宁陕厅任内，被厅民列控丁役拷诈，撤省查办，抗交门丁董二。经前抚臣邵亨豫奏参革审。嗣董二病故，戴昌泰狡供推卸，发交长安县看管，因病取保逃逸。查戴昌泰系未定罪名官犯，其在保潜逃。该县张国钧专丁跟追，探知由西路行走，已出陕境。曾经禀司，札饬平凉府县会拿，并由前署臬司沈鹏元详经臣钟麟咨缉，先将原告人等保释。俟戴昌泰获日另结，并无贿逃情事。

又原参华州知州、前署宁陕厅同知胡焘贪鄙钻营、任用讼棍、嫁祸诬陷、押毙原告、诈索捏销，有邓金德京控可稽，及民人唐德发等京控坐诬，王定邦杀死土客四名，移害邱成富父子各情一节。查胡焘于同治七年在署宁陕厅任内，已革同知邓宗禹之子邓金绶，纠阻采买兵米在逃。拿获从犯邓宗谟、邓宗鹭、潘文彬、李代成、焦可琴等，禀经前署抚臣刘典饬解来省，发前署西安府知府杨光澍审办，邓宗谟等先后在保病故，均由咸、长两县验明具报。邓宗禹事后翻控，经前臬司英奎提审，逃匿不到，辄使邓金德控准都察院。奏奉谕旨，解陕审办，行至山西漪氏县，邓金德脱逃无踪。维时有名邓金华者，赴臣宗棠衙门具控。批饬回陕候讯，亦于中途逃逸。嗣经传到邓宗禹，发交长安县典史衙门看管，又复潜逃。经前抚臣邵亨豫奏参革拿，随案附参之该典史徐光亨疏脱处分，亦经准部议结。其邓金绶纠阻兵米，悉经已故邓宗谟等供认确凿，并非胡焘钻营诬陷，解省亦未用赭衣木笼。邓宗谟等在省病故，与胡焘无涉，并无索诈情弊。又华州客民唐德发等于同治四年领种荒地，拖欠历年钱粮，图减未成，添砌搜抢逼命重情。京控解回，发交西安府提讯。自具悔呈，将唐德发、黑启明分拟徒杖，由司详经前抚臣邵亨豫咨准部覆。

又已革都司王定邦，于同治五年私刻木质关防，假札募勇，诓买客民陈洪顺等烟土，致勇丁邱瞒等杀伤陈洪顺等三命。报经前抚臣乔松年①饬将邱瞒就地正法，王定邦审依伪造印信斩律，减拟满流，从重改发贵州效力赎罪。详经臣宗棠会同前署抚臣刘典具奏，奉旨交部议奏，准覆各在案。监生邱成富先被王定邦哄诱说合烟土价银，实属不知诓骗，讯系无干，并无移害刑诈情事。

又原参改拟郿县监犯荣大和罪名，发回该府，嘱县致毙。该典史不出病结、贿和加捐一节。查郿县监犯荣大和，于同治四年间因代索欠麦起衅，戳伤孀妇宋傅氏身死。解审因犯供翻异，驳饬确审。维时该府李慎尚未到凤翔府任，无从改拟，亦无须授意致毙。迨九年三月间，该犯在监病故，该县高箕承禀府檄，委署岐山县知县况瀚验明，填格详报饬审。该典史于启麟，并非不出病结。旋因催捐一事，被控撤省。因患病昏迷，以监犯荣大和囟门有伤，禀经前臬司札委知府张秉堃、兴安府知府杨焘并案确审。该典史于未审之先，病愈投悔，随提原验官及刑禁医生，讯取各结详销。该典史被控之案，亦已另案详结，并无贿和代捐之事。

---

①乔松年（1815—1875），山西徐沟（今属清徐）人。字健侯，号鹤侪。道光进士。初授工部主事，再迁郎中。1853 年（咸丰三年）后历任江苏松江、苏州知府，常镇通海道，参加镇压太平军。1856 年随两江总督怡良驻防常州。1859 年任两淮盐运使，兼办江北粮台。1861 年督办江南、江北粮台。1863 年（同治二年）任江宁布政使，旋授安徽巡抚，在皖北同太平军、捻军作战。1866 年调任陕西巡抚。1870 年任仓场侍郎。次年授东河河道总督。光绪元年（1875）病逝。

又原参长安县民妇张强氏之子张新政病故，无嗣，其媳张赵氏假冒有孕，私买婴孩，姑媳互讼，西安府受金页二百两，勒断张强氏不得复管家事，致酿逐姑毙命一节，查张强氏故夫张经年先抚养贾氏之子，更名张新铭为嗣。后张经年生子张新政，与张新铭分居另度。同治十一年间，张新政病故。遗妾张赵氏怀孕两月，张新铭欲将其子立继。亲族不依控县，批候分娩再讯。是年九月，张赵氏生子，取名应璋，张新铭捏称非张赵氏亲生，诱令张强氏出名控府，并贿嘱其戚辛冯氏，赖称应璋为辛冯氏所生，逼令认子，希图夺继。辛冯氏以夫早外出，不应诬其生子。转向张新铭滋闹，经该府李慎提案质讯，得悉其奸。张强氏俯首认悔，当以张新铭为张族异姓养子，即张新政无子，亦不能以张新铭之子为嗣。况遗腹所生，众据昭彰，乃贿嘱他人认子，借图阒继，实属险诈。姑念当堂吐实，从宽责惩。张强氏被哄误控，无颜对其子媳，自愿另住。张新铭家由张赵氏送给养赡，听其自便。张赵氏矢志抚孤，另择戚族，经管家事，不许张新铭干预，以断葛藤。取具各结完案，查核府断，甚属平允，并无受贿偏袒（清）〔情〕事。

又原参绥德州职妇刘冯氏及安康县举人刘云灿京控各案冤抑勒结等情一节。查刘冯氏因被贼掳逃回，挟夫弟刘钦不愿收留之嫌，讦讼不休，并捏图奸霸产等情控。经都察院咨解回陕，发交西安府审悉前情，断令母家领回，安分取结。详经前抚臣邵亨豫咨覆，讵刘冯氏复赴京翻控。经步军统领衙门奏奉谕旨，解回饬发臬司，提集人证讯议。详经臣钟麟提案，讯明定拟覆奏。

又安康县举人刘云灿，因其父刘维新于同治四年被傅学等谋殴毙命。民人杨生秀教唆傅学诬扳马智主谋。刘云灿信实，互相京控。先后奏咨解陕，发交西安府审实。将傅学、杨生秀分别问拟斩流，由前臬司英奎详经前抚臣邵亨豫奏交刑部议覆，准如所奏，办理并无冤抑、勒结纳贿情事。

又原参华州知州胡焘贪鄙钻营，前在署宁陕厅任内，修补坍塌城墙，捐罚并行，及借修衙署椿树诈财各节。查胡焘于同治五年委署宁陕厅同知，到任后六年八月，阴雨连旬，城垣坍塌。当经胡焘丈量详报，因库款支绌，未便请帑兴修，用石填砌城根，修造木城防守。前抚臣乔松年以捻回交讧，木城难资捍卫，饬仍设法筹款兴修。胡焘即督匠撙节勘估，共实需工料银一千五百三十七两零。选派绅董，按照估定数目劝捐，于七年正月兴工。因兵燹之后，地方瘠苦，筹捐不易。随捐随修，至八年四月工竣。胡焘将捐户花名及用过工料数目，造册详报。因系民捐民修，捐数零星，故未请奖。现查用过工料及捐户花名清册，两相勾稽，均属符合，并无盈余。如果捐收一万余串，仅用钱一千五百串有奇，司事绅董及各捐户何俱，甘心缄默？至称借修衙署椿树诈财，不知何指，无从查究。

又原参钱粮为维正之供，岁有常额。该省兵燹后，旷土甚多，不无荒粮。该州县竟有以完作欠、以荒作熟一节。查陕省承平时，丁粮年清，年款向无蒂欠。军兴后全省糜烂，北山著名瘠苦，被灾尤重。连年招抚流亡，赈垦兼筹。迄今元气未覆，以致未完民欠，历经各前任抚臣奏奉谕旨蠲缓，敬刊誊黄遍贴，晓谕各州县，即欲以完作欠，势难欺隐。至以荒作熟，更无此理。现在各属招垦，分给牛粮、籽种，已熟者尚难遽行升科，何能以荒作熟，强民完纳？至称禄米名色，查陕省只兴安府属及宁陕厅有额征禄米，系供支各营兵粮，并非鹿米折色，即系额征地丁奏销册有此名目。其颗儿运脚串票，检查向无案据，亦无人民控告，无从查办。

又原参出易常平仓谷，悉由仓书派领，苦乐亦多不均。及交仓时踢斛淋尖，一石之粮，不足完五斗之欠一节。查陕省常粮，向系分年出易。咸丰四年，奏请间年出易。仍按存七出三之数，先由各州县详院奉批后，复由藩司及本营府州委员会同监放若干。还仓时，亦仍委员验收。军兴以后，或被贼掠焚毁，或挪供兵差急需，各属仓储久空。迩来并无出易之处，即无弊窦可言。至称重征地税，加议罚款，致良懦倾家毙命。如果属实，自有苦主申诉，指名控告。现今遍访周谘，实无其事。

以上所参各案，多系同治四、五、六、七等年各前司任内之案，均经详由各前抚臣分别奏咨，或由外断结，批销完案，卷宗具在，班班可考。该两司等无所用其回护，臣等覆加明查暗访，悉与所详无异。且案均审结多年，无人控告，似未便逐案提审，徒滋拖累。惟钱粮、仓谷二款，现时虽无弊窦，第日久玩生，不可不防微杜渐。臣钟麟因全省被扰，仓储空竭，民鲜盖藏。方兹年谷顺成，业经通饬各属，于上年筹办积谷、举行义仓粗有成效。以后积储日久，不能不出陈易新，以防霉变。如原参所指各情弊，亟宜随时预防。除督同司道饬各府、州、县于所属仓粮，每遇出易时，密访纠察，有犯即行参办外，所有遵旨查明特参各案缘由，谨合词恭折具奏，伏乞皇太后、皇上圣鉴训示。再，此折系由臣钟麟主稿，合并陈明。谨奏。

027. 东乡县匪徒滋事筹办情形折光绪二年五月初八日

奏为侦探东乡县匪徒滋事大概情形，并筹办事宜，恭折驰陈，仰祈圣鉴事。

窃臣承准军机大臣字寄，光绪二年二月三十日奉上谕：“文格[1]奏东乡县匪徒聚众滋事，现在筹办情形一折。着谭钟麟饬令李

①文格（？—1886），字式岩，号铁梅，锦州府（今辽宁锦州）人。道光甲辰科（1844）翰林。光绪十一年（1885）由山东巡抚降任金州副都统，兴利除弊，甚有政绩。翌年，醇亲王奕譞与北洋大臣李鸿章来旅顺大连湾检阅海陆军，与之讲论军政。醇亲王返京后，荐其为吉林将军。赴京受任，卒于逆旅。

辉武[①]暂驻汉南，居中调度，派得力员弁，管带一二营前往认真防探，与四川各营联络声势，合力剿洗，毋稍疏虞。等因。钦此！”[②]遵旨寄信前来。臣于正月二十七日，接署汉中镇李辉武函称：“准四川督臣咨，以东乡匪徒聚众滋事，令统带陕军前往督剿。”臣以李辉武所统川军三营悉在川境，汉中只有陕军两营。当饬驻防宝鸡、陇州之律武五营悉赴汉南，听候调遣，令随时确探具报。并函商护理四川督臣文格体察情形，如陕军必须越境助剿，则汉防尚须增调。旋准文格覆称，川省已调裕字营及驻防广元等处之律武三营，又添派李有恒率所部二千人由叙南前进，李辉武可暂驻汉南，相机会剿。嗣据李辉武各营先后探报，袁廷蛟以减钱粮为名，聚众滋事，初萃峰城场，经太平县知县祝玉芬前往解散，党羽无多。袁廷蛟随带二百余人踞虾耙口，王作三、王锡三、郑晓亭等二三百人踞毛坝场。另有开县匪徒吴奉山纠聚数百人，欲与袁廷蛟合，廷蛟拒不纳，谓我辈求减粮价，并非谋逆，资之遣散。而吴奉山竟分赴各场抢掠，此正月间事也。二月初十日，管带律武中营总兵雷遇春率队至峰城场，皆老年人看守门户，询居民何

①李辉武（1830—1878），字荔友，衡山人。清咸丰中加入湘军周达武部，与太平军作战，累升至游击。咸丰十一年（1861），从入四川，镇压周绍勇、郭刀刀起义军，擢副将。同治三年（1864），从援甘肃阶州。次年抢先攻入阶州城，以总兵记名。又从讨松潘等地少数民族起义军，以提督记名。六年（1867），援陕西，败捻军于汧阳、陇州、宝鸡。八年（1869），授汉中镇总兵。九年（1870），攻北山回民军。十一年（1872），擢甘肃提督，仍留防汉中。光绪四年（1878）卒于任。

②据《清实录·德宗实录》卷26光绪二年二月壬辰，原上谕：“谕军机大臣等，文格奏，东乡县匪徒聚众滋事，现在筹办一折。四川东乡县匪徒袁廷蛟，胆敢因京控案情未遂，辄耸动愚民，聚众围城，勒减钱粮，并勾结外匪，肆行抢掠，拒伤兵练。现已聚有三四千人之多，亟应速行剿捕，以靖地方。东乡与陕省毗连，藏奸尤易，深恐各处会匪，乘机窃发，滋蔓难图。文格已派提督李有恒带兵驰赴东乡，相机剿办。并委知府王元晋等，前往会同各营，剀切晓谕，解散胁从。复咨明驻防汉中之提督李辉武，分拨各营，协同防剿。即着谭钟麟饬令李辉武暂驻汉南，居中调度。先派得力员弁，管带一二营，前往认真防探，与四川各营联络声势，合力剿洗，毋稍疏虞。文格一面饬令派出各军官，迅将此股匪徒，及时扑灭，毋任蔓延。并着查明该处地方官，有无办理不善酿成事端之处，即行参办，不得稍有瞻徇。将此由五百里谕知谭钟麟。并传谕文格知之。”

往，佥云闻官兵至，均逃避山寨。比晓以官兵只诛滋事首恶，其余良民仍各安生业。于是扶老携幼，相率归来，一切贸易如常。十六日，雷遇春率中、前两营驻扎虾耙口，见街市爆竹声喧阗，老民迎前跪接，连名为袁廷蛟作保，口称丁粮价定，情愿自首。维时统领川军营官李有恒亦至东乡，吴奉山闻大兵云集，率党远飏。官军大张晓谕，解散胁从。令将袁廷蛟等首祸五人捆献，而廷蛟不知所在。臣昨接李辉武二月二十七日函称，东乡现扎十数营，兵力颇厚，未有战事。所调赴汉南五营，已派总兵刘楚华率两营分扎定远西乡交界之孙家坪、砂子坎各要隘，为川军遥作声援。并饬雷遇春等设法诱擒袁廷蛟以献，探明吴奉山所有，即行剿洗。并据署陕安道三寿、署汉中知府林士班禀称，据定远厅同知秦毓麒接太平县知县祝玉芬两次复函，谓袁廷蛟因粮捐起衅，煽惑乡愚。该令曾往山寨亲见廷蛟，谕以祸福，乡民各愿具结散归。及至东乡县城，而被害之绅纷纷请兵诛剿，现有知府王元晋等至县查办，冀可解散。俟续得探报，再行禀闻。

臣查东乡与定远西乡，相距五百余里，防范宜周。已咨商李辉武确探情形，如贼势鸱张，即相机前进。并饬汉中道府，督同地方官严密布置，勿稍疏虞。所有探闻东乡匪徒滋事情形，并汉南防堵缘由，谨缮折由驿驰奏。至凤、宝、陇州一带，臣已檄调谭仁芳所部五营填扎。现在地方均极安靖，合并陈明，伏乞皇太后、皇上圣鉴。谨奏。

谭文勤公奏稿卷三

028. 颁赏《钦定剿平粤匪方略》《剿平捻匪方略》谢恩折光绪二年六月十七日

奏为恭谢天恩，仰祈圣鉴事。

光绪二年八月十六日钦奉恩赏《钦定剿平粤匪方略》[①]《钦定剿平捻匪方略》[②] 各一部，由陕甘提塘恭赍到陕。臣谨即恭设香案，望阙叩头，谢恩祇领讫。

伏念我国家列圣相承，重熙累洽。统万邦以建极，会归则道路同遵。总七德而定功，声教则华夷共慑。蠢兹粤捻，自外生成。忘卵翼之鸿慈，逞爪牙之犀利。初谓潢池，盗弄俏张，五岭之间，何期沧海横流，泛滥两湖以下。夺长江之险，狎鲸波而遍掠艅艎。踞建业之城，营兔窟而益坚壁垒。毒雾迷漫于南服，逆氛浸及乎朔方。煽魑魅魍魉之群，几同豨突。蹂晋豫齐秦之境，更事鸱张。为覆帱所不容，实人神之共愤。我文宗显皇帝赫然震怒，奋厥乾刚。扬万里之天威，诫申师律。综十全之祖训，策授临轩。萃虎

---

①清代官修。奕䜣等奏敕领衔修撰，朱学勤等总纂。四百二十二卷（册），分卷首二卷，正文四百十四卷，后附设立长江水师章程六卷。1872 年（同治十一年）大字铅印刊行。系自 1850 年 6 月（道光三十年五月）至 1866 年 3 月（同治五年二月）清政府镇压太平天国的有关奏报、上谕等档案资料长编（有删节），是研究清朝镇压太平天国历史的重要资料。

②清代官修。奕䜣奉敕领衔修撰，朱学勤等总纂。三百二十卷。1872 年（同治十一年）大字铅印刊行。全书将镇压捻军起义的清将及诸臣有关奏折，按年月日排列，所录奏折有所删节。起于 1851 年 7 月 12 日（咸丰元年六月十四日）都察院奏，至 1869 年 1 月 25 日（同治七年十二月十三日）荆州将军巴扬阿奏折为止，大体上可从反面看出捻军起义的发生、发展及其失败的全过程，为研究捻军起义的重要参考资料。

豹以名韬，厉熊罴而选士。大江东去，楼船下而先靖鲲鲵。方叔南征，钲鼓鸣而直穷狎狁。凡此戎机之克协，悉衷圣算之无遗。我穆宗毅皇帝继体守文，冲龄践阼，仰承懿训，载缵武功。方整饬乎六师，遂肃清乎群丑。纵昆冈之烈焰，釜绝鱼游。困垓下以长围，社无鼠伏。九婴虽虐，终殪唐弓。三蘖方苞，旋膏商钺。勋业为古今所罕觏，恩威侔天地之无私，允宜辑典谟训诰之编彰兹圣烈，庶共知文武圣神之略断自宸衷。方今我皇上大业初膺，前光允迪。阐敷天之伟绩，广继序之孝思。纂就鸾函，俨球图之灿列。颁从凤阙，俾寮采以同瞻。臣韬略未娴，疆圻忝寄。缅中兴之事业，莫罄揄扬。捧实录之辉煌，曷胜忭舞！

所有微臣感激下忱，谨缮折恭谢天恩，伏乞皇太后、皇上圣鉴。谨奏。

029. 各营俸饷拟改放实银折光绪二年闰五月十四日

奏为旗绿各营官兵俸饷，拟照现章改放实银，停搭官票，以杜流弊，恭折仰祈圣鉴事。

窃查陕省前因库款短绌，前抚臣瑛棨①于同治元年奏请仍设官钱铺，搭放西安满营暨臣标并城守等营兵饷。按照减折八五章程，除裁减外，以二成给放实银，其余八成折钱支发官票。嗣又改为三七搭放，腾挪现银，以纾司库。计自开设以来，截至光绪元年，已十四年之久。旧票支放甚多，加以按月搭发新票，新陈相积，累万盈千。近年叠获私造假票之案，虽经随时重惩，无如奸民惟利是图，罔顾法纪，此风总未尽息。是欲净绝根株，非停发新票不能截其流。尤非徐筹票本，收还旧票，仍无以塞其源。现虽库藏奇绌，存银不敷周转，而流弊无穷，不能不及时补救。臣与藩司蒋凝学悉心商酌，于无可筹画之中尽力腾挪。自光绪二年正月起，将旗营官兵现发五成饷干米折、操练马队八五饷干米折道仓，

①瑛棨，字兰坡，郑氏，汉军正白旗人。历长芦盐运使、河南布政使，擢为巡抚，后调任陕西巡抚。咸丰末年至同治初年在任之时，正值太平天国晚期，回民起义相继在全国许多地区爆发。咸丰十一年（1861），宋景诗在山东领导黑旗军起义，许多回民参加。云南回民军攻打昆明。同治元年（1862）太平军和捻军联合进入关中，瑛棨束手无策，起用张芾帮办团练。张芾为陕西泾阳人，曾在江西巡抚任上与请假在籍前刑部尚书陈孚恩共办团练以对抗太平军，又以左副都御史在皖南督军办理剿务。后以失机自劾请治罪，回乡休养。瑛棨与张芾强迫回族兵勇抵挡太平军和捻军，战事刚刚平息，陕甘回民起义随之爆发。“连破数州县，逼省城。诏芾督办陕西团练，会同巡抚瑛棨防剿。瑛棨巽懦，计无所出，谓芾大臣有乡望，谕之宜可解”（《清史稿·张芾传》）。张芾召集回民，劝谕、安抚，在渭南仓头镇被杀，时同治元年五月十三日。此前一个月，四月十一日（5月9日），清廷以防剿不力，将陕西代理总兵闫丕敏、副将张维义，道员张守岱、李祝龄等革职留任，令其自效，“已革总兵官布克坦遣戍军台”（《清实录·穆宗实录》卷25）。鉴于陕甘回民起义声势日大，清廷命钦差大臣胜保赴潼关进剿。是冬，胜保以骄恣欺罔罪，褫职逮问，多隆阿代为钦差大臣。派令团练马德昭赴援凤翔，种种捏饰，逗遛不进。瑛棨株守省城西安，漠视地方，经多隆阿奏劾，二年（1863）七月，瑛棨等被革职。多隆阿驰赴西安，“查点马德昭所统四关各营勇丁三千八百余名，而实数仅一千八百余名，残弱又且过半。瑛棨之存城营勇一千余名，仅四百余名可用，其每月粮饷，各营均按虚数支领”。二年（1863）八月十四日（9月26日），清廷批复：“览奏殊堪痛恨。瑛棨以巡抚大员，贻误地方，至于如此，所部勇丁，徒糜饷需，毫无实用。且借保护省城为名，屡次饰词奏留马德昭，凤翔等城久被贼困，置之不顾，但为马德昭捏报战功，且纵令马德昭虚报勇数至二千名之多，并不认真查点，通同蒙蔽朝廷，实属溺职辜恩，大负委任。前旨仅予革职，尚觉情浮于罪，瑛棨着即行发往新疆充当苦差，以示惩儆。”（《清实录·穆宗实录》卷76）九年（1870）九月，瑛棨被起用为科布多参赞大臣，次年九月以病解职。

本色不敷全折。世职七成俸银暨臣标二五成饷干内，所有搭支全支钱票之处，一律停止，概以实银支放。每月仍酌支官铺票本银六七千两，以备易钱收销官票之需。定议之初，犹恐官票行用已久，一旦停刷新票，倘民间悉持旧票，纷纷取钱，司库无此巨款支给，深虞掣肘。兹自试办半年之久，每月酌筹现银，易钱以供官铺支发，可资周转。故民间亦不以空虚为疑，幸得相安无事。现饬官铺委员，将同治元年四月复开起至光绪元年年底止，收放过官票数目，开具清折，逐一勾稽。除连年已收回旧票外，尚有未收回旧票一百五十四万七千五百六十四串，其票本已于十三年奏销案内，声明扣存。旗、绿营兵饷票本银三十六万六千五百九十四两零，又文武廉费搭钱四成票本银五万六千五百三十七两零。又现办光绪元年奏销内，有已经扣存旗、绿营兵饷搭钱折扣及文武廉费搭钱四成票本。除已支发外，尚应存票本银六千七百五十两零。统计扣存票本银四十二万九千八百七十九两七厘，虽银价高低无定，以现在每两易钱三千五六百计之，每月酌筹票本银六七千两。大约五六年间，可将官票一律收销。彼时察看情形，再将官铺停开。似此变通办理，不惟兵饷支放实银可期，除复旧制，得以少济兵艰。而停搭官票，奸民无从施其伎俩，亦足以重圜法而杜弊端。据藩司详请具奏前来。

除饬司妥办外，相应请旨敕部立案。臣为济兵饷而清市廛起见，所有兵饷改放实银停搭官票缘由，理合恭折具奏，伏乞皇太后、皇上圣鉴训示。谨奏。

030. 前敌需饷请拨提巨款折光绪二年九月十五日

奏为前敌需饷甚急，后路防营年终一月满饷亟须筹发，请旨敕部分别拨提巨款，以恤兵艰。谨将各省关本年已解未解数目，另缮清单，恭折由驿驰陈，仰祈圣鉴事。

窃臣准督臣左宗棠函开：乌城新复，官军进规南路，局势愈宽，需饷益繁。大营存饷仅支两月，至十月底又将悬釜待炊，万方焦急。嘱臣查明各省欠数，迅即奏恳天恩，饬部催提巨款，以济燃眉。臣维前敌艰窘情形，督臣已于八月初一日详悉具奏在案。惟解数少有参差，则以七月间报解者，尚未到营也。统计各省关截至八月底止，欠解本年新饷，共四百四十四万余。按八成计之，尚可得三百万，数月以来，报解者寥寥。后路防军年终例给一月满饷，历经部臣每年指拨欠饷六十万，向亦解不足数。惟元年止收四十八万，尚欠十二万，屡催未解。此外出关的饷等专款，欠解尚多。臣按月咨部分催，函牍交驰，迄未有以应也。窃维本年西饷，荷蒙皇上特沛德音，拨部款二百万。行间将士感激图报，奋不顾身。此次旬日之间，叠克数城。古牧地之战，虽伤亡颇多，而锐不少挫。战且愈力者，实赖圣恩优渥，足以鼓士卒之气也。现在白逆南窜，安酋负固，势不可以中止。转瞬严寒，当风饕雪虐之晨，有断指裂肤之患。军士履冰荷戈，情殊可悯。若饷糈弗继，何以收饱腾之效，而蒇垂成之功。合无仰恳天恩，饬下各省关，按照部议八成以上迅筹巨款，提前赶解，限九、十月之交至陕，由粮台转解前敌，以应急需。并请饬部分别指拨年终满饷六十万，如数起解。统于十月底到齐，庶足以励戎行而固军志。

所有各省关本年新饷截至八月底止，已解、未解实数，谨缮清单，恭呈御览，伏乞皇太后、皇上圣鉴训示，施行。谨奏。

上谕："又谕，谭钟麟奏前敌需饷，请饬催各省关欠饷，并饬部提拨年终一月满饷，暨各省欠饷，可否先行挪借起解，请饬部酌议各折片。各省关欠解左宗棠军营协饷，前据该大臣奏陈前敌艰窘情形，当经降旨饬催。兹复据谭钟麟将各省欠解本年饷数截至八月底止，开单呈览。江苏未解银二十四万五千两，又老湘营饷未解银四十九万五千两，又应解原协陕西改拨西征军饷，未解银六万两；江西未解银三十六万两，浙江未解银五十三万二千四百三十余两，湖北未解银五十八万两，广东未解银二十三万一千八百余两，湖南未解银十万两，河南未解银六万两，山东未解银七万二千两，山西未解银四十四万两，河东应解雷正绾营军饷银六万两，未据报解。又欠解元年以前银十六万二千两，盐课应拨协甘饷未解银五十六万五千两，安徽未解银十万两，四川未解银二十二万五千两，闽海关应解雷正绾营军饷未解银十六万两。现在大军进规南路，亟须饷项接济。乃各该省应解八成以上饷数，报解寥寥。据该抚奏称大营存饷，仅支两月。若不迅图解济，必致停兵待饷，贻误匪轻。着各该将军、督抚督饬司道监督等，迅筹巨款，限九、十月间解至陕省，由粮台转解前敌应用。谭钟麟以需饷紧急，请饬各省将应解之款，先由富商挪借一批，即行起解。仍按每月应解之数，分期拨还。其应给息银，即由西征饷内扣除。等语。着户部酌核具奏。左宗棠军营应需年终满饷六十万两，并着户部即行分别指拨。统限十月底如数解齐，以应急需。谭钟麟另片奏。请饬催金顺军饷等语。各省应解金顺军饷，本年实解到营者，不满四十万两。该军亦在前敌，正图进取。所需饷项，岂容任意延宕，着户部即于各省关欠解金顺协饷四百数十万两内，每省酌提大批，勒限起解。务于年内赶紧到营，毋任延误。将此谕知户部。并由五百里谕令文煜、沈葆桢、刘坤一、李瀚章、丁宝桢、翁同爵、文格、吴元炳、裕禄、刘秉璋、杨昌濬、张兆栋、王文韶、李庆翱、鲍源深、谭钟麟知之。”①

031. 请饬各省挪借商款先行起解片 光绪二年九月十五日

再，师行日远，道里愈赊。由陕解饷至前敌，必须九十余日。即各省协饷九月底到陕，比至营，已岁尽矣。若各省零星点缀，迟速不可知，则前敌必有停兵待饷之患。想各省疆臣各体时艰，数年来筹解西饷不遗余力，当此事机顺利，功在垂成，无论如何

①《清实录·德宗实录》卷40，光绪二年九月壬申条。

为难，必当勉筹大批，以资接济。纵各省库款万难腾挪，或分向本地富商暂借一批，先期起解。各省仍按每月应解之数，分期还之商人，应给数月之息，即由西征饷内扣除，在各省分期归还，无洋款期限迫促之虑，而大营得此巨款，庶几于事有济。是否可行，应请旨饬下部臣酌议。

臣为饷需紧急起见，谨附片具陈，伏乞圣鉴训示。谨奏。

032. 请饬催各省协饷勒限先解片光绪二年九月十五日

再，金顺一军，据称四十余营，月需饷十余万两。今年各省协饷，实解到营者不满四十万，曾不及月饷之半。金顺屡次函述艰窘情形，嘱臣亟为设法。而西征粮台，本不存饷，无可腾挪。惟陕西月协一万五千两，无论如何为难，必于两月前预筹赶解，臣力所能为者止此。至各省欠饷，频催罔应。金顺叠次奏奉谕旨敕催，在部臣亦且笔秃楮罄矣！顷金顺委员桂锡桢自营来，臣细询军情。据云四、五月之间，粮饷俱尽。若非督臣左宗棠接济粮数百万斤，几不可支，军士褴褛情状，言之可悯。瞬届隆冬，饥寒交迫，即驯习士卒，难保不因觖望而生事。成败利钝，只在呼吸之间。大局攸关，良非细故。相应请旨，饬下部臣，于各省关欠解金顺军营协饷四百数十万内，每省酌提一大批，勒限起解，年内赶解到营。庶士心固而成功速，于边事大有裨益。

臣与闻粮台事，目击情形，不敢不据实陈明，是否有当，伏乞圣鉴训示。谨奏。

033. 颁赐《穆宗毅皇帝御制诗文全集》谢恩折光绪二年九月十七日

奏为恭谢天恩事。

窃臣接陕西驻京提塘恭递蒙恩颁赐《穆宗毅皇帝御制诗文全

集》各一函，臣谨设香案，望阙叩头祇领讫。钦惟穆宗毅皇帝学本日新，聪由天亶。图史阐精微之蕴，抉经心而执圣权。彰瘅秉中正之枢，示帝范而立臣极。犹复萃云霞，以成绮和平。扬雅颂之音，洒珠玉而挥毫正变。究风骚之本，综前圣、后圣而圣学集其大成。观天文人文，而文命敷于四海。岂仅识周万轴，总石渠天禄之藏，治炳中兴，埒同马攻车之赋也哉！皇上抱蜀怀冲，徇齐表异。奉两宫之懿训，深继序之绎思。十三年峻德丰功，既辉煌于实录。十六卷高文典册，先荟萃于遗编。手泽长留，永慕宜同。弓剑心传如接，绍承并重。球图缅皇史之尊，藏允符列圣。幸瑶函之远贲，下逮群工。臣技等虫雕，见侔蠡测。念昔读书东观，曾随侍从之班。方兹持节西陲，忝荷疆圻之任。仰瞻大观，在上莫赞一辞。愿偕六籍同珍，永垂万祀。

所有微臣感激荣幸下忱，谨缮折恭谢天恩，伏乞皇太后、皇上圣鉴。谨奏。

034. 奏参办理积谷不实之知县折[①] 光绪二年九月三十日

奏为知县办理积谷不实，前后禀报含糊，请旨分别革职摘顶，以惩玩愒，恭折仰祈圣鉴事。

窃查陕省军兴以后，公私荡然，民鲜盖藏，仓无储蓄。臣于去年夏间，通饬各属劝捐义仓，绅民有能捐谷千石以上者，奏请奖叙。数百石者，由臣赏给匾额。此外，数十石或数石，各听量力捐输，分存各乡。择正绅经理，官只稽查，不假手胥吏。民间亦知事关切己，踊跃赴义。据报一县或万余石、数千石不等。至各州县仓谷，经军需动用无存，司库支绌，无从筹款弥补。惟有各县里局，近年兵差少减，供亿较省。去秋委员分赴各属，清查

①《申报》上海版，1877年1月26日第1462号4—8。

里局用款，裁减浮费，以节省之盈余，为买粮之经费。行之数年，可复承平时仓储之旧。旋据署临潼县知县曹俊亮禀报，由里局提钱五千二百串，买仓斗麦一千七百二十五石在案。本年二月，曹俊亮卸事，调补斯缺之卫锡恩到任，于前买仓麦是否实储，并无只字禀报。秋间，藩司委员前往盘验。始据卫锡恩禀称，曹俊亮只买麦一千零七十余石。现正催收入仓，余钱因民欠未清，俟收齐再行买补等情。查曹俊亮原禀提钱五千二百串，买麦一千七百二十五石，数目何等确凿，一经委查，短至六百余石之多。即已买者，亦未实运入仓。其含糊粉饰，殊出情理之外，更难保无侵挪、亏欠情事。卫锡恩到任半年，于曹俊亮办理积谷不实不尽，应即禀揭，即使实欠在民，亦不妨据实禀明。乃扶同隐饰，视仓储为不急之务，则地方公事漫不经心可知。兹据藩、臬两司会详请参前来。

臣查陕省吏治，积习相率疲玩，虽舌敝唇焦，终觉形同聋聩。若不分别惩办，无以儆欺饰而杜效尤。相应请旨，将前署临潼县知县候补同知曹俊亮暂行革职，调补临潼县知县卫锡恩先行摘去顶戴。仍饬司查明，如有侵挪、瞻徇情弊，再行从严参办，以为玩视仓储者戒。

所有特参知县办理积谷含糊缘由，谨缮折具陈，伏乞皇太后、皇上圣鉴训示。谨奏。

035. 筹解塔城专饷并陈陕库艰窘情形片[①] 光绪二年十月十五日

再，臣接准军机大臣字寄，光绪二年九月十五日奉上谕：“英

①《申报》上海版，1877年1月27日第1463号4—8。

廉①奏请饬部垫拨银两并请催欠饷一折。塔城防兵待饷孔殷，着谭钟麟迅将欠解塔城专饷，如数拨解，以应急需。等因。钦此!”遵旨寄信前来。臣查陕省奉拨塔城专饷三万两，前准部催，已于七月间据藩司详称，筹银一万两，由山西藩库拨司搭解绥远城转解在案。兹奉谕旨催解，自当钦遵筹办。现查归包粮局业已停采，尚有存银。当饬藩司会商粮台，于九月二十八日飞札归化粮局委员，拨银一万两，作为陕省二次筹解塔城专饷，就近解交绥远，交将军衙门转解，以资便捷。即由藩库归还粮台，以清款目。惟陕库入不敷出，数年来挪东补西，艰窘万状。去年湖北停解仁胜营月饷，今年江苏月饷解拨西征。以瘠敝之区，每年骤短二十四万，益不可支。军需局供支防营月饷，时复短绌，辄向绅商息借，而督臣大营当万分为难之际，函牍告急，司库无可腾挪，亦向富商代借或十万、二十万，随时通融接济。因时借时还，故未尝形诸奏牍，前后尚有二十万，未经归款，皆军需局所代筹也。臣与藩司兼顾粮台事，目击西饷支绌，何能膜视。即金顺、徐占彪等军，均在前敌，陕省协饷必先两月豫筹赶解，凡力所能为者，无不竭力筹济，以维全局。而移缓就急，必不能无顾此失彼之虞，亦事势所无如何也。

所有先后筹解塔城专饷二万两并陕库艰窘情形，谨附片具陈，伏乞圣鉴。谨奏。

036. 已故疆臣刘蓉请建专祠折光绪三年正月二十六日

奏为已故疆臣夙著勋劳，士民感戴，据情吁恳天恩，准建专祠，以顺舆情而彰忠荩，恭折仰祈圣鉴事。

---

①英廉（？—1900），蒙古正蓝旗人。清同治十二年（1873）任塔尔巴哈台参赞大臣。时沙俄侵占伊犁，与署伊犁将军荣全安顿难民，整顿军队。光绪二年（1876），赴绥来堵截敌军，建功赏头品顶戴。旋诏回京。

窃据陕西在籍绅士三品衔前掌四川道监察御史师长灼，翰林院编修李寅、李联芳，内阁中书王瀚等联名禀称，已故前任陕西抚臣刘蓉[①]，于同治二年由川督师入陕，收复汉南府县各城，剿灭蓝大顺[②]等巨憝，削平逆回，肃清关辅。越境攻克阶州，殄除蔡、启两逆，全陕以安。在任三年，持躬清正，率属廉勤，招辑流亡，举办赈垦，修祀典，兴学校，举贤能，课农桑，力除积弊，百废俱兴，功德在人，至今感慕。现拟集资建立专祠，春秋享祀，以伸爱戴之忱，公恳据情转奏前来。臣等查已故抚臣刘蓉，以诸生从戎，转战楚蜀，卓著勋劳。其抚陕也，当全省糜烂之余，著廓清奠定之绩，厥功尤伟。嗣因病陈请开缺，留办军务，灞桥失利，

①刘蓉（1816—1873），字孟蓉，又作孟容，号霞仙。湘乡人。诸生出身，咸丰初，佐罗泽南在乡办团练。咸丰四年（1854），随曾国藩在湖北、江西与太平军作战。五年（1855），从罗泽南由江西回援湖北。其弟战死蒲圻，送丧归籍。十一年（1861），骆秉章督师四川，被聘参赞军事。以知府加三品顶戴，署四川布政使，明年实授。同治元年（1862），太平天国翼王石达开率军由滇、黔入川时，赴前线堵截，石达开兵败大渡河，自投清营，乃将其槛送成都后杀害。二年（1863），奉命督办陕南军务，擢巡抚，率军进驻广元。三年（1864），入汉中屯防。进关中，战于户县、盩厔、郿县。四年（1865），克阶州，击灭四川地方起义军和太平军余部。不久，以泄露密折，降调革任，仍署巡抚。五年（1866），因病开缺，仍留陕办理军务，与巡抚乔松年不和，所部楚军三十营被西捻军张宗禹击溃于灞桥后，革职回籍，著有《养晦堂诗集》《思辨录疑义》等。

②蓝大顺（？—1864），川滇农民起义首领。又名朝柱，云南昭通牛皮寨人。1859 年与其弟二顺（即朝鼎）及李短鞑（即李永和）在乡结盟起义。进入四川后，声势壮大，义军达三十余万，活动范围为五十余州县。在四川总督骆秉章所部湘军进攻下，其弟与李短鞑先后牺牲，乃率余部北上陕南，1863 年与西北太平军陈得才部联合抗清，被太平天国封为文王，连克汉中、城固等地。冬，进占盩厔，以窥西安。1864 年，盩厔失守，退往陕南，为汉阴（一说安康）地主武装所杀。

奉旨革职。同治十二年十月在籍病故，经湖南抚臣王文韶①奏请开复处分。前四川督臣吴棠②胪陈功绩，恳恩宣付史馆，入祀川省名宦，附祀骆秉章专祠。前抚臣邵亨豫奏请入祀名宦祠。均奉恩旨，允准在案。是刘蓉之品行学问，出处大节，及一切事实政绩，久荷圣明洞鉴，无俟臣等琐述。

兹该绅等联名公恳集资建祠，臣等察访舆情，出于至诚，合无仰恳天恩，俯准陕省建立已故抚臣刘蓉专祠，以表勋勚而隆食报之处，出自鸿慈，谨合词恭折具陈，伏乞皇太后、皇上圣鉴训示。再，此折系臣钟麟主稿，合并陈明。谨奏。

037. 潼关商税请仍照前尽收尽解折光绪三年三月二十八日

奏为潼关商税骤难复额，仍请照前尽收尽解，恭折仰祈圣鉴事。

窃查潼关商税银两，经前抚臣邵亨豫将万难复额情形，于同治十三年八月覆奏，仍请尽收尽解，旋准部覆，再予限三年，一俟限满，即行照额征解具奏。奉旨："依议。钦此！"钦遵在案。

---

①王文韶（1830—1908），字夔石，号耕娱，晚号退圃。浙江仁和（今杭州）人。咸丰二年（1852）进士，铨户部主事，迁郎中。出任湖北安襄郧荆道、按察使。同治六年（1867），迁湖南布政使。十年（1871）署湖南巡抚，在任用兵贵州，镇压苗民起义军。十一年（1872），檄道员陈宝箴镇压宁远、耒阳会党起义。光绪元年（1875），派总兵谢晋钧清剿新化、衡州、永州起义军。时值清政府内部围绕新疆问题发生海防与塞防之争，上奏支持左宗棠，主张收复新疆，并积极为左进兵新疆筹集协款。同年，开办湖南机器制造局。四年（1878），署兵部左侍郎，入值军机。十五年（1889）授云贵总督。二十一年（1895）调任政务外大臣，兼督办路矿大臣等要职。

②吴棠（1813—1876），安徽盱眙（今属江苏）人，字仲宣。道光举人。历任南河、桃源、清河、邳州知县。1853 年（咸丰三年）太平军北伐，吴棠招集乡勇合力防堵。1860 年补淮徐道，奉命帮办江北团练。1861 年任江宁布政使兼署漕运总督，督办江北粮台。1864 年署江苏巡抚。次年调署两广总督，未任，仍留漕督原任，筹划恢复运河漕运。1866 年擢闽浙总督。次年调任四川总督，镇压川、黔边境苗民起义。1871 年署成都将军。在任拨捐输银赈灾济民。1875 年（光绪元年）因病乞归。

兹据藩司蒋凝学接准潼关商道谢质卿移称：查潼关商税，自同治元年陕回倡乱，甘回继扰，蔓延口外各城，十余年间，数千里殆无完土。迄今虽就敉平，而前此被灾既深，人民未尽复业，东南绸缎各货，入境甚少。川甘药材、水烟下运者寥寥，近年所征者，惟河南灵、阌一带过关花布等项。溯自同治十三年三月起，至光绪三年二月底止，每岁仅收银二千六七百两及三千四百余两不等。其元年以前所征银两，报解清楚，奏销达部。二年税银，亦经报解，赶入奏销。核计三年中，较同治十三年二月以前收数稍增。然较之原额，犹甚悬殊。数年以来，招徕之法靡所不施，欺隐之端，无时不察，而来源不旺，短缺犹多。本年三月，又值展限届满，亟应照额征解，何敢借词再展。无如刻下塞外未靖，陕甘元气未复，且各省设卡抽厘，商贩成本较重，每多裹足。陕省毗连五省，道路纷歧。一到关城，厘税并征，商贾锱铢悉较，避重就轻，不无绕越之弊。察看情形，三四年中，未必即能复额。请自本年三月限满后，暂勿拘以年限，仍请照前尽收尽解。一俟关外军务大定，民气复元，商货行销畅旺，立时请奏复额，以重课税等情。由藩司核明具详前来。

臣查潼关商税，自乾隆十年奉部覆归道征收，如定额征银一万七千九百七十四两，倘征不足额，准其确切查实，加结题报，是当定额之初，已计及短绌之日。自军兴以来两次停征。七年，再行试办。叠经前任抚臣蒋志章、邵亨豫奏请展缓，均奉旨允准在案。近虽收数稍增，而较原额尚不及十分之二，欲于三四年内遽复旧额，其势有所不能。现据该司道等援案仍请尽收尽解，合无仰恳天恩俯准，将潼关商税暂准展缓。俟关外事定，陕甘元气尽复，厘税归并后，商货流通，再行照额征解。臣仍督饬严杜奸商偷漏、胥役隐欺。并令随时整顿，设法招徕，以裕国课而复旧章。

所有查议潼关商税仍请尽收尽解缘由，理合恭折具陈，伏乞皇太后、皇上圣鉴训示。谨奏。

038. 饷源枯竭请饬部速筹巨款折光绪三年五月初四日

奏为饷源枯竭，万难支持，军事正顺，未便停兵久待，吁恳天恩，饬部速筹巨款，以济急需，恭折驰陈，仰祈圣鉴事。

窃维西征军饷，正月间奉到部咨：奏准各省关提前协解三百万两，限三个月解清。业经臣分别咨催，嗣督臣左宗棠奏请拨四百万两，三月二十一日钦奉谕旨："饬各省关提前赶解。等因。钦此！"复经钦遵转咨在案。现查三个月限期已满，据各省关报解本年新饷六十万四千两，截至四月止，解到陕者仅十五万四千两，曾不足前敌半月之费。督臣催饷之檄，急于星火。臣刘典在兰州搜刮殆尽，焦灼万分，告急之书，数日一至。臣目击艰窘，无可如何。商之藩司，将陕库所收地丁银三十万，悉数挪移，于四月初起解。俟后路解到，归还应用。而杯水车薪，仍属无补。洋款久无消息，即使可借，计解银到陕省，当在秋间。比至前敌，已冬初矣。各省关无大批起解，按月零星点缀。后路尚须截还去冬借款，将来到营者，亦复无多。目前已不可支，更何能为经久之计。据刘锦棠①三月禀报，旬日之内克复吐鲁番、达板城、托克逊数城。军势甚盛，正宜乘此声威，节节扫荡，以恢复南八城。无如饷事支绌，粮未采足。距喀拉沙尔七站中无水草，未敢以饥军

---

①刘锦棠（1844—1894），字毅斋，湖南湘乡人，刘松山之侄。从刘松山转战各地，与太平军、捻军作战，累升至同知直隶州。后移师陕西，攻打陕西回民军，擢巡守道。同治九年（1870），刘松山在马五寨战殁后，接统其军，攻金积堡，捕杀回民军首领马化龙。十一年（1872），克西宁。十三年（1874），破河州。光绪元年（1875），随左宗棠出关进军新疆。二年（1876），收复乌鲁木齐，平定天山北路。三年（1877），克达坂、吐鲁番、托克逊，阿古柏败逃自杀。又下喀喇沙尔、库尔勒、库车、拜城、阿克苏等地。四年（1878），入定喀什。又分兵取喀什噶尔、叶儿羌、英吉利沙尔，收复和阗。六年（1880），左宗棠入京，命署钦差大臣。次年实授，督办新疆军务。九年（1883），擢兵部右侍郎，加尚书衔。十年（1884），新疆建省，任第一任新疆巡抚。

轻进，确系实情。当此军事吃紧之际，停兵待饷，即无哗溃之虞，亦觉事机可惜。合无仰恳天恩，饬部筹拨现银百数十万，以应急需。更请饬下各省疆臣共济艰难，迅筹大批赶解，源源接济，庶不至误戎机而碍大局。臣明知部库支绌，何从筹此巨款，实迫于万不得已，故为此冒昧之请。

所有各省关协饷已到、未到数目，谨缮清单，恭折由驿驰陈，伏乞皇太后、皇上圣鉴训示。谨奏。

上谕："谕军机大臣等，谭钟麟奏，请饬各省迅解大批饷银，开单呈览一折。西征军饷，经户部奏准，于各省关提银三百万两。本限三个月解清。乃截至本年四月底止，只报解银六十万四千两，已到者仅十五万四千两。现在出关各军，克复吐鲁番、达坂、托克逊等城，军事正在得手，急需饷项接济，方免掣肘之虞，着该督抚等，迅筹大批饷银，克期拨解。不准再有迟延，倘因饷需不到，致误戎机，定惟该督抚等是问。原单均着钞给阅看。将此由五百里谕知何璟、李瀚章、刘坤一、丁宝桢、裕禄、曾国荃、李庆翱、丁日昌、梅启照、刘秉璋、翁同爵、王文韶、张兆栋，并传谕李元华知之。"①

039. 奏陈西事机宜片 光绪三年五月十二日

再，西事自克复乌、吐两城，关内之藩篱稍固。议者咸以为可举办屯垦，画疆而守矣。揣安集延回穷无所归，偷息于此，或无远志。而悍逆白彦虎未歼，难保不伺隙内窜。防兵多则无以为食，兵少则力不能御，万一挫失，尽弃前功，重烦西顾之忧，且为外夷所笑，此不可不长虑却顾者也。据刘锦棠禀，攻克达板城，擒获安回头目，自愿致书安酋，缚献白逆以赎罪。果有此举，诚属幸事，第安酋非势穷力竭，未必遽出于此。或阳许纳款，阴蓄

①《清实录·德宗实录》卷49，光绪三年三月丙寅条。

诡谋，乍离乍合，以老我师，总计关内外各军相持一月，坐耗六七十万金，是住与行劳费正等，固不如乘胜以殄之。督臣身任西事，耿耿孤忠，必欲规复全疆，以报朝廷。其精神才力，诚足以了此。特饷不应手，亦恐智勇俱困。计官军自喀拉沙尔节节扫荡而入，西至喀什噶尔，南至和阗，均二三千里之远。纵事机顺利，亦非数月所能成功，以两年为期，需饷至千数百万，部库支绌，何从筹济？各省协款又未可深恃，悬军深入，饷糈弗继，进退失据，此危道也。方今进止之机，贵决于当境攻取之术，须计及万全。应请饬下部臣、督臣统筹全局，详审机宜。兵事、饷事中外合谋，务期饷无迟误，功可速成，为一劳永逸之计。疆事幸甚！天下幸甚！

臣愚昧之见，是否有当，谨附片具陈，伏乞圣鉴训示。谨奏。

040. 郃阳韩城匪徒滋事派营会拿片光绪三年六月二十日

再，据署郃阳县知县易润芝禀称，郃、韩交界之神峪沟福爷岩，有匪徒聚众滋事。探系韩城已散戏班优伶，无所得食，纠集匪徒二百余，倡为以富济贫之说，举旗相招，饥民附和，百十成群，诈索大户，现集团查拿等情。并接署韩城县知县王朝鈖禀，外来匪徒勾引饥民掠食，民团御之。遂相格斗，焚烧房屋，已会营前往捕治。复据潼商道谢质卿禀，韩城匪徒裹胁饥民抢掠，请派兵弹压前来。

臣维亢旱已久，河北饥民甚多，若不早为解散，恐愈集愈多，酿成变故。当派仁胜左旗总兵任正时率勇由洛川赴韩城，仁胜后旗参将舒秀松由洛取道澄城以赴韩，派臣标署中军参将胡得成带队往郃阳，均严饬会同地方官分别查办。如系外来匪徒，即行剿灭。若本地饥民，则妥为安辑抚绥。并飞饬潼商道就近派委候补知府万家霖前往，携示解散。察看情形，妥筹办理。旋据王朝鈖禀称，会督兵团至马家沟等处，该匪胆敢持械拒捕，当即格毙数名，捕获十数名。据供，此次滋事，系何东升、吉锁子为首。何东升，河南人，业被民团格毙。吉锁子向山内逃走。据总兵任正时禀，率队至神峪沟，见有饥民数十，亲往开导，该匪抗拒，被兵勇格毙一名，擒获四名。时已昏黑，余匪逃散无踪。其窜入郃阳之新堡村者，经易润芝督率民团、练勇格毙四名，捕获三十余名，余匪窜（逆）〔匿〕。据擒贼供，为首系吉锁子、高冒料二人，夺获旗帜数件，皆戏班及神庙中物也。参将舒秀松至澄城交界之巨川堡，遇饥民百余，当即解散。拿获持械者十余名，闻福爷岩聚有土匪，令亲兵先往探视，该匪竟械斗。舒秀松驰至，捕获十五名，余皆逃匿。时参将胡得成与易润芝督勇往搜福爷岩，与舒秀松遇于高家坡，遂将捕获之匪交易润芝带回审讯。现正会商分（投）〔头〕搜捕等语，臣维此乌合之众，一击即散，此拿彼窜，固在意中。现在各营均已抵境，不难悉数歼擒。惟虑贫民乏食，啸聚甚易，非妥为赈抚，难保不已散复聚。臣前已饬各属劝谕富绅集资，买粮平粜。现复委员各携银数千两分赴河北数县，与官绅确察极贫之户，先行分赈。冀日内得雨，二麦可以播种，则民心大定，不至为匪徒所摇。除一面札饬派出各营会拿首犯，搜捕余匪，务令悉获外。

所有韩、郃匪徒滋事，业经击散并现办情形，谨附片陈明，伏乞圣鉴训示。谨奏。

041. 统兵道员被刺获犯审办情形折 光绪三年七月二十八日

奏为统兵道员被营弁刺毙，先将获犯办理情形，恭折奏闻，仰祈圣鉴事。

窃臣接据帮办蜀军营务留陕补用直隶州知州青胜蓝禀报，光绪三年六月十七日黎明时，该军统领、前陕安道黄鼎，因患疮疾卧床未起，突有一人潜入卧室，用刀（札）〔扎〕伤该道黄鼎腮颊，由左穿右，血流不止。急喊拿贼，该牧闻声趋视，传医调治。

询据打扫夫役王四娃子称，伊在院扫地，见有蓝旗队目汤秉勳仓皇走出，即派役跟追。距营二里许，将该犯汤秉勳拿获，并起获凶刀。据汤秉勳供，四川松潘厅人，世袭云骑尉。由原籍来陕投营，因统领先不收录，再三恳求，始派在营充当蓝旗队目。嗣伊与营总口角，经黄鼎革退。该犯自备空衔咨文，求咨四川提督归标，黄鼎未允。伊心怀忿恨，起意行刺，暗藏小刀，黎明奔入卧室，乘其熟睡，用刀狠力（札）〔扎〕伤其腮颊而逸，距营不远即被拿获，并无别情，亦无同谋之人等供。讵医治无效，该道即于是晚因伤身故，并据怀远县知县李嘉谟禀报，验讯情形前来。臣接阅之下，不胜骇异。查该犯汤秉勳以世职在营充当蓝旗队目，乃因未给回川咨文之嫌，辄怀忿恨，起意谋杀本营统领，实属凶恶。亟应严审确情，立置重典，以伸国法。

除行司委员前往讯取确供，押解该犯来省，听候审办外，谨会同陕甘督臣左宗棠、帮办陕甘军务太仆寺卿臣刘典恭折具奏，伏乞皇太后、皇上圣鉴训示。

再，该军所部五营，驻防怀远县属石湾等处，现已安靖。臣已檄饬该牧青胜蓝并留陕补用知府张惟训照料各营，悉令开拔出山，听候调遣，合并陈明。谨奏。

042. 蜀军统领黄鼎请照阵亡例议恤片 光绪三年八月十五日

再，已故二品顶戴、存记录用按察使、统领蜀军、前陕安道、呼敦巴图鲁黄鼎，四川崇庆州人。由增生在籍办理团练，剿除滇逆，克复各城，洊保知县。于同治二年经前四川督臣骆秉章[①]委带蜀军彝字营，随前抚臣刘蓉援陕，克复汉南各郡县。驰援甘肃，攻克阶州城池，殄灭首逆。复剿凤、陇、同、朝一带回、捻各逆，肃清陕境。经前抚臣刘蓉、臣刘典历保至道员，赏换呼敦巴图鲁名号，简授陕安道。荡平董志原回逆老巢，经臣左宗棠保奏以按察使记名简放。钦奉上谕，交军机处存记录用。续因剿贼功多，蒙恩赏给荷包等件，并赏穿黄马褂。十三年，调防北山。旋丁父忧，经前抚臣邵亨豫奏留原防。嗣因回籍葬亲，经臣钟麟奏准，给假办理丧葬。事毕，于光绪二年仍回北山防营，臣左宗棠方因关外军事需人，札调该道速带两营赴肃调遣，以疮病未及成行，遽有此变，实出意外。查该道黄鼎谋略素裕，纪律严明，转战关陇十有五年，蒙恩简放陕安道缺，日在行间，未尝抵任。其在防所，招集流亡，开垦荒地，修渠筑堡，建学课士。凡有裨地方事宜，均能不辞劳苦，尽力经营，兵民欢洽，正资臂助，忽罹奇祸，悯恻同深。查军营立功后积劳病故之员，例准照所保官阶请恤。念该道战功卓著，忠勇绝伦。此次变出非常，惨遭刺毙。

可否仰恳天恩，俯准敕部将已故二品顶戴、存记录用按察使、前陕安道、呼敦巴图鲁黄鼎，照按察使阵亡例议恤。以彰劳荩而慰幽魂之处，出自逾格鸿慈。谨会同陕甘督臣左宗棠、帮办陕甘军务太仆寺卿臣刘典附片具陈，伏乞圣鉴训示。谨奏。

---

①骆秉章（1793—1867），广东花县人。原名俊，以字行，改字籲门，号儒斋。道光进士，选庶吉士，授编修。历任侍讲学士、贵州布政使。1850 年迁湖南巡抚。1851 年坚守长沙八十余日，击败太平军的围攻。后支持曾国藩办团练，延纳左宗棠等人为幕僚。1854 年后，出兵击败湖南天地会起义军，协助镇压贵州苗民和号军起义。1861 年任四川总督。1862 年击败李（短鬏）、蓝（大顺）川滇农民起义军。1863 年，于大渡河围歼石达开领导的太平军，授太子太保衔。1865 年，遣军于甘肃阶州（今武都）击灭西北太平军余部。1867 年卒于四川。有《骆文忠公奏稿》。

谭文勤公奏稿卷四

043. 陕省亢旱采买米粮请免厘金折光绪三年七月二十四日

奏为亢旱大甚，秋收无望，豫筹采运米粮，以资赈济，请旨饬下采买经过省分，免抽米厘，恭折仰祈圣鉴事。

窃查陕省今岁二麦歉收，约计境内西、南、北三面，尚有五、六分者，东路渭河以北，大荔、朝邑、郃阳、韩城、白水、澄城所收三、四、五分不等，独蒲城收不及分。业经臣奏请缓征并拨粮接济在案。自五月以来，亢旱异常，秋禾多未播种，各郡皆然。臣屡次率属虔祷，六月十四、二十三，省城得雨两次，各属亦先后报得雨泽，迄未普沾，亦不深透。近又弥月不雨，烈日如焚，补种荞麦，出土后仍复黄萎，粮价日昂，斗米需银五钱。河北一带，有以草根、树叶疗饥者，殊堪悲悯。臣饬各属清查保甲，藉审户口之贫富，稽盖藏之多寡，为分别借赈之计。大约民间能自给者百不过二三，能分余以济邻里者千不得一焉。陕省近岁屡丰，不应如此匮乏。只缘晋、豫阻饥，去冬贩运者多小民，不知远计，贪得重价，罄所有而售之，以故偶罹旱歉，十室九空。秦中乱后，仓储如洗。臣于两年前，饬各属劝办义仓，痛裁里局浮费，买粮填仓，并委员采买以裕军糈。统计所储，不满百万石。春间贫民乏食借领者十之二三，尚未还仓。现在各属绅民具禀告贷，臣已批饬开仓散放。惟河北数县被灾独重，仓粮早罄，待赈尤切。现饬各属劝谕富绅，集资买粮平粜，以顾目前。窃念此时即得澍雨，二麦可种，而距麦收之期太远，本境之粮，不足供数月之食，自非豫筹采买，来岁青黄不接时必至道馑相望。近邻晋、豫，歉象更甚于陕。川路险远，舟车不通。拟从湘、鄂采运至老河口，一由荆紫关运龙驹寨，一由河口运夹河，以达漫川关。多雇贫民负运，计里给直，亦以工代赈之法。虽水陆费繁，较之陕省现时粮价，尚觉有减无增。第今年春征尚未及半，秋征可想。司库无可腾挪，惟有捐借并行，官绅协济。臣先捐廉五千两为之倡，现任各员量力佽助，绅民捐数多者，准其请奖。暂借之款，由藩司给予印帖，俟明年秋征后发还。目前捐数不能定，即赈费亦莫由悬揣。设有不敷，再行奏请于厘金项下分年筹补。现饬司由票商借拨巨款，委员分赴湖南北陆续购运来陕，一面招陕商之贸易于楚者，自集资本，采运米粮，以顾桑梓。庶几冬春之间，可以源源接济，则民心自安，而事变可弭。相应请旨，饬下湖广督臣，湖南、湖北、河南各抚臣，遇有陕省委员采运米粮过境，免抽厘金，以速转运而资接济。

所有陕省亢旱豫筹采买情形并请免抽米厘缘由除分咨外，谨会同陕甘督臣左宗棠恭折由驿驰陈，伏乞皇太后、皇上圣鉴训示。谨奏。

上谕："谕内阁，谭钟麟奏买米赈饥、恳免抽厘一折。本年陕西亢旱歉收，民生困苦。全赖采运米粮，借资赈济。现谭钟麟委员，分赴湖南等省购运。所有陕西采买米粮，经过湖南、湖北、河南关卡，着该督抚等饬令各属，一概免其抽收厘金，以裕民食。"①

044. 剿抚韩城匪徒并现办赈务折 光绪三年八月十六日

奏为查明韩城匪徒剿抚已尽，地方安谧，并现办赈务情形，恭折覆陈，仰祈圣鉴事。

窃臣准军机大臣字寄，光绪三年八月初六日奉上谕："御史刘锡金奏，沥陈陕西荒旱情形请饬查办一折。等因。钦此！"遵旨寄

---

①《清实录·德宗实录》卷55，光绪三年八月丁亥条。

信前来。仰见皇上轸念灾区、豫杜乱萌至意。查韩城匪徒滋事，当经击散。臣已于七月二十八日附片陈明。讯据获犯供称，此次滋事，系吉锁子、高冒料为首。因戏班已散，无从觅食，起意纠约匪党，挨食大户，举旗相招，饥民附和者多。七月初五日，高冒料、王三儿等百余人抢白马滩。初七，至白村。十二，至南应村，被民团格杀十余人，捉去一人。因人数众多，遂分股扰及郃阳。不料十五以后，官兵俱到，解散饥民，围捉匪类，遂各逃散等语。续据总兵任正时禀称，搜捕余匪至七坡岭，拿获高冒料一名，又于九龙山捕获王三儿及匪党五名，送县讯办。侦知吉锁子潜匿彭口村，会同署韩城县知县王朝鈐率兵勇往擒以归。提讯高冒料、吉锁子等，供认聚众抢夺不讳。其余党计幅子逃窜澄城，任正时追及于尹村，格毙十数名，擒二十余名，余匪滚沟纷窜。穷追至郃阳之侯家池，尽歼之。现在郃阳、澄城、韩城境内已无贼踪，臣恐余烬未息，饬彝字营参将吴元璋、留陕直隶州知州青胜蓝率勇穷搜洛、澄、韩、郃诸山中，必尽绝根株而后已。计此股匪徒滋事，首尾不过兼旬，为首要犯捕斩已尽。此时亟办赈务，饥民得食，自可相安无事。至陕省荒旱情形，臣于七月二十四日奏请买粮免厘折内详细陈明在案。本年夏旱，以同州县属河北七县为甚。华州、华阴麦收尚有五六分。近山一带，所种秋禾，虽属稍歉，却无蝗虫、田鼠害稼之事。臣于七月中，饬司委员分携银两赴河北各县，会同地方官劝谕富绅捐借，并行集资买粮，减价平粜。极贫者暂给钱以赈，粥厂不能及远，分厂多则流弊无穷。似不若计口授粮为便，各属仓谷，早经臣批饬散放。清查各县户口，蒲城极贫者四万六千余口，大荔、朝邑、郃阳各三万数千口，他邑称是以数十万之众待赈至八九月之久，断非仓谷所能供，亦非官款所能继，势不得不借助于富绅。现据大荔、朝邑、郃阳、韩城禀报，会商绅士办理，已有端倪。惟白水、澄城富室较少，集资不易。暂将所发银两买粮，以资接济。本年秋征七月间，委员查勘河北秋收无望。臣已出示晓谕，大荔、朝邑、蒲城、郃阳、白水、韩城、澄城七县下忙钱粮，均于八月初十日暂行停征。其余高陵、富平、临潼、渭南、三原、泾阳等县地在河北者，饬各县查明，分别灾歉轻重，报司汇详到臣，再行奏请展缓。此时赈务，以豫筹赈款、多购米粮为亟，湘、鄂采运委员早已前往。俟奉到免厘谕旨，速行咨知各省，俾沿途无阻，得以辘轳转运。将来邠、长、乾、永则告籴于平庆。北山粮缺，现委员探询包头一带，粮贱可采，则由舟运至榆、延较省。惟司库支绌，往岁已然。今年秋征骤短四五十万，例支已无以给，何能更筹赈款？夏间督臣所拨三十万，业经陆续归还应用，别款无可挪移，筹思至再。惟有仰恳天恩，严催各省欠饷，俾资接济。

除另折详陈外，谨将剿捕韩城匪徒已尽，地方安靖，并现办赈务情形，恭折覆陈，上慰宸廑，伏乞皇太后、皇上圣鉴训示。谨奏。

045. 奏陈陕西被灾太广请催各省欠饷折

光绪三年八月二十日

奏为陕省被灾太广，待赈孔亟，为日甚长，需费过巨，本省无款可筹，吁恳天恩，饬催各省欠饷以拯灾，恭折仰祈圣鉴事。

窃臣于八月十四日恭奉寄谕：“该省赈务，或先散给仓粮，或多设粥厂，并将别款移缓就急之处，均着迅速妥办。等因。钦此！”仰见皇上念切民依、轸恤灾黎至意。臣奉职无状，致地方罹此灾歉，上烦宸虑，谨聆之余，忧惭无地。

查陕省本年麦秋歉收，夏旱愈甚。各郡秋禾未种，人心惶惑。渭北饥民，至摘树叶、草根以食，闻之心伤。现虽开仓赈济，而距来年麦收，须八九月之久，仓储只有此数，将何以支？委员分赴湘、鄂买粮，刻难运到。西则告籴于平、庆，北则购粮于包头，道远费繁，运价倍于粮价。司库往岁已入不敷出，本年秋征骤短四五十万，例支不给，更何从筹出赈费？本省绅士，以晋豫截留京饷办赈，纷纷呈请奏乞恩施，拨部款以济急。臣明知部库支绌，而为此不情之请，岂臣下之心所安。已批饬静候筹款赈济，而再四思维，计无所出。查同治九年，前抚臣蒋志章奏请部拨有着专款。经部臣奏准，广东等省共拨银一百八十万两，作为陕西专饷。自奉拨后，惟江西、山东、浙江、安徽、江苏五省陆续解到银十五万两。其余未解分厘，催亦罔应。比年来，臣因各省协济西征之饷，不遗余力，故未便复以陕省专饷频相咨渎。兹当百万众嗷嗷待哺之时，不得不乞援于他省。臣亦知各省库款弗充，何敢妄希悉数全解。但使竭力代筹，俾陕省多一石米粮，即可多活一民命。在诸疆臣关怀大局，即不必有此欠饷。眷念灾区，谅亦同深恻怛。除山西、河南、福建均罹偏灾，势难兼顾外。相应请旨，饬下广东、湖广、四川督臣，浙江、江苏、安徽、山东、湖北、湖南、广东各抚臣，饬司迅速筹解来陕，以拯灾黎而纾急难。

所有各省奉拨陕省专饷已解未解数目，谨另缮清单，恭呈御览，伏乞皇太后、皇上圣鉴训示。谨奏。

046. 蒲城刀匪戕官劫狱剿捕情形折光绪三年九月十四日

奏为蒲城刀匪纠众劫狱，知县被戕，派兵剿捕首匪，擒斩殆尽，恭折驰陈，仰祈圣鉴事。

窃照陕省向有带刀游荡之匪，以蒲、富、临、渭四县交界之盐滩为窟穴，乱后尚觉敛迹。本年夏旱，渭北被灾较重，匪等乘机蠢动。七月初间，盐滩有抢掠炭车粮食之案，蒲城县知县黄传绅捕获著名刀匪头目张大娃等多名，系之狱，穷治党与。匪等衔之次骨，已革渭南县武生屈继芢本系刀匪，黄传绅署渭南时，褫其衿，夙图报复。遂与张大娃之弟张二娃密约渭南、富平、蒲城各县刀匪头目杨跟幅儿、张盗儿、吕七儿、薛年儿、李幅儿、同叫化儿、赵长青、范银儿、梁银命儿、刘命娃、刘汝彦、杨清彦、杨金贵、张幅元、同振一等伙党二三百人，于七月二十五夜齐集蒲城县城外。二十六黎明时，屈继芢等竖梯爬城，砍伤门军，拥至县狱。劫出张大娃等，焚烧衙署。黄传绅闻变，亟呼勇役围拿，匪众刀矛并下，黄传绅身受重伤一十六处，登时殒命。其妻及子媳孙媳均各受伤，该县印信幸未遗失。维时训导董钟岳、典史张清、把总黄玉芳督率兵役、绅团奋力格斗，毙匪首屈继芒等四十余名，生擒十五名。余匪窜向盐滩一带，肆掠城内，兵役伤亡六名。查验监犯十二名，内姚金盈一名，被匪戳毙，中有六名未逃，余于贼退后自行还禁。臣于二十八日闻报，即飞调臣标中军参将胡得成带队，由郃阳折回蒲城，复派游击蒋占元、都司雷天源、游击任廷贵带兵从渭南一路堵截，仁胜右旗知府王毓芬、总兵姚文广、右旗副将龚长春驰赴富平，扼其西，副将巢端南自临潼之关山镇进攻，并函商在籍前山西藩司张瀛督饬民团协力助剿。一面悬赏购缉匪首，令盐滩各村堡捆送匪党，如敢潜匿，与匪同罪。时彝字五营已调出山，臣飞饬副将罗奇山自白水赴蒲城，副将梁鸿盛率马队出同官，以趋富平。余三营暂扎洛、澄之交，防匪入山。初四日，蒲城民团将首犯张大娃等十二名擒获送县。初六日，胡得成探知匪首杨跟幅儿在蒲、富交界之兰山寺纠党肆掠，驰往捕剿。杀五十余名，生获十五名。杨跟幅儿与其党伍玉奇滚沟逃窜，为乡团勇丁歼毙。参将舒秀松往各村搜寻，略有擒斩。初七日，姚文广、王毓芬剿匪于薛家镇，阵斩薛年儿，毙匪甚多。其窜往美原镇之匪首张盗儿、吕七儿、李幅儿，均被美原镇雷果坊等处乡团所杀，并生擒赵长青等十名。罗奇山闻张村堡、白李堡有败匪窜匿，喝令该堡民团捆献匪首张幅元、同振一等十六名交蒲城县讯办。探闻同叫化儿率党窜入富平山中之大水峪，经臣饬姚文广、王毓芬、龚长春分道入山搜捕，务绝根株。据禀，穷搜山谷，实无一贼，现仍环驻山下。续据渭南县张国钧禀报，差役拿获首匪刘命娃、刘汝彦、杨金贵等三名，游击任廷贵等在临潼苏赵村拿获赵金贵等七名，巢端南等于甘井村获张和子一名。据蒋占元、雷天源禀，蒲城高椿树源团绅捆送匪党任记合、任六龙、任双铃三名，并在渭南梁银村搜获梁和尚、郭五子二名，分别解县。经臣批饬，讯取确供，即行就地正法，枭首示众，以儆凶顽。

臣以盐滩久为匪窟，从未大经惩创，饬胡得成等与署蒲城县知县李世瑛前往搜捕，将匪巢一律平毁。附近各村庄，悉令出具不敢容留刀匪切结。更派候补知县赵嘉肇会同该县编查保甲，举办团练，为一劳永逸之计。现据蒲城李世瑛及各营禀报，境内已无贼踪。臣检查获犯所供，首匪惟张二娃、梁银命儿、杨清彦、同叫化儿四名，是否格毙，抑系逃匿，尚无确耗。仍饬各属缉拿，不令漏网。惟蒲、富、临、渭之交，本属灾区，又被匪扰，贫民流离失所，殊堪悯恻。饬委知县李殿爵、刘志同、张守基、袁懋勋酌量拨给粮银，分赴各该县，会商妥为赈恤，其邻近各属，亦饬查照办理。臣查知县黄传绅缉捕刀匪，原欲绥靖地方，乃该匪等怀仇报复，致被戕害。可否仰恳天恩，饬部照例议恤之处，出自高厚鸿慈。典史张清、把总黄玉芳于匪徒越城劫狱，未能先事豫防，均有应得处分。惟登时将贼击退，格毙多名，监犯无一逃逸，功过尚足相抵，应请免其置议。其戳毙监犯姚金盈及余犯十一名，容饬司查明案犯缘由，咨明刑部，照例办理。

所有匪徒劫狱，知县被戕，派兵捕斩殆尽，并缉拿逃匪各情形，理合恭折由驿驰奏，伏乞皇太后、皇上圣鉴训示。谨奏。

上谕："谕内阁，谭钟麟奏刀匪纠众劫狱，派兵剿捕殆尽，请将被戕之知县议恤一折。本年陕西渭北被灾，刀匪乘机蠢动。七月间，突有已革武生屈继茫，纠众拥至蒲城县，爬城劫狱，焚烧衙署。该县知县黄传绅，率勇围拿，旋即被戕。谭钟麟派令参将胡得成等带队搜捕，陆续擒斩殆尽，匪巢一律平毁。地方现已安靖。在逃之匪首张二娃等，仍着饬令各属缉拿务获，毋任漏网。蒲城等处灾黎，着谭钟麟督饬办赈各员，妥为抚恤，以纾民困。蒲城县知县黄传绅被戕殒命，殊堪悯恻。着交部照例议恤。典史张清、把总黄玉芳，虽未能先事豫防，姑念其登时将贼击退，监犯一无逃犯，功过尚足相抵。均着免其置议。"①

①《清实录·德宗实录》卷56，光绪三年八月庚戌条。

047. 陕省被灾州县下忙银两展缓折光绪三年九月十二日

奏为查明陕省被旱州县应完本年下忙地丁银两、道仓本色粮石并旧欠钱粮无力完纳，吁恳天恩，准予分别展缓，以苏民困，恭折仰祈圣鉴事。

窃查陕省本年春雨愆期，二麦歉收，自夏徂秋，亢旱尤甚。秋成失望，小民生计维艰。经臣将被旱较重之蒲城、大荔、郃阳、朝邑、韩城、白水、澄城等七县应完本年下忙银两，于八月初十日暂行停征。其余州县饬司委员履勘，分别轻重，汇详奏请恩施，已于覆陈折内声明在案。兹据委员分途查勘具报，并各属纷纷禀请赈抚，俱以本年亢旱太甚，秋禾多未播种，即间有种者，出土后仍复槁萎，嗷鸿遍野。且有以草根、树叶疗饥者，殊堪悲悯。臣前已饬令各属，先将仓粮一律散放，一面委员会同地方官劝谕富绅，捐借并行。并由省筹款携银采买粮石，以资赈济，俾免穷黎失所。第钱粮为维正之供，固未便轻议蠲缓。而小民值此饥馑之时，又未忍徒事追呼。既据委勘，情形属实，自应权其轻重，分别展缓，以舒民力而固民心。据藩司蒋凝学核议具详请奏前来。相应仰恳天恩，俯念灾黎困苦，准将被旱成灾之蒲城、大荔、朝邑、韩城、郃阳、白水、澄城、泾阳、三原、高陵、富平、同官、耀州等十三州县暨渭南、临渭二县，地在渭河以北民欠未完本年下忙钱粮，道仓粮石及带征元、二年银粮，肤施、甘泉、定边、保安、延长、安定、靖边、延川、宜川、安塞、葭州、怀远、府谷、榆林、神木、乾州、永寿、武功、鄜州、洛川中部、宜君、绥德、米脂、清涧、吴堡等二十六州县民欠未完本年下忙钱粮、本色粮石及带征二年银粮，留坝、沔县、褒城三厅县民欠未完本年下忙钱粮及带征元、二年钱粮并潼关厅民欠本年下忙未完钱粮、本色粮石，邠州、三水、长武、淳化四州县民欠本年下忙未完钱粮、本色粮石及带征元、二年银粮，一并缓至来年麦后带征，以苏民困而广皇仁。如蒙俞允，一俟奉到恩旨，臣即刊刻誊黄，遍行晓谕。务使实惠及民，勿致吏胥舞弊。此外尚有渭河以南各属续报被灾之处，轻重不同。且有水田、旱地之分，委勘并非一律成灾，容俟分别，另行奏明办理。

所有陕省亢旱被灾过重州县民欠本年下忙及带征元、二年地丁钱粮并道仓本色粮石，分别恳请展缓缘由，理合恭折具陈，伏乞皇太后、皇上圣鉴训示。谨奏。

048. 筹办陕省荒政折光绪三年十月初二日

奏为筹办陕省荒政情形，恭折覆陈，仰祈圣鉴事。

窃臣准军机大臣字寄，光绪三年九月十六日奉上谕："左宗棠奏筹办陕甘赈务一折①。陕西今岁亢旱异常，叠经降旨，令谭钟麟

①左宗棠光绪三年九月初一日上奏《筹办陕甘赈务折》：奏为陕西亢旱成灾，会商抚臣办理赈务，并筹办甘肃庆阳赈务，恭折仰祈圣鉴事。窃查陕省今岁雨泽愆期，夏禾收成歉薄，秋禾多未播种，民食孔艰。又值邻省河南、山西亢旱频仍，来秦告籴，陆续搬运，储蓄早空。本辖民食无从接济，目前即苦饥荒，距明岁豆麦收获之期尚远，邻省又无可采运。抚臣谭钟麟率同司道悉心筹画，捐廉筹款，委员分赴湖南、北两省采米，水陆转运入秦，以资赈抚。臣于接到抚臣函牍及各府、州、县禀报灾歉情形，随时筹画，咨商办理荒政。甘肃庆阳府各属旱灾情形，与陕境相同。现饬平庆泾固道魏光焘察酌地方情形，妥为赈抚。复倡捐养廉银一万两，以七千两备陕西赈务之用，以三千两备庆阳赈务之用。其西征粮台前次挪用陕库银三十万两，已饬该司道等遇有饷项解到，陆续划拨归款，以济急需。各在案。窃维陕西自去冬雪泽稀少，土不保泽，本年春雪又悭，入夏以来，雨虽屡降，而入土即干，不获沾润之益，秋后则亢旱更甚，糜谷养麦种不能降，而灾象成矣。庆阳一郡亦然。此时筹办赈抚，莫难于筹粮。除庆阳尚可于陇辖有收之处随时采运挹注外，陕西则非远求之湘鄂，近求之于川蜀不可。赈粮采之楚蜀，水陆迢递数千里，价脚繁重，倍蓰于粮，兵燹之余，何从取给？是非择绅商之稍有力者劝令捐输不可。就两省而论，甘肃贫瘠著名，素乏殷实之户。至陕西除南山、北山瘠区不计，此外富室较多，又经商获利之家所在皆有，近遭回乱，多散居贸易各省，生计仍完。兹值桑梓奇荒，理宜尽力捐输，以敦任恤之谊。臣现饬甘肃司道劝令官绅量力酌捐，一面咨商陕西抚臣督饬司道劝谕各绅士富商尽力捐助。其悭鄙太甚者，恐非择尤勒令承捐不可。至恤贫以保富为先，办赈以遏乱为急。办赈之际，如有匪徒借口饥荒，倡众掠食，必致强者饱飏，懦者槁饿，而地方殷实之家畏祸远徙，贫户更无以谋生。是宽容一二刁徒，致令众贫民失所，且恐饥民啸聚日众，致酿巨端。故荒政重在救饥，而治匪之政亦宜并举也。现拟简明告示，会太仆寺卿臣刘典、陕西抚臣谭钟麟全衔刊发晓示，以杜浮嚣而定众志。愚昧之见，一并附陈，伏乞皇太后、皇上圣鉴训示。谨奏。（《左宗棠全集·奏稿六》第682—683页，岳麓书社2014年版。）

将应办事宜实心筹画。兹据左宗棠奏陕西荒歉情形并甘肃庆阳府各属亦被旱灾，殊深廑念。该督已随时咨商谭钟麟筹办荒政，即着将赈抚事宜认真区画，以恤穷黎。购运粮米，需费不少，不能不借捐输以期众擎易举，陕甘两省殷实绅商多有急公好义者，该督抚当饬属剀切劝谕，尽力佽助，以周桑梓之急。等因。钦此！”遵旨寄信前来，仰见圣慈眷念灾区、轸恤无已之至意。

伏查陕西荒旱情形，臣于采买米粮、请催欠饷、展缓秋征各折，先后详陈在案。数月来，时与督臣左宗棠、太仆寺卿臣刘典往返函商。惟以豫筹赈款、多购米粮、择人办赈为亟，赈款先于司库百计腾挪，继以督臣拨还借款三十万，为各处买粮之用。而转运之费，则恃协饷与捐款。各省欠饷，已委员前往函牍交恳。诸疆臣力顾大局，当不至膜视。捐输则缓不济急，督臣许以洋款过境，通融挪用。陕省捐收有款，即时解还。目前富绅所捐，但能各顾各县。由绅士买粮散赈，大约能自顾一邑者，不过数处。欲提以为他处采买之费，势有未能。购粮一节，臣于覆陈折内声明，拟以包头所购赈北山，以平、庆所购赈西路，以湖湘之米赈河北各属，嗣闻山西已向包头采买，因改向宁夏采购。而庆阳亦歉收，复委员分赴巩、暇一路收买，虽道远费繁，亦不暇计。湖米购买甚易，惟襄河浅阻，汉水可以徒涉。丹江久涸，不能通舟。约计荆紫关、漫川关两处，一月只能运六千余石。现复委员赴樊城雇车，试运至潼关。若畅行无阻，当由各属照民价雇车往运，以济同州各县，运费倍半于米价，初意不料至此也。赈事以北为亟，七月中，委员携银前往。谕令各属先尽仓粮散放，继以富绅捐款，购粮接济。俟南米到时，再行分给办赈。以绅士为亲切，前经通饬各州县访求正绅，造庐敦请。并刊刻告示，劝谕正绅出而襄事，不必以干预为嫌，同急桑梓之难。放赈之法，城厢则设厂煮粥，乡间则计口授粮，而要以稽查丁口为第一义，盖少一分浮冒即多活一穷黎也。北山旱灾，以榆林之怀远、葭州、府谷，绥德之米脂、清涧、吴堡为重。神木、靖边本有秋，又为严霜所侵。次则延安所属。又次则鄜州，既无存粮，又鲜富户，罹此凶灾，情殊可悯。已先行发给银两，由府县就近买粮散赈。宁夏米到，当在解冻后矣。汉中水田，尚收四五分，褒、沔虽旱，可以分济。兴安之平利、砖坪、洵阳，秋收五六分不等。惟汉阴、白河、石泉、紫阳旱盛，将来以湖米运往，分赈较近。现集款赴郧、襄购粮，往来亦便。凤翔仓粮尚多，可支数月。邠州所属，民间尚有存粮，仓存亦可支数月。乾州存仓粮万石，据禀现在平粜，贫者以钱赈之。商州秋收多少不等，该署牧黄照临已捐银从河口买粮赈济。西安所属宁陕、盩厔、鄠县、蓝田秋禾收四五分不等，赈可稍缓。三原、泾阳富绅捐款可自顾一邑。同州惟大荔捐麦较多，合计仓粮可支至来年四月。其余各县，有仅能赈至冬腊月者，有能支至正二月者。俟购粮运到，分别拨济。现各属禀报，均已放赈。虽办理不一，要各就地方情形散放，未能强同。省城粥厂七处，就食者已三万余人，回坊居民及安插河南、山西流民三千余口，均计口散粮，不许混入粥厂，以示区别。境内自中秋后，一律安靖，无抢掠之案，亦无借饥挡粮之处。即食粥饥民，分起部署，均各安帖，不至拥挤滋事。然臣前所筹款项粮数，但计接济至来年四月。若二麦未种，麦秋无望，尚须宽为筹备。昨汉中、兴安两府，均报九月初八、九日得雨，麦已全种，西安十三、二十四、二十七得雨不及二寸，南山一带麦亦有出土者，邠、乾各属农民播种，于乾地冀得数寸雨以滋长，日来阴云布濩，气候尚暖。惟祝甘霖速沛，庶有生机耳。臣忝任疆圻，责无旁贷，惟有殚竭血诚，督率属员，联络绅士，悉心筹画，拯恤穷黎，以慰皇上子爱元元之盛心。

所有现办荒政情形，谨缮折具陈，伏乞皇太后、皇上圣鉴。谨奏。

049. 设立筹赈局片 光绪三年十月二十日

再，举办赈务，头绪繁多。省城设立筹赈局，派署粮道李慎、署盐道沈应奎常川驻局，会同两司办理。委员采买转运，催饷催捐，粥厂散赈，在在需人，几于无员可委。复念灾赈以河北为重，富室亦以同郡为多。当于同州另设一局，多集绅士劝捐查赈。且水路滞阻，湖米转运甚难，他日雇车雇夫，酌量分给米石，均可就近筹画。因函请前工部侍郎臣阎敬铭①为主，并请前山西布政使张瀛驻局督办。庶正绅闻风景从，易于集事。阎敬铭授徒山中，地方应办之事，力所能为，罔弗身任。朝邑赈事本其经理，自捐脩金三百，为富室倡，故朝邑捐输独多。其复函谓本邑屡次捐输，以此次为至艰至苦，亦惟此次为最善，盖相孚有素也。同州之役，谊无可辞。适奉稽查山西赈务之命，即儆装起程，而眷念桑梓，情不可却，虽不能主持其事，他日稽查一周归来，仍可兼顾。臣已饬署同州府饶应祺②前往面聆指示，布置一切，先行举办。张瀛在京、在汴曾与共事，廉明公正，夙所心折，蒲城事寝，深得其力。办理该县赈务，首捐千金，臣尚未汇奏，已约来省面商同州设局事宜。适奉寄谕，帮办陕西赈务，臣喜出望外，不特可匡臣不逮，且此后官绅互相激劝，捐输或有起色，实于灾黎大有裨益。

---

①阎敬铭（1817—1892），陕西朝邑（今大荔东）人，字丹初。道光进士，授户部主事。咸丰年间为湖北巡抚胡林翼总管粮台营务。1861年（咸丰十一年）署湖北按察使，1862年（同治元年）署湖北布政使，参与镇压太平军。1863年擢山东巡抚，镇压捻军。1882年（光绪八年）任户部尚书，次年充军机大臣、总理衙门行走。因反对重修清漪园，失慈禧太后意，革职留任。以善理财著称。卒赠太子少保。

②饶应祺，湖北恩施人。咸丰五年，因给湖北巡抚胡林翼捐铸军炮，议叙贡生，候选训导。同治元年，应壬戌恩科，补行辛酉科举人。因防剿贵州苗民起义有功，经湖广总督官文保奏，赏加国子监学正衔。回民起义爆发后，湖广总督李鸿章招入戎幕，督办陕西军务，相从入关。后赴左宗棠军营效力，从事六年，颇为左宗棠所倚重。饶长于公牍，左之奏疏多出其手。光绪三年，署理陕西同州府知府。正值全省大饥，以同州为最。饶倡导商民出粜，并截留别省粮饷，赈济饥民，百姓赖以全活。六年，陕甘总督左宗棠奏举其廉能，以陕西道府遇缺简补，交军机处存记，候旨录用。十四年，署理甘肃按察使。新疆巡抚刘锦棠以其诚笃闳毅，通达治体，办理一切，措置裕如，奏请调补镇迪道兼按察使衔。二十一年，署理甘肃新疆巡抚。此时新疆建省已久，善后初见成效，但因地广边荒，民族众多，矛盾时有激化，加之外人时存觊觎，新疆局势依然紧张。饶化除民族成见，辑柔中外，维护了边疆的稳定和安宁。光绪二十八年，调授安徽巡抚，行至哈密病逝。

俟张瀛到省，臣与面商一切，斟酌妥办。督臣左宗棠知此间乏员，差委现委甘肃补用知府徐韦珮回籍襄办，并函嘱办理赈务最难，非得绅士会办，必至怨讟繁兴。臣深感其顾虑之周，服其先见之明，实非臣愚所能及也。

所有设立省城同州筹赈局缘由，谨附片具陈，伏乞圣鉴训示。谨奏。

050. 会商采买湖米片 光绪三年十月二十日

再，臣前奉寄谕，着曾国荃[①]与臣会商采买湖广米石，分济山西省南各属。比即函商曾国荃妥筹办理，并告以陕西七月寄款，先行订买湖米十万石。原拟随买随运，不拘多寡。近因丹江久不通舟，汉江可以徒涉，恐水路必不能全运到陕。现拟从樊城运至潼关，计米价运费需银七两，由潼关至蒲、绛，脚价又增。且樊城车辆不多，必须从河东各属雇车往运，似不如向包头多买，顺河流以达河津为便。陕省恃以济北山、晋省，即可借以济河东也。顷接曾国荃函称，由樊城转运，劳费甚巨，尚不如保定、天津之便，则湖米自无须多购。然南米果如悉数到陕，稍可匀拨，臣必当通融协济。晋民、秦民同是朝廷赤子，有何畛域之分？第为数无多，于河东仍无裨耳。至遏粜一节，臣早经出示严禁，实由濒

①曾国荃（1824—1890），字沅甫，号叔纯，湘乡县荷叶塘（今属双峰）人。贡生出身。咸丰三年（1853），曾国荃随其兄曾国藩办理团练，组建湘军。六年，募勇三千人，称吉字营，成为曾国藩的嫡系部队，与太平军在江西安福、吉安等地作战。八年，率部攻下吉安，次年攻占景德镇、浮梁。十年三月起，曾国荃领兵专力围攻安庆，先驻集贤关，修筑高深堡垒，截断太平军粮道。十一年八月，从地道轰塌安庆北门城垣，攻陷安庆。同治元年（1862），任浙江按察使，迁江苏布政使。率军与水师配合东下，破巢县、含山、和州以及太平府、金柱关、秣陵关、大胜关等地，攻围天京。次年，擢浙江巡抚。三年正月，攻破天京天保城，六月，又攻下地保城。攻破天京城后，纵兵屠杀太平军，大肆焚掠，大火七天七夜不熄，死者数以万计，使江南资货尽入其军中。同治四年以后，历任山西、湖北、陕西巡抚，及陕甘总督、两广总督、礼部尚书、两江总督兼南洋通商大臣。光绪十六年，卒于任所。

河一带自顾不暇，无余粮以及晋，非阻遏之故也。

所有会商采买湖米运道不便缘由，谨附片陈明，伏乞圣鉴。谨奏。

051. 会商赈务情形片光绪三年十月二十日

再，正封折间，前山西布政使张瀛来省，臣与悉心熟商，灾赈以河北为重，同州之局必不可少。张瀛帮办全省赈务，又未便专驻同州。拟先从东路稽查河北各县赈事，如地方官有办理不善、营私舞弊者，即行撤参。各属能多捐粮一石，以救本邑，即可匀出南米一石，以济他邑。张瀛周历各县，道出同郡，将局务布置，将来每县应分济南米若干，及如何雇车雇夫转运，派定绅士经理，然后折回西路，逐县稽查。至北山各属，已由臣拨给银两，暂行接济，俟宁夏米到，再行察看情形办理。西路各州县尚有存粮，臣已委甘肃候补知府徐韦珮前往倡率正绅广筹捐借，会同地方官核实散赈，无滥无遗。并嘱徐韦珮明查暗访，如有办理不善者，密函驰报，由臣核办。余俟张瀛由同州回省后，臣再与详细商酌，妥筹办理。

所有帮办赈务前山西布政使张瀛到省会商现筹赈务情形缘由，谨附片陈明，伏乞圣鉴。谨奏。

052. 覆陈办理赈务折光绪三年十月二十日

奏为遵谕覆陈，仰祈圣鉴事。

窃臣于九月二十二日准军机大臣字寄，光绪三年九月十五日奉上谕："有人奏，陕西旱灾情形，请饬妥筹捐赈，以纾民困，并州县不恤民命各折片。据称，陕西各属亢旱异常，至八月杪尚未得雨，谷价腾踊，民食为艰。现办捐赈，恐不肖官吏乘便营私，其弊不可胜言。宜责成各州县，慎选绅耆，劝谕集资，自行采粮散赈，多设粥厂，严禁遏粜。或于湘、汉设局，采买汇寄各处，捐项合运分拨，并酌提厘金，以作挽输之费。等语。着谭钟麟体察情形，督饬各属实心筹办，以苏民困。至所称渭南、临潼、富平等县催科甚急，小民无计谋生，恐致激成事端。韩、郃、蒲、富等县剿办土匪波及无辜。等语。陕省既经被旱成灾，民力未免拮据，着谭钟麟即行查明灾区轻重，奏请蠲缓钱粮，以示体恤。遇有滋事匪徒，自应将首恶迅速擒治，不得株连无辜，致多冤滥。等因。钦此！”遵旨寄信前来。九月二十五日复奉九月十八日上谕：“都察院奏，内阁侍读王宪曾等遣抱以陕西荒灾甚迫，恳请拯救等词，赴该衙门呈诉，据情代奏一折。据称，陕省旱荒日久，西、同各属及南北二山，饿莩枕藉，韩、蒲等县，游勇、土匪勾结饥民，肆行抢掠。藩司卧病半年，僚属罕见，信任门丁余姓营私废公，刚愎好谀。有以蠲赈请者，斥为张皇，并声言军务将起，委员四出催科派捐，怨声载道。该抚因在籍，藩司张瀛致书，始将蒲城钱粮奏请蠲缓，其余概置不问。嗣因该县戕官，调兵二百严自守卫。且厌闻灾歉，僚吏不敢直言。等语。本年山西、河南及陕西等省亢旱为灾，朝廷轸念民艰，时深廑系。谭钟麟身任封圻，具有天良，谅不至玩视民瘼，有负委任若此。然果能实心办理，亦何至遽招物议。该抚惟当有则改之，无则加勉。将荒政事宜妥为筹画，并懔遵前旨，迅即查明灾区轻重，奏请蠲缓钱粮，以纾民力。藩司蒋凝学前经有人奏参，业经谕令该抚查奏。兹据该绅士等所控各情，是废公敛怨，尚复成何事体！仍着谭钟麟确查具奏，不得稍涉徇隐。将此由四百里谕令知之。钦此！”遵旨寄信前来，臣闻命之下，无任悚惶，臣奉职无状，致地方罹此旱灾，又复办理不善，遽滋物议，罪无可逭。仰荷圣明垂谅，不加严谴，更蒙训谕谆谆，有则改之，无则加勉。臣感激涕零，不知所报。第如所奏所呈各节，臣虽不才，不至负恩若此，而心迹不能不白，敬为我皇上缕陈之。

陕西今年春雨不足，麦秋歉收。四月间，蒲城县知县黄传绅禀称，该县去冬无雪，本年三月二十日他属均已得雨，蒲城独无，麦收绝望等情。藩司蒋凝学派员密赴四乡查勘，果实详。由臣奏请展缓蒲城春征钱粮在案。其余各州县麦收三、四、五、六分不等，只可谓歉，并未报灾，非概置不问也。灾歉例当区别，不能以一处报灾，请蠲全省之赋。钱粮关系正供，安敢以一函相托，遽缓一邑之征！张瀛具在，可质询也。自五月不雨，秋禾未种，祈祷罔应，六月中他属先后得雨，而渭河以北未沾，故被灾较重。委员分赴各属，以查保甲为名，借审民间盖藏，则十室九空，约计境内存粮不足供数月之食。乃与司道集议购粮于他省，七月中，飞札湖南候选道朱昌琳①、湖北候补道王加敏先行订买米粮，陆续转运来陕，一面委员携银，分赴各县办理捐赈，一面出示河北七县，于八月初十日暂停秋征，其余各县分别被旱轻重，由司汇详请缓，均经先后附奏在案。旋刊刻办理荒政十条，并示谕正绅襄办赈务。遍贴晓谕，秦人有耳目者皆知之。数月以来，无日不与司道议筹款购粮转运之策，无时不札催各属详查极贫、次贫丁口为放赈之计，不识所谓厌闻灾歉者，果系何端？僚吏不敢直言者，尚有何事？且两年前已提款买谷存储，劝谕民间举办义仓，皆以备灾歉也。至灾歉而又厌闻，亦必无是理。韩城匪徒倡乱，饥民附和者多，臣已派署中军参将胡得成赴郃阳，总兵任正时赴韩城，严饬营弁解散饥民，剿捕首匪，拿获交地方官讯办，不得妄杀。其所格毙者，皆持械拒捕之匪，非无辜也。郃阳所获六十余名，诛首犯三名。韩城所获三十余名，诛首犯二名。余分别枷杖保释，

①朱昌琳（1822—1912），字雨田，晚号养颐老人。长沙县人。秀才出身。因乡试屡试不第，乃借资在长沙开设“乾陞杂货店”，清道光二十五年（1845）起经营粮食致富，遂改“朱乾陞碓坊”，专营谷米。同治三年（1864）起，又增设“乾顺泰盐号”和“朱乾陞茶庄”。均获巨利。光绪三年（1877），因参与陕西、山西赈灾，叙功为道员，加按察使衔。经商致富后，一面在长沙大兴土木，建筑别墅“朱云谷堂”，一面广置田产，坐享地租收入。朱昌琳热心地方公益事业，办蠲赈，设医院，行募捐，善举颇多。维新运动时期，为开北湖纳浏避湘涛之险，捐巨资招民夫，导浏阳河水入北湖，再与湘江接通，是为新河。新河开通后，由官绅保奏，被清廷奖为三品卿。宣统二年（1910），湖南巡抚复举耆贤，奉旨特授内阁学士衔，人尊称“阁学公”，1912 年病卒于家。

未尝波及也。韩城甫靖，蒲城复有戕官之案。臣一面函商张瀛集团固守，一面悬赏购缉，并勒令各村交出匪首，不得潜匿。蒲城民团先后缚献刀匪四五十名，讯系甘心从逆者，诛之。匪首张道儿等于富平纠党抢掠各村庄牲畜、粮食，窜踞薛家镇，总兵姚文广率四百人驰至富平，民团请救。姚文广、王毓芬星夜赴援，黎明围薛家镇，该匪从城上施放鸟枪，伤勇丁二名，石伤数人。攻至午刻未下，乡民负柴薪纵火毁东门，匪从南门出窜，官兵追至半途，歼百余名。张道儿为美原镇团丁所获，刖其足，梁教化儿逸去。胡得成闻匪党杨跟福于蒲、富交界之兰山寺竖旗招人，约民团导至寺外。该匪且斗且走，官民歼杀四五十名。其先往乡村掠粮者适归，见寺内贼败，滚沟而逸。团勇捉获十余人，送富平县讯明戮之。以戕官劫狱、焚署之匪、纠党肆掠、抗拒官兵，不得谓之无辜也。该匪自蒲城窜出，三五十为一起，分掠村庄。蒲、富、临渭之交，无不告警。而防营均在四五百里外，臣急调中军胡得成自郃阳折回蒲城，派参将蒋占元、右营游击任廷贵、都司雷天源各率二百人，扎临渭界，以保善地。知府王毓芬率二百人驻富平，而城中仅存新补之勇二百余人。派总兵黄超群于箭道演试之技艺生疏，因以新募之勇换回蓝田护运旧勇二百名，以备调遣。同寅皆以省城内空虚为虑，臣以此种匪类，不迅速扑灭，势将燎原。多一日则多扰数十村，良民受害不少。究皆乌合，何敢窥伺省城，如臣果欲自卫，焉有举城内标兵一空之，独调此二百人哉！至于物议之来，盖亦有因。八月初，本地绅士翰林院编修李寅等十二人联名具呈，乞奏请拨部款七八十万以赈饥。先于部拨督臣西征款百二十万两内截留备用，经臣批示，现在部库支绌，无从筹此巨款。且前敌饥军，与此间饥民相似，何得辄行截留，应候另筹赈济。嗣该绅等见天恩浩荡，拨银拨米拯济山西、河南，而陕西独无。遂以臣为玩视民瘼，壅于上闻而不知。臣已于请催欠饷折内声叙及之，此物议所由滋也。观所奏、所呈如出一手，足以烛其奸矣！臣无德无才，忝任疆寄，以为不称厥职，臣亦何辞？至谓不恤灾黎，妄杀无辜，则诬罔殊甚，不能不辩也。

除查明藩司各款另片陈明外，所有臣办理赈务不善致滋物议缘由，谨缮折具陈，伏乞皇太后、皇上圣鉴训示。谨奏。

053. 查明藩司被参各节毫无实据片 光绪三年十月二十日

再，臣于九月二十二日，准军机大臣密寄光绪三年九月十五日奉上谕："有人奏，陕西藩司蒋凝学，年老衰病，僚属有半年不得一见者，公事委之门丁余姓，请托营求因缘为利。且刚愎好谀，有以蠲赈请者，斥为张皇。等语。所奏如果属实，殊属不成事体。着谭钟麟按照所参各节，秉公确查，据实具奏，毋涉徇隐。原片着钞给阅看。将此由四百里密谕知之。钦此！"[①] 遵旨寄信前来。查藩司蒋凝学久在军营，感受寒湿，时患咳嗽，旋发旋愈，精力强健不异壮时。本年夏月，偶感暑热，服药错误，调理月余即愈。六月以来，臣无旬不祷雨，蒋凝学无役不从，此万目所共见者，何尝有半年不见僚属之事。访查藩司家人有姓余者，元年秋自山西随来，二年春归去。冬间复来，因与人口角驱逐回籍，既非专任，何至委以公事。蒋凝学廉静寡欲，人所共知。至谓与门丁因缘为利，固可保其必无。臣赋性褊急，属吏有过，常面加训斥。蒋凝学则但觉其和蔼，不闻其刚愎也。臣不善面谀，不知其好谀与否，但使不以喜怒为赏罚，不以爱憎为用舍，于地方何害！催征钱粮，乃藩司专责，灾分轻重，此国家定例。陕西本年春征尚未及额赋之半，秋征则七月杪出示，河北七县暂行停征。其余各县，分别查灾。如西、同则有渭河南北之分，兴、汉则有水田旱地之别，成灾则请蠲缓，歉收则催大户而缓小户，此一定办法。臣亦恐州县书差、里长明知当缓而急征，营私以中饱。商之藩司，

①原上谕见《清实录·德宗实录》卷57，光绪三年九月丁卯条。

一面上详，一面出示先行停征，何曾有委员四出之举？至派捐，则更无此事。现办捐赈，皆地方官会同绅士劝谕富室，数目多少未可知，藩司何从分派也？陕省尚安靖，而藩司谓将有军务，此言何能出诸口，则尤不可信矣！臣与蒋凝学虽属同乡，而公事公办，无所偏徇。况圣明在上，臣何敢徇私情而误地方！

所有查明蒋凝学被参各节毫无实据缘由，谨附片密陈，伏乞圣鉴训示。谨奏。

054. 彝营哨弁胁勇溃逃立擒正法折光绪三年十月初八日

奏为彝营哨弁胁勇溃逃，立擒正法，余众就抚，恭折仰祈圣鉴事。

窃蜀军彝字马步五营驻防北山，本年六月道员黄鼎被刺后，乏人统领。经臣饬委管带官弁率领出山。适韩、蒲不靖，令其分路堵剿。事定后，将各营调扎近郊，裁汰整饬，改隶臣标。派令分防各隘，替出仁胜各营，以防北山。其派赴邠、长屯扎之新左营，于本月初一日由三原县拔队西进。管带官知州张兆周赴省清算饷帐，该营帮带补用总兵潘光斗督饬起程。讵前哨哨官、蓝翎千总江明中、后哨哨官王登高行至距泾阳十余里，忽令驻队向众勇诡称：我等驻扎邠、长，恐调赴关外受苦，不如闯进泾阳，掳取财物各自回家，违者先行杀害。等语。各勇不敢不从，遂率队直趋泾阳县城。经城门防勇拦阻，江明中用刀砍倒一人，冲门而进，放火劫掠。泾阳县知县马旬宣集勇役格斗，伤毙民兵六人。居民上房，抛掷瓦片，击毙五名。江明中等即时退出，窜至咸阳县属之马家台地方。潘光斗在后队，闻变驰马拦截，被该弁等戳伤落马。后队二百余人不肯附和，仍经各哨弁带回三原，其相从溃变者二百余耳。臣闻报，即派仁胜右旗总兵姚文广、臣标左营游击胡得成、管带马队游击吴元璋等星驰至城北之草滩渡口扼扎，又调驻防武功臣标马队总兵袁国祥从渭北、咸醴一路迎截，又虑南山峪口纷歧，绵亘近蜀，倘旁窜入山，为害滋甚。密饬臣标右营游击任廷贵、副中营总兵黄超群要之于沿山子午峪等处，派出各营，均归姚文广节制。复派署盐法道沈应奎赴草滩，指授机宜。如能悔罪归诚，仍准收抚。该弁等见大兵渐集，于初三日寅刻从渭城湾泗水偷渡，狂窜南山。沈应奎即令姚文广等挥队跟追，二更后至子午峪口。该溃勇喘息未定，据险死守。适任廷贵、黄超群等赶到，四面兜围，遣弁招抚。江明中仍纠王登高、徐瑞云、苏杆子即苏三老冒等拚死抗拒，枪毙官军什长一名，伤勇丁数名。姚文广督队急击之，格毙十余名。立将江明中、徐瑞云二犯擒获，余皆释械投诚，押解回省。当饬司道督同西安府讯取确供。据认临时起意，掳掠财物，并无谋叛别情，各勇均系威胁勉从。除王登高、苏杆子外，亦无知情同谋之人。再三质究，众供佥同。臣复亲提研讯无异。即于初五日讯明后，恭请王命，将江明中、徐瑞云二犯，绑赴市曹处斩，传首各营及犯事地方，枭示以昭炯戒。就抚各勇，分别递解回籍。其未经同溃者，仍归原伍。惟王登高、苏杆子二犯，是否已在轰毙数内，抑或乘夜免脱，容饬查严缉，另行核办。至泾阳县文武，虽系疏防于前，尚能督带兵役登时击退，仓库、监狱无失。且过境兵勇入城滋事，亦非意料所及。合无仰恳天恩，免其查参议处。其被扰各户暨受伤人口，俟饬查明确，妥为抚恤。此次溃勇，变起仓卒。臣深虑其裹胁饥民，麇聚山中，将至不可收拾。幸姚文广星夜驰至，迅速扑灭，殊出望外。该总兵久历戎行，谋略素裕，于事体轻重缓急颇能领略，实武弁中不可多得者。可否将总兵姚文广加恩，赏加提督衔，以示鼓励。其余员弁，归入防营案内请奖之处，出自逾格鸿慈。查彝字左营，本系管带亲兵营知州青胜蓝所兼管，而江明中又青胜蓝所拔补。初一之变，臣派青胜蓝星驰出城，前往安抚。乃该员逗留北关，初二申刻尚未成行，几误事机。相应请旨，将知府衔留陕补用直隶州知州青胜蓝先行革职，容饬司查明有无激变情事，再行参办。

所有哨弁、胁勇溃逃，立擒正法，余勇就抚各缘由，理合恭折驰奏，伏乞皇太后、皇上圣鉴训示。谨奏。

上谕："谕内阁，谭钟麟奏营弁胁勇溃逃，立擒正法，余众就抚一折。前道员黄鼎所带蜀军彝字各营，经谭钟麟将新左营，派赴邠州长武屯扎。乃行至泾阳，该营哨官江明中等胆敢胁勇闯进城内，放火劫掠，伤毙兵民。旋复窜至马家台地方，拒伤总兵潘光斗。当经谭钟麟派总兵姚文广等，带队驰追。本月初三日至子午峪口，将溃勇四面兜围。督队急击，立将江明中、徐瑞云擒获正法，余勇释械投诚。办理尚属迅速。惟王登高、苏杆子二犯尚无下落。是否业已轰毙，抑或乘间脱逃，此外有无逸犯，仍着谭钟麟严饬各军认真查缉，毋任一名漏网。其泾阳县等处被扰各户，暨受伤人口，并着查明，妥为抚恤。姚文广驰剿出力，着赏加提督衔，以示鼓励。管带该营之直隶州知州青胜蓝，未能迅往安抚，着即先行革职。交谭钟麟查明有无激变情事，再行参办。"①

055. 恳留阎敬铭稽查赈务片 光绪三年十二月初七日

再，据署同州府知府饶应祺禀称：据同州府属朝邑县绅士翰林院庶吉士霍为楙、内阁中书杨澍鼎、甘肃候补知府李崇道、举人乔玉树，生员王励修、杨炳恺，大荔内阁中书衔举人李坤、光禄寺署正衔举人李向桂、补用同知马沛登、候选教谕袁锡庚、遇缺题奏知府张禄堂、岁贡王鸿翰、廪生张箴、韩城刑部主事党蒙、郃阳刑部主事党兰修、澄城举人张惠芳等联名具呈，恳留本籍公正大绅兼办同州赈务事。窃惟陕省荒旱，同郡为甚。前蒙抚宪轸念灾黎，商请前工部侍郎阎敬铭筹办同州赈务。仰赖力疾趋公，倡率诸绅富捐资买粮。一切转运、施放事宜，无不因其悉心筹画，始有头绪。兹闻恭奉简命，稽查山西赈务，朝旨敦迫，绅等何敢

①《清实录·德宗实录》卷60，光绪三年十月丁酉条。

多言！惟同郡赈务甚亟，运粮散赈，非有大绅主持，众绅遂多推诿、瞻顾之意。且诸事皆其经手，尚须清厘。伏念同郡各属，处处与晋毗连。若得于查赈之暇，随时就近过河，兼顾同州赈局，于晋事无碍，于同郡实有裨益。谨联名呈请转禀前来。

臣查同州一局，前经函商阎敬铭为主，以张瀛驻局督办。而阎敬铭适有山西查赈之命，即俶装赴晋。臣与往复函商，张瀛既帮办全省赈务，自应各路稽查，不能专驻同郡。或先行派定各属正绅，与同州知府饶应祺会同办理。俟其稽查一周，仍可兼顾同局赈务，已于十月初二日附片陈明在案。兹据该绅等联名具呈，以绅董无人提倡，恐避嫌怨，互相推诿，亦系实情。臣不敢壅于上闻，可否仰恳天恩，饬令阎敬铭于稽查山西赈务，便道蒲州渡河，兼顾同局赈务，以系绅望而顺舆情之处，出自逾格鸿施。

所有同郡众绅联名具呈缘由，谨附片具陈，伏乞圣鉴训示。谨奏。

谭文勤公奏稿卷五

056. 赏戴花翎谢恩折光绪三年十一月十八日

奏为恭谢天恩，仰祈圣鉴事。

窃臣准督臣左宗棠咨称，八月初四日，在肃州行营具奏后路筹兵转饷裨益大局恳请奖叙一折。十月十八日差弁赍回原折后，开军机大臣奉旨："另有旨。钦此！"臣恭阅邸钞，光绪三年九月初五日内阁奉上谕："左宗棠奏后路筹兵转饷各员奖叙一折。新疆军务顺利，后路镇抚军民筹兵筹饷，均属著有劳绩，自应先加甄叙。陕西巡抚谭钟麟，着赏戴花翎。等因。钦此！"

臣跪聆之下，感悚交萦。伏念臣韬略弗娴，封疆忝寄。徒拥旄而坐镇，无计飞刍。未负羽以从征，遑言筹笔。占地水师贞之吉，插翅欲飞。盼天山旅振而还，弹冠相庆。兹幸西陲军利，北阙纶宣。荷雨露于九天，焕云霄之一羽。忆昔簪毫近日，曾瞻雉尾以随班。何图健翮临风，更羡鸿毛之遇顺。举头恩重，如巨鳌之戴三山。附尾惭滋，愧良骥之骋千里。宠荣渥沛，惕息难安。臣惟有申画郊圻，寅承眷顾。勤思励翼，免贻诮于鹈梁。力矢仔肩，冀仰酬夫鸾掖。

所有微臣感激下忱，谨缮折恭谢天恩，伏乞皇太后、皇上圣鉴。谨奏。

057. 奏参办赈不善知县折光绪三年十一月二十日

奏为知县办理赈务不善，请旨革职，以示惩儆，恭折仰祈圣鉴事。

窃维办理灾赈，以清查丁口、核实散粮、无滥无遗为要。城厢则设厂煮粥，乡村则计口授粮，屡经臣通饬各属遵照办理。前富平东北乡，与蒲城连界，旱灾较重，且被匪扰。臣于八月初间，饬司委候补知县汪凤沄携银前往，会同地方官先行赈抚，令将四乡贫民丁口速查确实，限九月初一日一体散赈。该县仓粮只七千余石，南米刻不能到，饬司就近拨粮五千石，以资散放。并令劝谕富绅量力捐助，陆续接济。嗣据署富平县知县刘志同禀称，拟四乡分设十厂，煮粥放赈。当经臣批饬，该县地方辽阔，仅设十厂，老弱妇女在数里外者，每日奔驰就食，诸多不便。且粥厂分布十处，知县不能亲往监视，流弊甚多。应移粮适中之地，计口授粮，数日一散，可免绅士、丁役薪水之费。乃刘志同并不遵照批示，辄听劣绅之词，设厂煮粥，致道远贫民有不得食者，纷纷来辕呈诉。并称，抽收麦粮，绅士与家丁有上下其手情弊，业经饬司将刘志同撤任查办。又查署高陵县知县陈衍昌原报，该县极贫饥民一万三千九百余口，官仓现有存麦九千七百余石，采买军粮四百余石，各乡捐存麦二千石，散至来年四月，仅敷支放。迨帮办赈务臣张瀛过境稽查，五局仅散过极贫六千三百余口。陈衍昌所开粮折，亦与原报及现散数目不符。臣当饬署西安府知府官尔铎星驰前往查办，讯据陈衍昌禀称，四乡丁口，均系分局绅士所报，尚未确查明白。现放粮石，系动用捐麦，皆县局绅士经手。所存官麦九千七百余石及军粮四百余石，实存在仓，并未动支。询其何以折开数目与原报不符，则谓仓书按散放数目开报，不知所放系动捐麦等情。臣查陈衍昌办理赈务，并不实心经理，一任绅士含糊开报，且闻局绅刘瑞玉总办捐麦事宜，武生耿士魁经管义仓，有互相拨抵粮石之事，难保不通同作弊。陈衍昌毫无察觉，形同木偶，当兹赈事吃紧，非严参不足示惩。相应请旨，将富平县知县刘志同、署高陵县知县陈衍昌即行革职。饬司道提到两县局绅质讯，如有串通舞弊情事，再行严参治罪。候补知县汪凤沄委赴富平帮同散赈，目击该县办理不善，并无只字禀报，应摘去顶戴，以示薄惩。

所有特参办赈不善知县缘由，谨缮折具陈，伏乞皇太后、皇上圣鉴训示。谨奏。

上谕："谕内阁，谭钟麟奏特参办理赈务不善之员请旨革职各折片。据称，陕西富平县知县刘志同，并不遵照该抚批示，计口授粮，辄听绅士之词，分设粥厂。该县地方辽阔，道远贫民不能得食，纷纷赴省呈诉。并称抽收麦粮，绅士与家丁有上下其手之弊。署高陵县知县陈衍昌，于饥民户口及存放粮石，含糊开报。局绅刘瑞玉总办捐麦事宜，武生耿士魁经管义仓，有互相拨抵粮石之事，难保不通同作弊。该员毫无觉察，形同聋瞆。省城南关粥厂，该抚亲往察视，尚有饥民求赈。据该委员声称，此辈已经授粮，又求食粥，故未入册。嗣据该厂所报人数，两日内骤增七百余口。是该厂非滥即遗，且闻丁役有勾通面铺、收少报多情弊等语。现在办理赈务，该地方官暨委员，应如何确查户口，核实散放，以期实惠及民。乃该员等并不认真经理，实堪痛恨。刘志同、陈衍昌，均着即行革职，提同各该县局绅质讯。如有串通舞弊情事，再行严参治罪。候补知县汪凤沄，委赴富平县帮同散赈，于该县办理不善，并不据实禀报。着摘去顶戴。南关粥厂委员候补知县何廉、费景范，候补典史兰继书、王寿臣，均着即行革职，提同丁役人等严讯。如有克扣赈粮、营私入己情弊，即由该抚奏明请旨，立置重典，以昭炯戒。"①

058. 奏参革粥厂委员片 光绪三年十二月初七日

再，省城关内外设粥厂七处，饥民逐日加增，数至六万余人。除山西、河南流民安置城外空旷庙宇，城内外贫民有家可归者计

①《清实录·德宗实录》卷63，光绪三年十二月丁亥条。

口散粮外，就厂食粥者，尚三万六千余口。关外筑盖土房千五百间，尚不能容，更凿窑洞以居。目击情形，殊堪悲悯。七厂所用丁役、杂作人夫数百名，全恃委员严密稽查，以杜弊端。臣前经饬局通知，派出文武员弁。此次办理赈务，无论采买、转运、放赈散粥，凡经手银钱米粮，如有侵渔官员，则严参治罪，胥役则从重惩处。盖强盗攘夺，只害一人一家，侵渔赈款，害及无数生灵，其罪更浮于攘夺也。查南关小雁塔一厂，距城不二里许。臣亲往察视，饥民就食者最多。尚有跪道求食者，询之委员，则谓此辈已经授粮，又求食粥，故未入册。臣逐日检查，各厂所报人数，南关两日之内，忽增七百余口，是该厂非滥即遗，必居其一。且闻丁役有勾通面铺、收少报多等弊，据总局司道详请将委员撤退，改委接办前来。相应请旨，将南关粥厂委员候补知县何廉、费景范，候补典史兰继书、王寿臣均行革职。并饬司道提同丁役人等严行鞫讯，如有克扣饥民米粮、营私入己情弊，再由臣奏闻，请旨立置重典，以昭炯戒。缘赈事为日甚长，所用人数过多，良莠不齐，严定章程，庶几群相儆惧也。

所有参革粥厂委员缘由，谨附片陈明，伏乞圣鉴训示。谨奏。

059. 已故知县亏挪官款革职查钞折光绪三年十一月二十日

奏为特参亏挪官款之已故知县，请旨革职，分别查钞勒追，恭折仰祈圣鉴事。

窃查陕省自同治元年军兴后，饷乏来源，司库支绌。经前抚臣瑛棨奏请开设官钱铺，出票搭放。满营及臣标并城守营官饷，原以撙节库款，借资周转。官票行用十余年，流弊滋多。经臣奏明，自光绪二年起，停刷官票，每月放给官钱铺银六七千两，收销旧票，冀以清厘积累。本年夏间，访闻官钱铺委员有挪用官铺钱票及各外铺交易短欠，并铺伙长支薪工各情事。即饬司委候补知县汪国勋赴铺，会同经管钱铺委员方延禧，详细查明十数年来出入细帐。方延禧旋即身故，兹据汪国勋禀称，查官钱铺历年亏短制钱二万三千六百余串，内有各外铺交易往来、未经归结制钱三千四百八十余串，又有铺伙长支薪工制钱三千四百余串，方延禧亏短制钱一万六千七百余串。查方延禧自同治六年派管官钱铺已十年之久，平日不能洁己奉公，任意亏挪，以致铺伙均相率效尤，互有长支，各外铺亦观望拖延抗偿。似此亏短巨款，若不从严参办，不足以儆玩泄而肃官常。除各外铺及铺伙短欠长支各钱文，查明分别追缴外，所有方延禧名下亏短钱数至巨，既经查明属实，未便稍事姑容，由藩司蒋凝学具详请参前来。

相应请旨，将已故准补宝鸡县知县方延禧先行革职。一面饬提该家属勒追，其在陕历过寓所，有无资财寄顿，即行查钞。该故员籍隶安徽桐城县，并请饬下安徽抚臣饬行该故员原籍，查封家产，估变备抵，以重公款。理合恭折具奏，伏乞皇太后、皇上圣鉴训示。谨奏。

060. 覆陈陕省被旱成灾现筹赈抚折光绪三年十一月初七日

奏为遵旨查明，据实覆奏，仰祈圣鉴事。

窃臣承准军机大臣字寄，光绪三年十月初三日奉上谕："本年陕西蒲城等处被旱，业经该省奏到，已加恩将新旧钱粮分别缓征。来年春应否接济之处，一并查明，于封印前后奏到，候旨施恩。等因。钦此！"仰见圣主子惠元元，有加无已，凡属黎庶，莫不感戴鸿慈。臣与藩司蒋凝学暨筹赈局司道，查得陕省本年亢旱，秋收失望，二麦未能普种，业将被旱成灾之蒲城等四十九厅、州、县，本年未完新旧钱粮，经臣奏奉谕旨，缓至来年麦后带征，刊刻誊黄，遍行晓谕。旋即查明，咸宁等三十九厅、州、县秋收歉薄，加以邻境灾区，纷纷携银采买，以致本地粮少价昂，民情拮据。复将未完新旧银粮一律奏请展缓，以苏民困。各在案。兹查被旱地方，以同州、西安、延安、榆林四府，绥德、鄜州二州为重。各该处本地饥民既多，兼以界连晋豫，外来流民尤众。凤翔、兴安、汉中三府及邠、乾、商三州地方为次，其间秋收虽有三四分，多寡不等。只缘本省灾区既广，络绎告籴，盖藏空虚，穷民遂多乏食。现已通饬各府、厅、州、县编联保甲，审查贫民户口，分别极、次男女大小口数。城厢则设厂煮粥，乡村则计口授粮，先之以常社、义仓积谷及营田租粮，开仓赈济，继之以督臣暨臣首先倡捐，并司道等捐廉佽助及劝谕绅富或银或粮，捐借并行。复挪借巨款，派员分赴湘、鄂采买南米，并以甘省秦州、宁夏等处兼购杂粮。刻查南米已陆续运转入境，惟舟运则水涸，陆运则骡少，现饬沿途添雇民夫负运，期免壅滞，亦可以工代赈。只求有裨于民生，而费巨则不暇计。约计筹粮捐赈，约可敷至来春，当不致有失所之虞。然灾区过广，需粮甚巨，设遇不敷接济，容俟临时察看情形，再行奏恳天恩，以拯民生而维大局。

所有遵旨查明陕省被旱成灾、现筹赈抚情形，理合恭折覆奏，伏乞皇太后、皇上圣鉴训示。谨奏。

061. 请催各省关欠饷折 光绪三年十二月初八日

奏为赈粮陆运甚艰，需费过巨，吁恳天恩，饬下粤海、闽海、江汉三关，将本年应协陕饷，悉数筹解，并请饬催各省欠饷，以济急需，恭折仰祈圣鉴事。

窃陕省各属赈务均已就绪，人心安帖。荷蒙特恩发帑五万两，俾资赈济。臣宣布皇仁，阖境灾黎无不欢欣鼓舞。所购南米，已陆续运至河口，分四路陆运。因车骡无多，用人夫负戴，虽可以工代赈，而劳费数倍。宁夏之粮，值河冰已合，水道不通，北山各属待赈甚亟。现由蒙地雇驼运宁条梁一带，以便分给，运价亦倍于粮价。司库搜罗殆尽，费无可筹，百计图维，万分焦灼。臣于八月间，奏催各省部拨欠饷暨粤海、闽海、江汉三关本年协饷，业奉（俞）〔谕〕旨，分催在案。嗣准闽浙督臣何璟[①]两次筹解银五万两，截至本年十二月止。闽海关欠解四万两。江汉关解至七月止，欠解五万两。粤海关解至三月止，欠解九万两。臣曾函商两广督臣刘坤一[②]、闽海关监督臣俊启代向华商借银十万两，息由陕认，即于协饷内扣还，尚未接到回信。此皆本年应协之款，而闽海、江汉两关为数无多，虽各关商税不旺，勉强腾挪，于关无损，于陕有济。合无仰恳天恩，饬催闽浙、两湖、两广督臣，粤海关监督，将各关本年应协陕饷，悉数筹解，即万分为难，亦请代借一批，由各关分期扣还。只期饷银早一日到陕，即穷黎早沾一日之惠，偿息轻重不暇计也。至各省欠解九年部拨陕饷，仅据四川、山东各报解二万两。并接督臣丁宝桢[③]、抚臣文格覆函，以后尚当尽力筹解。此外，惟安徽报解一万，其余各省委员前往函牍谆催，尚无报解消息。臣亦知各省司库均非充裕，安有余力顾此陈欠。第值无可如何之时，作此万不得已之请，当亦各疆臣所

①何璟（？—1888），广东香山（今中山）人。字伯玉，号小宋。道光进士，授翰林院编修。历官江南道监察御史、安徽庐凤道。1861年（咸丰十一年）为曾国藩湘军总办营务处，参加镇压捻军。1876年（光绪二年）授闽浙总督、福州将军。1883年中法交涉事起，负责台湾、澎湖和沿海防务。次年8月法舰袭击福建马尾水师，何璟坐视战事发生，株守福州，庇护逃军，被劾革职。著有《春秋大义录》《事余轩诗》等。

②刘坤一（1830—1902），清末湘军将领。字岘庄，湖南新宁人。廪生出身。1855年（咸丰五年）率团练对抗太平军。后随刘长佑转战赣、湘、桂等地。1862年（同治元年）升广西布政使。1865年迁江西巡抚。1875年（光绪元年）擢两广总督。1879年调任两江总督兼南洋通商大臣。中日甲午战争时授钦差大臣驻山海关，节制关内外陆军百余营，辽河一战，全军溃败。1896年回任两江总督。1900年义和团运动时，在西方列强策划下，与张之洞等倡议东南互保。今辑有《刘坤一遗集》。

③丁宝桢（1820—1886），贵州平远（今织金）人，字稚璜。咸丰进士。1854—1856年（咸丰四年至六年），在籍办团练，镇压教军和苗民起义。1860年任湖南岳州知府，旋调任长沙知府。1863年（同治二年）授山东按察使，次年迁布政使。1867年升任山东巡抚，镇压捻军。以诛慈禧太后宠信太监安德海，有名于时。1875年（光绪元年）在济南创办山东机器局。次年升四川总督，整顿吏治，兴修都江堰水利，在成都创办四川机器局。1885年英国侵入云南、西藏时，筹划西南边防。有《丁文诚公奏稿》等。

共谅。相应请旨，饬下两江、两湖、两广督臣，浙江、江苏、安徽、湖北、湖南抚臣，饬司无论如何为难，务须各筹一大批迅速起解，以拯穷黎而维大局，臣不胜迫切屏营之至！

所有请催欠饷缘由，谨缮折具陈，伏乞皇太后、皇上圣鉴训示。谨奏。

062. 各省劝办区种并饬属开井片 光绪三年十二月二十七日

再，臣准军机大臣字寄光绪三年十一月二十日奉上谕：“洗马温忠翰①片奏，饬请山西、陕西、河南各省劝办区田。等语。着谭钟麟体察情形，酌度办理。等因。钦此！”

查本年入夏，天久不雨。臣于六月饬局，通行各属，劝谕民间多凿井泉，以资灌溉。维时，大荔县知县周铭旗陈区田之法，

---

①温忠翰（1835—？），字雨秋、味秋，山西太谷人。出身官宦世家。祖父温承惠，历官巡抚、总督，太子少保。父温启封，嘉庆年间顺天府乡试举人，官至刑部郎中。温忠翰少负奇才，个性温良，为人恭谨。咸丰八年考中举人。同治元年（1862）壬戌科徐部榜进士第三人，授翰林院编修。同治六年出任湖南学政。光绪元年（1875），任四川乡试副考官，后任司经局洗马。光绪四年担任温处道。光绪九年，晋升陕西按察使。光绪十一年，调任湖北按察使。光绪十二年八月十二日，由李鸿章上《代奏温忠翰乞病开缺折》：“奏为湖北臬司病难速痊，呈请开缺，恭折仰祈圣鉴事。窃新授湖北臬司温忠翰，前因行抵天津，旧疾复作，未能北上，经臣代奏奉旨赏假三月，转行钦遵在案。兹又据该司禀称，连服滋阴养肝之剂，旧疾不无起色，而精力总未如前，稍一劳心，胸腹气结，肢体不胜困乏。昨届立秋，肝阳上冲，病复增剧，夜不成寐，医者谓阴气内亏，肝阳无制，非潜心静养、渐次服药培补难望见功。犬马微生，何敢自惜。惟臬司为全省刑名所寄，非病躯所能胜任。现在假期届满，心与力违，悚惶无地，请代奏恳恩开缺回籍调理。该司年力尚强，将来就痊，即赴都销假，不敢稍耽安逸。等情前来。臣查该司所禀皆系实情，未便壅于上闻，理合恭折由驿具陈，伏乞皇太后、皇上圣鉴训示。谨奏。”（顾廷龙、戴逸主编：《李鸿章全集·奏议（十一）》，安徽教育出版社2008年版，第483页。）光绪十二年八月十五日清廷下谕：“李鸿章奏湖北臬司温忠翰病难速愈，恳请开缺一折。温忠翰着准其开缺。钦此！”从此回归故里，卒年不详。温忠翰善抚琴，工文章，精于绘画，和周少白结书画会，山水画和秦炳文齐名。同治十一年，曾绘《三山世隐》图，著有《红叶庵诗文集》《名翰赏心集》等传世。

当经批令试办。嗣督臣来函，谓劝民开井，必以利诱之，庶几踊跃。应出示每开一井，赏银一两。能开十万井，则所养无穷。如费无可筹，请身任之。井泉既裕，可与区田之法相辅而行。并钞录前抚臣崔纪①、前大学士陈宏谋②抚陕时凿井成案，及鄠县贤良

①崔纪（？—1750），原名珺，字南有，山西永济人。康熙五十七年（1718）中进士，改庶吉士，授编修。历任国子监祭酒、仓场侍郎、甘肃巡抚等职。乾隆二年（1737）调署陕西巡抚。上奏云，陕西关中平原沃野八百余里，但农耕仅依靠天雨，遇到干旱则束手无策。只有凿井灌田，方能补充雨量之不足，减轻干旱之危害。又云，延安、榆林、绥德、邠（今彬州）、鄜（今富县）等府州，地处高原，不能凿井。而西安、凤翔、同州（今大荔县）、汉中四府及渭南九个州县，地势较低，掘地一二丈即可得水。渭北二十余个州县虽地势较高，掘地至六七丈也能得水。均可凿井。但因民贫，劝导凿井实有困难。恳请朝廷将地丁羡银暂借给百姓作打井费用，然后分三年还清，并请不要将井灌田按水田加征赋税。升吏部侍郎，实授陕西巡抚。上疏云，现陕西的水利状况，以龙洞渠（今泾惠渠）规模最大，该渠水源一是泾水，二是山涧泉水，雍正年间，总督岳钟琪曾拨帑银疏浚，使泾阳、醴泉、三原、高陵四县农田得到灌溉。但未制定岁修办法，每遇泾河暴涨，洪水入渠，泥沙沉积于渠槽，不仅不能引河水，泉水也溢于渠外。拟在龙洞渠首高筑石堤，以收束泉水。并设定员水工，专管启闭闸门。工程规模过大，劳役过重，因民力不济，引起百姓不满。乾隆三年，朝廷将他与湖北巡抚张楷互调。崔纪原报凿井七万多眼，经张楷详查，有三万二千多眼能汲水灌田。遇天旱，其灌溉效益甚为显著。百姓亲眼看到了好处，又自动私下凿井，且年年增加。崔纪乾隆十五年（1750）卒于任。

②陈宏谋（1696—1771），字汝咨，广西临桂（今桂林）人。雍正元年（1723）乡试第一名，后考中进士，授检讨。四年，迁为郎中，后累迁至甘肃巡抚。乾隆九年（1744）调任陕西巡抚，十一年调往江西、湖北，十二年复调任陕西巡抚，并署为陕甘总督。十五年加兵部侍郎，是年冬调离。十九年三任陕西巡抚，二十年调任甘肃，二十一年第四次担任陕西巡抚。累计在陕任职时间八年有余，对陕省的自然环境、社会风俗、生产状况及官吏等比较熟悉。曾招募江、浙一带善于养蚕的人来陕西指导百姓发展蚕业，并取得很好的效益。陕北、渭北一带高原干旱缺雨，因而倡导百姓种植薯类及栽树，并凿井二万八千多眼，制造水车，发展灌溉。商州有丹江，自龙驹寨（在今丹凤县）可以通航至汉江。但因险滩较多，仅能通行小船。于是令州县开工疏导，使物资运输和商业贸易便利。又奏请朝廷准许，开炉铸铜钱。户部所拨运的进口铜用完，又采云南铜铸造，使钱价持平。倡议修葺周代帝王陵墓，以陵外空闲地出租取息，以地息作为常年性修缮费用。陈宏谋理政，好标新立异，因被一些守旧大臣指责为“好自作聪明，不持政体”，乾隆皇帝几次告诫他“毋立异，毋沽名”。二十二年调任江苏，年底署两广总督。二十八年迁兵部尚书，二十九年为协办大学士，三十二年授东阁大学士。三十六年因病告归，卒于归途，年76岁，祀贤良祠。

方正王心敬[①]所著井泉、区田、圃田说寄示。臣即饬局刊刻成书，督臣亦于营次刊发五千本。与臣联衔出示，劝谕绅民，如法种植。计散给民间者近万本，督臣于农学体验最精，所至教民树艺，皆有成效可睹。其谓区田之法，隔区间种，不但中道难行，亦且耘锄灌水，多费周折。不若照王心敬画一种禾之沟，隔一行，种一行，按时灌之，法省而工捷。皆阅历有得之语。臣忆乡居时，见农民所种芋田，即间一行、种一行之法，每亩实有收芋二三十石者，可见古人亩收六十石、三十石之说，亦非虚诞，盖所种不必皆谷麦耳！秋间，大荔知县周铭旗督同生员潘殿选、张道芬试行区田法，每亩收二石余，较常田仅加倍，盖种植尚未尽得法也。臣因各属二麦多未播种，现于平凉一带采买春麦种，以便分给各牧。令督率绅耆广开井泉，照所刊区种之法，实力劝办，农民如获利甚厚，争相仿效，不特为济荒之胜策，亦地方无穷之乐利也。

所有劝办区种缘由，谨附片陈明，伏乞圣鉴。谨奏。

063. 请建已故总兵刘厚基专祠折 光绪四年正月二十八日

奏为已故总兵功德在民，据情吁恳天恩，允建专祠，恭折仰祈圣鉴事。

---

①王心敬（1656—1738），字尔缉，号丰川，人称丰川先生。西安府鄠县（陕西西安鄠邑区）人。清代理学家，农学家。青年时拜关中名儒李颐为师，后成为声名远扬的名儒。其为人仁慈宽厚，淡泊名利，陕甘总督额伦特、年羹尧等先后荐举，皆推辞不就。朝廷大员朱轼、果亲王等来陕督学，曾多次向其求教。蒲城某进士赴京殿试，大学士鄂尔泰问："丰川安否?"此人茫然不知所对，鄂尔泰笑道："天下莫不知丰川，子为其同乡，顾不知耶?"凡一、二品大员赴陕，鄂尔泰一定要他们代向王心敬问安。一时间，黔、粤、吴、楚等地巡抚均聘请其为本省书院总讲习，王心敬曾应湖北巡抚陈诜之邀讲学于江汉书院。其著作主要阐发程朱理学，现存《易说》10卷、《江汉书院讲义》10卷、《荒政考》2卷、《诗经说》30卷、《春秋原经》24卷、《诗草》12卷、《关学续编》12卷、《文献揽要》12卷、《历年》4卷、《洗冤录》3卷、《南行述》4卷。

窃照原任头品顶戴、记名提督、陕西延绥镇总兵刘厚基①在任病故，经臣宗棠将该总兵生前功绩缕陈，奏奉谕旨："交部照提督在军营立功后病故例议恤。"钦遵在案。兹据延榆绥道嵩寿禀，据延榆绥各府州属绅民联名禀称，该总兵自投湘军，转战湘、蜀，肃清各郡县。嗣率师援陕，克复汉南郡城。旋攻阶州，阵斩逆首蔡启等，甘南以靖。维时回逆猖獗，北山防剿尤殷。该总兵统带各营，沿途雕剿，次拔绥、鄜二州，解榆林之围，收复各县城池。驻军榆城，署理镇篆。旋蒙天恩简任实缺，该总兵安不忘危，力筹赈垦，设法招来，修城开渠，建立书院，增置膏火，修庙宇，设痘局。凡地方义举，无不竭力勉为。纪律严明，兵民和辑，联络蒙地，中外交孚。从此地方有弦诵之声，农民安耕凿之业。绅民等闻该总兵因病出缺，巷哭辍市，爱戴难忘。吁恳于榆林地方捐资建立专祠，以申报飨之忱。并称西安省垣有该总兵捐置榆林试馆一所，为多士乡试栖息之地，愿改作专祠，以志遗爱等情，具禀请奏前来。

臣等查该总兵转战数省，在陕功绩尤伟。任榆林镇十年，整饬营伍，百废俱兴。安缉善良，培植士类，功德在人。宜绅民等追思不已，所请捐资建立专祠，皆出于至诚。合无仰恳天恩，俯准榆林地方，建立原任延绥镇总兵刘厚基专祠，并准将省垣捐宅易为专祠，以慰舆情而昭忠荩。

除咨部查照外，谨合词恭折具陈，伏乞皇太后、皇上圣鉴训示。谨奏。

---

①刘厚基（1840—1877），字子堃，号福堂。湖南耒阳人。咸丰八年（1858），以武童入湘军萧启江部，在江西、广西、湖南等地与太平军作战。九年，从骆秉章入四川，镇压李永和、蓝朝柱起义军，累升至游击。同治元年（1862），在叙州堵截入川太平军石达开部。二年，擢副将，加总兵衔。同年夏，入陕西，与太平军扶王陈得才部作战。三年，会同萧庆高等军克汉中、城固、洋县，以总兵记名简放，寻加提督衔。追击太平军启王梁成富部入甘肃，会克阶州，俘梁成富，以提督简放。六年，回军陕西，被甘肃回民军击败于延安。九月，授延榆绥镇总兵。八年，因事被劾，革职留任。后卒于任所。

064. 沥陈陕库艰窘不能多拨满营欠饷折

光绪四年二月二十六日

奏为沥陈陕库艰窘情形，满营欠饷势难筹发，暂拨银五千两，以济急需，恭折覆陈，仰祈圣鉴事。

窃臣准西安将军广科咨，承准军机大臣字寄光绪三年十二月十九日奉上谕："广科奏，满营凋敝情形，请饬设法补救一折。陕西藩库积欠该营月饷甚多，亟应拨款接济。着谭钟麟竭力筹措，先行拨银若干，俾济急需。嗣后仍当源源拨解。等因。钦此！"臣谨即转饬藩司妥筹拨解，旋据藩司蒋凝学详覆，司库自去秋停征，短收六七十万。今春不能开征，毫无所入。不但欠饷不能兼顾，即每月应拨满营兵饷，尚属无可筹措，更请变通办理。等语。

臣查陕库入不敷出，数年来移缓就急，勉强支持情形，屡经奏明在案。自去岁亢旱，筹办荒政，无论何项，均挪作赈款。于是库储一空，饥民愈赈愈多。初报贫民百数十万，近已增至二百数十万。缘粮价昂贵，日久则次贫民悉成极贫。目击鹄形菜色，奄奄待毙，不能不推广皇仁，一体赈恤。省城内外，饥民九万余口，月需粮八千石有奇。薪炭之费，每月数千金。现择外县强壮者先行资遣，人给一月赈粮，另给豆种数升，令先归布种，以待春雨。一月以后，由各县领赈。盖春气温暖，人众秽杂，恐滋疫疠，不能不预筹分散。且人种豆一亩，五月可望得食也。河南、山西流民纷至沓来，无县不有，省城已八千余口，现均给粮遣散。所过州县，日给以粥，递送至潼关。再酌道里远近，各给银数钱，令归本籍，以趁春耕。无家可归者，给以籽种、农具，令垦荒地，费亦不赀。初计各属常平、社、义仓及前数年买存并现在采买之粮，分匀拨给，可支至四月底。嗣以饥黎渐增，饬各处多购数万石，以资接济。奈陆运艰难，劳费而不能速，几有见食不得入口之虑。脚价之贵，倍于寻常，自樊城运米一石至潼关，车价五两内外。由潼运各属，又需一两数钱不等。荆紫关、漫川关、蜀河口三路，距省皆六七百里，雇夫递运，以工代赈，人负六七十斤，行四十里，日给米一斤，钱数十文，其价与车运相等。宁夏之运宁条梁、平、庆、巩，秦之运邠、长、凤翔者，费虽少轻，究亦两倍于粮价。总计现购米粮二十余万，及采买春麦、豆种各项粮价运费，用费约需银百七十万。所入之款，则蒙天恩拨部款五万，各省欠饷报解十五万，四川捐款二万，本省官捐数万而已。三关协饷不以时至，均截留作湘、鄂米价，致金顺、徐占彪[①]各营月饷无可筹解。现需运费六七十万，计无所出，间以钱票搭放，不过权宜之计。由陕甘后路粮台向汉口华商借二十万，先买钱十余万串，为夫运之费，西安省城各票商已挪借罄矣。本省防军三十余营旗，去冬未曾发饷，此时不能不酌发一月。司库荡然，不得已暂发官钱铺票以济急。虽陕中官票人皆信用，可资周转。然出票过多，无银抵兑，亦殊可虑。似此空虚，何堪持久？臣日夕焦急，罔知所措。只期春雨沾足，人心大定。麦秋虽无望，秋禾或可期，征收有款，始可支持，否则不知所为计也。满营月饷，虽未能全领。而上年五成饷已按月支发，绿营去年只领三季，较旗兵为尤苦。臣时与将军广科晤谈，开诚布公，只期有济。但使力所能为，罔弗统筹兼顾。广科目击情形，亦深知司库空竭，无可设法。然既奉谕旨，饬臣筹措，自当勉强腾挪银五千两，稍资挹注。此后月饷尚难供支，何能顾及欠饷？应俟防军裁撤，营制复旧，始可源源接济。至目前五成月饷，应如何变通办理，容与广科再行熟商具奏，以慰宸廑。

所有司库艰窘不能多拨欠饷缘由，谨恭折沥陈，伏乞皇太后、皇上圣鉴。谨奏。

---

①徐占彪，四川西充人。咸丰十一年（1861）以勇目投入军营。同治元年（1862）在天洋坪一带镇压太平军。旋隶道员黄鼎军，镇压陕甘各地回民起义军。十一年从陕甘总督左宗棠攻占肃州，并攻略新疆，后驻军新疆木垒河。光绪八年（1882）授巴里坤镇总兵。

065. 在籍藩司病故请恤折光绪四年二月十六日

奏为在籍藩司帮办赈务，途次病故，恳恩赐恤，以昭劝激，恭折仰祈圣鉴事。

窃前山西藩司张瀛，去秋奉命帮办陕西赈务，力疾来省。臣与面商筹办荒政事宜，当以同属被灾较重，赈事繁难。应于同州府设局总理，筹运散粮诸事。张瀛先由东路各县稽查放赈有无弊窦，道经同州，布置局事。回省后再往西路查赈。不期沿途感受风寒，旧疾复作。行至富平，病势增剧。臣屡次派人往视，嘱其安心调理。嗣闻疾益不支，臣复函知同州局事。已饬署同州府知府饶应祺，会同翰林院庶吉士霍为楙等办理，且稽查山西赈务臣阎敬铭已回至河东，可以就近兼顾同州局事。西路已委甘肃候补知府徐韦珮，河北及北山各属已委候补知府原峯峻、李希哲前往确查。该藩司可暂回蒲州原籍，医药较便。而张瀛复以病愈，尚须亲历各属，不肯回籍。讵料本年二月十九日竟没于富平差次。维时署富平县知县赵嘉肇亲往看视，据称，该藩司临终，但云身受重恩，无由补报，赈事亦未能始终襄办，心甚歉歉，他无一语。其长子三品荫生张从慎，闻疾趋侍。次子从恺尚幼，身后萧条，依然寒士。臣闻之不胜悲悯。查从前浙江办理塘工之绅士候选主事经纬、前杭嘉湖道苏武敬没于工次，天津海运局候补知府汪有勋、马新祐没于差次。叠经督抚臣奏请优恤，均荷恩准，赐恤在案。今张瀛帮办赈务途次病故，情事相同。

可否仰恳天恩，俯准敕部议恤，以昭激劝之处，出自逾格鸿慈。谨会同大学士陕甘总督臣左宗棠、稽查山西赈务兼顾陕西同州赈事前工部侍郎臣阎敬铭恭折陈请，伏乞皇太后、皇上圣鉴训示。谨奏。

066. 米捐请仍展限折光绪四年二月二十六日

奏为陕省米捐势难遽停，请仍遵前奉谕旨，展限一年，设法劝捐，以应急需，恭折仰祈圣鉴事。

窃臣前因办理荒政，库款支绌，请将陕省米捐展限一年，分赴各处劝捐，以资接济，于上年九月十四日具奏。业经奉旨："着照所请，该部知道。钦此!"臣当即分咨各省劝办。嗣准四川督臣丁宝桢来函，以陕省奇荒，需赈甚急，已率司道捐廉为倡，并劝谕陕甘官商一体捐输，解银二万两以备赈。至米捐一项，川省现有滇、黔两局例银，较陕章为轻。且米捐无道、府、州、县翎枝，恐难集巨款。现委员分赴各属劝捐，未识有济否。臣于十二月初八日附片陈明，请于湖广、江浙等省派员劝办，亦经奉旨允准在案。现准部咨，各省赈捐，应照直隶章程请奖，上年十二月十二日奏准晋、豫两省一切收捐章程，仍照黔捐总局办理，仍声明他省赈捐，均不准援案渎请。此次陕省官商顾念桑梓，自愿助捐，与晋、豫两省减成收捐、借广招徕者不同。且陕省米捐，前因军务紧要而设，早经停止。若该省赈捐，照此给奖，殊与晋、豫两省捐务大有妨碍。所有陕省捐赈需应照直隶章程请奖。等因。臣当饬筹赈局妥议，现据赈局司道详称，陕省去年旱灾虽轻于晋，而与豫省相同，库藏空竭，欠饷不可恃，赈款弗继，莫展一筹。明知米捐无道、府、州、县翎枝，五项所捐无几，当此无可如何之日，只求多得一石米，即多活一命。且自上年九月奉旨后，已委员携带执照赴各处设局劝捐，遽尔停止，无以取信于人。现拟将本省各属绅民所捐赈款，及陕甘宦于他省并各省官绅好义乐输助赈者，均照直隶章程汇奏请奖。此外，捐生有愿官职、希图仕进及虚衔封典从监者，仍照米捐章程核奖。似此变通办理，于部章既可相符，亦不至与晋、豫捐输有碍等情，详请具奏前来。

臣查米捐展限奉旨允准，在晋、豫请开捐赈之先援案渎请，而陕中饥民二百数十万嗷嗷待哺，亦与晋、豫相若。现本省防军三十余营及旗、绿营月饷未能筹发，购运赈粮需银百七八十万，无从措借，上忙业已停征，欠饷报解寥寥。若米捐复停，则秦中接济将尽，其何以支？相应吁恳天恩，仍准米捐展限一年，以资补救。

除咨部钞发直隶赈捐章程遵照办理外，所有米捐势难遽停缘由，谨缮折具陈，伏乞皇太后、皇上圣鉴训示。谨奏。

067. 遵旨明白回奏折光绪四年三月初三日

奏为遵旨明白回奏，恭折仰祈圣鉴事。

窃臣于二月二十九日准户部二月初五日咨开，内阁钞出光绪四年正月二十日奉上谕："给事中文明奏，陕西巡抚谭钟麟奏参亏挪官款之已故知县方延禧一案。该抚称系历年亏短，何以迟延至今，始行访闻。甫称委员会查，旋称方延禧身故，明系畏其挟制。俟其身故，徒托空言，搪塞巨款。请饬明白回奏。等语。着谭钟麟按照该给事中所陈各节，明白回奏。钦此！"钦遵钞录原奏移咨到臣，查方延禧自同治元年开设官钱铺时，即奉委经管，嗣调办庆阳粮台。至六年，复委管理钱铺，向来委员开具四柱简明清折报藩司，按季一报，巡抚核对发银收票，前后出入数目相符，存折备案。十余年中，更历巡抚八人，藩司九人，皆如是也。大凡亏空，必结算交代而后知，未有不曾交卸而预料其亏空者。上年，方延禧丁忧，藩司委汪国勋接管。阅春间，月报盈余款下数目不符，询之汪国勋，据云，委员铺伙均有长支，外铺亦有挪欠。旋饬彻底查究，始悉该员等将盈余一款，先后挪用几尽。所谓盈余者，司库所发系库平，钱铺与外铺交易系钱平，较库平为小。向以此款为铺中火食、薪水、房租、节赏等项之用开支外，所余多少，原无定数，积久遂成巨款，官铺视为盈余，其实皆公款也。据汪国勋折开，有历年方延禧自行挪用者，有代知府周文郁挪借者，有同知李云黼挪用而方延禧耽承者。当以公款私挪，初未禀明有案。仍应向经手之员名下着追，方延禧亦自认陆续完缴。不图于六月十四日因病身故，并非甫经会查，旋即身故也。饬县提同铺伙杨世傑等审讯，据杨世傑供，同治元年，进铺登记帐目，铺伙等历年在盈余项下，陆续长支钱三千四百余串，每月从劳金内扣抵。委员方延禧同治六年二次来铺，因每月薪水二十余千，不敷用度，历年均有长支，并有代友朋挪借之款。除丁忧后陆续缴还外，实亏空钱一万六千七百余串。至外铺所欠，有尚存者，有同治七八年已歇业之铺东，查讯数目是否相符，严切追究。而方延禧亏短最巨，经藩司详，由臣奏查参抄备抵，此办理之实在情形也。至文明指陈各节，臣愚多所未解。谓委方延禧管钱铺为授之以柄，则同治六年所委其柄，非臣授之。谓畏其挟制，则未闻以亏空挟制上司者。即民人开一钱铺，交铺伙经理，至于亏空，而铺伙反挟制东家，必无是理。或下属与上官互有亏空，虑其反噬，臣于钱铺并无亏空，何所畏而避之？向来州县亏空未缴，无论已故、未故，皆当参革查抄勒追，各省均如此办理。臣照例奏参，非以空言搪塞。文明谓杀方延禧口尚能言，知该抚必不出此。方延禧亏挪公款，尚有何言？如有冤抑，则钱铺现存二十余人，其口皆能言也。至文明谓为欺罔巧诈，则臣不敢置辩，难逃圣明洞鉴。

所有遵旨回奏缘由，谨恭折具陈，伏乞皇太后、皇上圣鉴。谨奏。

上谕："谕内阁，前据给事中文明奏陕西已故知县方延禧亏挪官款，据理纠劾一折。当经谕令谭钟麟，明白回奏。兹据奏称，方延禧自同治元年六月两次经管官钱铺。按月开报出入数目，前后相符。迨上年该故员丁忧，委员接管。饬令彻底查究，始悉亏挪公款，当经追缴。而该革员于六月间病故，并非甫经会查，即时身故。该革员无可挟制，该抚亦非空言搪塞。等语。所奏自系实在情形。着即毋庸置议。"①

---

①《清实录·德宗实录》卷70，光绪四年三月戊辰条。

068. 吁恳陛见折 光绪四年三月十五日

奏为述职届期，天恩俯准入觐，恭折仰祈圣鉴事。

窃臣自光绪元年二月二十日，蒙恩简授陕西巡抚，当即具折恭请陛见。军机大臣奉旨："昨据邵亨豫奏请，已有旨批示，该抚即着毋庸来见。钦此！"臣供职三载，时切瞻依，计至本年三月，已届请觐之期。查各属赈务，臣督同筹赈局司道，分饬印委各员核实办理，按期散放赈粮，均尚妥协。省城粥厂，强壮者已给赈粮籽种，饬令归耕。惟老幼残废数千人，暂留两厂，再赈两月，城内极贫，亦加赈一月。晋、豫流民，已陆续资遣回籍。南米均运至河口，只以水路艰阻，车骡稀少，专恃夫运，未免迟滞。宁夏之粮，水陆兼运，河冰已泮，舟行尚速。统核所购米粮，悉数运到，分给各属，可赈至四月底。若春膏叠沛，补种豆麦滋长，穷黎可望得食。现在民情安帖，尚堪仰纾宸廑。惟臣智短材疏，办公竭蹶，蒲柳之质，须发皆霜，极知任重，不能自胜。而犬马愚忱，有章奏所不能罄者，必须趋叩阙廷，跪求圣训，庶遵循有自，免蹈愆尤。如蒙俯允所请，计此折回省，当在四月。彼时赈事已竣，臣于五月束装北上，叩谒天颜，借伸依恋。

所有巡抚篆务，应须委员署理，伏候谕饬祗遵，臣不胜迫切待命之至！臣谨缮折陈恳，伏乞皇太后、皇上圣鉴训示。谨奏。

069. 奏陈布置防营情形片 光绪四年三月二十六日

再，陕省赈务，自去年九月至今年四月，已赈八阅月之久，于向例正赈、加赈五月之章不符。而目击垂毙灾黎，不能不推广皇仁，加意赈恤。近日体察情形，河北一带，饥民四月以后，仍无从得食。综计各处赈粮运齐，合省仓所储，约可支至五月中。彼时新麦登场，可资接济。惟祝晋、豫普沛甘霖，不复仰给于陕。

斯本境粗足自给，否则贩商搬运一空，麦熟后，粮价尚不能平减，贫民之生计仍蹙。前月探报，河南鲁山、南召、卢氏、灵宝有匪徒滋事，业经宋庆[①]率所部勇丁击散，现尚安靖。惟此种匪类，聚散无常，仍须严切防范。臣去冬派署潼关协副将姚文广率一营，分扎潼关。至洛南境，派总兵张得明率一营扎荆紫关，以至商州之龙驹寨等处，派游击任廷贵、丁占魁各率勇丁三百名分扎漫川关、蜀河口两处，防护粮运，有事可互相策应。现仍督饬各营勤加侦探，严密堵御，以期仰副朝廷弭患未萌之至意。陕省防军，臣早欲逐渐裁撤。不虞值此灾歉，欠饷日增，司库如洗，无可设法。容当妥议章程，奏请示遵。

谨附片陈明，伏乞圣鉴训示。谨奏。

070. 请禁贩运粮石并协济晋豫赈粮折光绪四年四月十八日

奏为粮价过昂，民食维艰，暂禁贩运，以顾本境，并勉筹协济晋、豫赈粮，以资平粜，恭折具陈，仰祈圣鉴事。

窃臣查上年晋、豫奇荒，陕省米粮纷纷贩运出境。本省亦系灾区，存粮无几，民间势将聚众阻止。当经督臣与臣出示严禁，并通饬各属不准擅行遏籴，原以救灾恤邻，未敢稍分畛域也。无如奸商牟利，抬价居奇。春夏以来，每石价银增至十余两，近虽连次得雨，而粮价仍未少减，小民日谋升斗，不得一饱，困苦情形，真有岌岌不可终日之势。旋据绅士候选道雷致福等呈称，陕省连年中稔，民鲜盖藏，骤遇灾旱，粮价陡涨。虽次贫、极贫散

①宋庆（1820—1902），清末将领。字祝三，山东蓬莱人。行伍出身。1853 年（咸丰三年）在亳州（今属安徽）镇压捻军，累迁总兵。1862 年（同治元年）统带裁余的临淮军三营，所部号“毅军”。1874 年调四川提督。1880 年（光绪六年）会办奉天防务，后移防旅顺。1894 年中日甲午战争爆发后调赴九连城，任前方各军统领，不久溃败。次年革职留任。1900 年帮办北洋军务，八国联军由天津进犯北京时，从北仓败退。后病死。

粮赈恤，而中等之户，食指众多，一日之食耗彼时十日之资，不贫者亦几成极贫。缘本省储粮贩运晋、豫者过多，居民籴食维艰，恳请暂行禁止米粮出境等情，联名具呈前来。

臣查该绅等所呈，均系实在情形。惟晋之蒲、解，豫之陕州，向皆仰给陕粮。若一旦禁止，诚恐有妨民食。当即据呈咨商兼办陕省同州赈务前工部侍郎臣阎敬铭公同筹画，兹准覆称：山西赈粮，由官至陕采买者，先后不过二千石，为数甚微。若禁示贩运，实属于陕有益、于晋无害。等语。恭查乾隆间户部议覆浙江布政使张若震奏请申遏籴之禁一折内称：申严遏籴处分，原为歉岁民生之计。倘遇本省歉收，米粮不敷民食，射利之徒，复行出境，于民生亦未有便。应令该抚酌量情形，据实题明，许其暂行禁止。奉旨："依议。钦此！"钦遵在案。

臣惟陕省民生之困，固由收成之歉，实由于粮价之昂。而粮价递增，则由于商贩之据为利薮。其在陕则不惜重资以广收，至晋、豫则高抬时价以攘利。现时买面一斤，需钱百文，出潼关则百二十文，度河东则百四十文，至运城则六七十文。以垄断之奸谋，剥斯民之膏血，饥馑余生，何以堪此！若不设法平价，势将有加无已，不独贻害于陕，即晋、豫之民，生计亦蹙矣。臣再四思维，非三省连界处悉办平籴，即新麦登场，市价仍不能平减。惟晋、豫赈粮多寡，未能悬揣。臣拟将所购南米划出京斗一万五千石，以万石拨给山西河东，以五千石拨给陕州之灵宝、阌乡为减价平粜之用。所收粮价归陕，即使少有亏折，亦由陕自行弥补。至陕省出境之处，由臣通饬各属，派员设卡盘查，遇有奸商大帮贩运，概行禁止。其肩挑背负，查系小民自行籴食者，仍照常放行，不得强阻抑勒。一俟价值悉平，即行开禁，似于晋、豫及陕省均有裨益。惟统计陕省所购之粮，仅敷本省俵赈之用。兹复拨借邻省，仍须设法添购。现饬委员由包头采买，顺流东下，以资接济。而粮价运费，无款可筹，臣另行奏请设法筹借。臣因小民艰食，为此变通之举。谨援照部定成案，请旨遵行。

如蒙俞允，应请饬下稽查山西赈务臣阎敬铭暨河南、山西抚臣速委员设局办理，臣不胜激切待命之至。谨恭折驰陈，伏乞皇太后、皇上圣鉴训示。谨奏。

071. 息借各关银两以济赈需片光绪四年四月二十六日

再，陕省赈款，除各属绅民多捐银粮，归本县赈济外，由省局筹发粮价、运脚、薪水、局费等项，约计二百余万。司库早罄，一切支款，姑以钱票点缀。各省欠饷，惟广东解到洋银五万，山东四万，四川三万，浙江二万，安徽、湖南各一万，江苏、湖北丝毫未解。臣亦不敢再三渎催，督臣左宗棠自去秋拨还陕款三十万，本年二月复借给二十万。去年以来，垫发徐占彪月饷亦在二十万外。其所借洋款五百万，鄂、沪两局，截还旧欠百八十余万。合之陕省还款，计到营者，不过二百余万，仅能敷衍至夏季。自未便再行拨借，此刻添购粮一万石，需银十万两。再四筹维，无可设措。因思闽海、粤海、江汉三关，每月各协陕银一万，拨请每关各代借十万两，息由陕认，各关仍每月分完商本一万两，计十月之内便可清给，于关款毫无亏缺。而陕省得此巨款，借资挹注补救，实非浅鲜。合无仰恳天恩，俯准饬下福州将军，闽粤、湖广督臣，粤海关监督，各代借银十万两，速行起解，以济赈需而支危局。出自逾格鸿施，谨附片驰陈，伏乞圣鉴训示。谨奏。

上谕："谕军机大臣等，谭钟麟奏请禁贩运粮石，并协济晋、豫赈粮，息借各关银两各折片。陕西前禁遏籴，原为邻省灾黎，借资均济。若令商贩据为利薮，有损于陕而无益晋、豫，殊非得计。着谭钟麟通饬所属，派员设卡盘查。遇有奸商大帮贩运，概行禁止。其肩挑背负，实系小民自行籴食者。仍着照常放行，不准稍有留难阻止。一俟粮价悉平，即行开禁。谭钟麟以三省连界处所，粮石昂贵，拟设法平价，将所购南米，划出京斗一万五千石，以一万石拨给山西、河南，以五千石拨给河南陕州之灵宝、阌乡，为减价平粜之用。所收粮价，如有亏折，仍由陕省自行弥补。即着阎敬铭、李鹤年会商曾国荃、涂宗瀛，速委妥员，分赴各该处设局办理。陕省赈粮不敷，现赴包头采买，以资接济。所需粮价运费，无可设措。着庆春、李瀚章、何璟、俊启，由闽海、粤海、江汉三关，各代借银十万两，由陕西认给息银，仍将每月各协陕饷一万两，分还商本。计十个月归楚。即着迅速筹解，以济赈需。将此由四百里谕知庆春、李瀚章、何璟、阎敬铭、李鹤年、曾国荃、涂宗瀛、谭钟麟，并传谕俊启知之。”①

072. 遵谕覆陈折光绪四年五月二十八日

奏为遵谕覆陈，仰祈圣鉴事。

窃臣准军机大臣字寄光绪四年五月初五日奉上谕：“翰林院编修吴观礼②奏条陈豫弭隐患一折称，河南西、南两路，频有匪徒蠢动。近闻首恶窜入伏牛山，自应认真搜捕，以绝根株。着涂宗瀛③

---

①《清实录·德宗实录》卷72，光绪四年四月乙巳条。

②吴观礼，字子隽，号圭盦，仁和（今杭州）人。道光二十九年（1849）举人，官刑部员外郎。左宗棠于同治三年（1864）镇压浙江境内的太平军后，闻吴观礼潜心书史，为人谨慎持重，于是调佐戎幕，深得信赖。太平天国运动失败后，随左宗棠进击太平军余部李世贤、汪海洋。后又跟左宗棠赴陕西，协同制定“先捻后回”的“攻捻”“攻回”战略。以功被左宗棠荐保为布政使、陕西候补道道员。1868年，将捻军击灭于山东海滨，回军陕西，因眼病暂住西安。不久应会试，于同治十年（1871）中进士，选为翰林院庶吉士，散馆，授编修。光绪元年（1875）大考二等，任四川乡试副考官。1878年春，上疏建议“实求自强之本，节省海防经费，移济赈需”“招募晋豫流民，分别安插”“详计西域善后，以固边防”等九项主张。同年四月，又疏陈“充善端四事”“绝弊端三事”“弭祸端三事”，主张“捕散布各省之哥老会”“严禁（陕甘）汉回仇杀”。旋卒。左宗棠上疏称赞吴观礼“虚心实行，恳挚而有条理，其局外论事，直抒所见，本于忠爱之忱，非建言要誉者比”。吴观礼在文学方面擅长诗。著作有《读鉴随录》三十卷、《圭盦文集》六卷、《圭盦诗录》四卷、《使蜀日记》四卷等。

③涂宗瀛（1811—1894），安徽六安人，字阆仙，号朗轩。道光举人。初铨知县，奉两江总督曾国藩令办理军粮，保授江宁知府。1870年（同治九年）擢苏松太道。累官至湖南布政使。1876年（光绪二年）任广西巡抚，广建学塾，使苗、瑶等少数民族习儒家经典。次年改任河南巡抚，1881年调任湖南巡抚，次年迁湖广总督，旋去官。著有《涂朗轩尚书政书》《童蒙必读书》等。

传知宋庆，亲统旧部各营实力整顿，即行派队前往伏牛山一带，务将首要各匪搜捕净尽，毋任远飏。并着左宗棠、谭钟麟、李瀚章①、潘霨各派队伍入伏牛山，与豫军会哨，以免彼拿此窜。又据吴观礼奏陕西之乱，衅由仇杀，西安回民二万余人，向皆安堵。今陕甘肃清，而回民偶出省城，辄为乡民所杀，恐酿祸阶。等语。西安回众，向来安分守法，该处民人何得无故杀害，着左宗棠、谭钟麟严申禁令。务使汉回各安生业，永杜衅端。倘有无故仇杀情事，即着随时严办，以儆效尤。钦此！”遵旨寄信前来。

臣即当函询宋庆，妥商会哨，一面札饬署潼关协副将姚文广密遣弁勇，改装易服，前往伏牛山一带，侦探匪徒潜匿何处，速行禀报。嗣据宋庆函复，查伏牛山在嵩县永宁之南，周回数百里，分隶南召、伊阳、鲁山、卢氏各县管辖，与陕西洛南界相近。本年二月，匪徒胡豹子在鲁山、南召等滋事，经宋庆督队于南召之腰子岭将全股击散，捡斩颇多。时已昏黑，胡豹子是否死于乱军中，抑或潜窜，未敢臆决。惟自击散后，山中时有商贩往来，未闻匪徒啸散之事。容探明情形，与河南抚臣酌度，再行会商办理。旋据姚文广禀称，探丁回报，伏牛山一带居民安堵，附近各县，并无匪徒蠢动情事，余与宋庆覆函相同。除详细情形由河南抚臣奏报外，臣仍饬姚文广与驻商护运之提督谭有胜等，整军以待。如豫军有入山之信，即驰往会剿，不得稍分畛域。至吴观礼所奏西安回民偶出省城辄为乡民所杀一节，则十年来并无此事。自督臣左宗棠入关后，叠经出示晓谕，汉回共释此嫌疑，各安生业，

①李瀚章（1821—1899），安徽合肥人，字筱泉。李鸿章之兄。历任湖南永定（今张家界）、益阳、善化（今长沙）知县。1851 年（咸丰元年）参加镇压太平军。后任江西吉南赣宁道，广东督粮道、按察使、布政使。1865 年（同治四年）任湖南巡抚，率兵进攻太平军余部李世贤部，镇压贵州苗民起义。1867 年授江苏巡抚，未任，旋署湖广总督。1868 年调浙江巡抚，再署湖广总督。1875 年（光绪元年）任四川总督。次年回任湖广。因丁母忧居家六年。后再任漕运总督。未几调两广总督。广东旧有闱姓赌博，官抽捐四成充饷，巡抚马丕瑶以其有碍政体，奏请革除。李为筹军饷，主张循例照旧不变，为舆论不满，寻借疾告归，数年后病卒。

毋再寻衅滋事，乡团亦奉法惟谨。臣于同治十一年到陕，护理抚篆，见省城良回不令出城，生计维艰，有物故者瘗之空室中。因饬府县于北门外购地数十亩，俾回民安葬。其出外贸易者，由团练局给以护票，听其自谋生业。数载以来，各城门稽查委员按日具报，回民无时不出城营葬祭扫，及赴外省他属贸易者，络绎于道，初未闻有仇杀之案。即兴安一带，回村不少，与汉民耦居无猜，亦未有寻衅生事者。臣等惟有严饬地方官，遇汉回构讼，秉公剖断，只论曲直，不分汉回。如果无故仇杀，即从严惩办，总期永杜衅端，相安无事，以仰副圣朝一视同仁之至意。

所有询探河南伏牛山现无匪徒啸聚及西安良回并无被汉民杀害情事，谨会同陕甘督臣左宗棠恭折由驿驰陈，伏乞皇太后、皇上圣鉴。谨奏。

073. 各属截止散赈平粜日期片 光绪四年七月初四日

再，陕省各属散赈，均截至六月三十日停止。现在早禾渐获，贫民不至乏食。惟省城尚有老弱妇女废疾数千口，暂留西南关两粥厂，以资糊口。并饬委员查明各本县有亲属者，八月间收获已竣，各回原籍，依其亲属。其无依者，由该县分置栖流所安插。外省流民，届时亦予给路费，照此办理。省城自去秋设立慈幼堂，收养幼孩二千余名。现经陆续领归外，尚存一千余口。当时送入慈幼堂，并未挂号。其稍长者，询知为何县人，即饬该县出示，传其亲属具领，以防冒领转鬻之弊。惟有三四岁者百数十口，不能言其本籍，竟无所归。当设法筹添经费，并入育婴堂养之。将来俊秀者，咸归义学。愚鲁或学商贾手艺，总期不至失所。前奏明拨给山西平粜粮万石，经前工部侍郎臣阎敬铭分给河东沿河各县平粜。所拨河南五千石，据抚臣涂宗瀛咨称，即在汝州平粜。现查河东蒲、解及河南阌乡、灵宝一带，雨皆沾足，粮价平减，气机已转，民间安谧。所有大荔、潼平粜各局，下月亦可停止。

所有截止散赈平粜日期缘由，谨附片陈明，伏乞皇太后、皇上圣鉴。谨奏。

谭文勤公奏稿卷六

074. 藩司积劳病故请恤折 光绪四年八月初二日

奏为藩司从戎年久，积劳病故，恳恩赐恤，恭折仰祈圣鉴事。

窃陕西藩司蒋凝学，前因禀请开缺回籍营葬治病。经臣据情转奏，请旨简放，并委员接署在案。该藩司于本年六月二十六日卸篆后，正在清理交代，候旨起程。讵因积劳已久，医治罔效，于七月初八日病故。据该家属具报前来。

臣查该故藩司蒋凝学，自咸丰四年随前宁绍台道罗泽南①带勇剿贼，克复湖北崇阳、通城、蒲圻各城。六年，进规武昌，大小数百战，力复省城。经前湖北抚臣胡林翼保举知县，令分统湘军。破童牌司贼垒四十八座，保升同知。八年，复九江府城，洊保知府。旋克复麻城，保以道员升用。十年，击退大股援贼，克复潜山、(大)〔太〕湖，加运同衔。十一年，谕降黄州贼众数万，遂复府城。经前湖广督臣官文奏保，遇有道员缺请旨简放，并加布

①罗泽南（1808—1856），湖南湘乡人。字仲岳，号罗山。33 岁补县学生。咸丰元年（1851）举孝廉方正。为学以性理书为依归，兼及兵法、舆地等学。二年十二月，奉命镇压会党起义，擢知县。同年夏，江忠源在南昌被太平军围困，罗泽南率兵赴援，围解，迁同知。翌年十月回湖南，协助改定湘军陆营营制。咸丰四年，太平军由湖北南下，罗泽南奉命率所部湘军北上。六月大败太平军，升知府。九月，加按察使衔。咸丰五年春，罗泽南进攻江西九江、湖口，受伤失利，退守南昌。随后占领弋阳、义宁等地，加布政使衔。时太平军由安徽进克武昌，罗泽南上书陈述解围之法，被采纳。同年九月，率兵援湖北，攻占崇阳、蒲圻等地，十二月，谋取武昌，与太平军相持九十余日，仍坚持不肯退。咸丰六年三月初二日，九江太平军上援武昌，罗泽南率军堵截和尾追，被太平军击败且受伤。三月初八日，因伤重没于营中。罗泽南标榜程朱理学，著有《西铭讲义》《人极衍义》等。

政使衔。旋升授甘肃道，经前安徽抚臣李续宜[①]奏留总统湘、皖水陆各军，助剿苗逆，肃清皖境。同治四年，前陕甘督臣杨岳斌[②]奏调带兵入甘。六年，击退河州大股回匪，省城以安，署甘肃臬篆。洊升山西按察使，统晋防水陆各军。光绪元年，蒙恩简放陕西布政使，因办西征粮台出力，赏给头品顶戴。计自莅任以来，于兹三载，举凡筹饷济军，用人行政，无不殚精竭虑，力求实际，去秋岁逢旱歉，筹办荒政，夙夕图维，深资补救。今春蒋凝学忽得家信，原籍先茔被水冲损，时萦于怀。屡欲开缺回籍，经臣多方慰勉，蒋凝学亦以赈事方殷，未再固请。嗣因触发旧疾，饮食减少，心神恍惚。时值赈务方竣，臣始如所请，奏恳恩准开缺。竟以先年从戎积劳过久，加之心萦丘垄、赈事，焦劳撄疾身故。追念前勋，殊深悯恻。

---

①李续宜（1824—1863），字克让，号希庵。李续宾之弟。湖南湘乡古楼（今属涟源市）人。初与其兄同事罗泽南，后以文童入湘军。在江西、湖北与太平军作战，累升至知府。咸丰七年（1857），率部从江西回援湖北，在黄州、蕲水阻击太平军，克小池口，以道员用。复回军江西，克湖口。八年，克黄安、麻城。三河之役其兄李续宾死后，代领残部。九年，授荆宜施道，旋经武昌援宝庆（今邵阳市），围解，加布政使衔。十年，迁安徽按察使，败太平军陈玉成部于挂车河。十一年，擢安徽巡抚，援湖北。胡林翼死后，调任湖北巡抚，驻黄州督军。旋又调安徽巡抚。同治元年（1862），奉命帮办钦差大臣胜保军务，遣军攻捻军张洛行部，解颍州之围。又遣军克霍邱，代袁甲三为钦差大臣，督办安徽全省军务。随即以丁母忧回籍。

②杨岳斌（1822—1890），原名载福，字厚庵，同治改元后，因避同治帝讳，改名岳斌。乾州厅（今吉首市）人，后改籍善化县（今长沙县）。少习骑射，精于技击。道光二十九年（1849），参加镇压新宁李元发起义，赏戴蓝翎。咸丰二年（1852），太平军入湖南，杨岳斌在湘阴率营兵守城。翌年，充衡州水师右营营官。后与彭玉麟共领湘军水师，并称“彭杨”。咸丰六年十一月，杨岳斌指挥水师会攻武汉，烧毁太平军船只，屠杀和溺死太平军和民众万余人，占领武昌、汉阳等城。咸丰八年四月，杨岳斌与李续宾会攻九江。九江太平军首领林启荣被俘，惨遭车裂，其部众二万六千多人被屠杀。同治元年（1862），杨岳斌在鞠湖一带作战，击败太平军，围攻天京后路。三年，率部入江西、皖南镇压太平军。攻下天京后，湘军诸将掠夺巨资还家，他在《归潭州》诗中则说：“将军归来何所有，半船明月半帆风。”用以自白。次年六月赴兰州任职。次年春，以无功奏请开缺。光绪元年（1875），杨岳斌受命与彭玉麟整顿长江水师。九年，因法国侵略安南（今越南），杨岳斌奉命会办福建军务。次年夏，受命至江南帮办军务。十一年，率师赴援台湾，与法国签订和约后乞归。十六年七月病逝，年69岁。赠太子太保，谥勇悫。

可否仰恳天恩，俯准敕部照军营立功后病故例议恤，出自逾格鸿施，谨会同陕甘督臣左宗棠恭折具陈，伏乞皇太后、皇上圣鉴训示。施行，谨奏。

075. 查禁罂粟已著成效暂缓请奖折光绪四年九月十八日

奏为陕省查禁罂粟出力各员，拟俟来春察看，果能净绝根株，再请奖叙，以示鼓励，恭折仰祈圣鉴事。

窃民间栽种罂粟，流毒无穷。叠奉谕旨，严切查禁，经督臣与臣屡次出示晓谕。而愚民不知远计，偷种者仍复不免。去秋亢旱，罂粟亦未能下种，因思民经此番饥馑，创巨痛深，应共知种毒卉之不如种嘉禾，因势利导，查禁较易为力。本年正月，会同臣联衔出示查拔，令在必行。臣复檄各府州守牧督同地方官严密搜查，有不尽力者以玩视民瘼论。并饬司道遴选委员四出，会同印官周历乡村，务期不留遗蘖。旋据各府、厅、州、县暨委员禀报，有民间自行拔去翻犁更种者，有印委各员往拔，纵容妇女阻挠，经训斥后始拔除者，有令饥民拔取花苗给价收买者。于是穷乡僻壤，一律净尽。臣密令武弁私行察看，本年惟滨临渭河两岸栽种罂粟为多。其余乡僻处所，杂植豆麦间者，本属无几。乡民见饥黎往拔，可按斤得价，亦相率自行拔除，用车载往出售。故此次查拔，能刻期而竣。方委查之初，原议拔除不力者，随时撤委记过。其趋事奋勤，汇请奖叙。然陕省上年被旱，种罂粟者较少，查拔情形，亦与甘肃、宁夏一带难易迥殊。今秋雨水透足，二麦普种，难保小民不惟利是视，复植恶卉。臣现复出严禁，如有再行偷种者，枷号示众，地亩充公。来春察看各属境内，果无罂粟根苗，准将出力之地方官择尤奏请奖励。除本年查禁因循之盩厔县知县秦毓旗，当经撤委，及拔除未尽之署华阴县知县王敬铸记过三次外，其查拔出力之员，暂由司存记。来春察看境内，果能净绝根株，再行吁恳恩施，以昭激劝。

所有陕省查禁罂粟已著成效暂缓请奖缘由，谨会同督臣左宗棠合词具陈，伏乞皇太后、皇上圣鉴训示。谨奏。

076. 外省官员助赈出力请奖折光绪四年九月十八日

奏为外省官员采运米粮助赈出力，请旨破格奖励，以昭激劝，恭折仰祈圣鉴事。

窃查去岁关中亢旱成灾，粮缺价昂。经臣筹款赴湘、鄂、宁夏等处采买粮石，由水陆分途运陕，以资赈济。先后奏明在案。臣当即函托湖南在籍绅士江西补用道朱昌琳、陕甘后路粮台湖南即补道王加敏、署宁夏镇总兵冯南斌督同采办，不动声色，先行订买。比陕省委员至，则粮已购齐，故价不斗长，于本处民食亦无妨碍。其筹备起运分拨事宜，均能措置精当，概从节省。数月之中，采运南米杂粮二十万石，源源接济，灾黎全活甚多。湖北管带水师副将周有全驻扎河口，当去冬严寒河冻，督同兵勇敲冰引船，春间水涸，复督勇挖沙修河，以利船运，故赈粮得以速达。甘肃候补知府徐韦佩，经督臣派委来陕差遣，历次委查各处赈事，往返跋涉数月之久，实心任事，不避劳怨。该员等以他省官员助办赈粮务，异常出力，应请奖叙，以昭激劝。除各处采运粮石在事出力正、佐各员弁，俟催取衔名到日，另案请奖外，所有湘、鄂、宁夏河口等处采齐出力之大员江西补用道朱昌琳，请赏加按察使衔。湖南即补道王加敏、署宁夏镇总兵冯南斌，均请交部从优议叙。总兵衔湖北补用副将周有全，请以总兵记名简放。甘肃候补知府徐韦佩，请赏加道衔。

以上各员，均系他省人员助赈出力，臣不敢没其微劳，可否仰恳天恩，优给奖叙，出自逾格鸿施，谨缮折具陈。伏乞皇太后、皇上圣鉴训示。谨奏。

077. 审明原参各员分别议拟折光绪四年九月初二日

奏为审明原参印委各员并局绅丁徒办理赈务，尚无克扣营私各情，分别议拟，恭折覆陈，仰祈圣鉴事。

窃臣前因富平、高陵及省南关粥厂印委各员办理不善分别奏参革审，钦奉上谕："谭钟麟奏参办理赈务不善之员，请旨革职各折片。刘志同、陈衍昌均着即行革职，提同各该县局绅质讯。如有串同舞弊情事，再行严参治罪。候补知县汪凤檩委赴富平县帮同散赈，于该县办理不善，并不据实禀报，着摘去顶戴。南关粥厂委员候补知县何廉、费景范，候补典史兰继书、王寿臣，均着即行革职。提同丁役人等严讯，如有克扣赈粮、营私入己情弊，即由该抚奏明，请旨立置重典，以昭炯戒。该部知道。等因。钦此！"钦遵当即恭录转行。分别提省审办去后，兹据筹赈局司道转据署西安府知府宫尔铎提案讯明，议拟由局核明，会详前来。

臣覆加查核，缘已革候补知县刘志同，光绪三年八月署理富平县知县，维时候补知县汪凤檩已由省局先委携银前赴该县，帮办赈务。刘志同赴镇劝谕各粮铺照所储麦石抽收，共抽捐麦一千三百余石，在城设立公所。派令举人李海清，生员刘照藜、孙炳、党丕烈等在局收捐，并会同汪凤檩分途赴乡劝办，计共捐银一万二千五百两零，均由刘志同经收动用。先是，蒲城刀匪阑入境内滋事，居民迁避。刘志同传谕各乡绅保招集回村，一面清查户口，分别极、次贫大小丁口造册。因贫民甚多，禀请在于城乡分设粥厂十处，先行散粥。经臣札饬计口授粥粮，以归简便。刘志同因各乡户口册未造齐，致未遵办。适该县饥民来臣衙呈诉求赈，并称绅士与家丁有高下其手之弊。经臣饬司撤委，据该署府宫尔铎提案，讯悉前情，严诘刘志同，委因造册未齐，未及即时禀报，并无假手家丁听信绅士串通舞弊。汪凤檩赴乡劝捐，亦无扶同徇隐各情。惟刘志同于家丁朱喜向乡绅需索酒食，不即查办，仅予驱逐，致朱喜因闻被控，远逃无踪。此刘志同办理富平县赈务未善之情形也。

又已革即用知县陈衍昌于署高陵县任内禀报地方旱灾，经臣批饬确查贫民户口，将仓存粮石核实散赈，并劝谕富绅捐助接济。陈衍昌于县城设立总局，派令在籍守制前甘肃候补县丞刘瑞玉、候选县丞吴士廉、巡检赵梦叶、训导冯培德、武生耿士魁等总司其事。复于四乡分设四局，派令各乡绅耆高维岳等分路查得极贫饥民男女大小一万三千九百四十名，查县仓共存租麦九千七百二十石，另存采买军粮麦四百一十七石，又城乡富绅捐麦二千石。三宗共京斗麦一万二千一百三十七石。陈衍昌先用已收捐麦散赈，适彝字营勇丁在泾阳地方溃变，该县毗连乡民闻风惊避，以致户口与原查不符。陈衍昌一面出示招集，谕令各归本村候赈，就各村现住之户散放，仅赈过饥民六千三百余口，并因各项粮石皆存县仓，道远，乡村难于转运，饬令局绅刘瑞玉等将各乡捐户未交麦石及义仓存粮，就近拨归分局散放，由总局分别照数拨抵。其城内所收捐麦，因无存处积聚，与营田租麦并储各厂，陆续动用。计初次放赈，散过京斗麦六百三十七石二斗。适帮赈务前山西藩司张瀛查赈过境，调验局赈。查核初赈人数，与原禀迥异。令将仓存粮石开报，而仓房经书因事下乡，清书李于蓝误将动用捐麦总数开入租麦项下，陈衍昌亦未分晰核〔对〕，率将原折呈报，致与初报租麦数目参差。张瀛密函报臣，复委宫尔铎往查初赈，均系动用捐麦，其采买军粮与租麦仍存在仓。前报饥民数目，实属歧误。经臣参革提省，委审严诘。陈衍昌委因未将户口仓粮查清，草率具报，交卸时均将各项粮石移交清楚，并无以少报多、侵吞入己情弊。此陈衍昌办理高陵县赈务颟顸之情形也。

又已革候补知县何廉、费景范，候补未入流兰继书，候补从九王寿臣，委办省城南关粥厂，赈济本省及外省流寓饥民。何廉总理厂务，经管银钱出入。费景范登记总帐，监视煮粥散赈。兰继书经收米面、薪炭。王寿臣专司支发，仍与兰继书会同绅士验发放粥竹签。兰继书、王寿臣收支米面，出入皆系亲身经理。偶遇他事，令家丁赵三掌秤，厂内所需面斤，系以官麦发给。杨新春、吴同庆等面铺承领转发各铺分磨，限每日交面三十斤，按旬结帐。该铺等有时交不足额，恳求次日补交，兰继书等许允按旬补足原数。讵赵三与杨新春熟识，收面时秤即稍低于吴同庆，交面收秤稍高。同庆不服，致相争竞。于是外间传有勾通面铺收少报多之谣。省城共设七厂，外省、外县贫民就食者，逐日加增。原定咸、长两县附郭饥民，有家可归者计口授粮，而数里外已领赈粮者，乘间赴厂报名，希图朦混食粥，在所不免。适臣赴厂查阅，该民等跪道求食，询据何廉等谓此辈皆已经领粮者。臣饬令严查，毋稍遗滥。而何廉等于臣去后，未查明晰，全行给粥。致南关一厂，两日内骤增饥民七百余口。经臣附片奏参革审，饬司发委西安府提讯。研诘前情，尚无勾通面铺收少报多及扣克米粮营私入己各情。此何廉、费景范、兰继书、王寿臣办理南关粥厂未能悉心妥办之情形也。

以上三案，均经逐一讯明，尚无遁饰，应即拟结。查已革候补知县刘志同，于署富平县任内，办理赈务，散放银粮，虽讯无侵挪及家丁绅士上下其手情弊。惟不遵照批示，将委员带往赈银及抽收捐粮计口，先行散放，设一厂散粥，仅致道远者不能得食，已属办理未善。且失察家丁朱喜需索，不即查惩，仅予驱逐，致任潜逃，尤属疏昧，业经革职，应无庸议。已革即用知县陈衍昌于署高陵县任内，禀办灾赈时，置邻邑勇变，贫民闻警逃避，丁口既与原查不符，并不先行据实禀报，动用仓粮亦未亲手经理，辄动仓书草率具报，以致歧异。虽交卸时已将各项粮石移交清楚，尚无以少报多、侵吞入己情事，究属颟顸，亦经革职，应毋庸议。同知衔候补知县汪凤樗帮办富平县赈务，于刘志同办理不善未即禀报，系因赴乡劝捐查赈，未能详悉，并非扶同循隐。且委劝赈银巨万，乡绅俱称公允，即帮办咸宁县赈务悉臻妥协，尚知愧奋。仰恳天恩，将该员汪凤樗原参摘顶处分，准予开复，用昭激劝。

已革候补知县何廉、费景范办理南关粥厂，于已授赈饥民朦混赴厂领签，未及详悉查明，悉听食粥，以致人数骤增。虽迹近于滥，究因臣查阅后，惟虑遗漏未及细查，尚无不合。第于委员假手家丁赵三收秤不公，不即查明，澈底根究，致滋物议，究属疏忽。惟讯非委员家丁收少报多、克扣入己，情尚可原。合无仰恳天恩，俯准将已革蓝翎同知直隶州知州用委用知县何廉、已革花翎同知衔候补知县费景范开复原官、原衔、翎枝，留陕仍交部议处，出自逾格鸿慈。已革候补未入流兰继书、候补从九王寿臣经管粥厂米面，专司支发，于日收面数不足，辄允随时补交，虽属通融，尚无别情。惟并不亲行经理，致赵三代为收秤有高下其手情事，致贻口实，咎无可辞，业经革职，免其置议。家丁赵三讯未勾通面铺收少报多，而秤收面斤瞻徇情面，任意高低，殊属不合。当经臣批饬先行枷号示众，应照不应重律，杖八十，再枷号三个月，满日折责发落，以示儆惩。讯杨新春与赵三相识在先，并无营求贿托，覆对各赈，亦未串通舞弊。应与争竞有因之面铺吴同庆，均免置议。至富平县局绅举人李海清、生员刘照藜、高陵县局绅前甘肃候补县丞刘瑞玉劝办捐赈，讯无侵挪捏饰情弊，应免置议。高陵县武生耿士魁经管义仓，虽查无侵蚀弊窦，惟帐目多欠明晰，究属草率，应褫革衣顶，以示薄惩。仓书李于蓝将动用捐麦妄入营田租麦项下开报，致滋歧误，实属疏忽，应照不应重律，杖八十，折责发落。仍革役家丁朱喜饬拿获日另结，案俱讯明，未到人证，免传省累，无干省释。

所有审明原参印委各员办理赈务不善，尚无侵挪徇隐、克扣营私情弊，分别议拟缘由，理合恭折具陈，伏乞皇太后、皇上圣鉴训示。谨奏。

078. 陕省赈务告竣请准开单奏报免造细册折 光绪四年十一月初十日

奏为陕省赈务告竣，各属办理情形不同，碍难如例造册报销，吁恳天恩，俯准开单奏报，俾昭核实，恭折沥陈，仰祈圣鉴事。

窃查陕省去岁荒旱成灾，经臣饬属开仓赈济，动款买粮，劝谕绅民捐借并行，历将办理情形先后奏报在案。计自去秋九月初一起，至今年六月底停止，统计各属赈过极、次贫民男女大小三百一十四万口有奇，共用银二百三十余万两，用粮一百十余万石。其中官项捐纳约略各半，所有省内外分设各局采买，粮价平粜亏本，水陆分途转运，节节安站经费，夫骡车、船运价、护运兵丁口粮、收养遗弃幼孩、医治贫民疾病、捐备棺木、收买耕牛、散放棉衣、资遣邻省饥民、置备各项器具，局用员役、绅士、民夫薪工，一切因公费用，款目甚繁，均无旧章可循。当举办之初，只期实惠早沾，因时因地设法赈救，何尝计及合例与否。现在赈务告竣，即应赶造报销。惟查灾区太广，历时太久，人数则愈赈愈多。即此三百十余万饥黎，仅恃此一百十数万粮石，何足以延残喘。所幸陕民遵照劝谕，稍能自给者，咸自顾其族戚邻里，或立约借贷银钱，或以房地典质粮食，不足别以官粮继之。总核各属举赈之期，则有八、九、十、冬等月先后之不同。散赈之地，则有煮粥、放粮、平粜、给钱办法之各别；匀拨之数，则有每口给予八升、七升、六升多寡之不一。权量之用，则有京斗、仓斗、市斗轻重之各殊。及今春苦旱，夏粮无收，则又不得不推广皇仁，加展赈期，给以籽种，沟中之瘠幸免，例外之用实多。若责令各属照例造报，势必牵合例章，虚列款目，所销非所用，殊非实事求是之道。臣悉心酌核，与其迁就附会，名为核实，究属欺朦。曷若直陈于君父之前，用昭无隐。合无仰恳天恩，俯准将赈款数目开单奏报免造细册，出自逾格鸿慈。如蒙俞允，臣当严催各局，造具收支实用细数。由臣督同司道核实稽查，由总局汇齐开单奏报，断不敢稍任侵欺，自蹈愆尤。

所有赈务告竣，碍难遵例报销吁恳开单奏报缘由，谨恭折沥陈，伏乞皇太后、皇上圣鉴训示。谨奏。

079. 办赈出力绅士请准奖叙片 光绪四年十一月二十四日

再，此次赈务，由总局司道督同印委各员办理。而清查户口、劝谕捐借，得绅士之力为多。初议先尽仓谷散放，次尽本地捐输，不足则由省运粮以济。各县捐输各归本县之用，买粮筹运银钱，皆绅士经理，官总其成，不假手胥吏。盖救灾以本地筹捐为急，今日所捐，明日穷黎可得食。以万金之家，捐五百金，其家不遽贫也。得此五百金，即可救数百人一月之命。若必待求之数千里外，则粮未至而民已尽矣！幸诸绅尚能体此意，极力开导。如三原、泾阳，则本县捐输可济一县，不动官粮。此外，或各顾各村，计口授食。或邻里族戚通融借贷，官为署票，届期归还。及至力不能顾，而省粮运到，借以接济。故散赈虽时日先后不同，而无停赈待粮之患。总计各属所捐银数几及百万，捐粮亦二十万石有奇，春间麦价，每京石十两余，合计银粮在三百万外，皆绅士之力也。十二三年，各属所捐义仓共七十余万石。去春，民间借散四十余万，歉收未能归款，所存仅二十余万，西路各县，恃此以济。此外动用营田、租麦，常、社仓粮近二十万，往岁买存仓粮二十余万石，亦动用无存。然彼时所购每石价低六七钱，费银不过二十万。此次湘、鄂、宁夏、包头、秦州、平凉各处所购二十余万石，合计运费用银至百数十万。而沿途设局转运，万分艰难，稽查催趱，亦借绅士照料。如同州局绅督运赈粮，至途次病故，殊可悯也。臣初拟办赈十条出示，晓谕绅民。乐输者照章请奖，绅士办赈出力者，亦准奖叙。现据各属纷纷禀请给奖前来。

除由臣酌给功（脾）〔牌〕外，可否择尤为出力之绅士，吁恳天恩，给予奖叙，以昭激劝之处，出自逾格鸿慈。谨附片陈明，伏乞圣鉴训示遵行。谨奏。

080. 陕西米捐请展限一年片光绪四年十一月二十四日

再，陕西米捐，上年因亢旱成灾，奏请展限收捐一年，业经奉旨，允准在案。现经限满，应行停止。惟查司库自去秋今春停征，已短收百数十万，办理赈务用银二百三十余万。除本地绅民所捐百万归各县买粮赈济外，省城总局采买运费等项，共用百三十余万。所入之款，仰荷天恩拨部款五万，各省欠饷解到十八万一千有奇。本省官绅及外省绅商所捐二十四万余两，借用督臣军饷二十万，汉口息借鄂商十二万两。此外皆司库腾挪，或钱票搭支，或署期票向富商筹借。俟库收有款，即行给还。计非数年不能弥补，米捐无道、府、州、县翎枝，所收捐数，本属有限。外省惟四川、山东、广东三省设局举办，自去冬至今，仅收捐银数万两。而窘急之际，亦赖此少为挹注。若遽行停止，则来源已绝，将何以支？据捐赈局司道会详请奏前来。

合无仰恳天恩俯准，陕省米捐再行展限一年，以济艰窘之处，出自逾格鸿慈，谨附片具陈，伏乞圣鉴训示遵行。谨奏。

081. 病势日剧恳恩开缺折光绪五年二月二十八日

奏为微臣病势日剧，难冀速痊，吁恳天恩，俯准开缺回籍调治，并请简放巡抚，以重职守，恭折仰祈圣鉴事。

窃臣向有肝疾，时发时愈。初未医治，前岁大旱，祷雨弗应，焦灼万分，致有心跳不寐之证。维时，赈务殷繁，未敢请假。去秋以来，动辄气喘，头昏目眩，竟夕不眠。见客久谈，则舌本蹇涩，入春尤甚。医者谓心气过耗，血虚肝燥，是以杂证丛生，必须屏营静养，非药饵所能骤效。臣身受重恩，涓埃未报，岂敢因病卸责，况时事艰难，朝廷日切忧勤，臣下辄思偃息，夙夜循省，何以自安？顾运事系乎心，举事恃乎气。今臣心悸气短，竭蹶时形，强病支持，惧滋贻误。他日上烦严谴，臣不足惜，如地方公事何？再四图维，维有仰恳天恩，俯准开缺，俾得回籍调养。若稍获安痊，自揣犬马之力，堪任驰驱，即当泥首宫门，求赏差使。万不敢遽成颓废，自外生成。

所有微臣因病陈请开缺并恳简放巡抚，以专责成缘由，谨缮折沥陈，伏乞皇太后、皇上圣鉴训示。谨奏。

082. 已故藩司恳恩仍准议恤折光绪五年闰三月十四日

奏为已故藩司从戎年久，积劳病故，援案吁恳天恩，仍准议恤，恭折仰祈圣鉴事。

窃查陕西布政使蒋凝学解任后病故，经臣奏请照军营立功后病故例议恤。钦奉上谕："谭钟麟奏藩司病故恳恩赐恤一折。原任陕西布政使蒋凝学曾在湖北、江西、安徽、甘肃等省军营历著战功，由知县洊升布政使。办事勤能，力求实际。前因患病，准其开缺，旋即身故。着照所请，交部照军营立功后病故例议恤。钦此！"嗣准吏部奏驳，以蒋凝学系业经离营之员，核与定章不符，应请更正。等因。咨行到臣，自应遵照办理，何敢再事琐渎。惟恭阅邸钞，已故甘肃按察使刘于浔①请恤一案，两经部驳。前江西抚臣刘秉璋援照安徽布政使吴坤修、南昌协副将普承忠议恤之案奏奉恩旨："刘于浔着仍照军营立功后病故例，从优议恤。该部知

①刘于浔（1807—1877），字养素，号于淳，南昌县向塘镇剑霞村人。道光年间中举，历官清河（治今江苏省淮安市清江浦区）知县，又升通判。后回籍组建乡勇"中洲团"抗击太平军。任江军水师统领，收复被太平军占领的樟树、丰城、新淦（今新干县）、浮梁、抚州、临江和安徽建德县等地。同治三年（1864），在抚州以两千兵力击退太平军数万军队。清廷赏"花图萨大巴图鲁"称号，勇武称为江西第一。后补授甘肃兵备道，擢甘肃按察使。遇缺题奏任奉天布政使，未到任，因病引退。卒后，光绪四年（1878）赠内阁学士衔，从祀张芾、江忠源祠。

道。钦此！”仰见圣明矜恤劳臣、不没微长至意，曷胜钦感！查已故藩司蒋凝学亲历行间十有余年，身经百战，屡经胡林翼[①]、官文、曾国藩[②]、李续宜等奏蒙恩施，洊陟监司。嗣奉调赴甘肃，署理兰州道篆，升授山西臬司。虽身任地方，仍兼统营务。计卸兵事到陕，才两年耳。其功绩未知较吴坤修、普承忠、刘于浔何如，而同一离营病故。相应援案吁请，可否仰恳加恩，仍照军营立功后病故例议恤之处，出自逾格鸿施。

所有已故藩司仍请议恤缘由，谨会同陕甘督臣左宗棠恭折具陈，伏乞皇太后、皇上圣鉴训示。谨奏。

083. 报销陕省赈款折 光绪五年三月二十九日

奏为陕省赈款遵旨开单报销，恭折具陈，仰祈圣鉴事。

窃臣前以赈务告竣，各属办理情形不同，碍难如例造册报销。奏恳天恩，俯准开单奏报。四年十二月十二日，赍回原折，军机

---

①胡林翼（1812—1861），湖南益阳人。字贶生，号润芝。道光进士。1850 年（道光三十年）署贵州镇远府知府时，镇压苗民和李元发起义，制定《保甲团练条约》。1854 年（咸丰四年）以道员衔率黔勇到湖北、湖南对抗太平军。次年太平军克武昌，又与湘军罗泽南部反扑，1856 年破武昌，授湖北巡抚，全力支持曾国藩。后在鄂东、赣、皖作战。1860 年陷太湖、潜山，助曾国荃围攻安庆。次年太平军迫近武昌，率部返救，在武昌呕血而死。与曾国藩并称“曾胡”，是镇压太平天国的主要人物之一。今辑有《胡文忠公遗集》。

②曾国藩（1811—1872），初名子城，字伯涵，号涤生，湖南湘乡人。晚清重臣，洋务派首领，近代著名政治家、军事家、思想家。自幼聪慧，勤奋好学。道光十八年（1838）进士及第。咸丰三年（1853），太平天国运动席卷东南，清政府为镇压太平天国，在各地寻求支持力量，曾国藩借机在湖南招募乡勇，训练出一支战斗力强悍的“湘军”。在平定太平天国运动的过程中，曾国藩立下赫赫战功，获得了清廷的赏识。官至两江总督、直隶总督、武英殿大学士，封一等毅勇侯。对于清朝的堕落与腐败，曾国藩有着清醒的认识，他主张“师夷长技以自强”，即学习西方先进的科学技术，以抵御外来的侵略，由此掀起了中国历史上第一次近代化的运动——洋务运动。曾国藩博学多才，诗文兼擅，为桐城派的代表人物。他又是清末著名的理学大师，一生著述颇丰，其中以《家书》（即《曾国藩家书》）流传最广，影响亦最为深远。同治十一年（1872），曾国藩逝于南京，赠太傅，谥“文正”。

大臣奉旨："览奏均悉。陕省办赈，尚能实惠及民，所请将赈款数目开单奏报，免造细册之处，着准其照办。仍督饬司道核实开报，毋得稍有浮冒。钦此！"跪诵恩谕，感悚莫名。当即钦遵通饬赈办各属暨承办采运印委各员，一体遵照核实，赶造收支细数，具报请销。复饬筹赈局司道逐细句稽，俾免浮冒。查陕省自三年春夏雨泽愆期，民情汹汹。加以晋豫两省告籴，斗价日增，穷黎日蹙。臣于七月中，函托各处采买米粮，一面饬司委员分携银两赴各属买粮平粜，清查户口，以钱散给极贫者，次动常、社义仓，次尽各属捐输，而以新旧购存之粮，补其不足。计通省各属赈过男女贫民三百十四万一百三十余丁口，共用过银二百五十八万四十一两，共用过粮一百二十万五千三百二十六石七斗三升。查核省城总局所用，以采买转运为大宗，而运价则倍于粮价。其余资遣难民、制备棺药、收养幼孩、散放籽种，收存牛只农具各费，自八月设局起，至四年七月止，共用银一百三十八万余两。而未设赈局之先，司库拨给各灾区平粜银十余万两，尚不在此数。嗣因秋霖害稼，间被雹伤，不得不早筹补救。去腊，复向票商挪借银十万两，买存粮石，以备今年赈济。合算总局用银百六十万两有零，除支销外，不敷银四万余两，应由司库设法弥补。此次各属捐输买粮，均归绅士经手，吏胥无从染指。计绅民共捐银九十余万，捐粮二十五万余石。而民间各顾各村，分赈族邻，及三年春夏借给义仓之粮，亦不在此数也。臣亲督司道逐一查核，支销细数均系撙节动用，虽与例章不能尽合，尚无虚縻不实之款。据赈局司道汇造简明清折，具详请奏前来。

臣覆加确核，委系实用实销，并无浮冒。谨将收支各款，遵旨缮具简明清单，恭呈御览。吁恳天恩，准予核销。谨缮折具陈，伏乞皇太后、皇上圣鉴训示。谨奏。

084. 赏假两月谢恩折光绪五年闰三月初一日

奏为恭谢天恩，仰祈圣鉴事。

窃臣因病难速痊，恳请开缺回籍调理，于五年三月二十八日差弁赍回原折，军机大臣奉旨："谭钟麟着赏假两个月，毋庸开缺。该抚向来办事认真，现在时事艰难，正当力图报称，未可遽萌退志也。钦此！"跪聆之下，感激涕零，臣才识疏庸，叠沐殊恩，畀以疆寄，毫无寸效，负咎滋深。屡荷优容，不加谴责，捐糜所不能报，何敢自惜一身！只以赈务繁难，焦急致疾。且赋性拙钝，事必躬亲，不能假手他人。未及请假调理，肝气久郁，迨交春而弥甚。自念孱病之躯，膺艰巨之任，设有遗误，关系匪轻。冀开缺医调，沈疴当可去体。年未六十，精力不至遽衰，尚堪免效驰驱。乃蒙圣慈赏假，毋庸开缺。捧读训词，惭悚交集，心非木石，岂得恝然？惟有力疾从公，照常办事。一面服药调治，俾肝木条畅，杂证或可徐瘳。万不敢稍萌诿卸，致负逾格矜全至意。

所有微臣感激下忱，谨具折叩谢天恩，伏乞皇太后、皇上圣鉴。谨奏。

085. 暂缓筹解塔城专饷折光绪五年闰三月二十九日

奏为沥陈司库奇绌情形，恳恩俯准，暂缓筹解塔城专饷，以资周转，恭折仰祈圣鉴事。

窃臣接准军机大臣字寄，光绪五年二月初八日奉上谕："锡纶[1]奏请饬催各省欠饷一折。塔城断饷日久，罗掘俱穷，官兵枵腹从公，困苦异常。亟应速筹接济，着谭钟麟设法筹措，以应急需。等因。钦此！"遵旨寄信前来。臣遵即饬司筹拨去后。兹据藩司王思沂详称，遵查陕省入款，以地丁为大宗，次则厘税与三关所协月饷，此外毫无来源，地丁一款，同治十一年至光绪二年，除留支外，每年解司库者仅一百二十万有奇。自三年荒旱，下忙停征，短收六十余万。四年，分别大小户征收所入，仅三十万有奇。合两年所收，不足一年之数，而支款则防营勇饷，旗、绿各营兵饷，文武额支廉俸及制造军火、器械等项，每岁在二百万上下，往岁不敷开支，即有寅支卯粮之事，此频年奏销册可查者也。厘金一款，自十一年极力整饬，以后每年不过三十余万，曾经奏明，每月提银六七千两，支给官钱铺为票本。维时官铺钱票在外者百三四十万串，自三年筹办赈抚，需款紧急，司库无可腾挪，不得不以钱票搭放，积少成多，复增官票百数十万。现在向官铺取钱者纷集，每日开支钱三千余串，省城钱缺，必向外县收买，每月需银四万数千两之多，而三、四年厘金亦因灾歉减色，即全数供支钱铺，不敷尚巨也。三关协饷，每年三十六万，向由军需局收支报销，并不收入司库。而军需局每年供支金顺营饷十八万，雷正绾营饷六万，徐占彪、徐万福七营驻扎巴里坤，岁需二十余万，出入相衡，本属不敷。故往年曾有请将三关月饷分拨各营之奏，只以各该营远在前敌，各关协饷不能如期解到，大局所关，陕省不得不预筹接济。乃自三年以来，金营欠饷十余万，雷、徐各营尚未报解分厘，均由督臣大营垫发。本年二月，又准部咨，江汉

[1]锡纶（1843—1888），字子猷，博尔济吉特氏，满洲正蓝旗人。同治七年（1868）正月，为布伦托海帮办大臣。十年（1871），以正头等侍卫任哈密帮办大臣。十二年八月，任乌鲁木齐领队大臣。光绪三年（1877）正月，任乌鲁木齐领队大臣。十月，调塔尔巴哈台参赞大臣。十一年（1885）八月，署理伊犁将军。十四年（1888）正月，因擅自挪用军饷，被阎敬铭参劾议处。

关自正月起每月于协陕一万内划拨宁夏兵饷五千两，计满年又少六万。是军需局协饷所入，只三十万，而出款四十余万。其不敷之数，均须由司库弥补者也。自办赈以来，司库筹拨银两，钱票合计五十余万。而借用票商、富绅之款，必须司库筹还。本省防军，欠款尚多，统计短绌之数，在二百万以外。部臣谓陕省目前情形，与同治年间不同，而不料光绪三年以后，司库艰窘情形，与二年以前又迥不同也。值此库空如洗，目前之支绌，无计弥缝。况当民困未苏，此后之输将恐难踊跃。本年开征至今，止收银十余万两。而例支之款，沓至纷来，竟无以应。窃思塔城防务吃紧，缺饷日久，如果稍能挹注，即不能清理旧欠，亦当筹拨本年新饷，以支危局。无如司库罗掘早空，挪借已成巨款。近则官民交困，借亦无可再借。自知饷需贻误，咎有难辞，而辗转思维，与其缄默获咎于事后，莫若据实直陈于事前。请将奉拨塔城专饷及提还部库垫拨之款，俟库储稍能周转，即当力筹起解等情具详请奏前来。臣查奉拨塔城专饷，前因荒旱成灾，钱粮停征，司库奇绌，业经臣奏请展缓。现复奉旨严催，但使力有能逮，曷敢再事推延！无如饥馑之余，民力仍属拮据。今春虽已开征，各属报解寥寥，加以厘金减色，三关协饷又不能如数。除将边防军饷及本省文武各官例支廉俸并旗、绿各营兵饷酌量缓急匀拨，敷衍供支外，已属力尽筋疲。刻下实无余力兼筹塔城专饷，委属实在情形。合无仰恳天恩，俯准将应解塔城专饷，再行展缓。俟库储稍裕，即行筹解，以资接济。断不敢稍事延宕，致干咎戾。

所有奉拨塔城专饷刻难兼顾，恳请暂缓筹解缘由，理合恭折具陈，伏乞皇太后、皇上圣鉴训示。谨奏。

086. 查核各营勇丁数目请缓裁撤片 光绪五年四月十四日

再，前准兵部咨，会同户部具奏，军务大定，急宜酌裁勇营，以节饷需。请旨饬下各督抚，将现存勇数若干，先行奏明，一面将所有防勇，陆续裁汰，其裁勇数若干，月需饷银若干，以及管带员名、驻扎处所，均令分晰开单奏明，以备查核。等因。奉旨："依议。钦此!"钦遵到陕。臣查陕省用兵日久，库款奇绌，饷力本属难支，沿边设防，多一营即多一营之用，允宜酌量裁汰，以节饷需。惟关外军务虽已底定，而散勇游匪，往来充斥，防营尚未便悉予裁撤。且自三年办赈后，各营饷项，未能按期关支，积欠累累。容俟库款稍能周转，即当陆续遣撤。现在合计省城抚标城守，延绥、陕安、汉中镇标各营，仁胜、律武两军，尚存马步勇丁一万八千三百八十八员名，又延、榆、绥、鄜、邠五府州属城防勇丁二千四百五十八员名，渭南上涨渡、咸宁草滩、华阴三河口、咸阳等处看守水师炮船勇丁一百五十二名，连前统计官弁马步勇丁、长夫二万零九百九十八员名，兹据军需局司道开具营旗数目清册，详请奏咨前来。

臣覆查无异，除造册咨部外，谨附片陈明，伏乞圣鉴。谨奏。

087. 副将积劳病故恳恩请恤折光绪五年闰三月二十九日

奏为副将从戎年久，积劳病故，恳恩赐恤，以昭激劝，恭折仰祈圣鉴事。

窃已故总兵衔补用副将、署商州协副将马兆麒，由武进士就职千总，分发陕西固原提标效力。于咸丰四年奉调带兵赴山东进剿临清州等处逆匪，叠著战功，保戴蓝翎。旋调赴湖北防剿扬店驿、黄州及郧西、郧阳各府县城匪，屡有斩擒，凯撤回陕。调防商雒各隘，倍著勤劳。经前抚臣曾望颜[1]保奏，以守备尽先升用。复因带勇出力保奏，赏换花翎。十年，调赴四川助剿，在自流井等处杀贼无算。同治元年，奉调回陕，防堵汉南及蓝田等处，剿除发逆，大小数十战，杀贼颇多，保升都司。二年，随前荆州将军多隆阿[2]剿贼，进攻十三村，克复高陵、苏家沟、渭城等处贼巢，保升游击。旋因收复盩厔县城，身受枪伤。事竣回省，调赴省南，攻剿蓝、启两逆并武功、盩厔县各地方，杀贼甚多，保升参将。五年，张逆窜入潼关，该副将调防商州各处要隘，贼窜出山。同治八年，督臣左宗棠委署理商州协副将。九年，保奏以副将补用。十一年，卸篆后带兵搜捕南山匪徒，地方静谧。光绪元年，经臣委署理商州协篆。二年，复因该副将历年在商防剿出力，经督臣左宗棠保奏，奉旨赏加总兵衔。该副将在任，抚驭士卒，整饬戎行，力固边圉，捕治匪徒，兵民和洽，地方安堵。上年，遽遭荒旱，灾黎困苦，该副将会同前署商州知州黄照临筹捐办赈，

---

①曾望颜（1790—1870），广东香山（今中山）人。字瞻孔。道光二年（1822）进士，选庶吉士，授编修，旋补用江南道监察御史，派出代理河南道，累官升陕西巡抚，调署四川总督。同治四年，授内阁侍读学士。望颜性格刚毅严肃，知则敢言，言则敢做，备受宣宗旻宁、文宗奕詝、穆宗载淳三代皇帝之宠爱与倚重。其奉派闽浙兼署文武双职时，虽系代职身份，仍坚决行使职权，竭力维护国家尊严。望颜为清理科举考试积弊，亲自到顺天府科场搜查，严处作弊考官。勤于政事，官声颇佳。同治九年病故，享年 81 岁。

②多隆阿（1818—1864），字礼堂，呼尔拉特氏，满洲齐齐哈尔正白旗人。初为披甲。咸丰元年（1851），以骁骑校被征入关，从僧格林沁镇压太平天国北伐军，攻克连镇、高唐、冯官屯，递补佐领。六年，加副都统衔。攻克汉阳后补协领。寻任行营翼长。七年，在停前驿等地阻击陈玉成军，晋副都统。九江失陷后，会李续宾攻太湖、潜山。八年，从都兴阿进攻安庆，先驱至石牌，克集贤关（安徽怀宁县北），寻败退至宿松。十年，会湘军大举围皖，攻桐城，与陈玉成战挂车河（桐城市西南）。十一年，以克安庆功晋云骑尉世职，升正红旗蒙古都统。寻为荆州将军，率部攻陷庐州（今安徽合肥），克复舒城、庐江等县，追陈军至寿山，俘陈玉成，升骑都尉世职。同治元年（1862）五月，督办陕西军务，西上镇压回民起义。寻授钦差大臣，解同州围，通潼关运道。二年，攻克渭北王阁村、羌白镇，渭南仓渡镇、庞谷、孝义镇等地，移西安将军。三年，转攻川、滇农民军蓝大顺部，在盩厔（今陕西周至）受伤死。谥忠勇。

极力经营，不辞劳瘁。尤复亲带弁兵巡验民团，查拿土匪，跋涉山涧，备历艰辛。讵以积劳感触风寒，伤疾并发，竟致不起，实堪悯恻。据军需局司道会详呈恳具奏请恤前来。

可否仰恳天恩，俯准饬部，将已故总兵衔补用副将署商州协副将马兆麒照副将在营立功后病故例，从优议恤，以彰劳荩而励戎行之处，出自逾格鸿慈。谨会〔同〕陕甘督臣左宗棠恭折具奏，伏乞皇太后、皇上圣鉴训示。谨奏。

088. 病瘥销假吁请陛见折

奏为假期已满，病势少瘥，应行销假，仍遵前旨吁请陛见，恭折仰祈圣鉴事。

窃臣前因病陈请开缺调理仰荷圣慈赏假两月，毋庸开缺。当经具折，叩谢天恩，一面延医调治。两月以来，日服养血疏气之剂，肝气稍平，杂证渐减。现在假期已满，自应照常办事。惟臣去春任满三年，循例请觐，当奉谕旨：“俟秋收有成再行奏请。钦此。”去冬新任藩司王思沂尚未到任，臣不敢遽申前请。兹幸二麦丰收，民情安谧，藩司到任已及三月，诸事办理就绪，臣谨当趋赴阙廷，跪聆圣训，借伸犬马依恋之忱。如蒙俞允，应请派员署理巡抚篆务，俾臣得以交卸北上。所有微臣销假吁请陛见缘由，谨缮折陈恳，伏乞皇太后、皇上圣鉴训示。谨奏。

089. 陕省地动情形片

再，陕省五月十二日寅刻地动，闼环摇曳、窗纸有声，如坐轻舟，微风澹荡，瞬息即定，尚不至成灾。臣随通饬各属确查具报，如有被灾者，加意抚恤。旋据各属先后报到，东至潼关，北至延安，情形与省城相似，而西南为甚。邠州、长武桥道崩塌，汉中所属宁羌、略阳、褒城、留坝、凤县较重。据报初十未刻微动，人多不觉。十二寅时大动，其声甚厉，城垛有震落者，败壁、土墙间有坍塌，均称未曾伤人。凤翔所属汧陇麟游稍轻。惟宝鸡压毙四口，乾州一口，蓝田伤幼丁两口，皆破窑崩陷猝不及避，已经地方官随时抚恤。伏念地者，阴也，臣道也。时值夏至，一阴始升，法当安静，而动象如此，则官吏失职可知。臣忝抚西陲，才不称职，致灾异叠见，负咎实深。惟有督饬寮属，交相警惕，恪恭自矢，冀弭变异。所有地动情形，谨附片陈明。伏乞圣鉴。谨奏。

090. 恭报交卸抚篆起程折

奏为恭报微臣交卸抚篆并起程日期，仰祈圣鉴事。

窃臣准部咨，本年五月十六日，内阁奉上谕："谭钟麟奏病痊销假遵旨吁请陛见一折，谭钟麟着来京陛见，陕西巡抚着王思沂护理。钦此。"因乡试伊迩，臣与藩司王思沂将科场一切应办事宜布置妥帖，于七月初七日将陕西巡抚印务移交王思沂护理。臣定于二十日起程北上，叩觐天颜，跪聆圣训。除恭疏题报外，所有交卸抚篆及起程日期，理合恭折具陈。伏乞皇太后、皇上圣鉴。谨奏。

谭文勤公奏稿卷七

091. 调补浙江巡抚谢恩折光绪五年七月初七日

奏为恭谢天恩，仰祈圣鉴事。

光绪五年八月二十九日奉上谕：“浙江巡抚，着谭钟麟调补。钦此！”窃臣楚湘下士，知识庸愚。抚陕五年，毫无报称。此次述职入都，恭觐天颜，两蒙召见，训诲周详，莫名感悚。兹复渥承恩命，调抚浙江。伏念两浙为滨海要区，凡察吏安民、练兵筹饷诸务，均关紧要。且时有中外交涉事件，所系尤重。臣前守杭州及署杭嘉湖道，任内于地方情形虽略见一隅。而封疆重任，尤宜洞悉全省利弊。如臣梼昧，惧不克胜。惟有吁求宸训，敬谨遵循。俾到任后，于一切事宜，矢慎矢勤。以期仰答高厚鸿慈于万一。

所有微臣感激下忱，谨缮折叩谢天恩。伏乞皇太后、皇上圣鉴。谨奏。

092. 恭报接印日期折光绪五年十一月初三日

奏为恭报微臣接印日期，叩谢天恩，仰祈圣鉴事。

窃臣蒙恩调补浙江巡抚，陛辞出京，于十一月初二日抵浙。初三日，准前抚臣梅启照委杭州府知府龚嘉儁、抚标中军参将唐湘远赍送钦颁浙江巡抚关防一颗，两浙盐政印信一颗，并王命旗牌、文卷各件前来。臣谨设香案，望阙叩头谢恩，祗领任事。

伏念浙省本富庶之区，自经兵燹，民气凋残。臣前任杭州知府并署杭嘉湖道，其时克复未久，市井零落，而公家经费尚能足用。今自嘉兴至省，所过城郭、村市，民居比栉，阛阓喧阗，地方大有起色。惟田土尚未全辟，钱漕未能足额，频年水旱，岁不丰登，协款日增。经费之绌，较十年前更形棘手。此外，盐漕厘税、海塘水利以及办理洋防各务，均关紧要。臣智识浅陋，深惧弗胜，惟有懔遵圣训，尽心尽力，任劳任怨，培养元气，留意人材，朝夕兢惕，不敢稍涉怠玩，以期仰答高深于万一。

除俟察看吏治民情，再行详细奏报外。谨将微臣接印任事日期，恭折具陈，叩谢天恩，伏乞皇太后、皇上圣鉴。再，臣经过直隶、山东、江苏，地方均极安靖，麦苗畅茂，合并陈明。谨奏。

093. 奏报将军因病出缺折光绪五年十一月初四日

奏为将军积劳致疾，因病出缺，请旨简放，以重职守，并恳赐恤，以彰勤荩，恭折驰奏，仰祈圣鉴事。

窃杭州将军公广科于上年十二月交卸西安印务，驰抵新任，水陆兼程，途中感冒严寒，陡患咳嗽病症，医治未痊。本年春夏间，犹复躬亲督率，按期操演兵丁，勤加训练，约束严明。半载以来，营规大为改观，兵民同声感颂。乃以南方潮湿，不服水土，兼之六七月内，亢旱日久。自于（暑）〔署〕中晨夕虔祷，复感暑气，病益加剧。九月初，力疾会同乍浦副都统世禄赴乍浦履勘营基，筹复旗营事宜。回省后饮食渐减，精神疲惫。经前任抚臣梅启照①力劝请旨赏假调治，该将军言受恩深重，报称毫无，不敢以

①梅启照（1826—1894），字小岩或筱岩，室名“强恕斋”，南昌市青云谱区人。清洋务派人物、大臣。兄启熙，同治二年（1863）进士，谓“一门两进士”。与曾国藩、左宗棠、李鸿章等同列为清末同光（同治、光绪）十八名臣。咸丰二年（1852）考中进士，点翰林院庶吉士、编修，授吏部主事、郎中，补浙江道御史。历任广东惠州知府、广州知府、长芦盐运使、广东按察使、江宁布政使、浙江巡抚、领兵部侍郎衔，兼都察院右副都御史，并兼任两江盐政提督军务，节制水陆各镇，诰封荣禄大夫（从一品）。光绪五年（1879）任兵部右侍郎、内阁学士。光绪七年（1881）任河东河道总督，授头品顶戴，诰封一品光禄大夫。一生著有《梅氏验方新编》《稿本明史约》等十几部著作。病逝于南昌。

微疾上渎宸聪。臣富尔荪时往慰问，见其服药罔效，病日危殆，深为焦急。臣钟麟前在西安，深知该将军整饬营务，和辑兵民，不辞劳瘁。本月初二，行抵杭州，闻该将军病剧，亲诣看视。该将军已不能言，延至初三日酉时，因病出缺。先三日，臣富尔荪往询病状，该将军自知不起，伏枕叩头。第言辜负圣恩，无一语及私，交出遗折一扣，属为代递。所有身后事宜，臣富尔荪督率掌左右司关防喜禄等妥为料理。惟念该将军积劳致疾，遽至不起。随任子女，年均幼稚，身后萧条，深堪悯恻。可否仰恳天恩，从优赐恤之处，伏候圣裁。将来灵榇回京，臣等自当派委妥员护送，以昭慎重。至杭州将军印信，照例由臣富尔荪暂行护理，以便办理操练一切日行事宜。

谨将杭州将军积劳致疾因病出缺缘由，谨恭折循例由驿会奏，伏乞皇太后、皇上圣鉴。谨奏。

094. 建复乍浦旗营宜再行查看片 光绪五年十二月十四日

再，本年十月十四日，臣于宿迁途次，接准兵部火票，递致军机大臣字寄。钦奉上谕：“广科奏拟请建复乍浦旗营一折。等因。钦此！”钦遵到臣，窃维养兵以卫民，整军以御侮，此安不忘危之道。乍浦驻防旗营，乃国家旧制，自应酌筹建复。然今昔情形迥异，亦宜量为变通，期于实济。并蒙圣谕，必须先筹经费，始可兴工，尤钦洞鉴。臣到任后，询知藩库支绌异常，奉拨京饷，几难足数。绿营兵饷，积欠两三季。已拨未解协饷，不下数百万。盐粮各库、厘捐总局，均搜括殆尽。如此情形，殊难舍急图缓。臣甫经到任，转瞬封印，本衙门公事繁迫。拟请俟来春再行亲往查看，会同乍浦副都统世禄详细斟酌，妥筹具奏，请旨遵行。谨先附片陈明，伏乞圣鉴。谨奏。

095. 兼兵部尚书衔谢恩折光绪五年十二月初九日

奏为恭谢天恩，仰祈圣鉴事。

窃臣准部咨，光绪五年十月十八日，吏部奏谭钟麟由头品顶戴陕西巡抚调补浙江巡抚，应否兼兵部尚书衔，或兼兵部侍郎衔之处，相应请旨。等因。本日奉旨："谭钟麟着兼兵部尚书衔。钦此！"钦遵知照到臣，当即恭设香案，望阙叩谢天恩。伏念臣曾厕词垣，旋陪谏院。历典郡而提刑河内，跻维藩而开府关中。鳌戴三山，已幸头衔之迭晋。莺迁两浙，正虞肩荷之难胜。仰沐高深，未酬涓滴。兹蒙殊眷，复沛隆恩。命锡自天，感深无地。窃以中枢选重，制未考乎五兵。乃荷北阙纶宣，衣独披夫一品。顶踵莫报，惕息难安。臣惟有申画郊圻，寅承夙夕。严修武备，期加黾勉于再三。整饬戎行，冀答鸿慈于万一。

所有微臣感激荣幸下忱，谨缮折恭谢天恩，伏乞皇太后、皇上圣鉴。谨奏。

096. 沥陈库款支绌情形折光绪六年二月十四日

奏为沥陈浙省库藏奇绌，收不敷支，谨将通年奉拨各款及本省收支数目缮具清单，恳旨饬部酌核，分别停减，以免贻误，恭折仰祈圣鉴事。

窃浙省自兵燹后，赋未足额。数年前赖厘捐以补苴，近来诸事复旧。本省之用项较增，留防之勇队未撤。加以各省协饷有增无减，而厘金日益短绌，遂致竭蹶万分，历经各前抚臣将支绌情形奏明在案。臣抵任后，深知经费维艰，凡可裁可减之处，无不力求撙节。而本省所支之款，多系定额，各省协饷待用孔殷，勉力筹措，万难支撑。兹就光绪五年通省一岁收数而计，地丁、厘金三百四十余万，盐课、盐厘六十余万，海关税钞六十余万两，而奉拨京协各饷并海关分成提解粮漕、运漕经费，以及本省应支必不可缓之款，共需八百一十余万，实不敷银二百七八十万余。本省绿营兵饷、勇粮、制造之类，尚可零星点缀。其余奉部指拨之款，皆急于星火。员檄频催，在各省望饷甚殷，视为有着。而浙省则东挪西补，力有未逮，积欠已成巨款，固不暇计。即当年应解之数，亦万不能如额。国家财赋岁有常经，酌盈剂虚，固不能稍分畛域。第念浙省地属海疆，尤宜绸缪未雨，而办事必先筹费，费无所出，事何能济？兹据藩司德馨以库藏匮乏、收不敷支，详请奏恳天恩，饬部将浙省应协各饷酌核财力，分别停减，以资周转等情前来。

臣覆加查核，委系实情。谨将五年分浙省奉拨各款及收支实在数目缮具清单，恭折具奏，伏乞皇太后、皇上圣鉴训示。谨奏。

097. 各属荒熟田地开单奏报片 光绪六年四月十五日

再，臣于二月十六日准户部咨，议奏筹备饷需一折。条陈内开：浙江等省著名财赋之区，现在荒地尚多，钱漕缺额年复一年。其为查办未能核实可知，请照上年十月奏案，先将所属各州县荒熟田地开单奏报。等因。光绪六年正月二十五日钦奉上谕："该部所称各属垦荒一条，果能认真查办，行之数年，何尝不可渐复旧额？各该督抚平日受国厚恩，岂可懈弛因循，不知振作。着于奉到此旨后，限两个月据实覆奏。等因。钦此！"钦遵咨行到浙。

伏查浙省肃清已十五六年，钱漕尚未复额。固因兵燹之后民力不足，难保无官吏、庄书、地保、绅民隐匿情弊。臣到任后，即经通饬各属，将境内未垦田地，查明坐落某里、某村庄若干，于田畔插标注明四至地界，由县令亲往勘明，造册申报。另委查勘，并将以前隐匿各产一律确查。果能据实开报，自当宽其既往，免予深究。即地方官应得之咎，亦可吁恳恩施，从宽免议。迨二月中，奉到谕旨，复经恭录出示晓谕在案。旋据各属陆续开报，清出田地山荡顷亩数目，禀复前来。臣逐加查核，除宁、温、台、处四府，本无荒产，绍兴只诸暨一县为数无多不计外，金、衢、严三属被兵较重，山深土瘠，垦复较难。现据续查出田地等项一千一百二十八顷，尚有荒产一万数千顷，杭、嘉、湖三府，除海宁、海盐、长兴尚未覆到外，据各属续报，查出田地山荡八千三百七十四顷，尚有荒产四万余顷之多，殊不可信。推原其故，皆由于同治三年军务初定，试征之始，任凭花户自报亩数，不免以多报少，甚或以田作地，图改科则。即历年续垦多寡，并未清查，亦无确数，相率欺隐，此弊之在民者也。地方官于境内荒熟分数，本不明白，每岁开征，不能不照上年酌加一二厘具报，而又逆知熟产之不止此数，故所征者往往浮于所报之数。辄以尽征尽解为词，弥缝掩饰。复因米价日贱，民间以漕透南，借口南米折价，收不敷解。含糊挪移，敷衍公事，此弊之在官者也。究之民间荒熟之数，庄书、里保知之，官之征报不符，书办、庄保知之。此辈绝少善良，舞弊是其惯技。于是勾串劣衿，挟制官长，侵渔小民，其弊尤不可究诘。今欲澈底清厘，必将荒熟分数查确，杜欺隐之端，祛中饱之弊。惟是积习已深，一经清查，猾吏刁衿、书差庄保皆不乐从。因而造言煽惑，百计阻挠，均所不免。近日嘉兴委员提讯庄书，辄敢邀集多人，将委员殴辱。长兴劣生，挟知县恽思赞详革之嫌，聚众入城，抄毁衙署，实属愍不畏法。业经分委干员前往密拿首要各犯，解省讯办。如果有抗拒情事，不得不从严惩办一二，以儆效尤。

除俟各属荒熟各产造报齐全，汇开简明清单，另折奏报外。谨将现在查办情形先行附片陈明，伏乞圣鉴训示。谨奏。

上谕："谕内阁，谭钟麟奏遵查荒地情形等语。据称浙江杭、嘉、湖、金、衢、严等属，续经查出荒产，为数甚多，殊难凭信。其故一由民间相率欺隐，一由地方官含糊挪移。其中庄书、里保、书办等勾串劣衿，挟制官长，侵渔小民，弊端百出。近日嘉兴委员提讯庄书，辄敢邀集多人，殴辱官长。长兴劣生挟嫌聚众，入城抄毁衙署等情。此等刁风，断不可长。着谭钟麟即饬分委各员，密拿首要各犯，解省讯办。如敢抗违，即行从严惩办，以儆效尤。务将各属荒熟分数，彻底清查，力图垦复。杜欺隐之端，祛中饱之弊。期于国课民生，两有裨益。”①

098. 周历海口筹办防务情形折光绪六年四月十五日

奏为周历海口察看形势，将现应筹办事宜，恭折覆陈，仰祈圣鉴事。

窃臣于二月二十八日出城赴乍浦，与都统世禄商筹建复满营一节，兹已另折陈奏。三月初三，臣随带候补知府成邦干、吴唐林乘轮船驶至镇海。适署提臣喻俊明出洋巡阅，偕行至定海、石浦、台州、温州，由宁波度曹娥江而返。沿途察看各海口，面临东洋，北与江苏金山接壤，南至温州之镇下关，与闽省分界，延袤一千三百余里，汊港纷歧，巨舰之可深入者，乍浦及宁波之镇海、定海、石浦，台州之海门，温州之黄华关，而定海绝峤孤悬，与内地不相联络，尤为险要。镇标虽有兵二千一百余名，战守均难深恃。万一有警，赴援亦不能速，此不可不先为布置者也。臣回省后，与司道再四筹商，当此库藏空虚，只可先权所急，筹款办理。现应举行之件，厥有四端，敬为我皇太后、皇上陈之。

一、炮台有应添筑者，有应改修者。浙海口旧有炮台三十余座。惟台州海关镇，原筑最为合法，亦甚节省。如澉浦之长山，乍浦之陈山，定海之舟山门，镇海之小港口。或阅时已久，损漏处多；或基址过高，施放不准；或前后逼狭，外不能堆土以护台，内不能结寨以蔽兵。悬一炮台以为的，敌人一击再击，台坏而兵无隐身之处，炮亦全失矣。此四处亟宜修改。至如镇海之金鸡山，

①《清实录·德宗实录》卷112，光绪六年四月辛亥条。

与招宝山对峙，招宝山炮台两层，原筑甚坚，上层微高，下层恰合，应于金鸡山嘴添筑一座，斜对海口轰击，可为招宝山炮台之护。定海大五奎山当火烧门之冲，温州磐石卫为黄华关之咽喉，毛竹岭为温州口之二门，旧有炮台，未扼形胜，此四处应各添筑一座。现已遴选委员指授地势，照海门镇炮台式兴筑，总期费省而工坚，可以经久。

一、添购炮械。查各海口未经设炮之处，及新筑四座应添设炮六十余尊，若全购洋炮，无此巨款。现委员赴上海订购瓦瓦司巨炮十尊，俟运到后，择旧有洋炮分别匀配，安设扼要处。本省自铸之炮，工费较省，昨令试演三千五百斤者，亦可十余里之远。拟添铸数十尊，酌量分布。洋药、洋火，现存无几，亦当添购。合之筑炮台费，必需十余万金，暂由藩运粮三库，分提应用。

一、简练兵勇。浙省沿海一提三镇，水陆七八千人，兵力不可谓不厚。奈习气太深，有名无实，其分汛者，几同虚设。昨面晤各镇，再三谆属将现有之兵先挑一半，照楚军章程另扎营盘，朝夕训练。迨熟后与分汛者更替调操，并责成同城道府随时稽查。臣仍密委妥员潜往察验，不勤练者即行严参。惟绿营饷兵丁类兼他业以赡其家，朝夕在营差操，不准外出，谋生无资，似应酌加津贴，以示体恤。成邦干所统防勇九营，已令汰弱留强，归并七营，分驻乍浦、台州、温州各一营，余姚一营，为宁波之后路。泗安一营，守徽、浙之门户，省城两营，以备调遣。台州俗习强悍，地瘠民贫，为流多盗风不熄。密谕防营总兵罗瑞山诱其巨魁，以招致其党羽，练成一营，可备冲锋。自此地方或借以安谧。惟动辄需费，容通盘筹画，再行奏明定案。

一、稽查渔船。查宁波、台州、温州洋面，渔船各数千艘。臣前已通饬各属，逐段编查字号，并委员分赴各府，督率地方官核实办理。此次经过各口，见渔船、商船书篷烙字者多，一望而知为某县之船。沿海厅县来见者，均严切诫谕，毋得奉行故事。并饬照保甲之法，十船一牌，十牌一长，连环互保，有事则收入内港，愿充勇丁者给以营饷，老弱妇女计口授食，不令失所。就中不无魁桀之材，密谕守令查明，果系豪雄，准给功牌，以示优异。俾以类为招至团练一节。此际朕兆未形，不便声张，致滋皇惑。但令府县联络正绅，维系人心，以图后举。

以上皆目前亟应筹办之事，现饬核实举行，不敢含糊了事。惟海防情形，瞬息不同，非臣愚虑所能周。仍当随时随事严密筹画，以期有备无患。仰副朝廷轸念海疆之至意。

所有微臣亲历各口并现办事宜，谨缮折具陈，伏乞皇太后、皇上圣鉴训示。谨奏。

上谕："浙江巡抚谭钟麟奏筹办海防大概情形。得旨：即着该抚周历各口，察看形势，妥筹布置。并将练兵筹饷各事宜，实力经营。以期有备无患。"①

上谕："谕军机大臣等，谭钟麟奏周历海口，条陈应办事宜一折。该省长山等处炮台，既须修改添筑，自应量为兴办，以为经久之图。炮械军火，亦防务所急需。水陆兵勇，习气太深，急宜实力整顿。该抚拟先挑一半，更替训练。责成道府，随时稽查。并归防营，分驻备调。编查渔船，以清洋面。联络绅士，以固人心。所拟各节，均尚妥协。即着该抚认真办理，毋任各员弁稍涉懈弛，以致有名无实。将此由四百里谕令知之。"②

099. 请建已故通政使刘典专祠折 光绪六年五月初八日

奏为故员功德在民，据情吁恳恩施，准建专祠，以隆报享而顺舆情，恭折仰祈圣鉴事。

---

①《清实录·德宗实录》卷110，光绪六年二月甲子条。
②《清实录·德宗实录》卷112，光绪六年二月甲子条。

窃据头品顶戴内阁学士李品芳[①]等公呈称，已故帮办陕甘军务通政使司通政使、前浙江按察使刘典，智勇兼资，精忠自矢。方其提师入浙，军次遂安。壁垒未成，连拔贼寨。旋即克复县城，既而衢州围急，回援解之。时逆酋李世贤[②]方据金华，联营数百里，力遏官军进取之路。刘典所部仅三千余人，夺取花园港等处要隘，旁及高桥一带，毁巢聚歼，所向披靡。移攻兰溪，与大军声势联络，汤溪、兰溪、龙游三县同时攻复。随克金华、永康、武义各城，义乌之贼，闻风走诸暨，乘势克之。浙东肃清。即日，取道严州，出皖南以扼贼犯江西之路。师行所至，市井晏然，士民感戴，馈送米盐，相望于道。因而士饱马腾，保全江、皖，而浙西之门户固若金汤。绅等生长是邦，见闻较确，追报之心，久而弥笃。为此，公恳奏乞圣恩，准于浙省建立专祠，稍伸崇报。等情。

臣查已故帮办陕甘军务通政使司通政使、前浙江按察使刘典，从军二十年。转战七八省，所向有功，勋业卓著，鞠躬尽瘁，遗爱在民。其生平劳绩，业经陕甘督臣左宗棠缕晰陈明。仰荷殊恩，

---

①李品芳（1799—1881），又名润之，字增美，号春皋，晚号澹翁，东阳城区花园里人。14 岁入庠，清道光三年（1823）进士。不久点翰林，赐太子伴读。道光六年，授翰林院编修。道光九年，会试分校。翌年，授礼部侍郎，国史馆分校，曾二度典试云南。道光十八年，升阶侍讲，继迁少詹事。道光十九年。擢从一品内阁学士衔。才华出众，宦途顺利。然目睹朝政日非，外患益亟，自叹无力回天。道光二十三年，以母病为由，急流勇退，蛰居家门。平时布衣便服，闭门读书著述，怡情花草，不谈政事。每有官绅晋谒，寒暄如宾，不荐人，不说情，不以私事求人，待人接物和蔼可亲，以庶民自居。退隐后，曾讲学于杭城敷文书院、金华丽正书院、东阳东白书院。著有《澹翁文集》《屈大夫！屈大夫!》。又有《责奸》《论人性》《孔孟之道安在》《吊王安石文》名文多篇。

②李世贤（1834—1865），太平天国将领。广西藤县人。贫农出身。1851 年（咸丰元年）参加太平军。1858 年升左军主将，驻军芜湖，与陈玉成等攻克庐州（治今合肥），歼灭浙江提督邓绍良军。1860 年又与陈玉成等攻破江南大营，封侍王。后克徽州（治今歙县）等地，两次进逼祁门湘军大营。次年在乐平作战失利，转攻浙江。连克金华等地，分军取宁波。1862 年（同治元年）增援天京（今南京）。1864 年春退往浙江，转战江西。天京陷落后，率部转战于福建漳州。1865 年 8 月在广东镇平（今蕉岭）被部将汪海洋杀害。

赐恤予谥，并将事迹宣付史馆。在该故员已得名垂不朽，而浙省士民感戴之忱，日久难忘。所请建祠之处，出于至诚。合无仰恳天恩，准予浙省建立专祠，列入祀典，以顺舆情。谨恭折陈请，伏乞皇太后、皇上圣鉴训示。谨奏。

上谕："准故通政使刘典，于浙江杭州，建立专祠，并列祀典。从浙江巡抚谭钟麟请也。"①

100. 惩办蠹书奏参该管知县折光绪六年五月二十二日

奏为蠹书朘削小民，业经尽法处治，请旨将办理糊涂之知县革职，以示惩儆，恭折仰祈圣鉴事。

窃据钱塘县上下四乡百姓，于五月初一、二日纷纷入城，环跪辕门，呈控该县库书何秉仁、陈辅庭营私舞弊，改则科派等情。臣即传老民郑瑞廷等十余人当堂询问，据称，何秉仁等包征钱漕、勒折浮收，弊端百出。乡民完漕于正供一石，耗米二斗五升外，书办加收四五斗，折漕一石，索钱八九千，完银一两，另送饭米一斗，以洋银折钱，每圆少作八九十文，又有抽丰由单串票等费。凡推收过户，向收钱二百八十文，近则索洋一二圆。报垦田地，每亩索钱数百文。现在查勘荒熟，清丈田亩。何秉仁等朦官舞弊，变乱科则，以地为田，改山作地，勒令庄首具结，小民受累无穷，是以情急环求饬禁等语。臣即批司饬杭州府先提该库书等，到案严讯，从重惩办。嗣据杭州府知府龚嘉儁禀称，提到何秉仁、陈辅庭，讯取大略情形，被控均属确实，当经饬革发押。陈辅庭本有痰疾，于五月十一日在押病故，委验属实。随提革书何秉仁即何培覆讯，供称，充当钱塘县库书，兼充庄算书。本县钱粮，向系革书们包征包解，开仓收漕，即兼充漕书，花户完正漕一石，

①《清实录·德宗实录》卷113，光绪六年五月丙申条。

耗米二斗五升，另送饭米二斗五升，或送钱六百余文，并未加收五斗。每斛淋尖约多米三四升，漕费每石收三十文，小户不及一石，亦收三十文，一石有零，即收六十文。漕米折价去年十二月初十封仓后，定价五千四百八十文，革书们加收不过一千文，庄书在乡有加至二三千者，完正银一两，花户另送书办们饭米一斗。洋价因乡城不同，每圆照城内市价少作数十文、百文不等。惟收过户愤坟地价贵，每户有收二三元者，亦不能尽然。此外，报垦荒田，分给由单串票，革书们收纸笔费数十文至百数十文，是有的并无数百文之多。本年清查荒庄，奉本县饬革书等赴乡查丈，分别荒熟，造册呈报。革书们因田赋缺额无可弥补，与陈辅庭商量，将田粮摊入熟地内。完十亩地粮者，改完八亩田粮。山粮十亩，改完二亩地粮。种桑之地，照田完粮，虽分给庄首、户管，却未开征。不料百姓聚众至院司控告，实系革书等办理不善、情甘坐罪等供，录折禀报到臣，当饬藩、臬两司会同覆审无异，照录供折呈请核办前来。臣亲提何秉仁研讯，供认前情不讳。查该革书等骫法营私，稔恶已久。此次改则科派，虽未征银入手，而分给户管，勒令庄首具结，确有可凭。且包征钱漕，勒折浮收，计赃则数逾巨万，论罪则浮于抢劫，悯兹小民，自非朘削不堪，何至千百人入城呼吁。陈辅庭已幸逃显戮，若不严惩一二，无以儆奸蠹而安众心。臣于讯明后，批饬杭州府会同臣标中军参将立提革书何秉仁，绑赴市曹处斩。其余各书，饬府分别情节轻重，另行惩办。并出示晓谕，以后该县钱粮，由花户自封投柜，不准书办包征。从前征收钱漕一切陋弊，悉行裁革。荒熟分数，责成接署之员，认真清厘。前署知县陈国香于本境荒产并未分晰查明，任听书办朦混改派经征钱漕，书吏肆意侵渔，毫无觉察，实属昏聩糊涂。相应请旨，将准调石门县知县署钱塘县知县陈国香即行革职，以昭炯戒。

所有惩办蠹书缘由，谨缮折具陈，伏乞皇太后、皇上圣鉴训示。谨奏。

上谕："谕内阁，谭钟麟奏蠹书朘剥小民，尽法处治，请将办理糊涂之知县革职一折。浙江钱塘县库书何秉仁等，平日包征钱漕，勒折浮收，计赃逾万。此次因清查荒熟，辄敢将缺额田赋摊入熟地，改派科则。虽未征银入手，而分给户管，勒令庄首具结。致令四乡百姓朘削不堪，入城环诉。现经谭钟麟提讯明确，将革书何秉仁即行正法，洵足以儆奸蠹而安众心。其余书吏，即着分别情节轻重，另行惩办。以后该县钱粮，均由花户自封投柜，不准书办包征。从前征收钱漕一切陋弊，着予裁革，以苏民困。准调石门县知县署钱塘县知县陈国香，于本境荒产，并未分晰查明，任听书办蒙混，改派经征钱漕，书吏肆意侵渔，毫无觉察，昏愦糊涂，至于此极。仅予革职，不足蔽辜，着革职发往军台效力赎罪。书吏营私骫法，每令良法美意，阻格不行。一县如此，他县恐亦难免。着谭钟麟督饬各府、州、县，振刷精神，勤求民隐。仍将境内荒熟分数，认真清厘。不得纵容书吏舞弊，苛累小民。用副朝廷实事求是至意。"①

101. 奏催提督来浙办防片 光绪六年正月二十二日

再，臣前周历各口，谆嘱沿海三镇各挑练制兵一半，以资防守。迨过宁波，与署提臣喻俊明及道府面商。先从提标挑精兵五百名，试练一营。照楚军章程另扎营盘，朝夕训练。嗣据宁绍道瑞璋、宁波知府宗源瀚禀称，两月之后，营制颇有成效。因令再练一营，并推行定海、温州、海门三镇，照章各练两营。制兵饷薄，每营月加银四百两，以资津贴。各路防营，饬令统领陆军知府成邦干募足十营，以备调遣。惟兵勇势涣，必得一威望素著之员统辖，俾相联络。查前浙江提臣黄少春，在宁年久，官民信服。

①《清实录·德宗实录》卷114，光绪六年六月辛丑条。

平日驭将治兵，颇能破除情面，弁兵咸相敬畏。即陆路营官，半系旧识，呼应较灵。该提督忠勇性成，当有事之秋，当不至顾私情而昧公义。相应请旨，饬下前浙江提督黄少春迅速来浙，办理防务。不但臣得资臂助，即各营兵勇声气亦可相通。

臣为海防紧要起见，是否有当，伏乞皇太后、皇上圣鉴训示。谨奏。

上谕："谕军机大臣等，谭钟麟奏浙省现办海防，募练兵勇，必得威望素著之员统辖，俾相联络。请饬前浙江提督黄少春，迅速来浙，办理防务。等语。黄少春前准开缺养亲，现在浙省防务紧要，着李明墀传知该提督，迅速启程赴浙，办理防务，毋稍迟延。将此谕令知之。"①

102. 乍浦、头围二口仍缓设关折光绪六年十月初四日

奏为查明浙海关乍浦、头围二分口税无可征，委难开办及常税短绌，仍请援补情形，恭折仰祈圣鉴事。

窃准部咨，浙海关五年分短收常税，行令查照闽海关办理。嗣后不得再引成案拨补，并将乍浦、头围二口体察情形，照旧启征。等因。咨行到浙，即经转饬遵办去后。兹据护理浙海关宁绍台道瑞璋详称：乍浦、头围二口，额征银二万八千余两，以铜、木、糖货各税为大宗。兵燹后，铜船停运，木行改适。而轮船行驶便捷，取道海上，遂致该二口商舶屏迹。历经亲往察看，委员密查，实难遽议开办。至常税短收，皆缘新关之税，即常关应征之税，彼盈此绌，势所必然。其闻其见，实非稽征不力，并请照案仍准拨补等情具详前来。臣查乍浦、头围二口，兵燹后荒凉，商贾不至。经各前抚臣奏准停止设关在案。臣抵任以来，遇有可

①《清实录·德宗实录》卷116，光绪六年七月甲申条。

以开源节流之处，无不悉心讨论，以冀稍裨经费。本年春间，巡阅海口，顺道察看该处地势变迁，板沙日远，重载船不能薄岸。是以商贩皆就轮船赴宁波、上海，以致商贾绝迹，税无可征，委属实情。至洋税项下，每年拨补常税银二万两，原系挹彼注此，以符旧制，于公款并无损益。合无仰恳天恩，俯准将乍浦、头围二口仍缓设关，并常税照案拨补，以昭核实。

除咨总理衙门、户部查照，并饬该关道实力稽征，随时察看详办外，理合恭折具陈，伏乞皇太后、皇上圣鉴训示。谨奏。

上谕："浙江巡抚谭钟麟奏，查明浙海关乍浦、头围二口，税无可征，委难设关。及常税短绌，仍请拨补情形。下所司议。"①

103. 黄少春到浙办理防务片 光绪六年七月十八日

再，臣前因海防紧要，统领需人。奏催前浙江提督黄少春来浙办理防务，奉旨俞允。当经函知由湘募亲兵三营，并饬知府成邦干派弁添募一营，先后来浙。兹黄少春于十月初七日到杭，再四筹商。浙省防勇本九营，嗣添招台勇一营，合新募勇丁共十四营，海口甚多，不敷分布。只因饷糈艰难，事机未定。若能中外相安，不但浪费可惜，且有易聚难散之虑。臣故未敢放手措置，姑就现有兵力，先行设防。现拟黄少春自率五营驻防宁波、镇海一带。定海厅孤悬海峤，为入浙门户，派知府成邦干以四营驻之。温州、台州、乍浦拟各扎两营，均与练兵互相联络。更酌量事势缓急，陆续招募数营，为游击之师，悉归黄少春调遣。并刊刻木质关防，文曰：总统浙省防营水陆兵勇前浙江提督黄之关防。移送开用，以昭信守。

所有该提督到浙筹商防务情形，谨附片陈明，□乞圣鉴训示。

---

①《清实录·德宗实录》卷121，光绪六年十月己酉条。

谨奏。

104. 遵旨筹议切实密陈折 光绪六年十月二十五日

奏为遵旨筹议切实密陈，恭折仰祈圣鉴事。

窃臣承准军机大臣密寄十月十六日奉上谕："前据总理各国事务衙门奏议结琉球一案，此事关系全局，自应博访周谘，以期妥协。等因。钦此！"仰见圣谟广运兼采刍荛之至意，曷胜钦服！臣维日本一案，论事理诚宜与之绝，揆时势宜姑与之联，此中外臣工所共喻也。陈宝琛①一折所言事理耳，不惟拒之，必当伐之。然跨海远征，劳费百倍，自揣数年之内，力恐有所未能。李鸿章支展之计，亦审时度势，有不可遽绝之意。第总理衙门既与定议矣，旋与之，而旋拒之。似乎中国所议，事事不足取信于人。不惟倭人不服，他国将援为口实，而所议必不成，此不可不审也。臣愚，窃谓球案，以速定为要。改约于商务无损，我既不能与之绝，不妨姑从所请，为尚氏谋一线之延。盖琉球之废已两年矣，其君民日喁喁然，冀中国有以拯之，而乃瞻顾徘徊，迄无定策，球民知所望绝，不得不附倭以求安。年复一年，民忘旧主，而球祀斩矣。趁此修约之时，与商存球之策，彼能归还中岛，复其故国，固球人之幸。否则暂以南岛为球王栖息之地，他日我之力诚足以举倭，

①陈宝琛（1848—1935），福建闽县（今福州）人，字伯潜，号弢庵。清同治进士。曾任翰林院侍讲学士、江西学政，授内阁学士兼礼部侍郎衔，为晚清清流派主要人物之一，以直言敢谏知名。1879 年（光绪五年），沙俄侵占伊犁九城，力主出兵收复。中法战争期间，疏请举义兵援越抗法，旋受命钦差会办南洋大臣。1885 年战争失败，被慈禧太后以"荐人失察"降级调用。自此回原籍家居，创设新式学堂，倡办漳厦铁路。1909 年（宣统元年）始起用。1911 年在毓庆宫行走，为宣统帝授读。继任汉军副都统、弼德院顾问大臣。清帝逊位后，仍以"帝傅"身份留在清宫，并纂修《德宗本纪》《德宗实录》。1917 年张勋复辟，曾任"内阁议政大臣"。1931 年底溥仪在日本策划下潜赴东北，建立傀儡政权，陈拒受伪职。后卒于北平（今北京）。有《陈文忠公奏议》《沧趣楼文存》《沧趣楼诗集》，今辑有《沧趣楼诗文集》。

声罪致讨，悉令反所侵地，不患师出无名。与其迁延而绝球人之望，不若迁就以慰球人之心，此球案之宜速结也。至于条约所争，在均沾利益一语，泰西各国，和约皆有之。中国之利，被西人括尽，多一沾者不见绌，少一沾者不见盈。若强者任意要求而辄许，弱者欲稍分润而不能，不足以服其心。日本前约，虽有商民不准入内地贩运货物一条，而近来倭人之游历者踵相接，其为商为民，曾否贩运货物，无从稽考。况华商之黠者，且假西人联票，肆行内地而莫之禁。岂倭人狡狯不知出此，名曰不准沾，而沾者如故，曷若明载条约，俾之一体均沾，极其流弊。不过各海口多一倭商，于中国无损也。日本之附俄，非心服也，迫于势也。臣接使臣何如璋[①]函述，其外务卿谈及俄事，有不平之意。此辈诡谲，原不足信，而其情可见矣。彼无故而灭人之国，自知不容于公论，何尝不虑中国旦夕有以图之，宍户玑之，请归两岛，未必非借此为尝试。姑与委蛇，以遂其释怨交欢之望，当不至助俄以扰我，东南无事，可分饷力以济东北，亦两全之策也。惇亲王等恐因此构衅，江、浙、闽、粤各口未可深恃，洵老成持重、统筹全局之见，窃谓今日所患者，贫耳！诚使府库充盈，数万勇士可立致，以摧强敌如摧枯，何有于倭人？浙洋与日本对照，轮船三日可到。臣三月以来密为布置，未敢张皇。虽海口纷歧，不免备多而力分。现已募足勇丁二十营，择要扼守，激厉将士，敌忾同仇。虽无必胜之权，咸有敢战之气。臣忝膺疆寄，有地方之责，彼侵我疆，惟有战耳。既不敢希冀和局，稍懈一日之防，亦不敢创为异议，以快一时之论。既奉谕旨，令臣悉心妥筹，切实陈奏。谨就管见所

---

①何如璋（1838—1891），字子峨，广东大埔人。清同治七年进士，后授翰林院编修。光绪九年（1883）九月，以翰林院侍读学士督办福建船政。中法马江之战爆发，何临阵逃走，经陕安乡进城。清廷将其革职查办，从重发往军台效力赎罪。光绪十四年秋，充军期满，回广东潮州，被总督李瀚章聘任韩山书院讲席。何能文工诗，治桐城古文。著有《使东述略》1 卷、《使东杂咏》1 卷、《袖海楼诗文集》8 卷、《管子析疑》36 卷，逝后汇辑为《何少詹文钞》3 卷行世，另有《使日函牍》《袖海楼文稿》未刊。

及，缮折密陈，是否有当，伏乞皇太后、皇上圣鉴训示。谨奏。

105. 覆陈浙省查荒情形折光绪六年八月十六日

奏为覆陈浙省查荒情形，恭折仰祈圣鉴事。

窃臣承准军机大臣字寄光绪六年七月初四日奉上谕："有人奏，浙省清查荒熟办理失宜、恐酿事变一折。等因。钦此！"遵旨寄信前来。窃维浙省田产之弊，一在官吏之侵渔，一在民间之欺隐。十余年来举所侵、所隐者，悉归之于荒，以致缺额甚多，无从稽核。臣深悉其弊，去冬到任后，通饬各属，将境内荒田详查，令百姓自行插标田畔，注明亩数、界址，由地方官亲行履勘，造册申报，听候委员覆查。并谆谆告谕，但令百姓种一亩熟田，完一亩钱粮，州县征一分钱粮，解一分入仓库。初无诛求于民之意，亦无苛责于官之情。第荒田可履勘，而稽侵渔可严核而知。惟欺隐一项，非民间自行举报，官无由得其实数。必须晓以大义，谕以利害，宽其既往，惩其将来，庶绅民不至疑畏固匿。恭读雍正五年五月十五日上谕："开垦地亩，本应随垦随报，隐匿之罪，定例甚严，只以法久弊生，遂致垦多报少，或为民间隐漏，或为官吏侵渔，积习相沿。至于年久而多方回护，百计掩藏。于隐粮漏科之外，又添欺罔之重罪。此等之人，虽暗中获利，幸免钱粮，然到底干犯国法，难免旁人讹诈欺凌，岂能安然坐享？愚昧无知之徒，往往如此，深可悯恻。今朕特沛宽大之恩，准各省官民自行出首。将从前侵渔之罪，悉从宽免。其未纳之钱粮，亦不复究问。定限一年，令其首报。倘逾限不首，复行查出，在官在民，定行从重治罪。着各督抚转饬地方官通行晓谕，开导乡愚，在国法无耕田而不纳赋之条，在天道亦无背公而能获福之理，当感朕宽大之恩，急公向善，其为良民，以受国恩，以免罪谴。钦此！"臣于二月接准部文，恭录光绪六年正月二十五日谕旨，咨行到臣，当即钦遵，出示晓谕，仰体朝廷宽仁之意，广为开导通省军民人等，食毛践土，宜思覆载恩深。我朝轻徭薄赋，厚待民生，值筹费方殷之时，加派毫无。此次清查粮赋，以应要需。若仍隐匿不报，是诚何心？自示之后，务各激发天良，力除积习。赶将自己名下未经呈报之成熟田地，及从前所报之产，开明坐落亩分，据实赴县呈明，既往之咎，不复深究。倘再阳奉阴违，推诿延宕，则是自外生成，法所不贷。无论绅民，提省分别惩办。并将短报之数，归于成熟田地项下，按亩摊赔，以足岁额。所谓未经呈报之成熟田地，即隐匿不报者也。所谓短报之产，乃十亩仅报五亩之熟田也。大凡文告有劝谕之语，有儆戒之词，此今昔通例。而原奏抹去前文，仅摘阳奉阴违数语，指为操切。竟似通省荒产，悉摊于熟田，勒令民间完粮，安得有此办法，果尔又乌用查荒为耶？夫荒产必逐渐招垦，非刻期可竣，诚如圣训，果能认真查办，行之数年，何尝不可渐复旧额，自应敬谨遵办。臣告示中所云乃垦多报少，始终隐匿之熟田，非指荒田言也。臣恐庄书、地保朦混舞弊，复经示谕各村庄。公举正派绅耆，将村内荒产查明，造一草册送县，自开一单，黏之通衢，以便地方官下乡核对。不容书役、地保以荒作熟，累及小民。此通省所共见者，而谓大张晓谕，勒荒为熟，此庄书、地保恐吓乡愚之语，百姓之明白晓事者，不之信也。至嘉兴一案，初因该县禀报含糊，并无荒册呈送，仅以刻板甘结，令二三书办署名，巧为尝试。饬提库书刘秉文、石蕴堂到省，发臬司委员讯究。据供，该县熟产，实不止此数。即庄书数十人，侵吞熟田，尚有数万余亩，未经举报。臣语臬司传讯刘秉文，果能将该县荒熟之产逐一清查，即不治其侵吞之罪。时候补道王荫樾派赴嘉兴县查荒，随带佐杂四员，分投履勘。即将刘秉文带回嘉郡，与庄书质证。嗣据府县禀报，委员到郡，于三月十五日提讯各庄书，至二十一日讯毕，该县备船，请委员下乡，尚未往查。二十五日，乡民入城跪香至公馆，将委员拖出南门外，经嘉兴协副将当场拿获十一人解省，派委员讯问，中有三人，供系庄书遣人邀其入城，因留以备质。其八人讯以跪香何事，亦不能言其所以然，当即开释。获到庄书王三悌供出赴乡邀人之地保徐永源逃匿不见，案无由结。由司委员守提其余，供出隐匿田亩最多之绅士，非滋事之人，一概免究。何至有四出查拿十余村望风逃避之事？道员王荫樾奉委查荒，提讯庄书，根究侵吞熟田，有刘秉文供词可凭。初非逼认分数，并未尝以庄书认结，呈送臣处。其在郡旬日，未出一告示，又未饬县照数征粮，徒以提讯庄书，故大受窘辱而返，是始终未尝办理一事，即无不善之处，应请免其参奏。查嘉兴庄书，近来多捐，监生从九品职衔平日自齿于缙绅之列。忽经委员提讯，长跪公庭，令其尽吐久吞之产，忿不可遏，因诡称荒田要完粮之说，煽惑小民，胁众闹事以泄忿。事后知不免于罪，于是四播谣言，百端挟制。甚且禀牍，未达于臣辕，禀稿先登诸申报，诪张为幻，危辞耸听，犹是恐吓乡愚之故智耳！臣稽核田赋，首重查荒，必无专办嘉兴一县，他属概不查勘之理。现在各属已有查明者，有绅士请秋成后再查者，有造报含糊须提书办讯究者。委员四出严札频催，固未敢操切以图功，亦不敢因浮言而中止。惟有秉公持平，准情酌理，认真查办，以仰副朝廷实事求是之至意。

所有查办荒熟情形并道员王荫樾请免置议缘由，谨缮折覆陈，伏乞皇太后、皇上圣鉴训示。谨奏。

106. 奏报提督丁忧折 光绪六年十二月初二日

奏为提督闻讣丁忧，请旨简放，以重职守，恭折驰陈，仰祈圣鉴事。

窃臣接准浙江提臣黄少春专函，内开本年十一月二十七日接到家信，惊悉亲父显桂于十一月初九日在籍病故，例应丁忧，当即成服。所有提督印信，封交中军官看管。提督家无次丁，七旬老母卧病在床，请速遴员署理等情。查提臣黄少春前因浙省防务紧要，经臣奏蒙恩旨，饬令来浙办理防务。旋奉上谕："署理浙江提督。"当经咨会钦遵去后。嗣准该提督咨称，前以两亲衰病，侍奉乏人，仰沐圣恩，准予开缺养亲。当此海防紧要，不敢顾恋私情，赶即募勇来浙。惟提督总理全省兵勇，责守綦重。而办理海防，必须常时亲历各口，乃得要领。自揣庸愚，势难兼顾，恳请代奏乞恩，开除署缺，俾得专办海防。等语。臣以提督大员署缺，出自特恩，当兹防务紧要，何敢遽行上渎，即函嘱其先行接篆。俟海防稍松，再行奏恳恩施。旋据咨称，于十一月十六日接印任事。甫经旬日，遽丁父忧。

除提督篆务照例由督臣核委署理外，谨将提督闻讣丁忧日期会同闽浙督臣何璟恭折附驿具奏。伏乞皇太后、皇上圣鉴训示。再，宁波距闽较远，往返需时，此折系由臣钟麟主稿，合并陈明。谨奏。

上谕："谕内阁，谭钟麟奏署提督丁忧一折。黄少春前已简放浙江提督，现在丁忧。该提督带兵素称得力，浙江营伍事宜，正资整顿。着改为署任。以重操防。"①

107. 请仍留提臣专办海防片 光绪六年十二月初二日

再，提臣黄少春自到防后，即驰赴海门一带查阅兵勇，整顿营规，调派各营分扎要隘，布置深协机宜。乃当筹防吃紧之际，忽遭事故。臣再四思维，目前实难得替人。合无仰恳天恩，俯准开缺，仍令该提督留浙，专办海防事宜。俟防务稍松，准其回籍治丧。惟念该提督之母年已七旬，卧病数年，展转床蓐，家无次丁，侍养乏人，其情亦殊可悯。可否吁恳恩旨，奖谕其母，俾该提督安心在营办理防务之处，出自逾格鸿施。

臣为海防紧要起见，不揣冒昧，附片密陈，是否可行，伏乞圣鉴训示。谨奏。

上谕："谕军机大臣等，前因浙江海防紧要，谕令黄少春前往

①《清实录·德宗实录》卷125，光绪六年十二月丙午条。

办理防务。该提督现丁父忧，伊母年已七旬，侍养乏人，殊堪轸念。惟现在浙省防务未松，该提督带兵素称得力。着谭钟麟传谕该提督，勉抑私情，将整顿营规、布置防守各事宜，妥为筹办，以副委任。俟防务稍松，准其回籍治丧省母，俾遂孝思。将此谕令知之。”①

①《清实录·德宗实录》卷125，光绪六年十二月丙午条。

谭文勤公奏稿卷八

108. 变通浙省征收钱粮章程折光绪六年十二月初十日

奏为查明浙省各属征收钱粮章程，请量予变通，以杜流弊，恭折覆陈，仰祈圣鉴事。

窃臣承准军机大臣字寄光绪六年六月初八日奉上谕：“有人奏，浙省州县经征钱粮，肥私害公，请严儆浮勒一折。钱粮为民间正供，该省既奏定章程，岂容地方官任意浮勒。着谭钟麟通饬各该州县，经征钱粮恪遵旧章，不准再有浮收、勒折等弊，致干咎戾。等因。钦此！”

伏查浙省征收钱粮，同治初年，经前督臣左宗棠于减浮案内严定章程，除正耗外，另加办公经费钱文，以资津贴。小户不能完银者，仍照市价随时合钱，立法可谓尽善。惟两浙情形不同，银价低昂无定，当日定价已有每两一千五百文至一千七八百文不等。迨至同治十年，各路银价渐长，州县征不敷解。又经前抚臣杨昌濬奏请按市价折钱征收，经户部议覆，仍应照例征银，无如民间通用洋银，除官款之外，市肆家居绝无纹银交易，小民以洋银完粮，地方官不得不从权收纳，相沿已久，安之若素。惟作价易银，逐层扣算，浮收勒折之弊，恐所不免。臣钦奉前因，当饬各属将现征银洋价据实禀报，复恐所报与所收不符，令各县将实收之数，自行出示晓谕，如有浮收，准民指控严办，并密遣人赴乡揭其告示，与所禀相印证。大约浙东银价较昂于浙西，而以洋银完粮，则通省皆然。臣维立法期于便民，自应因时变通。目前纹银既少，若责令民间以银完纳，势固有所不能。惟有责成各府，将银洋价值随时确定，以杜流弊。拟请嗣后各属征收钱粮，除花户自愿纳银不计外，其有以钱、洋两项完粮者，该管知府于开征之前，按照市价出示发贴，县城每库平纹银一两，合钱若干，每洋一圆，合钱若干，明白晓谕民间，照数完纳。一旬之中，市价增减，当不甚悬殊。由该府按旬出示一次，俾小民周知。并按月汇报臣衙门及藩司察核，如州县有不按数征收、多取分文者，即行严参。知府徇庇，查出一并参办，以昭炯戒。如此办理，庶可官民相安，吏胥无从弊混。据藩司德馨具详前来。

除原参余姚县征收钱粮各节另片陈明外，谨将各属征收钱粮章程，量予变通缘由恭折覆陈，伏乞皇太后、皇上圣鉴，饬部查照施行。谨奏。

109. 查覆知县参案片 光绪六年十二月十八日

再，承准军机大臣字寄光绪六年八月初七日钦奉上谕："有人奏，署余姚县知县候补通判沈藻烈，征收钱粮上、下忙一律启征，正课外浮征至万余千两之多，私加每两串底、每户串票钱文。民人黄铠等已完钱粮，任令门丁舞弊重征。又候补道张鉴南带兵驻扎余姚县，收缉盐板。五月间，有盐户杀人纵火之案，实由张鉴南启衅。余姚向有利济塘，捍御海泛，张鉴南以运载盐板，擅行开掘塘面五六丈，滋扰纷纭，民不聊生。等语。着谭钟麟按所参各节确切查明，据实具奏，不得稍涉徇隐，原片着钞阅看。将此谕令知之。钦此！"钦遵当即恭录檄行藩司，并饬宁绍台道委员密查，明确据实禀报察办去后。兹据藩司德馨详称，遵即密委候补知府李审言前往，会同绍兴府恩纶查明余姚县向于每年二月遵例开征上忙，八月开征下忙。其串票则上、下忙同时造齐，偶有邻户离城较远，愿将下忙钱粮完纳者，听其自便，系属遵例办理。然亦不能多有，而甲年下忙欠至乙年上忙始完者，正复不少。此上、下忙并征之故，至征收粮价，浙省减赋案内，余姚县每征正银一两，随征耗银一钱。又加平银钱二百八十文，当时酌定绍属银价，以一千七百文作银一两，通行遵办。嗣于同治七年间，该前县以纹银时价贵贱无定，请照市值银价逐日悬牌粮柜，核实征收，每两或收钱二千四百文至二千四百三四十文，及二千三百八九十文不等，均有印簿可查。大约以市价之涨落，定收数之多寡，历任皆然。沈藻烈抵任以来，仍系循照前任按市价征收，每两一正一耗，连平余收钱二千三百九十文，于正课外并无浮收。又串底一项，因该县市肆通行九九钱粮，例应实足每两收二千三百九十文，计应补底钱二十四文，如以足钱完纳者，即不加补。至串票钱文，同治二年减赋案内，本有此名目，为该经书雇人造串纸张之费，每票收钱数文以及十余文不等，该县向有此费，非沈藻烈所创加。又余姚沿海沙涂，向由丁户租给沙民刮卤，俟涂淡交还，丁户筑塘报垦。本年六月初七日，丁户集众筑塘。至午饭时有到沙民家煮饭借碗，沙民不允，以致口角争闹，仓猝人多，致有伤毙人命及失火焚烧茅棚之事。经张鉴南派勇扑救，劝谕丁户暂为散归。衅起借碗，实非野斗，此外并无丁户、沙民构衅别案，与张鉴南毫无干涉。又利济塘俗呼四塘，塘外小河甚多。今年沙民遵缴盐板，将利济塘掘开丈许，由五塘装运盐板，可以径达县城后。因地势较高，不能行船，旋即筑复完固。并查五塘外十数里，海潮不到已有多年，而利济塘塘埂又在五塘之内，安有潮水淹没之虞？又黄铠所控重征黄绣章户，计银二两零，检查串根，系同治十一年陶故令任内所造板串，盖用铜印余姚县印。因篆文模糊，前任高桐详请改铸，由司刊发木印。上年，沈藻烈到任，高桐以木印移交。查十一年票根系铜印，则非沈藻烈所造之串，确有明证。沈藻烈开征时，按前任移交串票开列欠单，派丁差往催，该差等催至黄绣章户，据称业已完纳，随于单内注明，往催别处。嗣据黄铠赴府具控，而串未呈验，经绍兴府恩纶派员驰赴余姚，提到同治十一年黄绣章一户串根。查明确系铜印，并差传黄铠，令其将原串、重串一并呈缴，以凭比对串根，而黄铠避匿，屡传不到，其所控重串之说，难保非饰词妄渎等情，详请奏覆。

并据宁绍台道瑞璋查报各情相同。臣查候补通判沈藻烈，于上年七月间经前抚臣梅启照委令前往余姚代理高桐帘缺，向来代理人员为日无多，不接交代。嗣因高桐被参留省，未能即时回任，交代届限。又值钱粮吃紧之际，由司改为署事，系照例办理。臣前接该县绅士公呈请定征收银价，当即批司酌定银价，出示晓谕。嗣据藩司禀称，省城银价涨落，与外府县不能一律。且查宁绍各属禀报，银洋价值亦自不同，有较余姚更贵者。若按省城市价出示，必致窒碍难行。当由府按照市价逐旬悬牌晓谕，臣业于正折内详陈。此次所参各款，既据司道委员会同查明沈藻烈经征钱粮，系照历任按市价开征，并无格外浮收，串底钱应补十足，亦各处所有，并非私加，应毋庸议。又沙民、灶丁滋闹，系口角起衅，于张鉴南无涉。其开利济塘，系沙民运缴盐板，旋已筑复。且距海潮所至之处甚远，决无水患，均请毋庸置议。至票钱一项，虽减浮案内有此名目，作为经书造串之费，系属公用，然究未奏咨立案，嗣后应由该县于平余款内酌给，不得任听书吏向小民需索，以杜流弊。其黄铠所控重征黄绣章粮银一节，必须一户呈有两串，方为重征实据。且一系铜印，一系木印，无难立为辨白，今称查明，仅有同治十一年铜印串根一纸，并无另有黄绣章串根。而黄铠不将重串呈验，无从根究。应再饬府赶催黄铠呈缴重串，分别查究，另行办理。

所有查明原参各节，理合附片陈明，伏乞圣鉴。谨奏。

110. 布置海防片 光绪七年二月初十日

再，臣承准军机大臣密寄光绪七年二月初六日奉上谕：“前据总理各国事务衙门奏，与日本国商议琉球一案。等因。钦此！”遵旨寄信前来。臣当即咨商闽省督臣船政大臣，酌拨轮船来浙，以助兵力。查浙省防军本十营，自提臣黄少春到防后，增募十营，黄少春自率达字五营驻镇海，派候补知府成邦干率贞字五营扎定海，城东、西、北倚山，山外皆水，城外平衍之地，纵横不二十里，兵多亦无可容。前面隔水数里即五奎山，亦名龟山。山之南正对火烧门，海口为轮船出入要道，已于五奎山改筑炮台，以遏其冲。由火烧门东驶为螺头门，即趋宁波、镇海之路。现于塔山添筑炮台以御之。奎山之西，为沈家门，水浅，巨舰不能入，而小船可绕至山后，现添募水师、广勇四百名，分配艇船游巡，以防后山之登陆者。若敌舟寄碇螺头门，则定海与镇海隔绝。惟有用小舟从汊港渡岸，由象山以通内地，因令总兵熊有常一营（住）〔驻〕象山，兼顾石浦。此外，温州两营，乍浦两营，泗安一营，省城外驻两营，为游击之师。本嫌单弱，而饷需艰难，不敢增龟灶。去冬，突有法国兵船驶至定海，人心惊惶，前敌皆请益师，商之黄少春，派人赴湘添募四营。正月，闻俄局已定，旋飞函止之。其已募成军者，发给路费，就地遣散。所费有限而所省实多，此防勇之大概情形也。练兵十一营，提标及定海、温州、海门三镇各两营，处州、衢州抚标各一营。照陆军章程朝夕训练，每月各加津贴银四百两。并令彼此更调防守炮台，以离其家室而壹其心志。第离营远扎，不能不酌加长夫、火勇，以示体恤。现于宁波设支应局，以供前敌兵勇之饷。约计支放兵勇口粮、制造火药器械，每月需银十余万两。就浙省现在库款情形而论，实苦不支，相持日久，更难为继。去春，臣总计浙省出入用款，每岁亏短二百八十余万，曾开具清单，奏请饬部按浙省财力，酌量减拨协款。嗣准部咨，他省亦无可解拨，仍令分别缓急匀解，以顾全局。维时，尚未有东北边防增拨之款。浙省防勇，亦无二十营之多。当兹防不能撤，每年骤增百余万，用款亦复无以为计。去年，京饷及东北防经费虽如数解清，而各处协款万不能足数。藩司终日惴惴以处分为虑，其实筹措无方，未能兼顾，皆臣之咎。惟督饬司道核实撙节，竭力撑持。酌度情势，先其所急，以顾大局而已。

所有海防布置及经费支绌情形，谨附片陈明，伏乞圣鉴训示。谨奏。

111. 张其光暂缓交卸提篆片光绪七年三月初二日

再，提臣黄少春丁父忧，经臣奏请开缺留办防务。一面咨商督臣遴员署理，旋派委福宁镇总兵张其光①来宁接署。黄少春交卸后，即赴镇海防营布置一切。嗣奉批回，黄少春改为署理。并荷恩旨：俟防务稍松，准其回籍，治丧省母。黄少春闻之，感激涕零。惟以母病在床，父殡在堂，百日未满，释缞即吉，于心不安。咨商臣与督臣代奏，请开署缺。维时，奏署之折未回，不敢遽行陈请。昨准督臣咨，奉到批谕："前据谭钟麟奏，已有旨，黄少春改为署任矣！钦此！"当即函催，接印视事。而黄少春仍申前请，代奏开缺，专办防务。其哀痛迫切之情，实有梦寐难安者。臣与督臣往返函商，黄少春之请开署缺，系属至情，非关矫饰。其自任防务，不接署篆，初非有所规避。盖浙洋千余里，海口甚多，黄少春驻扎镇海，得以随时周历各口，整饬戎行，于防务极有裨

---

①张其光（1831—1895），又名信千，字奎垣。广东新会双水豪山人。太平天国起义爆发后，毁家纾难，变卖家产，招募壮丁投军，编入左宗棠统率之水军，调至浙江与太平军作战。咸丰十年（1860），奉命率广东船艇扼守富阳、淳安一带，以保绍兴、宁波安全。翌年，被围攻杭州的太平军击伤，浙东各县被太平军所攻占。同治元年（1862）春，伤愈回营，统率广济右军陆勇兼水师红单船，在大批清军的配合下，收复绍兴、桐乡、萧山等县。同治二年，赏戴蓝翎，记名参将。同治四年，任记名总镇署乍浦协统带浙江巡洋红单船艇，赏换花翎，升定海镇总兵。同治七年，钦赐"振勇巴图鲁"名号。同治十一年，任护理浙江提督军门。同治十二年三月，任福建、台湾挂印总兵。当时，日本垂涎台湾，唆使番社土著叛乱，袭击清廷委派的地方官员。张其光被任为副将，统兵进驻台湾，以严明纪律管束军队，以清廉勤政勉励部属，以宽大仁政抚慰番民，社会趋于安定。十三年，日本侵袭台湾后山。清廷派沈葆桢为钦差大臣，到台湾备战。张其光受沈葆桢之命，戍守南路，驻兵于枋寮。日军见其防备甚严，只得撤兵。张每至一处，以爱国大义抚恤番人，惩恶彰善，两年间安抚番社六十余个，将台湾南路交通开通。光绪元年（1875），因水土不服，被调回浙江任总兵。光绪五年八月，任福宁镇总兵。光绪七年，实授浙江提督。中法战争爆发后，法国派兵侵犯福建马江及台湾基隆，张其光力任守御，添筑龙湾炮台。光绪二十一年，因积劳成疾，病卒。

益。且前蒙恩旨，防务稍松，准其回籍，治丧省母。他日请假回籍，又须派员接署，未免多一周折。查张其光干练朴诚，勇略素著，曾署浙江提督及定海镇篆，水师情形极为熟悉。此次署任甫经两月，整顿营制，已有规模。与黄少春志趣相同，水陆合谋，营务、防务，均能得力。可否吁恳天恩，俯准张其光暂缓交卸提篆。俟防务稍松，黄少春治丧事毕，再行遵赴署任之处，出自逾格鸿施。

臣为兼筹地方及海防起见，谨会同督臣何璟附片具陈，伏乞圣鉴训示。谨奏。

112. 泣陈悲悃吁恳节哀折 光绪七年三月二十八日

奏为泣陈悲悃，吁恳节哀，仰祈圣鉴事。

窃臣准部咨，痛悉大行慈安端裕康庆昭和庄敬皇太后于三月初十日仙驭升遐。臣伏地哀号，莫知所措。钦维大行慈安端裕康庆昭和庄敬皇太后懿德所被，沦浃寰区，尊养之隆，超逾前古。方冀长承慈荫，何期奄弃臣民，率土含悲，普天衔恤。伏念皇上晨昏依恋定省，遽违孺慕之忱，凄怆罔极。惟有吁恳圣怀，稍节哀思。上慰大行慈安端裕康庆昭和庄敬皇太后在天之灵，下孚中外臣庶之望。臣不胜哀恋恳切之至。谨泣忱具奏，伏乞皇上圣鉴。谨奏。

113. 余杭安吉客民滋事拿办情形折 光绪七年六月初九日

奏为余杭安吉客民滋事，业经拿办解散，现在地方安靖情形，恭折仰祈圣鉴事。

窃杭、湖两府所属各县，兵燹后土旷人稀，客民之以垦荒来者，各处皆有，而台州人为最多。台民强悍性成，与土民小有嫌隙，辄捉人勒赎，以逞其报复之私，土民衔之次骨。本年三月间，据余杭县禀报，该县古城庄民葛金发被寄居安吉彰边村之台人挟嫌掳捉，庄民追捕，拿获匪犯洪泳培一名送县。传闻该匪纠众合谋，欲图抗拒，乡民惊骇迁避。又据武康、安吉、孝丰等县禀称，各该县交界地方有台民搜夺谷米、器械，附近人心惊惶，请拨兵剿捕等情。臣两次派人密探，果有数十人在各县交界地方滋扰，当饬总兵刘祥胜、参将张培基酌带勇丁，分道驰往，扼要驻扎。会同县营相机拿办，并委候补知府李审言前往确查，督同该四县在于交界处所实力编查保甲。嗣据刘祥胜禀称，探闻台匪王平周即蔡平周，与短上四爷等为首，在孝丰黄沟岭地方，纠众屯聚。当经带勇往拿，格杀拒捕匪徒数人，并拿获多名，解交地方官讯办。并据委员李审言督同余杭县提讯，拿获匪犯叶明受即王金法、陈长庚、刘洪梯，并前由乡民获送之洪泳培等据供，听从首匪王平周叠次掳抢、勒赎得赃，随同拒捕不讳。禀经臣批饬就地正法，余犯解省覆讯，分别情节轻重办理。现据各县禀报，地方一律安靖，乡民各回安业等情前来。臣查此次滋事台匪，皆系游荡无业之徒，因挟余杭土民不准在乡工作之嫌，纠党掳捉报复。迨土民公愤，营县会拿，遂相率麇聚，铤而走险，致四县土民彼此谣传，虚声互愓，几疑台民尽为乱党，其实滋事者只数十人。此外，有田产室庐者，固皆安守本分也。土民狃于积忿，直欲借兵勇之威，将客民悉数驱除。而安分之台民，亦觉徬徨无措。经臣出示晓谕，台民亦系浙人，地方官遇事持平，只辨良莠，不分土客。各县皆严办保甲，土民、客民一体编审，禁开伙房，使游手之徒无可容匿，责成客保人等，随时稽查约束。并派参将贺吉祥由泗安防营分勇三哨，暂驻四县交界之递铺，会同各县营严拿首犯王平周等，务获惩办外。

所有杭湖地方，现均安谧缘由，谨缮折具陈，伏乞皇太后、皇上圣鉴。谨奏。

114. 浙省应解各饷万难筹解足数折光绪七年六月二十日

奏为浙省地丁、厘金收不敷支，应协各饷万难筹解足数，恭折沥陈，仰祈圣鉴事。

窃准户部咨，议覆西征粮台息借洋商款折内声明：各省关自光绪五年起，三年内每年应解西征十成饷银，前经奏明。如每年不能解足，将各该藩司、监督等指明严参。乃五、六两年积欠又至三百数十万两，即应援案奏参。适因洋防戒严，各该省欠饷事出有因，暂缓置议。现时洋防渐松，各该省自不得有所借口。除光绪七年协饷亟应照案解足十成外，其五、六两年欠饷，务当赶紧力筹补解，俾免贻误。倘再报解不力，致前项息借洋款不能按期指款归还，尔时或致贻累部库，定将欠解各省之藩司、监督等指名严参，并准直隶督臣李鸿章严催上年欠解及本年应解北洋经费，赶筹解济。各等因。均经转行筹解去后。兹据藩司德馨会同厘捐局司道详称，查浙省库藏匮乏，收不敷支。前经查明统年收支各数，详奉奏恳停减协饷，奉部议令，分别缓急，力筹兼顾等因在案。今奉饬将陕甘军饷及北洋海防经费按成解足，并将上年欠饷补解，自应力筹。惟浙省岁入有常，综计每年奉拨各饷，较他省为多。且温、台、宁、定三府一厅，均应设防，故海防经费，亦惟浙为最巨。溯自同治八年至今，已解陕甘饷银一千三百四十余万两。自光绪元年至今，除解南洋海防经费银九万两外，已解北洋经费银八十余万两。历年竭力筹济，原冀指日停减，可舒喘息。乃年复一年，旧欠未清，新债又添，几于无可措手。就光绪六年收支各数而计，司库统年收地丁银一百七十三万余两，共支银二百二十七万九千余两，计不敷银五十四万九千余两。厘局共收丝茶货厘银二百万两，共支银二百二十七万余两，计不敷银二十七万余两。均系随时腾挪措借，而欠解之饷尚复不少。本年春夏雨多，蚕丝收成减色，销路亦滞。现已六月报捐，出运之丝，寥寥无几，商民交困，为历年所罕见。刻下海波虽平，防未敢撤。近因万分支绌，酌裁勇丁数营，所省无多，而补给欠饷筹发川资用款，转觉加增。除例支款外，尚有留防勇营饷需、岁修海塘经费、织造增拨工料各项，皆迫切不能少缓。自来浙省度支艰窘，未有甚于今日者。所有前项协饷，即按往年减成筹解，量力度势，本年必未能如数。若令照额解足，并补解旧欠，实属无从设法。惟有竭其力之所能，量入为出，断不敢稍涉膜视。他如淮饷铜本以及滇、黔、闽、晋等省各项协饷，亦惟俟稍可周转，再行酌量兼顾。此系浙省疲乏实情，毫无欺饰等情，详请奏咨前来。臣查西征军饷及北洋经费，均协拨要需。自当按成解足，无如浙库异常窘乏，筹措为难，该司道所详，委属实在情形，不得不先事陈明，以免贻误。

除将司局收支清折咨送户部查照，并仍严督司道酌量缓急，尽力筹解外，理合恭折具奏，伏乞皇太后、皇上圣鉴，饬部查照施行。谨奏。

115. 台属漏网盗匪拿办情形折光绪七年八月初八日

奏为台属漏网盗匪叠次掳劫，戕官滋事，谨将拿办情形，恭折具陈，仰祈圣鉴事。

窃照台郡负山面海，宵小易于出没。临海县属桐树山一带，尤为盗贼渊薮。光绪二年间，匪徒蒋世炳等勾结思逞。经前抚臣杨昌濬饬属剿除，尚有著名盗犯金满漏网未获。本年三月间，风闻该匪在桐树山附近之铜坑山雨伞洞内潜匿，经饬营县防军会合进攻，毁其巢穴，擒斩伙盗多名，该匪乘间窜逸。官兵跟踪追拿，飘忽无踪。本年六月间，临海县监内有前获匪犯项道志，系金满亲戚，在铜坑山内被兵勇拿获，由县讯拟，解府翻供未决。讵二十九日夜，该匪金满纠党十余人，进城捣坍监墙，将项道志劫去，并放逃重犯多名。经臣奏参勒限严拿在案，嗣饬营县悬赏购缉。

金满遁至海隅，于七月初夜行劫宁海西垫厘局，拒伤委员候补府经历史秉诚。初五日，纠劫临海县属小雄乡粮。经兵役闻信追捕，先后拿获尤田满、王倡业、蔡兆林、杨则兴，并格毙陶庆风一名。讯认先随金满在铜坑拒敌官军，嗣复听纠劫狱、抢局等情不讳，即行正法。臣以该匪在洋、在陆踪迹不定，此拿彼窜，狡黠异常，必须水陆合力兜拿，方足制其死命。即经分咨署提臣张其光暨海、定、温三镇各派舟师并轮钓各船，游击内外洋面。并派记名提督熊有常率达字营勇赴台，会同管带楚军记名总兵罗瑞山相机剿捕。闰七月初八日，臣出省巡阅嘉湖，忽闻临海分防花桥县丞邱洪源被戕之信。尚未据该县验报，当饬藩司委员赴台确查，檄饬候补知府成邦干率贞字两营前往，并委署理台州府督率调遣，以一事权。旋经海门镇贝锦泉探知，该匪在白沙洋游弋，于闰七月初八日督饬练军勇役及轮船舟师水陆夹击，枪炮齐施，击沈匪船一只，毙匪十余名，夺获盗船三只，割取首级四颗，救出被虏难民十余人，军械多件。时值天晚潮退，该匪船身极小，沿澳驶奔而遁，舟师笨重，水浅不能穷追。金满负伤逸出后，又窜至黄太交界之塘角地方，由洋驶入内港，于十三日夜将金清厘捐分局委员候补从九赵元勋掳捉下船，勒洋取赎。十七日，成邦干乘轮船驶至海门，与总兵贝锦泉会商水陆夹击。适据探报，水师等船追贼至盘马洋面，即督饬副将沈以陞扼守海岸，派游击张连登、梁廷爵率广勇八艇，赴盘马门，以伏波、元凯两轮船扼瑯玑山，外洋三面攻击。该匪大小十一船拼命抵拒，嗣见官兵愈集愈厚，匪势不支，纷纷乱窜，各军夺获盗船六只，大炮轰毙盗匪数十名，斩获首级十颗，船内搜获西垫厘局木戳一颗，所余盗船五只，就浅涂向南遁去。师船以潮退浅搁，尾追不及。十八日，轮船与广艇分道穷搜，至玉环、太平交界之西沙洋，梁廷爵击获盗船一只，毙匪三名，生擒王得兴一名，元凯轮船追至螭洋，击沉大船一只，匪皆沈溺，仅捞获苏士满、叶立中两盗。十九日，盗船驶至玉环之小沙头洋面，经参将郑鸿章率水师击败，捕获四名。二十一日，署温州镇总兵卢成金所派超武轮船及龙艚船九艘，追至大荆之白溪，该匪即弃船登岸，从乐清之旸谷嶴一带逃窜入山，管带超武轮船都司叶富率同兵勇亦登岸穷追。二十五日，至山坑岭，见匪徒在山，即开枪轰击，毙匪数名，拿获二名，余匪败逃。叶富奋勇跟追，中弹阵亡。据提臣张其光，总兵贝锦泉、卢成金先后咨报，并据委员从九周衮回省禀称，查得花桥县丞署在海水浅滨，距临海县城八十里，县丞邱洪源闻该匪在洋劫局、毁厂、抢粮，即悬赏购拿金满甚急。七月二十八夜，该匪数十人登岸，撞门入署。邱洪源率役捕拿，被匪戳伤身死，并将衙署焚毁等情。臣查金满以漏网余匪，负罪稽诛，乃敢叠次虏劫戕官，实属猖獗已极。此次经水陆兵勇会合轮钓师船，连日追击，先后击沈夺获匪船十余只，击毙匪徒数十名，生擒二十余名，所余五船党羽无多，势已穷蹙，逃窜山内。现已严饬温台两属文武，不分畛域，协力穷搜，务期歼兹渠魁，以绝根株。惟临海县丞邱洪源在任年久，官声素好，平日联络绅团，查拿匪类，不避嫌怨。此次被匪肆劫，猝遭戕害，情殊可悯。都司叶富管带轮船，上岸捕匪，奋勇穷追，中枪阵亡，洵属没于王事。相应请旨，敕部将县丞邱洪源、都司叶富，从优议恤，以慰幽魂。其余伤亡员弁兵勇，俟查明另行汇案办理。金清局委员赵元勋尚无下落，已饬确查，禀覆核办。各案疏防之文武地方官，现饬勒拿首犯金满，务获以赎前愆。如果日久无获，再行从严参办。

所有台属漏网盗匪滋事现在拿办缘由，谨会同闽浙总督臣何璟、署浙江提督臣张其光恭折由驿具奏，伏乞皇太后、皇上圣鉴训示。谨奏。

116. 覆陈搜拿匪徒并查禁厘卡税契弊端片 光绪七年九月初五日

再，正在缮折间，准军机大臣字寄光绪七年闰七月二十六日奉上谕：“翰林院侍讲学士陈宝琛奏，浙江临海县匪徒王金满，劫狱戕官，焚毁衙署。等因。钦此！”遵旨寄信前来。臣查盗匪金满，系临海县人。因随母改嫁王姓，故有王金满之称。该犯本与桐树山盗匪蒋世炳等同伙，专以劫掳为生。蒋世炳被剿后，该犯潜逃匿迹，漏网多载。本年三月间，纠党窜匿铜坑山。当饬罗瑞山会合练军进攻，擒斩多名，并获项志道等数名。据供，匪党四十三人，除击毙外，遁去者三十余人。臣以该匪狡黠殊甚，出没不常，陆攻急则掳船出洋，伏居荒岛。水巡严则弃舟登岸，窜匿深山。聚辄成群，结党掳掠勒赎。散则与齐民无别，兵勇一至，早已星散，无迹可寻。因密商提镇，多雇渔船，以兵勇扮作渔人，逐港埋伏，暗通消息，始得其踪迹。陆路则责成地方营县多购眼线，设法缉捕。且温台距省较远，山路无驿，文报往返，动辄兼旬。因函商署提臣张其光亲赴温台督办，以资得力。此次水陆痛剿，叠次截击，只余五船盗匪数十名，冀可一鼓歼除，不留余孽。奈匪船小而轻，就浅水奔驶，我师尾追，恒苦不及。现闻逃入乐清沿海一带山洞，业经严饬各营县跟踪追拿，四处搜捕，必获金匪而后已。至台属厘局五处，系前台州府知府刘璈于肃清后设立。因各属道路分歧，奸商往往绕越偷漏，复于各要隘添设分卡查验，借资巡察。并非逐卡抽厘，历任相沿，官民安之。或各卡巡丁有舞弊者，容饬现署台州府成邦干体察情形，分别裁减。各属税契，弊在书役，虽轻重不同，扰累恐所不免。前署台州府陈乃瀚到任后，查访积弊，一律禁革。拟定简明章程，禀经臣批饬遵照，永禁派办浮收恶习，以除烦苛而苏民困。仍由臣随时稽查，不使日久复滋流弊。

除严饬水陆营汛防军实力踩拿金满，务获惩办外，理合附片覆陈，伏乞圣鉴。谨奏。

117. 查勘塘工酌量办理片 光绪七年九月初五日

再，本年七月，潮汛极旺。泼损三防柴埽及东防旧存石塘并尖山汛塔坝各工，经臣附片奏明在案。续据三防同知禀称，闰月汛期风潮猛烈，以致东防先后坍损限外柴坝八百六十余丈，西防柴工八百余丈，中防柴工三百余丈，漂失埽坦三百余丈，其损坏工长二千数百丈。均系坐当冲要顶浪之区，或坍深至底，或埽脚搜空，或坍至行路土堰，情形甚为危险。亟应及时兴修等情前来。臣于八月十七日率同杭嘉湖道丰绅泰赴海宁致祭潮神，亲往尖山沿塘周历查勘。计东防柴坝最险之工五百余丈，次险者三百余丈，中防柴坝工最险者一百九十余丈，次险者一百余丈，翁、戴二汛，埽坦三百二十余丈，飘荡无存。西防最险，柴坝工四百余丈，次险者五百余丈。各工若同时并举，不但无此巨款，即物料亦难猝办。现择必不可缓之工，先行兴修。如东防塔山石坝崩坍六处，赶紧埋砌，尖汛十四堡极殆，近三号旧石塘，矬陷泼损五十余丈，急应修理。西防南龙头一座，底桩全空，若照旧式修筑，需费三四万金，而仍不可恃。拟于旧坝之背，另筑柴坝百数十丈。纵使龙头全坍，尚可抵御，于石塘无损。其余三防最险之柴坝、柴坦等工，饬令择要陆续赶办，以护石塘。惟此次秋汛风潮之烈，为十余年所未有。险工叠出，实属防不胜防。岁修之款，万不能敷，除照旧提用运库银八万两，粮道库提还招商局银六万两外，所短尚巨。现饬藩司会同杭防道撙节估计，分别缓急，于厘局筹款接济，以顾要工。

所有亲往查勘塘工险要酌量办理情形，谨附片陈明，伏乞圣鉴。谨奏。

118. 覆陈拿匪情形及赈恤被灾各县片光绪七年九月初五日

再，八月二十一日，承准军机大臣字寄光绪七年八月初九日奉上谕："给事中楼誉普奏，近年台州土匪四起，抢劫叠见，一由于捐厘重征，一由于税契苛索。又七月间，临海、黄岩、太平三县近海地方洪潮为灾，晚稻无收。等因。钦此！"遵旨寄信前来。查台属漏匪金满，叠次掳劫，戕官滋事。经臣饬派兵勇及轮钧师船节次邀击，该匪势已穷蹙，负伤潜逃。当将拿办情形，于本年八月初八日恭折具奏。其时适奉寄谕，翰林院侍讲学士陈宝琛奏称，匪徒劫狱戕官、厘税苛扰各情，谨将遵办缘由，附片覆陈在案。查金满败后，率三四十匪弃舟登岸，都司叶富穷追至山坑岭，中弹殒命。复经乐清、大荆各营击散，生擒十一名。据供，金满腰腿受伤，以数人舁之而遁，未知下落。昨据署台州府成邦干禀称，率同地方文武各官连日会合搜拿，续获伙党多名，内有先在慈溪越狱，嗣至余杭等县纠众滋事之要犯王平周，即蔡平周一名。闻其助匪作恶，最为骁悍。现饬台州府研讯确供，并根究金满伏匿处所，购线悬赏，设法跟踪密捕，务期渠魁授首，以绝根株而免后患。闻仙居土匪项梦梅，与黄岩、乐清交界之旸谷嶴土匪李维玉，皆系匪党。平日捉人勒赎，无恶不作。臣已札饬各属乘机捕治，匪首之桀黠者，不过二三人。一经惩艾，其附和党与亦自潜消，化莠为良，即所以保全民命也。本年七月十八九日，闰七月初三四日，飓风暴雨，海水泛滥。滨海之区，田禾被淹。内河水亦盛涨，民居官廨，间有被风吹倒之处。被灾情形，以宁海为重，临海、太平次之，黄岩又次之。臣接据各县禀报，即经批饬查明被灾较重之户，妥为给资抚恤。并劝谕农民，设法疏消补种。一面委员会县确勘成灾分数，核实禀办，现尚未据覆到。此次风潮迅烈，而受伤皆在沿海之地，杂粮为多。早禾均经收割，中、晚二禾，尚可补救。惟收成不免歉薄，应俟委员勘覆到日，汇案办理。至台属税契之弊，经前署台州府陈乃瀚查明酌议条款。臣已批饬各属遵办，仍饬现署知府随时严切稽查，俾免日久复滋流弊。至厘局分卡应否裁减，臣现须出省查阅营伍，至台州时察看情形，斟酌饬办。并严饬文武各官，搜拿要犯，不令日久稽诛。抚慰穷阎，毋使一夫失所。以期仰副圣主惠爱黎元、绥靖海疆之至意。理合附片先行覆奏，伏乞圣鉴。谨奏。

119. 谢补授陕甘总督恩折光绪七年九月十六日

奏为恭折叩谢天恩，仰祈圣鉴事。

窃臣阅兵出省，于衢州途次接准部咨，八月二十四日钦奉上谕：“陕甘总督，着谭钟麟补授。陈士杰①着补授浙江巡抚，均着即赴新任，毋庸来京请训。等因。钦此!”钦遵知照前来，当即恭折设香案，望阙叩头谢恩讫。伏念臣湘东下士，知识庸愚。通籍以来，服官中外二十余年，叠荷荣施，惭无报称。己卯冬，蒙恩调抚浙江，莅任两年，卒鲜功效。兹复钦承宠命，擢任兼圻。闻命自天，悚惶无地。陕甘为西陲重寄，事势初定，镇抚綦难，惧非铨才所能胜任。除将阅伍事宜赶办完竣，并交卸起程日期，另行具报外。所有微臣感激下忱，谨恭折叩谢天恩，伏乞皇太后、皇上圣鉴。谨奏。

---

①陈士杰（1825—1893），字隽丞，桂阳州（今桂阳县）人。早年就读于长沙岳麓书院。咸丰二年（1852）率团丁镇压县内李明先、李观龙起义。咸丰三年初入曾国藩衡州军幕。其时鲍超因违法当斩，王鑫违令受困于孤城，竭力进谏营救，并多次为曾国藩出谋划策。咸丰五年夏，何禄、陈金刚起义军攻占郴州一带。率团丁与王鑫部合攻郴州等城镇，杀死起义军首领陈材、陈良、李石保等。此后，负责南路防守重任，截留州赋充饷，改乡团为营勇，号广武军。咸丰九年春，石达开部自赣入湘，至桂阳州，拟北上进攻衡州、长沙。陈士杰率广武军驻扎桂阳城北花园寨，阻扼石军进路并使之受挫。后又援蓝山、嘉禾、宁远。同治元年（1862），以曾国藩奏荐，任江苏按察使。以家乡不靖为由，上书辞却。先后在郴州镇压何名彪、李复猷、罗亚海等人起义，并镇压鲍超部哗变霆军及收编原太平军士兵。同治十年，出任山东按察使，因母丧，于光绪元年（1875）始赴职。在任辨析疑狱，平反错案。后因山东巡抚文格被劾，牵连罢官。五年，复署福建按察使。六年，升山西布政使。七年擢浙江巡抚，在任增设镇海、笠山港、定海、乍浦炮台。八年，转任山东巡抚，致力于整治境内河患，来往奔波，不辞辛苦，亲自督工，注意节约费用。但由于疏于察弊，工程质量低劣，经常决口，引起鲁人不满。十二年夏，因病辞职。十九年春病逝，年69岁。

120. 修复文澜阁请颁发匾额片 光绪七年十月初六日

再，杭州西湖孤山之麓，乾隆间敕建文澜阁，珍藏钦颁《四库全书》《图书集成》及《全唐文》各种书籍，准士子誊写诵习。此邦士人得以涵濡圣教者，垂百年矣。咸丰庚申辛酉，省城再陷，全书散佚。时有五品衔主事丁申，与其弟江苏候补知县丁丙不避艰危，潜拾残编，深藏僻地。迨省城克复，缴存杭州府学编集，书目尚存一万余册。臣前守杭州时，深嘉其志。己卯冬，奉旨调抚浙江。到任后，访闻该绅兄弟，频年留心收缴，又增百数十册，并照四库全书目录，遍觅底本，冀陆续补钞，以复旧观，统计将及九成。其苦心孤诣，实为人所难能。而费资竭力，固无论矣。惟原建书阁，兵燹后仅存遗址。臣上年秋购得《图书集成》一部，欲庋置府学。而其地狭隘，不便士子翻阅。因亲诣旧阁查勘，筹款修复，派丁丙等经理其事。今幸焕然一新，将所存府学书籍，移藏其中。而丁申兄弟又以家藏《全唐文》一部益之。现经另派董事看守，酌给纸笔之费。令该绅等将底本依样钞补，期复巨观，以副朝廷右文之盛治。闻当日阁名系高宗纯皇帝御书，可否仰恳圣恩，颁赏“文澜阁”三字，俾壮观瞻。至丁申兄弟，于兵戈扰攘之际，尚能搜求遗书，购觅底本，俾后进之士，得窥内府陈编。其卓识迥越寻常，所费亦难以数计，可谓笃行敦本之士矣。查丁丙为大学士左宗棠抚浙时保举知县，隐居不仕。杭城善举，悉赖以经营。直隶、山西两次赈捐出力，均坚辞奖励，不求利禄，淡泊可风。合无吁恳天恩，准将五品衔候选主事丁申，加四品顶戴，以示鼓励。出自逾格鸿慈。再，浙省乱后，各府县志书荡然无存。现虽先后设局补修，而文献无征。恐庚辛之变，纪载失实，应请特恩颁给《平定粤匪方略》一部，尊藏阁中，庶修志者有可查考。

迂疏之见，是否有当，伏乞圣鉴训示。谨奏。

上谕："谕内阁，谭钟麟奏修复文澜阁，请颁发扁额、方略。并将搜求遗书之绅士奖励。等语。浙江省城文澜阁，毁于兵燹。现经谭钟麟筹款修复。其散佚书籍，经绅士丁申、丁丙购求藏弆，渐复旧观，洵足嘉惠艺林。着南书房翰林书写文澜阁扁额颁发，并着武英殿颁发《剿平粤匪方略》一部，交浙江巡抚祗领尊藏。主事丁申，着赏加四品顶戴，以示奖励。"①

121. 交卸浙江巡抚日期折 光绪七年九月二十六日

奏为恭报微臣交卸抚篆日期，缮折具奏，仰祈圣鉴事。

窃臣奉旨补授陕甘总督，当即具折叩谢天恩，并将阅伍回省日期奏报在案。一面赶将应办事件，料理清楚。兹于九月二十六日，将浙江巡抚关防并盐政印信及王命旗牌、文卷等件饬委杭州府知府龚嘉儁、宁绍分司运副季纶全、中军参将唐湘远，送交护抚臣德馨接收视事，臣即于是日交卸。

除恭疏题报外，谨将微臣交卸抚篆日期恭折具奏，伏乞皇太后、皇上圣鉴。谨奏。

122. 浙省漕务盐政情形片 光绪七年九月二十六日

再，浙省入款，以丁漕、厘盐为大宗。臣到任两年，悉心经理，粗有端倪。惟本年蚕丝受伤，厘捐恐不如去岁之多。漕务因米价太贱，民间争输本色，而满营兵米改折，每石三千二百文。行之十数年，未便更张。州县所收漕米，变价只得二千，以耗补南，毫无羡余，遂不免借口赔累。据各属纷纷禀请，收八成本色，

---

①《清实录·德宗实录》卷138，光绪七年十月乙亥条。

二成折色。或仿照江苏折收耗米章程办理，然不累官即累民，无两全之道。当饬司道会议详办，尚未议覆。应移交护抚臣德馨，妥筹具奏，由部酌夺施行。浙江盐务，为私盐所侵，疲滞已极。照原额不过二成，欲求疏销之法，不外集资收私、设巡缉私、减价敌私三端，而引地皆在邻省，非联络江南督抚臣，则呼应不灵。臣上年饬商集资，收余岱之私，添设内河外海巡船，杜走私之路。幸江南督臣刘坤一、江苏抚臣吴元炳①、护抚臣谭钧培②均能顾全大局，派委副将韩晋昌统带师船梭巡内河，私贩稍戢。臣复饬司局委员赴松所一带督率商人，多设子店，减价销售。现据禀报，太仓、镇洋各属销数，较前稍旺，无如商情涣散，资本短绌，只顾目前，不知远计。甚且借官贩私，销多报少。主盐政者，非有定识定力，难资整顿。当兹时势艰难，度支竭绌，舍自然之利而别求生财之道，恐徒托空言，迄无实济。护抚臣德馨公正廉明，遇事详审，共事两年，稔悉其诚实可靠，盐漕非藩司专责，亦复时相讲求。臣驭吏颇严，属员有过，必痛加申饬，能改则已，初不追咎既往。盖处积重之势，有不得不雷厉风行以振颓废者，护

①吴元炳（？—1886），河南固始人，字子健，咸丰进士。先后授翰林院检讨、侍讲、侍讲学士。1860年（咸丰十年），与团练大臣毛昶熙、道员张曜等人在河南同捻军陈大喜等部作战。1871年（同治十年）署湖南布政使。1873年授湖北巡抚。次年调江苏巡抚。在任期间，奏请变通捐例补缺办法，截漕抚恤灾民，疏通河道，以工代赈。后署两江总督，兼江宁学政。1884年（光绪十年）授漕运总督。次年改任安徽巡抚。卒于任。

②谭钧培，字宾寅，别字序初，贵州镇远县舞阳镇人。咸丰九年（1859），应顺天府恩科乡试中举。同治元年（1862）中进士，选庶吉士，授翰林院编修。同治八年（1869），出任江西道监察御史。十二年（1873）任江苏常州知府，翌年三月代理徐州道尹。恰逢河南大荒，灾民纷纷南移，涌入徐州。令境内州县修整荒芜房屋给难民栖身，劝募施舍粮食济活灾民。七月，任安徽凤颍六泗道尹。光绪五年（1879）正月，升任山东按察使，旋调湖南按察使。五月，任江苏布政使兼漕运总督。光绪七年（1881）正月，代理江苏巡抚，兼管苏州织造。九月，奉诏担任与巴西换约代表。次年复任江苏布政使，再次担任漕运总督。十一年（1885）十月，改任湖北巡抚。是年江南乡试，任监临官，改革考试旧章，制定新章十二条。光绪十二年（1886）五月，调任广东巡抚。十一月，任云南巡抚。十五年（1889），兼任云贵总督。光绪二十年十二月二十日卒于任。

抚臣德馨亦深知之，必能与新任抚臣陈士杰和衷共济，实事求是，俾地方日有起色。

所有浙省漕务、盐政情形，谨附片陈明，伏乞圣鉴训示。谨奏。

123. 浙省筹办积谷情形片 光绪七年九月二十八日

再，浙省自遭兵燹，额储仓谷，荡然无存。同治五、六年间，省仓买存二十万石，年久红朽。现经管理绅董创设礲房，为推陈易新之计，折耗在所不免。省垣重地，亟应增储以备缓急。上年秋成丰稔，谷价甚贱。臣商之诸绅，暂行挪借洋十万元，由该绅董分投采买，以实仓储所借之款。在于善举项下收有成数，陆续发还归垫。嗣据呈报，其购谷十万石，先后运到。因旧仓不敷存放，添设新厫八十间，分别收储。并建砻房、堆房、看仓屋十三间，共用洋十一万五千余元，计每石合纹银不及八钱，所买谷石及添建仓厫，均经委员逐一验收。臣出省巡阅时，亲往查看，均系干洁饱绽，实储在仓，房屋亦皆工坚料实。该绅等办事核实，条理井然，诚能始终如此，庶几有备无患。

除饬将新旧存谷统归绅士妥慎经管，以专责成外，谨将设法筹款添买仓谷缘由附片陈明，伏乞圣鉴。谨奏。

124. 恭报起程赴甘日期折 光绪七年十月初二日

奏为恭报微臣起程赴甘日期，缮折具奏，仰祈圣鉴事。

窃臣蒙恩补授陕甘总督，当于衢州道中具折，叩谢天恩。旋于九月二十六日，交卸浙抚印务，业经奏报在案。除将经手未竣各事详告护抚臣德馨分别核办外，现定于十月初八日启行。由杭州水路至清江浦，舍舟登陆，取道徐州、归德、汴梁以达潼关，由西安赴甘。雨雪无阻，约计十二月望前可以莅任。甘省应办事宜，俟抵任后，与护理督臣杨昌濬商酌妥办，再行恭折具报外。谨将微臣起程日期恭折驰奏，伏乞皇太后、皇上圣鉴。再，此折借用浙江巡抚关防，合并陈明。谨奏。

谭文勤公奏稿卷九

125. 恭报接印日期折光绪七年十二月初六日

奏为恭报微臣接印日期，叩谢天恩，仰祈圣鉴事。

窃臣蒙恩补授陕甘总督，业经恭折陈谢奏报起程在案。臣于十月初八日自浙启行，至清江，舍舟而陆。十一月初四日，与两江督臣左宗棠遇于郑州，晤谈两时许，于关内外情形，略得梗概。十二月初二日，抵兰州省城。初三日，准护督臣杨昌濬委兰州府知府恩霖、督标中军副将郑连拔赍送陕甘总督关防一颗，并王命旗牌、文卷各件前来。臣谨设香案，望阙叩头，祗领任事。

伏念关陇本瘠敝之区，自经兵燹，疮痍未复。加以新疆甫定，交涉事繁。安内攘外，不容稍疏。如臣庸愚，岂堪胜任？惟有殚竭心力，逐渐经营，绥戢遗黎，调和将士。时与关内外诸臣详细咨商，妥协办理，以仰副圣主安辑边隅之至意。

所有微臣接印日期，谨缮折具陈，伏乞皇太后、皇上圣鉴。再，臣行经江苏、河南、陕西，于徐州遇雪一次，西安遇雪一次，地方均极安靖，麦苗畅茂，合并陈明。谨奏。

126. 请仍令杨昌濬帮办新疆善后事宜片

光绪八年二月十二日

再，护督臣杨昌濬，前奉谕旨，以四品顶戴帮办甘肃、新疆善后事宜。旋署布政使。上年护理督篆，复奉旨会办新疆善后事宜。经理三年，情形洞悉。现在交卸护篆，吁请陛见。即欲缴销关防，迎折北上。臣以兹事体大，自应先行请旨示遵。且臣甫莅任，诸事尚未得要领。而善后事宜，关系久远，未可草草定局。应与杨昌濬悉心讲求，俾臻妥协。惟查前督臣左宗棠奏哈密及镇迪一道所属文武地方官均归刘锦棠统辖，所有升调、补署、考核及一切兴革事宜，均可就近办理。陕甘总督相距过远，无庸兼管。俾疆圉分明，各知循守。① 等因。光绪六年十一月初四日奉上谕："左宗棠奏请将哈密、镇迪道归刘锦棠统辖等语。哈密及镇迪道所属文武地方官，均暂归刘锦棠统辖。钦此！"钦遵在案。惟一切兴革事宜，悉关善后，是否无庸兼管，未奉明谕。兹杨昌濬补授布政使，甘肃善后乃分内事。可否仰恳天恩，仍令布政使杨昌濬帮办新疆善后事宜之处，恭候命下遵行。

谨附片陈请，伏乞圣鉴训示。谨奏。

上谕："谕军机大臣等，谭钟麟奏请仍令杨昌濬帮办新疆善后事宜。等语。甘肃关内外善后诸事，关系久远。杨昌濬经理有年，情形熟悉。帮办新疆善后事宜，毋庸缴销关防。昨日杨昌濬奏请陛见，业已令其来见。第念谭钟麟甫经到任，接办一切事宜，需人佐理。杨昌濬着俟来年夏秋间，再行来京陛见。将此谕知谭钟麟，并传谕杨昌濬知之。"②

127. 裁减关内营勇并酌留防营情形折光绪八年三月十六日

奏为遵旨裁减关内营勇，并酌留防营情形，恭折覆陈，仰祈

---

①此奏折见光绪六年十月十二日左宗棠《哈密及镇迪一道应归刘锦棠统辖片》：再，哈密绾毂新疆南北两路，地居冲要，东与甘肃所属安西州接壤。将来议设行省，必以哈密划隶新疆，形势始合。即安台站以通文报，设郡县以兴吏事，置营汛以重地方，均须及时渐图措置，以免临事周章。除南路建置应从缓议，其北路镇迪一道旧设文武地方官规模粗具。刘锦棠既承恩命督办新疆军务，则哈密及镇迪一道所属文武地方官均应归刘锦棠统辖，所有升调、补署、考核及一切兴革事宜，均可就近办理，分别奏咨，以专责成。陕甘总督相距过远，无庸兼管。应即请旨敕遵，俾疆圉分明，各知循守。是否有当？伏候圣训施行。谨奏。（《左宗棠全集·奏稿七》第548页）

②《清实录·德宗实录》卷141，光绪七年十二月癸未条。

圣鉴事。

窃臣于光绪七年十二月二十四日承准军机大臣字寄光绪七年十二月十五日奉上谕："户部奏，新疆局势大定，亟应裁减营勇一折。现在新疆平定，防务渐松，刘锦棠曾有随时裁撤各营之请，即着该大臣与谭钟麟、杨昌濬悉心会商，将关内外现存马步若干营如何[①]裁减之处，迅速酌核奏咨办理。等因。钦此！"遵旨寄信前来。臣当即咨会督办新疆军务大臣刘锦棠，酌夺办理，并往复函商。关外当合金顺、张曜两军通盘合算，酌定撤留。臣锦棠以金顺一军，现将拔驻伊犁，交涉纷纭，百废待举。张曜一军驻防喀什噶尔、英吉沙尔，系极边要隘，均难遽撤。湘、楚各军，北路自哈密至精河，驻防三千里而遥，南路自哈密至喀什噶尔、叶尔羌、和阗等处，驻防七千里而遥，地势袤延，兵单不足分布。现拟于乌什、叶尔羌、阿克苏等处，裁减三四营，而找发欠饷，需银二十余万，关内外同时并举，窃恐饷项不敷周转。臣钟麟当与臣杨昌濬商酌，速饬粮台筹拨起解，俾早撤一月，可省一月之费。所有关外详细情形，由臣锦棠另折陈明。关内马步防勇二万余人，臣钟麟与臣昌濬再四斟酌，先将辅字营五百人、开字营三百人遣撤，其余酌量防地之广狭、疏密，改旗者十四营，共裁勇丁二千六百余名，各营减去伙勇一千四百余名。合计正勇、伙勇四千余人，应找发饷银十万余两，系将欠数最少者先行裁汰，现存防勇十二营二十八旗，马队十二起，尚有欠饷一百四十余万之多。欲再裁而饷力不继，只能随时酌遣。查甘肃额兵五万七千余名，〔上年奏定分成裁减，应存三万九千九百余名〕[②]，此时存标之兵，不过减数十分之六。以现存勇丁核之，数足相抵。惟兵饷轻而勇粮重，银数殆将过半，自以渐复兵制为便。然臣揣度关内情形，如西宁、河州、平凉、固原、秦州等处番族、回族及安插之

---

①《光绪朝朱批奏折》为"如何渐次裁减"。

②据朱批奏折补入："上年奏定分成裁减，应存三万九千九百余名。"

众，种类各别，性悍难驯。一旦将防营全撤，专恃制兵，恐不足以资镇压。臣拟请将现存之勇，陆续裁减后，酌留防勇三十旗，马队数起，分布要地。合计勇饷、兵饷较甘省原额饷数不甚参差，三五年内，撤一旗勇，增一营兵，庶饷力可纾，而营制得以渐复。臣愚昧之见，是否有当，谨会同督办新疆军务大臣通政使臣刘锦棠、帮办新疆善后事宜布政使臣杨昌濬恭折具陈，伏乞皇太后、皇上圣鉴训示。谨奏。

朱批："新疆平定，关内外营勇总宜裁撤，该督奏称裁撤正勇、伙勇四千余名，足见实心办事，惟找发欠饷，为数过多，且防营亦不宜全撤，着通筹全局，分别遣留，以资镇压。议裁兵勇已四年矣，迄今尚未定章程，殊属延缓，内地之转输有乏，边防之费用无穷，着即会同速议具奏。"①

上谕："谕军机大臣等，谭钟麟奏覆陈裁减关内营勇，并酌留防营一折。关外各营，昨据刘锦棠奏，已照所议裁撤。关内各营，兹据谭钟麟奏，先将辅字、开字两营遣撤，其余酌量防地改旗者十四营。共计裁正勇、伙勇四千余人。其余营勇，拟陆续裁撤。等语。所筹尚属周妥，即着该督将应裁之勇，妥为遣散，毋任逗留滋事。留防各营，先行扼要布置，以次渐复营制，节省饷糈。又奏，筹度新疆南路情形一折。所请酌度七城广狭繁简，设立丞倅牧令一员。更于喀什噶尔、阿克苏两处，各设巡道一员，如镇迪道之例。着刘锦棠体察情形，会商该督，妥议具奏。将此由四百里各谕令知之。"②

---

①据中国第一历史档案馆《光绪朝朱批奏折·军务·营制》第33辑，第762—764页原折补入，时间为光绪八年三月十六日。中华书局1995年版。

②《清实录·德宗实录》卷144，光绪八年三月癸丑条。

128. 请分设新疆南路各城职官折光绪八年六月二十日

奏为筹度新疆南路情形，拟请分设各城职官，以资治理而固民心，恭折仰祈圣鉴事。

窃维新疆底定已四五年，前督臣左宗棠请设行省，盖亦维持久远之策。伏读光绪六年五月初一日上谕："现在伊犁尚未收复，布置一切，不无窒碍。所有新疆善后诸务，仍着该督因地制宜，次第筹办。钦此！"仰见圣谟广运，动出万全之至意。臣阅左宗棠原奏，自督抚、司道，府、厅、州、县以及贰杂等官甚多，不但目前建置、城池、衙署，一切需用浩繁，费无所出。即以后文武廉俸、役食等项经久之费，亦未易筹。兹事体大，朝廷自有权衡，微臣何敢妄拟！臣愚窃谓目前办理善后，因革损益，百废待兴，而要以固结民心为主。即设立行省，亦当从州县官办起。如果地方日增富庶，然后递设督抚以统辖之，其势亦顺而易。查新疆北路，自哈密以至精河，中间镇迪道所属州县各官，均已复旧。伊犁同知收复后，即可委员往署。地旷人稀，现有之官，足资控制，似毋须另设多员。惟南路八城，仅吐鲁番一同知、辟展一巡检。其余七城，克复以后，一切善后事宜，如清丈地亩、稽查户口、征收税厘，皆委员办理，已经数年。委员非尽不善，第以空名办实事，时复更易，既无职守，亦无考成，安得有与斯民相维系之念？夫缠头回亦人也，族类虽殊，要各自有田园、室家之恋，其所以屡作不靖者，势迫之也。闻未乱以前，诛求无厌，正赋之外，需索繁多，大约官取其一，阿奇木伯克等取其二。官与民文字不同，言语不通，即传回民当堂面谕，而阿奇木等从中播弄，传语恐吓。故往时缠回视官如寇仇，比来回民颇有能通汉语者，诚得恺恻慈祥之吏，安辑抚绥，均其赋役，正额外丝毫不以扰累，民知官之爱己也，自能上下相孚，相安无事。近接候补道罗长祜[①]来信，胡什齐、布鲁特等部游牧人民，有避安集延之虐徙俄境者，亦有因中国现在税敛之宽，陆续来归者，则民情大可见矣。我但自修其政教，不必招之而自至，更不必禁强邻之迫以相从也。新

①罗长祜（1847—1884），湖南湘乡人。幼年气度非凡，聪慧过人。读书过目成诵，能得其大旨。年二十，仗剑游浙，继为左宗棠营务，由通判保升花翎知府。光绪元年（1875），清廷决定收复新疆失地，派军平定外国入侵者和内部叛乱分裂势力，令湘军刘锦棠部由西宁整旅移军出关。其时新疆大部地区已被中亚浩罕国阿古柏入侵军及新疆内部民族分裂叛乱势力所侵占。加之进疆道路艰难险阻，幕客闻者生畏，莫不却步不前，唯罗长祜为国家安危，民族大义，毅然请行。初委以刘锦棠营务。光绪二年（1876），罗随军出塞，为刘部湘军筹策粮事、饷事、运事、兵事，颇为得力。赴疆后，光绪三年（1877）二月，首战古牧地（今乌鲁木齐市米东区），继战迪化（今乌鲁木齐）、巩宁、昌吉，依次克服。是时军统领刘锦棠染疾暂驻迪化医治，遂遣罗长祜暨宁夏镇总兵谭拔萃、提督董福祥等会攻玛纳斯城，鏖战兼旬，城破，戮叛贼妥明尸，俘伪帅海玉。三月又与诸将攻克达坂城，生擒浩罕入侵军头目胖色提，其下大小头目无一得脱，取得新疆之役第二阶段南下第一战役的彻底胜利。清军乘胜前进，刘锦棠率部取道小草湖进攻托克逊，别遣罗长祜、谭拔萃星夜趋赴吐鲁番。守敌头目马人得乞降，艾克木汗先期逃遁。罗部进抵吐鲁番，军纪严明，秋毫无犯，约束部属，宣谕百姓，声威大震，受到当地百姓热烈欢迎，打开了通向南疆的门户。之后，罗长祜随刘锦棠移师南指，且战且进，数月之间，逐一收复遭受阿古柏匪帮铁蹄蹂躏的喀喇沙尔（焉耆）、库尔勒、库车、拜城、阿克苏、乌什、叶尔羌（莎车）、喀什噶尔（喀什）。阿古柏兵败身亡。反动伪政权“哲德沙尔”（意为七城国）也土崩瓦解。光绪四年（1878）十月，浩罕阿里达什又唆使残党纠集布鲁特（阿尔克孜人）谋袭喀什噶尔，罗长祜又自请前驱，阵斩阿里达什。光绪五年（1879）正月，余党阿不都拉哈玛复勾结艾克木汗大举寇边，刘锦棠亲督马步兵进驻乌帕尔，罗长祜率军由间道直捣敌巢。在平定外敌入侵和内部叛贼的战斗中，罗长祜用兵神速，克敌制胜，战绩卓著，深得督办新疆军务钦差大臣左宗棠的信赖，以罗“文武兼资，器识凝卓”向清廷请旨破格录用，赏穿黄马褂。收复新疆之后，罗长祜又筹办善后，屯兵天山南路数年，向刘锦棠进策，以为回疆（即南疆）“积痛在于差徭无制，头目太多，非改弦更张，无能为治。慎进贤能，轻徭薄赋，与民生息，重农桑，兴教化，修内乃可攘外，治法必赖治人”，所论均切时要。罗率军移驻阿克苏后，凡中外交涉，边险要害，无不精心举办，操纵自如。光绪九年（1883），经刘锦棠奏准，委罗长祜为分巡阿克苏兵备道员，仍统湘军。并两次奏请破格录用，总理新疆军务。罗在阿克苏兵备道员任上，于光绪九年经禀请获准，于阿克苏老城（今温宿县城）南三十里择地修建新城（今阿克苏市）。以新城为治所，置分巡阿克苏兵备道和温宿直隶州。光绪九年，罗长祜积劳成疾，患病累月，在军营调理、诊视。光绪十年（1884）二月初一，仍带疾巡防，病发紧急回防，汗出如注，救治无效，以身殉职。临终前无一语言及家私。谕令僚属将佐照常治事，守法奉公。言其志未尽，目不能瞑，言毕而逝。时年37岁。

疆本甘肃所辖，自左宗棠有划分疆圉，总督毋庸兼管之奏，欲参末议，似嫌越俎。然臣身受重恩，忝膺边寄，凡有关民生利弊，曷敢缄默不言？如一得之愚或有可采，亦请出自特旨，饬令刘锦棠体察南路七城情形，分别地方广狭、繁简，设立丞倅、牧令等官。一城不过数十庄，不及东南一小县，七城各设一官足矣。更于喀什噶尔、阿克苏两处，各设巡道一员，如北路镇迪之例，皆归钦差大臣统辖。庶地方有所责成，民心有所系属，是亦绥边驭远之一端。如蒙俞旨允行，其余未尽事宜，臣当随时与刘锦棠互商办理，断不敢稍分畛域也。

臣愚昧之见，是否有当，谨缮折密陈。伏乞皇太后、皇上圣鉴训示。谨奏。

129. 关内外防营欠饷甚巨请饬部酌定各省起解的数折光绪八年七月十二日

奏为关内外防营欠饷甚巨，各省关七年解不足数，不敷月饷，无从筹发欠款，请敕部酌议，俾饷归有著，以资遣撤，恭折仰祈圣鉴事。

窃臣准军机大臣字寄十二月十五日奉上谕：“户部奏，新疆局势大定，亟应裁减营勇一折。频年以来，各省关协解西征军饷，实已不遗余力，甚至叠次筹借洋款，消耗息银。国家经费有常，似此年复一年，断非经久之道。现在新疆平定，防务渐松。刘锦棠曾有随时裁撤各营之请，即着该大臣与谭钟麟、杨昌濬悉心会商。将关内外现存马步若干营如何渐次裁减之处，迅速酌核奏咨办理。至光绪五、六两年，欠解饷银尚多。加以裁减营勇，均须发给欠款。其光绪八年西征月饷，自应照旧拨解十成。着户部即咨行各省督抚、将军、监督等一体遵照，将此谕知户部。并由五百里谕令刘锦棠、谭钟麟传谕杨昌濬知之。钦此！”遵旨寄信前(本)〔来〕。仰见圣谟广运，为西陲筹经久之至意，无任钦感！酌裁防营一节，臣已于关内裁去四千人，开支欠饷十余万，另折陈明在案。刘锦棠拟裁十二营，每营欠饷至四万余，共须五十余万两。现与杨昌濬商酌，饷到先解关外，俾早撤一月，可省一月之饷。综计关内外欠饷三百数十万，诚使各省关悉照十成协解，则一二年内陆续遣撤，然后酌定新疆留营若干，必与承平时原额饷数不甚悬殊，庶可经久。而各省情形不一，协款多寡亦异，以致解款未能如数。就七年计之，解足十成者，惟江苏、江西、闽海关、河南、山东、安徽、湖南七处。如福建、四川解至九成以上，浙江七成以上，广东六成以上，湖北五成以上，而山西则不及二成。统计七年欠解，共二百三十余万，所以能勉强支持者，恃有新借洋款耳。本年入春以来，报解协饷，不过二十余万，若各省仍照七年之数起解，则支发月饷，尚且不敷，更何从筹发欠饷？相应请旨，敕部筹议，酌定各省起解的数，俾得酌量饷力，陆续裁遣。与其坐食而愈敝，不若暂费而久安，当亦各疆臣所共谅者也。

所有七年分各省协饷解不足数情形，谨会同督办新疆军务大臣通政使臣刘锦棠、帮办新疆善后事宜甘肃布政使臣杨昌濬合词恭折具奏，伏乞皇太后、皇上圣鉴训示。谨奏。

130. 收支报销请归兰州总粮台办理片光绪八年九月十二日

再，前督臣左宗棠入关度陇之初，因行营无定所，故于西安安设西征粮台，一切收支报销，均归西征粮台办理。按月咨催协饷，由陕藩司呈明，陕西抚臣核办。六年十二月，左宗棠入都，经兰州，与前护督臣杨昌濬酌商奏明，将协饷划为四、六成，分济关内外，以兰州支应局改为新疆甘肃总粮台，委司道经理，应行奏咨事件，由杨昌濬核办。然自七年起，协饷并未划分，盖酌剂盈虚，权衡缓急，其势有不能不统筹关内外情形通融匀拨者。则七年以后，报销自应归兰州总粮台办理。所有西征粮台，接奉各省关报解文件及后路台局解到各款，随时迅报总粮台查明详由。

臣钟麟分别奏咨，毋须再由陕抚衙门核办，以期便捷而归划一。

除分别咨行外，谨会同督办新疆军务大臣臣刘锦棠、帮办新疆善后事宜臣杨昌濬附片陈明，伏乞圣鉴。谨奏。

131. 饷糈告匮请饬部筹拨巨款折光绪八年十月十五日

奏为饷糈告匮，冬春之交，万难支持，吁恳天恩，饬部筹拨巨款，以应急需，恭折仰祈圣鉴事。

窃西征军饷，用款浩繁，频岁上烦宸廑。自五、六、七、八年叠奉谕旨，饬各省关照原拨之数，解足十成。诚能遵照解足，则月饷之外，尚可分年补发欠饷，陆续遣撤营勇。无如五、六两年，各省欠解三百数十万。七年，又欠二百三十余万。臣钟麟于本年四月沥陈饷绌情形，声明各省若照七年之数起解，则月饷不敷，更何从筹发欠饷。嗣经部议，仍令各省解足十成在案。兹自八年正月起，截至八月底止，综计各省报解仅二百零二万余两。现已冬初，饷糈早竭。此后三月，各省所解，不但难期十成，即求如七年已解之数，恐不可得。查关内外每年支款，就目前裁撤各营后计算，臣刘锦棠一军，月饷及转运制造诸费约需银二百四十万，月协张曜万二千两不在此数。南北两路善后之费，向由厘局支发，自关外停止抽厘，每年骤短有着之款二十余万，善后诸费又须另筹。关内制兵、防勇口粮及转运善后诸费，凡可以节省者，无不力为裁减。每岁尚需一百六十余万，此月饷之必不可少者也。本年关外裁撤马步十二营，找发欠饷五十余万。关内春夏间裁减四千人，现又归并裁改，撤去千人，共发欠饷三十余万。此项现银八十余万，勇丁随到随发，不容片刻迟缓。后路各台局搜括一空，而现在各营又短发数月矣，旧欠未清，新欠又增，年复一年，何所底止？转瞬年关，已不可支。向来各省司库，春季入款绝少，故西饷鲜有解者。营勇计口授食，不能一日绌。若不先事预筹，万一饥溃，何堪设想。臣等日夜焦灼，往返函商，不知所措。洋款万无再借之理，后路沪、鄂各局，向华商挪借，耗息甚重，且不能多。明知部库万分支绌，何敢请拨巨款？而事至无可如何，不得不吁恳于君父之前。

可否仰恳天恩，饬部筹拨库款百五十万两，以济冬春之急，仍于各省欠解西饷项下分年解还部库归款。一转移间，于库款无所出入，而西陲危局借可支持。臣等不胜悚息待命之至。谨合词恭折陈恳，伏乞皇太后、皇上圣鉴训示。再，此折系臣钟麟主稿，合并声明。谨奏。

132. 藩库奏销无案可查分别奏报免造细册折光绪八年十一月十八日

奏为甘肃藩库奏销案悬廿载，款目繁多。逐年清查无案可稽者，拟请免其造报。有案可查者，分年照录收支总数。开单奏报，吁恳天恩，免造细册以清积案，恭折仰祈圣鉴事。

窃查甘肃一省钱粮最少，承平时，每年所征地丁、盐课解藩库者不过十七八万。一切用款，向由户部指拨各省协饷，以供支放。自咸丰年间，东南军事起，各省协款欠解者多。于是请颁钞票，改铸大钱，兼办厘金捐输，勉强敷衍。文武廉俸减成支放，兵饷则折减外又停三分之一，各属例册亦不报司。故自咸丰十一年后，奏销迄未尝办。迨回匪变乱，各属城池沦陷，即未经失守之区，钱粮亦不能照额征收。偶有征获者，就近供支军需，或留供地方文武领款收支，并不照例，司库竟同虚设。同治五年，省城兵变。贼踪遍及四郊，粮运梗塞，城内外道殣相望，各署书役逃亡殆尽，案牍无人经理。七年，秋雨，科房倾颓，案卷悉成泥块，前藩司崇保曾详明咨部有案。夫造销，以库簿册籍为凭。现查藩司案卷，自同治七年以前残缺不全外，府、州、县失守者，多行查亦无案据，所收所支无从稽考，此同治元年至七年不能造报之实在情形也。同治八年，前督臣左宗棠驻军平凉，新复州县征收无多。凡文武廉俸、驿站及一切善后采运之需，或就近由厘局支领，或由大营军饷内动用，或以所收地丁课银支给，悉由营中批示遵照。有行司立案者，有并未行司者。无论额支多少，均随时酌量，略为点缀而已。至光绪三年渐次募补制兵，始议自四月起，各营兵饷及文武例支之款，归司库支放，而历年征收有限，不敷之数，仍由大营军饷项下拨银接济。维时各处厘金、丁课亦未能一律解司，各营俸饷不尽由司库给领。如西宁镇标，由大营支给津贴。三年冬，始归司库支饷，肃州镇至五年九月归司支饷，巴里坤镇七年始由司支饷，是司中额收之数既不敷支，额支之数亦不如例。若以承平时奏销之例核之，无一针孔相符者，此同治八年至光绪七年十二月以前不能造册奏销之实在情形也。臣自去年腊月到任，即与藩司筹商清厘库款，特以款目繁杂，轇轕不清，微特经手官司无有存者，即求一明白公事之旧书办，亦不可得。然不趁此划分界限，逐一清查，则前后套搭永无了期。因议自光绪七年十二月以前统为一案，有卷可查者，分年开具收支总数清单，其无案可稽者，请免开造。兹据署藩司魏光焘①查明案卷，具详请奏前来。臣查甘肃藩库，本与他省司库情形不同，自军兴后益复荡然。现虽肃清数年，而司库每年所入丁课，不过六七万两，应支之款，积欠累累。则滥支、挪移、侵蚀之弊，可保其必无，况自同治元年至今二十年未办之案，欲造册奏销，一如旧例，势固有所不能。

---

①魏光焘（1837—1916），字午庄。湖南邵阳金潭（今属湖南隆回）人。投湘军从曾国荃攻吉安，办老湘军营务。后从左宗棠赴陕甘镇压回民起义，供职陕甘营务处。光绪初累官至平庆泾固道。在任修路植树，劝课农桑，颇有政绩。清光绪七年（1881）任甘肃按察使。十年（1884）任甘肃、新疆布政使。勤于治事，精于理财，西北军务报销均经其手综核。二十年（1894）中日甲午战争爆发，率部开赴辽东战场，投入反攻海城之役。次年二月，日军犯清军辎重粮台所在地牛庄，率军回援。以三千兵力抵抗日军近两万精锐部队，奋勇督战，重创敌军。因功晋陕西巡抚。二十五年（1899）署陕甘总督，次年改实授。八国联军侵华，率兵勤王，不久迁云贵总督。二十八年（1902）移督两江。三十年（1904）调闽浙总督。次年以铁良奏劾开缺回籍。宣统三年（1911）辛亥革命爆发，诏授湖广总督，未赴任。后在家乡办学，卒于家。著有《勘定新疆记》。

合无仰恳天恩，俯准同治七年以前之案，免其造报。自同治八年至光绪七年十二月止，分年照案开单报销，免造细册，以清尘牍。八年以后另议章程，核实办理。是否可行，伏乞皇太后、皇上圣鉴训示祇遵。谨奏。

133. 各局用款请准将收支实数开报片 光绪八年十二月十八日

再，臣自去腊抵任后，将省城各局裁撤归并，一以节浮费，一以专责成。粮台之外，只厘金交代善后保甲数局，按月将收支细数，报臣查考。而细核以前支放之款，不但于例不符，亦且纷纭轇轕，未尝画一。缘当时地方新复，民力拮据，凡有所需，仰给于官，如善后局所支多无例可援，凡城池、渠工、桥梁、庙宇、衙署、仓厫、书院等工程，皆酌给料价，以勇丁帮修，所费固较估修为省。而揆之于例，未能吻合。且同一费也，数处皆可支取，如驿站、夫马、恤赏、廉俸、兵饷等项，有在司库领者，有在厘局领者，有在善后局领者，有在地丁项下开支者，有在军饷内支给者。盖司库本无存项，可支一切用款，皆取决于大营。前督臣左宗棠在营日多，随时批令，就近支领。若司库厘局、地丁各处无款，则在军饷内发给，不过权宜之计。而奉批之后，支者、领者遂以为定章，相沿至今，未尝更改。查厘局历年支款，惟解司库者有卷可稽，解大营者经前督臣报销有案。此外有给修理工程经费者，有给州县采运脚价及城防保甲善后经费者，有津贴地方官公费、赈恤资遣难民者。司中及善后局或有案，或无案，并不一律。虽严饬局中委员澈底清厘，不准稍涉含混。而办理经年，仅能将局内收支之数核对相符。若从前已支之款，必欲根究其实用细数，而事隔多年，人已屡易，实属无从查询。臣于款目出入，无时不留心稽核。本年一切工程，均停止不办。惟渠工有关农田水利，势难中止。其余款目稍可缓者，概行停给，然止能自八年正月起，认真经理，以期撙节。至七年十二月以前厘金、善后两局用款，仅能按籍以稽。

相应仰恳天恩，准将收支实数开报，以归简易而了旧案。八年以后各归各款，不相混淆，随时报部立案，以昭核实。是否有当，伏乞圣鉴训示。谨奏。

134. 覆陈甘肃各属回民现无蠢动情形折

光绪九年二月十四日

奏为甘肃各属安插回民现无蠢动情形，恭折覆陈，仰祈圣鉴事。

窃臣准军机大臣字寄光绪九年二月初三日奉上谕："翰林院侍讲学士乌拉布奏，陕甘回务不靖，宜加筹画一折。等因。钦此!"遵旨寄信前来。当即咨行陕西抚臣钦遵办理。臣查甘肃安插陕回于化平川等处，不过五六万人，并无数十万之多。至如秦州所属张家川一带及河州、西宁各属，本系甘省土著回民投诚安抚。迄今十余年，各安本业，耦居无猜。人第知化平川、张家川之回众可虑，而不知河州、贵德、循化、大通、碾伯各属，到处皆回也。当安插陕回时，计口授田，衣食有资，近来生齿日繁，其出外谋食者，在所不禁。均由该头目出具保结，禀明地方官给予路票，注明前往何处、所干何事，限日回销，倘滋生事端，一并治罪。更于安插处所，各设义学，令回民子弟就塾，以变化其气质，所以抚绥防维者，极为周密。惟回民性狠而贪，见利心动，劫夺之案，亦所时有。向来甘省盗犯，半系河州回民，此辈敢于图财，而轻于犯法，积习使然，猝难感化。惟有遇案严惩，以期稍知儆惧而已。七年冬，清水一带颇有谣言，回汉互相惊疑。嗣侦知为奸民所播弄，当经臣出示遍行晓谕，汉民、回民同是圣朝赤子，并无歧视。如有牵涉事件，呈明地方官持平办理，不分回汉，只论是非。并饬州县举行保甲，严密稽查，缉拿造谣生事之人，自是彼此释然，一律安帖。现在关内防军马步四十余营旗，西宁、河州、平凉居其半，余皆择要驻扎，足资镇压。即有桀骜之徒，亦未敢狡然思逞也。臣仍随时督饬各属文武，加意抚绥，遇回汉构讼，秉公讯断，毋涉偏私。并严饬防军各将领，勤加训练，认真防范，以仰副圣主绥靖边圉、防患未然之至意。

除陕西情形另由抚臣覆奏外，所有甘省回民现无蠢动缘由，谨具折覆陈，伏乞皇太后、皇上圣鉴。谨奏。

上谕："陕甘总督谭钟麟奏遵覆甘回现无蠢动情形。得旨：着该督饬令各属，随时加意抚绥，遇案持平办理，以杜争端。并饬令各营，小心防范，毋稍疏懈。"①

135. 恭报关内防勇数目折 光绪九年二月二十六日

奏为甘肃关内马步各营旗弁勇数目，驻防处所，分缮清单，奏明立案，恭折仰祈圣鉴事。

窃臣准部咨，各省防军，从前未经奏明兵勇数目者，限三个月奏明报部。等因。查甘肃关内防营马步弁勇，七年底实存二万余人。臣到任后，遣撤六千余人。现拟再裁减数旗，而每撤一旗，须找发欠饷二三万不等，协饷弗继，按月勇粮不能不酌量匀给，殊觉左支右绌。臣维兵制未复，勇难尽撤。当就目前饷力，以定防勇之多寡，庶可经久。查甘肃关内外，原额绿营制兵五万九千余名，每岁官俸兵饷等项，需银一百十余万。此时关内存兵仅二万二千三百余名，岁需银四十五六万。臣拟关内留步队三十二旗，马队十二起，实必不可少之数，计每年需银七十余万两，合之现发兵饷，与原额饷数不甚悬殊。此后撤一旗勇，添一营兵，三五年或可渐复旧制。现在防勇驻扎之处，以河州、西宁、平凉为多，宁夏次之，东西大道及巩、秦一带，隔二三百里扎一旗以护运。缘西宁、河州皆番回杂处，当时就地安抚，并未大受惩创，两属

①《清实录·德宗实录》卷162，光绪九年四月丁卯条。

回民多于汉民数倍，犬羊之性，迄未能驯。平凉一带安插陕回甚多，宁夏毗连边界，地方辽阔，均不能不以重兵镇压。关外谣言，谓逆回白彦虎党与有窥边之说，查询实无此事。臣愚窃谓和约初定，未必遽有反覆。万一决裂，彼族以白逆为鹰犬，固在意中。而天山南北防营林立，白逆亦不敢逞。必从草地潜入宁夏、包头扰我内地。如果有警，宁夏当更调数营以益之。此刻边境安谧，现有之勇，足资防范也。

所有关内防勇数目及驻扎之处，分缮清单，恭呈御览，伏乞皇太后、皇上圣鉴，饬部立案。谨奏。

136. 各省欠饷繁多请饬部指拨的款折 光绪九年三月十五日

奏为各省协解西饷欠数太多，请旨饬部预筹的饷，以裕军食，谨将八年协解成数，缮具清单，恭折仰祈圣鉴事。

窃西征军饷，经户部议定，八年分各省仍解十成。无如照解者只有数省，余则四、五、六、七成不等。核计八年又欠解二百三十余万，除五年前所欠不计外，即五、六、七、八年欠解又近千万之多。各省少解一万，则勇粮多欠一万，似此前后套搭，永无清厘之日，西事安有底止？现在关外大营，每年需银二百四十万，关内防营兵饷，需银一百六十万，随时裁撤，补发欠饷不在此数。九年新饷，部议各省解八成以上。今已四月，报解不过十余万，目前所以支持者，去冬仰荷天恩，拨库款五十万，借资周转，而另提各省旧欠五十万，则仅到六万耳。窃计本年各省即照八成起解，除划还洋款三百万，仅有二百数十万。关内外饷需不敷甚多，秋冬之间又苦莫继，若如上年各省之或多或少，迄无的数，则不知所以为计矣。请拨库款，本属不识时务之举，自非万不得已，何敢出此，且亦安能为再三之渎？第念关内外数万众嗷嗷待哺，一日不食，何堪设想。岁月如流，转瞬即至。臣等日夜焦急，罔知所措。惟有吁恳圣恩，饬部预筹各省饷力，指拨的数，不得任意多寡，庶饷归有着，军士无饥溃之虞，则西事幸甚！大局幸甚！

所有八年协解成数，另开清折恭呈御览，谨会同督办新疆军务大臣通政使臣刘锦棠合词恭折具陈，伏乞皇太后、皇上圣鉴，饬部核议施行。谨奏。

137. 关内防营支发章程请饬部立案折 光绪九年四月十二日

奏为甘肃关内防勇，照楚军营制坐粮章程供支月饷，及各台局员弁薪粮、水陆运费、制造采买并一切杂用支发款目，缮具清单，奏明立案，恭折仰祈圣鉴事。

窃臣准户部咨，议覆军需善后条款第一条内开，现在各省勇数及办理支发章程，应先行奏明立案。等因。臣查西路用兵以来，一切情形，与他省迥异。前督臣左宗棠督办军务，兼顾地方，公事繁杂，行营亦无定所，遇事随时酌量批发，固未尝悉查例案。但一经批准，相率奉行，即为定章。所有光绪六年以前用款，均经开单报销在案。光绪七年正月，改支应处为甘肃新疆总粮台，派司道经理，于肃州添设转运局，递解饷需，赴哈密交纳饷银。则关内四成，关外六成，勇粮则关外照行粮章程，关内照坐粮章程，于是有关内外之分。至于后路台局及水陆转运文武员弁薪粮，兰州以东，则从同，往西则又异，盖关外转运薪水之费，较关内加倍，实因地寒道远，不如此则人皆裹足不前也。关内七、八年用款，仍循旧章支发。臣到任后，以相沿已久，未便遽议更张。惟浮费太甚者，随时酌量裁减。如开河、织呢洋匠辛工太多，不能不一律遣回。计关内八年裁并各局，酌减局费，遣撤防勇，较七年约节省二十余万金。然亦非有现银可存，不过欠饷略少耳。兹据粮台将关内七、八两年实在支发之款，开列二十四条，详请奏明立案前来。

臣覆核无异，其自九年起各款内有应行裁减停止者，仍随时酌减咨报。至关外七、八年用款，由督办军务大臣刘锦棠饬行营委员造册，咨送总台。俟咨到时汇齐开单报销外，所有关内支发章程，谨另缮清单，恭呈御览，伏乞皇太后、皇上圣鉴，饬部立案施行。谨奏。

138. 署总兵服阕请旨遵行折光绪九年五月初十日

奏为署总兵谭仁芳[①]服阕，并值三年俸满，例应入都。因边防紧要，拟请暂缓交卸，恭折仰祈圣鉴事。

窃臣等接准延榆绥镇总兵谭仁芳呈称，自光绪三年仰荷天恩，补授延榆绥镇缺。七年正月，闻讣丁忧，当即呈请开缺。经抚臣冯誉骥会同前护督臣杨昌濬奏奉上谕："着改为署任。钦此！"现届九年四月，服阕。又值三年俸满之期，例应入都，可否据情代奏，暂开署缺。回籍补行穿孝后，再行北上等情前来。臣等正在互商，合词请留。据延榆绥道张岳年、署榆林府知府丰伸额禀称，榆林地处北山，界控秦陇，目下军务虽靖，而定、靖二边，毗连草地，密迩回巢，时虞窃发。非有声威素著之员，不足以杜窥伺而资镇抚。总镇谭仁芳老于兵事，在任年久，于边疆一切事宜极为熟悉，同城文武和衷商办，无不悦服。且所统驻榆防营，多系久经战阵之弁勇，必须驾驭得宜，始可相安无事。若另易统领，则兵将不习，猝有事故，难期得力。职道等闻总兵服阕，请交卸北上。再四筹商，拟请暂留榆镇，从缓交卸，于营务边情均有裨益。

臣等往复函商，意见相同，合无仰恳天恩，俯念延榆绥镇边防紧要，准将署总兵谭仁芳暂缓入都，以固边圉。其服阕后，是

---

①谭仁芳，湖南湘阴人。咸丰间投入湘军，在湖北、安徽等地与太平军作战。同治元年（1862），从多隆阿赴陕西，攻打捻军和陕甘回民军。后又回援湖北，转战于安徽、江西、河南各地。累官至陕西延绥镇总兵。后卒于光绪年间。

否仍作署理，伏候圣裁。谨合词恭折陈恳，伏乞皇太后、皇上圣鉴训示。再，此折系臣钟麟主稿，合并声明。谨奏。

139. 变通驿站章程折光绪九年六月十三日

奏为甘肃驿站夫马需费过巨，司库支绌，遽难照旧供支，请就现在情形酌留夫马，以重邮政而资节省，恭折仰祈圣鉴事。

窃查甘肃驿站、军塘，原额续增，合计关内外共设马六千三百五十余匹，夫三千六百余名，又所牛五百余只，有牛夫，拉车马一百五十匹，有马夫，每岁需工料站价银二十五万七千余两，粮料草束在外。军兴以来，塘驿废弛，前督臣左宗棠饬各属陆续安设夫马，不及三分之一，各州县咸谓不敷供支，时请增添。而所需工料银，有由军需项下发者，有由善后局、厘局领者，有留支者，有从司库领者。大约所领现银有限，而未领之项，各属仍照旧额作为垫支，列入交代，以抵解款，纷纭轇轕。不但款目混淆，抑且苦乐不均。臣去年饬令各属，均由藩库请领，以归画一。并饬两司体察现时情形，酌留夫马，只期驿递不至贻误，饷项不至虚糜。兹据藩、臬两司详称，目前库款空竭，固难遽复旧制，且军务既平，驿递较简，无须照额多设夫马。现在酌量地方驿路远近、差务繁简，合计东西大道及宁夏、西宁两府，酌留驿马二千六百八十五匹，夫一千三百四十二名。此外，如安西、玉门军塘暨巩、秦、阶、庆阳所属偏僻驿站，并新设之宁灵、平远、硝河城、打拉池等处所设夫马无多，姑仍其旧。所有东西两路所夫、所牛、拉车夫马，久已无存，徒滋糜费，竟可从删。除哈密、巴里坤各路军塘，仍由军需项下支发外，统计关内驿站及安西、玉门军塘夫马站价，岁需银十万六千余两，粮料二百四十余石，草一万九千余束。此后各属，向由地丁项下留支者，照现定之数，留支有余，则解司库。向由司库领者，照现酌留之数核发。如此酌中定议，事体划一，不至偏枯等情。详请奏咨立案前来。

臣查该司等所议酌留夫马之数，较原额固属减半，照各驿现存马数尚有加增，于驿递决无贻误，而每岁节省银十余万两，于库款不无裨益。即自光绪九年正月起，照现定之数支发，以便司库造报。他日库藏充裕，不难复照旧额，或当有事之秋，必须添设夫马，仍可随时酌量请增。此举系为目前库款支绌、核实撙节起见，并非变更旧章，似属可行。

除将酌留夫马细数另开清折咨部外，谨缮折具陈，伏乞皇太后、皇上圣鉴，饬部议覆，立案施行。谨奏。

140. 甘肃资遣闲员恳准开报折光绪九年六月二十一日

奏为甘肃资遣闲员一款，请自九年停止，所有七、八两年已发之款，吁恳天恩，俯准开报，恭折仰祈圣鉴事。

窃臣准户部咨开，臣前奏报销清单二十四条内，有甘肃关内外困居闲员分别资遣回籍，酌给川资口食一款。遍查军需则例，各军营报销用款，均无此项名目。即前督臣左宗棠三次奏销案内，亦未开列此款。且单内声称，资遣闲员，如有官职，实系先经立功、假后乏资回籍，每员酌给川资十两、二十两等语。此项人等，究竟有无官职、曾否立功，毫无案据，人数多寡亦难核计。该督率将此等不应给予资费之人一律酌给川资，开支军需正款，滥支滥应，任意浮冒，应饬各台局将此项删除，以后报销册内开列此款，定行奏驳。等因。当饬粮台查明核办。兹据粮台司道详覆前来。查前督臣左宗棠督师入关，十余年来，湘、楚两军效力行间，得保官职者不可数计。迨关外底定，各营陆续遣撤，此辈归里，无田可耕，仍投军营以谋生活，或弃前保官职，易名充勇，借月饷以糊口。而未收录之员，资斧告罄，进退维谷，困苦情形不堪言状。前督臣念其曾经效命疆场，为国出力，若听其流落关塞，竟成饿殍，实有所不忍。是以酌定提镇给银二十两，副、参、游、都、守十两，其余则按地远近，每日给银一钱，资之回籍。盖自光绪二年起，每岁或数百两，或千余两，有自支应处给者，有从善后局给者，支应处三次报销，或因所费无多，未列此款，而善后局自二年至六年，共支三千余金，固有案可稽也。七年，前护督臣杨昌濬以关外资送闲员至兰者多，恐滋事端，又虑银两一次发给，或仍逗留不归。于是查验保札，分起派员押送陕西，川资由陕、鄂各台局分给，归粮台汇总报销。计七年共发过银一千三百二十余两。臣抵任后，亦恐其中或有假冒，饬保甲局查验保札，加盖“资遣”二字戳记，以杜去而复来之弊。复虑其逗留西安，曾函商陕抚臣饬中军派弁押至龙驹寨登舟南下，计八年实发银二千一百五十余两，各台局均有底账可查，实无可浮冒也。至从前军营用款，不暇查照军需则例办理，未经奏咨立案者甚多。各台局委员照旧支发，相沿已久，并不识此项曾否奏明开支。前阅邸钞，左宗棠于江督任内奏请资遣投效弁勇，仿照在甘办法，动用银一万二千余两，请由外销杂款开支。已奉恩旨：“着照所请，该部知道。钦此!”是甘省办理资遣已六七年，非自今始也。惟甘肃瘠苦万分，别无杂款可筹，不能不由粮台开支。

合无仰恳天恩，俯念甘省资遣之费，与江南事同一律，所有七、八两年已支银三千余两，准其开报，出自逾格鸿施。其自九年起以后遵照部议，不再开支，是否可行。谨缮折陈恳，伏乞皇太后、皇上圣鉴训示。谨奏。

141. 甘肃变通兵制暂难举行折 光绪九年七月二十六日

奏为甘省变通兵制一案，暂难举行，请仍照旧制办理，恭折仰祈圣鉴事。

窃甘省兵制，经前护督臣杨昌濬奏明变通办理，各营汛官弁，有裁改者，有移设者，兵丁有酌减者，有增添者，皆就原额而论也。现在甘省营伍未复，兵丁不及全额之半，减者无可减，增者必须添募。当此饷项奇绌，现存之兵勇，无以为养，何能遽议增兵？且改设官弁，或以大改小，尚可照旧移驻，若以小改大，则修理城垣、添设衙署、增募兵丁，在在需费。值兹库款空竭，无从筹画。叠经臣于奏缓陕甘军政折内声明在案。兹准部咨，于议覆请补肃州平川堡守备折内声称，甘省变通兵制，裁改营弁，除宁夏河州镇营暂循旧章外，其余镇营能否裁改，均未奏明等因，咨行到臣。查甘省变通兵制一案，目前碍难照办。合无仰恳天恩，俯准一律暂缓，遇有各项缺出，仍循旧章请补。统俟防勇尽行裁撤，兵复旧额，再行次第办理，以收实效。

除咨部查照外，理合恭折具陈，伏乞皇太后、皇上圣鉴训示施行。谨奏。

上谕："陕甘总督谭钟麟奏甘肃兵制营弁，暂难改从新制。请仍照旧办理。从之。"①

142. 特参通判知府分别革职议处折光绪九年八月初十日

奏为特参办事颟顸之通判知府，请旨分别革职议处，以肃官方，恭折仰祈圣鉴事。

窃查哈密大营上年九月间，饬抚彝、高台两厅县采（卖）〔买〕军米一千石，运赴肃州。每石连脚价，给银四两，于市价不相上下。乃抚彝厅通判杜恩培并不由市收采，辄令该厅水旱三十六渠百姓照粮派买，径运肃州。内有旱地小彩、倪加、威狄等处，向不种稻。民人张锦绣等联名赴甘凉道具禀免采，杜恩培辄以张锦绣等抗采军粮，详甘凉道批府，传案惩究。该厅拿获文生李向荣一名解府，谓系敛钱，主使张锦绣等上控之犯。该府奎光并未提讯虚实，辄发张掖县看管，致令李向荣服毒自尽。该府县亦未照例通详立案，此去年十二月事也。本年四月间，杜恩培又以小彩渠廪生马世融恃符阻挠，抗采军粮，详请褫革衣顶。经臣批司

①《清实录·德宗实录》卷169，光绪九年八月戊辰条。

饬府查明详覆，该府阅三月之久，并无一字具覆。嗣准学臣咨称，抚彝厅详革廪生马世融一案，初经批驳。现据该厅杜恩培详请免革，咨请查照核办前来。臣闻该厅有押毙生员之事，当即饬司委员前往密查，一面严饬该府详细禀覆。奎光知无可掩（饬）〔饰〕，始将李向荣自尽之案禀报，并据委员查明确实情形，禀由藩、臬两司详请奏参前来。

臣查甘肃瘠苦之区，乱后遗黎元气未复，全赖地方官加意抚循，何堪再滋扰累。抚彝通判杜恩培奉文采买军粮，不由市集采购，辄向民间按粮派买，且不分水旱地一律科派大米，办理已属糊涂。迨旱地具禀求免采买，辄以绅士抗采军米，先后详请斥革惩办，尤属荒谬绝伦。甘肃府知府奎光明知生员李向荣为禀求免采起事，并无重罪。到案时不妥为开导，辄发县管押，致令自尽，咎已难辞。事后并未通报，奉札饬查，延不详复。迨经严饬禀覆，犹复含糊其词，实属有心欺罔。似此庸劣之员，若不严行参处，何以苏民困而励官箴。相应请旨将抚彝厅通判杜恩培即行革职，甘州府知府奎光请交部议处，以为办事颟顸者戒。

臣为整饬吏治起见，谨缮折具陈，伏乞皇太后、皇上圣鉴训示。谨奏。

谭文勤公奏稿卷十

143. 甘肃善后局收支实数恳请核销折光绪九年八月二十一日

奏为甘肃善后局自同治八年起至光绪八年止，收支实数开具简明清单，恳请核销，恭折仰祈圣鉴事。

窃甘省自同治元年以来，军务倥偬，一切用款并未查办报销。臣抵任后，饬令各局清查，同治七年以前无案可稽者，姑置勿论。自同治八年起，分年分款逐一核对，将收支实数开具简明清单报销，曾于上年十一月奏奉谕旨，允准在案。兹据司道等详称，自奉委清查，当即督率局员检齐旧案，将历年收支帐目与司库厘局送到各年拨款清册详细综核，出款以禀报印领为凭，入款以拨兑清册为断。计自同治八年正月起，截至光绪七年十二月止。善后项下共拨收藩库厘局银七十九万三千六百五十二两零，又制钱十九万七千九百六十六串八百文，历年支销银钱十七款，与所收之数相符。谨缮具四柱清单，分注原奉案内，详请奏销前来。臣查善后局用款历十余年之久，当时经手收支之员早已离甘。此次该司道等率同局员，但凭旧案分款查造开报，均非经手之人，无所用其浮冒，自应请旨照数核销。第臣去冬原奏，截至光绪七年十二月底止，而八年用款，仍沿七年旧案。开支虽经分别酌减，尚有不能悉数全裁者，如保甲乃地方官应办之事，何能动用公款？而甘肃各属自收复后，地旷人稀，官民无以自固。经前督臣左宗棠批饬各募勇丁数十名，以资保卫。并严查保甲，清理余匪，费由厘局就近支给。近虽一律肃清，而游勇充斥省城及各府，保甲局仍不可无。臣去年已饬令裁减大半，然体察情形，有未能遽行全撤者，实时势使然也。津贴一款，经前督臣饬司查明，瘠苦之区，自州县佐杂教官以及微末武弁，分别等差，或数十金，或十余金。按月由厘局支给，以资养赡。去岁臣因经费日绌，饬司核议酌减其半，而细察各员弁情形，实非此无以自给，悉数裁之，将巧取于民，弊有不可胜道者。至闱场经费额支之数，本不敷用，大约直省皆然。他省或有杂款可以弥补，或按州县缺分大小均匀摊派。而甘省司库毫无别款，州县自顾不暇，何堪再摊！不得不于厘金项下开支，历办四科，习以为常。臣去岁入闱，饬令核实撙节。然除酒席浮费外，照例供给之款，万不能省也。以上三款相沿，开支初未尝奏咨立案，审时度势，实亦不可尽裁。谨将八年收支之数，另缮清单附案请销，吁恳天恩，俯准一并核销，以清积案。自此次报销后，即将善后局裁撤，其有未尽事宜，均归粮台司道随时议详，由臣酌核办理，以节浮费而昭核实。

所有善后局历年收支款目，谨缮简明清单，恭呈御览，伏乞皇太后、皇上圣鉴，饬部核销。谨奏。

144. 查明关内外收支饷项请饬部核销折

光绪九年九月初八日

奏为查明甘肃关内外光绪七、八两年收支饷项数目，分开简明清单，陈恳核销，恭折仰祈圣鉴事。

窃前准户部咨开，光绪八年十二月以前军需善后未经报销各案，向开单者，仍准开单，将勇数、饷数，均照部定开单格式，详报请销。等因。当经分饬遵照办理。查西征军需各款，向系开单，所有光绪六年十二月以前收支款目，经前督臣左宗棠开单报销在案。其自光绪七年正月起，改设粮台于兰州，亦经左宗棠奏明，每年粮台所收协饷，分拨关外六成，关内四成，自应各将收支数目开报。所有沪、鄂、陕、甘至肃州止，各台局员弁薪水及水陆转运各款，系关内外合办，由粮台开支报销。自肃州以西台局转运各款，悉由关外开报。如伊犁将军金顺、嵩武军张曜借用之款，均由各军自行列收报销。又如光绪七年六月借用洋款四百万，原拟将六年以前所欠勇粮、恤赏等项三百五十八万一律补发，以清陈欠。迨洋款提到，经上海局胡光墉①扣存银十万余两，又划还六年六月、七年四月借用本利二百余万，又拨解驻直各营饷四十六万余两，实解到甘者一百三十余万。以故六年欠饷，尚短二百二十余万，而七、八两年所欠新饷，不在此数也。兹据粮台司道查明光绪七年正月起，至八年十二月底止，粮台经收各省关协饷。除划还洋款外，实解到台银六百八十九万两。并江苏协解湘军专饷，山东解西宁协款，综计旧管新收共银九百三万八千余两。除开支各台局转运各费及西宁炮队饷四十三万七千余两暨金顺借款外，七、八两年实解关外哈密大营银五百十六万八千余两，拨解关内银三百三十四万七千余两。分开七年借用洋款为一单，粮台收支总数为一单，关内用款为一单，详请奏销前来。查关内外六年底各营勇数、饷数及七、八两年裁撤之数，业经臣等于本年夏间分晰奏明。所有每年应用各款目，亦经臣钟麟、臣锦棠先后开列二十四条，奏咨立案。臣前奏关内外每年约需银四百万，系就八年裁撤营勇之后而言。究之七年用款，实不止此数。盖自八年起，将营勇先后遣撤，一切薪水、局费大加裁减，故较前稍为节省。然七、八两年协饷不敷，计关外尚欠新饷一百四十一万零，关内尚欠新饷四十五万余。合之六年以前旧欠勇粮、恤赏共三百零四万余两，与积年所欠洋款六百二十四万，均应由九年后收到协饷陆续补发。总之，西征用款浩繁，实由远道用兵，以致师劳财匮。十余年来，频烦宵旰焦劳，臣等具有天良，凡可以稍省者，当无不力求撙节。兹查该司道等所开七、八两年收支细数，皆系

---

①胡光墉（1823—1885），安徽绩溪人，一说浙江仁和（今杭州）人，名光墉，字雪岩。初在杭州开设银号，经理官库银务。后为左宗棠湘军办理后勤，以熟谙洋务著称。1866年（同治五年）左宗棠调任陕甘总督后，为左在上海主持采运局，筹供军饷，订购军火，举借内外债，受清廷赏给头品顶戴。依仗湘军权势，在各省设立阜康银号和当铺，开设胡庆余堂药铺，经营丝、茶贸易，称巨富。1884年（光绪十年）受洋商倾轧破产。次年忧愤而死。

实用实销，并无浮冒。理合缮具简明清单，恭呈御览。吁恳天恩饬部核销，以清积案。自光绪九年起，应照部章造册请销。

除将七、八两年收支清单分咨部科外，谨合词缮折具陈，伏乞皇太后、皇上圣鉴训示。再，此折由臣钟麟主稿，合并陈明。谨奏。

145. 裁撤织呢局①片 光绪九年九月十六日

再，甘肃省城设立织呢局，前督臣左宗棠欲为地方兴利，其意甚美。无如甘省所出，只羊毛一项。此外织呢机器、颜料各物，皆购自外洋。其价固昂，转运尤艰。且洋匠辛工甚贵，计自六年八月开办起，至八年八月止，用费七八万，织成粗细呢毯一千数

①1878 年，陕甘总督左宗棠因西北盛产羊毛，用机器织呢既可赚钱，又能供军需，奏准在甘肃兰州府设立兰州织呢局。创办费用 20 万两，由甘肃善后局拨给。左宗棠委任兰州制造局委员赖长为总办，德国呢绒制造家石德洛末（F. Storm）为洋总办。委托上海采运局补用道胡光墉通过上海德商泰来洋行向德国购置机器，雇用外国技师与工匠。局址设在兰州通远门外，盖房 230 多间。4000 多箱机器设备经几千里的长途辗转，于 1880 年 5 月从上海运到兰州。机器包括蒸汽机 2 架，纺线织机 3 架（每架有 360 枚纺锭），织呢机 20 台，清毛机 3 架，以及清毛、烘毛、剪毛、刷洗、漂染、研光等机器。该局雇用了十多名德国技师和工匠，学徒工从陕甘勇丁中抽调。1880 年 9 月 16 日，兰州织呢局正式开工。同年底，安设的 20 台织呢机，“见开织者尚只 10 具”，1881 年“见开织者尚只 6 具”。“每日仅产呢 8 匹，每匹长 50 尺、宽 5 尺”。该局投产后遇到许多困难，严重影响了生产的正常进行。当地产的羊毛很粗很杂，厂内缺乏加工设备，只得雇用 40 人挑拣羊毛，每日只能拣两磅，造成大量羊毛堆积发霉，只有 20% 能织粗呢，30% 能织毡子，余剩的 50% 全无用处。建厂前，德国技师曾提出水源不足的问题，没有引起厂方的重视。开工以后，“因为水源缺乏，全部机器每天只能织成十匹呢布”“能找到的一点水也含着碱，使得漂染很困难，结果是呢布的颜色很暗淡”。该局“产品没有销售市场”，“彼处之人均尚棉布，而呢不甚销。贩至他省，又以运费较贵，似不合算”。由于产品滞销，该局入不敷出，毫无流动资金，生产难以维持。在经营管理方面，中方总办只是个空名，实际上一切都由洋总办决定。局中安置了一大堆冗员，大小委员已有 10 人。这些人干领薪俸，丝毫没有学习使用机器的愿望，使局中开支亦繁。1883 年夏，厂内锅炉炸裂，因外国技师已撤走，无法修复使用，被迫停产。该局几年中共耗费银百余万两。1905 年，升允继左宗棠为陕甘总督时，委派兰州兵备道彭英甲兼任织呢局总办，改称甘肃兰州织呢厂，但开工不到两年，又因经费不足和产品滞销而再度停工。

百匹，质厚而松，叠经减价出售，无人过问。臣于八年八月咨遣各洋匠回国，将制造机器局归并织呢局，责成原办机器委员总兵赖长①率同广匠接办。自去年九月起至今年八月，织成呢毯千余匹，较前稍为精致。分运各府厘局出售，而民贫货贵，购者绝少。本年九月，因机器锅破，又饬令裁减工匠，就现有毛货上紧织完，未染之呢，悉数染好，以便撤局。兹据左宗棠咨称，甘省呢毯苦无销路，金陵为各省通商之区，招商集股开办织呢，易于集事，采办各项亦便。应饬赖长率同艺徒，将局用机器运赴江南。等因。当饬赖长将未织、未染各件，赶紧办竣。即将织呢局裁撤，以省浮费。谨附片陈明，伏乞圣鉴。谨奏。

---

①赖长（1833—1884），字云亭，广东普宁县奇美村人。咸丰三年（1853），赖长投身清军，先后跟随曾国藩、左宗棠于江西、浙江、福建等地与太平军作战，被提拔为福建龙岩游击，赠予刚安巴图鲁勇号。参与收复汤溪、龙游、武康、德清、孝丰、石门、安吉、湖州、四九圩等城镇。同时为漳平、永定、湖雷等地解围。由于镇压太平军有功而连升至副将。接着因毙太平军将领汪海洋、克服嘉应州（今梅州市），加总兵衔，暂代闽浙督标左营参将。赖长在军中看到西洋的兵炮命中率高，射程远，于是深入钻研，精心设计，仿制西洋式的后膛枪炮。左宗棠便命其总管制造局事务，并建起一支装备新式枪炮的军队，称安武军。同治五年（1866），陕甘回民反清。清廷调左宗棠为陕甘总督，领兵平息。左宗棠令赖长统率安武军带所制的后膛炮往肃州，用后膛炮打败回军。同治十年，左宗棠奏请朝廷，保举其为总兵。陕西、甘肃一带平定后，加提督衔。赖长看到西洋的客商，经常在西北各地采购兽毛，运到他们的国家，织成呢绒后，又把它运抵中国销售。利权外溢，因此请求督府另设局制造呢绒。光绪三年（1877），于兰州创办机器织呢局，招集工人 2000 余人，聘请欧洲技士为师傅。织成的呢绒，价廉物美，为中国用机器纺织的先例。左宗棠欲其挂印任凉州总兵，赖长因为正在经营呢绒制造业，坚辞不接受。后沙俄侵略军入侵新疆，侵占伊犁城（今伊宁市），清政府任命左宗棠为钦差大臣，督办新疆军务，带兵驻扎新疆。赖长运送他所制造的兵器到军中使用，常把侵略军打败。火器的威力，震动整个新疆。新疆平定，赖长受赏赐头品顶戴，赠法福凌阿巴图鲁勇号。赖长秉性聪明机警，射击术熟练，用兵善于出奇制胜，常以少胜多。光绪十年（1884），新疆巡抚刘锦棠上奏，请求嘉奖有功人员，加赖长提督衔，军机处记名。同年，法国军队攻打福州，侍郎许应骙上书推荐赖长的才干可当重任，因此受命前往福建主持船务。赖长到达时，清政府已与法国签订停战协定，缔结了不平等《中法新约》。不久，因积劳成疾，告假回家，几个月后就病故了，终年 51 岁。是时，粤督张之洞听说赖长能自制后膛大炮，派员前来赖长家询问制法。到他家时，赖长已于前一天去世，该员就把大炮运往广州，交付制造局照样制造。

146. 嘉峪关开办商务请于别关拨经费折

光绪九年九月二十八日

奏为嘉峪关开办商务经费不支，援案请于别关拨给应用，恭折具陈仰祈圣鉴事。

窃查新设嘉峪关办理章程，经前关道开具应用款项请支。臣以商货未到，逐款核减。内如天津所派委员二名，来自远道，洋扞手一名，延自外洋。辛工向系从丰，每岁需银五千九百五十二两，关署委员、书吏、通事，每岁需银五千五百二十两，监督薪水不在此数。当因费无所出，以肃州所收厘金拨支，尚不敷用。饬甘州厘局每月拨银四百两，解安肃道署。其修造监督公署，建立税关官房，另于省城总局借拨银一万两，将来于关税项下归还。然自七年开办起，三年内所费不赀。甘省厘金所入本少，骤添此巨款，更形支绌，势必不能持久。本年叠据关外禀称，俄商货帮相继在天山南北贸易。现据奇台县禀报，俄商郭斯旦携带货车四十辆，据称运赴古城、肃州等处发卖，则开关事宜必逐渐烦剧。现在公署、税房虽一律修造完竣，此后添设分卡，增派委员，发给监督薪水诸用款，均当酌加。若不筹备的款，恐滋贻误。查近年各省新设洋关，如温州、宜昌等处，均经奏明于浙海、江汉等关酌拨应用，俟收税畅旺时归还。嘉峪关僻在边隅，路远事艰，不能不借他关协济。相应援案吁恳天恩，饬下总理衙门、户部咨商南、北洋大臣，准于江海、天津两关洋税项下每处拨借银六千两。俟关税畅旺，即由洋税归还，以符旧案。再，嘉峪关事属创始，目前支销款目，经臣酌量核定，就款开支。此后事烦用巨，或尚有不敷之处，再行奏明办理。

臣为筹办关费起见，是否有当，伏乞皇太后、皇上圣鉴训示。谨奏。

147. 请给监督薪水片 光绪九年十月初二日

再，各口新设洋关办理商务，均于例销关卡经费外，另支监督薪水银两。臣在浙时，曾援照九江、芜湖关成案，奏请月给瓯海关道薪水银二百四十两，业奉俞旨，允准在案。查嘉峪关新设通商关口，事同一律。相应吁恳天恩，准自光绪十年起，按月给该监督薪水银二百四十两，以资办公。

除分咨总理衙门、户部查照外，谨附片陈请，伏乞圣鉴训示。谨奏。

148. 甘肃厘务历年收支实数奏明立案折

光绪九年十月十二日

奏为查明甘省厘金总局自同治八年至光绪八年收支厘金款目，开具简明清单，奏明立案，恭折仰祈圣鉴事。

窃甘省自同治元年回变以来，全省蹂躏殆遍，商旅绝迹。后虽有收复之处，设局抽厘，而旋办旋撤。既无一定处所，亦无一定章程。所收厘银，拨归各营，权济军食。维时道路梗塞，文报不通。各分局所收，亦不报省城司局，故同治七年以前无案可稽。迨同治八年，前督臣左宗棠督师驻平凉，先从甘南开办厘局。然当戎马倥偬，亦未有画一章程。其抽收名目，有牙帖捐，有百货捐，而盐茶统归货厘抽收。虽每年各局收数多寡不等，尚属有册可稽。查甘地本瘠，出产只水烟、药材，收厘有限，东南货物入境，除官场军营外，居民所销无几。至十年后，大军云集，厘金较旺，亦取之各营者为多。光绪四年，大军出关，各营逐渐裁撤，关外之厘局已设，关内之收数遂少。查历年所收厘金，拨解军营者，经左宗棠先后开单奏报，余则解拨司库及善后局支销。总局出入之数，无可混淆。至于各局薪工、局费，均照左宗棠批定数目支发。第甘省舟楫不通，向无殷实巨商。陆路所收，本少巨款。

且山径纷歧，头头是道。非多设分卡，无以杜绕越而查偷漏，故收数少，而局费多，不能尽符部章一成之议。此次司道等奉札清查厘局出入帐目，督率局员检齐旧案，详加稽核，与司库粮台善后各局互相核对。自同治八年至光绪七年，数目均无错误。惟事隔十三年之久，均非从前经手之人，但凭案卷彼此句稽，往复详查，是以造报稍迟。又如八年收支厘数，因与善后局司库均有拨支之款。现在粮台报销，截至八年十二月底止，故汇开简明清单一并赍呈，以清积案。其自九年正月起，应遵照部议，另造细册请销，以符定章。兹由厘局司道具详请奏前来。

臣覆查无异，谨将同治八年起至光绪八年厘局收支实数，缮具简明清单，恭呈御览，伏乞皇太后、皇上圣鉴，饬部查核。谨奏。

149. 已故总兵请恤片 光绪九年十月十八日

再，臣据延榆绥道张岳年、榆林府知府朱文镜禀称，已故记名提督延绥镇总兵谭仁芳，自到榆以来，因地处极边，毗连蒙境，山岭丛杂，伏莽甚多。随时严密巡缉，搜捕余匪，辖境以安。所统各军，勤于训练，驾驭有方，兵民甚属相得。近年修理榆城河堤，督勇课工，昕夕焦劳，不自休息。一旦身故，三军感泣，士民同声悼叹。岳年等在城目睹，不胜凄惨。应否援照提督军营立功后积劳病故例，奏请议恤之处，呈请鉴核。并据署陕西抚臣叶伯英函商前来。臣查谭仁芳束发从军，转战皖楚，迭著劳绩，经前湖北抚臣胡林翼拔自行间，洊保参将。同治元年，随前荆州将军多隆阿入陕，剿办回匪，战功最著，受伤亦极多。由副将历保总兵，遇有提督缺出，尽先题奏。嗣复调赴河南，助剿捻逆。驰援山东，防护运河，所至有功。九年，经前湖广督臣李鸿章奏调援陕，遂留陕西。初防北山，继守凤、邠，勤劳懋著。光绪三年，蒙恩简放延绥镇总兵，益复感激图报，出于至诚。计在陕十有余年，凡力所能为，不避艰险，故能文武和衷，军民相洽，实镇将中不可多得之员。忽尔物故，殊深悼惜。可否仰恳天恩，俯念前劳，将记名提督延绥镇总兵谭仁芳，加恩照提督军营立功后在营病故例赐恤之处，出自逾格鸿施。

谨会同署陕西抚臣叶伯英、固原提督臣雷正绾合词附片陈恳，伏乞圣鉴训示。谨奏。

150. 饷糈支绌请饬催各省速筹解济折 光绪九年十二月二十四日

奏为饷糈支绌，请旨严催各省关，速筹解济，以支危局，恭折仰祈圣鉴事。

窃西路十年军饷，经户部奏准，各省仍按八成协解，自正月起至四月底止，各省报解银三十五万三千余两。除由西征粮台拨还去冬借陕商银二十万两，解兰者仅十五万三千两，关外本年正月解银十八万，三月又凑解银十二万，甘肃粮台已搜括一空。现在关外董营改旗裁勇五百余名，均至兰州，需欠饷九万余两，刻须散给，不能稍待。关内拟再裁两旗，亦因无款暂缓，而各营领月饷者纷至沓来。粮台无可设措，窘迫万分。臣亦知各省海防偏灾，皆有自顾不暇之势，而酌盈剂虚，移缓就急，岂尽无术？相应请旨，饬下各省关，无论如何为难，务宜力筹大批，迅速起解，兼顾大局。臣等不胜悚惶待命之至。

除将四月以前各省解数，另缮清单，恭呈御览外，谨会同督办新疆军务大臣兵部右侍郎臣刘锦棠合词恭折具陈，伏乞皇太后、皇上圣鉴训示。谨奏。

151. 颁赏《穆宗毅皇帝圣训》谢恩折 光绪十年正月十二日

奏为恭谢天恩，仰祈圣鉴事。

窃臣蒙恩颁发《穆宗毅皇帝圣训》全部三十二函，由便员自京赍回。臣当即恭设香案，望阙叩头祗领讫。伏惟穆宗毅皇帝盛德光辉，圣谟炳焕。揆文教而卿云志瑞，奋武功而吉日兴师。辅弼疑丞，合亲贤而并列。寄鞮象译，率遐迩以同归。本十有三年之兢业，著百六十卷之典章。纪月编年，想见九重宵旰。经天纬地，聿成一代规模。堂哉皇哉，美矣备矣！钦惟我皇上体元出治，继序凝庥。新日新而典学时勤，圣述圣而绍闻克迪。颁先朝之秘笈，溥大赉于群工。臣忝任兼圻，获观全帙。悬日月而刊令典，如披房序之球图。阅星霜而诵遗编，尚慕桥山之弓剑。虽等豹窥之陋，弥怀鸿宝之珍。

所有微臣感激下忱，敬缮折恭谢天恩，伏乞皇太后、皇上圣鉴。谨奏。

152. 遵旨查明据实覆陈折光绪十年四月十四日

奏为遵旨查明，据实覆陈，恭折仰祈圣鉴事。

窃臣准部咨，十年三月二十八日内阁奉上谕：“崇志奏特参劣员请旨重惩一折。庄浪城守尉定禧如有挪移侵吞及扶同朦混情弊，自应从严参办。着谭钟麟查照所奏各节，确切查明，据实具奏。钦此！”钦遵咨行到臣，当即檄委调补镇迪道耆彬前往庄浪满营，按照原奏各情，核实查明具覆。旋据耆彬禀称，遵即驰赴庄浪，调取该营自光绪四年以后官兵花名粮饷各册，历年城守尉支领廉俸、马干及该营呈报副都统各稿件，逐一核对。查庄浪除城守尉外，共计官兵二百八十九员名，与副都统崇志原奏二百七十四名不符，询之新任城守尉铨兴，云到任点验，实系二百八十九名。该营自光绪四年正月起，至八年底止，由凉领获川饷四万零四百两。除放给官员廉俸、马干米折兵饷三万八千九百九十三两五钱八分及凉州满营扣存公费七百五十二两二钱五分外，实余饷银六百五十四两一钱六分九厘，册尾注明垫补拉运兵粮车价。核阅该营由古浪运粮清册，每仓石需车价四钱三分，自四年至八年，共运古浪粮七千八百五十石，共费银三千三百七十五两，所拨脚粮不敷甚巨。除将饷余银六百五十四两垫用外，余由官兵公摊，询之各旗领催及众兵所言，运费数目均相符合，并出具联名甘结存案。询问祥元、常续动用前项垫补运价，实未随时禀明立案。其自九年正月至十年春季止，领获川饷一万二千一百两。除放官兵各饷外，余银二百五十二两。据城守尉铨兴云，实存在库，并无亏短。是祥元、常续经手钱粮，尚无侵吞入己情弊。再，查庄浪俸饷，自四年以后，兵饷按五成支领，系照奏定章程办理，惟官员养廉各支十成俸干，米折仍支五成。庆志任内，俸干照五成支领，并未支过十成。祥元、常续于副都统崇志初次照会，辄以可否将城守尉以十成支领，佐领等照依前案，以七成支领，具稿请定禧咨呈请示，实属含糊。

原奏署城守尉定禧扶同朦混、管辖不严一节。现查满营饷银无亏，祥元等既未侵吞，则定禧并非有心朦混。至祥元、常续抗传不到，委因摘顶撤任，赴省呈诉。定禧即派防御兴玉追寻回营申饬，尚无不合。其两呈覆文内措词不当，则由书识高全信具稿，祥元等请其照覆。定禧未谙文义，不足深咎。所有查明祥元、常续并未侵吞俸饷，定禧实无扶同朦混据禀覆等语。旋奉四月十七日上谕："前据崇志奏参佐领祥元等侵吞俸饷，当经降旨，令谭钟麟确查具奏。兹据奏称，祥元等呈控协领那尔春布播弄崇志，将祥元等撤任等情。着谭钟麟将前奏及呈控各节澈底查明，据实参奏等因。钦此！"臣即钦遵，添委甘凉道龙锡庆①会同耆彬并案确查，并令耆彬将所查庄浪满营各款，钞呈崇志，传询那尔春布前在庄浪，所查是否符合。兹据龙锡庆、耆彬禀称，查祥元等所控那尔春布迎合崇志、滥支俸干一款，检阅该旗呈到清册，内开副

①龙锡庆（1836—1896），字仁荄。湖南安化人。同治元年（1862）举人。官刑部主事。九年（1870）荐办陕西延榆绥道军务。旋署西宁知府，参与镇压回民起义，强化境内治安，清查回、汉户口及土地，并设义学，以倡文风。后署凉州知府，迁甘肃巩秦阶道。曾致力赈救阶州地震灾情，恢复生产。光绪十五年（1889）调福建盐法道兼署督粮道，悉心整顿盐务，请准减轻盐课，革除弊端，颇具成效。晋湖北按察使，官终浙江布政使。

都统廉俸、马干米折照章减平外，每年应支银一千二百五十五两五钱六分，前任副都统瑞云、额尔庆额[1]每年实关银一千零六十九两三钱。崇志任内，每年实关银一千二百八十六两五钱，较前两任每年多支银二百十七两。据崇志称，到任后，由右司支送，只谓是照章给领，今知误会，实属疏忽，并非有心冒领。询之那尔春布，则云照前协领布勒杭阿旧案办理，然那尔春布经手支放最久，咎无可辞。并询那尔春布前在庄浪，所查祥元等经手饷项有无侵吞，定禧是否扶同朦混。据称该营一切帐目，协领彼时查办，未能得实，回凉禀覆，亦未清楚，以致副都统奏参，是协领疏忽，

①额尔庆额（？—1893），黑龙江墨尔根城镶白旗满洲人。于咸丰三年（1853）三月，由披甲派随协领委营总那尔呼善出征河南剿贼，叠获胜仗，历战河南、安徽、湖北、江宁、山东、山西、甘肃、新疆等八省，打仗夺获军械无算，共受刀矛伤五次，报部列为头等。五年，经钦差大臣僧格林沁调至直隶冯官屯进剿肃清，又经西安副都统常亮带赴湖北助剿，经督办安徽军务和春奏保，克复三和县城打仗出力，奉旨赏戴六品蓝翎。七年，又经保奏克复镇江府城，奉旨以骁骑校即补。九年，奏补骁骑校。十年八月，经帮办江宁江北军务李若珠派送江宁将军和春灵柩，就近撤回。又于同治三年（1864）三月，由骁骑校委参领调赴江南军营，进剿江北一带，因肃清打仗出力，经荆州将军富明阿保奏，奉旨赏戴五品顶戴花翎。是年三月，调赴山西，跟踪进剿，屡获胜仗，克复宝丰县城出力。经督办甘肃军务署陕甘总督都兴阿奏保，奉旨着以佐领即补。四年十月，进剿黄河两岸大获胜仗出力，经西安将军都兴阿、宁夏将军穆图善会奏，奉旨以协领即补。五年七月，围攻宁夏，收复郡城等处，并叠次攻城迫卡，打仗出力，经宁夏将军穆图善奏保，赏给法福灵阿巴图鲁名号。七年七月，会剿回民起义军，连获大胜，克复狄道州城出力奏保，赏加副都统衔。十年四月，奏补黑龙江副总管员缺，又带队进剿大靖、土门、金县等处，大获胜仗。经督办甘肃军务穆图善保奏，奉旨以副都统交军机处记名，请旨简放。十年十二月二十九日，补授凉州副都统。十一年，经宁夏将军署陕甘总督穆图善附奏，统带各营马队，分防甘肃西路，疏通粮运。嗣因带队进剿，蒙恩简放凉州副都统。三年俸满后至甘肃，克复肃州等处，一律肃清。经陕甘总督左宗棠奏明，哈密被围，凉州副都统额尔庆额素日打仗勇敢有为，奏派会办军务，统带马队出关进剿，直抵古城一带，经钦差大臣督办新疆军务乌鲁木齐都统景廉奏，因西湖地方屡被贼匪扑犯，该处兵单不敷防剿，又因西湖地方正当西路之冲，必得知兵大员屯扎该处，方保无虞。奉旨统带各营官兵驻扎西湖，防剿西北两路，仍在西湖附近沙湾、奎屯等处，召集流亡，筹给牛具籽种，随处安插难民屯田，进兵攻克玛纳斯城，新疆肃清，于三年五月二十七日奉旨调补古城领队大臣。光绪三年（1877），以副都统衔任古城领队大臣。九年（1883），参加中俄勘分边界，签订《中俄科塔界约》《中俄科布多新界牌博记》。十二年（1886），任伊犁副都统。次年署塔尔巴哈台参赞大臣。

自甘认咎，具有亲供存案。至祥元等所控凉州满营九年饷银，除放八个月，尚有四千余两不知何用等语。调查该营九年档册，共领川饷七万两，除分拨庄浪外，存银五万九千两，放过官员廉俸马干米折兵饷五万八千八百零三两二钱四分，下余之银，现存在库，档册可稽，毫无弊端。再查札提镇番县旧欠粮石贱价折银一款，据崇志称，九年九月间，署左翼协领鸣鹤面禀，有镇番县欠城防粮二千四百石，请用牌催，因付给传牌一纸，迟至日久。鸣鹤称，此项粮每石五钱，折银一千二百两，由该司分散各旗讫。嗣因萧令禀请退银，已如数缴还，撤销印领完案。据鸣鹤供称，九年十月，有印房书启何开畴向署协领云："镇番萧令现将解任，若要现粮，恐来不及，可通融折价，每石五钱，先行垫办。"署协领以为于兵有益，即行应允，由何开畴交到银一千二百两，分放十旗，是实并无串通舞弊情事。据署镇番知县萧汝霖供，去秋，奉凉州副都统崇志五百里牌，提旧欠城防粮二千四百石。维时甫经开征，粮不敷解，有幕友何开畴在满营充书启，据称，满营向有折色，可以五成折算，因遣家丁送交何开畴银一千二百两，取有满营仓收一纸，交卸后奉到督辕批饬，如数赔缴。因禀请副都统退回原银，照时价采买本色还仓，并无短少。有现任知县汪槼印收呈案，向与副都统崇志并未谋面，实无串通舞弊等情，由龙锡庆、耆彬赍呈各员亲供，并各旗甘结禀覆前来。

臣查崇志所参祥元、常续侵吞饷银，定禧扶同朦混各情，据耆彬调取该营档册，详细查明，祥元、常续尚无侵吞入己情事。惟动用饷余银两，并不随时禀明立案，实属疏忽。且奉崇志查询，辄以庆志任内，所领五成俸干，或作十成，开报请示，事虽未行，意存捏饰。应请将庄浪佐领祥元、常续交部议处，署城守尉定禧既无扶同朦混情弊，应毋庸议。书识高全信具稿混渎，胆大妄为，应由城守尉责革驱逐，不准再在满营滋事。左翼协领那尔春布职司钱粮，于崇志应支廉俸，并不查明前任领款数目，任意加增，虽非迎合，亦属滥应。其奉委查庄浪满营军饷，既未将该营帐目确切查明，回凉州后又不据实禀覆，致崇志将祥元等严参，是此案始终构陷，实由该协领一人而起，应请将那尔春布交部严加议处。署协领鸣鹤久在满营，岂不知镇番粮石，系同治五、六年城防紧急时所筹备，乃以十余年停解之款，朦混请催。镇番距凉城二百里，以五百里传牌札提，何等严切。继乃私议贱折，并不禀知副都统，殊属专擅。现虽将银退还，供无串通舞弊情事，实属任性妄为，违例取巧，应请将鸣鹤交部议处。署镇番知县萧汝霖以不应解之粮，贪图贱值，率行应付。虽迫于严札牌催，而不先禀请示，实属颟顸，不胜知县之任，惟文理尚优，应请将本任会宁县知县萧汝霖开缺，以教职选用。何开畴虽讯无句串舞弊确据，而既为镇番幕友，又充满营书启，干预公事，必非安分之徒，应由护理副都统荣禧责逐，不准逗留。副都统崇志奏参祥元等各节，事非无因，初以祥元等动用饷余银两未据禀报，致滋疑窦，继以呈覆文内措词失当，屡经传唤不到，出于忿激，实则由那尔春布查办不实，含糊捏禀使然，其溢支俸干，由那尔春布不查前案任意支送，即札提镇番粮石，亦由鸣鹤朦禀饬催专擅取巧，而崇志未能详察，疏忽之咎，在所不免，应如何申儆之处，伏候圣裁。

所有查明据实覆陈缘由，谨缮折具陈，伏乞皇太后、皇上圣鉴训示。谨奏。

153. 覆陈凉庄满营情形片 光绪十年四月十六日

再，臣闻凉庄满营习气太深，彼此倾轧，动辄造谣生事，互相攻讦，竟有凉庄世仇之语。侵寻不已，必酿事端。相应请旨，饬下护理副都统荣禧、城守尉铨兴严行训饬官弁，各安本分，毋蹈故习。副都统崇志在凉数年，训练兵丁尚能加意讲求，性本质直，心亦无他。惟驭下过严，酒后无德，信口詈骂，以故满营啧有烦言。久处此间，似非所宜。此案肇衅甚微，为那尔春布所构煽，竟至上下交讧，崇志轻听人言，遇事粗率，诚不得谓无过。然因此案与祥元等同干吏议，恐此后凉庄攻讦之风愈炽，殊于风气有关。臣故不敢擅拟，想圣明自有权衡。臣既有所闻，谨附片陈明，伏乞圣鉴训示。谨奏。

154. 统筹关内外兵饷数目酌拟办法折 光绪十年十月十八日

奏为遵旨统筹关内外兵饷数目大致情形，酌拟五条，另缮清折，仰祈圣鉴事。

窃臣准军机大臣字寄光绪十年二月十七日奉上谕："户部奏，西路军饷浩繁，急需统筹全局，并详筹未尽事宜各折片，着刘锦棠、金顺、张曜、谭钟麟按照所奏各节，悉心区画，切实筹商，议定后速行具奏。等因。钦此！"遵旨寄信前来。臣查户部所陈，于新疆利弊洞烛无遗。目前急务，以定勇数为先。勇数定则饷数偻指可计。既不能骤撤关外各营以复兵，惟当裁减现存之勇以节饷，大致既定，则未尽事宜，可随时措置，以规久远。既曰统筹，自宜合关内外通盘合算，以归画一。既奉谕旨切实筹商，自当兼权并计，彼此互商，以求至当。臣于四月间酌拟五条，分咨诸臣，共质可否，原不敢以鄙议为定。旋准刘锦棠咨，已于四月二十八日先行覆奏，六月中接张曜咨，于五月二十一日覆奏，本月初四日，准金顺咨，于闰五月二十四日覆奏，议论互有异同，则事体莫衷一是。第系规画经久之策，自不妨各抒所见，以备朝廷采择。

臣谨将所拟关内外勇数、饷数及分扎处所各条，另缮清折具陈，请旨饬交部臣妥议，是否有当，伏祈皇太后、皇上圣鉴训示。谨奏。

155. 密陈和局中变率师北上片 光绪十年十月二十八日

再，臣接鄂渚友人函称，法国和议中变，已有夷船来沪，肆意要求索偿兵费。又闻有驶往福州之语，道远音疏，莫知其详。

而闻之不胜愤懑，该夷所恃者，船坚炮利耳！与之角逐于海上，是以我所短攻彼之长，诚未有胜算。比其登岸，则步骑谅亦无多。一与一相当，何尝不可制胜。海疆绵延数千里，安能处处设防？但使濒海各省，均有大枝劲旅，上岸即击，主客势殊，劳逸情异，相持日久，彼将自遁。臣窃谓京师根本也，沿海枝叶也。根本既固，则枝叶不摇。畿内必有得力之军驻扎，以资镇定。臣默计近畿，如山东、山西、河南，均无可调之营，临时召募，殊不足恃。甘肃境内无事，防营现存一万二千余人，可抽拨马步五千人，以资调遣，各营现支坐粮，远征应给行粮，以五百人一营，核计行粮较坐粮每月加七八百两，增饷无多。如果事机决裂，夷船驶至津沽。臣当率师北行，或另派弁统带，恭候命下遵行。臣因外夷屡肆欺陵，积愤填胸。誓将殄兹群丑，以伸国威。

愚昧之见，是否有当，谨附片密陈，伏乞圣鉴训示。谨奏。

上谕："谕军机大臣等，谭钟麟奏畿疆防务紧要，甘肃防营，可抽拨马步队五千人，以资调遣。如果事机决裂，即亲率北行，或另派弁统带。等语。览奏具见悃忱，深堪嘉尚。现在战局已成，沿海均应严防，北洋尤为重要。所有备调之马步队五千人，即着谭钟麟遴派得力将领统带，前赴直隶，会商李鸿章择地驻扎，请旨遵行。该督毋庸前来。其所奏加给行粮等语。着依议行。将此由六百里各谕令知之。"①

156. 遵议覆陈折 光绪十年七月二十日

奏为遵议覆陈，恭折仰祈圣鉴事。

窃臣七月十二日准神机营咨，光绪十年六月二十四日覆奏，都统善庆请调马步队伍保卫畿辅一折。本日奉旨："依议。钦此！"钦遵恭录原奏二件，咨行到臣，查畿辅空虚，应有大枝劲旅驻扎，

①《清实录·德宗实录》卷190，光绪十年七月庚申条。

以资拱卫。臣于七月初七日奏请抽拨甘肃马步队五千人移扎近畿，亦是此意。拜折后，当已行知各营，先期调集马步队，拣选精壮，认真操练，听候臣八月初出省，亲行校阅，并未示以远调之举。臣前请率师北行者，以本年腊月值三载述职之期，循例当请陛见。如事机警急，可先期率之入都。或另派员统带，拟由提臣雷正绾督队前进，恭候命下遵行。兹据都统善庆请调雷正绾所部三营、署宁夏镇总兵冯南斌所统两营。臣奉神机营咨，已饬将各旗归并，五百人为一营，备齐行装候调。届时即派冯南斌为统领，由草地驰赴张家口，较为便捷。两军皆食甘饷，与陕西无涉。甘肃之饷，仰给各省。如所调只此五营，照行粮章程，每月需银一万五千两。臣拟在甘筹给四个月行粮，到京后，由部于协甘饷内指拨有着之款，源源接济。查雷营本有闽海关专饷，第相距太远，且值有事之秋，恐不足（侍）〔恃〕。浙江运司六年奉部改拨山西协雷营饷每月五千两。八年曾解六万，拟由浙运库每月拨五千两，浙江厘金项下于协西征饷内拨五千两，江苏协西征饷内拨五千两，共计一万五千两，为五营月饷。若轮船畅行，江浙起解甚便，否则清江陆行入京，亦较由甘解京为捷。相应请旨，饬下部臣酌核，速饬江浙两省按月报解，以顾全局。

是否有当，谨专折驰陈，伏乞皇太后、皇上圣鉴训示。谨奏。

上谕："又谕，谭钟麟奏遵议调营一折。前据谭钟麟奏，拟抽调马步五千人，以资调遣。当经谕令派员带赴直隶，择地驻扎，请旨遵行。兹据奏称，善庆请调雷正绾所部三营，冯南斌所统两营，拟派冯南斌统领。由草地驰赴张家口，在甘筹给四个月行粮。随后由部于协甘饷内指拨有着之款。等语。甘省所调之营，着谭钟麟于善庆指调五营外，另拨二千五百人，以符该督原奏五千人之数。其另拨之军，应派何员统带，及由何处行走，均由该督酌度办理。所需行粮，并着筹足四个月应用。将来到防后，该军月饷如何给领。着户部议奏。将此由六百里谕令知之。”①

157. 奏陈遵调马步防军赴直启行日期折

光绪十年七月二十日

奏为遵调马步防军赴直启行日期，恭折仰祈圣鉴事。

窃臣准军机大臣字寄光绪十年七月十八日奉上谕：“谭钟麟奏畿疆防务紧要，甘肃防营可抽拨马步队五千人，以资调遣。如果事机决裂，即亲率北行，或另派弁统带等语。览奏具见悃忱，深堪嘉尚。现在战局已成，沿海均应严防，北洋尤为重要，所有备调之马步队五千人，即着谭钟麟遴派得力将领统带，前赴直隶，会商李鸿章择地驻扎，请旨遵行。该督毋庸前来，其所奏加给行粮等语。着依议行。将此由六百里各谕令知之。钦此！”遵旨寄信前来。臣即钦遵恭录，咨商直隶督臣李鸿章酌定驻扎地方，就近奏明。请旨遵行。甘省各营将士，闻调兵攻剿法夷，纷纷禀请赴前敌效力，足见忠愤之气，尽人皆同。陕西固原提臣雷正绾闻命，星驰入省，愿效前驱。现经派为总统，所有马步队十一营，共五千人，均归节制。雷正绾亲率步队七营、马队两营，自固原趋陕西、山西赴直。署宁夏镇总兵冯南斌率步队两营，自宁夏走草地，入张家口。所派营官，皆勇敢善战，无不踊跃从事。已定八月十二日拔队启行，计九月中可到直境，听候李鸿章知照所驻之地，会齐分扎。自八月十二日起，照行粮给饷。臣已筹发四个月薪粮，共银十三万二千两，交雷正绾汇领分给。以后月饷，或由江浙两省拨给，或另指他省，于协甘饷向分拨。应请饬下部臣，酌量妥筹，责成各省先期解部，由雷正绾按月赴部请领。甘肃兵饷，皆仰给他省，且距京较远，势不能由甘转解，部臣洞悉甘肃情形，必能统筹兼顾也。至各营帐棚、洋枪、子药，均已配带齐全，目

---

①《清实录·德宗实录》卷190，光绪十年七月丙寅条。

前尽可敷用。如日久所需或多，请饬下直隶督臣李鸿章，就近借拨应用，事后由甘归款。兰省虽尚有存者，而长途搬运，车费甚昂，较之由津购买，价相若也。

所有抽调马步队五千人由甘起行日期，谨缮折驰陈，伏乞皇太后、皇上圣鉴。谨奏。

158. 遵保堪胜监司人员折光绪十年八月十二日

奏为保荐堪胜监司人员并案送部引见，以备器使，恭折仰祈圣鉴事。

窃臣迭奉部咨，恭录谕旨，令中外臣工保举人才，仰见圣明求贤望治、循名责实之至意。窃维人才各有短长，大约从历练而出。但使志趣克正，随事用心，不染巧滑粉饰习气，则阅历深而器识自广，即随所用而各有表见。就臣耳目所及，才全德备者，殊不多觏。若舍短取长，亦尚足以集事，顾用之何如耳？查西宁府知府定祥，镶红旗满洲人。由刑部司员于同治三年出守江西吉安府，丁忧起复，补陕西凤翔府知府，值光绪三年旱灾，办理赈务，极为核实。故凤郡流亡甚少。是年大计，保列卓异。五年，前督臣左宗棠奏请调补西宁府知府。旋署西宁道篆，正己率属，勤求民瘼，经理蒙番事务，悉称平允。九年，调署兰州府知府，委审各案，细意推求，并无冤滥。去冬举行大计，复保卓异。奉部咨催引见，现已给咨北上。臣查西宁府知府定祥心术纯正，守洁才优，三任知府，先后几二十年。所至皆有绩可纪，而循分尽职，毫无躁竞干营之习。该员本自刑曹出身，名例谙悉，居心仁厚，折狱明允，若畀以监司之任，当能举其职而尽其所长。合无仰恳天恩，饬部并案带领引见，应如何录用之处，伏候圣裁。

所有保荐人员并案引见缘由，谨缮折具陈，伏乞皇太后、皇上圣鉴训示。谨奏。

159. 候补道员请存记录用片 光绪十年八月二十日

再，甘肃候补道周崇传，由翰林改官中书，调赴军营，洊保道员。笃实纯明，清操绝俗，虽举动近于拘迂，而风裁原自峻整。曾署镇迪道及平庆泾固化道，驭下颇严，爱民甚挚，事无巨细，必躬必亲。经前督臣左宗棠奏调江南差委。去甘之日，行李一肩，仆从两人，敝车羸马，依然寒士。若令久于其职，足以风励有位。嗣在江南奉部议覆，令缴分省银两，无力措缴，已回原籍。该员本系京官，曾经引见，可否存记录用，仍饬归甘省候补之处，伏候圣裁。谨附片具陈，伏乞圣鉴训示。谨奏。

160. 遵保堪胜专阃人员片 光绪十年九月初六日

再，陕甘武弁，自军营起家，勇敢善战者多，而和辑兵民、能识大体、洁清自爱、缓急足恃者，以姚文广、邓荣佳、冯南斌为最。谨举其切实事迹一一陈之。查提督衔记名总兵姚文广，贵州铜仁县人。心地光明，有胆有识，任事勇往，不避艰难。前署潼关协副将，绥辑地方，兵民欢洽。现署汉中镇总兵，抚绥巡辑，身先士卒，与文员联络一气，戢奸禁暴，游匪敛迹，克己爱民，不事矫饰，是陕西武弁中最为出色之员。记名提督邓荣佳，湖南郴州人。忠勇性成，战功卓著，驭兵整肃，宽猛得中。前署巴里坤镇总兵及臣标中军副将，整饬营务，皆有成效。现委署西宁镇总兵，训练兵勇，壁垒一新，居心仁恕，口不言劳。前督臣左宗棠谓该员是将领中以品概著者，良非虚语。又遇缺题奏提督冯南斌，广东归善县人。朴诚干练，晓畅戎机，性情慷慨，勇于赴义。往岁陕西旱饥，该员在宁夏购赈粮，较他处为节省，水陆筹运，深赖其接济之力。两署宁夏镇总兵，治兵练勇，纪律严明，地方官民皆称道之。该员现已率队赴直协防，俟海防肃清后，入都引见。姚文广现署汉中镇总兵，邓荣佳现署西宁镇总兵，应俟交卸后再行赴部引见。

以上三员，均堪胜专阃之任，可否仰恳天恩，存记录用之处，恭候圣裁。所有保荐武职人员缘由，谨附片陈明，伏乞圣鉴训示。谨奏。

161. 遵议筹拨赴直军饷折光绪十年九月十八日

奏为遵议筹拨赴直防军饷项，恭折仰祈圣鉴事。

窃臣准户部咨，议覆调赴直防之甘军五千人，由臣酌定饷糈，奏明划拨。截清界限。等因。钞折咨行到臣，查由甘调直步队九营、马队两营，照行粮章程，步队一营五百人，大小建牵算每月需银二千九百两，马队二百五十人为一营，大小建牵算每月需银三千一百二十八两零，加以统领费每月四百两，及长途车运军装之费不在此数。臣筹给四个月行粮，每营一月三千两，十一营合计每月三万三千两，共发银十三万二千两。自八月十二开拔之日起，支至本年腊月十二日止，足敷四个月之用。臣前请拨浙江运库每月五千两，浙江厘金局五千两，江苏协甘饷内五千两，系指都统善庆所调五营而言。兹合马步十一营，核计每月需三万三千两，自应另行筹拨。查闽海关原有协雷营专饷每月二万两，以此款改解户部，随时由雷正绾赴部请领。则合江浙所解，每月有三万五千两。自本年腊月十三日起，支至十年十二月底止，应可敷衍。以公款济公用，只求实际。惟望各省关源源接济，不至短绌，似不必分坐粮由甘支，行粮由部筹也。臣前折闽海防务孔亟，此款恐不足恃。原系臆度之词，现在闽海之师咸集福州，该夷狡谲，避实击虚，则浙防、江防又觉可虑。臣所以指拨闽、浙、江苏者，以濒海拨解为便，而军情万变，未可逆料。应由部臣统筹全局，随时酌度匀拨，臣不敢预定也。至截清饷项界限，应自十一年正月为断。查此次调出马队两营，原系雷正绾统带，因有调防之举，先令将人马疲乏者汰之，以副红旗马队一旗补足两营，另招新马队一旗，填扎狄道一带。雷营本步队五旗，只留正固一旗驻庆阳，裁去平凉张大雄一旗，并四旗为三营。不足之数，另招添补。冯南斌所统步队四旗，挑并两营外，另招补成两旗，以防宁夏。省城裁去武威右营一旗，补足唐凤辉、武万才带去两营。西宁、河洲则挑各旗中精壮者为两营，归邓少云、杨耀关管带赴直。留防各旗另行募补。此调出马步勇丁之数也。甘省原存步队三十二旗，马队二营十旗。除此次调出马步队并裁撤步队两旗外，实存步队二十一旗，马队十旗，此留防勇丁之数也。照坐粮章程，此时关内防营，每年需勇饷五十一万二千两，武职廉俸兵饷，每岁需银四十六万余两，二共九十七万余两，赴直防军在甘支发坐粮，每年约需银二十五万余两。臣前奏统筹关内外饷数折内，请拨关内十一年新饷一百二十万，本系确数。兹除调赴直勇饷外，应请拨银九十五万两，以备关内十一年之用，则行者、居者皆有确饷，界限分明，无虞牵混。

相应请旨，饬部再行酌核，并严催各省关按数筹解，不至频烦部垫，则微臣幸甚！所有遵议筹拨防军月饷缘由，谨缮折驰陈，伏乞皇太后、皇上圣鉴训示。谨奏。

162. 防营渐减谨拟练兵章程折光绪十年十月二十八日

奏为防营渐减，先行试办练兵，以求实用而固边（围）〔圉〕，谨拟章程十二条，请旨饬部核覆遵行，恭折仰祈圣鉴事。

窃甘省兵制，经前督臣左宗棠、护督臣杨昌濬照闽浙减兵增饷章程斟酌裁汰，原额制兵五万七千五百余名，裁去一万七千六百余人，酌留三万九千九百三十九名。原额兵饷俸干一百余万，除减者二十万，每岁实需官兵俸饷八十三万余两，业经奏奉部覆，允准在案。臣上年请暂缓举办者，以添兵增饷，必先裁勇，裁勇又需发欠饷，二者并举，饷力不及，只可次第图之。甘省前存勇丁二万二千余人，两年以来，撤去其半。现又调出五千人赴直，边防未免空虚，自应添兵，以资填扎。查前督臣裁减案内，只有团扎马兵粮饷较厚，余则每名岁加银四两，仍恐未能得力，必须略为变通，庶兵期可用，饷不虚糜。向来绿营制兵，不可深恃，各省皆然。同是一人，当勇则奋，充兵则惰者，何也？饷之厚薄攸殊也。旧制，马兵岁饷十六两，粮八石，步兵十二两，粮六石，守兵每岁八两，粮四石。核计守兵每日所得，不过三十余文，何能自给？甘省现存之兵，不分马、步、守，月给银一两。而宁夏等处无愿充兵者，缘兵燹后地旷人稀，贫民佣工，日可得钱二百文，即照裁减案，每年加银四两，计每日不过多十余文，所增无几，大约半供差操，半借贸易、手艺以谋生，欲其终岁团扎，朝夕操练，其势有所不能。臣六年在浙，值海防紧急，饬濒海一提三镇，各练兵两营，金、处两镇各练一营，按月加以津贴，彼此互调，离其乡井。前署浙提张其光所练宁波两营，最为精劲，兵之强弱，亦在人为耳。臣现与提镇、司道商就前督臣所定减省饷数、兵数，稍为变通，计甘省两提五镇及督标八处，均先行试办练兵一旗，照勇营之制筑垒团扎，朝夕训练。营官则以本标副、参、游、都、守久经战阵、熟习营规者为之，自有廉俸，不增薪水，但给津贴。哨官则择都、守、千、把久于戎行者为之，虽候补武弁亦可委用，挑各标马兵之精壮者三百七十人为一旗，每月照土勇章程各给银三两，伙勇不在此数。约计以马兵练步队一旗，除底饷粮价马干每岁每旗加银四千余两，练马队一旗，除底饷粮价马干每岁加银六千余两，将来撤一旗勇，即可练三旗兵，于饷需不无节省。如部议以为可行，拟即推广办理。省城督标、甘肃提标，凉州、肃州、宁夏、西宁镇标各练步队两旗，马队一旗，河州镇及固原提督辖境较宽，拟各练步队三旗，马队一旗，计步队十八旗，马队八旗，共七千六百六十人。平时团扎操演，心志专壹，在营朝夕聚处，一如家人、兄弟之谊。有事一呼咸集，或有彼此相顾之情。视曩时绿营，一遇征调，仓皇失措，旬日不能成行者，利钝迥殊矣！其余马步守兵，仍照裁减案内人数，先足马步之额，守兵则酌量匀拨，但就奏定每岁八十三万饷数，分别开支，不足以粮价弥补，不必另请增饷。其改设、移设官弁，尚有可裁者裁之。统俟奉部覆后，再与各提镇、司道互商办理。

臣为试练标兵务期得力起见，谨拟章程十二条，另开清折恭呈御览。是否可行，请旨饬部，核覆遵办，谨缮折具陈，伏乞皇太后、皇上圣鉴训示施行。再，陕西兵制，臣已函商抚臣边宝泉①饬陕藩司与镇协巡道酌度各处情形，仿照甘省办法，将弁兵核实裁减，俟详覆酌定，再行会奏，请旨遵行，合并声明。谨奏。

谨拟练兵章程十二条，恭呈御览。

一、马队一旗，设管带一员，帮带一员，先锋三名，亲兵一队，内领旗一名，亲兵十名。中、左、右三哨，每哨哨长一员，护兵三名，每哨马兵三队，每队领旗一名，马兵三十名，共一百二十五名。管带、帮带在外，又书识一名，火夫十四名，哨长、马夫三名。

一、步队一旗，设管带一员，帮带一员。亲兵四队，每队什长一名，亲兵十名。中、左、右三哨，每哨哨长一员，护兵四名，每哨九队，内抬枪两队，每队什长一名，步兵十二名。刀矛小枪七队，每队什长一名，步兵十名，共三百七十名。管带、帮带在内，又书识一名，清书一名，火夫三十五名。

一、马队一旗，管带官一员，除坐支标营廉俸、马干外，月支公费银二十四两，制办旗帜、油烛、纸张在内。帮带一员，月

①边宝泉（1831—1898），字廉溪，号润民。原籍奉天辽阳，祖先随清军入关，定居今河北省霸州市城内，属镶红旗汉军籍。同治二年（1863）中进士，历任翰林院编修、乡试、会试考官，户部给事中等职。为官清正，直言敢谏。当时农业歉收，直隶总督李鸿章献瑞麦，媚上取宠，他直言驳斥。任陕西督粮道时，适逢荒年，筹粮赈济灾民，救活了很多百姓。光绪二十年（1894）调任闽浙总督。甲午战败，割让台湾，深感国耻，痛哭流涕。在处理教案时，尽管外国领事百般要挟，英美军舰驶入马江口进行恫吓，不为所动，坚持按中国法律秉公审讯，维护了国家主权。因积劳成疾，于戊戌年（1898）病逝（一说因戊戌变法失败而吞金自尽）。死后追赠太子少保，诰授光禄大夫、建荣将军。

支薪水十二两，马干杂费银二两七钱，马夫银二两四钱。哨长三员，每名月支口粮银五两四钱，马干杂费银二两七钱。先锋三名，每名月支口粮银三两九钱，马干杂费银二两七钱。领旗十名，每名月支口粮银三两六钱，马干杂费银二两七钱。亲兵十名，护兵九名，每名月支口粮银三两三钱，马干杂费银二两七钱。马兵九十名，每名月支口粮银三两，马干杂费银二两七钱。外书识一名，月支银六两。火夫十四名，哨长、马夫三名，均月支口粮银二两四钱。管带、帮带、书识公费薪粮不扣建，余均扣建，计每大建月需饷银八百二十二两，每小建月需饷银七百九十六两，按六大建、六小建，合计每岁共需饷银九千七百八十两。以马兵一百二十二名练马队一旗，除每名每岁底饷银十六两，共合银一千九百五十二两，又每名每岁粮八石，共粮九百七十六石，每石银一两二钱，合价银一千一百七十一两二钱，又每名每岁马干银三两，合共银三百六十六两。三共合银三千四百八十九两二钱外，每岁应加银六千二百一十八两八钱。

一、步队一旗，管带官一员，除坐支标营廉俸马干外，月支公费银四十两，制办旗帜、油烛、纸张在内。帮带一员，月支薪水银十二两。哨长三员，月支口粮银七两二钱。什长三十一名，每名月支口粮银三两六钱。亲兵四十名，护兵十二名，每名月支口粮银三两三钱。步兵二百八十二名，每名月支口粮银三两。外书识一名，月支口粮银六两。清书一名，月支银四两。管带火夫一名，各哨队火夫三十四名，均每名月支银二两四钱。管带、帮带、书识、清书公费薪粮不扣建，余均扣建。计每大建月需饷银一千二百九十六两八钱，每小建月需饷银一千二百五十五两六钱四分，按六大建、六小建，合计每岁需银一万五千三百十四两六钱四分。以马兵三百六十五名练步队一旗，除每名每岁底饷银一十六两，共合银五千八百四十两，又每名每岁粮八石，共粮二千九百二十石，每石银一两二钱，合价银三千五百四两，又马干银三两，共合银一千九十五两。三共合银一万四百三十九两，外每岁应加银四千八百七十五两六钱四分。

一、甘省关内督标，甘提肃州、凉州、宁夏、西宁、河州五镇及陕西固原提标驻甘各营，原额共马步守兵五万七千五百七十二名，每岁共需兵饷、马干银八十一万九千四百七十六两，加官弁俸廉、倒马等项银一十八万五千一百三十三两八钱八分六厘，公费银三万四千七百八十两三钱，合共岁需银一百三万九千三百九十两一钱八分六厘。裁减兵制案内，议设兵三万九千九百三十九名，每岁共需兵饷、马干银六十一万九千九百二两三钱七分四厘，加官弁廉俸等项银一十七万五千九十两七钱五分二厘，公费、差费银三万八千七十一两一钱一分六厘，合共岁需银八十三万三千六十四两二钱四分二厘，较原额计节省银二十万六千三百二十五两九钱四分四厘一。裁减兵制案内，每岁酌留官兵俸饷等项银八十三万三千六十四两二钱四分二厘，内除官弁俸廉公费等项银二十一万三千一百六十一两八钱六分八厘外，每岁应需兵饷马干银六十一万九千九百二两三钱七分四厘，除议练马队八旗，岁需饷银七万七千六百六十四两，步队十八旗，岁需饷银二十七万七千六百六十三两五钱二分二。共岁需饷银三十五万三千三百二十七两五钱二分外，下余饷银二十六万六千五百七十四两八钱五分四厘。又除照裁减章程应募马兵九千九百八十三名，内抽练马步队马兵七千五百四十六名，当余马兵二千四百三十七名，应占饷银三万八千九百九十二两外，当余银二十二万七千五百八十二两八钱五分四厘，照裁减案募足步兵一万五千九百七十八名，岁需饷银一十九万一千七百三十六两，仍余饷银三万五千八百四十六两八钱五分四厘，以之酌添守兵，不足再以粮价弥补，不另增饷。惟固原提标驻甘各营，向来粮由甘发，饷由陕领。照裁减案内，每岁实需俸饷十三万余两，此后拟由陕照数解甘藩司库支放，以归划一。

一、练兵口粮，照勇营之制，不另给本色粮石，所有马队一旗，兵一百二十二名，额支粮九百七十六石，每石合银一两二钱，共合银一千一百七十一两二钱。步队一旗，兵三百六十五名，额支粮二千九百二十石，合银三千五百四两，即以抵充饷银，如练兵有愿领粮石者，亦照此价在饷内抵扣。又马兵每名每岁额支料五石四斗，草三百六十束，兹改为练兵，料草均不给发。计练马队一旗，每岁可省料六百五十八石八斗，可省草四万三千九百二十束。练步队一旗，可省料一千九百七十一石，可省草一十三万一千四百束。

一、粮价一项，裁减兵制案内，按例价每石合银二两，惟市价各处不同，就甘省现时价值，均不过一两零，且有八九钱者，若照二两抵算饷银，则各兵得饷较少，不免苦累。兹按时价酌中，以石一两二钱合算，以示体恤。

一、挑练马队应需马匹及制办鞍辔等项，拟由公中先为借款，购买给发。仍由该马兵应领饷项内陆续扣还，其马匹即作兵丁私马，庶兵丁视为已物，喂养经心，可期膘壮得力，遇有倒毙，仍由该兵丁饷项内扣银买补。

一、挑练马步队应需号衣、子药、火绳、枪炮、刀矛、锄铲、锅碗各项，除各标营库存领用不计外，余由省城军装局配发，倘有不敷，准发款购办，仍由各标营例支公费内支销。帐房一项，现扎坐营，皆筑垒以居，非另有征调不发。

一、练兵既抽拨团扎，一若勇营之制，则朝夕训练，升降赏罚，一切悉由管带主持，遇有革故缺额，均由管带以标兵之精壮者挑补，庶情意联络，有事乐为之用，但管带以在任官员充当，则本营有应办公事，自难朝夕在营，专力训练。必须得力帮带为之照料，庶无贻误。若哨长则非管带可比，尤须常川住营，始与兵丁相习，无论实缺候补，皆以能耐劳之员派充，以专责成而期得力。

一、标营兵丁，多长衣缨帽奔走差使，讲求仪节，若充练兵，则应帕首短衣，如勇丁之制，庶可便操练而习勤劳，且标兵饷银无几，半借贸易、手艺为养赡之资。一充练兵，口粮较优，即须日夜在营，非挂号不得擅离营垒，其饷银无论底饷、练饷，概由练营总领分发，不与本营相涉。

163. 会奏变通宁夏庆阳二府岁科试折光绪十年十一月初六日

奏为宁夏、庆阳二府距省较远，应试人少，拟请岁科连考，以归简便，恭折仰祈圣鉴事。

窃臣等据宁夏道府详称，宁夏距省千里，地处极边。兵燹之余，元气未复，生聚教训，在在需时。溯自同治十一年开考以来，岁科八次，兼补前数届缺额，入学者已过千人。近年应试文童，多系稚齿，文粗成篇，勉强凑数，竟同竭泽而渔。若照任缺无滥之例，悉数裁汰，未免额成虚设。而此一二进取之人，成名太易，反启后来幸进之心。惟有设法变通岁科连考，或者多宽一年之期，即多受一年之益。且郡境辽阔，士子赴郡应考，或五六百里、三四百里不等，寒畯往返劳费，颇形竭蹶。据各学教官、廪生面述情形，殊可矜悯。查阶州、安西、肃州三属，俱为甘肃边境，照旧岁科连考。宁夏在陇北极边，与三属相同，可否援照岁科连考之处，详请核办前来。臣等查甘省各属，向系岁科并行，自分设学政以来，惟阶、安、肃三属岁科并试，余皆分考。臣廷黻按临宁夏府三次，合郡应试，文童初次尚二百余人，二、三次仅百余人，文理通顺者殊不多见，叠经扣留学额在案。该道府所称，人不及额，系属实在情形。臣钟麟查陕西汉中、兴安等七府州，虽经分设学政，仍照旧岁科连考。原以人文未盛，不如宽以时日，俾资培养。甘肃宁夏、庆阳二府，在东北边境，均距省千里而遥，地方凋敝，应试人稀，亦略相等。似应援照阶、安、肃三属成例，岁科连考，以归简便而昭画一。

臣等再四筹商，意见相同。谨合词恭折具陈，请旨饬部核议，宁夏、庆阳二府，可否改为岁科连考之处，恭候命下遵行。伏乞皇太后、皇上圣鉴训示。再，此折由臣钟麟主稿，合并陈明。

谨奏。

164. 创设书院讲舍片 光绪十年十一月初六日

再，臣廷黻[①]自八年五月接任后，历考平、庆、泾、固、宁夏五属，校阅试卷俱浅薄，诗赋多未叶声韵。柢省后，与臣商酌，将省城旧日考棚改设求古书院，专课经史、词章，两载以来，诸生渐知讲求根柢之学。惟西路五郡，距省较远，士子来院肄业者甚少。查甘州为五郡适中之地，即就该府城分建河西讲舍，课士章程，悉照求古书院办理。所有经费，初由臣廷黻捐廉试办，继由臣钟麟筹款分给兰州、甘州两府发商生息，以垂久远。用副圣朝加惠边士之至意。谨合词附片具陈，伏乞圣鉴。谨奏。

165. 述职届期吁请陛见折 光绪十年十二月二十四日

奏为述职届期，循例吁请陛见，恭折仰祈圣鉴事。

窃臣于光绪七年八月，蒙恩简授陕甘总督。莅任三年，毫无寸效。田野未辟，民困未苏。凡整军经武之谟与理财用人之要，皆职分所当，尽终竭蹶而无功，未报涓埃，负惭夙夜。溯自五年秋，陛辞赴浙，六载于兹，梦绕觚棱，心萦辇毂。值海疆之俶扰，

---

①陆廷黻（1835—1921），初名霞，字渔笙，一字己云，号镇亭山人，鄞县人。同治三年（1864）顺天副贡，同治五年举人，同治十年进士，诰授奉政大夫、翰林院编修、提督甘肃学政。官甘肃学政期间，倡教兴学，口碑甚佳。归后主讲崇实、月湖两书院，造就后学甚众。著有《镇亭山房诗文集》三十卷。陆廷黻生平喜蓄书，有书数万卷，颜其室曰“镇亭山房”。后毁于火，间有流传者，罕见其藏书印。据民国《鄞县通志》载，其“镇亭山房藏书亦富，后毁于火灾。民国年间有时还见其书流传”。与缪荃孙友善，有互赠藏书之谊。光绪三十四年（1908）四月七日，缪荃孙记云：“派王成、王妈送春姬赴宁波，带去闰枝信两件、碑目一部，元板《礼经会元》一部、《续碑传集》两部，一赠陆渔笙，又一信。赠盛心泉《文集》一部。赠江咏芝《柳词》、陈定生三种。”

念宵旰之焦劳，亟思趋叩阙廷，跪聆圣训，庶遵循有自，陨越无虞。且臣自去冬以来，右目昏眊，不能辨字。近日左目亦觉蒙翳，年逾六十，气血两亏，决无光复之理。惟趁此未尽失明，犹得瞻仰天颜，稍伸依恋。如蒙俞允，则陕甘总督篆务，应请简员署理，俾臣交卸北上，无任悚息待命之至。

所有吁恳陛见缘由，谨缮折具陈，伏乞皇太后、皇上圣鉴训示。谨奏。

谭文勤公奏稿卷十一

166. 交部议叙谢恩折光绪十一年二月二十七日

奏为恭谢天恩，仰祈圣鉴事。

窃臣恭阅邸钞，光绪十年十月初一日钦奉慈禧端佑康颐昭豫庄诚皇太后懿旨：“本年五旬万寿庆典，叠沛恩纶。因念封疆大臣，实为国宣力者，允宜优加奖叙。大学士直隶总督李鸿章、钦差大臣大学士左宗棠、兵部尚书彭玉麟①忠诚莅事，保障宣劳，均着加恩赏给御书匾额一方。伊犁将军金顺、兵部侍郎刘锦棠、广东陆路提督张曜慎固边防，克勤职守。金顺着加恩开复革职留任处分，刘锦棠着加恩赏加尚书衔，张曜着加恩赏加巡抚衔。前任陕甘总督杨岳斌奉诏治军，不遑将（毋）〔母〕，着加恩赏给伊母御书匾额一方，大缎一匹。四川总督丁宝桢、陕甘总督谭钟麟转饷拨兵，共摅忠爱。前湖南提督鲍超②、固原提督雷正绾，或奋驰边徼，或入卫近畿，均着加恩，交部议叙。钦此！”臣当即恭设香

①彭玉麟（1816—1890），清末湘军将领。字雪琴，湖南衡阳人。1853年（咸丰三年）随曾国藩创办湘军水师，购买洋炮，制造大船。次年在湘潭、岳州（治今岳阳市）、田家镇等处与太平军作战。1855年在湖口、九江被太平军击败。此后率所部水师配合陆师封锁长江，围攻九江、安庆和天京（今南京）等地。授兵部右侍郎，加太子少保，有廉直名。1883年（光绪九年）擢兵部尚书，以衰病辞，受命赴广东办防务，后以病开缺回籍。

②鲍超（1828—1886），湘军将领。字春亭，后改春霆，四川奉节（今属重庆市）人。行伍出身。1854年（咸丰四年）以川勇投湘军，升至参将。后至长沙募勇，所部号“霆军”。在湖北、江西、皖南与太平军作战，以能战名。1862年（同治元年）授浙江提督。后至闽、粤镇压太平军。1867年在湖北尹隆河与淮军刘铭传夹攻捻军，被李鸿章劾以会师误期，愤而称病乞归，所部大半遣散。1880年（光绪六年）授湖南提督。1885年中法战争中调赴云南。次年回籍病卒。

案，望阙叩谢天恩讫。伏念臣猥以菲材，谬膺边寄，于察吏安民、整军经武诸大端，虽竭蹶以图功，终迂疏而寡效。前请率师入卫，辱蒙温谕褒嘉。兹值庆典覃敷，复荷圣恩甄叙。闻命之下，弥切悚惶。臣惟有勉竭愚忱，实事求是，旌别淑慝以课吏，简讨军实以备边，庶足仰答高厚鸿慈于万一。

所有微臣感激下忱，谨缮折叩谢天恩，伏乞皇太后、皇上圣鉴。谨奏。

167. 甘军月饷请饬部垫发片 光绪十一年三月二十日

再，固原提督雷正绾所部甘军，现扎山海关外。其月饷已由部指拨江苏、浙江、河南、山东、山西五省分解。昨准浙抚刘秉璋咨，有改拨之请，应准应驳，部臣自有权衡，此外各省曾否报解，尚未得知。而前发甘军四个月饷银，至腊月十二日业将告罄。应请旨饬部，先行垫发两月，以济冬春之交。俟各省解到，由部扣还归款。臣处此瘠区，现值岁尽，各营索饷，苦无以应，势难兼顾。此军时用耿耿，查雷正绾所统马步十一营，旧欠饷银共十三万余两，濒行时，臣已酌给三成，现由商号借银四万兑京，交雷营补发旧欠，以慰将士之心。并函嘱雷正绾，如各省协饷未到，暂为挪移，分给月饷，以支残冬。俟协饷旺解时，再行核明欠数，分别补给。惟冯南斌所统两营，现驻通州。此后月饷，或由雷正绾汇领分拨，或由部按月于各省协饷内拨给湘平银六千两，自应另给冯南斌统领费二百两，以资办公。甘军勇饷，向皆扣三分三厘。自十一年起，是否照扣四分，应由部酌核，分饬遵照。谨附片陈明，伏乞圣鉴，饬部核议示遵。谨奏。

168. 岷州林口土司请改土归流折光绪十一年四月初六日

奏为岷州林口土民具控土司科派大甚，自请隶州为民，饬查属实，吁恳俯顺舆情，改土归流，恭折仰祈圣鉴事。

窃据巩昌府知府颜士璋详称，岷州林口土民后哈哇等联名具控土司后振兴科敛剥噬，民不能堪，情愿改归岷州为民。并黏呈后振兴劣迹多款，具详请示前来。臣当即饬司委员前往确查，旋据委员候补知县贾汝谦禀称，遵即改装易服，亲赴林口堡严密查访，该处土民众口一词，不愿归土司管辖，情愿改隶岷州，以免苛虐。并查后振兴无端科派、需索土民、挟势欺凌、擅行责罚各情，与土民原呈所控无异。比即传集该土民等至巩昌，与知府颜士璋会讯。据后哈哇等四十余户土民同供，土司暴虐，受害甚深，情愿归州为民，取据甘结存案。臣复饬司将后振兴提省，发兰州府覆（该）〔核〕。据振兴供，父后裔盛，原袭林口土百户，同治十年病故，应由振兴承袭，因兵乱未经请袭，仍管土百户事务。林口原有土民八十余户，现只存四十余户。后哈哇等所控各节，皆系相沿陋规。按户摊派，并无拆毁房屋、犁平坟地之事。今众土民既不服管束，土司亦愿改土归流等情，由兰州府讯明，详司核转前来。臣查林口土百户后希魁于顺治十二年授外委百户，其孙后荣昌于乾隆七年实授土百户，沿袭至后裔盛，已阅十世。其子后振兴于后裔盛病故后，未请承袭，辄自称土司。横征暴敛，致所属土民不服，情愿改土归流，自应俯顺舆情。准该土民后哈哇等四十余户改归岷州，编入民籍，由地方官约束。再，查例载，凡改土归流土司，倾心向化，率属内附，由督抚疏请改隶民籍，授以守备、千把总之职，准其世袭。其年富才优者，随营效力等语。今后振兴以应袭之人未经请袭，辄敢率意妄为，致众情不服，情愿改土归流，既非率属内附者比，应不准其承袭。第其亲支别无可袭之人，而其世职又不便遽革。可否俟后裔盛亲支有人，改授百户相当之职，令其承袭。以广圣朝宽大之仁，并可惩土司犷悍之习。

是否可行，相应请旨，饬部覆核示遵，所有土民自请改土归流缘由，谨恭折具陈，伏乞皇太后、皇上圣鉴训示。谨奏。

169. 酌拟西宁供支迎接呼弼勒罕用款章程请饬部核议折光绪十一年四月初十日

奏为酌拟西宁供支迎接呼弼勒罕用款章程，开具简明清单，请旨饬部核议，恭折仰祈圣鉴事。

窃臣准户部咨开，西宁县供支迎接呼弼罕勒用款，道光二十七八年，咸丰四、五年两案，经部驳查，未据题销。同治十二三年，册造各款，开支浮多，种种不合。所有光绪十年以前，历次供支迎接呼弼勒罕及玉树会盟银两，本部亦无成案可循，未便准销，应由臣自行奏明办理，以清数十年积案。其自光绪十年以后，供支迎接呼弼勒罕及玉树会盟款项，应由臣于本年十二月内另定简明新章，速行具奏，再由部酌核奏明，纂入则例，永远遵行。等因到臣，查道光二十七八年，咸丰四、五年两案，臣衙门经同治五年省城兵燹，一切案卷被毁无存，仅据西宁县呈到道光二十七八年奏销登覆底册，及部文一纸。咸丰四、五年奏销此案，奉部文一纸，其底册遗失无从查核。至同治十二三年一案，当因地方新复，百物昂贵，经前督臣左宗棠奏请于向例外酌加津贴，奉部覆准有案。查册造各款，用费至三万余两之多，虽曰照例难免虚浮，第事隔十余年，当日支应之员，早经物故，无可着追。现任西宁知县王裕谦据前任所造之底册，呈请咨覆，并非经手之员。前项用款，早经藩司发给现银二万二千二百四两，除马匹变价及以钱折算外，尚有未领银五千四百六十九两。合无仰恳天恩，俯念此案自道光中至今三十余年，相沿供支，前两案已无册籍可稽，同治十二三年兵燹之余，物贵费重，尚属有因。且经手之员早故，其已领者免其追缴，未领者不准补发。请旨饬部，将光绪十年以前迎接呼弼勒罕三案及玉树会盟各用款一律核销，所有光绪十年以后另定新章，不能任其浮冒。臣查西宁册造供支之款有三：一曰护牧，一曰迎接，一曰护送入藏。护牧者，库伦、蒙古男妇数百人赴柴达木守候，由京派出大臣随同进城。大臣未到之先，由镇标派游击率官兵二百名，青海左右翼台吉率蒙古兵二百名，自西宁护送库伦。男妇至柴达木，沿途牧畜，俟起身进藏后，撤回各营旗销差。迎接者闻呼弼勒罕自藏起身有期，又派标兵、蒙古兵各二百名赴通天池、柴达木一带迎接至西宁，各回营旗销差。此两项，前次册造供支银二万一千余两，此护牧迎接之费也。护送入藏者，由京派出大臣、司员、笔帖式跟役等到宁供支七十余日，起程时，由西宁镇派兵四十名护之入藏，喂养马匹，供给羊只，往返七八月，开销六千余两。其中衣服、器皿、马匹入槽、鞍辔、油药种种浮费不可究诘。臣详加酌核，以后迎接呼弼勒罕，不须派兵四百名之多护牧，只派蒙古兵一百名就近照料，标兵可以不用，迎接时派西宁标弁率兵百名，入藏时只派标兵二十名，由藩库发银八百两，交西宁办事大臣衙门转给蒙古兵丁，为护牧迎接两次之费，以二千六百五十六两发西宁镇转给派出营弁，为标兵迎接之费。所需马匹、草料、羊只、锅帐、鞍辔，一切皆该营自备，不必由西宁县供支，可省无数妄费。其大臣司员、跟役及官兵二十名，马匹、羊只、锅帐，一切由西宁县供支。无论日期多寡，发给实银二千三百零三两，当可敷用。综计三款，共需银五千七百五十九两。

所有开支细数，另开清单，恭呈御览，是否有当，伏乞皇太后、皇上圣鉴，饬部核议施行。谨奏。

170. 呼弼勒罕请照喇嘛经行内地片光绪十一年四月十七日

再，迎接呼弼勒罕事不常有，臣此次核定各项用款，曾与西宁办事大臣往返函商，以后照此办理，尽可措置裕如。惟念呼弼勒罕由藏来宁，经由番地，近来时有中途劫夺之案，即多派兵丁，亦于事无济，若由内地行走，虽少纡程途，较为稳便。查前后藏喇嘛入都，往来皆经内地，沿途州县供支，有一定章程，喇嘛可行，则呼弼勒罕亦可行。其由藏起身，驻藏大臣派员送至川境，由川督派知府、同知一员，护送至川陕交界之宁羌州。由陕甘派员迎护，至西宁先期知会库伦蒙人等来西宁迎接。所奉谕旨赏赍各件，由京派大臣一员，赍至西宁交替。既足广圣朝柔服之仁，且以昭慎重保护之意。

是否可行，相应请旨，饬部会同理藩院斟酌妥议，谨附片具陈，伏乞圣鉴训示。谨奏。

171. 玉树会盟往返用款由藩司给发实银片光绪十一年四月二十日

再，玉树会盟，三年一举，计往返程途，不过五十余日。纵传集人证，讯断需时，大约四阅月可毕。前次往返年余，用银至二千四百余两，未免漫无限制。臣拟嗣后玉树会盟，以六个月为限，官兵马匹毋须前度之多，所有官弁兵役需用各项，不必由西宁县供支。每次由藩司发实银五百二十二两五钱，交西宁办理大臣衙门转给派出章京及蒙古兵丁等。再发银三百四十八两二钱，交西宁镇转给派出营弁兵丁，自行制备一切，事竣免其缴马变价。计每次需用银八百七十两七钱。

所有开支细数，另缮清单，恭呈御览，是否有当，伏乞圣鉴饬部核议施行。谨奏。

172. 剿办肃州游匪折光绪十一年四月二十日

奏为游匪胁众抢劫，抗拒官兵，旋即扑灭，将首要各犯悉数拿获，讯明正法，地方安谧，恭折仰祈圣鉴事。

窃臣前准甘州提督周达武①咨称，据清水营都司龚得胜、高台县知县罗佐清禀称，肃州九家窑有外来匪徒李九明、孙九山、莫松林等煽惑居民，聚众滋事，头裹红巾，形同叛逆。于十二月十二夜分赴村堡，掠取马匹。裹胁良民入伙，提督已派甘标参将刘得腾、管带练军游击梁庆章率兵勇前往相机剿抚等情。臣即飞饬肃镇率马、步队就近合剿，并派副将周炳生带步队一旗及永昌、平番马队，迅即西进。又虑其窜入南山口内，饬西宁镇派游击王振德等率马、步队越境助剿。旋据咨报，刘得腾等十五日至高台，探闻匪党窜踞吴家堡。十六日，官兵围攻，该匪凭墙放枪，抵死抗拒，伤毙兵勇九名，受伤者二十余名。适肃标马步队到，四面合围，悬示投诚免死，擒获首匪者重赏。堡内武生吴肇南等，暗

①周达武，字梦熊，湖南宁乡人。道光八年（1828）生。幼时家贫，曾为人佣工。咸丰四年（1854）入湘军李续宾部，随军进攻岳州。后转战湖北、江西，在武昌、永宁州、九江等地负伤，历迁守备、都司等职。其作战悍猛，尝领百余人组成信字营，遇战多为前锋。八年攻陷麻城、黄安，擢游击。李续宾部在三河镇全军覆灭，舒城也为太平军所占领，周达武亦受重创，旋回原籍养伤。咸丰九年（1859），石达开军围宝庆（今邵阳）。周达武应召与王永章各领500人，号章、武二军，随知府刘岳昭往援。宝庆解围，擢参将。在广西富川、平古城、连塘、贺县击溃石达开部，擢副将，加总兵衔。又在永明、柘牌镇压两支起义队伍，升总兵。同治元年（1862），太平军攻克湖北来凤，期与石达开部遭遇。周达武趁其立足未稳，收复来凤，获二品封典。同年，骆秉章督师四川，周达武应调入川。夏秋之间，率部相继镇压周绍勇、福桂、郭占彪等起义，擢四川提督。时太平军扶王陈得才军围汉中，石达开军进宁远。周达武增募兵4000人，与太平军多次激战。率部攻占阶州，又镇压松潘少数民族起义。同治四年，升贵州提督，仍留防四川。同治九年（1870）赴贵州提督任。先后镇压太平军余部李文彩军，以及李高脚、张秀眉等几支苗民起义队伍。光绪三年（1877）任甘肃提督。十九年（1893）加尚书衔，次年卒于任所。

约本堡良民及被胁入伙者谋缚首逆以献，被匪党殷其华等知觉，将吴肇南等杀害。遂于十八夜纵火焚堡中房屋，官兵乘势攻入，阵斩匪类数十人，跳墙遁者，经官兵截杀六十余人。其逃往南山口者，被副将邹冠群等拿获二十余人，送州讯办。而李九明、莫松林乘黑夜潜逸无踪。其分股抢掠者，经永丰堡附生石登龙、杨艳春计诱入堡，许给马匹，饲以酒食。是夜乘匪醉卧，约各堡居民持梃击毙匪党四十余人，擒贼目辛占敖送肃州，余匪经民团绅耆捆送，地方以安。臣因匪首李九明、孙九山、莫松林在逃，终恐贻患。迭饬肃州文武员弁悬赏购缉，务期悉获，以绝根株。正月十三日，署肃州都司路林与都司程连璲缉获孙九山到案。经臣批饬解省审讯。二月十二日，路林与程连璲复于甘州沙井驿拿获匪首李九明、莫松林二犯，送甘州提督衙门。经提臣周达武饬张掖县讯明，供认不讳，派弁协同地方差役押解来省。讵行至平番红城堡，莫松林病故，李九明服毒自尽。报经臬司委员会同平番县复行验讯，莫松林实系病故，李九明瘾发，嘱解役苏长春以生烟土吞食，毒发身死，差役另行详办。旋据安肃道叶毓桐将高台、肃州兵勇拿获各犯及绅团捆送之匪党王习业、张伏兴、殷柏林、殷橘香、万邦庆、赵端、辛占敖、李如杭、王法保、许汉章等共十名讯取供词，录送到司。经臬司陶模①提讯，孙九山所供，与安肃道送到王习业等各供皆同，由臬司会同藩司拟议具详前来。臣查李九明即李德存，原籍安徽，随营到甘。时或行医，时贩小布、丝线零卖，往来肃州、西宁等处，自称木子真人。以邪说煽惑愚

①陶模（1835—1902），字方之，又字子方，谥勤肃。浙江秀水（今属嘉兴）人。同治七年（1868）中进士，选庶吉士。散馆后授甘肃文县知县，有政绩。1873年调任皋兰知县，协助左宗棠镇压回民起义，修建贡院，开科取士。光绪元年（1875）冬，擢秦州直隶州知州，设粥厂赈灾，置养济院恤孤，增义学、田租以裕教，声名日隆。1879年调署甘州府知府，领盐运使衔。1881年擢宁夏府知府。后历署兰州府、兰州道、甘肃按察使、直隶按察使、陕西布政使、护理陕西巡抚。1891年实授甘肃新疆巡抚。为抵御英、俄侵略，采用德国新式练兵方法操练各营，又于抚署内“练幼兵百余人”，且课以浅近文字和算术，结业后分配于各营。还特别重视边疆的民族教育，为回族、维吾尔族“别定义学章程”，明令须遣子弟入学，严督塾师以教之。又派员探明铁、铅、铜、金等矿及石油，积极筹办地方实业。1895年6月鉴于“时事孔亟”，上《培养人才疏》，认为“天下事所当变通者不止一端，而人才尤亟”。附陈变通之法凡十三条，其中与教育有密切关系者有：（1）整饬国子监，摒滥竽充数之流，课以实用之学。（2）裁汰科考生员，递减录取名额，裁革诗赋取士，策论“禁言时势之条例宜改”。（3）定“小试年限”，凡年15岁以下者，不准应科考，“以端蒙养”。（4）分设算学、艺学科目，使世风趋向于务实。1896年署陕甘总督，镇压西宁回民起义，计划在辖区设学堂、广制造，上疏请朝廷“核实用财，破格储才”。次年，又上疏建议变通科举武科，认为“兵士宜自幼入学校，分别水陆，各习专门”，学成后分别考试所学，毕业考试通过者为秀才，咨部考试通过者为举人，要求“罢去旧例武科”。1900年9月奉旨调补两广总督，时值慈禧、光绪“西幸”，迎驾召见时以病力辞，不许，乃南行就职。1901年3月再次疏请变通科举，认为“泰西之国，无科举之政，入官必由学校”之制，可以仿效，因而变科举之要，首在广设学校。建议于各乡设蒙学，各州县设小学，各州府设中学，各省会设大学，京师设国学。小学以上皆由官设，并以书院改建。各级学堂毕业者，“均各授以本学执照一纸，嗣后无论旗汉，无论由何项进身，非有学堂执照者不得授以是官”。具体而论，对当年的乡试和次年的会试，主张变通考试的内容和方法，但同时指出了根本之图是：“俟学校齐备，课有成才，即将科举停止，俾天下向学之士归于一途。”此后，在广东发起地方兴学运动，饬令各府、厅、州、县设立中、小蒙养学堂。在广州首设中学堂，为各府中学之楷模。通令地方书院，一律改建为学堂。鼓励民间兴学，对邓家让办理的时敏学堂、丘逢甲开设的岭东同文学堂、丁仁长倡设的教忠学堂，均给予大力支持。又于广雅书院旧址，开办广东大学堂，委派姚文倬为总理，延聘中西教习，首先招收备斋学生（预科生）160名，暂设校士馆一所，择西学优长者数十人入馆肄业，并课以东文，作为留学日本之预备。1902年因病乞请开缺，未准。同年病逝于广州，终年68岁。追赠太子少保衔。著作有《陶勤肃公奏议遗稿》等。

民，人亦以其身材高大异之。莫松林，巴燕戎格人，住贵德之马厂地方，以耍拳卖武为业，见李九明即倾心结交，留住伊家。孙九山，山东人，早年来甘，住肃州九家窑，卜卦为生。平时设立经坛，诱民人念经，骗取钱米度日，与该处居民王习业、张伏兴、殷其华、辛占敖等交好。王习业与其父抚养之兄王万业因析产构衅，闻李九明、莫松林膂力过人，足以制伏其兄，商之孙九山、张伏兴、殷其华，请李九明、莫松林来家保护。李九明至，则言天生异相，将举大事，不能为人报私仇，遂邀王万业与王习业劝令和好。孙九山见李九明亦目为异人，愿相佐助。于是，密约游勇河南人李高荣、李进存、赵连、张玉虎，四川人段有伏，湖北人张炳山、赵福堂，至九家窑，诡称李九明医病神效，蛊惑众听，而高台之殷柏林、殷橘香、万邦庆、辛占敖、赵端、许汉章、王法保、李如杭等随声附和，辗转煽惑，引诱入伙，谓从者可致富贵，不从者立即诛夷。风声传播，清水营都司龚得胜飞禀提镇，请兵弹压。该匪等知事已败露，谋抢掠马匹，取堡中旧存拒回枪炮，抗拒官兵。孙九山卜卦不吉，请缓日期，李九明欲杀之，孙九山宵遁。李九明、莫松林、殷其华、辛占敖、何好义等遂于十二夜分股赴各堡，放火杀人，掠取马匹。幸提督周达武派兵星驰至吴家堡围剿，四日之内即行扑灭，余匪悉已擒获。除殷其华、何好义、张应、白秀、李高荣、张炳山、赵正升、李进存、赵连、张玉虎、赵福堂、段有伏等十二名在吴家堡，经兵勇阵斩外，现获王习业等十名讯明随同抢掠，拒伤兵勇，均属罪无可逭。经臣批饬安肃道将王习业、张伏兴、殷柏林、殷橘香、万邦庆、赵端、辛占敖、李如杭、王法保、许汉章等十名均在肃州验明正法，传首犯事地方，悬杆示众。其拿获被胁入伙者，按情罪轻重，分别锁系，枷责保释。孙九山平日以左道惑众，此次虽未随行劫掠，而首先同谋，法所难宥，即在省城斩决。李九明、莫松林幸逃显戮，应行锉尸枭示，以昭炯戒。其被杀害之武生吴肇南，与各堡受害良民及阵亡兵勇九名，容当汇案请恤。仍饬各州县传谕绅耆，各清各堡，编查户口，出具不再容留匪徒甘结存案。

除将现获各犯供录送刑部外，所有游匪勾结滋事，当即扑灭，拿获首要各犯分别惩办，地方安靖缘由，谨缮折具陈，伏乞皇太后、皇上圣鉴训示。谨奏。

173. 关外需饷甚急请饬迅筹折光绪十一年四月二十一日

奏为关外各军需饷甚急，事势可虑，请旨饬下各省，迅筹大批起解，以固军心，恭折仰祈圣鉴事。

窃照部拨甘肃十一年新饷四百八十万，议定各省限五月以前解六成，十月扫数全解。查正、二两月，只收到银六十六万两，按成分给关外五十余万，于二月十二起解，关内则仅十余万。三月内，只据河南报解十万，河东道续报四万，此外杳无消息。而江西所拨八十三万，并未报解分厘。按五月以前六成计算，各省应解银二百八十八万。今三月将尽，所解尚不及二成。纵令四月全数解到，而由兰州解至伊犁，已在七月。解至喀什噶尔、和阗等处，当在八月。此数月中，各营其何以支？闻二月十四日，伊犁马队有哗溃东下赴哈密索饷之事，虽旋即收抚，而金顺营中饷绌可知。万一酿成变故，在事者固难辞咎。而士卒情暌，则军令不肃，恐启邻封窥伺之端。自新饷归甘库统收分支以后，各营委员弁坐索，函牍纷来。臣无从设措，焦灼万分。相应请旨，饬下各省，速筹大批起解，以顾全局，则西事幸甚！

所有关外饷绌情形，谨缮折驰陈，伏乞皇太后、皇上圣鉴训示。谨奏。

174. 覆陈部驳练兵章程各条折光绪十一年四月二十四日

奏为覆陈部议练兵章程，摘出另议各条，分晰开单，恭折具陈，仰祈圣鉴事。

窃臣准部咨，议覆甘肃练兵章程十二条内，以马兵练步队名实不符，令另行妥议。等因。咨行到臣，查甘肃制兵，军兴以后，不及原额之半。且因饷项不敷供支，自光绪四年起，无分马步守，每名月给银一两。所谓马兵者，不过每岁较步兵多领粮二石。惟充马兵之外，委额外等各有马一骑，余皆无马，名曰马兵，其实与步守同也。臣请练步队十八旗，马队八旗，系就裁减案所定每年八十三万饷银合算，若以步兵练步队加饷较多，而所存马兵九千余名，照原额给饷，不敷更巨。拟于马兵内挑七千四百名练步队，则剩出底饷粮料草束，可以抵拨守兵之饷，不必于八十三万外另筹加增。盖以马兵之饷练步队，并非令有马之兵舍骑而步也，部议以马兵练步队，名实不符，自是正论。特未知甘肃马兵，本系有名无实耳。部议谓法不变，则制兵不可以复用，法屡变，则又得因缘以为奸，此诚规画久远之至计。第臣所请团扎训练者，初未敢轻议变法，实因饷糈艰难，无久养勇丁之理。而防营既撤，仅存此未经夙练之兵，缓急恐不足恃。故欲乘兵制未复之初，就案奏定之饷，略为变通，冀化无用为有用。他日欲复旧制，亦不必大有更张。但令团者使散，步者使骑，于饷数、兵数仍无出入。至日久因缘为奸，诚不可不防。如从前舍兵募勇，力祛绿营虚冒之弊，故借以成功。不图近日防营，反沾染绿营之习，而变本加厉，法立弊生，势所必至。因时损益，要在得人而已。臣去冬因防兵大减，饬各标先试练一旗，自十一月初一日起支口粮，业经奏明在案。拟数月后训练有成，附近者调省阅视，甘凉肃则由提镇互相调阅，并令沿途娴习行军、筑垒、扎营之法。庶有事征调，不至仓皇失措。除已练八旗外，另拟练步队十旗，马队八旗。当俟防营遣撤，陆续挑练。缘撤勇须发欠饷，练兵又须增饷，二者并举，饷力不逮。且察看目下情形，防勇有猝难全撤者，亦时势使然也。其余未尽事宜，容臣酌量随时奏明办理。

所有覆陈部议练兵章程，摘出各条，另开清单，恭呈御览，是否有当，请旨饬部核覆遵行，除钞单咨部查照外，理合缮折具陈，伏乞皇太后、皇上圣鉴训示。谨奏。

谨将部议练兵章程（指）〔摘〕出各条，逐款分晰覆陈，另缮清单，恭呈御览：

一、部议以马兵练步队名实不符一节。查原议以马兵练步队，盖因马兵底饷粮价较多。改练步队，每岁每旗加饷不过四千余两。以步兵练步队，照原奏十八旗之数核算，每岁多银四万余两。以马兵挑练，除底饷粮价外，尚有应支料草。统计每年变合银十数万，可弥补留营步守兵之饷。若以步兵挑练，不特无料草可省，而留营马兵九千余名，应支银粮料草，所需更多。则八十三万饷数，不敷甚巨。现在各标马兵，本无马匹，其饷与步守同，若虑名实不符，此后已改练兵，则步队、马队划然各别，不复有马兵之名，无虞混淆。况原议团扎之兵，无论练饷、底饷，概由练营领发，不与本营相涉，则饷项分明，亦无牵混之虑。拟请仍以马兵之饷练步队，以期节省而归实际。

一、部议马队一旗，火夫十四名，哨长、马夫三名。原折未将营哨长及每队如何分用之处，详细声明，令查明速同步队火夫一并分晰报部一节。查马队坐粮章程，每旗三哨，每哨三队，共九队，每队火夫一名，又亲兵一队，火夫一名，管带一员，火夫一名，哨长三员，每员火夫一名，通共火夫十四名。马夫三名，则系哨长三员，每员一名。又步队一旗，照章每旗三哨，每哨九队，共二十七队。每队火夫一名，亲兵四队，每队火夫一名，又管带一员，哨长三员，每员火夫一名，通共火夫三十五名。

一、部议裁减兵制案内，每岁需银八十三万三千五百四十两四钱六分八厘，与原筹八十三万三千六十四两二钱四分二厘，微有不合，应令查明报部一节。查此项确系八十三万三千五百四十两四钱六分八厘，原折误缮，应请更正。

一、部议所余马兵，共二千四百三十七名。除应占饷银三万八千九百九十三两外，尚有马干并未并算一节。查现在各标营马兵多，并无马匹。前折内故未将马干算入。惟裁减兵制案内，留营马兵原定有马干银两。将来如陆续添设马匹，再行给发马干。统计留营马匹，照原额春、冬二季，每匹月支银九钱及五钱不等，每岁不过需银数千两，仍可由挑练马兵余出料草扣价银内动支，毋须另筹。

一、部议练兵所余粮石，以一两二钱折价，抵充饷银。自应划一开支一节。查原议除马、步队练饷并留营马兵、步兵饷项外，照裁减兵制案内，岁需银八十三万之数，仅余银三万五千余两，以之酌添守兵，不足再以粮价弥补。前请练兵愿领粮石，即照价扣抵者，盖因练兵及留营马、步兵概发现银，每年余出无多，则守兵饷银即概须以粮石作抵。若练兵内能多领粮一石，即可少发银一两二钱，以之移发守兵之饷。而各州县额征粮石，亦不致积储过多，难于存放。惟部议恐有影射之弊，亦不可不防。拟将此项练兵，每岁额定每名领粮六石，作价抵饷。此后无论粮价低昂，不得增减粮数，以杜取巧。

一、部议营官，除坐支标营廉俸、马干外，发给津贴，应续行声覆一节。查原议营官，除坐支标营廉俸、马干外，月支公费银四十两。此项公费，即属津贴之款，故原奏内称不增薪水，但给津贴，此外并无津贴名目。

一、部议固原提督所辖在甘十八营，岁饷十三万两，自十一年起由陕照数解甘库支放。陕西兵勇，岁饷不得逾一百二万之数一节。查咸丰七年，前督臣乐斌因甘饷不敷，将固原提属兵饷改由陕省支放，折内声明，固原提标五营，岁需俸饷八万八千余两，在陕藩库支领。提属固原城守等十八营，俸饷十一万四千余两，系由甘藩库支领。因两省章程不一，请统归陕西支放，共岁需银二十万二千余两。现据陕藩司禀称，五营即在十八营之内，每岁由陕解银十三万，归甘统发，则数目多少悬殊。查裁减案内奏定，陕提所属驻甘十八营，岁需银十三万二千六百三十七两一钱八分七厘，内开兵饷七万九千六百六十八两，养廉一万二千四百三十四两，俸薪马干一万一千六百二十三两九钱九分六厘，料折银六千五百七两七钱，草折八千九百三十六两八钱，公费三千四百六十六两六钱八分七厘，合符前数，是标五营俸饷不在十三万之内。往返驳查，动需时日，以致陕西兵制、饷数，迄未定议。容俟数目核定，再行会奏，合并声明。

175. 遵旨查明覆奏折光绪十一年四月二十六日

奏为遵旨查明覆奏，恭折仰祈圣鉴事。

窃臣准军机大臣字寄光绪十年十二月初八日奉上谕："都察院代递山西试用从九品李昌振奏，大臣漠视边疆，请派员查究一折，据称，刘锦棠、金顺、张曜、明春等所部各营勇丁，半皆虚额，饷项侵蚀甚多。竞尚奢骄，积弊难返。请饬查办等语。所奏是否属实，着谭钟麟查明具奏，原折钞给阅看。将此谕令知之。钦此!"遵旨寄信前来。臣查原折所称，竞尚奢侈一节。方行军之际，用财欲泰，优赏将士，盖欲得其死力，而游客抽丰之辈，名为投效，实则张罗，营中无可位置，不能不资之以去。彼此投赠，在所不免。近年协饷弗继，各营支绌万分，此风浸息，如李昌振殆亦张罗而不得意者，故摭拾从前积习，以泄私忿耳！自战争息而防营无所事事，弹丝击筑，勇丁类能为之。闻新年扮演营官，亦不能禁，此辈原不可以礼法绳，且亦无关大局也。至勇丁逃革假归，营官悬缺不补，诚不能无。大约统帅严密稽查，则弊较少。此各路防营皆然，不独新疆，即关外各军情形，亦自互异。如刘锦棠所部湘勇，其初皆比闾子弟充营、哨官者，亦平时素相尔汝之俦，未敢以势位相欺压。棚内短一人，则九人哗然。故湘军营制，极为整肃，其后并楚军，兼收降众，虽不必尽湘人，而营官守湘军规制，无甚更易。行营长夫本多，数目或有出入，若勇丁则决不至旷缺也。张曜一军，饷额本较湘楚各军为薄。光绪三、四年，河南大祲，饷不时至，营中减成放给，理固有之，亦何至如李昌振所云，每年每勇发天罡三十元，计银一两之数。今春正月，嵩武营提督孙金彪过兰，臣面询光绪六年八月十五之事。孙金彪谓彼时提督尚在阿克苏，并未闻营中有闹饷之语。勇士远戍绝域，终岁发银一两，谁甘隐忍？比其哗溃，亦岂提督一人所能弹压？嵩武军现调近畿，其有无虚额，不能掩人耳目也。金顺驻军绥远城，年来协饷甚稀，积欠累累，不能满发月饷，自是实在情形，非关侵蚀克扣。自绥来以西千四百里，皆金营分扎，地段绵长，一营散布百余里，照料有所难周。道路传闻，固不足信，而人言藉藉，似非无因。然欲确指某营缺额几名，不但远隔四千里，臣无由知，恐金顺亦未必尽知之。游勇路劫之案，亦所时有，责营官以疏防之咎，固无可辞。谓系营勇肆掠，则未必然。其沿途分设马拨，在军务紧急时，只取支报饷糈之迅速，不遑计经费之繁巨。近因饷绌，亦渐撤矣。至所谓张当家者，遍询不知其名字，或谓营中并无当家名目，即有其人，殆亦无足轻重者耳。明春一军，早经遣撤，其虚实无从查考。南路柴草局，往时有阿奇木伯克采办，不能无弊。上年刘锦棠悉行裁撤营勇，发价归官经理，地方相安。候补道丁鹗在营日久，并无劣迹。九年，办西四城厘局，不数月即奉文免收，厘金各局全撤。查新疆厘银，岁不过二十万，安有委员管局数月可得十万之理？候补道李滋森系金营转运委员，本住哈密。哈城北关有乾福泰货店，为湖北黄冈万姓所开。李滋森与之同乡，邻近往来，时或有之，并无用官车转运货物之事。李昌振所如不合，任意诋毁其人，本不足道。而所言边疆之患，亦有可动人猛省者。臣窃谓刘锦棠、金顺、张曜皆朝廷倚畀重臣，戎马驰驱，备尝辛苦。当兹度支告匮，转馈为难，尚何忍以至艰且窘之饷，恣情挥霍。惟营官性情各异，优劣不齐，缺旷侵欺之弊，安能保其必无？今张曜一军已入关矣，刘锦〔棠〕移驻乌鲁木齐，与金军各营较近，诚宜不分畛域，互相稽查，庶营官有顾忌，不至沿袭旧习。此后若不从新整顿，万一强邻决裂，以不精不实之军当之，岂复可恃？相应请旨，饬下金顺、刘锦棠，彼此推诚相与，遇事和衷商榷，勿因局外浮言，隳其志气，亦不得以目前无事，姑息弥缝。则西事幸甚！大局幸甚！

所有遵旨查明覆奏缘由，谨缮折缕陈，伏乞皇太后、皇上圣鉴训示。谨奏。

176. 奏陈目疾吁恳开缺折 光绪十一年四月二十八日

奏为微臣目疾增剧，势难速痊，吁恳天恩，俯准开缺回籍调理，并请另简贤员，以重职守，恭折仰祈圣鉴事。

窃臣向有肝疾，时发时愈，迄未医调。自来甘省，阴寒之气，砭人肌骨。入冬则两膝如冰，遂成上热下寒之证。前年冬，右目不能辨字。至去秋，左目亦复昏蒙。曾于去年冬恭请陛见折内，陈明在案。今春二月，大病盛热，不能不服凉药。病后两目益昏，数步外不辨人面。阅牍则一片模糊，逐字猜疑，记忆不清。心愈急，肝愈旺，以致心神恍惚，杂证丛生。此间既无良医，亦鲜良药。因循不治，将成废人。臣身无足惜，而任重事繁，设有贻误，关系匪轻。臣性本拙笨，公事不能假手于人。欲求赏假，而事须躬亲，仍不能静摄。且病系内障，亦非一两月所能就痊。辗转思维，惟有仰恳天恩，俯准开缺回籍调理。臣受恩深重，虽赴汤蹈火，在所不辞。际此时艰，岂复有安闲之想？傥荷福庇，目暗复明，仍即恭诣阙廷，求赏差使。万不敢托词引退，自外生成。

所有陕甘总督员缺，应请迅赐简放，以重职守，臣不胜迫切悚惶待命之至。谨缮折陈恳，伏乞皇太后、皇上圣鉴训示。谨奏。

177. 遵议矿务并试办金厂情形折 光绪十一年四月二十八日

奏为遵议矿务情形，并陈甘省试办金厂章程，恭折仰祈圣鉴事。

窃臣准部咨，会议都察院左都御史锡珍等条陈开矿一折。令各省督抚就本省情形，悉心妥议。其有业已举办开采，即将开采成效如何，一并详晰奏明。等因。钞折咨行到臣，窃维天生五材，以利民用，即以养产材之处无限。贫民五金之利，如金银铜铅，地不常有，铁则间有之，而产煤之处为多。中国所产，以供中国之用，而不虞缺乏。该处所产，即供贫民开采，以赡其身家。如湖南耒阳之煤，最为大宗。上自湘鄂，下至大江南北，舟楫所至，运用不穷。历时已数百年，食利者数万众。若以机器取之，则百年之利，十年可尽。而十年之外，民奚赖焉？如谓地之所生，取携不竭，则外洋诸国，何以有缺煤之患。且用机取，必雇洋匠，其工价多者，每月三四百两，少者一二百两，一厂用三四人，岁需工价万金。而机器转运，费亦不赀。纵有微利，悉归洋人，于中国之民无益而有损。近年积资招匠，仿西法以开采煤铁者，率因亏本而罢，此天下所共见共闻也。我朝矿政，听民开采，官征其税。以天地自然之利，利民而不夺其利。圣朝宽仁之政，允宜遵守。锡珍等奏称，商任其事，官考其成，殆亦此意。但使经理得人，利虽微而可久，正不必广集矿师，耗中而益外也。甘肃西宁大通县之乙思门庆地方，旧有金厂，乱后废弛，附近回民时或偷采。光绪八年，委员试办，招总商集夫数百名赴厂采挖。其地两面皆山，中有水沟，延袤数百里，绝无人烟，挖金者搭棚栖止。其取金，以床挖砂，挑水去土，淘金一床，需二十人。每岁三月开厂，九月采罢。计床征课，每床月纳课金三钱，以七个月为度。初拟设五十床，而金苗不旺。或日得金一二钱，或数日而不得分厘。挖者以利薄相率潜逃，总商不能禁。计一岁所收课金，除开支委员、书识人役薪水口食外，所余无几。九年春，裁撤委员，改令总商包课，按床征收。而所缴之金，成色极低，再三提炼，不过九成余。每两仅易银十五两，且欠课甚多，发县追比，迄未如额。十年，另定章程，招殷商总其事，试办三十床，由总商保举夫头三十人，各率夫二十名，必须本地居民，不准外来游民掺杂其中，故逃夫甚少，地方以安。十年，课金六十余两，如额征足。此后金苗若旺，逐渐推广，床多则课益增。地方官但令稽查床数，随时报明西宁道。课金由商径缴道署，不经胥吏之手，弊无由滋。是即原奏所称，商任其事，官考其成之意也。他如银矿，铜、铅矿，关内甚稀。如察看有苗可采，亦可以挖金之法试行之。甘南产铁，向来开采，亦时行时止，并无大宗。煤性燥烈有毒，贫民挖出，必以火煅之，合土成砖，售之城市。本地居民未有用煤者，其窘状可悯也。地瘠民贫，户鲜殷实，满眼荒地，垦种无人。尚何能广集资本，别谋生计耶！

所有遵议矿务并试办金厂情形，谨缮折具陈，伏乞皇太后、皇上圣鉴训示。谨奏。

178. 遵照部议各条逐款声叙折光绪十一年五月初二日

奏为遵照部议开源节流二十四条，就甘省情形，逐条分晰覆陈，缮具清单，恭折仰祈圣鉴事。

窃臣准户部咨，会议筹饷章程通行开源节流二十四条，令即认真举办，勒限覆奏。等因。咨行到臣，当即札饬两司，分移各道厘局逐款查覆，并通饬各营一体遵照。兹据两司暨关道等详查各款，有已经举行者，有现须整顿者，有碍难照办者，逐款分晰声叙，开具清单，详请具奏前来。

臣维开源条内，惟推广洋药捐输，实为筹饷一大宗。臣七年在浙抚任，覆陈洋药加厘折内，曾声明此款取诸内地吸烟之人，与洋商、华商不相干涉，并无妨碍。但使各关口认真稽查，一律征收，无畸重畸轻之弊。商人随所之，皆需此数。则趋避之术穷，偷漏之数自少，于饷糈不无裨益。而甘省向无洋药入境，现设嘉峪关，仍无大商运货前来，暂无庸议。此外，如烟、酒两项，并无大庄。兵燹后，市肆萧条，纵极力搜括，每岁不过一二万金，而商民已不胜其扰。为国家筹款，当从大处打算，是戋戋者于公无裨，应其免其举办。至于节流各条，诚今日切要之务，各省能认真奉行，所省实多。臣到甘三年，逐件清厘，核实裁减。现亦无可再节，但令以后率循旧章，永远遵行。于部议各条，适相符合。

所有议覆各条，谨缮清单，恭呈御览，是否有当，伏乞皇太后、皇上圣鉴训示。谨奏。

谨将议覆户部奏行开源节流二十四条开具清单，恭呈御览。计开：

一、领票行盐，酌定捐输。查甘省原额盐引七万二千余道，仅征课银二万四百余两，较之两淮，不及甚远。近来盐务均系设局委员抽收厘税，并未招商领引，间有请领牙帖呈缴捐输者，系开设行店，评定价值，非若淮商之领票运销可比。自难仿照淮章，按年捐输，并于整顿鹾务条内详细登覆。

一、整顿鹾务。查甘肃花马小池，原额引六万七千余道，征课银一万四千余两；漳县原盐井，原额引三千六百二十二道，征课银四千六百四两九钱二分六厘；西和盐井，原额引一千六百二十六道，征课银一千一百四十五两八钱八分六厘；兰州土盐，原额税银五百七十余两，共征课税银二万四百一十六两零。乱后盐务废弛，课额虚悬。同治十年，前督臣左宗棠始拟变通办法，奏准按盐色之高低，销路之广狭，酌抽厘金，以票代引，改课为厘。十余年来，盐政渐有起色。以光绪九年收数计之，花马小池收厘税银一万五千八百四十余两；漳县盐井，收厘税银四千七百二十余两；西和盐井，收厘税银二千九百三十余两。其余盐课，有在各州县摊征者，九年亦征银六千三百六十余两。合计九年，一岁共征厘税课银二万九千八百数十两，又钱四千一百二十余串，合银二千七百余两。共合银三万三千余两，较额课已多征银一万三千余两，十年报销未定，其数有多无减。此外，尚有花马大池，岁征课银八千九百八十余两，原归陕西办理。同治十一年，改归甘肃委员开办，就地抽收厘税，逐年递增。光绪九年，收银至一万八千余两，较额课已逾一倍之多，实属极力整顿。至抽收厘税，每斤有征钱至十文者，较东南各省殊属加重，嗣后荒芜渐辟，生齿日繁，食之者众，收数自必日增。现当凋敝之余，民生困苦，请免加收，以纾民力。惟蒙盐一项，产自阿拉善旗地方，向无引课，只准蒙民沿边易换口粮。咸丰八年，前督臣乐斌奏准化私为官，招商领帖承办，指定行销汉南一带，岁纳税银一万六千两，后销路滞塞。至同治十一年，该盐商张永泰等积欠税银一十三万余两，奏准豁免。并议变通办法，每蒙盐百斤，由厘局抽收税厘银各八分，照额约计每岁可收银二万余两。另自同治十二年开办之始，仅收银一二百两，至近年收银六七千两不等，较原议二万两之数，短缺甚多，实因厘税太轻，且多偷漏。此盐名为行销汉南，其实在甘南等处洒卖者不少，亟应力求整顿，或加收厘税，或招商试办，另行妥筹。兰州土盐，产自白墩子地方，每年所出无多，味苦而劣，多系贫民买食，近来未收厘税，能否照旧征收税银，（客）〔容〕察看情形办理。

一、就出茶处所征收茶课。查甘省向不产茶，无从就茶园征收课银。至甘省茶务，原额引二万八千九百余道，征课银八万九百余两，杂课银四万一千七百余两。军兴，茶务全废。前督臣左宗棠招商试办，以票代引，计五十引为一票，每引纳课银三两。自同治十一年至光绪元年，共发官票八百三十五张，计引四万一千九百一十六道，行销十年，尚未尽售。推原滞销之故，固由乱后关内外人稀，用者少，亦因晋商私贩湖茶，川民私贩川茶，由边外阑入，成本既轻，又漏厘课，贱价抢售，侵占官茶引地。官票每岁所销，不过数十张，致茶商生耗成本，苦累不堪。至光绪八年，尚存未销旧票茶百数十票。而商人采办湖茶，必先年春入山采取，运至泾阳，已在秋末。天寒不能成封，至次年春融制成，运至关外，将近两年。禀请先行采运，免致脱档。经臣批饬原领茶票者，准暂领十成之四，免致成本久悬，以后掣签轮销，以杜先后搀越之端，酌道路远近定价，以免跌价抢销之弊。再行试办三年，察看情形办理，而商人旧领三四票、八九票者，不能恰合四成，则领五成，计领新票四百零二张。近年销路稍通，尚未大畅。而新疆又有增收茶厘之议，现据新疆抚臣咨，晋商运湖茶入俄境，绕由喀什噶尔进口，以俄商为名，分销南路等处。若不严禁，则官茶引地，全被侵占，销路愈蹙。体察目下情形，再加厘课，则茶商成本更重，价必增高，销必愈滞，应请仍照现章办理。

一、推广洋药捐输。查甘省向无洋药入境，以远道价高，无人运贩，所销者多系土药。光绪八年酌定章程，每土药百斤，抽厘银五十两，熟膏抽厘银六十两，由厘金局抽收，汇入百货厘税内造报。今若招商领票，核计每斤复捐银二钱，是生熟药膏百斤，抽银至七八十两之多，又取行用一道，征收过重。此物取携甚便，甘省又少成箱大庄，多系零星贩卖，奸商设法冒险绕越，偷漏必难禁绝。不独商人不愿以实在之本银，领无用之行帖。且恐厘金转致减色，应请照八年章程办理，以裨实济。

一、推广沙田、牙帖捐输。查甘省向无沙田名目，无从推广捐输。至各行牙帖，甘省原额九百九张，向无捐输，只纳课税。同治九年二月间，前督臣左宗棠照湖北筹饷章程参酌情形，分别繁盛，上则捐钱七百串，中则捐钱三百五十串，下则捐钱一百四十串；偏僻上则捐钱四百九十串，中则捐钱二百一十串，下则捐钱七十串，奏准加倍领发牙帖一千八百一十八张，广为劝谕。无如甘瘠苦，又系旱道，不通舟楫，即所称繁盛者，不及东南偏僻之处。兵燹后，市集萧条，较前更甚。以致自创办捐输起至光绪十年止，极意招徕。先后仅领发牙帖四百六张，收捐输钱四万九千七百余串。又盐商牙帖六张，捐输银五千七百两，已属不遗余力。兹值筹饷艰难，自当再行严饬各属查照旧章，妥为劝办，以济饷需。

一、烟酒行店入资给帖。查甘肃烟酒各商，资本微末。惟兰州水烟，向来颇称大宗。咸丰以前，省城作坊一百余家，今仅二十余家，较从前不及十分之三。现在每烟一担，计重三百斤，运往他省者，本省抽厘银三两一钱五厘，商民方以利微资重，滞销亏本为词，屡请减少。若再令入资领帖，交纳课银，窃恐成本愈重，行销愈滞，商民无利可求，转致歇业，公私两无所益。应请照旧收厘，毋庸给帖。甘肃向无黄酒，只熬烧酒，均非富商大店。其成本稍裕者，已照定章请领牙帖，呈交捐输。现复通饬各属，如再有可以领帖者，仍查照原章办理。

一、汇兑号商人入资给帖。查甘肃省城，只天成亨、协同庆开设汇兑号，该二号又在凉州府各设分店。奉文后饬令该商遵办，顷据禀称，在号管事均系铺伙，尚难专主，已函告店东。昨接覆信，俟各省如何定议，甘省即行照办，查核尚属实情，随当另案办理。至该汇号应纳课银，已经部定六百两。惟该汇号承领部帖，如何捐输，原议未曾指明。可否照甘省繁盛，上则牙帖一张，捐输钱七百串，每串合银六钱，呈交之处，应由部酌核办理。

一、划定各项减平减成。查甘肃支发各款，有核减六成零者，有减五成者，有减四成零者，有减三成者，有减二成者，现均分别减发。至扣平一项，向来有扣系六分者，有未扣平者。仍照新章，除已扣六分不计外，其未扣平者，如各项兵饷、薪水及祭祀、孤贫等项，均按库平扣除四分平支发。一切减平、核减款目，前于指拨新饷划定减平案内已分晰开折，咨部在案。至扣获减平，除新饷应扣银一十九万余两，应分拨伊犁旗营经费及司库存储外。所有司库支发各款，扣存减平，均按季报明，提拨兵饷，历奉覆准，现仍遵办。

一、严提交代征存未解银两并严定交代限期。查甘省交代，自咸丰元年起至光绪初年止，多未详咨办。前于光绪六年设局清查，分别新案、旧案。以咸丰元年至光绪五年止为旧案，光绪六年以后为新案。计旧案内虽有未解之款，而司库欠发州县应领者尤多。时值军务，地方糜烂不堪，应领者既无款给发，应解者大都以军需紧迫通挪垫办，非若无事侵挪可比，计旧案未结交代数百余起，先后造册详咨办二百四十余起，其余现经赶紧造办。其自六年以后新案，交代按限咨办，间有征收未解银两，均已陆续解清。现禀部清查，亦另案开单登覆。至光绪十一年起各案交代，均查照定例办理。如逾限未清，随时参办。其交代册内，皆未有征存未解名目，州县升迁补署日期，亦按月造册呈报户部查核各在案。惟是欲求交代之无亏，须先杜亏空之本，与其参追于事后，何如防范于事前。上年增定章程，将州县应领廉费、役食等项，分别缺分之优劣，有缓发一季、二季、三季者，俟年终由本管道、府、州查明仓库无亏，再行补发。遇有交替，必俟交代时补发。近日交代尝有未清款项，借此弥补者，颇著成效，与部议随时清查仓库之意暗合。其他减摊捐、却供应，自当实力奉行，以省州县之力而清交代亏空之源。

一、入官产业勒限变价解部。查入官产业，现有已革山东汶上县知县马侃，原籍甘肃武威县。光绪十一年正月二十六日，准山东巡抚咨称，马侃前在汶上县任内，亏短正、杂各款银四千九百余两，应行查钞家产备抵。现经钞获房产什物约估银二千一百一十余两，已勒限变价报解在案。此外，并无入官变价产业。

一、严催亏空应缴应赔各款。查甘肃亏空，除光绪五年以前交代各案另行办理外，自五年以后，尚无应亏赔案件。嗣后遇有应缴、应赔之案，自当照例分别认真查追，以重帑项。

一、酌提漕粮盐务盐规余款。查甘省平凉、庆阳、宁夏、泾州四府州，承平时每岁额征盐规银一千两，为解司报拨公用之款，按年造销。咸丰九年以后，各属即未征解。现在盐务课、厘、税并收，是一物已三征矣！收数较原额加增，此项盐规，应请暂免。此外征收各项，均系尽收尽报，并无余款可以酌提，漕粮为甘肃所无，应毋庸议。

一、裁减厘局经费。查甘省厘局经费，叠次酌减，前于光绪九年厘金报销案内声明，征收厘金银三十五万一千六百八十余两，又盐厘税银四万七千七百五十余两，钱四千一百二十六串余文，共动用局费银四万四千四百余两。虽于一成之数稍有浮多，实因甘省路径纷歧，不能不稍为多设局卡，扼要分布，以杜绕越。九年，厘金报销案内，分晰声明，某处设局卡委员、巡役若干，经费若干，奉部覆准在案。上年九月，复裁永昌厘卡。本年正月，复裁神府盐卡。已属切实裁汰，今若再行议裁，恐局卡相距太远，稽查难周，必多偷漏。员役薪工太少，无以养其身家，必致别滋弊端，于厘务大有妨碍，应请毋庸再裁。

一、核减各关经费。查甘肃向无关税，现在嘉峪关定约与俄人通商，应需经费银一万一千三百五十二两。已奏准自光绪十一年起，由江汉关洋税项下借拨，事属初创，税务征收能否畅旺，尚难逆定，经费甫经定议，无可酌减。俟税务征收如何，再由该监督详请核办。

一、核定各省局员额数、银数。查甘肃从前设有甘肃新疆总粮台、织呢局、善后局、军装局、保甲局等项名目，现在均已先后裁撤。所存者仅省城火药局，委文武各一员经理，每岁需薪工等项为数无多，刻下断难归皋兰县办理。盖以该县为甘省首邑，事务烦杂，而火药制造收发事多，未便裁并，致难兼顾。此外厘金局员，已于裁减厘局经费款内声叙矣。

一、各项欠发勒限清厘、各项预支分别核办。查甘省自军务以后，截至光绪八年，正欠发各款，曾经核定有案者，计各营兵饷，未支银一百五十五万六千余两，各州县交代垫支未领廉费、驿站等项银一百七十四万四千余两，曾于光绪八年办理司库开单报销案内叙明。俟库款充裕，酌量情形办理。此外，尚有军需垫款不在其内。九、十两年，计补支者不过一万两，其细数于九、十两年报销案内登明。至预支名目，为甘肃近年所无。盖以饷项支绌，应支者尚多移缓就急，何有预支兵饷一项。防练各军，系按月支领，标绿各营，按季支领。按月支者，下月初旬发上月。按季支者，下季孟月初旬发上季，亦无预支之事。嗣后如有补发司库从前积欠之款，自应随时咨部示遵。至裁减防勇，应找七、八两年欠饷，必须立时散给，不在此例。

一、随营文武分别裁汰即酌定额数、银数。查甘肃现在关内防标各营支发饷数，均有定额，并无随营文武另给薪水，无从酌定裁汰。

一、酌减内地各省防军口粮。查甘省关内防军口粮，现均照坐粮章程支给，毋庸再行酌减。

一、酌减内地防军、长夫。查关内防军、长夫，去年四月内经户部议裁九名，业已遵照裁减在案。现在殊难再减，请仍照前章办理，其余练军步队及防军马队，均无长夫，无从拟减。

一、防军有营房者，不准再领帐棚折价。查甘省关内各营旗，均筑有营房，并未发给帐棚，亦未折领价银。如有开差出队之时，不能不发给帐棚者，事竣仍行缴存，不准留用。

一、核定内地各省兵勇饷数。查甘肃关内各营及陕西固原提标并驻甘各营堡，原额马步守及新疆换防兵五万七千五百七十二名。减兵增饷案内，核减各营兵一万七千六百三十名，拟存留三万九千九百三十九名。现在截至九年底止，实存兵二万六千九十二名。去年试办练军，拟照减兵增饷，核定兵额，挑练马队八旗，步队十八旗。现在各标营实存兵内，先后挑选练军步队八旗，每旗三百六十五名，共兵二千九百二十名。又光绪六、七两年先后挑选督标防军马队二旗，共兵二百四十四名，归入防军马队计算外，现存标兵二万二千九百三十二名。又防军马队连督标挑选马队，及本年四月内新募武毅马队左旗共十一旗，每旗马勇一百二十二名，共马勇一千三百四十二名。步队十七旗，每旗三百三十五名，共步队五千六百九十五名。统计甘省现存标练防各营马队勇兵，共三万二千八百八十九名。此外尚有西宁青海大臣炮队一旗，勇二百名。宁夏、凉州、庄浪三满营兵数，未在其内。兵数应由该各营自行册报。至现拟试办练兵者，无非欲改弱为强、渐裁防营、节省饷需起见。俟看各省报解新饷如何，再将标兵改为练兵，并裁定营制，酌量添募，另行办理。应需饷数，已于确估兵饷内另为登发。

一、确估各省军饷按年指拨一次。查甘省各营兵饷，向来军务未竣，用费繁多。现于指拨新饷案内，酌定额数。除雷提督带赴直隶甘军拨饷二十五万外，光绪十一年，关内外共拨银四百八十万两，关内分饷九十五万两，青海大臣及宁、凉、庄三满营拨银二十万两，均已切实确估，毋庸再请指拨。

一、停止不急工程。查甘肃近来各项不急工程，均行停止。如有急需修理者，如筑城堡、浚沟渠，修河堤、衙署、桥梁、道路，均系酌派防营，既省经费，亦可使兵勇习劳，免致坐耗筋力。是于节饷课工之中，用收整军经武之效。应需物料，皆系就地筹款，并未动用正项，以后仍当照旧办理。

一、另定各省起运存留。查甘省原额地丁起运银一十八万二千四十八两零，存留银一十万二千二百二十两零。现在除荒芜不计外，实征起运银一十万七千百余两，两存留银六万五千五百余两零。各属现在折实应支存留驿站经杂各项银五万七千二百余两零，计支剩银九千五百余两零，均随时催解司库提拨兵饷，并无留多用少、迟延未解情弊。

179. 赏假两月谢恩折 光绪十一年五月二十九日

奏为恭谢天恩，仰祈圣鉴事。

窃臣前因目疾增剧恳请开缺，六月十七日差弁赍回原折。军机大臣奉旨："着赏假两月，毋庸开缺。钦此！"伏念臣才识疏庸，至愚且陋，渥荷圣恩，忝膺疆寄，涓埃未报，兢惕时深。去年右目已不辨字，今春则左目亦复昏蒙。只以海疆不靖，未敢自顾一身。幸法人纳款，海氛暂息，故请开缺回籍医调。乃蒙天恩赏假，毋庸开缺。跪聆之下，弥切悚惶。臣惟有力疾从公，照常办事。瞬值秋闱，自应先行料理，以期无误。

所有微臣感激下忱，谨具折叩谢天恩，伏乞皇太后、皇上圣鉴。谨奏。

谭文勤公奏稿卷十二

180. 总兵因公被溺吁恳议恤折光绪十一年六月二十五日

奏为署西宁镇总兵因公被溺，吁恳天恩，俯念前劳，照总兵军营立功后因公致毙，从优议恤，恭折仰祈圣鉴事。

窃臣据西宁道方鼎录、署西宁镇标中营游击师建荣禀称：六月二十一日，大雨连绵，河水盛涨，冲没田庐、桥梁甚多。署总兵邓荣佳带领兵勇，前往西门外抢护河堤，时桥梁板片冲断，邓荣佳策马渡河。讵意山水陡发，行至中流，坐骑忽跌，连人马倒入河中。漂流里许，随行官弁兵勇奔救上岸，气息尚存，口不能言，医治罔效，是日酉刻，遽尔身故，闻之不胜骇愕。查署总兵邓荣佳，自咸丰中从戎，经前湖南抚臣骆秉章拔自行间。随前大学士曾国藩转战江西、安徽，迭克坚城，屡著劳绩。嗣从现任大学士左宗棠赴广东，克复嘉应州等处。随入关陇，攻破金积堡、宁灵、太子寺、巴燕戎、河州等城，皆身先士卒，每战必克，洊保头品顶戴，补用提督、记名总兵、那尔珲巴图鲁。新疆戡定，委署巴里坤镇总兵。值凋敝之余，抚绥士卒，整饬营规，于地方事无不竭力经营。左宗棠称其器局深稳，锋厉无前，有功不伐，所到之处，秋毫无犯。且能为民兴利，是将弁中以品概见者，洵非虚语。九年，臣以西宁蒙番杂处，汉回、撒回种类不一，时复滋事。委邓荣佳带马队防勇两旗前往镇抚，兼署西宁总兵。到任后，督勇修复东关城，建设炮台、碉楼、更房四百余座，派兵巡守，击柝相闻。两年以来，民皆安堵。驭兵甚严，有故则厚佽之。贫民无力者，量为周恤。联络文武，和衷共济。是以兴修废坠，无事不办。青海办事臣李慎函称："邓荣佳惟能克己，故众志孚。惟无私，故军心服。"求诸今日将弁中殊不多得，其年力正强，冀可为国家多效力数年。不图事出仓卒，遽失良将，边才难得，可胜悼叹！该弁虽两次署缺，仍未尝一日离营。其殁也，兵勇同声痛哭，则平日之抚循有恩，概可想见。

可否仰恳天恩，俯念署总兵邓荣佳从前著有微劳。此次因公殒命，准照总兵军营立功后身故，从优议恤之处，出自逾格鸿施。除委弁接署镇篆外，谨缮折具陈，伏乞皇太后、皇上圣鉴训示。谨奏。

181. 筹解伊犁军饷折光绪十一年八月二十二日

奏为遵旨筹解伊犁饷银三十万两起程日期，恭折仰祈圣鉴事。

窃臣于八月十三日在闱中，承准军机大臣字寄光绪十一年八月初四日奉上谕："谭钟麟奏密陈伊犁现在情形，伊犁兵勇屡次哗变，朝廷眷顾西陲，正深廑系。亟应将该处将弁兵勇，极力整顿，并先清理欠饷，俾该勇等无所借口。着户部拨银三十万，解交甘省。未到以前，谭钟麟无论何款，先行筹措实银三十万两，迅解刘锦棠军营。等因。钦此！"遵旨寄信前来。臣当即传藩司谭继洵[1]面商，无论司库、厘局、票号、茶商，先行挪借银三十万两。

---

[1]谭继洵（1823—1901），号敬甫，湖南浏阳人。二十九岁中举人。咸丰十年进士。同治十三年官户部员外郎。次年转户部郎中。旋监督坐粮厅，驻通州，主办验收漕粮、催督转运事务。光绪三年由谭钟麟荐于左宗棠，得由京官外放，补授甘肃巩秦阶道，加二品衔。后擢甘肃按察使、布政使。十五年升任湖北巡抚。中日甲午战争后，湖广总督张之洞每约其联衔陈奏新政，皆谢不敏，与张之洞论事每相左。其子嗣同，锐意维新，父子间意见亦不合。谭嗣同和唐才常倡导变法，计划在浏阳设立算学格致馆，推广新学，唐才常与刘善涵曾婉请其出名首倡，借资号召，而谭继洵表示："守老氏之宝，不欲为天下先。""百日维新"期间，为山东道监察御史杨深秀所参劾："即湖北巡抚谭继洵守旧迂拘，虽人尚无他，要非能奉行新政者。此等即不逢裁缺，亦当分别罢斥，或优之听其告休。"戊戌政变发生后，谭嗣同遇害，谭继洵被连坐革职，勒令回籍，交地方官吏管束。光绪二十七年九月十二日忧惧而死。

定于八月十八日起程，约计十月中旬可到新疆省城。并将金顺八月应分协饷银六万余两，四分平余项下扣存银三万余两，于二十六日起解，并交抚臣刘锦棠营中。一面函商抚臣，到伊犁时，于金顺所部各营先发一月实饷，以安勇丁之心。然后将在营日久之勇欠饷多少，确切查明。就此三十万之数，分成匀给。其时来时去，与现募足额之勇，应分别办理，否则百万亦且不敷。窃计抚臣刘锦棠智勇深沈，情形洞悉，必能了此。第锡纶在塔城经手营饷，款目繁多，到任迟速，未能预定。可否请旨饬下刘锦棠，先到伊犁速行办理，以期无误事机之处，出自圣裁。

所有筹解饷银起程日期，谨缮折驰陈，伏乞皇太后、皇上圣鉴训示。谨奏。

182. 新疆欠饷过多请饬筹的款片 光绪十一年八月二十八日

再，新疆之事，时烦宸廑。臣忝任边圻，有兼辖之责，补救无术，惶悚莫名。然揆厥所由，固属营规之不整，亦因欠饷之过多。金顺所部，积年各省未解之饷，何止二百万。兹以三十万匀给在营日久之勇，不过暂安反侧，以后月饷，必须按期支领，庶可认真整顿。臣前月接抚臣刘锦棠函称，六月中，粮台存银只四万余，初则各营每月暂支盐菜银。现在一月盐菜，亦不敷支。嘱臣无论如何为难，必须代借银二三十万，情词迫切，阅之心悸。当饬藩司于该营六月应分协饷十二万外，代筹八万，凑足二十万，限七月十二日起解，以度秋节。而各省协饷，不以时至，仍属无法接济。部定新饷十月扫数，如江西所拨八十余万两，现已八月，只解到十万，下欠七十余万。欲于两三月内解清，其可得耶？且每解一批，必三阅月方到。纵使全解，而到喀什、和阗等处，当在明年四五月。万灶所托，一旦不举火，则相率哗然，断未有一日不食而相安无事者，亦未有饷数不足而勇额能足者，其势然也。瞬届十月，估拨十二年甘饷之期，伏恳天恩，饬部力为筹维，确估有着之饷，计日授食，俾无缺乏。庶朝廷可无西顾之忧，各军咸怀挟纩之惠。

臣愚昧之见，是否有当，谨附片具陈，伏乞圣鉴训示。谨奏。

183. 新疆欠饷另筹变通办法仍恳饬江南督臣协济片光绪十一年九月初六日

再，新疆抚臣刘锦棠一军欠饷，经户部指拨浙江、福建、广东十年以前旧欠二百八十万两。窃揣该三省目前情形，恐系必不可得之数。另片所筹变通办法，如新疆制兵饷每年百数十万，现在并未拨此款，何能作抵？即就地取材一节，其收效当在数年之后，其欠项如营官薪公之类，或可令其捐输给奖，若勇丁则十数年辛苦撙节，留此为事畜之资。一旦概令报捐，空手而归，在彼固所不甘，于情亦有所不忍。查刘锦棠所部湘军，本由金陵每月给饷四万五千两，截至十年底止，尚欠二十六个月。若仍分两年按月起解，得此百余万有着之饷，可借以维系军心。臣亦知海防甫定，善后为难。而江南地大物博，每月筹四万余两，或亦力所能及。可否仰恳天恩，饬部核议，与江南督臣曾国荃筹商办理之处，伏候圣裁。至关内各营欠饷三十余万，臣现饬各营官传询勇丁，共图报效，准其移奖子弟戚友，俟有成议，再行奏请，分别给奖，谨附片具陈。是否可行，伏乞圣鉴训示。谨奏。

184. 假满目疾未瘳恳恩开缺折光绪十一年九月二十三日

奏为假期已满，目疾未瘳，仍恳天恩，俯准开缺回籍调治，恭折仰祈圣鉴事。

窃臣前因目疾增剧，奏蒙赏假两月。业经具折，恭谢天恩在案。两月以来，用药涂点，兼服汤药，而右目仍一字不见，左目亦复昏蒙。医者谓宜屏营静养，非药饵所能奏功。臣质本庸愚，性尤躁急。向来公事随到随办，曾不片刻稽延。切要之件，公牍外必亲笔函商，以期妥协。近则作字亦属模糊，往时一目了然者，必逐行审视。阅时稍久，举头觉四壁皆摇。心烦意乱，兼有怔忡之状。边疆忝任，关系匪轻，万一疏虞，谴责固所应得，而公事已误，挽救为难。伏念臣今年虽六十有四，自揣精力不至，遽尔颓废。诚得回籍调养年余，目光稍复，尚可竭犬马之力，以图报效。伏恳圣慈，俯鉴愚忱，恩准开缺回籍。所有陕甘总督员缺，请旨迅赐简放，以重职守。臣无任迫切悚惶待命之至。谨缮折陈恳，伏乞皇太后、皇上圣鉴训示。谨奏。

185. 酌裁陕省兵额实力训练以节糜费折

光绪十一年九月二十七日

奏为酌裁陕省绿营兵额，仿照甘省练兵章程，加增饷银，实力训练，务期兵归实用，以固疆圉而节糜费，恭折仰祈圣鉴事。

窃臣钟麟前将甘省一提五镇并陕甘督标各营，就前督臣左宗棠、前护督臣杨昌濬议定兵数饷数，略为变通。谨拟《抽练马兵章程》，奏奉谕旨，饬部议核各条，均经核准。并声明陕省兵制，与抚臣边宝泉会商提、镇、司、道等，酌度各处情形，随地制宜，妥为办理在案。窃维陕省为秦陇关键，界连五省，一提三镇，辖境辽阔。原设兵额，不及甘省之半。乱后兵制未复，各标营或二三成、四五成不等。边要之地，皆恃勇营弹压，审察时势，目前防营遽难全撤，欲求撙节之法，惟有酌减兵额，就马兵之饷以练步队，庶兵归实用，勇可渐裁。查陕西抚标一提三镇各协营，咸丰三年原额，经制外委马、步、守兵二万四千八百五十八名。咸丰十年，经前督臣乐斌、前署抚臣谭廷襄[1]会同具奏，商、雒、潼关等营添拨弁兵、裁马改步案内，将商州营改为商州协，移设青山峦庄，添设潼关属之三要司，改设陕安镇属之白河等营，添募步守兵三千名，于抚标提镇各协营裁马三千匹，将马兵改步守兵三千名。现除陕西提标五营，并固原城守等十八营归甘不计外，实应存额兵、经制外委马兵四千一百三十名，步兵一万三千二百五十一名，守兵一万四百九十六名，共二万七千八百七十七名。惟马兵为数无几，若照甘章一律裁减，实属不敷抽练。是以少为变通，除西安城守协并所属盩厔营不练，照章裁减马兵一百一十五名。其余各镇协营马兵，拟请照旧毋庸酌减。谨按营汛地方情形，酌裁步守兵八千一百名，实存经制外委马、步、守兵一万九千六百六十二名。拟照甘章，抽练马队四旗，步队十旗，岁需练饷并存营兵丁饷干及官弁俸廉公费等项，除粮料折抵外，共需银五十五万二千二十八两七钱八分八厘，粮料四万六千七百五十七石三斗四升四合二勺，草一十一万七千束，较原额计节省银七万九千九百六十五两五钱八分，节省粮料一万九千八百二石八斗六升，节省草二十三万四百八十四束。据陕西布政使叶伯英督、粮道曾鉌、盐法道吴镇造具细数清册会详请奏前来。

臣等覆核无异，除清册送部及未尽事宜，容臣传霖随时酌度，与臣钟麟咨商核办外，谨将陕省各营裁兵节饷拟办练军各缘由缮具清单，恭呈御览，会同署陕西提臣沈玉遂合词恭折具陈，伏乞皇太后、皇上圣鉴，饬部核覆施行。再此折系臣钟麟主稿，合并声明。谨奏。

---

[1]谭廷襄（？—1870），浙江山阴（今绍兴市）人，字竹厓。道光进士。第二次鸦片战争中，于1858年（咸丰八年）任直隶总督。英法联军北犯大沽时，力主和议，不为战守，致大沽炮台失陷，革职遣戍。次年署陕西巡抚。1861年在山东巡抚任内镇压宋景诗、幅军、长枪会等起义军。1862年（同治元年）暂署河东河道总督。1866年署湖广总督。次年任刑部尚书，一度兼署吏部。卒于刑部任上。

186. 销假任事折光绪十一年九月二十九日

奏为微臣销假任事，恭折仰祈圣鉴事。

窃臣前因目疾未瘳续请开缺。奉旨：“赏假三个月，安心调理，毋庸开缺。钦此!”跪聆之下，感激莫名。伏念臣猥以凡庸，渥叨恩遇，忝任疆寄十有一年，未效涓埃，负惭夙夜。际兹时势，此身岂有自便之图。即今退休，此心亦无自安之日。只因两目蒙翳，牵动肝疾，时复昏晕，不克自持。故请回籍调养，冀得速痊，可以再效驰驱。乃荷圣慈赏假至再至三，感激涕零，不知所报。自维任重而材轻，惟有将勤以补拙，虽在假期之内，曾无片刻之闲。愿仰托福庇，不再增剧，稍有一隙之明，即尽一日之职。以期少答高厚于万一。

所有微臣销假缘由，谨缮折具陈，伏乞皇太后、皇上圣鉴训示。谨奏。

187. 覆陈部驳甘军各款请仍照原定章程奏销片光绪十一年十月十二日

再，臣准户部咨，据统率甘军办理关外防务固原提督雷正绾将所统马步九营员弁勇夫衔名数目并领饷章程，造册呈赍到部。查楚军旧制，步队每营用长夫一百八十名，今册开长夫一百九十二名，计多十二名，应令删除。又马队旧制，无先锋、领旗等名目，亦无长夫、公长夫，只共用火夫三十一名，马干杂费，亦不另行开支。应令遵照本部上年五月奏定甘肃关外行粮章程办理，以归画一。等因。臣查户部所援楚军章程，系前两江督臣曾国藩原定湘军营制。甘肃所行楚军章程，系前督臣左宗棠在闽浙更定刻本，通行二十余年，未尝更改。从前曾否奏咨立案，无可查询。臣于九年奏报粮台二十四条章程，曾将楚军营制刻本送部。又本年五月，登覆部议，关内支销各款，亦详细奏明在案。关内现在军务勇营，皆系操防。所有部驳各款，自奉文以后，皆照新单开支。关外有碍难遵办之处，业经抚臣刘锦棠据实奏咨。此案雷正绾所统甘军，照前督臣左宗棠原定楚军行粮章程领饷，与户部上年五月核奏关外行粮章程，略有加增。值此饷项支绌，凡可以节省之事，自应遵照办理。惟查甘军系于上年八月十二日开拔，彼时部议，关外行粮新章，甫经奉到，尚未准关外各大臣会议照行，故仍循旧章。况雷军奉调赴防，时近交冬，北方地寒，弁勇不能不略带衣物，其行装辎重，较平日为多。而开拔时正值雨水淋漓，到防后又修筑营垒。若非多用长夫，势有所难。至马干一项，因长途数千里，料草贵贱无定，诸难俭省。杂费原系津贴马上应用鞍屉、缰绳等物，起行时并沿途有朽坏者，均不能不分别添制。一切情形，与驻扎防军不同。核算旧章，与新章多支之饷，亦不甚巨。据雷正绾咨称，自八月十二日拔队起，截至十二月十二日止，由甘所领四个月行粮，业经支用，无从追缴，请仍照旧章报销。自十二月十三日以后，遵照部定新章办理等情前来。臣查甘军启行时，本系仓猝，其支给行粮，照旧章办理，并非有意浮冒。可否仰恳天恩，俯念该军远道赴防，将士寒苦，准将由甘所领四个月行粮，仍照前督臣左宗棠原定楚军章程支销，为数亦自无多。自十年十二月十三日以后，再照部章办理，免其赔缴四个月已支之款，出自逾格鸿施。再，总兵冯南斌所带步队二营行粮章程，并请照雷军一律请销，合并声明，谨附片具陈，伏乞圣鉴训示。谨奏（奏）。

188. 甘军驻扎各分地段宜划拨新旧饷项片 光绪十一年十月二十一日

再，甘肃防军，于去秋挑拨马队二营、步队九营，交提督雷正绾、总兵冯南斌分带赴近畿协防。粮台历年欠发各该营旧饷，截至八月十二拔队之日止，共银十三万余两。濒行时发过三成银四万余两，为各勇制办行装之需。又十二月内，因各省奉拨该军月饷不能应时解到，复饬粮台借商款银四万两，兑京转交，借资挹注。经臣先后奏明在案。查该军饷银等项，本系拨交雷正绾分发。因雷正绾率马队二营、步队七营驻扎营口，冯南斌带步队二营驻扎通州，相距较远。新旧饷项，自应分别划拨。所有甘肃两次筹发欠饷，除由该提督自行按数分拨外，计雷正绾马队九营，尚应补领银三万八千九百余两，冯南斌步队二营，应补领银一万一千九百余两，合符欠发十三万余两之总数。本年三月，裁撤粮台，已据开报细款，移交藩司查照在案。昨据雷正绾文称，该军现奉旨调扎凤凰边门，拔队远徙，需费孔急，江苏协饷划还户部垫款，浙江饷银久未报解。请将甘肃欠饷全数发给，以资腾挪。臣前接该军营官等禀称，士卒久役，思归者多，曾函商雷正绾分别留遣。因饬藩司竭力筹措银三万八千余两，发交来员都司吴云伍领解回营。计甘省旧欠雷军勇饷，除阵亡勇丁存饷银二千余两，照章俟家属具领，再行核发外，其余欠饷，已全数发清，别无轇轕。惟念此军调赴边城，距甘愈远，以后该营所需饷糈、军械，甘省势难兼顾，想部臣统筹全局，谅已酌给的饷，不令缺乏。其所需军火、器械等项，应请由奉天将军就近代为购办，以备缓急。至冯南斌步队两营，修浚京城护城河，业已蒇役，奉旨仍回原省遣散。臣现饬司将欠发旧饷银一万一千余两一并设措，兑至陕西。俟其到时，就近妥为遣散，务令回籍安业。

所有赴直甘军欠饷，已全数筹发缘由，除咨部查照外，理合附片陈明，伏乞圣鉴。谨奏。

189. 覆陈甘省兵饷情形不能提银解部折

光绪十一年十一月十六日

奏为遵旨覆陈甘肃兵勇饷数实在情形，恭折仰祈圣鉴事。

窃臣准军机大臣字寄光绪十一年八月二十二日钦奉慈禧端佑

康颐昭豫庄诚皇太后懿旨："前据侍郎薛允升[1]奏请裁减勇营，将中外各旗营加饷训练一折。当经谕令军机大臣会同户部妥议，并令醇亲王奕譞一并与议具奏。着各直省将军、督抚破除成见，迅将各该省现有勇营，切实核减，并将存留各营按日训练，无事常如有事，庶缓急可恃。其裁勇所节之饷，从光绪十二年起每省每年可得若干，先行奏明，专款存储，分批解部备用。至各省纷纷设立各局，尤应大加裁汰，并于本年十一月内定议，迅速覆奏。钦此！"嗣奉八月二十九日、九月初九日两次寄谕："均令汰弱留强，核实办理。必须将糜费之款痛加删节，一面将如何裁减及每年所节饷银若干，详晰具奏。并饬此外如有未尽事宜，各抒所见，奏明请旨。等因。钦此！"仰见皇太后、皇上经武理财、实事求是，钦服莫名。

臣窃维西北各省情形，与东南异。而甘肃情形，又与西北各省异。东南财赋之区，岁省二三十万金尚易为力，若甘肃则原额丁赋起运只十八万。乱后所征仅十余万，不及东南一大州县。每岁兵饷，由各省拨解。譬之婴儿仰给乳哺，缺则啼饥，绝之立毙。西北各省，未有如此枯窘者也。甘肃额兵五万七千余名，裁减兵制案内，议裁一万七千余名，应留三万九千九百余名。现有之兵，除巴里坤镇一千数十名不计外，实存二万五千余名，较原额不及半。即裁定之数，尚缺一万四千余名，未经补足，此甘肃关内兵数也。防军马、步各营，臣自八年起，陆续裁撤一万数千人。截至十年底，除调出甘军赴直外，尚存步队十九旗，马队十旗。本年二月，调赴新疆步队一旗，添募马勇一旗。三月，裁撤步队一旗。秋间，因添练各标马队七旗，又裁步队一旗，裁马勇四旗。现存防勇步队十六旗，马队七旗，共勇六千余名，此关内勇数也。

---

①薛允升（1820—1901），清末法学家。字云阶，又字克猷。清咸丰进士。陕西长安（今陕西西安）人。精通律学，谙习掌故。历任山西按察使、山东布政使、署漕运总督、刑部尚书、宗人府府丞、刑部左侍郎等职。著有《读例存疑》54 卷、《汉律辑存》6 卷、《唐明律合编》30 卷、《薛大司寇遗集》2 卷。

甘肃所存制兵，除督标一千五百名略分马队。此外提镇各标兵粮，则有八石、六石之分，饷则无论马、步、守，每月各给银一两。除挑练外，计存兵二万一千二百余（两）〔名〕，需饷二十七万一千余两。挑练步队八旗，马队七旗，共一千七百余名，需饷十九万余两。加以武职廉俸、倒马公费二十万余，每岁共需六十五万。防营、马队、弁勇共六千七百余名，自十一年十月初一日起，大小建合计，岁需三十六万九千余。以上兵勇及制造军械火药等项，约岁需银一百余万，此兵勇饷数也。现奉部拨关内岁饷九十五万，若能悉数解足，合之陕西拨解，固提所属兵饷十三万，尚可敷衍。然察看目前情形，辖境辽阔，防勇不能再减，饷止此数，练兵亦难再增。且臣更有鳃鳃过虑者，甘肃地瘠民贫，户鲜盖藏。一遇偏灾，则道殣相望。近年陆续发款，饬地方官采买，综计仓谷不足民间两月之食。设有荒歉，一无可恃，其可虑者一。甘处三边，与蒙民、番民、汉回、撒回及安插之回，壤地交错，此辈德则人，不德则兽，民气朴懦，如犬羊之傍豺虎，时虞吞噬，此际兵威，足以震慑，相安无事。一有不靖，则增兵筹饷，费无所出，其可虑者二。关外防军林立，道远运艰，稍有缺乏，则相率哗然。军饥而谋诸他省，三五月不能得食。自非关内预为设措，随时补苴，将何以支？其可虑者三。但愿各省时和年丰，协饷应期而至，随事节啬，少有羡余，另款封存，能使关内有一年之蓄，则内忧外患，缓急足恃，借可纾朝廷西顾之忧，此臣区区之见，所为百计节省者，意在于是。用敢据实沥陈，若提银解部，则甘肃自来未有之事，已在圣明洞鉴中也。兰州省城，现只一厘金局，一保甲局，一制造军火局。此外早经裁撤，至各处防勇，每年派道府就近点验两次，猝然前往，不准先期知会。如有缺额，则参撤随之。断不敢任听营官虚冒侵欺，致负皇太后、皇上谆谆谕诫之至意。

所有甘肃兵勇饷数无可再减缘由，谨缮折具陈，伏乞皇太后、皇上圣鉴训示。谨奏。

190. 伊犁屯务应派员督办以专责成折光绪十一年十二月十三日

奏为伊犁举办屯务，利少弊多，应派员督办，以专责成而收实效，恭折仰祈圣鉴事。

窃维屯田，美政也。在新疆今日，尤为切要之图。然南北情形亦自互异，南疆八城，乱后流亡较少。故凡有水草之处，缠回即已耕种。虽间有荒芜，而令兵勇往垦，恐不相安。求如汉臣诸葛亮之屯渭滨，兵民杂处而不相扰，诚匪易易。至北路，则自绥来以西，人烟阒绝，弥望荆榛，可垦之地甚多。近年伊犁防营，亦陆续举行，而无督办专员。营官以屯田非己责，勇丁以垦种为当差。卤莽而耕，灭裂而芸，其实亦卤莽灭裂而报。再，岁所获不足偿牛具籽种之费，利何有焉？垦地专恃渠水，而沟浍未尽辟。偶有水源，必俟兵屯之地灌足，而后波及民地，小民治地数十亩，农忙雇工，每人日需钱三百文，终岁勤动，获利无几。而所收粮食，又为粮员定价采买，发给期票，有无不可知。故往往弃地远徙，垦熟者又复成荒，流弊滋多，更何望成聚成邑之效？臣愚窃谓，当另派大员督办，而以地方官分理其事。查精河及库尔哈喇乌苏旧设粮员两缺，似可改为抚民同知，兼管屯田、水利。伊犁理事同知，亦可加“屯田”“水利”字样，均归督办之员管辖。先派各营勇分疏渠道，兵屯、民屯画分经界，水泽均沾，无偏枯之患。兵屯三年之内所收粮石，除分年缴还牛种资本外，余粮官为收买，以价偿给勇丁。小民请领牛具籽种者，亦分年缴还。三年再定租赋，庶兵民有所利而乐为，逐渐推广，或有成效。相应请旨，饬下署伊犁将军臣锡纶、新疆抚臣刘锦棠会商，遴选明干之员督办垦务。其粮员应否改为同知，一并妥议。将军所驻之地，即巡抚所辖之地，本无畛域可分，固不必以越俎为嫌也。况积储为生民之大命，足兵必先足食，军中粮食尤宜预筹。臣于八年冬，先发各营一月之饷，采买粮石存营。令州县随时稽查，非奉公文，不准擅动。次年冬，再将新粮买足，然后支领旧粮。现在关内各营均有一年之食，即使饷不时至，无虞悬釜待炊。新疆南北两路每岁租入，尚不得其确数。然必须预存一年之粮，庶几缓急足恃，此屯田为新疆万不可缓之政。而兴利祛弊，尤不得不先为筹计，以期兵民相安，两有裨益，庶足收实效而固边防。

所有伊犁举办屯务，应派地方官督办以专责成缘由，理合据实具陈，是否有当，伏乞皇太后、皇上圣鉴训示。谨奏。

191. 肃州镇总兵游击互揭查办折光绪十二年三月初十日

奏为肃州总兵与游击互揭，事属有因，请旨将总兵郑金华先行解任，听候查办，恭折仰祈圣鉴事。

窃臣前据甘州提督周达武咨称，肃州镇标右营游击赵谦士，管带练军不能得力，当委提督衔总兵易顺胜兼往接署，兼带练军。嗣据易顺胜禀，练军内有缺额应补，并称总兵有提存银未发情事。复据总兵郑金华呈称，署右营游击易顺胜携带私人请补兵额，未允，肆行咆哮，请即撤任等事。臣即飞饬安肃道叶毓桐就近确切查明，据实详覆核办。正月二十六日，总兵郑金华来省，面禀易顺胜即肆行辱骂，所有提存饷银四百余两，易顺胜不肯具领，并非扣留不发等语。臣谓练军挑马兵团扎训练，何得以勇丁补兵额？如果该军本无缺额，易顺胜何敢撤兵补勇？况练军月饷，由管带自领自放，系奏定章程，何以提存总兵衙门？且肃州余兵尚多，何以派团扎之兵充当杂差？据郑金华称，系前任游击赵谦士所派。旋传赵谦士质讯，据供，总兵衙门当差各兵，系该总兵自定之数。而郑金华则谓赵谦士扶同倾陷，情词遁饰，显有不实不尽，非严切根究，不足以整营伍而儆效尤。除将易顺胜撤任，另委右营游击接带练军外，相应请旨，将肃州镇总兵郑金华先行解任，听候查办。所遗肃州总兵篆务，暂委中卫协副将李泰山前往署理。并饬会同安肃道澈底查明详覆，如有侵蚀饷银情事，再行从严参办。

所有请将总兵解任缘由，谨缮折具陈，伏乞皇太后、皇上圣鉴训示。谨奏。

192. 关内外解饷脚价由四分平余支销折

光绪十二年四月二十二日

奏为甘肃关内外解饷脚价，议由新饷扣存四分平余项下支销，请旨饬部立案，恭折仰祈圣鉴事。

窃查甘省军兴以来，转运关内外饷糈，均由粮台雇车递送。自去春粮台裁撤，此项脚价无可动支。据藩司谭继洵详称，新饷四百数十万，车价不少，委员川资钉鞘、绳索、纸张之费，应由何项开支，请咨部核议，当经臣咨商在案。嗣准户部覆称，部中旧卷不全。新疆现设行省，情形与前迥异，所有运解饷银脚价及饷鞘、绳索、纸张、委员川资等项，即由臣会同新疆巡抚、伊犁将军援照旧章，商酌筹办，分晰报部立案。等因。随即分咨查照，妥议见覆。

臣查关内东西大路向来转饷，以牛拽车，谓之所车。一牛一夫，名曰所夫。自泾至肃各属，分设所牛五百数十头，夫亦如之。每岁司库开支所车、牛夫口食、粮料、草束，折合价银一万二千余两，而牛有倒毙，车有破损，随时添补，不在此数。所车不敷，例准雇民车帮运。计里计斤，各有定价。乱后所车全废，此时欲复旧章，则买牛买车，需费数千金，不可骤得。不若雇用民车为便，此关内情形也。由肃出关，只玉门、安西两属。自安西至哈密十余站，长途戈壁，并无居民。自哈密至新疆省城，历吐鲁番、镇西，两厅中间各隔数站，人烟阒绝，必用长车径运乌垣。关外粮草价昂，故向例脚价计里给值，较关内为重，此关外情形也。此项脚价，若摊之各营勇丁，未免苦累。且数目琐碎，必至轇轕不清。故前议由四分平余项下开支，以归简易而免偏枯。嗣据新疆抚臣覆称，自泾至肃，历哈密以达新疆省城，所需脚价及川资、鞘定钉、纸张等项，均由四分平余项下开支。其由新省分运伊、塔两城，及南路喀喇沙尔以至喀什噶尔、和阗等处脚价差费、纸绳、鞘费等项，由各营应分饷内自行支给，以归画一而昭平允。咨商伊犁将军，亦无异议。据藩司谭继洵核计，关内自泾至肃，车价等项共需银六千六百余两，关外自肃至新疆，共需车价差费银一万七千五百余两，钉鞘、绳、纸张等费一千八百余两，而部拨伊犁欠饷三十万，脚价川资三千余两，不在常例之内。合计十一年关内外新饷，共需车脚、委员川资、鞘费等项，共需银二万六千余两，并部拨三十万脚价。均请由四分平余项下支销，详请奏咨前来。臣覆核无异，相应请旨饬部立案。

除分支各项细数另造清册送部外，谨会同署伊犁将军臣锡纶、新疆抚臣刘锦棠合词恭折具奏，伏乞皇太后、皇上圣鉴训示。谨奏。

193. 裁革东西两路里车折光绪十二年五月十三日

奏为甘省民生瘠苦，力难支差，现由官雇民车，核实办理，所省甚多，试办已有成效。请旨饬部立案，以祛民累，恭折仰祈圣鉴事。

窃查甘省东、西两路，自陕达关外，道所必经，差务络绎。承平时，民力已不可支。军兴以来，军饷、军装虽由粮台雇运，而一切杂差，仍不得不借资民力。乱后户口凋残，东路尤甚。臣初过平凉，即有呈称，派车太多，无力供支者。沿途详询各县，情形相同。嗣饬署平庆泾固化道向邦倬为之酌减其半，并严禁强拉民车之弊。而西路供差，向由里局承办，浮费甚多。如武威一县，每岁派费至一万七八千串，滥支滥应，他邑亦多不免。前岁，札饬署甘凉道向邦倬与甘州府饶应祺极力裁减，与两司会议章程核办。然不从银粮酌派，别无良法。查东路自泾州至皋兰各州县，岁征地丁银不过三万九千余两。西路自平番至肃州各厅县，岁征粮只一十三万九千余石，少派则不足用，多派则民不堪。且征银有毫厘丝忽之差，征粮有升斗合勺之别。书役以少准多，流弊百出，小民不胜其扰。随与藩司谭继洵、臬司陈彝再四筹商，不如改归官办。于泾州、兰州、肃州分设三局，先行雇定民车，随时拨用，计里给值。凡转运协饷、军装及各路大臣，主考、学政往来宁夏，凉庄满营运饷、出差委员、递解军流等犯，皆用官雇之车，各定限制。此外不准滥应。绿营领饷，则于现定三成公费外，加给二成，资其自雇车辆，不得向州县需索。各属里局，一体裁撤，不再科派。现据藩司谭继洵、臬司陈彝、兰州道饶应祺核计三局所费，统年合算，实需银三万二千余两，除协饷车价关内需银六千六百余两，由四分平余项下开支外，拟提用司库每岁应支各属所车、夫牛、口食、粮料价银一万二千余两，不敷之银，请由厘金项下支给。每年以一万三千两为定，不准加增。由司道会详请奏前来。臣查差徭之累，西北皆然。而地瘠民贫，以甘省为最。在公家多费银一万余两，可为民间省十数万之资，且免无穷扰累，当亦圣慈所矜鉴者也。相应吁恳天恩，俯准每岁于厘局动支银一万三千两，以资津贴。其司库所提，系例支之款，应准开销。并请旨饬部查照立案，另由臣饬东西各属裁革（里）〔厘〕局，永禁科派，俾边隅共沐宽大之仁，闾阎可免追呼之苦。谨缮折具陈，伏乞皇太后、皇上圣鉴训示。谨奏。

194. 奏报伊犁将军中途病故折光绪十二年六月二十二日

奏为伊犁将军中途因病出缺，恭折驰陈，仰祈圣鉴事。

窃臣据肃州知州彭绍丰详报，家丁方克信禀称，家主伊犁将军金顺，奉旨入都陛见。于光绪十二年二月初四日起程，行至库尔喀喇乌苏，旧伤举发，途中医药不便，勉强趱行。五月初一日，抵肃州，劳伤增剧，不能动履，延医调治，百药罔效，竟于六月十一日未时因病出缺，呈请转报前来。臣查伊犁将军金顺壮岁从戎，转战鄂、皖等省，迭克坚城，勋劳卓著。随同前西安将军多隆阿入陕，剿办回逆。驰骤秦陇之间，亲冒矢石，勇猛绝伦。迨帮办新疆军务，克复各城，收回伊犁，抚循安缉，厥功尤伟。论者谓其秉性忠诚，宅心仁厚，长于用兵，疏于理财，而战迹不在多隆阿等诸将之下。臣去秋密陈金顺虽用人不当，而其心无他。吁恳天恩，为劳臣保全终始，亦冀易地以处，尚能为国宣力，而不料其遽止于是也。时事多艰，良将遽殒，凄凉旅榇，深用恻然。其遗折一件，谨封呈御览。

所有伊犁将军出缺日期，理合由驿驰陈，伏乞皇太后、皇上圣鉴训示。谨奏。

195. 金营用款请准开单报销片 光绪十二年七月初七日

再，臣前闻金顺抵肃病势日剧，资斧乏绝，左右并无兄弟子侄。因派候补道徐锡祺前往看视。六月初十日，徐锡祺进见金顺，尚能言语，而自知不起，口授遗折，并将行营木质关防封寄臣处。另致臣书，谓身受圣恩，莫由补报，家有老母，终养未能。在营三十年，负累不少。光绪七、八两年报销，业经送部，尚未核准。九年至十一年冬月用款，本拟到京造报，不料病竟至此，将为身后之累。嘱臣为之奏明办理。等语。臣维金顺现无亲丁在侧，所用委员，业已参革羁禁查办。九年后报销无人清理，自系实情。查造册报销，以旧管新收开除实在四项为主。其所收协饷，原有确数，而早经用罄，积欠累累。至于两次哗溃，则旧管实在无存可知，开除一项，已支之款，士卒业已遣散，质证莫由。即有浮冒，亦属无从追缴。未支之项，前经抚臣刘锦棠等往查，尚难确举其实欠之数。今其人已故，无可咨询，而欲出入款目针孔相符，其势有所不能。部章严密，丝毫不漏，往返驳诘，终成不了之案。可否饬下署伊犁将军锡纶，责令旧日经手之员，查明收支实数，开具简明清单，请旨定夺。出自逾格鸿施，其身后事宜，臣已寄银二千两，饬徐锡祺与地方官妥为经理。所存木质关防，应否送部，抑或由臣销毁，恭候命下遵行。谨附片陈明，伏乞圣鉴训示。谨奏。

196. 覆陈甘省用款无可再减折光绪十二年八月二十一日

奏为遵旨覆陈甘肃各项用款无可再减，恭折仰祈圣鉴事。

窃臣准军机大臣字寄光绪十二年六月二十二日钦奉慈禧端佑康颐昭豫庄诚皇太后懿旨："前因海防善后，用项浩繁，及酌加旗营饷需，必须筹款支给。先后谕令各该省关，将每年出入款目，分晰造报，并将现有勇营切实核减，冗局闲员大加裁汰，每省每年可以节省若干专款，存储解部。经各直省将军、督抚、监督等陆续奏到。其能节省解部者，仅止江苏、安徽、湖北、湖南、陕西、山东、山西、河南数省，余则非入不敷出，即出入相抵。在各省用款繁多，每谓无可裁减。殊不知近来积习相沿，每办一事，即创立一局，位置冗员、开支公费种种滥用，弊窦甚多。虽经屡次严谕，迄未大加裁减。总由各督抚未能严饬藩司实心经理，致以国家有用之正供，作无益之冗费，国用何时可充，饷需何时可足耶！况王公百官，旗营俸饷，现已照旧全数放给。海军创立，需款尤多，非宽筹饷项，不足以资周转而应要需。各该将军、督抚、监督等受国厚恩，务当共矢公忠，破除情面，能省一分浮费，即多一分正用。所有奏明无款可拨各省，再将各项可省之款，核实删减。无论正款、闲款，不拘数目多寡，每省每年可以节省若干，存储解部，即行筹议具奏，不得以入不敷出、无可节省一奏塞责，稍涉推诿。当此时事艰难，饷需支绌，但得每省能节若干，积少成多，不无裨益，谅各该将军、督抚、监督等必能共体时艰，力为筹措也。钦此！"仰见皇太后、皇上经国理财，实事求是。跪聆之下，钦悚莫名。

伏查甘肃情形，固非东南财赋之区可比，即较西北各省，亦自迥异。臣去岁奉懿旨后，已两次覆陈。并查司库每年出入款项，及现存兵勇数目，详细缕陈，早邀圣明洞鉴。甘肃存兵，不及原额之半。七年，防勇二万余人，频年裁撤一万数千人。现仅留马步勇丁六千余名，有事调遣，不敷分布，此防勇无可再裁之实在情形也。承平时，甘肃关内岁需饷银二百万。臣到任之初，每岁尚需百六七十万，逐渐节省，已属无可再减。自十一年起，部定关内新饷九十五万，而去年所收，仅止九成，致各营尚有欠饷，此用款无从撙节之实在情形也。臣前折所称稍有盈余，当另款封储，以备缓急，实筹边第一要义。数年来夙夕经营、刻求节啬者，意在于此。若有可解部之款，即应咨部减拨，不必展转运解也。值此时艰，中外交匮，疆吏各具天良，岂容漠视？无如处此瘠区，朝夕仰给他省，别无挹注之方，实用惭悚。

所有甘省艰窘情形，谨缮折覆陈，伏乞皇太后、皇上圣鉴训示。谨奏。

197. 拟结肃州总兵游击互揭一案折光绪十二年十一月初六日

奏为查明肃州总兵、游击互揭一案，分别拟结，恭折仰祈圣鉴事。

窃臣前因肃州总兵郑金华与游击易顺胜互揭有因，奏奉谕旨："郑金华着先行解任，听候查办。该督务将此案澈底详查，奏明参办。余依议。该部知道。钦此！"钦遵在案，当即转饬安肃道叶毓桐、署总兵李泰山会同详查，因郑金华狡执，复经臣咨商甘州提督周达武，就近驰赴肃州切实查办。嗣据提臣周达武覆称，会同署总兵李泰山、安肃道叶毓桐将郑金华、游击易顺胜互揭各情，饬传前右营游击赵谦士及帮带练军哨长等，与郑金华逐款对质。实因易顺胜接带练军时，点验兵额少数五十二名，即向郑金华称，系沿前署总兵陶世贵旧规，派守粮、药二局，并镇署当差，共兵三十五名。又甫经汰革疲弱十七名，尚未挑补。易顺胜因赵谦士所交练军兵册，有标兵外勇参错其间。盖因兵燹后，土著无多，间有外勇充选练兵，易顺胜即以所带勇丁请补汰弱缺额，郑金华已准十名。其未准者，欲以马兵挑补，易顺胜再三请补，未允。以致意见不合。其提存饷银四百两，系陶世贵尚未动用，移交后任郑金华以此款并非兵饷，故未发给易顺胜，现移交署总兵李泰山收存矣。练军月饷，照章应由管带自领自放。陶世贵在任时，即由镇署领支。郑金华到任亦仍其旧，易顺胜因向郑金华禀商公事，语言龃龉，时或有之，尚无詈骂等情。复密加访察，郑金华亦无侵饷银情事。等因。咨覆前来。又据署总兵李泰山、安肃道叶毓桐禀覆相符。臣查郑金华身膺专阃，岂不知练兵团扎？原期朝夕操演，以成劲旅。乃以练军额兵看守粮、药各局，及充当杂差，需兵至三十余名，与存营之兵牵混提用，毫无区别。且将练军月饷，由镇署领发，不归管带自领自放。虽系沿照前任旧规，及查无侵蚀情事，究属办理颟顸。且遇事委琐，不洽舆情，于边地甚不相宜。相应请旨，将郑金华开缺，送部引见。所遗肃州镇总兵员缺，并请迅赐简放，以重职守。郑金华所存银四百两，查明确系由司借领公费，备制军装之需，并非兵饷。业已移交李泰山验收，应毋庸议。补用总兵前署肃标右营游击赵谦士初办练军，即委管带。虽因兵燹后土著无多，马兵内向有外勇统数，练军时只选精壮，不分土著、外勇，尚属情有可原。惟以练军当杂差，并不阻止。其汰去老弱，又不即时请补，实属含混。应请旨，将赵谦士开缺另补。升用提督署游击易顺胜查点练兵不敷，以所带勇丁求补汰革兵缺未允，与郑金华意见不合，互相禀揭，尚属因公。惟性情粗暴，语言不逊，业经撤任，交提臣周达武随时察看，能否胜任，再行序补。陶世贵擅派练兵看守粮、药局，充当杂差，并以练军饷归镇署支发，显违定章，业已身故，应毋庸议。

所有遵旨查明总兵、游击互揭一案，谨恭折覆陈，伏乞皇太后、皇上圣鉴。谨奏。

198. 病体难支恳准开缺折光绪十二年十一月二十日

奏为微臣目疾弗瘳，病体难支，吁恳天恩，俯准开缺回籍调理，并请简放陕甘总督员缺，以重职守，恭折仰祈圣鉴事。

窃臣前因目疾陈请开缺，荷蒙赏假至再至三，感激涕零，不知所报。满冀力疾销假，从缓医调，目光或可渐复。乃自五月以来，右目被云翳遮蔽，不见天日，近则左目亦生翳障，阅牍不见字，对面不见人。加以积受阴寒，侵入腠理。一至深秋，便形凛冽。腰膝以下，其冷如冰。升降须人扶掖，热伏上焦，时有心烦气短，胁痛头风等证。伏念臣受恩深重，尽瘁奚辞。无如目光锐减，步履维艰，杂病丛生，焦急不可言状。边疆重地，关系匪轻。勉强支持，必至贻误。再四筹思，惟有吁恳天恩，俯准开缺回籍医治，并请迅简贤员，以奠边圉。臣不深迫切悚惶待命之至。谨缮折具陈，伏乞皇太后、皇上圣鉴训示。谨奏。

谭文勤公奏稿卷十三

199. 拿办谋逆首犯分别惩办请奖出力员绅折光绪十二年十二月初八日

奏为捕获谋逆首要各犯，分别枭示惩办，地方一律肃清，请将出力员绅，恳恩破格奖励，以昭激劝，恭折仰祈圣鉴事。

窃臣据署中卫县匡翼之禀称，十月初，访闻距县城二百里南山滴水崖地方，有匪徒啸聚滋事。即率同中卫协所，派把总张得胜携带兵役，星驰前往宁安堡，见居民纷纷迁徙。据渠宁巡检崔澍面称，距堡七十里之滴水崖盘踞匪徒多名，谋为不轨，派差往探。至茶坊庙，盘获逃出伙匪马伏一名。据称，匪首赵神仙即赵进才，又名赵良才。纠党数百人在滴水崖，约定初三夜攻宁安堡，举火为号。当即会同堡绅严密巡查，至三更，果有匪徒在上桥草场放火，经武生殷建光瞥见往拿，贼即逃走。因是夜雪大，火亦遂灭等语。该令因事势危急，不容稍缓，发禀后即传集附近各堡团绅，挑选壮丁，雇马百余匹，知会石空堡守备巨延年率兵会剿。臣闻报，即派参将刘可舜带督标马队，兼程前赴宁安堡。宁夏总兵冯南斌与宁夏道福裕、宁夏府知府黄自元各派兵役，前往协剿。旋据匡翼之飞禀，初五日，督同团绅、游击张铭新、把总张得胜分三路进攻。初六日卯刻，齐抵滴水崖，直捣贼巢，喝令弃械来投者免罪。该匪等踞山抗拒，枪石齐下，张铭新、张得胜率团丁、兵役奋身登山，枪矛并举，该匪见势不支，纷纷溃逃。匡翼之饬张铭新等跟踪追捕，将匪首赵神仙枪毙坠马，割取首级，并擒获要匪张永邦即小张山、王恩美、任积书并王万顺等二十余名。搜获伪印一颗，伪示多张，旗帜、刀枪、火药、令箭、令旗等件。

匡翼之捐廉数百两，赏给团丁，晓谕堡民各安生业，将各犯押解回县。臣饬藩、臬两司派知府胡孚骏前往，会同该令提犯研讯。据张永邦供：“靖远县人。光绪九年九月间，小的由海城贩羊往宁夏大坝，遇赵神仙与小的闲谈。他说在邵刚堡开设货店，叫小的同做生意，小的随他到邵刚堡。赵神仙将他粉房与小的合伙。赵神仙常说，九龙山大王要他保驾，封他为西烈王，与小的同享富贵。平日说人休咎有验，故人称他为神仙。他说有纸人纸马可以打仗，纸符吃了可以耐饥。九龙山有一和尚，给他告示稿，凡遇世人，将此纸念一遍，便归向他。小的见他这告示确有几分灵验，亦就信服。这谋反之事，从去年五月间，赵神仙由邵刚堡到吴忠堡去了多日。回对小的说，他招有五六百人，约定十月间在金积堡起事。到九月底，风声渐大，赵神仙于十月初三逃回禹王城去，小的于初六日逃到海城柳树湾。今年四月间，赵神仙同蒋兴长由陕西来柳树湾，说从九龙山回来，带来多少人马在后，要反甘肃。九月间，赵神仙来调小的，说在滴水崖石洞起事。牛头山有五百人，雪山寺有五百人，罗山有五百人，青石峡有五百马队，着小的统带。小的信以为真，到散坝浪与任积书同到滴水崖。见了赵神仙，便说这所地方是王恩美引来的，小的问各山人马何在？赵神仙回答事成自有各路兵马接应，小的问山上众人，都说赵神仙沿路诡说滴水崖有银坑，可以开挖，各带矛棒，以防野兽。众人跟从上山的，王恩美采办粮食，各处约人，任积书制办旗帜、令箭等物。约定十月初三夜攻宁安堡，先遣一人赴堡外举火为号。至四更不见火起，风雪甚大，众多逃散。小的与王恩美、任积书等仍随赵神仙退回滴水崖，不料官兵猝至，抵敌不住，分逃被获。”等供。质之王恩美、任积书，各供相同。据胡孚骏等录供禀复前来。臣查赵神仙即赵进才，平远禹王城人，平日游荡，怪诞不经。上年在邵刚堡布散谣言，煽惑愚民。经地方官严拿潜逃，胆敢复至滴水崖聚众滋事。其伪示悖逆不道，实属罪大恶极。经该县匡翼之捕获枭首，当令悬杆邵刚堡地方示众。从犯张永邦、王恩美、任积书甘心从逆，应即行正法，传首犯事地方，以昭炯戒。其余王万顺等二十余名，均系被其诱胁，情尚可原，分别监禁，锁系枷杖，递籍保释。并饬刘可舜会同该处防练各营遍山搜拿余匪，以绝根株。仍示谕被诱余民，悔过自新，不究已往，俾安反侧。现据各营禀报，民心大定，安堵如常。查此案事起仓卒，若不速图，势将蔓延滋累，殃及良民。匡翼之临机应变，颇有胆识。于数日内捕获首要各犯，击散余匪，安辑地方，办理实属迅速。合无仰恳天恩，准将署中卫县知县匡翼之免补知县，以直隶州知州留甘尽先补用。游击张铭新以参将尽先补用。把总张得胜以千总尽先补用。

其余出力弁绅，容臣查明咨奖，赏给功牌，以示鼓励。

所有捕获谋逆首要各犯分别惩办缘由，谨缮折具陈，伏乞皇太后、皇上圣鉴训示。谨奏。

200. 遣撤甘军酌议办法折光绪十三年正月二十八日

奏为遵旨覆陈，仰祈圣鉴事。

窃臣准军机大臣字寄光绪十三年正月十三日奉上谕："雷正绾所部马步九营，前经调驻营口，复谕令移扎凤凰边门。该提督统军久戍，颇著勤劳，朝廷时深廑念。现在边防安靖，自应遣撤回甘，俾资休息。着雷正绾统率所部，仍回固原本任。该军经过地方，着李鸿章、庆裕饬属妥为照料，以利遄行。至到甘后，应如何裁汰归并，分布驻扎，着谭钟麟会商雷正绾体察情形，酌量办理，应领月饷，由谭钟麟核明给发。其江苏、浙江月协该军每年共银三十四万八千两，应由户部拨归海军衙门，以济东三省练军饷需，将此谕知户部。由四百里谕知李鸿章、庆裕、谭钟麟，并传谕雷正绾知之。钦此！"仰见朝廷轸念戎行、体恤将士至意，钦感莫名。臣维雷正绾所统甘军，远戍六千里外，时已三年。勇士思归者必多，若回甘后再行遣撤，往返万里，劳费不可胜言。臣拟请旨，饬雷正绾令各营查明勇丁籍隶东南者，即于营口遣撤，附轮船至上海易舟，以达湖北，取径甚捷，所费无几。山东、河南之勇，即在保定遣归。其籍隶四川者，至陕西遣撤。各派哨弁分途管带回籍。其余勇丁，仍令各营官管带至甘，分别裁汰归并。论甘省边境辽阔，现存防营不敷分布，似应多留数营，而饷糈艰难，势不能不核实撙节。查甘肃新饷，部议关内每年拨银一百二十万。因甘军调赴直境，减拨二十五万，而十一二年江西、四川欠解甚巨，甘库每年只收八十余万，不足供支。兹雷军回甘，月饷应由户部酌议增拨，以资接济。至甘军存饷，臣于十年、十一年悉数发给，并无蒂欠，历经奏明在案。而两年来，江浙曾否解足，各营有无欠饷，臣无从查考。惟接各营官禀称，边门寒苦，衣履、食用之需，较甘为尤重，则勇丁存饷可以想见。此次奉文凯撤，远道奔驰，旅费维艰，亦殊可悯。合无仰恳天恩，俯准截饷后，加给一月口粮，以裕归资，出自逾格鸿施。臣自此军远出，时复关怀，屡次函告雷正绾，妥为抚绥，严加管束，免滋事端而启外侮。今幸边防安谧，振旅西还。但期去者、留者，咸无觖望。庶足以广皇仁而慰众心。

所有遵旨覆陈缘由，谨缮折驰陈，伏乞皇太后、皇上圣鉴训示施行。谨奏。

201. 目疾未痊恳开缺折光绪十三年二月二十六日

奏为假期已满，目疾未痊，吁恳天恩，俯准开缺回籍，恭折仰祈圣鉴事。

窃臣前以病体难支，陈情回籍医治。奉旨：“赏假两个月调理，毋庸开缺。钦此！”跪聆之下，感激涕零。伏念臣负质疏庸，受恩深重，涓埃未报，寝馈难安。比因目疾，屡荷殊恩，宽予假期，俾资调摄。心非木石，安得不感愧思奋，上酬高厚鸿施。臣不畏艰险，不计劳怨，既无安逸之念，亦无避就之情。只以两目昏蒙，日甚一日。公牍需人旁诵，见客不辨形容。兼辖边疆，事体繁重，倘有贻误，关系非轻。臣今年六十六，精力未极衰颓。仰恳天恩，俯准回籍，静养年余，目光稍复。设有缓急，尚可免效驰驱。若不及时调治，恐成废人，将永无补报之日。此臣所夙夜彷徨不能自已者也。伏冀圣慈，鉴臣愚衷，悯臣疾苦，迅简贤员，以重边寄。俾臣得交卸回里，借资医调。不胜悚惶迫切待命之至。谨缮折具陈，伏乞皇太后、皇上圣鉴训示。谨奏。

202. 力疾销假折光绪十三年三月二十九日

奏为力疾销假，暂顾时局，恭折仰祈圣鉴事。

窃臣前因目疾增剧陈请开缺，复蒙恩旨："着再赏假一个月调理，毋庸开缺，钦此。"跪聆之下，感悚莫名。臣右目一无所见，左目亦生翳障，仅有二三分之明，终日如在云雾中，四顾茫茫，莫知所措。惟昨接伊犁来信，署将军锡纶病甚危笃，众情惶惑。而抚臣刘锦棠来咨，复有因病乞假回籍省亲之请。同时将军、督抚均以病告，官民、军士不免惊疑。且抚臣欠饷累累，一动则群起索欠，恐滋事端。臣兼辖边疆，同关休戚。抚兹时局，不能不暂留，以维系关内外将士之心。

所有微臣力疾销假缘由，谨缮折具陈，伏乞皇太后、皇上圣鉴。谨奏。

朱批："览奏具见力顾大局，深堪嘉尚，着赏给拨云散二匣，俾资医治。该督当加意调摄，以副委任。"①

203. 请催新授伊犁将军赴任折光绪十三年三月二十九日

奏为请旨饬催伊犁将军速赴新任，以重边务，恭折仰祈圣

①据《光绪朝朱批奏折·内政·职官》第5辑，第42页补入，时间为光绪十三年三月二十九日。

鉴事。

窃臣准总理伊犁营务处提督曹正兴呈称，署伊犁将军锡纶，去冬头上顶心偶生巨痈，日久溃腐。春来左项喉侧，生疮溃烂，脓血不止，流注左脖。近日右项亦复如是，终日呻吟床褥，痛楚难堪，势甚危笃。又据伊犁总兵邓增①所禀，情形相同。伏思署将军锡纶之病，悉中要害，其证甚险。纵使医调得法，亦非数月所能全愈。副都统长庚②、额尔庆额尚无到伊消息，绥定城中别无大员可资镇摄。边地紧要，关系非轻。查去岁遣撤吉江马队，扰攘一年，耗饷甚巨。致防营勇饷未能按月支发。十月间，闻各营勇丁啧有烦言。一因吉江马队欠饷发至五成、七成，而各营勇丁欠

①邓增，字景（锦）廷。广东新会人。生卒年不详。穆宗同治年间，朝廷派钦差大臣左宗棠镇压西北回民起义。邓增因善用开花炮，调隶楚军，随军西进，参加攻陷董志原、金积堡战役。同治十年（1871），随刘锦棠军进河州、西宁、肃州，因战功加总兵衔。光绪十八年（1892），任西宁镇总兵。二十一年，循化地区发生回族、撒拉族抗清斗争，率部前往镇压，事后擢升固原提督。二十五年，镇压甘肃海城回民起义。二十六年，八国联军侵入北京，慈禧、光绪逃往西安，邓率军护卫。慈禧等回京，即回固原任上。不久因病逝世。

②长庚，字少白。道光二十三年（1843）九月十五日生于甘肃山丹县署。系正黄旗满洲崇年佐领下人，由监生遵筹饷例，报捐县丞，指分山西。咸丰十年，经署理伊犁将军荣全奏调驰赴新疆军营，因救援沙山子出力，经荣全保奏，奉旨以知县仍归原省补用，并赏戴花翎。光绪元年三月，新疆军务乌鲁木齐都统景廉奏调赴新疆作战，并由景廉举荐于金顺，颇受金顺所倚重，“凡军机大事推心委任，并委命其总理营务，统筹全局”。乌鲁木齐和玛纳斯两城收复后，经帮办新疆军务乌鲁木齐都统金顺保奏，于光绪二年四月奉旨着免补本班，以直隶州知州仍归山西军功候补班前尽先补用，并赏加知府衔。六年，伊犁将军金顺保奏长庚署伊犁巴彦岱领队大臣之职。六月，奉旨巴彦岱领队大臣事务署理山西候补知府。六年五月，经帮办新疆军务伊犁将军金顺于历次剿办西北窜匪案内出力保奏，六月奉旨着免补本班，以道员仍留原省遇缺尽先题奏，并赏加二品顶戴。六年丁母忧，呈请扶柩回旗安葬。光绪十四年正月，长庚奉调驻藏大臣。任内，会同川督刘秉璋、帮办大臣升泰、岐元将军等部合力平定瞻对藏乱，奉旨补授伊犁将军。伊犁自经大乱后，民生凋敝，城邑丘墟，善后事务繁重。长庚抵任后，悉心规划。举凡安抚百姓、招徕商贾、筹设边防、兴办屯田等，皆尽心筹划。长庚勤于政事，每天“辨色即起，与属僚论事，声彻别院，日晡不暇食。灯下治文书，恒至三鼓”。光绪三十年，长庚奉调赴京，留署兵部尚书，不久实授。三十一年，清廷以西北边防紧要，谕令长庚再任伊犁将军。宣统元年五月，补授陕甘总督。清帝逊位后解职，1914 年九月病逝。

饷，每年只得二两，轻重悬殊。一因每月仅领盐菜银一两，而所发粮石较市价为昂，以致众心不服。幸营官约束甚严，尚未滋事。锡纶因派三弁驰赴新疆，借银六万，并嘱臣代借银十万。臣于十二月中饬司挪移银十万两，作为十三年新饷，先行起解。正月初，专弁抵兰，又给银六万五千两，计三月中可到。二、三两月起解银十一万三千八百余两，而果权所部马队，指日到兰，需银六万余两。当于四月分饷划扣，但令屏除不急之务，尽此已到之饷以赡军，计亦可以敷衍。臣已飞饬曹正兴传谕各营，以后饷需，源源解济，不至缺乏。并咨商抚臣刘锦棠，派候补道英林前往察看病势，抚绥边军。相应请旨饬新授伊犁将军色楞额[①]速行赴任，以资镇抚而固边疆，是否有当，谨缮折驰陈，伏乞皇太后、皇上圣鉴训示施行。谨奏。

朱批："另有旨。"[②]

204. 请拨湘军欠饷片 光绪十三年四月十一日

再，臣阅抚臣刘锦棠请假省亲折稿，词意恳切，出于至情。如蒙恩准归省，则湘勇皆将附之以行。盖湘军多系比闾子弟，从征二十年，壮岁入营，今已垂暮，幸得生入玉门。惟恃此存饷，为事蓄之资。倘有觖望，则变故生焉。湘军既领，他营必群起而相索，二百数十万巨款，何能骤得？即使抚臣不归，而频岁以新饷弥旧欠。再越数年，欠数如故，将成不了之局。抚臣来书，拟借洋款或拨部款。臣谓国家负债已深，何堪重累！此际请拨部款，似属不识时务之谈。而反复思维，舍此别无良法。臣私心窃计，

---

①色楞额（？—1890），满洲正白旗人。光绪十二年（1886）调任伊犁将军，调驻塔城索伦营官兵回伊犁驻防，整顿军纪，奏请伊犁、塔城军政事务仍由伊犁将军专办，新疆巡抚不必过问，遭斥。卒于任。

②据《光绪朝朱批奏折·军务·人事》第39辑，第619页原折补入，时间为光绪十三年三月二十九日。

果得实银百万，则划清界限。以十年前为旧欠，随营最早者全数给之。十一年以后为新欠，则减成酌发。其留营者，自此按月给饷，所欠暂行从缓。旧欠既清，则操纵由我。或改营为旗，或减行粮为坐粮。以后营饷，所省实多，是亦釜底抽薪之意也。相应请旨，饬部借拨库银七十万两，仍酌派浙江、福建、广东、江西、四川五省于本年解还户部，以重库款。其不敷三十万，甘库现存四分平余银十万余两。臣当饬司挪移十余万两，以足百万之数。此项不能无着，当令五省于十四年解还甘库。如荷俞允，臣再与刘锦棠酌商妥办，总期一了百了，永断葛藤。上纾朝廷西顾之忧，下收军士饱腾之效。

臣愚昧之见，是否有当，伏乞圣鉴饬部核议施行。谨奏。

205. 规画伊犁善后情形请饬部议片 光绪十三年四月十一日

再，伊犁自收复后，规制荡然。诸事照军营办法，并无一定章程，致用款繁多，不可究诘。查署将军锡纶十一年十一月二十日到任后，所收十一年新饷四十七万。十二年应分饷银九十七万，抚臣刘锦棠移交部款八万余两，约计百五十余万。其遣撤吉江马队，所发欠饷四十四万，内有果权六万余两，尚需由兰具领。而防营勇丁六千余人，去年每月仅发盐菜银一两。将来积欠，又成巨款。前后套搭，终无了期，殊非经久之道。即塔尔巴哈台防军马步十营，亦应核实裁汰，以节饷需。塔城与科布多皆邻俄境，科城现无防营，亦自晏然。纵强邻败盟，必无先向塔城挑衅之理。臣愚以为新疆既设行省，自宜略仿内地办理。绥定一城，既有将军，不必设两副都统，以一副都统驻塔城，则参赞可裁。乌垣、巴里坤满营归并古城，人数无多，设一城守尉，则领队可裁。他如索伦、锡伯、察哈尔、额鲁特等诸部落，向系游牧，自食其力，有事征调，则给以口食。可于各部落中择其能者派为总管，其下则分设千户、百户互相钳制。以领队大臣俸饷分给之，自束其族类，而无官吏之扰，未有不感激思奋者矣！伊塔既设道府，则防营月饷，责成新疆藩司，按月解交道府，分支各营自行采买食粮，则粮局粮员均可裁撤。伊、塔、古城满营兵饷、廉费，每岁应给若干，仿照宁夏凉庄章程，视兵弁人数多寡，以定额饷。其善后屯垦诸费，亦当示以限制。惟关外情形不同，不妨较内地稍从宽裕。此事臣曾函商抚臣刘锦棠，则虑变更太多，恐招物议。锡纶则谓应从旧制，官可不设，意见各殊，莫衷壹是。臣忝膺兼圻，既有所见，不敢不冒昧上陈。而事体重大，应请饬下部臣，统筹全局，妥议长治久安之策，是否可行，伏乞圣鉴训示。谨奏。

206. 遵保剿平贵德番匪出力员弁折 光绪十三年四月二十八日

奏为遵保剿平贵德番匪出力员弁，吁恳天恩，饬部照请奖叙，以示鼓励，恭折仰祈圣鉴事。

窃查去年六月拿办贵德阿粗乎等四族野番，歼毙首犯，余众就抚，各营将士实属异常出力。臣钟麟会同前西宁办事大臣李慎奏乞恩施，择尤为出力者，每营酌保数员。钦奉上谕："览奏已悉，仍着将善后事宜妥为办理，以安边圉。阵亡之参将钟得标、都司孙良贵，均着照所请，分别从优议恤。所有出力员弁，准其酌保数员，毋许冒滥。余依议。该部知道。钦此！"钦遵分行查照在案。臣福裕履任后，据各营开送酌保员弁清单前来。因到任未久，咨商臣核明办理。臣钟麟以各营所保太多，将原册发还核减，每营只准保奖数员。旋由营务处方鼎录等汇赍清单履历。臣等覆核，尚无冒滥。查此次番匪抢劫毙兵，劫犯戕官，屡经谕令献出首恶，抗不遵照。经臣钟麟派李良穆率沈福田、马安良[1]等马步六营遏其东，崔伟、王振德、刘可舜马步三营扼其西窜川番果洛克之路，郑连拔[2]率马步四营，与贵德同知张大镛率土勇数百名由中路进攻。委西宁道方鼎录总理营务，就近调度。并派员分司转运，以济三路军食。该匪以雪山为巢穴，初据高红崖，恃险抗拒。郑连拔等率众掩击，退据龙王池。经李良穆派队断其雪山小道，该匪西窜忙拉水川。其地巉崖巨壑，林深箐密。意欲诱我军深入，断绝归路。郑连拔等饬鲁仓千户鲁本科持谕前往开导，令其缚献首犯，即免剿办。乃该匪凭险负固，见我军猝至，开放枪炮，崔伟等分路进剿，阵斩首逆悍匪数十名，带伤数十名，余众越岭奔逃。我军亦阵亡参将一员，兵勇六名，带伤数十名。此六月二十六日攻剿获胜情形也。该四族番匪，经此痛剿，畏罪投诚，恳完受寺番僧、千户等率领头目投营乞抚，自矢永不为匪。当由郑连拔、王振德、张大镛等散给牛羊马匹，准其插帐游牧。并令四族各举番目一名为百户，给以执照，俾资约束。自去秋以来，不独该四族安居乐业，即他番亦不闻有抢劫之案。黄河以南，蒙番各处一律安静。所有在事出力之西宁道方鼎录总理营务，调度有方，拟请遇有应升缺出，请旨简放。记名提督、题奏总兵、署西宁总兵郑连拔拟请赏加头品顶戴。署河州镇总兵、提督李良穆，拟请

---

①马安良，甘肃河州（今临夏回族自治州）人。回族。字翰如。原名马七五，经名阿布杜拉·麦知德。同治十一年（1872），随父马占鳌降清，左宗棠赐名“安良”，授七品军功顶戴。后为靖南马队三旗中营正旗官。光绪二十一年（1895），协助清军提督董福祥镇压河湟地区的回民起义。清末升任新疆巴里坤镇总兵、宁夏镇总兵。慈禧太后逃至西安时，曾率西军赶去护驾。宣统元年（1909），任甘肃马队第一标统。1912年4月，升任甘肃提督。10月，任甘肃巡防营精锐军统领。11月，组建西军精锐马步全军二十四营旗，自任总统兼中军分统，出兵围剿陕西、宁夏地区民军起义。1915年底，袁世凯复辟帝制后，被策封为一等男爵。1918年10月，复任甘州护军使，次年改任甘州镇守使。不久病卒。

②郑连拔，湘军将领。湖南邵阳人。随左宗棠镇压回民起义有功，光绪八年，累官至以提督衔补用总兵督标中协。在任期间，督饬兵勇修筑道路，填砌西宁境内西石、药水二峡。又经补修城垣内外，一律完整。

交部从优议叙。提督崔伟，拟请赏加头品顶戴。总兵沈福田，拟请以提督记名简放。总兵衔留陕甘尽先补用副将王振德，拟请以总兵尽先补用。尽先升用知府、甘肃贵德同知张大镛，拟请以知府尽先即补，并赏加盐运使衔。其余出力员弁，另缮清单，仰恳天恩，饬部照请奖叙，以示鼓励。出自逾格鸿施。

除将各员弁履历分别送部查核外，谨合词缮折具陈，伏乞皇太后、皇上圣鉴训示。谨奏。

207. 赏拨云散谢恩折光绪十三年四月二十五日

奏为恭谢天恩，仰祈圣鉴事。

窃臣前奏销假一折，钦奉朱批："览奏具见力顾大局，深堪嘉尚，着赏给拨云散二匣，俾资医治。该督当加意调摄，以副委任。钦此！"旋准军机大臣咨，交兵部火牌递到恩赏拨云散二匣。臣谨即恭设香案，望阙叩头祗领。伏念臣材本疏庸，识尤愚暗。频因目恙，上渎宸聪。叨逾格之优容，宽假期以休沐。感惭交集，寝馈难安。适当时局之多艰，强起病躯而任事。复荷圣慈矜恤，出珍剂于上方。天语褒嘉，鉴颛蒙之下悃。臣惟有恪遵训诲，加意医调。庶几叶勿药之占，喜见披云拨雾。励汝明之职，长依化日光天。所有微臣感激下忱，谨缮折恭谢天恩，伏乞皇太后、皇上圣鉴。谨奏。

208. 拿办铁布番匪编定保甲折光绪十三年闰四月二十六日

奏为派兵拿办铁布番匪，擒获首犯，讯明正法，余众收抚，会同川弁与交界番地，编定保甲，地方一律安靖，恭折仰祈圣鉴事。

窃查洮州土司所属铁布各番族，与四川松潘所属大目寨上、中、下撒路各番族连界，袤延千里，众以万计。近来时有番匪出巢，劫掠土民牲畜之案。屡经批饬洮州土司杨作霖严拿，犯无一获。臣闻杨作霖年少气盛，才足有为，不免妄自尊大，时与地方官龃龉。前年传其来省，面加训饬，晓以利害，倘逾限不能获犯，当即奏请斥革。杨作霖惶恐认罪，愿拿贼自赎。嗣经陆续拿获番匪三名送案，追回原脏，给主认领。十二年春间，据杨作霖禀称，上铁布所属哈札、畲加、达刚三族，番匪与川番大目寨等族匪类勾结，肆行焚掠，并有掳去汉民子女之事。派弁往拿，兵少则拒捕，兵多则窜入川界。若不会同搜捕，恐致酿成大患等情前来。臣即飞咨四川督臣，饬松潘镇总兵派弁，酌带兵丁至交界处会办。九月间，臣饬洮岷协副将陈元萼带兵三百余名，驻扎岷州之归安地方。令杨作霖率土兵、番兵前往铁布，传谕良番各安生业，晓示哈札三族缚献首匪，缴呈原赃。而该匪等恃险负固，抗不遵照。杨作霖添调铁布良番千名，进逼贼巢，三面围扎。副将陈元萼进驻哇藏寺为后应。十月三十日，杨作霖率番兵进击，攻破畲加、达刚二巢，贼众逃窜，追杀十余名，擒获哈札赃首匪捞他一名。十一月二十一日，又拿获畲加赃首匪才肉、格勺二名，由陈元萼禀报到臣，当经批饬洮州厅讯明正法，传首犯事地方，悬竿示众，以昭炯戒。其窜逸川界之匪，令番头目悉数擒献。旋据铁布上六旗五寺温布温布僧总管头人率哈札、畲加、达刚三族各家属，赴营哀恳就抚。经杨作霖散给籽种，俾安生业。适松潘镇派漳腊营参将邓全胜带兵至铁布崇路地方，会同杨作霖勒令大目寨上、下撒路番族，将逸匪交出，并将掠去汉民黄百笑送交黄张氏领回。传集川甘番地头目、百户等，剀切开导，各清各族。照内地保甲法，按户编审。十家一牌，设牌头。十牌一甲，设甲长。十甲设一保总，互相清查，如有匪类，即行捆献。倘牌甲隐匿，分别连坐。番族皆欣然遵办，地方一律安堵。陈元萼即率队回营，漳腊营参将邓全胜、土司杨作霖于二月间各撤兵归伍。据洮岷协副将及岷州、洮州厅转报前来。臣查洮州土司所属铁布各番，与四川番族为邻，习俗强悍，抢夺之案，固所时有。此拿彼窜，往往互相推诿。番匪恃其险远，竟敢焚掠劫杀，肆无忌惮。经此次派兵往拿，歼其首恶，抚绥余众。两省会同编定保甲，边界分明，可得十数年之安。足以仰恳朝廷绥靖边圉之至意。

所有拿办番匪事竣地方安靖缘由，谨缮折具陈，伏乞皇太后、皇上圣鉴训示。谨奏。

209. 请派鲁本科为总管钳制番族片 光绪十三年四月二十八日

再，西宁所属番族，黄河北，惟刚咱族为最大。河以南，则上下鲁仓族为最大。其余种类不一，如阿粗乎等族，本系野番，以抢掠为生，附近熟番屡受其害。此次戕害弁兵，势不能不严切惩办。特以前阻雪山，地僻而深，行军运粮，道路险绝，人马皆仄足而行，瘴疠熏蒸，入秋尤甚。且虑该匪西窜川番界内，则越境剿办，恐无了期。臣钟麟当饬方鼎录、郑连拔等相机剿抚，慎重前进。并传谕鲁仓千户鲁本科，如阿粗乎等番匪经过鲁仓，责成该千户截阻，毋令西窜。鲁本科深明大义，与百户才郎率马队数百名，沿路堵截。故官军一战，而匪首就戮，余众安抚，鲁本科不为无功。臣钟麟与臣福裕咨商，拟派鲁本科为总管河南番族千户，阿粗乎四族，现设百户四名，由贵德厅给予执照。俟一二年后，管束严密，再由青海衙门换给百户执照，归完受寺千户管束，而总辖于鲁本科，以资钳制。每年酌赏给鲁本科仓斗青稞十八石，百户才郎每年赏给仓斗青稞八石，完受千户阿刚每年赏给仓斗青稞十石，均由贵德所存番粮屯内支给，俾令随时约束番族，以专责成。其迭禅寺噶尔旦锡勒、图呼图克图及完受寺番僧恰尔盖二名，素为番族信服。此次办理收抚，甚为得力。应如何奖励之处，拟请饬理藩院从优议叙，庶四族听其管束，不致滋事，亦绥靖边圉之道也。是否有当，谨附片陈明，伏乞圣鉴训示。谨奏。

朱批：“着照所请，该衙门知道。”①

210. 撤回甘军分别汰留折光绪十三年五月二十八日

奏为甘军奉撤回省，酌量汰留，分起填扎，以固边防，恭折仰祈圣鉴事。

窃陕西固原提督臣雷正绾所部四千人，由凤凰边门奉撤回甘，沿途遣撤勇丁一千六百名，尚留马步二千四百人，于五月二十二日抵兰州。臣与提臣雷正绾晤商，将步队四营裁去一百五十人，改为五旗。马兵四百人，裁减二十五名，改为马队三旗。分扎要隘，以资防守。其行粮截至五月底止。据称，前奉部拨四个月勇饷，前后牵算，尚短十八日。而闰月五月二千四百人行粮，计需三万三千余两，俟报销后再行补发。自六月初一日起，所留马步八旗，一律改为坐粮，计本年七个月，需银八万余两，应由户部另行酌拨。查关内新饷，部议每年只拨银一百四十万两，宁夏凉庄西宁分银二十万两，甘库分银一百二十万两。嗣因甘军调赴直境，甘军减拨银二十五万，为伊犁缓撤防营之饷，原议雷军回甘，仍行拨还。此次仅留马步八旗，约计每年增饷十五万，可以敷衍。应请旨，饬部指拨十四年分新饷，于宁夏、凉庄、西宁二十万外，每年实拨甘库银一百一十万。此系计口授食之款，实属无可再减，想部臣早已熟筹也。

所有甘军奉撤回省酌留分扎缘由，谨会同固原提臣雷正绾合词恭折具奏，伏乞皇太后、皇上圣鉴训示。谨奏。

朱批：“户部知道。”②

---

①据《光绪朝朱批奏折·民族·藏族》第116辑，第326页原片补入，时间为光绪十三年四月二十八日。

②据《光绪朝朱批奏折·军务·营制》第34辑，第106—107页原折补入，时间为光绪十三年五月二十八日。

211. 请豁免带征钱粮折光绪十三年六月二十日

奏为甘省带征光绪八、九、十、十一等年民欠钱粮杂赋，吁恳天恩，准予豁免，以纾民力，恭折仰祈圣鉴事。

窃甘省僻处边隅，民贫地瘠。承平时，岁征粮赋多不如额。乱后户口凋零，地亩大半荒芜。数年以来，筹办招垦。虽辟地日增，而已熟复荒者亦属不免。盖认垦者一为散勇，各营遣撤后穷无所归，借领垦本以度。目前卤莽而耕，灭裂而芸，所收必薄，致垦本无力缴还，遂弃地而逃者有之。一为流民，当光绪三、四年，秦晋大祲，流离转徙，来甘垦荒。偶值偏灾，收成或歉，终岁勤动，不获一饱，则弃地而返故乡者有之。即土著之民，其初恃有籽种、牛种，可领认垦，未免贪多而独力不支，必须雇人垦殖，雇工一名，每日需钱二百余文。近来岁丰粮贱，除完粮给值外，入不敷出。不得已竭力自耕，择腴弃瘠，而前所认垦者，又半荒半熟矣！此已垦复荒之实在情形也。此项复荒之地，皆列熟田之册。地方官未能随时查明开除，仍照原报之额征收。自顾考成，则严比差役。差畏刑责，则追呼里长。里长则催促牌头。如海城县李银柱一案，因该堡回民三户潜逃，牌头马有倡以地无人种，粮无人承，恐致赔累。因摊派同堡李银柱出钱五十文，尚短十文未给。马有倡扭李银柱撕闹，该犯适持刀削瓜，遂（截）〔戳〕伤马有倡身死。臣勘审时，详询下手情形。虽照拟具题，而原其起衅之由，不无可矜。以十文钱酿成重案，则小民拮据之状，可想见矣！查今夏五月，无三日不雨，据各属禀报，被水、被雹者纷至沓来。已分饬道府诣勘，妥为抚恤，新赋未完，又带征积欠。而所欠者大半零星小户，或逃亡。复荒之地，纵日事追呼，于公款无裨，徒滋胥役中饱之弊。据藩司谭继洵详请具奏前来。臣查甘省历年积欠，非小民敢于抗违，亦非州县拙于催科。实缘地土硗瘠，民情困苦。合无仰恳天恩，俯准将甘肃带征八、九、十、十一等年民欠地丁正、耗银粮、草束暨各项杂赋概予豁免。

如蒙俞允，当饬司刊刻誊黄，将民欠实数分年、分县详细开载，遍行晓谕，以广皇仁而彰实惠。是否有当，谨恭折具陈，伏乞皇太后、皇上圣鉴训示。谨奏。

朱批："另有旨。"①

212. 武职补署章程仍请变通办理折光绪十三年九月初八日

奏为陕甘武职升调补署遽难规复旧制，拟请仍照变通章程办理，以免窒碍，恭折仰祈圣鉴事。

窃臣准兵部咨开，陕、甘二省，从前征防紧要，所有武职升调补署，均照军务省分变通办理。现在地方久已敉平，善后亦经就绪，两省武职补缺引见、考核各事宜，统照肃清省分一律规复旧制。等因。咨行前来。

臣维治贵因地而制宜，法亦随时而通变。陕甘地方情形，与他省异。乱后情形，与承平时亦异。承平时，武职皆由行伍起家，升迁调补，以次递迁。其人之品行才力，可历试而知，每遇出缺，按班序补，执册查对，一书吏优为之。然未闻一省候补人员，多至数百者。自军兴以来，营中保举留陕甘者，数以千计。现在归标候补之员，提督二十余人，总兵四十余人，副、参、游、都、守三四百人，无术疏通，而未经收标者尚不计其数。向来提镇出缺，请旨简放，无外补之例。近岁，奉旨发甘差委者，虽提镇亦权补小缺，若按班不准借补，则永无得缺之期，终成废弃。是当日之保提镇，适以锢之，殊非圣朝激劝将士之至意。况人品有高下，才力有短长。譬之负重，力只能胜五十斤，而强任百斤，鲜不颠且踣矣！当战事方殷时，但计其功，不论其人，克一城，获一胜，即进一阶，故有末弁，不数年而保至提镇者，所以昭激劝

①据《光绪朝朱批奏折·财政·田赋地丁》第65辑，第706—707原折补入。时间为光绪十三年六月二十日。

也。如谓保提镇者，即堪提镇之任。保参游者，即堪参游之任。恐原保之大臣，亦未敢自信也。前大学士曾国藩奏请大衔借补小缺，因不忍令其效力疆场者置散投闲。亦因敢战之士冲锋陷阵则有余，专阃守法则不足，姑以小缺试之，俾资阅历，以尽所长。若各归各班，则副、参、游缺少人多，参差不齐。有才者无由自见，无才者反得滥竽，亦非储备将才之道也。陕甘归标各员，有提镇而仅能为参游者，有参游而仅能为都守者，臣亦量其才之优劣而用之，但令地方静谧，兵民乂安而已，于班次未暇计及也。今欲规复旧制，则责成书吏，按班造册，遇缺序补，事甚简便。如果推行尽善，何庸设法以变通？第念边境辽阔，族类纷繁，踩缉巡防，均关紧要。若因地择人，则有遽难循照旧章者，故不敢不缕陈于圣主之前也。合无仰恳天恩，俯念陕甘僻在边隅，防未尽撤，兵未足额，武职补署章程，仍请变通办理。数年后，察看情形，再行规复旧制。

臣愚昧之见，是否可行，谨会同陕西巡抚臣叶伯英、陕西提督臣雷正绾、甘肃提督臣周达武合词恭折具奏，伏乞皇太后、皇上圣鉴训示。谨奏。

朱批："着照所请，兵部知道。"①

213. 请饬核定关内外饷数折光绪十三年九月二十八日②

奏为甘肃十四年新饷已蒙恩旨，援案指拨，所有关内外应分饷数，仍请由部核定数目，以便分解，谨将关内款项及应议各条，分晰开单覆陈，恭折仰祈圣鉴事。

---

①据《光绪朝朱批奏折·军务·人事》第39辑，第929—930页原折补入，时间为光绪十三年九月初八日。

②据《光绪朝朱批奏折·军务·军需》第57辑，第765—766页原折补入，时间为光绪十三年九月二十八日。

窃臣准户部咨，奏拨十四年新饷，令臣等会商奏定额数，以便分拨而规久远。并令议八条，分别关内、关外裁省若干，实需若干，一切事宜，应如何区画，详细妥筹奏明办理。等因。当经行司遵照核议。兹据藩司谭继洵详称，关内防勇未撤，兵制未能复额，所有十四年兵勇饷数，核实估计共需银一百二十万。宁夏、凉庄、西宁原拨银二十万。十二年，裁撤西宁炮队饷银一万两，部议以供满营之不足。现在宁夏续增之款，尚不止一万，是原拨二十万，实亦无可裁减，其余关内应议各条，令分别开折详覆，呈请具奏前来。查关内外十四年新饷，臣私心窃计，关外悉改坐粮，裁减善后经费，每年应可省银五十万。关内虽无可裁省，然亦当设法撙节。故于雷正绾一军回甘后，改营为旗，计可减拨银十万两，曾经附片陈明在案。秋初，函商抚臣刘锦棠与署伊犁将军锡纶，就近酌商十四年新饷，核定数目，以便汇奏估拨。旋据抚臣刘锦棠咨覆，仍需银二百二十万，署伊犁将军锡纶、署参赞春满[①]咨称，各军行粮不能更改，仍请拨银一百二十万。而锡纶且欲增拨二十五万，以弥补旧欠，似此则关内外十四年所拨，更浮于四百八十万之数。臣亦不便置喙，溯查甘肃、新疆承平时，每岁估饷不过四百一二十万。当兹外患未弭，偏灾叠见，阅历艰难，日胜一日。但能省得一分，则地方多一分存储，朝廷少一分顾虑。部臣所议八条，意在核实减省，留有余以备缓急，是诚筹边第一要义。在事诸臣，当无不共体斯意也。应请仍由户部于关外议覆到日，酌定分饷数目，行知各处，以便新饷到时，按数分解。

除将新疆伊犁、塔尔巴哈台原咨钞录送部外，谨将关内饷数及应议各条，缮具清单，恭呈御览，伏乞皇太后、皇上圣鉴训示。谨奏。

---

①春满，满洲镶白旗人。清光绪十二年（1886）由塔城索伦营领队大臣调任额鲁特营领队大臣。次年，授塔尔巴哈台参赞大臣。派兵在城西阿里雅玛图屯田，防御俄人越境侵扰。旋因事革职。

214. 金顺、谭仁芳附祀陕西多隆阿祠折

光绪十三年九月二十八日

奏为已故将军、提督在陕立功最多，拟请附祀陕西多隆阿祠，以彰忠荩，恭折仰祈圣鉴事。

窃臣据陕西乾州举人王万魁、王秉彦、吴绰，候补知县王梦棠、州同上官昉、经历刘良清等禀称，已故提督延榆绥镇总兵谭仁芳，自同治元年随荆州将军多隆阿援陕西，攻克荆紫关，剿灭西窜捻匪。二年，攻克王阁村、羌白镇等处回巢。三年，发逆盘踞盩厔，谭仁芳仰攻，受伤几殆，多隆阿亲为调药。嗣多隆阿阵亡，谭仁芳躬冒矢石，首先登陴，克复县城，殄灭逆党。旋由洛川移驻乾州，分屯要隘，（画）〔昼〕夜巡防，纪律严明，秋毫无犯，闾阎赖以安堵。至于完葺庙宇，捐助宾兴，修桥梁、施药饵、济孤贫各善政，难以枚举。陕人士至今德之。若立祠以祀，而力有难胜，拟请附祠多隆阿祠，以崇报享等情前来。臣查提督谭仁芳，本系多隆阿旧部，附祀专祠，礼亦宜之。又查已故伊犁将军金顺，同治初，随多隆阿率师入关，凡谭仁芳转战之地，亦金顺立功之地。嗣与穆图善等分兵进剿田峪河等处贼巢，悉讨平之。厥后进扎银条梁，剿灭榆林、米脂贼匪，陕北以安。是金顺有功于陕，亦士民所爱戴不忘者也。伏读十二年十二月二十一日上谕："已故伊犁将军金顺，历在军营，带兵剿贼，转战直隶、山东、湖北、安徽等省，所向克捷。嗣于陕甘关外，剿办回逆，懋著勤劳。着加恩准于立功省分，建立专祠，钦此！"臣维金顺在陕甘战迹，以宁夏为尤多，而祀典阙如，于情未协。查金顺、谭仁芳同为多隆阿旧部，合无仰恳天恩，俯准已故伊犁将军金顺、提督谭仁芳一并附祀陕西多隆阿祠，以妥英灵而顺舆情。

谨会同陕西抚臣叶伯英合词恭折具陈，伏乞皇太后、皇上圣鉴训示。谨奏。

朱批："着照所请，该部知道。"①

215. 覆陈铸钱请从缓办折 光绪十三年九月二十八日

奏为甘省采洋铜铸钱工本太重，请从缓办，恭折仰祈圣鉴事。

窃臣准户部咨催，各省筹款办铜开炉鼓铸，规复制钱，并将铸办情形即行奏报。等因。当经转行遵照办理。兹据司道详称，甘省鼓铸久废。至咸丰三年，设宝巩局，改铸当十大钱，奏拨四川泸州所存滇铜百万斤，当日铜价运费，现在无案可考。而工匠招自外省，白铅购之陕西，脚价、工资、物料，无不昂贵。是以旋即停止，查询陕西现办情形，据称从上海购外洋铜铅运陕，合计铜铅、脚价、工资每铸钱一千文，约需银一两。若由陕运甘，每百斤需车价银一两六七钱。是铸钱一千，较陕又增银一钱零。而工匠、物料之价，又倍于陕，必须银一两二三钱，始能铸钱一千，亏折太多，甚不合算。详请缓办前来。臣维鼓铸制钱，必就近有铜可采，方能开办。陕西镇安县二台子地方，向有铜矿。咸丰间，曾委员开采，因得铜无多，即行封禁。同治十三年，臣在陕藩任内，商人吴姓禀请试办。经臣批准商采官收，每铜一斤，给银一钱。而该商资本太微，每岁缴铜仅三四万斤，提净不过八成。迨光绪三年旱灾，粮价、炭价数倍于前，商人无力，亦即罢采。五年，因官钱铺需钱甚急，开炉试铸，铜六铅四，每铸千钱，合计铜、铅工价，需钱一千三百五十余文。若铜铅采自外洋，恐亏耗更不止此。查陕南各属产铜之处，不独镇安。臣与抚臣叶伯英函商，必先募精于矿务之人审察铜苗衰旺，然后招商开采，仍照同治十三年办法，商采官收，只准本地贫民入山供役，以赡其生计。若得铜较多，可济两省之用。即由陕解京，亦甚直捷。倘

①据《光绪朝朱批奏折·军务·人事》第39辑，第955页原折补入，时间为光绪十三年九月二十八日。

商本不足，则以官款贷之，旋借旋收，无虞亏累。官董其役，商任其事，民食其力。是亦利用厚生之一道也。

合无仰恳天恩，俯念甘省僻远，购运洋铜、铅铸钱，亏折太甚。一俟陕省采铜有效，再行开炉鼓铸，以重圜法。谨缮折覆陈，伏乞皇太后、皇上圣鉴训示。谨奏。

朱批："户部知道。"①

①据《光绪朝朱批奏折·财政·货币金融》第91辑，第740—741页原折补入，时间为光绪十三年九月二十八日。

谭文勤公奏稿卷十四

216. 六年任满请旨陛见折光绪十三年十月十八日

奏为微臣六年任满，循例吁请陛见，恭折仰祈圣鉴事。

窃臣于光绪七年八月，蒙恩简授陕甘总督。十二月初三日到任，至本年十二月已满六年。岁月如流，涓埃未报。抚躬循省，寝馈难安。伏念臣以菲材，渥叨恩遇，皇上御极初元，擢臣为陕西巡抚。光绪五年，展觐天颜。旋调抚浙江。陛辞出都，于今九载。缅阙廷之在望，觉梦寐以时萦。兹当述职之期，弥切瞻依之愿。伏乞圣慈，准臣入京，详陈地方未尽事宜，亲聆训诲，庶有遵循。并请简员署理陕甘总督篆务，俾臣得交卸起程北上，不胜迫切待命之至。谨缮折具陈，伏乞皇太后、皇上圣鉴训示。谨奏。

朱批："毋庸来见。"①

217. 西藏贡道请仍由川省行走折光绪十三年十月二十一日

奏为遵旨查明西藏贡道，仍由内地行走，以昭慎重，恭折仰祈圣鉴事。

窃臣准军机大臣字寄光绪十三年九月初二日奉上谕："文硕奏，西藏贡道请复旧制一折。据称，前后藏年班贡道旧例，本由

---

①据《光绪朝朱批奏折·内政·职官》第5辑第374页原折补入，时间为光绪十三年十月十八日。

北路西宁进京。同治年间，因陕甘办理军务，改由南路取道四川。刻下敉平已久，请仍由北路行。等语。西藏例贡，久经改道。现在能否仍由北路西宁旧道行走，着谭钟麟会商西宁办事大臣体察情形，妥筹具奏。原折着钞给阅看，将此谕令知之。钦此！”遵旨寄信前来。臣即恭钦咨商署西宁办事大臣奎顺，行知西宁道府会议详覆。查承平时前后藏堪布等进贡，本由北路行走，道经川省果洛克番地，入柴达木境，始属青海所辖之界。由柴达木至西宁，千数百里，多系戈壁，绝无人烟，亦未设有营汛、墩台。自逆回变乱，河南北野番不靖，频肆劫掠。于是前后藏年班例贡，改由川陕行走。同治十三年，驻藏大臣恩麟率兵数十名护逆呼弼勒罕，行至川省通天河地方，被果洛克番匪将行李、食物抢掠一空。忍饥绕道，猎野兽以食，十余日始抵柴达木。自是行旅断绝，近年偶有藏商运货至丹噶尔贸易者，类皆资轻小贩，即被掠夺，所失无几。既系贡物，则体制攸关，经行数千里，无文武衙门保护，倘有疏失，咎将谁归？若该堪布等不审时势，不察地形，不顾事体，凭臆度以期必行，则须由藏派兵护送至丹噶尔境，然后可责成沿途地方官，妥为照料。据西宁道府所禀情形相符，臣等覆查无异。相应请旨，饬下驻藏大臣，仍令该堪布等由川陕内地行走，较为稳慎。臣系为慎重贡物起见，谨会同署西宁办事大臣奎顺合词恭折覆奏，伏乞皇太后、皇上圣鉴。谨奏。

218. 关内裁撤长夫请变通办理折光绪十四年正月二十八日

奏为甘肃关内裁撤长夫，可否变通办理，请旨遵行，仰祈圣鉴事。

窃臣准户部咨，因郑州河决，筹办工赈拟请裁减长夫。等因。一折。奏奉谕旨允准，通行遵照前来。当即行知各营钦遵照办。旋据营官等禀称，关内自改坐粮后，长夫本已递减，防营择隘以守，地多童山、戈壁，樵汲于数里之外，长夫已不胜其劳。今并此裁之，势不能不役使勇丁。操演之际，队伍不齐，于营制似不相协。否则勇丁每月各出银数钱，雇夫以供执爨。而营勇计较锱铢，必致退有后言。至营哨官，虽薪水无多，出己资以雇役，似属力所能及。而各营聚讼纷纭，不一其说。臣维此举，为节省饷需、以济工赈起见。关内长夫悉行裁撤，岁可得银四五万两，不无小补。而每棚供爨之夫，似不可少。若裁减一半，则每月所省，不过二千余金。事涉纷更，为数有限。臣愚以为裁长夫不如撤营勇，与其裁夫数百，致营中数千人啧有烦言，不若遣撤一二旗，则所省适足相抵，于防务亦无甚关碍，是亦变通之一法也。且甘省饷数，盈绌不能预定，必俟年终综计各省所解之数，与所分之数通盘合算，始能提出汇解，于郑工恐缓不济急。去秋，恭阅邸钞，叠见圣慈轸念灾黎，发帑拨漕，有加无已。臣与司道集议，饬合属文武量力佽助，各营官亦踊跃乐输，咸称不请奖叙。冬初，曾凑银一万两，解赴河南赈局。嗣接安徽抚臣函称，灾区甚广，赈款难筹。现又凑捐银一万两，克期解皖，以济急需。虽杯水车薪，无济于事，而各营官急公好义之忱，亦未始非朝廷德意所感孚也。惟各省裁夫，而甘省裁勇，于户部通行之章，未能划一。相应请旨，饬部核议，可否裁减防勇、免裁长夫之处，恭候命下遵行。至关外各营甫改坐粮，长夫本已核减，能否再裁，应由新疆抚臣酌量奏覆。

所有关内裁撤长夫拟请变通办理缘由，谨恭折具陈，伏乞皇太后、皇上圣鉴训示。谨奏。

朱批：“该部议奏。”①

①据《光绪朝朱批奏折·军务·人事》第40辑第92—93页原折补入，时间为光绪十四年正月二十八日。

219. 病势日剧恳准开缺折光绪十四年二月初十日

奏为微臣两目失明，病势日剧，万难任事，吁恳天恩，俯准开缺回籍并请简放贤员，以重职守，恭折仰祈圣鉴事。

窃臣前因目疾，陈请开缺。屡荷圣恩，赏假调理。去夏，复蒙赏赐上方珍药，并钦奉朱谕，加意调摄。臣自顾菲材，渥叨恩遇，敢不勉竭驽骀，以图报称。嗣是内外兼治，日点拨云散三次，并服滋阴养肝之剂。而病系内障，云翳不消，右目早已失明，左目近亦障蔽。入春后肝气又作，触发怔忡旧证，夜不成眠。口枯舌强，语言蹇涩，心愈急而目愈昏，咫尺不辨路途，举动须人牵引。官民莫不见而怜之。国之大事，在祀与戎。今祀典常恐愆仪，校阅不能远视。尸位旷职，负疚滋深。当兹时事艰难，偏灾叠见，宵旰方切忧勤，臣下敢自暇逸！况臣受恩深重，忝守边疆，但能勉强支持，此身岂复顾惜？无如愆尤丛积，天夺之明，竟不得稍效涓埃，仰酬高厚于万一。此臣所日夕焦思，仰屋切叹，而不能自已者也。伏冀圣慈鉴臣愚衷，俯准开缺。所有陕甘总督篆务，迅简贤员接替，以固边圉。臣不胜迫切屏营待命之至。现在伊犁将军色楞额计已抵任，新省防营补发欠饷、改支坐粮，业经办理就绪。抚臣刘锦棠去冬偶患风疾，闻腊底春初渐就平复，关内外安谧如常，合并陈明。伏乞皇太后、皇上圣鉴训示。谨奏。

朱批："另有旨。"①

220. 京察议叙谢恩折光绪十四年二月二十七日

奏为恭谢天恩，仰祈圣鉴事。

---

①据《光绪朝朱批奏折·内政·职官》第5辑第563—564页原折补入，光绪十四年二月初十日。

窃臣准吏部咨，光绪十四年正月二十三日内阁奉上谕："三载考绩，为国家激扬大典，中外满汉诸臣，有能职守恪共、劳勚最著者，允宜特加甄叙，以示优眷。兹当京察届期，吏部开单，题请详加披阅。陕甘总督谭钟麟，尽心民事，绥辑岩疆，殚竭荩忱，不辞劳瘁，着交部议叙等因。钦此！"跪诵之余，感惭交集。伏念臣材原鲁钝，职守封疆。际岁事之屡丰，民生渐裕。赖皇威之遐鬯，边宇粗安。虽勉励血诚，力图尽瘁。而久撄目疾，时恐旷官。乃荷天眷优容，圣慈矜恤。总干七载，曾无涓滴之劳。考绩三年，幸与激扬之典。渥蒙奖叙，弥切悚惶。臣惟有申画郊圻，寅承夙夜，丹心自矢。效葵藿以同倾黔首，胪欢奠苞桑而永固。

所有微臣感激荣幸下忱，谨缮折叩谢天恩，伏乞皇太后、皇上圣鉴。谨奏。

朱批："知道了。"①

221. 开缺谢恩折 光绪十四年三月二十八日

奏为叩谢天恩，仰祈圣鉴事。

窃臣准吏部咨开，光绪十四年二月二十五日奉上谕："谭钟麟奏病势增剧，恳恩开缺一折。谭钟麟向来办事认真，深资倚任。前因目疾，屡经宽予假期，并赏药饵，以期速愈。兹据缕陈病势日剧，万难任事，情词迫切。未便拂其所请，谭钟麟着准其开缺回籍，安心调理，一俟就愈，即行来京陛见。钦此！"跪聆之下，感激涕零。伏念臣猥以疏庸，谬叨知遇。疆圻兼领，沐恩植于九重。黾勉从公，未仰酬夫万一。盖材轻本难，任重而德薄，遂至灾生。屡荷圣慈，宽假期以休沐。复承宠锡，给珍药以医调。无如翳障蔽明，昏耗增剧。虑因循之贻误，竭悃愫以缕陈。幸蒙曲赐矜全，放归田里。温纶抚慰，鉴蝼蚁之微忱。天眷殷拳，策驽

①据《光绪朝朱批奏折·内政·职官》第5辑第589页原折补入，光绪十四年二月二十七日。

骀之余力。悚惶无似，感愧交萦。臣惟有加意医治，息心静摄。倘蒙庇荫，得起沈疴。即当趋赴阙廷，重瞻云烂日华之盛。勉图报效，上酬天覆地载之恩。

所有微臣感激下忱，谨缮折叩谢天恩，伏乞皇太后、皇上圣鉴。谨奏。

222. 请委藩司代办监临折 光绪十四年五月十六日

奏为甘肃戊子正科乡试，援案奏请委藩司入闱代办监临，恭折仰祈圣鉴事。

窃查各省文乡试，例系督抚入闱监临。甘肃本年举行戊子正科乡试，新任督臣杨昌濬，尚无到甘消息。例应臣入闱监临，惟臣目视不明，科场事体重大，窃虑防范难周。查光绪二年丙子科，五年己卯科，甘肃文闱乡试，均经前督臣左宗棠奏请委藩司代办监临，奉旨允准在案。本科乡试，臣拟援案，请委藩司谭继洵入闱，代办监临，以期妥慎。恭候命下遵行。谨缮折具奏，伏乞皇太后、皇上圣鉴训示施行。谨奏。

223. 覆奏查明新疆借款折 光绪十四年五月二十八日

奏为查明新疆借款详细声覆，恭折仰祈圣鉴事。

窃臣准户部咨，议覆新疆抚臣刘锦棠奏请于各省关欠饷内，指拨银二十万两以清借款一折，数目前后不符。令臣详细查明声覆到部，再行覆办。等因。咨行到臣，查新疆省城用费浩繁，署票兑兰之款，无月不有。各省协饷未到甘，藩司必先挪移垫发，于下月饷内扣还。光绪十二年冬，臣与藩司谭继洵商酌，由甘库节省项下，拨给银二十万两，解交新疆藩库，责成藩司魏光焘另款封储。遇有急需，偶尔借动，必须随时归还。俾司库常存此款，以备缓急。此即刘锦棠原奏上年春间，拨解新疆司库银二十万两一款，其事在未奉部拨百万以前也。去年四月，奉部拨各省关百万，以清欠饷。臣恐缓不济急，再由甘藩库筹拨银二十万两，又从商号借拨银二十万两，先行解赴新疆。俾得早撤一日，即可省一日之饷。各营从六月起，改支坐粮，则所省较多。此夏间筹拨新疆之四十万两，曾于各省解足百万内如数扣还归款，前经报部有案者也。至秋间，刘锦棠函称，部拨百万，实有不敷。欲借用春间解存新疆司库之二十万两。臣以欠饷果可一了百了，则不妨动用，并无不必归还之说。至冬间，刘锦棠函来，嘱臣再筹拨二十万两，臣又饬藩司于商号借给二十万两，即行起解。当经奏明于四川、江西解到十一二年欠饷内先其所急，提还借款。嗣准部咨，奏奉谕旨，令将四川、江西解到欠饷，仍行照数分摊，以昭公允。业经分咨，钦遵在案。乃刘锦棠此奏并不先行咨商，辄列臣衔会奏。且谓春间之二十万毋庸归款，而借用商款之二十万，则请以各省旧欠抵还，实臣所未喻。春间所拨之二十万，甘库由节省而来，而所节者，亦公款也。臣于光绪十一年十二月覆奏甘肃饷数实在情形折内曾奏明，关内有可虑者三。而尤可虑者，公私盖藏，荡然殆尽，但望各省协饷解足。臣于所分饷内，撙节动用，稍有羡余，另款封存。能使关内有一年之蓄，则内忧外患，缓急足恃。数年来夙夕经营，百计节啬者，意在于此。即户部去年所议八条内，有十七年以后，将四分平余一款分拨关内外封存，司库不准擅动，与臣前奏意亦相同。关外为臣所兼辖，凡力所能为，莫不图维补救，而特不能举关内所有，悉供关外之取求。譬诸兄弟分居，父母各给以财产，一则谨慎节用，常觉有余，一则任意挥霍，时虞不足，父母必不以撙节者为不肖，而令出所余以供其挥霍。况关外分饷，倍半于关内。果能出入有经，则所余必多。春间所拨之款，纵不归还甘库，安得不存储新疆藩库，以备缓急耶！且商借之款，并无利息，随借随还，不能失信。今以各省关欠饷作抵，是直以画饼相贻也。夫浙江、福建、广东欠饷之不可恃，刘锦棠岂不知之，乃挈臣衔而为此奏，此又事理之不可解者，大约皆幕友所为耳！除商借二十万，已由新疆分到江西、四川所解欠饷划还，另折陈明外，相应请旨，饬下刘锦棠，饬令藩司魏光焘随时节省，归还去春所拨之二十万两，封存新疆司库。非万分紧急，不得擅动，以符原案而应急需。

所有查明新疆借款详细声覆缘由，谨缮折具奏，伏乞皇太后、皇上圣鉴训示。谨奏。

朱批："户部知道。"①

224. 关内外报销请仍饬工部分别核销折

光绪十四年七月十二日

奏为甘肃关内外七、八两年报销，工部屡次将单册发还，请旨饬部，仍照原请分别核销，以清积案，恭折仰祈圣鉴事。

窃甘肃关内外七、八两年收支款目，曾经奏奉谕旨，准其开单报销，免造细册在案。嗣臣于九年照案开单，奏请核销。旋经户部分别准驳删除及行查各款，均已遵照咨覆销案，而工部独令详细造册，将所送原单发还。并将九、十、十一等年所造详细销册一并发转。臣于十三年二月复经据实陈明工部指摘各节，碍难遵办。仍将发还单册，送部核销。钦奉朱批："着照所请，该部知道。钦此！"亦经恭录咨明在案。乃工部似未见此批旨，又将原送单册发还。且令将光绪四、五、六等年采制各款详细开送，实臣所未喻。查光绪六年以前收支各款，系前督臣左宗棠任内事，业经西征粮台开单报销，已奉各部覆准。今事隔七八年，粮台早撤，委员星散，又令臣详细开报，将从何处办起？查西征一役用款，至九千数百万，均系开单报销，工部从无异议。独关内外七、八两年奉旨开单报销之款，必令详细造册，似觉办理两歧。且七、

---

①据《光绪朝朱批奏折·财政·库储》第81辑第555—557页原折补入，光绪十四年五月二十八日。

八两年报户部者八百余万，业准核销，户部覆奏折称，甘肃报销各款，尚能循照定章，鲜有驳诘，浮费尽除，一洗军需台局锢习等语。何至报工部之三十万，委员敢于浮冒耶！部中准驳，盖照例章，向亦参酌时地，量为变通。如工部所驳鞘价一款，谓四川每鞘仅销银二钱五分五厘，而甘肃所报六钱六分，系属浮多。查甘肃兵燹后，百物昂贵，自泾州以至兰州，尽属童山，并无树木，此人所共见。所用木料，皆自南山数百里车载而来。匠工每日需钱三百文，铁钉、纸张等项，皆数倍于川省，何能引以为例？夫物之不齐，物之情也。必欲比而同之，无有不窒碍者。譬之日用米盐，甘肃回乱时，每面一斤需钱三百文。三年旱灾，需钱百二十文，今东路庆阳一带，每斤十二三文。即京师面价，现亦需制钱二三十文。以庆阳例，京师奚啻加倍？又如川盐，在场每斤不过十文，运至湖南，则七八十文，几至七倍，其可以川价例湖南耶！甘肃向来报销，与例案不符者甚多。若物价必取至贱者以为衡，则驳不胜驳矣！此案奏销已经六年，惟工部悬搁未核，并将九、十、十一、十二等年详细造销之册，一概发还，不识应如何办理。臣现将交卸，恐后任不知底蕴，以臣为经手未了，故不能不据实陈明。究之臣已逐年报销，而部中不核，其咎不在臣也。相应再行吁恳天恩，饬下工部，将关内外七、八两年开单报销之款，速为核覆，并九、十、十一、十二等年造册奏销之案，一并核销，以清积案。

除将发还单册仍行咨送外，谨缮折具陈，伏乞皇太后、皇上圣鉴训示。谨奏。

朱批："所奏尚系实在情形，着准其核销。工部知道。"①

①据《光绪朝朱批奏折·财政·经费》第86辑第480—481页原折补入，光绪十四年七月十二日。

225. 奏报陕西抚臣因病出缺折光绪十四年九月初六日

奏为陕西抚臣因病出缺，请旨简放巡抚，以重职守，并委署藩司暂行护理抚篆，恭折仰祈圣鉴事。

窃臣据陕西藩、臬两司禀称，抚臣叶伯英八月初六日入闱，监临乡试。二十一日出闱，偶感风寒，医药罔效，于八月二十六日丑时出缺，闻之不胜骇异。查抚臣叶伯英，自光绪八年莅任臬篆。九年，升任藩司，矢慎矢勤，尽心民事。凡积谷、垦荒、清徭、查厘等事，无不次第举办。极力讲求。自奉简命擢任巡抚，感激图报，出于至诚。如严巡防以弭盗贼，裁兵勇以节饷需，勤考课以察吏治。地方公事，诸求整顿，不避怨劳。偶有疑难，飞函相告，虚心咨访，必期妥协而后已。今春校阅南、北两山兵勇，出示晓谕，从人自给口食，不令地方官供亿，官民翕然称颂。入闱之前，独以郑工未塞，饥民纷纷入关，与臣往复函商，壮者资遣，老弱妇女分置各州县。多设粥厂，以资存活。足见关怀大局，畛域不分。不意偶受寒湿，一病不起。其父前河南候补道叶坤厚，年已八十有七。猝闻此信，殊难为情。臣与抚臣虽不同城，而共事七载，和衷相济，息息相关。抚时局之多艰，怅得人之不易。秦川东望，悼惜良深。伏念圣慈矜悯臣僚，凡尽心职守者，莫不仰邀洞鉴。可否优恤之处，出自特恩。臣不敢擅请，所遗巡抚员缺，请旨速赐简放。其抚署日行事件，臣暂委署藩司曾鉌①护理抚篆，以免贻误，谨缮折由驿驰陈，伏乞皇太后、皇上圣鉴训示。

---

①曾鉌（？—1899），满洲正白旗人，喜塔腊氏，字怀清。宁夏将军庆昀之子。累迁郎中，充军机章京，转御史。光绪九年（1883）出为陕甘督粮道，清厘纳粮之积弊。设立蚕桑局，聘织师传授技术。十三年迁按察使，次年迁甘肃布政使。二十四年擢湖北巡抚，力主变法，遂假陕甘总督印上陈补官、掣签、度支、讼狱四事宜变通成例，厚植国本。后以莠言乱政，被劾褫职。

谨奏。

朱批："叶伯英业经赐恤，陕西巡抚已简放张煦矣。"①

226. 郑工未塞筹解赈款折 光绪十四年九月十九日

奏为郑工未塞，赈务孔殷，臣拟于陕、甘两省筹借银六十万两，请旨分拨豫、皖、淮扬，以拯灾黎而广皇仁，恭折仰祈圣鉴事。

窃查郑州河决，已逾一年。河南、皖北数十州县，嗷鸿遍野。仰蒙皇太后、皇上轸念民依，截漕发帑，至再至三，圣恩优渥，可谓极矣！各省疆臣体宵旰之焦劳，念民生之转徙，莫不力图补救，共济时艰。第为日甚长，需款甚巨。捐输已成弩末，善举亦有穷时。转瞬隆冬，饥寒交迫，良善者坐以待毙，强悍者起而攫夺。各省会匪，无地不有。万一煽惑蠢动，窃恐难于收拾。河陕唇齿，辅车相依。设有他虞，安能坐视？将欲弭患于未萌，当以助赈为急务也。臣与陕甘司道互商，两省历年节省，各有羡余。原系另款封储，以备荒歉之用。幸秦陇近岁中稔，不甚拮据。而皖豫颠沛之民，同是朝廷赤子，自当移缓就急，少济赈需。拟于两省各提银三十万，共成六十万两。恭候谕旨，分拨河南、皖北、淮扬等处，以救目前之急。将来如何筹还，另片陈明。惟皖北、淮扬距陕甘较远，其赈款应解何处交纳，无从悬揣。臣拟饬陕甘

①据《光绪朝朱批奏折·内政·职官》第5辑第806—807页原折补入，光绪十四年九月初六日。

司道，委员将此六十万悉数运解汴省。现署河督臣吴大澂[①]、河南抚臣倪文蔚[②]籍隶苏皖，情殷梓桑，必能关照，暂为收存。如蒙俞允，请将分拨数目，饬部电知江南督抚臣，迅即委员至河南迎提，以期妥速而免贻误。

臣为筹款助赈起见，谨会同代行陕抚衙门事署陕西布政使臣文光恭折由驿驰陈，伏乞皇太后、皇上圣鉴训示。谨奏。

朱批："览奏均悉，该督平日储款备荒，为未雨绸缪之计，此次又能救灾恤邻，力顾大局，深堪嘉许。此项银两应如何匀拨各该省之处，着户部速议具奏。"[③]

227. 赈款拟请分年提还片 光绪十四年九月十九日

再，臣准户部咨，议覆河臣续请百万一折，窘迫情形，溢于言表。部臣深知边疆瘠苦，故未议及陕甘。臣深受厚恩，际此时艰，岂得恝然？窃谓郑工纵即合龙，积潦骤难涸复，播种失时，收成无望，数百万生灵何以存活？赈不可停，则筹款尤当急急也，伏念臣前任陕西藩司三年，积存银五十余万两。光绪元年卸事，

---

①吴大澂（1835—1902），字清卿。江苏吴县（今苏州）人。同治进士，授编修。历太仆寺卿、左副都御史至河东河道总督，广东、湖南巡抚。敢直言，先后上疏请裁减繁费，停止颐和园工程。光绪中，参加办理西北边防、中俄珲春边界交涉等事务。反对澳门归葡萄牙管辖。中法战争时，会办北洋军务。出使朝鲜，定朝内乱以抗日本。光绪十四年参与河务，堵筑黄河郑州决口。中日甲午战争起，自请率湘军抗战，战败被革职。善篆籀，著有《古籀补》《古玉图考》《权衡度量考》《恒轩古金录》《窸斋诗文集》。光绪二十八年卒。

②倪文蔚（1823—1890），安徽望江人。字豹岑。咸丰进士，选翰林院庶吉士。咸丰三年（1853）任刑部主事。后从河南巡抚严树森办营务。同治十年（1871）补官刑部郎中。次年授湖北荆州知府，兴修万城大堤。光绪六年（1880）擢广东按察使。历任广东、广西巡抚。光绪十三年授河南巡抚。工画山水，沉郁苍厚，不拘一格。善诗文，有《禹贡说》《两疆勉斋诗文集》。

③据《光绪朝朱批奏折·内政·赈济》第31辑第125—126页原折补入，光绪十四年九月十九日。

移交前署藩司裕宽封存东库，不准擅动。盖值军务甫定之时，用款淆杂，纷如乱丝，竭力清厘，可减者减，可裁者裁。凡所节省，另行提出，皆系可一不可再之举，非常年准有此款也。迨三年旱灾，钱粮停征，挪用殆尽。四年冬，前署陕西藩司庆裕办理司库三年，奏销实欠银七十余万两。当以东库款内尚有代支生息等项与商借之款，均不可无着。经臣奏明自五年起，由司库分年提还。去年冬，据署藩司李用清禀称，东库一款，业已提清，仍行封储。臣拟于此中提银三十万两，以助赈需，犹是以公办公也。七年腊月，臣抵陕甘督任，亦值戡定之后，防营太多，需款甚巨。因减营为旗，改支坐粮，饷糈出入，丝毫必谨，曾经奏明。诸凡撙节，稍有羡余，另款封存，以备缓急。自八年起至十一年止，每岁有另存之款。及十一年以后，则厘剔净尽，无可再省也。总计甘库提存银六十余万两，除十二年冬解存新疆藩库二十万外，现拟提银三十万，合陕西提款共成六十万两，即行起解，候旨分拨。惟是两省封存此款，为备荒起见，陕甘绅民所共知。今以借给他省，似应陆续归还。臣拟请旨饬部，咨行河南等省。自十六年起，各照所摊之数，分四年解还，庶为期尚纾，筹还亦易，较借洋款所省多矣！倘二三年内陕甘或有偏灾，仍须悉数解还，不必拘四年之限。想各省督抚臣共维大局，必不致膜视也。

臣愚昧之见，是否有当，谨附片陈明，伏乞圣鉴训示。谨奏。

朱批："户部速议具奏。"①

228. 覆陈新饷脚价不能汇入驿站提销折

光绪十五年正月初十日

奏为覆陈甘肃解运新疆伊犁新饷脚价，不能汇入驿站案内题销，请旨饬部仍照原案准销，以清积案，恭折仰祈圣鉴事。

---

①据《光绪朝朱批奏折·财政·经费》第86辑第513页原折补入，光绪十四年九月十九日。

窃查甘肃、新疆饷项，经户部议定，自十一年起，由各省汇解甘肃藩库统收分支，名曰甘肃新饷。计每年新饷四百八十万两，关内实拨银一百四十万，关外实分银三百四十万。自泾州解至兰州，脚价照四百八十万匀摊。自兰州解至新疆，计程六十站。长途戈壁，转运为难。经户部议定，自泾州起以至新疆，新饷脚价，准由四分减平项下开支。嗣奉户部咨，自十四年起，将四分平余一项，另款封存，不准动用。令由新饷内拨款，以作转运新饷经费，此项原为转运新疆之饷，并不由甘肃藩库开支，自不能列入甘肃驿站案内奏销也。兵部两次驳议，必欲归入甘省驿站案内题销，以杜取巧等语。不知甘肃驿站，至安西州而止，自哈密以西，则归新疆。而关内系代运新疆之饷，哈密则转运本省之饷。如欲归驿站，则应由新疆驿站项下题销。新疆藩库亦未开支此款，从何提销？况此项既经户部另拨有款，自应另案报销，关内外均无从取巧也。伏查《中枢政考》内载：各省运送饷银，按六千两给车一辆，每百里给脚价银一两二钱。今甘省运解新饷，照送回子伯克行李。每车载重五百二十斤，以实银八千三百余两给车一辆，较定例多载银二千三百余两，按百里给银一两二钱核算，计少支银四钱六分有余。又援引《军需则例》：以七十里为一站，仍照百里支给脚价。系查甘省历办成案，每车一辆，百里给银一两二钱，须另给回空减半银六钱，计每百里实支银一两八钱。今运送新饷，每车一辆，按七十里给银一两二钱，不给回空半价，每百里实只支银一两七钱，较军需则例少支银一钱。合计每车一辆，可减银五钱六分有余。甘肃兵燹之后，人民稀少，车辆缺乏。关外地多沙漠，诸物昂贵。若照部议，每车辆按百里给银一钱二分，所用实属不敷。倘减价强雇，车户相率潜逃，致碍转运，深虞贻误边局。查此项脚价，经户部奏奉谕旨，准由四分减平项下开支。又准户部条议，自十四年起，由新饷内提银分存，另款支给。是此项脚价，既由部指定专案报部，未便列入常年题销，以致纷歧。且十一、十二两年驿站销案，早已造报，此项亦无从附入。又议运饷官弁骑骡盘费应报户部一节。查此案前因户部咨归兵部，复令咨报户部，无所适从。特补造清册，各送一分咨明，自行定议核办。旋准户部议覆，十一年运饷员弁支用各款，业经照案准销。其十二年分此项银两已另造册咨送户部办理。所有部议光绪十一、十二等年运饷车价里数及令汇入驿站题销各节，均难遵办。据甘肃藩司谭继洵详请覆奏前来，臣逐加稽核，实无浮冒。所用既较定例为减，亦非有意趋避。合无仰恳天恩，饬部仍照原册，分别核销，以清积案。

除将折册送部外，谨缮折具陈，伏乞皇太后、皇上圣鉴训示施行。谨奏。

229. 奏报交卸督篆起程回籍日期折光绪十五年二月十五日

奏为恭报微臣交卸督篆，起程回籍日期，恭折仰祈圣鉴事。

窃前准部咨，光绪十四年二月二十五日奉上谕："谭钟麟奏病势增剧，恳恩开缺一折。谭钟麟向来办事认真，深资倚任，前因目疾，屡经宽予假期，并赏药饵，以期速愈。兹据缕陈病势日剧，万难任事。情词迫切，未便拂其所请，谭钟麟着准其开缺回籍。安心调理，一俟就愈，即行来京陛见。钦此！"跪聆之下，感激涕零。伏念臣以菲材，屡叨恩遇。皇上御极之初，擢臣为陕西巡抚。五年，调抚浙江。七年，升授陕甘总督。忝膺疆寄十有五年，未报涓埃，时深兢惕。兹值皇上躬亲万几，薄海臣民欣欣然翘首以观新政。而臣以目疾退处田园，夙夕焦思，难安寝馈。新授督臣杨昌濬于二月十三日抵甘，十五日接篆。臣交卸后，即于十六日启程回籍。但冀仰叨福庇，一二年内目光稍复，即当遵旨北上，入觐天颜。万不敢自耽安逸，致负生成。

所有微臣交卸起程日期，谨缮折具陈，伏乞皇上圣鉴。谨奏。

谭文勤公奏稿卷十五

230. 恭报遵旨入京起程日期折光绪十五年十二月二十二日

奏为遵旨入京叩谢天恩，恭报起程日期，仰祈圣鉴事。

窃臣准湖广总督臣张之洞咨称，准总理各国事务衙门电传十月二十二日奉旨："谭钟麟前患目疾，闻已渐愈。着张之洞[①]传旨，令其来京陛见。钦此!"钦遵恭录咨行到臣，当即恭设香案，望阙叩头谢恩。并函商督臣，电复总理各国事务衙门，据情代奏在案。臣旋由省赴茶陵州省视先茔，往返月余。兹定于十二月二十七日起程，舟行至清江浦，登陆北上。

所有微臣入都陛见起程日期，谨缮折具陈，伏乞皇上圣鉴，再，此折系借用湖南巡抚关防拜发，合并声明。谨奏。

①张之洞（1837—1909），字孝达，号香涛，直隶南皮（今属河北）人。同治进士。曾任翰林院侍讲学士、内阁学士等职。1882 年（光绪八年）任山西巡抚。1884 年中法战争时，升两广总督，起用冯子材击败法军。又设广东水陆师学堂，创枪炮厂，开矿务局。1889 年调湖广总督后，开办汉阳铁厂、湖北枪炮厂，设立织布、纺纱、缫丝、制麻四局，创办自强学堂，筹办芦汉铁路。1894 年代刘坤一为两江总督。曾编练江南自强军。1898 年发表《劝学篇》，阐扬"旧学为体、新学为用"，以维护封建伦理纲常，反对戊戌变法。1900 年义和团运动期间，在西方列强策划下，与两江总督刘坤一等倡议东南互保，镇压两湖反洋教斗争和唐才常自立军起事。1907 年调任军机大臣，兼管学部事务。有《张文襄公全集》，今辑有《张之洞全集》。

231. 赏紫禁城内骑马谢恩折光绪十七年三月初八日

奏为恭谢天恩，仰祈圣鉴事。

光绪十七年二月二十二日内阁奉上谕："前陕甘总督谭钟麟，着加恩在紫禁城内骑马。钦此！"窃臣材原衰朽，勉效驰驱，解职闲居，忽被九重之召，入都展觐。幸邀三接之荣，逾分滋惭，抚衷内疚。兹复温纶特沛，异数优加。皇路荡平，幸遇着鞭之愿。国门咫尺，敢夸效驾之能。臣惟有益策驽骀，慎防陨越。据鞍顾盼，惭驹齿之徒增。揽辔踌躇，赋駪征而靡及。

所有微臣感激荣幸下忱，谨缮折叩谢天恩，伏乞皇上圣鉴。谨奏。

232. 孙辅宸以主事用谢恩折光绪十七年五月十一日

奏为恭谢天恩，仰祈圣鉴事。

本月二日，吏部以考试汉荫生带领引见，内阁奉上谕："本日引见之从二品荫生谭辅宸，着加恩以主事用。钦此！"窃臣猥以菲材，叠邀殊遇。当藩条之忝绾，蒙恩荫之荣叨。维时臣孙辅宸，襁褓甫离之无仅识。舞勺舞象，已几阅夫春秋。治史治经，尚未窥夫门径。比随臣而入觐，持杖能从，乃逐队而观光，簪毫与试。鸿恩特沛，径超任子之常阶。鹓列新联，许附郎官之华秩。宠荣逾分，感愧交萦。臣惟有勖以读书，教之敦品，官方共懔。庶不负乎裁成，世业相承，期无惭于清白。

所有微臣感激下忱，谨缮折率臣孙辅宸泥首宫门，叩谢天恩，伏乞皇上圣鉴。谨奏。

233. 补吏部左侍郎谢恩折光绪十七年六月二十日

奏为恭谢天恩，仰祈圣鉴事。

本月十六日内阁奉上谕："谭钟麟，着以尚书衔补授吏部左侍郎。钦此！"窃臣自维庸陋，夙荷生成。历任疆圻，愧乏涓埃之报。跧居乡里，钦蒙纶綍之颁。宣召荣膺，恩言叠沛。凡此鸿慈之下逮，非臣蚁悃所敢期。兹复宠锡崇衔，俾襄选政，自天闻命，俯地滋惭。伏念天官居六职之先，少宰佐三铨之绩。如臣梼昧，惧弗克胜。惟有益矢丹忱，恒严素履。冀勉修夫职业，庶仰答夫高深。

所有微臣感激下忱，谨缮折叩谢天恩，伏乞皇上圣鉴。谨奏。

234. 兼署户部左侍郎谢恩折光绪十七年九月初十日

奏为恭谢天恩，仰祈圣鉴事。

本月初七日内阁奉上谕："廖寿恒①现在入闱，户部左侍郎兼管三库事务，着谭钟麟兼署。等因。钦此！"窃臣猥以衰庸，罢归田里。渥承恩命，忝贰铨曹。惭无尘露之裨，正切冰渊之惕。兹复仰蒙天宠，权佐地官。闻命之余，倍深惶悚。惟有恒严素履，益励丹忱，策驽钝以驰驱，答鸿慈之高厚。

所有微臣感激下忱，谨缮折叩谢天恩，伏乞皇上圣鉴。谨奏。

---

①廖寿恒（1839—1903），字仲山，晚号抑斋，寿丰弟。清咸丰十一年（1861）顺天举人，同治二年（1863）举进士。光绪元年（1875）迁侍郎，十年兼总理各国事务大臣。光绪二十三年（1897）迁左都御史，擢刑部尚书。光绪二十四年（1898）入军机处学习行走。是年八月转吏部尚书、太子少保、总理各国事务大臣。其入军机由帝师翁同龢引荐，戊戌变法失败，翁被慈禧摈弃，廖亦不容，遂于光绪二十六年（1900）以足疾告归，与兄同住城中第宅。有《廖中伯奏议》传世。

235. 署工部尚书谢恩折光绪十八年正月十八日

奏为恭谢天恩，仰祈圣鉴事。

本月初六日内阁奉上谕："祁世长现在入闱，工部尚书，着谭钟麟署理。钦此！"窃臣质本疏庸，夙蒙覆育，谬承宠遇，俾佐铨曹，忝居六职之先。曾无片长足录，涓埃未报，寝馈难安。兹复仰荷天恩，洊权水部。闻命之下，倍切悚惶。惟有勉矢丹忱，益严素履。冀勤修夫职业，庶稍答夫高深。

所有微臣感激下忱，谨缮折叩谢天恩，伏乞皇上圣鉴。谨奏。

236. 补授闽浙总督谢恩折光绪十八年五月二十九日

奏为恭谢天恩，仰祈圣鉴事。

光绪十八年六月初五日内阁奉上谕："闽浙总督，着谭钟麟补授。钦此！"窃臣质本疏庸，久承恩遇，守边关陇，惭无捍御之功。贰职铨曹，愧乏澄清之效。兹复渥蒙新命，出督岩疆。伏念闽浙皆滨海要区，台湾适新设行省，内修庶政，外辑邦交，举凡建威以销萌，胥属督臣之专责。如臣梼昧，深惧弗胜，惟有吁求宸训，致谨遵循。庶几力矢慎勤，仰酬高厚。

所有微臣感激下忱，谨缮折叩谢天恩，伏乞皇上圣鉴。谨奏。

237. 奏报接印任事并兼理船政日期折光绪十八年闰六月二十二日

奏为恭报微臣抵省接印任事并兼理船政事务日期，叩谢天恩，仰祈圣鉴事。

窃臣猥以菲材，渥承恩命，补授闽浙总督。于光绪十八年闰六月初二日陛辞，初三日出京，航海赴闽。十八日，抵福建省城。二十一日，准兼署督臣希元①委员将闽浙总督兼管福建巡抚关防、福建盐政印信、船政木质关防并王命旗牌文卷等项赍送前来。臣当即恭设香案，望阙叩头，祗领任事。伏念闽浙为海疆要地，幅帼辽阔，政务纷繁。举凡整军经武、察吏安民，在在俱当讲求。臣惟有竭尽驽骀，与浙江、台湾两抚臣随事和衷商酌，力加整顿。以冀仰答鸿慈于万一。

除接篆日期恭疏题报外，所有微臣感激下忱，谨缮折叩谢天恩，伏乞皇上圣鉴。谨奏。

238. 捕获德化县匪首请奖出力员弁折光绪十八年八月二十四日

奏为捕获德化县匪首，审明正法，将历次出力员弁，择尤开单，请旨奖叙，以昭激劝，恭折仰祈圣鉴事。

---

①希元（1843—1894），字赞臣，伍弥特氏，蒙古正黄旗人。曾祖父德楞泰西安将军，祖父苏冲阿署黑龙江将军，父倭什讷杭州将军。咸丰元年（1851），为六品荫生。二年（1852），承袭一等继勇侯爵。十年（1860），赏委散秩大臣。同治五年（1866）七月，充册封朝鲜国王妃副使。十二月，授正红旗汉军副都统。七年（1868）九月，署镶蓝旗汉军副都统。八年（1869）二月，署右翼前锋统领。九年（1870）三月，署镶白旗满洲副都统。七月，署正红旗蒙古副都统。八月，调荆州左翼副都统。十三年（1874）七月，任杭州将军。光绪二年（1876）十月，调任荆州将军。三年（1877），赐紫禁城骑马。五年（1879）十一月，调任黑龙江将军。六年（1880）三月，调江宁将军。九年（1883）二月，调吉林将军。九月，兼署吉林副都统。十年（1884）五月，奉上谕督办宁古塔等处边防。十一年（1885）十一月，奉旨查办黑龙江事件。十二月，遵旨密查黑龙江边防情形。十四年（1888）四月，调为福州将军。十七年（1891）十二月，署闽浙总督，兼理船政大臣。二十年（1894）七月，卒。着加恩，照将军例赐恤，祭葬如例。

窃照福建德化县土匪滋事，陆路提督孙开华①亲督剿办，将匪首陈拱之弟陈众、妻陈曾氏先后拿获，分别正法收禁。经前督臣卞宝第②暨臣希元节次奏报在案。陈拱一犯，东西逃窜，飘忽靡常。弁勇翻山越境，到处穷搜，不得其踪迹。孙开华叠奉谕旨，严饬务获匪首，惶悚莫名。与副将余宏亮多方购线，务求必获。侦得周苗等数人是陈拱死党，不惜重资，辗转购通，以周苗为眼线。闰六月十七日午后，据周苗报，已引陈拱至尖山乡段头地方，遂带擢胜、建威营得力弁勇，于月夜分路疾趋，四面堵截去路。三更时抵该处，急令合围，破扉而入。陈拱手持双剑，一跃登屋掷瓦，伤勇丁二人。把总苏连元、勇丁周寿安等亦跃登屋顶格斗，该逆不支，跳下平地，挥剑死拒，连伤数勇，周寿安被斫右手甚重，负创夺其双剑，立将陈拱擒获。十九日，孙开华电报到省，臣希元咨令多派弁勇，小心管解，并酌提素识陈拱者来省质证。据署永春州张元鼎、德化县邵书升监提稞户翁有光一名，与陈拱一并解到。臬司张国正立提质讯，陈拱供认，借端滋事，拒敌官军，僭称开国大元帅，刊刻伪印，张贴伪示等情不讳。经臣钟麟勘审无异，于七月初二日恭请王命，将陈拱绑赴市曹，凌迟处死，传首犯事地方，悬竿示众，以昭炯戒。电请总理衙门代奏在案。伏查陈拱自上年八月借执盐馆为名，煽诱百数十乡，聚众数千，凶焰甚张。经官军于赤水乡、告杯桥两次击败，并攻破后宅匪巢。

①孙开华（？—1893），湖南慈利人，字庚堂。早年从湘军鲍超镇压太平军，累迁至游击、副将、总兵等职。1873 年（同治十二年）受命治福建厦门海防，募勇成捷胜军，署福建陆路提督。1883 年（光绪九年）率军赴台湾，在沪尾设防，抵御法军入侵。次年 10 月法舰集结沪尾口外，他下令发炮，命中法舰蝮蛇号，并会同提督高元、总兵刘朝祐等与法军激战获胜。12 月任帮办台湾军务大臣。中法战争结束后授福建陆路提督。

②卞宝第（1824—1893），江苏仪征人，字颂臣。咸丰举人。历官刑部主事、浙江道监察御史，以敢言著称。1866 年（同治五年）任河南布政使，次年擢福建巡抚。1882 年（光绪八年）授湖南巡抚，镇压会党不遗余力。次年署湖广总督，时境内连年水患，奏开赈捐以救灾民。1884 年法国侵华，筹治长江防务。1885 年回任湖南巡抚，上疏论求才、筹饷、船政、器械诸事。1888 年擢闽浙总督，后兼管福建船政。1892 年因病解职。著有《卞制军政书》。

陈众就获时，前督臣卞宝第奏明，俟获陈拱后汇案保奖，奉旨允准。现在陈拱伏诛，地方悉臻安谧。在事各员弁严寒盛暑，跋涉穷搜，始终出力，不无微劳足录。谨择尤开单，吁恳天恩，俯准奖叙，以昭激劝。千总以下武职容臣咨部核奖。至盐哨翁栋为此案罪魁，先已拿获正法。其馆东翁有光纵伙扰民，致酿巨案，讯非在场主使。应如臬司所议，于翁栋斩罪上酌减一等，拟杖一百，流三千里，解配折责安置。据称母老丁单，情节较重，应不准查办留养。陈拱之妻陈曾氏，例应缘坐，发驻防，给官兵为奴。已获之陈勺等，饬县讯明拟结，并令该管道出示晓谕各乡民，曾被陈拱逼胁附和者概予免究，逃徙者速令归乡，各安生业。提督孙开华于闰六月二十八日带队回抵泉州，仍留擢胜中营暂驻德化，以资镇慑。据福建臬司会同藩司，粮、盐二道核详前来，臣等谨合词恭折具陈，伏乞皇上圣鉴训示。谨奏。

239. 总兵积劳病故请恤折光绪十八年十一月二十六日

奏为总兵积劳病故，恳恩赐恤，以昭激劝，恭折仰祈圣鉴事。

窃查记名提督、浙江处州镇总兵曹正兴，湖北郧西人。咸丰八年投效安徽军营，转战江、皖、齐、豫、陕、甘等省，叠剿发、捻、回、教各匪，阵斩首逆，克复多城，而受伤亦不少。旋随伊犁将军金顺带队出关，进剿乌鲁木齐等处回逆。肃清新疆南北两路，收复伊犁，战功卓著，洊保记名提督。因旧伤叠发，回籍养伤。嗣由两江督臣曾国荃奏留江南补用。十七年八月，蒙恩简放浙江处州镇总兵。自莅任以来，整顿营务，严督操防，地方赖以安靖。只因积劳过甚，复发旧伤，兼患时证，于十八年十月初五日在任病故。身后萧条，毫无余资，寮属军民同深感悼。处州府知府赵亮熙禀请奏恤前来。臣查已故总兵曹正兴，束发从戎，朴勇善战，先后三十年，与军务相终始。前于甘肃、新疆办理边防，备尝艰苦。臣在陕甘任内，知之颇详。此次镇守处州，方资臂助，乃履任甫逾半年，遽以劳伤病殁，惋惜良深。闻其身后几无以殓，尤想见忠正清廉，与寻常镇将在任病故者，情形迥异。合无仰恳天恩，俯准敕部，将记名提督原任浙江处州镇总兵曹正兴，照军营立功后积劳病故例，从优议恤，以慰忠魂而昭激劝。谨缮折具陈，伏乞圣鉴训示。谨奏。

240. 厦门购炮筑台经费援案请留海防捐输应用片 光绪十九年二月二十九日

再，闽省福州海口，除长门、金牌等处旧有炮台外，前督臣卞宝第复于电光山建筑炮台，购置德国克虏伯二十八生后膛钢炮二尊，奏明在案。厦门为漳、泉保障，与台湾、澎湖声息相通。旧有磐石鱼仔尾炮台，安配二十一生、十七生炮，未能周密。前督臣卞宝第复令司道与洋商订购二十八生后膛炮二尊，核计外洋铸造运闽，交价已在部章停购两年之外。臣抵任后，因京饷紧急，不能周转，饬令停购。经德国驻京使臣请总理衙门电询，由臣备函缕述在案。现据善后局司道会同兴泉永道详称，厦门口购炮筑台，为海防至计。地方绅商念切桑梓，情愿集捐，特恐不能遽筹巨款。查山东胶州、烟台等口建造炮台，曾经奏准将山东海防捐输截留动用有案。厦门事同一律，拟请援照办理。惟新海防捐案，闽省每岁所捐无多，且至光绪十九年五月展办，二年之限已满。应请再展一年，庶可凑集成数，购此钢炮，于海防有裨，并免失信洋人，亦两全之道也。

臣再四筹维，别无长策，谨附片具陈，伏乞圣鉴训示。谨奏。

241. 覆陈整顿巡洋情形折 光绪十九年四月十九日

奏为覆陈整顿巡洋情形，恭折仰祈圣鉴事。

窃臣准军机大臣字寄光绪十九年二月初四日奉上谕：“有人

奏，洋面巡防不力，请饬整顿一折。着谭钟麟、崧蕃[1]严饬水师将弁，实力梭巡，严拿匪类，傥有讳盗疏防情事，别经破案，立即严参惩办。不得有名无实，任意安居内港，虚糜饷需。等因。钦此！”遵旨寄信前来。臣查去年秋冬之交，闽浙连界海洋不靖，而劫案以台州洋面为多。台本盗区，去秋旱荒，贫民乏食，加以鱼汛不旺，渔户无利可图，亦相率行劫商船。失事者不知洋面为何县所辖，多未报案。往往至臣衙门呈告，臣即派闽省兵轮三艘，驶赴浙洋，飞咨提臣冯南斌督饬元凯、超武两轮，会同沿海水师炮船更番梭巡。抚臣崧蕃亦严饬各营将弁，认真缉捕。经管带元凯、轮船总兵贝珊泉拿获盗匪周苌澧等十四名，管带红单师船都司郑碧山擒获陈小茂等五名。冬春以来，盗风稍息。臣维闽浙师船均未如额，两省仅存八十余船，分布千数百里洋面，兼顾内港，实属不敷。因函商抚臣崧蕃，添设师船以护商旅，并飞咨提臣冯南斌，于宁波口暂雇广艇八艘，委郑碧山管带，专护商船。冯南斌于巡洋之便，两次来闽晤商，以八船经费岁需二万三千有奇，浙省难筹此巨款。臣谓闽浙唇齿休戚相关，此项船费，闽省认解八千两，余由浙省筹备，均归厘局动支分解。函商抚臣崧蕃，联

---

[1]崧蕃，字锡侯，满洲镶蓝旗人。咸丰五年举人，初入资为吏部郎中。光绪五年，京察一等，简四川盐茶道，屡署按察使，保荐卓异。十一年，授湖南按察使，迁四川布政使。十七年，擢贵州巡抚。广西寇陆亚潇煽乱西林，与贵州接壤，崧蕃遣将扼册亨要隘，边患遂平。调云南巡抚，擢云贵总督。检视防营缺额积弊，劾副将雷家春，并自请议处，革职留任。二十六年，奏请陛见，值拳匪肇乱，命留京会办城防事。旋扈驾至太原，饬还本任。行次，调陕甘总督。于城南建立大学堂，分两斋，东斋考文，西斋讲武。而修浚宁夏七星渠，尤为民所利赖。宁郡堤工，创自乾隆时，鱼盐之利甲通省，后渐湮废。中卫县令王树菜素讲求水利，崧蕃檄令勘工，自七星渠上接白马通滩，流浚通深百八十余里，灌田六万余亩，硗确变为沃壤，逃亡复业。又以渠水分自黄河，势汹涌，春夏山水骤发，与黄流浑合，泥沙杂下，旋浚旋塞。乃仿古人暗洞激水法，凡傍山之渠，架油松成洞，覆以石板，山水流石上，而渠水潜行洞中。又度地势筑高堤，导山水使入黄河，并于渠口筑进水、退水两坝，使黄流曲折入渠，不致冲漫。工竣，数经暴水，卒不圮。设农务局，招垦荒地，如平罗、渭源诸县，先后报垦数百千亩。旧有机器局，渐次扩张。凡兴作实事求是，不惟其名。三十一年，调闽浙总督，未上，以疾卒，追赠太子少保。子外务部主事豫敬，以员外郎补用。

衔吁恳圣慈，俯如所请，则款归有着。至巡洋章程，去秋经浙江藩司等会议数条，本极周密，业已分饬遵照。臣于前月复札饬沿海各镇，随时亲赴各洋面巡缉，不分畛域，协同搜捕，不得仅以会哨了事。盖总兵亲自出洋，则海边营汛将弁无可隐饰。以后何处失事，则将该管汛弁分别核参，若总兵不即咨参，则揭参其徇庇之咎，并由提臣随时认真稽查，务期严督梭巡，有盗必获，以安商民而靖海疆。

所有遵旨覆陈巡洋情形，谨缮折具奏，伏乞皇上圣鉴训示。谨奏。

242. 福建采运发粜米价平减情形片 光绪十九年四月十九日

再，原片奏称，福建米价昂贵，每石骤增至千五六百文，请派轮船采运，钦奉谕旨，着臣斟酌情形，妥筹办理。等因。臣查闽地苦瘠，丰年亦不足食，乡曲贫民，终岁啖红薯者，十室而九。上游仰给于江西，去秋天旱，江西米不出境，台湾风灾歉收，民食不足，各口闭粜。省城向恃江米接济，去冬江浙米价亦昂。加以洋面不靖，商贩罕至。省城囤户居奇，每石增价四五百文，亦无骤增千五六百之事。臣于腊月委员潜赴湖南北采运米数万石，以备平粜。正月，派琛航、伏波两兵轮赴鄂，往复转运。迨米到而市价已平，现尚分设米厂，减价发粜，商贩价亦递减，民情安谧，足慰宸廑。

谨附片具陈，伏乞圣鉴。谨奏。

243. 复陈闽省开铸洋钱为难情形片 光绪十九年四月十九日

再，闽省鼓铸制钱官局赔累太多，早经停铸。臣到省后，见市肆钱稀，饬船局绅士钟大焜开炉试铸，曾咨商总理衙门，照会日本使臣，代购紫铜二十万斤。已运到其半，暂开八炉试办，稍资周转。至改铸洋钱，去年冬月，曾派船局学生两名赴广东察看机器。并函商两广督臣李瀚章，饬局将铸洋钱章程钞录来闽，仿照办理。腊初，学生回省，绘呈机器图十数幅。据称，铸洋钱机器，须从外洋购买，船政局机器均不可用，广东购买机器费十余万金，闽省能仿造之器无多。其购自外洋者，非七八万金不可。臣访闻粤东改铸洋钱，一月融化纹银十数万两。粤省民物丰阜，且近香港，岁取百数十万不难。闽省银无来路，所收茶厘关税，皆系破碎。番洋各县解地丁，亦搭番洋二成。综计藩库所收实银数十万两，不敷半年鼓铸。近来京饷皆票商汇兑，上库后，闽省亦以番洋加水给还。故藩库所收纹银，尚在本地流转。若尽投炉中，改铸洋钱，则次年地丁更无银起解。一旦停铸，则所购之器，置之无用。此臣所以辗转思维，不敢轻试，非不留意于此事也。因原奏有开铸小洋一片，谨详晰缕陈，伏乞圣鉴。谨奏。

244. 前任学臣病故代递遗折折光绪十九年四月二十二日

奏为前任学臣交卸后在省病故，恭折具陈并代递遗折，仰祈圣鉴事。

窃前兵部右侍郎福建学政臣沈源深，因病奏准开缺调理。本年四月初三日交卸学政，未及起程。只以积劳久病，夜不成寐，竟于四月二十日酉时身故。伏念学臣沈源深，弱龄通籍，即有志于程朱之学。自同治九年传补军机章京，洊升卿贰，胥以诚敬自持。其校士礼闱，典试江蜀，得人称盛。迨官都察院副都御史，累次奏疏，务持大体。光绪十六年秋，奉旨驰抵福建，查办事件，遂拜视学之命。福建本理学名区，议建闽学书院。奏请以宋儒游酢从祀两庑，奉诏允行。访求各郡纯朴之士，先就致用书院，肄业讲习，手定条教数百言，示以躬行实践之准。并辑《士林模范》一书，重刊《圣谕直解》《小学义疏》，颁示各学。轺车所至，屏除供张，厘剔积弊。每试必终日危坐堂皇，未尝休息。取士必采品行，孳孳焉惟恐不及。按试两载，舆论翕然。去年冬，回省疾作。犹手辑《先正格言》及《劝禁敝俗》诸论说，接见诸生，谆谆以居敬穷理为训。卸篆前数日，即自知不起。预拟遗折，深以国恩未报为憾。其生平久历清要，廉洁自爱，身后萧条，依然寒素。其原籍无家可归，深堪悯恻。闽士闻者，奔走涕泣。贡生黄增、举人陈景墀等二百余人，至臣衙门暨福州将军衙门具呈。佥称学臣教泽在人、恳请表彰等情。臣思崇祀名宦，格于年例，饰终巨典，尤非臣下所敢妄干。而群情爱戴，未便壅于上闻。惟有据情代达，恭候圣裁。沈源深有子二人，长子豫立，正三品荫生，考取中书科中书；次子豫善，尚幼。均随侍在闽，合并陈明，谨将遗折代呈，伏乞皇上圣鉴。谨奏。

朱批："另有旨。"①

245. 闽省防勇欠饷太多现筹变通办理折

光绪十九年六月十六日

奏为闽省防勇欠饷太多，现筹变通办理，腾出饷项，以资弥补，恭折仰祈圣鉴事。

窃闽省地瘠民贫，公私交困。自法防后司库荡然，入不敷出。致各营勇饷，岁有积欠，营中以此为存饷。每逢假汰，辄索欠款，势不能不如数补发。旧欠未了，新欠又增。臣去秋到任，察看营勇一万有奇，欠饷至四五十万。将来愈积愈多，何所底止？九月间，通饬各营，除外海轮船及零星土勇不计外，所有水陆防勇，一律改支坐粮，按月发给满饷，不短丝毫。以后再无存饷名目。查楚军章程，征剿支行粮，每勇月给银四两二钱。防勇支坐粮，每勇月给银三两三钱。以秋季存勇九千四百余名计之，每月省银

①据《光绪朝朱批奏折·内政·职官》第8辑第855—856页原折补入，光绪十九年四月二十二日。

八千余两，然亦非有现银存储，不过每年可省欠饷十余万耳！本年三月，前水师提督彭楚汉交卸回籍，所部南字营纷纷请假。应发欠饷甚巨，无款可筹。而各营勇丁，以存饷可领，亦求给假，其势不能遍给，乃定议每营以二成为限。此项假勇，暂悬缺不补，腾出饷银，以弥补现发欠饷之数。计截至本年四月止，尚存防军弁勇六千六百六十员名，巡洋轮船及外海内河水勇一千一百一十四员名，连同陆路长夫，每月共需饷银三万六千有奇，此目前变通办理之情形也。查各防营勇数，向来参差不一，此番告假又减二成，每营所存勇丁三四百名不等，然规制尚存。一旦有事，募补甚易。一二年后，欠饷发清，再行归并。惟厦门当闽台要冲，裁存营勇六百余名，稍形单薄。新任提臣杨岐珍随带淮军一百四十二名，素称得力。即将南字营假勇空额，挹彼注兹。分为亲军二哨，俾敷遣用，于勇数、饷数亦无出入。据善后局司道具详前来。

除将各项细数饬造季册送部外，臣谨缮折具陈，伏乞皇上圣鉴敕部查照施行。谨奏。

246. 敬陈澎湖温州两镇情形请旨对调折

光绪十九年六月十六日

奏为敬陈温州、澎湖两镇实在情形，请旨将总兵对调，以期得力，恭折仰祈圣鉴事。

窃照去秋闽浙连界，海洋不靖，商船失事，以海门镇所辖洋面为多。温州、定海两镇次之。臣与浙江抚臣、提臣派拨兵轮，并添设护商师船整顿巡缉，获盗多起，洋面渐为安谧。此后，非总兵大员随时亲自出洋督饬梭巡、严明赏罚不为功。臣已奏明，责成海门、温州、定海三镇，一体遵办在案。至澎湖为台湾、厦门出入咽喉，旧设一副将，近年始改海坛总兵镇之。其地一岛孤悬，居民鲜少，商旅来往，多用轮船，故该处洋面无劫掠之事。论地势扼要，似温州僻而澎湖冲。论目前情形，则澎湖轻而温州重。

现任温州镇总兵周振邦办事稳慎，曾任台湾水师协，于台澎情形极为熟悉。新授澎湖镇总兵张其光，曾任温州镇，熟谙海道，督缉认真。臣抚浙时，张其光署浙江提督，深悉其人，办事结实，现已入都陛见。可否与温州镇互调，俾人地各得其宜，伏候圣明裁夺。

谨缮折具陈，伏乞皇上圣鉴训示。谨奏。

247. 闽省盐厘恳恩全行蠲免折光绪十九年七月十八日

奏为闽省盐厘累民累商，屡蒙恩免四成，尚有六成未减，吁恳特恩，全行蠲免，以苏民困而恤商艰，恭折沥陈，仰祈圣鉴事。

窃闽地滨海，居民以鱼盐为生。每当潮退卤留，烈日炎蒸。埕坎中到处皆盐，即到处皆私，缉不胜缉，收不胜收。故原设课额，每岁只九万四百余两。嗣逐渐加增，统合正溢课共银二十八万六千三百余两，着为定额。然自道光、咸丰以来，每年所征不过十数万，从未有征解如额者，此有案可稽也。同治四年，前督臣左宗棠率师入闽，水陆数十营，星罗棋布，私枭绝迹。其时淮浙引地未复，江西之与闽邻者，皆食闽盐，销数甚旺。于是改行票运，课厘并征。将向时官吏陋规七八万并入其中，一年所收至四十万余两。夫既曰陋规，是官吏所不应取诸民者，今乃取而归之。厘金以为岁额，于政体本非所宜，而督臣左宗棠原奏亦称，俟试办一年，再行定章。曾不一载，浙、淮各收回引地。闽盐不能越境行销，课厘遂亏。同治七年，前督臣英桂[1]始有减免二成厘

①英桂（1798—1879），满洲正蓝旗人，赫舍里氏，字香岩。原隶包衣，以翻译举人考取内阁中书，累迁山东布政使。1853 年（咸丰三年）升任河南巡抚。太平军进军湖北，奉命赴南阳布防。捻军张乐行部驰骋皖、苏、豫三省，又奉命督办三省军务。1858 年调任山西巡抚。1863 年（同治二年）任福州将军。1868 年调闽浙总督，次年兼署福建巡抚。会同船政大臣沈葆桢奏陈筹建水师，培养洋务人才。1872 年起任兵部尚书兼总管内务府大臣，镶红旗汉军都统，吏部尚书兼步军统领。1875 年（光绪元年）授协办大学士。1877 年授体仁阁大学士。

金之请。光绪九年，前督臣何璟复请减免厘金二成，部议暂准三年。嗣后历任督臣，叠次奏请展限，皆蒙恩准。屡请屡展，如是者二十余年矣！十八年夏间，兼署督臣希元请再免六成，奉旨着照所请。而户部复有暂免两年之议，在部臣综管度支岁入之数，只期有增无减。闽盐免厘，恐川、淮厘多之处，援以为请，不可不防其渐，此即臣在户部，亦必坚持定例，不敢轻议更张也。惟是情形互异，事势不同，有不得不变通办理者，谨缕晰为皇上陈之。溯自军兴以后，东南各省钱漕悉未复额。即以盐论，浙西额盐三十六万引，现销十余万引，不及三分之一。淮盐改票设局督销，综计淮南北、皖西、楚湘各岸，亦未及原额。川盐行销湖南北，本非其引地。而厘金取之他省，食盐之人，于本境无损。若闽则僻在一隅，民贫地瘠，乱后户口凋零，生计日蹙。而盐课则于原额二十八万余两外，更增十二万余两，民力几何，奚以堪此？前后督臣所以屡请不已者，岂皆见好商民，不顾公帑哉？诚以少宽一分，则民受一分之惠，必欲取盈，恐酿变故耳。查十数年来，毁盐卡、殴稞户、聚众哄堂之案，不一而足，地方官皆隐忍未办。迨上年德化事起，扰攘一年。虽元凶授首，而伤残民命，焚毁庐舍，颠沛流离之状，耳不忍闻。窃计公家所费，何止此十二万金耶！利害相权，得失互见矣！臣到任期年，体察情形，不能不为民请命。伏恳皇上明降恩旨，闽省盐课，仍以原定正溢课银二十八万余两为定额，改票时新增之盐厘，全数悉行蠲免。臣当督饬盐道，分别道途远近，酌减盐价，以便民食，商人亦不得借口亏折，按户派销，以扰闾阎。至一切陋规，现已革除净尽。官运各员，无敢苛索，商人者不虑故智之复萌也。

臣为仰体皇仁，求苏民困起见，谨披沥直陈，伏乞皇上圣鉴训示。谨奏。

朱批："户部妥议具奏。"①

248. 提督因病出缺请旨简放折光绪十九年九月初四日

奏为福建陆路提督因病出缺，请旨迅赐简放，以重职守，恭折驰陈，仰祈圣鉴事。

窃据福建陆路提标中军参将张定泰呈报，提督孙开华因感受风邪，触发旧伤，医药罔效，于光绪十九年八月二十七日在任病故等情前来。臣查提督孙开华，由武童投效霆军，转战湖北、江西、皖、豫等省。冲锋陷阵，身受多伤。进剿广东嘉应州，与诸军削平发逆，战功卓著。同治五年，补授福建漳州镇总兵。旋署提督篆务，两次渡台，剿抚番社，办理海防。光绪十年八月沪尾之捷，厥功尤伟。曾蒙特旨嘉奖，帮办台湾军务，简授福建陆路提督。陛见回任，整饬营伍，绥缉地方，兵民相安。上年德化土匪陈拱滋事，亲督各营入山剿捕，卒获首逆。兹以偶患感冒，引动历年军营旧伤，遽尔出缺，良深惋惜。除查询详细履历，另行核奏外。所有福建陆路提督员缺紧要，相应请旨简放，以固海疆。至该提督从戎三十余年，生平战绩皆在圣明洞鉴之中。应否从优赐恤，出自逾格鸿慈。

谨专折由驿驰奏，伏乞皇上圣鉴。谨奏。

光绪十九年九月二十一日奉朱批："另有旨。钦此。"②

---

①据《光绪朝朱批奏折·财政·盐务》第75辑第656—658页原折补入，光绪十九年七月十八日。

②据台湾史料集成编辑委员会编《明清台湾档案汇编》第五辑第101册第189页原折补入。

249. 遵查原任提督生平事绩请饬史馆立传折光绪十九年十一月二十五日

奏为遵查原任福建陆路提督孙开华生平事绩，谨缮节略，请饬史馆立传，恭折仰祈圣鉴事。

窃光绪十九年九月二十一日奉上谕："福建陆路提督孙开华，战功卓著，绥靖地方，着照提督军营病故例，从优议恤。任内一切处分，悉予开复，加恩予谥。原籍及立功省分，建立专祠。并将战功事绩，宣付史馆立传，以彰劳勚。钦此！"臣查已故提督孙开华，由武童投效霆军①。前在湖北、安徽、河南、福建等省大小数百战，懋著勋劳。其最著者，自安徽青阳带伤追贼，以数百人歼贼万众，时论韪之。率所部援江西，踏平抚州贼垒。遂拔金溪，克复南丰、新城、瑞金、泸溪，解宁都之围，江省肃清。旋会诸军蹙贼于广东嘉应州，力歼巨憝，余孽悉平。同治五年，授福建漳州镇总兵，升署陆路提督，统领擢胜诸军。三次渡台，剿抚番社。筹办海防，瘴雨蛮烟，不辞况瘁。沪尾之役，短兵鏖战，毙其悍酋。手燃巨炮，沈其铁舰，敌人为之胆落。曾奉旨褒嘉帮办军务，旋膺实授提督之命。漳、泉自兵燹以后，将士怀安，莠民反侧。肃营规，勤训练，惩奸宄，靖闾阎。勤职有年，军民爱戴。迨德化土匪陈拱滋事，亲督兵勇入山剿捕，卒获首犯，民俗乂安。该故提督受累朝恩遇，饰终之典，至优极渥。仰见国家厚待勋臣，有加无已。

---

①霆军：咸丰、同治年间湘军将领鲍超所部简称。鲍超，字春霆，故名。1854 年（咸丰四年），鲍超由川勇投湘军，旋入湖南协标，充哨长。1856 年 9 月在胡林翼的支持下，以湘勇为基础，编练霆军约 3000 人。分为 5 营，每营 6 哨，每哨 10 队（马队每哨 50 骑）。哨设哨官，队设什长，仿照湘军编制训练。在湖北、江西、皖南与太平军作战。随后扩充至 1.4 万余人，成为湘军的劲旅之一。其主要将领有宋国永、娄云庆、孙开华、谭胜达、曹志忠、高占魁、罗天贵、唐仁廉、黄正清等。1867 年（同治六年）在湖北尹隆河参与镇压捻军，同年 12 月因鲍超被革职遣散。

所有故提督孙开华战功事实，理合缮具节略恭呈御览，以备史馆立传，伏乞皇上圣鉴训示。再，孙开华有子五人：长道仁，三品衔福建补用道，前在海军衙门供差，次道义、道礼、道智、道信。孙二人：克仪，克修，俱幼。合并陈明。谨奏。

250. 福靖穹甲船购炮情形折光绪十九年十二月初八日

奏为福靖穹甲船购炮情形，恭折仰祈圣鉴事。

案：查光绪十六年八月间，前督臣卞宝第奏明，接造福靖穹甲快船，以防闽口。嗣于奏报广丙试洋折内声明，添造运粮船一艘，两船应配钢炮十四尊，于十七年十二月饬司道与信义洋行订购十二生炮六尊，船边炮八尊。又念厦门为闽台门户，并购二十八生大炮二尊，另筑炮台以壮声威。与洋商订立合同，载明福靖炮价，分六期交付，于十八年二月交炮，价银二万两。四月，准海军衙门咨，福靖船炮，令由湖北炮厂制造。经臣希元于兼署总督任内，行局开明炮位大小尺寸，详咨湖广督臣张之洞询明价值细数。嗣于十一月接准咨覆，所估价值，与洋商大略相同。并称现在建厂设机，赶紧兴工。俟厂成，如式制造。臣钟麟履任之初，因勇饷积欠累累，京饷紧急，不能周转。饬将厦门二十八生炮停购，而洋商怂恿德国使臣，向总理衙门饶舌。臣接总署电询，当以巨款难筹，详细函覆总署，复以合同已立，未便更张，嘱妥筹办理。臣与司道互商，就地劝捐，援照山东成案，奏准截留新海防捐输应用。其福靖船炮，则订立合同，已付定银，未便失信洋人，致贻口实。据情咨呈海军衙门，现准咨覆，仍令由湖北妥造，自应遵办。惟湖北铁厂，询之自鄂来者，本年十月初尚未铸造一炮，而福靖船自去年冬月下水，配制轮机，适洋炮陆续运到，因令出洋试验。所需价银，已付五批银十一万四千余两，势难与洋商翻悔，即使湖北铸炮已成，亦不能舍此就彼，辗转筹维，别无长策。伏念此次订购船炮，在臣希元、臣钟麟未到任之先。前督臣卞宝第未经陈明候旨，即与洋商订立合同，未免疏忽。惟有吁恳天恩，俯念事属已成，仍准照案办理，于公款并无出入。

除分咨查照外，谨会同福州将军前兼署督臣希元合词恭折具奏，伏乞皇上圣鉴训示。谨奏。

251. 福靖穹甲船试洋情形片 光绪十九年十二月初八日

再，船政续造福靖穹甲船，经前督臣卞宝第于光绪十六年八月奏明有案。是船按图定制，计长二百三十三尺，宽二十六尺四寸，舱深一十八尺七寸，船腰吃水深一十一尺六寸，全船载一千余吨，内配康邦双汽鼓卧机两副，圆锅炉三个，实马力二千四百匹，大致与广乙、广丙二船相埒，于十八年十二月初三日船壳工竣下水。臣亲到工次，勘验如式。兹据工程处将该船轮机、锅炉等件镶配齐备，禀请择期试洋。适臣由泉、厦阅兵回省，登舟阅看。即派记名道杨正仪率同员绅暨靖远练船管驾林承谟，于十九年十一月初九日乘潮展轮，赴马祖澳外洋验试，船身坚稳，机器轻灵。是晚驶回工次，进退旋转，尚属便捷。计风逆水急，用马力一千六百匹，每点钟可行三十四里。马力二千匹，每点钟行四十六里。若用上等煤炭久练，升火人等马力应得二千四百匹，每点钟可行五十里。舱面炮台七座，左右配十二生快炮二尊，六磅子快炮四尊，船尾配十二生快炮一尊，演炮均属稳便，禀报前来。臣查福靖一船，原议为闽防之用，尚有零星工程，应即配造。现调艺新轮船管驾都司杨永年到船接带，应配员弁、舵水人等及需用经费，另核办理。

除咨海军衙门暨户、工二部察照外，谨会同福州将军世袭一等继勇侯臣希元附片具陈，伏乞圣鉴。谨奏。

谭文勤公奏稿卷十六

252. 赏太子少保衔谢恩折光绪二十年正月十五日

奏为恭谢天恩事。

窃臣接准部咨，光绪二十年正月初一日内阁奉上谕：“朕钦奉慈禧端佑康颐昭豫庄诚寿恭钦献皇太后懿旨：本年予六旬庆辰，在廷臣工，业经降旨加恩。因念各省文武大臣，有久膺重寄、卓著勋劳者，允宜同膺懋赏。闽浙总督谭钟麟，着加太子少保衔。钦此！”当即恭设香案，望阙叩头谢恩。钦惟皇上泰始凝祥，颐和养志，萱闱上寿称觞。集万国衣冠，兰殿承欢。赐福颁九重纶綍，普天同庆，率土咸忻。臣猥以菲材，备员海峤。仰荷头衔之叠晋，愧无毫末之能酬。陪侍青宫，忝厕辅弼疑丞之后。捧来丹诏，弥懔严恭寅畏之怀。

所有微臣感激荣幸下忱，理合恭折叩谢天恩，伏乞皇上圣鉴。谨奏。

253. 万寿赏福建省银两谢恩折光绪二十年三月十六日

奏为谨率福建阖省绅民，叩谢天恩，恭折仰祈圣鉴事。

窃准部咨，前奉上谕：“钦奉慈禧端佑康颐昭豫庄诚寿恭钦献皇太后懿旨：甲午年六旬寿辰，赏福建省银二万两，用示行庆，施恩有加无已至意。等因。钦此！”钦遵应于本年茶税京饷项下，就近截留应用。等因。臣即行据藩司移会税厘局筹银二万两，以一万八千两分额六十州县，每州县发银三百两。饬查实在贫民散给，以二千两给省城普济堂、孤贫院及驻防旗籍之穷而无告者。一面恭录谕旨，刊刻誊黄，遍行晓谕，咸使闻知。钦惟皇上颐和养志，锡类敷仁。惠普申圻，膏泽慰瞻云之望。祥开午运，寰区增爱日之光。闻命自天，感孚率土。臣忝居福地，幸遇昌期，方祝纯嘏于无疆，旋荷隆施之下逮。酞恩远布，俾茆檐蔀屋以同沾。寿寓延洪，合子妇丁男而并颂。

所有闽省绅民感激欣幸下忱，臣谨缮折叩谢天恩，伏乞皇上圣鉴。谨奏。

254. 提督在任病故请旨简放折光绪二十年五月十七日

奏为浙江提督因病出缺，请旨迅赐简放，以重职守，恭折驰陈仰祈圣鉴事。

窃据浙江提标中军参将万里彬呈报，提督冯南斌四月中感冒泄泻，因渔汛吃紧，复出巡洋，病遂日剧。触发旧伤，医药罔效，于光绪二十年五月初十日在任病故等情前来。臣查提督冯南斌，自咸丰初年，在广东原籍管带惠勇，剿办儋州、高要各股匪，迭破贼巢。贼攻广宁县城，坚守三十六昼夜，城赖以全，声威遂著。嗣转战浙江、江西、福建等省，屡解城围。复数十州县，平毁贼垒，斩擒要逆，身受重创，具见各省奏报。贼由闽窜粤东，随军攻克嘉应州城，扑灭全股，发逆一律肃清。而战功之卓著，尤在甘肃金积堡一役。回逆马化漋踞守宁灵，筑堡甚固。官军百计环攻，不能破。南斌愤极冒险，首先攻克头卡，各军得以继进。遂擒化漋，回逆以次削平。由陕西城守协副将署甘肃宁夏镇总兵。光绪四年，秦省亢旱。时臣任陕西巡抚，檄委办粮赈济。南斌实心经理，陆以骆驼运榆林，水以木筏运延安。北山饥民，全活甚众，臣心感之。十年，法人败盟，臣派雷正绾与南斌率师卫畿辅。事平，简授宁夏镇总兵。派浚京师内外城河，竣工迅速，奉旨奖赏回任。旋蒙擢授湖南提督。十五年陛见，调补浙江提督。到任以来，讲求军政，绥辑地方。上年海洋不靖，添设护商红单各师船，亲督巡缉，劳瘁不辞，盗风因而稍息。方谓其精力未衰，堪资臂助。乃以力疾巡洋，伤病俱发，竟至不起，悼惜良深。伏念该提督忠勇性成，从军四十年，身经数百战，伤创重叠，功绩昭然。平日坚忍耐劳，与士卒同甘共苦。所得廉俸，辄以抚恤疮痍，犒劳精锐。所历各任，军民同深爱戴。身后萧然，几无以殓。其次子英华，调补闽安水师副将，尚未到任。孙三人，长福田，次福铭、福祥，随侍在署。其生平战绩，皆在圣明洞鉴之中，应如何逾格加恩从优赐恤之处。臣未敢擅拟，伏候圣裁。

所有浙江提督员缺紧要，请旨迅赐简放，以重职守。除另取详细履历咨送军机处外，臣谨会同浙江巡抚臣廖寿丰恭折由驿驰陈，伏乞皇上圣鉴训示。谨奏。

255. 惩办长乐县著名匪棍片 光绪二十年五月初八日

再，福州府长乐县辖壶井一乡，林姓数千丁，聚族而居，习于强悍，抢掠掳斗，无恶不为。前署知县彭达孙、徐承禧屡往查办，均被抗拒。十余年来，官役不敢过问，行人亦无敢过壶井者。臣履任后，访悉该乡恶习，几同化外，思有以挽救之。去年五月间，据署长乐县知县丁振德因案会营亲往，拿获匪犯林添添等十二名。该匪党竟敢持械夺犯伤差，拒敌官军。经臣剀切示谕，责令族房将犯送究，仍抗不遵。随添拨营勇，委员会同该管营县协力拿办。先后报获林添添、林益灿、林鹅牳、林刘海、林益、林罗罗、林增洸、林则哉、林振振、林则鱼、林雷鸣、林金铨、林则囊、林歇贼等十四名解省，由福州府知府唐宝鑑会同委员候补知府邱晋昕、金学献悉心研讯。林添添、林益灿俱供认，掳人勒赎、伙抢得赃多次。查林添添一犯，为该乡积年匪棍，凶恶最著。林益灿一犯，经乡约李郁宜等会禀称，系该乡恶棍中罪魁，获案时远近乡民同声称快，实属罪大恶极，与土匪、强盗无异。审拟由臬司张国正核详，经臣批饬，将林添添、林益灿二犯即行正法，以昭炯戒。林鹅牳、林刘海、林罗罗、林振振四名，均属党恶，情罪稍轻。拟援照棍徒监禁章程，分别酌定年限，监禁示惩，毋庸发配，以免脱逃。林增洸夺犯在场，林益品、林则哉亦强横素著，发县定限锁礅，满日察释。林则鱼、林雷鸣、林金铨均不安分，分别枷责发落。林则囊、林歇贼讯属牵连，饬县传族邻保释。查壶井与阜山乡、梅花乡毗连，均属蛮横，往往因小忿互斗。自此次拿办后，去冬今春，三乡械斗风息，亦无抢劫之案。

所有拿获匪犯分别惩办缘由，谨附片具奏，伏乞圣鉴。谨奏。

256. 遵旨筹办防务折光绪二十年七月初八日

奏为遵旨筹办防务情形，恭折缕陈，仰祈圣鉴事。

窃照倭人渝盟肇衅，经总理衙门先后电传谕旨："各海口均须预筹战备，福建水师提督杨岐珍①、南澳镇总兵刘永福②，饬令酌

①杨岐珍（1837—1903），字西园，安徽省寿州（今寿县）人。1853年（咸丰三年），以武童随其父佐理本州团练事宜。1854年随父在本州募勇投官军效力，留防六合县。1856年在六合迎击太平军，随部攻克浦口，奖八品军功，累奖五品军功。1861年在宝山击败太平军，赏戴花翎。1862年（同治元年），开始隶属淮军，曾在庆字营。太平军李秀成率部攻宝山，率军严守七昼夜，因功擢守备补用。后递升都司、游击，加参将至副将。后留两江尽先补用。参与进攻湖州、长兴、广德、漳州。1866年升记名总兵。是年底，率部随军镇压捻军于鄂、豫、苏、皖诸省。1868年赴直隶，随军追击张宗禹，以记名提督简放。1875年（光绪元年）直督李鸿章命其亲兵马队三营分防保定河间。1885年初，中法战争爆发，在招宝山抗法，得旨提督出缺优先简放。补江南狼山镇总兵。1887年，调补浙江定海镇总兵。4月，奉命与海门镇总兵对调。1892年，擢升福建水师提督。1894年，加尚书衔。中日甲午战争爆发前，赴台湾力备战守。议和后回任，任内督练兵勇操防。1903年卒。

②刘永福（1837—1917），本名义，字渊亭，广东钦州（今属广西）人，迁居广西上思。曾参加广西天地会起义。太平天国失败后，在桂、滇边境组织黑旗军。后赴越南，驻保胜。1873年（同治十二年）和1883年（光绪九年）两度应越南政府约请率部抗法，先后击毙法将安邺和李维业。中法战争中，大败法军。后受清政府收编。1886年任广东南澳镇总兵。1894年（光绪二十年）帮办台湾防务，移驻台南。次年被推为军民抗日首领，率黑旗军联合台湾义军，抗击侵台日军，因孤军无援退回厦门。1902年署碣石镇总兵。1911年（宣统三年）11月广东独立，被推为广东民团总长，旋辞职回籍。

带兵勇，前往台湾办理防务。等因。钦此!”钦遵。业将整顿防营、添足勇额奏明在案。福州口以芭蕉尾为第一门户，长门为二重门户。自电光山起，炮台林立，足资守御，各台间有损坏，现已一律修整。上年裁减弁勇，现经募补足额。自七月初一起，饬同防营改支行粮，以作士气。臣与将军臣希元先后亲往履勘，演放各炮，均尚有准。并悬赏格，有能击沈敌船一艘，立赏万金。毙倭一人，或生擒者，赏赉有差。弁勇无故擅离、临警潜避者，以军法从事。一面饬局派员弁采购木石，在福斗山、长门二处，择要填塞，叠石于下，以遏其冲。横木于上，以阻其势。使轮行节节濡滞，炮台旁击，水雷内轰，似亦制敌之一法。现在长门内，新旧各军共十一营，亲兵一哨，由福宁镇总兵曹志忠统领。其余各口应防者尚多，因限于饷力，不能广募。惟有审度地势，扼要设防，激励将士同心敌忾，以固吾圉。提督杨岐珍遵旨会办台防，已带兵勇三营，于七月初八日带印东渡。尚有台州新募二营，候轮继进。现由闽给饷银六万两，新购毛瑟枪一千五百杆，马梯呢枪五百杆，并炮弹、军装等件。杨岐珍营本食闽饷，此后仍由闽省筹给。总兵刘永福募勇二营，已报成军，催令迅速渡台，已由闽给四个月饷银二万四千两，毛瑟枪五百杆，马梯呢枪二百杆暨炮械等件。该二营此后月饷，由台支给。台湾抚臣邵友濂、藩司唐景崧[①]公忠夙著，定能与杨岐珍等和衷共济。惟澎湖一荒瘠孤岛，无煤无米，固守为难。已嘱杨岐珍抵台后，妥商邵友濂，随时接济。厦门为闽台咽喉，最关紧要。陆路提督黄少春老于军事，威望素著，已至厦门，应令接办厦防，兼管水提衙门事务。泉州裁撤擢胜军，改募达字三营，调赴厦门，尚虞单薄。现将立字右

①唐景崧（1841—1903），广西灌阳人，字维卿，号南注生。同治进士。1882年（光绪八年）以吏部主事上书清廷，自请赴越联络刘永福抗法。1884年奉张之洞命募勇四营，号景字军。次年初，率部会同黑旗军与法军作战。1891年任台湾布政使。1894年署台湾巡抚。次年《马关条约》签订，激起台湾人民反抗。台湾士绅成立“台湾民主国”，被推为总统。6月初日军占基隆后回厦门。著有《请缨日记》。

营调扎泉郡，与练兵二营合力巡防，此筹办防务一切情形也。复查闽省前办法防，库储空竭，故有息借洋款之举。厥后递年还款，赔贴磅价，负累无穷。此次议向上海德华洋行借规平银五十万两，分作五年，十期归还，周年八厘起息，借银还银，不论磅价，由藩司出票，如期交还，按年抽本减息，较借洋款为省。曾电请总理衙门代奏，奉旨允准，感激莫名。现值筹防孔亟，所需外洋枪械、军火，随时设法添购，不及先行奏咨立案。臣惟有力求撙节，严密设防，以仰副圣主慎重海疆之至意。

除分咨查照外，谨会同福州将军臣希元合词恭折具陈，伏乞皇上圣鉴训示。谨奏。

257. 福州将军因病出缺代递遗折折 光绪二十年七月二十一日

奏为福州将军因病出缺，请旨迅赐简放，以重职守，恭折具陈，并代递遗折，仰祈圣鉴事。

窃照福州将军希元，于光绪二十年七月十九日丑时出缺。经臣等电知总理衙门代奏，派员暂署在案。查将军希元，由一品荫生，承袭一等继勇侯爵。以散秩大臣供奉内廷，勤劳懋著。同治丙寅，出使朝鲜，旋授荆州副都统，擢杭州将军，嗣调荆州，移镇江宁。均当兵燹之后，满目荆榛，疮痍未复。整饬部伍，简讨军实，躬崇节俭，与兵民更始，恩威并著，至今犹称颂不衰。秩满，调吉林兼办宁古塔等处事宜。珲春一隅，外接强邻，至则严斥堠、抚流亡、改巩卫，诸军分五路为靖边营，训练巡防，盗匪戢迹。奏设拔萃科请广中额，增学舍以课秀良，奋武揆文，屹然为边城重望。光绪十四年五月，调补福州将军，整军经武，敦爱士氓，一如治江浙、荆州、吉林。时事势多艰，关税短绌，旦夕焦劳，痰证即由此而伏。前年春，署理督篆，兼管巡抚船政。廉明谨厚，饮人以和，而于剔弊除奸，则不避嫌怨。臣钟麟适承其后，遇事商榷，深资借助。本年五月，倭人肇衅。与臣等商办防务，时切愤懑。六月中，亲往长门，周历炮台，激励将士，义形于色。因触旧疾，饮食锐减，忽于七月十八晚痰涎上涌。自知不起，口授遗折，深以国恩未报，强敌未摧为憾。生平泛览经史，和而能介，居官勋绩，久在圣明洞鉴之中。虽历膺重任二十余年，身后萧条，且有私累，真所谓处脂膏而不润者。闽中官绅士民，闻之无不感涕，则平日之公忠体国，洁己爱人，概可想见。惟是饰终巨典，非臣下所敢妄干。谨合词据实具陈，恭候圣慈逾格施恩，以示矜恤而彰忠荩。并请旨迅简福州将军，速赴新任，以重职守。希元有子二人，长世榕，花翎郎中衔。次世居，尚幼。合并陈明。谨将遗折代呈，伏乞皇上圣鉴。谨奏。

258. 恭报接署福州将军印务日期折光绪二十年七月二十三日

奏为恭报微臣接署福州将军印务日期，叩谢天恩，仰祈圣鉴事。

窃臣于七月二十日准总理衙门电称，二十日奉旨："福州将军缺，着谭钟麟暂行兼署。钦此!"臣即恭设香案，望阙叩头谢恩，于本月二十三日接印任事。伏念臣渥叨知遇，洊历疆圻，未效涓埃，时深兢惕。兹复仰荷恩命，兼署福州将军。关税事繁，旗营任重。臣惟有勉竭愚诚，认真经理，不敢以暂时权篆，稍涉因循。冀仰副高厚鸿慈于万一。

所有微臣接署福州将军闽海关印务日期并感激下忱，谨缮折叩谢天恩，伏乞皇上圣鉴。谨奏。

259. 请调甘军以卫畿辅折光绪二十年八月十六日

奏为畿辅兵单，请调甘军马步八营，以资拱卫，恭折密陈，仰祈圣鉴事。

窃维京师为天下根本，当有事之秋，允宜厚集兵力，以供调遣。南苑虽有神机营练兵，恐额少不敷分布。默计近畿数省，均无可调之军。惟甘肃现尚无事，可抽调马队四营，步队四营，驻扎近畿，以备调用。马队以二百五十骑为一营，百二十五骑为一旗。河州本有回马队三旗，臣在兰州派崔伟①练回队一旗，甚属灵便，合四旗为两营，以凉州总兵闪殿魁②统之。殿魁本回籍，与教民相习，可期得力。陕甘提镇标各有练军马队，拣调两营，以副将陈义统带。至步队，则于甘省防军挑选精壮勇丁四营，择一营官统之，从草地入京，三十余日可到。此时筹兵尚易，筹饷为难。查甘肃新饷四分减平项下，每年应存十九万。臣去甘时藩库约存

①崔伟（1831—1893），又名崔三，字耀峰，陕西凤翔府城南崔家洼人，同治初期陕西回民起义首领之一。同治元年至二年（1862—1863）为凤翔地区回民起义领袖，率义军攻破虢镇，智取贾村塬，围困凤翔府城。同治二年底，陕西回民起义受挫，崔伟率部转战甘肃董志塬，重组十八大营，与孙玉宝、白彦虎、禹得彦等为各营首领，在陇东、陇南继续抗击清军。同治六年，西捻军入陕，崔伟等率五万义军由隆德、庄浪东下，攻入陕西岐山、汧阳、宝鸡、凤翔等地，旋返回甘肃。同治八年初，陕甘总督左宗棠率清军会师灵台，围剿义军，崔伟等部迎战清军，失利，复回董志塬。嗣后义军首脑集议，并十八大营为四大营，崔伟为四大营首领之一，与清军周旋于灵州、安定，及关中东部一带。金积堡危急之际，崔伟等曾率部救援，途中被阻。同治九年初，转战至西宁大小南川，同治十一年底，在西宁与清军作战失利，被清军招抚，其部众被编为旌善马队，眷属安置于甘肃张家川定居。光绪二年（1876），统带旌善马队随刘锦棠收复新疆，在收复南、北疆的战斗中屡立战功，任总兵，后官至提督。入关后驻防张家口。受光绪皇帝召见后带武毅左旗马队驻守甘肃兰州。光绪十九年（1893）五月十七日在兰州任内病逝，葬于兰州东门外东郊拱北之旁。

②闪殿魁（？—1903），清末将领。顺天府昌平州（今北京昌平）人。咸丰二年（1852）从军，先后随郑魁士、都兴阿、李鸿章在苏皖一带与太平军、捻军作战。累迁游击、参将、总兵。光绪七年（1881），经两江总督刘坤一及江南提督李成谋调遣，经办江南操练轮船营务处，是为中国较早向西方学习轮船业务并用于海军者。光绪十年，中法战争爆发，闪殿魁驻防白茆港，两江总督曾国荃保奏闪殿魁军律严明，熟悉船务，防守要地，能得兵心。上谕以水陆总兵交军机处存记。光绪十三年六月，曾国荃再次保奏闪殿魁堪胜提镇。不久，授闪殿魁甘肃凉州镇总兵，任内率军伐石开山，平治道路，官民称便。光绪二十年，中日战争爆发，闪殿魁奉命招募马步十营驻守昌平州沙河，以为京师北路屏障。不久授四川建昌镇（今西昌）总兵，整饬营务，对彝、藏各族恩威并用。开浚宁远府城外东西两河，下通邛海，水道疏畅，民生受益。光绪二十六年，署松潘镇总兵，旋署四川提督。光绪二十八年，旧伤复发，开缺回籍。

百万，今又六年，计将二百万。此款曾经奏明，非万分紧急，不得轻动。不识近年部中有无拨用，以马步八营计之，月需饷二万四五千两，于此中提三十万，足敷一岁之用。甘省如须另募填防，亦自易易。第此举须由朝廷主持，臣不过竭一得之愚，以备采择。如蒙俞允，请电饬陕甘督臣杨昌濬斟酌拣调，速赴戎机。臣谨缮折密陈，伏乞皇上圣鉴训示。谨奏。

朱批："另有旨。"①

260. 闽鹾商情疲惫请将盐厘全行蠲免折

光绪二十年八月十八日

奏为闽鹾商情万分疲惫，限期迫届，立见倾危，恳恩蠲免盐厘，以恤商艰，以苏民困，恭折沥陈，仰祈圣鉴事。

窃准户部咨，议覆闽省奏请全免盐厘窒碍难行。等因。即经札饬遵办去后，兹据福建盐法道龙锡庆，会同布政司黄毓恩，详据通省总散商贩郑安远等禀免厘之请。既奉部驳，何敢一再渎陈！惟是商贩困惫已极，规复万分为难，不得不就部议指驳各条，反覆申明，再三吁请。闽省滨海产私，原与淮浙、粤东无异。然淮浙于兵燹之后，正额尚未复旧。闽则于正额之外又加厘金，是办法本已偏枯，非免厘难期公允，此他省所不能借口者也。裁陋规，加厘金，名义固正，然当有陋规之时，每年实收正课，不过十余万两。是陋规一项，系亏正课以应之，并非于正课二十八万之外，尚有余力供此陋规也。今则完足正课，又加厘金，名曰化私为官，实则自无而有。商力几何，奚以堪此？闽盐不借行于江西，诚如部议，然当同治之初，实因淮岸未复，江贩麇来，故销数顿增，征收较旺，乃据偶尔旺销之征数，定为永远照收之厘金。三十年来，筋力尽矣，此相继请免，实有万不得已者。德化滋事，虽系

①据《光绪朝朱批奏折·列强侵华·中日战争》第119辑第642页原折补入，光绪二十年八月十六日。

稞户办理不善，苟早免厘金，成本既轻，稞户亦何至抑配？售价既贱，乡民又何必食私？是因私多而抑配，因抑配而扰民。竟委穷源，厘金实阶之厉。至量入为出，固有常经。酌盈剂虚，亦宜通变。盐厘一项，当时原奏系充军饷。昔日军书旁午，商等毁家纾难，既已竭力于前。今则军务久平，商等力尽帮危，宜蒙矜恤于后。况请免全厘，数止八万余两，以商等言之，固已视为巨款，以全局计之，似尚易于斡旋。

以上数端，在部议所谓窒碍者，系理财之常道。而商等所难缄默者，系实在之情形，非敢蹈危词耸听之愆，实迫于穷则呼天之义。吁恳详请，永免全厘，以纾商困。再三吁求，情词极为恳切。该司道查盐务之根本，在乎销数。销数之旺淡，视乎价值。非跌价不足敌私，非免厘不能减价。闽盐自有厘金以来，本重价昂，销数日绌，民则困于食贵，乐于趋私。禁令虽严，刑章甘蹈。私枭日众，讼狱繁兴，民之生机蹙矣。商则课厘并征，追呼日迫，掩前挪后，欠款累累，典借俱穷，支持无力，商之脂膏竭矣。商贩积票至数十万，官运倍之。虽每届勉报全完，实则寅借卯粮，弥补无计，官之设施穷矣。兹察阅该商贩等所禀各节，委系实情，毫无虚饰。况今年五月二十九届已经限满，三十届将报启征。若将此次请免之六成与从前暂减之二成厘金，一旦责令规复，每年即须多征八万余两，而时势至此，商力至此，委实万难支持。所谓非免厘不能减价，非减价不能敌私。趁此尚可挽救，倘再迁延日久，受病愈深，即欲补救，已无及矣。该司道具有天良，断不敢意存瞻徇。而事关全局，又未敢隐忍自安，故不得已据情详请按照原奏，将西路之邵武、光泽、泰宁、建宁、建安、瓯宁、建阳、崇安、南平、顺昌，将乐尤、溪永、安沙县古田之黄田埠，并龙岩、漳平、宁洋及南路之闽县、侯官、罗源、壶江、闽清等二十三帮，奏准暂减之六成，并前奏准暂减之二成盐厘暨县湾等帮，未经请减之盐厘一万九千余两，再行奏恳天恩。请自三十届起，仍准不拘年限，一律全免，俾得减价敌私，疏通销路，以苏商困而保课源等情前来。

臣覆加查核，洵属实在情形，合无仰恳天恩，俯念闽鹾商情万分疲惫，立见倾危，准将西路邵武等二十三帮及县湾等帮盐厘，全行蠲免而资补救。臣为保卫全纲起见，谨恭折具奏，伏乞皇上圣鉴，敕部核覆施行。谨奏。

朱批："户部妥议具奏。"①

261. 息借商款拟请变通办理情形折光绪二十年九月十五日

奏为议覆息借洋款、商款各情形，恭折具陈，仰祈圣鉴事。

窃臣准户部咨，奏奉谕旨：通饬各省，息借本地商款，并将京城借款章程六条咨行到闽。臣维借款，本万不得已之举。自借银论磅，洋人百计绕算，高下任意，中国受其诈骗，莫可如何。十年来，闽省赔磅价二百余万，今冬尚须贴赔四十余万，受累无穷。应请旨，饬部通行各省，以后不准再有借款论磅之事，则洋行无可把持，而借款亦自易易。华商非尽无银也，特地方官不足取信于民，故假洋人出名，而少分其利。若照部章六条行之，诚如圣谕，但使本息无亏，当无不踊跃从事。第尚有稍为变通者，省城当设一总局，请二三正绅为商民所信服者，经理其事。集款交官，领息付民，必有汇总之地，府州亦然，而有局则有费，无从取给。部章息银，按月七厘，拟请变通办理。以周年七厘还商民，留一分四厘为局中饭食、纸张、汇解之费。于商民甚便，于公事无损。如蒙俞允，即出示晓谕，俾得周知。闽省殷富无多，筹集有限。现拟派员偕本地正绅赴新嘉坡与漳、泉等处商富妥议筹借，集至一万两以上者，照章请奖。如能借至数十万以上者，准破格请奖。

①据《光绪朝朱批奏折·财政·盐务》第75辑第725—727页原折补入，光绪二十年八月十八日。

是否可行，臣谨缮折具奏，伏乞皇上圣鉴训示。谨奏。

262. 遵旨据实覆陈折光绪二十年十月十三日

奏为遵旨据实覆陈，仰祈圣鉴事。

窃臣于本年十月初六日准军机大臣字寄九月二十五日奉上谕："有人奏，台、浙两省防务紧要，抚臣均难胜任一折。前因台湾巡抚一时难得其人，令唐景崧暂行权篆。倘举动任性，必误事机。廖寿丰未谙军旅，筹办一切是否合宜，朝廷均深廑系。着谭钟麟确切查明该署抚能否胜任，据实具奏。不准稍有瞻徇等因。钦此！"遵旨寄信前来。

臣查台湾防务，前任抚臣邵友濂已添募八十营，见诸公牍。迨杨岐珍赴台，带勇五营，驻基隆，节制各防军。而沪尾统将凡三易，后王芝生故，邵友濂与杨岐珍商调总兵廖得胜、副将佘致廷各募一营赴台。臣以台营太多，招易散难，令廖得胜、佘致廷各带百人前往，就地挑练一营，以为亲兵，不必添募。臣初令刘永福募两营援台，邵友濂谓其不可用。臣谓刘永福在粤，拒敌甚勇，借其声威，可资镇慑。邵友濂令刘永福驻台南，唐景崧接署抚篆，以廖得胜统沪尾诸营，佘致廷带三营副之。又令刘永福募广勇四营，仍驻台南，委知府朱上泮带四营助澎湖，即邵友濂前派防沪尾者。又以中路土勇不可恃，调候补道杨汝翼募三营驻中路，拟裁土勇之饷相抵，是邵友濂所派各军统领，唐景崧并无全行更换之事。其布置防营，似尚周密。此外，亦未闻有举动任性之处。臣曾函嘱唐景崧，兵在精不在多。乌合之众，恐闻警先溃。务宜联络将领，抚绥士卒。必使心志合一，乃可指挥惟命，唐景崧亦以为然。朝廷一时既难得人，不若责成唐景崧认真办理，情形较为熟悉也。浙江以定海为最要，孤悬而无险可阨，地狭则兵多难容。臣亦时以为虑，至镇海天险，两山旁峙，口内水势，湾环塞口，则巨舰无由入。但紧守炮台，绝其登岸之路，敌计亦无可施。张其光屡任提镇，老于军事，深悉浙洋沙线。提督本系统辖全省制兵，抚臣廖寿丰以防务委之张其光，自是正办。浙省初设筹防局，廖寿丰咨报委藩司赵舒翘[①]总办营务处，道员丁彦、黄祖经、任锡汾会办。赵舒翘入京，改委署藩司。惠年原折所称，委一候补知县，未据咨会，无从知之。数月来廖寿丰于防务择人，随时电商，其布置温、台等处，均尚妥协。即另易一人，其所规画，亦不过如此，尚恐不如廖寿丰之殚精竭虑、勤恳将事也。总之，军情万变，事机决于俄顷，利钝诚难逆睹。臣固不敢信台防、浙防之确有把握，第就目前论，唐景崧、廖寿丰办理尚无不合之处。

谨查明据实覆陈，伏乞皇上圣鉴训示。谨奏。

263. 调补四川总督谢恩折光绪二十年十一月初七日

奏为叩谢天恩，仰祈圣鉴事。

窃臣准吏部咨，十月二十二日奉上谕："谭钟麟着调补四川总督，闽浙总督着边宝泉补授。钦此！"当即恭设香案，望阙叩头谢恩。伏念臣由吏部侍郎，蒙恩简授闽浙总督。值时事之方艰，愧涓埃之莫报。兹复渥荷纶音，调任四川总督。抚衷循省，兢惕弥深。查四川据江汉上游，为西陲重镇。举凡练兵筹饷、察吏安民诸政，在在均关紧要。如臣梼昧，深惧弗胜。惟有仰恳恩施，准臣入觐天颜，跪聆圣训。俾获遵循之准，稍纾依恋之忱。

除俟新任督臣边宝泉到闽，即日交卸起程，另行奏报外。所

---

①赵舒翘（？—1901），陕西长安（今西安）人，字展如。同治进士，授刑部主事。1882年（光绪八年）以平反河南王树汶冤狱，升员外郎。1889年擢浙江温处道，再迁布政使。1895年升江苏巡抚。1897年因谙律令，召为刑部左侍郎。1898年会同王文韶督办矿务铁路总局，旋任刑部尚书。1899年为总理各国事务衙门大臣，继任军机大臣兼管顺天府府尹。义和团运动兴起时，奉慈禧太后命至涿州试探义和团虚实，附和慈禧太后利用义和团政策。八国联军攻陷北京时，随慈禧太后西逃至西安。清政府与八国联军议和时，被指为"祸首"之一。次年清廷命其自尽。

有微臣感激下忱，理合专折具陈，伏乞皇上圣鉴。谨奏。

264. 赏寿字蟒袍荷包大缎帽纬谢恩折光绪二十一年十一月十八日

奏为恭谢天恩，仰祈圣鉴事。

窃臣于十一月十八日据福建候补道延年由京回闽，赍到皇太后两次颁赏御笔寿字二幅，绛色蟒袍一袭，荷包九件，大缎二匹，帽纬一匣。臣当即恭设香案，望阙叩头祇领讫。伏念臣夙受圣恩，久膺疆寄，涓埃未报。方懔鹓濡赏赉，遥加倍殷，鳌戴叠荷，璇题之宠赍。更蒙章服之殊荣，冠裳列玉陛之班。幸披一品黻佩，赞珠囊之治，颁协九如。凡兹逾分之隆施，实异寻常之知遇。自天锡宠，伏地增惭。臣惟有力矢驰驱，上酬高厚。勉殚诚悃，敢宽夙夜之心。仰祝康强，敬上长春之颂。

所有微臣感悚荣幸下忱，谨缮折叩谢天恩，伏乞皇上圣鉴。谨奏。

265. 赏福寿字如意蟒袍褂料谢恩折光绪二十年十一月十八日

奏为恭谢天恩，仰祈圣鉴事。

窃臣于光绪二十年十一月十八日据福建候补道延年赍回九月二十五日、十月初一日皇太后颁赏御笔大寿字二方，蟒袍一袭，大缎二匹，荷包九件，帽纬一匣，当经具折叩谢天恩。兹于十一月二十八日随班祝嘏之福宁府知府严良勋①回闽，捧到九月二十六日恩赏“福”“寿”字各一方，如意一柄，蟒袍一袭，袍褂料两匹。臣恭设香案，望阙叩头祇领讫。伏念臣承乏岩疆，久叨福荫。

---

①严良勋（1846—1914），江苏吴县（今苏州）东山人。字子猷。国栊长子。庠生。肄业广方言馆，赏内阁中书，候选主事。授福建福宁府知府，调汀州、福州等府。

幸昌期之翊运，值寿寓之宏开。欣瞻璀璨，璇题兢献三多之颂。颁到辉煌玉轴，备征五福之祥。补衮才疏，华增黻冕锡圭，庆溢宠赉躬桓。迭邀珍异之骈蕃，实属非常之知遇。自天锡羡，伏地滋惭。惟有勉竭涓埃，上酬高厚所冀。尘清函夏，固四海之金汤。庶几人乐熙春，庆九重之茀禄。

所有微臣感激荣幸下忱，谨缮折叩谢天恩，伏乞皇上圣鉴。谨奏。

266. 遵查闽海关税务情形折光绪二十年十一月二十日

奏为遵旨查明，据实覆陈，仰祈圣鉴事。

窃臣准军机大臣字寄光绪二十年八月十六日奉上谕："前据御史安维峻[①]奏请清查闽粤奉天关税弊窦，当经饬令户部议奏。兹据奏称，著名海关，丛弊本多。该御史所奏中饱各节，不为无因，请饬清查。等语。着谭钟麟秉公察访，认真清厘，毋任有干没侵渔、征多报少之弊。相沿陋例，着概行剔除，和盘托出，奏明归公，以清榷政。不得瞻徇情面，稍涉含混。钦此！"遵旨寄信前来。

臣查闽海一关，向称优缺。闻税务旺时，将军衙门所入平余申水银十余万两，自关税归洋人经收，已减四分之一。自沪尾、打狗两口归台湾，又减三分之一。然每岁尚有七八万，前任将军希元报效颐和园工程二十万，奏明所借洋款，分十年摊还。计每年两次还本息二万，加以磅价，则需四万五千余两，皆于平余申

①安维峻（1854—1925），甘肃秦安人。字晓峰。清光绪进士，授编修。1893年（光绪十九年）转都察院福建道监察御史。中日甲午战争期间，上疏痛斥李鸿章挟外洋以自重，并指摘慈禧太后牵制政事，被革职谪发张家口。以言获罪，名噪一时。抵戍所，被聘主讲抡才书院。1899年释还。1908年起授内阁侍读，充京师大学堂总教习。1911年（宣统三年）辞归，退隐柏崖，杜门著书，隐然以名教纲常为己任。著作有《四书讲义》《望云山房文集》。

水项下提还。将军衙门局面阔大，用度浩繁。各处善举之捐、振贷之需，无时不有。希元酬应独多，故逐年增有私累。若正款则按结报解，毫无出入，该御史所称洋税无弊者是也。阅海关常税，原额七万，额外盈余十一万，共十八万六十余两，频年短征，近岁尤甚。推原其故，由于用人太多，积弊太久。地广且远，稽察难周。闽关大口六处，小卡三十六处，每卡向派一旗员，已有四十余员。其次则有平柜图记、出水查河诸名目，皆将军派家人充之，家人亦有跟丁，合之帐房、司事等，为数不少。历任所派有多寡，而四十余卡，总不下二百数十人。臣到任后，裁去百七十余人，每卡尚应派二三名，臣署家丁只五六人，各有所事，无可派者。姑就前任所派年久有来历、有荐主者用之，其可靠与否，未敢信也。又其次则有各卡巡船，每船三名，四十余卡，需百余人，加以司帐等，合计二百余人，皆辕馆所派。辕馆者，将军衙门书办总名也。此等巡船，其侵蚀常税尚少，而为害商民甚烈。缘所取者，不在常税之列，即寻常食用诸物，亦必索费。一旦查获偷漏，罚常数十倍。闽人出洋回籍者，名为番客，每一箱笼索取二三百文。现已严檄禁止各卡征收，常税由平柜图记及书役经手，委员几同虚设。按日所报，虽照税则开载，而税则外有无浮收，或征多报少，或得钱卖放，皆不可知。至出水查河，则有船例，名目为税则所无，数十年来，另设税行经收，一船或取二三百文，或千数百文，或三四圆。以船之大小长短为度，就南台一口论，每月千圆、数百圆不等，他卡无此数也。其供给将军衙门陋规，有到任铺垫礼一次，有贴贡，有谕礼，是家人辈所得，有大换小换，系辕馆派各卡所集。其实每月所收，不过数百金，以抵短征赔款，未能得半也。臣谓与其收此以备垫赔，不若将贴贡革除，责成各卡，每月务照额征常税之数征解。倘不足额，则提所收船例杂款弥补，业经通行各口遵照。此因常税短征，姑为权宜之计，非正本清源之论也。该御史原奏，谓闽、粤两关，每年中饱以百余万计。粤不可知，闽则臣未到任之先，亦闻此说。两三月来，详细访察。并取其出入细数查核委员平柜、巡船丁役所分有等差，或三二十圆，或十余圆，少者五六圆，合四五百人多少牵算，每月约五六千圆，以一年计，亦只七八万，并无数十万之多。此外，横征暴敛，皆暗中摸索，无从得其实据。受害商民吞声忍气，从未有告发者，诛之不胜诛，查亦无可查，而欲举其所攫取者以归公，难矣！常税与厘并征，福建濒海五府，有厘局，即有税卡，税轻于厘，税征一分，厘则倍之。臣调查十九年厘局总数，五府收厘银四十一万，以厘二税一核算，常税十八万，当可有盈无绌，乃厘则多收五万，常税则去年短征一万五千，此弊之显然者也。欲剔弊，必先择人，猝求四十余可靠之员，何可即得，下此无论矣。臣初意以常税并归厘局经收，将军只派一员在局稽察，数目按月分解，将平柜图记、查河巡船等悉行裁撤。虽常税未必增多，究可为商民稍免扰累。第常税归将军管理，历时已久，忽议更张，未免骇人耳目，且亦非三两月所能办妥。拟俟新任到省面商，逐渐整饬，要以裁减人数为第一义，人少则稽查易周，巡船少则扰害亦稀。行之两年，弊或稍减。然欲集巨款，以裕军储，则时势所值，未必遽有成效也。

臣智短才疏，毫无瞻顾，爰就所知者和盘托出，据实覆陈，伏乞皇上圣鉴。谨奏。

267. 胪陈船政情形折 光绪二十年十二月十六日

奏为胪陈闽省船政情形，恭折仰祈圣鉴事。

窃臣前蒙恩授闽浙总督兼管船政，莅任以后，当即亲赴局厂，严核要工，追缴借款，裁汰冗员，删节浮费。臣非不知避怨也，诚以船政之大，经营几三十年，糜费数千百万。但使稍可支持，何敢轻言废弃。无如因循已久，整饬维艰。一切情形，不得不为我皇上缕析陈之。

夫欲展工程，必资巨款。此项制船之费，向由闽海关洋税按月协济。嗣因关税短绌，六成项下，拨解无多。专恃四成项下月拨银二万两，而员绅薪水、学堂经费，匠夫、吏役工食，除删减外，月支银一万有奇。修理厂坞，采办煤铁，添配器具，零星费用尚不在内，是竭数年之蓄，不足供一船之制。闽地狭隘，无可另筹。每造一艘，作辍相寻，动辄掣肘，此筹款为难之实在情形也。泰西制造，各有专门，雷快甲船，日新月异。闽厂前制各船，马江一役，沈毁殆尽。近年创造平远钢甲，历时最久，需费最多，北洋验收仍未合用。他若伏波、琛航等船，马力仅二百余匹，造销均十余万两。加以匠夫工食，所费亦巨。而载勇运煤，犹不能与商船争一日之长。若令追步泰西，改造新式巨舰，窃恐未有把握，此制造为难之实在情形也。制船以煤铁为先，矿务为亟。机器料件必须潜心考究，逐渐仿造，方能自成杼轴。今一切购诸外洋，经手分肥，纹银易磅，运脚保险，费用浮多。而且旷日持久，良楛不齐。一经到工，无从驳换。是名为造船，实与买船何异？此采办为难之实在情形也。匪特此也，学生出洋，期限太蹙，粗知门径，便诩成材。弊一。在工员绅未谙西法，虽勤监察，莫测精微。弊二。工匠坐食，所费不赀，散之则难于再招，留之则无船可制，巧力才技，日就怠荒。弊三。既苦三难，又滋三弊。总督兼管，不能常川驻工，即派员督办。非任专日久，物力有余，亦难遽责成效，似此有名无实，岁縻巨帑。臣愚窃以为撤之便，而议者辄以海洋辽阔，船政为自强之本，则必添置机器，讲求矿务，造就人才，认真制造，庶几权操在我，不常仰给外人，而要非宽筹经费不可。方今时事艰难，饷源枯竭，改弦更张，谈何容易。此臣所以夙夜图维而罔知所措者也。

谨就管见所及，恭折具陈，伏乞皇上圣鉴，饬下户部、海军衙门核议施行。谨奏。

268. 恭报交卸福州将军并闽海关关防日期折 光绪二十一年二月十七日

奏为恭报微臣交卸福州将军印信并闽海关关防日期，恭折仰祈圣鉴事。

窃臣于上年七月间钦奉谕旨："福州将军，着谭钟麟暂行兼署。钦此！"当将接印日期恭折奏报在案。嗣准兵部咨，光绪二十年八月十九日奉旨："福州将军，着庆裕补授。钦此！"兹新任福州将军臣庆裕，于本年二月十四日抵闽。臣即于十七日差委左司协领平庆等将将军印信、闽海关关防暨敕书、令箭、文卷等项赍交将军臣庆裕接受任事。臣即于是日卸事。

所有微臣交卸福州将军印信、闽海关关防日期，谨缮折奏报，伏乞皇上圣鉴。谨奏。

269. 覆陈闽海关现办情形折 光绪二十一年三月二十日

奏为遵旨覆陈闽海关现办情形，恭折仰祈圣鉴事。

窃臣钟麟准军机大臣字寄光绪二十年十二月二十二日奉上谕："谭钟麟奏，遵查闽海关税务情形一折。海关积弊甚深，亟宜认真整顿。以期上裨国课，下恤商艰。着候庆裕到任后，谭钟麟与之会商妥筹，将各项弊窦实力革除。拟定章程，奏明办理。等因。钦此！"遵旨寄信前来。臣庆裕在途次接奉前因，旋即行抵闽省，于本年二月十七日接印视事。

伏查闽海关常税，频年征不足额，系因近来纳税货物，多以轮船往来赴海关报纳洋税。又因各前任将军用人太多，延请管税幕友。且派有总办家人名目把持勒索，作福作威，各口书役、家人以总办家人为护符，勾通舞弊，各口委员有意见，好不敢过问。国课额征至十数万之多，岂可委之幕友、家人经理？臣钟麟兼署任内，即屏除一切，事事亲裁。委员之阘茸尤甚者，撤换两员，各处稍知儆惧矣。闽关大小海口四十余处，大口须用七八人，小口须用二三人。臣庆裕到任后，照数派往，较之从前，已去其半，再少不敷分布。仍不用幕友，不派总办家人。由庆裕督同委员，力求整顿，悉心经理。该委员如敢瞻徇情面，仍蹈前辙，立即撤参，积弊可冀剔除，税务当有起色。至将军衙门进款平余、申水、贴贡等项，常年不过七八万两。现将贴贡一万余两，提存关库，以弥补常税短征。再将到任铺垫等陋规五千两，永远裁革。所入洋款本息，磅价四万数千两，所余无几。再除善举等项，已属勉强敷衍，未便再议裁减。每年各口书役，有大换、小换各一次，家人有谢礼五百圆，此款亦即革除。其各口巡船、巡役，裁去十分之三。家人巡役，裁去二百余名之多。责成各委员严密稽查，如再有需索、侵吞各情事，即行加等治罪。似此认真整理，商民或不至扰累。臣钟麟前折所称常税，视厘金为比较，将军衙门派一人于厘局稽查经收，数目按月分解，则多少自知，非常税归并厘局也。初亦知历时已久，遽难更张，故俟新任到后再酌。兹臣庆裕与钟麟面商，诸多窒碍，应毋庸议。此后察看税务情形，有应因革之处，容臣庆裕随时奏明办理。

是否有当，臣等谨合词恭折覆陈，伏乞皇上圣鉴训示。谨奏。

270. 恭报交卸督篆及船政日期折光绪二十一年三月二十五日

奏为恭报微臣交卸督篆及船政日期，恭折仰祈圣鉴事。

窃臣准部咨，光绪二十年十月二十三日奉上谕："谭钟麟着调补四川总督，闽浙总督着边宝泉补授。钦此！"当即具折叩谢天恩，吁请陛见。钦奉朱批："毋庸来见。钦此！"兹新任督臣边宝泉，于光绪二十一年三月二十五日抵省。臣即将闽浙总督关防、福建盐政印信、总理船政关防并王命旗牌，钦颁白螺暨书籍、文卷等项，饬委福州府知府唐宝鑑、督标中军副将万起顺，谨赍送督臣边宝泉接收任事。臣即于是日卸事。

除循例恭疏显报外，谨缮折具陈，伏乞皇上圣鉴。谨奏。

271. 调补两广总督谢恩折光绪二十一年三月二十七日

奏为恭谢天恩，仰祈圣鉴事。

窃臣交卸闽浙督篆，拟乘轮船由上海、汉口赴川。适接署直隶督臣王文韶电钞三月二十二日奉上谕："谭钟麟着调补两广总督。钦此！"伏念臣渥承恩遇，久任疆圻，遍历陕、甘、闽、浙等省。涓埃未报，愧悚兹深。甫蒙简调四川，复荷宠移两广。际此时艰孔棘，尤虞梼昧难胜。臣惟有勉效驽骀，力图报称。不敢稍耽安逸，自外生成。

所有微臣感激下忱，谨缮折叩谢天恩，伏乞皇上圣鉴。再，臣此次拜折，仍借用闽浙总督关防，合并陈明。谨奏。

谭文勤公奏稿卷十七

272. 奏报到任日期折光绪二十一年四月二十日

奏为恭报微臣到任日期，叩谢天恩，仰祈圣鉴事。

窃臣钦奉简命，调补两广总督。当经具折谢恩，并以应否入都电请总理衙门代奏。奉旨：“着即赴新任，毋庸来京请训。钦此！”钦遵。即乘轮船于四月十八日由香港行抵广东省城。二十日，准前督臣李瀚章将关防文卷等项委员赍送前来。臣当即恭设香案，望阙叩头，祇领任事。

伏念臣渥荷鸿慈，久膺疆寄，自惭驽劣，无补时艰。兹复宠移两广重任，举凡察吏安民，诘奸除暴，整顿营伍，筹备海防，在在均关紧要。如臣衰朽，深惧弗胜。惟有勉竭愚诚，与两省抚臣和衷商榷，实事求是。断不敢粉饰因循，以期仰答高厚生成于万一。

所有微臣到任日期并感激下忱，谨缮折叩谢天恩，伏乞皇上圣鉴。谨奏。

朱批：“知道了。”①

273. 裁节浮费片光绪二十一年五月初八日

再，广东夙称财赋之区，近来办理防务，所筹款项名目繁多，取之无艺，用之无节。种种浮滥，骇人听闻。吏治不修，群以官

①据《光绪朝朱批奏折·内政·职官》第10辑第584—585页原折补入，光绪二十一年四月二十日。

为利薮。不肖绅士，复时以充商包饷，巧为尝试，纳贿行求，无所不至，相沿已久，视同固然。臣到任后，详加考察，以为就广东之财，办广东之事。但使事事核实，本无须多取于民，一切苛细杂捐，皆可停止。官吏无所染指，商民无所觊觎。奔竞之风，自可稍戢。盖款归于实用，则常若有余。事取其可行，则自无不举。理固然也。抚臣马丕瑶①公正廉明，情形熟悉。臣与商榷，意见相同。现已督饬司道通盘筹画，将所有浮费分别缓急，酌量裁停，庶国家少一分虚縻，即为小民留一分元气，于国计民生不无裨益。

谨附片具陈，伏乞圣鉴训示。谨奏。

274. 裁革陋规严禁赌博折 光绪二十一年五月十二日

奏为裁革四成陋规，严禁赌博，以清盗源而挽颓风，恭折仰祈圣鉴事。

---

①马丕瑶（1831—1895），字玉山，河南安阳人。清同治元年（1862）进士。历任山西省平陆县、永济县知县，解州（今山西运城）、辽州（今山西左权县）知州，太原府知府及署理山西按察使和山西布政使。光绪十三年（1887）任贵州按察使，旋迁广西布政使。光绪十五年（1889）秋任广西巡抚。在广西创建官书局，并革除压抑和阻挠当地土著居民中的读书人要求应考上进的弊政。马丕瑶在广西最大的政绩是倡办蚕桑，开设机坊。光绪十五年（1889）冬倡办之始，吏民多数不得其法。马四处寻访蚕桑之书，将《蚕桑实济》《蚕桑提要》等书刊印数千部，分发广西各地。对于兴办蚕桑、开设机坊成绩显著的官吏，上奏清政府，请予褒奖。鉴于广西地方贫瘠，蚕桑初办，曾两次上疏，请求豁免广西所产丝绸商税，得到准免。经过几年努力，“民间蚕事大起”。据光绪十七年（1891）的统计，广西栽种桑树已达27600多万株，产丝20.6万余斤，织绸2690余匹。光绪十八年（1892）正月，马丕瑶回籍守继母丧。二十年（1894）十月授广东巡抚。时值中日甲午战争之际，马丕瑶积极修复海防设施。选拔任用贤才将领。兴办团练，以补军旅不足。加强武器装备，即操习洋枪洋炮，又加紧赶制土造枪支。甲午战败，李鸿章与日本马关签订投降卖国的条约后，马丕瑶上《力阻和议折》，指出此和议“是虽和不和，即和亦不能终和”，建议“严整师旅，速将所失地方克期收复”，沿海沿江“将防务切实严备，以遏寇氛”，“各省民团义旅，准其一律助战”，力主抗日。光绪二十一年九月（1895年10月），卒于任上。

窃臣丕瑶前奉谕旨，饬查事件，内有文武官员四成报效一案。检核档案，知此项经费，始于光绪十年。每年缴银三十万元，即省城赌馆之陋规也。臣钟麟前在闽督任内，习闻广东之赌风之盛，甲于天下。而盗劫之案，亦较他省为尤多。抵粤受篆以来，当与臣丕瑶督同司、道、府、县切实筹议。佥以为纵民为赌，实纵民为盗。欲止盗，非先禁赌不可。欲禁赌，非先裁四成陋规不可。谨察情形，熟权利害，为我皇上缕晰陈之。

查广东赌博，名目实繁，除（围）〔闱〕姓一项，奏明弛禁。现值需饷孔殷，毋庸另议外。下此有白鸽票、花会等项，而其尤甚者，惟番摊馆遍于国中村墟城市。僻巷穷乡，馆所林立，均以此为谋衣食之大宗。几于无地不赌，无人不赌。从前未收四成之费，地方官尚可拘拿。自经收缴以后，明目张胆，毫无顾忌。溯查文武衙门，久受赌规，沿为出息。若一议禁，众嫌不便。因于所收规项提出四成，化私为公，美其名曰经费，又曰报效。适有筹造兵轮枪炮之用，遂于奏报制造折内附案声明，实未敢以陋规上渎天听也。十年来，赌势日张。因赌抢劫致毙人命之案，不一而足。而赌馆开设如常，民间咸谓案经奏定，地方官莫可如何。夫赌，贱业也，亦利薮也。游手好闲之辈，日夜麇聚，百十成群。小民终岁勤动，不足以资事畜，有此侥幸无源之利，人争趋之。趋之不已，必至于斗，斗之不已，遂至于杀死而不厌。民命何堪，遭此荼毒。其害一。士、农、工、商各有正业，自赌馆盛行，无业者以赌为业，有业者改业为赌。父兄宗族，不可禁遏。甚至室家离散，骨肉伤残，风俗人心，由此大坏。其害二。官收赌规，本干厉禁。而营中武弁，可借缉捕无费为词。然先犹私相授受，不敢举以告人也。今则视为固有之常，且取为应酬之具，纪纲法度荡然无存。其害三。昔谓开赌所以弭盗，近年赌风极盛，而盗案较之往昔有增无减。抑且获盗讯供，多有在赌馆会集分赃者，是窝赌实足以窝盗。以盗止盗，盗不可穷。以盗缉盗，盗不可止。其害四。种种为害，而因其三十万元之利，遂使风俗吏治日坏。

一日所得，不偿所失，实为广东一大弊政。若不严行封禁，此风伊于胡底。臣等督同司、道、府、县，悉心酌核。当此时艰孔棘，民俗凋残。即使用款难筹，亦何堪以呼卢喝雉之钱，为理财筹饷之计。量入为出，酌盈剂虚。与其取不义之财而大亏政体，何如减无用之费而稍挽颓风。现已札行藩、臬二司，督饬广州各府，将所属之县赌馆，一律严行查禁。所收四成报效一项，自本年五月为始，即行一律革除。一面出示晓谕，免其收缴经费，使之无所借口。而防务要需，亦未便虚悬无着。查近年粤省用款，浮乱过多，亟宜竭力撙节。经饬司局综核名实，权衡缓急，速将冗滥各款大加裁汰。约计每岁可节省银二十余万两，以之拨抵四成经费三十万元，已属有盈无绌。庶几利无所损，而害已悉除。良善乂安，匪徒知儆。地方吏治民生，均有裨益。

是否有当，谨合词缮折具陈，伏乞皇上圣鉴。谨奏。

275. 武员留粤差委片 光绪二十一年五月十八日

再，现在和议虽成，而台湾战事未已。粤洋、闽海处处毗连，防务不容稍懈。亟宜挑集各营勇丁，练成劲旅，以备缓急征调之用。惟练兵必先选将，值此时事多艰，尤当破格用人，以期得力。兹查有尽先副将梁鸿盛忠勇朴诚，老于军事。臣在陕西及福建时，历试其人可用。又尽先都司赵夺标晓畅戎机，能耐劳苦。前兵部尚书彭玉麟会办广东海防，该员即随营出力。又守备张钟血性过人，熟悉营务，为将备中杰出之才。以上三员，责令认真训练营伍，当日有起色。合无仰恳天恩，俯准将梁鸿盛等三员，以原官留于广东差委补用，俾臣得收指臂之助。

除咨部外，谨附片具陈，伏乞圣鉴训示。谨奏。

276. 恭报兼理将军篆务日期谢恩折光绪二十一年闰五月十九日

奏为恭报微臣兼理将军篆务日期，叩谢天恩，仰祈圣鉴事。

窃臣于本年闰五月十六日，接总理各国事务衙门电称，奉旨："电奏已悉。新授将军保年，前经谕令来京陛见。广州将军，着谭钟麟兼理。钦此!"旋于十九日，准满洲副都统臣兴存将印信、册籍等件委员赍送前来。臣当即恭设香案，望阙叩头，祗领任事。伏念臣久沐圣恩，历膺疆寄。涓埃未效，兢惕方深。兹复渥荷隆施，兼理将军篆务。自惭驽劣，益懔鹈濡。臣惟有勉竭愚诚，将旗营一切事宜认真经理，不敢以暂时权篆，稍涉因循，以冀仰答高厚鸿慈于万一。

所有微臣兼理将军篆务日期并感激下忱，谨缮折叩谢天恩，伏乞皇上圣鉴。谨奏。

277. 恭报交卸兼理广州将军日期折光绪二十一年七月二十八日

奏为恭报微臣交卸兼理将军日期，仰祈圣鉴事。

窃臣于本年闰五月十六日钦奉电旨，兼理广州将军，是月十九日接篆视事，当经奏报在案。兹新任将军臣保年，于七月十九日航海抵粤。即日，将广州将军印信、册籍等件，委员赍送保年接收任事。臣即于是日卸事。

所有微臣交卸兼理将军日期，理合恭折奏报，伏乞皇上圣鉴。谨奏。

朱批："知道了。"①

---

①据《光绪朝朱批奏折·军务·人事》第 44 辑第 701 页原折补入，光绪二十一年七月二十八日。

278. 剿办广东土匪优奖出力员绅折光绪二十一年八月二十九日

奏为剿办广东土匪，首要悉数骈诛，地方安谧，在事出力员绅，恳恩优奖，以示鼓励，恭折仰祈圣鉴事。

窃照广东盗风素炽，抢劫之案，无时不有。或数十人，或百十人，持械劫掠，掳人勒赎。甚且纠众结盟，树旗谋逆。兵至则散，兵去复起，如是者屡矣。其著名土匪，如惠州属之归善县，则有唐观士、李亚检、华寿、骆亚谨、涂观妹等。永安县则有黄狂城、刘金招、陈云初、陈名辉等。嘉应属长乐县则有邹南斗四、周二、邹九、甘亚士等。高州属之吴川县则有庞癞渣尾、庞杀人得、庞培元等。连平州属则有谢发瀣、周亚栋等。韶州府属则有梁堂等类。皆党羽数百，啸聚成群，焚掠乡村，无恶不作。而凶暴狡谲，以庞癞渣尾为最。陆捕则入海，水捕则入山。平日好行小惠，以所劫余赃，散给贫民。故所至咸相容隐，莫能得其踪迹。自上年八月、本年二月两次聚众滋事，经官军纵击，各鸟兽散。前督臣李瀚章奏报有案，嗣奉谕旨饬拿，迄未弋获。盖聚则为盗，散则为民，此拿彼窜，固非一州县之力所能穷究也。今夏四、五月，天时略旱，米价渐昂。归善、永安、长乐交界处匪徒唐观士、黄狂城、邹南斗四等，煽惑愚民，聚众千余人，以劫富济贫为名，四出抢掠。初至龙塘村，杀周石波等五命，掳周其康家属十一人。继窜洋高村，围攻彭姓，勒交军火财物。适署提督刘邦盛率兵勇赶至奋击，而彭姓乡团亦竭力相助，毙悍贼多名，生擒甘亚唐等六名。下洋村邹姓义勇踵至，救出周其康家十一人。匪溃复聚，由新村乌潭一带沿途焚掠，攻踞归善之烟墩墟。时有三多祝团绅蔡继曾等，邀近村郭、巫、陈三姓练勇，会同官兵纵火猛攻，毙伪军师陈云初等八名，生擒悍贼三十六名。旋获匪首李亚检一名，临阵格毙者无算，余匪溃散。刘邦盛与惠州府县购线设伏，拿获唐观士、华寿、骆亚谨等匪目多名，禀经批饬，就地正法。复啸聚二三千人，分股肆扰。北坑塘龙村墟、石保、梅林墟，各处皆贼。时提臣张春发由京回任，臣嘱其就近督剿，并饬署潮州镇王孝祺、提督吴次汉、副将刘邦盛、守备方桂东分道疾驰，四面围剿，必尽获首匪而后已。提臣张春发身先士卒，到处搜捕。八月十一日，王孝祺电禀，捕获邹南斗四等数名。二十日，张春发报获黄狂城等多名。于是惠、潮、嘉所属逆匪，均即正法，人心一快。庞癞渣尾一犯，自四月后，经镇道府购线密拿，杳无消息。七月十九日，潜回吴川大洋山，正值永安、长乐纷扰之际。遂纠党树旗谋逆，自称洪顺大王，刊刻伪印，布散谣言，号称数千人，势甚猖獗。臣电饬署高州镇潘瀛、署高州府萧炳堃率兵勇驰剿，并由省派副将莫善喜带勇一营往助，严谕该镇等此次不获匪首，不准息兵。一面派火轮两艘，赴高州洋面驻扎梭巡，绝其入海之路。迨兵勇围攻大洋山，匪势不支，纷纷溃逃，仅搜获伪印、大旗、令箭、军火等物。八月二十日，该镇、道等电禀，化州林尘墟盘获庞癞渣尾妻子三人，而该逆又逃。二十四日，潘瀛、雷其达、萧炳堃会同化州知州李光高拿获庞癞渣尾，解府勘讯，验明确系正身。臣以该逆罪大恶极，饬即凌迟处死，传首犯事地方，以昭炯戒。其兄庞培元，经莫善喜拿获，讯系同恶，亦即正法。连平州谢发滗一犯，聚众拒捕，杀官兵李超云、梁林娇二名，后经龙川营、县拿获，谢发滗并其党周亚栋正法。余党乘永长土匪蜂起之时，亦纠众数百人欲图报复。经提臣张春发派副将杨得胜带勇击散，盖闻黄狂城、邹南斗四、周二、甘亚士等均已骈戮，自知无能为也。梁堂一犯，前在乐昌县北乡焚掠，县营合攻，业已星散。梁堂潜匿英德乡间，臣严饬南韶连镇朱国安拿办，不获不止。旋于八月二十五日，据报在沙口地方将梁堂缉获，即饬正法。此外，如电白县已革武举刘树基助匪扰民，及各营、县拿获匪目解经道府覆讯，禀请就地正法者，自五月至今，已二百数十名。臣抵任未久，日以杀人为事，此心惴惴，时虞戮及无辜。而详阅供词，率系甘心为匪，劫杀皆数次、十余次不等，求其生而不得，惟浩叹而已。现令统兵各员，会同地方官清查各乡，责成族长出具切结。此后该族再有为匪者，惟族长是问。并出示晓谕，渠魁已歼，胁从免究。兵勇差役，不得扰及良善。伏念夏秋之交，土匪四起，到处民心惊慌，各州县风鹤频闻，请兵勇者纷至沓来。臣告以先自镇定，勿涉张皇，兵且旋至。幸仗天威震叠，两三月间，群凶授首。实赖各营将士戮力同心，风驰电扫，故得刻期蒇事，地方乂安。该员弁等不无微劳足录。查广东陆路提督张春发勇于任事，穷搜山谷，日夜奔驰百数十里，备极辛劳。吁恳天恩，优加奖赏。署潮州镇总兵、记名提督北海镇总兵王孝祺，记名提督吴次汉，均请旨交部，从优议叙。署高州镇总兵、优勇巴图鲁记名提督潘瀛，请赏换“清”字勇号。总兵衔、惠州协副将刘邦盛，尽先补用副将莫善喜，均请以总兵记名，遇缺请旨简放，刘邦盛并免离任。补用都司水师尽先守备方桂东，请以都司尽先补用，并赏加游击衔。署高州府事候补知府萧炳堃，请免补知府，以道员留原省，遇缺即补。三品衔、补用知府广东化州知州李光高，请在任以知府遇缺即补。团绅候选知县蔡继曾，请以直隶州知州，不论双单月遇缺即选。其余出力文武员弁、绅董，容臣查明择尤保奖，或给予外奖，以示鼓励。阵亡外委莫显勋，请旨敕部，从优议恤。庞癞渣尾妻子，饬司照例办理。

是否有当，谨缮折具陈，伏乞皇上圣鉴训示。谨奏。

279. 奏报抚臣出缺折光绪二十一年九月初九日

奏为广东抚臣因病出缺，请旨简放，恭折仰祈圣鉴事。

窃惟广东抚臣巡抚臣马丕瑶，自今年正月抵任以来，励精图治，夙夜不遑。气血隐耗，时发呃逆旧证。八月二十二日，偶感风寒，欲求速效，医药杂投，致元气损伤。缠绵半月，病势增剧。臣亲往看视，抚臣自知不起，口授遗折，交臣代进。惟以天恩未报、地方事宜尚未就理为念，语不及私。即于九月初八日戌时出缺。臣当将巡抚及太平关监督关防，循例封存藩库。抚署日行公事，委藩司成允代行代印。遇有紧要事件，由臣覆核，以昭慎重。并派府县随同家属，将身后一切妥为照料，电请总理衙门先行代奏在案。伏念抚臣由进士即用知县，历任山东牧令，卓著循声。其在解州办理荒政，全活甚众。臣时任陕抚，深知之。嗣蒙圣恩，洊擢府道。由贵州臬司升广西藩司，旋膺特简广西巡抚。政令一新，以礼去官，士民惜之。去年服阕入都，恩授广东巡抚。下车后，力求整顿，任劳任怨，尽瘁不辞。在近时疆吏中尤推杰出。至其廉介不苟，清节皎然，犹为余事。易箦之日，知与不知，同深感悼。抚臣有子四人，长吉森，议叙翰林院待诏。次吉樟，翰林院编修，请假来粤省亲。三吉梅，廪生。四吉枢，附生。随侍与吉樟亲视含敛。长孙恒钊，附生。次孙恒干、三孙恒毅，俱幼。应如何加恩赐恤之处，出自鸿施。所遗广东巡抚缺，请迅赐简放，以重职守。

谨将该抚臣遗折，附呈御览，理合缮折具陈，伏乞皇上圣鉴。谨奏。

280. 奏报兼署抚篆日期折光绪二十一年九月十二日

奏为恭报微臣兼署抚篆日期，叩谢天恩，仰祈圣鉴事。

窃臣于光绪二十一年九月初十日承准总理衙门电开奉旨："广东巡抚，着谭钟麟暂行兼署。钦此!"遵于是月十一日，据藩司成允将广东巡抚及太平关监督关防、王命旗牌、文案委员赍送前来。臣当即恭设香案，叩头谢恩，祗领任事。伏念臣一介庸愚，渥蒙宠眷，久历疆圻。兹复重荷恩纶，兼摄抚篆。仔肩倍重，报称逾难。惟有益矢慎勤，时加警惕，将应办事宜认真经理，不敢以暂时兼署稍涉因循。以冀仰答高厚鸿慈于万一。

所有微臣接署抚篆日期并感激下忱，理合缮折叩谢天恩，伏乞皇上圣鉴。谨奏。

281. 被参劣绅请革职归案审办折光绪二十一年九月十二日

奏为被参劣绅亏短公项，经收赈款延不算清，情虚避审，屡传不到，请旨革职归案审办，恭折仰祈圣鉴事。

窃臣于八月初三日准军机大臣字寄光绪二十一年七月初八日奉上谕："有人奏，广东候选道刘学询，行止卑污，性质狡悍，伦纪有乖，士林不齿。自接充闱姓厂商，交通官府，倚势凌人。创辟刘园，并盖造戏院，将附近小户逼令迁徙。又借施医为名，在黄沙地方设堂，驱逐居民，阴图侵地。其经手闱姓，侵吞捐项，私抽经费。并有借端生事，鱼肉乡里各情。马丕瑶到任，经举人陶继昌等呈控有案。该绅党与众多，串通支饰，请饬究办等语。所奏如果属实，必应从严参办，着谭钟麟、马丕瑶按照所参各节，确切查明，据实具奏，毋稍徇隐。原片着钞给阅看，将此谕令知之。钦此！"遵旨寄信前来。查刘学询以甲科出身，充闱姓厂商，营私牟利，已属不自爱惜。本年四月，举人陶继昌等数十人，联名在前抚臣衙门具控。当饬署臬司吴仲翔逐款查覆。臣钟麟到任，以刘学询亏欠公款一百三十余万之多，饬善后局、司、道勒令先清公款。嗣据陆续缴到洋银四十余万元，尚短八十余万。刘学询自举韦崧，在善后局具结承认，于四棚考试后缴清。适奉查办之旨，即札行藩、臬两司，照原折所参各款，详细查明。并饬府县催传到案，将经收赈款数目，与原告核算。乃刘学询逃匿香港，屡传不到。其情虚避审，已可概见。相应请旨，将候选道刘学询即行革职，归案审办，以成信谳。

谨缮折具陈，伏乞皇上圣鉴训示。谨奏。

282. 遵旨覆陈户部筹款各条折光绪二十一年十月十四日

奏为遵旨覆陈户部筹款各条，谨缮清单，仰祈圣鉴事。

窃臣承准军机大臣字寄光绪二十一年六月初六日奉上谕："户部奏，需饷孔殷，谨陈办理情形一折。该部所拟考核钱粮、整顿厘金各节，皆属切实可行，着各直省将军、督、抚，查照该部所拟，认真妥办，据实具奏。又裁减制兵一条，拟令各省挑留精壮三成，其余老弱一概裁撤。着该督抚各就地方情形，悉心妥筹，核实裁汰，奏明请旨办理。该部另单所陈盐斤加价、裁减局员薪费、重抽烟酒税厘各条，并着该将军、督、抚一体实力举行，妥速筹办，以期有裨急需。等因。钦此！"遵旨寄信前来。当经恭录咨行，钦遵办理。伏念时事孔棘，上贻宵旰忧劳，各省臣工，宜如何通力合作，务求实济，屏绝虚文。户部所陈各条，皆分内应为之事。臣与提、镇、司、道悉心筹商，就粤省情形所能行者，分别已行、未行，逐款核拟，另缮清单恭呈御览。仍当实力实心，随时设法整顿，万不敢隐饰铺张，空言搪塞。

除咨部查照外，谨缮折覆陈，伏乞皇上圣鉴训示。谨奏。

谨将核拟各条，分晰缮列清单，恭呈御览：

一、考核钱粮。据广东布政使觉罗成允查覆，广东地丁，年额征银一百九万余两，米三十四万余石。历年奏销实征之数，在八成以上。奏销后带征续完，约共九成左右，短征实一成有奇。本省向不报荒，亦少因灾蠲缓之案，奉明刊发钱粮月报，严限催提赶办奏销。遇有卸事之员，交代不清，征在未解，无不立予参追。户部所指官吏侵蚀诸弊，粤省尚不至此。第粤俗置买田产，多不推收过户，田屡易主，户不更名。以致有粮无地、有地无粮者，不一而足。不特地方牧令仅凭征册，难以跟寻，即图差、户书亦未能尽知底蕴。清丈之法，繁重难行。惟有责成地方官，申明定例。此后买卖田房，必令过割推收。凡历年积欠之户，即摘出清查，务得的名，责令完纳。倘再避匿违抗，将田亩查封充公，更量加抽丈，以杜欺隐。如有劣绅地棍包揽抗完，粮差、户书惰催舞弊，即尽法惩治，使诡寄之习除，则粮赋可期复额。

一、整顿厘金。查广东厘金收支数目，向分上下半年奏报，有案可稽。洋商运货完纳半税，尽免内地厘金。粤中奸商，往往串冒洋人，领税单行运，侵漏厘金，岁逾数十万。以花纱、呢羽、洋布、火油为大宗。自省河补抽局设法稽查，认真办理，此风渐息。洋货入华商之手，即与洋商无干。近时创办坐厘，岁增巨万，此整顿之有成效者也。厘捐章程，值百抽二，取之甚轻。起验两次以后，即可持票放行，并无节节重征等事。弊在留难需索，商民视为畏途，绕漏滋多，公私皆损。现在颁示，遍贴各局厂。如有前项情弊，准即上控严惩。并申诫局员，务除苛征重罚之弊，使商民乐于便易，销运益复流通，此目前亟为整顿者也。议者谓设一防弊之法，不如得一用法之人，洵为至论。粤省厘差委员，本有比较章程，而今昔情形互异，现今从新厘定，惩劝兼施，不至畸轻畸重。司事、巡丁良莠不齐，弊端百出。必须约束严明，乃不敢逞其伎俩。应饬司道慎选贤员，力杜中饱，信赏必罚，勿稍瞻徇，此整顿之最要者也。各省陋习，皆苟且因循，而粤东尤深，一经核实，则谓苛刻，浮议纷起。惟有恪守“宽以恤商、严以驭吏”二语，实力讲求，悉心经理，庶厘务日有起色。

一、裁减制兵。户部所陈，切中绿营积弊。奉文后，即通饬各镇、协、道、府会同点验，将老弱及有嗜好者悉行裁汰。惟广东地属海疆，各标计百余营，原额制兵六万八千三百余名。同治间，已裁三成。若再减四成，则每营兵仅数十，分布各汛卡暨守城、护饷、解犯等事，实属不敷。譬之居家司阍、支更，亦需人也。州县额设民壮、捕役无多，防勇宜扼要驻扎，认真训练，以备缓急调遣。若散处各州县，责令缉捕，则防营之无裨战守，不久与绿营同。臣与提、镇、司、道公同商酌，拟于前裁三成外，再减二成，共应裁兵一万三千六百余名，无闰之年可节饷银一十九万四千九百余两，有闰之年，可节二十一万一千二百余两。另节草折银七百余两，一俟兵额裁定，饷折等银节存，即行专案报部，听候提拨。

一、盐斤加价，据两广盐运使英启督同委员悉心筹酌，粤盐每年正引及改增各引，共八十一万四千五百道有奇，岁征饷课银六十三万九千三百两有奇。加以抽收厘金暨息杂等款，为数已巨，埠商力有难支。若再按斤加价，取诸食盐之户，事涉纷扰，既难议行。取诸运盐之商，本重饷疲，流弊滋大。光绪十六年，御史恩焘因南省被灾，奏加盐价。上年，编修张百熙奏请筹饷议加盐价，业将粤省窒碍情形，先后奏准免加在案。近更商民交困，实难按斤照加。惟需饷孔殷，不敢空言搪塞。今于无可设法之中，勉为通力合作之计。传集各埠商，连日劝导，晓以大义，勉以急公，许以撤防即止。该商等知势难中止，愿筹另款，以应要需。拟通纲每年筹备银一十万两，自光绪二十二年春季起，按季缴库，听候提拨。俟防军裁撤，即行停止，以恤商艰。

一、裁减局费。当库款奇绌之时，节一分浮费，方多一分实用。臣抵任之初，以粤省设局过多，局员冗滥，有一人而派数差兼支薪水者。当饬司道破除情面，将局厂设法裁并，委员应裁者裁，应减者减，先后共减局员一百一十余员。凡兼差之员，概不准兼支薪水，每年计可节省经费银七万余两。又省河大小轮船职司转运、巡缉，其中有机器窳败，船身瞢朽，不堪行驶，亦有经理不得人、巡缉不力者，开销经费，年复一年，殊不足以昭核实。因严加裁汰，分别去留，每年计可省银五万三千余两。岁修添换等费，尚不在内，裁节已不遗余力。接准部文后，复饬司道悉心酌核。现留各员弁，悉皆事有专司，无可再减，容再随时察度办理。

一、烟酒加厘。据厘局司道详覆，广东省烟酒两项，有外来、土销之分。名目甚繁，不胜枚举。省城、佛山两埠坐厘，向由本行商人包抽。行厘则由各厂带抽，汇入百货厘金并解，合计通省每年酌抽烟厘一万二千两，酒厘一万余两，为数无多，部议加重抽收。拟照本省原定厘则，无论外来土销，官抽商包，一律包抽两倍。合之货价，值百抽六。夫烟与酒价廉销广，妨稼伤财，非民间日用所必需，虽多取而不为虐。所加两倍，每岁可增四万余金。定议加征后，即饬局另款提存，听候部拨。

283. 遵旨严核粤海关库款常税情形片光绪二十一年十月十四日

再，大学士徐桐①条陈清查关税原奏，谓粤海关岁有贡献之款，然侵冒亦已不少等语。臣当即咨会监督，令书办检齐案卷，派员澈底清查。粤关之弊，全在书吏。向来银不归库，故得以辗转挪移，无从觉察。且监督每负重债而来，不能不与库书通融挪垫。从此受其挟制，（惟）〔为〕所欲为，积弊相沿，不可究诘。此次清查，光绪十三年以前已办奏销，经部覆准，毋庸再议。自十四年起至现在止，计关库应存银二百八十一万余两。除支还洋款，及洋税有时不敷，借常税起解，共支银二百二十一万余两，均有案可稽外，尚应存银六十万两有奇。而现在实存只有一十四万八千余两，计库书及各口书欠解税银一十八万八千余两。查关库欠解藩库银数十万，历年监督无款可筹。此番勒令库书及各口书刻期解缴藩库，以清积欠。前任监督联捷，欠交银九万三千余两。已故监督德生，欠交银一十七万三千余两，应归该监督等交代案内，自行清理。查粤省大关税额，本系四万三千余两。同治

①徐桐（1819—1900），汉军正蓝旗人，字豫如，号荫轩。道光进士。曾任实录馆协修，编纂《文宗实录》。后为同治帝师傅。1870 年（同治九年）为太常寺卿，次年充内阁学士、礼部右侍郎。1878 年（光绪四年）起历任礼部尚书、吏部尚书、协办大学士、体仁阁大学士等职。负理学盛名，恶外国事物，反对变法维新。1900 年初，支持慈禧太后谋划废黜光绪帝。主张利用义和团排外复仇。同年 8 月，八国联军占领北京后，自缢死。

六年，前督臣瑞麟①、抚臣蒋益澧②会同奏明，以五万六千五百余两作为常税，正额外加盈余银一十万两，每年应解十五万六千五百余两。倘不足数，勒令赔缴。此外，再有盈余，为监督办公经

①瑞麟，字澄泉，叶赫那拉氏，满洲正蓝旗人。由文生充太常寺读祝官，补赞礼郎。道光二十七年，祭太庙，读祝洪亮，宣宗嘉之，赐五品顶戴花翎。二十八年，超擢太常寺少卿，又擢内阁学士，兼管太常寺。三十年，擢礼部侍郎。咸丰元年，兼镶蓝旗满洲副都统、正黄旗护军统领。三年，调户部，命在军机大臣上行走。时粤匪窜畿辅，踞静海县及独流镇，命瑞麟率兵从僧格林沁防剿，会攻独流，克之。静海贼窜陷阜城，又分窜连镇及山东高唐州，瑞麟合击，屡有擒斩。五年，克连镇，太平天国起义军首领林凤祥就擒，加都统衔，赐号巴达琅阿巴图鲁，授西安将军。未几，擢礼部尚书，兼镶白旗蒙古都统。八年，英兵犯天津，命驰赴杨村筹防。洎抚议定，敌退。文宗知和不可恃，亟治海防，命瑞麟赴天津修筑大沽炮台。寻署直隶总督，增建双港炮台，调福建霆船战船，增募水师，僧格林沁移师天津，分驻要隘。瑞麟回京，调户部尚书，拜文渊阁大学士，兼管礼部鸿胪寺、太常寺。九年，管理户部。十年，充殿试读卷官，授内大臣。六月，英法联军复犯天津，命率京兵万人守通州。僧格林沁屡战失利，敌军进通州，瑞麟偕胜保御之八里桥，左右夹击，胜保伤炮坠马，军溃，敌遂逼京师。瑞麟迎战安定门外，败绩，褫职。车驾幸热河，命扈从行在。是年冬，和议成，予侍郎衔，随僧格林沁剿山东捻军。攻巨野羊山集起义军据点，失利，马蹶被伤，退军济宁，复褫职，召回京。十一年，授镶黄旗汉军都统，管神机营事。同治元年，出为热河都统，疏请招佃围边荒地八千顷充练饷，允之。二年，调广州将军。四年，兼署两广总督。信宜、化州土匪起，遣兵平之。汪海洋由福建窜广东大埔，遣副将方耀击走之。入闽会剿，复诏安、平和。太平军复窜广东境，连败之于长乐、镇平。时太平军踪往来于福建、广东、江西界上，瑞麟偕左宗棠疏请三省会剿。诏提督鲍超由江西来援，四面环攻。十二月，歼偕王谭体元于黄沙坝，擒汪海洋，诛之，余众肃清。捷闻，优诏嘉奖。五年，实授两广总督。广东素多盗，伏莽时起。时巡抚蒋益澧号知兵，瑞麟部将方耀、郑绍忠皆能战，先后破斩五坑客匪，曹冲、赤溪及新安、东莞诸匪，潮州、琼州洋盗土匪。九年，兼署巡抚。十年，复拜文渊阁大学士，仍留总督任。十三年，卒，诏嘉前劳，赠太保，祀贤良祠，谥文庄。

②蒋益澧（1825—1874），字芗泉，湖南湘乡人。初从王鑫，后隶罗泽南，在岳州、湖北、江西等地与太平军作战，累升至知府。罗泽南在武昌中炮死后，因与代将李续宾不和而告归。清咸丰七年（1857）复出，援广西，克兴安、灵州、平乐，擢道员，加按察使衔。八年（1858），入屯桂林，复柳州。九年（1859），分兵柳州，自援桂林，授按察使，寻迁布政使，以劾降道员。合刘长佑、萧启江军解桂林之围。十一年（1861），复授广西按察使，克浔州，复布政使原官。同治元年（1862），调浙江布政使，克寿昌，败太平军李世贤部于裘家堰。二年（1863），复汤溪，从左宗棠克富阳、平湖、乍浦、海盐、海宁、桐乡。三年（1864），复杭州、余杭，击败太平军黄文金部十余万人，复湖州。旋护理浙江巡抚，规划善后事宜。五年（1866），擢广东巡抚。六年（1867），为总督瑞麟所劾，降二级，奉命赴左宗棠军营效力。不久，授广西布政使，后因病回乡。

费。而各口所收，尚未计及。闻各口书每岁所收，虽无定数，而横征暴敛，取于商民者不少。欲改委员经收，按则纳税，所征究亦无多。故历任监督，悉仍其旧。大约监督严厉，则各书少敛，或传办之数少，征收之数多，则尚有盈余。若联捷、德生两任，均有亏短，皆以磅价太贵为口实，前后交代两年未清，究亦无从查其实数。应俟监督文珮接交代后，再与商酌办理。

谨将现查情形附片覆陈，伏乞圣鉴训示。谨奏。

284. 查覆前抚臣被参各款折光绪二十一年十月十四日

奏为查明前抚臣马丕瑶被参各款，据实覆〔陈〕，恭折仰祈圣鉴事。

窃臣准军机大臣字寄光绪二十一年八月二十一日奉上谕："有人奏，疆臣劣迹昭著，据实纠参一折。据称，广东巡抚马丕瑶任用私人等语。巡抚为通省表率，正己始能正人。若如所奏各节，实属大负委任。谭钟麟近在同城，见闻较确。着按照原参各款，确切查明，据实具奏，不准丝毫徇隐。倘稍有扶同瞻顾，别经发觉，惟该督是问。原折着钞给阅看。将此谕令知之，钦此！"遵旨寄信前来。适新授惠潮嘉道联元到省，臣即委令不动声色，详细密查，逐款声覆。该道甫经抵省，无所用其瞻顾。

兹据覆称，原参前抚臣过英德，有爱妾私逃。知县李汝璠追获，仍送抚署，即委芦包优差一节。查前抚臣来粤，舟次英德。有婢女乘夜登岸潜逃，经李汝璠之仆施顺寻获，抚臣即赏给施顺。嗣因不安于室，改嫁一剃发者。其人尚在粤省，并无仍送抚署之事。李汝璠充芦包差，系前督臣李瀚章任内所委，有月日可稽。臣到任后，因其甫经交卸，即得优差，未免苦乐不均。故改委缉私文案，且亦不知有寻获逃婢一事也。

原参前抚臣因肇罗道吴仲翔系同年，即委署臬司。到任后，差委皆福建同乡一节。查吴仲翔与抚臣，均乙卯举人，并非深交。

其由外道调署臬司，亦各省所常有。臬司所委保甲局员，亦必禀明督抚，他差更不作主。福建人之得差者，非尽吴仲翔署臬司时所委也。

原参私调山西已革知县王性存一节，查王性存被议时，前抚臣任山西首府，同寅相识。王性存来粤谋馆，抚臣委清鹾局帮办。清鹾局者，往岁清厘盐务而设，委员、幕友皆可托足。臣到任后，以粤局太多，并无要事，裁汰归并，不止一清鹾局，并非抚臣因王性存而撤也。王性存本住抚署，后因干预闱姓赌事，辞之出署，早已离粤，众所共知。

原参首县杨荫廷供张甚侈、揣摩迎合、调办文案一节。查杨荫廷署南海县。去冬，有请假省墓之禀。藩司牌示，准其交卸，另委李征庸接任，案卷可查。抚臣以其人尚诚实，留办文案，不令回籍。文案本非优差，朝夕相见，商办公事，同席而食，亦属常事。而保荐循良，实非因办差之美备也。

原参张侍皋买苏秀才之女为抚臣第四妾一节，讯张侍皋，坚称并无其事。联元饬县传到清水濠苏宅使女陈姓，供称，家主南海人，服官江苏，业已身故。前在上海买婢二人，一名冬梅，上年嫁于戏班仙花法为妻，业经病故，冬梅随其姑回家乡，并未回来，主妇家今年并无卖婢之事。查张侍皋系马丕瑶门生，远道往迎。抚臣正月二十二日到任，二十八日即委太平关差，于是众论哗然，指为私人。而买妾献媚之谣，即由此起。

原参抚署家人私索门包一节，传到家人李荣，供称，郝玉池、孔晓春早送家眷乘轮回籍，家主公事，皆躬亲检点，孔晓春何能把持？惟两首县初接印时，跟班赵喜、王升私到府县官厅，叩喜求赏，事诚有之。首府谓抚台通饬各属，不准送节寿、门包，违者与受同科，谁肯出钱沾罪名？竟未开赏，家主闻之，即将两人逐出，现不知去向，请免再传。

原参前抚臣接印之日，即向两首县面荐家丁沈福，扬言是太监所托一节。据家人李荣供称，家主在京，荐家人者甚多，未闻有太监荐者，沈福不知何人所荐，并未同行。已先附轮船至粤，家主深恶之，不准入署，因嘱首县转荐他处。询之首府，谓交沈福名条，在首县李征庸、惠登甲接印之日，惠登甲收之。嗣沈福以番禺所得无几，旋亦辞去，不知何往，当时亦未言原荐者为谁。抚臣已故，更无从查询。

原参官亲王兆坦荐之南海李征庸，每年脩金五百两一节。询之李征庸，云有王兆坦者，山东济宁人。本在抚署帐房，王兆坦托巡捕史姓，求荐干脩，未允。嗣送来书画数幅，因以五十金赠之，并无五百金之说。

原参前抚臣长子随侍在署，与各官交接，不避嫌疑，常亲笔函致首县，干托公事一节。查前抚臣长子吉森，随侍来粤，甫两旬。闻家室病重，即已回籍。次吉樟，官编修，在翰林院，请假省亲，七月至粤，并不出署。询问两县，从未见片纸只字，此惠潮嘉道联元查明禀复之实情也。

臣查原参各节，据联元所查，与臣密访者情形相符，事皆有因，而传闻不无失实。只缘抚臣马丕瑶性本躁急，耳又重听，疾恶太严，动辄谩骂，不免令人难堪。失意者附会其事，造谤传播，实骇听闻，覆按则毫无确据。平心而论，其操守廉洁，诸事认真，勇于有为，不避嫌怨，亦疆吏中之特出兹者。人已往矣，如果大节有亏，臣亦何必为之讳。且公论具在，非臣一人所能掩饰也。

所有马丕瑶被参各节，逐款查明，案内并无应讯、应议人员。惟家丁王升等应行杖责，早经驱逐，应免置议。谨缮折具陈，伏乞皇上圣鉴训示。谨奏。

285. 覆陈广州拿获土匪情形折光绪二十一年十二月初八日

奏为覆陈九月间广州拿获土匪情形，恭折仰祈圣鉴事。

窃臣准军机大臣字寄光绪二十一年十月十六日奉上谕："有人奏，广东盗风日炽，请饬严缉一折。据称，九月间，香港保安轮船抵省，附有匪徒四百余名，潜谋不轨。经千总邓惠良等探悉，前往截捕，仅获四十余人。讯据供称，为首孙文、杨衢云①，共约有四五万人，潜来省城，克期起事。现在孙、杨首逆远飏，党类尚多，窃恐酿成巨患等语。着严密访查，务将首犯迅速捕拿，以期消患未萌等因。钦此！”遵旨寄信前来。臣查粤俗好谣，每因小故转相附会，张大其词，以摇惑人心。群不逞之徒，乘机撞骗，掠夺以取利，此他省所未有也。本年九月初，广州谣传高州、惠州匪徒击散后，咸集香港，众四五万，将攻省城，人言藉藉。府县营弁纷纷面禀，臣谓此等匪徒，一击即散，首匪已诛，尚何能为？高州距香港千里，惠州亦数百里，万众持械经过各州县关卡，何无一见者？香港一隅，骤增数万人，何处栖止？每日需米数百

---

①杨衢云（1861—1901），原名飞鸿，字肇春，福建海澄（今龙海）人，清咸丰十一年（1861）十一月十五日生于广东虎门。幼随父出洋谋生，16 岁回乡补习汉文，后定居香港，当学徒，习英文。先任香港圣约瑟书院教员，后任香港招商局船务书记长。光绪十年（1884），转任英商新沙宣洋行副经理。光绪十三年，他结识了香港域多利书院（后改称皇仁书院）谢缵泰等爱国青年，引为知己，结盟兄弟，联络爱国青年提倡反清运动。光绪十八年在香港成立辅仁文社，公开以“开通民智，讨论时事”为号召，探索反清救国大计，被选为社长。同年秋，经尤列介绍认识孙中山。翌年冬，孙中山与尤列等在广州集会，拟成立以“驱除鞑虏，恢复中华”为宗旨的团体，但尚未制定会名和形成具体组织。光绪二十年冬，孙中山在檀香山创立兴中会，越年一月二十七日合并辅仁文社，在香港士丹顿街成立兴中会总会。二月二十日，杨衢云与孙中山议攻广州事，分工负责在香港筹集经费和弹药。九月十二日，兴中会主要成员在香港举行会议，被举为会长兼起义成功后临时政府总统。广州起义由于泄密而流产，被清政府通缉，于十月初四日离开香港避难越南西贡，然后经新加坡、马六甲、槟榔屿等地赴南非。光绪二十三年，在南非约翰内斯堡和彼得马里茨堡建立兴中会分会，同年十二月至次年三月间返港途中，又在新加坡、马来亚等处设立兴中会分会，募捐经费，并与当地反清秘密会社建立联系。光绪二十四年，携家抵日本横滨会见孙中山。嗣在该地设校招生，以教授英文为生。光绪二十六年，从日本回香港，经与谢缵泰商量，辞去兴中会会长，荐孙自代，但仍积极从事革命活动，每日去兴中会在香港的机关中国日报社工作。三月二十七日，应孙中山邀请赴东京，两人同轮抵香港，详议惠州起义诸事项。后惠州起义失败，再次被通缉，清政府悬赏三万元买他首级。同志们劝其出洋避祸，答以“吾人行革命，亦久置生死于度外矣”。仍在香港坚持革命活动。光绪二十七年一月十日（1901 年 2 月 28 日），在寓所教授英文时，遭清政府重金收买的歹徒陈林等人枪击，经抢救无效于次日凌晨不幸身亡。孙中山在日本惊闻噩耗，甚为悲痛，亲自署名发讣告和主持追悼会，并募款抚恤其家属。

石，何人供给？乡村又不闻有抢掠者，食从何来？此必有匪人欲煽惑居民迁徙，乘机抢夺之事，切宜镇定，勿涉张皇。但严查保甲，稽察奸宄，多购眼线，密访匪踪，终当败露。省城巡防勇丁及城外兵勇五六千人，尚复何虑？旋据管带巡勇知县李家焯，率千总邓惠良等，于初十日在双门底王家祠，拿获匪伙陆皓东①、程怀、刘次三名。又于咸虾栏屋内，拿获程燿臣、梁荣二名。搜出洋斧一（厢）〔箱〕，共十五柄。十一日，香港保安商轮船搭载四百余人，抵省登岸。李家焯率把总曾瑞璠等往查，截获朱桂铨、邱四等四十五名，余匪闻拿奔窜。经海关税务司与厘厂委员于轮船起获红毛坭桶，内装小洋枪二百零五枝，子药八十余匣。当饬府县提犯，隔别研讯，据陆皓东供，香山县人，邱四、朱桂铨供，俱清远县人，与孙文素识，常相往来。孙文即逸仙，香山人，业医，与福建人在香港洋行打杂之杨衢云交好。因闻闱姓厂在省城西关收武会试闱姓费数百万，该处为殷富聚居之区，欲谋劫抢。令杨衢云在港招五百人，乘轮来省。孙文在城赁屋三处分住，陆皓东等经理分给红带洋枪等事。所购洋斧，因西关栅栏坚固，用以劈开栅栏。即派人把守街口两头，拒绝兵勇。先雇商轮在河边等候，抢得洋银，即上轮船，驶赴香港。本定初九动手，因招人未齐，改为十二。不料初十日，被巡勇访拿破案，孙文即已潜逃。又提截获之四十余名，分别审讯，据供皆在香港佣工度日。闻杨衢云言，省城现在招勇，每月给饷十圆。先给盘费，附轮到省，各给红带一条为号。不意上岸即被截住，实系为招勇而来，并不知有别事。反复推诘，各供如前。复饬营务处，覆审无异。臣查此案，系孙文、杨衢云为首，陆皓东、邱处四②、朱桂铨知情同

①陆皓东（1868—1895），中国民主革命者。原名中桂，字献香，广东香山（今中山）人。1894 年（光绪二十年）随孙中山赴天津，上书李鸿章，呼吁变革，未达。次年与孙中山共同组织香港兴中会机关，谋在广州发动武装起义，绘制青天白日旗为起义军旗，事败被捕，与邱四、朱贵全等同遭杀害。

②前作“邱四”，疑有误。

谋，潜备军械，分给红带，煽惑愚民，罪无可逭。当于九月二十一日将陆皓东等三犯即行正法，以定人心。仍严密购拿孙文、杨衢云，务获到案。其不知情各犯，饬府县分别办理。谣风顿息，四境晏然。

所有办理此案情形，遵旨据实覆陈，伏乞皇上圣鉴。谨奏。

286. 覆查广东会匪在澳门香港聚众滋事片 光绪二十一年十二月十八日

再，臣准军机大臣字寄光绪二十一年十月二十一日奉上谕："有人奏，广东会匪在澳门、香港等处滋事聚众，有草鞋、红棍、白扇等名目，本年九月间，潜图叛逆，至今首犯未获，恐成大患等语。着谭钟麟督饬员弁严密缉拿，毋任漏网，原片着摘钞给与阅看，钦此！"遵旨寄信前来。臣查广东会匪名目最多，有一匪首，即有一会名，如三点会之类，不一而足，不止"草鞋"等名也。广东人稠地瘠，小民生计艰难，出洋谋食者多，现在富饶之家，大半自外洋而归，如汕头一口，有委员稽查，每岁附轮往外洋者四五万，散处各岛者，何止数十百万，其间良莠不齐，匪类丛杂，固所不免，而谓处外洋者皆蓄意谋逆，恐未必尽然。至香港、澳门，本逋逃薮，前因孙文、杨衢云逃匿香港，照会英领事协拿，并许将犯交出，酬以重赏，而领事故意推诿，谓外国例，若系斩决之罪，则不准交出，请将拟定罪名见示。臣谓犯未到案问供，何能先定罪名？旋闻孙文已逃长崎，乃已。粤境自九月二十一日处决陆皓东等三名之后，人心帖然，谣风亦止，近数月不闻香港、澳门有聚众滋事之案。然事变之来，每出意计之外，惟有督饬文武，随时防范而已。所有遵旨覆查实在情形，谨附片陈明，伏乞圣鉴。谨奏。

287. 归并各省赈捐统收分解折 光绪二十二年二月初四日

奏为粤省代办赈捐并归一局，统捐分拨，以免纷歧，恭折仰祈圣鉴事。

窃照去年直隶、山东水灾，湖南北旱灾，甘肃兵灾。各省疆臣函商，由粤劝办赈捐、义捐。惟是每省各设一局，事涉纷歧，且有不肖委员多设分局，跌价抢售，殊属不成政体。臣与藩司商酌，并归一局，统收分解。实收由粤藩发给他省，已寄到者加盖藩司印，以杜假冒，委员悉令撤回。义捐则令该省宦粤之员经理，以归核实。第捐务已成弩末，且亦缓不济急。各省灾黎嗷嗷待哺，情形孔亟，不得不先行筹解，以助急赈。因于银局盈余项下，暨前督臣李瀚章提存筹备急饷款内借拨。俟赈捐收齐，移还归款。如捐不足数，则于闱姓得彩者每百扣银一两五钱，以资弥补。

所有归并各省赈捐统收分解缘由，谨缮折具陈，伏乞皇上圣鉴训示。谨奏。

288. 奏报水师提督因病出缺折 光绪二十二年三月初九日

奏为水师提督因病出缺，请旨简放，恭折由驿驰陈，仰祈圣鉴事。

窃照广东水师提督郑绍忠①驻扎虎门，积受海风潮湿。自去年秋间，陡患喘证，时发时止。臣节次寓书，遣使慰问，谆嘱其节劳静养。该提督稍瘥，即移驻沙角炮台，督修炮垒，并巡防缉捕事宜，始终罔懈。讵本年二月杪，复因感冒触发旧伤，病势增剧，至三月初四日亥时出缺。据署提标中军参将谢遇奇禀报前来。查郑绍忠籍隶广州三水县，自同治二年谋诛逆首陈金缸，收复广东信宜县城。统带安勇，纪律严明。由广东转战广西、福建等省，叠复州县城池。发逆由闽窜粤，回军扼守大埔，遇伪侍王李世贤、伪康王汪海洋等股。于五通庙、苏边等处以少击众，连获大捷。乘胜与各军并力痛剿，全股荡平，厥功甚伟。嗣剿办高明、鹤山等处客匪、土匪，克复佛冈厅城。皆身先士卒，入死出生。是以无敌不摧，无攻不克。同治十二年，奉旨补授潮州镇总兵。光绪五年，剿办琼州客匪，事竣，奉旨赏穿黄马褂。十五年，擢授湖南提督。嗣调补广东水师提督，与前任提督方耀、总兵邓安邦，号为粤中三将。于地方情形、兵团利弊，均极透澈。频年除暴安良，各路会匪、土匪以次削平。办事必信必诚，为乡里所推服。前岁倭防戒严，与督抚臣悉心规画，出驻威远炮台，激励各台将弁，枕戈敌忾，凿山开濠，以砖石砌成暗巷、地道，俾得藏身御敌，士气百倍。粤省盗风素炽，而广州为尤甚。该提督力任捕务，

①郑绍忠（1834—1896），原名金，又名金星，字心泉，绰号大口金。广东三水人。早年参加天地会反清，为全胜堂副首领，后随陈金缸在范湖圩起义。咸丰七年（1857）十月陈金缸建立大洪国，自封南兴王，封郑为大元帅。同治二年（1863）四月，清广东陆路提督昆寿率兵围剿，十月，郑战败投降，陈金缸被杀，大洪国从此覆灭。昆寿令郑收集旧部，并由两广总督毛鸿宾上报清廷批准，许其自领旧部一营名曰“安勇”，以维护地方治安，赏给正四品都司衔，更名绍忠。积功升总兵衔，赏给敢勇巴图鲁名号。同治七年（1868）诏署南韶连镇总兵，同治十二年（1873）封潮州镇总兵，光绪二年（1876）赐秩一品，光绪五年（1879）赏穿黄马褂。光绪十五年（1889）署理广东陆路提督，实授湖南提督，封建威将军。光绪十七年（1891）封光禄大夫，赏戴花翎红头顶戴，任广东水师提督，驻虎门。光绪二十年（1894），赐尚书衔。光绪二十二年（1896）病逝于虎门。同年四月，清政府以“久著声威，殁于防次，予故广东水师提督郑绍忠照军营立功后病故例优恤，战绩宣付国史馆立传”。

积年获解著名要匪甚多，莠民畏威，良民怀德。臣一年共事，实爱之重之。方冀协力同心，全消伏莽。该提督年甫六十有三，讵竟一病不起，忽殒长城。官绅士民，莫不同声悼惜。伏念该提督忠勇性成，声威久著，从戎三十余年。战功事绩，皆有奏报可稽。其查办匪乡、潜消不轨、保卫桑梓，尤令人啧啧不置。合无仰恳天恩，俯准将该提臣战绩，宣付史馆立传。至如何从优赐恤之处，出自圣裁。所遗广东水师提督篆务，现委署高阳罗镇记名提督潘瀛暂行署理。相应请旨，迅赐简放，以重职守。

谨缮折由驿驰陈，伏乞皇上圣鉴训示。谨奏。

朱批：“另有旨。”①

289. 据情代陈折 光绪二十二年三月十六日

奏为据情代陈，仰祈圣鉴事。

窃准现任粤海关监督文佩咨称，前任监督联捷，于光绪十九年十一月十八日交卸，所有洋税、常税各款数目，均经核算清楚。尚欠金价不敷及燕梳水脚，共银九万三千九百一十七两八钱七分八厘。又已故监督德生，十九年十一月接任。二十一年二月二十一日交卸，旋即病故。其子继善，在粤守候年余，所有洋税、常税各款数目，尚无亏短。惟欠金价不敷及振成银号倒欠关饷，并认摊木器价值，共银十七万三千四百七十一两七钱八分五厘，均系因公赔垫。与有心侵挪不同，交卸后羁留日久。所欠库款，在粤实无从筹补。现据联捷、继善分别咨禀，均恳准予回京变产，就近呈缴户部，以重库款而免虚悬等语。咨请据情代奏前来。

臣查前监督联捷、德生两任交代，迁延两载，未能清结。委因金磅价昂，亏累太重。与臣上年十月间，奏查明关库数目相符。联捷所欠，较德生为少。而羁粤两年，一筹莫展。德生家属在粤，

①据《光绪朝朱批奏折·军务·人事》第45辑第201—202页原折补入，光绪二十二年三月初九日。

举目无亲。即再留于此，亦于公项无裨。所称回京变产，就近措缴户部，亦属无可如何之举。可否仰恳天恩，俯准回京措缴之处，出自逾格鸿慈。

除咨部查照外，谨据情代陈，伏乞皇上圣鉴训示。谨奏。

290. 广西旱灾筹款解赈片 光绪二十二年三月十六日

再，广西去秋被旱，收成歉薄，粮价日昂，民情困苦。二月间，据广西官粤东各员联名禀称，柳州、庆远一带，饥荒情形甚惨。因饬善后局于铸银局盈余项下挪借银三万两，委员赴香港买米一万石，用轮船拖运至梧州。由梧州府委员转解柳庆地方，察看各属情形轻重，分匀拨给。又据广雅书院肄业诸生籍隶广西思恩、太平者禀述，恩、太各州县，饥民情状，与柳、庆同，而宾州为尤惨。奈司局无款可筹，甚为焦灼。因思广东协济广西月饷，前藩司成允任内，欠解银四万两，经藩司张人骏[①]极力腾挪，已解二万，尚短二万，司库亦无可设法。臣谓赈饥如救火，难缓须臾，无论如何为难，必当接济。饬司局凑集银二万，仍赴港买米万石，速运梧州，即以此二万两作为协解西饷。是广东二十一年协饷，业经解清，亦两全之道。昨接抚臣史念祖[②]函称，省城力筹赈济，先后拨银数万两、米数千石，分济柳、庆、恩、太各属。目前米

---

①张人骏（1846—1927），直隶丰润（今河北唐山市丰润区）人。字千里，号安圃。张佩纶之侄。同治进士，授翰林院编修。1900年（光绪二十六年）先后出任山东布政使、漕运总督、山西巡抚、河南巡抚、两广总督、两江总督。1911年10月武昌起义后，浙江、上海、苏州迅速响应，同将军铁良、提督张勋遏阻正谋策应革命的徐绍桢第九镇新军。12月1日，江浙联军向南京发起进攻，渡江逃往上海。后避居青岛。

②史念祖（？—1910），字绳之，江苏江都人。纳资为通判。曾参加镇压太平军与捻军，保道员，率军驻凤阳。同治八年（1869）任山西按察使。十年迁甘肃安肃道，主持关内外粮运。光绪十年（1884）起，历任甘肃按察使、云南布政使。二十一年由岑毓英推荐，擢广西巡抚。三十一年随将军赵尔巽赴奉天治赈，督办东三省盐务及财政事宜，晋记名副都统，后被劾罢职。

价稍平，民情均尚安靖，堪以仰纾宸廑。

谨附片陈明，伏乞圣鉴。谨奏。

291. 交卸兼署广东巡抚日期折光绪二十二年四月二十日

奏为恭报微臣交卸兼署抚篆日期，仰祈圣鉴事。

窃臣仰荷天恩，兼署广东巡抚，于光绪二十一年九月十一日接印任事。兹新任抚臣许振祎[①]已抵粤省，臣谨将广东巡抚关防、太平关监督关防并王命旗牌、文卷等项，于光绪二十二年四月二十日派员赍送抚臣接收任事，臣即于是日交卸署任。

除恭疏题报外，谨缮折具陈，伏乞皇上圣鉴。谨奏。

①许振祎（1827—1899），字仙屏，奉新县人。咸丰三年（1853）由拔贡生捐内阁中书衔。咸丰四年，曾国藩督师南昌，水师被困于鄱阳湖，曾的幕僚四散，惟振祎跟随，“常一夕治官书八十通”，深得曾国藩信任。咸丰六年，太平军相继攻下抚州、吉安，振祎参加邓弥之募集的“江军”，先后进军进贤、东乡等地，并获大胜。八年随清军攻下吉安，以军功获同知遇缺即选。咸丰九年（1859）中举，仍随清军作战。十一年攻下安庆，赏戴花翎。同治二年（1863）中进士，改翰林院庶吉士，散馆授翰林院编修、国史馆协修。同治八年充贵州乡试副考官。九年因捐输换五品衔。同治十年（1871）充陕甘学政，推行教化，先后招收回民子弟近万人入学，以缓解当时汉、回民族间的矛盾冲突。奏设味经书院以育人才，使甘肃人才纷纷入院求学，风气大开。曾奏请清廷批准，甘肃与陕西乡试分开进行，并各设学政。这一创制方便了甘肃士子的考试，有利于本地人才的培养。十三年任满乞归，丁父忧，光绪二年回北京，在各馆任文职。光绪八年（1882）任职河南彰卫怀道，因所属各郡均向百姓抽取差徭费，尤其是安阳一带规定按亩摊收差徭费，县令只顾抽收足数，对其在抽收过程中如何敲诈勒索则置之不理。了解情况后，许振祎建议减轻徭费，遭到大小官吏强烈反对，乃另行成立“车马局”承办此事，将原先经办小吏、官差们搁置一旁，减少了盘剥环节，从制度上给差徭费的抽收作了明确规定。其他各州县差徭费也均按情况递减，减轻民众负担。光绪十一年任河南按察使，十三年迁江宁布政使。鉴于黄河决口后水流逐渐南趋，沿江淮而下，东南一带财政收入和数百万民众生命财产受威胁，遂与两江总督曾国荃筹划防卫之策。决定先期择要害之处疏理淮河，再筑堤防，以畅蓄泄。次年春天水位盛涨时，因导堵得法，“淮海各盐区，得免水患”。得赏头品顶戴。

292. 奏报裁添营勇各数目折光绪二十二年五月二十四日

奏为光绪二十一年广东省裁添营勇各数目，恭折具陈，仰祈圣鉴事。

窃照上年防务大定，粤省饷力难支。经前督臣李瀚章先后裁撤陆勇三千七百八十七名，奏明有案。臣抵任后，体察情形，勇营太多，饷难为继。派员密访，得力之军甚少，而习气太深，纪律不讲。惟广胜军为最，以艰窘之饷糈，养疲冗之士卒，甚无谓也。因将董履高①所带广胜营勇一千六百二十五名、奇字勇三百名、炮目一百零二名，先行裁撤。又潮州镇所带勤军五百名，汰去疲弱二百五十名。又裁江浦营勇七十名，水师奇字营勇二百名。悉行资遣回籍。又裁水雷局弁勇、匠役三百三十九名，共裁二千八百八十六名。水师提督郑绍忠所统安勇四千六百余人，又添炮勇六百九十人，分防各州县厘卡，或二三百，或百数十人为一起，散漫无稽，不能操练。因与郑绍忠商，将各卡零勇悉数召回。仍以五百人为一营，分扎虎门炮台各处，朝夕训练，冀成劲旅。迨夏秋之交，高州、惠州土匪蜂起，派兵勇分五路搜捕各要隘，不

---

①董履高，字仰之。青年时加入淮军，在江苏、浙江镇压太平军，官至守备。又随李鸿章镇压捻军，升副将。1870年（同治九年），招募淮军开赴山西，防守黄河，晋记名总兵。1877年（光绪三年），率军驻防归化、包头等地，镇压蒙古部落叛乱。1879年（光绪五年），署浔州协副将。1883年（光绪九年），法军侵略越南，董履高率军驻屯南宁、龙州备战。次年，广西、贵州少数苗民割据五岗。董履高奉命于初夏深入山地，擒首领梦弼，升提督衔。仍驻龙州。11月，开赴前线，与法军激战几昼夜。董履高脚被炮弹炸伤，几乎折断，被送回后方，谅山遂失陷。1885年（光绪十一年），董履高伤愈后，被授庆远协长官。不久，因病回家。1889年（光绪十五年）补广西左江镇总兵。1899年（光绪二十五年），调直隶正定镇总兵。不久，改任江苏淮扬镇、贵州安义镇总兵。袁世凯奏留北洋训练新军。1905年（光绪三十一年），赴任寿春镇总兵。淮河大水，寿春城头离水仅数尺，董履高日夜巡逻，指挥军队抢险，修整城墙，全城得以安全渡汛。次年，巡视泗州防营时坠马，旧伤复发，病假回家。1908年（光绪三十四年）病故。

能不添勇防守。陆路提督张春发以兵少不敷分布，请添哲字一营，方桂东募潮勇一营，随同攻剿。各属请兵勇者，函牍纷来，应接不暇。因令武万才、陈永隆赴湖南各招五百人，石玉山赴广西募五百人，省城仅安勇千人，复令管带巡防营知县李家焯添勇二百三十人。顺德抢案叠出，饬署副将梁鸿盛就近招一营，以资弹压。此夏秋间裁添勇数也。仰赖天威震叠，两三月内，群凶授首，各路肃清。复将水陆零星之勇二三百人为一营者，既不得力，徒糜月饷，一律裁撤。统计二十一年先后共裁勇九千零六十六名，新募三千九百二十名，尚未及裁撤之半。现在附近省垣者，湖南勇二营，广西勇一营，淮勇一营，安勇并炮目共五千二百余人。其余分扎外府州各营，则本地人居多，此全年裁添勇丁之大数也。据海防善后局司道详请奏咨立案前来。

除将裁勇、募勇营名、数目、口粮、起止日期另造细册咨部外，谨会同广东巡抚臣许振祎合词恭折具陈，伏乞皇上圣鉴，敕部查照施行。谨奏。

朱批："该部知道。"①

①据《光绪朝朱批奏折·军务·营制》第34辑第477页原折补入，光绪二十二年五月二十四日。

谭文勤公奏稿卷十八

293. 会奏粤海关号口碍难裁撤并将税则刊定晓示折光绪二十二年九月初二日

奏为遵旨查明粤海关设号收税，相沿旧章，并非违例加抽，现将税则核定，刊刻晓示并严禁役蠹，革除弊窦，恭折会奏，仰祈圣鉴事。

窃臣等承准军机大臣字寄光绪二十二年五月初二日奉上谕："有人奏，粤海关役私设号口违例加抽，请饬查禁一折。据称，粤海关挂销号口，创立名目，抽收挂号钱银，不论货之贵贱，一律输纳讹诈，百端恣情婪索等语。着谭钟麟、许振祎确切查明，如有前项情弊，即行从严惩办。并会同文珮妥定章程，将该关一切弊窦，认真革除。另片奏请，将户部税则，刊石揭示等语。并着谭钟麟等悉心妥议，奏明办理，原折片均着钞给阅看。将此谕知谭钟麟、许振祎，并传谕文珮知之。钦此！"遵旨寄信前来。臣钟麟、臣振祎当即咨明海关监督臣文珮，一体钦遵，据实查覆，并行广东藩、臬两司遵照在案。旋闻街衢有刊刻匿名揭帖，自称七十二行，云已经御史奏准，可将号口裁撤等语。意在纠众挟制。比饬南海、番禺两县暗为查拿，此风遂熄。其实自去岁以迄今夏，该监督累次出示，力禁丁役侵渔，准人控告提办，人所共见。何以不为指控，动称七十二行，不立主名。则亦微露情虚、不敢质实之意，姑容缓究。惟当力求除弊，以恤商民。兹准监督文珮咨称，查粤海关港汊纷歧，走私者层见叠出，是以既设正税口岸，以握其要，复立挂销号口，以防其漏。此载在关志，有案可稽者。有未载关志，而经前此各监督会商各督臣添设号口，以杜绕越，亦有公牍可稽者。每年有考核册报呈缴户部，并未有私设口岸、违例加抽之事。惟蠹役借端渔利，则难保其必无。今自莅任以来，业经遍示通衢，革除积习。如有商民被格外勒罚者，许即指名申诉。迄今一年有余，无人指控。未可执从前办理之不善，而竟废旧章。倘一经裁撤，不特解部各饷无着，而大关所收正税，亦无从堵截稽查。原奏谓挂销于税饷为加征，不知洋关既收入口正税，复收出口半税，不过实同名异。若谓挂销于局厂为重，设不知奸商弊端百出，有口岸尚不能杜弊，裁口岸则任行走漏，似非探本穷源之论。原奏所称粤关常税总过百万，解部只十五万一节。粤关出入之款，部臣知之最详，故指拨多于他处，而承办之件，外间不得而知，似可毋庸置辩。至另片请将户部税则刊石揭示一节，自系正办。查挂销号口，系佛山、东炮台、西炮台、紫坭、思贤滘五口，向来均有木榜刊明税则，照例征收，后来均照向章。近来新到洋货，为从前税则所无，及添粗细药材等类。均经历任监督会商前督臣，比照征收。惟事非一时，官非一任，稍有异同，相沿已久，无从追求。应以此次清查五号口挂销货物税则为定，从新刊刻悬挂，俾商民一目了然。各口丁役，自不能饰词舞弊。至书役、水手、巡丁，自经此次整顿，如有情弊，即当从严重惩。所有挂销号口，碍难裁撤，并革除弊窦章程相应据实咨覆等语。臣等公同商核，凡该监督所覆，亦是实在情形。查近来时局，急筹增款，而款且日绌，力求去弊，而弊且日滋，空存恤民之心，未有及民之政。此臣等智术疏庸，惶悚而不能自安者也。即以厘金而论，本属不得已之举，明知少一分，则轻民一分之力。而每年额款已定，部中待解甚急，今欲裁减，其将能乎？商民绕越一处，则有一处之利。官吏多防一处，则添一分之怨。再四图维，实未有可以两全者也。海关所处，亦复如是。从前之利弊，臣等不得而知。即如近年情形，前任监督曾以积累，羁留数年，而不能回京矣。现在监督，又以派部巨款束手而莫知为计矣。顾除借垫挪移，不能应一时之急。除核实去弊，不能为久远之规。臣钟麟前曾商监督整顿潮州新关属口，撤去包办名目，以清积弊，业蒙俞允在案。臣钟麟去冬查办关库折内已详言之。兹与臣振祎熟商，其五处号口，实非私设不裁，已难取盈，遽裁必至误饷。至丁役之弊，则一经告发，必当严法惩治。征收之规，必当尽人洞见，非敢遂谓此后无弊，但一切率循旧章，各口有犯必惩，亦足少平商民之气。

所有海关号口，并非创设，一时碍难裁撤，及将税则刊定，遍晓商民，力除丁役弊窦缘由，谨合词恭折具陈，伏乞皇上圣鉴训示。遵行谨奏。

294. 广东度支竭蹶续筹解还洋款情形折

光绪二十二年九月初二日

奏为广东省度支竭蹶，续筹解还洋款情形，恭折仰祈圣鉴事。

窃准户部咨，每年应还俄、法、英、德两款，本息由部库及各省关分别认还，奏奉谕旨刷印原奏清单咨行到粤。时距初次解期，仅止旬余。迫不及待，暂就司局各库尽款挪移，并向西商借凑，将部派丁课厘税项下之十九万两，于六月内如数如期汇解江海关道兑收，当经汇案奏报声明。以后解款，尚无把握，容俟设法通筹在案。伏查户部指拨之丁课厘税等项，粤省常年出入相衡，时有不敷，向无余款。此次拨派数至六十余万，期至三十余年。若专恃临时挪凑，断非经久之策。惟有照原奏，无论何款，俱准划提之议，通盘筹画，以裁节之数，为挹注之谋。计上年裁兵案内，奏准通裁二成，将来约可节省银二十余万两，加抽烟酒厘金一项，岁约收银四万两。此两款本为备还借款而设，应即提用。本年部议裁勇三成，广东海口林立，伏莽滋多。随地随时，动需兵力，势难一律按成裁足。竭力核汰，约可节饷二十余万两。广西省近亦裁减兵勇，自可节省饷糈。广东原定每年协饷十二万两，拟减解四万两以上，共腾出银五十余万，计尚短十万左右，悉索已穷，无从悬拨。拟俟临时相机挪凑，免致贻误。此略筹定款之大概情形也。第兵勇甫经裁减，尚无饷项节存。前收丁课厘税，亦已支销罄尽。现在还款，陆续届期，只可将现存官捐军饷及三成养廉、新海防捐输等款先行挪付。若仍不敷，再向西商通融借凑，以免失信外人。据藩司会同厘务局、善后局司道详请奏咨，并声明前项拨款，交商汇兑。订明每万两酌给汇费银一百四十两，请随本款作正开销等情前来。查广东省素称繁富，牟利者趋之若鹜。臣等亲历其境，始悉公私交匮，外强中干。库藏经两次办防后，荡焉无存。该司道另禀海关应解旗、绿兵饷及海防经费积欠，几及两年。所有应解京协各饷、应还息借华款同时并筹，委实万难撑拄。臣等惟有殚竭心力，督饬筹办而已。

所有广东省度支竭蹶续筹解还洋款缘由，谨合词恭折具陈，伏乞皇上圣鉴，敕部查照施行。谨奏。

朱批："户部知道。"①

295. 筹议分还息借商款情形片 光绪二十二年九月初二日

再，息借华商一款，原议由粤海关六口货税及洋药税厘项下尽数凑还。如有不敷，由藩库补足，业于二十年十二月奏明，经海关税务司、藩司订立合同在案。本年海关奉拨英、德、俄、法还款甚巨，臣文珮以善后局所借二百七十万尚在，可以归还借息之款。而不知户部早已提拨二百二十二万，只存五十万。本年四、六、八三月，海关又挪借二十四万，仅存二十六万耳。户部以善后局既存有巨款，则息借华商一项，可由司局归还。不思局中无端借此巨款存储，每年十八万息银从何出，此必无之事也。部电谓海关既还洋款，则不能还华款，司局则谓既还华款，无力复筹洋款。议论纷纭，几如聚讼。臣钟麟、臣振祎因与臣文珮会商，

①据《光绪朝朱批奏折·财政·库储》第82辑第495—496页原折补入，光绪二十二年九月初二日。

以公家之款，了公家之事。原不必强分畛域，亦无所用其推诿。彼此和衷办理，但使还款有着，不至失信于民。不烦部中另筹，方为妥协。臣文珮亦知司局别无存款，万分竭蹶。无如海关现欠商号代垫银数十万，尚有京协各饷未解。加以洋款期促，冬春之交，万难周转，过此则可从容展布。臣钟麟、臣振祎与司道共酌海关之窘，亦系实情。本年十月、腊月，明年二月、四月四期，司局无论如何为难，总须筹足息借之数，解税务司应付。六月以后，至二十六年，均由海关认还。查海关每年本有协解善后局勇饷十二万，协解藩库兵饷十七万。自二十三年起暂行停解，每岁以二十九万济海关息借华款之用。此后递年本息减少，海关还款，亦易为力。俟息款还清后，仍照数解司局，以济兵勇饷糈。

臣等再四筹商，意见相同，谨合词附片具陈，伏乞圣鉴，敕部立案施行。谨奏。

296. 捕获洋盗审明正法在事员弁恳恩分别奖恤折光绪二十二年九月十七日

奏为捕获海洋大盗十五名，审明正法，所有出力员弁，恳恩奖励，并将捕盗被戕之汛弁，敕部从优议恤，以昭激劝，恭折仰祈圣鉴事。

窃照广东盗风素炽，海捕尤难。臣等叠饬各营县防军水陆严缉，陆路盗匪报获正法者不少，而海洋巨盗获者寥寥。本年四月，竟有石城县龙头汛外委捕盗被戕之案。臣等饬悬重赏，购线严捕，以必获为要。据署广州协副将凤鸣、统带巡洋轮扒兵船守备张钟禀保千总冯占魁缉捕勤能，遂委令管驾广庚轮船，由凤鸣添拨兵勇，随同张钟四出巡缉，于本年六月二十三日在硇州洋面，见有盗船，该轮追捕。该盗施放枪炮，且拒且逃。兵勇奋力穷追，击破盗船两艘，生擒盗犯梁观保等十七名，余匪纷纷落海。救出被掳事主谢源道等九名，内受伤者三名。当将该船货物给还各事主领回，盗犯押解晋省。谢源道亦来省备质，随饬发营务处收审。

兹据臬司魁元，会同各司道审明该盗犯梁观保、陈亚养、陈幅同、郑亚同、谢亚顺、李亚胜、陈亚兴、黄人吉、张亚受、李观来、孙亚幅、赵亚兴、谭佑坤、林亚养、莫亚五等十五名。俱供认，在吴川县属同古角洋面行劫事主谢源道等货船，得赃并砍伤事主、舵工、水手落海。旋被广庚兵轮拿获。并据梁观保另认，在同古角洋面，行劫米船一次。又在淡水洋面，掳捉沈日成，勒赎一次。陈亚养另认，在汲水门、青头、青澜各洋面，行劫米船三次。陈亚同另认，在同古角洋面，行劫米船一次。郑亚同另认，在马罗洋面，行劫米船一次。谢亚顺、李亚胜各另认，在广州湾洋面，行劫商船一次。又陈幅同、郑亚同、谢亚顺、陈亚兴四犯，均供在石城县属泥港洋面图劫，戕杀龙头沙汛弁钟廷谦一次。核与石城县原报月日及已获正法之沈二、谭帼受二犯所供相符。其黄观第、陈国猷二名供，止被胁服役，并未同谋上盗，禀报覆鞫无异。查梁观保等十五犯，在洋肆劫，凶暴素著。经事主谢源道到案指证正盗无疑，其中有戕毙汛弁者，供系犯时不知何官，照江洋大盗例，均罪应斩枭。业经批饬，即行正法。传首犯事海口，悬竿示众，以昭炯戒。黄观第等二名被胁服役，罪止满徒。饬令递籍磡禁五年。查捕获水陆巨盗，历经奏准，从优奖励有案。此次各员弁奋不顾身，于惊涛骇浪中冒险追捕赃盗，并获审明正法至十五名之多，足以寒匪胆而靖洋面。似应破格保奖，以励将来。合无仰恳天恩，俯准将抚标中军参将署广州协副将凤鸣，以副将在任即补，并赏加总兵衔。守备张钟，请免补守备，以都司留原省尽先补用。千总冯占魁，请免补千总，以守备尽先即补。此外出力弁勇，由臣等分别等差，咨部给奖。以广恩施而资鼓励。其捕盗被戕之龙头沙汛外委钟廷谦，并恳敕部从优议恤，以昭激劝。

除录供咨部外，臣等谨合词恭折具陈，伏乞皇上圣鉴训示。谨奏。

297. 拿获私铸银钱人犯审明议拟折光绪二十二年九月二十日

奏为拿获私铸洋银人犯，审明议拟，请旨遵行，恭折仰祈圣鉴事。

窃照开铸大小银圆，推行各省，颇著成效。而营私牟利之徒，伪造滋弊，贻害无穷。地方官拿获者，即予优奖，不获撤参。所获人犯，照私铸制钱例治罪。经总理衙门、刑部先后奏准咨行有案，臣等叠饬各属，并派委员弁认真设法查拿。据统带巡防营知县李家焯督率千总邓惠良等，会同营县购线带勇，在顺德县属小涌村、陈村先后拿获陈亚璧、谭亚兆、李藻南三犯，搜获机器、钢模等件，为一起。又在番禺县属长坂村拿获郑亚东、谢亚生、潘达生、黄亚杰、黄逸旺、颜亚飞、冯兆鹏、冯亚桂八犯，搜获机器、钢模等件，为一起。均经饬发营务处收审。兹据臬司魁元会同各司道审明，该犯李藻南供认，听从未获之朱辉堂等合伙出本私铸龙纹银钱，伊在佛山镇买办铜条，寄往顺德县属小涌村机器厂。现获之陈亚璧在厂掌管机器，谭亚兆充当伙夫，并雇得未获之吴亚楂雕刻印银钢模，区卓卿等多人管理帐目等事。自本年四月十三日开工，至六月初二日止，共盗铸银一千五百余两。陆续带省交朱辉堂等售卖，行使不讳。质之陈亚璧、谭亚兆，所供相同。又该犯郑亚东供认，起意纠同未获之陈法生等，合伙出本私铸龙纹银钱。现获之谢亚生在厂掌管机器，潘达生管理帐目，黄亚杰携带银钱铜条，往来省城、长坂两处。黄逸旺、颜亚飞、冯兆鹏帮同搅运机器及磨洗银片，冯亚桂充当伙夫，并雇得未获之吴亚（五）〔楂〕雕刻印银钢模，吕亚幅镕辗银片。自本年七月二十六日开工，甫经盗铸银二百六十余两。由黄亚杰两次带省交伊售卖，即被拿获。质之谢亚生等七犯，供亦相同，禀报覆鞫无异。查两起事同一律，私铸银钱数均在十两以上。郑亚东起意纠伙陈亚璧、谢亚生掌管机器，应照为首及匠人例，各拟斩监候。

此等私铸匪犯，实与市面商情大有关碍，秋审应入情实。现当整顿圜法之际，屡经总理衙门奏催拿办。臣等拟请将为首之郑亚东等三犯，即行正法，俾众咸知不敢轻犯。是否可行，伏候圣裁。余犯李藻南，听从合伙潘达生管理帐目，黄亚杰运送银铜，黄逸旺、颜亚飞、冯兆鹏帮同工作，均应照为从例，拟发新疆，给官兵为奴。谭亚兆、冯亚桂充当伙夫，应照佣工例，各拟杖一百，徒三年。逸犯饬缉，务获另结。所有获犯出力员弁，查照总理衙门奏案，拟恳天恩俯准，从优给奖，以励将来。获犯两次之同知衔前定安县知县李家焯，请免补本班，以同知直隶州留原省尽先补用。补用守备广州协左营左哨千总邓惠良、补用守备广州协右营右哨千总李世桂，均请免补守备，以都司尽先即补。其余出力弁勇，由臣等分别咨奖外，奖不敢稍涉冒滥。

除录供咨部外，臣等谨合词恭折具陈，伏乞皇上圣鉴训示。谨奏。

298. 拿办匪首及奖恤各员弁折 光绪二十二年十月十八日

奏为广东拿办各匪首情形及应奖、应恤各员弁，恭折具陈，仰祈圣鉴事。

窃照广东伏莽滋多，动辄啸聚生事。拿办不速，则爝火燎原。首恶不歼，则兵去复起。擒贼必擒渠，不容稍涉松劲。去秋办匪事竣，地方安谧，奏报在案。讵今年三月间，合浦县匪首林癞渣六，由广西博白县石角村竖旗起事。至合浦山口墟抢劫打单，在山猪岭拒敌官兵。臣等即派副将江志督带安勇，会同地方文武并力剿捕，务获该匪首，不获不止。署北海镇张邦福所派都司陈才业越境踩缉，于六月十八日在广西太平府属将林癞渣六拿获，解回廉州府，审明正法。又广宁县森洞地方著名匪首纪庚辛，纠党肆劫，凶悍异常，大为闾阎之害。饬悬重赏，并约会邻（封）〔村〕严密缉拿，期在必获。该匪潜逃广西苍梧县属，更名蓝天元，复伙劫梁义昌家，拒捕杀人。于七月二十七日，经该县兵役拿获。究出前犯各案，并经广宁县线役认明确系纪庚辛正身，解由梧州府，覆讯正法。又花县匪首张环即张亚还，前因犯案，照积匪拟军，充发四川，配逃回籍。为孙文死党，聚众数百人，四出劫掠，邻境各县悉受其害。本年七月，县获其兄张益勒交。该匪首倍形猖獗，经臣等拨营捕拿，公然拒敌，枪毙哨弁郑观水，致伤勇目陈成、汛兵陈杜树等。并毙乡勇杨有全一名，匪伙亦格伤不少。九月二十日，张环至炭步地方行劫，参将朱国安所派守备周万带勇巡缉撞遇，互放洋枪。张环上前拒捕，被击殒命。另毙二匪，一系王亚匾，一不知其姓名，其余各鸟兽散。以上三匪首，先后歼除，实非寻常获盗可比。窃拟获一匪首，奏奖一人，方足示鼓励而杜冒滥。拿获林癞渣六者，系尽先都司陈才业，拟请以游击尽先补用。拿获纪庚辛者，系广西苍梧县知县陈占书，拟请照拿获邻境巨盗例，交部议叙。格毙张环者，系尽先守备周万，拟请以都司尽先补用。吁恳天恩，俯准给奖。其候补把总郑观水捕贼捐躯，并请敕部，从优议恤，以昭激劝。

除咨部查照外，臣等谨合词恭折具陈，伏乞皇上圣鉴训示。谨奏。

朱批：“着照所请，该部知道。”①

299. 会奏查明广东被参员弁据实覆陈折

光绪二十二年十一月十四日

奏为遵旨查明广东被参员弁，据实覆陈，仰祈圣鉴事。

窃臣等于本年九月二十二日承准军机大臣字寄光绪二十二年八月二十八日奉上谕：“有人奏，广东贪劣员弁贻误地方，请饬查办一折。据称，署广州协副将凤鸣嗜好甚深，纵盗贪贿，勒索都

①据《光绪朝朱批奏折·军务·人事》第45辑第459—460页原折补入，光绪二十二年十月十八日。

司关贵昌、把总邓帜龄银两，由千总李世桂等经手。广协千总邓惠良专以逢迎凤鸣为事，并与知县李家焯结拜师生。李家焯假冒顶戴，夤缘得缺。上年，都司杜金衢捕获盗犯，该员得赃卖放。候补盐经历忠堃出入运署，与邓惠良、李家焯等狼狈为奸等语。着谭钟麟、许振祎按照所参各节，确切查明，据实具奏。原折均着钞给阅看。将此各谕令知之。钦此！”遵旨寄信前来。臣等当即钦遵，札行两司委员确切详查。

兹据布政使张人骏、按察使魁元禀称，饬据广州府知府周开铭查明禀覆，该司等覆加确查。如原参凤鸣嗜好甚深、便衣出署暗宿私娼一节。查凤鸣气体素壮，并不吸食洋烟，身为副将出署，有兵随从。若便衣宿娼，骇人耳目，何以省城寂无所闻？

又原参凤鸣补兵一名索洋钱十元，如遇折差，必派三成孝敬，方许上单，并钻谋署广州协副将纵盗贪贿，不敢严催所属破案。属员以送礼多寡定差使优劣，送礼令熊、苏两传号勒索一节。查更补兵丁，营中共见共闻。今询诸营弁，众口一词，凤鸣并无索贿情事。据历派折差之张铭赓等结称，伊等叠次奉差进京，盘费有定，从无孝敬三成之说。凤鸣由抚标中军参将，委署广州协副将，量材器使，无所用其钻谋。查自上年十一月到任，至本年八月底止。督饬所属获盗窃匪犯共三百余名，解交南、番两县及营务处审办，均有案据可稽。则非贪贿纵盗可知。至所参以送礼多寡定派差优劣，均未指实何人，无凭查悉。抚标左营额外外委一名熊子良，一名苏定扬。凤鸣在参将任内，派充传号。当经传讯，据称，伊等前充传号，委无向差弁勒索情弊，出具切结附卷。

又原参上年九江守备关贵昌升补琼州右营都司，因系烟瘴苦缺，贿求凤鸣朦署九江原缺，得洋银二千元，由右哨千总李世桂经手。又邓帜龄升署右营河南汛把总，凤鸣得银一千元，由广协千总邓惠良转交一节。查关贵昌系光绪二十一年（各）间委署广州协右营守备，邓帜龄系光绪二十二年三月委署右营河南汛把总，皆总督所派。凤鸣何能朦请，关贵昌等焉肯贿送多金？传询李世桂、邓惠良，均称并无经手过交之事，并取该弁等切结附卷。

又原参千总邓惠良在源昌街开设赌馆两处，一名正馆，一名裕馆，并带河下妓女八名作为侍妾一节。查源昌街系西关地方，旧有正号、裕号摊馆两间。经前署南海县杨荫廷访闻封禁，变价充公有案。现署南海县黄恩密传地保、街坊到案，均称旧屋现改正业，卖粥卖茶。从前系何亚绵招匪，分开摊赌，因缉拿，早经远飏，委非邓惠良开设。至以婢作妾，粤俗多有房帏，琐屑非外人所能尽悉。

又原参邓惠良管理西关一带，上年冬、腊两月，出盗案三十余起，该弁宿娼积压，专以逢迎凤鸣为事，商民恨之。今年三月，拜知县李家焯为师，交卸千总作为缉捕一节。据现署南海县黄恩查覆，上年冬、腊两月，西关一带共出盗案四起，有案可查，并无三十余起之多。邓惠良遇案悬赏购缉，并非积压不问。且千总为承缉专汛，例应按限开参，亦非逢迎该管上司所能卸责。西关为城外殷富之地，商贾辐辏，公事繁要。专汛不得力，即不宿娼，亦滋贻误。该千总与商民尚属相安，无深恨之说。本年三月，李家焯因其在营帮带，尚能缉捕，仍留营当差，结拜师生之语，细查并无其事。

又原参李家焯于光绪元年到粤，假戴红顶，自称记名总兵李开胜；又换五品花翎，自称四川候补直隶州。认运司段起为同乡，管带缉私小火船，因是致富，报捐知县，夤缘得缺，以假变真一节。传询李家焯，据称，前在四川、贵州两省军营，叠次蒙保至知县，加同知衔，并赏戴蓝翎。光绪三年来粤投效，七年，经前运司段起委带利川小火船。十二年，因海防冒险遇解饷械案内，前督臣张之洞保以直隶州知州，留于广东补用，奉部改为补缺后，以直隶州用。十三年，委带勇丁驻扎缉捕。十七年，赴京，奉部查明，原保由从九品保奖县丞一案，无免保字样，不能越次过班。因在新海防捐案内，报捐知县分缺先用，分发广东。嗣经前督臣李瀚章请补定安县缺等语。查所捐官阶，与藩司署官册相符，按章叙补，何谓夤缘？至原参该员于光绪元年到省，假戴红顶，自称记名总兵李开胜，查询到粤最久各员属，均称不仅无人目击，亦且毫无所闻。该员籍隶湘省，与段起本是同乡，毋须再认。所参到处招摇及带小火船致富，并自称四川候补直隶州，均查无实据。

又原参上年六月间，迎祥大街厚昌草帽店被劫，都司杜金衢获首从三犯，解送缉捕局。李家焯听从邓惠良之言，将首犯关胜留营当差，得赃银千元，从犯陈大碌木卖放，正法者仅唐镇一名一节。查高要县监生邓浩兴，在南海县属迎祥街开张厚昌蒲包店，于光绪二十一年六月二十五日夜被劫。八月内，都司杜金衢拿获匪犯唐镇、关胜即潘成、陈木即大碌木三名。维时李家焯与前署广州协副将郑润材，因会办南海县属积匪，设有缉捕局，经杜金衢将各犯解交该局。讯据唐振、关胜均供认，从劫本案，陈木供被误拿。李家焯当与郑润材会商，将唐振、陈木二名，解经前任南海县李征庸提讯，供与营讯相符。将唐振解送营务处覆审，禀奉批行正法。陈木坚供如前，由现署南海县黄恩确查，尚无为匪实据，交保领释。至关胜即潘成一名，讯其认识伙党甚多，由李家焯会同郑润材禀奉批准，留营作线，勒限破获重案，果能立功，免其治罪。陈木由县讯释，各有案据，并非卖放。且唐振讹误作唐镇，均系传闻之误。

又原参候补盐经历忠堃便衣出入运署，遇事揽权，得赃盈万，认运司为干父，与李家焯、邓惠良狼狈为奸，凡盐务人员，无不深恨一节。查忠堃现充运监印委员，自应逐日入署监视用印。运司英启，人极端方，剔除盐弊，众所共知。断无付微员以权，收细人为子之理。况盐务与营务毫无干涉，该经历何从与李家焯、邓惠良狼狈为奸？

以上各节，据该府县检查案据，采访僚属，均得端委。理合据实会同禀覆，与臣等确自密查访询，大致亦复相同。查署广州协副将凤鸣与广州协千总邓惠良、右哨千总李世桂、管带卓勇前定安县知县李家焯，均以缉捕见长，各案破获首要，皆能得力。随时禀报解局，均有案据。谓为得贿纵盗，不至如此。该员弁历委差缺，均由前督抚臣斟酌派委。臣钟麟上年四月抵任，于营务、捕务从严稽核，未敢少弛。大小武职补署，均出亲裁，照章叙劳，非凤鸣等所能干请。臣振祎四月抵任，见该员弁屡破大案，外间尚称安谧，未有浮议。言官系得自风闻，而臣等当推求实据，事关惩贪除弊，不敢不详细确查。今据两司督饬府县逐款查办，凤鸣、李世桂、邓惠良、李家焯、忠堃等均无贪劣实据，合行会折具陈，恭候圣裁。臣等伏思，办事先其所急，不能不取一日之长。为政首在察廉，岂能稍容一端之玷？该员弁等虽经藩、臬两司确查，并无劣迹。而臣等仍随时考察，倘此后别有营私失检情弊，必当据实严参，断不敢瞻徇了事。

所有臣等遵旨查明被参员弁缘由，谨合词恭折覆奏，伏乞皇上圣鉴训示。钦遵。谨奏。

朱批："知道了。"①

300. 广东闱商无力缴捐革退另招折 光绪二十三年二月初二日

奏为广东闱姓商人无力缴捐，请即革退，另招新商承充，恭折仰祈圣鉴事。

窃照广东闱捐已办两届，定六年为期，额饷四百四十万元，每年解饷七十三万元。承充之初，缴报效银八十万元，而暗中使费亦七八十万元。去年值三届更换之期，臣于正月悬牌晓谕，将文武各衙门暗费一律裁革，令缴报效银一百六十万两，此外无丝毫使费。当时具呈求充闱商者十数辈类，皆无赖诡名假充，不名一钱。至四月，始有蔡绍德、郑景福缴银三十万，其余陆续措缴。

①据《光绪朝朱批奏折·内政·职官》第12辑第20—24页原折补入，光绪二十二年十一月十四日。

乃既准之后，频催罔应。八月间，该商向善后局禀称，给以谕帖告示，即可交银六十万。维时广州府将近开考，姑准之。嗣是屡催屡展，或缴一二万，或三四万，并无巨款。至十月，即拟革退。该商蔡绍德等禀恳，至十二月缴足百万两，余六十万开年再缴。如不足数，情愿革退，以所交银充公。及年底，仅交银五十八万两，尚欠一百零二万。而广属额饷二十万元，潮属额饷一万五千元，亦丝毫未解。又复请展一月，迄无银交。至此时无可复推，应即革退，以所缴五十八万充公。其所欠两属额饷，仍应着追。现在另招新商愿充者，先交报效银百万两，余分限续交，不得空言塞责。如二月底无人承充，即改由官办。

除出示晓谕外，理合缮折具陈，伏乞皇上圣鉴训示。谨奏。

301. 沥陈邮政局开办情形恳恩裁撤折光绪二十三年二月初二日

奏为邮政局琐碎烦苛，众怨沸腾，无裨饷糈，徒伤政体，吁恳天恩，饬局裁撤，以恤商民，恭折仰祈圣鉴事。

窃前准总理衙门咨称，奏请举办邮政局，归各关税务司经理，粘钞章程，系总税务司赫德①所定，皆外国之法也。自本年正月开办后，众情哗然，商民纷纷赴各衙门具呈求免。详查章程，每信一函，重二钱五分，取银二分，本不为多。然重至二钱六分，则取四分。层累递加，以至七钱二分。局中称量，未必悉准。细民

①赫德（1835—1911），英国人。字鹭宾。1854 年到香港，次年任驻宁波领事馆翻译，后调任广州粤海关副税务司。1861 年任中国海关代理总税务司。1863 年继李泰国为总税务司。制定并推行由外人管理的海关制度，控制中国海关财政收入，干涉中国内政、外交。1865 年提出《局外旁观论》，怂恿清政府按照西方的要求实行改革。1867 年底支持清政府聘美国人蒲安臣任中国使臣，组成使团出访欧美各国。1876 年配合英公使威妥玛迫使清政府签《烟台条约》。中法战争期间，暗助法国迫使清政府签《中法新约》。1901 年支持列强胁迫清政府签订《辛丑条约》。1908 年请假回国，至死始卸职。在中国任海关总税司达四十八年之久。著有《中国论集》《赫德日记》等。

不皆携平以往，轻重高下，每至龃龉。且以钱折银价有参差，商人计较锱铢，争竞喧呶，盖所不免。其尤甚者，在于苛罚。商民书信来往，或专人投递，或附信行汇寄，原听其便。今则一函漏报，罚银五十两，而小商之资本竭矣。倘信内带有物件，罚银五百两，则中人十家之产荡然矣。国家二百五十余年，从未有此苛政也。盖罚款不归公而归私，故局中人役，专以搜括为利。客商所带箱笼，必倾筐倒箧，逐件穷搜。孤客远行，无违禁之物，虽不受罚，而目击行李狼籍，不可收拾。弱者必怒于色，强者必怒于言。粤俗蛮悍，动辄因细故酿命案。税务司以一外洋人，敛怨于众，万一事起仓卒，地方官无从保护。不但有碍关税，且恐牵动全局，此不可不深虑也。臣亦知时局艰窘，贷债莫偿。凡可以筹措之处，当设法凑集以成。然为帑藏计，必得数百数十万始能有济，若邮政局所入亦甚微矣。查粤海四关，自正月初一日至月底止，省关所收信资一千零七元，潮州关二百九十余元，北海关一百三十余元，琼州关一百余元，共一千五百余元，七折合库平一千零数十两。除补水一成，每月尚不及千两，综计一年不过一万余两。江海繁盛之区，以上海、汉口、广东为巨镇，粤海四关所收止此，则他关可想矣。我朝政尚宽仁，苟利于民，无不立沛恩施，发帑数百万不惜。今即匮乏，奚须此涓滴以助沧海？合无仰恳天恩，特降德音，将邮政局一体裁撤。如主计者以此款必不可少，臣请每年筹一万余金解部，为粤东商民免此扰累。他省收数，臣不得知。可否请旨，饬沿江滨海督抚，体察情形办理。

臣为俯顺舆情、免滋烦扰起见，谨缮折具陈，伏乞皇上圣鉴训示。谨奏。

302. 奏闱捐拟办情形片 光绪二十三年二月十四日

再，广东闱商，向来狡黠，饷多拖欠。初届商人张荣贵，经前督臣李瀚章押追始清。二届刘学询欠至一百三十余万，经臣参革后，始陆续缴足。去年值更换之期，经臣饬令缴现银百六十万两，方准承充。盖有鉴于前两届之积弊也。嗣准户部咨，议覆御史杨崇伊①整顿闱捐一折，声明报效一款。如缴不足数，即行革退。以所缴之银充公，业已转行遵照。而该商蔡绍德等屡催不应，十月即应革退。该商在善后局自具甘结，如年终不能缴清，情愿革退，所缴之银充公。今已无力措缴，自应革去，另招新商。第款巨期迫，恐商力不及，故减为先缴百万，余分限措缴。如月底无人承充，即改由官办。查闱捐以子厂为最要，所定收捐章程，极为详密，毫无弊端，故民间深信不疑。而严禁私设子厂，仍须官为弹压。若由官办，其事甚便。但得一二廉明委员，督饬司事妥为经理，收取本科文武乡试及明年文武会试四场闱捐，所得必较寻常加倍。容臣与抚臣、司道等细商办法，再行具奏，请旨遵行。

谨附片陈明，伏乞圣鉴。谨奏。

朱批："户部知道。"②

303. 目疾增剧恳准开缺折光绪二十三年二月二十九日

奏为微臣目疾增剧，不能视事，吁恳天恩，俯准开缺回籍调理，并请迅简两广总督，以重职守，恭折仰祈圣鉴事。

窃臣自前年夏入粤，时值酷暑，湿热薰蒸，目光渐暗，不但不如在京时，抑且不及在闽时。去冬肝气上升，时有眩晕之证，

①杨崇伊，江苏常熟人，字莘伯。光绪进士。授编修，任广西道监察御史。李鸿章之姻亲。光绪二十一年底（1896 年初）弹劾强学会"植党营私"，贩卖西学，攻击《中外纪闻》以毁誉为要挟，请饬查禁。又劾文廷式广集同类，议论时政，致文被革职驱逐。二十四年百日维新期间，阴谋阻挠新政。迨礼部六堂官被革职，和怀塔布先后由京赴津，与荣禄密议。旋返颐和园，请慈禧"即日训政，以遏乱萌"。戊戌政变后屡次奏称康梁"奸党"甚多，且孙文尚在，当"嗅防后患"。疾视革命甚力。

②据《光绪朝朱批奏折 · 财政 · 捐输》第 80 辑第 540 页原折补入。

忽发忽止，目亦忽暗忽明。近则数步外，不辨人眉宇。公牍小字，以显微镜照之，尚觉模糊。心愈焦急，目愈昏蒙。医者谓当息以静养，非数月所能奏效。伏念臣辱叨知遇，忝膺疆寄二十余年，未报涓埃，时深兢惕。际此时局日艰，正臣下卧薪尝胆之日。凡有天良，孰敢自耽安逸，只便私图。况臣年七十有六，去日苦多，此身尚何足惜。无如福薄灾生，天夺之鉴，受恩深重，欲报未能，此臣所日夜旁皇不能自已者也。海疆僻处，风俗浇漓，民贫盗多，劫掠时有。两年以来，设法严惩，拿获著名匪首数十名，地方稍靖。而余党未净，尚待抚循。交涉事繁，动辄挟制。曲意弥缝，于心实多未安。自顾衰庸，万难胜任。吁恳天恩，准臣开缺。旋里就医，并请迅简贤能总督，以固边隅。臣不胜悚惶待命之至。

谨缮折具陈，伏乞皇上圣鉴训示。谨奏。

304. 三水设关应归何员专管请旨定夺折

光绪二十三年三月十二日

奏为广东三水县设关通商，应归何员专管，请旨定夺，恭折仰祈圣鉴事。

窃臣钟麟于本年正月二十七日接总理各国事务衙门函开，西江通商，梧州关以桂平梧道管理，三水关应以广东粮道管理为宜，即经遵照饬办。二月初八日，总署电催速派粮道与税司酌议布置一切。初十日，复接总署来电称，不派粮道，嘱与粤海关监督会商奏办。臣钟麟以各省皆系关道，经理税务，兼办交涉事宜。今派监督，似近更张。随即电请总署、户部会奏，请旨遵行。如派监督，则以后交涉事件，令其一手经理，庶有责成。旋接总署电复，归监督管理，系专指税务而言。交涉事件，应否仍派粮道经理，嘱即会同抚臣分别奏办。臣等伏查内江开关，与广东琼、廉、潮各海口情形有别。各省内江均用关道。从前如镇江、芜湖、汉口、重庆，近时如苏州、杭州交涉税务，均由关道经理。原为事权归一，则呼应灵通。若税务归监督，则粮道有关道之名，而不办关税之事。循名责实，似觉未符。监督仅管税务，而不管交涉各事。办理两歧，殊非久远之计。究应派何员管理，臣等未敢擅请。相应据实奏明，候旨定夺。至粤海关监督所称，三水开关，则海关税必减色。藩司、厘金局则称，开关后，内江厘金必至减半，各以解款无着为虑，均属实在情形。惟关税与厘金同为公款，此赢彼绌，于公家并无出入。海关厘局岁征若干，均报部有案。由前证后，赢绌立明。三水关创办之初，征收尚无把握。拟请俟开关后，查核一年收数，照常税、厘金各数目，按成分拨，庶几两得其平。

是否有当，谨合词恭折具陈，伏乞皇上圣鉴训示。谨奏。

朱批："该衙门速议具奏。"①

305. 修制外海轮船请旨敕部立案折光绪二十三年三月十二日

奏为修制外海轮船需用银数，请旨敕部立案，恭折仰祈圣鉴事。

窃照广东省前有广甲、广乙、广丙三号兵轮，嗣经北洋调去，皆毁于兵。其余小轮船只能内港内洋行驶，不能远出外洋。而裁遣营勇、巡缉海盗及一切征调转运，均非大兵轮不可。臣于光绪二十一年四月抵任后，将小轮酌量裁汰，以节经费。另调福建省伏波轮船，来粤应用。维时该船正在马江船厂修理，费工料银一万九千余两，由粤拨给，工竣来粤。月支薪粮等项数目，附片奏明在案。惟伏波船自光绪十一年大修一次。二十一年，仅修换锅炉等件。现在汽机损伤已甚，船舨渗漏亦多。迭据该船驾弁林高

①据《光绪朝朱批奏折·财政·关税》第73辑第536页原折补入，光绪二十三年三月十二日。

辉禀请赴闽修葺，查系实情。已咨会总理福建船政臣裕禄[①]酌核赶办，然必需数月始能葳事。查前裁小轮船内有广镜一艘，系光绪七年购自外国。船身较小，而机器钢板均尚可用。因就其旧材，改制外海轮船，名曰“南武”，以备调遣。经善后局司道派员前赴香港船厂确估定议，该船身长一百六十英尺，面宽二十七英尺，舱深一十五英尺，配双轮机器两副，计实马力一百二十匹，每点钟行一十海里，共需工料等银二万五千余两。较新购之价，相去倍蓰，而机件亦借免废弃，洵属两得其宜。据广东善后局司道员详前来。

除工竣验收起支薪煤，另行造册咨部外，所有修制外海轮船缘由，谨会同广东巡抚臣许振祎缮折具陈，伏乞皇上圣鉴，敕部查照立案。谨奏。

306. 覆陈广东省裁减兵勇节饷数目折光绪二十三年四月二十八日

奏为广东省裁减兵勇节饷数目，遵旨据实覆陈，恭折仰祈圣鉴事。

窃臣等于本年三月二十七日承准军机大臣字寄光绪二十三年三月初四日奉上谕：“近因库款支绌，各省亦筹解维艰，经户部先后奏请裁减绿营七成，勇营三成，叠经降旨，饬令遵行。上年十一月初二日，复通谕各直省将军、督抚，不论勇营、绿营，均应大加裁减。兹据户部奏称，自行知各省以来，或请将兵额酌裁，

①裕禄（约1844—1900），满洲正白旗人，喜塔腊氏，字寿山。崇纶子。以刑部笔帖式历官郎中。同治六年（1867）出为热河兵备道，次年为安徽布政使。同治十三年擢安徽巡抚。光绪十一年（1885）署湖广总督，十三年实授。十五年调为盛京将军。十七年热河金丹教发动反教会斗争，裕禄派兵镇压。二十三年改授四川总督，未任。次年召为军机大臣、礼部尚书兼总理各国事务衙门大臣。旋任直隶总督兼北洋大臣。义和团运动兴起后，先主镇压，曾捕杀义和团首领。后又主“抚”，传集义和团配合清军阻击联军北上，并攻打天津紫竹林租界和保卫天津。天津城陷，被革职留任。七月与联军战于北仓，兵败自杀。

尚无成数，或仅裁绿营二三成，所裁勇营，更属寥寥无几。似此敷衍塞责，有名无实，何济于事？各直省将军、督抚奉到此旨，统限一月内将裁减兵勇若干，节省饷银若干，条分缕晰，切实覆奏。所留兵勇，务当精选训练，镇抚地方。等因。钦此！”遵旨寄信前来。当经恭录转行钦遵。臣等伏查广东岁出之款，除京饷、协饷外，藩库以旗、绿兵饷为大宗，善后局以水陆营勇薪粮为大宗。每岁需三百余万，加以派还洋款，代还华款，出入相权，岁短一百余万。藩司职任度支，筹思无策。日与臣等仰屋兴嗟，凡可以节省饷需者，莫不筹画详尽。况裁兵裁勇，屡奉部催，岂有敷衍塞责之理？而体察情形，揆度时势，有不能不分别办理者，敬缕晰为我皇上陈之。查广东南雄与江西接壤，韶州与湖南郴、桂接壤，高州石城与广西博白逼近，肇庆、阳江与苗疆八排瑶逼近，钦州则界连越南，琼州则境邻黎峒，此数处无时不加意防备。前人设立制兵，多于他处者，具有深意存焉。同治间，已裁制兵三成，上年又裁二成，计裁兵一万三千五百七十余名。有闰之年，可节省额饷草折二十万六千七百余两，此裁节兵饷之数也。广东前办海防，营勇三万余。臣钟麟抵任后，复将不得力者严加裁汰，酌量另募。计二十一年起至二十三年四月止，实裁减勇一万余，每年可省饷银五十八万八千余两，此裁节勇饷之数也。绿营积弊，天下皆知。然饷干本薄，势难以责勇者责兵。如守城、护饷、解犯等事，亦非防勇所能兼顾。且汛卡虚悬，则宵小溷迹。屏除太骤，则哗噪堪虞，此时实难再行裁撤。惟通饬各营将领，以后兵丁因事革除，即悬缺不补。行之数年，不裁自少。营勇现存一万余名，九千余名粤勇居多，楚勇仅止两营。无论边防、海防，绸缪宜亟。斗案、教案征调不遑。现在高、廉、雷、琼交界地方，土匪戕杀炮勇、团勇，蠢然欲动，已派数营驰往查办。无事则嫌其多，分布又觉其少。将来能否再裁，容臣等随时察酌，奏明办理。

除饬藩司、善后局将裁减兵勇节饷数目，详细造册，咨部查照外，臣等谨合词恭折覆陈，伏乞皇上圣鉴训示。谨奏。

307. 查明广西边防炮台工程并酌减饷数折光绪二十三年五月十二日

奏为遵旨查明广西边防炮台工程并酌减饷数，恭折覆陈，仰祈圣鉴事。

窃臣于本年二月十五日承准军机大臣字寄光绪二十三年正月十九日奉上谕："苏元春奏，广西边防修筑炮台工竣，请派员验收等语。此项炮台办理是否核实，着谭钟麟拣派熟习工程大员，迅速驰往广西龙州一带地方，详细履勘，据实覆奏。另折奏，边防四营，骤难裁减等语。着谭钟麟体察情形，一并查奏。等因。钦此！"遵旨寄信到臣，当即钦遵，拣派广东候补道萧丙堃驰往广西龙州一带，详细履勘炮台工程，并查覆边防布置情形。兹据萧丙堃禀覆前来。臣悉心查核，广西龙州一带边防，修筑大炮台三十四座，中炮台四十八座，碉台八十三座。委员所勘，与提臣苏元春移送图式相符。据萧丙堃面禀，周历履勘，委系工坚料实，远近形势相联，大小高下得法，规模大备，战守有资。现取具承修武弁、监工、文员等印甘保固各结，加具验收印结呈缴。提臣苏元春办理此项工程，极为核实。所称尚有未领修费，由部核议。至边防勇饷，彼此各有为难情节。抚臣史念祖与提臣苏元春原奏，均极详明。臣覆加体察，沿边千七百余里，隘口百七十余处，炮台百六十余座，与法弁分设对汛八隘，并新增九特隘一处。强邻逼处，节节须防，二十营合之见多，分之见少。提臣苏元春躬膺督办，请免裁减，实亦不得已之苦衷。而广西素称瘠区，防营月饷恃各省协济，而常苦短解。即如广东岁协十二万金，近因凑还洋款，奏明减解四万。他省协饷，大可想见。抚臣史念祖仰屋兴嗟，舍减营别无良策，初非别有意见也。查湘军营制，有改营为旗之法，有行粮、坐粮之分。提臣苏元春来函，亦有每营抽减两棚之议，是其兼顾大局，并非偏执己见。边军二十营，全年需饷四十三万八千余两，视湘、淮两军为最少，本属无可节省。而边防吃重，减灶殊难。臣愚昧之见，拟请旨敕下广西抚臣，每年筹给边饷四十万两，岁省三万八千余金，稍资挹注。各营弁勇，应如何裁改匀扎，由提臣苏元春自行酌度定章，咨明立案。庶营不更张，勇有的饷，于防务甚有关系。是否可行，伏候圣裁，饬遵办理。

所有查明炮台工程酌议节饷缘由，恭折覆陈，伏乞皇上圣鉴训示。谨奏。

308. 石城等县会匪滋事派营拿办折 光绪二十三年五月十二日

奏为广东石城等县会匪滋事，派营拿办情形，恭折具陈，仰祈圣鉴事。

窃照广东高州府一带，向有三点会名目，散则为民，聚则为匪。迭经饬属拿办，未能尽绝根株。本年三月十一日，高州府属之石城、雷州府属之遂溪两县，会匪啸聚，以复仇为名，拥至石城县辖安铺炮台，杀伤台勇毛经等六名。十九日，有千余人至附近横山团局，杀毙局勇黄锦灿、赖亚四二名。抢掠军械，张贴伪示。该处为高、廉、雷、琼四郡交界，又毗连广西博白县。人心惶惧，道路戒严，电线被匪割断。地方文武电报于是月二十四五等日始行到省，臣等立派副将江志、邓经权，都司莫善积各带营勇，乘轮前往拿办。并电饬署琼州镇总兵武万才管带镇标练兵及琼州防军各一营，就近驰往。北海镇总兵刘邦盛闻报，亦率兵先至。旬日之间，兵勇云集。该匪本无巢穴，夜聚昼散。官军一至，即涣然逃匿。各属拜会之案，无处不有。其中多被诱胁，未便玉石俱焚。遂电饬道府，督率各县商同正绅，各清各村，指实首从各匪。由弁勇分途严拿，无论会不会，只论匪不匪耳。旋据总兵武万才等陆续报获著匪二百余名，起出火药、军械多件。并查悉匪首刘芝草，又名吉六，伪号大王主。匪党有军师、元帅、将军等伪号，半已就擒。由臬司派委候补知县周经樾前往，会同地方官审明甘心为匪、劫掠有案者，先后正法一百四十三名，有伪二王温大文、伪三王刘狗仔，现亦就获，另饬审办。并勒拿匪首刘芝草及在逃著名各匪，不获不止。此次除恶务尽，以期一劳永逸。俟查办事竣，拟择紧要处所派扎一营，随时听各道府商调。何处有匪，即往何处捕拿，不得株守一隅，亦不得零星分扎，无事即回防操练，以资镇慑。

所有现办情形，谨合词缮折具陈，伏乞皇上圣鉴训示。谨奏。

309. 广西游匪滋事窜扰滇黔拟办情形片

光绪二十三年六月十一日

再，广西边外游匪，扰及泗城府属之西林等县。经提臣苏元春派总兵马盛治、梁效贤率勇二千余驰往剿办。迭据各营电报，多有斩擒，并获戕害洋人之匪首曾国良、蓝亚丙等，搜得洋书、衣帽、马鞍等件，其为杀毙教士之匪首无疑。旋据泗城府知府王方田电称，匪已败窜出境。马盛治驻渡口，以防滇界。梁效贤驻旧州，以防黔界。王方田率勇清查境内余匪，俟两省兵到会剿。等语。臣谓越境剿贼，即自固藩篱之策，我军乘胜跟追，贼必无回窜之理。滇黔穹远，黔省兵力甚单，征调难齐。若待三省会集，必误戎机。当以此意，电商抚臣史念祖、提臣苏元春，严饬马盛治直捣土富州，能一鼓歼除为妙，抚臣、提臣亦以为然。迨马盛治抵土富州，匪已分窜入山，而滇军亦到。梁效贤在旧州接黔省安义镇总兵蒋宗汉函称，兴义县有游匪数百，肆劫焚掠甚惨，请督队入境协剿。抚臣、提臣已饬梁效贤无分畛域，前往剿办。臣窃计三省边界，延袤千数百里，皆山深箐密，搜捕不易。粤兵虽已越境，而主客情殊，恐与滇黔互相观望，如嘉庆年间川陕楚教匪滋事，三省会剿，各顾边境，东击西窜，扰攘数年，始得肃清。糜饷无算，兵力疲乏，民气萧然，以各军不相统一故也。此次似宜专派一将统率主客各营，分投入山，且剿且抚，或可迅速奏捷。

山中无处觅食，宜令就近州县买粮转运，以资宿饱。

臣愚昧之见，是否有当，谨附片具陈，伏乞圣鉴训示。谨奏。

310. 覆陈广东员弁被参各节折光绪二十三年六月十五日

奏为遵旨查明广东员弁被参各节，据实覆陈，恭折仰祈圣鉴事。

窃臣等承准军机大臣字寄光绪二十三年三月初五日奉上谕："有人奏，广东盗贼充斥，由于地方官纵盗殃民，请饬查办一折。据称，广东南海等县抢劫重案，层见迭出。署南海县知县黄恩、三水县林兆镛、花县知县祝抡望，均有纵盗殃民确据。长宁附近地方土匪，时复蠢动等语。盗贼肆劫，全在地方官认真缉捕，方能消弭隐患。若如所奏情形，该省捕务废弛，已可概见。着谭钟麟、许振祎按照所参各节，确切查明，据实奏参。并通饬所属地方文武认真缉捕，倘敢仍前废弛，立即从严参办，毋稍宽纵。另片奏，督标亲军参将张钟拘人治罪，几至激变。南海县知县李征庸，于历署揭阳等县任内，纵令其子李准出外招摇，该令并有放出犯人得贿巨万情事。已革知县潘泰谦在省逗留钻营，并推荐家丁于新任南海县知县署内通信图利等语。着该督抚查明参奏，毋得偏袒。至潘泰谦既系革职人员，自不应逗留在省，着即驱逐回籍。原折片均着钞给阅看。将此谕令知之。钦此！"臣等当即钦遵转行藩、臬两司，惠潮嘉道府、广州府将原参各节确查禀覆。

兹据藩司张人骏、臬司魁元覆称，原参南海县前年报劫一百四十余起，去年每月二十余起，商民畏累不报，抑勒事主改劫为窃一节。查南海劫案，城内设有代报局，遇有失事，准其报局，由局绅报县。原以防事主畏累不报之弊，县中何从抑勒？

又原参署南海县黄恩于雅瑶乡黄姓被劫，拒毙事主二命，委员代验，因需索不遂，辄以无可相验申覆一节。查事主黄廉举等原报，光绪二十二年八月初四日夜被劫，拒毙乡勇潘润、更练黎翰二命。黄恩往验，潘润等先已殓埋尸，亲结求免检。黄恩照例准免，勘讯通详，并无委验勒索情事。

又原参南海县署前开设番摊，为前定安县李家焯所带营勇纠抢，枪毙县役一名，补银一千圆了结一节。粤东赌风素炽，旋禁旋开。卓勇、县役拿赌互斗，难保必无，但县前枪毙县役，如何了结，何人出银，初未闻有此事。

又原参藩署前街连劫两次，迄未破获一节。查上年五月，有人在藩署前钟表店买有时表，出门未远，被匪夺去，由县饬缉未获。十一月，有刘亚闰买得丸药路过，被匪徒手抢夺，将匪扭获解县，讯明惩办，所参连劫，殆即指此。

又原参南海县署上年九月初九日越狱六十余犯，仅获十余名一节。查南海县系省会首邑，重犯越狱，岂能隐讳？黄恩署任内并无其事。惟距县署半里之大有仓，向系磡犯。上年九月初九早，磡犯何亚权等乘间跑逃，黄恩督率差役先后拿获何亚权等二十七名，提同看役，讯非贿纵，分别革办。所称越狱者，此也。

又原参三水县林兆镛每遇报劫，必查事主、乡族各户钱粮，清完方准收呈，否则押令事主代完，事主畏累，饮恨吞声一节。查该县呈报盗案，亦由局绅代递，不须事主亲到。林兆镛任内，并无上控留难事主押令完粮之案。

又原奏花县著匪张环之兄张益，经县绅捆送。该县祝抡望为张环大言恐吓，遽行释放。反押生员任尚荣、任其琛，诬为庇匪。任尚荣贿银五百两得释，任其琛严押毙命。事后，挟令任尚荣具领医调，以图灭迹。现闻张环已被安勇格毙，恶党李鲤鱼仔、钟豆皮有等仍踞匿花县、清远等处一节。查花县著匪张环、任大牛利、李鲤鱼仔三人各为一党，钟豆皮有与张环合伙。上年七月，该县祝抡望请兵剿捕，将张环胞兄张益带案押交。嗣张姓耆老张谦成等，以张益平日安分，禀准保领，非为张环恐吓释放。又任大牛利一犯，系族绅任其琛等庇匿，祝抡望先将任其琛带回勒交，因病交任尚荣保出医调，在保病故，并非押毙。任尚荣亦因庇匪，交学看管，由廪生任聚章保出，科试，试毕避匿。该县现尚催传，自非行贿得释。张环旋经营勇格毙，钟豆皮有、李鲤鱼仔亦获案正法，任大牛利投营充线。现在花县、清远等处，匪已敛迹，祝抡望于捕务尚属认真，自非纵盗殃民可比。

又原奏长宁附近土匪，倏聚倏散一节。查长宁县属向少匪案，惟上年连平州著匪吴南斗潜回原籍，由州禀准派营会拿，勇役跟踪至江西信丰县地方，将吴南斗击毙，并获伙犯吴社安等解回惩办。连平与长宁毗连，所称附近土匪，殆谓此也。

又原奏贼渠孙文、杨衢云尚未弋获，时复蠢动。去年传闻有洋枪二万杆，由澳门等口私运内地一节。查孙文、杨衢云前谋不轨，事后逃赴外洋，迭拿未获。去年谣传有匪运洋枪之说，经冯占魁搜获两起，解存军械局。其由澳门等口入内地各船，均由拱北关税务司稽查，十分严密，洋枪多至二万杆，岂能掩人耳目？上年十月，臣钟麟照会香港、澳门洋官，凡买军火，必有地方官公文，民间不准私贩军火出口，至今尚未开禁，安有私运入二万杆入内地之事？

又原参前年有官员路触楚军，被扭挫辱。去年冬月，在小市街殴打行人，营官参将张钟竟起多人追斩安勇，捉去布店二人，复拘人治罪，几至激变一节。查守备张钟并非参将，初带督标亲军，后派管带省河轮扒船缉匪，其亲军由周长胜接带。二十一年秋间，有乘肩舆者，途遇营勇肩挑食器，被舆夫碰损，彼此口角，经乘舆者令舆夫酌赔了事，并无扭辱之说。二十二年十一月十五日，亲军数人挑柴经过小市街，与卖菜人互碰相争，巡勇上前劝解。因言语不通，疑误互斗殴。街坊恐歹人乘机滋事，将街闸关闭，行人拥挤嘈杂，经地方文武弹压解散，即照常买卖，何至激变？勇与勇因细故打架，是常有之事。此勇为周长胜所带，张钟出为劝解，何故追斩安勇，捉布店二人治罪，必无此情理。且安勇尚存三千余人，无端被斩，岂能甘休耶！

又原参已革知县潘泰谦在省逗留钻营开复，其旧家丁，多荐入新署南海县黄恩署内用事，勾通图利一节。查潘泰谦业已离省，既未开复，自无钻营。该员前署南海，与黄恩相隔数任。官已参革，安能多荐家丁？即黄恩任内，亦无家丁被控勾串诈索之案。

又原参南海县李征庸前任香山，有刘姓孀妇积有资财，为夫弟侵占，受贿五百，断归夫弟，致妇自尽一节。查李征庸署香山县任内，有孀妇刘庞氏与夫弟刘展鹏争产互讼。李征庸谕令由族绅理处，令刘庞氏之子刘玉埙等补银二千二百两完结，禀县销案。既非由官审断，刘庞氏亦未自尽，与原参情节不符。此外，别无刘姓叔嫂争讼之案。

又原参李征庸在南海县任内，无论案情大小，先押候保所，任令门丁讲通门头礼。又纵其子出外招摇串索，有虎李大少之名。前年十一月撤任，仍下乡征粮，务饱囊橐。冬间，共放出犯人八十余名，得贿巨万一节。查李征庸南海县任内，并无被控得贿偏断及在候保所被索之案，亦未闻其子招摇串索及虎李大少之名。前年十一月二十日，藩署牌示，南海县委黄恩署理，李征庸垫解省米等项，不能不赶紧征还，故仍下乡征粮。冬间所释人犯，调查案卷，或由香港等处解省保释，或因赌窃枷责发落，或因案带审患病保医。该犯皆无赖贫民，何从索贿巨万？

又原参李征庸署揭阳时，伊子李准捐纳道员，强奸林姓妇女，将其夫枷号重责，合邑哗然。有黄、许、郑三姓钱债兴讼，勒贿五万余金一节。饬据惠潮嘉道联元、潮州府知府李士彬覆称。查李征庸到揭阳署任，旋即丧妻。其子李准回籍葬母，返署已值卸事。访之县绅林伯处等，佥称林姓妇女并无被李准强奸、枷责本夫情事，其黄、许、郑三姓，各因钱债互控。被控者有黄深立、苏祖如互控钱债一百圆，黄泰丰控蔡德丰欠银三百余两，吴武合控黄亚嚷欠银七百五十圆，黄璸藻控张诗赋长收银一百五十余两；许广茂昌控王玉喜欠银一百六十余圆，江建业控郑字信、郑字智各欠银三百五十圆。各案统计控数尚不及二千金，向谁勒贿五万余金？此外，亦无黄、许、郑三姓合控钱债之案。想系传闻失实，先后具禀前来。

臣等详阅藩、臬两司暨惠潮嘉道府覆查，原奏各节，或事出有因而情节支离，或并无其事而牵引附会，多系传闻之讹。与臣等所察访相同，无可置议。惟盗风未息，地方官缉捕不力，咎实难辞。谓皆纵盗殃民，其居心未必若是。第积习已深，因循玩愒，虽雷厉风行，严札催办，迄不能振，竟似麻木不仁之病。如南海县知县李征庸，前年冬，城外有白日抢夺之案，三次谕催，稳阁不办，亦不覆禀，经臣钟麟将其撤任。臣振祎到任，李征庸言其被撤之枉，种种闲话，播弄是非，细查尽属子虚，无非意存挟制。该员已捐道员，在任候选。似此居心险诈，胆大妄为，何能胜监司之任？相应请旨，将在任候选道李征庸开去南海县缺，降为通判，归部铨选。此后各州县如有玩视捕务情事，即行严参，免误地方。

所有臣等查明原参各节，理合恭折覆陈，伏乞皇上圣鉴训示。再，此案因省外府县辗转详查，以致覆奏稍稽，合并声明。谨奏。

谭文勤公奏稿卷十九

311. 假满目疾未痊恳准开缺回籍医调折

光绪二十三年六月十九日

奏为假期已满，目疾难痊，吁恳天恩，俯准开缺回籍调理，并请迅简两广总督，以重职守，恭折仰祈圣鉴事。

窃臣前因目疾增剧，奏请开缺。三月初十，差弁赍回原折，奉朱批："着赏假两月，毋庸开缺。钦此!"跪聆之下，感激涕零。伏念臣以菲材，渥叨恩植。忝膺疆寄二十余年，未报涓埃，时深惭悚。际此时局，内修外攘，补救不遑。臣具有天良，岂敢萌苟安自便之念！无如向有肝疾，上热下寒，处此炎方，暑湿蒸灼，心愈焦急，目愈昏蒙。断非数月所能就痊，合无仰恳天恩，俯准给假一年，俾臣得回籍医治。傥蒙福庇，目光稍复，仍当泥首宫门，求赏差使。万不敢久耽安逸，自外生成，所有两广总督员缺，应请迅赐简放，以固边圉。臣不胜悚息待命之至。

谨具折沥陈，伏乞皇上圣鉴训示。谨奏。

312. 目疾未愈先行销假折光绪二十三年七月十三日

奏为微臣目疾虽未全愈，而公事仍须亲为批判，应请先行销假，以慰宸廑，恭折仰祈圣鉴事。

窃臣前因暑湿薰蒸，目力增蒙，深恐日甚一日，贻误公事，两次奏请开缺回籍医治。仰荷鸿慈，先后赏假四个月，毋庸开缺。天恩优渥，无以复加。感激涕零，不知所报。伏念臣才疏德薄，服官中外四十余年，劳怨不辞，浮言不恤。惟恃圣明在上，洞烛靡遗。臣于假期内，一切公事，亲笔批判。行之司局，共见共闻。属员有事，随到随见，未尝以请假谢客。现值惠潮土匪肆扰，民情惊惶，派勇拨兵，刻不容缓，势不能待假满始行办理。因约提臣张春发来省，面商机宜，率兵前往查办。但冀秋后凉生，目力能稍复旧。惟有殚竭血诚，力图整饬，以慰朝廷廑念岩疆之至意。

所有微臣先期销假缘由，理合缮折具陈，伏乞皇上圣鉴。谨奏。

313. 拿获会匪首要出力员弁恳恩奖励折

光绪二十三年七月十九日

奏为广东石城等处会匪已拿获首要惩办，余党解散，地方安谧，将尤为出力员弁，请旨酌奖，以示鼓励，恭折仰祈圣鉴事。

本年三月间，广东石城、遂溪两县有三点会匪啸聚滋事，臣等立派署琼州镇总兵武万才等，统带营勇驰往拿办。先后报获著匪，审明正法者一百四十三名。首逆刘芝草在逃，严饬各营四出兜拿。经臣等恭折具奏，当奉寄谕："览奏均悉。匪首刘芝草及著名各匪，尚多在逃，着谭钟麟等严饬在事各员，认真拿办，以期迅绝根株。粤东寇盗充斥，会匪名目繁多，地方官防范稍疏，即虞蠢动。嗣后该督等务当严饬地方文武，遇有匪徒窃发，即行迅速捕拿。总期消患未萌，毋令潜滋暗长，是为至要。等因。钦此！"臣等即恭录转行，钦遵办理。据总兵武万才等禀，查此种会匪，散处高州、廉州、雷州三府属之石城、遂溪、吴川、茂名、化州、合浦等州县，而石城一县为最多。匪首刘芝草即吉六，原籍化州，迁居石城安铺地方，党与颇众。本年三月二十日，集众拜会，被诱胁者数千人，夜聚昼散，张贴伪示，勒派铺户出资，遣党至香港购买军火，约期起事。迨官军云集，始纷纷逃匿。当在安铺拿获伪二王温大文、伪三王郑狗仔二名，各营又分投擒获伪四王曹广西、伪八王李有光、伪元帅黄廷光等，及三四五伪职郑德兴等并行劫著匪，由印委各员先行审明，禀准正法一百七十七名。其情罪较轻者，发交地方官分别镦禁，取保管束。匪首伪大王刘芝草被拿穷蹙，率党百余人窜广西博白县属松山地方。武万材悬赏银二千圆，先派守备王肇元，继派游击邱青魁、哨弁何荣升带勇追至松山。该匪首被击，回窜合浦县属之公馆地方。北海镇总兵刘邦盛所派守备梁义忠与把总王广竹、外委王紫衔、绅士李定桢等踵至，于五月十七日将刘芝草即刘吉六擒获。验明假镶眼珠一颗，与独眼之名相符。解武万才行营，讯认为首谋逆不讳。经臣等饬将该首逆极刑处死，远近称快。逆子年甫五岁，发县圈禁。俟及岁时，照例办理。此外，各府县捕获著匪、审明正法亦复不少。现在地方一律安谧，先后禀报前来。臣等查此次会匪党类繁多，踪迹诡谲。该处界连两省数郡，仓卒起事，四路惊惶。幸各军乘轮疾至，将士用命，得以迅就扑灭，歼厥渠魁。石城为适中之地，现留扎一营，会同各文武搜缉余匪，镇抚地方，可期相安无事。所有在事出力各员弁，相应择尤请奖，不敢稍涉冒滥。署琼州镇篆留粤总兵武万才、北海镇总兵刘邦盛，均拟请旨记名，以提督简用。管带安勇广西梧州协副将江志，请以总兵尽先补用。管带喜字营游击用广东南韶连镇右营都司莫善积，帮带精选营尽先游击邱青魁，均请免补游击，以参将补用。都司用督标尽先守备署北海镇左营守备梁义忠，请免补都司，以游击补用。署海口营守备尽先千总王肇元，请免补守备，以都司补用。局绅六品顶戴廪生李定桢，请以教谕尽先选用。广东候补知县周经樾，请免补本班，以直隶州知州留原省补用。出自逾格鸿慈，其余分别咨奖外奖，以示鼓励。

除饬开履历咨部外，臣等谨合词缮折具陈，伏乞皇上圣鉴训示。谨奏。

朱批："另有旨。"①

314. 广东惠潮各属械斗现派大员查办折

光绪二十三年七月二十三日

奏为广东惠潮各属械斗，土匪助斗肆劫，现派大员查办，以消内患而挽颓风，恭折具陈，仰祈圣鉴事。

窃据潮州府属绅耆在籍主事钟倬芳、举人李芳兰等数十人联名来省，呈称：潮属民情犷悍，从前枪劫、械斗，相习成风。同治七年，经前大学士督臣瑞麟奏派前提臣方耀统兵三千余人，由惠州之陆丰县办起，次年移兵驻潮，挨县清查。获匪数千，尽法惩治。蛮乡悍族，方知畏法，风气为之一变。时阅三十年，积久玩生，渐萌故态。劫掠斗掳，无时不有。各印委查办，率以交犯、缴械了事。匪固诛不胜诛，官亦参不胜参。近如揭阳、普宁林、周两姓互相械斗，伤毙多人。潮阳、丰顺、饶平各县等处，亦迭出斗案。尤可恨者，惠州府属陆丰、海丰等处，有红、黑旗匪，各分族类，专以受雇帮斗为事，名曰铳手。此造雇红旗，则彼造雇黑旗。铳手一到，则主人欲不斗而不能。所在肆行焚杀，乘机劫抢，掳辱妇女勒赎。官至则抗官，兵单则拒捕。若非临以大兵，澈究严办，地方将不可问。等情。并据潮州镇道府将阖郡绅耆联名呈词禀请核办前来。臣等与司道悉心筹商，石城等处会匪，业经办竣，防勇可以抽拨。陆路提督臣张春发治军有年，威信素著。上年办理惠州土匪，颇著成效。当电致提臣来省面晤，商酌办法。提臣自有三营，添派安勇两营，喜字一营，统归提臣督率，前往认真查办。先将红、黑旗帮斗铳手，悉数歼除，次按各县各乡清查积年著匪，审实严惩。责成亲族，约束子弟，不得借端滋事。庶几顽民畏法，良民得稍乂安，冀可一劳永逸，以仰副圣主绥靖

①据《光绪朝朱批奏折·军务·人事》第45辑第826—827页原折补入，此折系与广东巡抚许振祎联衔上奏，光绪二十三年七月十二日。

海疆之至意。

除以后办理情形随时奏报外，所有派员查办潮州匪乡缘由，谨合词缮折具陈，伏乞皇上圣鉴训示。谨奏。

315. 颁赏《平定陕甘新疆回匪方略》《平定云南回匪方略》[①] 《贵州苗匪纪略》[②] 谢恩折光绪二十三年九月十二日

奏为恭谢天恩，仰祈圣鉴事。

光绪二十三年九月初一日折弁回粤，赍到钦颁《平定陕甘新疆回匪方略》《平定云南回匪方略》《贵州苗匪纪略》各一部，臣当即望阙叩头祗领。钦惟皇上德盛化神，仁育义正。抗威棱而缵绪，奠寰宇以销兵。不图回逆猖狂，竟致重劳挞伐。宸谟广运，兴师叶地水之贞。神武维扬，遣将奏天山之捷。既削平夫关陇，遂勘定夫滇黔。金瓯缺而复全，笳鼓鸣而旋息。先后圣机宜密授，树三十余载之丰功。左右史编纂成书，订四十一函之巨典。宠颁中外，震铄古今。臣昔守玉门，窃附见知闻知之列，顷窥琼笈，重睹丕显丕承之规，从此遐方得瞻伟略。欢欣无极，钦佩莫名。

所有微臣感幸下忱，谨缮折恭谢天恩，伏乞皇上圣鉴。谨奏。

---

①《平定云南回匪方略》，清代官修。奕䜣领衔修撰，李岷琛等总纂。五十卷，卷首一卷。成书于1896年（光绪二十二年）。收录从1855年10月至1879年11月（咸丰五年九月至光绪五年十月）有关云南回民起义及清廷镇压这次起义的奏折，是一部按年月日排列的奏折汇编。所录奏折对起义诬蔑歪曲，文字亦有所删节，但也从侧面反映了起义的经过，是研究云南回民起义的重要史料。

②《贵州苗匪纪略》，清奕䜣等奉敕修，陈邦瑞等总纂。四十卷。为清廷有关贵州苗民起义及镇压起义的奏谕汇编。首有光绪二十二年（1896）御序。收录起咸丰五年（1855）五月，迄光绪七年二月，凡二十六年，皆按年月日序排列。全书于贵州苗民起义多所诬蔑，于清军战绩颇多张扬。然因是书以档案为依据，故较《清实录》为详尽。

316. 遵旨裁兵节饷折光绪二十四年二月十七日

奏为遵旨酌裁广东兵勇，节省饷糈数目大概情形，恭折覆陈，仰祈圣鉴事。

窃维时事孔棘，自以练兵筹饷为急务。臣等钦奉上年十一月二十五日、本年正月初四日两次廷寄，均着迅速筹办。正在互商间，奉电报局恭录正月三十日上谕：“通饬各省经制之兵，何处可以归并，何处可以全裁。挑练之勇，某营应改章，某营应遣撤。该督抚等逐一确切查明，迅速办理。等因。钦此！”仰见皇上宵旰焦劳，力求整顿至意。臣等受恩深重，目击时艰，敢不共竭愚诚，悉心筹画！查广东省前办海防营勇三万余人，臣钟麟到任，以饷力难继，遣撤一万余名，岁省饷银五十八万八千余两。绿营制兵，裁减三成外，前年复裁一万三千余名，岁省银二十余万两，均经奏明在案。查通省练兵共九千八百五十人，本由水陆各营抽调，原有底饷，每月每名加饷一两八钱。现拟裁减八千人，岁省银十七万有奇。惟琼州现有黎匪出扰他族，窥伺者亦不能不防，所存练兵一千五百名，刻难遽裁。潮州存练兵三百五十名，现随提督张春发查办惠、潮州匪事，事竣再裁，此议裁练兵之实数也。广东防勇，共存十九营，本年裁精选营楚勇五百名，只存十八营，内安勇三千四百余名。此营向称得力，而日久亦不免疲弱。拟俟惠、潮事定后，裁减一千四百余人。此外，各府、州、县巡缉勇丁三千二百余名，可裁减二千人。省河巡防扒船二十号，水勇四百七十余人，悉行遣撤。统计裁减营勇四千四百余人，岁省饷银二十余万两，此拟裁减防营勇丁之实数也。惟是广东风气强悍，斗案、教案、土匪、会匪无时不蠢蠢欲动，必得挑练劲旅二十营，方足以资镇压。现派弁赴粤西招募精壮千人，先行熟练，陆续将现有之勇，汰弱留强，补足二（卡）〔十〕营之数，庶几缓急可恃。第各营散处，远近不同。应俟次第裁定，由善后局将数目日期详细造册，报部查覆。

所有臣等遵旨筹办缘由，谨合词缮折覆陈，伏乞皇上圣鉴训示。谨奏。

317. 密陈琼州北海现在情形片光绪二十四年二月十七日

再，密陈者，法人窥伺北海、琼州已久。去腊，有一法舰驶至琼州口外停泊。询之，则谓来华保护商务，有两小轮时往来于雷、廉、高州之石城、广州湾等处，测量水势，意固有在。查琼州府共营勇一千二百四十四名，其余万州、崖州、儋州、临高、陵水、昌化、感恩七处，距郡城五六七百里不等。地旷人稀，海盗出没无常。每州县带土勇或百名，或五十名，巡防缉捕，必不可少。府城兵勇，只二千数百人，孤悬外海。万一有事，防守为难，添勇则无从得食。上年歉收，现尚由芜湖买米平粜，时虞不继也。北海镇非大口岸，法所欲争者，内地矿产。廉州合浦县之石头埠地方，煤苗甚旺，往岁商人曾往开采，辄为棍徒所阻。现饬廉州府知府刘齐浔督同合浦县先雇土人二百名，试行开挖。派勇一营，前往弹压。本省自有矿师，俟购得机器，设局采办，一以绝外人觊觎之念，一以安本处土民之心。其获利与否，暂不必计也。

所有琼州、北海情形，理合附片陈明，伏乞圣鉴训示。谨奏。

318. 覆陈铁路暂从缓办折光绪二十四年三月初六日

奏为广东兴修铁路，姑请从缓，俟芦汉路成，再行开办，恭折仰祈圣鉴事。

窃臣等于本年正月二十九日准军机大臣字寄光绪二十四年正月初五日奉上谕："中国紧要枝干各路，除芦汉业经开办外，粤汉一路虽经总署王大臣奏明次第举办，尚未定有切实规模，自应豫争先着。着谭钟麟、许振祎等妥速开办，力任其难，以收实效。等因。钦此！”遵旨寄信前来。臣等因筹借昭信股票一事，邀集本地正绅、富商同至公所，酌议并商集股修筑铁路，应如何招徕，以集巨款，不妨各抒所见。据众绅之意，以为昭信股票为还洋款起见，自当速筹。幸往年所借华款二百七十万，业经善后局与监督给还本息，计将及半，商民均可共信。惟粤省所谓殷实之户，大半从外洋贸易起家，纵有余资，亦皆经营产业，未有家存现银者。当分别期限，不拘多少，缴银若干，给票若干，第不能豫定成数。至于粤汉铁路，动需数千万，谈何容易。且广东集股，人多不信。光绪十二年，商人何献墀集股百万，开挖新安大屿山银矿，禀经前督臣张之洞设立矿政局，委员督办数年，耗费甚巨，一无所得。附股者本利全失，至今粤人以矿局为骗局。上年，本省候选道许应锵在总理军务衙门，认集股本千万，嗣减为七百万，卒之不名一钱，贻为笑柄。今若集股修路，与筹借昭信股票同时并举，商民力量恐有未逮。臣等察诸绅所议，确系实在情形。自应将昭信股票先行办理，粤汉铁路姑从缓修。俟芦汉路成，再行开办，庶民力稍纾。与总署原奏次第举办之议，亦相符合。

所有臣等筹议广东铁路暂缓兴修缘由，谨合词具折陈明，是否有当，伏乞皇上圣鉴训示遵行。谨奏。

朱批：“另有旨。”①

319. 遵旨查明据实覆陈折光绪二十四年三月初八日

奏为遵旨查明，据实覆陈，恭折仰祈圣鉴事。

窃臣于光绪二十四年正月十一日准军机大臣字寄光绪二十三年十二月二十四日奉上谕：“有人奏，疆臣勒捐沙田，民心怨愤，

①据《光绪朝朱批奏折·交通·运输铁路》第102辑797—798页原折补入，光绪二十四年三月初六日。

请饬查禁止一折。据称，清丈沙田，失信敛怨，得少失多，该抚操之太蹙。等语。着谭钟麟查明具奏。另片奏，许振祎饮酒赋诗，任用私人。等语。着谭钟麟一并查奏。原折片着钞给阅看，将此谕令知之。钦此！”遵旨寄信前来。臣查广东沙田，向例五年清丈一次。除已升科给照者不计外，海滨新涨之沙，初涸出曰白坦。迨生蔓草，曰草坦。农民认垦若干亩，给以照三年内只收花息，六年照水田升科。然多隐匿，如嘉庆十六年，追缴匿税沙坦花息银十七万余两。嘉庆二十年，追缴匿税花息银十六万余两，有案可稽。道、咸之际军事起，改为沙捐，同治因之。光绪十二年，前督臣张之洞奏请清丈，颁部照万张，历前督臣李瀚章接办至十九年，首尾八年，共收银七十一万余两，而所谓清丈者，究亦不实不尽也。抚臣许振祎到任后，误听绅士之言，举办沙田，可得三百万。臣谓前次清丈固不实，而相距三四年，安得涸出如许沙田，何从得三百万巨款，抚臣初不信也。而户部叠催，照五年一清丈之例。因与抚臣联衔会奏，开办设清佃总局，于抚署、香山、新会、顺德、东（筦）〔莞〕、番禺各设分局，一切定章、委员皆抚臣一手经理。刊发告示，晓谕在案。自光绪二十三年二月设局起至九月，沙田业户均无异言。冬初，清佃总局委员徐德葆、范鼎因办理迟延，刻小戳发各分局，有“逾限违章、验不足凭”八字。幸香山、顺德各局，均未盖用。惟番禺局员方政、蒋泽于业户缴到印契上盖用数张。于是众论哗然，谓印契不足凭，是此业不为己有，纷纷向各衙门具呈。臣当批饬藩、臬两司确查，总局委员刻戳、发戳，并未禀知抚臣，番禺委员亦复冒昧盖用，以致物议沸腾。原奏所称勒捐沙田，民心怨恨，殆即因此。其实抚臣初无勒捐业户之心，即委员亦未有索费扰民之事。惟奉行不善，咎实难辞。应将总局委员候补同知徐德葆、候补通判范鼎、分局委员补用通判方政、候补知县蒋泽，均撤去差使。由抚臣另拣妥员，照部定五年清丈之例办理，以息浮嚣。又另片奏，抚臣终日饮酒赋诗，寄耳目于陈乔森及其婿。父子同居抚署，委其戚蔡逢恩署揭阳县各节。查抚臣幕中有陈乔森者，雷州人。公余一樽唱和，犹是儒生结习。却未闻有营谋差缺、请托公事确据，应毋庸议。抚臣之婿本居署中，其父冯子良侨寓抚署箭道东偏，并不由抚署出入，亦无倚势招摇情事。未几病故，抚臣往吊，其亲友有赴吊者，盖亦恒情，无关弊窦，毋庸置议。蔡逢恩非抚臣亲戚，其调署揭阳，是由简调繁常例，该员审办教案，剪去两教民发辫，本骇听闻。致公使向总署饶舌，行令斥革。该员性情粗疏，难膺民社。应请旨，将高明县知县蔡逢恩，以教职归部铨选。

所有查明抚臣并无勒捐沙田缘由，谨据实覆陈，伏乞皇上圣鉴训示施行。谨奏。

朱批："知道了。蔡逢恩着以教职归部铨选。余依议，该部知道。"①

320. 两广盐务碍难改官办折光绪二十四年闰三月初四日

奏为遵旨查核两广盐务，碍难统归官运办理情形，据实覆陈，仰祈圣鉴事。

窃臣承准军机大臣字寄光绪二十四年二月十六日奉上谕："王毓藻奏，两广盐务引地极阔，销数甚微。运库所入，岁仅百余万两，请饬变通办理等语。盐课为饷项大宗，岂容利归中饱。着谭钟麟按所奏切实查核，应否改照川盐办法，统归官运，分督商销，以裕国课之处，即行妥议章程，奏明办理。原折着摘钞给与阅看。将此谕令知之。钦此！"寄信到。臣当经恭录行司钦遵，核议详覆。兹据两广盐运使英启会同广东布政使张人骏详称，粤盐自改纲归，所历系招商办运，官督商销，以顾全正课为要义。现值时艰孔棘，苟有生财之道，无论委曲繁重，敢不竭力筹办，以冀成

①据《光绪朝朱批奏折·农业·屯垦耕作》第93辑第224—226页原折补入，光绪二十四年三月初四日。

效可观。乃熟察情形，详核利弊，有碍难遽议更张者。查两广盐引，行江西者赣州、南安、宁都三府州，湖南、福建只两州一府，贵州则仅止古州。合之两粤，故云行销六省，除潮桥设局、委员专办外，省河占一百五十九埠，向分六柜，统计各埠成本，非二百万金不办，度支正绌，巨本难筹，固不待言。粤引岁额八十余万道，课饷六十三万两有奇，商办系按年全完奏销，从无贻误。自法越事起，历次筹办海防善后以及筹解提款普捐，部饷上年奉行盐斤加价，复认筹防饷十万，岁以为常。是销数不为甚微，库入未尝见少，皆出之于商。今若统归官办，将额内、额外凡有所需，均须官任，此不能不熟计者也。变更成法，意在以商利归官，粤商资薄，由来已久。缴库有正杂款目，该埠有辛修工食，运盐有船脚，缉私有经费，一切用度，所费不赀。除开销外，商人所获余利，不过一分。若改归官办，用项均须官筹，过于节省，则布置难周。用人既多，则经费必巨。盐商世守其业，耳目既近，情形较熟，官则不能永无更替。纵使所任皆贤，而于经商贸易、持筹握算之事，断不能如商之亲切。万一事出意外，经理失宜，势必利益未睹，官本先亏，是亦不能不熟计者也。至于疏引，首重缉私，筹饷贵乎有着。广东地属滨海，随处可以晒盐，与川省井盐迥不相同，向来私贩皆借港澳、越南等处，为屯聚逋逃之所。地属洋界，不能径往查缉办理。偶一不慎，即启外人借口之端。一经改章，商皆失业，自不能一无觖望。倘聚此数十百家失业怨望之商人，与港澳积惯之私匪，勾结阻挠，暗与官抗，则为患尤不堪设想。窃闻川盐改归官办之初，扰攘三四年，始定饷项。虽较前有加，亦未能增至数倍。以粤较川，难易迥别。改办之后，不但数倍之增，事所必无，即求完足旧额之奏销，亦不敢谓确有把握。盖居民计口授食，销盐只有此数。盐既无从多销，饷又从何增益？即以潮桥论，设局委员经理七八年来，多方整饬，裁节糜费，亦只勉敷正饷，奏额不能于正额外更多盈余。潮桥既有明征，省河岂能立增数倍？是又显而易见者。法果敝则当变，利果厚则宜兴。兹则厚利难期，且虞生弊。固不敢畏难苟安，亦岂可轻率从事，详请具奏前来。

臣覆加查核，该司等所详，委系实在情形，似应仍照旧章办理，谨缮折覆陈，伏乞皇上圣鉴训示。谨奏。

朱批："户部议奏。"①

321. 崖州黎匪滋事办理情形折光绪二十四年四月初六日

奏为崖州黎匪滋事，衅由汛弁激成，饬将把总何秉钺正法枭示，黎匪悔罪投诚，地方一律安静，恭折仰祈圣鉴事。

窃臣等前闻崖州乐安汛之多港村等黎匪枪毙人命，聚众滋事。久未接该州文武禀报，不得确情。缘琼州孤悬海外，距省千七百里，崖州距琼州又八百八十里，乐安汛距崖州二百四十里。既无驿递，又无电线，一信往复，常三两月。因饬琼州镇道查明起事根由，务将实情具报。就近派员带勇，驰往会商剿抚。嗣据署琼州镇黄顺德、雷琼道冯光遹禀称，乐安汛把总何秉钺，平时苛派黎人。上年十月，把总生日，并因纳婿，勒派各村钱牛米谷，多涧村派钱百二十千，多港村派钱七十千，牛四十九只，屡索未交。适多港村黎民有枪毙陈世典等命案，复诈钱三百千，并向黎首李亚发、杨亚金、洪亚成各诈钱百千，李亚发不允。何秉钺带领多人，捉拿李亚发之妹到汛，意图勒交。李亚发等忿极，纠黎众毁抢汛署，将黎女夺回。沿途烧杀，并毙黎首杨亚金一命。把总饰词禀报，该牧及营弁以黎众恃险负嵎抗拒官军等语。臣等以黎性犷悍，抚之则安，激之则变。把总何秉钺苛求无厌，掳掠妇女勒赎，形同土匪。以致黎匪称乱，伤毙数命，实属罪无可逭。一面咨部斥革，一面饬崖州知州李怀清与镇道派往查办之游击鲍灿，

---

①据《光绪朝朱批奏折·财政·盐务》第75辑第923—925页原折补入，光绪二十四年闰三月初四日。

提何秉钺讯取确供，即行正法，悬首黎村。旋据镇道禀报，自何秉钺枭示后，黎民率服，悔罪投诚。各村黎首张扳龙等赴州具结，永不滋事。地方一律安静，足以上纾宸廑。惟崖州知州李怀清、署崖州陆路都司黎与春、署崖协副将陈廷棵事前毫无察觉，事后又不据实禀揭，均属咎无可辞。相应请旨，将李怀清以通判降补，陈廷棵以游击降补，黎与春以千总降补。俾地方文武偏徇隐饰者知所儆惕。

除饬拿在逃匪首吕那改及毙命各正凶，务获究办外，臣等谨合词恭折具陈，伏乞皇上圣鉴训示。谨奏。

322. 奏请添募防营折 光绪二十四年四月二十四日

奏为广东防营裁撤太多，不敷分布，拟请添募数营以资调遣，恭折仰祈圣鉴事。

窃查广东原有防勇三万余人，三四年来，因饷缺难继，先后遣撤，只存九千余名。本年春，又裁精选一营，而海疆二千余里，在在须防。内地毗连广西、湖南、江西、福建、云南各省，伏莽林立，动辄生事。前因广西土匪蜂起，奉谕于交界处设防，因令总兵刘永福赴左江召募三营助剿。事竣率队回东，勤加训练。不意入春以后，土匪蠢动。琼州黎匪甫经就抚，而灵山之会匪又起。幸已攻破匪巢，贼皆分窜。前月有高明劫狱之案，本月复有连平匪众千余劫狱焚署，伤官掳眷，竟同叛逆。现踞阮坑村四出抢掠，焚忠信墟居民铺户数百间，而附近和平、河源之匪，亦肆猖獗。连平距惠州四百里，提督张春发带五营于去秋剿抚海丰、陆丰红、黑旗匪，尚未回署，当经派勇先行赴援。臣等亦派省城巡防营都司方桂东率勇与提臣所派副将方绥德、游击吴祥达、都司莫善积等，会同围剿。务将此股歼除净尽，不留余孽。此外，交界之区，会匪时作。请兵之牍纷来，日不暇给。相距太远，即令星夜奔驰，而到境在数十日后，匪踪已到处蔓延。该地方官绅虽有团练，每因众寡不敌，勇被贼伤，士气不振。臣等再四熟商，如廉州、雷州、高州本无防营，其余邻省交界要区，必须就近驻勇一营，以备征调。明知饷绌时艰，遑言增灶？而当群盗如毛之际，顾此失彼，兵勇迟到一日，则民间多受一日惨掠。倘势成燎原，更难收拾。较之所费饷糈，奚止百倍。抚兹残黎，当亦朝廷所深谅而矜全者也。

所有臣等请添募防勇五营缘由，谨合词缮折具陈，伏乞皇上圣鉴。谨奏。

朱批：“已有旨。”①

323. 遵议武科改制折光绪二十四年六月十四日

奏为遵议武科改试新章，恭折覆陈，仰祈圣鉴事。

窃臣等准兵部咨，会议武科改试洋枪各节，钞奏行令各省熟察情形，各抒所见，陆续奏咨。等因前来。臣等伏维弧矢之利，以威天下，自古为然。我朝神武开基，以骑射为家法。故武科取士，历试马、步、箭、地球，总以弓、刀、石并默写武经。原期智勇兼优，足备干城之选。今则行军以枪炮为先。制造日新月异，弓箭莫由制胜。其不能不变者，势也。部议武科改制，为造就人才之计，臣等公同商酌，拟请头场马、箭改试马、枪，二场步、箭改试快枪。中枪之数，悉依中箭之数，分别等差。三场仍试硬弓，以觇膂力，其地球、刀、石及默写武经，均即停止。惟各省武科中额学额，似宜大加删减。在精不在多，务拔真才，以杜幸进。至购制枪炮，随时习练一节。武举、武生名姓，有籍可稽，尚不难招徕约束。武童则各处人数众寡不一，必令悉赴学堂，听候教习，似属窒碍难行。查昔年荡平发、回各匪，得力之湘、楚诸军，无不由团练而起。近时广西土匪滋扰，渐次扫除，亦深得乡团之助，是团练一项，可以辅官军之不逮，而不费公家之饷糈，

①据《光绪朝朱批奏折·军务·营制》第34辑第619页原折补入，光绪二十四年四月二十四日。

诚宜举不宜废也。团练必须购储枪炮，一乡之武童，即归一乡之团局，随时练习，并责成绅董管束。枪炮则随练随缴，不准私行携回，似较妥协。抑臣等更有请者，武职大小官员，向以行伍为上，科举次之。故铨补章程，由科举出身者升途转滞。如武进士营用守备，须到标效力五年，始准补推缺守备，四缺得一。武举到标效力五年，拔补千把总，二十缺得一。盖以此项人员，第娴弓马，未谙营务，故迟之又久，始授一官。今一律改试枪炮，或由营员督课，或归乡团练习。既擅命中致远之长，兼悉行军布（政）〔阵〕之法，与营弁无殊。似宜广其登进之阶，庶足以鼓励士气。嗣后考取武进士、武举，投效年分及铨补章程，宜如何酌量厘定，俾有勇知方者益加奋勉。应请敕下部臣，核议施行。此外各节，部议已极详备，邀免赘陈。

所有遵议武科改制缘由，除咨兵部查照外，臣等谨会同广东学政臣张百熙恭折覆奏，伏乞皇上圣鉴训示。谨奏。

324. 因病奏请开缺折光绪二十四年六月十四日

奏为微臣病不能支，吁恳天恩，俯准开缺回籍，并请迅简两广总督，以重职守，恭折仰祈圣鉴事。

窃臣前因目疾，吁恳开缺，屡渎宸聪。今年入夏以后，目愈昏蒙，以显微镜照字尚不明晰，隔座则不（辦）〔辨〕人面目。心愈焦急，肝阳愈升。木盛侮土，故中气不调，时有腹胀冷痛之证。近则两腿麻木，动履维艰，跪起不便。朔望行香，时虑愆仪。适广西梧州郁林土匪肆起，征兵援剿，不能不勉强从事。幸仗天威震叠，梧郁七属已次第肃清，地方安谧。其善后事宜，由〔广〕

西抚臣黄槐森①慎选牧令，与正绅力固乡团，当不至再有意外之事。臣受恩深重，值此时艰，何敢顾惜一身，自图安逸。惟念海疆重地，大局攸关。断非衰朽余生所能胜任，伏恳皇上，俯念老病，万难支持，迅赐简放两广总督，以固边圉。俾臣得回籍调理，地方幸甚！

所有微臣因病恳请开缺缘由，谨缮折具陈，伏乞皇上圣鉴训示。谨奏。

朱批："着赏假两个月，毋庸开缺。"②

325. 查明广东碍难弛赌收规折光绪二十四年八月二十八日

奏为遵旨查明广东赌禁不可弛，赌费不可收，恭折覆陈，仰祈圣鉴事。

窃臣于本年八月初八日承准军机大臣寄光绪二十四年七月二十六日奉上谕："光禄寺卿常明奏，敬筹的款，以济时用一折。据称，湖北候补知府郑思贤禀称，广东向有闱姓、宝字馆、基票三项，行之已久，势难禁止。除闱姓规现已提归大学抽收经费。其宝字馆、基票，仿照招商承充旧案办理，每年可筹报效银一百万元，按季解交神机营，作为练兵购械之用。据情代奏，请旨赏收，并请以郑思贤招商承充。等语。着谭钟麟确切查明，款项是否属实，并郑思贤可否承充之处，据实具奏。又侍讲学士济澂奏，保

①黄槐森（1829—1902），字作銮，号植庭。广东斗门县五山镇荔山村人。清同治元年进士，旋即被任庶吉士（翰林），在翰林院国史馆编国史，以后历任山东道御史，云南道授刑科给事中，顺天文武乡同考监试官，文武会考监试官，考试汉学教习官，直隶大顺广道，四川川北道，云南迤东道，贵州按察使、护理巡抚，广西布政使、护理广西巡抚，云南、广西巡抚等职。清高正直，不畏强豪，屡上书朝廷，揭发营私舞弊官员，惩治劣绅，下恤庶民。光绪二十七年，以72岁高龄辞官还乡，兴办和风书院（今斗门和风中学），以振邑人文风，百姓勒碑称颂。

②据《光绪朝朱批奏折·内政·职官》第13辑第291页原折补入，光绪二十四年六月十四日。

康公司商人何元善，在总署禀请试办广东番摊，每年报效银六十万元，作为大、小学堂及专练火攻等费，请饬给咨试办等语。着谭钟麟一并确查具奏，原折片均着钞给阅看，将此谕令知之。钦此！”遵旨寄信到臣，伏查广东省赌风之盛，人所共知。从前文武官绅四成报效一款，每年缴银三十万圆，即系赌馆规费。臣履任之初，与前抚臣马丕瑶会折奏明，将赌馆一律查禁，陋规一律革除。当时议者，纷纷以赌为粤人生业，公家亦乐得此费。臣谓官之于民，犹父兄之于子弟，为父兄者，决无纵令子弟赌博而恃此为奉养之理。自禁革后，虽未必赌风尽戢，但开赌之匪棍、收规之员弁、兵役之四成报效名目已除，无所挟持，即有所畏惮，不敢肆意横行。近如南海县丞张锡藩、署西关汛千总李祥辉庇赌事发，立行参革，亦可稍挽浇风。去年，换充闱姓商人，革除一切规费，故报效银一百六十万两，奏案可稽。此外，仅缴按年常饷，别无丝毫陋规可提作学堂经费者。闱姓须考试方开，须有钱者方猜。番摊则通年昼夜不息，极贫者数文、数十文均可入赌，财穷命尽，害不胜言。基票一项，据闱商禀准，禁缉有案。宝子馆即番摊之别名。郑思贤以知府充商开赌，岂能复齿于人？此费取之无赖棍徒之手，一旦弛禁，则赌匪明目张胆，肆无忌惮。不肖之官吏，复因而牟利营私，不可究诘，实于吏治民生大有关系。若云盗风之炽，由于禁赌，言尤不经。闻因赌而窝盗，赌输而为盗者有矣，不闻开赌可以弭盗也。目下时艰饷绌，苟可开源节流，靡不尽心竭力，以期有济。至于弛赌禁而取陋规，乃万不可行之事。郑思贤等所称报效百万、六十万，皆欲借公以营私，应请无庸置议。

所有遵旨查明缘由，谨据实覆奏，伏乞皇太后、皇上圣鉴训示。谨奏。

326. 查明番摊提捐情形片 光绪二十四年八月初二日

再，前折正在拜发，复奉本年七月二十五日寄谕："郎中欧阳弁元条陈番摊提捐一款，商人黄卓瑚等究竟是否家道殷实，加倍收捐，提充经费，是否可靠？着臣一并确查。等因。钦此！"查粤省无赖之徒，往往托言集股，假公营私，挟贿行求，只图耸听。幸而邀准，则谓奉旨开赌，阖省嚣然。公款只缴数十万，所收何止数百万，小民之倾家荡产者，不知凡几矣。欧阳弁元谓禁赌则生计日穷，若一省之民，皆以赌为生计，尚复成何世界？粤中殷实绅商，并未闻有黄卓瑚等三人。大约诡名混迹，希图罔利，所言万不可信。

理合据实陈明，伏乞圣鉴。谨奏。

327. 假满仍请开缺折 光绪二十四年八月十一日

奏为假期已满，病仍未痊，吁恳天恩，俯准开缺回籍调治，并请迅简两广总督，以重职守，恭折仰祈圣鉴事。

窃臣前因目疾增蒙，不能视字，两腿软弱，动履维艰，奏请开缺。奉朱批："赏假两月。"跪聆之下，感激涕零。臣历仕三朝，荷皇太后、皇上破格擢用，畀以兼圻二十余年，涓埃未报，感愧交萦。值此时势艰危，疆吏莫能补救。引咎不遑，安敢自耽安逸？无如病势加剧，动则拄杖以行，跪必扶掖而起，数步外不辨面目。衰颓若此，忝任海疆，不免为外人所轻视。设有贻误，臣一身不足惜，如大局何！思维至再，惟有仰恳天恩，迅简重臣，以固边圉。俾臣得开缺回籍医调。臣年虽七十有七，而犬马图报之念，未尝或忘。傥病体复常，堪供驱策，即赴汤蹈火所不辞也。

所有微臣再请开缺并恳简放两广总督缘由，谨具折沥陈，伏乞皇太后、皇上圣鉴训示。谨奏。

328. 清理词讼请将旧案免扣审限折光绪二十四年八月二十五日

奏为广东各州县词讼，现饬认真清理，严核功过，并将积年命盗杂案，恳恩免扣审限，勒令一律清结，恭折仰祈圣鉴事。

窃臣钦奉本年七月二十日上谕："国家振兴庶务，尤以通达民隐为先，各直省州县听讼一事，亟应实力整顿，于原定功过章程外，增道府功过章程。该督抚务当认真考核，不准虚应故事，并将遵办情形迅速具奏。等因。又奉九月初十日皇太后懿旨：词讼为吏治最要之端，必须随到随结，毫不拖累，方足以恤民命而清讼源。着各督抚详定清讼章程，严核官司功过。所有月报各册，实力奉行。如有不肖官司仍前玩泄，视为具文，即着严参惩办。等因。钦此！"钦遵节经通饬各府、厅、州、县，振刷精神，清理词讼。如有漏匿不报者，准其据实补报，仍按月造册通送。由臬司汇核，专设印簿，将州县道府应记功过，随时分别登注，按季报明核办。各该有司如敢任意隐饰，或迟延不结，即行撤参在案。伏查州县官承审命盗杂案，各有一定限期，户婚、田土、钱债为寻常词讼，按月册报，核计功过，例章本极详明。乃日久玩生，奉行不力，遂不免积压拖累之弊。各州县距省远或千里，或数百里。督抚耳目难周，随时稽察揭报，不能不责成道府，而以臬司总其成。我皇上洞烛几微，于原定州县功过外，增道府功过章程。凡实缺计典、候补委署及年终密考，俱以清讼之功过，分别予夺优劣，洵足除积弊而励将来，亟应懔遵办理，以收实效。惟光绪十九年间，前督臣李瀚章、前抚臣刚毅[①]奏准，免扣审限清理积案。迄今又阅五稔，未结之案甚多，时非一年，官非一任。若按限查揭，则参不胜参。合无仰恳天恩，俯准将光绪二十四年六月以前旧案，免扣审限，查明实在起数，勒限审办，一律清结。倘再泄沓迁延，即当懔遵懿旨，严参惩办。断不敢稍涉瞻徇，上辜慈训，下累民生。

除咨部查照外，合将遵办缘由缮折覆陈，伏乞皇太后、皇上圣鉴训示。谨奏。

329. 赏人参谢恩折光绪二十四年十月初一日

奏为恭谢天恩，仰祈圣鉴事。

窃臣阅电钞光绪二十四年九月二十七日奉慈禧端佑康颐昭豫庄诚寿恭钦献崇熙皇太后懿旨："两广总督谭钟麟久任封疆，办事认真。昨因病未痊愈，吁请开缺。业经续予假期，着赏给人参四两，俾资调理。钦此！"臣当即恭设香案，望阙叩头，恭谢天恩。伏念臣自通籍以来，沐皇太后、皇上豢养之恩四十年矣，质同蒲柳，景迫桑榆。比因衰疾乞休，乃荷假期，再续嘉奖。传来天语，奇珍颁自上方。锡驻景延年之药，素问堪征。效倾心向日之葵，丹忱弥励。臣惟有鞠躬自矢，鞅掌不辞，慎卫兴居，饮太和而培元气，懔遵训诲，坚晚节以答洪庥。

所有微臣感激荣幸下忱，谨缮折恭谢天恩，伏乞皇太后、皇上圣鉴。谨奏。

---

①刚毅（1834—1900），满洲镶蓝旗人，字子良。笔帖式出身。历任江西按察使，广东布政使，山西、江苏巡抚等。1894 年（光绪二十年）任军机大臣。1896 年迁工部尚书。1898 年授协办大学士，反对变法维新，附和慈禧太后发动政变，获宠信。1900 年初，与军机大臣荣禄等策划废黜光绪帝，立溥儁为大阿哥（即皇储）。义和团运动期间被任命为统率京津义和团王大臣，主张招抚义和团，围攻各国使馆。八国联军攻陷北京，随慈禧太后西逃，途中病逝。

330. 筹办广东保甲团练情形折光绪二十四年十一月十八日

奏为遵旨筹办广东省团练保甲情形，恭折覆陈，仰祈圣鉴事。

窃臣叠奉谕旨，切实筹办团练，实力举行保甲。等因。复奉皇太后懿旨："饬将积谷、保甲、团练实力奉行，认真兴办。等因。钦此！"伏查广东地处海疆，盗风、赌风最炽。办团练以助兵力，查保甲以绝匪踪，实较他省为尤急。臣于光绪二十一年到任后，通饬各属，举行连乡清查匪类。令地方官联络正绅，合数十村为一村，设局于适中之地。有事鸣锣，众村壮丁咸集，互相保护。邻族有匪，共驱逐之。强悍不服，送官治之。即寓保甲于乡团之内，认真遵办者，不无成效可观。本年夏秋以来，遵旨叠饬各属，举行团练、保甲。省城已设立总局，会商绅士酌议章程，妥筹经费。选派干练营官，挑募团勇，勤加训练。并访延正绅，驻局经理。一面咨商水师提臣何长清，于督办广州府属清乡之便，即办团练、保甲。现准覆称，从东莞、新安两县办起，众情踊跃。计东莞乡局二十六处，集团丁七万有奇，可得练丁四千人。新安乡局八处，集团丁五万有奇，可得练丁二千五百人。由各乡自筹，专给练费，不给练粮。保甲亦一律查办，自此推行各县，可期有成。此外，各府、州、县亦陆续申覆遵办。饬各道府就近查明，何处办理认真，何处虚应故事，先行据实禀覆。并饬在省司道派委廉干之员，分赴各州县确查会办，断不准空言塞责。所需练费，公家无款可筹，不得不借资民力，保卫桑梓，绅富同情。东莞、新安二县，业已办有端倪，不难据为模楷，已将提臣何长清所拟办法，通行州县，各就地方情形，斟酌变通。或各村挑拣，遵照谕旨更番替换之法办理。俟一律报竣，严察虚实勤惰，将印委各员分别奖惩。总期民心固结，事有实济。以仰副圣主谆谆诰诫之至意。

除筹办积谷另行覆奏外，所有饬属举办团练、保甲情形，理合据实覆陈。伏乞皇太后、皇上圣鉴训示。谨奏。

331. 遵旨开办农工商务局缘由片 光绪二十四年十一月十八日

再，本年叠奉谕旨，饬令振兴农政，奖励工艺。并设立商务局，选派员绅开办。等因。复奉皇太后懿旨："农、工、商诸务，责成各督抚在省设局，分门类详切考核，庶有实济。等因。钦此！"伏查广东省三面滨海，地狭人稠，并无旷土。天气温和，一岁三收。茶桑果木，四处成林。人多无田可耕，野无不耕之地。惟责令多种茶桑，稍获微利，此农务之大概也。至工、商两项，较他省为盛。近年风气大开，有以机器仿制洋货者，有制土货专销外洋者，造作日精，行销亦广。而出洋之工商，惟粤人为最众。或挟资营运，或佣趁为生。但能勤俭自持，鲜不归囊充牣。粤中所谓殷富者，类皆得自外洋。纵未能抵塞漏卮，亦可稍分余润，此工、商两务之大概也。今就省城司后街地方，遵旨设立农工商务总局，由藩司派委候补知府周德溥，驻局经理。会商府县绅士，确按地方情形，悉心讲求，妥为劝导。期于由近及远，诸务振兴，利源日辟。则民困日苏矣。

所有遵办农工商务局缘由，谨附片覆陈，伏乞圣鉴训示。谨奏。

332. 藩司禀揭属员查讯明确据实具陈折 光绪二十四年十一月二十一日

奏为藩司禀揭属员，现经按款查讯明确，据实具陈，仰祈圣鉴事。

窃照前广东藩司岑春煊，在任两月有余，初次禀揭候补知府王存善办理补抽局土绸厘金，侵蚀厘银巨万。臣当将王存善撤去各项差事，派委臬司魁元、署运司冯光遹、粮道延祉、肇阳罗道吴仲翔，会同岑春煊查明。代办商人向给八厘津贴，本年始改给四厘，岑春煊未查原案，以历年四厘核算，致疑侵蚀巨款。旋经司道会查，始知并无其事。二次禀揭王存善侵蚀罚款，收受轮渡陋规，三次禀揭王存善于火水油厘，私用印票，任听商人滥行开支。又土绸收支数目，开报不符，含混冒销，缉获私土、私米等案，均有隐匿情弊。鱼船、戏船、匹头抽厘等饷，饬查始行报解。并有私发印簿及贿通藩署仓书，抽换文卷，分列十条，并请澈究。岑春煊旋即交卸，魁元接署藩篆，吴仲翔署臬篆，仍饬会同署运司冯光遹、接任粮道周开铭按款查明，秉公核议去后。兹据该司道等禀称，原揭侵蚀罚款，即指私土、私米而言。补抽局前获走私川土五百余件，照章以一半充赏，一半解厘务总局充公。由总局估价，每土百两，作银八两三钱，仍发补抽局代售，计土一万一百余两，缴银一千二百元，核价相符，并无侵蚀。惟充赏之土，变价较多。虽据称价有涨落，且发回代售之土，与报解件数不同，究未先事陈明，应照充赏变价银一千九百六十两，饬令如数赔缴，以符各半向章。又补抽局缉获私运出洋之米变价，以一半发还商人，其一半分别充赏、充公，均经解给清楚，亦无侵蚀。第用函解缴，未具文牍，系属应申不申。又收受轮渡陋规，私发印簿一节，查轮渡由补抽局发给照簿，曾据禀准有案，并非私发，所收渡饷、照费，均已解清。惟各船月缴规费，多寡不等，讯据巡勇带弁供认私收不讳。王存善虽无私受，亦非徇纵，而日久失于觉察，有干例议，咎无可辞。又水火油一项，先由补抽局填给印票。迨厘银缴局，换填总局厘票，历久如斯，不自王存善始，自非私用可比。其商人所收火水厘银，除照章支销外，余皆拨抵旧商长缴之饷，并非任听滥支。又土绸收支数目，开具清折，与原报厘务总局季册不符，据称系清折误缮，难辞疏忽。现当以印册为凭，逐细核算，三年内仅不符零尾银一百三十六两，已饬令照数补缴。至商人代收，给与津贴，局中各役，亦给经费，与缉私月支银六十六两有奇，均经总局核准，并非含混冒销。又鱼船、戏船、匹头各项，收厘无多。俟积有成数，或年余一解，或两年一解。虽上届亦如此，究属批解迟延。油向归省城总收，若票填运往何处，即不能再运他处，故听其后领厘。俟填票后，再行报解，以顺商情。王存善时已填者一千余两，未填票六千余两，并单开店名银数移交，接办委员覆查相符。现在办法如故，自无弊混。贿通仓书抽换文卷一节，提讯该书，坚供实无王寓遣人贿属情事，分别议拟禀覆前来。臣查王存善人小有才，而无精核之识，言多而躁，实为丛怨之阶。委办补抽厘务有年，平日师心自用，率意径行，在所不免。藩司岑春煊疑其冒销侵蚀，刻意诛求，派员穷搜，未得究竟。兹据现任司道按款查讯明确，虽讯无浮冒侵渔之据，却难辞疏忽失察之咎。相应请旨，将广东补用道尽先补用知府王存善，交部议处。其所用外委邹长安收受陋规，应即斥革。各巡勇均应枷责示儆。在逃之巡勇彭振，缉获另结。所有渔船、戏船、鸡鸭船、水果船，皆穷民小贸，每年收厘无多，应与运米谷入口之船，概行免抽。由局出示晓谕，以杜需索滋弊。

除咨部查照外，谨据实具陈，伏乞皇太后、皇上圣鉴训示。谨奏。

谭文勤公奏稿卷二十

333. 力疾销假折 光绪二十四年十一月二十七日

奏为微臣力疾销假，恭折仰祈圣鉴事。

窃臣前因目视不明，两腿软弱，跪起维艰，续请开缺回籍。于十月十五日差弁赍回原折，奉朱批："再赏假一个月，毋庸开缺。钦此！"又于二十五日，由军机处发，驿递到皇太后颁赏人参四两，当即恭设香案，叩谢天恩。自顾衰庸，渥叨宠赐。跪领之下，感激涕零。伏念臣久忝疆圻，毫无报称。夙夜兢兢，惟陨越是惧。当兹国势孱弱，时局艰危，正臣下卧薪（赏）〔尝〕胆之秋，岂复存苟且偷安之念？臣病体难期速愈，精神尚可支持。虽给假期内，事无巨细，莫不躬亲。现在假期已满，惟有殚竭血诚，刻自振厉。以仰答高厚鸿施于万一耳！

所有微臣力疾销假缘由，谨缮折具陈，伏乞皇太后、皇上圣鉴。谨奏。

朱批："知道了。"①

334. 法人越占广州湾请速定界折 光绪二十四年十二月十九日

奏为法人恃强越占，情势迫切，请旨速饬定界，以弭衅端，恭折仰祈圣鉴事。

①据《光绪朝朱批奏折·内政·职官》第13辑第623页原折补入，光绪二十四年十一月十六日。

窃高州府吴川县属之广州湾海面，绵亘数十里。东界吴川属之麻斜，北界雷州、遂溪属之海头，均设有营汛、炮台。其南对海之硇洲，相距水程约四十里，一屿孤悬，形势尤为握要。法人自去岁至今春，常有兵轮在广州湾一带往来游弋，测量水道，绘画形势。其处心积虑，盖欲于粤之高、雷等处，得一囤煤、泊船之所。内以握省港之门户，外以联越南之声援，且可窥伺琼、廉，垄断矿利，蓄意已久。今见德据胶、澳，俄租旅顺，遂思效其伎俩，而逞志于粤，此法人索取广洲湾租界所由起也。本年闰三月，雷州府遂溪县会禀，接据法领事甘斯东函称，会同水师提督，前往广洲湾兴开煤矿。旋准总理衙门先后函电议准，将广洲湾租与法人，作为停船、囤煤之所。饬派委员会同该国水师提督勘定界址，当经电饬督办钦防候补道潘培楷前赴该处，会同道府妥为勘办。法人不俟勘界，辄驶兵轮三艘，停泊雷州、遂溪县属之海头洋面。不照会地方官，径行登岸，占据炮台，竖立法旗。并于离台数十丈建桩筑桥，意图永远占据。任意修筑，挖毁附近坟墓，人心已怀忿恨。复纵法兵，入村骚扰。反借词民众哄闹，竟施放枪炮，伤毙村民先后数十命，焚毁民屋数百间。海头墟暨附近各村不堪其虐，麇集数千人，众情汹涌，几酿衅端。经该府县竭力开导解散，复经臣钟麟调派勇营，会同地方官弹压保护。并屡电总理衙门，严催法使派员勘界，并请电驻法使臣庆常①诘责外部，转属水师提督约束兵丁，毋令登岸扰民，激成变故。乃法使一味狡词，专以地方官不善保护为言。而于勘界一事，阳为催促之词，实则阴蓄狡谋，为逐渐侵占之地。法水师提督于潘培楷未到之先，已与领事甘司东先回海防，云俟该国另派大员再行会勘。潘培楷在彼久候，迄无会勘之期。迨因公回钦，法官乘轮忽至，及往再约，又回海防，有意耽延，其心叵测。忽又于九月初，占据广洲

①庆常，清末汉军镶红旗人，字蔼堂。曾任驻法使馆参赞。1893 年（光绪十九年）与许景澄为帕米尔问题同沙俄进行交涉，1895 年以五品候补京堂任出使法国大臣，1899 年召回。

湾对海之硇洲营汛炮台，情势汹汹，莫可阻止，此法人迁延勘界、迭次挟兵占地、有意挑衅之实在情形也。查法人议租广洲湾，系高州府吴川县属地。且总署原有不筑炮台、不驻陆兵之议，今乃界未勘分，辄于广洲湾之外，越界强占雷州府遂溪县属之海头汛，近有强踞泅洲炮台。似此不照原议，强占不已，实出情理之外。其恃强无理，得步进步情形，均经臣钟麟先后详细电达总署，谅已随时上达宸聪。查硇洲为高、廉、雷、琼四府海道咽喉，若任法人据有其地，以兵船巨炮横梗其间，则四府声气断绝，粤省全局将不可问。高、雷民俗蛮悍，民教仇视，久已积不能平。此次法兵伤（弊）〔毙〕华民多命，结怨尤深。界址一日不定，民心一日不安。万一积忿不可遏，聚众滋事，戕害法人，衅端立启。地方官虽尽力保护，法令亦有时而穷。臣德寿到任后，与臣钟麟会商，察看情形，万难再事迁就。相应请旨，饬下总理衙门，正告法使，并电饬驻法使臣庆常，向其外部详述法兵占地伤人、恃强无理情形，请该国另派公正妥员，迅速来粤勘界。抑或仍令该国水师提督及该领事等，及早订期会勘。务须按照原议，但将广洲湾租作泊船、囤煤之所，其强占之硇洲、海头炮台等处，法兵务于未勘界之先，全行退出。毋得借词混争，以弭衅端。粤省幸甚！大局幸甚！

所有法人迁延勘界、迭次占地挑衅缘由，谨合词具陈，伏乞皇太后、皇上圣鉴。谨奏。

335. 奏陈法人在硇洲情形片 光绪二十四年十二月十九日

再，臣等正缮折间，接据高州镇会同高州府具禀，转据吴川县绅民禀诉，法人在硇洲强霸民地，淫虐妇女，村民不堪其扰，咸怀忿恨。又据遂溪县海头村绅民等来省控诉，法兵迭次焚杀，伤毙民命，众心积忿各等情前来。法人恣意逞强，肆虐日甚，难保不激成衅端。业经分别批饬该文武等，切实弹压，毋任滋事启衅。合将各原禀钞录咨呈军机处备查，并咨总理衙门照会法使，电饬法国提督认真约束法兵，勿再滋扰。

理外合附片陈明，伏乞皇太后、皇上圣鉴。谨奏。

336. 两广盐务委难再行加价折光绪二十五年正月十九日

奏为查明两广盐务已按年筹捐，委难再行加价，恭折覆陈，仰祈圣鉴事。

案：准户部咨，议奏体察盐务加价情形一折，于光绪二十四年十一月三十日奉旨："依议。钦此！"咨行到粤，当经转行钦遵，兹据署两广盐运使冯光遹详称，查两广盐务，引课繁重，商本微薄，频年力行整顿，始能勉副奏销。光绪二十一年，户部奏令每盐一斤，加钱二文，因事多窒碍，难以照加。由各埠商每年另筹银十万两，奏咨有案。际此时艰孔棘，苟可设法筹维，何敢稍存推诿。惟递年商捐十万两之数，准以课饷岁额将及十成之二，原许以撤防即止。自认捐后，已筹缴三年。现尚未能停止，商力已觉难支。若再议加价，则商民交困。且粤省滨海皆盐，官价益昂，私销益广，缉不胜缉，流弊无穷。体察情形，实难再加。等情。详请覆奏前来。臣悉心查核，该署运司所详，委系实情，并非饰词。所有每年另筹银十万两，应饬照旧，如数清缴，免再加价，以恤商艰。

除咨部查照外，谨缮折具陈，伏乞皇太后、皇上圣鉴训示。谨奏。

朱批："知道了，即饬将另筹银十万两，按年解缴。免其加价。"①

---

①据《光绪朝朱批奏折·财政·盐务》第76辑第26页原折补入，光绪二十五年正月十九日。

337. 会奏调员襄办洋务折光绪二十五年二月初六日

奏为广东交涉事繁，请旨调员来粤襄办，以资臂助，恭折仰祈圣鉴事。

窃臣等准吏部咨，光绪二十四年十一月二十二日奉上谕："向来沿江沿海通商省分，交涉事务本繁，即内地各省，亦时有教案，应行核办。各直省将军、督抚，往往因事隶总理衙门，不免意存诿卸。总理衙门亦以事难悬断，未便径行。以致往还转折，不无延误。嗣后各直省将军、督抚，均着兼总理各国事务大臣，仍随时与总理衙门王大臣和衷商办，以期中外一气相生，遇事悉臻妥洽。钦此！"钦遵咨行到粤，臣等跪聆之下，仰见朝廷慎重敦睦、念切怀柔至意，感悚莫名。查广东为南洋首冲，密迩港澳，交涉事务本极繁难。经前督臣张之洞奏设洋务局，派委藩、臬、运三司，督粮道会同筹办。选派熟悉洋务委员，驻局办理，而主稿专归总督衙门。臣钟麟到任后，以司道各有专职，不暇兼顾，酌留知府联兴、王存善移驻臣署，随时可以晤商。现在联兴已故，王存善销差，续委知府龚心湛，旋报丁忧。省中能办洋务者，颇不易觏。自西江通商以后，九龙、广洲湾又添设租界，洋务益增。近时民间两造争讼，刁黠者自知理曲，辄恃入教为护符，甚且欺压平民。而教士偏听教民之言，反以地方官嫉教、逐教为词，怂恿领事，凡钱债、口角委琐龌龊之事，无一不照会总督饬办，几有应接不遑之势。今奉明谕，各将军、督抚，皆兼总理各国事务。臣等共事一方，讲求实际，彼此同心。至于交涉事件，必互相商酌而后行。拟请仍设洋务局，派道府大员经理。然非结实可靠，素所深信者，不敢轻调。查有四川候补道朱恩缙，器识深稳，笃实细心。臣传霖①在川督任内，派该道办理，诸务悉臻妥协，交涉亦颇讲求，足资任使。福建候补知府秦炳直，才具优长，心地正大，臣钟麟督闽时深知之。上年，在闽办结古田教案，不动声色，民、教信服。三都岛开设口岸，布置妥帖，均能相安无事，洵不易得之员。合无仰恳天恩，俯准敕下四川、闽浙总督，饬令候补道朱恩绂、福建候补知府秦炳直速行来粤，襄办洋务。均以原官、原衔留于广东补用。该员等专驻局中，以后各国领事照会，如田土、钱债细故，即由局员饬催地方官妥速办结。凡抚绥之道、因应之方，并令悉心赞画。至重大事件，仍由臣等亲自筹酌，与总理衙门王大臣随时电商筹办。庶几事分缓急，精神各有专注，免致贻误事机。

所有臣等请调干员襄办洋务缘由，谨合词缮折具奏，伏乞皇太后、皇上圣鉴训示。谨奏。

朱批："着照所请，吏部知道。"②

①鹿传霖（1836—1910），字滋轩，号迂叟。河北省定兴县人。生于官僚家庭，23岁（1858年）中举人，27岁成进士，28岁（1863年）做知县，31岁升知府，48岁升迁河南巡抚，60岁升四川总督，63岁摄两江总督，65岁升两广总督，入值军机，升左都御史，迁礼部尚书，兼署工部尚书。66岁长户部，兼督办政务大臣，69岁权工部尚书，转吏部尚书，1909年，光绪去世，与摄政醇亲王同受遗诏，加太子少保，晋太子太保，拜体仁阁、东阁大学士，兼经筵讲官，德宗（光绪）皇帝实录总裁。中举、成进士都是"恩科"，因此，对皇室感恩戴德，无限忠心。最后十年掌握军政大权，是汉人少数军机大臣之一。做地方官时廉洁奉公，"所至廉约率下，尤恶贪吏"。虽贵族权势者也不稍加宽容。当政务大臣时，主张"务汰冗费，去中饱，并奏罢不急之工"。在福建做官时，严令州县"不许偏袒教民，遇事持平，不分民、教"。行文各国领事，申明法律，不得收盗贼入教，教民为盗同样捕治，领事、教民不敢逞凶作恶。倾向光绪而厌恶西太后，但戊戌政变后，那拉氏大权在握，也只好听命。一生清廉，生活俭朴，做事谨慎，处理文件不过夜。当枢密大臣近十年，"以诚悬信于僚列"。终年74岁。著有《筹瞻疏稿》等。

②据《光绪朝朱批奏折·内政·职官》第13辑835—836页原折补入，光绪二十五年二月初六日。此折系与广东巡抚鹿传霖联衔上奏。

338. 覆陈现存营勇筹练情形折光绪二十五年二月十八日

奏为广东现存营勇筹练情形，遵旨覆陈，仰祈圣鉴事。

窃臣等于光绪二十五年二月初五日准军机大臣字寄本年正月十二日奉上谕："练兵为当今要务，现在每省实能筹饷若干，练兵几营，何人统率。着各督抚懔遵历次谕旨，通筹妥议。限一月内迅即覆奏，总以痛除缺额、蚀饷为第一要义。然后申明纪律，勤加训练。该督抚仍不时校阅，赏罚严明，以节制之师为缓急之用。至各省驻防，生齿日繁，闲散中不乏精壮之士。并着该将军等，各就本处情形挑选若干，教练成营，以资捍卫。所需饷项，应与该省督抚、藩司妥筹协拨，奏明办理。等因。钦此！"寄信前来。伏查广东省旧存营勇三万人，臣钟麟于二十一年四月到任后，因饷力难继，将各营疲弱勇丁，陆续裁汰归并。至二十三年底，（谨）〔仅〕存十九营。嗣因广西土匪滋事，派提督刘永福赴南浔一带，招募三营。去年，梧、郁事起，奏明增募五营。现驻省城者，刘永福三营，专习洋操。另练劈山炮队一营，朝夕操演，渐臻精纯。总兵郑润材安勇驻省者两营，副将陈永隆永字两营，副将黄培松一营，游击石玉山一营。计省城内外共十营，昼则操练，夜则轮派巡防，尚无缺额糜饷、老弱充数之弊。水师提督何长清有靖勇八百人，炮目、炮勇八百名。陆路提督张春发统哲字两营，兼方绥德一营。北海镇刘邦盛一营，署高州镇潘瀛虎勇一营。钦州潘培楷绥远军一千四百名。琼州琼勇一千二百名。都司方桂东潮普勇两营，以一营驻石城，一营防雷州。游击莫善积一营，驻吴川之安铺。都司方准一营，驻合浦之石头埠。都司白琚安勇一营，驻潮州。千总魏陆安勇五百名，分扎韶州等处。综计省外各府属共十九营。其驻扎成营者，皆令（动）〔勤〕加训练，随时调往他处拿匪，则有无缺额，自不可掩。至各州县自募勇百名，或百数十名，以资缉捕。如琼州各属，无县不有。盖濒海之区，洋盗飘忽，不能不预防也。此等零星队伍，练无可练，裁不能裁，分扎似觉甚少，合计亦糜巨款。当俟各县团练办成，再行分别遣撤。通省绿营练兵，上年一体裁减。惟琼州尚留一千四百人，潮州留三百五十人。琼州一岛孤悬，且近黎界，时虞生事，潮则逼近汕头，五方杂处，一营不足镇慑也。就广东现在饷力而论，即此二十九营，岁需饷百万，已觉十分支绌。而就时势以观，横逆之来，无情无理，忍之又忍，以至于万不能忍，终当有决裂之一日。则此一万五六千人，且战且防，分布海滨千数百里，未免过单。臣等职任海疆，责无旁贷。再四熟商，以筹饷为第一要义，饷源稍充，徐议增灶。目前姑就现有之饷，练现有之兵，切实讲求，不令虚糜，以仰副朝廷谆谆训诫之至意。

所有广东勇营数目并筹办训练缘由，谨合词缮折具陈，伏乞皇太后、皇上圣鉴训示。谨奏。

339. 覆陈筹议积谷事宜折光绪二十五年二月十八日

奏为遵旨筹议积谷事宜，据实覆陈，仰祈圣鉴事。

窃臣等恭阅电钞，光绪二十五年二月初六日奉上谕："前因积谷、清讼、保甲、团练等事，均为国计民生所系，迭经谕令各直省认真筹办。其已经定议覆奏者，务当力践其言，事事皆求实际，办有成效，仍随时奏闻。尚未定议具奏者，即着各该督抚各就地方情形，妥定切实章程，迅即奏明办理，勿再延缓。等因。钦此！"仰见圣主轸念民依、孜孜求治之至意。查广东省清讼、保甲、团练等事，业经臣等将分别筹办情形，先后奏覆在案。惟积谷一事，去年通饬各属，将实存仓谷数目详细开报。现据陆续禀覆，各仓积储，皆道光年间所筹备。逮发逆变乱，扰及东境。曾经兵燹者，固属颗粒无存，即存者亦变价解司，以供军饷。其僻远之区，未经动用者，不过十数处，所存究亦无多，余则早已霉变，不堪食用。如南海、番禺两县仓谷，上年碾以平粜，米皆黑色，煮食无味，不能充饥。因令悉数售之乡民以喂畜，每石售银四钱，且无人承受也。广东每年所产之粮，仅敷本地半年之食，向皆仰给长江及外洋之米。去腊，委员赴芜湖采买，备青黄不接时平粜之用，而价值甚昂，且不能遽得。在港收买洋米，亦不能源源而来。臣等再四筹商，目前多方采办，以先顾民食为急。而买米十万石，需银三十余万两，公家已属竭蹶，欲借资民力，则甫办团练，又办积储，二者并举，民力实有未逮。拟俟本年秋收丰稔，粮价平减，即行督饬所属认真设法购备。并将办理情形、实储数目详晰奏报立案，以重仓储。

是否有当，谨合词据实覆陈，伏乞皇太后、皇上圣鉴训示。谨奏。

朱批："知道了。即着俟秋收后，设法购储。仍饬属认真经理。"①

340. 侍郎在籍病故代递遗折 光绪二十五年闰三月二十四日

奏为侍郎请假修墓，在籍病故，谨代递遗折，仰祈圣鉴事。

窃据广东高州府茂名县知县樊淙禀称，兵部左侍郎杨颐，上年冬，奉旨赏假两个月，回籍修墓。腊月杪到茂名县本籍。不料本年二月二十五日，偶感风寒，旋增泄泻，医治罔效。自知不起，口授遗折，令其子缮呈，请转代递，即于二十九日身故，禀报前来。臣查杨颐，由同治乙丑进士，授翰林院编修，迭充乡、会试同考官。光绪壬午科，简放甘肃正考官。时臣督陕甘，因悉其学术纯正、品行端方。去腊过省，与谈时事，当以固结民心为第一要义，欲求众志成城，必自力行团练、保甲。始因以高州所属团练为托，该侍郎毅然自任。到籍后，联络绅士，激励乡民，议定

①据《光绪朝朱批奏折·财政·仓储》第91辑第280—281页原折补入，与广东巡抚鹿传霖联衔上奏，光绪二十五年二月十八日。

章程，筹集经费，茂名一县，规模大定。臣饬高属各县，仿茂名定章办理，次第举行，各有端绪。该侍郎至性过人，素为乡里所重，凡有设施，无不乐从。往时在籍，改建文庙，整顿书院，修义仓、筹积谷，一切义举，辄身为之倡。而有功桑梓，尤在修城一役。咸丰末，发逆陈金缸陷信宜，高郡震惊，迁徙一空。该侍郎协同地方官筹兵筹饷，缮治城垣，督兵守御。工甫竣而贼至，仰攻一月，城守完备，贼即遁去，故乡人至今诵之。其在京，由词垣跻卿贰，屡司文柄，所至有声，均在圣明洞鉴之中。兹因修墓假，旋未两月，遽尔溘逝，闻者悼惜。所有该侍郎遗折，臣谨代为呈递。至饰终之典，出自圣主逾格鸿施，非臣下所敢擅请。再，杨颐有四子，长杨彦深，三品荫生，候选知县。次彦澂，举人。三彦涵，廪生。四彦淯，文童。合并声明。

伏乞皇太后、皇上圣鉴。谨奏。

朱批："知道了。"①

341. 粤海关京饷势难起解现银折 光绪二十五年五月十六日

奏为粤海关京饷势难起解现银，谨将实在情形，合词缕陈，恭折仰祈圣鉴事。

窃臣承准军机大臣字寄本年正月十七日奉上谕："现在京师钱价日昂，现银亦短，亟应认真设法，以图补救。嗣后各省应解部库各款，一律筹解实银，并搭解现钱一成，以资挹注。等因。钦此！"臣等伏念京师为根本重地，各省应解实银，以资周转。钦奉谕旨，自当遵照办理。惟广东僻处海隅，与内地近畿各省情形不同，谨据实为我皇太后、皇上陈之。由广东陆路解银入京，须三阅月始到。沿途各省，伏莽未靖，在在须防。万一有失，委员与

①据《光绪朝朱批奏折·内政·职官》第14辑第69页原折补入，光绪二十五年闰三月二十四日。

地方官何能赔此巨款。若由海运，则轮船保险费尚无多。傥有意外之虞，以数十万金责洋行赔偿，恐未必遽能归款，中国招商局更无此力量。即责令偿还，必不能依限解到，欲速反迟，势将两误。此水陆起运实银之为难也。至粤海关税收，本有定额，而往往征不足数，恒恃西商借垫为转移。旧欠未清，新欠又增，自非移后赶前，无以按期起解。迨至日久，监督欲不借而不能，号商欲不垫而不可，此数十年海关饷起解之实情也。溯查同治八年，户部奏停汇兑在案，经前督臣瑞麟、监督臣崇礼附奏在案。臣又查悉光绪二十年十二月、九年十二月，户部两次奏停汇解，经前督臣刘坤一、张树声①，抚臣张兆栋②、倪文蔚，前监督臣俊启、崇光先后会奏，仍准汇兑在案。二十一年，臣钟麟奉谕清算前监督联捷、德生两任，交代稽查关库，并无丝毫存银。询以现征税饷何在，佥云：收款随时交商号归还，前次起解京饷之数，下次解款，仍由西号筹垫。入京交纳，由来久矣。臣庄山去年抵任后，所解京外各饷及凑还洋款，均系向西商借垫。现已积欠该号商银三十余万两，倘将垫解之款，悉数清还。然后以所征新饷起解，

---

①张树声（1824—1884），字振轩，安徽合肥人。以廪生在籍办理团练，抗御太平军。初归李鸿章之父李文安指挥，后属李元华。与捻军首领张洛行等大战于官亭，与刘铭传等部两次击败太平军陈玉成部进攻。因功升为五品顶戴即选县丞，再升为候选知县。同治元年（1862），随李鸿章率军赴上海，建树字营共九营。调至苏南后，以攻陷江阴之功升道员。与太平军激战于荡口、谢家桥、无锡等地，赐卓勇巴图鲁，赏三品服。再陷常州、湖州，以按察使记名。四年（1865），署理江苏徐海道。旋升直隶按察使，赴大名督办防务。九年，升山西布政使，署理山西巡抚。次年，升漕运总督。十一年，署理两江总督兼办理通商事务大臣。十三年，于江苏巡抚任上丁母忧回籍守制。光绪三年（1877），出任贵州巡抚。五年，升两广总督，先后镇压西林苗民及武宣起义。八年，署理直隶总督。因挫败日本驻朝鲜公使在朝鲜的政变阴谋，获赏太子太保。次年，回两广总督任。中法战争爆发后，清军在北宁战败。张树声被革职留任。十月病逝。有《张靖达公奏议》。

②张兆栋（？—1887），山东潍县（今属潍坊）人。号友山。1845 年进士。曾任陕西凤翔府知府，四川按察使。1854 年调任广东布政使。1859 年升漕运总督。1861 年再调广东，严禁赌博，并弹劾包庇赌徒的总督英翰，曾兼负总督责任。后任福建巡抚。1884 年法舰侵闽、台，力主抵抗，并兼闽浙总督。马尾失守后被革职。1887 年在福建病逝。

不但款巨难筹，且近来拨款日增，解有定限。若待征存再解，则税收衰旺无常，必至贻误要需。当此万分竭蹶之时，再向号商筹借现银起解，是强以所难，于事仍属无济。臣等晤商至再，惟有仰恳天恩，俯准粤海关京饷照旧由商号垫汇，以免延误。

除咨户部外，谨合词缮折具陈，伏乞皇太后、皇上圣鉴训示。谨奏。

342. 澈底清查广东省外销各款折光绪二十五年八月二十六日

奏为遵奉谕旨，将广东省厘金、盐课善后局内销、外销收支数目，澈底清查，和盘托出，开具简明清单，恭呈御览。并将细数咨送军机处查照，恭折仰祈圣鉴事。

窃臣钦奉上谕："前因各省关税、厘金、盐课，积弊太深，亟宜力筹整顿，特谕大学士、军机大臣、六部九卿会议具奏。兹据军机大臣等逐条议覆，请旨施行。综计诸臣两次会议，所奏尚属切实可行。各直省将军、督抚，着各就地方情形，切实考校，责成司道、监督及局员等，将现在收数，无论为公为私，凡取诸商民者，一并和盘托出。一俟澈底查清，即由该管将军、督抚详细句稽，悉心综核，究竟裁去陋规中饱之数若干，酌量提归公用之数若干，勒限三个月拟定章程，专案奏报。等因。钦此！"臣查广东抽厘，分设厂卡二十余处，其收数至十余万者，只有五处，余或六七万、二三万、数千金不等，岁收洋银一百八十余万，委员中饱、司事卖放之弊，诚所不免。然欲究其确数，迄不可得。本年夏，委员四出明查暗访，稽之舆论，略得梗概。惟有括中饱之数，增比较之额，岁可得二十一二万。委员征不足数，即行撤参。厘金总局所收，除解京协各饷外，余悉解藩库善后局，即未经报部之商办土丝、土茶两款，约二十余万，亦解善后局，为外销之款。至商捐台炮经费，自光绪十六年，前督臣李瀚章奏明开办，初只收洋银二十八九万。近岁逐渐加增，可收五十余万，亦由厘局解交善后局，以供海防经费。厘金总局除支局用外，既无中饱，亦无浮费，此广东厘务之实在情形也。善后局内销之款，岁需二百六十余万，而厘局所解，只一百八十余万，不敷则由藩库筹拨，常苦不给。外销入款，以杂项厘金、硝磺缴价各属小押费为大宗，岁收四十七八万，而出款亦需四十二三万，日久竟成例支，虽非侵渔，不免浮费，此善后收支之实在情形也。粤东盐课，向归商办，惟潮桥系官运平柜，则官督商销。综计正杂各款，每岁征银六十七万余两，上年奏定盐斤加价，岁增十万，皆年清年款，从无蒂欠。且杂项支用，如盐仓公费及各场偶被风水，修仓、修堤之类，名目甚繁，每岁约需银二十余万，多系商捐，无虞中饱，亦鲜浮冒。此盐务之实在情形也。太平关税，征不足额，惟黄江税厂所收，倍于定额，他如潮州府税洋纱一项，为三连单所格，岁短二万。廉州、广州收数亦绌，此广东税收情形也。以上四项，臣与司道详细考核，和盘托出，共见共闻，无丝毫欺隐。钦差大臣、协办大学士刚毅先后莅粤六年，于此间利弊，洞烛无遗。各局款目，应如何裁减酌提之处，容臣与协办大学士臣刚毅就司道会详所议数目，开单另奏。

所有遵旨于三个月内覆陈广东厘金局、善后局盐课关税出入数目，和盘托出，专案奏报缘由，谨缮折具陈，伏乞皇太后、皇上圣鉴训示。谨奏。

朱批：“该衙门知道，单并发。”①

343. 西樵土匪西江劫案拿办情形片 光绪二十五年八月二十八日

再，臣准军机大臣字寄光绪二十五年七月二十九日奉上谕：“有人奏，闻广东南海县西樵、大同、吴村等乡贼目李昭傅、赞

①据《光绪朝朱批奏折·财政·盐务》第76辑第56—58页原折补入，光绪二十五年八月二十六日。

开、区新聚党数千，谋为作乱。又闻肇庆府江西一带有劫及轮船情事，着谭钟麟、鹿传霖严密查明。如果实有其事，应即督饬文武员弁，认真查拿惩办，毋任聚众滋事，以靖地方。并将办理情形，即行具奏。等因。钦此！”遵查本年六月间，据报，南海县西樵、吴村等乡有匪徒结党滋事，掳人打单，并枪伤团练局勇。臣立派参将石玉山、都司关贵昌、副将沈棋山共带勇七百人，驰抵吴村陆公祠，捕获匪党谭亚巨等十四名，搜出炮码、刀件，讯系吴村陆亚乾、区村区新、罗村阮亚务等为首未获。蛋家堡为匪巢，有蓬厂十八座，当即烧毁。起出白布红边号褂两篓，英美堂木戳一颗。臣因首匪在逃，缉捕不容稍懈。复派副将郑润材率安勇、靖勇各五百人，驰往围捕。至太平沙，遇匪互击，伏匪由蔗林放枪，哨弁李来保被伤殒命，毙勇二人，伤三人。我勇毙匪十数人，生擒区充裕等八人。旋据郑润材以罗格围，罗姓顽民尤为猖獗，潜伏桑林，拒毙各营弁勇十八人，伤者三十三人。禀请添兵剿办，随派提督刘永福率福字四营续往督剿，攻破南庄，焚毁匪屋，获匪九人，交县审办。该处道路纷歧，各匪四散逃逸，在事官绅，始则张皇请剿，继则以衅起械斗，代求宽办。臣谓无论因何起衅，伤毙官军五十余人之多，不痛加惩创，何以示后？更难免兵去复聚，为害地方。郑润材开报匪名，罗姓最多，李昭傅、赞开亦在其内。现在罗姓绅耆具结交匪，将刘永福、石玉山各营调回。仍留郑润材、关贵昌各营在乡。设法购拿各匪首，按名悉获惩办，以绝根株。此南海县西樵各村办匪之情形也。自江西通商，华洋小轮船在内河行驶，往来如织，民船生机顿蹙。粤东盗匪素炽，本年夏秋间，小轮在西江一带被劫五起，叠派轮船、扒船严定条规。责令各将弁上紧巡缉，新会营县报获盗犯容其仔等七名，讯认正法。现仍督饬文武员弁，认真查拿。又据报获林亚有一名，系行劫小轮正盗，此西江轮船被劫拿办之情形也。此外，陆路行劫之案，亦复层见叠出。臣忝任疆圻，弭盗无术，倍切悚惶。然断不敢掉以轻心，土匪随时扑灭，盗贼随时惩办，整顿缉捕，绥靖地方，皆职分之所当为也。抚臣鹿传霖已赴江苏调任。

合先附片覆陈，伏乞圣鉴训示。谨奏。

朱批：“广东盗风素炽，务须认真整顿缉捕，随时惩办，以靖地方，毋稍大意。”①

344. 现办团练情形折光绪二十五年九月二十八日

奏为广东办理团练地方情形互异，举办迟速不同，谨将办有成效者，分晰开单具陈，仰祈圣鉴事。

窃广东筹办团练保甲事宜，臣钟麟于上年十一月奏奉朱批：“即着饬属认真举办，毋得徒托空言，钦此!”嗣后钦奉寄谕：各省举办团练，将办理实在情形随时具奏，以慰廑系。等因。仰见朝廷除暴安良之至意，当即钦遵。叠催印委各员切实办理，续派署高州镇总兵潘瀛、记名提督孙国乾、总兵黄金福等分赴各属，示以训练之法、筑营之式。嗣据各印委陆续禀覆，先清保甲，次办联团，于壮丁内挑选练丁，统计六十八州县，挑壮丁六十五万六千余人，姑练八万八千一百余人。盖练则需费，州县瘠苦者多，经费难筹，故所练有多寡，举办有先后也。高州之茂名等县，向有规模，筹办最为得法，实借绅士之力。本年三月，陆丰土匪滋事，纠众千余攻扑县城，经知县蒋星熙集团勇击散，杀四十余名，此办理早著成效者。他如三水等二十余县，因经费未筹，集团丁而不能练。臣复另拟简便之法，一县中分设东、西、南、北、中五局，中局设于城内，每局先练十人，为什长。大县每局三四十人，每什长各择九人，自行训练。有警一呼即至，按名给饷，什长各率九人往捕，可得百人之用，匪多则合二三局什长图之，法简费省。行之瘠苦州县，尤为相宜，已经通饬照办。并令各该管道府，亲赴各属查点校阅，庶得力与否，一目了然，不致有名无

①据《光绪朝朱批奏折·反清斗争·其他》第119辑第388页原折补入。

实。所需军火，已奏拨沪局来复枪五千枝，匀给应用。又电商德国使臣吕海寰①，代购毛瑟枪一万枝运粤，分饬缴价给领，仍由地方官烙号稽查。粤东盗匪，皆有洋枪，既设团练总局，而南海、番禺两首邑绅士意见参差，尚无头绪。缘自好者不与闻，嗜利者趋之若骛，又不足取信于人，故迄无成效。至滨海各属渔团，亦据陆续禀复遵行。其非渔船聚集之处，即令免办，以省扰累。

谨合词缮折具奏，并将各属团丁练丁数目列单陈明，伏乞皇太后、皇上圣鉴训示。谨奏。

345. 筹办积谷折 光绪二十五年九月二十八日

奏为筹款倡办积谷，逐渐推行，恭折仰祈圣鉴事。

窃广东积谷事宜，经臣钟麟于本年二月，会同调任抚臣鹿传霖奏明。俟秋收粮价平减，通饬购备，钦奉朱批："着俟秋收后设法购储，仍饬属认真经理，钦此！"查各属报存旧谷，通计不过三

①吕海寰（1843—1927），字镜宇，今莱州市文昌路街道西南隅村人。幼读私塾，后寄籍顺天府大兴县。同治六年（1867）考中举人，后任兵部员外郎十余年。光绪二十年（1894）任江苏常镇通海道。光绪二十三年（1897）五月，吕海寰任驻德国大臣兼驻荷兰、奥地利公使，凡涉及国体主权之事均据理力争。回国后，于光绪二十四年（1898）出任光禄寺卿、太常寺卿、通政使司通政使。光绪二十六年（1900），任户部右侍郎，兼管钱法堂事务。光绪二十七年（1901），任都察院左都御史，又兼署外务部左侍郎，年底出任工部尚书。光绪二十八年（1902），任办理通商大臣。光绪三十一年（1905）十二月，由工部尚书转任兵部尚书。光绪三十二年（1906），任正黄旗蒙古都统。光绪三十三年（1907），转任外务部尚书，又兼督办津浦铁路大臣。七月，充会办税务大臣，授光禄大夫、建威将军，赏戴花翎，赐紫禁城骑马。光绪三十年（1904），日俄战争爆发后，吕海寰与盛宣怀等在上海组织成立上海万国红十字会，这是中国有红十字会的开始。光绪三十三年（1907），上海万国红十字会改名为“大清红十字会”，吕海寰任会长。辛亥革命后，大清红十字会改为“中国红十字会”。经过吕海寰的多方奔走，1912 年 1 月，红十字国际委员会正式承认中国红十字会。同年 10 月，民国政府任命吕海寰为中国红十字会会长。此后，吕海寰领导红十字会在国内多次进行救灾，成绩斐然。1919 年 7 月，中国红十字会正式加入各国红十字协会。1920 年 9 月，吕海寰辞去会长职务，仍被公推为名誉会长。此后，吕海寰定居天津，1927 年 1 月卒。著有《奉使金鉴》《庚子海外记事》等。

十余万石，大率霉变，不堪食用。变价存银者，仅三数万两，变价解司之款，究亦无多。通计七十余州县，积储如此，设遇旱潦，其何以支？亟应广筹补买，为图匮于丰之计。惟入秋雨泽略歉，粮价迄未平减。本省产粮不多，仍当乞籴于长江以上。臣等再四筹商，拟暂挪银十余万两，买谷储省仓，一面劝谕绅富量力输助，以为各属倡。省垣办有头绪，饬各府县就地设法筹劝。所有旧存霉变之谷，统饬变价，凑买新谷，不咎既往，只策将来。易银存储及解司者，分别设措筹拨，买补还仓。遴派妥绅切实经理，嗣后按年出陈易新，如再有陈朽，责令赔偿。务期实事求是，用副圣主慎重民食、谆谆诚谕之至意。

谨合词缮折具奏，并将旧存谷数、银数开单陈明，伏乞皇太后、皇上圣鉴训示。谨奏。

朱批："知道了。仍着体察地方情形，分别办理，单并发。"①

346. 查明荒地开垦情形折光绪二十五年十月十七日

奏为遵旨查明各属荒地开垦情形，据实覆陈，仰祈圣鉴事。

窃臣等恭读本年十月初七日上谕："近来各省贫民，生计维艰，着各督抚督饬地方官，确切查明闲荒地亩，实有若干，剀切晓谕民间，尽力垦种，毋得视为具文，一奏塞责。等因。钦此！"伏查广东农务大概情形，于去冬开办农工商局，经臣钟麟附片奏明在案。本年五月钦奉寄谕，饬令查勘荒地，劝谕开垦等因。复经通饬各属迅速查覆遵办。兹据各厅、州、县先后详称，无旷土可开垦者十居八九。臣等查广东省三面滨海，地狭人稠，一岁三收，农力已竭，茶桑果木，到处成林，地利亦尽，人多无田可耕，野无可耕之土。故安分者出洋为商，游惰者非赌即盗，藐法横行，

①此折系与广东巡抚德寿联衔上奏，据《光绪朝朱批奏折·财政·仓储》第91辑第309页原折补入，时间为光绪二十五年九月二十八日。

为饥所驱，亦良可悯。如沙田一项，初涸出曰白坦，迨生蔓草曰草坦。农民认垦，豪强占据隐匿，在所不免，实无废弃之地。惟琼州府属，向多荒芜，比来有水源者，悉已开垦成田。所未垦者，非斥卤之区，即沙砾之地。或宜树木，或筑陂池，民间均能相度经营。南澳地方，有旧盐田千余亩，荒废已久。又海口涸出新坦一片，须筑长堤以捍潮汐，可垦出田千余亩，现亦饬令妥速筹办。此外，如有闲荒地亩，概令地方官督饬村民，尽力垦种，勿任书差欺饰。俟报垦确有成数，再行详晰汇奏，以副圣主轸念民生之至意。

臣等谨合词恭折覆陈，伏乞皇太后、皇上圣鉴训示。谨奏。

347. 遵旨覆陈折光绪二十五年十月二十日

奏为遵旨覆陈，恭折仰祈圣鉴事。

据升任广西布政使魁元禀称，面奉谕旨：“广东四成报效，既系向有之款，当此筹饷维艰，自可照旧办理。等因。钦此。”臣窃疑魁元未将此事详细情形奏明，故朝廷以为是小民报效之款，不妨收受。而未知所谓四成报效者，乃赌规也。粤人嗜赌若天性，究之嗜利耳。仕宦之家，亦设赌局，引诱富室子弟，开场纵赌，夜聚晓散，无敢过问者。武弁及土棍强有力者，每人各设赌馆十数处，按棹抽取规费，大小衙门书役、兵丁各有赌馆，僻巷小市，莫不有赌，即莫不有规，而盗贼亦窟穴其中。数十年来，历任督抚皆设厉禁。前抚臣蒋益澧派勇严拿，此风稍敛，而不能尽革。至前督臣张之洞任内，令广州副将专收城内外各局赌规，每年提四成洋银三十万圆归公，而更其名曰报效，此四成报效所自始，当时闻者莫不嘲笑。其实洋银三十万圆，折实银二十一万。除纹水一成，仅十八万九千两耳。中国虽贫，何需此十余万金？又有一种赌棍，挟重资走京师，惑乱听闻。谓一开赌禁，岁可得百万圆，以歆动言者，此辈岂知为公，但欲幸邀俞允，则阖境从此皆可设局，广取赌规以肥己耳。若令缴银百万，不可得也。臣亦知粤东赌风未能尽绝，然一经示禁，尚不敢明目张胆，列摊于衙署之前。譬之子弟好赌，其父兄必当禁止，断无因其不能禁而纵之赌者，此亦人情所同也。臣去秋覆奏光禄寺卿常明、郎中欧阳弁元弛禁一折，曾奉朱批："所奏甚是，着即一体禁止。钦此！"仰见圣明洞烛利弊，纤悉靡遗。兹魁元所言，臣未敢遽信，因将实在情形，缕陈于黼座之前，非敢显违谕旨也。臣为维持风俗起见，冒昧渎陈，不胜战栗陨越之至。

是否有当，伏乞皇太后、皇上圣鉴训示。谨奏。

348. 奏陈英法越占九龙城广州湾情形请旨密授机宜折光绪二十五年十月二十日

奏为英人占据九龙城，侵越租界，法人借广州湾为名，图占吴川、遂溪两县地，势难理谕，请旨饬总理衙门，妥筹办法，密授机宜，俾得遵行，恭折密陈，仰祈圣鉴事。

窃九龙关展拓租界，经总理衙门与英使订立条约，绘图定界，寄粤照行。本年二月初，委员与英官会勘，北面以水为界。合同初立，港督即有不将深圳划入界内，则税关必移出九龙城之外，屡经辩驳，港督旋允旋翻。三月初，英辅政司骆檄示谕界内居民，将印契呈验，并有加税之说。众心不服，聚数千人，与英兵互斗，各有损伤。臣等饬新安县传谕绅士，妥为开导，并两次出示晓谕，毋得生事。照会领事，转致港督，新附之民宜从宽，待港督出示安抚，词极逊顺，民心始安。四月初八，港督文称，奉本国政府谕，派兵将深圳、九龙城两处扼守，竟将九龙城内官弁兵丁，一并逐出。军械、号衣悉行搜夺，派兵踞守深圳。令绅士具禀，愿归英国管辖即自请，派去弹压之华兵三百名军械、号褂尽行搜去，勒令立刻迁移。现于距新安城二十余里，距深圳二十里之沙角地方，驻兵二百名，云将筑炮台守之。九龙海关已闭，惟及水门外三税厂，尚系中国收税。港督并饬白税司，妥为照料。故目前未便遽与决裂，但照会领事转致港督：以后两国交涉事件，是否仍照条约办理，希即见复。现尚未有复音，总理衙门屡言与之婉商，其人反复无常，殆不可以理谕，此九龙近日情形也。广州湾租界，前经臣等奏请，饬总理衙门，催法使派人勘界。旋据寄示法使，界图纵横数百里，吴川、遂溪两县，均割去其半。且硇州、东海两岛，一属高州，一属雷州，孤悬海中，乃高、廉、钦、雷、琼五郡出入必由之道，并入租界，是扼其吭而绝其来往。五郡之众，未必心服。况亦未闻有跨海而立租界者，此万不可行者也。曾另绘一图，于本月初三日专差赍呈总理衙门，就吴川县境划一，广州湾租界以内港为界中，历数百村落，周回百数十里，亦自可观，然逆知其未能俯从。昨据遂溪李令禀，法国三画官率兵登岸绘图。从赤坎埠起，至县城七里之万年桥止，较法国前寄界图为尤阔。遂溪一城，浮寄于租界之外，成何事体。法官云，绘图后，来造兵房。民心惶惑，恐至忿争。似此不候勘界，恣意强占，其势较英为尤凶。万一决裂，地方官无从弹压，坐视百姓之被戕，心固有所不忍，欲起而显与之斗，势又有所不行。尤可虑者，此间准备与战，彼乃避实击虚，扰及邻封，以图牵制，此所以徘徊审慎不敢轻试也。臣等拟姑置九龙两处，不与英争。而于高、雷两郡，先为布置，以遏法人之凶锋。兵少力薄，必须添募十营，以资调遣。究应如何办理，敬恳饬下总理衙门，统筹全局，密授机宜，俾得有所遵循，不胜迫切待命之至。

所有九龙城、广州湾近日情形，谨合词缮折，由驿驰陈。伏乞皇太后、皇上圣鉴训示。谨奏。

349. 恳恩开缺折光绪二十五年十月二十七日

奏为微臣衰病侵寻，难以治事，吁恳天恩，俯准开缺，并请简放两广总督，以重职守，恭折仰祈圣鉴事。

窃臣才疏识浅，百无一能，渥荷恩遇，历任京外四十余年。兢兢业业，力图报效，而无补涓埃。衾影怀惭，莫知所措。比以时局日棘，强敌凭陵。每念皇太后、皇上旰夕忧劳，亟谋补救。

臣下具有天良，何敢仅为身谋，自耽安逸？况臣今年七十有八，风前残烛，尚复何所顾惜。惟在任一日，竭一日心力，以期鞠躬尽瘁而已。乃自入冬以来，右足软弱，不良于行。偶沾微寒，时有转筋之证。且素患肝气，一发则头晕目眩，不能自持。心愈焦灼，则神志瞀乱。窃虑措置乖方，贻误大局。虽圣恩宽大，不加严谴，臣心何以自安？再四思维，惟有吁恳天恩，俯准开缺医调。迅简两广总督，以固边圉。则臣有生之日，皆戴德之年矣。

冒昧具陈，伏乞皇太后、皇上圣鉴训示。谨奏。

350. 交卸两广总督日期折光绪二十五年十一月二十日

奏为恭报微臣交卸督篆日期，仰祈圣鉴事。

窃臣钦奉电传谕旨："谭钟麟着迅速来京陛见，两广总督着李鸿章署理。未到任以前，着德寿暂行兼署。等因。钦此！"臣谨将两广总督关防及盐政印信、王命旗牌一切文卷，于光绪二十五年十一月二十一日，委督标中军副将斌成、广州府知府施典章，赍送抚臣德寿接收，臣即于是日交卸。旋接总署电称，蒙圣恩赏假两个月，假满来京陛见。臣俟轮船到粤，起程回湘就医，病痊即行北上。

除将交卸督篆日期，恭疏题报外，理合缮折具陈。伏乞皇太后、皇上圣鉴。谨奏。

351. 赏戴双眼花翎谢恩折光绪二十六年二月二十日

奏为恭谢天恩，仰祈圣鉴事。

臣恭阅电钞，光绪二十六年二月十二日奉上谕："本年朕三旬寿辰，覃敷恩泽，中外均沾。因念文武一品大员，有年逾七旬、精神强固、供职克勤者，洵为熙朝人瑞，允宜特沛恩施，以昭优卷。两广总督谭钟麟，着赏戴双眼花翎，用示朕尚齿引年、优礼耆臣至意。等因。钦此！”臣当即恭设香案，望阙叩头谢恩。钦惟皇太后、皇上福畴建极，寿寓延洪。覃恩则命普锡三，郅治则德符明两。仰重华之日月，合璧成文。赉一羽于云霄，弹冠相庆。臣忝附金貂之列，愧无威凤之仪。幸值昌期，频叨异数。际圣主求贤之日，顺遇鸿毛。咏诗人不称之章，惭滋鹈翼。惟有丹心自矢，期无倦于耄勤。白首宣劳，冀勉酬夫毫末。固双圻之封守，永效嵩呼。合五岭之黎民，同殷华祝。

所有微臣感激荣幸下忱，谨缮折叩谢天恩，伏乞皇太后、皇上圣鉴。谨奏。

352. 恳恩再赏假期折光绪二十六年二月二十日

奏为假期已满，吁恳天恩再赏假二十日，赴乡省视先茔，事竣即行北上，恭折圣鉴事。

窃臣去年十月二十八日奏请开缺回籍就医，十一月十七日奉电旨：“本日已有旨，令谭钟麟迅速来京陛见，两广总督着李鸿章署理。未到任以前，令德寿暂行兼署矣。谭钟麟着遵旨刻日束装起程，并将起程日期先行电奏。钦此！”臣即电请总理衙门代奏，请假在案。交卸后，行抵上海，折弁赍回原折，奉朱批：“着赏假两个月，假满来京陛见。钦此！”臣于十二月二十九日到长沙，延医调治，足疾稍愈，步履如常。惟跪必扶掖而起，右目内障，远视不明，非刻期所能奏效。现在假期已满，自应遵旨入京。念先茔已别十年，拟恳天恩，再赏假二十日，赴乡省视。假满即束装起程。

所有微臣续假缘由，理合缮折具陈。伏乞皇太后、皇上圣鉴训示。再，此折系借用湖南巡抚关防拜发，合并陈明。谨奏。

353. 衰疾增剧恳准回籍折光绪二十六年十一月初七日

奏为微臣衰疾增剧，吁恳天恩，俯准回籍就医，恭折仰祈圣鉴事。

窃臣四月到京，三蒙召对。沥陈病状，请开两广总督缺。仰荷俞允，留京当差，自应静候恩命。无如臣年已七十有九，桑榆之景苦短，犬马之力久衰。既无奔走御侮之才，又乏运筹决胜之策。迂疏寡效，内省滋惭。在京三月，卧病兼旬，近日目益昏蒙，腿更软弱，颓唐愈甚，报称未能。再四思维，合无仰恳天恩，俯准回籍就医。俟病体稍痊，即当来京，求赏差使。

所有恳请回籍治病缘由，谨缮折具陈，伏乞皇太后、皇上圣鉴训示。谨奏。

先公服官中外，垂五十年，章奏文书皆由手定，然不自存录。今遗于家者，才百之一二。独章奏稍全，而密论大计，荐举贤才，当时既焚稿，不以示人者，尚不与焉。不孝等谫陋，不能承家学，大惧先公劬劳王事之迹，不尽表著于当世，用敢比次。家所藏稿，为奏稿二十卷，电稿十卷，函牍十卷，诗文五卷。长沙张雨珊观察，湘潭叶奂彬、吏部胡荇江、大使黎薇、生员外实助校雠之役，所以督不孝者，甚至因敢附记，以志不忘。宣统二年庚戌三月，不孝男宝箴、延闿、恩闿、泽闿谨记。

谭锺麟奏稿校注 下

[清]谭钟麟 撰
赵维玺 标点 校注

岳麓書社·长沙

下篇　谭文勤公奏稿补

一、陕西巡抚部分

001. 省会首邑要缺知县调补之员请旨仍以前奏知县调补折同治十一年四月初四日

护理陕西巡抚布政使臣谭钟麟跪奏，为省会首邑要缺知县调补之员，请旨仍以前奏知县调补，俾资治理而重地方，仰祈圣鉴事。

窃照咸宁县知县员缺，经前抚臣蒋志章会同督臣左宗棠，以华阴县知县张国钧奏请调补。旋准部咨，张国钧补授华阴县知县，尚未赴部引见，并无俸次可计，虽据该员遵例捐免历俸，惟筹饷例内，并无未经引见，无俸可计，准捐免历俸明文，自应仍照定例，不准调补。等因。臣恭查同治八年六月十八日军机大臣奉上谕："刘典奏覆陈安抚难民，开垦荒地。北山一带，地瘠民贫，现虽匪党殄除，急须恺悌爱民之吏安缉抚绥。刘典所请，因地择人，暂弗拘以成例之处，着准其权宜办理。钦此！"今陕省军务初平，元气未复，北山开垦安缉，固形吃重。而山外安插难民，招垦叛产荒地，以及巡防转运，在在均关紧要。咸宁为省会首邑，冲烦疲难四项相兼，政务殷烦，时有发审案件。非精明干练之员，不足以资治理。臣莅陕未久，随与藩、臬两司在于通省简缺及正途知县内，复加遴选。非现任要缺，即人地未宜，实无堪调之员。惟前次请调之华阴县知县张国钧，历署长安、雒南等县缺，措置裕如，军务、地方情形熟悉。现在甘氛未靖，陕省筹防转运，正当吃紧，该员年富才长，办事勤敏，是以前抚臣奏明，饬令先赴华阴本任，暂缓引见。奉旨允准，钦遵在案。该县到任将及两年，与他员未到本任无故迟延不赴部引见者有间，且于军务省分发奉特旨、因地择人之例相符。合无仰恳天恩，俯念省会要缺需才孔殷，雕敝遗黎，待人而治。饬部核覆，准将华阴县知县张国钧调补咸宁县知县，俾收得人之效，洵于地方大有裨益。如蒙俞允，俟防务稍松，即行送部引见。所遗华阴县缺，陕省现有应升人员，容俟张国钧准调补后，另行请补。

所有再行遴员请调省会要缺知县缘由，谨会同陕甘督臣左宗棠恭折具（奉）〔奏〕，伏乞皇太后、皇上圣鉴训示遵行。谨奏。

军机大臣奉旨："吏部议奏。钦此。"①

002. 褒城县缺请以候补班前遇缺即补知县李殿爵更补片 同治十一年四月初四日

再，褒城县县缺，前以候补知县孔繁准更补。旋接部咨：查前出扶风县缺，业以议叙尽先补用知县英善更补，其次出洵阳县，业以议叙知县彭万涵更补。各在案。所有续出之褒城县知县一缺，自应另行更换请补。等因。查新班遇缺先、新班遇缺俱无人，照例轮应候补到班，应先用候补尽先人员。查有前经请补洵阳县之候补班前遇缺即补知县李殿爵，年三十六岁，河南监生，由湖北黄梅县停前巡检，调营中差遣，保奏以县丞仍留湖北补用。经部驳改，以应升之缺升用，准加六品衔蓝翎。复因随队攻克高陵县城，以县丞遇缺即补，并加盐提举衔。又因随队攻克盩厔县城出力，保奏免补本班，以知县归候补班前遇缺即补。同治四年七月，签掣贵州。亲老告近，改掣陕西。是年十二月引见，奉旨以知县发往陕西候补。丁艰回籍守制，旋于泾州城防案内保奏，以知县仍留陕西补用，免缴分发银两。八年二月，服满，起复。于九年三月二次到省，据署藩司英奎前在臬司任内查明，该员才具明晰，任事勇往，由该司会同署臬司沈鹏元具详请奏更补褒城县知县前

---

①《申报》上海版第25号5/8，同治十一年四月初四日。

来。臣到任未及三月，例不加考。惟查与例相符，亦堪胜任。合无仰恳天恩，饬部核覆，准以候补班前遇缺即补知县李殿爵更补褒城县知县。如蒙俞允，该员系知县请补知县，衔缺相当，毋庸送部引见。

谨会同陕甘督臣左宗棠专案附片陈明，伏乞圣鉴训示。谨奏。

军机大臣奉旨："吏部议奏。钦此。"①

003. 委署司道篆务折 光绪元年六月初七日

陕西巡抚臣谭钟麟跪奏，为委署司道篆务，恭折仰祈圣鉴事。

窃照新任布政使（将）〔蒋〕凝学尚未到陕，所有藩司印务，经前抚臣邵亨豫奏委臬司裕宽暂行兼署，并于折内声明，俟秋审办竣以后，各司道如何层递接署，由臣酌委办理在案。兹臣督同司道会勘秋审事竣，而科场伊迩，藩司事务较烦，应行分任，以专责成。除臬司裕宽已接署藩司印务，毋庸另委。所遗臬司篆务，查有盐法道沈鹏元会两署斯篆，办理妥协，堪以委署。其盐法道事务，查有正任陕安道沈应奎沉细精详，办事认真，堪以委令署理，仍兼办驻陕军需局务，臣函商督臣左宗棠，意见相同。

除分檄遵照外，所有递署司道缘由，理合恭折具奏，伏乞皇太后、皇上圣鉴。谨奏。

军机大臣奉旨："知道了。钦此。"②

004. 本省查阅营伍暂请展缓片 光绪元年六月初七日

再，臣准前任移交钦奉上谕："本年轮应查阅营伍之期，陕西即派邵亨豫逐一查阅，认真简校。如有训练不精，军实不齐者，

①《申报》上海版第25号5/8，同治十一年四月初四日。

②《申报》上海版第993号5/8，光绪元年六月初七日。

即将废弛之将弁，据实参奏，毋得视为具文。等因。钦此。”前抚臣邵亨豫未及核奏，卸事移交到臣，臣查校阅营伍最关紧要，自应钦遵办理，以肃戎行。惟查陕省满汉各营弁兵，自军兴以后，征调频仍，非移往边隘分防，即调赴邻疆助剿。离营年久，伤亡过多。加以库款奇绌，饷力难支。致各营缺额，向未补齐。近虽秦陇肃清，而塞外尚劳师旅，诸军相继出关，沿边防务及各属转运事宜，均须臣与司道督率筹办，亦未便带印出省。拟请展缓，俟营制复旧，再行定期校阅。至现在各营操防巡缉，仍饬认真整顿，断不敢稍涉姑容。所有本省查阅营伍暂请展缓缘由，理合附片具陈，伏乞圣鉴训示。谨奏。

军机大臣奉旨："知道了。钦此。"①

005. 新选甘泉县知县景樾暂行留省察看片 光绪元年七月二十九日

再，部选人员领凭到省后，或留省察看，或派委各项差使，例应奏咨立案。兹查新选甘泉县知县景樾于同治十三年十一月分选授今职，领凭起程，因沿途阻雪，患病耽延，于光绪元年五月初七日到省，二十一日禀报缴凭到司。例应饬赴新任。惟查甘泉县地处北山，现值兵燹之后，办理赈垦抚绥及善后各事宜，在在均关紧要。该员甫经抵陕，地方情形未能熟悉，应暂行留省察看，如能称职，再饬赴任。据藩、臬两司会详前来。相应奏明，请旨饬部立案，谨附片具陈，伏乞圣鉴训示。谨奏。

军机大臣奉旨："吏部知道。钦此。"②

①《申报》上海版第993号5/8，光绪元年六月初七日。

②《申报》上海版第1035号4/8，光绪元年七月二十九日。

006. 新任藩司蒋凝学抵陕片光绪元年九月二十九日

再，新任藩司蒋凝学已于本年八月十九日抵陕，业经臣饬赴新任，并令臬司裕宽交卸藩篆，仍回本任，以专责成。其盐法道沈鹏元交卸署臬司印务，本应饬回本任，惟署盐法道沈应奎现充乡试文闱监试官，应俟闱差事竣，再饬该道交卸，以便令沈鹏元回任。

除檄饬遵照外，理合附片陈明，伏乞圣鉴。谨奏。

军机大臣奉旨："知道了。钦此。"①

007. 查明乡试完场老生未经中式循例恭候恩施折光绪二年二月十六日

头品顶戴陕西巡抚臣谭钟麟跪奏，为查明乡试年老士子未经中式，循例奏闻，仰祈圣鉴事。

窃查文闱乡试年老诸生三场完竣，未经中式，例应查明实在年岁具奏，恭候恩施。兹于光绪元年举行乙亥恩科文闱乡试，未第年老诸生，查明有年届九十以上之刘绍汉，八十以上之贾二锡、郭树华、魏文治、吉长庚、郭作栗、辛桂、杨杰、晁甲荣、张锦云、杨起凤、黄铭坚等，均系三场完竣，榜发未经中式。内贾三锡、郭树华、魏文治三名，曾应庚午带补丁卯科及癸酉科乡试，三场完竣，经各前抚臣先后奏邀恩赏副榜，今科乡试仍在八十以上未及九十，自应遵例，毋庸再办。其老生吉长庚等，臣于揭晓后，即饬据藩司蒋凝学确查详报，复咨准陕甘学臣吴大澂查对学册、实在年岁移覆前来。臣查该老生吉长庚等青毡励学，皓首穷

①《申报》上海版第1084号4/8，光绪元年九月二十九日。

经，名列胶庠，功早深于蛾术。齿臻耄耋，愿未遂乎鹏搏。棘院观光，寸晷之辛勤备历。风檐剪烛，三场之真草皆全。洵为盛世之休征，实本作人之雅化，既符年例，宜沐恩荣。

除将该老生等册结送部外，所有查明乡试完场老生未经中式缘由，谨循例恭折具奏，伏乞皇太后、皇上圣鉴，敕部核覆施行。谨奏。

军机大臣奉旨："礼部议奏。钦此！"①

008. 离营总兵招留游勇滋事请旨革职折

光绪二年二月十九日

头品顶戴陕西巡抚臣谭钟麟跪奏，为离营总兵招留游勇滋事，请旨革职，递籍管束，以靖地方，恭折仰祈圣鉴事。

窃前据咸阳县知县马毓华禀报，光绪元年六月初三日，候补知县王光烈经过该县地方，被游勇四人持械抢夺衣物、银两，拒伤事主，携赃逃逸。当即缉获抢犯石长发一名到案，讯据供认，听从在逃之熊贵起意，伙同张一贤、陈得胜等持械抢夺，得赃拒伤事主不讳。并据供，与熊贵等同在总兵程廷桂寓内居住，恳请勒令程廷桂交出熊贵等归案审办。当经臣批司饬传勒交。嗣据西安府知府李慎将程廷桂传案，据供，年三十五岁，原籍安徽怀宁县，寄居江苏仪征县。同治元年投营当勇，随前荆州将军多隆阿来陕，迭次打仗出力，递保副将，旋保记名总兵。十年十二月，经前甘肃提督曹克忠委带获卫亲军马队。十二年四月，告假回仪征县。十三年正月，由籍来陕闲住。光绪元年五月不记日期，有当年同营当勇之石长发来寓，留之同住。旋有勇丁熊贵、张一贤、陈得胜与石长发往来，亦住伊寓。六月初二日，石长发等声称同赴乾州，不料在咸阳县地方抢夺，伊委不知情，亦无分赃情事。

①《申报》上海版第1201号4/8，光绪二年二月十六日。

熊贵等不知逃往何处，无从交出。等语。调查程廷桂保委各札，与供相符。诘其究在何营请假，有无护照，坚不吐实。当将程廷桂押候覆讯。旋据咸阳县续获陈得胜到案，讯与石长发所供相符。并同供伊等在外抢夺，（廷程）〔程廷〕桂实无知情分赃情事，将石长发、陈得胜解府覆讯无异，禀经臣按照通行章程，批饬就地正法在案。臣查该总兵程廷桂由勇丁保至二品武职，其请假回籍，并无该营准假护照。究因何事出营，无从查悉。乃逗遛省城，招留游勇。石长发等初二自寓起身，初三即有结伙抢夺伤人重案，虽讯无分赃情事，究属不安本分。当兹游勇充斥，非从严惩办，无以戢奸宄而靖地方。据臬司裕宽转据该府具详请参前来。相应请旨，将记名总兵程廷桂革职，解回怀宁县原籍，交地方官严加管束，不准再出游荡。

除仍饬严缉熊贵等务获究办外，所有特参招留游勇总兵缘由，谨恭折具陈，伏乞皇太后、皇上圣鉴训示。□□奉旨□□。[①]

上谕：“又谕，谭钟麟奏请将招留游勇之总兵革职递籍管束一折。记名总兵程廷桂逗遛陕西省城，招留游勇石长发等结伙抢夺。虽讯无分赃情事，实属不安本分，程廷桂着即行革职，解回安徽怀宁县原籍，交地方官严加管束。毋任滋生事端。”[②]

009. 道员因病出缺及委署片 光绪二年五月十四日

再，据藩司详报，盐法道沈鹏元于本年三月初六日因病出缺，除另行恭疏题报外，所遗员缺，管辖凤、邠二属，地居冲要，应即委员署理。查有候补道周士键年强才裕，办事认真，堪以委署。

除檄饬遵照外，所有道员因病出缺及委署缘由，理合附片具奏，伏乞圣鉴。再，陕西盐法道系简缺，陕省现有应补人员，容

---

①《申报》上海版第1288号4/8，光绪二年二月十九日。

②《清实录·德宗实录》卷31，光绪二年五月乙巳条。

俟另行照例请补，合并陈明。谨奏。

军机大臣奉旨："知道了。钦此。"①

010. 遴员请升要缺知州折光绪二年六月二十四日

头品顶戴陕西巡抚臣谭钟麟跪奏，为遴员请升要缺知州，以资治理，恭折仰祈圣鉴事。

窃照鄜州直隶州知州王珠炜捐升遗缺，接准部咨，扣至光绪二年二月二十九日，作为开缺日期，系繁疲难兼三要缺，例应在外拣选升调。该州地处北山，界连甘肃，现值边防未撤，招抚流亡，办理善后事宜，在在均关紧要。非精明干练之员，弗克胜任。臣与藩、臬两司在于通省应调、应补、应升各员内逐加遴选，非现居要缺，即人地未宜。惟查有宁羌州知州何福奎，现年四十五岁，山西举人，考取国子监学正学录，改捐知州。在云南剿匪出力，保以知州遇缺即选。咸丰十年，选授陕西葭州知州。同治七年，调补宁羌州知州。因在葭州城防出力，保加运同衔。复随同官军剿贼出力，保奏赏戴花翎。十年，调署宝鸡县知县。因七年、十年大计两次卓异。十三年四月，给咨赴部引见。奉旨："何福奎着回任，准其每次卓异加一级，仍注册候升。钦此！"光绪元年十一月仍回本任。该员年强才裕，稳练勤明，任内并无欠解钱粮积案、展参处分及盗劫已起四参之案，以之升补鄜州直隶州知州，洵堪胜任，与例亦符。据藩、臬两司会详前来。合无仰恳天恩，俯念员缺紧要，准以宁羌州知州何福奎升补鄜州直隶州知州，实于地方有裨。该员系知州请升直隶州知州，例应给咨送部。惟引见回陕未满三年，可否毋庸送部之处，恭候敕部议覆。所遗宁羌州知州员缺系要缺，例应在外调补，容俟准到何福奎升补部文，

---

①《申报》上海版第1274号4/8，光绪二年五月十四日。

另行请调，合并陈明。所有遴员请升要缺知州缘由，谨会同陕甘督臣左宗棠恭折具奏，伏乞皇太后、皇上圣鉴训示遵行。谨奏。

军机大臣奉旨："吏部议奏。钦此。"①

011. 署商州知州黄照临暂缓引见片 光绪二年六月二十五日

再，现署商州知州黄照临由举人拣选知县。同治七年五月初一日，经吏部带领引见。奉旨："发往陕西，以知县差遣委用。钦此！"该员到省后，历署山阳、朝邑县事，勤政爱民，循声卓著。十年，经前抚臣蒋志章奏保，补缺后以同知直隶州知州补用。奉部覆准，捐免本班，以同知直隶州用。光绪元年十一月，河南淅川厅李官桥一带土匪肆扰，与商属毗连，谣言纷纷，民情震恐。臣派委副将彭体道带勇前往，会同三省兵勇协剿，以黄照临曾署山阳县事，深得民心，委令接署商州，率属齐团堵御，地方始就安谧。现准部咨，饬令该员即行交卸，给咨赴部，自应遵照办理。臣查商州界邻三省，道路纷歧，现在游勇充斥，此拿彼窜，尤属防不胜防，黄照临抵任以来，正己率属，事必躬亲，威信交孚，民团翕服。清理地方积案，渐有头绪，迭次缉获哥匪十一名，尚未拟结，似未便遽令交卸，且该员系奉旨发陕委用之员，与军营保举、捐纳、捐升人员未经引见者有别，合无仰恳天恩，俯允署商州知州黄照临暂缓引见，出自逾格鸿慈，臣为地方紧要起见，谨附片具陈，伏乞圣鉴训示遵行。谨奏。

军机大臣奉〔旨〕："着照所请，吏部知道。钦此！"②

---

①《申报》上海版第1308号4/8，光绪二年六月二十四日。

②《申报》上海版第1308号4/8，光绪二年六月二十五日。

012. 延榆绥鄜四府州属岁额扣留片光绪二年七月初八日

再，北山延、榆、绥、鄜四府州属，自同治元年回捻交讧，荼毒最深。所有地丁正杂钱粮，不能照额征收通完。节经前抚臣奏奉恩旨，分别停免蠲缓。各在案。近虽腹地肃清，连年招抚遗黎，筹办赈垦，迄今田地尚有荒（无）〔芜〕，征解仍未能符额。所有例额官役、俸工、廉费、廪膳、祭祀、孤贫、驿站、夫马、工料等银，向于征收丁耗项下留支。除十三年以前各官垫发留支，已于旧案交代划抵解款外，盈余未支，统列次发项下。业于上年清理奏销案内声明在案。其自光绪元年起，新案交代，饬令各清各款，不准混行拨抵。惟此项留支，不敷俸工、廉费、祭祀、孤贫、驿站等银，皆系办公日食暨驿递赈济之需，未便令其无着。卷查承平时，偶遇偏灾蠲缓之年，不敷俸工，由司筹款，详经抚臣专案题咨拨补，作正开销。今十三年奏销后，司库搜索靡遗，委无存款筹拨，若责令现任之员筹垫，不惟力有未逮，更恐转启亏挪之渐，拟请自光绪元年起，将延、榆、绥、鄜四府州属岁额官役、俸工、廉费、廪膳、祭祀、孤贫、驿站、夫马、工料一切留支各款，除照现年启征分数扣留外，不敷之银，在于司库地丁耗羡项下开支，仍归奏销案内，分晰登造核销。据藩司蒋凝学详请奏咨前来。臣覆核无异，相应奏恳天恩，饬部立案，以备稽考。

除咨部查照外，为此附片陈明，伏乞圣鉴训示。谨奏。

军机大臣奉旨："户部知道。钦此。"①

---

①《申报》上海版第1346号4/8，光绪二年七月初八日。

013. 京控案件再饬催分别速迅提缉审办片 光绪二年七月初十日

再，京控案件，例应半年汇奏一次。兹查陕省自光绪二年正月起至闰五月止，有鄠县民人达三鼠并鄠县民人谢心理两案，均经先后饬司提审，因人证未齐，尚未讯结。又上次富平县民人王昭祖一起，前据由司详解，经臣提讯，犯供翻异，发回覆审。暨宁陕厅文童邓金德一案，原告脱逃未获，致未讯解。除再饬催分别速迅提缉审办，此外再无续准咨交之案。据藩、臬两司会详前来。谨附片陈明，伏乞圣鉴。谨奏。

军机大臣奉旨："知道了。钦此！"①

014. 请将陕安镇城守营都司尽先参将吴占鳌先行革职归案审办片 光绪二年七月初十日

再，陕安镇城守营都司尽先参将吴占鳌声明甚劣，经臣将该都司撤任，调省察看。兹据署陕安镇总兵彭体道咨称，该都司吴占鳌前被县民陈文运禀控苛索未遂，饬丁挖沟，阻截河水，不许灌田。复据县民杨起贵喊控，该都司负欠不偿，并因索债，将杨起贵殴伤等情，咨请参办前来。臣查吴占鳌不守纪律，营务废弛。撤任后，并不遵调来省，复敢亏欠民债，擅责无辜，似此肆行无忌，实属有玷官箴，除饬兴安府将县民陈文运等控案情形，查明禀覆，并由镇押解该都司来省审办外，相应请旨，将陕安镇城守营都司尽先参将吴占鳌先行革职，归案审办，谨会同陕甘督臣左宗棠附片陈明。谨奏。

奉旨："吴占鳌着先行革职，归案审办，该部知道。钦此。"②

---

①《申报》上海版第1348号5/8，光绪二年七月初十日。

②《申报》上海版第1348号5/8，光绪二年七月初十日。

015. 审明已革游击索欠拦抢拒伤事主平复分别按例定拟折光绪二年九月十五日

头品顶戴陕西巡抚臣谭钟麟跪奏，为审明已革游击索欠拦抢拒伤事主平复，分别按例定拟，恭折仰祈圣鉴事。

窃照前据醴泉县禀，获游击黄启祥等在途抢劫客民郭镜元等银两一案，经司饬府提省审办。旋据西安府集讯，因各供狡展，由前臬司转详，咨会陕甘督臣左宗棠附片奏参。奉旨："丁启发、黄启祥均着革职归案，严行审办。该部知道。钦此！"钦遵当经前抚臣邵亨豫恭录转行审办去后。兹据西安府知府李慎督同局员讯拟，由臬司裕宽审详解勘前来。臣亲提研鞫，缘黄启祥、丁启发分隶安徽、江南、霍山、六合等县，先均充当固原提督雷正绾部下亲兵，随营剿贼出力，黄启祥历保游击，丁启发历保副将，在营当差，与山西荣河县人郭镜元先不认识。同治九年十一月间，郭镜元带同铺伙王二常至黄启祥等营内，贩卖绸缎、靴鞋等物，黄启祥始与郭镜元交好，询悉籍贯、住址。嗣王二因欲寄银回籍，央令郭镜元耽保，带向黄启祥等各借银二十两，约至次年来营加利归还，黄启祥等应允。将银给与郭镜元，令其转交王二，携回原籍。十年九月初二日，黄启祥、丁启发与同营游击萧士学由营请假回籍，各骑马匹，携带洋枪、短刀防身，并带马夫王安娃一同起程。十五日，行抵醴泉，投宿客店。适郭镜元同脚夫赵福盛、周良广赶骡二头，驮载行李，亦至是店居住。黄启祥等闻知郭镜元系往宝鸡县贸易，当索保借银两，郭镜元许俟次日代还，遂各分房就寝。郭镜元心生翻悔，不愿代还，又虑黄启祥等索银不能推缓，即于十六日未明时，同赵福盛等赶骡开门潜逃。迨黄启祥等晨起，查问不见，料必向西跑走，黄启祥因郭镜元耽欠未还，私自偷走，心怀忿恨，起意赶抢，商允丁启发，骑马追至蒿里地方，见郭镜元正与赵福盛前行，周良广落后，黄启祥赶上，拦阻不住，用刀砍伤周良广左腮颊，郭镜元回顾畏惧，催骡奔跑，丁启发又用洋枪轰伤郭镜元左臂膊落地，黄启祥等将骡驮布袋内所装银两抢回逃跑。仍返店内，查点赃银，约共二百余两，询知萧士学、王安娃早已起身，黄启祥等赶上同行。萧士学、王安娃当向查问，黄启祥等知难隐瞒，告述实情，嘱勿声张，并称如果走漏风声，定行扳害。萧士学等畏累应允。十七日，萧士学随往泾阳，黄启祥、丁启发撩弃枪刀，与王安娃同往三原，各散。后经郭镜元以抢夺受伤各情报经前署醴泉县知县周铭旂，会营勘验，饬医差缉。旋据缉役，踩至泾阳县地方，禀经该前县派差协同将黄启祥、丁启发及同行之萧士学一并获解，审办查验。郭镜元等伤已平复，移三原县将马夫王安娃传解到案，提同质讯，不特事主郭镜元指认可凭，即萧士学、王安娃亦皆质证确凿。惟黄启祥、丁启发坚不吐实，复于其家起出赃银，并据郭镜元辨认，确系原银。经周铭旗禀将犯卷提省，发交西安府审办。该前署府杨光澍未及提到，因病出缺。该府李慎到任，始将人证催集，督同局员核卷提犯，悉心研讯。黄启祥、丁启发供均狡展，迭经严鞫，各供又复互异，随提要证萧士学、王安娃质讯，供认丁启发等抢夺属实，而黄启祥、丁启发仍复狡展，经该府追出保札，由前臬司转详咨会督臣奏参革审。饬府复提黄启祥等迭次严讯，始据供认抢夺不讳，并供出前有借银情事。质之郭镜元，供称先与铺伙王二保借银两属实。该府以案关抢夺，难保无串供避就情事，非提王二到案质讯，难成信谳。随饬县关提，王二外贸未回，迭经饬催关传，嗣于光绪元年十一月十六日，始传获王二解案，环质各供前情不讳。严诘实因索欠拦抢拒伤事主，再无另犯不法别案。供证确凿，案无遁饰。查例载：抢夺之案，数在三人以下者，仍以抢夺本律定拟。又律载：白昼抢夺伤人者，为首斩监候，为从减一等。又例载：断罪无正条，援引他律比附，加减问拟。各等语。此案已革游击黄启祥、已革副将丁启发因郭镜元在营代王二保借银两，后因请假回籍，撞遇郭镜元，向索前欠，郭镜元先许垫还，后忽翻悔潜逃。黄启祥即商同丁启发追赶，持刀放枪拦夺，并轰砍伤郭镜元等平复，殊属藐法。惟事出有因，并非平空抢夺，固未便科〔拟〕抢夺伤人之条，亦未便仅照凡斗科拟伤罪，致滋轻纵，衡情酌断，自应比例量减问拟。黄启祥应比照白昼抢夺伤人者为首斩监候例上减一等，拟杖一百，流三千里。丁启发听从抢夺伤人，应于黄启祥流罪上再减一等，拟杖一百，徒三年。俱系武职大员，黄启祥请从重发往新疆，充当苦差。仍遵奏定章程，改发黑龙江安置。丁启发请从重发往军台，效力赎罪。该犯等事犯在恭逢同治十一年正月初四日及十三年十一月十五日等日恩旨并光绪元年正月二十日恩诏以前，惟系职官抢夺，应毋庸查办。王二负欠不还，致肇衅端，应照不应轻律，笞四十，事在赦前，应予援免。欠钱照追给领，郭镜元许垫还借银后忽潜逃，本有不合。惟系代人保借，并非抗赖，应与被吓畏累、到官据实供明之萧士学、王安娃，均请免议。起获原赃还主给领，无干省释。洋枪、短刀供弃免追。黄启祥等保札案件销毁。

除供招咨部外，所有已革游击索欠拦抢、拒伤事主平复审明定拟缘由，谨会同陕甘督臣左宗棠恭折具陈，伏乞圣鉴。谨奏。

军机大臣奉旨："刑部议奏。钦此！"①

016. 布置北山防务片 光绪二年九月十八日

再，统领蜀军陕安道黄鼎前丁父忧，经前抚臣邵亨豫奏准仍留北山驻防。嗣该道禀请给假六个月，回籍葬亲。并将防务暂交营务处贵州补用道张□文接统，复经臣附片具奏在案。兹据黄鼎禀报，自光绪元年十一月十一日到籍，办理丧葬事毕，本年四月二十日起程回陕，于七月初一日抵北山防营任事。臣以（寨）〔塞〕外攻剿甚紧，难保逆匪不穷促内窜，饬令该道将蜀军五营调集适中之处，勤加操练，以为游击之师。现据黄鼎呈称，查怀远

---

①《申报》上海版第1401号4/8，光绪二年九月十五日。

县属之石湾，地处适中，与镇靖、瓦窑等处相距不远，拟即调集各营移驻石湾训练，既可屏蔽绥德，亦与榆林镇标各营声势联络，将抚标副右一旗、仁胜左军前旗，均归统带仁胜左军中旗候补知府张惟训总统，分驻安边、定边及吴旗镇，兼顾延、鄜一带等情前来。臣查该道所禀，审度地势，调营移驻暨一切布置机宜，均尚周妥，应如所请办理，以重防务而固边圉。

除分饬遵照外，谨附片具陈，伏乞圣鉴。谨奏。

军机大臣奉旨："知道了。钦此。"①

017. 拣员请补南山要缺直隶州知州折光绪二年九月二十七日

头品顶戴陕西巡抚臣谭钟麟跪奏，为拣员请补南山要缺直隶州知州，以重地方，恭折仰祈圣鉴事。

窃照商州直隶州杨玉章病故遗缺，系繁、疲、难三项相兼要缺，例应在外拣员升调。查该州地处南山，界连豫楚，管辖四县，为陕省东南门户，幅员辽阔，五方杂处，现值游勇会匪往来充斥，一切巡防、弹压，在在均关紧要。非精明干练、老成练达之员，不足以资治理。臣与藩、臬两司在于通省现任简缺直隶州知州、同知应调应补，并府属知州及劳绩历俸已满应升各员内逐加遴选，非现居要缺，即人地未宜，实无堪调堪升之员，其候补班内亦无记名分发人员。惟查候补班前先补用直隶州知州李素，现年四十二岁，云南举人。同治七年投效山东军营出力，保奏以知县归举班前先选用，加五品衔。复于全陕肃清案内，经陕甘督臣左宗棠奏奉上谕："着以直隶州知州分发省分，归候补班前先补用。钦此！"遵例捐指陕西。十年九月，赴部引见。奉旨："着准其以直隶州知州分发陕西，归候补班前先补用。钦此！"十二月到省，嗣

①《申报》上海版第1403号4/8、5/8，光绪二年九月十八日。

因筹解协饷、办理甘捐转运前敌出力，保奏俟补缺后以知府用，先换顶戴。业已试看期满，甄别以繁缺直隶州知州补用。该员年强才裕，为守兼优，现署鄜州直隶州知州，办理裕如，毫无贻误，以之请补商州直隶州知州，堪以胜任。该员虽系军功初任人员，且调缺请补，与例稍有未符。惟人地实在相需，例得专折奏请。据藩司蒋凝学、臬司裕宽会详请奏前来，合无仰恳天恩，俯念员缺紧要，准以候补班前先补用直隶州知州李素，请补商州直隶州知州，实于南山要缺有裨。如蒙俞允，该员系直隶州知州请补直隶知州，衔缺相当，毋庸送部引见，合并陈明，所有拣员请补南山要缺直隶州知州缘由，谨会同陕甘督臣左宗棠恭折具陈，伏乞皇太后、皇上圣鉴训示。谨奏。

军机大臣奉旨："吏部议奏。钦此！"①

018. 拣员借补游击折光绪二年九月三十日

头品顶戴陕西巡抚臣谭钟麟跪奏，为拣员借补游击，恭折仰祈圣鉴事。

窃照陕西抚标右营游击张翊升因病请假，回籍就医，前因假满，该员病仍未痊，经臣奏请开缺。接准部咨，行令拣员请补。旋据续报，该员病故，亦经转咨在案。臣查该营游击系省会要缺，有整饬营伍之责，现值关外军事方殷，腹地散勇游匪，往来充斥，缉捕巡防，均关紧要。非熟悉情形、勤明干练之员，弗克胜任。陕西虽有尽先游击人员，均与此缺人地不宜，未便迁就请补。惟查有记名遇缺简放水陆总兵袁国祥，现年四十三岁，四川人，由行伍投营剿贼出力，历保总兵，赏加提督衔。旋因在湖北剿匪，连获大胜保奏。于同治六年十一月初一日奉上谕："袁国祥着仍交军机处记名，无论何省遇有水陆总兵缺出，先行请旨简放。钦

①《申报》上海版第1413号3/8、4/8，光绪二年九月二十七日。

此!”八年九月赴部引见。奉旨发往陕西，差遣委用。该员朴实耐劳，戎机夙谙。现统抚标马队驻防省西各要路，往来巡缉，盘查行旅，均极认真。在陕多年，情形尤为熟悉，以之借补抚标右营游击，洵堪胜任。亦与借补限制相符。合无仰恳天恩，俯准以记名遇缺简放水陆总兵袁国祥，借补抚标右营游击，实于营伍、地方均有裨益。如蒙俞允，该员系曾经引见奉旨发往之员，可否毋庸再行送部之处，恭候钦定。

除饬取该员履历咨部外，谨会同陕甘督臣左宗棠、帮办陕甘军务太仆寺卿臣刘典、固原提臣雷正绾恭折具陈，伏乞皇上圣鉴训示。谨奏。

军机大臣奉旨:“兵部议奏。钦此。”①

019. 知府试看期满循例甄别片 光绪二年九月三十日

再，查定例:捐纳道府分发到省，试看一年期满，该督抚察看才具，分别堪胜繁简，专折奏闻，照例题补，历经遵办在案。兹查试用知府景星耀，自光绪元年三月初十日到省之日起，扣至二年三月初十日，试看一年期满，自应循例甄别。据藩、臬两司会详前来。

臣查该员景星耀年力正强，办事勤慎，自到陕以来，委办事件，实力经理，堪胜繁缺之任。所有知府试看期满循例甄别缘由，谨会同陕甘督臣左宗棠附片具陈，伏乞圣鉴。谨奏。

军机大臣奉旨:“吏部知道。钦此!”②

---

①《申报》上海版第1413号4/8，光绪二年九月三十日。

②《申报》上海版第1413号4/8，光绪二年九月三十日。

020. 乡试房考兼用候补人员暨士子三场接试翻译均各安静折光绪二年九月三十日

头品顶戴陕西巡抚臣谭钟麟跪奏，为乡试房考兼用候补人员暨士子三场接试翻译，均各安静，恭折仰祈圣鉴事。

窃照本年丙子科陕西文闱乡试，应调同考官十员。查现任实缺州县进士、举人出身者，多有经手要件，不敷调派。除于现任州县内考取署绥德直隶州知州葭州知州汪炳煦、郃阳县知县蔡福谦、盩厔县知县张其蕙三员外，并在候补人员内考选得候补直隶州知州庾文潢，即用知县田苏游、刘世昌、安守和，教习知县秦予钧、陈熊，试用知县林鸿儒七员，文理优长，一体充当分较。臣于八月初六日入闱监临，计应试士子五千五百零七名，三场均极安静。十七日接试翻译，随同内帘恭领钦颁题纸，在严密处所缮写刊刻，发给士子。十九日，交卷出场，除将翻译试卷二十三本逐一弥封总包钤印，即日委员解交礼部外，原奉朱封，谨于此次附折恭缴，臣即于二十日出闱，回署办事。仍留提调监试，在闱内稽查弹压。所有房考兼用候补人员暨接试翻译各场，均极安静缘由，理合恭折具陈，伏乞皇上圣鉴。谨奏。

军机大臣奉旨："知道了。钦此！"①

021. 新选米脂县知县谢定南暂行留省察看片光绪二年十一月初九日

再，部选人员领凭到省后，留省察看，例应奏咨立案。兹查有新选米脂县知县谢定南，于光绪二年五月分选授今职。八月初六日到省，初十日禀报缴凭到司，自应饬赴新任。惟米脂县地处

①《申报》上海版第1413号4/8，光绪二年九月三十日。

北山，兵燹之后，办理赈垦抚绥及善后各事宜，在在均关紧要。该员甫经抵陕，地方情形未能熟悉。遽令赴任，恐滋贻误。据藩、臬两司会详前来。相应奏明，请旨将新选米脂县知县谢定南暂行留省察看，如能称职，再饬赴任，以重地方。

除咨部外，理合附片陈明，伏乞〔圣〕鉴训示。谨奏。

军机大臣奉旨："知道了。钦此！"①

022. 请以陕安道沈应奎署理盐法道片 光绪二年十一月十二日

再，盐法道一缺，经臣于本年三月间，奏委候补道周士键署理。现据藩司详报，该署道周士键于九月十五日病故，所遗署缺，应先行委员接署。现署陕安道候补道三寿请补斯缺，尚未接准部覆。查有正任陕安道沈应奎，年强才裕，办事精详。曾署斯缺，办理一切，均无贻误。堪以复委署理，仍兼办西征粮台驻陕军需局事。

除檄饬遵照外，理合会同陕甘总督臣左宗棠附片陈明，伏乞圣鉴。谨奏。

军机大臣奉旨："知道了。钦此！"②

023. 陕省光绪二年上忙钱粮再为展缓片

光绪二年十一月二十七日

再，每年上忙钱粮，除留支外，实征解司银数，限十一月底将正课项分晰成数报部。兹届造报之期，自应依限办理。惟陕省自同治元年军兴以后，各府县属相继俱被贼扰，小民荡析离居，以致应征地丁、盐课，未能照常征解。业将自同治元年起至光绪

①《申报》上海版第1462号4/8，光绪二年十一月初九日。

②《申报》上海版第1464号5/8，光绪二年十一月十二日。

元年止，节年上下忙先后奏请展绥。并将十三年以前民欠钱粮分别奏明蠲缓各在案。现在军务敉平，第招徕遗黎，民穷财竭。平川州县叛逆各产，迄今仍未尽辟。南北二山，素本瘠苦，流亡新归，先须筹给籽种、口粮，非休息民力，尤难遽请升科。故本年上忙地丁、盐课等项，虽经严饬各州县设法催征，仍难踊跃收解。各州县亦办理边防、转运、开垦等事，多有无暇兼顾之势。应造上忙地丁钱粮银数，委（虽）〔难〕依限造报。据藩司蒋凝学具详请奏前来。

臣覆核无异，合无仰恳天恩，俯准将陕省光绪二年上忙钱粮，再为展缓。统俟军务大定，征收符额，即行分晰成数，统归上届并案造报，以昭详慎。

除咨部查照外，谨附片具陈，伏乞圣鉴。谨奏。

军机大臣奉旨："着照所请，户部知道。钦此！"①

024. 审明杀死一家夫妇二命凶犯按例定拟折光绪三年正月二十九日

头品顶戴陕西巡抚臣谭钟麟跪奏，为审明杀死一家夫妇二命凶犯，按例定拟，恭折仰祈圣鉴事。

窃照前据鄠县详报民人张西林谋杀戴相兰并致毙其妻戴白氏一家二命暨戳伤其媳戴梁氏平复一案，经臣批司饬审拟解去后。兹据署鄠县知县濮垚审拟解府，由臬司裕宽覆讯详勘前来。臣提犯亲鞫，缘张西林籍隶该县，与已死戴相兰及其妻戴白氏先无嫌隙，戴梁氏系戴相兰子妇，张西林与戴梁氏母家邻居。戴梁氏未嫁之前，即与张西林乘间调戏成奸，非止一次。同治十三年间，戴相兰为子戴贵娃接娶戴梁氏过门完婚。迨后张西林每遇戴梁氏归宁，仍往续旧，戴梁氏之父梁清及戴相兰均不知情。光绪二年

①《申报》上海版第1474号5/8，光绪二年十一月二十七日。

正月间，戴梁氏往母家拜年，月余始回。戴白氏诘斥其非，因其分辩，并向殴责，经戴贵娃劝阻。二月十七日下午，张西林赴戴相兰邻居张医生家求方疗病，适戴梁氏瞥见，唤拢泣诉被姑殴责情由，张西林起意，诱拐同逃，以便长久奸好，商约是夜潜至屋后等候，戴梁氏亦因恋奸，允从各散。至三更后，张西林如约前往，戴梁氏乘戴贵娃睡熟，潜起开门，即同张西林逃走。次早，戴贵娃不见其妻，告知戴相兰，分路追寻。三月二十七日，张西林等行至兴平县属鹅子村庙内歇宿，经戴相兰寻获喊捕，张西林夺路逃跑。戴相兰将戴梁氏领回，赴县控缉未获。嗣张西林潜归，探知恐到官办罪，又不能与戴梁氏续奸，心怀忿恨，起意谋杀戴相兰泄忿。五月十八日上午，张西林身藏顺刀，潜至戴相兰家，乘其不防，用刀戳伤戴相兰肚腹，倒地乱挣喊救，张西林复砍伤其左胳肘，并划伤其左手心，维时，戴梁氏、戴白氏闻声先后赶出救护，扑扭夺刀。张西林又用刀连砍伤戴梁氏左腮颊、右乳、左肋、左手大拇指及戴白氏囟门、左手心，适张安回闻喊，趋至喝阻，将张西林扭获，询悉情由，通知戴贵娃看明，救治罔效，戴相兰、戴白氏先后因伤殒命。投约报验，讯详饬审。查验戴梁氏伤已平复，审拟由府解司勘转，经臣提犯研鞫，据供前情不讳。委因挟嫌独谋杀害，并无同谋加功之人，亦无起衅别故，矢口不移，案无遁饰。查例载：致死一家二命，系一故一斗者，拟斩立决。奏请定夺，毋庸断给财产。又子犯奸，父母被人谋故杀害者，拟绞立决，子妇有犯，与子同科。又各例载：断罪无正条，引律比附定拟。各等语。此案张西林先与戴相兰之子妇戴梁氏通奸，继复诱拐同逃，潜回探知被戴相兰控缉，因虑到官办罪，不能续旧，辄怀忿恨，起意谋杀，用刀戳伤戴相兰身死，并因其妻戴白氏及其媳戴梁氏赶出救护，又用刀砍伤戴白氏毙命暨砍伤戴梁氏平复，死属一家夫妇二命，内系一谋一斗，遍查律例，并无治罪专条。查谋故罪名相等，自应比附问拟。张西林除通奸逃拐并刃伤戴梁氏平复，各轻罪不议外，应比照致死一家二命，系一故一斗者，拟斩立决例，拟斩立决。奏请定夺，毋庸断给财产。戴梁氏身犯奸淫，致其翁姑均被杀害，虽因喊救夺刀，被砍受伤，情无可原。查犯奸致翁姑同死非命，罪名相等，从一科断，亦应按律问拟。戴梁氏除与张西林通奸并和诱同逃各轻罪不议外，合依子犯奸父母被人谋故杀害者拟绞立决例，拟绞立决。见证张安回救阻不及，应毋庸议。无干省释。

除供招咨部外，所有按例定拟缘由，理合恭折具奏，伏乞皇太后、皇上圣鉴，敕部核覆施行。谨奏。

军机大臣奉旨："刑部速议具奏。钦此！"①

①《申报》上海版第1493号3/8、4/8，光绪三年正月二十九日。

二、陕甘总督部分

001. 恭报甘肃省光绪十二年十二月分粮价雪泽情形折光绪十三年正月初八日

头品顶戴陕甘总督臣谭钟麟跪奏，为恭报甘肃省光绪十二年十二月分粮价雪泽情形，恭折仰祈圣鉴事。

窃照十二年十一月分粮价并得沾雪泽情形，业经具折，奏报在案。兹查十二年十二月分兰州等八府六直隶州属先后报称：十四、十六等日得雪四五六寸不等，二十三日具报二次得雪三四寸不等，至二十七八日，自省城以及各属通报得雪，一律深透，阖境普沾，于春耕大有裨益。至通省粮价，或与上月相同，或较上月间有增减，据藩司谭继洵具详前来。

臣覆核无异，理合恭折奏闻，并缮粮价清单，恭呈御览，伏乞皇太后、皇上圣鉴。谨奏。

朱批：“知道了。”①

002. 拣员借补要缺守备以实营伍折光绪十三年正月初八日

头品顶戴陕甘总督臣谭钟麟跪奏，为拣员借补要缺守备，以实营伍，恭折仰祈圣鉴事。

窃臣接准部咨，镇海协营都司员缺，准以尽先副将巴暖营守备张得胜借补。其所遗巴暖营守备员缺，令即拣选尽先合例人员

①《光绪朝朱批奏折·农业·雨雪粮价》第94辑第422页，光绪十三年正月初八日。

请补。等因。咨行前来。臣查巴暖营守备员缺，设处边要，回番杂居，弹压稽查，最关紧要。非精明干练之员，不足以资治理。兹查有留甘尽先游击郭明扬，营务晓畅，边情洞悉，以之借补斯缺，洵属人地相宜。合无仰恳天恩，俯念员缺紧要，准以该员郭明扬借补巴暖营守备员缺，可期胜任。如蒙俞允，应请饬部先给署札，俟防务告竣，即行给咨赴部引见，以符定制。

除该员履历清册俟查取至日，另咨送部外，谨会同甘肃提臣周达武合词恭折具陈，伏乞皇太后、皇上圣鉴训示。谨奏。

朱批："兵部议奏。"①

003. 拣员借补要缺守备以裨营伍折 光绪十三年正月初八日

头品顶戴陕甘总督臣谭钟麟跪奏，为拣员借补要缺守备，以裨营伍，恭折仰祈圣鉴事。

窃查西安城守协右营守备吴云伍借补安西协中军都司，所遗守备员缺，设处省会，巡防弹压，最关紧要。非精明强干之员，难资治理，当经转移拣员请补。兹准署陕西固原提督沈玉遂咨称，核选得蓝翎留陕甘尽先补用都司萧文光，营务熟娴，办事勤慎，以之借补斯缺，洵堪胜任。合无仰恳天恩，俯念员缺紧要，准以该员萧文光借补西安城守协右营守备，实于营伍、操防大有裨益。如蒙俞允，俟接准部覆后，即行给咨赴部引见，以符定制。

除该员履历清册送部外，谨会同署陕西提臣沈玉遂合词恭折具陈，伏乞皇太后、皇上圣鉴训示。谨奏。

朱批："兵部议奏。"②

---

①《光绪朝朱批奏折·军务·人事》第39辑第458页，光绪十三年正月初八日。
②《光绪朝朱批奏折·军务·人事》第39辑第459页，光绪十三年正月初八日。

004. 拣员借补要缺守备以裨营伍折光绪十三年正月初八日

头品顶戴陕甘总督臣谭钟麟跪奏，为拣员借补要缺守备，以裨营伍，恭折仰祈圣鉴事。

窃查秦州营守备凌维翰升署潼关协营中军都司，所遗守备员缺，当经转移拣员请补。兹准署陕西固原提督沈玉遂咨称，核选得花翎留陕尽先补用游击陈福祥，人尚精敏，营务熟悉，堪以借补，咨商核办前来。臣查陈福祥才具明练，任事认真，以之借补斯缺，洵堪胜任。合无仰恳天恩，俯念员缺紧要，准以该员陈福祥借补秦州营守备，实于营伍、操防均有裨益。如蒙俞允，应请饬部先给署札，俟防务告蒇，即行给咨送部引见，以符定制。

除该员履历清册送部外，谨会同署陕西提臣沈玉遂合词恭折具陈，伏乞皇太后、皇上圣鉴训示。谨奏。

朱批："兵部议奏。"①

005. 凉州副都统丁忧循例委员暂行护理篆务折光绪十三年正月二十日

头品顶戴陕甘总督臣谭钟麟跪奏，为凉州副都统现丁母忧，循例委员暂行护理篆务，恭折仰祈圣鉴事。

窃臣据凉州满营左翼协领得敦等呈称，副都统德魁之母钮瑚鲁氏就养凉署，于本年正月初七日病故。副都统系属亲子，例应扶柩回旗安葬。所有副都统篆务，请委员护理前来。臣查右翼协领荣禧，老诚练达，公正勤明。前曾三护凉篆，办理均甚妥协，众心悦服，堪以暂行护理凉州副都统篆务。

---

①《光绪朝朱批奏折·军务·人事》第39辑第460页，光绪十三年正月初八日。

除由臣檄饬遵照外，所有副都统丁忧日期并委员护理篆务缘由，理合恭折由驿具奏，伏乞皇太后、皇上圣鉴训示。谨奏。

朱批："知道了。"①

006. 盘查甘肃司库十二年存储正杂各款并无短少折光绪十三年二月初六日

头品顶戴陕甘总督臣谭钟麟跪奏，为盘查甘肃司库十二年存储正、杂各款并无短少，恭折具陈，仰祈圣鉴事。

窃臣查甘肃司库十一年所存银钱、砂金数目，业经盘查加结，奏咨在案。兹据藩司谭继洵详称，遵查司库，截至十二年年底止，正、杂各款现存银一十五万九千六百五两七钱二分八厘，钱六万四千四百六十串七百三十文，课金一百二十两五钱，金砂五两四钱二分，新饷四分，减平项下存银七万四千一百三十八两四钱二分，海防捐输项下存银三千九百四十一两八钱二分，又存十一年新饷四分，减平银五万五千八百四十九两一钱八分，造具册结，详请盘查前来，臣即亲赴藩署，逐项盘查，核与该司册造无异。

除加结并清册送部外，理合恭折具陈。伏乞皇太后、皇上圣鉴，饬部查照施行。谨奏。

朱批："户部知道。"②

007. 前任宁灵同知吴福钟开复原官片光绪十三年二月初八日

再，宁灵同知吴福钟，在任亏空各项仓粮二千三百余石，又亏短杂款银一千余两，丁忧卸事，逾限不清。经臣奏参革职，饬司勒限完交。兹据藩、臬两司详称，该革员亏空仓粮，业于参限

---

①《光绪朝朱批奏折·军务·人事》第39辑第470页，光绪十三年正月二十日。

②《光绪朝朱批奏折·财政·库储》第81辑第418页，光绪十三年二月初六日。

内如数补交。其亏短银两，除参限内交过外，尚短银二百余两。因寄信广东原籍，变产汇甘归款，以致迟延，事出有因。现经交清，一并由后任接收清楚，另文造册结报，呈请照例奏请开复前来。

臣覆查无异，合无仰恳天恩，准将前任宁灵同知吴福钟开复原官，以示观感，谨附片具陈，伏乞圣鉴训示。谨奏。

朱批："着照所请。该部知道。"①

008. 嘉峪关十二年收支各项银两数目造册报销折光绪十三年二月初八日

头品顶戴陕甘总督臣谭钟麟跪奏，为嘉峪关十二年收支各项银两数目，造册报销，恭折仰祈圣鉴事。

窃据嘉峪关监督叶毓桐详称，前奉户部议准，嘉峪关开办通商事务，自光绪十一年为始，每年由江汉关拨借银一万二千两，每年准支经费银一万一千三百五十二两，所有光绪十一年江汉关拨到银两及收支数目清册，业经奏咨核销，并声明江汉距甘遥远，不能依期解到，请于年终归并一次造报各在案，今自光绪十二年正月初一日起，至十二月底止，计征收俄商进出口税以及子税银九十七两六钱六分二厘，前经按结开报，又于十二年冬月收到江汉关拨借经费银一万二千两，连旧管项下存银七百七十三两一钱一分七厘，三共存银一万二千八百七十两七钱七分九厘，内除一年经费银一万九百三十二两六钱四分二厘七毫，实存银一千九百三十八两一钱三分六厘，照旧归入下年开支，其开除各数相应造具清册详请奏咨等情前来。

臣覆核无异，应将赍到清册分咨总理衙门、户部核销，再，该关税务难期畅旺，所需经费实力裁减，从十三年正月起，每年

①《光绪朝朱批奏折·财政·库储》第81辑第419页，光绪十三年二月初八日。

只拨江汉关银九千两，臣已于十二年十一月将核减细数清册咨明户部、总理衙门查照，合并陈明，伏乞皇太后、皇上圣鉴。谨奏。

朱批："该衙门知道。"①

009. 拣员借补要缺副将以裨营伍折光绪十三年二月初八日

头品顶戴陕甘总督臣谭钟麟跪奏，为拣员借补要缺副将，以裨营伍，恭折仰祈圣鉴事。

窃陕西提属商州协副将员缺，前经臣奏请，以记名提督李良穆借补，并请改留陕甘补用。嗣准部咨，以开缺在先，留省在后，与定章不符。应令另拣尽先合例人员请补。等因前来。臣维商州界连豫鄂，万山丛错，最易藏奸。巡缉弹压，均关紧要。非精明干练之员，难资治理。兹于合例人员内，拣选得记名总兵署汉中镇总兵延绥镇标左营游击任正时，久历戎行，战功卓著。现在汉中镇署任，办理一切，悉臻妥协。以之借补斯缺，实属人地相宜，于营伍、操防大有裨益。合无仰恳天恩，俯念员缺紧要，准以任正时借补陕西商州协副将员缺，以期得力。如蒙俞允，俟接准部覆后，再行给咨赴部引见，以符定制。

除饬取该员履历清册另咨送部外，谨会同署陕西固原提臣沈玉遂合词恭折具奏，伏乞皇太后、皇上圣鉴训示。谨奏。

朱批："兵部议奏。"②

010. 孝义营都司李辅清病故开缺片光绪十三年二月初八日

再，臣准署陕西固原提督沈玉遂咨称，署商州协营中军都司

---

①《光绪朝朱批奏折·财政·经费》第86辑第188页，光绪十三年二月初八日。

②《光绪朝朱批奏折·军务·人事》第39辑第514页，光绪十三年二月初八日。

孝义营都司李辅清，得患风寒病症，医药罔效，于光绪十二年十二月十五日病故，并声明该故员嫡亲、医士及承查印甘各结。俟查取至日，另文咨送。等因前来。

臣覆查无异，相应奏明，请旨开缺。所遗都司员缺，陕甘现有合例人员，容臣拣选请补。

理合附片陈明，伏乞圣鉴。谨奏。

朱批："兵部知道。"①

011. 拣员升署要缺都司以裨营伍折光绪十三年二月初八日

头品顶戴陕甘总督臣谭钟麟跪奏，为拣员升署要缺都司，以裨营伍，恭折仰祈圣鉴事。

窃查陕西河州镇属岷州营都司颜咸吉，借补陕西固原提标左营游击。所遗都司员缺，当饬拣选妥员请补。兹据署河州镇总兵李良穆核选得留甘尽先补用都司沈福坤，年力正强，朴实勤慎，堪以升署，呈请核办前来。臣维岷州系番回、汉民杂处之区，弹压巡缉，均关紧要。自应量为变通办理，以期得力。查沈福坤干练有为，边情熟悉，历署河州都、守各缺，诸臻妥善。以之升署岷州营都司，虽于例章稍有未符，而于人地实属相宜。合无仰恳天恩，俯念地方关重，准以沈福坤升署岷州营都司员缺，于营伍、地方均有裨益。如蒙俞允，应请敕部发给署札，俟防务告蒇，再行给咨赴部引见，以符定制。

除饬取该员履历至日，另咨送部外，谨会同署陕西提臣沈玉遂合词恭折具陈，伏乞皇太后、皇上圣鉴训示。谨奏。

朱批："兵部议奏。"②

---

①《光绪朝朱批奏折·军务·人事》第39辑第515页，光绪十三年二月初八日。

②《光绪朝朱批奏折·军务·人事》第39辑第515—516页，光绪十三年二月初八日。

012. 李宾山升署河州镇标右营守备员缺片 光绪十三年二月初八日

再，查陕西河州镇标右营守备王在耘，借补阶州营游击。所遗守备员缺，当饬拣选妥员请补。兹据署河州镇总兵李良穆核选得留甘尽先补用守备巩昌营千总李宾山，营务熟习，朴实稳练，堪以升署，呈请核办前来。臣维河州番回、汉民杂处，弹压巡缉，均关紧要，自应量为变通办理，以期得力。查李宾山勤慎干练，办事结实，以之升署该缺守备，虽于例章稍有未符，而于人地实属相宜。合无仰恳天恩，俯念地方关重，准以李宾山升署河州镇标右营守备员缺，于营伍、地方均有裨益。如蒙俞允，应请饬部发给署札，俟防务告蒇，再行给咨赴部引见，以符定制。

除饬取该员履历至日，另咨送部外，谨会同署陕西提臣沈玉遂合词附片具陈，伏乞圣鉴训示。谨奏。

朱批："兵部议奏。"①

013. 白土营游击徐昌寿病故开缺片 光绪十三年二月初八日

再，臣据陕安镇总兵姚文广呈称，白土营游击徐昌寿得患痰病，医药罔效，于光绪十二年十一月十五日在任病故。除该员原领游击札付，并取承查印甘各结咨送兵部查照外，相应奏请开缺。所遗游击员缺，陕甘现有合例人员，容臣拣选请补。

理合附片具奏，伏乞圣鉴。谨奏。

朱批："兵部知道。"②

---

①《光绪朝朱批奏折·军务·人事》第39辑第516页，光绪十三年二月初八日。
②《光绪朝朱批奏折·军务·人事》第39辑第517页，光绪十三年二月初八日。

014. 邓继周等五员另核请奖片 光绪十三年二月二十九日

再，臣钟麟与前西宁办事臣李慎，于光绪十一年九月会奏奖励查办河南郡王却札与隆务寺番僧构衅各案出力人员一折。于十月十七日奉旨允准，钦遵在案。旋准吏部咨，所保出力各员，核与章程相符者，应行照准。其余五员，应令另核请奖等因前来。臣等酌核，拟将选缺后补用县丞候选从九邓继周、本班尽先候选州吏目潘衍善二员，均请改以本班留甘补用。至留甘尽先补用从九张象恒，曾于办结循化番案保补缺后，以主簿仍留原省尽先补用。嗣于襄办新疆后路转运出力，复请免补本班，以主簿仍留原省补用。臣等前奏漏未声叙新疆保案，兹拟请将张象恒俟补主簿后，以府经历仍留原省尽先补用。又留甘尽先补用从九刘潜德，原请俟得缺后以县丞升用，应改请得缺后以主簿升用。遇缺即选从九张治，改请以巡检不论双单月遇缺尽先归部选用。以上五员，均遵照部章，核议改奖，合无仰恳天恩俯准，照拟给奖。谨附片陈明，伏乞圣鉴训示。谨奏。

朱批："吏部议奏。"①

再，新授甘肃按察使方汝翼，现已到省，应即饬赴新任，署臬司兰州道饶应祺仍回兰州道本任，各专责成。除分别札委外，谨附片陈明，伏乞圣鉴。谨奏。

朱批："知道了。"

015. 已故总兵功德在民据情准其附祀折

光绪十三年二月二十九日

头品顶戴陕甘总督臣谭钟麟、头品顶戴陕西巡抚臣叶伯英跪

①《光绪朝朱批奏折·内政·职官》第5辑，第78—79页，光绪十三年二月二十九日。

奏，为已故总兵功德在民，据情吁恳天恩，准其附祀，恭折仰祈圣鉴事。

窃查已故记名提督原任陕西延绥镇总兵谭仁芳在任病故，经臣钟麟将该总兵生前功绩缕陈，奉旨准照提督军营立功后病故例议恤，钦遵在案。兹据护理延榆绥道榆林府知府朱文镜禀，据延、榆、绥各府州属绅民、举人刘增泰等联名禀称，故总兵谭仁芳忠勇性成，自投入楚军，转战鄂、皖、豫、鲁，叠著战绩。奉调援陕，攻克荆紫关，剿灭亳颖西窜捻匪，旋攻王阁村、羌白镇，大获胜仗，复将苏家沟、渭城湾等处逆回老巢全行踏毁，军威赖以大振，维时粤逆大股入秦，盘踞盩厔县城，官兵日久不下，故总兵亲率士卒，昼夜环攻，收复县城，歼灭逆党甚众。洎全陕肃清，甘省追剿正紧，时防回窜。故总兵屯驻边隘，初防北山，继守邠、凤，所至兵民相安，秋毫无犯。光绪三年，蒙恩擢授延绥镇总兵，当莅榆之日，正亢旱之时，斗粟千钱，民人四散。故总兵捐廉，远道购粮，按户散给，另于近城设立粥厂，计口授食，赈济抚绥，全活灾黎无数。嗣复收养婴孩，矜全妇女，具棺以殓遗骸，舍衣以赒贫乏，凡有善政，靡不毕举。榆林近临榆绥河，每值夏秋，雨水暴涨，淹没田庐，浸及城身，官民患之。故总兵会同道府捐廉雇匠，开凿石河，督率兵勇疏通浚瀹，加筑遥堤，以资防护。阅十月而工始竣，计涸出良田四千余亩，此举尤为榆民永远之利。榆镇地处极边，界连蒙境，伏莽时虞窃发，故镇兵到任以来，随时严密缉巡，搜捕余匪，辖境赖以安谧。驭兵纪律严明，勤于训练，中外诚信相孚，军民联络一气，地方至今德之。绅等追念前功，久殷爱戴，逖闻建立专祠，已经停禁，惟有吁恳在于榆林地方附祀榆林前延绥镇刘厚基祠内，借隆报飨等情，转禀请奏前来。臣等查该总兵转战数省，在陕功绩尤伟，莅榆数年，整饬营伍，安辑善良，凡有裨地方事宜，靡不殚力经营，以故善政感人，追思难已。该绅民公恳附祀，以志遗爱，情词剀切，出于至诚，合无仰恳天恩，俯准将已故前延绥镇总兵谭仁芳在于榆林地方附祀总兵刘厚基祠内，以彰忠荩而顺舆情，除咨部外，谨合词具陈，伏乞皇太后、皇上圣鉴训示。再，此折系臣伯英主稿，合并声明。谨奏。

朱批："着照所请，该部知道。"①

016. 实缺道员因病呈请开缺请旨简放折

光绪十三年三月初八日

头品顶戴陕甘总督臣谭钟麟跪奏，为实缺道员因病呈请开缺，请旨简放，以重职守，恭折仰祈圣鉴事。

窃据安肃道叶毓桐禀称，自光绪九年到任，历受阴寒，时患足疾。去夏雨水过多，湿气熏蒸，腿疾增剧。秋间两次请假调理，卒未就痊满。拟春融气暖或可稍愈，无如沈寒侵肌，近日痛不能支，右腿渐有拘挛之状。伏念边关重地，交涉事繁，何敢以病躯恋栈，致滋贻误。恳请开缺回籍调理前来。臣查叶毓桐才识俱优，体用兼备。履任后办理一切，俱臻妥善。去秋两次请假，经臣批令在任调理。兹复禀称步履维艰，病难速愈。询之自肃来者，情形属实，自应准其开缺回籍医治。将来病痊，尚堪起用。所遗安肃道缺，先由臣委员接署，除另疏具题外，相应请旨，简放安肃道员缺，以重职守。

谨缮折驰陈，伏乞皇太后、皇上圣鉴训示。谨奏。

朱批："另有旨。"②

017. 防营保案文武员弁履历造册送部查核折

光绪十三年三月初八日

头品顶戴陕甘总督臣谭钟麟跪奏，为防营保案文武员弁履历

①《光绪朝朱批奏折·军务·人事》第39辑第565—566页，光绪十三年二月二十九日。
②《光绪朝朱批奏折·内政·职官》第5辑第4页，光绪十三年三月初八日。

造册送部查核，恭折仰祈圣鉴事。

窃前奉部咨，以甘肃防军保奖员弁履历未经另列清单，将臣议处。等因。查部定章程，于十二年四月二十五具奏，五月十二咨行到甘。臣当经转行各营，遵照办理。而防营散处边地，近者千余里，远者三四千里。雷正绾一军，驻防凤凰边门，则在六千里外。文报往来，动须数月。势难刻期造（赍）〔齐〕，故臣上年八月具奏时，不及另列清单也。至所保员弁履历，若详细载入单内，多者需折四五开，少者二三开，计七百余员，需二三百折，高至尺许，不便翻阅。伏思国家最重，莫如计典，各员履历，亦系造册送部，自可仿照办理。兹将各营送到履历，先行造册送部。雷正绾一军，现在奉文撤归。俟回甘时，再行饬令造齐补送。合无仰恳天恩，饬部先将送到各员弁履历，仍照关外防军保案核奖，以昭激劝。

谨缮折具陈，伏乞皇太后、皇上圣鉴训示。谨奏。

朱批："着照所请，该部知道。"①

018. 恭报甘肃省光绪十三年正月分粮价雪泽情形折光绪十三年三月十二日

头品顶戴陕甘总督臣谭钟麟跪奏，为恭报甘肃省光绪十三年正月分粮价雪泽情形，恭折仰祈圣鉴事。

窃照十二年分粮价并得沾雪泽情形，业经按月具折奏报在案。兹查本年正月分兰州等八府六直隶州属具报得沾雪泽，自一寸至二三寸不等。正值春耕布种之际，获此沃泽，土脉滋润，实于农田有裨。至通省粮价，或与上月相同，或较上月间有增减。据布政使谭继洵具详前来。

臣覆核无异，理合恭折奏闻，并缮粮价清单，恭呈御览，伏

---

①《光绪朝朱批奏折·军务·人事》第39辑第577—578页，光绪十三年三月初八日。

乞皇太后、皇上圣鉴。谨奏。

朱批："知道了。"①

019. 甘省十一年带征九、十两年旧赋钱粮情形折光绪十三年三月十二日

头品顶戴陕甘总督臣谭钟麟跪奏，为甘省十一年带征九、十两年旧赋钱粮情形，恭折仰祈圣鉴事。

窃臣前准部咨，甘肃省光绪十年带征九年民欠旧赋，应令自九年分起，按年开单奏报。仍至十二年分时，再将比较上三年之数，一并开列，以凭考核。等因。咨会到甘，当经转行去后。兹据藩司谭继洵将光绪十一年带征九、十两年分旧赋完欠分数，开折呈请奏报，并声明三年比较之案，届期另办。又十二年带征上三年旧赋，尚未据各属造报齐全。俟后再行按年开单详办等情前来。

臣覆核无异，理合缮具清单，恭呈御览，伏乞皇太后、皇上饬部查核施行。谨奏。

朱批："户部知道，单并发。"②

020. 拣员升补直隶州知州要缺以裨地方折光绪十三年三月十二日

头品顶戴陕甘总督臣谭钟麟跪奏，为拣员升补直隶州知州要缺，以裨地方，恭折仰祈圣鉴事。

窃据藩、臬两司详称，泾州直隶州知州胡韵兰病故，业已截缺报部。所遗系冲、疲、难三项要缺，例应在外拣补。查定例，州县应调缺出，于现任内拣选调补，如无合例之员，准于应升人

①《光绪朝朱批奏折·农业·雨雪粮价》第94辑第450页，光绪十三年三月十二日。
②《光绪朝朱批奏折·财政·田赋地丁》第65辑第668页，光绪十三年三月十二日。

员内，拣选题升。又查甘省变通章程，道府丞倅、州县以及佐杂各要缺，将现任各员，按照应升官阶，任内无论有无升案，并是否到任实授，以及历俸试俸未经期满各员，准择其人地相宜者，一律升调。各等语。今泾州直隶州知州为入甘首站，地冲事繁。非精明练达之员，不足以资治理。查现任河州知州李裕泽，年五十八岁，河南信阳州举人。在籍办团、保以知县选用，中式甲戌科进士，以分部主事改归知县铨选，签掣甘肃徽县知县。光绪五年四月到任，经前督臣左宗棠于遴选廉能折内，请以直隶州知州尽先补用，调补皋兰县知县。九年大计，保荐卓异。十二年正月，补授河州知州。据藩、臬两司以该员识卓才明，老成稳练，在甘有年，历任繁剧，办理悉臻妥协，具详请补泾州直隶州知州前来。臣查李裕泽心地诚笃，为守兼优，仰恳天恩，准以该员升补泾州知州，实于地方有裨。如蒙俞允，俟准部覆，即行给咨并案送部引见，以符定例。

谨缮折具陈，伏乞皇太后、皇上圣鉴训示。再，该员河州任内，因军流犯在配脱逃，例有罚俸处分，此外再无参罚案件，至所遗河州知州系要缺，例应在外拣补，合并声明。谨奏。

朱批："吏部议奏。"①

021. 拣员请补知县以重地方折光绪十三年三月十二日

头品顶戴陕甘总督臣谭钟麟跪奏，为拣员请补知县，以重地方，恭折仰祈圣鉴事。

窃据藩、臬两司详称，甘肃华亭县知县潘震补授新疆库车同知，业已截缺报部。所遗系简缺，曾经声明扣留，由甘请补。查前奉甘肃变通办理章程知县要缺一项，初任候补并拣发委用，以

①《光绪朝朱批奏折·内政·职官》第5辑第10页，光绪十三年三月十二日。

及到省在后各员，均准通融拣选题补。部选各缺，道府以至未入流，亦照请补要缺章程，无论何项缺出，择其人地相宜之员请补等语。今华亭县缺，遴选得试用知县黄政勤，年五十三岁，广东乐昌县拔贡，保举孝廉方正。朝考一等，以知县用，签掣甘肃。光绪七年五月初三日到省，委署碾伯县知县。因拿获邻境要犯，奏请交部从优议叙。十二年，委署秦安县知县。该司等查该员浑厚精明，办事奋勉，历署要缺。于地方诸务认真整饬，悉臻妥协，以之请补华亭县知县，实堪胜任，会详请奏前来。臣查黄政勤老练稳慎，办事结实。仰恳天恩，准以该员补华亭县知县，洵于地方有裨。如蒙俞允，仍俟试署年满，如果称职，另请实授。

该员并无参罚案件，谨恭折具陈，伏乞皇太后、皇上圣鉴训示。谨奏。

朱批："吏部议奏。"①

022. 拣员借补副将要缺折 光绪十三年三月十四日

头品顶戴陕甘总督臣谭钟麟跪奏，为拣员借补副将要缺，以裨营伍，恭折仰祈圣鉴事。

窃查洮岷协副将陈元萼现丁外艰，其开缺日期已另片奏报。所遗副将员缺，系属边要，为番回、汉杂居之地，弹压巡缉，在在关重，非熟悉情形之员，不能胜任，查有记名提督李良穆老成稳练，办事勤能，现署河州镇篆，整顿营伍，绥缉番回，最为得力，以之借补洮岷协副将，实属人地相宜。合无仰恳天恩，俯念员缺紧要，准以李良穆借补洮岷〔协〕副将，以裨边防。如蒙俞允，应请饬部先给署札。俟防务告蒇，再行给咨赴部引见，以符定制。

---

①《光绪朝朱批奏折·内政·职官》第5辑第11—12页，光绪十三年三月十二日。

谨会同署陕西固原提臣沈玉遂合词恭折具奏，伏乞皇太后、皇上圣鉴训示。谨奏。

朱批："兵部议奏。"①

023. 王廷贤委署洮岷协副将片光绪十三年三月十四日

再，臣据署河州镇总兵李良穆呈称，洮岷协副将陈元萼之父陈廷阶，于光绪十二年十一月初七日，在原籍江西南丰县病故。该副将系属亲子，例应丁忧，开缺回籍守制，请委员接署前来。臣查有尽先补用副将西宁镇属巴燕戎格营游击王廷贤，营务练达，熟悉边情，堪以委署。除檄饬前往查取陈元萼原领札付及任内有无未清钱粮事件，印甘各结另咨送部外，所遗洮岷协副将员缺，由臣另行拣员请补。

谨会同署陕西提臣沈玉遂合词附片具陈，伏乞圣鉴。谨奏。

朱批："兵部知道。"②

024. 拣员请补守备要缺折光绪十三年三月十四日

头品顶戴陕甘总督臣谭钟麟跪奏，为拣员请补守备要缺，以实营伍，恭折仰祈圣鉴事。

窃查陕甘督标前营守备李云卿病故，业经奏请开缺在案。兹据督标中军副将邓全忠详称，督标前营守备员缺，查有尽先升用都司督标中营千总秦兆勋堪以升补，请酌核办理前来。臣查秦兆勋久历戎行，办事勤慎，以之请补斯缺，洵堪胜任，合无仰恳天恩，俯念员缺紧要，准以秦兆勋请补督标前营守备员缺，以期得

①《光绪朝朱批奏折·军务·人事》第39辑第594—595页，光绪十三年三月十四日。

②《光绪朝朱批奏折·军务·人事》第39辑第595页，光绪十三年三月十四日。

力。如蒙俞允，应请饬部先给署札，俟防务一律告蒇，再行给咨赴部引见，以符定制。

除该员履历、清册另咨送部外，理合恭折具陈，伏乞皇太后、皇上圣鉴训示施行。谨奏。

朱批：“兵部议奏。”①

025. 拣选请补守备员缺片 光绪十三年三月十四日

再，据督标中军副将邓全忠呈称，督标前营守备李云卿得患时疾，调治罔效，于光绪十三年正月二十六日在任病故等情前来。臣覆查无异，相应奏明请旨开缺，其所遗守备员缺，甘省现有应补人员，容臣拣选请补。

除该故员原领札付及承查甘结，俟查取至日另咨送部外，理合附片陈明，伏乞圣鉴。谨奏。

朱批：“兵部知道。”②

026. 喻先知委署凉州镇属永昌协副将片 光绪十三年三月十四日

再，臣查凉州镇属永昌协副将王声扬，因案撤任，遗缺查有督标右营参将喻先知，堪以委署。

除檄饬遵照外，谨附片陈明，伏乞圣鉴。谨奏。

朱批：“兵部知道。”③

①《光绪朝朱批奏折·军务·人事》第39辑第596页，光绪十三年三月十四日。
②《光绪朝朱批奏折·军务·人事》第39辑第597页，光绪十三年三月十四日。
③《光绪朝朱批奏折·军务·人事》第39辑第597页，光绪十三年三月十四日。

027. 拣员借补守备要缺折 光绪十三年三月十四日

头品顶戴陕甘总督臣谭钟麟跪奏，为拣员借补守备要缺，以实营伍，恭折仰祈圣鉴事。

窃查陕西固原提标右营守备员缺，臣前请以蓝翎尽先补用都司韩谦借补，嗣准兵部议覆，该员保奖蓝翎，原保单内并无其名，保奖都司之案，亦无“尽先”字样，今请借补守备，碍难核办等因前来。当经转移另拣请补，兹准署陕西固原提督沈玉遂咨称，核选得花翎俟补都司后留甘尽先补用游击首成钱营务熟悉，办事结实，堪以借补，咨请核办前来。臣查首成钱办事稳练，留心营务，以之借补陕西固原提标右营中军守备，洵堪胜任，合无仰恳天恩，俯念员缺紧要，准以该员首成钱借补陕西提标右营守备员缺，实于营伍操防大有裨益，如蒙俞允，应请饬部先给署札，俟防务一律告蒇，再行给咨送部引见，以符定制。

除该员履历、清册送部外，谨会同署陕西提臣沈玉遂合词恭折具陈，伏乞皇太后、皇上圣鉴训示。谨奏。

朱批：“兵部议奏。”①

028. 拣员借补要缺守备折 光绪十三年三月十四日

头品顶戴陕甘总督臣谭钟麟跪奏，为拣员借补要缺守备，以裨营伍，恭折仰祈圣鉴事。

窃查陕西河州镇标左营守备陈万炳病故日期，业经奏报开缺在案。所遗守备员缺，当经转饬拣补。兹据署河州镇总兵李良穆

---

①《光绪朝朱批奏折·军务·人事》第39辑第598页，光绪十三年三月十四日。

呈称，核选得尽先补用都司后以游击尽先补用张绍先屡著战绩，年力正强，堪以借补，呈请核办前来。臣查张绍先久历戎行，办事勤能，以之借补斯缺，洵堪胜任，合无仰恳天恩，俯念员缺紧要，准以张绍先借补河州镇标左营守备员缺，实于营伍、操防大有裨益。如蒙俞允，应请饬部先给署札。俟防务告蒇，再行给咨送部引见，以符定制。

除该员履历、清册另咨送部外，谨会同署陕西固原提臣沈玉遂合词恭折具陈，伏乞皇太后、皇上圣鉴训示。谨奏。

朱批："兵部议奏。"①

029. 另拣请补守备员缺片 光绪十三年三月十五日

再，据署河州镇总兵李良穆呈称，署城守营都司左营守备陈万炳，得患伤寒病症，医药罔效，于本年二月十六日在署都司任内病故。

除饬取该员原领守备札付及承查印甘各结另咨送部外，相应奏请开缺，所遗守备员缺，陕甘现有合例人员，容臣另拣请补，理合附片具奏，伏乞圣鉴。谨奏。

朱批："兵部知道。"②

030. 请旨派员署理西宁办事大臣篆务折

光绪十三年四月初八日

头品顶戴陕甘总督臣谭钟麟跪奏，为新授运司奉部咨催赴任，请旨派员署理西宁办事大臣篆务，恭折仰祈圣鉴事。

窃臣准吏部咨，宁夏道福裕，现授两淮盐运使，应将文凭发

---

①《光绪朝朱批奏折·军务·人事》第39辑第599页，光绪十三年三月十四日。
②《光绪朝朱批奏折·军务·人事》第39辑第599页，光绪十三年三月十五日。

给该员，令其赴任。凭限本年六月二十六日到任。等因到臣。查两淮运司事体关重，福裕自应速行赴任。其所署西宁办事大臣篆务，可否以甘凉道奎顺暂署之处，恭候命下遵行。

谨缮折具陈，伏乞皇太后、皇上圣鉴训示。谨奏。

朱批："另有旨。"①

031. 请补知府道员知县员缺片 光绪十三年四月初八日

再，兰州府知府恩霖委署安肃道篆务，所遗员缺，查有补用知府胡孚骏堪以委署。又新授庆阳府知府胡砺锋，现已到省，应即饬赴新任。署狄道州知州傅寿森丁忧，遗缺查有候补班前先补用知县唐传柄堪以委署。敦煌县知县喻炎丙调补张掖县知县，应即饬赴本任。所遗敦煌县缺，查有即用知县刘熙纯，堪以委署。通渭县知县刘藜光丁忧，遗缺查有即用知县陈岳，堪以委署。署秦安县知县黄政勤调省，遗缺查有委用知县萧晋昌，堪以委署。调补中卫县知县潘炳辰、高台县知县左寿源，均饬各赴本任。镇番县知县汪椝因病赴省就医，遗缺查有试用知县苏重熙堪以委署。据藩、臬两司会详前来。

除檄饬分别给委外，理合附片陈明，伏乞圣鉴。谨奏。

朱批："吏部知道。"②

032. 知州知县以本班留省补用片 光绪十三年四月初八日

再，前奉部咨，道府同通州县，无论何项劳绩保奏，归入候补班人员，以到省之日起，予限一年，详加察看，出具切实考语，

①《光绪朝朱批奏折·军务·人事》第5辑第54页，光绪十三年四月初八日。

②《光绪朝朱批奏折·内政·职官》第5辑第55页，光绪十三年四月初八日。

分别繁简补用。等因。历经遵办在案。兹查候补班前即补知州王恩覃，蓝翎同知衔分发甘肃补用知县焦应麟，候补班遇缺尽先即补知县汤忠俊，均已试看一年期满。由藩、臬两司出具考语，详请具奏前来。臣查知州王恩覃人尚笃实，知县焦应麟心地明白，知县汤忠俊留心公事，均堪以本班留省，照例补用。

除将履历清册咨送吏部外，谨附片具陈，伏乞圣鉴训示。谨奏。

朱批："吏部知道。"①

033. 拣员借补都司要缺以裨营伍折光绪十三年四月初八日

头品顶戴陕甘总督臣谭钟麟跪奏，为拣员借补都司要缺，以裨营伍，恭折仰祈圣鉴事。

窃照陕西陕安镇属孝义营都司李辅清病故，经臣奏报开缺在案。所遗都司员缺，亟应拣员请补，以重职守。兹据陕安镇总兵姚文广呈称，查有尽先补用副将记名总兵孟兴铭，谙练老成，办事结实，堪以借补，呈请核办前来。臣查孟兴铭才具稳练，任事勤奋，以之借补斯缺，洵堪胜任。合无仰恳天恩，俯念员缺紧要，准以孟兴铭借补孝义营都司员缺，以期得力。如蒙俞允，俟接准部覆后，即行给咨赴部引见，以符定制。

除该员履历清册随折送部外，谨会同署陕西提臣沈玉遂合词恭折具陈，伏乞皇太后、皇上圣鉴训示。谨奏。

朱批："兵部议奏。"②

---

①《光绪朝朱批奏折·内政·职官》第5辑第55页，光绪十三年四月初八日。

②《光绪朝朱批奏折·军务·人事》第39辑第643页，光绪十三年四月初八日。

034. 都司病故开缺片 光绪十三年四月初八日

再，准署陕西固原提督沈玉遂咨称，靖远协营中军都司雷豫勋，于光绪十三年三月初七日病故，应请开缺。并声明原领札付及亲属、医士承查甘结，俟取到另文咨送。等因前来。

臣覆查无异，相应请旨开缺，所遗靖远协营中军都司员缺，甘省现有应补人员，容臣另行拣员请补，理合附片陈明，伏乞圣鉴。谨奏。

朱批："兵部知道。"①

035. 副将衔留甘尽先补用参将递改作参将衔留甘尽先补用游击片 光绪十三年四月初八日

再，甘肃西宁镇属哈拉库图尔营守备孙良贵前请升补都司，遗缺请以署该镇标前营都司副将衔留甘尽先补用参将邹洪胜递相借补。嗣孙良贵因公遇害，复经臣请以该员作为孙良贵遇害遗缺，借补在案。旋准兵部议驳，邹洪胜保案不符，令查明报部核办。等因。当即转饬查覆，兹据署西宁镇总兵郑连拔据邹洪胜覆称，原保把总蓝翎，领有保札，彼时军务倥偬，恐奏保时单内漏未叙入，以致兵部无从查考。查劳绩保举，如有官阶错误，部准递改，情愿将副将衔留甘尽先补用参将递改作参将衔留甘尽先补用游击，呈请核办前来。臣查该员既愿递改官阶，核与部准成案相符。相应请旨，饬部核准议覆。其哈拉库图尔营守备员缺，由臣另拣合例人员请补，以实营伍。

是否有当，谨附片具陈，伏乞圣鉴训示。谨奏。

---

①《光绪朝朱批奏折·军务·人事》第39辑第644页，光绪十三年四月初八日。

朱批："兵部议奏。"①

036. 袁生瑞升署哈拉库图尔营守备员缺片 光绪十三年四月初八日

再，查西宁镇属哈拉库图尔营守备员缺，前经奏请以副将衔留甘尽先补用参将邹洪胜借补。嗣准兵部议覆，该员保案不符，应另拣员请补。兹据署西宁镇总兵郑连拔呈称，拣选得尽先守备俸满西宁镇标右营千总袁生瑞，年富力强，熟谙边情，堪以升署，呈请核办前来。臣维西宁哈拉库图尔营守备，设处要隘，番回、汉民杂处，弹压巡缉，均关紧要。自应变通办理，以期得力。查袁生瑞心地诚笃，操防认真，久习边情，以之升署斯缺，实于人地相宜。合无仰恳天恩，俯念地方关重，准以袁生瑞升署哈拉库图尔营守备员缺，于营伍、地方均有裨益。如蒙俞允，应请饬部发给署札，俟防务告蒇，再行给咨赴部引见，以符定制。

除该员履历清册随折送部外，谨会同甘肃提臣周达武合词附片具陈，伏乞圣鉴训示。谨奏。

朱批："兵部议奏。"②

037. 恭报甘肃省本年二月分粮价雨雪情形折 光绪十三年四月初八日

头品顶戴陕甘总督臣谭钟麟跪奏，为恭报甘肃省本年二月分粮价雨雪情形，恭折仰祈圣鉴事。

窃照本年正月分粮价并得沾雨雪情形，业经按月具折，奏报在案。兹查二月分兰州等八府六直隶州属具报，得沾雨雪，自一寸至五六寸深透不等。正值春耕之际，获此渥泽，土脉滋润，实

①《光绪朝朱批奏折·军务·人事》第39辑第644页，光绪十三年四月初八日。
②《光绪朝朱批奏折·军务·人事》第39辑第645页，光绪十三年四月初八日。

于农田有裨。至通省粮价，或与上月相同，或较上月间有增减，据藩司谭继洵具详前来。

臣覆核无异，理合恭折奏闻，并缮粮价清单，恭呈御览，伏乞皇太后、皇上圣鉴训示。谨奏。

朱批："知道了。"①

038. 拣员升补游击要缺以裨营伍折 光绪十三年四月二十八日

头品顶戴陕甘总督臣谭钟麟跪奏，为拣员升补游击要缺，以裨营伍，恭折仰祈圣鉴事。

窃照陕西陕安镇属白土营游击徐昌寿病故，业经奏报，开缺在案。所遗游击员缺，亟应拣员请补。兹据陕安镇总兵姚文广呈称，查有留陕甘尽先补用游击镇坪营都司杨志进，才具稳练，措置裕如，堪以升补，呈请核办前来。臣查杨志进营伍讲求，办事勤奋，以之升补斯缺，实属人地相宜。合无仰恳天恩，俯念员缺紧要，准以杨志进升补白土营游击。如蒙俞允，俟接准部覆后，即行给咨赴部引见，以符定制。

除该员履历清册送部，所遗都司员缺，由臣另行拣员请补，谨会同署陕西提臣沈玉遂合词恭折具陈，伏乞皇太后、皇上圣鉴训示。谨奏。

朱批："兵部议奏。"②

039. 拣员借补要缺都司以裨营伍折 光绪十三年四月二十八日

头品顶戴陕甘总督臣谭钟麟跪奏，为拣员借补要缺都司，以

---

①《光绪朝朱批奏折·农业·雨雪粮价》第94辑第464页，光绪十三年四月初八日。
②《光绪朝朱批奏折·军务·人事》第39辑第675页，光绪十三年四月二十八日。

裨营伍，恭折仰祈圣鉴事。

窃查陕西固原提属靖远协营中军都司雷豫勋病故，业经奏报，开缺在案。所遗都司员缺，当经转移拣补。兹准署陕西固原提臣沈玉遂咨称，查有花翎留甘尽先补用游击河州城守营千总蒋松林，才具优长，营伍谙练，堪以借补，咨请酌补前来。臣查蒋松林讲求营务，任事实心，以之借补斯缺，洵堪胜任。合无仰恳天恩，俯念员缺紧要，准以蒋松林借补陕西固原提属靖远协营中军都司员缺，实于营伍、操防大有裨益。如蒙俞允，应请饬部先给署札，俟防务告蒇，再行给咨送部引见，以符定制。

除将该员履历清册送部外，谨会同署陕西固原提臣沈玉遂合词恭折具陈，伏乞皇太后、皇上圣鉴训示。谨奏。

朱批："兵部议奏。"①

040. 恭报甘肃省本年三月分粮价雨雪情形折光绪十三年四月二十八日

头品顶戴陕甘总督臣谭钟麟跪奏，为恭报甘肃省本年三月分粮价雨雪情形，恭折仰祈圣鉴事。

窃照本年二月分粮价并得沾雨雪情形，业经按月具折奏报在案。兹查三月分兰州等八府六直隶州属具报，得沾雨雪，自一寸至四五寸深透不等。正值禾苗出土之际，获此渥泽，实于农田有裨。至通省粮价，或与上月相同，或较上月间有增减，据藩司谭继洵具详前来。

臣覆核无异，理合恭折具奏，并缮粮价清单，恭呈御览，伏乞皇太后、皇上圣鉴。谨奏。

朱批："知道了。"②

①《光绪朝朱批奏折·军务·人事》第39辑第674页，光绪十三年四月二十八日。

②《光绪朝朱批奏折·农业·雨雪粮价》第94辑第475—476页，光绪十三年四月二十八日。

041. 已故前任泾州直隶州知州胡韵兰先行革职片 光绪十三年四月二十八日

再，前任泾州直隶州知州胡韵兰，在任亏短正、杂银两。屡次饬催，迁延不解，由司撤任，委叶克信署理。查明交代所亏甚巨，正在催交之际，据报该员在泾病故，委员往查，除将应领各项作抵外，尚亏短银四千余两。现已逾二参，仍未据该家属清交，据藩、臬两司详请奏参前来。

臣覆查无异，相应请旨将已故前任泾州直隶州知州胡韵兰先行革职，以便勒令该家属按限完缴，倘逾限不完，即照例查抄监追，以重公项。除咨部外，谨附片具陈，伏乞圣鉴训示。谨奏。

朱批："胡韵兰着先行革职，勒令该家属按限完缴，余依议。该部知道。"①

042. 署永安营游击陈登桂病故片 光绪十三年四月二十八日

再，据署西宁镇总兵郑连拔呈称，署永安营游击陈登桂，于光绪十三年三月初三日病故，亲属、医士承查印甘各结，俟取到另文详咨等情前来。

臣覆查无异，谨附片陈明，伏乞圣鉴。谨奏。

朱批："知道了。"②

043. 另拣请补都司片 光绪十三年四月二十八日

再，据署汉中镇总兵任正时呈称，沔右营都司廖德荣，于光

---

①《光绪朝朱批奏折·财政·库储》第81辑第443页，光绪十三年四月二十八日。

②《光绪朝朱批奏折·军务·人事》第39辑第677页，光绪十三年四月二十八日。

绪十三年三月十一日，在任病故，并取到承查印甘各结，呈请开缺前来。

臣覆查无异，所遗都司员缺，陕甘现有合例人员，容另拣请补，理合附片陈明，伏乞圣鉴。谨奏。

朱批：“兵部知道。”①

044. 袁宗安升补高台营都司片 光绪十三年四月二十八日

再，肃州镇属高台营都司提督曹正兴自请开除底缺，经前伊犁将军金顺请以都司刘平贵借补。旋准部覆，以保案不合驳饬，所遗员缺，自应另拣请补。查有尽先补用游击陕西固原城守营守备袁宗安，朴实勤干，洞悉边务，以之升补斯缺，实于营伍、地方，均有裨益。合无仰恳天恩，俯念员缺紧要，准以袁宗安升补高台营都司，以期得力。如蒙俞允，应请饬部先给署札，俟防务一律告蒇，再行给咨送部引见，以符定制。

除饬取该员履历清册送部外，所遗守备员缺，陕甘现有应补人员，容臣另行请补，谨会同甘肃提臣周达武合词附片具陈，伏乞圣鉴训示。谨奏。

朱批：“兵部议奏。”②

045. 拣员借补要缺游击折 光绪十三年闰四月二十六日

头品顶戴陕甘总督臣谭钟麟跪奏，为拣员借补要缺游击，以裨营伍，恭折仰祈圣鉴事。

窃臣准兵部议覆，甘标右营游击梁庆章准补甘标中军参将，

①《光绪朝朱批奏折·军务·人事》第39辑第676页，光绪十三年四月二十八日。

②《光绪朝朱批奏折·军务·人事》第39辑第676页，光绪十三年四月二十八日。

所遗游击员缺，另即拣员请补。等因。兹准甘州提臣周达武咨称，查有留陕甘尽先补用参将梨园营都司黄宝林营务谙熟，办事勤奋，堪以借补，咨请核办前来。臣查黄宝林心地明白，营务素娴，以之借补，可期胜任。合无仰恳天恩，俯念员缺紧要，准以黄宝林借补甘标右营游击，实于营伍、地方均有裨益。如蒙俞允，应请饬部先给署札。俟防务告蒇，再行给咨赴部引见，以符定制。

除将黄宝林历册另咨送部外，谨会同甘州提臣周达武合词恭折具陈，伏乞皇太后、皇上圣鉴训示。谨奏。

朱批："兵部议奏。"①

046. 甘省各属十二年下忙征收银两数目折 光绪十三年闰四月二十六日

头品顶戴陕甘总督臣谭钟麟跪奏，为甘省各属十二年下忙征收银两数目，恭折仰祈圣鉴事。

窃查甘省光绪十二年上忙征收银数，业经奏报在案。所有下忙银两，据藩司谭继洵详称，各属已垦熟地，应征银一十八万五千五百一十两六钱六分七厘，上忙已完银九万七千六百三十八两三钱八分五厘，未完银八万七千八百七十二两二钱八分二厘。上忙征收后，又续报应归下忙升科及补收地丁起存银八百四十八两七钱二分六厘，朝觐课程地税银二两三钱一分三厘，共银八万八千七百二十三两三钱二分一厘。内除金县、华亭县秋禾被灾缓征银一百二十两八钱四分六厘外，应征银八万八千六百二两四钱七分五厘，已完银八万五千四百四十八两七钱二分六厘。内除留支经杂驿站银二万九千一百九十六两八钱三分一厘，解司银五万五千一百二十一两八钱二分三厘，实未解银一千二百三十一两一钱五分，未完银三千一百五十三两七钱四分九厘。造具总散清册，

①《光绪朝朱批奏折·军务·人事》第39辑第718页，光绪十三年闰四月二十六日。

详请具奏。并声明未解银一千二百三十一两一钱五分，除泾州知州胡韵兰欠解银五百四十六两九钱七厘另案参追外，宁州知州崇瑞欠解银六百八十四两二钱四分三厘，所有迟延职名，随册开揭，一面勒限催解，仍俟解收之日，核计逾限日期，再为详咨等情前来。

臣覆核无异，除将清册送部外，所有甘省各属十二年下忙征收银两数目，理合恭折具陈，伏乞皇太后、皇上圣鉴训示。谨奏。

朱批："户部知道。"①

047. 委署知府同知知县各缺片 光绪十三年闰四月二十六日

再，巩昌府知府颜士璋请假遗缺，查有候补知府袁春江堪以委署。署西宁县知县周丕澧调省，遗缺查有贵德同知张大镛堪以调署。所遗贵德同知缺，查有补用同知吴人寿堪以委署。灵州知州孙承弼病故，遗缺查有拣发委用知县宝善堪以委署。武威县知县赵文伟丁忧，遗缺查有平凉县知县陈延芬堪以调署。所遗平凉县知县缺，查有大挑试用知县高心伯堪以委署。合水县知县王慕修丁忧，遗缺查有候补班补用知县陈筠堪以委署。据藩、臬两司会详前来。

除檄饬分别给委外，理合附片陈明，伏乞圣鉴。谨奏。

朱批："吏部知道。"②

---

①《光绪朝朱批奏折·财政·田赋地丁》第65辑第684页，光绪十三年闰四月二十六日。

②《光绪朝朱批奏折·内政·职官》第5辑第134页，光绪十三年闰四月二十六日。

048. 请仍准苏得胜借补沙州营参将片光绪十三年闰四月二十六日

再，肃州镇属沙州营参将员缺，前请以留甘补用总兵苏得胜借补，嗣准兵部议覆，检查前湖南抚臣骆秉章咨保外委、前陕甘督臣左宗棠奏保副将，均无此案。至把总、守备、都司、参将亦无免补字样，应令查明，再行核办等因。兹据苏得胜禀称，石逆窜扰永州等处，剿办出力案内，蒙前湖南巡抚骆秉章保奏外委，系咸丰十年三月二十三日奉旨允准，其留浙尽先补用副将一阶，系秦、楚、川各军剿办回捻、土匪，克复绥德州、鄜州等处案内出力，蒙前西安将军会同署陕西巡抚刘蓉会衔保奏，于同治七年八月十四日奉旨允准，行知在案。其所保把总、守备、都司、参将无免补字样，或系原保漏写，禀请更正前来。臣查留甘补用总兵苏得胜呈验历次奉到行知，所保外委副将年月，核与保案相符，其把总等官无免补字样，想系漏写，合无仰恳天恩，仍准苏得胜借补沙州营参将，以固边圉而期得力，如蒙俞允，应请饬部先给署札。俟防务一律告蒇，再行给咨赴部引见，以符定制。

除该员历册另行送部外，谨会同甘肃提臣周达武合词附片具陈，伏乞圣鉴训示。谨奏。

朱批："兵部议奏。"①

049. 请旨将前署灵台县知县刘子铣暂行摘去顶戴片光绪十三年闰四月二十八日

再，前署灵台县知县刘子铣，在任亏短正、杂银一千五百余两。前逾初参，已经咨部查议在案。除陆续呈缴银九百一十余两

①《光绪朝朱批奏折·军务·人事》第39辑第719页，光绪十三年闰四月二十六日。

外，尚欠杂项银五百九十余两，已逾二参，仍未清解。据藩、臬两司详参前来。

臣覆查无异，相应请旨将前署灵台县知县刘子铣，暂行摘去顶戴，仍勒限两个月缴清。如再玩延，即行从严参追，以重库款。除咨部外，谨附片具陈，伏乞圣鉴训示。谨奏。

朱批：“刘子铣着暂行摘去顶戴，勒限缴清，余依议，该部知道。”①

050. 恭报甘肃省本年四月分粮价雨雪情形折光绪十三年闰四月二十八日

头品顶戴陕甘总督臣谭钟麟跪奏，为恭报甘肃省本年四月分粮价雨雪情形，恭折仰祈圣鉴事。

窃照本年三月分粮价，并得沾雨雪情形，业经具折奏报在案。兹查四月分兰州等八府六直隶州属具报得雨，自一寸至四五寸深透不等。正值夏禾滋长之际，获此沃泽，实于农田大有裨益。至通省粮价，或与上月相同，或较上月间有增减。据藩司谭继洵具详请奏前来。

臣覆核无异，理合恭折具奏，并缮粮价清单，恭呈御览，伏乞皇太后、皇上圣鉴。谨奏。

朱批：“知道了。”②

---

①《光绪朝朱批奏折·财政·田赋地丁》第65辑第687页，光绪十三年闰四月二十八日。

②《光绪朝朱批奏折·农业·雨雪粮价》第94辑第490页，光绪十三年闰四月二十八日。

051. 派员署理甘凉道缺折光绪十三年闰四月二十八日

头品顶戴陕甘总督臣谭钟麟跪奏，为派员署理甘凉道缺，恭折仰祈圣鉴事。

窃查甘凉道奎顺，现奉旨署理西宁办事大臣。所遗员缺，自应派员接署。查有候补道雅尔佳纳，老成稳练，公事细心，前曾署斯缺，办理裕如。

除由臣檄饬遵照外，理合具折陈明，伏乞皇太后、皇上圣鉴。谨奏。

朱批："吏部知道。"①

052. 拣员借补要缺都司折光绪十三年闰四月二十八日

头品顶戴陕甘总督臣谭钟麟跪奏，为拣员借补要缺都司以裨营伍，恭折仰祈圣鉴事。

窃查梨园营都司黄宝林请补甘标右营游击，递出都司员缺，查有花翎尽先补用游击崔金魁明练有为，实心任事，堪以借补，如蒙俞允，应请饬部先给署札，俟防务告蒇，再行给咨赴部引见，以符定制。

除将崔金魁历册另咨送部外，谨会同甘肃提臣周达武合词恭折具陈，伏乞皇太后、皇上圣鉴训示。谨奏。

朱批："兵部议奏。"②

---

①《光绪朝朱批奏折·内政·职官》第 5 辑第 146 页，光绪十三年闰四月二十八日。

②《光绪朝朱批奏折·军务·人事》第 39 辑第 724 页，光绪十三年闰四月二十八日。

053. 拣员借补要缺都司以裨营伍折光绪十三年五月二十八日

头品顶戴陕甘总督臣谭钟麟跪奏，为拣员借补要缺都司，以裨营伍，恭折仰祈圣鉴事。

窃照陕西汉中镇属沔右营都司廖德荣出缺，业经奏报在案。所遗都司员缺，亟应拣员请补，以重职守。兹据署汉中镇总兵任正时呈称，查有留陕甘尽先补用游击向德贵，年壮才明，营伍谙练，堪以借补，呈请核办前来。臣查向德贵年力富强，办事结实，以之借补斯缺，洵堪胜任。合无仰恳天恩，俯念员缺紧要，准以向德贵借补沔右营都司员缺，以期得力。如蒙俞允，俟接准部覆后，即行给咨赴部引见，以符定制。

除该员履历清册随折送部外，谨会同署陕西提臣沈玉遂合词恭折具陈，伏乞皇太后、皇上圣鉴训示。谨奏。

朱批：“兵部议奏。”①

054. 拣员借补要缺守备以裨营伍折光绪十三年五月二十八日

头品顶戴陕甘总督臣谭钟麟跪奏，为拣员借补要缺守备，以裨营伍，恭折仰祈圣鉴事。

窃查陕西固原城守营守备袁宗安，升补肃州镇属高台营都司。所遗守备员缺，核选得游击衔留陕甘尽先补用都司周嘉谟，年力富强，心地明白，以之借补斯缺，洵堪胜任。合无仰恳天恩，俯念员缺紧要，准以周嘉谟借补固原城守营守备员缺，实于营伍、操防大有裨益。如蒙俞允，应请饬部先给署札，俟防务告蒇，再

①《光绪朝朱批奏折·军务·人事》第39辑第758页，光绪十三年五月二十八日。

行给咨送部引见，以符定制。

除该员履历清册另咨送部外，谨会同署陕西固原提臣沈玉遂合词恭折具奏，伏乞皇太后、皇上圣鉴训示。谨奏。

朱批："兵部议奏。"①

055. 另行拣员请补都司员缺片 光绪十三年五月二十八日

再，臣据署汉中镇总兵任正时呈称，留汉差委延绥镇属镇羌堡都司赵玉林，年力衰迈，禀请开缺等情前来。臣覆查属实，相应奏明，请旨开缺。其所遗都司员缺，陕甘现有应补人员，容臣另行拣员请补。

除承查印甘各结，俟至日另咨送部外，谨附片陈明，伏乞圣鉴训示。谨奏。

朱批："兵部知道。"②

056. 前署安化县知县黄仁治开复原官片

光绪十三年六月十八日

再，前署安化县知县黄仁治，于光绪十一年八月二十日卸事，亏短库储正、杂银二千五百八十三两零，逾限不清，经臣奏参革职，勒限追缴在案。兹据藩司谭继洵、臬司方汝翼详称，该革员于被参后，上年陆续解交地丁正、杂银一千一百八十七两零，业经汇入本年春拨册内造报。其余银两，迭经严催，于本年二月二十九日续行解缴地丁正、杂银七百二十七两零，尚短银六百六十九两零，实因寄信湖南原籍变产汇甘归款，以致迟延，现已于本年五月二十九日如数解司，同二次续解银两一并归入本年秋拨册

①《光绪朝朱批奏折·军务·人事》第39辑第759页，光绪十三年五月二十八日。
②《光绪朝朱批奏折·军务·人事》第39辑第760页，光绪十三年五月二十八日。

内造报等情，会详请奏前来。

臣覆查无异，合无仰恳天恩俯准，将前署安化县知县黄仁治开复原官，以资观感，谨附片具陈，伏乞圣鉴训示。谨奏。

朱批：“黄仁治着准其开复原官。该部知道。”①

057. 拣员请补要缺知州折 光绪十三年六月二十日

头品顶戴陕甘总督臣谭钟麟跪奏，为拣员请补要缺知州，以裨地方，恭折仰祈圣鉴事。

窃据甘肃藩、臬两司详称，河州知州李裕泽升补泾州直隶州知州，所遗系繁、疲、难三项要缺，例应在外拣补。前奉部章，甘肃升调补缺，道府丞倅、州县及佐杂各要缺，将现任各员按照应升官阶，任内无论有无升案，并是否到任实授，以及历俸、试俸未经期满各员，择其人地相宜者，一律升调等语。今河州知州系三项要缺，汉、回杂处，政务殷繁，非明干之员，不足以资治理。查对品应调应补各员，人地皆不相宜，惟查皋兰县知县俞志敬，年六十岁，江苏丹徒县监生，报捐知县，指分陕西，补授怀远县。嗣丁母忧起复，题补宜川县，调补富平县知县，两次卓异保荐，并于筹解协饷案内，保以直隶州知州，在任候补俸满，赴部验放回任。因与陕西臬司叶伯英系属姻亲，遵例回避，对调甘肃中卫县知县。九年十月，调署皋兰县知县，旋补皋兰县知县，因十二年大计，保荐卓异。该司等查该员俞志敬老成谨慎，办事实心，在甘有年，于该处民情最为熟悉，以之升补河州知州，实堪胜任，人地亦极相宜，会详请奏前来。臣查俞志敬为守俱优，任事精干，仰恳天恩，俯念员缺紧要，准以俞志敬升补河州知州，实于地方有裨。如蒙俞允，俟准部覆，照例给咨送部引见。该员

①《光绪朝朱批奏折·财政·田赋地丁》第65辑第708页，光绪十三年六月十八日。

任内并无参罚案件。

谨缮折具陈，伏乞皇太后、皇上圣鉴训示。所遗皋兰县知县，系冲、繁、疲、难四项最要缺，例应在外拣补，合并陈明。谨奏。

朱批：“吏部议奏。”①

058. 恭报甘肃省本年五月分粮价雨泽情形折 光绪十三年六月二十日

头品顶戴陕甘总督臣谭钟麟跪奏，为恭报甘肃省本年五月分粮价雨泽情形，恭折仰祈圣鉴事。

窃照本年闰四月分粮价并得沾雨泽情形，业经具折，奏报在案。兹查五月分兰州等八府六直隶州属具报，得沾雨泽，一律深透。正值秋禾滋长之际，获此沃泽，实于农田大有裨益。至通省粮价，或与上月相同，或较上月间有增减。据藩司谭继洵具详请奏前来。

臣覆核无异，理合恭折具奏，并缮粮价清单，恭呈御览，伏乞皇太后、皇上圣鉴。谨奏。

朱批：“知道了。”②

059. 请以周政泽借补岷州营都司员缺片

光绪十三年七月十六日

再，河州镇属岷州营都司员缺，臣前请以尽先都司沈福坤升署，嗣准兵部议覆，该员都司名次在后，核与定章不符，应毋庸议。所有岷州营都司员缺，另拣合例人员请补等因到臣。查岷州地处边要，汉、番杂居，巡防关重，查有副将衔留陕甘尽先补用参将周政泽戎务洞达，办事认真，以之借补斯缺，洵属人地相宜。

---

①《光绪朝朱批奏折·内政·职官》第5辑第204页，光绪十三年六月二十日。
②《光绪朝朱批奏折·农业·雨雪粮价》第94辑第515页，光绪十三年六月二十日。

合无仰恳天恩，俯念员缺紧要，准以周政泽借补岷州营都司员缺，以期得力。如蒙俞允，应请饬部先给署札，俟防务告蒇，即行给咨赴部引见，以符定制。

除该员履历、清册送部外，谨会同陕西提臣雷正绾合词附片具陈，伏乞圣鉴训示。谨奏。

朱批："兵部议奏。"①

060. 请以王克修借补甘州城守营守备片

光绪十三年七月十六日

再，臣准甘肃提臣周达武咨称，甘州城守营守备梁有才请补硖口营都司遗缺，拣选得留甘尽先补用参将王克修历练营伍，办事详慎，堪以借补，咨请核办前来。臣查王克修才具稳练，营务洞悉，以之借补斯缺，实堪胜任，合无仰恳天恩俯准，以王克修借补甘州城守营守备，以裨营伍。如蒙俞允，应请饬部先给署札，俟防务一律告蒇，再行给咨赴部引见，以符定制。

除该员履历、清册咨送兵部外，谨会同甘肃提臣周达武合词附片具陈，伏乞圣鉴训示。再，该员系属本府，请俟补准给札后，再行照例拣员对调，合并陈明。谨奏。

朱批："兵部议奏。"②

061. 武弁分别改留陕甘按班序补折光绪十三年七月十六日

头品顶戴陕甘总督臣谭钟麟跪奏，为武弁在营出力，材堪任使，分别改留陕甘，按班序补，恭折仰祈圣鉴事。

窃臣据署陕西提督沈玉遂、陕安镇总兵姚文广、署汉中镇总

---

①《光绪朝朱批奏折·军务·人事》第39辑第828页，光绪十三年七月十六日。

②《光绪朝朱批奏折·军务·人事》第39辑第829页，光绪十三年七月十六日。

兵任正时、署西宁镇总兵郑连拔、署肃州镇总兵李泰山、督标中军副将邓全忠等呈称，记名遇缺简放总兵王文安、花翎总兵衔尽先补用副将萧友煌、福建尽先补用副将祝鑑嵩、尽先补用副将蔡立柱、花翎留两湖尽先补用参将刘壮可、尽先补用参将钟官福、花翎尽先即补参将潘鸿逵、花翎游击衔尽先补用都司李遇春、蓝翎尽先都司金连陞、花翎都司衔尽先即补守备欧阳春、蓝翎尽先补用守备董星澄等十一员，均随征陕甘有年，熟悉边防营伍，若以原官原衔留于陕甘，按班序补，实于营伍有裨，先后呈请奏留前来。臣覆核无异，相应吁恳天恩，俯准将王文安、萧友煌、祝鑑嵩、蔡立柱、刘壮可、钟官福、潘鸿逵、李遇春、金连陞、欧阳春、董星澄等留于陕甘，分别补用。

除该员等履历另咨送部外，谨缮折具陈，伏乞皇太后、皇上圣鉴训示。谨奏。

朱批："着照所请，兵部知道。"①

062. 拣员请补甘州大马营游击、永昌协副将各员缺片 光绪十三年七月十六日

再，准甘肃提臣周达武咨称，提属大马营游击魏世禄，前因病请假就医，行至中途，复感风寒，调治未愈，于本年五月初八日病故。又据督标中军副将邓全忠呈称，凉州镇属永昌协副将王声扬旧伤复发，医治罔效，于本年六月初七日病故，取具该各员嫡亲、医生及承查各结并王声扬原领札付咨呈核办前来。臣覆查无异，相应请旨开缺，除札付钤甘各结咨送兵部外，其所遗甘州大马营游击、永昌协副将各员缺，现有应补人员，容臣另行拣员请补。

谨附片具陈，伏乞圣鉴。谨奏。

---

①《光绪朝朱批奏折·军务·人事》第39辑第826页，光绪十三年七月十六日。

朱批："兵部知道。"①

063. 拣员请补甘标后营都司员缺片光绪十三年七月十六日

再，臣准甘肃提臣周达武咨称，署察汉俄博营都司提标后营都司郭福因患风寒，医治罔效，于本年七月初三日病故，咨请核办前来。臣覆查无异，相应请旨开缺，所遗甘标后营都司员缺，甘省现有应补人员，容臣另行拣员请补。

谨附片具陈，伏乞圣鉴。谨奏。

朱批："兵部知道。"②

064. 拣员请补要缺知州以裨地方折光绪十三年七月十六日

头品顶戴陕甘总督臣谭钟麟跪奏，为拣员请补要缺知州，以裨地方，恭折仰祈圣鉴事。

窃据藩、臬两司详称，灵州知州孙承弼病故，业已截缺报部。所遗系繁、疲、难三项要缺，例应在外拣补。前奉部章，甘肃升调补缺道府丞倅、州县及佐杂各要缺，将现任各员按照应升官阶，任内无论有无升案，并是否到任实授，以及历俸、试俸未经期满各员，择其人地相宜者，一律升调。等语。今灵州知州员缺，查有山丹县知县查之屏，年四十五岁，安徽泾县人。由进士即用知县，签发甘肃。光绪四年五月到省，委署礼县知县。嗣经补授山丹县知县。八年三月到任，查该员查之屏明允笃诚，趋公勤谨，在甘有年，熟悉民情。现莅山丹冲繁要剧，办理一切，均臻妥协，以之升补灵州知州，实堪胜任，人地亦极相宜，会详请奏前来。

①《光绪朝朱批奏折·军务·人事》第39辑第827页，光绪十三年七月十六日。

②《光绪朝朱批奏折·军务·人事》第39辑第828页，光绪十三年七月十六日。.

臣查查之屏才具练达，吏治讲求。仰恳天恩，准以该员升补灵州知州，洵于地方有裨。如蒙俞允，俟准部覆，照例给咨送部引见。

该员任内并无参罚案件，谨缮折具陈，伏乞皇太后、皇上圣鉴训示。所遗山丹县知县，系冲、繁、疲三项要缺，例应在外拣补，合并陈明。谨奏。

朱批："吏部议奏。"①

065. 恭报甘肃省光绪十三年六月分粮价雨泽情形折光绪十三年七月十六日

头品顶戴陕甘总督臣谭钟麟跪奏，为恭报甘肃省光绪十三年六月分粮价雨泽情形，恭折仰祈圣鉴事。

窃照本年五月分粮价并得沾雨泽情形，业经按月具折，奏报在案。兹查六月分兰州等八府六直隶州属具报，六月内雨多晴少，于秋禾无伤。惟据平番、碾伯、徽县、平罗等四县，先后禀报被雹被水情形，业经饬委该管道府，督同各地方官前往勘验，妥为抚恤。其余各属，具报雨泽深透，秋收可卜丰稔。至通省粮价，或与上月相同，或较上月间有增减，据布政使谭继洵具详请奏前来。

臣覆核无异，理合恭折具奏并缮粮价清单，恭呈御览，伏乞皇太后、皇上圣鉴。谨奏。

朱批："知道了。"②

066. 拣员调补要缺知县以裨地方折光绪十三年七月十八日

头品顶戴陕甘总督臣谭钟麟跪奏，为拣员调补要缺知县，以

①《光绪朝朱批奏折·内政·职官》第5辑第242页，光绪十三年七月十六日。
②《光绪朝朱批奏折·农业·雨雪粮价》第94辑第528页，光绪十三年七月十六日。

裨地方，恭折仰祈圣鉴事。

窃据藩、臬两司详称，武威县知县赵文伟丁忧，业已截缺报部。所遗系冲、繁、疲、难四项附府要缺，例应在外拣调。前奉部章，甘肃升调补缺变通办理，道府丞倅、州县以及佐杂各要缺，将现任各员按照应升官阶，任内无论有无升案，并是否到任实授，以及历俸、试俸未经期满各员，择其人地相宜者，一律升调。等语。今武威县知县员缺，查有平凉县知县陈延芬，年五十六岁，浙江归安县附贡。由报捐县丞分发河南，随剿出力，保以知县补用，遵例加捐同知衔。又因随剿出力，保奏补缺后，以直隶州知州补用，补授永宁县知县。因案奏参，以府经历县丞降补。旋丁母忧，服满起复，赴嵩武军营当差。于关陇肃清案内，保奏开复原官，以知县改留甘肃补用。光绪五年三月到省。六年，补授平凉县知县，又于新疆南路诸军剿平边寇案内保奏，俟补直隶州知州后以知府用。八年二月到任，现经调署武威县知县。查陈延芬老成稳练，才具开展。前在平凉县任内，办理一切，诸臻妥协。且在甘有年，熟悉地方情形，以之调补武威县知县，实堪胜任，人地亦极相宜，会详请奏前来。臣查陈延芬干练有为，任事实心。仰恳天恩，准以陈延芬调补武威县知县，洵于地方有裨。如蒙俞允，衔缺相当，毋庸送部引见。

该员任内并无参罚案件，谨缮折具陈，伏乞皇太后、皇上圣鉴训示。至所遗平凉县知县，系冲、疲、难三项要缺，例应在外拣补，合并陈明。谨奏。

朱批：“吏部议奏。”①

067. 据实查明甘肃关内十一年报销款目折光绪十三年七月十八日

头品顶戴陕甘总督臣谭钟麟跪奏，为部议甘肃关内十一年报

①《光绪朝朱批奏折·内政·职官》第5辑第243页，光绪十三年七月十八日。

销款目，据实查明，吁恳天恩，饬部仍照原册核销，恭折仰祈圣鉴事。

窃臣准户部咨，议覆甘肃关内十一年报销一案。当饬司逐款查覆，兹据藩司谭继洵详称，遵查部议制造采买扣收平余支少扣多一节。查前报制造采买各册，共支物料价银一万七千六百九十五两六钱六分二厘，照例应扣平余银一百七十六两九钱五分七厘，部中未将制造盛火药木匣工料银算入，致不符银三两八钱八分五厘，并非支少扣多。又部议仓粮局一节，查省城源源仓存储粮石，原系派员经理，委员、夫役等薪水，向由粮台每月给银二十八两余。十一年，粮台裁撤，即由司库支给，并非另设一局。又部议江海关代还洋款委员薪水一节，前借洋款，系革道胡光墉经手，胡光墉故后，部议责成江海关经理，旋据前关道邵友濂禀称，分还洋款，所系甚重，关道事繁，不能兼顾，请每月支给薪水五十两，为委员，司事，书识等口食、笔墨、油烛、纸张之费，经臣批准至十二年底止，十三年洋款还清，即行停给。现在委员已支之银，无可追缴，应请照册准销。又部议关内各营欠饷光绪十一年有改奖之议，何以复行补发，又未先行报部，应令查明声覆一节。查关内防营欠饷，前粮台十年分报销册内已声明归十一年陆续补发，曾奉户部议覆。十一年六月，经臣具奏甘省每年出入款目折内声明，欠发十年以前各旗勇饷，现粮台裁撤，均归司库陆续发给，业经报部有案。此次欠饷，有临时清发者，如十一年新疆藩司魏光焘随带一旗出关，嗣陆续裁撤三旗，均须找发欠饷。又按季派道府点验勇丁，汰去老弱，亦不得不发给欠饷，若待咨部覆准，始行支给，则守候数月，所费更多。至移奖一节，曾饬各营官遵办，旋据各营弁禀称，薪公一项，所存无几，勇丁存饷，更属有限，请奖则银数不敷，移奖亦无人承受。且均系历年辛苦锱铢存积，遣散时道路之费，回籍后事蓄之资，皆仰给于此。查系实在情形，自难强使报捐，查十一年八月二十七日钦奉谕旨："裁撤勇丁，其无欠饷可领者，酌予川资，遴派委员分起、分路管带回籍，庶于约束之中寓体恤之意，钦此！”钦遵在案。是无欠饷者，尚须酌给川资，而有欠饷者，反令徒手出营，情理似觉未协。所有十一年册报，共发各旗欠饷银九万四千余两，应请仍照原册准销，又部议令将哨弁勇丁花名补行开造一节。查关内各旗，向系按季造具弁勇数目清册，咨部历准核覆在案，营官、哨弁时有更换，勇丁汰革，旋经募补，册籍屡易，繁冗错杂。每当遣撤，补发欠饷，必委员点验查对，箕斗相符，始准给领。兹勇丁已散，无箕斗可验，花名册亦属空存，应请免其补造，详请覆奏前来。臣查关内十一年支发各款，均系核实开支，并无浮冒，亦无错误，相应吁恳天恩，饬部查照原册核销。

除咨户部外，谨缮折具陈，伏乞皇太后、皇上圣鉴训示。谨奏。

朱批：“着照所请，户部知道。”①

068. 拣员借补副将要缺折光绪十三年七月十八日

头品顶戴陕甘总督臣谭钟麟跪奏，为拣员借补副将要缺，以裨营伍，恭折仰祈圣鉴事。

窃凉州镇属永昌协副将王声扬病故，经臣奏请开缺，所遗副将员缺，为边隘要区，亟应拣员请补。查有记名提督阿克丹巴图鲁唐凤辉战迹卓著，任事实心，在甘有年，情形极为熟悉，以之借补斯缺，洵堪胜任。合无仰恳天恩，俯念员缺紧要，准以唐凤辉借补永昌协副将，以期得力。如蒙俞允，应请饬部先给署札，俟防务一律告蒇，即行给咨赴部引见，以符定制。

除该员履历、清册送部外，谨会同甘肃提臣周达武合词恭折具奏，伏乞皇太后、皇上圣鉴训示。谨奏。

---

①《光绪朝朱批奏折·财政·经费》第86辑第278—280页，光绪十三年七月十八日。

朱批："兵部议奏。"①

069. 拣员借补要缺游击折光绪十三年七月十八日

头品顶戴陕甘总督臣谭钟麟跪奏，为拣员借补要缺游击，以裨营伍，恭折仰祈圣鉴事。

窃照甘肃提属大马营游击魏世禄因病开缺，所遗大马营游击，亟应拣员请补。查有记名提督留陕甘尽先补用总兵协勇巴图鲁邓少云，勇敢有为，营务练达，以之借补斯缺，实于营伍、地方均有裨益。合无仰恳天恩，俯念员缺紧要，准以邓少云借补大马营游击，以期得力。如蒙俞允，应请饬部先给署札，俟防务一律告蒇，即行给咨赴部引见，以符定制。

除饬取该员履历、清册另咨送部外，谨会同甘肃提臣周达武合词恭折具陈，伏乞皇太后、皇上圣鉴训示。谨奏。

朱批："兵部议奏。"②

070. 查明第十七次各处地方积劳病故并阵亡殉难各员名汇请旌恤折光绪十三年七月十八日

头品顶戴陕甘总督臣谭钟麟跪奏，为查明第十七次各处地方积劳病故并阵亡殉难各员名，汇请旌恤，仰祈圣鉴事。

窃维甘肃军兴以来，所有员弁、兵团，阵亡、伤亡以及绅耆、妇女遇害殉难者，节经分列十六次汇奏在案，兹据甘肃布政使谭继洵查明各处积劳病故及阵亡文武员弁、土民团勇并殉难妇女、幼童，造具阵亡地址及年月衔姓花名清册详请具奏前来。臣查册

①《光绪朝朱批奏折·军务·人事》第39辑第829页，光绪十三年七月十八日。
②《光绪朝朱批奏折·军务·人事》第39辑第830页，光绪十三年七月十八日。

造积劳病故前署西宁府事庆阳府知府朱应元等七百八十六员名口，或积劳病故，或临阵捐躯，或被执不屈，或惧辱自裁，并有全家殉难者，忠贞节烈，凛然如生，允宜旌扬，用彰志节。

除将清册分送吏、礼、兵各部查照外，合无仰恳天恩，饬部分别议恤，以表忠义而慰幽魂，理合恭折具陈。伏乞皇太后、皇上圣鉴，饬部核办施行。谨奏。

朱批："朱应元等均着交部分别议恤。"①

071. 汉中镇总兵因病出缺请旨迅赐简放折光绪十三年七月十八日

头品顶戴陕甘总督臣谭钟麟跪奏，为汉中总兵因病出缺，请旨迅赐简放，以重地方，恭折仰祈圣鉴事。

窃臣准新疆抚臣刘锦棠咨称，统带库精马步各营旗汉中镇总兵戴宏胜，向有痰喘之症，夏初请假调理。方饬医往治，据报于光绪十三年六月初九日在营次病故，咨请开缺前来。臣查戴宏胜忠勇性成，战功卓著，从征二十余载，驭兵有方，所向克捷，将弁中不可多得之员，兹以积劳身故，殊堪悯惜，除戴宏胜生平战绩事实由抚臣另行具奏请恤外，所遗汉中镇总兵员缺，请旨迅赐简放，以重职守。

谨会同新疆抚臣刘锦棠、陕西抚臣叶伯英、陕西提臣雷正绾合词恭折，由驿具奏。伏乞皇太后、皇上圣鉴训示。谨奏。

朱批："另有旨。"②

---

①《光绪朝朱批奏折·军务·人事》第39辑第831页，光绪十三年七月十八日。
②《光绪朝朱批奏折·军务·人事》第39辑第832页，光绪十三年七月十八日。

072. 硖口营都司员缺另折请补片光绪十三年七月十八日

再，臣接准甘肃提臣周达武咨称，提属硖口营都司江宗利前在军营，右膀右腿得受湿疾，近因年力就衰，旧疾复发，恳请开缺，以原品休致等情，由提查明属实，咨请核办前来。臣覆查无异，合无仰恳天恩，俯准硖口营都司江宗利以原品休致。除饬取该员原领札付送部查销，并将所遗硖口营都司员缺另折请补外，理合附片具陈，伏乞圣鉴训示。谨奏。

朱批："着照所请，兵部知道。"①

073. 请以梁有才升补硖口营都司片光绪十三年七月十八日

再，甘肃提属硖口营都司江宗利年老有疾，恳请开缺，以原品休致，经臣附片奏明，所遗都司员缺，应即拣员请补。兹准甘肃提臣周达武咨称，查有现署高台营都司留陕甘补用总兵甘州城守营守备梁有才办事勤干，营伍认真，堪以升补，咨请核办前来。臣查梁有才心地笃实，任事勤奋，以之升补，实于人地相宜。合无仰恳天恩俯准，以该员升补硖口营都司，以期得力。如蒙俞允，应请饬部先给署札，俟防务一律告蒇，再行给咨赴部引见，以符定制。

除该员履历、清册咨送兵部外，谨会同甘肃提臣周达武合词附片具陈，伏乞圣鉴训示。谨奏。

朱批："兵部议奏。"②

---

①《光绪朝朱批奏折·军务·人事》第39辑第833页，光绪十三年七月十八日。

②《光绪朝朱批奏折·军务·人事》第39辑第834页，光绪十三年七月十八日。

074. 沈玉树开去循化营守备底缺片 光绪十三年七月十八日

再，据署河州镇总兵李良穆详称，据补用都司循化营正任守备沈玉树禀称，祖茔多年失修，动工必需时日，家无次丁，恳请开去守备底缺等情，转详核办前来。臣覆查无异，相应请旨，准将沈玉树开去循化营守备底缺，俾得修理先茔，以遂孝思。

所遗守备员缺，除由臣另行拣补，并查取该员原领札付另咨送部外，谨附片具陈，伏乞圣鉴训示。谨奏。

朱批："着照所请，兵部知道。"①

075. 康学义借补循化营守备片 光绪十三年七月十八日

再，河州镇属循化营守备沈玉树禀请开缺，经臣附片奏明在案，其所遗守备员缺，亟应拣选请补。兹据督标中军副将邓全忠详称，查有尽先即补都司康学义营务熟悉，驭兵有方，堪以借补，详请核办前来。臣查康学义干练有为，营务洞悉，以之借补斯缺，洵堪胜任。合无仰恳天恩，俯念员缺紧要，准以康学义借补循化营守备，以期得力。如蒙俞允，应请饬部先给署札，俟防务一律告蒇，即行给咨赴部引见，以符定制。

除该员履历清册送部外，谨会同陕西固原提臣雷正绾合词附片具陈，伏乞圣鉴训示。谨奏。

朱批："兵部议奏。"②

---

①《光绪朝朱批奏折·军务·人事》第39辑第834页，光绪十三年七月十八日。

②《光绪朝朱批奏折·军务·人事》第39辑第835页，光绪十三年七月十八日。

076. 刘楚华署汉中总兵员缺片光绪十三年七月十八日

再，陕西汉南毗连川楚，万山丛杂，最易藏奸，嘉庆间三省会匪一案，扰攘十年，始得肃清。故兴安、汉中为秦关重镇，近来散勇充斥，川鄂匪徒潜赴陕境，勾结生事，劫案叠出，非精明强干之员，不足以资镇慑，已故总兵戴宏胜虽授是缺，并未到任，现署总兵任正时已补商州副将，亦系要隘，奉部覆后，应饬赴任。查总兵刘楚华朴诚干练，办事实心，在陕二十余年，地方情形极为熟悉，所至之处，官民翕服，以之署理斯缺，实属人地相宜。可否仰恳天恩俯准，以刘楚华署汉中总兵员缺，出自逾格鸿施。臣为因地择人起见，谨附片陈明，伏乞圣鉴训示。谨奏。

朱批："着照所请，兵部知道。"①

077. 拣员借补都司以裨营伍折光绪十三年八月十八日

头品顶戴陕甘总督臣谭钟麟跪奏，为拣员借补都司，以裨营伍，恭折仰祈圣鉴事。

窃查甘肃提标后营都司郭福病故，经臣附片奏明，开缺在案。所遗都司员缺，亟应拣员请补。兹准甘肃提臣周达武咨称，拣选得留陕甘遇缺尽先前补用副将后补用总兵黄裳吉，营伍谙练，胆识优长，堪以借补，咨请核办前来。臣查黄裳吉，才具明练，戎务洞达。该员系俟补副将后补用总兵，仍属副将班次借补都司，与例相符。合无仰恳天恩，俯准黄裳吉借补甘肃提标后营都司，以期得力。如蒙俞允，应请饬部先给署札，俟防务一律告蒇，即

---

①《光绪朝朱批奏折·军务·人事》第39辑第835页，光绪十三年七月十八日。

行给咨赴部引见，以符定制。

除该员履历清册送部外，谨会同甘肃提臣周达武合词恭折具陈，伏乞皇太后、皇上圣鉴训示。谨奏。

朱批："兵部议奏。"①

078. 恭报甘肃省光绪十三年七月分粮价雨泽情形折 光绪十三年八月十八日

头品顶戴陕甘总督臣谭钟麟跪奏，为恭报甘肃省光绪十三年七月分粮价雨泽情形，恭折仰祈圣鉴事。

窃照本年六月分粮价并得沾雨泽情形，业经具折，奏报在案。兹查七月分兰州等八府六直隶州属具报，得七月以来，雨多晴少，高原之上，秋禾茂盛。平川地亩，未免苦潦。若从此常晴，收成尚称中稔。至通省粮价，或与上月相同，或较上月间有增减，据藩司谭继洵具详请奏前来。

臣覆核无异，理合恭折奏闻，并缮粮价清单，恭呈御览，伏乞皇太后、皇上圣鉴。谨奏。

朱批："知道了。"②

079. 拣员借补游击要缺以裨营伍折 光绪十三年八月十八日

头品顶戴陕甘总督臣谭钟麟跪奏，为拣员借补游击要缺，以裨营伍，恭折仰祈圣鉴事。

窃陕安镇属白土营游击员缺，前请以尽先游击镇坪营都司杨志进升补。旋准部咨，以该员借补都司，经部调取引见，尚未赴部。今请升补游击，系属无俸可计，应另拣合例人员请补。等因。

---

①《光绪朝朱批奏折·军务·人事》第39辑第891页，光绪十三年八月十八日。

②《光绪朝朱批奏折·农业·雨雪粮价》第94辑第542页，光绪十三年八月十八日。

臣查陕西白土营地处南山，界连川楚，巡缉弹压，均关紧要。非精明干练之员，难资治理。兹查有总兵衔留陕尽先补用副将延绥镇属高家堡都司赵连科，才具精干，任事勤勉，以之借补斯缺，实属人地相宜，于营伍操防大有裨益。合无仰恳天恩，俯念员缺紧要，准以赵连科借补白土营游击，以期得力。如蒙俞允，俟接准部覆后，再行给咨赴部引见，以符定制。

除该员履历清册送部外，其所遗高家堡都司员缺，陕甘现有应补人员，容臣另拣请补。谨会同陕西提臣雷正绾合词恭折具奏，伏乞皇太后、皇上圣鉴训示。谨奏。

朱批："兵部议奏。"①

080. 拣员借补都司要缺以裨营伍折光绪十三年八月十八日

头品顶戴陕甘总督臣谭钟麟跪奏，为拣员借补都司要缺，以裨营伍，恭折仰祈圣鉴事。

窃陕西陕安镇属孝义营都司员缺，前请以记名总兵孟兴铭借补。嗣准部咨，该员系记名总兵，今借补都司，核与限制不符，应毋庸议。其孝义营都司员缺，应另拣合例人员请补。等因。当经转饬遵照去后，兹据陕安镇总兵姚文广呈称，拣选得升用副将留陕尽先参将朱光斗，才具精明，营伍练达，堪以借补孝义营都司，呈请酌补前来。臣查朱光斗年强才明，任事勤奋，以之借补都司，洵堪胜任。合无仰恳天恩，俯念员缺紧要，准以朱光斗借补孝义营都司，以期得力。如蒙俞允，俟接准部覆即行给咨赴部引见，以符定制。

除将该员履历清册咨部外，谨会同陕西固原提臣雷正绾合词恭折具陈，伏乞皇太后、皇上圣鉴训示。谨奏。

①《光绪朝朱批奏折·军务·人事》第39辑第892页，光绪十三年八月十八日。

朱批："兵部议奏。"①

081. 恭报甘肃省本年八月分粮价雨泽情形折光绪十三年九月初八日

头品顶戴陕甘总督臣谭钟麟跪奏，为恭报甘肃省本年八月分粮价雨泽情形，恭折仰祈圣鉴事。

窃照本年七月分粮价并得沾雨泽情形，业经具折，奏报在案。兹查八月上旬，阴雨连绵。皋兰县等处，沿河地亩尚有冲塌。自中秋后，天气晴霁，高处晚禾，尚得中稔。其余各府属，具报亦复相同。至通省粮价，与上月无甚增减。据藩司谭继洵详请具奏前来。

臣覆查无异，理合恭折奏闻，并缮粮价清单，恭呈御览，伏乞皇太后、皇上圣鉴。谨奏。

朱批："知道了。"②

082. 拣员请补要缺参将以裨营伍折光绪十三年九月初八日

头品顶戴陕甘总督臣谭钟麟跪奏，为拣员请补要缺参将，以裨营伍，恭折仰祈圣鉴事。

窃照甘肃宁夏镇属花马池营参将颜廷傑，因病陈请开缺。业经附片，奏准在案。所遗花马池参将员缺，地处极边，为陕甘交界之区，踩缉巡防，均关紧要。亟应拣员请补，以资治理。兹查有总兵衔尽先副将陕西延绥镇标中营游击余成龙，营务讲求，办事结实，在任十余年，于该处情形极为熟悉，以之升补斯缺，实于边防大有裨益。合无仰恳天恩，俯准以余成龙升补花马池营参

---

①《光绪朝朱批奏折·军务·人事》第39辑第893页，光绪十三年八月十八日。
②《光绪朝朱批奏折·农业·雨雪粮价》第94辑第555页，光绪十三年九月初八日。

将，以期得力。如蒙俞允，请饬部先给署札，俟防务一律告蒇，再行给咨赴部引见，以符定制。

除该员履历、清册另咨送部外，谨会同甘肃提督臣周达武合词恭折具陈，所遗延绥镇标中营游击员缺，容臣另行拣员请补，合并陈明。伏乞皇太后、皇上圣鉴训示。谨奏。

朱批：“兵部议奏。”①

083. 延榆绥镇总兵因病出缺请旨简放折

光绪十三年九月二十八日

头品顶戴陕甘总督臣谭钟麟跪奏，为延榆绥镇总兵因病出缺，请旨简放，以重职守，恭折仰祈圣鉴事。

窃臣准陕西抚臣叶伯英咨称，巡阅至榆林，据延榆绥镇中军游击余成龙禀称，总兵巢端南，自七月初旬偶患气壅，旋成水肿，医治罔效，于九月十一日因病出缺等情。适当阅伍之时，各营官兵调集榆镇，不可无人经理，业经札委中军游击余成龙暂行护理镇篆，咨请奏明开缺前来。臣查巢端南，少壮从戎，随提督谭仁芳转战各省，劳绩素著，受伤亦多。在延榆绥镇三年，办事结实，营伍整齐，前因患病，禀请开缺回籍医治，臣以抚臣巡阅在即，嘱其力疾视事，不料未及兼旬，遂至不起，殊深（惋）〔惋〕惜，其所遗延榆绥镇一缺，毗连蒙疆，近接河套，地方辽阔，是陕北要镇，相应请旨迅赐简放总兵一员，以重边防。

谨会同陕西抚臣叶伯英、陕西固原提臣雷正绾合词恭折具奏，伏乞皇太后、皇上圣鉴训示。谨奏。

朱批：“另有旨。”②

---

①《光绪朝朱批奏折·军务·人事》第39辑第931页，光绪十三年九月初八日。

②《光绪朝朱批奏折·军务·人事》第39辑第956—957页，光绪十三年九月二十八日。

084. 周俊邦借补镇羌堡都司员缺片光绪十三年九月二十八日

再，陕西延绥镇属镇羌堡都司赵玉林年老开缺，业经奏明在案。兹查有副将衔留陕甘尽先补用游击周俊邦朴实耐劳，营务明练，以之借补镇羌堡都司，实属人地相宜。合无仰恳天恩，俯准以周俊邦借补镇羌堡都司员缺，以期得力。如蒙俞允，俟接准部覆后，即行给咨赴部引见，以符定制。除该员履历、清册另咨送部外，谨会同陕西固原提督臣雷正绾合词附片具陈，伏乞圣鉴训示。谨奏。

朱批："兵部议奏。"①

085. 年满笔帖式堪膺地方之选援案奏留折光绪十三年十月初二日

头品顶戴陕甘总督臣谭钟麟跪奏，为年满笔帖式堪膺地方之选，谨援案奏留，恭折仰祈圣鉴事。

窃查定例，各省督抚衙门笔帖式六年期满，如有才具优长、堪膺地方之选者，该督抚出具考语，奏请送部引见，候旨录用等语。兹查臣衙门笔帖式嵩恒，年四十岁，系正白旗蒙古德安佐领下人，由监生考取翻译笔帖式，光绪七年九月初一日经钦派大臣考试拣选，初六日奉旨："陕甘总督衙门笔帖式，着嵩恒补授，钦此！"八年正月二十一日到任，连闰扣至十三年十一月二十一日，历俸六年期满，业经咨部开缺在案，应俟更替之员来甘，即行给咨回京。臣查嵩恒年力富强，才具明敏，在甘六年，平日留心吏治，于地方情形亦甚熟悉，可否仰恳恩施，俟该员引见后，仍发

①《光绪朝朱批奏折·军务·人事》第39辑第957页，光绪十三年九月二十八日。

回甘省补用，俾资熟手之处，出自圣裁。

理合恭折具奏，伏乞皇太后、皇上圣鉴训示。谨奏。

朱批：“着照所请，该衙门知道。”①

086. 武职保案清单请饬更正片 光绪十三年十月初八日

再，武职保案清单内，留陕甘尽先补用提督张得胜，误写记名遇缺简放提督。尽先游击陶仕明，误写世明。蓝翎尽先补用都司文光明，误写花翎尽先补用都司。陕甘即补都司张炳烜，误写张炳恒。都司杨广福，误写光福。蓝翎守备衔尽先千总易梅如，误写花翎尽先补用守备。蓝翎守备黄荣贵，误写花翎守备。黄福廷误写福庭。请饬部一并更正。

谨附片陈明，伏乞圣鉴。谨奏。

朱批：“兵部知道。”②

087. 折片重复自行检举请旨交部议处折 光绪十三年十月十八日

头品顶戴陕甘总督臣谭钟麟跪奏，为折片重复，自行检举，请旨将臣交部议处，恭折仰祈圣鉴事。

窃臣于九月初八日拜发折内，有龚俊宜委署镇海协副将一片。嗣于十月初二日折弁赍回八月十八日奏折，始知前片业经陈明，已奉朱批：“兵部知道。钦此！”跪聆之下，惭悚交集。臣目视不明，心神恍惚，记忆不清，以致附片重复，疏忽之咎，实所难辞。相应请旨，将臣交部议处，以为疏略者戒。

所有自请议处缘由，谨缮折具奏，伏乞皇太后、皇上圣鉴训

①《光绪朝朱批奏折・内政・职官》第5辑第351—352页，光绪十三年十月初二日。

②《光绪朝朱批奏折・军务・人事》第39辑第578页，光绪十三年十月初八日。

示。谨奏。

朱批："着加恩交部察议。"①

088. 恭报甘肃省光绪十三年九月分粮价雨泽情形折光绪十三年十月二十一日

头品顶戴陕甘总督臣谭钟麟跪奏，为恭报甘肃省光绪十三年九月分粮价雨泽情形，恭折仰祈圣鉴事。

窃照本年八月分粮价并得沾雨泽情形，业经具折奏报在案。兹查九月分兰州等八府六直隶州属具报九月分雨少晴多。正值收获之际，天气开朗，民情欣慰。甘南间有种冬麦者，土脉滋润，播种为宜。至通省粮价，或与上月相同，或较上月间有增减，据藩司谭继洵具详前来。

臣覆核无异，理合恭折具奏，并缮具清单，恭呈御览，伏乞皇太后、皇上圣鉴。谨奏。

朱批："知道了。"②

089. 拣员调补首县要缺折光绪十三年十月二十一日

头品顶戴陕甘总督臣谭钟麟跪奏，为拣员调补首县要缺，以裨地方，恭折仰祈圣鉴事。

窃据藩、臬两司详称，皋兰县知县俞志敬升补河州知州，所遗系四项省会最要缺，例应在外拣调。前奉部章，甘肃升调补缺道府丞倅、州县以及佐杂各要缺，将现任各员，按照应升官阶，任内无论有无升案并是否到任实授以及历俸、试俸未经期满各员，准择其人地相宜者，一律升调等语。今皋兰县缺，查有宁夏县知

①《光绪朝朱批奏折·内政·职官》第5辑第375页，光绪十三年十月十八日。

②《光绪朝朱批奏折·农业·雨雪粮价》第94辑第572页，光绪十三年十月二十一日。

县张珩，年五十八岁，浙江余姚县人，祖籍江西宜黄县，由监生报捐典史，分发甘肃。咸丰六年到省。报捐县丞，于收复宁夏府城案内保以知县，仍留甘肃补用。平毁陈、马二庄贼巢案内保俟补缺后以直隶州知州用。补授碾伯、平凉等县各缺，调补宁夏县知县。光绪十一年十二月初一日到任，现经代理阶州直隶州事。该司等查该员张珩才具优长，办事稳练，前在各任内办理一切诸臻妥协。且在甘有年，于省会情形最为熟悉，以之调补皋兰县知县，实堪胜任，会详请奏前来。臣查张珩老成练达，任事勤奋，仰恳天恩，俯念省会要缺，准以宁夏县知县张珩调补皋兰县知县，洵于地方有裨。如蒙俞允，系对品调补，毋庸送部引见，该员并无参罚案件，合并陈明。

谨缮折具奏，伏乞皇太后、皇上圣鉴训示。谨奏。

朱批："吏部议奏。"①

090. 藩司谭继洵暂缓陛见片 光绪十三年十月二十一日

再，据甘肃布政使谭继洵详称，继洵于光绪十年十月蒙恩补授甘肃布政使，十一月初二日到任，扣至十三年十一月，三年任满，应请陛见，以伸犬马依恋之忱，详请代奏前来。臣查藩司谭继洵在任三载，用人理财，廉明公正，经理关外新饷，综核精详，兼管营务，与将弁声气联络，力求整顿。臣六年俸满，例当展觐，如蒙圣慈，准臣入都，则藩司责任綦重，未便遽易生手，可否仰恳天恩，准藩司谭继洵暂缓陛见之处，恭候命下遵行，谨附片具陈，伏乞圣鉴训示。谨奏。

朱批："着照所请。"②

---

①《光绪朝朱批奏折·内政·职官》第5辑第385页，光绪十三年十月二十一日。

②《光绪朝朱批奏折·内政·职官》第5辑第386页，光绪十三年十月二十一日。

091. 甘肃宁夏道世杰应饬赴新任片光绪十三年十月二十一日

再，新授甘肃宁夏道世杰，现已到省，应饬赴新任，以专责成。除檄饬遵照外，理合附片具奏，伏乞圣鉴。谨奏。

朱批："吏部知道。"①

092. 甘省各属光绪十三年上忙征收银两数目折光绪十三年十一月十二日

头品顶戴陕甘总督臣谭钟麟跪奏，为甘省各属光绪十三年上忙征收银两数目，恭折仰祈圣鉴事。

窃查甘省光绪十二年上、下忙征收银两数目，业经奏报在案。兹据藩司谭继洵详称，查甘省光绪十三年共应额征地丁课税等银二十八万九千七百七十六两六钱九分六厘，除荒地无从征收外，现垦熟地，共应征银一十九万一千二百六十三两六分九厘。本年上忙已完银一十万六千三百六十二两三分九厘，内除留支经杂驿站银四万二千三百六十一两七钱四厘外，实应解司银六万四千两三钱三分五厘。内已解银六万三千二百三十三两六钱二厘，内已造入光绪十三年秋拨册内银三万八千三百二十八两二钱七分五厘，候造入光绪十四年春拨册内二万四千九百五两三钱二分七厘，未解银七百六十六两七钱三分三厘，未完银八万四千九百一两三分。造具总散各册，详请具奏，并声明未解银两，系署岷州知州陈闓、海城县知县英麟现在催令赶解，仍候解到，归入下忙案内造报等情前来。

臣覆核无异，除将清册送部查核，并饬查取解银迟延职名，

---

①《光绪朝朱批奏折·内政·职官》第5辑第386页，光绪十三年十月二十一日。

另案揭参外，所有甘省各属十三年上忙征收银两数目，理合恭折具陈，伏乞皇太后、皇上圣鉴训示。谨奏。

朱批：“户部知道。”①

093. 年满笔帖式堪膺地方之选援案奏留折光绪十三年十一月十二日

头品顶戴陕甘总督臣谭钟麟跪奏，为年满笔帖式堪膺地方之选，谨援案奏留，恭折仰祈圣鉴事。

窃查定例，各省督抚衙门笔帖式六年期满，如有才具优长、堪膺地方之选者，该督抚出具考语，奏请送部引见，候旨录用等语。兹查臣衙门笔帖式庆昌，满洲正红旗人，由官学生考取翻译，选补工部笔帖式，光绪五年，京察一等。七年九月初一日，考试拣选。初六日，奉旨：“陕甘总督衙门笔帖式，着庆昌补授，钦此！”八年二月，领照出京，五月初一日到任，连闰扣至十四年三月初一日，六年期满，业经咨部开缺在案，应俟更替之员来甘，即行给咨回京。臣查庆昌年力富强，才具明敏，在甘六年，平日留心吏治，于地方情形亦甚熟悉，可否仰恳恩施，俟该员引见后，仍发回甘省补用，俾资熟手之处，出自圣裁。

理合恭折具陈，伏乞皇太后、皇上圣鉴训示。谨奏。

朱批：“着照所请。吏部知道。”②

094. 报销光绪十二年分甘肃关内厘捐总分各局卡收支银钱数目折光绪十三年十一月二十七日

头品顶戴陕甘总督臣谭钟麟跪奏，为报销光绪十二年分甘肃

①《光绪朝朱批奏折·财政·田赋地丁》第65辑第745页，光绪十三年十一月十二日。

②《光绪朝朱批奏折·内政·职官》第5辑第406页，光绪十三年十一月十二日。

关内厘捐总分各局卡收支银钱数目，恭折仰祈圣鉴事。

窃查光绪十一年一岁收支百货厘金银钱数目，业经奏咨在案。兹据厘金总局司道详称，光绪十二年正月起，至十二月底止，关内总分各局卡一切收支款目，汇为一案，统百货厘金，并十一年册造实存厘款，通计旧管新收并新旧减平，共合银三十四万五千二百八十四两七钱五分二厘。支款以批解藩司为大宗，其次拨发转运饷装及杂差车价并厘金各局卡薪工局费银三十三万九千九百七十九两四钱八分九厘。以出抵入，尚存货厘银五千三百五两二钱六分三厘。应归十三年分支销，造具总散清册，详请奏咨前来。臣覆查十二年收款，比较十一年有盈无绌，而支发局费，亦照十一年减少。合无仰恳天恩，饬部查照，将光绪十二年已支之款，准予核销。

除清册送部查核外，谨缮折具奏，伏乞皇太后、皇上圣鉴训示。谨奏。

朱批："户部知道。"①

095. 光绪十二年已支之款准予核销片光绪十三年十一月二十七日

再，据税厘总局司道详称，光绪十二年正月起至十二月底止，甘肃各局卡收支盐厘款目汇为一案，计旧管新收并新旧减平，共合银三万五千四百四十六两一钱九分九厘，钱一万一十一串四百四十七文。批解藩库盐厘银三万五百七十一两八钱六分，钱一万一十一串四百四十七文。又批解新旧减平银三百八十一两一钱四分，支发各局卡薪水公费银四千六十八两。以上共计开除银三万五千二十一两，钱一万一十一串四百四十七文，以出抵入，尚存银四百二十五两一钱九分九厘。归十三年收支款内造报分晰，造

①《光绪朝朱批奏折·财政·杂税》第77辑第105页，光绪十三年十一月二十七日。

具四柱清册，并将各处产销盐斤、收银章程、易银市估，及委员职名，均于册内声叙明晰，详请奏咨前来。臣覆查十二年盐厘收款，比较十一年有盈无绌，而支发局费亦较十一年减少。合无仰恳天恩，饬部查照，将光绪十二年已支之款，准予核销。

除清册送部查核外，谨附片具陈，伏乞圣鉴。谨奏。

朱批："户部知道。"①

096. 遵旨查明本年甘肃被灾各属民力不致拮据来春毋庸接济折 光绪十三年十一月二十七日

头品顶戴陕甘总督臣谭钟麟跪奏，为遵旨查明本年甘肃被灾各属民力不致拮据，来春毋庸接济，恭折仰祈圣鉴事。

窃臣承准军机大臣字寄光绪十三年十月初三日奉上谕："本年甘肃洮州等处被雹、被水，均经该督委员查勘，即着迅速办理，并将来春应否接济之处，一并查明，于封印前奏到。此外，有无被灾地方应行调剂、抚恤之处，着一并查奏，候旨施恩。将此谕令知之。钦此！"仰见圣主轸念民依，无微不至。跪诵之下，钦感难名。当即行查去后，兹据藩司谭继洵详称，遵查甘省本年雨水调匀，秋禾尚称中稔。惟皋兰等处被水，河州等处被雹，委勘均系一隅中之一隅，并未成灾。业经分别抚恤，民力不致拮据，来春毋庸接济等情，详请具奏前来。

臣覆核无异，理合恭折覆陈，伏乞皇太后、皇上圣鉴。谨奏。

朱批："知道了。"②

---

①《光绪朝朱批奏折·财政·盐务》第75辑第343页，光绪十三年十一月二十七日。

②《光绪朝朱批奏折·内政·赈济》第31辑第88—89页，光绪十三年十一月二十七日。

097. 甘省举办光绪十二年征信册依限造报折光绪十三年十一月二十七日

头品顶戴陕甘总督臣谭钟麟跪奏，为甘省举办光绪十二年征信册，依限造报，恭折仰祈圣鉴事。

窃臣前准部咨，颁发征信章程册式，行令各就地方征收情形，悉心参酌，赶速举行。等因。当经饬司遵办，兹据藩司谭继洵详称，遵查甘省举办征信册，前因各属州县距省遥远，且年底民力拮据，难以按限截数造送。请照云、贵二省之例，将钱粮截至次年三月底造报，各州县造送征信册，限六月底到司，司中磨对刊刷，于九月内转发分给，业经详准部覆。除光绪十一年民欠未完钱粮已奏请豁免并扫数全完各县，毋庸查造外。所有兰州等八府并秦州、泾州、肃州、安西四直隶州所属，共三十一厅州县，据申送应造光绪十二年征信册底到司，当经督同委员、书吏，悉心较对妥确，饬发照磨所库厅购匠刊刻活字板刷印二千五百余本，磨对清楚，按州县缺，分繁简酌定多寡，分别发交该管道、府、州。无论下乡过境，月课考试及接见该州县绅民，随时散给，令其转交各乡民公同查阅，俾民间一览了然。并按照部章，轻车减从，每年逐处抽查一次，以昭核实。该管道府，如有延压隐匿及绅民借此需索者，即分别详参惩办。将十二年征信册呈请汇核奏咨前来。臣维征信册本为稽察经征积弊起见，法至善也，兹已由司遵式刊行，则此后捏报荒灾、指完作欠、任意侵蚀之弊，不难悉行剔除。惟民欠钱粮，积久成巨，仍应责成该管州县，随时实力催征，以维正赋。如果花户扫数全清，额赋无亏，则征信册即可免造。

除饬司通行遵照并将赍到册式咨送户部外，谨缮折具陈，伏乞皇太后、皇上圣鉴，饬部查核施行。谨奏。

朱批："户部知道。"①

098. 甘省各属本年夏秋禾被灾应免应缓钱粮草束数目折光绪十三年十二月初二日

头品顶戴陕甘总督臣谭钟麟跪奏，为甘省各属本年夏秋禾被灾应免应缓钱粮草束数目，谨缮清单，恭折仰祈圣鉴事。

窃照本年甘省各属被灾并筹款赈济情形，经臣奏奉朱批："览奏均悉，着即饬属查勘被灾轻重情形，分别妥筹抚恤，毋任失所。余依议。钦此！"当即钦遵行司照办。兹据藩司谭继洵详称，遵查皋兰、河州、岷州、洮州、华亭、安化、宁州、徽县、永昌、平番、灵州、宁夏、中卫、平罗、大通等一十五厅、州、县，被灾轻重不同，而洮州、徽县、泾州、平番、碾伯等五厅、州、县，被水冲没田地、房屋，淹毙人口牲畜情形较重。合计通省，均系一隅中之一隅，抚绥尚易。前经移行各该道、府、州，亲往勘明，分别轻重，散给赈粮，共提拨仓粮九十八石三斗。其冲没房屋，淹毙人口、牲畜，应给修费（淹）〔掩〕埋。例价银二百四两，已由厘金项下，按照册造户口，核实监散。如来春各属灾黎情形拮据，仍随时酌量接济，不令失所。仍俟事竣，专案造册请销。所有被灾各地方，照例应行蠲缓正赋地丁、正耗银二百四十七两六钱一分四厘，遇闰加征银三钱八厘二毫。正耗粮一千九百四十八石一斗三升一合五勺八钞，草一万三千三百七十二束九分四厘，番贡粮三百五十八石九斗四升六合。磨课银八钱五分，遇闰加征银五分七厘。开折详请具奏前来。

臣覆核无异，理合缮具清单，恭呈御览，伏乞皇太后、皇上圣鉴，饬部查照施行。谨奏。

①《光绪朝朱批奏折·财政·田赋地丁》第65辑第775—776页，光绪十三年十一月二十七日。

朱批："户部知道，单并发。"①

099. 恭报甘肃省光绪十三年十一月分粮价雨雪情形折光绪十三年十二月二十日

头品顶戴陕甘总督臣谭钟麟跪奏，为恭报甘肃省光绪十三年十一月分粮价雨雪情形，恭折仰祈圣鉴事。

窃照本年十月分粮价，并得沾雨泽情形，业经具折奏报在案。兹查十一月分，兰州等八府六直隶州属虽具报得有微雪，而正值隆冬，农民眄雪甚殷，屡经设坛祈祷，迄未渥沛祥霙。幸夏秋雨多，农田尚足滋润，至通省粮价，或与上月相同，或较上月略有增加，据藩司谭继洵具详前来。

臣覆核无异，理合恭折具奏，并缮粮价清单，恭呈御览，伏乞皇太后、皇上圣鉴。谨奏。

朱批："知道了。"②

100. 陕甘各镇司道府等官循例年终密考折光绪十三年十二月二十日

头品顶戴陕甘总督臣谭钟麟跪奏，为陕甘各镇、司、道、府等官，循例年终密考，谨缮清单，恭折仰祈圣鉴事。

窃照陕甘各镇、司、道、府等官，例应于年终出具切实考语，密行陈奏，自应循例办理。查甘省镇、司、道、府，臣数年以来随时察看，人材臧否，舆论是非，已深悉底蕴。至陕西、新疆文武各员，遇事咨询，知其才识之短长。接阅禀牍，悉其办事之优劣。其三省各镇总兵，有统带防营未经履任以及署事人员，例不

①《光绪朝朱批奏折·财政·田赋地丁》第65辑第778—779页，光绪十三年十二月初二日。

②《光绪朝朱批奏折·农业·雨雪粮价》第94辑第606页，光绪十三年十二月二十日。

注考外，谨将实任各员，出具切实考语，密缮清单三分，恭呈御览。伏乞皇太后、皇上圣鉴训示。谨奏。

朱批：“知道了，单片留中。”①

101. 新授安肃道张其濬现已到省饬赴新任片 光绪十三年十二月二十日

再，新授安肃道张其濬现已到省，应饬赴新任，以专责成，除檄饬遵照外，理合附片陈明，伏乞圣鉴。谨奏。

朱批：“吏部知道。”②

102. 恩赏福字恭谢天恩折 光绪十四年正月初九日

头品顶戴陕甘总督臣谭钟麟跪奏，为恭谢天恩，仰祈圣鉴事。

窃臣赍折差弁回甘，捧到恩赏“福”字一方。当即恭设香案，望阙叩头祗领。伏惟皇上化调玉烛，瑞辑珠囊。祥蓂初茁于尧阶，圣藻聿垂夫羲画。欣逢风纪方新，奎章焕采。渥荷龙光下逮，宝墨生辉。臣忝任边疆，又更岁琯。膺宠荣于一字，福自天申。值景运之重开，泽如春溥。鸿慈叠被，鳌戴难胜。臣惟有殚竭精诚，抚绥黎庶。合青海黄河以外，同沾百顺之休。极榆关葱岭而遥，共效九畴之颂。

所有微臣感激荣幸下忱，谨缮折恭谢天恩，伏乞皇太后、皇上圣鉴。谨奏。

朱批：“知道了。”③

---

①《光绪朝朱批奏折·内政·职官》第5辑第455页，光绪十三年十二月二十日。

②《光绪朝朱批奏折·内政·职官》第5辑第456页，光绪十三年十二月二十日。

③《光绪朝朱批奏折·内政·礼仪·宫廷·陵寝事务》第27辑第733—734页，光绪十四年正月初九日。

103. 恭报甘肃省光绪十三年十二月分粮价雪泽情形折光绪十四年正月十二日

头品顶戴陕甘总督臣谭钟麟跪奏，为恭报甘肃省光绪十三年十二月分粮价雪泽情形，恭折仰祈圣鉴事。

窃照十三年十一月分粮价，并得沾雪泽情形，业经奏报在案。兹查十二月分，兰州等八府六直隶州属具报初三、十二、十七、二十八等日得沾雪泽二三寸至五六寸不等，正值冬深，盼雪甚殷，获此渥泽，实于春耕大有裨益。至通省粮价，或与上月相同，或较上月稍增，据布政使谭继洵具详前来。

臣覆核无异，理合恭折具奏，并缮粮价清单，恭呈御览。伏乞皇太后、皇上圣鉴。谨奏。

朱批："知道了。"①

104. 据情代奏提督三任俸满循例吁请陛见折光绪十四年正月十二日

头品顶戴陕甘总督臣谭钟麟跪奏，为据情代奏提督三任俸满，循例吁请陛见，恭折仰祈圣鉴事。

窃臣准甘肃提督周达武咨称，光绪四年四月，荷蒙圣恩补授甘肃提督，于十一月到任。时值甘凉初定，就现有之兵，督率训练，营制粗具规模。仰托皇上福庇，年谷顺成，军食无缺，地方赖以乂安。达武忝守边隅，于今九载，涓埃未报，夙夕滋惭。现届述职之期，弥切瞻依之愿，理合咨请，代陈下悃。俾得趋叩阙廷，亲聆圣训，稍伸犬马依恋之忱。等因前来。臣查提臣周达武老成练达，才识深闳，自莅甘提，联络文武，和辑兵民，极为得

---

①《光绪朝朱批奏折·农业·雨雪粮价》第94辑第612页，光绪十四年正月十二日。

力。兹历俸已满三任，循例吁请陛见。惟边疆重地，镇抚需人。该提督应否入京之处，恭候命下遵行。

谨据情代奏，伏乞皇太后、皇上圣鉴训示。谨奏。

朱批："毋庸来见。"①

105. 武弁分别改留陕甘按班序补折光绪十四年正月十二日

头品顶戴陕甘总督臣谭钟麟跪奏，为武弁在营出力，材堪任使，分别改留陕甘，按班序补，恭折仰祈圣鉴事。

窃臣据甘肃提督周达武、河州镇总兵沈玉遂、督标中军副将邓全忠等咨呈，记名提督阿克丹巴图鲁唐凤辉、花翎提督衔记名简放总兵湖南遇缺尽先推补副将李春元、花翎云南尽先补用游击严朝兴、尽先补用游击蒋建南、花翎游击衔尽先补用都司严少春等五员，均随征陕甘有年，熟悉边防营伍。若以原官原衔留于陕甘，按班序补，实于营伍有裨，先后呈请奏留前来。

臣覆核无异，相应吁恳天恩俯准，将唐凤辉、李春元、严朝兴、蒋建南、严少春留于陕甘，分别补用。除该员等履历清册送部外，谨缮折具陈，伏乞皇太后、皇上圣鉴训示。谨奏。

朱批："着照所请，兵部知道。"②

106. 盘查甘肃司库十三年存储正杂各款并无短少折光绪十四年正月二十八日

头品顶戴陕甘总督臣谭钟麟跪奏，为盘查甘肃司库十三年存储正、杂各款并无短少，恭折仰祈圣鉴事。

窃臣据甘肃藩司谭继洵详称，司库截至十三年年底止，实存

---

①《光绪朝朱批奏折·军务·人事》第40辑第76—77页，光绪十四年正月十二日。

②《光绪朝朱批奏折·军务·人事》第40辑第77—78页，光绪十四年正月十二日。

正、杂各款银三十五万四千九百九十六两七钱四分七厘，钱七万二千二百五十七串六百六十文，课金一百六十四两七钱三分，金砂五两四钱二分，新饷项下十三年四分减平银九万五千八百六十二两六钱。又存十一二年四分减平银十万七千六百二十九两七钱六分二厘，郑工捐输项下存银二千九百九十三两。造具册结详请盘查前来，臣即亲赴藩署，逐项盘查，核与该司册造无异。

除加结并清册送部外，理合恭折具奏，伏乞皇太后、皇上圣鉴，饬部查照施行。谨奏。

朱批："户部知道。"①

107. 知府因病出缺请旨简放折光绪十四年正月二十八日

头品顶戴陕甘总督臣谭钟麟跪奏，为知府因病出缺，请旨简放，以重职守，恭折仰祈圣鉴事。

窃臣据宁夏道世杰申称，办理宁夏厘局委员准补巩昌府知府支昭辰，冬初因旧患喘症举发，延医调治，服药罔效，于光绪十四年正月十二日在宁病故，请委员接办局务前来。臣查支昭辰，老练稳慎，办事实心，在甘多年，历任府缺，均甚妥协。上年坐补巩昌府知府，奉到部覆，正拟饬赴本任，遽尔物故，殊堪悯惜。所遗巩昌府知府，员缺紧要，相应请旨，迅赐简放，以重职守。

除饬司照例详办外，理合恭折具奏，伏乞皇太后、皇上圣鉴训示。谨奏。

朱批："另有旨。"②

①《光绪朝朱批奏折·财政·库储》第81辑第535—536页，光绪十四年正月二十八日。
②《光绪朝朱批奏折·内政·职官》第5辑第543页，光绪十四年正月二十八日。

108. 委署知县员缺片 光绪十四年正月二十八日

再，西宁府知府倭什铿额，奉部调取引见。所遗之缺，查有遇缺前先补用知府谌端模堪以委署。平凉府知府锡晋丁忧遗缺，查有候补知府安福堪以委署。西和县知县贺荫撤任遗缺，查有补用知县崔学敬堪以委署。玉门县知县王吉士告请终养遗缺，查有候补知县明邦忠堪以委署。环县知县丁佩璐病故遗缺，查有补用知县谢梦丹堪以委署。成县知县李焌调省遗缺，查有大挑试用知县杨培之堪以委署。高台县知县左寿源病故遗缺，查有候补班补用知县高继陈堪以委署。靖远县知县周丕灃病故遗缺，查有大挑试用知县陈兆康堪以委署。准补河州知州俞志敬、调补皋兰县知县张珩，均令饬赴新任，以专责成。据藩、臬两司会详前来。

除分别饬委外，理合附片陈明，伏乞圣鉴。谨奏。

朱批："吏部知道。"①

109. 拣员调补要缺知县以裨地方折 光绪十四年二月初十日

头品顶戴陕甘总督臣谭钟麟跪奏，为拣员调补要缺知县，以裨地方，恭折仰祈圣鉴事。

窃据藩、臬两司详称，甘肃宁夏县知县张珩调补皋兰县知县，所遗系冲、繁、疲、难四项附府最要缺，例应在外拣调。前奉部章，甘肃升调补缺，变通办理，道府丞倅、州县以及佐杂各要缺，将现任各员，按照应升官阶，任内无论有无升案，并是否到任实授，以及历俸、试俸未经期满各员，准择其人地相宜者，一律升调。等语。今宁夏县缺，查有隆德县知县王树槐，年三十八岁，

①《光绪朝朱批奏折·内政·职官》第5辑第544页，光绪十四年正月二十八日。

湖南湘阴县人。由文童投效军营，陕省全境肃清案内，保以从九品选用。荡平金积堡、宁灵肃清案内，保以县丞留甘补用。克复关陇肃清案内，保以州判尽先补用。赴部验看，光绪六年六月二十七日到省。克复新疆南八城及关外肃清案内，保以知县补用，补授隆德县知县，十年七月到任。查该员精明干练，办事细心，在甘有年，于该处风土民情，最为熟悉，以之调补宁夏县知县，洵堪胜任。会详请奏前来。臣查王树槐年力精强，才具开展，堪胜繁缺之任。合无仰恳天恩，俯念要缺需员，准以王树槐调补宁夏县知县。如蒙俞允，衔缺相当，毋庸送部引见。

所遗隆德县缺，容臣另拣请补，合并陈明，谨缮折具奏，伏乞皇太后、皇上圣鉴训示。谨奏。

朱批："吏部议奏。"①

110. 恭报甘肃省光绪十四年正月分粮价雪泽情形折光绪十四年二月初十日

头品顶戴陕甘总督臣谭钟麟跪奏，为恭报甘肃省光绪十四年正月分粮价雪泽情形，恭折仰祈圣鉴事。

窃照光绪十三年十二月分粮价，并得沾雪泽情形，业经奏报在案。兹查本年正月分兰州等八府六直隶州属具报，得沾雪泽自一寸至二三寸不等。正值春耕布种之际，获此渥泽，土脉滋润，实于农田有裨。至通省粮价，或与上月相同，或较上月稍增，据布政使谭继洵具详前来。

臣覆核无异，理合恭折具奏，并缮粮价清单，恭呈御览。伏乞皇太后、皇上圣鉴。谨奏。

朱批："知道了。"②

---

①《光绪朝朱批奏折·内政·职官》第5辑第565页，光绪十四年二月初十日。

②《光绪朝朱批奏折·农业·雨雪粮价》第94辑第625页，光绪十四年二月初十日。

111. 查明续报固原州民人闫舆量合家殉难列作十八次恳请旌恤折光绪十四年二月十二日

头品顶戴陕甘总督臣谭钟麟跪奏，为查明续报固原州民人闫舆量合家殉难，列作十八次恳请旌恤，仰祈圣鉴事。

窃维甘肃军兴以来，所有员弁兵团，阵亡、伤亡以及绅耆、妇女遇害殉难者，节经分列十七次汇奏在案。兹据甘肃布政使谭继洵查明，固原直隶州同治二年正月初一日，回匪攻陷州城，被害殉难绅民人等死事实迹清册，详请具奏前来。臣查册造民人闫舆量合家四十九名口，或督团力战，或骂贼不屈，同时遇害，忠义萃于一门，允宜旌扬，用彰志节。

除将清册分送礼、兵二部查照外，合无仰恳天恩，饬部照例议恤，以慰幽魂，谨缮折具陈，伏乞皇太后、皇上圣鉴训示。谨奏。

朱批："闫舆量等均着交部分别旌恤。"①

112. 拣员调补要缺知县以裨地方折光绪十四年二月十二日

头品顶戴陕甘总督臣谭钟麟跪奏，为拣员调补要缺知县，以裨地方，恭折仰祈圣鉴事。

窃据藩、臬两司详称，甘肃西宁县知县王裕谦病故，所遗系冲、繁、疲、难四项附府最要缺，例应在外拣调。前奉部章，甘肃升调补缺，变通办理，道府丞倅、州县以及佐杂各要缺，将现任各员，按照应升官阶，任内无论有无升案，并是否到任实授，

①《光绪朝朱批奏折·内政·礼仪·宫廷·陵寝事务》第27辑第757页，光绪十四年二月十二日。

以及历俸、试俸未经期满各员，择其人地相宜者，一律升调。等语。今西宁县缺，查有镇番县知县汪渠，年四十五岁，湖南善化县举人。由分发知县签掣浙江，嗣经调甘差委，改留甘肃补用。剿办阶州瓜子沟番匪案内，保俟补缺后以直隶州知州补用，补授镇番县知县，八年四月到任。查该员汪渠，讲求吏治，尚得民心，在甘有年，于该处风土民情，最为熟悉，会详请奏前来。臣查汪渠年力精强，才具开展，以之调补西宁县知县，实堪胜任，人地亦极相宜。仰恳天恩，俯准以汪渠调补西宁县知县。如蒙俞允，衔缺相当，毋庸送部引见。

该员并无参罚案件，谨恭折具陈，伏乞皇太后、皇上圣鉴训示。至所遗镇番县知县，系简缺，应请扣留，由甘拣补，合并陈明。谨奏。

朱批："吏部议奏。"①

113. 拣员调补要缺知县以裨地方折光绪十四年二月十二日

头品顶戴陕甘总督臣谭钟麟跪奏，为拣员调补要缺知县，以裨地方，恭折仰祈圣鉴事。

窃据藩、臬两司详称，甘肃高台县知县左寿源病故，所遗系冲、繁、疲三项要缺，例应在外拣调。前奉部章，甘肃升调补缺变通办理，道府丞倅、州县以及佐杂各要缺，将现任各员，按照应升官阶，任内无论有无升案，并是否到任实授，以及历俸、试俸未经期满各员，择其人地相宜者，一律升调。等语。今高台县缺，查有安化县知县陈昌，年四十七岁，四川进士。由分部主事改就知县，光绪九年八月，选授甘肃安化县知县。十年三月到省，委署两当县事。十一年八月，到安化县本任。该员心地明白，办

①《光绪朝朱批奏折·内政·职官》第5辑第567—568页，光绪十四年二月十二日。

事认真，筹办诸务，悉臻妥协，人地亦极相宜，会详请调前来。臣查陈昌年强才明，办事结实，以之调补，实堪胜任。合无仰恳天恩，俯准以陈昌调补高台县知县。如蒙俞允，衔缺相当，毋庸送部引见。

该员并无参罚案件，谨缮折具陈，伏乞皇太后、皇上圣鉴训示。所遗安化县员缺，应请扣留外补，合并陈明。谨奏。

朱批："吏部议奏。"①

114. 故绅典史严汉宾实系临阵伤亡请旨照例议恤片 光绪十四年二月十二日

再，查吏部咨询，前护督臣杨昌濬咨送殉难候补典史严汉宾死事清册内载，该故绅奉札招勇，御贼守寨，力竭寨陷，受伤而亡，核与顺天府原奏请恤死事不符。行令查明该故员是否殉难，如实系阵亡，应专折奏明办理。等因。转行饬查去后，兹据甘肃藩司谭继洵转据署秦安县知县萧晋昌详据该处绅民公呈，故绅典史严汉宾，于同治元年回逆变乱，奉札招勇御贼。至二年五月十三日寨陷，率众死战，相持半日，手刃数贼，复为贼伤殒命，伊妇卜氏亦同时殉难。该故绅之友通渭县官绅景星垣，前在顺天府呈报殉难情形，系属耳闻，未能备悉始末，以致两歧。等情。由县查明，详请核办前来。臣查该故绅典史严汉宾，实系临阵伤亡，相应请旨，饬部仍照前送清册，照例议恤，以表忠烈而慰幽魂。

除咨部核办外，谨附片陈明，伏乞圣鉴训示。谨奏。

朱批："着照所请，该部知道。"②

---

①《光绪朝朱批奏折·内政·职官》第5辑第568—569页，光绪十四年二月十二日。

②《光绪朝朱批奏折·内政·职官》第5辑第570页，光绪十四年二月十二日。

115. 拣员请补知县以裨地方折光绪十四年二月十二日

头品顶戴陕甘总督臣谭钟麟跪奏，为拣员请补知县，以裨地方，恭折仰祈圣鉴事。

窃据藩、臬两司详称，甘肃靖远县知县周丕澧病故，所遗系冲、难二项中缺，扣留由甘拣补。前奉部章，甘肃升调补缺变通办理，部选各缺，道府以至未入流，亦照请补要缺章程，无论何项缺出，择其人地相宜之员请补。等语。今靖远县缺，查有同知衔拣发委用知县宝善，年五十三岁，湖北荆州驻防，满洲正蓝旗举人。保以知县尽先选用，选授山西长子县知县。丁母忧起复，赴部候选。拣发甘肃委用，光绪十年三月到省。嗣丁父忧，服满起复到省，委署灵州知州。该员才具稳练，办事安详，以之请补靖远县知县，实堪胜任，会详请奏前来。臣查宝善心地明白，才具优长，以补斯缺，实属人地相宜。合无仰恳天恩，俯准以宝善补靖远县知县。如蒙俞允，衔缺相当，毋庸送部引见。

谨缮折具陈，伏乞皇太后、皇上圣鉴训示。谨奏。

朱批：“吏部议奏。”①

116. 拣员请补知府以裨地方折光绪十四年二月二十九日

头品顶戴陕甘总督臣谭钟麟跪奏，为拣员请补知府，以裨地方，恭折仰祈圣鉴事。

窃据藩、臬两司详称，平凉府知府锡晋丁忧，所遗系冲、难二项中缺，曾经咨明扣留外补。前奉部章，甘肃升调补缺，变通

---

①《光绪朝朱批奏折·内政·职官》第5辑第569—570页，光绪十四年二月十二日。

办理，道府以至未入流亦照请补要缺章程，无论何项缺出，择其人地相宜之员请补。等语。今平凉府知府缺，查有甘肃补用知府胡孚骏，年四十九岁，湖北江夏县副贡。由实任松滋县教谕加捐同知，分发江西试用，嗣捐免同知，以知府归江西补用。丁承重忧，服满起复，光绪七年来甘投效，委署宁夏府知府。奉准部覆，照章改留甘肃，以原官补用，旋委署兰州府知府，曾于关内戍防案内，保加盐运使衔，现署兰州府知府。查该员老成稳练，吏治素优，到甘有年，熟悉地方情形，署理宁夏、兰州府各要缺，筹办一切，悉臻妥协，以之请补平凉府知府，实属人地相宜，会详请奏前来。臣查平凉当东路之冲，知府有表率之责，现在清查田赋，整顿吏治，在在需人而理，该员胡孚骏干练有为，政（迹）〔绩〕卓著，以之请补斯缺，洵堪胜任。仰恳天恩，俯准以胡孚骏试署平凉知府，实于地方有裨。如蒙俞允，俟准部覆，照例给咨送部引见，以符定制。

谨缮折具奏，伏乞皇太后、皇上圣鉴训示。谨奏。

朱批："吏部议奏。"①

117. 拣员请补直隶州知州以裨地方折光绪十四年二月二十九日

头品顶戴陕甘总督臣谭钟麟跪奏，为拣员请补直隶州知州，以裨地方，恭折仰祈圣鉴事。

窃据藩、臬两司详称，准补泾州直隶州李裕泽病故。所遗系冲、疲、难三项要缺，例应在外拣补。前奉部章，甘肃升调补缺变通办理，初任候补并拣发委用以及到省在后各员，均准通融拣选题补。其试用人员，无论正、佐各官，如遇要缺，一并准其请补等语。今泾州直隶州知州缺，查有候补班前先补用直隶州知州

---

①《光绪朝朱批奏折·内政·职官》第5辑第591—592页，光绪十四年二月二十九日。

贾勋，年四十九岁，江苏上海县举人。由双月选用知县保俟补缺后以直隶州知州补用，光绪五年八月，选授甘肃大通县知县，六年七月到任。调补敦煌县知县，丁父忧，服满起复，呈请过班，以直隶州知州归原省候补班前先补用，现委代理张掖县事。查该员贾勋事理明通，性情温厚，在甘有年，于该处风土民情最为熟悉，会详请奏前来。臣查贾勋为守俱优，办事详慎，仰恳天恩，俯准以候补班前先补用直隶州知州贾勋补泾州直隶州知州，实于地方有裨。如蒙俞允，俟准部覆，照例给咨送部引见。该员任内并无参罚案件。

谨缮折具陈，伏乞皇太后、皇上圣鉴训示。谨奏。

朱批："吏部议奏。"①

118. 拣员借补都司要缺以裨营伍折光绪十四年二月二十九日

头品顶戴陕甘总督臣谭钟麟跪奏，为拣员借补都司要缺，以裨营伍，恭折仰祈圣鉴事。

窃照肃州镇属高台营都司员缺，臣前请以陕西固原城守营守备袁宗安升补。嗣准兵部议覆，查该员前于借补守备案内尚未赴部引见，无俸可计，升补都司，与例不符，应另拣员请补。等因前来。臣覆查有留甘尽先补用游击周宇龙，久历戎行，熟悉营务，以之借补高台营都司，实堪胜任，亦与定例相符。合无仰恳天恩，俯念员缺紧要，准以周宇龙借补高台营都司，以期得力。如蒙俞允，应请饬部先给署札，俟防务一律告蒇，即行给咨赴部引见，以符定制。

除将该员履历清册送部外，谨会同甘肃提督臣周达武合词恭折具陈，伏乞皇太后、皇上圣鉴训示。谨奏。

---

①《光绪朝朱批奏折·内政·职官》第5辑第592—593页，光绪十四年二月二十九日。

朱批："兵部议奏。"①

119. 请仍准以郭明扬借补西宁镇属巴暖营守备员缺片光绪十四年二月二十九日

再，甘肃西宁镇属巴暖营守备员缺，前请以留甘尽先游击郭明扬借补。嗣准部覆，以该员郭明扬，前于克复甘肃西宁、大通肃清案内，奏保免补千总，以守备尽先补用。检查此案，原保单内并无其名，应令查明报部，再行核办。等因。当经转饬查覆，兹据署西宁镇总兵郑连拔，转据署巴暖营守备留甘尽先补用游击郭明扬禀称，遵查同治十三年，经前陕甘督臣左宗棠奏保克复西宁、大通肃清案内出力人员。维时游击蒙总统老湘马步全军臣刘锦棠列保，免补千总，以守备尽先补用，尚未奉到行知。是否错漏，无从查悉。请将留甘尽先游击递改为尽先补用都司，仍请借补巴暖营守备员缺，呈请核办前来。臣查军务吃紧之际，各路统领，大都以拟保激励将士。该员郭明扬此案保举，自系漏未列入，致部中无案可稽。应请将郭明扬，经前西宁办事大臣豫师奏保贵德番匪大获全捷案内出力，请保免补守备，以都司尽先补用，并赏换花翎一案，改为免补千总，以守备尽先补用，并赏换花翎。又经督办新疆军务大臣刘锦棠奏保，新疆南路诸军五次剿平边寇案内出力，请保免补都司，以游击尽先补用，改为免补守备，以都司尽先补用。续经臣等奏请，将历年管理洋炮最为得力之员，留于西宁镇标差遣，请即作为留甘尽先补用都司，俾符定章。该员郭明扬营务晓畅，办事实心，且驻防西路一带，为日甚久，于边情尤为熟谙。可否仰恳天恩，俯念员缺紧要，仍准以郭明扬借补西宁镇属巴暖营守备，洵堪胜任。如蒙俞允，应请饬部先给署札，俟防务告蒇，再行给咨赴部引见，以符定制。

除该员履历清册另咨送部外，谨会同甘肃提督臣周达武合词

①《光绪朝朱批奏折·军务·人事》第40辑第139页，光绪十四年二月二十九日。

附片陈明，是否有当，伏乞圣鉴训示施行。谨奏。

朱批：“兵部议奏。”①

120. 周嘉谟借补西安城守协右营守备片

光绪十四年二月二十九日

再，西安城守协右营守备吴云伍升补安西协都司遗缺，查有游击衔留陕甘尽先补用都司周嘉谟，年富力强，营务谙练，以之借补，实堪胜任。合无仰恳天恩，俯念员缺紧要，准以周嘉谟借补西安城守协右营守备，以期得力。如蒙俞允，俟准部覆后，再行给咨赴部引见，以符定制。

除将该员履历清册送部外，谨会同陕西固原提督臣雷正绾合词附片具陈，伏乞圣鉴训示。谨奏。

朱批：“兵部议奏。”②

121. 拣员请补知县员缺以裨地方折光绪十四年四月初四日

头品顶戴陕甘总督臣谭钟麟跪奏，为拣员请补知县员缺，以裨地方，恭折仰祈圣鉴事。

窃据藩、臬两司详称，甘肃环县知县丁佩璐病故。所遗系简缺，扣留由外拣补。前奉部章，甘肃升调补缺变通办理，知县要缺一项，初任候补并拣发委用以及到省在后各员，均准通融拣选题补。部选各缺，道府以至未入流，亦照请补要缺章程，无论何项缺出，择其人地相宜之员请补。等语。今环县知县缺，查有同知衔补缺后补用直隶州知州补用知县刘启奎，年四十三岁，四川中江县增生。报捐州判，指分甘肃试用。光绪三年十月初十日，

①《光绪朝朱批奏折·军务·人事》第40辑第140—141页，光绪十四年二月二十九日。

②《光绪朝朱批奏折·军务·人事》第40辑第141页，光绪十四年二月二十九日。

验放到省。委署沙泥州判，于关外防军异常出力案内，保以知县补用。关内戍防案内，保俟补缺后以直隶州知州补用。剿办贵德番匪案内，保加同知衔。该员老成稳重，办事细心，在甘有年，于东路民情，最为熟悉，以之请补环县知县，实堪胜任。会详请奏前来。臣查刘启奎才具明练，任事精勤。仰恳天恩，俯准以该员补环县知县，洵于地方有裨。如蒙俞允，俟准部覆，照例给咨引见。该员并无参罚案件。

谨恭折具陈，伏乞皇太后、皇上圣鉴训示。谨奏。

朱批："吏部议奏。"①

122. 恭报甘肃省光绪十四年二月分粮价雨雪情形折光绪十四年四月初四日

头品顶戴陕甘总督臣谭钟麟跪奏，为恭报甘肃省光绪十四年二月分粮价雨雪情形，恭折仰祈圣鉴事。

窃照本年正月分粮价并得沾雪泽情形，业经具折，奏报在案。兹查二月分兰州等八府六直隶州属具报，得沾雨雪，自一寸至四五寸不等。正值春耕发生之际，获此渥泽，土脉滋润，实于农田有裨。至通省粮价，或与上月相同，或较上月稍增。据布政使谭继洵具详前来。

臣覆核无异，理合恭折具奏，并缮粮价清单，恭呈御览。伏乞皇太后、皇上圣鉴。谨奏。

朱批："知道了。"②

①《光绪朝朱批奏折·内政·职官》第5辑第643页，光绪十四年四月初四日。

②《光绪朝朱批奏折·农业·雨雪粮价》第94辑第650页，光绪十四年四月初四日。

123. 委署知府等各员缺片 光绪十四年四月初四日

再，署巩昌府知府袁春江调省遗缺，查有遇缺尽先前题奏知府蒋本艾堪以委署。泾州直隶州知州叶克信调省遗缺，查有候补直隶州知州李瀛堪以委署。署贵德同知吴人寿调省遗缺，查有候补同知王开斌堪以委署。碾伯县知县衷效洙撤任遗缺，查有即用知县王福钟堪以委署。署宁夏县知县刘至顺调省遗缺，查有候补班前尽先即补知县方仰欧堪以委署。据藩、臬两司会详前来。

除分别饬委外，理合附片陈明，伏乞圣鉴。谨奏。

朱批："吏部知道。"①

124. 剿办贵德番案尤为出力各员缮具清单给奖折 光绪十四年四月二十八日

头品顶戴陕甘总督臣谭钟麟跪奏，为剿办贵德番案尤为出力各员，缮具清单，吁恳恩施，仍照战功给奖，恭折仰祈圣鉴事。

窃臣钟麟于光绪十三年四月，会同前署西宁办事大臣福裕奏保剿平贵德番匪尤为出力各员一折。奉朱批："该部议奏，单并发。钦此！"嗣准部覆，按照寻常劳绩分别准驳，另核请奖。咨行到甘。查野番阿粗乎等四族逼近贵德厅属，每越境肆掠，边民屡受其害。十二年，复有杀害兵丁、劫犯戕官之案，往捕则恃险抗拒。经臣会商前西宁办事大臣李慎派西宁道方鼎录总理营务，调李良穆、沈福田、马安良、崔伟、王振德、刘可舜、郑连拔等马步十三营分路进攻。该匪遁入雪山，巉崖峭壁，人马皆仄足而行，转运为艰，各营裹粮前进，四面合围，奔驰数十日，始抵贼巢。

①《光绪朝朱批奏折·内政·职官》第5辑第644页，光绪十四年四月初四日。

该匪施放枪炮，拼死抵御，官军奋力攻击，阵亡参将一员，兵勇六名，带伤数十名，不可谓非战。山径崎岖，马队皆舍骑步行，攀援而上，阵斩首逆悍匪数十名，伤贼数十名，收抚余众千余名，不得谓无功。若概以寻常劳绩给奖，则于防营保案无异，且此次所保，再三核减，实无冒滥。而所请者多系虚衔翎顶官职，或进一阶，亦未敢过优，内有指捐省分数员，现在营中并未验看到省，部中有册可查，若因其已捐省分，遂将数年劳绩一概注销，未免向隅。从前革职人员，投营效力，开复原官者甚多，此次所保，甄别知县二员，并无永不叙用字样，应请开复原官。兹据营务处方鼎录暨各营将官禀请照战功给奖前来。臣维微劳必录，所以激劝戎行，部中议驳，系为慎重名器起见，而案情轻重，似应稍示区别。且边方僻远，事故不测，驾驭群材，要在信赏必罚，始足激励士气而得其死力。臣现将离甘，非有见好员弁之意。第念此后有事，尚须用人，区区愚忱，不仅为在事者代乞恩施也。

谨将剿办贵德番案部驳各员，分别改奖，缮具清单，恭呈御览。吁恳天恩，照请给奖，以资鼓励。谨会同署西宁办事大臣奎顺合词恭折具陈，伏乞皇太后、皇上圣鉴训示。谨奏。

朱批：“着照所请给奖，该部知道。单二件并发。”①

125. 甘省各属十三年下忙征收银两数目折光绪十四年四月二十八日

头品顶戴陕甘总督臣谭钟麟跪奏，为甘省各属十三年下忙征收银两数目，恭折仰祈圣鉴事。

窃查甘省光绪十三年上忙征收银数，业经奏报在案。所有下忙银两，据藩司谭继洵详称，各属已垦熟地，应征银一十九万一千二百六十三两六分九厘，上忙已完银一十万六千三百六十二两

①《光绪朝朱批奏折・军务・人事》第40辑第240—241页，光绪十四年四月二十八日。

三分九厘，未完银八万四千九百一两三分。内除平凉县上忙杂赋项下多造解部药脚价银一两七钱九分二厘，又除河州、陇西县、陇西县丞三处上忙册报新垦地亩应归下年升科银六百七十八两五钱八厘，又除华亭、安化、宁州、宁夏、中卫、灵州、平罗、平番等八处秋禾被灾缓征银二百五两九钱九分七厘外止，该未完银八万四千一十四两七钱三分三厘。上忙征收后，又续报应归下忙升科银一千五百六十九两四钱五分二厘，朝觐课程地税银五两四分六厘，共银八万五千五百八十九两二钱三分一厘。今下忙已完银八万四千九十九两四钱五分三厘，内除留支经杂驿站银二万九千六百三十六两一钱六分一厘，连上忙已完未解银七百六十六两七钱三分三厘，共已解司银五万四千一百六十二两四钱九分三厘，未解银一千六十七两五钱三分二厘，未完银一千四百八十九两七钱七分八厘。除未完银两现在严饬催征，俟清完，归入下届带征册内造报。造具总散清册，详请具奏，并声明未解银两，系前任环县丁佩璐、董志县丞潘文镜，该二员业已病故，另归交代案内详办，请将解银迟延职名免其开揭等情前来。

臣覆核无异，除将清册送部外，所有甘省各属十三年下忙征收银两数目，理合恭折具陈，伏乞皇太后、皇上圣鉴训示。谨奏。

朱批：“户部知道。”①

126. 委署知州知县员缺片 光绪十四年五月十六日

再，兰州府知府恩霖，现已交卸安肃道篆，应即饬回兰州府本任。甘州府知府吴协中，请假晋省就医遗缺，查有秦州直隶州知州余泽春堪以调署。所遗秦州直隶州知州缺，查有尽先补用直隶州知州匡翼之堪以委署。宁灵抚民同知易华琛，告请终养遗缺，

①《光绪朝朱批奏折·财政·田赋地丁》第65辑第857—858页，光绪十四年四月二十八日。

查有试用同知郭昌猷堪以委署。陇西县知县李健枝调省遗缺，查有试用知县余重基堪以委署。据藩、臬两司会详前来。

除分别饬委外，理合附片陈明，伏乞圣鉴。谨奏。

朱批："吏部知道。"①

127. 陕甘两省建修已故大学士左宗棠专祠告成折光绪十四年五月十六日

头品顶戴陕甘总督臣谭钟麟跪奏，为陕甘两省建修已故大学士左宗棠专祠告成，请由地方官春秋致祭，恭折奏明，仰祈圣鉴事。

窃臣前奉谕旨："大学士左宗棠督办陕甘军务，运筹决胜，克奏肤功，督师出关，肃清边圉，底定回疆，厥功尤伟。着于立功省分，建立专祠。等因。钦此！"臣查大学士左宗棠，任陕甘最久，立功尤多，秦陇士民，无不心香尸祝，及闻准建专祠之命，皆欢忻鼓舞，以为朝廷饰终之典，至优极公，而斯民不忘之心，亦借以申报享也。臣当饬藩司谭继洵委知县萧承恩、杨廷槐于甘肃省城南购买地址，建立专祠。抚臣叶伯英委知府郑子兆、直隶州知州喻兆圭于陕西省城东木头市购买房地，改建专祠。先后据报工竣。旋经委员勘验，均属料实工坚，足以壮观瞻而垂久远，理合奏明立案，恳恩饬部列入祀典，由地方官春秋致祭，以彰忠荩。其建修经费，均由两省官弁士民设法筹捐，撙节办理。并未动用公款，请免造册报销。

所有陕甘两省建修大学士左宗棠专祠告竣缘由，谨会同陕西抚臣叶伯英合词恭折具奏，伏乞皇太后、皇上圣鉴。谨奏。

朱批："该部知道。"②

---

①《光绪朝朱批奏折·内政·职官》第5辑第696页，光绪十四年五月十六日。

②《光绪朝朱批奏折·内政·礼仪·陵寝事务》第27辑第798页，光绪十四年五月十六日。

128. 恭报甘肃省本年三月分粮价雨泽情形折光绪十四年五月十六日

头品顶戴陕甘总督臣谭钟麟跪奏，为恭报甘肃省本年三月分粮价雨泽情形，恭折仰祈圣鉴事。

窃照本年二月分粮价，并得沾雨泽情形，业经按月具折奏报在案。兹查三月分兰州等八府六直隶州属具报得沾雨泽，自一寸至五六寸深透不等。正值夏禾出土之际，获此渥泽，实于农田有裨。至通省粮价，或与上月相同，或较上月间有增减。据藩司谭继洵具详前来。

臣覆核无异，理合恭折具奏，并缮粮价清单，恭呈御览，伏乞皇太后、皇上圣鉴。谨奏。

朱批："知道了。"①

129. 凉州永昌协副将员缺请以兰州城守营参将田连考升补折光绪十四年五月十六日

头品顶戴陕甘总督臣谭钟麟跪奏，为凉州永昌协副将员缺，请以兰州城守营参将田连考升补，恭折仰祈圣鉴事。

窃凉州永昌协副将员缺，臣前请以遇缺题奏提督兰州城守营参将田连考借补。嗣准部咨，田连考三次借补，于章程不符。等语。查借补章程，原系通融办理。提督、总兵借至副将、参将、游击，止留都司、守备两项，为副、参、游借补之地，并无提镇借补参、游后不准再借明文。故甘肃现任中，曾有三次借补者，若补参、游后，不准再借，则是提镇以参将降补，非借补也。从来武弁由行伍洊升提镇者甚多，与文员由知县屡迁至督抚，正复

①《光绪朝朱批奏折·农业·雨雪粮价》第94辑第666页，光绪十四年五月十六日。

相同。朝廷量能授职超迁，原无限制，所以激励人才也。若借补人员，无论其人之才具若何，只准两次借补，似非原定推广章程之意。况田连考任游击七年，任参将四年，军政案内曾列一等，而副将本系参将应升之阶，以之升补，亦与定例相符。合无仰恳天恩，俯准以遇缺题奏提督兰州城守营参将田连考升补永昌协副将，于营务实有裨益。如蒙俞允，应请饬部先给署札，俟防务一律告蒇，再行给咨送部引见，以符定制。

除该员历册前已送部外，谨会同甘肃提督臣周达武合词恭折具奏，伏乞皇太后、皇上圣鉴训示。谨奏。

朱批："兵部议奏。"①

130. 开缺游击都司各缺片 光绪十四年五月十六日

再，臣据护理延绥镇总兵镇标中营游击余成龙呈称，镇标右营游击慕寅得患痰喘病症，服药罔效，于光绪十四年正月初七日身故。又据陕安镇总兵姚文广呈称，署镇属白土营游击孝义营都司朱光斗感冒风寒，牵动旧伤，服药罔效，于本年三月二十九日因病身故。当经委员查验属实，取具嫡亲、医士印甘各结，并慕寅原领札付，先后呈请具奏前来。

臣覆核无异，相应请旨开缺。所遗游击、都司各缺，容臣拣员请补，理合附片具陈，伏乞圣鉴。谨奏。

朱批："兵部知道。"②

---

①《光绪朝朱批奏折·军务·人事》第40辑第266页，光绪十四年五月十六日。

②《光绪朝朱批奏折·军务·人事》第40辑第267页，光绪十四年五月十六日。

131. 特参庸劣武弁请旨勒休革职以肃戎行折光绪十四年五月十八日

头品顶戴陕甘总督臣谭钟麟跪奏，为特参庸劣武弁，请旨勒休革职，以肃戎行，恭折仰祈圣鉴事。

窃查武职人员，各有营汛之责，即有应办之事。其奉公守法者，即属称职，而庸鄙不堪者，断难姑容。兹查有山丹营游击李学海，性情庸暗，精力衰颓，前因物议沸腾，撤任察看。旋据甘州提督周达武咨称，李学海实系办事平庸，难期振作。又西宁镇前营守备陈国祥，纵酒任性，品行卑污，同寅莫不切齿。据署西宁镇总兵郑连拔呈请查办前来。与臣所闻无异，相应请旨，将山丹营游击李学海勒令休致，西宁前营守备陈国祥即行革职，以示惩儆而肃戎行。

谨会同甘肃提臣周达武合词恭折具陈，伏乞皇太后、皇上圣鉴训示。谨奏。

朱批："着照所请，兵部知道。"①

132. 拣员借补游击要缺以裨营伍折光绪十四年五月十八日

头品顶戴陕甘总督臣谭钟麟跪奏，为拣员借补游击要缺，以裨营伍，恭折仰祈圣鉴事。

窃陕西延绥镇标右营游击慕寅病故，前经附片陈明，开缺在案。所遗游击一缺，查有记名遇缺简放总兵留陕补用副将、现署延绥镇标中营游击刘辅军，才具明练，营务讲求，以之借补斯缺，洵堪胜任。合无仰恳天恩，俯准以刘辅军借补延绥镇标右营游击，

①《光绪朝朱批奏折·军务·人事》第40辑第269页，光绪十四年五月十八日。

以期得力。如蒙俞允，应俟接准部覆后，即行给咨送部引见，以符定制。

除该员履历清册送部查照外，谨会同陕西固原提督臣雷正绾合词恭折具奏，伏乞皇太后、皇上圣鉴训示。谨奏。

朱批："兵部议奏。"①

133. 为拣员请补都司要缺以裨营伍折光绪十四年五月十八日

头品顶戴陕甘总督臣谭钟麟跪奏，为拣员请补都司要缺，以裨营伍，恭折仰祈圣鉴事。

窃查陕安镇属孝义营都司朱光斗病故，业经另片奏报，开缺在案。所遗都司员缺，设处通衢，巡稽防范，最关紧要，应即拣员请补。兹据陕安镇总兵姚文广呈称，查有花翎尽先都司俸满洵阳营守备王忠美，精明谙练，才具优长，堪以升补，呈请核办前来。臣查王忠美本系尽先都司借补守备，历俸已满，升补都司，与定例相符。合无仰恳天恩，俯准以王忠美升补孝义营都司，以期得力。如蒙俞允，俟接准部覆，即行给咨送部引见，以符定制。

除该员履历清册咨送兵部外，谨会同陕西提督臣雷正绾合词恭折具陈，伏乞皇太后、皇上圣鉴训示。谨奏。

朱批："兵部议奏。"②

134. 罗邦彦补洵阳营守备片光绪十四年五月十八日

再，陕安镇属洵阳营守备王忠美，业经臣奏请升补孝义营都司。所遗守备员缺，应即拣选请补。据陕安镇总兵姚文广呈称，

①《光绪朝朱批奏折·军务·人事》第40辑第270—271页，光绪十四年五月十八日。
②《光绪朝朱批奏折·军务·人事》第40辑第271页，光绪十四年五月十八日。

查有期满武进士营用守备罗邦彦，年壮才明，差勤技熟，堪以请补，呈请核办前来。臣查该员精明稳练，营务留心，以之请补斯缺，实堪胜任。合无仰恳天恩，俯准以罗邦彦补洵阳营守备，以期得力。如蒙俞允，俟接准部覆，即行给咨送部引见，以符定制。

除查取该员履历清册送部外，谨会同陕西提督臣雷正绾合词附片具陈，伏乞圣鉴训示。再，查罗邦彦，陕西紫阳县人，系属本府，应俟准补后，再行拣员对调，合并声明。谨奏。

朱批："兵部议奏。"①

135. 委署副将游击各缺片 光绪十四年五月十八日

再，署陕西商州协副将王培秀，给咨赴部引见。所遗员缺，查有发陕差委提督借补陕安镇左营游击郑元龙，才具明达，办事勤能，堪以委署。又甘肃提属永固协副将刘得腾，给咨赴部引见。遗缺查有提督衔补用总兵甘州城守营参将李占春，营务娴熟，心地笃实，堪以委署。所遗参将员缺，查有记名简放总兵王文安，人尚朴实，营务熟谙，堪以委署。又署凉州镇属永昌协副将喻先知，饬回督标右营参将本任，遗缺查有头品顶戴分发甘肃差委补用提督刘仁和，才具稳练，营务晓畅，堪以委署。

除分饬遵照外，谨附片具陈，伏乞圣鉴。谨奏。

朱批："兵部知道。"②

136. 恭报甘肃省光绪十四年四月分粮价雨泽情形折 光绪十四年五月二十八日

头品顶戴陕甘总督臣谭钟麟跪奏，为恭报甘肃省光绪十四年

①《光绪朝朱批奏折·军务·人事》第40辑第272页，光绪十四年五月十八日。
②《光绪朝朱批奏折·军务·人事》第40辑第273页，光绪十四年五月十八日。

四月分粮价雨泽情形，恭折仰祈圣鉴事。

窃照本年三月分粮价，并得沾雨泽情形，业经具折奏报在案。兹查四月分兰州等八府六直隶州属具报得沾雨泽，自一寸至四五寸深透不等。正值禾苗滋长之际，获此渥泽，实于农田有裨。此外，皋兰、金县、礼县等三处禾苗，被雹挞伤，已饬该管府前往查勘，另行办理。至通省粮价，或与上月相同，或较上月稍增，据布政使谭继洵具详前来。

臣覆核无异，理合恭折具奏，并缮粮价清单，恭呈御览。伏乞皇太后、皇上圣鉴。谨奏。

朱批："知道了。"①

137. 裁撤防营一旗并裁各旗子药夫以节饷糈而济郑工折光绪十四年五月二十八日

头品顶戴陕甘总督臣谭钟麟跪奏，为裁撤防营一旗并裁各旗子药夫，以节饷糈而济郑工，恭折仰祈圣鉴事。

窃臣前奏裁长夫不如裁营勇一折，经部议覆奏，令臣详细斟酌情形，自行裁定，妥筹办理。等因。咨行到臣。查甘肃防营，数年来陆续裁撤，截至十三年底止，仅存步队二十一旗，马队十旗，地广人稀，尚虑不足分布。西北利用骑兵，马队更难再裁。兹将镇□后旗步队一旗，于四月底调至平凉，悉行遣撤。该营勇所存欠饷，一概发清，以作归资。然仅裁一旗，核计一年只余银一万七千余两，为数无多。又将步队各旗子药夫二十四名，均行裁遣。计现存步队二十旗，裁去子药夫四百八十名，每岁可省银一万三千八百余两，总共节省银三万一千余两。俟年终各省关协饷解到，照数分摊后，应存若干，再行提解，以济郑工。

除咨部外，谨缮折具陈，伏乞皇太后、皇上圣鉴。谨奏。

---

①《光绪朝朱批奏折·农业·雨雪粮价》第94辑第676页，光绪十四年五月二十八日。

朱批："该部知道。"①

138. 查照部议酌定伊犁塔尔巴哈台各旗营员缺并拟筹办各勇营事务折光绪十四年五月二十八日

头品顶戴陕甘总督臣谭钟麟、伊犁将军臣色楞额、尚书衔甘肃新疆巡抚二等男臣刘锦棠跪奏，为查照部议酌定伊犁、塔尔巴哈台各旗营员缺并拟筹办各勇营事务，恭折仰祈圣鉴事。

窃臣钟麟前奏请裁撤塔尔巴哈台参赞大臣员缺，以伊犁副都统一员，移驻其地。其索伦、锡伯、察哈尔、额鲁特等部落，宜各择其人，派为总管。兼设千户、百户，以相钳制。伊犁、塔尔巴哈台既设道府，防营月饷，应责成新疆藩司，按月解交道府，分支各营，自行采买食粮，粮局、粮员均可裁撤。等因。经部议覆准，裁撤伊犁粮员，余仍令由臣等详晰会商，奏明办理。于光绪十三年八月初八日具奏，奉旨："依议。钦此！"钦遵咨行到臣。现在臣色楞额业已到任，伊犁、塔尔巴哈台等处添设道府以下等官，亦经部议允准，自应会同妥筹办理。伏查伊犁、塔尔巴哈台事同一律，伊犁参赞大臣员缺，前经部议裁撤，改设副都统二员，以仿照内地驻防之制。塔尔巴哈台属境，向例亦将军所辖，该处参赞大臣员缺，自无须独留，应请一并裁撤，以免歧异。伊犁新设副都统二员，以一员与将军同城办事，尚属裕如。应请照臣钟麟原奏，以一员移往塔尔巴哈台驻札。该处旗队，向由伊犁换防。平定以来，大率由本地挑补，编列成营，无复换防之事。前经臣锦棠奏准，额设旗队千人，究应如何改照驻防之处，应俟此次奉旨后，再由该副都统体察情形，会同臣色楞额妥为定拟。其索伦、锡伯、察哈尔、额鲁特各部落，言语不同，性情亦异，非各有所属，无以资弹压而专责成。所有伊犁现存之领队大臣四缺，应请

①《光绪朝朱批奏折·军务·营制》第34辑第157页，光绪十四年五月二十八日。

毋庸裁撤。其塔尔巴哈台领队大臣一缺，应否裁撤，亦应俟副都统移定后，再行定拟。各该领队大臣及新设之副都统，均归将军统辖。伊犁将军仍节制伊犁镇道，如此酌量变通，庶几法制相维，而事机亦顺矣。伊犁粮员，既经部议裁撤，以后各该处月饷，均应按照部议，由新疆藩司按月拨解，分支各营，应领食粮，由各营自行采买。伊犁月饷，解由该道收支。塔尔巴哈台既改定同知员缺，该处月饷，亦应解由该同知收支，以归画一。其各该处额设之粮饷章京，应否裁撤，应俟各旗营事定，再由臣色楞额察酌具奏。至各该处防营，均应及时整顿。前经臣锦棠于上年九月奏明，俟设官议定后，除各旗营应由将军、参赞妥筹布置外，其镇协各标，臣自应悉心筹议，奉旨允准，钦遵在案。现在臣色楞额到任，正在接收交代，而锡纶病故，比饬经手各员，将锡纶任内一切应交案件，迅速清理，并由臣锦棠咨明，俟接收交代后，按照原议，将勇营事务，截清起止，交由臣锦棠会商办理。仍一面檄饬各统领营官核清存饷，赶造清册，以便及时裁并。按照原奏，额设四千人之数，改定标营。塔尔巴哈台事务，应俟伊犁诸务办理就绪，再行接办，其余一切未尽事宜，容臣等随时会商，陆续奏明办理。

所有查照部议，先行定拟各情形。是否有当，谨合词恭折具奏，伏乞皇太后、皇上圣鉴训示施行。再，此折系由臣锦棠主稿，合并声明。谨奏。

朱批："该部议奏。"①

139. 恭报甘肃省光绪十四年五月分粮价雨泽情形折光绪十四年六月二十二日

头品顶戴陕甘总督臣谭钟麟跪奏，为恭报甘肃省光绪十四年

①《光绪朝朱批奏折·军务·营制》第34辑第158—159页，光绪十四年五月二十八日。

五月分粮价雨泽情形，恭折仰祈圣鉴事。

窃照本年四月分粮价，并得沾雨泽情形，业经具折奏报在案。兹查五月分兰州等八府六直隶州属具报得沾雨泽，自一寸至四五寸深透不等。正值夏禾结实之际，获此渥泽，实于农田有裨。此外，泾州直隶州、化平厅、华亭县、正宁县等四处禾苗，被雹挞伤。已饬该管府前往查勘，另行办理。至通省粮价，或与上月相同，或较上月稍增，据布政使谭继洵具详前来。

臣覆核无异，理合恭折具奏，并缮粮价清单，恭呈御览。伏乞皇太后、皇上圣鉴。谨奏。

朱批："知道了。"①

140. 拣员请补知县员缺以裨地方折 光绪十四年六月二十二日

头品顶戴陕甘总督臣谭钟麟跪奏，为拣员请补知县员缺，以裨地方，恭折仰祈圣鉴事。

窃据藩、臬两司详称，甘肃隆德县知县王树槐调补宁夏县知县，业已奉部覆准。所遗之缺，曾经扣留外补。前奉部章，甘肃升调补缺，变通办理，无论何项缺出，择其人地相宜之员请补。等语。今隆德县系简缺，查有留甘补用知县卢世堃，年四十一岁，湖南长沙县人。由文童投效军营，克复金陵，保以从九遇缺即选，并戴蓝翎。同治十一年，随营到甘，遵例报捐县丞。克复新疆南北两路，保以知县留甘补用。剿办阶州瓜子沟番匪案内，保加同知衔，赴部验看领照。光绪九年三月到省，查该员才识优长，办事结实，在甘有年，于东路风土民情，最为熟悉，以之请补隆德县知县，洵堪胜任。会详请奏前来。臣查卢世堃才长心细，任事精勤，仰恳天恩，准以卢世堃补隆德县知县，实属人地相宜。如

①《光绪朝朱批奏折·农业·雨雪粮价》第94辑第687页，光绪十四年六月二十二日。

蒙俞允，衔缺相当，毋庸送部引见。仍俟试署年满，如果称职，另请实授。

谨恭折具陈，伏乞皇太后、皇上圣鉴训示。谨奏。

朱批：“吏部议奏。”①

141. 拣员请补知县员缺以裨地方折光绪十四年六月二十二日

头品顶戴陕甘总督臣谭钟麟跪奏，为拣员请补知县员缺，以裨地方，恭折仰祈圣鉴事。

窃据藩、臬两司详称，甘肃灵台县知县贺升运调补山丹县知县，所遗系疲、难中缺，曾经扣留，由甘拣补。前奉部章，甘肃升调补缺变通办理，无论何项缺出，择其人地相宜之员请补。等语。今灵台县知县缺，查有发甘委用知县萧晋昌，年四十五岁，湖南宁乡县举人，拣选知县。光绪九年，经臣奏请拣发到甘，于关外诸军异常出力案内，保俟补缺后，以直隶州知州补用。历署合水、秦安知县，办理一切，悉臻妥协。以之请补灵台县知县，实属人地相宜。详请奏补前来。臣查萧晋昌才具明练，吏治讲求，以补灵台县知县，洵堪胜任。合无仰恳天恩，俯准以萧晋昌补灵台县知县，期于地方有裨。如蒙俞允，俟准部覆后，再行给咨送部引见，以符定制。仍俟试署年满，另请实授。该员并无参罚案件。

谨恭折具陈，伏乞皇太后、皇上圣鉴训示。谨奏。

朱批：“吏部议奏。”②

①《光绪朝朱批奏折·军务·人事》第40辑第325页，光绪十四年六月二十二日。

②《光绪朝朱批奏折·内政·职官》第5辑第728—729页，光绪十四年六月二十二日。

142. 拣员请补知县要缺以裨地方折光绪十四年六月二十二日

头品顶戴陕甘总督臣谭钟麟跪奏，为拣员请补知县要缺，以裨地方，恭折仰祈圣鉴事。

窃据藩、臬两司详称，玉门县知县王吉士告请终养，所遗系冲、繁二项边远要缺，例应在外拣补，查有即用知县陈岳，年五十一岁，山东（荷）〔菏〕泽县举人。由进士即用知县，签掣甘肃，亲老告近，改掣河南，题补阳武县知县。旋丁父忧，服满起复，仍赴甘肃候补。光绪十一年十月到省，署通渭县知县，办事明练，毫无贻误。以之请补玉门县知县，实堪胜任。会详请奏前来。臣查陈岳老成练达，为守俱优。仰恳天恩，准以陈岳补玉门县知县，实于地方有裨。如蒙俞允，衔缺相当，毋庸送部引见。该员并无参罚案件。

谨缮折具陈，伏乞皇太后、皇上圣鉴训示。谨奏。

朱批："吏部议奏。"①

143. 拣员借补游击要缺折光绪十四年七月十二日

头品顶戴陕甘总督臣谭钟麟跪奏，为拣员借补游击要缺，以裨营伍，恭折仰祈圣鉴事。

窃照陕西延绥镇标中营游击余成龙，业已升补花马池营参将。所遗游击员缺，系属要缺，自应拣员请补。兹查有总兵衔留陕尽先补用副将梁鸿盛才具练达，任事勤奋，在陕多年，于北山情形尤为熟悉，以之借补斯缺，实于营伍、地方两有裨益。合无仰恳

---

①《光绪朝朱批奏折·内政·职官》第5辑第729—730页，光绪十四年六月二十二日。

天恩，俯准以梁鸿盛借补延绥镇标中营游击员缺，以期得力。如蒙俞允，俟接准部覆后，即行给咨赴部引见，以符定制。

除该员履历、清册另咨送部外，谨会同陕西抚臣叶伯英、陕西固原提督臣雷正绾合词恭折具陈，伏乞皇太后、皇上圣鉴训示。谨奏。

朱批："兵部议奏。"①

144. 拣选请补都司员缺片 光绪十四年七月十二日

再，据河州镇总兵沈玉遂呈称，镇属洮岷协营中军都司陶新知偶感寒疾，触发旧伤，医药罔效，于本年六月初五日病故，详请奏明开缺前来。臣覆查无异，相应请旨开缺，所遗都司员缺，陕甘现有应补人员，容臣拣选请补。

除查取该故员原领札付以及任内有无未清钱粮事件，委查印甘各结至日，另咨送部外，谨附片陈明，伏乞圣鉴。谨奏。

朱批："兵部知道。"②

145. 陈福祥借补洮岷协营都司员缺片 光绪十四年七月十二日

再，据河州镇总兵沈玉遂呈称，洮岷协中军都司陶新知病故，业经奏明开缺。所遗都司员缺，地处边要，界邻番族，亟应拣员请补。兹查有留陕尽先补用游击陈福祥，从戎多年，办事结实，堪以借补，呈请核办前来。臣查陈福祥才具稳练，勤慎耐劳，以之借补斯缺，实于地方营伍有裨，合无仰恳天恩，俯准以陈福祥借补洮岷协营都司员缺，以期得力。如蒙俞允，应俟接准部覆，

---

①《光绪朝朱批奏折・军务・人事》第40辑第362页，光绪十四年七月十二日。
②《光绪朝朱批奏折・军务・人事》第40辑第363页，光绪十四年七月十二日。

再行给咨赴部引见，以符定制。

除该员履历清册另咨送部外，谨附片具陈，伏乞圣鉴训示。谨奏。

朱批：“兵部议奏。”①

146. 赵彩凤补陕西固原提标后营守备员缺片 光绪十四年七月十二日

再，臣接准兵部咨称，借补陕西固原提标后营守备匡文玉保案不符，应另拣请补。兹据臣标中军副将邓全忠详称，查有现署标下左营守备尽先守备赵彩凤练达营务，驭兵有方，堪以请补，详请核办前来。臣查赵彩凤营务素娴，办事结实，历署守备各缺，整理一切，胥臻妥协，以之请补斯缺，实属人地相宜，亦于营伍操防大有裨益。合无仰恳天恩，俯准以赵彩凤补陕西固原提标后营守备员缺，以期得力。如蒙俞允，应请饬部先给署札，俟防务告蒇，即行给咨送部引见，以符定制。

除该员履历清册另咨送部外，谨会同陕西固原提臣雷正绾合词附片具陈，伏乞圣鉴训示。谨奏。

朱批：“兵部议奏。”②

147. 梁有才借补山丹营游击片 光绪十四年七月十二日

再，甘肃提属山丹营游击李学海，前请勒令休致。所遗游击员缺，设处冲途，巡防紧要，当经移行拣补去后。兹准甘肃提督周达武咨称，查有留陕甘补用总兵、甘州城守营守备梁有才练达营伍，办事认真，堪以借补。咨请核办前来。臣查梁有才营务晓

①《光绪朝朱批奏折·军务·人事》第40辑第363页，光绪十四年七月十二日。

②《光绪朝朱批奏折·军务·人事》第40辑第363—364页，光绪十四年七月十二日。

畅，任事实心，以之借补斯缺，实堪胜任。合无仰恳天恩，俯念员缺紧要，准以梁有才借补山丹营游击，以裨营伍。如蒙俞允，应请饬部先给署札，俟防务告蒇，再行给咨赴部引见，以符定制。

除该员履历清册送部外，谨会同甘肃提臣周达武合词附片具陈，伏乞圣鉴训示。谨奏。

朱批："兵部议奏。"①

148. 王克修借补甘州城守营守备片 光绪十四年七月十二日

再，臣准甘肃提臣周达武咨称，甘州城守营守备梁有才请补山丹营游击遗缺，拣选得留甘尽先补用参将王克修久历戎行，差操勤能，堪以借补。咨请核办前来。臣查王克修从戎有年，供差勤干，以之借补斯缺，实堪胜任。合无仰恳天恩，俯准以王克修借补甘州城守营守备。如蒙俞允，应请饬部先给署札，俟防务告蒇，再行给咨赴部引见，以符定制。

除该员履历清册送部外，谨会同甘肃提臣周达武附片具陈，伏乞圣鉴训示。谨奏。

朱批："兵部议奏。"②

149. 拣员请补知县员缺折 光绪十四年七月十二日

头品顶戴陕甘总督臣谭钟麟跪奏，为拣员请补知县员缺，以裨地方，恭折仰祈圣鉴事。

窃据藩、臬两司会详称，甘肃安化县知县陈昌调补高台县知县，业已奉部覆准，所遗之缺，曾经扣留外补。前奉部章，甘肃

①《光绪朝朱批奏折·军务·人事》第40辑第364页，光绪十四年七月十二日。

②《光绪朝朱批奏折·军务·人事》第40辑第365页，光绪十四年七月十二日。

升调补缺变通办理，无论何项缺出，择其人地相宜之员请补。等语。今安化县缺，查有劳绩留甘补用知县玉昌，年六十岁，内务府正黄旗汉军祥煜佐领下人。由荫生补授笔帖式，玉牒全书告成，议叙以知县选用，选授湖北云梦县知县，因案革职。投效前西宁办事大臣豫师军营，奏请开复知县原官，留甘补用。西宁肃清案内保俟补缺后，再行送部引见。同治十三年到省，历署清水、海城等县知县，办理一切，悉臻妥协。查该员稳练老成，通达治体，在甘有年，于东路风土民情最为熟悉，以之请补安化县知县，实堪胜任，人地亦极相宜。会详请奏前来。臣查玉昌老成练达，吏治讲求，仰恳天恩，准以该员补安化县知县，实于地方有裨。如蒙俞允，俟准部覆，照例给咨送部引见。该员并无参罚案件。

谨恭折具陈，伏乞皇太后、皇上圣鉴训示。谨奏。

朱批：“吏部议奏。”①

150. 周兆璋改就教职片 光绪十四年七月十二日

再，据甘肃布政使谭继洵、按察使方汝翼会详，准巩秦阶道姚协赞咨称，秦州直隶州知州余泽春，转据两当县知县周兆璋禀称，兆璋，年五十七岁，广东进士，以即用知县分发甘肃，补授两当县知县，十一年七月到任。自揣才难肆应，恐致贻误地方，呈请开除知县缺，改就教职，回籍候选等情，转报到司。查前奉部咨，嗣后各省甄别州县各官，倘仅系难膺民社，并非贪劣之员，其年力品学实系堪任学官，奏请以教职改用，应令该督抚详细声明，毋庸定以半年之限，准以教职各按出身，归于应补班内选用。等语。查周兆璋以即用知县补授两当县知县，在任三年，尚无贻误。惟才乏宏通，难膺民社。兹据呈请改就教职，核与部章相符，会详请奏前来。臣查周兆璋人品端正，学问优长，年力尚健，堪

①《光绪朝朱批奏折·内政·职官》第5辑第755页，光绪十四年七月十二日。

任学官。合无仰恳天恩，准予开缺，改就教职，回籍候选。

除咨部查照外，谨附片具奏，伏乞圣鉴训示。所遗两当县缺，应请扣留外补，合并陈明。谨奏。

朱批："着照所请，该部知道。"①

151. 丁振铎委署秦州直隶州知州片 光绪十四年七月十二日

再，甘州府知府吴协中，因病呈请回省就医，曾委秦州直隶州知州余泽春前往署理。余泽春现报丁忧，查有巩昌府知府丁振铎，精明稳练，堪以委署。所遗巩昌府知府员缺，查有尽先题奏知府胡宗滟，堪以接署。据藩、臬两司具详前来。

除檄饬遵照外，谨附片陈明，伏乞圣鉴。谨奏。

朱批："吏部知道。"②

152. 请委署知县员缺片 光绪十四年七月十二日

再，安定县知县李榖人调省遗缺，查有试用通判曾麟绶堪以委署。署镇番县知县苏重熙调省遗缺，查有试用知县广沣堪以委署。两当县知县周兆璋呈请就教遗缺，查有补用知县龚炳奎堪以委署。据藩、臬两司会详前来。

除檄饬分别给委外，谨附片具陈，伏乞圣鉴。谨奏。

朱批："吏部知道。"③

---

①《光绪朝朱批奏折·内政·职官》第5辑第756页，光绪十四年七月十二日。
②《光绪朝朱批奏折·内政·职官》第5辑第757页，光绪十四年七月十二日。
③《光绪朝朱批奏折·内政·职官》第5辑第757页，光绪十四年七月十二日。

153. 报销光绪十三年分甘肃关内厘捐总分各局卡收支银钱数目折光绪十四年七月十二日

头品顶戴陕甘总督臣谭钟麟跪奏，为报销光绪十三年分甘肃关内厘捐总分各局卡收支银钱数目，恭折仰祈圣鉴事。

窃查光绪十二年十二月底止，收支百货厘金银钱数目，业经奏咨在案。兹据厘金总局司道详称，光绪十三年正月起，连闰扣至十二月底止，关内各分局卡一切收支款目，汇为一案。统百货厘金，并十二年册造实存厘款，通共旧管新收三十七万六千九百一十五两八钱四分六厘。支款以批解藩司为大宗，其次车价并厘金各局卡薪工局费，通共支银三十七万六千九百一十五两八钱四分六厘。以出抵入，并无储存。至各盐厘局卡收支数目，另案造报等情，由局造具总散清册，详请奏咨前来。臣覆核无异，合无仰恳天恩，饬部准将光绪十三年已支之款，照册核销，以清款目。除清册送部查核外，谨缮折具奏，伏乞皇太后、皇上圣鉴。谨奏。

朱批："户部知道。"①

154. 特参撤任知县挟私诬揭并查有婪赃勒罚情事请旨革职折光绪十四年七月十三日

头品顶戴陕甘总督臣谭钟麟跪奏，为特参撤任知县挟私诬揭，并查有婪赃勒罚情事，请旨革职，以肃官箴，恭折仰祈圣鉴事。

窃臣准陕西抚臣叶伯英咨称，据藩、臬两司会详，撤任榆林县知县托克通阿禀揭同城文武一案，已饬榆林道马相如会同委员王兆庆查覆。因禀中有余成龙行贿得署镇篆一节，咨臣切实查办，

①《光绪朝朱批奏折·财政·杂税》第77辑第157—158页，光绪十四年七月十二日。

并将途中接收民人具控托克通阿借案苛罚呈词三纸，移送前来。当饬榆林道马相如会同陕西候补同知王兆庆将托克通阿禀揭榆林府知府朱文镜、护理榆林镇篆中军游击余成龙各款分晰查明，据实禀覆。又饬参将田玉广将托克通阿所禀教场舞弊一节，明白禀覆。其榆林民人呈控托克通阿各案，密委花定盐局委员甘肃候补直隶州知州王运元改装易服，潜往榆林确查具覆。兹据马相如、王兆庆覆称，知府朱文镜平日办事勤慎，各属解勘之案，均系朱文镜亲鞫，安有不坐堂审办之理？至于祭祀行香，道、府、县同在一处，朱文镜并无不到，此众目共睹者也。余成龙任中军游击最久，营务熟悉，本年三月，抚臣叶伯英巡阅到榆，适总兵巢端南病故，就近委余成龙暂护镇篆，而托克通阿谓余成龙派员迎接，勾通关说，得署镇篆。查委弁迎接，系巢端南所派，彼时巢端南尚在，余成龙何能欲得署篆，先行关说？此理所必无者也。其所禀供应巡阅差费千金一节。传讯托克通阿，此次巡阅各县，均张贴告示，不需供应。从人夫、马口食按日自行发价，他县皆无供亿之费，何以榆林独费千金？令将所用款目逐一开呈，该令竟无词以对。其余牵涉同城武弁各款，逐案查询，毫无实据。至托克通阿所禀教场舞弊一节，据神木营参将田玉广禀称，巡阅大典，观者万人，何能舞弊？缘枪靶较远，中枪者后面必有灰尘扬起，方知其实，边地风大土松，枪靶必钉铁环，以绳系定，历来操演，皆系如此。而托克通阿见三营中靶者多，疑系舞弊，捏称田玉广有面禀之语，究之众目昭彰，非参将一人所能掩饰也。又据委员王运元禀称，亲往榆林密查，得民人高驴儿以求释救命、李喜儿以侵扣追款、张存裕以冤枉不明各情控托克通阿三案，均实有其事。但赃数无多，且过付又系署中女仆，无从提讯。旋饬榆林府知府朱文镜提集三案人证审讯，惟李喜儿外出，尚未到案。高驴儿一案，据女仆李薛氏供，送元宝一锭入内署属实，并有另罚高驴儿盐百石之事。张存裕一案，据女仆李赵氏供，曾送钱票六十五串，交托克通阿之岳母是实，其余详细供词，与王运元禀覆情形相同。臣查托克通阿在榆林县任日久，如果同城文武实有罪过，自应随时禀揭，何以数年来默无一言？迨抚臣巡阅至榆，见其诸事废弛，控告者累累，因奏参开缺撤省察看，而托克通阿疑系同寅倾陷，遂揑砌多款，罗织文武，以泄私忿，一经饬查，均属子虚。窃查民人具控托克通阿受贿勒罚各节，皆有确据，此种劣员，断难姑容，相应请旨将前榆林县知县托克通阿即行革职，以惩贪诈而肃官常。

除将委员等禀覆各件钞发陕西藩、臬两司备案外，谨会同陕西抚臣叶伯英合词恭折具奏，伏乞皇太后、皇上圣鉴训示施行。谨奏。

朱批：“着照所请，该部知道。”①

155. 恭报甘肃省本年六月分粮价雨泽情形折 光绪十四年七月十三日

头品顶戴陕甘总督臣谭钟麟跪奏，为恭报甘肃省本年六月分粮价雨泽情形，恭折仰祈圣鉴事。

窃照本年五月分粮价并得沾雨泽情形，业经按月具折奏报在案。兹查六月分兰州等八府六直隶州属具报得沾雨泽，自一寸至六七寸深透不等。正值夏禾收割、秋禾滋长之际，获此沃泽，实于农田有裨。此外，安化、镇原二处，禾苗被雹打伤，已饬该管府州前往查勘是否成灾，另行办理。至通省粮价，或与上月相同，或较上月间有增减，据藩司谭继洵具详前来。

臣覆核无异，理合恭折具奏，并缮粮价清单，恭呈御览，伏乞皇太后、皇上圣鉴。谨奏。

朱批：“知道了。”②

①《光绪朝朱批奏折·内政·职官》第5辑第758—759页，光绪十四年七月十三日。
②《光绪朝朱批奏折·农业·雨雪粮价》第94辑第696页，光绪十四年七月十三日。

156. 审明杀毙一家四名重犯按律拟办折

光绪十四年七月十三日

头品顶戴陕甘总督臣谭钟麟跪奏，为审明杀毙一家四命重犯，按律拟办，恭折仰祈圣鉴事。

窃查河州民人鲁来保，挟嫌谋杀吴王氏，故杀招兄、林子灭口，并放火烧尸灭迹，连毙幼女一家四命一案，前据该州知州俞志敬获犯勘验讯详。臣以案情重大，当经批司提省，饬委兰州府知府恩霖，督同局员严行审讯。兹据该府审明议拟，详由臬司方汝翼解勘前来。臣亲提覆鞫，缘鲁来保籍隶河州，佣工度日，已死吴王氏系吴得元之妻，吴林子系吴得元之子，招兄从女系吴得元之女，均与鲁来保先无嫌隙。光绪十三年二月间，鲁来保受雇吴得元家佣工，每月工价言明一串八百文，平日同坐并食，尔我相称，并无主仆名分。吴得元充当州书，常不在家，吴王氏经理家事，时以鲁来保做事懒惰，向其斥骂。鲁来保恐辞工难寻雇主，吞声隐忍。十四年二月二十六日，鲁来保感冒睡卧，吴王氏喊令赴地工作未起，吴王氏生气，当将鲁来保辞退，令即搬出。鲁来保因一时无处寄居，央恳吴得元暂将空房借住。俟觅有雇主再搬，吴得元应允。吴王氏不依，当将鲁来保被褥抱弃门外。鲁来保再三央恳，经吴得元拾进。约俟病愈再走，吴王氏仍嚷骂不已。鲁来保忆起吴王氏平日相待刻薄，起意致死泄忿。三月初六日下午，乘吴得元出外，携斧潜入吴王氏住房，乘其不防，用斧背殴伤吴王氏左耳根倒地，因斧柄震松撩弃，拾石又连殴伤其脑后，登时殒命。时招兄、林子由外回来，看见害怕，跑外哭喊。鲁来保虑人听闻，起意致死灭口。追出院内，用石连殴伤招兄脑后左耳根，并殴伤林子左太阳，失落石块，顺拾地撩断棍，戳伤林子右眉梢左耳窍，接连左太阳，先后倒地身死。又恐吴得元回家看破，起意假装失火烧毙，遂撩柴棍走入厨内，搬取柴草堆积吴王氏房门，用火点燃逃跑，致火烧毁正厢房及厨房三间，将吴王氏尸身烧毁，并炕上睡卧之幼女一并烧毙。报州获犯勘验讯详，批司提审，饬府审拟，由司勘解到。臣提犯亲讯，据供前情不讳，诘无起衅别故，亦无同谋、知情及在场加功之人，案无遁饰。查律载：杀一家非死罪三人者，凌迟处死，财产断付死者之家。又例载：杀一家三命以上凶犯，审明后依律定罪。一面奏闻，一面恭请王命，先行正法。各等语。此案鲁来保因挟吴王氏斥骂辞退，不肯借居之嫌，谋杀吴王氏泄忿，并故杀招兄、林子灭口，及烧尸灭迹，致烧毙幼女各身死，实属凶残已极。查招兄、林子、幼女均系吴王氏子女，系属一家四命。吴王氏虽系该犯雇主吴得元之妻，平日并无主仆名分，应同凡论。鲁来保除烧毁房屋、焚尸灭迹各轻罪不议外，合依杀一家非死罪三人凌迟处死律，凌迟处死。臣审明后，当即恭请王命，饬按察使方汝翼会同中军副将邓全忠，将鲁来保绑赴市曹，凌迟处死，首级解归犯事地方，悬竿示众，以昭炯戒。该犯讯无财产妻子，应毋庸议。

除供招咨部查核外，所有审明杀毙一家四命重犯按律拟办缘由，理合恭折具陈，伏乞皇太后、皇上圣鉴。谨奏。

朱批：“刑部知道。”①

157. 甘省十一年分接运各省并转解关外新饷脚价盘费各款照原册核销以清积案折 光绪十四年七月十三日

头品顶戴陕甘总督臣谭钟麟跪奏，为甘省十一年分接运各省并转解关外新饷脚价盘费各款，吁恳天恩，饬部仍照原册核销，以清积案，恭折仰祈圣鉴事。

窃臣准兵部咨议，甘省登覆十一年分运脚等项，仍令照《中枢政考》内载里数详细造册，汇入驿站题销。官车一项，由臣自

①《光绪朝朱批奏折·法律·命案》第106辑第683—685页，光绪十四年七月十三日。

行奏明办理。其解关外新饷盘费，应归户部核办。等因。伏查《中枢政考》内载：运送物件，按六百斤饷银，按六千两运送，回子伯克行李，按五百二十斤给车一辆。此案造报解运出关饷银，每车实载银八千三百余两，连鞘壳等件约七百数十斤，较定例已属加重。且关外地多戈壁，人烟稀少，车夫出关，必携带草料数百斤，计每车装载千有余斤，常遇烈风流沙，道即壅塞，无水处不能停息。山路崎岖，步步维艰，实难日行百里，此出关饷车载重行迟，仍应以七十里为一站也。甘省驿站所车废弛已久，若议复设，必须造车买牛，当此饷项支绌，何从筹此巨款？向设所车，每站不过数辆及十余辆不等，而起解饷银，每批或三四十万，所车不敷必多，雇民车反致糜费。臣上年奏奉谕旨，准于泾州、兰州、肃州三处暂行设局，雇车接运，计每年除司库应支所车、夫牛例价外，由厘局支银一万三千余两，而民间每岁所省，不下十余万，此所车断难复设之实在情形也。关内外十一、十二、十三等年运饷脚价，前经奏奉谕旨，准由四分减平项下开支。现准户部议，自十四年起，由新饷内提银分存支用，是此项脚价已指定有款，自应专案报销。若归入驿站题销，未免轇轕。至册报解饷出关，官弁骑骡盘费、盐粮一款，前准户部咨称，应归兵部核销。今兵部仍令造报，户部无所适从，应照原案，补造清册，分送户、兵二部，自行定议核办。据藩司谭继洵将原册及补造清册呈请覆奏前来，臣详加稽核，系属实支实销，均无浮冒，仰恳天恩，饬部查照，原册及补造清册一并核销，并将关内外七、八两年开单报销之案，速为核覆，以清积案。

除分咨外，谨缮折具陈，伏乞皇太后、皇上圣鉴训示。谨奏。

朱批："着照所请，该部知道。"①

---

①《光绪朝朱批奏折·财政·经费》第86辑第482—483页，光绪十四年七月十三日。

158. 梁东魁借补西宁镇标后营都司片光绪十四年七月二十八日

再，西宁镇标后营都司李清和，因病禀请开缺，业经奏明在案。所遗员缺，亟应拣员请补。据宁夏镇总兵冯南斌呈称，查有副将衔留甘尽先补用参将现署宁夏后营都司梁东魁，办事勤能，营务熟悉，堪以借补，呈请核办前来。臣查梁东魁年力精强，营务谙练，以之请补，实属人地相宜。合无仰恳天恩，俯准以梁东魁借补西宁镇标后营都司，以期得力。如蒙俞允，应请饬部先给署札，俟防务一律告蒇，即行给咨赴部引见，以符定制。

除该员履历清册另咨送部外，谨附片具陈，伏乞圣鉴训示。谨奏。

朱批："兵部议奏。"①

159. 新疆抚标暨城守各营添改副参游都守等缺均请作为题缺由外拣补折光绪十四年七月二十九日

头品顶戴陕甘总督臣谭钟麟、尚书衔甘肃新疆巡抚二等男臣刘锦棠跪奏，为新疆抚标暨城守各营添改副、参、游、都、守等缺，均请作为题缺，由外拣员请补，以重边防，恭折仰祈圣鉴事。

窃臣等准兵部咨称，应将新疆改设抚标中、左、右三营，省城城守营、喀喇巴尔噶逊营、玛纳斯协营、济木萨营、库尔喀喇乌苏营、精河营及添设之吐鲁番营副、参、游、都、守等缺，均应作何项之缺，体察情形，迅即奏明办理。至现设各缺，并令查明堪胜改缺之任者，分别奏咨报部，以凭换札注册。人地未宜者，

---

①《光绪朝朱批奏折·军务·人事》第40辑第395页，光绪十四年七月二十八日。

奏明开缺另补，以符定制。等因。当经行司妥议去后，兹据藩司魏光焘、镇迪道兼按察使衔恩纶会详称，新疆抚标及城守各营副、参、游、都、守等官员缺，系以乌鲁木齐提标所部各营员缺，体察情形，分别改设、添设。计改设抚标中营参将一员，守备二员。左营游击一员，守备二员。右营游击一员，守备二员。省城城守营副将一员，都司二员，守备一员。喀喇巴尔噶逊营守备一员。玛纳斯协营副将一员，都司二员，守备一员。济木萨营参将一员，守备一员。库尔喀喇乌苏营游击一员，守备一员。精河营参将一员，守备一员。添设吐鲁番营游击一员，守备一员。其各该员缺，从前均定由外拣选题补，诚以地处极边，界连外部，兵政极关紧要，非洞悉边情、练习营务之员，难期胜任。现虽建置行省，而情形今昔则同。所有改设、添设抚标中、左、右三营，省城城守营、喀喇巴尔噶逊营、玛纳斯协营、济木萨营、库尔喀喇乌苏营、精河营及添设之吐鲁番营副、参、游、都、守等缺，应请均作为题缺，由外拣员请补，详请具奏前来。臣等查新疆设立行省，营制参用勇章，系属因地制宜。其副将以下员缺，必得熟悉地方情形、明干有为之员，方足以资治理。合无仰恳天恩，俯准将新疆抚标并城守等营副、参、游、都、守等缺，均作为题缺，由外拣员请补。如蒙俞允，臣等即遵照部议，将堪胜改缺之任者，分别奏咨报部，换札注册。人地未宜者，奏明开缺，另行拣员请补，以重边防而资得力。

所有新疆抚标并城守等营员缺，均请作为题缺由外拣补缘由，谨合词恭折具陈，伏乞皇太后、皇上圣鉴训示施行。再，此折系臣锦棠主稿，合并声明。谨奏。

朱批：“兵部议奏。”①

---

①《光绪朝朱批奏折·军务·营制》第34辑第163—164页，光绪十四年七月二十九日。

160. 拣员借补副将要缺以裨营伍折光绪十四年八月二十五日

头品顶戴陕甘总督臣谭钟麟跪奏，为拣员借补副将要缺，以裨营伍，恭折仰祈圣鉴事。

窃凉州镇属永昌协副将员缺，前以兰州城守营参将田连考请补，经兵部两次议驳。兹查有头品顶戴记名总兵督标左营参将汤仁和，沉挚勇敢，晓畅戎机。在甘年久，于地方情形最为熟悉，以之借补斯缺，实于地方、营伍大有裨益。合无仰恳天恩，俯念员缺紧要，准以汤仁和借补永昌协副将，以期得力。如蒙俞允，应请饬部先给署札，俟防务一律告蒇，即行给咨赴部引见，以符定制。

除将该员履历清册咨送兵部外，谨会同甘肃提臣周达武合词恭折具陈，所遗参将员缺，甘省现有应补人员，容臣另拣请补，合并声明，伏乞皇太后、皇上圣鉴训示。谨奏。

朱批："兵部议奏。"①

161. 拣员借补游击要缺以裨营伍折光绪十四年八月二十五日

头品顶戴陕甘总督臣谭钟麟跪奏，为拣员借补游击要缺，以裨营伍，恭折仰祈圣鉴事。

窃查陕西延绥镇标左营游击任正时，前经奏请借补商州协副将，业已奉旨允准。所遗游击员缺，亟应拣员请补。兹查有留陕尽先补用总兵谭吉士老成练达，戎务晓畅，且在陕有年，于北山情形最为熟悉，以之借补斯缺，洵堪胜任，合无仰恳天恩，俯准

①《光绪朝朱批奏折·军务·人事》第40辑第407—408页，光绪十四年八月二十五日。

以谭吉士借补延绥镇标左营游击，以期得力。如蒙俞允，俟接准部覆后，即行给咨送部引见，以符定制。

除该员履历清册咨送兵部外，谨会同陕西巡抚臣叶伯英、固原提督臣雷正绾合词恭折具奏，伏乞皇太后、皇上圣鉴训示。谨奏。

朱批：“兵部议奏。”①

162. 巨延年恳请开去守备底缺片 光绪十四年八月二十五日

再，准甘肃提督周达武咨开，据宁夏镇属平罗营守备巨延年禀称，前在军营感受潮湿，入春以来旧疾复发，请假延医调治，迄未见效，恳请开去守备底缺，咨请核办前来。臣覆查属实，相应请旨开缺，所遗守备员缺，陕甘现有应补人员，容臣另拣请补。

除查取该员原领札付咨送兵部外，谨附片陈明，伏乞圣鉴。谨奏。

朱批：“兵部知道。”②

163. 王廷辅升补西宁镇标前营守备片 光绪十四年八月二十五日

再，西宁镇标前营守备陈国祥因案奏请革职，奉旨允准，钦遵咨行在案。所遗守备员缺，当即转饬拣员请补。兹据署西宁镇总兵郑连拔呈称，西宁汉回杂处，镇标前营守备，日有训练巡防弹压之责，非精明干练之员，难资治理。查有镇属镇海堡俸满千总王廷辅，年富力强，练达戎机，堪以升补。呈请核办前来。臣查西宁前营守备，系属要缺，以俸满千总王廷辅升补，人地甚属

---

①《光绪朝朱批奏折·军务·人事》第40辑第408—409页，光绪十四年八月二十五日。
②《光绪朝朱批奏折·军务·人事》第40辑第409页，光绪十四年八月二十五日。

相宜。合无仰恳天恩，俯准以千总王廷辅升补西宁镇标前营守备，以期得力。如蒙俞允，应请饬部先给署札，俟防务告蒇，即行给咨赴部引见，以符定制。

除该员履历清册咨送兵部外，谨会同甘肃提臣周达武合词附片具陈，伏乞圣鉴训示。谨奏。

朱批："兵部议奏。"①

164. 恭报甘肃省光绪十四年七月分粮价雨泽情形折 光绪十四年八月二十五日

头品顶戴陕甘总督臣谭钟麟跪奏，为恭报甘肃省光绪十四年七月分粮价雨泽情形，恭折仰祈圣鉴事。

窃照本年六月分粮价并得沾雨泽情形，业经具折，奏报在案。兹查光绪十四年七月分兰州等八府六直隶州属具报先后得沾雨泽，自二三寸至六七寸不等。正值秋禾结实之际，获此渥泽，实于农田有裨。至通省粮价，或与上月相同，或较上月稍增，据布政使谭继洵具详前来。

臣覆核无异，理合恭折具奏，并缮粮价清单，恭呈御览，伏乞皇太后、皇上圣鉴。谨奏。

朱批："知道了。"②

165. 蒋占元借补陕安镇属孝义营都司片

光绪十四年八月二十五日

再，臣准兵部咨，升补陕安镇属孝义营都司王忠美，系属升补，核与限制不符，行令另拣请补等因，咨行前来。兹查有补缺后补用参将留陕尽先补用游击蒋占元才具干练，营务讲求，在陕

①《光绪朝朱批奏折·军务·人事》第40辑第410页，光绪十四年八月二十五日。
②《光绪朝朱批奏折·农业·雨雪粮价》第94辑第711页，光绪十四年八月二十五日。

十余年，于地方情形极为熟悉，堪以借补。合无仰恳天恩，俯准以蒋占元借补陕安镇属孝义营都司，以期得力。如蒙俞允，俟接准部覆，即行给咨送部引见，以符定制。

除该员履历清册咨送兵部外，谨会同陕西固原提臣雷正绾合词附片具陈，伏乞圣鉴训示。谨奏。

朱批："兵部议奏。"①

166. 拣员借补守备要缺以裨营伍折光绪十四年九月十二日

头品顶戴陕甘总督臣谭钟麟跪奏，为拣员借补守备要缺，以裨营伍，恭折仰祈圣鉴事。

窃照甘肃宁夏镇属平罗营守备巨延年，因病陈请开缺，业经附片奏明在案。所遗平罗营守备员缺，亟应拣员请补。兹查有花翎尽先补用游击米万荣，年力精强，营务练达，于地方情形极为熟悉，以之借补斯缺，实堪胜任。合无仰恳天恩，俯准以米万荣借补平罗营守备，以期得力。如蒙俞允，应请饬部先给署札，俟防务一律告蒇，即行给咨赴部引见，以符定制。

除该员履历清册咨送兵部外，谨会同甘肃提臣周达武合词恭折具奏，伏乞皇太后、皇上圣鉴训示。谨奏。

朱批："兵部议奏。"②

167. 恭报甘肃省本年八月分粮价雨泽情形折光绪十四年九月十二日

头品顶戴陕甘总督臣谭钟麟跪奏，为恭报甘肃省本年八月分粮价雨泽情形，恭折仰祈圣鉴事。

---

①《光绪朝朱批奏折·军务·人事》第40辑第410页，光绪十四年八月二十五日。

②《光绪朝朱批奏折·军务·人事》第40辑第441页，光绪十四年九月十二日。

窃照本年七月分粮价并得沾雨泽情形，业经具折奏报在案。兹查八月分甘省阴雨过多，据兰州等八府六直隶州属具报，得沾雨泽，均已深透。正值秋禾成熟之际，天气幸已晴霁，可卜丰收。至通省粮价，或与上月相同，或较上月间有增减，据藩司谭继洵具详前来。

臣覆核无异，理合恭折具奏，并缮粮价清单，恭呈御览，伏乞皇太后、皇上圣鉴。谨奏。

朱批："知道了。"①

168. 拣员借补都司要缺以裨营伍折光绪十四年十月十八日

头品顶戴陕甘总督臣谭钟麟跪奏，为拣员借补都司要缺，以裨营伍，恭折仰祈圣鉴事。

窃照陕西延绥镇属高家堡都司赵连科请补白土营游击，奉部覆准在案。所遗都司员缺，系属要缺，自应拣员请补。兹查有总兵衔留陕甘尽先补用副将署延绥镇左营游击王占胜，戎务熟谙，办事勤奋，以之借补斯缺，洵堪胜任。合无仰恳天恩，俯准以王占胜借补高家堡都司员缺，以期得力。如蒙俞允，应俟接准部覆后，即行给咨送部引见，以符定制。

除该员履历咨送兵部外，谨会同陕西固原提臣雷正绾合词恭折具奏，伏乞皇太后、皇上圣鉴训示。谨奏。

朱批："兵部议奏。"②

---

①《光绪朝朱批奏折·农业·雨雪粮价》第94辑第720页，光绪十四年九月十二日。

②《光绪朝朱批奏折·军务·人事》第40辑第478页，光绪十四年十月十八日。

169. 藩司陶模暂行护理抚篆片光绪十四年十月十八日

再，陕西藩司陶模现已到省，自应饬赴新任。惟署藩司文光方主试武闱，未便中辍。而新任抚臣张煦，尚无到陕消息。臣已檄饬藩司陶模暂行护理抚篆，俟抚臣到，再赴藩司本任。

除檄委分照外，谨附片陈明，伏乞圣鉴。谨奏。

朱批："知道了。"①

170. 恭报甘肃省本年九月分粮价雨泽情形折光绪十四年十月十八日

头品顶戴陕甘总督臣谭钟麟跪奏，为恭报甘肃省本年九月分粮价雨泽情形，恭折仰祈圣鉴事。

窃照本年八月分粮价并得沾雨泽情形，业经具折奏报在案。兹查九月分兰州等八府六直隶州属具报，雨少晴多，偶沾微雪。正值收获之际，晚稻幸庆丰收，农民极为慰悦。至通省粮价，或与上月相同，或较上月减落。惟粮价太贱，不免有伤农之叹，据藩司谭继洵具详前来。

臣覆核无异，理合恭折具奏，并缮粮价清单，恭呈御览。伏乞皇太后、皇上圣鉴。谨奏。

朱批："知道了。"②

①《光绪朝朱批奏折·内政·职官》第5辑第863页，光绪十四年十月十八日。
②《光绪朝朱批奏折·农业·雨雪粮价》第94辑第739页，光绪十四年十月十八日。

三、闽浙总督部分

001. 拣员请补台湾后山新设要缺直隶州知州折光绪十八年闰六月二十六日

头品顶戴闽浙总督臣谭钟麟、头品顶戴福建台湾巡抚臣邵友濂跪奏，为拣员请补台湾后山新设要缺直隶州知州，恭折仰祈圣鉴事。

窃查台湾后山地方，原设埤南理番抚民同知，奉文裁撤，新设台东直隶州知州，定为冲繁难调要缺，于光绪十三年十二月二十五日奉旨，坐三十日行文，按照限减半计算，扣至十四年二月初九接到部文之日作为见缺日期，应归二月分截缺。经前抚臣刘铭传会同前督臣卞宝第先后请以留闽补用知府吴本杰暨补用同知温培华借补、借署，均由部议驳。续经臣友濂会同前督臣卞宝第请以候补直隶州知州黄承乙补授，奉部覆准，于光绪十八年四月十二日具奏，奉旨："依议。钦此！"坐四月十七日。等因。惟先据该员黄承乙具报，于光绪十八年二月二十八日闻讣丁父忧，核其丁忧日期，尚在未奉部覆准补之先，所有该州员缺，自应仍按原出缺日期另行请补。经于黄承乙丁忧案内咨部各在案。查台东直隶州知州系海外冲繁难调要缺，臣等督同台湾司道，于闽省现任直隶州知州班内拣调。非现居要缺，即人地未宜，一时堪调乏员，复于候补直隶州知州及应升班内逐加遴选。查有准补埔里社通判候补同知直隶州管元善，年四十五岁，江苏阳湖县人，由附贡生考充国史馆誊录。光绪七年三月，在闽省茶叶加捐军饷案内报捐布经历职衔，恭缮穆宗毅皇帝本纪告成，议叙以应得之缺，归于双月议叙先用。十一年十二月，在闽遵海防例，捐足三班，指分福建试用。十二年六月，在部补交监生四成银两，验看领照。七月二十七日到省，旋经传写履历，核对笔迹，福、厦、台三口法防洋务案内出力，保俟补缺后以通判用。奉部核准覆奏。十三年十一月二十六日奉旨："依议。钦此！"试用期满，甄别留闽补用。奉调赴台差遣。全台清赋启征新粮案内出力，奏保以通判仍留闽省补用，并加同知衔。经部核准，十四年十一月初四日奉旨："依议。钦此！"十七年二月请咨赴都。四月初二日，经吏部带领引见，奉旨："着照例用。钦此！"领照回台，准补埔里社通判。全台清赋全功告竣案内出力，保请以同知直隶州仍留原省补用。光绪十七年六月十一日奉上谕："均照所请奖励。等因。钦此！"臣钟麟到任未及三月，例不出考。臣友濂查得该员管元善志趣端正，才具明通，在台年久，于海疆风土民情极为熟悉，以之请补台东直隶州知州，洵堪胜任。虽调缺请补，与例稍有未符，第人地实在相需，且系海外新设要缺，核与变通补署章程亦属相符。合无仰恳天恩，俯念台湾后山新设员缺紧要，准以本任埔里社通判候补同知直隶州知州管元善补授台东直隶州知州，俾要缺治理得人，实于地方有裨。如蒙俞允，该员由现任通判保举同知直隶州，请补台东直隶州知州，应俟奉准，饬令遵照定例，呈交免保举银两，一面给咨送部引见。据台湾布政使唐景崧、护理台湾道兼按察使衔唐赞襄会详前来。

臣等谨合词恭折具奏，伏乞皇上圣鉴，饬部核覆施行。至所遗埔里社通判，系调缺，请俟奉部覆准，再行拣员调补，合并陈明。谨奏。

朱批："吏部议奏。"①

---

①《光绪朝朱批奏折·内政·职官》第8辑第302—304页，光绪十八年闰六月二十六日。

002. 拣员更署知县员缺以资治理折光绪十八年闰六月二十八日

头品顶戴闽浙总督臣谭钟麟跪奏，为拣员更署知县员缺以资治理，恭折仰祈圣鉴事。

窃照福建泰宁县知县罗东之调补彰化县知县，所遗泰宁县缺，前以曾任实缺候补知县朱之棨题补。接准部覆：福建泰宁县知县罗东之调补彰化县知县，应扣至十八年正月二十七日作为开缺日期。连江县知县朱干隆调补莆田县知县，应扣至十八年正月二十八日作为开缺日期。又南靖县知县林元荣调补嘉义县知县，应扣至十八年正月三十日作为开缺日期。以上三缺，均应归十八年正月分截缺，系属同月，例应一并掣签，先后序补。兹据请将连江、泰宁二缺掣签，先后到部。其南靖县一缺，未于正月分截缺案内一并掣签，所请应毋庸议。咨行到闽，当即遵照部文，配签掣定第一缺南靖县，第二缺泰宁县，第三缺连江县。其第二缺泰宁县知县系选缺，自应按班遴员更补。闽省郑工新海防遇缺先及旧海防先用、即用筹饷遇缺、先遇缺各班，应补均无人轮应。委用到班，缘委用班先亦无人应。以委用本班人员，该班仅有锡璋一员，因前署漳平县任内，欠解钱粮革职，此外无人轮应。捐纳试用到班，例应先尽捐纳班先之员。查郑工海防旧例，银捐、常捐捐纳班先，现亦无人。应以劳绩保举正途出身试用班先人员请署。查有试用班先知县何文澍，年五十二岁，广东番禺县附生，中式同治壬戌恩科，并补行咸丰己未恩科本省乡试举人。同治六年，投效淮军，于西捻肃清案内，保以知县尽先选用。续于台湾剿抚番社案内，保以知县留闽，归候补班前补用。经部议，改留福建试用班先补用。又于铁胁船仿造功成案内，保俟补缺后以直隶州仍留原省补用。光绪六年丁父忧，服满，由籍起复，赴部验放领照。于九年十二月初一日到省，试用一年期满，甄别留闽补用。曾署长汀、平和、松溪县事。兹据藩司潘骏文、臬司张国正会详。查该员年力富强，才具通达，以之请署泰宁县知县，人缺相宜，与例亦符。仍俟试署期满，如果称职，另请实授。该员系劳绩保举留闽试用班先补用知县，请署知县，衔缺相当，毋庸送部引见，并免核计参罚。详请奏咨等情，兼署督臣希元未及具奏，卸事移交前来。

除咨部外，谨恭折具陈，伏乞皇上圣鉴，敕部核覆施行。再，臣到任未经三月，例不出考，合并陈明。谨奏。

朱批："吏部议奏。"①

003. 拣员请补简缺知县以资治理折光绪十八年闰六月二十八日

头品顶戴闽浙总督臣谭钟麟跪奏，为拣员请补简缺知县以资治理，恭折仰祈圣鉴事。

窃照福建连江县知县朱干隆调补莆田县知县，所遗连江县选缺，留闽另补。曾以另补知县张景祁奏补在案。旋准部覆：连江县与泰宁县、南靖县知县三缺，系属同月出缺，例应签掣缺次先后，按班序补。所请以撤回另补知县张景祁补授连江县知县之处，应毋庸议。其连江县知县员缺，应俟连江、泰宁、南靖三缺一并掣定后，再行遵照定限，于七十日内覆奏。等因。光绪十八年五月二十九日具奏，奉旨："依议。钦此！"坐六月初五日行文。等因。咨行到闽，即将泰宁县、连江县、南靖县知县三缺，遵照部行，复经配签掣定。第一缺南靖县，第二缺泰宁县，第三缺连江县。除南靖、泰宁两缺按班另行请补外，其第三缺连江县知县，系升调遗所出部选简缺，应即遴员请补。查例载：各省裁缺即用，回避即用，并凡因本任之员续经查明留任，将新选、新补人员留省另补者，遇有该省选缺出时，除知县丁忧遗缺，应归部铨选，

---

①《光绪朝朱批奏折·内政·职官》第8辑第314—315页，光绪十八年闰六月二十八日。

参革遗缺，专以军功人员请补外，其余各项选缺，如坐补原缺无人，应将以上三项人员，不入班次，先尽补用。先用裁缺即用，次用回避即用，又次用留省另补，均不积各项班次之缺。如均无人，方准以各项班次请补。至因人地不宜撤回留省另补之员，仍由该督抚察看，俟裁缺即用等三项无人，准酌量请补。各等语。闽省现无裁缺回避、留省另补各项即用人员。惟查有留省另补知县张景祁，年五十五岁，浙江钱塘县拔贡生。同治四年，补行辛酉并壬戌恩科本省乡试举人，甲戌科进士，改翰林院庶吉士。散馆，以知县用。选授福建武平县知县。光绪三年二月到省，委署福安县，调署仙游县。六年十月，饬赴武平县新任，调补淡水县。再调晋江县。十三年正月到任。十五年六月，调省卸事。经前督臣卞宝第汇案甄别，奏请开缺留省另补。十七年正月二十六日奉上谕："张景祁着开缺，遇有相当缺出，酌量补用。钦此！"兹据藩司潘骏文、臬司张国正详称，该员品端学粹，办事实心，仍请酌补连江县简缺知县，不积各项班次之缺，洵属人地相当，足资治理。该员系留省酌补知县，请补简缺知县，与例相符，毋庸送部引见，并免核计参罚。该司系为缺择人起见，合再会同详请奏咨酌补等情。兼署督臣希元未及具奏，卸事移交前来。

除咨部外，谨恭折具陈，伏乞皇上圣鉴，敕部议覆施行。再，臣到任未经三月，例不出考，合并陈明。谨奏。

朱批："吏部议奏。"①

004. 拣员更补知县员缺以资治理折光绪十八年闰六月二十八日

头品顶戴闽浙总督臣谭钟麟跪奏，为拣员更补知县员缺，以资治理，恭折仰祈圣鉴事。

①《光绪朝朱批奏折·内政·职官》第8辑第316—317页，光绪十八年闰六月二十八日。

窃照福建南靖县知县林元荣调补嘉义县知县，所遗南靖县员缺，前以试用班先知县何文澍题署。接准部覆：福建泰宁县知县罗东之调补彰化县知县，应扣至十八年正月二十七日作为开缺日期，连江县知县朱干隆调补莆田县知县，应扣至十八年正月二十八日作为开缺日期，又南靖县知县林元荣调补嘉义县知县，应扣至十八年正月三十日作为开缺日期。以上三缺，均应归十八年正月分截缺，系属同月，例应一并签掣，先后序补。兹据请将连江、泰宁二缺签掣，先后到部。其南靖县一缺，未归正月分截缺案内一并掣签，所有咨请将连江县、泰宁县二缺签掣先后之处，应毋庸议。咨行到闽，当即遵照部文，配签掣定，第一缺南靖县，第二缺泰宁县，第三缺连江县。其第一缺南靖县知县系选缺，应先按班遴员更补。闽省郑工新海防遇缺先及旧海防先用、即用筹饷遇缺、先遇缺各班应补，均无人轮应。候补本班到班，例应先用曾任实缺并正途出身候补之员请补。查有曾任实缺候补知县朱之棨，年五十五岁，浙江平湖县监生，遵筹饷例，报捐盐课大使，指省分发福建试用，赴部引见。同治三年正月到省，准补广盈库大使。光绪二年四月到任，因办理票运出力，保以知县在任候补。七年，因办理十四、十五两届票运出力，保俟补知县后以同知直隶州用。十三年十一月，闻讣，丁母忧开缺。服满，由京起复，领照回闽。十六年三月初三日到省。兹据藩司潘骏文、臬司张国正会详，查该员年壮才明，办事敏捷，以之更补南靖县知县，人地相宜，与例亦符。该员系曾任实缺盐大使保举知县，已经引见之员，请俟补缺后，再行送部引见，并免核计参罚，详请奏咨等情。兼署督臣希元未及具奏，卸事移交前来。

除咨部外，谨恭折具陈，伏乞皇上圣鉴，敕部核覆施行。再，臣到任未经三月，例不出考，合并陈明。谨奏。

朱批：“吏部议奏。”①

005. 恭报福建省光绪十八年六月分晴雨粮价情形折光绪十八年闰六月二十八日

头品顶戴闽浙总督臣谭钟麟跪奏，为恭报福建省光绪十八年六月分晴雨粮价情形，恭折仰祈圣鉴事。

窃查福建省城光绪十八年六月分上、中、下三旬，计得雨十一次。省外各属晴雨日期及粮价大略相同。据福建布政使潘骏文开折具报。兼署督臣希元未及具奏，移交前来。臣覆加查核，汀州、永春二府州属上、中、下米价值，均较上月稍增。其余各属，俱与上月相同。现在早稻登场，杂粮茂盛，民情乂安，堪以上慰宸廑。理合恭折具奏，并缮清单，恭呈御览，伏乞皇上圣鉴。谨奏。

朱批：“知道了。”②

006. 省城叠沛甘霖片光绪十八年闰六月二十八日

再，福州省城本年六月二十七以后，弥月不雨，天气亢旱，酷暑异常，农田望泽孔殷。臣接印后，督率僚属虔诚祈祷，自二十四夜起至二十六日，叠沛甘霖，城乡内外一律深透，晚稻可冀有秋，堪以仰慰宸廑，谨附片具陈，伏乞圣鉴。谨奏。

朱批：“知道了。”③

---

①《光绪朝朱批奏折·内政·职官》第 8 辑第 313—314 页，光绪十八年闰六月二十八日。

②《光绪朝朱批奏折·农业·雨雪粮价》第 95 辑第 303 页，光绪十八年闰六月二十八日。

③《光绪朝朱批奏折·农业·雨雪粮价》第 95 辑第 305 页，光绪十八年闰六月二十八日。

007. 汇解各款京饷委员起程日期折光绪十八年七月初八日

头品顶戴闽浙总督臣谭钟麟跪奏，为汇解各款京饷委员起程日期，恭折仰祈圣鉴事。

窃照光绪十八年分部拨内务府茶税京饷银五万两，户部茶税京饷银二十万两，西征洋款改为加放俸饷银二十万两，添拨税厘京饷银十万两，筹边军饷改为筹备饷需银十四万两，固本京饷银每月五千两，当饬司局筹解。先已筹备内务府茶税银二万两，户部茶税银三万两，西征洋款改为加放俸饷银三万两，添拨税厘京饷银一万两，筹边军饷改为筹备饷需银二万两，固本京饷银三万两，委令候补盐大使金振声、陈熙龄，惠安县知县金汝奎督同号商汇解，赴京投纳。经兼署督臣希元具奏在案。兹再筹解内务府茶税京饷银五千两，户部茶税京饷银一万两，西征洋款改为加放俸饷银一万两，添拨税厘京饷银一万两，筹边军饷改为筹备饷需银一万两，固本京饷银五千两，委令候补知县郭文泰督同号商如数筹垫，进京投纳。该委员定于本年七月初三日起程，仍俟报到上库日期，再行由闽提款发还。据福建税厘、善后两局司道具详前来。

除分咨查照外，谨恭折具陈，伏乞皇上圣鉴。谨奏。

朱批："该衙门知道。"①

008. 遴员请补外海水师游击员缺折光绪十八年七月十八日

头品顶戴闽浙总督臣谭钟麟跪奏，为遴员请补外海水师游击

---

①《光绪朝朱批奏折·财政·经费》第87辑第281页，光绪十八年七月初八日。

员缺，恭折仰祈圣鉴事。

窃照浙江温州镇标左营游击陈炳贵病故遗缺，准到部咨，系外海水师题补第四轮第八缺，轮用尽先人员，行令拣员请补。等因。前兼署督臣希元未及核办，移交前来。

伏查部定章程，尽先各官，均按奉旨先后挨次补用。如实在不得其人，或员缺紧要，必须将名次在先各员，按名指实，于此缺何项不宜，方准将名次在后之员声明请补。等语。臣随在于浙省已收标外海水师尽先游击内详加遴选，如名次在前之陈文英，管带炮队赴甘肃差遣久未回浙，苏长庆尚未考验收标，未便请补。惟查有浙江外海水师尽先游击李培林，年四十九岁，广东东莞县人，由水勇随军剿匪著绩，递保尽先都司，留闽补用。续于救护威定轮船案内出力，保准补缺后以游击尽先补用。奏补浙江澉浦营都司，调补石浦营都司，领札任事。旋准部咨，应以光绪十六年七月十四日奏补都司奉旨之日为始，归入浙江尽先游击班内序补在案。该员历署福建澎湖左、右营都司，现任浙江石浦营都司，任内并无违碍事故，以之补授斯缺，可期胜任，与例相符。合无仰恳天恩，俯念外海水师员缺紧要，准以该员李培林补授浙江温州镇标左营游击，于营伍、洋防均有裨益。如蒙俞允，该员引见未满三年，应请毋庸送部。

除饬取履历咨部，其所遗都司，系外海水师题补之缺，容俟部议覆准，再行拣员请补外，谨会同护理浙江巡抚臣刘树堂、浙江提督臣冯南斌合词恭折具陈，伏乞皇上圣鉴，敕部议覆施行。再，臣到任未及三月，例不加考，合并陈明。谨奏。

朱批："兵部议奏。"①

---

①《光绪朝朱批奏折·军务·人事》第42辑第789页，光绪十八年七月十八日。

009. 徐承禧调署汀州府汀军同知片光绪十八年七月十八日

再，汀州府汀军同知张希渊在任病故遗缺，应即委员接署，以专责成。查有福州府福防同知徐承禧堪以调署。递遗福州府福防同知员缺，查有试用通判朱清泽堪以委署。据福建藩、臬两司会详请奏前来。

除批饬遵照，并咨部查照外，谨附片具陈，伏乞圣鉴。再，臣到任未经三月，例不出考，合并陈明。谨奏。

朱批："吏部知道。"①

010. 恭报福建省光绪十八年闰六月分晴雨粮价情形折光绪十八年七月十八日

头品顶戴闽浙总督臣谭钟麟跪奏，为恭报福建省光绪十八年闰六月分晴雨粮价情形，恭折仰祈圣鉴事。

窃查福建省城，前因天时酷暑，雨泽愆期，经臣率属祈祷，得沛甘霖，一律普沾。附片奏明在案。兹据福建布政使潘骏文详称，光绪十八年闰六月分上、中、下三旬，省城得雨大小七次，省外各属晴雨日期及粮价大略相同。开折具报前来。臣覆加查核，兴化府属中、下米，汀州、龙岩二府州属上、中、下米，价值均较上月稍减。其余各属，俱与上月相同。现在早稻收割，杂粮茂盛，民情乂安，堪以上慰宸廑。理合恭折具奏，并缮清单，恭呈御览，伏乞皇上圣鉴。谨奏。

朱批："知道了。"②

---

①《光绪朝朱批奏折·内政·职官》第8辑第343页，光绪十八年七月十八日。

②《光绪朝朱批奏折·农业·雨雪粮价》第95辑第313页，光绪十八年七月十八日。

011. 余宏亮格外弃瑕录用片光绪十八年八月十六日

再，总兵衔浙江象山协副将余宏亮，经孙开华调委行营中军，剿办德化县土匪，前因言官奏参擢胜营弁勇有掳掠等情，经臣希元查明覆奏。钦奉谕旨革职，诚属咎有应得。惟查余宏亮扫穴擒渠，身先士卒，正月朔日拿获阵众。此次出重资购通死党，闻信带队捕获匪首，功过自不相掩，察其才具，尚堪任使。被参后深知愧奋，可否恩施，格外弃瑕录用，俾得及时报效之处，臣等不敢擅拟，谨附片具陈，伏乞圣鉴训示。谨奏。

朱批："另有旨。"①

012. 闽省新案交代又届半年所有已结各案开单折光绪十八年八月十八日

头品顶戴闽浙总督臣谭钟麟跪奏，为闽省新案交代又届半年，所有已结各案开单，仰祈圣鉴事。

窃照闽省新案交代，自光绪九年起，二参限满各案，仿照山东省新章，开单奏报，至十七年十二月底止在案。兹据福建藩司潘骏文详，光绪十八年正月起至闰六月底止，半年届满，所有二参限内已结各案交代，照章分晰开单，详请具奏等情前来。

臣覆查无异，除咨部查照外，理合恭折具奏，并缮清单，恭呈御览，伏乞皇上圣鉴。谨奏。

朱批："户部知道。单并发。"②

①《光绪朝朱批奏折·军务·人事》第42辑第858页，光绪十八年八月十六日。
②《光绪朝朱批奏折·财政·库储》第82辑第30页，光绪十八年八月十八日。

013. 恭报福建省光绪十八年七月分晴雨粮价情形折光绪十八年八月十八日

头品顶戴闽浙总督臣谭钟麟跪奏，为恭报福建省光绪十八年七月分晴雨粮价情形，恭折仰祈圣鉴事。

窃查福建省城，光绪十八年七月分上、中、下三旬，计得雨一十四次，省外各属晴雨日期及粮价，大略相同。据福建布政使潘骏文开折具报前来。

臣覆加查核，邵武、汀州二府属上、中、下米价，均较上月稍减。其余各属，俱与上月相同。现在晚禾业已畅发，杂粮茂盛，民情乂安，堪以上慰宸廑。理合恭折具奏，并缮清单，恭呈御览。伏乞皇上圣鉴。谨奏。

朱批："知道了。"①

014. 建宁府知府景春原参摘顶处分先行开复片光绪十八年八月十八日

再，前准部咨，奉上谕："福建建宁府知府景春，着开缺送部引见。钦此！"该守交卸后，应即给咨赴部。前督臣卞宝第因建阳县知县李联琨亏空钱粮巨万，先后奏参革职，查抄家产备抵。该管建宁府知府有督催之责，奏请将景春摘去顶戴。旋奉部咨，俟该员应行分赔银两缴清后，即行送部。等因。兹据福建藩、臬两司，督粮道会详，查革员李联琨前请赴台湾变产，久无下落，咨请通缉，未知所在。其江西原籍家产，查抄若干，未据咨覆。所称台湾彰化县封存房屋及安徽和州田产，虽有此业，无人承买。将来李联琨实亏若干，尚无确数。景春应赔若干，未能遽定。今

①《光绪朝朱批奏折·农业·雨雪粮价》第95辑第328页，光绪十八年八月十八日。

李联琨尚未缉获，仅将该守拘留于此分赔，既未定案参追，亦无罪名。且该守系奉旨开缺，送部引见之员。查其平日居官尚属称职，可否先行奏请开复摘顶处分，俾得领咨赴部引见。仍俟李联琨亏短案定，该守应分赔若干，再饬完缴等情前来。

臣覆查无异，合无仰恳天恩，俯准将建宁府知府景春原参摘顶处分，先行开复，由臣给咨赴部引见之处，伏候圣裁。谨奏。

朱批："着照所请。该部知道。"①

015. 劳绩捐纳分发各员试看期满片 光绪十八年八月十八日

再，劳绩捐纳分发各员，自到省之日起，试用一年期满，详加甄别，历经办理在案。兹福建试用知县蒋唐祐、补用知县史鑑清、大挑试用知县郭师濂，先后试看期满，据藩、臬两司照例甄别，会详请奏前来。臣查蒋唐祐、史鑑清、郭师濂，均堪以知县留闽，分别按班序补。

除将履历咨部外，谨附片具陈，伏乞圣鉴。臣到任未及三月，例不加考，合并陈明。谨奏。

朱批："吏部知道。"②

016. 汇解各款京饷银两折 光绪十八年九月初二日

头品顶戴闽浙总督臣谭钟麟跪奏，为汇解各款京饷银两，恭折仰祈圣鉴事。

窃照光绪十八年分，部拨户部茶税京饷银二十万两，西征洋款改为加放俸饷银二十万两，添拨税厘京饷银十万两，洋药厘金

---

①《光绪朝朱批奏折·内政·职官》第8辑第404—405页，光绪十八年八月十八日。

②《光绪朝朱批奏折·内政·职官》第8辑第405页，光绪十八年八月十八日。

京饷银五万两，筹边军饷改为筹备饷需银十四万两，固本京饷银每月五千两，当饬司局筹解。先已筹备户部茶税京饷银五万两，西征洋款改为加放俸饷银五万两，添拨税厘京饷银二万两，洋药厘金京饷银一万两，筹边军饷改为筹备饷需银四万两，固本京饷银四万两，委令盐大使金振声、陈熙龄，知县金汝奎、郭文泰，候补知府朱宗炳督同号商汇解，赴京投纳。先后具奏在案。兹再筹解户部茶税京饷银一万两，西征洋款改为加放俸饷银一万两，添拨税厘京饷银一万两，洋药厘金京饷银一万两，筹边军饷改为筹备饷需银一万两，固本京饷银一万两，谕令号商垫汇进京，仍饬前解京饷委员朱宗炳督同投纳上兑，仍俟报到上库日期，再行由闽提款发还。据福建税厘、善后两局司道具详前来。

除分咨查照外，谨恭折具陈，伏乞皇上圣鉴。谨奏。

朱批："户部知道。"①

017. 为遴员请补海外陆路都司员缺事光绪十八年九月初二日

头品顶戴闽浙总督臣谭钟麟跪奏，为遴员请补海外陆路都司员缺，恭折仰祈圣鉴事。

窃照台湾嘉义营斗六门都司凌定国革职，遗缺系台湾陆路题补之缺，准到兵部咨，第一轮第一缺应用尽先人员，行令拣员请补。等因。查定例：台湾武职缺出，先尽台地所属人员内拣选题补，如无合例可题之人，再于内地各营内拣选熟悉风土之员题请调补。又部定章程，尽先各官按奉旨日期先后序补。又准部咨，台湾现设行省，与从前情形不同，并申明旧例，按奏定九缺轮补章程，分省请补。各等语。臣查台地各营，现无合例可补之员，随于闽省陆路尽先补用都司内详加遴选，如名次在前之都司林新，

①《光绪朝朱批奏折·财政·经费》第87辑第305页，光绪十八年九月初二日。

于是缺人地未宜。范志潼饬查不知下落，均未便迁就请补。

惟查有蓝翎游击衔福建尽先补用陆路都司李祥胜，年四十七岁，浙江仁和县人，由武童投效湘军剿匪著绩，递保守备衔尽先千总，于克复金陵案内出力保奖，同治四年四月初三日奉旨："着以都司尽先选用，并赏加游击衔。钦此!"旋经赴部投供，呈明亲老，掣发福建省候补，光绪七年六月到闽收标，造送履历，咨部覆准，注册序补。该员在闽年久，于海外风土民情尚为熟悉，尽先名次亦属在前，以之请补是缺都司，可期胜任。

合无仰恳天恩，俯念台湾嘉义营斗六门都司员缺紧要，准以李祥胜补授，于营伍、海防均有裨益。如蒙俞允，俟部覆到日，给咨送部引见，恭候钦定。除饬取履历咨部外，臣谨会同台湾巡抚臣邵友濂、福建陆路提督臣孙开华，合词恭折具陈，伏乞皇上圣鉴，敕部议覆施行。

再，臣到任未及三月，例不出考。新授福建水师提督臣杨岐珍尚未到任，未经会衔，合并陈明。谨奏。

朱批："兵部议奏。"①

018. 为承袭各项世职荫监汇开清单事光绪十八年九月二十五日

头品顶戴闽浙总督臣谭钟麟跪奏，为承袭各项世职荫监，汇开清单，恭折仰祈圣鉴事。

窃照福建文生朱升坦、陈渭熊、简逢发、许舜时、吴森，均因在籍御敌遇害，经部臣议给云骑尉世职，袭次完时，毋庸给予恩骑尉世袭罔替。又从九品职衔陈开春，千总张廷凤，原任台湾南路营外委康宗保，原任闽安协标左营都司张然，革标云骑尉世职崔梦熊，从九品职衔徐书绅、游瑞林、周建藩，原任福建水师

①《光绪朝朱批奏折·军务·人事》第42辑第877—878页，光绪十八年九月初二日。

提标左营把总陈宗器，福州城守右军把总杨鹏南，或因办团殉难，或因剿匪阵亡，均经部臣议给云骑尉世职，袭次完时，给予恩骑尉，世袭罔替。又原任闽浙督标水师营把总陈增，出征缅甸阵亡，钦奉恩旨，赏给恩骑尉，世袭罔替。又原任嘉义营外委李腾蛟，因防戍积劳病故，经部臣议给伊子八品监生。

兹据各该地方官查明，难裔朱璠等十七员分别呈请，承接袭云骑尉、恩骑尉、荫监各世职，讯取族保、邻佑图册、供结，加结径详前来。随经前督臣卞宝第考验得朱璠、陈邦基，简重，前兼署督臣希元考验得许沛泽、吴锡爵、陈启祥、张大怆、康国樑堪准接袭云骑尉世职，陈仁霖堪准接袭恩骑尉世职，均檄发陆路标营学习。张镇国、崔维森堪准接袭云骑尉世职，李逢堃堪准承荫八品监生，均檄发水师标营学习。徐世德、游启昌、周树椿、陈国基堪准接袭云骑尉世职，杨韵珂堪准接袭恩骑尉世职，均给予半俸。

前督臣未及汇办，一并移交前来。臣覆核无异，除俟各该员及岁期满，另行照例办理，并将图册、供结送部外，谨将承袭各世职荫监，开列清单，恭折具陈，伏乞皇上圣鉴，敕部议覆，分别撰换敕书，给领施行。谨奏。

朱批："兵部议奏，单并发。钦此！"①

019. 具报光绪十七年下半年闽省收支税厘数目折光绪十八年九月二十五日

头品顶戴闽浙总督臣谭钟麟跪奏，为具报光绪十七年下半年闽省收支税厘数目，恭折仰祈圣鉴事。

窃照同治八年钦奉上谕："各省厘金报部章程，仍照两淮盐厘，半年奏报一次。等因。钦此！"所有闽省税厘数目，业经奏报

①《光绪朝月折档》，《明清台湾档案汇编》第5辑第100册，第55—56页。

至光绪十七年六月止在案。兹据藩司潘骏文会同税厘局司道详称：十七年七月起至十二月底止，共收银七十二万一千五百六十二两零，除拨解京协各饷，并给各处防军薪粮，修制军装、师船及一切善后经费，共银八十七万一千五百六十二两零，计不敷银一十五万两，系因批解京饷，先令号商垫应，容俟另行提还。其前此不敷之数，续征税厘拨补等情前来。

除将数册咨部外，谨恭折具陈，并缮清单，恭呈御览。伏乞皇上圣鉴。谨奏。

朱批："户部知道。单并发。"①

020. 恭报福建省光绪十八年八月分晴雨粮价情形折 光绪十八年九月二十五日

头品顶戴闽浙总督臣谭钟麟跪奏，为恭报福建省光绪十八年八月分晴雨粮价情形，恭折仰祈圣鉴事。

窃查福建省城，光绪十八年八月分上、中、下三旬，计得雨七次，省外各属晴雨日期及粮价大略相同。据福建布政使潘骏文开折具报前来。

臣覆加查核，延平府属中、下米，汀州府属上、下米，永春州属上、中、下米，价值均较上月稍减。其余各属，俱与上月相同。现在晚禾吐穗，杂粮茂盛，民情乂安，堪以上慰宸廑。理合恭折具奏，并缮清单，恭呈御览。伏乞皇上圣鉴。谨奏。

朱批："知道了。"②

①《光绪朝朱批奏折·财政·杂税》第77辑第519—520页，光绪十八年九月二十五日。
②《光绪朝朱批奏折·农业·雨雪粮价》第95辑第346页，光绪十八年九月二十五日。

021. 实缺知县循例回避折光绪十八年九月二十五日

头品顶戴闽浙总督臣谭钟麟跪奏，为实缺知县循例回避，恭折具陈，仰祈圣鉴事。

窃查定例，外官有关系刑名钱谷考核纠参者，外姻亲属中，儿女姻亲，应令官小者回避。其分巡数府之道员及知府以下等官，所管只一府、一州、一县。邻府州县，即非其所辖，所有外姻亲属之例应回避者，同在一府系同官，令后补者回避。非同官，令官小者回避。均以别府相当之缺，酌量拣调。等语。兹据福建布政使潘骏文详称，准补闽县知县徐锡祉，与调补福州府知府唐宝鑑系属儿女姻亲，同官一府，例应官小者回避。详请奏明，将该员徐锡祉按例以别府之缺，酌量对调等情前来。

除咨部查照外，谨恭折具陈，伏乞皇上圣鉴，敕部查照施行。谨奏。

朱批："吏部议奏。"①

022. 漳平县知县顾芝先行革职片光绪十八年九月二十五日

再，福建漳平县知县顾芝调署福安县，任内具禀：该县穆洋地方，收回教堂地基，改建乡塾，经费无措。有职员陈聚奎愿捐洋银六千五百两，拟即兴工。旋据陈聚奎之侄、生员陈璇图遣抱上控，因缪得宗命案，被该县勒索洋银一万四千七百圆，由陈用中等过付，陈姓、黄姓门丁亲收等词。经前兼署督臣希元批饬，提府讯究，并将顾芝撤任。嗣据福宁府知府严良勋申报，原告人

①《光绪朝朱批奏折·内政·职官》第8辑第455—456页，光绪十八年九月二十五日。

证已提集讯问，惟门丁胥役未到，据顾芝禀称，此款概未假手丁胥差役。续又禀报，陈、黄二丁，乘间脱逃，并将洋银四千九百二十一两零，解府收存。声明动用银一千五百七十八两零，合成六千五百两。等语。臣查该署知县顾芝被控借案诈赃，数至巨万，即使全数归公，亦属违例科罚。既称款未假手丁胥，何以陈、黄两门丁情虚脱逃，尤属自相矛盾，况被控银数，多于所禀之数，均应澈底根究。乃严限勒交家丁，至今抗不交案，实难稍事姑容。据福建藩司潘骏文、臬司张国正详请奏参前来。相应请旨，将同知衔前署福安县事本任漳平县知县顾芝先行革职，勒交被控家丁归案，讯明照例办理。至缪得宗命案虚实情形，饬府一并查讯覆办。所遗漳平县一缺，应请留闽另补。

除咨部查照外，臣谨附片具陈，伏乞圣鉴训示。谨奏。

朱批："着照所请，该部知道。"①

023. 何鼎署理古田县缺片 光绪十八年九月二十五日

再，调署古田县准补闽县知县徐锡祉回避遗缺，应即遴员接署，以专责成。查有代理斯缺之本任海澄县知县何鼎堪以署理。据福建藩、臬两司会详请奏前来。

除批饬遵照并咨部查照外，谨附片具陈。伏乞圣鉴。谨奏。

朱批："吏部知道。"②

024. 遴员请补陆路游击员缺折 光绪十八年九月二十八日

头品顶戴闽浙总督臣谭钟麟跪奏，为遴员请补陆路游击员缺，

①《光绪朝朱批奏折·内政·职官》第8辑第456—457页，光绪十八年九月二十五日。
②《光绪朝朱批奏折·内政·职官》第8辑第457页，光绪十八年九月二十五日。

恭折仰祈圣鉴事。

窃福建龙岩营游击沈国先病故遗缺，系陆路题补之缺，准到兵部咨，第三轮第八缺，应用尽先人员，行令拣员请补。等因。伏查该游击驻扎龙岩州城，山峻路歧，民刁俗悍，抚驭巡防，均关紧要。臣于闽省陆路尽先各游击内详加遴选，如名次在前之梁士悦，前署恒春营游击缘案撤任听候查参。李祖勋、刘洪顺，前经饬查均据呈覆不知下落。赖文华报丁母忧，例停升转。惟查有花翎参将衔留闽尽先补用陆路游击彭其洲，年五十五岁，湖南长沙县人。由军功剿匪著绩，递保花翎参将衔尽先补用游击，续保留闽。光绪八年正月二十二日奉旨允准。旋经考验收标，咨部覆准，注册序补在案。该员年力强健，营务熟悉，现委署理汀州中营游击，办理裕如，于闽省下游风土情形，均尚熟悉。且尽先名次在前，以之请补是缺，堪期胜任，与例亦符。合无仰恳天恩，俯念龙岩营游击员缺紧要，准以彭其洲补授，于营伍、地方均有裨益。如蒙俞允，俟部覆到日，给咨送部引见，恭候钦定。

除饬取履历，另行咨部外，臣谨会同福建陆路提督臣孙开华，合词恭折具陈，伏乞皇上圣鉴，敕部核覆施行。谨奏。

朱批："兵部议奏。"①

025. 遴员请补外海水师游击员缺折 光绪十八年九月二十八日

头品顶戴闽浙总督臣谭钟麟跪奏，为遴员请补外海水师游击员缺，恭折仰祈圣鉴事。

窃照浙江海门镇标中营游击熊星源病故遗缺，准部咨，系外海水师题补第四轮第九缺，查上轮已用应升人员，此次轮用应补。该省应补无人，自应以应升人员抵补，行令拣员请补。等因。定

---

①《光绪朝朱批奏折·军务·人事》第42辑第934—935页，光绪十八年九月二十八日。

例，水师缺出，遇轮用应题人员，先尽历俸一年以上者，拣选保题实授。又水师游击缺出，于隔府别营人员内拣选题补。各等语。臣于浙江省额设外海水师现任各都司内逐加遴选，除石浦营都司李培林业已请补温州左营游击，又瑞安协左营都司阎麟趾历俸甫满一年，系在出缺之后，未便请补。惟查有浙江现任澉浦营水师都司刘贤斌，年三十九岁，浙江镇海县人。由承袭云骑尉世职，于镇海打仗获胜案内保奖尽先都司，补授石浦营都司，领咨赴部，光绪十六年闰二月初八日引见。奉朱笔："着照例准其补授。钦此！"承领札付出京，是年四月到营任事。嗣复调补澉浦营都司，经部覆准，于十七年十一月前赴调任，历俸已满一年。该员年力正强，水务熟悉，枪炮亦娴，任内并无违碍事故，以之升补斯缺，堪期胜任。合无仰恳天恩，俯念外海水师员缺紧要，准以该员刘贤斌升补浙江海门镇标中营游击，于营政、洋防均有裨益。如蒙俞允，该员引见未满三年，应请毋庸再行送部。

除饬取履历另咨，其所遗都司，系外海水师题补之缺，容俟部覆到日，照章拣员请补。谨会同浙江巡抚臣崧骏、浙江提督臣冯南斌，合词恭折具陈，伏乞皇上圣鉴，敕部议覆施行。谨奏。

朱批："兵部议奏。"①

026. 陆路守备员缺紧要仍恳以前请之员补授折 光绪十八年九月二十八日

头品顶戴闽浙总督臣谭钟麟跪奏，为陆路守备员缺紧要，仍恳以前请之员补授，恭折仰祈圣鉴事。

窃照浙江嘉兴协左营守备焦荣春病故遗缺，系陆路题补第四轮第六缺，应用世职人员。当经前督臣卞宝第以期满世职云骑尉候补守备彭承诰获盗功多，堪请补授。移交前兼署督臣希元奏补。

①《光绪朝朱批奏折·军务·人事》第42辑第935—936页，光绪十八年九月二十八日。

准到部覆，该省既有郑工报捐本班尽先世职人员，应照新章先尽补用，所请应毋庸议。等因。臣查浙省报捐世职本班尽先守备，只有陆鹏超一员，按照报捐章程，固应先尽请补。惟是缺守备驻扎嘉兴府海盐县城，地处沿海，巡缉本关紧要。近来嘉兴一带，客民丛杂，盗匪出没靡常，尤非长于缉捕之员，难期胜任。该员陆鹏超既无劳绩存记，且才技弓马，经护浙抚臣刘树堂考验，亦属平常，未便拘泥成格，迁就办理，转滋贻误。应令随时练习，俟下次相当缺出，再为酌补。所有嘉兴协左营守备，自应以缉捕勤能劳绩最著之期满世职候补守备彭承诰请补，庶几员缺得人，与例章两无偏废。合无仰恳天恩，俯念沿海陆路员缺紧要，仍准以该员彭承诰补授浙江嘉兴协左营守备，于营伍、地方均有裨益。如蒙俞允，该员系世职候补守备，请补守备，衔缺相当，毋庸送部引见。

除饬取履历咨部外，谨会同浙江巡抚臣崧骏、浙江提督臣冯南斌合词恭折具陈，伏乞皇上圣鉴训示。谨奏。

朱批："兵部议奏。"①

027. 李琛补授浙江玉环右营守备片 光绪十八年九月二十八日

再，浙江玉环右营守备黄加恩病故遗缺，准兵部咨，系外海水师题补第五轮第一缺，轮用尽先人员，行令拣员请补。等因。部定章程，武职尽先各官，均按奉旨先后挨次补用。如实在不得其人，或员缺紧要，必须将名次在先各员按名指实，于此缺何项不宜，方准将名次在后之员声明请补。等语。臣于浙省已收标外海水师尽先各守备内详加遴选，虽有名次在前之郭成志，尚未考验收标，周茂训、赵榕均与是缺人地不甚相宜，未便迁就请补。

①《光绪朝朱批奏折·军务·人事》第42辑第937页，光绪十八年九月二十八日。

惟查有尽先补用守备李琛，年四十五岁，浙江慈溪县人。由勇目随军剿匪著绩，得保蓝翎千总，续于山东曹县等处击贼迭胜案内出力保奖，经部核议，改为免补千总，以守备尽先补用。同治七年七月二十三日奉旨允准。光绪八年八月，收入浙江提标水师左营候补，咨部注册，嗣于改水案内，领咨赴部引见。光绪十四年六月初六日奉朱笔："着发回本省照例用。钦此！"旋准部咨，归班序补在案。该员年强技练，洋面熟悉，枪炮亦娴。历委管带精兵练兵，现署提标右营守备，办理裕如，以之补授斯缺，堪期胜任，核例相符。合无仰恳天恩，俯准以该员李琛补授浙江玉环右营守备，于营政、洋防均有裨益。如蒙俞允，该员已于改水案内引见，应请毋庸再行送部。

除饬取履历另咨外，谨会同浙江巡抚臣崧骏、浙江提督臣冯南斌附片具陈，伏乞圣鉴，敕部议覆施行。谨奏。

朱批："兵部议奏。"①

028. 改驻游击移拨弁兵以资控制折 光绪十八年十月二十八日

头品顶戴闽浙总督臣谭钟麟跪奏，为改驻游击移拨弁兵，以资控制，恭折仰祈圣鉴事。

窃照浙江海门镇标左营游击，现驻大域守备，分驻健跳。查大域地处荒僻，三面皆山，一面沙涂，师船未能直达。而健跳一汛，原有卫城，逼近海口适中要区，较大域尤为吃重。前据海门镇总兵杨岐珍、署台州府知府陈璚筹议具禀。请将现驻大域左营游击改驻健跳，现驻大域千总，作为大域专防。现驻健跳之左哨左司外委，改驻大域汛，作为协防带兵驻守。等情。饬据藩、臬两司会详溯查，海标左营各员弁，前于裁官并汛案内册叙。左营

①《光绪朝朱批奏折·军务·人事》第42辑第938页，光绪十八年九月二十八日。

游击一员，原驻黄岩县城，改驻临海北岸之大域地方，总巡北帮洋面。又守备一员，原系宁海左营守备，驻扎健跳卫城，改归海门镇标左营游击管辖，仍驻健跳专防，分巡北帮洋面。千总一员，原系宁海左营千总，驻宁海县城，改驻海门大域汛，归海门镇标左营游击管辖，作为该汛专防千总，轮派洋汛，并兼管原属台州协左营管辖之赤磡汛。又外委三名，均系宁海左营外委，驻健跳汛，改归海门镇标左营游击管辖，仍驻健跳。奉部覆准在案。兹经镇府筹议前情，覆加查核，系为扼要控制、兼顾水陆起见，应请将现驻大域之海标左营游击一员，改驻健跳卫城，与原驻健跳专防守备更相辅佐。现驻大域千总，仍作大域专防，轮派洋汛兼辖赤磡汛。原驻健跳外委三名，内以左哨左司外委一名，改驻大域汛，作为大域协防外委，督带战守兵丁四十名，于应轮洋汛之外，常川驻扎，巡缉差操。此外，尚有原驻健跳专汛千总一员，外委二名，均应仍驻健跳操防。如遇疏防事件，各照此次改驻汛地，分别专辖，协防办理，仍归左营游击管辖等由，绘图详请奏咨。前督臣希元未及具奏，臣到任后，察看健跳卫城，为浙东沿海形胜之地，既据该司等先后会议改驻汛防，实于巡缉有裨，核与营制、兵饷亦无出入。合无仰恳天恩，俯准浙江海门镇标左营游击一员，改驻健跳卫城，移拨弁兵，以资控制而重地方。

除将图说送部查核外，谨会同浙江巡抚臣崧骏、浙江提督臣冯南斌合词恭折具陈，伏乞皇上圣鉴，敕部议覆施行。谨奏。

朱批："兵部议奏。"①

029. 候选训导郑景潮在原籍自行建坊片

光绪十八年十月二十八日

再，据福清县知县朱干隆禀称：在籍江苏补用知县郑文禧、

①《光绪朝朱批奏折·军务·营制》第34辑第347—348页，光绪十八年十月二十八日。

候选通判郑文廉遵其故父候选训导郑景潮遗命，捐银二千五百两，垦复荒田四百余亩，以充明德书院膏火，实属急公好义，造册取结，呈由藩司潘骏文详请具奏前来。臣查士民捐助义举，数至千两以上者，例准建坊。兹郑文禧、郑文廉兄弟克承先志，慨捐巨款，垦复荒田，俾书院膏火有资，洵属深明大义。核其捐数，与建坊定例相符，合无仰恳天恩，俯准郑文禧故父候选训导郑景潮在原籍自行建坊，给予“急公好义”字样，以资观感。

除册结咨部外，谨附片陈请，伏乞圣鉴训示。谨奏。

朱批：“着照所请，礼部知道。”①

030. 省会要缺知县回避遴员对调折 光绪十八年十月二十八日

头品顶戴闽浙总督臣谭钟麟跪奏，为省会要缺知县回避，遴员对调，以重地方，恭折仰祈圣鉴事。

窃照准补闽县知县徐锡祉，与现任福州府唐宝鑑系属儿女姻亲，例应回避。当经由司饬查属实，奏咨开缺，声明以别府相当缺酌量调补在案。查闽县系省会首邑，冲繁疲难，海疆兼四要缺。臣督同藩、臬两司逐加遴选，惟有晋江县知县陈受颐，年四十五岁，浙江鄞县廪贡生，捐兵部学习主事。光绪己卯科本省乡试中式举人。癸未科进士。引见，改翰林院庶吉士。十二年，散馆以知县用。赴部投供。八月，选授长乐县知县。领凭到省，即饬赴任。旋调晋江县知县，奉部覆准。十八年正月十七日到任。该员品学兼优，讲求吏事，以之调补闽县知县，实属人地相宜，历任并无承缉已起疏防四参盗案及欠解钱粮有关降调处分，与例亦符。所遗晋江县知县，亦系海疆兼四要缺，即以闽县知县徐锡祉对调，人地亦属相宜。据藩、臬两司会详前来。合无仰恳天恩，俯准以

---

①《光绪朝朱批奏折·财政·捐输》第80辑第337页，光绪十八年十月二十八日。

陈受颐调补闽县知县，所遗晋江县知县，即以闽县知县徐锡祉调补，于地方吏治均有裨益。如蒙俞允，该二员系繁缺知县互相对调，衔缺相当，毋庸送部引见。

除咨部外，谨恭折具奏，伏乞皇上圣鉴，敕部议覆施行。谨奏。

朱批："吏部议奏。"①

031. 恭报福建省光绪十八年九月分晴雨粮价情形折 光绪十八年十月二十八日

头品顶戴闽浙总督臣谭钟麟跪奏，为恭报福建省光绪十八年九月分晴雨粮价情形，恭折仰祈圣鉴事。

窃查福建省城光绪十八年九月分中、下二旬，计得雨四次，省外各属晴雨日期及粮价大略相同。据福建布政使潘骏文开折具报前来。臣覆加查核，兴化、永春二府州属上、中、下米，延平府属中米，价值均较上月稍减。邵武府属上、中、下米、汀州府属下米，价值均较上月稍增。其余各属，俱与上月相同。现在晚禾结实，杂粮茂盛，民情乂安，堪以上慰宸廑。理合恭折具奏，并缮清单，恭呈御览，伏乞皇上圣鉴。谨奏。

朱批："知道了。"②

032. 汇解各款京饷银两折 光绪十八年十一月初十日

头品顶戴闽浙总督臣谭钟麟跪奏，为汇解各款京饷银两，恭折仰祈圣鉴事。

窃照光绪十八年分部拨内务府茶税京饷银五万两，户部茶税

---

①《光绪朝朱批奏折·内政·职官》第8辑第490页，光绪十八年十月二十八日。

②《光绪朝朱批奏折·农业·雨雪粮价》第95辑第364页，光绪十八年十月二十八日。

京饷银二十万两，筹边军饷改为筹备饷需银十四万两，固本京饷银每月五千两。当饬司局筹解，先已筹备内务府茶税京饷银四万两，户部茶税京饷银八万两，筹边军饷改为筹备饷需银六万两，固本京饷银五万两。委令盐大使金振声、陈熙龄，知县金汝奎、郭文泰，知府朱宗炳，候补知县按察司经历冯树勋，督同号商汇解，赴京投纳。先后具奏在案。兹再筹解内务府茶税京饷银一万两，户部茶税京饷银二万两，筹边军饷改为筹备饷需银一万两，固本京饷银一万两，谕令号商垫汇进京，仍饬前解京饷委员冯树勋督同投纳上兑，俟报到上库日期，再行由闽提款发还。据福建税厘、善后两局司道具详前来。

除分咨查照外，谨恭折具陈，伏乞皇上圣鉴。谨奏。

朱批："该衙门知道。"①

033. 恭报福建省光绪十八年十月分晴雨粮价情形折光绪十八年十一月十九日

头品顶戴闽浙总督臣谭钟麟跪奏，为恭报福建省光绪十八年十月分晴雨粮价情形，恭折仰祈圣鉴事。

窃查福建省城光绪十八年十月上、中、下三旬，计得雨九次，省外各属晴雨日期及粮价大略相同。据福建布政使潘骏文开折具报前来。臣覆加查核，兴化府属上、中、下米，价值均较上月稍减。汀州府属上、中、下米，价值均较上月稍增。其余各属，俱与上月相同。现在二麦业已播种，杂粮茂盛，民情乂安，堪以上慰宸廑。理合恭折具奏，并缮清单，恭呈御览，伏乞皇上圣鉴。谨奏。

朱批："知道了。"②

①《光绪朝朱批奏折·财政·经费》第87辑第347页，光绪十八年十一月初十日。
②《光绪朝朱批奏折·农业·雨雪粮价》第95辑第371页，光绪十八年十一月十九日。

034. 为请补福建汀州镇标左营守备事附片光绪十八年十一月二十七日

再，福建汀州镇标左营守备海宽病故，所遗员缺系陆路部推之缺，准兵部咨，应用尽先人员请补。臣查有留闽尽先补用守备张金鑑，年五十五岁，福建晋江县人，由承袭云骑尉世职，因病革退随标，旋于剿抚台湾后山各番社出力，保开复原官，以守备尽先补用留营试看，三年期满，给咨送部引见。光绪九年九月二十六日奉旨："着开复原官，以守备留闽尽先补用。钦此！"承领限票到省。该员营务讲求，年力尚健，现署陆路提标左营守备，办理裕如，尽先名次在前，以之请补是缺，与例相符。合无仰恳天恩，俯念汀州镇标左营守备员缺紧要，准以张金鑑补授，于营伍、地方均有裨益。除将履历咨部外，谨会同陆路提督臣孙开华附片具陈，伏乞圣鉴，敕部议核施行。谨奏。

光绪十八年十一月二十七日奉朱批："兵部议奏。钦此！"①

035. 闽省各属欠完光绪十七年分丘折银两分数各职名缮具清单折光绪十八年十一月二十九日

头品顶戴闽浙总督臣谭钟麟跪奏，为闽省各属欠完光绪十七年分丘折银两分数各职名缮具清单，恭折仰祈圣鉴事。

窃前准部咨，每届丘折奏销，令将经征未完分数职名，照章开单奏报，以凭核议。等因。兹届办理光绪十七年分丘折银两奏销之期，除将闽省各厅、县、场通判、县丞已未完银两分数职名，照案恭缮黄册，另行核疏具题外，所有各属应征光绪十七年分丘

①《光绪朝月折档》，《明清台湾档案汇编》第5辑第100册，第130—131页。

课盐折银两未完一分以上各职名，相应照章先期缮具清单，据实开报。据福建盐法道龙锡庆具详请奏前来。

除咨部查照外，臣谨另缮清单，恭折具陈，伏乞皇上圣鉴，敕部核议施行。谨奏。

朱批："户部议奏。单并发。"①

036. 具报光绪十八年上半年闽省收支税厘数目折 光绪十八年十一月二十九日

头品顶戴闽浙总督臣谭钟麟跪奏，为具报光绪十八年上半年闽省收支税厘数目，恭折仰祈圣鉴事。

窃照同治八年钦奉上谕："各省厘金报部章程，仍照两淮盐厘，半年奏报一次。等因。钦此！"所有闽省税厘数目，业经奏报至光绪十七年十二月止在案。兹据藩司潘骏文会同税厘局司道详称：十八年正月起至闰六月止，共收银一百四万二千四百二十四两零，除拨解京协各饷，并给各处防军薪粮、修制军装、师船及一切善后经费，共银一百一十五万四千三百五十六两零，计不敷银一十一万一千九百三十二两零，系因批解京饷，先令号商垫应，容俟另行提还，其前此不敷之数，续征税厘拨补等情前来。

除将数册咨部外，谨恭折具陈，并缮清单，恭呈御览。伏乞皇上圣鉴。谨奏。

朱批："户部知道。单并发。"②

037. 闽省光绪十六年以前办理军需善后海防不敷银两片 光绪十八年十一月二十九日

再，查闽省光绪十六年以前办理军需善后海防，应给各局书

①《光绪朝朱批奏折·财政·盐务》第75辑第617页，光绪十八年十一月二十九日。
②《光绪朝朱批奏折·财政·经费》第87辑第357页，光绪十八年十一月二十九日。

识、工火等项，照例动支平余银两，业经先后造册，报销在案。兹自十七年正月起，至十二月底止，续办善后事务，给过局书、工火、油蜡、纸张等项银八百五十一两零，均系核实支给，应请准于平余项下作正开销。平余一项，前经截至光绪十六年底止，尚不敷银二百九十一两零。十七年分续收银六百八十五两零，以之支给前项书识、工火等项，计不敷银一百六十六两零。连前十六年分，共不敷银四百五十七两零，先行挪款垫付，归入后案续收拨补。据闽省善后局司道造册，详请奏咨前来。

除将清册送部外，谨附片具陈，伏乞圣鉴。谨奏。

朱批："该部知道。"①

038. 福建两淮欠解河工银两片 光绪十八年十一月二十九日

再，准户部咨，议覆河东河道总督许振祎奏，节次提到福建、两淮欠解河工银两，请归十八年岁修各工案内附入核销，并将闽省尚欠银两，改归直隶赈需一折。奉旨："依议。钦此！"抄录原奏咨行到闽，并准直隶总督、顺天府府尹分咨，请将闽省欠解河工银二万一千两，查照分领。恩赏漕米成数，直隶六成，银一万二千六百两，顺天四成，银八千四百两，迅速筹解，以济赈需。等因。当即转行遵照去后，兹据闽省税厘局司道会同藩司潘骏文详称，光绪四年奉拨豫省河工经费银八万两，业经由局先后筹解银五万九千两在案。伏查闽省奉拨京协各饷，全赖厘金畅旺，方能接济。近年茶税、百货厘金，均形短绌，出入相衡，不敷甚巨。且闽省兵饷，按年奉部指拨江西省协饷银五万两，历年积欠银一百余万两，经江省奏准缓解。光绪十六、十七、十八等年，又欠解银一十四万两，原拨兵饷，均需由闽筹垫。欠解河工银两，即

---

①《光绪朝朱批奏折·财政·经费》第87辑第358页，光绪十八年十一月二十九日。

在其内。今闽省既无款可筹，江西又无协济，一时骤难批解，惟有详请奏咨，容俟闽省厘金稍有起色，或江西协饷解到，即行报解，不敢稽延等情前来。

除分咨外，谨附片陈明，伏乞圣鉴。谨奏。

朱批：“户部知道。”①

039. 闽省普降瑞雪片 光绪十八年十一月二十九日

再，闽省向来冬不见雪，或偶降微雪，落地即化，从无积厚数寸者。十一月二十八日，朔风严寒，入夜瑞雪缤纷，至二十九日，平地雪深四五寸，城乡均沾。咸谓数十年所未见，农民欢庆，预兆岁丰。理合附片陈明，上慰宸廑。谨奏。

朱批：“知道了。”②

040. 福建漳州府属龙溪南靖两县被水冲塌堤岸劝捐修筑以资捍卫折 光绪十八年十二月十六日

头品顶戴闽浙总督臣谭钟麟跪奏，为福建漳州府属龙溪、南靖两县被水冲塌堤岸，劝捐修筑，以资捍卫，恭折仰祈圣鉴事。

窃查漳州府属本年秋间被水情形，当经臣附片奏报。一面分饬府县认真查勘，嗣据禀报，水退甚速，田禾不致概被淹伤。惟龙溪、南靖两县，河高水急，倒塌堤岸甚宽，已成灾象。被水灾民，先经由县开仓赈济。实勘得龙溪县应修堤岸七百八十九丈三尺，南靖县应修堤岸闸坝一千二百七十七丈六尺。乡民突遭水患，

①《光绪朝朱批奏折·水利·河湖海塘渠堰工程》第 99 辑第 261—262 页，光绪十八年十一月二十九日。

②《光绪朝朱批奏折·农业·雨雪粮价》第 95 辑第 380 页，光绪十八年十一月二十九日。

困苦不堪，断难自行修复，若不趁冬令水涸，官为筹修，来春山水涨发，沿河一带，必成泽国。据印委各员切实勘估，每丈实需工料银一十七两二钱八分，共需工料银三万五千七百余两，拟就漳州一府地面，设法劝捐，以工代赈，所捐之银，恳准奖叙。由该道府移福建藩司、善后局司道核详请奏前来。

臣查龙溪、南靖两邑，河道高于县治，所有田园庐舍，全赖堤坝捍卫。兹被冲塌堤岸，广至二千余丈，洵万不可缓之工。其被水灾黎，虽经开仓赈济，不过权救目前，冬春为日方长，尚须筹款接济，而库款奇绌，又不能提动正项。该司道等拟就漳州设法劝捐，以工代赈，一举两得，所估工料，亦核实无浮，惟闽省现办顺直、山东赈捐，已饬漳属一律劝办。该处现亦被灾，势难兼顾。合无仰恳天恩，俯念龙溪、南靖二县堤工紧要，灾民急需赈济，准照顺直、山东成案，就地劝捐，仍照部定赈捐章程，以四成实银上兑，请奖虚衔。封典贡监翎枝及推广各条，由藩司核给实收，归闽省造册请奖，一俟捐银足敷应用，即行饬停，以示限制。

除饬该道府督催印委各员赶将堤岸修筑完固，造册报销外，谨恭折具陈，伏乞皇上圣鉴训示。谨奏。

朱批："着照所请，该部知道。"①

041. 恭报福建省光绪十八年十一月分雨雪情形并米粮价值折 光绪十八年十二月十六日

头品顶戴闽浙总督臣谭钟麟跪奏，为恭报福建省光绪十八年十一月分雨雪情形并米粮价值，仰祈圣鉴事。

窃据福建布政使潘骏文呈详，本年十一月下旬，省城共得雨雪七次，并将省外各属晴雨粮价开折具报前来。伏查闽中地属炎

①《光绪朝朱批奏折·水利·河湖海塘渠堰工程》第99辑第267页，光绪十八年十二月十六日。

熇，自福州以下至兴化、泉、漳等处，罕见冰雪，冬月二十八九日，省城内外，得雪深四五寸，经臣附片奏明在案。旋据各府州属先后禀报，玉屑琼英，同时下降，山陬海澨，一律普沾。深或尺余，浅亦寸许，豫兆盛世屡丰之象，尤为炎洲未有之奇。现在二麦青葱，杂粮茂盛，农民悦豫，编户乂安。通省米粮价值，较上月略有增减，无甚悬殊。堪以上慰宸廑，理合恭折具奏，并缮清单，恭呈御览，伏乞皇上圣鉴。谨奏。

朱批："知道了。"①

042. 为遴员请补水师参将要缺事光绪十八年十二月二十八日

头品顶戴闽浙总督臣谭钟麟跪奏，为遴员请补水师参将要缺，恭折仰祈圣鉴事。

窃照闽浙督标水师参将梁汝魁病故遗缺，系外海水师题补之缺，应用尽先人员请补。臣于闽省尽先水师参将内，详加遴选，除参将吴进陞不知下落，刘太富勒令回籍，李田喻、新瑞注册未奉部覆，俱未便请补。惟查有留闽尽先补用水师参将补缺后尽先副将赵成美，年五十九岁，湖南湘潭县人。由军功剿匪著绩，递保花翎游击，于克复广东嘉应州城保奖，同治五年十二月初二日奉旨：着以参将尽先补用。六年，赴台差遣。查办台湾洋番构衅案内，保俟补缺后以副将尽先补用。光绪元年，因剿抚番社出力保奖，十月十六日奉旨：仍以参将留于福建尽先补用。十四年，改用水师案内，给咨晋京引见，十二月十二日奉旨："发回原省照例用。钦此！"臣查赵成美心地朴实，勇敢有为，枪炮素娴。现署湄洲营游击事务，办理裕如，在闽年久，于洋面情形较为熟悉，尽先参将名次在前，以之请补是缺，堪期胜任，与例相符。合无

①《光绪朝朱批奏折·农业·雨雪粮价》第95辑第389—390页，光绪十八年十二月十六日。

仰恳天恩，俯念水师员缺紧要，准以留闽尽先参将赵成美补授，于营伍、洋防均有裨益。如蒙俞允，该员前经给咨引见，请免再行送部。

除饬取履历另咨外，谨恭折具陈，伏乞皇上圣鉴，敕部议覆施行。再，水师提督杨岐珍尚未到任，未经会衔，合并陈明。谨奏。

朱批："兵部议奏。钦此！"①

043. 为遴员请补外海水师游击员缺事光绪十八年十二月二十八日

头品顶戴闽浙总督臣谭钟麟跪奏，为遴员请补外海水师游击员缺，恭折仰祈圣鉴事。

窃福建湄洲营游击虞先步病故遗缺，先准部咨用拣发人员，闽省水师拣发无人，照章过班，以应升人员请补。当经前兼署督臣希元以台湾澎湖镇标右营都司吴永兆奏请升补，兹准部咨，福建湄洲营游击系内地之缺，应尽先内地俸满应升实任人员请补。等因。臣查闽省内地俸满实任水师都司，惟有海坛协标右营都司邱炳信，年四十一岁，福建同安县人。由承袭世职骑都尉学习期满，给咨引见，发回本省照例用。光绪十四年十二月奏补海坛右营都司，奉部给扎，于十五年六月到营任事。该员久习水师，枪炮素娴，任内并无违碍事故，历俸早满，于外海洋面情形较为熟悉，以之升补是缺，堪期胜任，与例相符。合无仰恳天恩，俯念湄洲营游击员缺紧要，准以邱炳信升补，于营伍、洋防均有裨益。如蒙俞允，俟部覆到日，给咨送部引见。

除饬取履历咨部外，所遗海坛右营都司员缺，容俟接准部覆，另行遴员请补。谨恭折具陈，伏乞皇上圣鉴，敕部议覆施行。再，

---

①《光绪朝月折档》，《明清台湾档案汇编》第5辑第100册，第179—180页。

水师提督杨岐珍尚未到任，未及会衔，合并陈明。谨奏。

朱批：“兵部议奏。钦此！”①

044. 为请补福建台湾水师左营守备员缺事附片光绪十八年十二月二十八日

再，福建台湾水师左营守备郑嗣林病故遗缺，系外海水师题补第一轮第一缺，准到部咨，应用台湾水师收标尽先人员请补。等因。臣于闽省尽先水师守备各员内逐加遴选，如名次在前之守备卢得贵，前经撤差，现在是否在台，未据具报，吴奇猷饬查不知下落，吴瑞琼、康朝基、汪兆荣、陈绍烈、翁凌云、康殿藩、黄亨成、张得元均收内地标营，未便迁就请补。惟查有台湾候补尽先水师守备李廷琛，年五十六岁，福建诏安县人，寄居台湾，由军功随军剿匪著绩，递保蓝翎守备补用千总，收入沪尾水师营候补，嗣于台湾基沪获胜出力案内，保以守备留闽尽先补用。该员熟悉水务，枪炮素娴，现署沪尾水师守备，办理裕如，以之请补是缺，堪期胜任，核与轮补新章相符。合无仰恳天恩，俯念台湾水师守备员缺紧要，准以李廷琛补授，于营伍、洋防均有裨益。如蒙俞允，俟部覆到日，给咨送部引见。

除饬取履历另咨外，谨会同台湾巡抚臣邵友濂合词附片具陈，伏乞圣鉴，敕部议覆施行。再，福建水师提督杨岐珍尚未到任，未经会衔，合并陈明。谨奏。

朱批：“兵部议奏。钦此！”②

---

①《光绪朝月折档》，《明清台湾档案汇编》第5辑第100页，第180—181页。

②《光绪朝月折档》，《明清台湾档案汇编》第5辑第100页，第181—182页。

045. 为光绪十八年秋季分台湾省委署知县员缺事光绪十九年正月初六日

头品顶戴闽浙总督臣谭钟麟、头品顶戴福建台湾巡抚臣邵友濂跪奏，为光绪十八年秋季分台湾省委署知县员缺，恭折仰祈圣鉴事。

窃案准部咨，钦奉上谕："各省州县无论奏调、委署、代理，着每届三个月汇奏一次。钦此！"奉经先后奏报至光绪十八年夏季分止在案。兹查十八年秋季分，出有彰化县知县罗东之调省察看遗缺，请以尽先补用知县台北府经历李烇代理。又出有恒春县高晋翰病故遗缺，请以尽先补用知县陈文纬署理，均详经批准，饬遵在案。据台湾布政使唐景崧详请具奏前来。

除咨部外，臣等谨恭折具陈，伏乞皇上圣鉴。谨奏。

朱批："吏部知道。钦此！"①

046. 提解闽省光绪十八年分上忙钱粮银数折光绪十九年正月十九日

头品顶戴闽浙总督臣谭钟麟跪奏，为提解闽省光绪十八年分上忙钱粮银数，恭折仰祈圣鉴事。

窃准户部咨：州县经征钱粮，每年上下两忙，尽数提解司库，专折具奏。等因。兹据福建藩司潘骏文详，闽省内地九府二州属，光绪十八年分额征地丁银一百二十三万二千九百七十九两零，内坐支存留银一十九万九千九百一十五两零，应解司银一百三万三千六十四两零，上忙完银三十一万一千三十七两零。又额征耗羡银一十四万八千一百四十七两零，内坐支各官养廉银四千八百六

①《光绪朝月折档》，《明清台湾档案汇编》第5辑第100册，第323页。

十四两零，应解司银一十四万三千二百八十三两零，上忙完银三万三千八百九十三两零，均已提解司库。所有丁、耗二款，与另征之现年当杂税银两，汇入奏销公费册内造报等情前来。

查闽省光绪十八年分上忙征完丁、耗银三十四万四千九百三十两零，又征完现年当税、牙帖杂税、厦门地租税契、牛猪杂税、渔税，共银一万三千九百八十一两零，均已提解司库。至带征节年正杂钱粮，已分款造册咨部。谨恭折具陈，伏乞皇上圣鉴。谨奏。

朱批："户部知道。"①

047. 闽省新海防捐输第八次收捐银数恳恩奖叙折光绪十九年正月十九日

头品顶戴闽浙总督臣谭钟麟跪奏，为闽省新海防捐输第八次收捐银数恳恩奖叙，以昭激劝，恭折仰祈圣鉴事。

窃闽省新海防捐，自光绪十六年二月十一日办起，截至十八年三月底止，报捐官职贡监，共收实银五万四千六百九十一两六钱，分案编列七次，先后奏奖。所收捐项，遵照部行，分别解赴海军衙门及直隶省察收，转解顺天府备赈在案。兹自光绪十八年四月初一日起，截至本年十月底止，据魏瀚等二十一员名报捐各项实职监生，共收实银四千六百四十五两二钱，先填司印，实收给领。俟部颁执照发换，所收银两，仍行专款存储，听候提拨。一面饬属广为劝捐，续详请奖。据福建善后局司道编作第八次造册，详请具奏前来。

臣覆核无异，合无仰恳天恩，俯准奖叙，以昭激劝。除造具细册分送部监查核外，谨恭折具陈，伏乞皇上圣鉴，敕部议覆施行。谨奏。

---

①《光绪朝朱批奏折·财政·库储》第82辑第73页，光绪十九年正月十九日。

朱批："户部议奏。"①

048. 恭报福建省光绪十八年十二月分晴雨粮价情形折光绪十九年正月十九日

头品顶戴闽浙总督臣谭钟麟跪奏，为恭报福建省光绪十八年十二月分晴雨粮价情形，仰祈圣鉴事。

窃查福建省城，光绪十八年十二月分上、中、下三旬，计得雨五次，省外各属晴雨日期及粮价大略相同。据福建布政使潘骏文开折具报前来。臣覆加查核，福州府属上、中米，兴化、泉州、延平、建宁、邵武、汀州、永春七府州属上、中、下米，价值均较上月稍增。其余各属，俱与上月相同。现在麦苗滋长，杂粮茂盛，民情乂安，堪以上慰宸廑。理合恭折具奏，并缮清单，恭呈御览。伏乞皇上圣鉴。谨奏。

朱批："知道了。"②

049. 恭谢天恩折光绪十九年正月十九日

头品顶戴闽浙总督臣谭钟麟跪奏，为恭谢天恩，仰祈圣鉴事。

光绪十九年正月十六日折弁回闽，捧到御赐"福"字一幅。臣即恭设香案，望阙叩头祗领。钦惟皇上瑞辑珠囊，治光玉镜。尧襟舜抱，纳寰宇于庞仁。羲画箕畴，协泰阶之昌运。臣疆符重绾，岁律新更。迎年而福共春来，介景则恩从日下。喜见云章璀璨，鸾凤衔书。遥瞻天阙巍峨，鸳鸯晋颂。愧涓埃之未报，欣藻翰之钦承。文现吉祥，一字荷九重锡宠。时臻康阜，八闽共两浙胪欢。所有微臣感激荣幸下忱，谨缮折恭谢天恩，伏乞皇上圣鉴。谨奏。

---

①《光绪朝朱批奏折·财政·捐输》第80辑第357—358页，光绪十九年正月十九日。
②《光绪朝朱批奏折·农业·雨雪粮价》第95辑第404页，光绪十九年正月十九日。

朱批："知道了。"①

050. 刘敦华调署建阳县知县片光绪十九年正月十九日

再，署建阳县知县李春辉调省差委遗缺，应即遴员接署，以专责成。查有准补长乐县知县刘敦华心地明白，办事勤谨，堪以调署。据福建藩、臬两司会详前来。

除咨部外，谨附片具陈，伏乞圣鉴。谨奏。

朱批："吏部知道。"②

051. 为福建台湾浙江三省提镇司道知府现任各员循例年终密考谨缮清单折光绪十九年二月初一日

头品顶戴闽浙总督臣谭钟麟跪奏，为福建、台湾、浙江三省提、镇、司、道、知府现任各员，循例年终密考，谨缮清单，恭折仰祈圣鉴事。

窃照定例，各省提、镇、司、道、知府等官，责成督、抚于年终出具切实考语密奏，历经遵办在案。臣于本年闰六月到闽，接见文武各员，询其政事。聆其言论，以观其底蕴。采之舆论，以证其操守。或贤或否，固自昭然。台湾虽远隔重洋，而人员无多，半属旧识，其生平历历可考。臣两度莅浙，前后五年，于地方情形甚悉，今虽离省十载，而文武员弁存者十之四五。随时访察，得其办事之勤惰。接阅禀牍，知其才识之短长。亦皆默识于心。

除未经到任及署事人员例不注考外，谨将三省现任各员出具

---

①《光绪朝朱批奏折·内政·职官》第8辑第706—707页，光绪十九年正月十九日。

②《光绪朝朱批奏折·内政·职官》第8辑第707页，光绪十九年正月十九日。

考语，分缮清单，密呈御览，伏乞皇上圣鉴。谨奏。

朱批："知道了。单二件、片一件留中。钦此！"①

052. 为佐治需人储材待用胪举所知以备采择事光绪十九年二月初一日

头品顶戴闽浙总督臣谭钟麟跪奏，为佐治需人，储材待用，胪举所知，以备采择，恭折密陈，仰祈圣鉴事。

窃维致治之方，文武并重，求贤之道，登进宜宽。虽当已治已安之秋，亦借群策群力之助。方今东南各省伏莽潜滋，中外来孚，强邻环伺，处积弱之势，为自强之谋，亟宜整军经武以绥边，察吏安民以靖内。然必储材于平日，乃可取用于临时。朝廷孜孜求治，在在需人，非臣下各举所知，则庶僚无由自达。臣受恩深重，图报未能，目击时艰，隐忧方切，自愧无知人之哲，何敢博荐剡之名！第念以身事君，一人之精力有限。以人事君，群材之裨益良多。爰举夙昔所深知者文武各数人，分缮清单，恭呈御览，可否存记录用，伏候圣明裁夺。臣为求贤辅治起见，谨缮折密陈，伏乞皇上圣鉴训示。谨奏。

朱批："张其光等均着交军机处存记。钦此！"②

053. 谨将所举各员开具事实履历清单附件光绪十九年二月初一日

谨将所举各员开具事实履历清单，恭呈御览。计开：

武职堪胜水陆提镇者五名：

记名提督总兵张其光，该员忠勇沉毅，心地光明。前在浙江

---

①《光绪朝月折档》，《明清台湾档案汇编》第5辑第100册，第372—373页。

②《光绪朝月折档》，《明清台湾档案汇编》第5辑第100册，第373—374页。

管带红单师船，巡缉洋面，为已故浙江巡抚马新贻所赏拔，荐保提镇，历任浙江温州总兵，福建福宁、台湾总兵，署浙江提督，所至有声。臣在浙抚任内，两次巡阅沿海炮台，与该员同舟，每见岛屿，历举其山名，何处有礁、何处可泊船避风、何处汊港为盗所出没，于闽浙洋面水程沙线，言之凿凿，诚水师中不可多得之员。嗣以母老乞养，归广东原籍，现已起复。

升用总兵现任乍浦协副将陈旭，该员性情朴实，勇往无前。在浙督带水军二十余年，缉获洋盗不计其数，平日驭兵有方，营制严整，兵民翕服，堪膺专阃。

记名提督杨作霖，该员质朴无华，谋勇兼优，投效水师，随杨岳斌转战东南各省，肃清江面。嗣调赴甘肃剿抚回匪，曾署甘州提督，约束兵勇，抚绥残黎，颇著声威，而于长江一带地方情形较为熟悉，现在湘潭督带水师。

升用提督前署宁夏镇总兵汤仁和，该员朴勇干练，驭兵有方。前随湘军转战陕甘，出关会剿新疆南北逆匪，屡著战功，递保总兵。臣督甘肃时借补中军参将，奏署宁夏总兵，丁忧服满，赴部引见，仍发往甘肃，现署左营参将。该员年强才裕，缓急足恃。

记名总兵现署定海镇总兵刘祥胜，该员忠诚勇敢，有胆有识，前带楚军助剿江西、浙江、广东，战功卓著，在浙二十余年，统带水、陆防营，甚为得力，堪胜专阃之任。

文职堪膺重任者五员：

浙江温处道赵舒翘，该员器识闳远，廉明勤干，守正不阿。前在凤阳府任，卓著循声。比到温州整饬吏事，不激不随，僚属倾心，联络武营，认真巡缉，地方静谧，兵民相安。该员通达治体，力果心精，深以阅历，能膺艰巨。

福建盐法道龙锡庆，该员才猷卓越，体用兼赅，实心实力，不避劳怨。前随左宗棠军营亲历战事，夙谙戎机。嗣在甘凉道任勤政爱民，整饬戎行，具有成效。闽盐向多包揽，掣肘万端，该员破除情面，将一切陋弊抉剔无遗，体念商艰，勤恤民隐，以故舆情爱戴，颂声翕然。洵庶僚中不可多得之员，足膺重任。

前山西冀宁道江南候补道王定安，该员学优才长，讲求经济。前在曾国藩戎幕，亟称其能，试以吏事，所至有声。嗣以道员指分山西，时值奇荒，运粮赈济，多所全活，故抚臣曾国荃深为倚重。该员才识过人，勇于任事，不避劳怨，未免为同事所忌，致有矜才使气之谤，近则敛才就范，气和心平。畀以事权，必能胜任。

湖北候补道曹南英，该员才具优长，操守严正，勤明练达，力果心精。其综核之才，群相推服，尝谓讲求吏治，必清本源，心术既端，斯无施而不可。臣钦其持论之正，若畀以监司，必能察吏安民，有裨时政。

甘肃兰州府知府丁振铎，该员才具开展，器局闳深，虑事精详，锋芒不露。初守巩昌地方，元气未复，与牧令讲求教养之方，孜孜不倦。寻调守甘州，兴学校，劝农桑，广求民瘼，休养生息，闾阖感颂。比守兰州，事无巨细，必躬必亲，虽处繁剧，措置裕如。观其器量，他日必能宏济艰难。

以上各员才具虽各有所长，而廉洁自守，任事实心，固可保其始终一节。惟武职一途，全才难得，宿将凋零，存者大半暮气，臣所知者固不乏人，而所举只有此数，盖不敢不慎也。至如年力富强、曾经战阵能胜偏裨之任者，当于副、参、游中求之，容再审择缓急足恃者，随时奏闻。①

054. 台湾嘉义营斗六门都司员缺紧要请以陆路都司林新补授事光绪十九年二月初十日

头品顶戴闽浙总督臣谭钟麟跪奏，为遴员请补台湾陆路都司员缺，恭折仰祈圣鉴事。

---

①《光绪朝月折档》，《明清台湾档案汇编》第5辑第100册，第374—377页。

窃照嘉义营斗六门都司凌定国革职遗缺，系台湾陆路题补第一轮第一缺，应用尽先人员，前以福建尽先都司李祥胜请补。旋准部覆，李祥胜并非台湾劳绩保举人员尽先都司班，有曾任台湾实缺暨劳绩保举之员，应另行遴员请补。等因。臣随于闽省陆路都司详加遴选，尽先班内只有四员。如宋喜发虽曾带勇赴台，并未委署台营员缺，亦无在台保举，何永忠因案撤任查办，张达斌未经考验收标，均未便迁就请补。

查有花翎游击衔留闽尽先补用陆路都司林新，年六十一岁，广东清远县人。由武童随军剿匪著绩，补授台湾道标都司，光绪二年八月到任。因进攻率芒番社未能得力，奏参革职。旋于后山三次剿平番社出力案内保请开复，仍留福建尽先补用，并免缴捐复银两，给咨送部引见。八年十二月十五日钦派王大臣验放，开复原官，发回原省照例用，咨部注册序补。该员年力尚强，技艺娴熟，曾任台湾道标都司，并署北路中营都司篆务，于台省风土情形较为熟悉，虽人地不甚相宜，而尽先名次在前，尚无别项事故。合无仰恳天恩，俯准以林新补授台湾嘉义营斗六门都司员缺，由臣随时察看，如于此缺未宜，另行遴员对调。该员开复案内曾经引见，应请毋庸再行送部。

除饬取履历咨部外，谨会同台湾巡抚臣邵友濂、福建陆路提督臣孙开华合词恭折具陈，伏乞皇上圣鉴，敕部议覆施行。

再，福建水师提督臣杨岐珍尚未到任，未便会衔，合并陈明。谨奏。

朱批：“兵部议奏。钦此！”①

055. 调署知县员缺片 光绪十九年二月十六日

再，福建长汀县地处冲繁，民刁俗敝，查有福鼎县知县丁芳，

①《光绪朝月折档》，《明清台湾档案汇编》第5辑第100册，第378—379页。

干练精明，能任劳怨，堪以调署。所遗福鼎县员缺，查有长汀县知县方朝棨勤政爱民，廉洁自好，堪以互相调署。又同安县山海交错，民风强悍，查有宁德县知县寇宗华才堪肆应，不畏强御，堪以调署。所遗宁德县员缺，并查有同安县知县李泽春朴实勤能，孜孜求治，堪以互相调署。一转移间，人地各得其宜。据藩、臬两司会详前来。

除咨部外，谨附片具陈，伏乞圣鉴。谨奏。

朱批："吏部知道。"①

056. 恭报福建省光绪十九年正月分晴雨粮价情形折 光绪十九年二月十六日

头品顶戴闽浙总督臣谭钟麟跪奏，为恭报福建省光绪十九年正月分晴雨粮价情形，仰祈圣鉴事。

窃查福建省城光绪十九年正月分上、中、下三旬，屡得透雨，省外各属晴雨日期及粮价大略相同。据福建布政使潘骏文开折具报前来。臣覆加查核，泉州、延平、建宁、邵武、汀州、永春等府州属上、中、下米价值，均较上月稍增。其余各属，与上月相同。现在二麦吐穗，杂粮茂盛，民情乂安，堪以上慰宸廑。理合恭折具奏，并缮清单，恭呈御览，伏乞皇上圣鉴。谨奏。

朱批："知道了。"②

057. 已故前署峡阳县丞本任南日县丞黄昌石暂行革职片 光绪十九年二月十八日

再，已故前署峡阳县丞黄昌石，短交光绪十八年地丁银六百一十一两零，又粮米二百九十六石零，未据完解，实属玩延。据

①《光绪朝朱批奏折·内政·职官》第8辑第756页，光绪十九年二月十六日。

②《光绪朝朱批奏折·农业·雨雪粮价》第95辑第420页，光绪十九年二月十六日。

福建藩司潘骏文、臬司张国正、粮道陈鸣志会详呈请参追前来。相应请旨，将已故前署峡阳县丞、本任南日县丞黄昌石暂行革职，提属勒限追缴，倘再宕延，从严惩办。

除咨部查照外，臣谨附片具陈，伏乞圣鉴训示。谨奏。

朱批："着照所请，该部知道。"①

058. 参员交代逾限未清请旨监追以重库款折光绪十九年二月二十二日

头品顶戴闽浙总督臣谭钟麟跪奏，为参员交代逾限未清请旨监追以重库款，恭折仰祈圣鉴事。

窃查前古田县知县林大受，任内欠解征存光绪十八年地丁银四千五百六十八两，耗羡银七百四十两，税契银一百四十四两，又各年丁、耗、税、契存留并减平等款银一千七百七十三两，谷三十四石零，屡催未解。据福建藩司会同粮道详请参追。当因该员林大受已于光绪十八年计典案内，业经劾参，勒限两个月，将欠解前项丁、耗、税、契等款银谷，扫数解清。迄今限满，仍未报解，自应从严追办。相应请旨，将前古田县知县林大受严行监追。

除咨部外，谨恭折具陈，伏乞皇上圣鉴训示。谨奏。

朱批："着照所请，该部知道。"②

059. 闽省新案交代已结各案开单折光绪十九年二月二十二日

头品顶戴闽浙总督臣谭钟麟跪奏，为闽省新案交代已结各案开单，仰祈圣鉴事。

---

①《光绪朝朱批奏折·财政·库储》第82辑第87页，光绪十九年二月十八日。

②《光绪朝朱批奏折·财政·库储》第82辑第88页，光绪十九年二月二十二日。

窃照闽省新案交代，业经开单奏报至十八年闰六月底止。兹据福建藩司详称，光绪十八年七月起至十二月底止，半年届满，所有二参限内已结各案交代，照章分晰开单，详请具奏前来。

臣覆查无异，除咨部查照外，理合恭折具陈，并缮清单，恭呈御览，伏乞皇上圣鉴。谨奏。

朱批："户部知道。单并发。"①

060. 汇解各款京饷委员起程日期折 光绪十九年二月二十七日

头品顶戴闽浙总督臣谭钟麟跪奏，为汇解各款京饷委员起程日期，恭折仰祈圣鉴事。

窃照光绪十八年分部拨西征洋款，改为加放俸饷银二十万两，添拨税厘京饷银十万两，洋药厘金京饷银五万两，东北边防经费银八万两，固本京饷银每月五千两，当饬司局筹解。先已筹备西征洋款，改为加放俸饷银六万两，添拨税厘京饷银四万两，洋药厘金京饷银二万两，东北边防经费银二万两，固本京饷银六万两，委令盐大使金振声、陈熙龄，知县金汝奎、郭文泰，知府朱宗炳，候补知县、按察司经历冯树勋督同号商，汇解赴京投纳。先后具奏在案。兹再筹解加放俸饷银二万两，添拨税厘京饷银一万两，洋药厘金银五千两，东北边防经费银一万两，固本京饷银五千两，委令前建宁府知府景春，督同号商如数筹垫，进京投纳。该委员定于二月十六日起程，仍俟报到上库日期，再行由闽提款发还。据福建税厘、善后两局司道具详前来。

除分咨查照外，谨恭折具陈，伏乞皇上圣鉴。谨奏。

朱批："该衙门知道。"②

---

①《光绪朝朱批奏折·财政·库储》第82辑第89页，光绪十九年二月二十二日。

②《光绪朝朱批奏折·财政·经费》第87辑第408页，光绪十九年二月二十七日。

061. 奉拨光绪十九年分京饷片 光绪十九年二月二十七日

再，准部咨，奉拨光绪十九年分京饷内，福建盐课银一十五万两，恭录谕旨，行令遵照定限，批解赴部交纳。等因。兹据福建盐法道龙锡庆详称，在票课项下先行筹银五万两，饬令解京饷委员知府景春，督同号商垫解，赴部按期投纳。俟上兑清楚，再行由闽发还等情。详请奏咨前来。

除咨查照外，谨附片具陈，伏乞圣鉴。谨奏。

朱批："户部知道。"①

062. 福建布政使因病出缺请旨简放以重职守折 光绪十九年二月二十七日

头品顶戴闽浙总督臣谭钟麟跪奏，为福建布政使因病出缺，请旨简放，以重职守，恭折仰祈圣鉴事。

窃据布政司经历董荣纶申报，现任藩司潘骏文初患足疾，继以腹泻，医药罔效，于光绪十九年二月二十五日出缺等情前来。

臣查已故藩司潘骏文，安徽泾县廪贡生，由刑部郎中分发山东知府，署青州府篆，时值捻匪猖獗，力保危城。旋调军营防剿著绩，迭膺保荐。奏派办理东省河工，并赈抚一切事宜，全活灾黎无算。光绪十三年河决郑州，奉命勷办豫省河务，总理东西两坝，力任巨艰，计先后奔走河干二十余载，备极辛劳，遂患脾泄之证，时作时止。寻擢山西按察使，署布政使，护理山西巡抚，廉明公正，舆论翕然。十七年六月，蒙恩补授福建布政使。到任后，治事精详，不遗余力。闽地卑湿，政务殷繁，感受潮热，两

①《光绪朝朱批奏折·财政·经费》第87辑第409页，光绪十九年二月二十七日。

足肿痛，入春增剧。犹复勉力从公，未尝稍懈。只以积劳过甚，旧疾复发，遽尔溘逝，惋惜殊深。所有藩司篆务，未便悬旷。查按察使张国正才具优长，曾署是缺，诸事熟悉，堪以委署。所遗臬司，以督粮道陈鸣志就近署理，递遗粮道，即以盐法道龙锡庆暂行兼署。

除分饬遵照外，相应请旨，迅赐简放福建布政使，以重职守。谨恭折由驿驰陈，伏乞皇上圣鉴。谨奏。

朱批："另有旨。"①

063. 为海疆差遣需员恳恩留闽浙台湾补用以备任使事光绪十九年三月二十一日

头品顶戴闽浙总督臣谭钟麟跪奏，为海疆差遣需员，恳恩留闽、浙、台湾补用，以备任使，恭折仰祈圣鉴事。

窃准浙江提督臣冯南斌、台湾巡抚臣邵友濂先后咨开：查有提督衔陕甘补用总兵彭清和，湖南长沙县人，由武童随军，转战江、浙、闽、粤、陕、甘等省，积功递保今职，光绪十七年赴浙投效。又记名总兵陈永隆，湖南善化县人，由武童随军，转战楚、皖、甘肃、台湾等省，递保今职，光绪十年随营赴台。又花翎尽先补用都司滕国凤，贵州松桃厅人，由武童随军，转战楚、皖等省，递保今职，光绪六年赴台投效。又花翎尽先即补守备王祥麟，江西乐安县人，由水勇随军，赴甘肃剿匪，积功递保今职，光绪十年来闽投效。该员等现在闽、浙、台湾差委，于地方风土情形均称熟悉，咨商留闽、浙、台湾补用。等情。臣查核相符。合无仰恳天恩，俯准将总兵彭清和、陈永隆以原官改留闽、浙补用，都司滕国凤留于台湾补用，守备王祥麟留于闽、浙水师补用。除

①《光绪朝朱批奏折·内政·职官》第8辑第772—773页，光绪十九年二月二十七日。

饬取履历咨部外，谨恭折具陈，伏乞皇上圣鉴训示。谨奏。

朱批：“着照所请。兵部知道。钦此！”①

064. 为奏请以刘必达调补台湾恒春营游击刘维兴调补陆路提标右营游击事光绪十九年三月二十一日

头品顶戴闽浙总督臣谭钟麟跪奏，为请调陆路游击，以重营政，恭折仰祈圣鉴事。

窃查台湾恒春营游击一缺，前系镇标左营游击改设移驻，新辟荒陬，规模草创，现又分隶台东，事烦任重，非熟悉风土情形之员，不足以资治理。本任恒春营游击副将衔尽先参将刘维兴，湖南浏阳县人，由武童随军剿匪，递保留闽尽先游击，补授漳州镇标中营游击，调补是缺。该员先于同治八年间署理台湾噶玛兰营都司，任内因积受湿毒，交卸内渡。经前督臣何璟檄饬留省差委，旋委〔署〕汀州、邵武参、游各缺，管带长胜、建威各营练兵，办理裕如。查办下游械斗事件，擒获会匪，尤为得力。嗣调补恒春营游击，并未到任。该员性情朴实，勤奋有为，惟于台湾水土未宜，应即量于调补，以收实用。查有福建陆路提标右营游击刘必达，江西万安县人，由武童随军剿匪，递保蓝翎参将衔留闽尽先游击，奏补提标右营游击，光绪十五年十二月领札任事。该员勇敢夙著，营务素娴，前在台湾剿抚番社，立功保举，曾署恒春营游击，于台地风土情形较为熟悉，任内并无违碍事故，以之调补恒春营游击，洵堪胜任，与例亦符。所遗陆路提标右营游击员缺，驻扎泉州，刘维兴历在下游差委，均能得力，以之调补，亦属相宜。

臣为要缺得人起见，合无仰恳天恩，俯准刘必达调补台湾恒

---

①《光绪朝月折档》，《明清台湾档案汇编》第5辑第100册，第407—408页。

春营游击，刘维兴调补陆路提标右营游击，于营务、地方均有裨益。如蒙俞允，该两员系对品调补，应请毋庸送部引见。除饬取履历咨部外，谨〔会〕同台湾巡抚臣邵友濂、陆路提督臣孙开华合词恭折具陈。

再，水师提督杨岐珍尚未到任，合并陈明，伏乞皇上圣鉴训示。谨奏。

朱批："兵部议奏。钦此！"①

065. 恭报福建省光绪十九年二月分晴雨粮价情形折光绪十九年三月二十四日

头品顶戴闽浙总督臣谭钟麟跪奏，为恭报福建省光绪十九年二月分晴雨粮价情形，仰祈圣鉴事。

窃查福建省城光绪十九年二月分上、中、下三旬，得雨一十三次，城内米价较去冬减十之二，省外各属晴雨粮价大略相同。据署福建布政使张国正开折具报前来。臣覆加查核，邵武、汀州等府属上、中、下米价值，均较上月稍增。泉州、龙岩等府州属，上、中、下米价值，均较上月稍减。其余各属，与上月同。现在二麦含苞，杂粮茂密，民情乂安，堪以上慰宸廑。理合恭折具奏，并缮清单，恭呈御览，伏乞皇上圣鉴。谨奏。

朱批："知道了。"②

066. 汇解各款京饷委员起程日期折光绪十九年三月二十六日

头品顶戴闽浙总督臣谭钟麟跪奏，为汇解各款京饷委员起程日期，恭折仰祈圣鉴事。

---

①《光绪朝月折档》，《明清台湾档案汇编》第5辑第100册，第408—409页。

②《光绪朝朱批奏折·农业·雨雪粮价》第95辑第442页，光绪十九年三月二十四日。

窃照光绪十八年分部拨户部茶税京饷银二十万两，西征洋款改为加放俸饷银二十万两，筹边军饷改为筹备饷需银十四万两，东北边防经费银八万两，当饬司局筹解。先已筹备户部茶税京饷银十万两，西征洋款改为加放俸饷银八万两，筹边军饷改为筹备饷需银七万两，东北边防经费银三万两，委令盐大使金振声、陈熙龄，知县金汝奎、郭文泰，知府朱宗炳，候补知县按察司经历冯树勋，前建宁府知府景春督同号商汇解，赴京投纳。先后具奏在案。兹再筹解户部茶税京饷银一万两，加放俸饷银二万两，筹备饷需银一万两，东北边防经费银一万两，委令补用同知翁传煦督同号商如数筹垫，进京投纳。该委员定于三月二十五日起程。仍俟报到上库日期，再行由闽提款发还。据福建税厘、善后两局司道具详前来。

除分咨查照外，谨恭折具陈，伏乞皇上圣鉴。谨奏。

朱批："户部知道。"①

067. 为总兵吴宏洛丁忧出缺循例由驿奏闻请旨简放以重职守事光绪十九年三月三十日

头品顶戴闽浙总督臣谭钟麟跪奏，为总兵丁忧出缺，循例由驿奏闻，请旨简放，以重职守事。

窃本年三月初六日，据本任福建台湾澎湖镇总兵吴宏洛禀称，嗣母孔氏于光绪十九年二月十八日在安徽合肥县原籍病故，该员例应丁忧，禀请开缺守制前来。查总兵吴宏洛前因母老告养，经台湾抚臣邵友濂会折奏请，赏假六个月回籍省亲，钦奉恩旨允准。并经前兼署督臣希元，将澎湖镇总兵篆务奏委记名总兵王芝生接署，并统领宏字全军。嗣因吴宏洛假期届满，母病未痊，禀经臣等据情奏请续假三个月在案。兹据报丁忧，除具题外，所有澎湖

---

①《光绪朝朱批奏折·财政·经费》第87辑第419页，光绪十九年三月二十六日。

镇总兵员缺紧要，应请旨迅赐简放，以重职守。谨会同福建台湾巡抚臣邵友濂合词恭折具陈，伏乞皇上圣鉴。谨奏。

朱批："另有旨。钦此！"①

068. 为光绪十八年冬季分台湾省委署知县员缺事光绪十九年四月初四日

头品顶戴闽浙总督臣谭钟麟、头品顶戴福建台湾巡抚臣邵友濂跪奏，为光绪十八年冬季分台湾省委署知县员缺，恭折仰祈圣鉴事。

窃案准部咨，钦奉上谕："各省州县无论奏调、委署、代理，着每届三个月汇奏一次。钦此！"奉经先后奏报至光绪十八年秋季分止在案。兹查十八年冬季分，出有署云林县知县谢寿昌署事期满遗缺，请以现代彰化县事本任台北府经历李烇代理。所遗彰化县缺，请以现署宜兰县事准补凤山县知县俞秉焜调署。递遗宜兰县缺，请以现署新竹县事本任宜兰县知县沈继曾饬回本任。所遗新竹县缺，请以现代淡水县事准补新竹县知县叶意深饬赴新任。递遗淡水县缺，请以奏调来台江苏候补同知翁秉钧代理。又宜兰县知县沈继曾另有差委，遗缺请〔以〕现署埔里社通判候补知县汪应泰调署。又出有署安平县知县姚近范调省，遗缺请以试用同知俞鸿代理。均详经批准，饬遵在案。据台湾布政使唐景崧详请具奏前来。

除咨部外，臣等谨恭折具陈，伏乞皇上圣鉴。谨奏。

朱批："吏部知道。钦此！"②

---

①《光绪朝月折档》，《明清台湾档案汇编》第5辑第100册，第418—419页。

②《光绪朝月折档》，《明清台湾档案汇编》第5辑第100册，第435—436页。

069. 提解闽省光绪十八年分下忙钱粮银数折光绪十九年四月十六日

头品顶戴闽浙总督臣谭钟麟跪奏，为提解闽省光绪十八年分下忙钱粮银数，恭折仰祈圣鉴事。

窃准户部咨：州县经征钱粮，每年上下两忙，尽数提解司库，专折具奏。等因。业经奏报至光绪十八年上忙在案。兹届下忙截数之期，各属征完地丁银三十万一千八十四两零，除存留银七万九千九百六十六两零，实完银二十二万一千一百一十七两零。上忙案内，实完银三十一万一千三十七两零。合共完银五十三万二千一百五十五两零，入于光绪十九年春拨造报银三十四万三千三百八十五两零，余银一十八万八千七百六十九两零，系春拨后续收之款。又征完耗羡银二万七千九百七十一两零，俟汇入光绪十八年公费奏销册内造报。又征完当税银二十两，税契银一万九千九百三十三两零，牙帖杂税并厦门地租银九百四十八两零，牛猪杂税银四百三十六两零，渔税银六两零。带征光绪十四年起至十七年止地丁续完银二千七百三十三两零，参追续完银二百四十四两零，带征光绪十四年起至十七年止耗羡续完银五百六十七两零。据署福建布政使张国正分款造册呈送核办前来。

臣查光绪十八年下忙各属征完丁耗银二十四万九千八十九两零，又征完当税、税契、牙帖、杂税并厦门地租、牛猪杂税、渔税，共银二万一千三百四十五两零，带征节年丁耗银三千五百四十五两零，均已提解司库，尚有民欠银两，严饬催追完解。除将各册咨部外，谨缮折具奏，伏乞皇上圣鉴。谨奏。

朱批：“户部知道。”①

①《光绪朝朱批奏折·财政·库储》第82辑第100页，光绪十九年四月十六日。

070. 闽省新海防捐输第九次收捐银数恳恩奖叙折光绪十九年四月十六日

头品顶戴闽浙总督臣谭钟麟跪奏，为闽省新海防捐输第九次收捐银数恳恩奖叙，以昭激劝，恭折仰祈圣鉴事。

窃闽省新海防捐，自光绪十六年二月十一日办起，截至十八年十月底止，报捐官职贡监，共收实银五万九千三百三十六两八钱，分案编列八次，先后奏奖。所收捐项，遵照部行，分别解赴海军衙门及直隶省察收，转解顺天府备赈在案。嗣因厦门购炮筑台，援案奏请留新海防捐款动用，已奉朱批允准。兹自光绪十八年十一月初一日起，截至十九年三月底止，据张庆钧等三十二员名报捐各项实职，共收实银二万九千一百七十四两三钱二分，先填司印，实收给领。俟部颁执照发换，所收银两，留闽备用。并饬属广为劝捐，续详请奖。据福建善后局司道编作第九次造册，详请具奏前来。

臣覆核无异，合无仰恳天恩，俯准奖叙，以昭激劝。除造具细册送部查核外，谨缮折具陈，伏乞皇上圣鉴，敕部议覆施行。谨奏。

朱批："户部议奏。"①

071. 恭报福建省光绪十九年三月分晴雨粮价情形折光绪十九年四月十六日

头品顶戴闽浙总督臣谭钟麟跪奏，为恭报福建省光绪十九年三月分晴雨粮价情形，仰祈圣鉴事。

窃查福建省城光绪十九年三月分上、中、下三旬，得雨十次，

---

①《光绪朝朱批奏折·财政·捐输》第80辑第365—366页，光绪十九年四月十六日。

省外各属晴雨粮价大略相同。据署福建布政使张国正开折具报前来。臣覆加查核，福州、邵武、龙岩等府州属上、中、下米价值，均较上月稍增。汀州府属上、中、下米价值，较上月稍减。其余各属，与上月同。现在二麦登场，杂粮茂密，民情乂安，堪以上慰宸廑。理合恭折具奏，并缮清单恭呈御览，伏乞皇上圣鉴。谨奏。

朱批："知道了。"①

072. 汇解各款京饷委员起程日期折光绪十九年四月十九日

头品顶戴闽浙总督臣谭钟麟跪奏，为汇解各款京饷委员起程日期，恭折仰祈圣鉴事。

窃照光绪十九年分部拨内务府茶税京饷银五万两，户部茶税京饷银二十万两，东北边防经费银八万两，筹边军饷改为筹备饷需银十四万两，固本京饷银每月五千两，当饬司局筹解。兹解内务府茶税银一万两，户部茶税银一万两，东北防费银一万两，筹备饷需银一万两，固本京饷银一万两，委令候补知县俞振鸾督同号商如数筹垫，进京投纳。该委员定于四月二十四日起程，仍俟报到上库日期，再行由闽提款发还。据福建税厘、善后两局司道具详前来。

除分咨外，谨恭折具奏，伏乞皇上圣鉴。谨奏。

朱批："该衙门知道。"②

①《光绪朝朱批奏折·农业·雨雪粮价》第95辑第454页，光绪十九年四月十六日。
②《光绪朝朱批奏折·财政·经费》第87辑第432—433页，光绪十九年四月十九日。

073. 本年恩科乡试经费援案动拨片光绪十九年四月十九日

再，查闽省文武乡试，向由地丁款内额编牌坊银六千两，积至三年，以二年为科场经费，一年留充兵饷。如恭逢恩科，无款可支，历准动拨闽海关税银一万二千两。光绪元年乙亥恩科乡试，因闽海关并无存银，奏准改于七关商税项下，照数动拨备用在案。本年癸巳恩科乡试，应需经费，别无款项可筹，援案在于闽省七关商税项下动拨银一万二千两，作科场经费。据署福建藩司张国正具详前来。

除咨部外，臣谨附片具陈，伏乞圣鉴训示。谨奏。

朱批："户部知道。"①

074. 遵旨据实覆陈折光绪十九年五月初四日

头品顶戴闽浙总督臣谭钟麟跪奏，为遵旨据实覆陈，恭折仰祈圣鉴事。

窃臣准军机大臣字寄光绪十九年三月三十日奉上谕："福建邵武府知府董毓琦、福宁府知府严良勋，着谭钟麟悉心察看，如竟不能胜任，即行据实参奏，毋稍迁就，将此谕令知之。钦此！"遵旨寄信前来。

臣查邵武府知府董毓琦貌似有才，性情偏执，侈谈西学，究无实际。其待属员，以爱憎为是非，不顾大体。去岁腊底，邵武所属泰宁县民邓秀金有纠众抢夺押犯、拒伤兵役之案。臣即飞饬董毓琦星驰赴县，弹压解散，严拿首犯重惩。讵董毓琦延不动身，自委卸任建宁县知县钱登云前往查办，迨臣另派候补府邱瑞锦拿

①《光绪朝朱批奏折·财政·经费》第87辑第433页，光绪十九年四月十九日。

办结案，董毓琦尚摭拾浮词，粉饰其事，实属不知缓急，难胜表率之任。相应请旨，将邵武府知府董毓琦以通判降补，以警浮惰。福宁府知府严良勋人本长厚，识近迂拘，勤慎持躬，颇知自爱，虽才具不甚开展，于公事尚无贻误，可否仰恳天恩，准其留任供职。容臣随时察看，如不自振作，即行据实参奏。

所有遵旨覆陈缘由，谨缮折具奏，伏乞皇上圣鉴训示。再，所遗邵武府缺，请留于闽省另行拣补，合并声明。谨奏。

朱批："着照所请。吏部知道。"①

075. 为福建台湾道标都司紧要请以抚标守备宋喜发补授事 光绪十九年五月十三日

头品顶戴闽浙总督臣谭钟麟跪奏，为遴员请补海外陆路都司员缺，恭折仰祈圣鉴事。

窃照福建台湾道标都司周占标病故遗缺，部咨系台湾题补第一轮第二缺，应用尽先人员。臣于闽省尽先补用陆路都司内详加遴选，如李祥胜、吴大绶、甘宪超、周炳鑑均未历过台地，陈学曾现丁母忧，何永忠因案撤任，张达斌未经考验，均未便迁就请补。惟查有留闽尽先补用陆路都司福建抚标右营守备宋喜发，年五十一岁，湖南湘阴县人。由军功剿匪著绩，递保留闽尽先守备，奉部拟补汀州镇标右营守备，于长门击破法船出力案内保奖。光绪十年十一月十七日奉上谕："着以都司留闽尽先补用，并赏戴花翎。钦此！"旋于十三年八月十四日赴部引见，奉旨准其补授，领札赴任，调补抚标右营守备。该员老成谙练，营务留心，曾经调台差遣，委办福靖新后营事务，于台地风土情形较为熟悉，历任实缺守备，措置裕如，以之请补是缺都司，洵堪胜任，与例亦符。合无仰恳天恩，俯念台湾道标都司员缺紧要，准以宋喜发补授，

①《光绪朝朱批奏折·内政·职官》第9辑第8—9页，光绪十九年五月初四日。

于营伍、地方均有裨益。如蒙俞允，容俟部覆到日，给咨送部引见。

除饬取履历咨部外，所遗抚标右营守备员缺，接准部覆，另行遴员请补。谨会同台湾巡抚臣邵友濂、福建水师提督臣杨（歧）〔岐〕珍、福建陆路提督臣孙开华合词恭折具陈，伏乞皇上圣鉴，敕部议覆施行。谨奏。

朱批："兵部议奏。钦此！"①

076. 特参庸劣各员请旨分别降革以肃官常折光绪十九年五月二十六日

头品顶戴闽浙总督臣谭钟麟跪奏，为特参庸劣各员，请旨分别降革，以肃官常，恭折仰祈圣鉴事。

窃维世道之升降，系乎人才，民气之纯漓，视乎吏治。自登进宽而流品杂，以仕途为利途，于是风俗人心几不可问。自非随时严劾，无以惩贪墨而激善良。查有福建候补知府马宏斌，人本平庸，兼有嗜好，前藩司委办泉州厘局，短征巨万，自知瓜期将及，必干记过停委，辄百计营谋，预求改调厦门厘局。数月以来，又复短征，牟利取巧，为同寅所侧目。候补通判沈寿昌，前署沙县事，猝闻谣言，张皇失措，听差妄拿，几累无辜。候补通判许金绶，壹意营私，不知自爱。候补知县王宝善，徇利忘义，公事糊涂。候补盐大使华文浩，嗜好甚深，工于牟利，办理盐局，图饱私囊，不顾公事。闽清县典史孙盛唐，胆大妄为，惟利是视。候补县丞杨继文，鲜耻寡廉，情同无赖。相应请旨，将三品顶戴福建候补知府马宏斌即行革职。候补通判沈寿昌、许金绶，均以县主簿降补。候补知县王宝善，系进士出身，文理尚优，以教职归部铨选。候补盐大使华文浩、闽清县典史孙盛唐二员，均请即

---

①《光绪朝月折档》，《明清台湾档案汇编》第5辑第100册，第466—467页。

行革职。候补县丞杨继文，请革职，永不叙用。所有特参庸劣各员缘由，谨缮折具陈，伏乞皇上圣鉴训示。谨奏。

朱批：“另有旨。”①

077. 恭报福建省光绪十九年四月分晴雨粮价情形折 光绪十九年五月二十六日

头品顶戴闽浙总督臣谭钟麟跪奏，为恭报福建省光绪十九年四月分晴雨粮价情形，仰祈圣鉴事。

窃查福建省城，十九年四月分上、中、下三旬，得雨十四次。省外各属晴雨、粮价大略相同。据署福建布政使张国正开折具报前来。臣覆加查核，邵武、汀州府属上、中、下米价值，均较上月稍减。其余各属，与上月同。现在早禾秀发，杂粮茂盛，民情乂安，堪以上慰宸廑。理合恭折具陈，并缮清单，伏乞皇上圣鉴。谨奏。

朱批：“知道了。”②

078. 为台湾南路营参将员缺紧要请以闽浙陆路尽先参将刘有富补授事 光绪十九年五月二十八日

头品顶戴闽浙总督臣谭钟麟跪奏，为遴员请补海外水师陆路参将，恭折仰祈圣鉴事。

窃照台湾南路营参将员缺，部咨系陆路题补第一轮第一缺，应用尽先人员。臣查台湾现无已（考）〔收〕标合例尽先参将，随于闽省尽先补用陆路各参将内详加遴选。查有闽浙陆路尽先参将刘有富，年五十二岁，湖南湘阴县人。由武童随军剿匪著绩，递

---

①《光绪朝朱批奏折・内政・职官》第9辑第59—60页，光绪十九年五月二十六日。
②《光绪朝朱批奏折・农业・雨雪粮价》第95辑第473页，光绪十九年五月二十六日。

保花翎尽先副将，旋经奏留闽浙补用，光绪二年八月二十六日奉旨允准。于台湾三次剿平番社出力案内，保加总兵衔，造送履历，考验收标。因查守备保案不符，奉部递改，以参将遇缺即补，其留闽浙并总兵衔仍照原案注册，归班序补。该员老练稳慎，办事勤奋，曾在台湾立功保举，并委署北路右营游击，办理裕如，核计尽先名次在前，以之请补是缺，洵堪胜任。合无仰恳天恩，俯念台湾南路营参将员缺紧要，准以刘有富补授，于营伍、地方均有裨益。如蒙俞允，俟部覆到日，给咨送部引见。

除饬取履历另咨外，谨会同台湾巡抚臣邵友濂、水师提督臣杨（歧）〔岐〕珍、陆路提督臣孙开华合词恭折具陈，伏乞皇上圣鉴，敕部议覆施行。谨奏。

朱批：“兵部议奏。钦此！”①

079. 海疆巡道要缺拣调乏员吁恳准以遗缺道员补授折光绪十九年五月二十八日

头品顶戴闽浙总督臣谭钟麟跪奏，为海疆巡道要缺拣调乏员，吁恳天恩，准以遗缺道员补授，恭折仰祈圣鉴事。

窃准部咨，光绪十八年十月二十日奉上谕：“福建兴泉永道员缺紧要，着该督于通省道员内拣员调补，所遗员缺，着英璞补授。钦此！”查兴泉永道系冲、繁、难海疆兼三要缺，华洋杂处，抚辑尤难。非廉明勤干、能知大体之员，不足以资控制。闽省现任道员，皆久于其任，各有经手要件，未便遽调。遗缺道英璞由吏部郎中京察一等，奉旨记名，以道府用。旋调补户部银库郎中。十八年十月二十日奉旨补授福建兴泉永遗缺道。十九年五月初十日到省。臣前署户部侍郎任内，深悉该员勤明干练，公事细心，以之请补兴泉永道，可期胜任。合无仰恳天恩，俯准以英璞补授兴

①《光绪朝月折档》，《明清台湾档案汇编》第5辑第100册，第484—485页。

泉永道，以重地方。据福建署藩司张国正、署臬司陈鸣志会详前来。

除咨部外，谨缮折具陈，伏乞皇上圣鉴训示。谨奏。

朱批：“着照所请，吏部知道。”①

080. 请以蔡轩堪调署仙游县知县片 光绪十九年五月二十八日

再，署仙游县知县王士骏饬赴松溪县新任供职，所遗仙游县缺，查有准调南安县知县蔡轩堪以调署，据福建藩、臬两司会详前来。谨附片具陈，伏乞圣鉴。谨奏。

朱批：“吏部知道。”②

081. 闽省光绪十八年下半年收支税厘数目折 光绪十九年五月二十八日

头品顶戴闽浙总督臣谭钟麟跪奏，为闽省光绪十八年下半年收支税厘数目，恭折具报，仰祈圣鉴事。

窃各省厘金，照章半年奏报一次，闽省税厘数目，业经报至光绪十八年闰六月止在案。兹据署藩司张国正会同厘局司道详称，十八年七月起至十二月止，共收银六十五万一千三百一两零，除拨解京协各饷并给各处防军薪粮、修制军装、师船及一切善后经费，共银九十二万六千七十一两零，计不敷银二十七万四千七百七十两。缘前解京饷，系先令号商垫解，俟上库后，由闽提还，所有不敷之数，均于续征税厘拨补等情前来。

除将数册咨部外，谨开单缮折具陈，伏乞皇上圣鉴。谨奏。

---

①《光绪朝朱批奏折·内政·职官》第9辑第65—66页，光绪十九年五月二十八日。

②《光绪朝朱批奏折·内政·职官》第9辑第66页，光绪十九年五月二十八日。

朱批："户部知道。单并发。"①

082. 汇解各款京饷委员起程日期折光绪十九年六月十六日

头品顶戴闽浙总督臣谭钟麟跪奏，为汇解各款京饷委员起程日期，恭折仰祈圣鉴事。

窃照光绪十九年分部拨户部茶税京饷银二十万两，西征洋款改为加放俸饷银二十万两，固本京饷银每月五千两，添拨税厘京饷银十万两，洋药厘金京饷银五万两，当饬司局筹解。先已筹备户部茶税银二万两，加放俸饷银一万两，固本京饷银二万两，委令候补知县俞振鸾督同号商汇解赴京投纳，先后具奏在案。兹再筹解户部茶税京饷银二万两，加放俸饷银一万两，固本京饷银一万两，并筹备添拨税厘京饷银一万两，洋药厘金京饷银一万两，委令候补知府聂元龙督同号商如数筹垫，进京投纳。该委员定于本年六月二十四日起程，仍俟报到上库日期，再行由闽提款发还。据福建税厘、善后两局司道具详前来。

除分咨查照外，谨缮折具陈，伏乞皇上圣鉴。谨奏。

朱批："户部知道。"②

083. 邱晋昕调署邵武府知府片光绪十九年六月十六日

再，邵武府知府董毓琦降补遗缺，查有试用知府邱晋昕老练稳慎，堪以委署。据福建藩、臬两司会详前来。

除咨部外，谨附片具陈，伏乞圣鉴。谨奏。

---

①《光绪朝朱批奏折·财政·杂税》第77辑第574页，光绪十九年五月二十八日。

②《光绪朝朱批奏折·财政·经费》第87辑第465页，光绪十九年六月十六日。

朱批："吏部知道。"①

084. 恭报晴雨粮价情形折光绪十九年六月十六日

头品顶戴闽浙总督臣谭钟麟跪奏，为恭报晴雨粮价情形，仰祈圣鉴事。

窃查福建省城，光绪十九年五月初七、八日，得雨深透，粮价稍平。省外各属晴雨、粮价略同。兹据署福建布政使张国正开折具报前来。臣覆加查核，泉州府属上、中、下米价值，均较上月稍减。延平、建宁、汀州、永春等府州属上、中、下米价值，均较上月稍增。其余各属，与上月同。现在早禾登场，杂粮茂盛，民情乂安，堪以上慰宸廑。理合恭折具陈，并缮清单，伏乞皇上圣鉴。谨奏。

朱批："知道了。"②

085. 闽省十五年以前盐务各员未完正杂款银援案恳恩豁免折光绪十九年六月十八日

头品顶戴闽浙总督臣谭钟麟跪奏，为闽省十五年以前盐务各员未完正、杂款银，援案恳恩豁免，敬缮清单，恭折仰祈圣鉴事。

据署福建布政使张国正、盐法道龙锡庆详称：奉准部咨，光绪十五年正月二十七日、三月十五日两次钦奉恩诏，由部酌议豁免官亏章程，奏奉谕旨，转行钦遵办理。等因。遵经该道设局委员，将盐务官帮各员追赔，缺销正、杂盐课、盐折等款银两，除前届光绪元年恩诏案内，造册咨部请豁外，所有未豁缺销赔课及闽盐改行票运以后参追各员征存盐折等款，凡事在十五年三月十

①《光绪朝朱批奏折·内政·职官》第9辑第94页，光绪十九年六月十六日。

②《光绪朝朱批奏折·农业·雨雪粮价》第95辑第485页，光绪十九年六月十六日。

六日钦奉恩诏以前者，查照部议章程，分檄各府县查明各该员历过任所，有无寄顿财产，出具印结，详送核办。兹据取结呈送，并据该局员查明已故、回籍及改省各员，前在闽省服官历过任内未完各年正、杂等款银一十八万九千四百四十三两五钱一分六厘三毫三丝五忽八微，或系本人侵挪，或系征收缺额，均核与此次应豁条款相符。合将各项册折随同印结，详送察核，奏咨办理。至各员原籍有无家产，应咨原籍各省查明取结，径送户部请豁，以归简易，合并声明等情前来。

除册结送部查核外，谨缮简明清单，恭折具陈，伏乞皇上圣鉴，敕部核覆施行。谨奏。

朱批："户部议奏。单并发。"①

086. 闽省新海防捐输第十次收捐银数恳恩奖叙折光绪十九年六月十八日

头品顶戴闽浙总督臣谭钟麟跪奏，为闽省新海防捐输第十次收捐银数恳恩奖叙，以昭激劝，恭折仰祈圣鉴事。

窃闽省新海防捐，自光绪十六年二月十一日办起，截至十八年十月底止，报捐官职贡监，共收实银五万九千三百三十六两八钱，分案编列八次，先后奏奖。所收捐项，遵照部行，分别解赴海军衙门及直隶省察收。嗣因厦门购炮筑台，援案奏准留新海防捐款动用，复将截至十九年三月底止，收捐银二万九千一百七十四两三钱二分，留闽备用，照案编列第九次奏奖在案。兹自光绪十九年四月初一日起至月底止，据郭怀珠等五十四员名报捐各项实职监生，共收实银二万二千九百五十四两，先填司印，实收给领。俟部颁执照发换，所收银两，留闽备用。据福建善后局司道编作第十次造册，详请具奏前来。

①《光绪朝朱批奏折·财政·盐务》第75辑第652页，光绪十九年六月十八日。

臣覆核无异，合无仰恳天恩，俯准奖叙，以昭激劝。除造具细册分送部监查核外，谨缮折具陈，伏乞皇上圣鉴，敕部议覆施行。谨奏。

朱批："户部议奏。"①

087. 通判知县先后试看期满片 光绪十九年六月十八日

再，劳绩捐纳分发各员，自到省之日起，试用一年期满，详加甄别，历经办理在案。兹福建候补班补用通判左元成、大挑试用知县宋时雍，先后试看期满。据藩、臬两司照例甄别会详请奏前来。

臣查该员左元成年强才裕，公事细心，堪以通判留闽。宋时雍人甚安详，心地朴实，堪以知县留闽。分别按班序补。

除履历咨部外，谨附片具陈，伏乞圣鉴。谨奏。

朱批："吏部知道。"②

088. 英璞应先饬赴任供职片 光绪十九年六月十八日

再，福建兴泉永道员缺，经臣具奏，即以遗缺道英璞请补在案。应先饬赴任供职，以专责成。

除咨部外，谨附片陈明，伏乞圣鉴。谨奏。

朱批："知道了。"③

---

①《光绪朝朱批奏折·财政·捐输》第80辑第372—373页，光绪十九年六月十八日。

②《光绪朝朱批奏折·内政·职官》第9辑第95页，光绪十九年六月十八日。

③《光绪朝朱批奏折·内政·职官》第9辑第95页，光绪十九年六月十八日。

089. 为福建省乡试援案奏请学政代办监临事光绪十九年六月二十日

头品顶戴闽浙总督臣谭钟麟跪奏，为福建省乡试，援案奏请学政代办监临，恭折仰祈圣鉴事。

窃直省乡试，例应巡抚入闱监临，福建省自巡抚改驻台湾后，历届乡试均经学臣入闱，代办监临。本年举行恩科乡试，臣兼管巡抚事，不克分身入闱，相应援案奏请，以学政臣王锡蕃代办监临。至科场一切应办事宜，仍由臣督饬藩司等遵照条例，妥为办理。除分咨外，谨缮折具陈，伏乞皇上圣鉴。谨奏。

朱批："着照所请。礼部知道。钦此！"①

090. 筹备各款京饷提前委员汇解以济要需折光绪十九年六月二十四日

头品顶戴闽浙总督臣谭钟麟跪奏，为筹备各款京饷提前委员汇解，以济要需，恭折仰祈圣鉴事。

窃照光绪十九年部拨福建京饷，业经分批委解十二万两，先后具奏在案。顷接电报，畿辅猝遭水患，赈济一切，需款孔殷，亟应筹款驰解。而闽省公私匮乏，一时无可通融，仰屋寻思，倍深焦灼。当经借银三万两，由号商刻期兑交顺天府备赈，并饬司道将本年应解京饷竭力腾挪，提前解部，以应急需。一面督饬劝办赈捐，设法筹款接济。据善后、税厘局司道具详，与各银号婉商，赶紧垫解银十五万两，内茶税京饷三万两，加放俸饷二万两，添拨税厘京饷二万两，筹备饷需二万两，固本京饷一万两，盐道筹备京饷五万两，委补用知县何建忠督商进京，交户部投纳。定

①《光绪朝月折档》，《明清台湾档案汇编》第5辑第100册，第514页。

于本年七月初一日星驰起程，尽限一月解到。

除分咨外，谨缮折具陈，伏乞皇上圣鉴。谨奏。

朱批："户部知道。"①

091. 为敬陈温州澎湖二镇实在情形请旨将总兵对调以期得力事光绪十九年七月十三日

头品顶戴闽浙总督臣谭钟麟跪奏，为敬陈温州、澎湖二镇实在情形，请旨将总兵对调，以期得力，恭折仰祈圣鉴事。

窃照去秋闽、浙连界海洋不靖，商船失事，以海门镇所辖洋面为多，温州、定海两镇次之，臣与浙江抚臣、提臣派拨兵轮，并添设护商师船，整顿巡缉，获盗多起，洋面渐为安谧。此后非总兵大员随时亲自出洋，督饬梭巡，严明赏罚不为功。臣已奏明，责成海门、温州、定海三镇一体遵办在案。至澎湖为台湾、厦门出入咽喉，旧设一副将，近年始改海坛总兵镇之。其地一岛孤悬，居民鲜少，商旅来往多用轮船，故该处洋面无劫掠之事。论地势扼要，似温州僻而澎湖冲。论目前情形，则澎湖轻而温州重。现任温州镇总兵周振邦，办事稳慎，曾任台湾水师协，于台、澎情形极为熟悉。新授澎湖镇总兵张其光，曾任温州镇，熟谙海道，督缉认真。臣抚浙时，张其光署浙江提督，深悉其人，办事结实，现已入都陛见。可否与温州镇互调，俾人地各得其宜，伏候圣明裁夺。

谨缮折具陈，伏乞皇上圣鉴训示。谨奏。

朱批："另有旨。钦此！"②

---

①《光绪朝朱批奏折·财政·经费》第 87 辑第 469 页，光绪十九年六月二十四日。

②《光绪朝月折档》，《明清台湾档案汇编》第 5 辑第 101 册，第 83—84 页。

092. 为承袭各项世职荫监汇开清单事光绪十九年七月十四日

头品顶戴闽浙总督臣谭钟麟跪奏，为承袭各项世职、荫监，汇开清单，恭折仰祈圣鉴事。

窃照福建报捐州同职衔周兆书、按照磨职衔陈庆安、选用训导冯昌腆，从九品职衔张朝忠、陈廉，原任泉州城守营千总翁鸣凤，金门镇标右营把总江顺宝，从九品职衔谢芳华，报捐营千总阙文忠，外委林斌、吴天佑、邹上国，选用通判梁佐年，从九品职衔邹庆熙、杜庆康、盛墉，或因办团殉难，或因剿匪阵亡，均经部臣议给云骑尉世职，袭次完时，给予恩骑尉，世职罔替。又原任浙江杭州防御顾治国，随军剿平金华等处阵亡，钦奉恩旨，赏给恩骑尉，世袭罔替。又外委林开芳，因防戍积劳病故，经部臣议给伊子八品荫监生。兹据各该地方官查明难裔武生周龙光等十八员，分别呈请接袭云骑尉、恩骑尉、荫监各世职，讯取族邻图册、供结加结，检同敕书径详前来。经臣考验，得周龙光、陈福祺、冯振恩、张灿标、陈庆祺、翁世禄、江天辉，堪准接袭云骑尉世职，檄发陆路标营学习。谢秉铨、阙华瑞、林树钧、吴廷恩，堪以接袭云骑尉世职，檄发水师标营学习。林孝晟堪准承荫八品监生，檄发陆路标营效力。监生顾瑞琛，堪准兼袭恩骑尉世职。难裔邹廷杰、梁世承、邹肇枫、杜登瀛、盛振康，堪准承接袭云骑尉世职，给予半俸。除俟各该员及岁期满，另行照例办理，并将图册、供结送部外，谨将接袭各世职、荫监开列清单，恭折具陈，伏乞皇上圣鉴，敕部议覆，分别填给敕书发领施行。谨奏。

朱批："该部议奏。单并发。钦此！"①

---

①《光绪朝月折档》，《明清台湾档案汇编》第5辑第101册，第84—85页。

093. 闽省新海防捐输第十一次收捐银数恳恩奖叙折光绪十九年七月十八日

头品顶戴闽浙总督臣谭钟麟跪奏，为闽省新海防捐输第十一次收捐银数恳恩奖叙，以昭激劝，恭折仰祈圣鉴事。

窃闽省新海防捐，自光绪十六年二月十一日办起，截至十八年十月底止，报捐官职、贡监，共收实银五万九千三百三十六两八钱，分案编列八次，先后奏奖。所收捐项，遵照部行，分别解赴海军衙门及直隶省察收，嗣因厦门购炮筑台，援案奏准留新海防捐款动用。截至十九年四月底止，收捐银五万二千一百二十八两三钱二分，照案编列第九、第十两次奏奖在案。兹自光绪十九年五月初一日起至月底止，据傅政等七十一员名报捐各项实职翎枝，共收实银四万三千一百四十两八钱，先填司印，实收给领。俟部颁执照发换，所收银两，留闽备用。据福建善后局司道编作第十一次造册，详请具奏前来。

臣覆核无异，合无仰恳天恩，俯准奖叙，以昭激劝。除造具细册送部查核外，谨缮折具陈，伏乞皇上圣鉴，敕部议覆施行。谨奏。

朱批：“户部议奏。”①

094. 施锡卫开缺回籍修墓片光绪十九年七月十八日

再，福建漳浦县知县施锡卫，江苏嘉定县进士，即用知县，签掣福建。同治十三年十二月十六日到闽，历署平和、新竹等县。光绪八年，补授漳浦县。九年四月到任。十五年三月，调署宁德

---

①《光绪朝朱批奏折·财政·捐输》第80辑第379页，光绪十九年七月十八日。

县。十七年十二月，饬回本任。兹据该员禀称，接到家信，知祖墓被风雨摧残，亟须修理，请援案开缺，回籍修墓。由署藩司张国正、署臬司陈鸣志会详声明，饬令该员迅将各任内经手事件交代清楚，备具亲供，呈请给咨回籍等情前来。核与成案相符。

除咨部外，谨附片具陈，伏乞圣鉴，敕部开缺。其所遗漳浦县知县，系调缺，俟准到部覆，另行拣员调补。合并陈明。谨奏。

朱批："吏部知道。"①

095. 张茂贵委署漳浦县知县片 光绪十九年七月十八日

再，漳浦县知县施锡卫，请回籍修墓，遗缺应即遴员接署，以专责成。查有新选漳平县知县张茂贵，堪以委署。据福建藩、臬两司会详前来。

除咨部外，谨附片具陈，伏乞圣鉴。谨奏。

朱批："吏部知道。"②

096. 知县欠解征存光绪十八年地丁银两片 光绪十九年七月十八日

再，已故前永定县知县谢昌霖欠解征存光绪十八年地丁银一千一百八两，耗羡银五百六十两，驿站银一百五十一两，税契银九十九两，节年丁耗存留减平及外结各款银三千九百五十三两，谷十八石零。均关造报要款，节经催追，未据解完。据福建署藩司张国正、署臬司陈鸣志、兼署粮道龙锡庆，准据该管道府揭请参追前来。查该故员谢昌霖，已于十八年计典案内劾参，所有欠解前项银谷，相应奏明，提属勒限两个月追缴，倘再宕延，从严

①《光绪朝朱批奏折·内政·职官》第9辑第141页，光绪十九年七月十八日。
②《光绪朝朱批奏折·内政·职官》第9辑第142页，光绪十九年七月十八日。

追办。

除咨部外，谨附片陈明，伏乞圣鉴训示。谨奏。

朱批："着照所请，该部知道。"①

097. 闽省光绪十八年征收新旧钱粮数目循例开单折光绪十九年八月十六日

头品顶戴闽浙总督臣谭钟麟跪奏，为闽省光绪十八年征收新旧钱粮数目，循例开单，恭折仰祈圣鉴事。

窃查本年八月初二日，据署福建布政使张国正详称：十八年分额征地丁银一百二十三万二千九百七十九两零，内存留银一十九万九千九百一十五两零，起运银一百三万三千六十四两零，已完银一百万七千七百九十八两零，内存留银一十八万四千三百三十八两零。尚应完银八十二万三千四百六十两零，内除前古田县林大受等员征存地丁银六千五百三十三两零，业经奏参，分别革职监追，应俟解到，另归参案办理外，实收解司地丁银八十一万六千九百二十七两零。旧赋光绪十四、十五、十六、十七各年地丁，共银八十六万九千六百五十九两零，内据各属续完银六千三百一十二两零，续完参追银三百八十二两零，均经汇入十八年随本奏销册内造报。共完银六千六百九十五两零，未完银八十六万二千九百六十四两零。内地丁未完银八十二万一千五百一十八两零，参追未完银四万一千四百四十六两零。又杂税光绪十四、十五、十六、十七各年原欠租税银二千五百七十七两零，未据完解。原欠铁炉课银二百六十七两零，内据解完银三十三两零，应俟汇入光绪十九年秋拨册内造报。尚未完银二百三十三两零，原欠牙帖杂税银一百九十两零，原欠牛猪杂税银四百一十三两零，均未据完解。以上未完正、杂钱粮，现催各属赶征解缴等情前来。

①《光绪朝朱批奏折·财政·库储》第82辑第122页，光绪十九年七月十八日。

臣覆查无异，除咨部外，谨恭折具陈，并缮清单，伏乞皇上圣鉴。谨奏。

朱批："户部知道。单并发。"①

098. 查明闽省十八年经征钱粮未完一分以上各员职名开单折光绪十九年八月十六日

头品顶戴闽浙总督臣谭钟麟跪奏，为查明闽省十八年经征钱粮未完一分以上各员职名开单，仰祈圣鉴事。

窃前准部咨：钱粮奏销，一面具题，一面将未完一分以上各员名，开具简明清单，专折奏报外，将各州县额征及完欠分数详细开单送部。等因。现届光绪十八年奏销之期，于十九年七月二十四日，据福建署布政使张国正、兼署督粮道龙锡庆，将经征未完一分以上各员，开具职名前来。

臣覆核无异，除册咨部外，谨缮折开单具奏，恭呈御览，伏乞皇上圣鉴。谨奏。

朱批："户部议奏，单并发。"②

099. 闽省新案交代已结各案开单折光绪十九年八月十六日

头品顶戴闽浙总督臣谭钟麟跪奏，为闽省新案交代已结各案开单，仰祈圣鉴事。

窃照闽省新案交代，业经开单奏报至十八年十二月止，兹据署藩司张国正详称，光绪十九年正月起至六月底止，半年届满，所有二参限内已结各案，交代照章分晰开单，详请具奏前来。

臣覆查无异，除咨部查照外，理合开单缮折具陈，伏乞皇上

①《光绪朝朱批奏折·财政·田赋地丁》第67辑第3—4页，光绪十九年八月十六日。
②《光绪朝朱批奏折·财政·田赋地丁》第67辑第5页，光绪十九年八月十六日。

圣鉴。谨奏。

朱批："户部知道。单并发。"①

100. 恭报晴雨粮价情形折 光绪十九年八月十六日

头品顶戴闽浙总督臣谭钟麟跪奏，为恭报晴雨粮价情形，仰祈圣鉴事。

窃查福建省城光绪十九年七月分上、中、下三旬得雨十次，省外各属晴雨粮价略同。兹据福建布政使黄毓恩开折具报前来。臣覆加查核，延平、汀州、龙岩等府州属上、中、下米价值，均较上月稍减。建宁府属上、中、下米价值，均较上月稍增。其余各属与上月同。现在晚禾吐穗，杂粮茂盛，民情乂安。堪以上慰宸廑。理合恭折具陈，并缮清单，伏乞皇上圣鉴。谨奏。

朱批："知道了。"②

101. 黄毓恩应饬赴任供职片 光绪十九年八月十六日

再，新授福建布政使黄毓恩，于光绪十九年八月初五日抵闽，应饬赴任供职。署藩司张国正、署臬司陈鸣志、兼署粮道盐法道龙锡庆，均饬回本任，以专责成。

除咨部外，谨附片具陈，伏乞圣鉴。谨奏。

朱批："吏部知道。"③

---

①《光绪朝朱批奏折·财政·库储》第82辑第130页，光绪十九年八月十六日。

②《光绪朝朱批奏折·农业·雨雪粮价》第95辑第510页，光绪十九年八月十六日。

③《光绪朝朱批奏折·内政·职官》第9辑第182页，光绪十九年八月十六日。

102. 汪臣洽调署连城县知县片光绪十九年八月十六日

再，连城县知县冯兴猷因案撤任，所遗连城县缺，应即遴员前往接署。查有宁洋县知县汪臣洽老练稳慎，堪以调署。据藩、臬两司会详前来。

除咨部外，谨附片具陈，伏乞圣鉴。谨奏。

朱批："吏部知道。"①

103. 闽省新海防捐输第十二次收捐银数恳恩奖叙折光绪十九年八月二十日

头品顶戴闽浙总督臣谭钟麟跪奏，为闽省新海防捐输第十二次收捐银数恳恩奖叙，以昭激劝，恭折仰祈圣鉴事。

窃闽省新海防捐，自光绪十六年二月十一日办起，截至十八年十月底止，报捐官职、贡监，共收实银五万九千三百三十六两八钱，分案编列八次，先后奏奖。所收捐项，遵照部行，分别解赴海军衙门及直隶省察收。嗣因厦门购炮筑台，援案奏准，留新海防捐款动用，截至十九年五月底止，收捐银九万五千二百六十九两一钱二分，照案编列第九、第十、第十一等次奏奖。又九次请奖案内，保举补用知府、知州张庆钧，补捐免补本班银一千八十七两二钱，并经咨奖各在案。兹自十九年六月初一日起至月底止，据戴凤仪等五十八员名报捐各项实职，共收实银三万八千六百二十一两四分，先填实收给领，俟部颁执照发换，所收银两，留闽备用。据福建善后局司道编作第十二次造册请奏前来。

臣覆核无异，合无仰恳天恩，俯准奖叙，以昭激劝。除造具

---

①《光绪朝朱批奏折·内政·职官》第9辑第183页，光绪十九年八月十六日。

细册送部查核外，谨缮折具陈，伏乞皇上圣鉴，敕部议覆施行。谨奏。

朱批："户部议奏。"①

104. 知县实缺选调房考片 光绪十九年八月二十日

再，查科场条例内载：各省乡试房考，如现任人员不敷考选，准于即用分发人员内，择其文理优长者，与实缺人员一体选充，专折奏明。等因。历经遵办在案。兹福建省癸巳恩科乡试，照例应派房考十二员，经臣会同学政臣王锡蕃选得署同安县事宁德县知县寇宗华、永春州知州沈受谦、署建宁县事光泽县知县李子茂、平潭同知骆腾衢、署福鼎县事长汀县知县方朝渠、永安县知县叶新第六员，均系实缺。此外，科甲出身人员，或现居要缺，或承办要务，不敷选调。并于候补人员内选得即用知县王室藩、彭光湛、谭子俊、章文绶，试用知县廖鸿绪，大挑知县单昭瑾六员。

以上实缺、候补共十二员，文理俱优，堪充内帘房考。其余檄调各员，分别派办外帘执事，谨附片具陈，伏乞圣鉴。谨奏。

朱批："知道了。"②

105. 为请将记名总兵邓斌仪等员分别留闽浙差委补用事附片 光绪十九年九月十八日

再，花翎记名总兵邓斌仪，湖南衡阳县人，由军功随剿闽、浙、皖、陕等省，递保留陕甘尽先副将，光绪十年改留闽省候补，于台湾基、沪获胜案内保奖。十二年四月十八日奉旨：以总兵记名简放。现在漳州管带练兵，据漳州镇总兵侯名贵禀请，仍留闽

①《光绪朝朱批奏折·财政·捐输》第80辑第384页，光绪十九年八月二十日。

②《光绪朝朱批奏折·文教·科举》第104辑第945—946页，光绪十九年八月二十日。

省差委。

又花翎记名总兵张高胜，湖南泸溪县人，由武童随剿安徽等省，递保尽先副将，光绪九年来闽投效，于长门拒击法船出力案内保奖。十年十一月十七日奉旨：以总兵记名简放。现在省标差遣，据该员禀请，改留闽、浙差委。

又花翎尽先参将徐文庆，河南固始县人，由武童随剿安徽、陕、甘等省，递保副将衔游击，于剿办台湾后山番社出力保奖。光绪元年十月十六日奉上谕："着以参将归于河南尽先补用，并赏给彰勇巴图鲁名号。复于陕、甘酌保边防各军在事出力案内请奖，奉部议准，俟补参将后，以副将遇缺前先补用，旋经改留两江候补。十八年渡台投效，准福建台湾巡抚邵友濂咨请，改留闽浙候补。"

又花翎尽先游击符明德，湖南湘阴县人，由武童历在陕、甘随军出力，递保都司，于攻克吐鲁番满汉两城出力案内保奖。光绪四年正月二十五日奉上谕："着以游击尽先补用。十年来闽，现在漳州差遣，据漳州镇总兵侯名贵禀请，留闽浙补用。"

又花翎尽先游击喻吉云，湖南宁乡县人，由武童历在陕、甘随剿著绩，递保蓝翎都司，于攻克吐鲁番满汉两城案内出力保奖。光绪四年正月二十五日奉上谕："着以游击尽先补用，并赏换花翎。十六年到浙投效，准浙江提督冯南斌咨请，留浙补用。"

又花翎尽先都司唐丙焜，湖南善化县人，由武童投效新疆，随军著绩，得保守备，于五次剿平边寇案内保奖。光绪七年五月二十日奉上谕："着以都司尽先补用。复于关内七载防军出力案内请奖，奉部议准，俟补缺后以游击补用。十八年来闽，据福宁镇总兵曾志忠禀请，留闽候补。"

臣查该总兵等自来闽、浙，历委差务，均无贻误，地方情形亦俱熟悉，现当整顿营伍，差遣需人，可否仰恳天恩，俯准将记名总兵邓斌仪仍留闽省差委，张高胜改留闽浙差委，参将徐文庆、游击符明德均留闽、浙补用，游击喻吉云、都司唐丙焜分别留浙、留闽补用。

除饬取各履历，分咨军机处、兵部查照外，谨附片陈请，伏乞圣鉴训示。谨奏。

朱批："着照所请。兵部知道。钦此！"①

106. 为台湾艋舺营水师参将员缺紧要请以游击陈宗凯补授事光绪十九年九月十八日

头品顶戴闽浙总督臣谭钟麟跪奏，为遴员请补外海水师参将员缺，恭折仰祈圣鉴事。

窃福建台湾艋舺营参将陈友定降补遗缺，系台湾外海水师题补之缺，准到部咨，第一轮第一缺，应用尽先人员，照章拣员请补。等因。部定新章，台湾武职缺出，先尽台湾劳绩保举及候补人员请补。等语。臣查台湾现无此项合例候补之员，随于闽省内地尽先水师参将内详加遴选。除李田现在山东管驾兵船，于是缺人地不宜，未便迁就请补。惟有蓝翎副将衔留闽尽先补用参将现任水师提标左营游击陈宗凯，年五十七岁，福建同安县人。由世职骑都尉赴台剿匪著绩，保举游击，补授浙江太湖营游击，旋补福建水师提标左营游击，于光绪十六年十一月到营任事。曾署澎湖协副将，南路营、嘉义营各参将篆务，于台湾剿办叛番、土匪出力案内保奖，以参将留闽尽先补用，并加副将衔。光绪十七年正月二十八日奉旨：允准造送履历，咨部注册序补。该员年力尚强，水务熟悉，历署台湾副将、参将员缺，措置裕如，且系在台劳绩保举，于台地风土情形极为熟悉，以之请补是缺，洵堪胜任。合无仰恳天恩，俯念台湾艋舺营水师参将员缺紧要，准以陈宗凯补授，于营伍、洋防均有裨益。如蒙俞允，俟部覆到日，给咨送部引见。

①《光绪朝月折档》，《明清台湾档案汇编》第5辑第101册第184—185页。

除饬取履历另咨外，所遗水师提标左营游击员缺，应请留闽遴员请补。谨会同台湾巡抚臣邵友濂、水师提督臣杨岐珍，合词恭折具陈，伏乞皇上圣鉴，敕部议覆施行。谨奏。

朱批：“兵部议奏。钦此！”①

107. 为奏请掣补沪尾水师守备陈步云与准补台湾水师协标左营守备李廷琛互相调补事附片光绪十九年九月十八日

再，福建台湾沪尾水师守备员缺，前以预保守备陈步云掣补，该员系由本营入伍，例应回避。经臣咨准部覆，在于台湾水师守备内拣员对调。等因。查有准补台湾水师协标左营守备李廷琛，年五十七岁，福建诏安县人，由军功递保留闽尽先守备，奏补台协左营守备，已奉部咨议准。该员水务熟悉，曾署沪尾水师守备，以之调补是缺，洵堪胜任。所遗台湾水师协标左营守备，即以掣补沪尾水师守备陈步云对调，与例亦符。合无仰恳天恩，俯准陈步云与李廷琛互相调补，俾人地各得其宜，营伍、洋防均有裨益。陈步云由掣补守备对调，应毋庸送部，李廷琛准补台协左营守备，业经饬令，请咨送部引见。

除饬取履历另咨外，谨会同台湾巡抚臣邵友濂、福建水师提督臣杨岐珍，附片具陈，伏乞圣鉴，敕部议覆施行。谨奏。

朱批：“兵部议奏。钦此！”②

---

①《光绪朝月折档》，《明清台湾档案汇编》第5辑第101册，第186—187页。
②《光绪朝月折档》，《明清台湾档案汇编》第5辑第101册，第180—181页。

108. 为台湾嘉义营守备员缺紧要准以尽先补用守备庄家驹补授事附片光绪十九年九月十八日

再，福建台湾嘉义营守备何永忠降补遗缺，部咨第一轮第一缺，应用尽先人员。臣于闽省陆路尽先守备内详加遴选，除台营现无收标合例人员堪以请补外，其内地名次在前之曾士扬、冯瑞凤、陆朝、吴玉佩均于是缺人地不宜，未便迁就请补。惟有尽先补用守备庄家驹，年三十八岁，广东普宁县人，由世职云骑尉赴台差遣，于台湾三次剿平番社出力保奖。光绪五年十月二十五日奉旨："着以守备留闽尽先补用。钦此！"续经考验收标，造送履历，咨部注册序补。该员年力精壮，技艺素娴，现无违碍事故，且系在台劳绩保举之员，于台地风土民情极为熟悉，以之请补是缺，堪期胜任，核与例章亦符。合无仰恳天恩，俯念台湾嘉义营守备员缺紧要，准以庄家驹补授，于营伍、地方均有裨益。如蒙俞允，俟部覆到日，给咨送部引见。

除饬取履历另咨外，谨会同台湾巡抚臣邵友濂、水师提督臣杨岐珍、陆路提督臣孙开华，合词附片具陈，伏乞圣鉴，敕部议覆施行。谨奏。

朱批："兵部议奏。钦此！"①

109. 为奏请海坛协标左营都司杨兴隆与澎湖镇标右营都司吴永兆互相调补事光绪十九年九月十八日

头品顶戴闽浙总督臣谭钟麟跪奏，为遴员请调水师都司员缺，

①《光绪朝月折档》，《明清台湾档案汇编》第5辑第101册，第181—182页。

恭折仰祈圣鉴事。

窃准兵部咨，福建海坛协标左营都司杨兴隆系福州府人，与是缺例应回避，行令拣员对调。等因。臣查闽省内地额设水师都司五员，除闽安、海坛左右四营都司驻扎福州，与该员俱属本府，金门营都司潘玉泰现经另折请与闽安右营都司杨鼎爵互相调补，未便再行请调外，惟有台湾澎湖镇标右营都司吴永兆，年五十九岁，福建同安县人。由水勇递保守备，补授海坛左营守备，历升台协中营都司，因该协中、右两营改为台东陆路案内裁归应补班候补，光绪十七年间奏准抵补澎湖镇标右营都司，于是年十一月到任。该员人甚勤奋，水务素娴，以之调补海坛左营都司，洵堪胜任。其所遗台湾澎湖镇标右营都司员缺，查有应行拣调之海坛左营都司杨兴隆，年五十二岁，福建闽县人，由承袭世职恩骑尉递保守备，升补澎湖左营都司，因海坛、澎湖镇协互调案内改调海坛左营都司，于十五年三月任事。先于剿办台湾埤南叛番出力，奏准以游击补用。造送履历，咨准部查，是否随缺移拨，抑或另行改补，声覆到日，再行给札，经臣于本年五月内附片覆奏。现任守备以上各员，均已先后随缺移拨在案。该员年力强健，巡缉认真，以之调补澎湖右营都司，亦堪称职。至闽、台现已分省，迭准部咨，台湾实缺人员不得率调内地。惟杨兴隆本系澎湖都司，吴永兆曾任海坛守备，于两处风土情形均称熟悉，与例亦符。合无仰恳天恩，俯准杨兴隆与吴（元）〔永〕兆互相调补，俾人地各得其宜，营伍、洋防两有裨益。如蒙俞允，该二员均系实缺都司对品调补，衔缺相当，毋庸再行引见。

除饬取各履历，另行咨部外，谨会同福建台湾巡抚臣邵友濂、水师提督臣杨（歧）〔岐〕珍，合词恭折具陈，伏乞皇上圣鉴，敕部议覆施行。谨奏。

朱批："兵部议奏。钦此！"①

---

①《光绪朝月折档》，《明清台湾档案汇编》第5辑第101册，第182—183页。

110. 汇解各款京饷委员起程日期折光绪十九年九月二十四日

头品顶戴闽浙总督臣谭钟麟跪奏，为汇解各款京饷委员起程日期，恭折仰祈圣鉴事。

窃照光绪十九年分福建省部拨京饷，业经分批委解，先后具奏在案。兹再筹解固本京饷一万两，筹备饷需一万两，加放俸饷二万两，东北防费一万两，内务府茶税一万两。委候补直隶州知州恒秀督同号商进京投纳，定于九月初十日起程，俟报到上库日期，再行由闽发还。据善后税厘局司道具详前来。

除分咨外，谨缮折具陈，伏乞皇上圣鉴。谨奏。

朱批："该衙门知道。"①

111. 闽省光绪十九年分部拨关东铁路经费片光绪十九年九月二十四日

再，查闽省光绪十九年分部拨关东铁路经费银五万两，前准直隶督臣李鸿章咨，径解天津济用在案。现由司库筹银二万两，委令候补直隶州知州恒秀督同号商解赴天津投纳。定于本年九月初十日起程，尚未解银三万两，俟秋拨核定，即当找解清款。据福建税厘局司道会同藩司具详前来。

除分咨外，谨附片陈明，伏乞圣鉴。谨奏。

朱批："该衙门知道。"②

①《光绪朝朱批奏折·财政·经费》第87辑第532页，光绪十九年九月二十四日。
②《光绪朝朱批奏折·财政·经费》第87辑第532页，光绪十九年九月二十四日。

112. 何鼎委署沙县知县片 光绪十九年九月二十四日

再，沙县知县杨应銮闻讣丁祖母忧，例应回籍守制。所遗县缺，查有本任海澄县知县何鼎精明干练，堪以委署。据藩、臬两司会详前来。

除咨部外，谨附片具陈，伏乞圣鉴。谨奏。

朱批："吏部知道。"①

113. 杨万清调署泉州府马家巷通判片 光绪十九年九月二十四日

再，泉州府马家巷通判所管地方，民情强悍，抚绥匪易，查有兴化府通判杨万清，深沉稳练，颇有胆识，堪以调署。所遗员缺，查有马家巷通判戎陈猷心地明白，公事勤慎，堪准互调，以期人地得宜。据福建藩、臬两司会详前来。

除咨部外，谨附片具陈，伏乞圣鉴。谨奏。

朱批："吏部知道。"②

再，福建文闱乡试现已事竣，正考官内阁学士龙湛霖，副考官翰林院编修杜本崇，均自备资斧，附轮船由上海、天津回京覆命，以期迅速。理合附片陈明，伏乞圣鉴。谨奏。

朱批："知道了。"③

---

①《光绪朝朱批奏折·内政·职官》第9辑第262页，光绪十九年九月二十四日。
②《光绪朝朱批奏折·内政·职官》第9辑第262页，光绪十九年九月二十四日。
③《光绪朝朱批奏折·内政·职官》第9辑第262页，光绪十九年九月二十四日。

114. 恭报晴雨粮价情形折光绪十九年九月二十四日

头品顶戴闽浙总督臣谭钟麟跪奏，为恭报晴雨粮价情形，仰祈圣鉴事。

窃查福建省城光绪十九年八月分得雨十九次，省外各属晴雨粮价略同。兹据布政使黄毓恩开折具报前来。臣覆加查核，延平、建宁、邵武、永春等府州属上、中、下米，龙岩州属上米价值，较上月稍减。福宁府属上、中、下米，龙岩州属中下米价值，较上月稍增，其余各属，与上月同。现在晚禾结实，杂粮茂盛，民俗乂安，堪以上慰宸廑。理合恭折具陈，并缮清单，伏乞皇上圣鉴。再，本月风雨较多，饬查各属，尚无大碍。惟漳州府南靖等县因被蛟水冲坏堤岸、田庐，已饬该管道府亲往查勘覆办，合并陈明。谨奏。

朱批："知道了。"①

115. 闽省勇饷积欠过多洋款磅价赔累更巨恳恩暂准截留折光绪十九年十月十四日

头品顶戴闽浙总督臣谭钟麟跪奏，为闽省勇饷积欠过多，洋款磅价赔累更巨，恳恩暂准截留四成夫粮，一成勇饷，以应急需，仰祈圣鉴事。

窃查光绪十三年，准户部咨：裁减防营长夫四成，节省饷银，以备河工用款。十七年，又准部咨：裁勇一成，腾饷解部。曾经前督臣奏请宽以时日，酌量办理在案。臣莅任以来，因防勇欠饷过巨，无从弥补，奏准自十八年十月为始，一律改支坐粮，冬季

---

①《光绪朝朱批奏折·农业·雨雪粮价》第95辑第528页，光绪十九年九月二十四日。

以前一切营饷，截清界限，所有截存四成长夫口粮，一成勇饷，亦应查明银数，分别办理。兹据善后局司道详称，四成夫粮项下，除奉部提拨外，截至上年秋季，尚不敷银八两一钱。一成勇饷项下，截至上年秋季，尚应存银三万一千九两七钱九分。惟念闽省自办理法防以后，库款搜罗殆尽，所借洋款，迄今尚未清偿，而各营勇饷，积欠至四五十万之多，其一成勇饷及四成夫粮，虽款属应存，究无实银存储。本年三月，准各营假勇二成，遗缺暂停募补，腾出饷银，归补欠饷。无如欠数太多，各营时复请领，仍属不继。且转瞬仲冬，应还第十八期洋款，按照现时磅价，除闽海、江海、浙海三关匀还本息外，计不敷磅价银三十三万六千有奇，均由闽省贴赔，司局罗掘罄净。实属无可设措，惟有请将前项夫粮勇饷暂行截留，移作本省洋款磅价之需，一俟各款还清，饷项稍可周转，仍当补解等情详请奏咨前来。

臣覆加查核，委系实在情形，除咨部外，谨缮折具陈，伏乞皇上圣鉴训示。谨奏。

朱批："户部议奏。"①

116. 汇解各款京饷委员起程日期折 光绪十九年十月十四日

头品顶戴闽浙总督臣谭钟麟跪奏，为汇解各款京饷委员起程日期，恭折仰祈圣鉴事。

窃照光绪十九年分福建省部拨京饷，业经分批委解，先后具奏在案。兹再筹解内务府茶税一万两，户部茶税一万两，洋药厘金一万两，加放俸饷一万两，筹备饷需一万两，委布政司经历董荣纶督同号商进京投纳。定于十月初十日起程，俟报到上库日期，再行由闽发还。据善后、税厘局司道具详前来。

---

①《光绪朝朱批奏折·财政·经费》第87辑第546页，光绪十九年十月十四日。

除分咨外，谨缮折具陈，伏乞皇上圣鉴。谨奏。

朱批："该衙门知道。"①

117. 恭报晴雨粮价情形折 光绪十九年十月十四日

头品顶戴闽浙总督臣谭钟麟跪奏，为恭报晴雨粮价情形，仰祈圣鉴事。

窃查福建省城，光绪十九年九月分晴多雨少，省外各属晴雨粮价略同。据布政使黄毓恩开折具报前来。臣覆加查核，延平、建宁、邵武、汀州、福宁、永春等府州属上、中、下米价，均较上月稍减。龙岩州属上米价值，较上月稍增，中、下米较上月稍减。其余各属，与上月同。现在晚禾收获，杂粮茂盛，民俗乂安，堪以上慰宸廑。理合恭折具陈，并缮清单，伏乞皇上圣鉴。谨奏。

朱批："知道了。"②

118. 骆腾衢调署连江县知县片 光绪十九年十月十四日

再，署连江县知县荆瑞调省差委，所遗连江县缺，应即遴员接署。查有本任福州府平潭同知骆腾衢老练稳慎，公事细心，堪以调署。据藩、臬两司会详前来。

除咨部外，谨附片具陈，伏乞圣鉴。谨奏。

朱批："吏部知道。"③

---

①《光绪朝朱批奏折·财政·经费》第87辑第547页，光绪十九年十月十四日。

②《光绪朝朱批奏折·农业·雨雪粮价》第95辑第538页，光绪十九年十月十四日。

③《光绪朝朱批奏折·内政·职官》第9辑第301页，光绪十九年十月十四日。

119. 劳绩捐纳分发各员试用期满详加甄别片 光绪十九年十月十四日

再，劳绩捐纳分发各员，自到省之日起，试用一年，期满详加甄别，历经办理在案。兹福建试用通判李懋猷、彭寿松，大挑试用知县甘时暄先后试看期满。据藩、臬两司照例甄别，会详请奏前来。臣查该员李懋猷人尚明白，彭寿松年富力强，均堪以通判留闽。甘时暄公事留心，堪以知县留闽。分别按班序补。

除履历咨部外，谨附片具陈，伏乞圣鉴。谨奏。

朱批："吏部知道。"①

120. 本届恩科乡试三场完竣查开年老诸生循例汇奏折 光绪十九年十月十六日

头品顶戴闽浙总督臣谭钟麟跪奏，为本届恩科乡试三场完竣，查开年老诸生循例汇奏，仰祈圣鉴事。

窃照福建省光绪癸巳恩科文闱乡试，经臣援案奏请，福建学政臣王锡蕃代办监临。于揭晓后检阅三场完竣未经中式年老诸生试卷，除年岁及入学年分未符，照例扣除外，计年届九十岁以上之副贡生杨德薰，附生徐沛甘、王益壮三名，年届八十岁以上之附生方景堂、李先荣二名。文理俱属通顺，字画亦尚端楷，移经学臣王锡蕃核对考册、年岁及入学应试年分相符。臣查该生等皓首穷经，青云奋志。未懈编摩于雪案，屡尝艰苦于风檐。幸际昌期，虽未预贤书之选。祥征人瑞，允宜邀旷典之荣。

除造册咨部外，谨会同福建学政臣王锡蕃恭折具陈，并缮清单，伏乞皇上圣鉴，敕部核覆施行。谨奏。

---

①《光绪朝朱批奏折·内政·职官》第9辑第301页，光绪十九年十月十四日。

朱批："礼部议奏。单并发。"①

121. 为遵令总兵张其光周振邦各赴调任事光绪十九年十月十八日

再，准兵部咨，光绪十九年七月十三日奉上谕："浙江温州镇总兵员缺，着张其光调补，周振邦着调补福建澎湖镇总兵。钦此！"应令各赴调任，以专责成。除分檄饬遵外，谨附片陈明，伏乞圣鉴。谨奏。

朱批："知道了。钦此！"②

122. 为请将总兵参将都司等员留闽浙差委补用事附片光绪十九年十一月初五日

再，据臣标中军副将万起顺禀称：花翎头品顶戴提督衔留浙补用总兵业普肯巴图鲁徐万福，湖南长沙县人。由军功递保今职，光绪十八年七月来闽，禀到请留闽、浙补用。又花翎补用参将余宏亮，前任浙江象山协副将，调闽剿匪，被参革职，光绪十八年九月十四日奉旨："着加恩以参将补用。钦此。"臣照案咨部注册。旋准部覆，均令奏明办理。又花翎留陕尽先补用副将梁鸿盛，湖南保靖县人，由武童随军剿匪，历保今职，十九年六月来闽投效，并据万起顺禀请改留闽、浙补用。又据署理福建澎湖镇总兵王芝生禀：花翎副将衔尽先补用参将刘忠樑，安徽合肥县人，由武举随军剿匪，递保今职，随淮军来闽援台，请留闽、浙补用。又准台湾巡抚臣邵友濂咨：蓝翎游击衔尽先都司马长安，安徽全椒县人，由淮扬水师勇目积功递保今职，光绪十一年随军援台，驻防澎湖，曾委代理澎湖水师左营守备，请留闽、浙水师补用。各等

---

①《光绪朝朱批奏折·文教·科举》第104辑第960—961页，光绪十九年十月十六日。
②《光绪朝月折档》，《明清台湾档案汇编》第5辑第101册，第222页。

因。臣查总兵徐万福等现在闽、浙、台湾差委，于地方情形均能熟悉，可否仰恳天恩，俯准将总兵徐万福，副将梁鸿盛，参将余宏亮、刘忠樑均留闽浙差委补用，都司马长安留于闽、浙水师补用。

除饬取各履历咨部外，谨附片具陈，〔伏乞〕圣鉴训示。谨奏。

朱批："着照所请。兵部知道。钦此！"①

123. 查明闽省各属秋收中稔来春无庸接济折光绪十九年十一月十二日

头品顶戴闽浙总督臣谭钟麟跪奏，为查明闽省各属秋收中稔，来春无庸接济，恭折覆陈，仰祈圣鉴事。

窃臣准军机大臣字寄光绪十九年十月初三日奉上谕："本年各省被灾地方，来春有无应行调剂抚恤之处，着一并查奏，候旨施恩。等因。钦此！"遵旨寄信前来。当经恭录转行钦遵去后。

伏查闽省本年八月间，漳州府南靖等县因被蛟水冲坏堤岸田庐，当饬该管道府亲往查勘。嗣据陆续禀报，水退尚速，田禾不致概被淹伤。其南靖一县，堤决当冲，被灾之户，现又筹办修堤，以工代赈，民力亦可稍舒。此外各府州属，秋成中稔，闾阎皆安堵如常，察看情形，来春似可无庸接济。臣仍随时察看，如别有应行调剂之处，即当酌筹妥办，以仰副圣主轸念民依至意。据福建藩、臬两司，粮、盐二道会详前来。

除咨部外，谨恭折覆陈，伏乞皇上圣鉴。谨奏。

朱批："知道了。"②

---

①《光绪朝月折档》，台湾史料集成编辑委员会编《明清台湾档案汇编》第5辑第101册，台湾大学图书馆2009年版，第233—234页。

②《光绪朝朱批奏折·内政·赈济》第31辑第485—486页，光绪十九年十一月十二日。

124. 闽省新海防第十三次收捐银数恳恩奖叙折光绪十九年十一月十二日

头品顶戴闽浙总督臣谭钟麟跪奏，为闽省新海防第十三次收捐银数恳恩奖叙，以昭激劝，恭折仰祈圣鉴事。

窃闽省新海防捐，自光绪十六年二月十一日办起，截至十八年十月底止，报捐官职、贡监，共收实银五万九千三百三十六两八钱，分案编列八次，先后奏奖。所收捐项，遵照部行，分别解赴海军衙门及直隶省察收。嗣因厦门购炮筑台，援案奏准，留新海防捐款动用。截至十九年六月底止，收捐银一十三万四千九百七十七两三钱六分，照案编列至第十二等次奏奖在案。兹自十九年七月初一日起至八月底止，据王存善等五十八员名报捐各项实职，共收实银二万八千五百七十四两四钱，先填实收给领，俟部颁执照发换，所收银两，留闽备用。据福建善后局司道编作第十三次造册请奏前来。

臣覆核无异，合无仰恳天恩，俯准奖叙，以昭激劝。除册送部查核外，谨缮折具陈，伏乞皇上圣鉴，敕部议覆施行。谨奏。

朱批："户部议奏。"①

125. 汇解各款京饷委员起程日期折光绪十九年十一月十二日

头品顶戴闽浙总督臣谭钟麟跪奏，为汇解各款京饷委员起程日期，恭折仰祈圣鉴事。

窃照光绪十九年分福建省部拨京饷，业经分批委解，先后具奏在案。兹再筹解内务府茶税一万两，户部茶税一万两，添拨税

①《光绪朝朱批奏折·财政·捐输》第80辑第392—393页，光绪十九年十一月十二日。

厘一万两，固本京饷一万两，筹备饷需一万两，委候补同知广志督同号商进京投纳。定于十一月初三日起程，俟报到上库日期，再行由闽发还。据善后、税厘局司道具详前来。

除分咨外，谨缮折具陈，伏乞皇上圣鉴。谨奏。

朱批："该衙门知道。片并发。"①

126. 闽省光绪十九年分部拨关东铁路经费片 光绪十九年十一月十二日

再，查闽省光绪十九年分部拨关东铁路经费银五万两，前准直隶督臣李鸿章咨，径解天津济用。业经筹银二万两，委令候补直隶州知州恒秀解津投收，附片奏报在案。兹再筹银三万两，委令候补同知广志督同号商解赴天津投纳，定于本年十一月初三日起程，据福建税厘局司道会同藩司具详前来。

除分咨外，谨附片陈明，伏乞圣鉴。谨奏。

朱批："览。"②

127. 漳州府被灾设法筹款片 光绪十九年十一月十二日

再，本年八月间，漳州府属被蛟水冲坏堤岸、田庐，经臣于是月晴雨折内附奏陈明，即饬该管道府亲往查勘在案。兹据覆称，此次蛟水，南靖县适当其冲，所有被灾乡民，当已由府动拨仓谷，解往赈济。除冲坏道路、房屋、填圳、桥梁，谕令有力之家，先行修复外，实查得极贫户口九千余人，冬日方长，亟须放赈。冲塌堤岸四千七百余丈，撙节估修，共需经费银四万七千有奇，筹措更非易易，际此严冬水涸，计惟举办堤工，以工代赈，方为一

①《光绪朝朱批奏折·财政·经费》第87辑第565页，光绪十九年十一月十二日。
②《光绪朝朱批奏折·财政·经费》第87辑第566页，光绪十九年十一月十二日。

举两得。查漳州府城，旧存仓谷二万石，若兴修堤岸，按丈给谷，以作工食，酌量帮银以备料价，事便而费省。惟通盘筹画，不敷之款尚巨，可否奏明拨款运解，俾得克期兴工等情前来。

臣查漳州连年水灾，民力已竭，无可筹措，而堤工又刻不能缓，已饬该道府督率印委各员，将堤岸赶紧修筑，按丈核给银谷，认真节省，如万难接济，暂由炮捐项下借动，再行设法筹款弥补，以苏民困而竟全工。

除批饬遵办外，理合附片陈明，伏乞圣鉴。谨奏。

朱批："该部知道。"①

128. 恭报晴雨粮价情形折 光绪十九年十一月十二日

头品顶戴闽浙总督臣谭钟麟跪奏，为恭报晴雨粮价情形，仰祈圣鉴事。

窃查福建省城光绪十九年十月内，未曾得雨，省外各属晴雨粮价略同。据布政使黄毓恩开折具报前来。臣覆加查核，福州、延平、建宁、邵武、永春等府州属上、中、下米价，均较上月稍减。汀州府属上、中、下米价，均较上月稍增。其余各属，与上月同。现在二麦播种，杂粮茂盛，民俗乂安，堪以上慰宸廑。理合恭折具陈，并缮清单，伏乞皇上圣鉴。谨奏。

朱批："知道了。"②

129. 拣员调补要缺同知以资治理折 光绪十九年十一月二十五日

头品顶戴闽浙总督臣谭钟麟跪奏，为拣员调补要缺同知，以

---

①《光绪朝朱批奏折·内政·赈济》第31辑第486—487页，光绪十九年十一月十二日。
②《光绪朝朱批奏折·农业·雨雪粮价》第95辑第555页，光绪十九年十一月十二日。

资治理，恭折仰祈圣鉴事。

窃查福州府海防同知徐承禧，于光绪十九年九月初八日丁母忧，照例以闻讣日作为出缺日期，归九月分截缺，所遗系冲、繁、难要缺，例应在外拣选升调。该同知分驻南台，华洋杂处，兼办通商，必须深知大体之员，方克胜任。臣督同藩、臬两司逐加遴选各项候补同知及劳绩应升各员，人地均未相宜，亦无卓异引见回任候升之员。惟有现任漳州府云霄同知倪惟钦，年三十九岁，云南昆明县进士。由内阁中书俸满截取记名，以同知用，签掣福建。光绪十二年十一月二十五日到省，补授漳州府云霄同知。十六年八月二十二日到任。该员才识稳练，为守兼优，于海疆风土、洋务情形最为熟悉，以之调补福州府海防同知，人地相宜。历俸已满三年，任内并无已起疏防三四参及有关降革留任处分。合无仰恳圣恩，俯准以倪惟钦调补福州府海防同知，实于地方有裨。如蒙俞允，该员系现任调补同知，衔缺相当，毋庸送部引见，并免核计参罚。所遗云霄同知系选缺，照二留一，咨新章系第一次留补之缺，闽省现有应补人员，俟准部覆，再行拣员请补。据福建藩司黄毓恩①、臬司张国正会详前来。

除咨部查照外，谨恭折具陈，伏乞皇上圣鉴，敕部议覆施行。谨奏。

①黄毓恩（1832—1897），字泽臣，湖北钟祥县人。由廪贡生中式同治元年壬戌恩科顺天乡试举人。四年乙丑科会试，中式进士，改翰林院庶吉士。七年，散馆授编修。八年，武英殿校刊圣训告成，奉旨遇有应升缺出，开列在前，并加侍讲衔。九年，补授右春坊右赞善。十年，充辛未科会试同考官。转补左春坊左赞善，升司经局洗马。十一年，升翰林院侍讲，充起居注日讲官。十三年，充甲戌科会试同考官。转补翰林院侍读。光绪元年大考二等二十八名。充乙亥恩科山东副考官。二年，京察一等。记名以道府用。充丙子科甘肃正考官。三年，奉旨补授四川夔州知府。四年九月到任。八年，调署四川成都府知府。九年，大计，保荐卓异。十一年，平反四川三台县斩犯冯体意一案。奉准部咨，行令送部引见。委署四川成绵龙茂道。调补四川成都府知府。遵海防例，捐戴花翎。八年俸满，经四川总督奏留，暂缓引见。十三年，补行大计，保荐卓异。并案送部引见。旋题补四川建昌道。后担任福建布政使之职。

朱批："吏部议奏。"①

130. 拣员更补知县员缺以资治理折光绪十九年十一月二十五日

头品顶戴闽浙总督臣谭钟麟跪奏，为拣员更补知县员缺，以资治理，恭折仰祈圣鉴事。

窃照福建闽清县知县邱峻南、安溪县知县谢燮梅因系同月出缺，照例签掣。第一缺安溪县请以即用班前补用知县高枫补授，第二缺闽清县请以即用知县李梦斗补授，分别具题在案。兹准部咨，安溪县知县员缺，业经归于月分铨选续出。闽清县知县应即遴员更补。等因。查闽清县缺轮应即用到班，例应先用即用班尽先人员请补。惟有新海防例即用本班尽先补用知县高枫，年三十八岁，陕西榆林县优廪生。应光绪己卯本省乡试，中式举人，癸未进士，以知县即用，签分福建，遵新海防例，报捐本班尽先补用。光绪十七年三月二十日，由部行文，扣至四月二十九日，作为到省日期。该员心细才长，公事勤慎，以之更补闽清县知县，洵属人地相宜，与例亦符。该员系即用班前知县请补知县，衔缺相当，毋庸送部引见，并免核计参罚，据福建藩司黄毓恩、臬司张国正会详前来。

除咨部外，臣谨缮折具陈，伏乞皇上圣鉴，敕部议覆施行。谨奏。

朱批："吏部议奏。"②

---

①《光绪朝朱批奏折·内政·职官》第9辑第376—377页，光绪十九年十一月二十五日。

②《光绪朝朱批奏折·内政·职官》第9辑第377—378页，光绪十九年十一月二十五日。

131. 已故前署迪口县丞准补华葑县丞孙兆麟暂行革职片光绪十九年十一月二十五日

再，已故前署迪口县丞孙兆麟，短交征存光绪十九年地丁银八百三十五两零，耗羡银六十二两零，米耗银一十两零。十五年粮米一斗二合，十九年粮米三十二石零，又外结各款四十二两零，均关造报要款，节经催追，尚未解完。据福建藩司黄毓恩、臬司张国正、粮道陈鸣志据该管道府揭请参追前来。相应请旨，将已故前署迪口县丞准补华葑县丞孙兆麟暂行革职，勒令家属，限两个月完缴，倘再延宕，从严追办。

除咨部外，谨附片陈明，伏乞圣鉴训示。谨奏。

朱批："着照所请，该部知道。"①

132. 张景祁调省另有差委片光绪十九年十二月初七日

再，署浦城县知县张景祁调省，另有差委，所遗浦城县缺，应即遴员前往接署。查有侯官县知县李树敏，心地朴诚，办事结实，堪以调署。递遗侯官县缺，查有拔贡知县张颉云堪以委署。据福建藩、臬两司会详前来。

除咨部外，谨附片具陈，伏乞圣鉴。谨奏。

朱批："吏部知道。"②

①《光绪朝朱批奏折·财政·田赋地丁》第67辑第75页，光绪十九年十一月二十五日。
②《光绪朝朱批奏折·内政·职官》第9辑第406页，光绪十九年十二月初七日。

133. 闽省光绪十九年上半年收支税厘数目折光绪十九年十二月初八日

头品顶戴闽浙总督臣谭钟麟跪奏，为闽省光绪十九年上半年收支税厘数目，恭折具报，仰祈圣鉴事。

窃各省厘金，照章半年奏报一次。闽省税厘数目，业经报至光绪十八年十二月止。兹据藩司黄毓恩会同厘局司道详称，十九年正月起至六月止，共收银一百三万九千九百五十五两零，除拨解京协各饷，并给各处防军薪粮、修制军装、师船及一切善后经费，共银一百一十五万三百七十五两零，计不敷银一十一万四百一十九两零。缘前解京饷，系先令号商垫解，俟上库后，由闽提还。所有不敷之数，均于续征税厘拨补等情前来。

除将数册咨部外，谨开单缮折具陈，伏乞皇上圣鉴。谨奏。

朱批："户部知道，单并发。"①

134. 光绪十九年分奉拨京饷银两现已设法挪垫勉力解清片光绪十九年十二月初八日

再，福建盐课，奉拨京饷银一十五万两，已先后筹银十万两，委令前建宁府知府景春、补用知县何建忠，由号商兑解，赴部投纳，两次奏报在案。兹据盐道龙锡庆再筹银五万两，委令候补盐大使沈汝修督同号商汇解，赴京投纳，仍俟上兑清楚，由闽发还。所有光绪十九年分奉拨京饷银两，现已设法挪垫，勉力解清，详请奏咨前来。

除咨部查照外，谨附片具陈，伏乞圣鉴。谨奏。

朱批："户部知道。"②

---

①《光绪朝朱批奏折·财政·经费》第87辑第588页，光绪十九年十二月初八日。
②《光绪朝朱批奏折·财政·经费》第87辑第589页，光绪十九年十二月初八日。

135. 恭报晴雨粮价情形折光绪十九年十二月初八日

头品顶戴闽浙总督臣谭钟麟跪奏，为恭报晴雨粮价情形，仰祈圣鉴事。

窃查福建省城光绪十九年十一月分得雨四次，省外各属晴雨粮价略同。据布政使黄毓恩开折具报前来。臣覆加查核，永春州属上、中、下米价，均较上月稍减。其余各属，与上月同。现在二麦青葱，杂粮茂盛，民俗乂安，堪以上慰宸廑。理合恭折具陈，并缮清单，伏乞皇上圣鉴。谨奏。

朱批："知道了。"①

136. 施启宗因病出缺应即遴员接署片光绪十九年十二月初八日

再，署泉州府本任兴化府知府施启宗因病出缺，应即遴员接署，以专责成。查有候补知府张僖，才识稳练，办事细心，堪以委署泉州府事，所遗兴化府知府缺，系接续邵武府董毓琦甄别。由部铨选之后，应请留闽遴员请补。据福建藩、臬两司会详前来。除咨部外，谨附片具陈，伏乞圣鉴。谨奏。

朱批："吏部知道。"②

137. 闽省新海防第十四次收捐银数恳恩奖叙折光绪十九年十二月初八日

头品顶戴闽浙总督臣谭钟麟跪奏，为闽省新海防第十四次收

---

①《光绪朝朱批奏折·农业·雨雪粮价》第 95 辑第 571 页，光绪十九年十二月初八日。
②《光绪朝朱批奏折·内政·职官》第 9 辑第 406 页，光绪十九年十二月初八日。

捐银数，恳恩奖叙，以昭激劝，恭折仰祈圣鉴事。

窃闽省新海防捐，自光绪十六年二月十一日办起，截至十八年十月底止，报捐官职、贡监，共收实银五万九千三百三十六两八钱，分案编列八次，先后奏奖。所收捐项，遵照部行，分别解赴海军衙门及直隶省察收。嗣因厦门购炮筑台，援案奏准，留新海防捐款动用，截至十九年八月底止，共收捐银一十六万三千五百五十一两七钱六分，照案编列至第十三次奏奖在案。兹自十九年九月初一日起至十月底止，据黄炳离等七十九员名报捐各项实职，共收实银四万七千八百九十七两，先填实收给领。俟部颁执照发换，所收银两，留闽备用。据福建善后局司道编作第十四次造册请奏前来。

臣覆核无异，合无仰恳天恩，俯准奖叙，以昭激劝。除册送部查核外，谨缮折具陈，伏乞皇上圣鉴，敕部议覆施行。谨奏。

朱批：户部议奏。①

138. 为奏请以管元善补授台北府知府事

光绪十九年十二月初九日

头品顶戴闽浙总督臣谭钟麟、头品顶戴福建台湾巡抚臣邵友濂跪奏，为拣员请补海疆要缺知府，恭折仰祈圣鉴事。

窃准吏部咨称：题调三项要缺福建台湾台北府知府吉昌病故，七月十七日奉旨。等因。照例应以奉旨后第五日行文，按照限减半计算，扣至光绪十九年九月初二日作为出缺日期，应归九月分截缺。除另行截缺详咨外，所遗台北府知府系海外调要缺，所辖基隆、淡水、新竹、宜兰等厅县，户口殷繁，商贾辐辏，政务最为繁剧，且直达后山，地多险阻，必须资望素著之员，方足以资治理。臣等督同台湾司道于闽省现任实缺知府及应升人员内拣调，非现居要缺，即人地未宜，一时实乏堪调、堪升之员，复于候补

①《光绪朝朱批奏折·财政·捐输》第80辑第397—398页，光绪十九年十二月初八日。

知府内逐加遴选。

查有准补台东直隶州知州候补知府管元善，年四十六岁，江苏阳湖县人，由附贡生考充国史馆誊录。光绪七年三月在闽省茶叶加捐军饷案内，报捐布经历职衔。恭缮穆宗毅皇帝本纪告成，议叙以应得之缺归于双月议叙先用。十一年十二月在闽遵海防例，捐足三班指分福建试用。十二（月）〔年〕六月在部补交监生四成银两，验看领照，七月二十七日到省，旋经传写履历，核对笔迹。福、厦、台三口法防洋务案内出力奏保，俟补缺后以通判用，经部核准。十三年十一月二十六日奉旨："依议。钦此！"试用期满，甄别留闽补用，奉调赴台差遣。全台新赋启征新粮案内出力，奏保以通判仍留闽省补用，并加同知衔，经部核准。十四年十一月初四日奉旨："依议。钦此！"十七年二月请咨赴都，四月初二日吏部带领引见，奉旨："着照例用。钦此！"领照回台，准补埔里社通判。全台清赋全功告竣案内出力，奏保以同知直隶州仍留原省补用。十七年六月十一日奉上谕："均照所请奖励。等因。钦此！"请补台东直隶州知州，十八年十月十四日奉部覆准。十九年二月初五日委代台北府知府篆务，在台办理洋务出力，奏保在任以知府补用，经部核准。三月初二日奉旨："依议。钦此！"

臣等会查得该员管元善才长心细，为守兼优，在台湾办事多年，于海疆风土民情极为熟悉。现代台北府篆，表率有方，一切措置裕如，实为知府中不可多得之员，以之请补台北府知府，人地相宜，洵堪胜任，且与变通补署章程相符。合无仰恳天恩，俯念海疆要缺需员，准以台东直隶州知州候补知府管元善补授台北府知府，俾要缺得人而理，实于地方有裨。如蒙俞允，该员系实缺台东直隶州知州保举知府请补知府，衔缺相当，俟奉旨后，并案给咨，赴部引见。该员应缴知府免保举银两，据禀已专丁赴京兑缴，据台湾布政使唐景崧、台湾道兼按察使衔顾肇熙会详前来。

臣等谨合词恭折具陈，伏乞皇上圣鉴，饬部核覆施行。至所遗台东直隶州知州调缺，请俟奉部覆准，再行拣员调补，合并陈明。谨奏。

朱批："吏部议奏。钦此！"①

139. 为光绪十九年夏季分台湾省委代知州员缺事光绪十九年十二月初九日

头品顶戴闽浙总督臣谭钟麟、头品顶戴福建台湾巡抚臣邵友濂跪奏，为光绪十九年夏季分台湾省委、代知州员缺，恭折具奏，仰祈圣鉴事。

窃案准部咨，钦奉上谕："各省州县无论奏调、委署、代理，着每届三个月汇奏一次。钦此！"奉经先后奏报至光绪十九年春季分止在案。兹查十九年夏季分，出有代理台东直隶州知州吕兆璜期满遗缺，请以奏调来台江苏候补直隶州知州胡传代理，详请批准饬遵在案。据台湾布政使唐景崧详请具奏前来。

除咨部外，臣等谨恭折具陈，伏乞皇上圣鉴。谨奏。

朱批："吏部知道。钦此！"②

140. 闽省应还洋款本息片光绪十九年十二月初十日

再，闽省应还洋款本息，由闽海、浙海、江海三关匀解，其不敷磅价，须闽省筹贴。本年十一月三十日第十八期还款，计不敷磅价库平银三十六万九千九百余两，除将奏请截存裁减一成勇饷银三万一千余两拨用外，尚短三十三万数千两。闽省度支奇绌，何从筹此巨款？而洋款届期，万不能稍延时日。不得已将应付厦门炮价之捐银，先行挪凑，以免失信洋人。福靖等船炮价，计银

①《光绪朝月折档》，《明清台湾档案汇编》第5辑第101册，第282—283页。

②《光绪朝月折档》，《明清台湾档案汇编》第5辑第101册，第276页。

十三万数千两，先后挪垫十一万余两，款亦虚悬。惟有接续劝捐济用，未知能否集数。甲午年六月第十九期应还洋款，照现时磅价计，不敷银一万五千余两，至十二月第二十期应还本息规银五十八万七千余两，计不敷磅价，又须三十五万数千两，倘磅价再增，尚不止此数，此十年前已成之事，势处无可如何。臣与司道徒深焦灼，应俟届时筹措，另行奏明办理。据善后局司道具详前来。

除咨部查照外，谨附片具陈，伏乞圣鉴训示。谨奏。

朱批："该衙门知道。"①

141. 续办军需善后海防经费片 光绪十九年十二月初十日

再，查闽省光绪十七年以前办理军需善后海防，应给各局书识、工伙等项，照例动支平余银两，业经先后造册报销在案。兹自十八年正月起至十二月底止，续办善后事务，给过局书、工伙油蜡、纸张等项银九百二十一两零，均系核实支给。应请准于平余项下作正开销。平余一项，前经截至光绪十七年底止，尚不敷银四百五十七两零，十八年分续收银七百九十两零，以之支给前项书识、工伙等项，计不敷银一百三十一两零，连前十七年分，共不敷银五百八十九两零，先行挪款垫付，归入后案，续收拨补。据闽省善后局司道造册详请奏咨前来。

除将清册送部外，谨附片具陈，伏乞圣鉴。谨奏。

朱批："该部知道。"②

①《光绪朝朱批奏折·财政·库储》第 82 辑第 156—157 页，光绪十九年十二月初十日。
②《光绪朝朱批奏折·财政·经费》第 87 辑第 590 页，光绪十九年十二月初十日。

142. 拣员请补知府以重职守折光绪十九年十二月初十日

头品顶戴闽浙总督臣谭钟麟跪奏，为拣员请补知府，以重职守，恭折仰祈圣鉴事。

窃福建兴化府知府施启宗，于光绪十九年十一月十六日在泉州府署任出缺。业经题报，并声明员缺留闽另补在案。照例应归十一月分截缺，按班轮用候补人员。查有候补知府张僖，年三十六岁，山东潍县进士，奉旨以主事用。签分户部云南司行走。光绪十三年，遵海防例，报捐知府，指分福建，试用期满，甄别奏留。旋由本籍河工抢险出力案内，保请归候补班补用。十七年九月初七日，奉旨允准。咨部改班注册，委署漳州府。卸事，现委署理泉州府知府。该员才识优长，办事精审，以之请补兴化府知府，堪期胜任，与例亦符。该员系候补知府请补知府，衔缺相当，毋庸送部引见，并免核计参罚。据藩、臬两司会详前来。

除咨部外，谨恭折具陈，伏乞皇上圣鉴，敕部议覆施行。谨奏。

朱批："吏部议奏。"①

143. 请以补用道延年留闽补用片光绪十九年十二月初十日

再，劳绩捐纳分发人员，自到省之日起，试用一年，期满详加甄别，历经办理在案。兹福建候补班前先补用道延年试看期满。据藩、臬两司照例甄别会详请奏前来。臣查该员延年才长心细，办事认真，于外洋情形颇能熟悉，堪以道员留闽，照例补用。

①《光绪朝朱批奏折·内政·职官》第9辑第409—410页，光绪十九年十二月初十日。

除履历咨部外，谨附片具陈，伏乞圣鉴。谨奏。

朱批："吏部知道。"①

144. 提解闽省光绪十九年分上忙钱粮银数折光绪十九年十二月十九日

头品顶戴闽浙总督臣谭钟麟跪奏，为提解闽省光绪十九年分上忙钱粮银数，恭折仰祈圣鉴事。

窃准户部咨：州县经征钱粮，每年上、下两忙，尽数提解司库，专折具奏。等因。兹据福建藩司黄毓恩详，闽省内地九府二州属光绪十九年分额征地丁银一百二十三万二千九百二两零，内坐支存留银一十九万八千七百二十二两零，应解司银一百三万四千一百七十九两零，上忙完银三十一万一千三百九十九两零。又额征耗羡银一十四万八千一百三十八两零，内坐支各官养廉银四千八百六十四两零，应解司银一十四万三千二百七十四两零，上忙完银三万四千五十两零。均已提解司库，所有丁、耗二款，与另征之现年当杂税银两，汇入奏销公费册内造报。等情前来。

查闽省光绪十九年分上忙征完丁耗银三十四万五千四百四十九两零，又征完现年当税、牙帖、杂税、厦门地租税契、牛猪杂税、渔税，共银一万五千七百八十七两零，均已提解司库。至带征节年正、杂钱粮，已分款造册咨部，谨恭折具陈，伏乞皇上圣鉴。谨奏。

朱批："户部知道。"②

---

①《光绪朝朱批奏折·内政·职官》第9辑第410页，光绪十九年十二月初十日。

②《光绪朝朱批奏折·财政·库储》第82辑第161页，光绪十九年十二月十九日。

145. 拣员请补通判以资治理折光绪十九年十二月十九日

头品顶戴闽浙总督臣谭钟麟跪奏，为拣员请补通判，以资治理，恭折仰祈圣鉴事。

窃照福建漳州府石码通判潘文凤调补埔里社通判，所遗石码通判选缺，前以劳绩保举尽先前补用通判张元鼎题补。接准部覆，应用候补正班。等因。自应另行遴员更补。查有候补通判曹文昭，年四十七岁，陕西渭南县监生，遵例报捐通判，选授福建石码通判。光绪八年六月到任。嗣丁忧开缺回籍。服满，赴部呈请分发原省，归候补班补用。十四年五月初八日，吏部带领引见。奉旨："着照例发往，钦此！"领照来闽，七月初一日到省，该员明白稳练，曾任石码通判。服满，到闽请补是缺，衔缺相当，毋庸送部引见，并免核计参罚。据福建藩司黄毓恩、臬司张国正会详前来。

除咨部外，谨缮折具陈，伏乞皇上圣鉴，敕部议覆施行。谨奏。

朱批："吏部议奏。"①

146. 闽省内地各属光绪十九年新旧钱粮已未征完数目折光绪十九年十二月十九日

头品顶戴闽浙总督臣谭钟麟跪奏，为闽省内地各属光绪十九年新旧钱粮已未征完数目，恭折仰祈圣鉴事。

窃准部咨：地丁钱粮，截至年底，将已未征完数目具奏。等因。兹据福建布政使黄毓恩详称：福建省内地九府二州属，额征光绪十九年分地丁银一百二十三万二千九百二两零，内坐支各款

①《光绪朝朱批奏折·内政·职官》第9辑第437页，光绪十九年十二月十九日。

银一十九万八千七百二十二两零，应征起运银一百三万四千一百七十九两零，截至十九年十二月二十三日止，据各属解完司库银三十四万七千二百二十二两零，归于二十年春拨册内造报，尚未完银六十八万六千九百五十七两零。应带征光绪十四年起至十八年止节年地丁银一百五十一万七千五百九两零，又参追银四万八千三百六十二两零，除续完民欠并参追，共银四十八万六千七百七十两零，实未完民欠银一百三万一千一百二十一两零，又参追银四万七千九百七十九两零。等情前来。

除咨部外，谨缮折具陈，伏乞皇上圣鉴。谨奏。

朱批："户部知道。"①

147. 预拨文武举人会试盘费片 光绪十九年十二月十九日

再，查闽省额编旧科举人会试盘缠银一万四千五百二两二钱四分六厘，并新设台北府属加编银二百七十两，共银一万四千七百七十二两二钱四分六厘，以为正科文武举人进京会试轮船盘费之需，如遇恩科，应提动闽海关税银两支应。上届庚寅恩科会试，因闽海关税无款可拨，援照科场经费之案，在于光绪十六年分闽省七关商税项下照数拨用。今届甲午恩科会试，照旧议雇商船，所需经费，既无额银关税，又无可拨。查照庚寅科成案，仍请在于光绪二十年分闽省七关商税项下，照数预拨银一万四千七百七十二两二钱四分六厘，作为文武举人会试盘费。据福建藩司黄毓恩具详前来。

除咨部外，谨附片具陈，伏乞圣鉴训示。谨奏。

朱批："该部知道。"②

---

①《光绪朝朱批奏折·财政·田赋地丁》第 67 辑第 117 页，光绪十九年十二月十九日。

②《光绪朝朱批奏折·财政·经费》第 87 辑第 601 页，光绪十九年十二月十九日。

148. 原任福建陆路提督孙开华事迹节略附件光绪十九年十二月二十日

谨将原任福建陆路提督事迹，缮具节略，恭呈御览。

谨按已故福建陆路提督孙开华，湖南慈利县人，由武童于咸丰六年投效湖北霆营，英勇善战，始随鲍超克太湖及毁安庆贼垒，授千总，并戴蓝翎。旋因夹击粤捻，复潜山，升守备，赏换花翎。十年发逆陷黟县，由休宁驰击，手刃悍贼，并擒逆首七名。十月克黟县，擢都司。时逆首李秀成①窜江西，奉调援剿，迭克抚州、

①李秀成（1823—1864），广西藤县人。太平天国将领。雇农出身，家境贫寒。幼年在舅父家读书，后做帮工。咸丰元年（1851），太平军过藤县境时，举家入伍。咸丰三年（1853），太平天国定都天京后，由杨秀清擢为右后四军帅，旋升后四监军。同年，随石达开出巡安徽，次年春守庐州（今安徽合肥），并升任后殿右二十指挥，旋任二十二检点，镇守和州、太平郡一带。咸丰六年春，封地官副丞相，参加破清军江北、江南大营之役。同年招收安徽蒙城等地一带义军，以功升地官正丞相，进封合天侯。杨、韦内讧和石达开出走后，天王任命李秀成为副掌率，与陈玉成共同保卫皖北。咸丰八年，天王重建五军主将制，授李秀成为后军主将。同年，配合陈玉成部再破清军江北大营，后转战安徽三河，歼李续宾部湘军，以稳定上游。次年，天王封李秀成为忠王。咸丰十年二月，李秀成率部奇袭杭州，又回师会同陈玉成再次击破清军江南大营，乘胜连克丹阳、常州、无锡，四月十三日攻克苏州。攻克苏州后，遵天王洪秀全指示，以苏南之地建立苏福省，并推行减租减赋政策，鼓励农商，以恢复和发展生产，为太平天国后期开辟重要战略根据地。将苏州名园拙政园一带改建为忠王府，并将之作为苏福省公署。七月，率部进攻上海，未克。咸丰十一年，与陈玉成奉命第二次西征，约期会师武昌，以解安庆之围。但李秀成迟迟不肯出兵，后又在江西、湖北一再逗留，误期失约，致使战略目的无法实现。同年，曾进军浙江，十一月克杭州。至年底占浙江全境，并再次率军进攻上海。同治元年（1862），曾国荃率领湘军万余人围攻天京时，李秀成奉诏率军回救，并被任命为真忠军师，主持天京战守。不久，曾国藩派左宗棠率楚军入浙，李鸿章率淮军进上海进攻苏浙太平军。李秀成又指挥苏州保卫战，同治二年十月保卫战失利，于十月二十一日凌晨三时，率部万余离开苏州至天京（今南京）。此时，天京形势危殆，李秀成劝洪秀全“让城别走”，被洪拒绝，遂指挥天京保卫战。李秀成调集各路大军赴援，在天京城外与湘军血战40余日，虽也屡破湘军攻城之谋，然因城大兵单，疲馁之卒势难久守，天京城终于同治三年六月陷落。李秀成带幼天王及千余人从太平门冲出清军重围，并让快马给幼主奔广德，自己则断后阻击追兵，旋即被俘。其写下长篇供词《自述》，历述生平及太平天国历史。同年七月六日（1864年8月7日）步赴刑场，“谈笑自若”。临刑前，还写《绝命词》10首，“叙其尽忠之意”。时年41岁。

铅山、广信等郡县，转游击加参将衔。同治元年三月，洪逆驱众攻扑铜陵，督军进剿，斩洪逆于阵，铜陵围解，进克青阳、石埭、太平、泾县暨宁国府城，迁副将。会李秀成纠数万众围卢江，前两江总督曾国藩飞调援剿，城围立解，追败贼于陆安之十里铺，乘胜拔巢县，旋攻建平、东坝、石城，克之，余贼悉降。三年，进克句容、金坛等城，加总兵衔，赏擢勇巴图鲁。是年江浙匪众窜扑抚州，犯南昌，分股窥建昌，六月由句容驰抵南昌，率所部为前锋，击败贼于抚州之双凤岭、许湾等处，进薄金溪城，贼出援，乘虚由东门斩关入，遂拔金溪，毙贼六七千人，生擒伪天豫莫自成等，并克南丰、新城、泸溪，解宁都州围，追贼（玉）〔于〕瑞金城下，贼气慑宵遁，江西全省肃清，加提督衔。四年十二月，追贼至广东嘉应州，会合诸军，力歼巨憝，余孽悉平。五年五月授漳州镇总兵，会捻首赖汶光①等纠合骑贼蹂躏豫、鄂间，遂自粤旋师而北。六年正月蹑踪追至安陆之永滃河，斩逆首赖同保等于阵，豫、鄂边界渐清。是年十月到漳州镇任，九年调统省会入营精兵，十一年冬回任漳州，十三年五月奏委统领擢胜全军，办理海防。光绪元年署陆路提督，二年率队渡台驻扎基隆防剿，旋以台湾后山阿绵、纳纳等社生番叛服靡常，会同台湾镇前往商办。三年十一月拔队驰抵后山，进驻水母丁要害，有悍番千余分路迎拒，我军首尾截击，大挫凶锋，番众逃匿。高崁深箐，出奇兵猛攻，破其炮卡，追至纳纳溪外，遂克其社，溃番窜阿绵。该处港深流急，峭壁高悬，偏筑炮台坚于纳纳，随令开花炮队连环

---

①即赖文光（1827—1868），太平天国将领。广西人。1851 年 1 月（清道光三十年底）参加金田起义。1858 年随军转战皖、鄂。1860 年与陈玉成等攻破江南大营，封杰天义。次年随陈玉成西征至湖北黄州（治今黄冈），封遵王。1862 年（同治元年）与陈得才西征至豫、陕，次年占汉中。1864 年天京（今南京）失陷后，会合捻军张宗禹、任化邦部坚持斗争。次年歼灭僧格林沁部。1866 年 10 月在河南与张宗禹分领东、西捻军作战。次年在湖北痛歼湘军郭松林、淮军张树珊部，继在尹隆河先胜后败，又歼湘军彭毓橘部，旋经豫入鲁，被困于运河以东黄河、六塘河之间。年底在山东寿光决战失败，率余部突围南下，1868 年 1 月在江苏扬州瓦窑铺被俘，就义于扬州。

轰击，并派精锐凫水夺筏，旋破阿棉社，擒首恶诛之。自此后山中、北道路声息相通，大小二十余社悉剃发归化，因拔队还驻基隆。四年三月蒙恩赏穿黄马褂，七月后山加礼宛社番情蠢动，与巾老耶社相犄角，遂移师驻扎花莲港，传谕交凶归化，不从。该番散伏深箐，放枪伺击，以开花炮击退之，先攻破巾老耶以孤其势，进攻加礼宛，焚毁其社，搜捕逃凶，分别正法，收抚番众始定。五年三月，回署提督任，十年二月复渡台湾筹办防务。六月法人败盟，攻犯基隆炮台，督带擢胜三营分防沪尾，八月法船聚泊沪尾，开炮轰击，法兵千余人登岸猛扑，挫而复进，我军短兵鏖战，大获胜仗。阵斩持旗法将一名，毙敌三百余名，溃散争渡，覆溺无算，事闻得旨嘉奖，赏骑都尉世职，并帮办全台军务。十二年补授福建陆路提督，十七年八月德化匪首陈拱滋事，亲督擢胜等营前往剿办，分队入山，攻毁匪巢，解散胁从，大局略定。因首匪未获被议，加恩改为降二级留任，旋拿获陈拱解省正法，全军凯撤。以失察所部，扰累乡民，部议降三级，奉旨改为革职留任。十九年八月感冒风邪，触发旧伤，医药罔效，二十七日卒于泉州提督任所。奏奉上谕：“从优议恤，任内一切处分悉予开复，加恩予谥，原籍及立功省分建立专祠，生平战功事迹宣付史馆立传，以彰劳勚。等因。钦此！”所有故提督出身详细履历事实，敬谨查明，缮具节略，恭呈御览，伏祈敕下史馆，以备采择。谨略。

朱批：“览。钦此！”①

149. 为查阅闽省水陆各营官兵事竣事光绪十九年十二月二十日

头品顶戴闽浙总督臣谭钟麟跪奏，为查阅闽省水陆各营官兵

①《光绪朝月折档》，台湾史料集成编辑委员会编《明清台湾档案汇编》第5辑第101册，第305—308页。

事竣，恭折仰祈圣鉴事。

窃臣钦奉谕旨，派阅福建营武将，当武闱乡试办竣，即于十月二十五日赴下游各属查阅，恭折奏明在案。臣出省后，先至福清县校阅长福、海坛等营，以次按临兴化府校阅协、标两营，泉州府校阅陆路提标、城守、同安等七营及擢胜勇营，漳州府校阅镇标中、左、右、城守、龙岩、云霄、平和、诏安八营，调考汀州中、左、右三营。适汀郡有会匪劫狱之案，即行止调，饬该镇就近考校，造册送省。旋赴厦门校阅标练勇营陆（掺）〔操〕，各该营步伐整齐，枪炮联络，藤牌对械，云梯、长矛等技均尚便捷。马步箭、洋枪、抬炮中靶如额。接阅水师提标金门、湄洲、南澳、铜山九营，会合水操，折戗、行驶、泅水、爬桅，均各灵捷。事竣航海回省，会同福州将军臣希元，将省会福州驻防满洲八旗营，水师旗营，军标绿营，督标中、左、右水师四营，抚标左、右营，福州城守左、右军，全福中、左、右练营各官兵调集校场合操，并调近省之凯字营、霆庆营、福靖营、达字营、立字营官弁防勇，分别（掺）〔操〕演，连日简校各项阵式，部位整齐，技艺娴熟，枪、箭中靶亦符分数。其福宁镇辖标营循旧委镇代阅，建宁镇辖等营暨汀州镇辖之邵武左、右营，均委镇将认真校阅，一切阵技、打靶、驰射与省外标营大略相同。各该营旗帜、器械坚利鲜明，马匹膘壮，塘汛兵丁查无缺额。所有水陆官弁技艺优娴者，当场酌量奖赏，分别记升、记拔，以示鼓励。现任将弁尚无马步枪箭全空之人，其仅中一二靶者，仍令勒限练习，尚有出差防汛员弁，再饬营补考。此次考过各官兵，满营由将军臣希元、绿营由臣严饬，随时诰诫整顿，并嘱水陆提臣及各镇将率同属弁勤加训练，务期有勇知方，咸成劲旅，不得以校阅已过，稍涉松懈。倘有怠弛不职、始勤终惰之员，立予纠参，以仰副圣主整饬戎行至意。

至近省水师各营向有调集水（掺）〔操〕，特值隆冬，天寒水冷，容俟解冻，再行补阅。省操八营官兵现在阅伍案内甫经简校，本岁冬操应请毋庸再阅。除咨行知照外，所有查阅闽省营伍事竣缘由，理合恭折具陈，伏乞皇上圣鉴。

再，臣出巡经过地方晚稻登场，麦苗秀发，闾阎安谧，合并陈明。谨奏。

朱批："知道了。钦此！"①

150. 福建台湾浙江三省提镇司道知府现任员弁年终密考折光绪十九年十二月二十一日

头品顶戴闽浙总督臣谭钟麟跪奏，为福建、台湾、浙江三省提镇、司道、知府现任员弁年终密考，分缮清单，恭折仰祈圣鉴事。

窃照定例，各省提镇、司道、知府等官，责成督抚于年终出具切实考语密奏，历经遵行在案。查福建在城文武，臣时常接见，其才识之高下，性情之纯驳，莫不了然于中。省外员弁，于阅伍所至，访之舆论，询其政事，贤否自不可掩。大约循分供职者多，才能出众者少。台湾只此数员，半皆旧识，未闻有逾闲荡检之事，浙省自藩臬以及各府，随时访察，接阅禀牍，知其勤惰，参以见闻，觇其底蕴，亦皆默识于中。洋面辽阔，盗贼时有，幸一提三镇，相率严巡，劫夺之风少戢。除未经到任及署事人员例不注考外，谨将三省现任各官出具考语，分缮清单，密呈御览，伏乞皇上圣鉴。谨奏。

朱批："知道了。单二件、片一件留中。"②

151. 游普荫委署兴化府知府片光绪二十年

再，福建兴化府知府李耀奎因病请假，遗缺应即遴员接署。

---

①《光绪朝月折档》，《明清台湾档案汇编》第5辑第101册，第302—304页。

②《光绪朝朱批奏折·内政·职官》第9辑第462页，光绪十九年十二月二十一日。

查有试用知府游普荫才具稳练，办事细心，堪以委署。据藩、臬两司会详前来。

除咨部外，谨附片具陈，伏乞圣鉴。谨奏。

朱批："吏部知道。"①

152. 恭报晴雨粮价情形折光绪二十年正月初十日

头品顶戴闽浙总督臣谭钟麟跪奏，为恭报晴雨粮价情形，仰祈圣鉴事。

窃查福建省城，光绪十九年十二月雨多晴少，省外各属晴雨、粮价略同。据布政使黄毓恩开折具报前来。臣覆加查核，福州等九府二州属上、中、下米价值，均与上月相同。现在麦苗滋长，杂粮茂盛，民俗乂安，堪以上慰宸廑。理合恭折具陈，并缮清单，伏乞皇上圣鉴。谨奏。

朱批："知道了。"②

153. 为奏报筹还洋款镑价不敷银数事光绪二十年正月十一日

再，闽省应还洋款本息，由闽海、浙海、江海三海匀解，其不敷镑价，须闽省筹贴。本年十一月三十日第十八期还款，计不敷镑价库平银三十六万九千九百余两，除将奏请截存裁减一成勇饷银三万一千余两拨用外，尚短三十三万数千两。闽省度支奇绌，何从筹此巨款？而洋款届期，万不能稍延时日，不得已将应付厦门炮价之捐银，先行挪凑，以免失信洋人。福靖等船炮价计银十三万数千两，先后挪垫十一万余两，款亦虚悬，惟有接续劝捐济

①《光绪朝朱批奏折·内政·职官》第10辑第395页，光绪二十年。

②《光绪朝朱批奏折·农业·雨雪粮价》第95辑第587页，光绪二十年正月初十日。

用，未知能否集数。甲午年六月第十九期应还洋款，照现时镑价，计不敷银一万五千余两，至十二月第二十期应还本息规银五十八万七千余两，计不敷镑价又须三十五万数千两，倘镑价再增，尚不止此数。此十年前已成之事，势处无可如何。臣与司、道（陡）〔徒〕深焦灼，应俟届时筹措，另行奏明办理。据善后局司道具详前来。

除咨部查照外，谨附片具陈，伏乞圣鉴训示。谨奏。

朱批："该衙门知道。钦此！"①

154. 为造报闽省历年办理海防善后用款并奏请准销事附片 光绪二十年正月十一日

再，闽省历年办理海防善后用款，叠经造册报销，准到部覆，议奏准驳行查，均经转行，遵照登覆，各在案。

兹据闽省善后局司道详称：查福建省内地，有光绪十六、十七两年善后报销收款项下，奉户部行查银一十五万五千三百余两，其中法防案内奉发内帑用剩及奉删铸解京钱成本应银二万二百余两。因闽省税厘入不敷出，致善后无款支应挪垫，防勇饷糈难以设筹归款，应请奏恳天恩，饬部准予列收。其余司库各款银一十三万五千余两，现已详细登覆，并请照准列收。又支款项下，节年查删银一万九千七百八十两零，〔内〕登覆请由户部核销裁勇回籍行粮银九百九十三两，兵部核销购运外洋军火、水脚、保险等银一万七千一百七十八两零，遵删追完银一千六百八两零，分别归入内地光绪十六、十八、十九年分善后案内造报。又台湾同治十三年四月起，至光绪十年闰五月止，海防及养船报销，叠奉兵部行查，驾驶轮船薪水及〔各〕船练童赡养饭食，暨购运外洋军火、机器、轮船、水脚、保险等银，饬令自行核减报部，核办如

①《光绪朝军机处档》，《明清台湾档案汇编》第5辑第101册，第334页。

实，无可查减，应奏明办理。等因。随由船政局核覆，以事隔二十余年，前船政大臣沈葆桢，暨经手承发之洋员日意格，皆已早故，委实减无可减，查无可查，惟有据实奏恳，饬部将行查银八万七千四百九十八两零，如数准销，以清积牍。又购买军火行用银一百五十二两零，请由工部补销清款。其余遵删银四千二百五十六两零，容饬追完，另行汇归台防后案，列收造报。等情前来。臣覆查无异，合无仰恳天恩，俯赐敕部分别核明准销，以清款项。

除将登覆册折咨部查照外，谨附片陈明，伏乞圣鉴。谨奏。

朱批："该部议奏。钦此！"①

155. 为请补闽粤南澳镇标左营守备事附片 光绪二十年正月十一日

再，闽粤南澳镇标左营守备杨鼎爵升调金门营都司，所遗守备员缺，准部咨应用拣发人员。臣于闽省拣发班候补水师各守备内详加遴选，如名次在前之补用守备陈毓淞现在南洋管驾轮船，尚未考验收标。萧松芳、李保林、吴朝华、常保清均不知下落。漆生珍收标案内饬照改水例办理，应行保题送部。降补守备陈起龙是否现在台湾，饬查未据呈覆，俱未便迁就请补。惟查有蓝翎留闽补用水师守备补缺后补用都司余世棋，年五十二岁，湖南长沙人，随水军剿匪，递保蓝翎把总，于新疆南、北两路一举荡平案内保奖。光绪六年正月三十日奉旨："着免补千总，以守备补用。钦此！"（施）〔旋〕赴闽省船工差遣，于监造镜清快船工成案内保准，俟补缺后以都司补用。十四年七月奏请留闽候补，奉旨："着照所请。兵部知道。钦此！"嗣来省考验收标，造具履历送部覆准注册，归拣发班序补。该员水务谙练，枪炮纯熟，现充福靖前营哨长，于闽省洋面情形较为熟悉，以之请补是缺，堪期

①《光绪朝军机处档》，《明清台湾档案汇编》第5辑第101册，第335—336页。

胜任，与例相符。合无仰恳天恩，俯准以余世錤补授闽粤南澳镇标左营守备，于营伍、洋防均有裨益。如蒙俞允，俟部覆到日，给咨送部引见。

除履历咨部外，谨会同福建水师提督臣杨岐珍，合词附片具陈，伏乞圣鉴，敕部议覆施行。谨奏。

朱批："兵部议奏。钦此！"①

156. 为遴员调补海外陆路都司折光绪二十年二月初七日

头品顶戴闽浙总督臣谭钟麟跪奏，为遴员调补海外陆路都司，恭折仰祈圣鉴事。

窃照福建台湾道标都司周占标遗缺，应用尽先人员，经臣以留闽尽先补用陆路都司抚标右营守备宋喜发奏请补授。兹准部覆，宋喜发非台湾所属人员，亦非在台立功保举，究与定章不符，既称并无合例尽先人员，即于内地现任题缺都司内照章拣调。等因。臣于闽省内地题缺都司内，查有云霄营都司于步瀛，年五十八岁，福州驻防镶黄旗汉军，寄居福建闽县。由行伍随军著绩，递保留闽尽先都司，补授臣标中营都司，调补云霄营都司，于光绪十四年七月领札任事。该员营务熟习，技艺素娴，曾在台湾案内保举，于台地风土情形较为熟习，以之调补是缺都司，洵堪胜任，与例亦符。合无仰恳天恩，俯准以于步瀛调补台湾道标都司员缺，于营伍、地方均有裨益。如蒙俞允，该员由实缺都司调补，衔缺相当，毋庸送部引见。

除饬取履历咨部外，谨会同台湾巡抚臣邵友濂、福建水师提督臣杨岐（琛）〔珍〕、署福建陆路提督臣曹志忠，合词恭折具陈。伏乞皇上圣鉴，敕部议覆施行。谨奏。

---

①《光绪朝月折档》，《明清台湾档案汇编》第5辑第101册，第336—337页。

朱批："兵部议奏。钦此！"①

157. 报拨盐课项下本年头批京饷折光绪二十年二月十二日

太子少保、头品顶戴闽浙总督臣谭钟麟跪奏，为报拨盐课项下本年头批京饷，恭折仰祈圣鉴事。

窃准部咨，奉拨光绪二十年京饷内，福建盐课银十五万两。现准户部电开：洋债届期，于福建盐课实存内拨银五万，限二月解沪。等因。伏查闽省盐课一款，商欠既多，官运亦绌，历年辗转腾挪，实存之数无几。去冬第十八期归还洋款，闽省贴赔磅价三十六万九千九百余两，司道各库，搜括殆尽。接续劝捐弥补，尚无成数。现时磅价益增，瞬届十九、二十两期应还洋款，贴赔更巨，焦灼殊深。兹户部来电，亦因洋款紧迫，何能稍事延误。经臣饬盐道向号商挪借银五万两，依限解沪，作为奉拨二十年盐课京饷，以清款目。

除先行电覆，并咨部查照外，理合恭折具陈，伏乞皇上圣鉴。谨奏。

朱批："户部知道。"②

158. 汇解各款京饷委员起程日期折光绪二十年二月十二日

太子少保、头品顶戴闽浙总督臣谭钟麟跪奏，为汇解各款京饷委员起程日期，恭折仰祈圣鉴事。

窃照光绪十九年分福建省部拨京饷，业经分批委解，先后具奏在案。兹再筹解加放俸饷一万两，洋药厘金一万两，添拨税厘

①《光绪朝军机处档》，《明清台湾档案汇编》第5辑第101册，第369—370页。

②《光绪朝朱批奏折·财政·经费》第87辑第641—642页，光绪二十年二月十二日。

一万两，东北防费一万两，委令试用通判郎庆祥督同号商进京投纳。定于二月十五日起程，俟报到上库日期，再行由闽发还。据税厘局司道具详前来。

除分咨外，谨缮折具陈，伏乞皇上圣鉴。谨奏。

朱批："户部知道。"①

159. 闽省新案交代已结各案开单折光绪二十年二月十二日

太子少保、头品顶戴闽浙总督臣谭钟麟跪奏，为闽省新案交代已结各案开单，仰祈圣鉴事。

窃照闽省新案交代，业经开单奏报至十九年六月底止。兹据福建藩司将光绪十九年七月起至十二月底止，半年届满二参限内已结各案，交代分晰开单，详请具奏前来。

臣覆查无异，除咨部查照外，理合恭折具陈，并缮清单，恭呈御览，伏乞皇上圣鉴。谨奏。

朱批："户部知道。单并发。"②

160. 为台湾省会要区地利不宜拟请移设以定规模事光绪二十年二月三十日

头品顶戴闽浙总督臣谭钟麟、头品顶戴福建台湾巡抚臣邵友濂跪奏，为台湾省会要区地利不宜，拟请移设以定规模，恭折仰祈圣鉴事。

窃查台湾分治之初，经前抚臣刘铭传会同前督臣杨昌濬奏请，以彰化县桥孜图地方建立省城，添设台湾府、台湾县，以原有之台湾府改为台南府，台湾县改为安平县。建议之始，原为桥孜图

①《光绪朝朱批奏折·财政·经费》第87辑第642页，光绪二十年二月十二日。

②《光绪朝朱批奏折·财政·库储》第82辑第178页，光绪二十年二月十二日。

当全台适中之区，足以控制南北，〔且地距海口较远，〕立省于此，〔可杜窥伺，〕意诚深远。惟该处本系一小村落，自设县后，民居仍不见增，良由环境皆山，瘴疠甚重，仕宦商贾托足为难，气象荒僻，概可想见。况由南、北两郡前往该处，均非四五日不可，其中溪水重叠，夏秋辄发，设舟造桥，颇穷于力，文报常阻，转运尤艰。台中海道淤浅，风汛靡常，轮船难于驶进。不独南北有事，接济迟滞，即平日造办运料，亦增劳费。揆诸形势，殊不相宜。且省会地方，坛庙、衙署、局所在所必需，用款浩繁，经费又无从筹措。是以分治多年，迄未移驻该处。自今以往，亦恐筹办无期。臣等督同台湾司道详加审度，亟宜筹定久远之计，似未便拘泥前奏，再事迁延。

查台北府为全台上游，巡抚、藩司久驻于此，衙署、库局次第粗成，舟车两便，商民辐辏。且铁路已造至新竹，俟经费稍裕，即可分储粮械，为省城后路。应请即以台北府为台湾省会，将台北府为省会首府，原编冲、繁、难改编冲、繁、疲、难四字请旨要缺，如遇缺出，于通省知府内拣员调补，所遗员缺，请旨简放。改淡水县为省会附郭首县，原编冲、繁、难改编冲、繁、疲、难四字调要缺，如遇缺出，在外拣员调补。其台湾府，仍照原编冲、繁、疲、难四字题调要缺，如遇缺出，在外拣补。新设之台湾县，照原编删一冲字，编为繁、疲、难三字调要缺。台湾府衙署现在彰化县城，不必移于台湾县，以节繁费。彰化县原系繁、难中缺，即以彰化县为附府首县，改为冲、繁、难要缺。更有台南府之凤山、嘉义两县，当日合闽省各县缺以计繁简，皆繁、难两字缺。今就台湾各县缺核计，俱称难治，均应增为繁、疲、难三字要缺。此外各厅县，悉仍其旧。如此转移，庶几名实相符，规模大定。所有各府县印信，均毋庸请换。其余未尽事宜，容俟另行查议办理。据台湾布政使唐景崧会同台湾道兼按察使衔顾肇熙详请奏咨前来。臣等覆查无异。

除分咨各部外，所有台湾省会要区地利不宜，拟请移设以定规模缘由，谨合词恭折具陈，伏乞皇上圣鉴，饬部核覆施行。再，此折系臣友濂主稿，合并声明。谨奏。

朱批："该部议奏。钦此！"①

161. 为台省新案交代仿照山东新章按半年开单事光绪二十年二月三十日

头品顶戴闽浙总督臣谭钟麟、头品顶戴福建台湾巡抚臣邵友濂跪奏，为台省新案交代，仿照山东新章，按半年开单，恭折具陈，仰祈圣鉴事。

窃查台湾省各属新案交代，业经遵奉按半年开单奏报，至光绪十九年六月止在案。兹光绪十九年七月起至十二月底止，半年期内，二参限满，已结交代。据台湾布政使唐景崧仿照山东新章造册，请奏前来。

臣等覆核无异。除咨部查照外，谨合词恭折具奏，并缮清单，恭呈御览，伏乞皇上圣鉴。谨奏。

朱批："户部知道。单并发。钦此！"②

162. 台湾省光绪十九年七月起至十二月底止各属二参限满已结新案交代件光绪二十年二月三十日

谨将台湾省光绪十九年七月起至十二月底止，各属二参限满，已结新案交代，敬缮清单，恭呈御览。

二参限内，算清结报各案：

署彰化县俞秉焜申报，于光绪十九年二月十二日到任，应接

①《光绪朝军机处档》，《明清台湾档案汇编》第5辑第101册，第401—402页。

②《光绪朝军机处档》，《明清台湾档案汇编》第5辑第101册，第403页。

前代理县李焓交代，扣至十九年六月十一日，二参正展限满，已于限内算清结报。

代理云林县李焓申报，于光绪十九年二月二十五日到任，应接前代理县谢寿昌交代，扣至十九年六月二十四日，二参正展限满，已于限内算清结报。

署台东直隶州知州胡传申报，于光绪十九年六月初一日到任，应接前代理州吕兆璜交代，扣至十九年九月二十九日，二参正展限满，已于限内算清结报。

以上三案，均经造册详咨。

朱批："览。"①

163. 为实缺知县互相调署事光绪二十年三月初三日

头品顶戴闽浙总督臣谭钟麟、头品顶戴福建台湾巡抚臣邵友濂跪奏，为实缺知县互相调署，恭折仰祈圣鉴事。

窃查台湾县地方近山多瘴，亟宜开通水道，以宣郁滞。查新竹县知县叶意深，办事实心，且讲求水利，谙悉开浚事宜，堪以调署台湾县篆务，俾资得力。所遗新竹县缺，查有台湾县知县范克承，老成端谨，堪以调署。该员等各本任内均无承缉盗案，将届四参限满，以及经征钱粮降调处分。范克承未到新竹县任以前，查有候补知县刘威堪委暂行代理，以便叶意深交卸起程。据台湾布政使唐景崧、台湾道兼按察使衔顾肇熙会详请奏前来。

除批饬遵照并咨部外，臣等谨合词恭折具陈，伏乞皇上圣鉴。谨奏。

朱批："吏部知道。钦此！"②

---

①《光绪朝军机处档》，《明清台湾档案汇编》第5辑第101册，第404—405页。

②《光绪朝军机处档》，《明清台湾档案汇编》第5辑第101册，第418—419页。

164. 汇解各款京饷委员起程日期折光绪二十年三月初九日

太子少保、头品顶戴闽浙总督臣谭钟麟跪奏，为汇解各款京饷委员起程日期，恭折仰祈圣鉴事。

窃照光绪十九年分福建省部拨京饷，业经分批委解，先后具奏在案。兹再解筹备饷需一万两，加放俸饷二万两，东北防费一万两，委令即用知县章文绶督同号商，进京投纳。定于三月初十日起程，俟报到上库日期，再行由闽发还。据善后、税厘局司道具详前来。

除分咨外，谨缮折具陈，伏乞皇上圣鉴。谨奏。

朱批："户部知道。"①

165. 恭报晴雨粮价情形折光绪二十年三月初九日

太子少保、头品顶戴闽浙总督臣谭钟麟跪奏，为恭报晴雨粮价情形，仰祈圣鉴事。

窃查福建省城光绪二十年正月旸雨均调，省外各属晴雨、粮价略同。据布政使黄毓恩开折具报前来。

臣覆加查核，泉州府属上、中、下米，汀州府属上米，价值俱较上月稍增，延平府属上米价值稍减。其余各属，与上月相同。现在二麦吐穗，杂粮茂盛，民俗乂安，堪以上慰宸廑。理合恭折具陈，并缮清单。伏乞皇上圣鉴。谨奏。

朱批："知道了。"②

①《光绪朝朱批奏折·财政·经费》第87辑第658页，光绪二十年三月初九日。
②《光绪朝朱批奏折·农业·雨雪粮价》第95辑第621页，光绪二十年三月初九日。

166. 请将前署闽清县事候补知县文炽原参摘顶给还片光绪二十年三月初九日

再，前署闽清县知县文炽，短交光绪六年地丁一千一百五十九两零，耗羡四百九两零，米耗二十两零，节催未解，经前督臣何璟汇案奏参，摘顶勒追。嗣于九年间清厘，各属交代，查明该员尚有欠解漳平县任内正、杂捐款八百七十六两零，又经前署抚臣张兆栋汇折奏请，勒限讯追各在案。兹据福建藩、臬两司，督粮道会详，该员已将闽清、漳平任内短交各款，照数解清。俟汇入光绪二十年秋拨并十九年奏销节年公费税契各册内分别造报，请将原参处分开复。等情前来。相应请旨，俯准将前署闽清县事候补知县文炽原参摘顶给还，并注销续参勒限讯追处分，以资观感。

除咨部外，理合附片具陈，伏乞圣鉴训示。谨奏。

朱批："着照所请，该部知道。"①

167. 闽省佐杂等官责成司道考察片光绪二十年三月初九日

再，闽省佐杂等官，责成藩、臬两司与各道府随时考察，开折密陈。兹查有罗源县典史张永涵老悖昏庸。邵武县典史朱恩荣行同市侩。永安县典史孙镜蓉才具平庸，兼有嗜好。候补从九品沈景贤荡检逾闲，官场败类。以上四员，应请旨一并革职，以肃官常。其实任各员遗缺，应请扣留外补，谨附片具陈，伏乞圣鉴训示。谨奏。

朱批："另有旨。"②

---

①《光绪朝朱批奏折·财政·库储》第82辑第188页，光绪二十年三月初九日。

②《光绪朝朱批奏折·内政·职官》第9辑第674页，光绪二十年三月初九日。

168. 闽省未解光绪十九年分各款京饷力难兼筹据实陈明折光绪二十年三月二十八日

太子少保、头品顶戴闽浙总督臣谭钟麟跪奏，为闽省未解光绪十九年分各款京饷，力难兼筹，谨据实陈明，仰祈圣鉴事。

窃照闽省奉拨十九年分各款京饷，前因税厘短绌，难以清解，咨请展缓。部覆仍令赶紧筹解，当经转行遵照。兹据福建税厘局司道呈详：京饷要需，何敢延误！惟去年茶税虽稍有起色，而百货厘金，为子口半税侵占。且上游木植稀少，下游土产歉收，征数顿减。先后补解十八年京饷十万两，提解十九年分内务府京饷五万两，茶税京饷九万两，洋药厘金、东北防费各二万两，固本京饷六万两，添拨税厘京饷四万两，筹备饷需、加放俸饷各七万两，共解银五十二万两，加以本省兵饷、军火、巡粮、练船、薪费、各属缉捕经费、善后留防各军饷需、通商，常年用款约银一百二十万两左右。乘除出纳，不敷甚巨，辗转腾挪，万分竭蹶。今春复向号商借解上年京饷八万两，茶税抵划恩赏银二万两，并奉拨本年新饷，均应分别筹解。本省一切用款，减无可减，转瞬洋债届期，应贴磅价约四五十万，款尚无着。该司道通盘筹画，所有未解十九年京饷，实难兼筹，详请奏咨前来。

伏查闽省应解京饷，频年筹不足数。臣与藩司时深内疚，乃裁汰浮费，整顿税厘，所余有限。虽协台军饷已停，而两年来赔贴洋款磅价，均须数十万两之多，为向所未有。司道所详，委系实情，除咨部查照外，谨缮折具陈，伏乞皇上圣鉴。谨奏。

朱批："户部知道。"①

①《光绪朝朱批奏折·财政·经费》第87辑第663—664页，光绪二十年三月二十八日。

169. 恭报晴雨粮价情形折光绪二十年三月二十八日

太子少保、头品顶戴闽浙总督臣谭钟麟跪奏，为恭报晴雨粮价情形，仰祈圣鉴事。

窃查福建省城光绪二十年二月上、中、下三旬，雨旸时若，省外各属禀报大略相同。所有通省米粮价值，惟兴化、泉州、汀州、福宁、永春、龙岩等府州属间有增减。其余均与上月相同。现在二麦结实，杂粮茂盛，民俗乂安。据福建布政（司）〔使〕黄毓恩开折具详前来。

臣复核无异，谨缮清单，恭折具陈，伏乞皇上圣鉴。谨奏。

朱批："知道了。"①

170. 劳绩捐纳分发各员试用期满详加甄别片光绪二十年三月二十八日

再，劳绩捐纳分发各员，自到省之日起，试用一年，期满详加甄别，历经办理在案。兹福建候补班前先补用知县黄云龙、试用知县黄家兴先后试看期满。据藩、臬两司照例甄别，会详请奏前来。

臣查该员黄云龙，才具明晰，公事留心。黄家兴年力正富，心地明白。均堪以知县留闽，分别按班序补。

除履历咨部外，谨附片具陈，伏乞圣鉴。谨奏。

朱批："吏部知道。"②

---

①《光绪朝朱批奏折·农业·雨雪粮价》第95辑第634页，光绪二十年三月二十八日。

②《光绪朝朱批奏折·内政·职官》第9辑第707页，光绪二十年三月二十八日。

171. 为光绪十九年冬季分台湾省委署知县员缺事光绪二十年四月初三日

头品顶戴闽浙总督臣谭钟麟、头品顶戴福建台湾巡抚臣邵友濂跪奏，为光绪十九年冬季分台湾省委署知县员缺，恭折具奏，仰祈圣鉴事。

窃案准部咨，钦奉上谕："各省州县无论奏调、委署、代理，着每届三个月汇奏一次。钦此！"奉经先后奏报，至光绪十九年秋季分止在案。兹查十九年冬季分，出有代理安平县知县俞鸿任事期满遗缺，请以前先补用知县谢寿昌署理，详经批准，饬遵在案。据台湾布政使唐景崧详请具奏前来。

除咨吏部查照外，臣等谨合词恭折具陈，伏乞皇上圣鉴。谨奏。

朱批："吏部知道。钦此！"①

172. 为奏报台湾沪尾打狗两口第一百三十一结期内应解三成船钞银两事附片光绪二十年四月初三日

再，台湾沪尾、打狗两口按结应解总理各国事务衙门三成船钞银两，截至一百三十结止，均已按数解收在案。兹自光绪十九年二月十五日起至五月十七日止，第一百三十一结期内，沪尾口征收船钞银二百六两五钱，应解三成银六十一两九钱五分。打狗口征收船钞银五百二十四两，应解三成银一百五十七两二钱。核计该两口第一百三十一结期内，共征船钞银七百三十两五钱，共

①《光绪朝军机处档》，《明清台湾档案汇编》第5辑第101册，第463—464页。

应提解三成银二百一十九两一钱五分。兹将前银按数兑足，填具文批，援案发交协和信号商，承领汇解，前赴总理各国事务衙门投纳。

除咨明外，理合附片奏报，伏乞圣鉴。谨奏。

朱批："该衙门知道。钦此！"①

173. 为奏报台湾澎湖夏秋间遭风被雨成灾及筹办抚恤情形事光绪二十年四月初三日

再，台湾澎湖厅属，光绪十九年夏、秋间，遭风被雨，民力拮据，经臣督饬司道设筹抚恤，业于遵旨覆陈应否接济案内，恭折奏明在案。兹据署澎湖通判陈步梯禀称：澎湖地方斥卤，向不栽种谷麦，全赖九、〔十〕月间番薯、花生成熟，借资民食。讵上年八月以后，叠遭咸雨，番薯、花生根苗半多枯朽，收成大为减色，饥民日众，禀请再行筹款抚恤。等情。臣查该处民贫地瘠，向少盖藏，因咸雨为灾，收成顿减，深堪悯恻。当经督饬司道筹拨银两，饬委候补知府朱上（清）〔泮〕，前赴浙江温州府，购办番薯丝八千担，并捐办米石，陆续运往，以资接济。

除仍饬该厅妥为抚恤，毋任失所外，臣谨附片具陈，伏乞圣鉴。谨奏。

朱批："知道了。钦此！"②

174. 恭报晴雨粮价情形折光绪二十年四月十四日

太子少保、头品顶戴闽浙总督臣谭钟麟跪奏，为恭报晴雨粮价情形，仰祈圣鉴事。

---

①《光绪朝军机处档》，《明清台湾档案汇编》第5辑第101册，第460页。

②《光绪朝军机处档》，《明清台湾档案汇编》第5辑第101册，第461页。

窃查福建省城光绪二十年三月上、中、下三旬，晴雨相间，省外各属禀报，大略相同。所有通省米粮价值，惟汀州府属稍减，福州、福宁、龙岩等府州属较前略增。其余均与上月相同。现在二麦登场，杂粮茂盛，民俗乂安。据福建藩（司）〔使〕黄毓恩开折具详前来。

臣覆核无异，谨缮清单，恭折具陈，伏乞皇上圣鉴。谨奏。

朱批：“知道了。”①

175. 陈受颐调署建阳县知县片 光绪二十年四月十四日

再，署建阳县知县刘敦华准补长乐县知县，饬赴新任。所遗建阳县缺，应即遴员接署。查有闽县知县陈受颐，老练稳慎，持守谨严，堪以调署。递遗闽县缺，查有分缺先用知县樊明逵堪以委署。据藩、臬两司会详前来。

除咨部外，谨附片具陈，伏乞圣鉴。谨奏。

朱批：“吏部知道。”②

176. 为拣员请补海疆要缺知县事 光绪二十年四月十九日

太子少保、闽浙总督臣谭钟麟、头品顶戴福建台湾巡抚臣邵友濂跪奏，为拣员请补海疆要缺知县，恭折仰祈圣鉴事。

窃案查恒春县知县高晋翰于光绪十八年七月初五日在任病故，经臣友濂具题开缺，照例以病故本日作为出缺日期，业归十八年七月分截缺案内详咨在案。所遗恒春县知县系海外疲难调要缺，非精明强干、熟悉海疆风土情形之员，不足以资治理。臣等督同

①《光绪朝朱批奏折·农业·雨雪粮价》第95辑第637页，光绪二十年四月十四日。
②《光绪朝朱批奏折·内政·职官》第9辑第735页，光绪二十年四月十四日。

台湾司道查得，闽省现任知县及应升各员，非现居要缺，即人地未宜，一时实乏堪调、堪升之员。复于候补知县班内逐加遴选，查有现署恒春县事尽先补用知县陈文纬，年三十一岁，甘肃皋兰县监生，祖籍浙江山阴县。光绪五年遵筹饷例报捐从九品，指发云南试用，于剿办蛮夷、土教各匪案内出力，保举免补本班，以府经历仍归原省补用。又于攻剿腾越夷匪案内出力，保请免补本班，以知县仍留原省尽先补用，并戴蓝翎。经部核改，俟补缺后，以知县仍留原省尽先补用，遵郑工例捐归知县，仍留原省尽先补用。因亲父宗海系云南候补知府，遵例回避，改捐指省福建仍归原班补用。于光绪十八年五月二十九日抵台缴照，禀到委署恒春县知县篆务。光绪十八年七月十九日任事，考试取列二等，试看期满甄别留闽补用。

臣等会查得该员陈文纬，年强才裕，趣向克端，现署斯缺，一切措理得宜，且于该处风土民情最为熟悉，以之请补恒春县知县，洵堪胜任。虽调缺请补，与例稍有未符，第人地实在相需，且与变通补署章程亦相符合。合无仰恳天恩，俯念海疆员缺紧要，为地择人，准以尽先补用知县陈文纬补授恒春县知县，俾要缺得人而理，实于地方有裨。如蒙俞允，该员系尽先补用知县请补知县，衔缺相当，毋庸送部引见。惟系初任人员，仍俟试署期满，另请实授，并免核计参罚。据台湾布政使唐景崧、台湾道兼按察使衔顾肇熙会详前来。

臣等谨合词恭折具奏，伏乞皇上圣鉴，饬部核覆施行。谨奏。

朱批：“吏部议奏。钦此！”①

---

①《光绪朝军机处档》，《明清台湾档案汇编》第5辑第101册，第481—482页。

177. 为奏光绪十九年冬季分台南府属匪犯邱阿兰等解交审办就地正法事附片光绪二十年四月十九日

再，台湾省各属就地正法人犯，业经臣附片奏报，至光绪十九年秋季分在案。兹十九年冬季分，查有台南府属凤山县报获匪犯邱阿兰、林阿郎、陈助、黄猫、郑加、林丁开、邱阿二、番薯王、黄信、钟两生、陈老燕、林友汉、何五赛、郑月、林春、赖阿迭十六名，或为首纠劫，或叠次听纠伙劫得赃，均属情罪重大之犯，未便稽诛，审明后禀，经臣先后核饬，就地正法，以昭炯戒在案。兹据台湾道兼按察使衔顾肇熙汇详请奏前来。

除将各犯籍贯、罪由，开单咨部外，谨会同闽浙总督臣谭钟麟，附片具陈，伏乞圣鉴。谨奏。

朱批："刑部知道。钦此！"①

178. 为拣员请补海疆要缺知县事光绪二十年四月十九日

太子少保、闽浙总督臣谭钟麟、头品顶戴福建台湾巡抚臣邵友濂跪奏，为拣员请补海疆要缺知县，恭折仰祈圣鉴事。

窃照宜兰县知县沈继曾，人地不宜，经臣等会折奏请开缺另补，于光绪二十年正月二十七日奉朱批："着照所请。吏部知道。钦此！"转行钦遵在案。除俟（奏）〔奉〕到部覆，另行截缺详咨外，所遗宜兰县知县系海外疲难调要缺，非精明强干、熟悉海疆风土情形之员，不足以资治理。臣等督同台湾司道查得，闽省现任知县及应升各员，非现居要缺，即人地未宜，一时实乏堪调、

①《光绪朝军机处档》，《明清台湾档案汇编》第5辑第101册，第482—483页。

堪升之员。复于候补知县班内逐加遴选，查有现署宜兰县事候补知县汪应泰，年五十一岁，广西临桂县增生。同治壬戌并补行戊午科本省乡试中式举人，辛未科大挑二等，以教职用，选授平南县训导。丁母忧开缺，克复下江厅、永从县各城，及剿平各硐匪巢出力，保举免选本班，以知县分发省分归候补班补用。呈请分发签掣福建，光绪十六年十二月初六日领照到省，试看一年期满，甄别留闽补用，调台差遣，委署埔里社通判，调署宜兰县知县。光绪十九年正月十三日任事。

臣等会查得，该员汪应泰，老成谨饬，悃愊无华，现署斯缺，措置裕如，于该处风土民情极为熟悉，以之请补宜兰县知县，洵堪胜任。虽调缺请补，与例稍有未符，第人地实在相需，且与变通补署章程亦相符合。合无仰恳天恩，俯念海疆员缺紧要，为地择人，准以候补知县汪应泰补授宜兰县知县，实于地方有裨。如蒙俞允，该员系候补知县请补知县，衔缺相当，毋庸送部引见。惟系初任人员，仍俟试署期满，另请实授，并免核计参罚。据台湾布政使唐景崧、台湾道兼按察使衔顾肇熙会详前来。

臣等谨合词恭折具奏，伏乞皇上圣鉴，饬部核覆施行。谨奏。

朱批："吏部议奏。钦此！"①

179. 为闽省新海防第十五次收捐银数恳恩奖叙以昭激劝事光绪二十年四月十九日

太子少保、头品顶戴闽浙总督臣谭钟麟跪奏，为闽省新海防第十五次收捐银数，恳恩奖叙，以昭激劝，恭折仰祈圣鉴事。

窃照闽省新海防捐，自光绪十六年二月十一日开办起，至十八年十月底止，报捐官职、贡监分编，一次奏奖，所收捐项，遵

---

①《光绪朝军机处档》，《明清台湾档案汇编》第5辑第101册，第483—485页。

照部行，分别解赴海军衙〔门〕及直隶省查收。嗣因厦门购炮筑台，援案奏准，截留新海防捐款，动用至十九年十月底止，共收捐银二十一万一千四百四十八两七钱六分，照案编列至第十四次，先后奏奖在案。兹自十九年十一月初一日起至十二月二十一日封篆止，据陈永祺等七十员名，报捐各项实职，共收实银三万八千五百一十二两二钱，先填实收给领，俟部颁执照发换，所收银两留闽备用。据福建善后局司道编作第十五次造册，请奏前来。臣覆核无异，合无仰恳天恩，俯准奖叙，以昭激劝。

除册送部查核外，谨（请）〔恭〕折具陈，伏乞皇上圣鉴，敕部议覆施行。谨奏。

朱批："户部议奏。钦此！"①

180. 为承袭世职汇开清单折 光绪二十年五月初五日

太子少保、头品顶戴闽浙总督臣谭钟麟跪奏，为承袭世职，汇开清单，恭折仰祈圣鉴事。

窃照原任福建海坛左营游击陈上国，台湾镇标中营千总林连高，候补把总蔡祥勋，延平左营把总魏钟杰，从九品衔傅学海、杨华胜，六品军功王涟，就职国子监学正王捷南，从九品衔李定能、陈名选、马孝封、马赓良，或剿匪阵亡，或办团殉难，均经部议给云骑尉世职，袭次完时，给予恩骑尉，世袭罔替。又文生蔡培元，在籍御敌遇害，经部议给云骑尉世职。兹据各该地方官查明，难裔陈里驹等十三员请袭世职，讯取族邻图册、供结，加结具详前来。经臣考验得陈里驹、林国荣、蔡连登、魏德熙、傅廷樑、杨嘉旺，堪以承袭云骑尉世职，檄发陆路标营学习。准袭云骑尉王鼐裔，发水师标营学习。附生蔡瑞年、王绳曾、李兴准

①《光绪朝军机处档》，《明清台湾档案汇编》第5辑第101册，第487—488页。

兼袭云骑尉世职。难裔陈国桢、马锡禧、马尔焜准承袭云骑尉世职，给予半俸。俟各该员及岁期满，另行照例办理。

除将图册、供结送部外，谨缮清单，恭折具陈，伏乞皇上圣鉴，敕部议覆。分别填给敕书，发领施行。谨奏。

朱批："兵部议奏。单并发。钦此！"①

请袭世职各员案由清单附件

谨将请袭世职各员胪列案由清单，恭呈御览。

谨开：

一、福建承袭云骑尉世职原任海坛左营游击陈上国，于咸丰六年十月二十四日，在江西建昌府城剿匪阵亡，经兵部议给云骑尉世职，袭次完时，给予恩骑尉，世袭罔替。嫡长子陈宝三，年力就衰。查有嫡长孙陈里驹，现年三十二岁，练习弓马，例得承袭云骑尉世职。声明陈上国原袭陈必高阵亡，议给云骑尉，袭次已完。据同安县讯取族保、邻右图册、供结，加结检同陈上国原领敕书具详前来。查核例案相符，应请准予承袭。

一、原任台湾镇标中营千总林连高，因台匪张丙滋事，于道光十三年十月初四日随剿阵亡，经兵部议给云骑尉世职，袭次完时，给予恩骑尉，世袭罔替。先经嫡长子林启明承袭云骑尉，发标学习，于咸丰三年九月二十九日病故，无子，以胞弟林启辉长子林国荣为嗣，即系林连高嫡长孙，现年三十五岁，练习弓马，例得接袭云骑尉世职。据晋江县讯取族保、邻右图册、供结，检同原领敕书具详前来。查核例案相符，应请准予承袭。

一、原署福建陆路提标右营外委候补把总蔡祥勋，于咸丰六年十月二十四日在江西建昌府城剿匪阵亡，经兵部议给云骑尉世职，袭次完时，给予恩骑尉，世袭罔替。先经嗣子蔡云腾承袭云

---

①《光绪朝月折档》，台湾史料集成编辑委员会编《明清台湾档案汇编》第5辑第101册，第512—513页。

骑尉，发标学习，于光绪七年六月初四日病故。兹查有蔡云腾嫡长子蔡连登，现年二十五岁，练习弓马，例得接袭云骑尉世职。据晋江县讯取族保、邻右图册、供结，加结具详前来。查核例案相符，应请准予承袭。至蔡云腾袭职尚未承领敕书，应由部填给具领，合并声明。

一、原任福建延平左营把总魏钟杰，于咸丰七年三月间在邵武府剿贼伤亡，经兵部议给云骑尉世职，袭次完时，给予恩骑尉，世袭罔替。先经嫡长子魏昌澄袭职，病故，嫡长孙附生魏培林因案斥革，经嫡长曾孙魏德熙于年未及岁时，接袭二次云骑尉世职，光绪九年六月初七日奉旨准袭支食半俸在案。兹查魏德熙，现年十九岁，练习弓马，例得发标学习。据古田县讯取族保、邻右图册、供结，加结具详前来。查核例案相符，应请准予发标学习。至该世职尚未承领敕书，应由部填给发领，合并声明。

一、福建从九品衔傅学海，在籍办团，咸丰七年三月初八日御敌殉难，经吏部议给云骑尉世职，袭次完时，给予恩骑尉，世袭罔替。先经胞弟傅学健承袭云骑尉，发标学习，于光绪十四年九月二十九日病故。兹查有傅学健嫡长子傅廷樑，过继傅学海为嗣，现年二十岁，练习弓马，例得接袭云骑尉世职。据邵武县讯取族保、邻右图册、供结，检同原领敕书具详前来。查核例案相符，应请准予接袭。

一、福建从九品衔杨华胜，在籍办团，咸丰八年六月初九日御敌殉难，经吏部议给云骑尉世职，袭次完时，给予恩骑尉，世袭罔替。嫡长子杨锦潮已故，查有嫡长孙杨嘉旺，现年三十二岁，练习弓马，例得承袭云骑尉世职。据建阳县讯取族保、邻右图册、供结，加结具详前来。查核例案相符，应请准予承袭。

一、福建六品军功王涟，于光绪十年七月初三日在马江中炮阵亡，经兵部议给云骑尉世职，袭次完时，给予恩骑尉，世袭罔替。嗣子王鼐裔于年未及岁时，请袭云骑尉世职，光绪十三年七月十五日奉旨准袭支食半俸在案。兹王鼐裔年已十八岁，练习枪炮，例得发标学习。据闽县讯取族保、邻右图册、供结，加结具详前来。查核例案相符，应请准予发标学习。至王鼐裔尚未承领敕书，应由部颁给，合并声明。

一、福建文生蔡培元，在籍办团，咸丰八年七月初四日拒敌殉难，经吏部议给云骑尉世职，袭次完时，毋庸给予恩骑尉世袭罔替。等因。嫡长子邦彦、嫡长孙锡祜均故，查有嫡长曾孙蔡瑞年，现年二十三岁，于光绪十六年岁试取进〔浦城县学附生，据〕浦城县讯取族保、邻右图册、供结，加结具详前来。查核例案相符，应请准予兼袭。

一、福建就职国子监学正王捷南，在籍办团，于咸丰三年八月二十五日御敌殉难，经吏部议给云骑尉世职，袭次完时，给予恩骑尉，世袭罔替。嫡长子绍芗、嫡长孙念修均故，查有嫡长曾孙王绳曾，现年四十岁，于光绪三年岁试取进仙游学附生，例得兼袭云骑尉世职。据仙游县讯取族保、邻右图册、供结，加结具详前来。查核例案相符，应请准予兼袭。

一、福建议叙从九品衔李定能即邦安，在籍办团，咸丰七年五月十三日与贼巷战阵亡，经吏部议给云骑尉世职，袭次完时，给予恩骑尉，世袭罔替。该故员无子，以胞侄李兴为嗣，现年三十二岁，于光绪九年取进武平县学附生，例得兼袭云骑尉世职。据武平县讯取族保、邻右图册、供结，加结具详前来。查核例案相符，应请准予兼袭。

一、福建从九品衔陈名选，原籍闽县，寄居宁化县泉上里地方办理团练，于咸丰八年七月初六日随同官军御敌阵亡，经吏部议给云骑尉世职，袭次完时，给予恩骑尉，世袭罔替。该故员无子，以胞侄陈国桢为嗣，例得承袭云骑尉世职。据闽县讯取族保、邻右图册、供结，加结具详前来。查核例案相符，应请准予承袭。

一、福建从九品衔马孝封，游幕漳浦，于同治四年正月二十一日随同官军御敌阵亡，经吏部议给云骑尉世职，袭次完时，给予恩骑尉，世袭罔替。嫡长子马文光已故，查有嫡长孙马锡禧例得承袭云骑尉世职。据侯官县讯取族保、邻右图册、供结，加结具详前来。查核例案相符，应请准予承袭。

一、福建从九品衔马赓良，游幕漳浦，于同治四年正月二十一日随同官军御敌阵亡，经吏部议给云骑尉世职，袭次完时，给予恩骑尉，世袭罔替。嫡长子马昭祥已故，查有嫡长孙马尔焜例得承袭云骑尉世职。据侯官县讯取族保、邻右图册、供结，加结具详前来。查核例案相符，应请准予承袭。

朱批："览。钦此！"①

181. 方朝榘调署闽县知县片光绪二十年五月初八日

再，署闽县知县樊明逵在任闻讣丁忧，所遗系首邑，非勤明廉干之员，不足以资治理。查有署福鼎县本任长汀县知县方朝榘才具优长，公事认真，堪以调署。递遗福鼎县缺，即饬本任知县丁芳回任供职。据藩、臬两司会详前来。

除咨部外，谨附片具奏，伏乞圣鉴。谨奏。

朱批："吏部知道。"②

182. 提解闽省光绪十九年分下忙钱粮银数折光绪二十年五月初八日

太子少保、头品顶戴闽浙总督臣谭钟麟跪奏，为提解闽省光绪十九年分下忙钱粮银数，恭折仰祈圣鉴事。

窃准户部咨：州县经征钱粮，每年上下两忙尽数提解司库，专折具奏。等因。业经奏报至光绪十九年上忙在案。兹届下忙截

①《光绪朝月折档》，台湾史料集成编辑委员会编《明清台湾档案汇编》第5辑第101册，第513—517页。

②《光绪朝朱批奏折·内政·职官》第9辑第783页，光绪二十年五月初八日。

数之期，各属征完地丁银三十万四百八十八两零，除存留银七万九千四百八十九两零，实完银二十二万九百九十九两零。上忙案内实完银三十一万一千三百九十九两零。合共完银五十三万二千三百九十八两零，入于光绪二十年春拨造报银三十四万七千二百二十二两零，余银一十八万五千一百七十六两零，系春拨后续收之款。又征完耗羡银二万七千九百六十九两零，俟汇入光绪十九年公费奏销册内造报。又征完当税银二百二十两，税契银八千五百八十八两零，牙帖杂税并厦门地租银二千二百一十一两零，牛猪杂税银二百八十九两零，渔税银四两零，带征光绪十四年起至十八年止，地丁续完银二千四百五十七两零。又耗羡续完银五百六两零。据福建布政使黄毓恩分款造册，呈送核办前来。

臣查光绪十九年下忙各属征完丁耗银二十四万八千九百六十九两零，又征完当税、税契、牙帖、杂税并厦门地租、牛猪杂税、渔税，共银一万一千三百一十四两零，带征节年丁耗银二千九百六十四两零，均已提解司库，尚有民欠银两，严饬催追完解。

除将各册咨部外，谨缮折具陈，伏乞皇上圣鉴。谨奏。

朱批："户部知道。"①

183. 遵旨恭缴朱批折 光绪二十年五月初八日

太子少保、头品顶戴闽浙总督臣谭钟麟跪奏，为遵旨恭缴朱批，仰祈圣鉴事。

窃准福州将军臣希元、副都统臣绰哈佈咨开，本年五月初六日，准兵部咨，光绪二十年三月十五日奉上谕："着通谕各将军、督抚、提镇等，嗣后将所奉朱批等件，统行咨交军机处，于年终汇缴，其从前遗漏未缴之件，均着一律补缴。等因。钦此！"恭录咨行到闽，于五月初七日转咨到。臣遵即详细检查，谨将前督臣

①《光绪朝朱批奏折·财政·库储》第82辑第202页，光绪二十年五月初八日。

卞宝第自光绪十八年正月起至二月初五日止，奉朱批十二件，夹片十五件。又前兼署督臣希元自十八年二月初六日到任起至闰六月二十一日止，奉朱批五十二件，夹片四十三件，暨臣自十八年闰六月二十二日到任起至二十年四月底止，奉朱批一百七十三件，夹片一百一十四件。分别包封，咨由军机处呈缴。此后续奉之件，容随时咨送，不敢稍涉迟延。理合恭折覆陈，伏乞皇上圣鉴。谨奏。

朱批："知道了。"①

184. 汇解盐课京饷起程日期折光绪二十年五月初八日

太子少保、头品顶戴闽浙总督臣谭钟麟跪奏，为汇解盐课京饷起程日期，恭折仰祈圣鉴事。

窃准部咨：奏拨光绪二十年分福建盐课京饷一十五万两，又准户部电拨课银，凑还洋款。各等因。遵经饬据福建盐法道龙锡庆筹借银五万两，作为二十年第一批京饷，依限解沪，备还洋款。业经奏报在案。兹据该道龙锡庆详称，复经设法腾挪，竭力筹备银五万两，作为奉拨本年第二批京饷，委令留闽补用知县郭承桂督同号商汇解，赴京投纳。定于五月初八日起程，俟上兑清楚，再行由闽发还，并声明此项京饷，系指拨盐课，并无随征加平饭食等银。无从随解等情，详请奏咨前来。

除分咨外，谨缮折具陈，伏乞皇上圣鉴。谨奏。

朱批："户部知道。"②

---

①《光绪朝朱批奏折·内政·文书档案》第33辑第264页，光绪二十年五月初八日。

②《光绪朝朱批奏折·财政·经费》第87辑第694页，光绪二十年五月初八日。

185. 光绪二十年分福建省部拨各款京饷片 光绪二十年五月初八日

再，光绪二十年分福建省部拨各款京饷，业经委员文炽督商汇解五万两，具奏在案。兹再筹解内务府茶税一万两，户部茶税一万两，加放俸饷一万两，筹备饷需一万两，固本京饷一万两，委令留闽补用知县郭承桂督同号商，进京投纳。俟报到上库日期，再行由闽发还。据税厘、善后两局司道具详前来。

除分咨外，谨附片具陈，伏乞圣鉴。谨奏。

朱批："该衙门知道。"①

186. 请补知县以裨地方折 光绪二十年五月二十八日

太子少保、头品顶戴闽浙总督臣谭钟麟跪奏，为请补知县以裨地方，恭折仰祈圣鉴事。

窃照福建浦城县知县熊汝梅病故遗缺，请以即用知县李梦斗题补，尚未准到部覆，该员在闽清县署任，闻讣丁母忧，业经题报声明。浦城县缺，仍应留闽另补在案。查闽省郑工新海防例，遇缺先海防，先即筹饷，遇缺、先遇缺各班均无人，轮应即用本班其次之员更补。查有即用知县翁天祜，年四十二岁，广东海丰县廪生，光绪己丑科进士，奉旨以知县即用。签分福建，领照来闽。光绪十五年十二月二十八日到省。据藩、臬两司会详前来。查该员才识稳练，公事细心，以之更补浦城县知县，洵属人缺相宜，与例亦符。该员系即用知县请补知县，衔缺相当，毋庸送部引见，并免核计参罚。

---

①《光绪朝朱批奏折·财政·经费》第87辑第695页，光绪二十年五月初八日。

除咨部外，理合恭折具奏，伏乞皇上圣鉴，敕部议覆施行。谨奏。

朱批："吏部议奏。"①

187. 请敕部分别更正注册核办片 光绪二十年五月二十八日

再，前台湾抚臣刘铭传奏奖基沪获胜出力各员案内，廪贡生李元景请以训导不论双单月尽先选用。光绪十二年七月二十六日奉旨允准。旋于福建新海防第十一卯捐归本班尽先选用。经部咨查廪贡生案，据兹查李元景，湖南平江县人，同治元年入学。十一年补廪，嗣投效台军。基沪获胜出力，以廪生列保，误书贡字。又前任浦城县知县梁亨吉在闽省二十九次茶捐案内，报捐直隶州知州衔。拿获哥匪出力，经前督臣杨昌濬奏请，俟补缺后以直隶州在任候补。光绪十四年十二月十五日奉旨允准。而原保清单内，该员直隶州升衔误缮同知衔，由福建水师提督臣杨岐珍、善后局司道先后声请奏明更正前来。相应请旨，敕部分别更正，注册核办。

除咨部查照外，臣谨附片具陈，伏乞圣鉴。谨奏。

朱批："吏部知道。"②

188. 福建省乡试援案奏请学政代办监临折 光绪二十年五月二十八日

太子少保、头品顶戴闽浙总督臣谭钟麟跪奏，为福建省乡试，援案奏请学政代办监临，恭折仰祈圣鉴事。

窃照直省乡试，例应巡抚入闱监临，福建省自巡抚改驻台湾

①《光绪朝朱批奏折·内政·职官》第9辑第827页，光绪二十年五月二十八日。

②《光绪朝朱批奏折·内政·职官》第9辑第828页，光绪二十年五月二十八日。

后，历届乡试均经学臣入闱，代办监临。本年举行甲午科乡试，臣兼管巡抚事，不克分身入闱，相应援案奏请，以学政臣王锡蕃代办监临。至科场一切应办事宜，仍由臣督饬藩司等遵照条例，妥为办理。

除分咨外，谨缮折具陈，伏乞皇上圣鉴。谨奏。

朱批："着照所请，礼部知道。"①

189. 知县情愿改就教职片 光绪二十年五月二十八日

再，教习知县张腾，年四十二岁，四川彭山县拔贡，考取八旗官学教习，期满以知县分发福建。十九年十一月十二日引见。奉旨："着照例发往。钦此！"领照来闽。光绪二十年二月初十日到省，自揣才力不及，难胜民社，情愿改就教职，归部选用，照例请咨回籍候选。据福建藩司黄毓恩具详前来。

除咨部外，理合附片具陈，伏乞圣鉴。谨奏。

朱批："吏部知道。"②

190. 劳绩分发各员试看期满照例甄别片

光绪二十年五月二十八日

再，劳绩捐纳分发各员，自到省之日起，试用一年期满，详加甄别，历经办理在案。兹补用道奏留福建候补班补用知府聂元龙，又签掣保举候补班补用盐大使陈本槱先后试看期满。据藩、臬两司，盐法道照例甄别，会详请奏前来。臣查该员聂元龙才具明晰，公事留心，堪以知府留闽。陈本槱年力强壮，事理通达，堪以盐大使留闽。分别按班序补。

---

①《光绪朝朱批奏折·文教·科举》第104辑第1000页，光绪二十年五月二十八日。

②《光绪朝朱批奏折·内政·职官》第9辑第829页，光绪二十年五月二十八日。

除履历咨部外，谨附片具陈，伏乞圣鉴。谨奏。

朱批："吏部知道。"①

191. 恭报晴雨粮价情形折光绪二十年五月二十八日

太子少保、头品顶戴闽浙总督臣谭钟麟跪奏，为恭报晴雨粮价情形，仰祈圣鉴事。

窃查福建省城光绪二十年四月分雨多晴少，上游各属禀报大略相同，下游各处先因久旱祈祷，自四月十二后，均得透雨，溪水大涨。幸消退甚速，田禾无碍。惟漳州府属平和县，泉州府属同安、安溪两县，俱报四月二十八夜陡发蛟水，居民迁避不及，已由县设法救护。当经批饬该管府亲往查勘，应否抚恤，即行覆办。现在民情安谧，堪慰宸廑。至通省粮价，福州、兴化、汀州等府属较前稍减，其余均与上月相同。据藩司黄毓恩开折具详前来。

臣覆核无异，谨缮清单，恭折具陈，伏乞皇上圣鉴。谨奏。

朱批："知道了。"②

192. 福建候补道延年堪以随同内务府大臣襄办片光绪二十年五月二十八日

再，办理点景事宜，臣率同提镇司道报效银三万两，福州将军臣希元报效银二万两，均经委员解交户部在案。所有分段点缀景物，应派员先期入京，臣与福州将军臣希元晤商，查有布政司衔福建候补道延年，堪以随同内务府大臣敬谨襄办。

除咨内务府查照外，谨附片陈明，伏乞圣鉴。谨奏。

---

①《光绪朝朱批奏折·内政·职官》第9辑第829页，光绪二十年五月二十八日。

②《光绪朝朱批奏折·农业·雨雪粮价》第95辑第661页，光绪二十年五月二十八日。

朱批："知道了。"①

193. 恭报福建省光绪二十年分二麦收成分数循例开单折 光绪二十年六月初二日

太子少保、头品顶戴闽浙总督臣谭钟麟跪奏，为恭报福建省光绪二十年分二麦收成分数循例开单，仰祈圣鉴事。

窃照每岁二麦收成分数，例应奏报。兹据福建布政使黄毓恩查明光绪二十年分各府州属麦收分数造册，请奏前来。臣覆加查核，二十年分二麦收成，共计七分有余。

除另行题报外，理合循例缮单，恭折具陈，伏乞皇上圣鉴。谨奏。

朱批："知道了。"②

194. 知县先后试看期满片 光绪二十年七月初八日

再，劳绩捐纳分发各员，自到省之日起，试用期满，详加甄别，历经办理在案。兹福建兼袭云骑尉候补班前先补用知县何建忠、教职知县朱元华，先后试看期满。据藩、臬两司照例甄别会详前来。

臣查该员何建忠才具明晰，公事历练。朱元华年力尚强，公事明白。均堪以知县留闽按班序补，除履历咨部外，谨附片具陈，伏乞圣鉴。谨奏。

朱批："吏部知道。"③

---

①《光绪朝朱批奏折·内政·礼仪·宫廷·陵寝事务》第28辑第723页，光绪二十年五月二十八日。

②《光绪朝朱批奏折·农业·屯垦耕作》第93辑第24页，光绪二十年六月初二日。

③《光绪朝朱批奏折·内政·职官》第9辑第887页，光绪二十年七月初八日。

195. 恭报晴雨粮价情形折光绪二十年七月初八日

太子少保、头品顶戴闽浙总督臣谭钟麟跪奏，为恭报晴雨粮价情形，仰祈圣鉴事。

窃查福建省城光绪二十年五月得雨十七次，省外各属禀报略同。所有通省粮价，惟福州、漳汀府属稍增，其余均与上月无异。现在早稻吐穗，杂粮茂盛，民俗乂安。据藩司黄毓恩具详前来。谨缮清单，恭折具陈，伏乞皇上圣鉴。

再，上月奏报泉州府属安溪等县猝被蛟水，曾饬该管府县查勘，覆办在案。旋据先后勘覆，水退甚速，尚未成灾，业经就地劝捐抚恤，无庸筹赈。其兴化、漳州与泉属毗连之处，亦有被水，并无大碍，堪以上慰宸廑，合并陈明。谨奏。

朱批："知道了。"①

196. 恭报晴雨粮价情形折光绪二十年七月二十三日

太子少保、头品顶戴闽浙总督臣谭钟麟跪奏，为恭报晴雨粮价情形，仰祈圣鉴事。

窃查福建省城光绪二十年六月得雨二次，省外各属禀报略同。所有通省粮价，惟泉州、汀州、福宁府属稍有增减，其余均与上月无异。现在早稻登场，杂粮茂盛，民俗乂安。据藩司黄毓恩具详前来。谨缮清单，恭折具陈，伏乞皇上圣鉴。谨奏。

朱批："知道了。"②

---

①《光绪朝朱批奏折·农业·雨雪粮价》第95辑第681页，光绪二十年七月初八日。

②《光绪朝朱批奏折·农业·雨雪粮价》第95辑第687页，光绪二十年七月二十三日。

197. 张国正遵旨进京祝嘏并循例述职片

光绪二十年七月二十三日

再，查福建按察使张国正遵旨进京祝嘏，并循例述职，先行入都陛见。所遗臬司篆务，查有现任督粮道陈鸣志堪以署理。递遗粮道篆务，饬委遇缺题奏道杨正仪接署，以专责成。

除分檄饬遵并咨部查照外，谨附片具陈，伏乞圣鉴。谨奏。

朱批："吏部知道。"①

198. 严良勋俸满应行赴京引见片 光绪二十年七月二十三日

再，福建福宁府知府严良勋俸满，应行赴京引见。所遗员缺，查有试用知府陈同书稳练精详，堪以委署。据藩、臬两司会详前来。

除咨部外，谨附片具陈，伏乞圣鉴。谨奏。

朱批："吏部知道。"②

199. 劳绩捐纳分发各员试用期满详加甄别片 光绪二十年七月二十三日

再，劳绩捐纳分发各员，自到省之日起，试用一年，期满详加甄别，历办在案。兹福建候补知府朱宗炳、试用知县黄鼎翰、补用知县韩沐之先后试看期满。据藩、臬两司照例甄别，会详请奏前来。臣查该员朱宗炳年强才明，办事奋往，堪以知府留闽。黄鼎翰公事历练，心细才长。韩沐之年力正强，公事明白。均堪

---

①《光绪朝朱批奏折·内政·职官》第9辑第910页，光绪二十年七月二十三日。

②《光绪朝朱批奏折·内政·职官》第9辑第911页，光绪二十年七月二十三日。

以知县留闽，分别按班序补。

除履历咨部外，谨附片具陈，伏乞圣鉴。谨奏。

朱批："吏部知道。"①

200. 查明闽省十九年经征钱粮未完一分以上各员职名开单折 光绪二十年八月十六日

太子少保、头品顶戴闽浙总督臣谭钟麟跪奏，为查明闽省十九年经征钱粮未完一分以上各员职名开单具报，仰祈圣鉴事。

窃前准部咨：钱粮奏销，一面将未完一分以上各员名，开具简明清单，专折奏报。等因。兹据福建布政使黄毓恩、督粮道陈鸣志于二十年八月初四日，将十九年经征未完一分以上各员，开送职名前来。

臣覆核无异，除册咨部外，谨开单缮折具陈，伏乞皇上圣鉴。谨奏。

朱批："户部议奏，单并发。"②

201. 前署福安县知县顾芝续参勒限追完处分准予注销片 光绪二十年八月十六日

再，前署福安县另案革职知县顾芝，征存光绪十八年地丁银二百四十五两零，屡催未解，经臣附片具奏，勒限追缴在案。兹据福建藩、臬两司，督粮道会详，该员已将前项银两照数完清，入于光绪二十一年春拨并二十年奏销随本各册内分别造报。查该员系另案参革，应将续参勒追，准予注销等情前来。

相应请旨，将已革前署福安县知县顾芝续参勒限追完处分，准予注销，除咨部外，谨附片具陈，伏乞圣鉴训示。谨奏。

---

①《光绪朝朱批奏折·内政·职官》第9辑第911页，光绪二十年七月二十三日。

②《光绪朝朱批奏折·财政·田赋地丁》第67辑第213页，光绪二十年八月十六日。

朱批："着照所请，该部知道。"①

202. 前署光泽县补用知县周有基革职片

光绪二十年八月十六日

再，前署光泽县知县周有基，征存光绪十九年地丁银一千一百八十四两零，耗羡银八百八十两零，米耗银一百七十四两零，节催未解，实属玩违。据藩、臬两司，督粮道会详揭请参追前来。

相应请旨，将前署光泽县补用知县周有基革职，勒限两个月完缴清款，倘敢再延，另行复参追办。除咨部查照外，谨附片陈明，伏乞圣鉴训示。谨奏。

朱批："着照所请，该部知道。"②

203. 福州琛航轮船应需水脚银两报销片

光绪二十年八月十六日

再，准户部奏定报销新章，各省机器局并船政局添购机器经费，奏明报部立案，方准核销。等因。兹查福州琛航轮船，于光绪十九年六月间在船厂修理轮机、水缸、桅樯、锚练、舢板、门窗、厨厕，换配前后凉棚、遮阳舢板罩，添补帆缆，共用工料银一千三十三两零。又十九年闽口水雷营领用船厂物料器具，共价银一万一千五百七十九两。又由天津机器局拨发白药信子二千个，计十四箱，木锥八十把，计一箱，由津附新丰轮船，运至上海，交招商局海琛轮船运闽，应需轮船水脚银四两三钱六分，归入光绪十九年分善后案内报销。据善后局司道开具各款细数清折，详请奏咨前来。

除清折咨部外，谨附片具陈，伏乞圣鉴。谨奏。

---

①《光绪朝朱批奏折·财政·田赋地丁》第67辑第214页，光绪二十年八月十六日。

②《光绪朝朱批奏折·财政·田赋地丁》第67辑第214页，光绪二十年八月十六日。

朱批："该部知道。"①

204. 闽省新案交代已结各案恭缮清单折

光绪二十年八月十八日

太子少保、头品顶戴闽浙总督臣谭钟麟跪奏，为闽省新案交代已结各案恭缮清单，仰祈圣鉴事。

窃照闽省新案交代，业经奏报至十九年十二月止。兹据藩司黄毓恩详称，光绪二十年正月起至六月底止，半年届满，所有二参限内已结各案交代，照章分晰开单，详请具奏前来。

臣覆查无异，除咨部查照外，理合开单缮折具陈，伏乞皇上圣鉴。谨奏。

朱批："户部知道。单并发。"②

205. 已故前署迪口县丞孙兆麟原参革职处分注销片

光绪二十年八月十八日

再，已故前署迪口县丞孙兆麟，短交征存光绪十九年地丁银八百三十五两零，耗羡银六十二两零，米耗银一十两零。十五年粮米一斗二合，十九年粮米三十二石零，又外结各款银四十二两零。屡催未解，经臣附片奏参，暂行革职，提属限追，钦奉谕旨恭录，饬遵去后。兹据福建藩司、督粮道会详，该故员孙兆麟所短银米，已据该家属照数解清，分别入册，造报归款。请将原参处分注销等情前来。相应请旨，准将已故前署迪口县丞孙兆麟原参革职处分注销，以资观感。

除咨部外，谨附片具陈，伏乞圣鉴。谨奏。

---

①《光绪朝朱批奏折·财政·经费》第87辑第749页，光绪二十年八月十六日。

②《光绪朝朱批奏折·财政·库储》第82辑第231页，光绪二十年八月十八日。

朱批："着照所请，该部知道。"①

206. 恭报晴雨粮价情形折 光绪二十年八月十八日

太子少保、头品顶戴闽浙总督臣谭钟麟跪奏，为恭报晴雨粮价情形，仰祈圣鉴事。

窃查福建省城光绪二十年七月得雨十二次，省外各属禀报略同。所有通省粮价，惟福州、兴化、漳州、汀州、龙岩等府州属稍有增减，其余均与上月无异。现在晚禾畅发，杂粮茂盛，民俗乂安。据藩司黄毓恩具详前来。谨缮清单，恭折具陈，伏乞皇上圣鉴。谨奏。

朱批："知道了。"②

207. 为遵旨酌派文武各员随班祝嘏以昭诚敬事 光绪二十年九月初二日

太子少保、头品顶戴闽浙总督臣谭钟麟跪奏，为遵旨酌派文武各员，随班祝嘏，以昭诚敬，恭折仰祈圣鉴事。

窃照本年恭逢庆典，钦奉上谕，派员晋京祝嘏，应带道府丞倅将备二三人，随班庆祝。

兹据福建藩司，酌定文武候补道延年、福宁府知府严良勋、云霄同知彭廷枢、石码通判曾文昭四员，随派武职福建台湾台东协副将岱龄、烽火门营参将张玉峰、水师提标右营游击陈绍芳三员，先行入京，届时随班行礼。

除咨部查照外，谨缮折陈明，伏乞皇上圣鉴。谨奏。

---

①《光绪朝朱批奏折·财政·库储》第82辑第231页，光绪二十年八月十八日。

②《光绪朝朱批奏折·农业·雨雪粮价》第95辑第697页，光绪二十年八月十八日。

朱批："知道了。钦此！"①

208. 恭报二十年各属早稻收成分数折光绪二十年九月初五日

太子少保、头品顶戴闽浙总督臣谭钟麟跪奏，为恭报二十年各属早稻收成分数，仰祈圣鉴事。

窃查福建省早稻情形，叠于奏报晴雨粮价折内附陈在案。兹据福建藩司黄毓恩将本省九府二州属光绪二十年分早稻收成分数造册呈送前来。

臣覆加查核，福州、兴化、泉州、漳州、延平、建宁、邵武、汀州、福宁九府，永春、龙岩二州，统计收成七分。

除另行题报外，理合恭折具陈，并缮清单，伏乞皇上圣鉴。谨奏。

朱批："知道了。"②

209. 遴员请补海外水师都司折光绪二十年九月初五日

太子少保、头品顶戴闽浙总督臣谭钟麟跪奏，为遴员请补海外水师都司，恭折仰祈圣鉴事。

窃照福建台湾澎湖镇标右营都司员缺，部咨轮用尽先人员。查新章，台湾武职缺出，先尽台湾实缺保有升阶并在台收标人员按班补用。如前项无人拣选，台湾得有劳绩保举并曾署各缺候补人员请补。等语。现查台湾并无实缺保有升阶及收台标水师候补合例都司，无从请补。随于闽省水师尽先都司班内遴选，除未经历过台地人员毋庸核计外，其前在台湾劳绩保举之尽先都司张竞

①《光绪朝月折档》，《明清台湾档案汇编》第5辑第102册，第476页。
②《光绪朝朱批奏折·农业·屯垦耕作》第93辑第39页，光绪二十年九月初五日。

成给假回籍，久未归标。杨永年、王三友、魏维松、马士兴、布国才、郭炳寅、吴永宗，均与是缺人地不宜，未便迁就请补。惟有闽省尽先补用水师都司湄洲营守备陈绍勋，年四十六岁，福建同安县人。由水勇随军出力，于台湾剿服番社案内，递保尽先水师守备。光绪十年，办理法防，在台管带营勇。事竣内渡，委署金门营都司，于洋面救护英国商船出力案内，保准补守备后以都司尽先补用。奏补福建水师提标左营守备，因籍隶本府，调补湄洲营守备。咨准部覆，应以光绪十七年五月二十八日准补守备奉旨之日，归入都司班内注册序补。该员年力正强，水务熟悉，枪炮素娴，曾在台湾立功保举，于地方洋面情形较熟，以之升补是缺都司，洵堪胜任，与例相符。合无仰恳天恩，俯念澎湖镇标右营都司员缺紧要，准以陈绍勋补授，于营伍、洋防均有裨益。该员于准补守备案内引见，未满三年，照例毋庸再行送部。

除饬取履历另咨外，所遗湄洲营守备员缺，应请留闽另补。谨会同福建台湾巡抚臣邵友濂、福建陆路提督兼管水师提督臣黄少春合词恭折具陈，伏乞皇上圣鉴，敕部议覆施行。谨奏。

朱批："兵部议奏。"①

210. 补用武职员缺片 光绪二十年九月初五日

再，准台湾抚臣邵友濂咨：游击陈友定因台湾艋舺营参将任内，与嘉义营守备互讦奏参，以游击降补。又花翎尽先都司张家德由水勇随军出力，递保今职，光绪十一年渡台投效。又蓝翎尽先都司赖进武由武童随军出力，递保今职，光绪十年渡台投效。又据统领台湾基沪炮台防营记名提督张兆连详，花翎尽先守备张升桂，由水勇随军出力，递保今职，光绪二年赴台投效。请均留闽省补用。又准前署福建陆路提督曹志忠咨，花翎安徽补用副将

①《光绪朝朱批奏折·军务·人事》第44辑第41—42页，光绪二十年九月初五日。

曹春发，由武童随军出力，递保今职，光绪十一年来闽投效。又据福建邵武营参将谢尚文禀，花翎游击衔安徽尽先都司黄光瑞，由勇目随军出力，递保今职，光绪元年来闽投效。均请改留闽浙补用。又据台湾镇总兵万国本禀，蓝翎都司衔尽先守备万喜勋，由勇目随军出力，递保今职，光绪十二年赴台投效，请留台省补用。又据总兵杨岐珍禀，蓝翎尽先守备萧仁福由水勇随军出力，递保今职，光绪三年赴浙投效，请留浙省补用。经臣咨查，各该员保案尚属相符，于闽、浙、台地方洋面情形，均能熟悉。合无仰恳天恩，俯准将游击陈友定、都司张家德、守备张升桂，留闽省水师补用。都司赖进武留闽省陆路补用。副将曹春发、都司黄光瑞改留闽浙陆路补用。守备万喜勋留台湾陆路补用，萧仁福留浙江水师补用。

除履历咨部外，谨附片具陈，伏乞圣鉴训示。谨奏。

朱批："着照所请，兵部知道。"①

211. 委署武职员缺片 光绪二十年九月初五日

再，福建陆路提督黄少春赴厦办防，兼管水提事务，业经奉旨遵行在案。泉州地方亦关紧要，臣已调漳州镇总兵侯名贵督带该标长胜中营练兵，赴泉驻扎。并派许承礼防勇一营，与泉郡建威中、左两营练兵，悉听该总兵调遣。至漳州府城，尚有长胜左营练兵，现归汀漳龙道刘倬云督饬巡防，仍令侯名贵随时兼顾，以资保卫。惟台北防务吃重，准抚臣邵友濂咨商，沪尾督带无人，臣饬前带霆庆营总兵廖得胜与海坛协副将佘致廷迅赴沪尾协防。所遗海坛协篆，委管带福靖前营补用总兵彭定太署理。所带福靖营勇，委署理长福营参将余宏亮接带。长福营参将篆务，委候补副将赵永铭接署。各专责成。理合附片陈明，伏乞圣鉴。谨奏。

①《光绪朝朱批奏折·军务·人事》第44辑第43页，光绪二十年九月初五日。

朱批："兵部知道。"①

212. 闽省光绪十九年征收新旧钱粮数目循例开单折光绪二十年九月初五日

太子少保、头品顶戴闽浙总督臣谭钟麟跪奏，为闽省光绪十九年征收新旧钱粮数目循例开单，恭折仰祈圣鉴事。

窃查本年八月初十日，据福建布政使黄毓恩详称，十九年分额征地丁银一百二十三万二千九百一十二两零，外加补征十七、十八两年起科银二十两零，共应征银一百二十三万二千九百三十二两零。内存留银一十九万八千七百二十二两零，起运银一百三万四千二百九两零，已完地丁存留银一百万七千九百一十七两零。内除已完存留银一十八万三千五百九十一两零，尚应完地丁银八十二万四千三百二十五两零。内除大湖县丞查济康等员短解并征存地丁银一千一百八十九两零，业经奏参摘顶，勒限通完。应俟解到，另归参案办理外，实收解司地丁银八十二万三千一百三十六两零。旧赋光绪十四、十五、十六、十七、十八各年地丁，共银一百七万九千一百一两零。内据各属续完银四千四百八十五两零，应汇入十九年随本奏销册内造报，尚未完银一百七万四千六百一十六两零。内地丁未完银一百二万六千六百三十六两零，参追未完银四万七千九百七十九两零，又杂税光绪十四、十五、十六、十七、十八各年原欠租税银三千二百二十二两，未据完解。原欠铁炉课银三百一十七两零，内据解完银一十两零，应俟汇入光绪二十年秋拨册内造报，尚未完银三百七两零。原欠牙帖杂税银二百三十八两零，内据解完银一十九两，应俟汇入二十年秋拨册内造报，尚未完银二百一十九两零。原欠牛猪杂税银五百二十三两零，未据完解。

以上未完正、杂钱粮，现催各属赶征解缴等情前来。臣覆查

---

①《光绪朝朱批奏折·军务·人事》第44辑第44页，光绪二十年九月初五日。

无异，除咨部外，谨恭折具陈，并缮清单，伏乞皇上圣鉴。谨奏。

朱批："户部知道，单并发。"①

213. 恭报晴雨粮价情形折光绪二十年九月十二日

太子少保、头品顶戴闽浙总督臣谭钟麟跪奏，为恭报晴雨粮价情形，仰祈圣鉴事。

窃查福建省城光绪二十年八月分得雨四次，颇形亢旱，省外各属禀报略同。所有通省粮价，惟福州、邵武、汀州、福宁、龙岩等府州属稍有增减，其余均与上月无异。现在得雨深透，晚禾吐穗，杂粮茂盛，民俗乂安。据藩司黄毓恩具详前来。谨缮清单，恭折具陈，伏乞皇上圣鉴。谨奏。

朱批："知道了。"②

214. 福建副考官邹福保回籍修理祖墓片

光绪二十年九月十三日

再，臣接福建副考官邹福保函称：福保奉命典试闽省，道经苏州本籍，闻祖墓被水冲刷，亟应修理。兹闽省乡试事竣，仍由本籍经过，请代奏请假一月，俾得修葺先茔，工竣即行回京覆命等情。臣谨附片具奏，伏乞圣鉴。谨奏。

朱批："邹福保着赏假一个月。"③

---

①《光绪朝朱批奏折·财政·田赋地丁》第67辑第219—220页，光绪二十年九月初五日。

②《光绪朝朱批奏折·农业·雨雪粮价》第95辑第713页，光绪二十年九月十二日。

③《光绪朝朱批奏折·内政·职官》第10辑第93页，光绪二十年九月十三日。

215. 修造添设船坞片光绪二十年九月十五日

再，广甲、广乙、广丙三船，随同北洋海军差操巡历，来往重洋。船身吃重，不可无轮流验修之所。查黄埔地方，前有购得洋人旧船坞二处，一名哥巴，一名录顺，大致尚属可用。惟闸门、闸船、吸水机器，以及房屋、码头、起重架等项，均须修造添设，坞口积泥，亦须清理。臣派员分别兴办，均已工竣。查验完整如式，嗣后各船乘暇轮修，极为妥便。此项工需，系拨用官绅造船捐款，邀免造报。

理合附片陈明，伏乞圣鉴。谨奏。

朱批："该衙门知道。"①

216. 李开勋应即饬赴新任片光绪二十年十月初六日

再，新选沙县知县李开勋领凭到省，旋调帘差。兹文闱事竣，应即饬赴新任供职，以专责成。

除咨部外，理合附片具陈，伏乞圣鉴。谨奏。

朱批："吏部知道。"②

217. 吴恩庆调署罗源县知县片光绪二十年十月初六日

再，代理罗源县知县张家湆调省，遗缺查有本任屏南县知县吴恩庆才具明晰，办事勤谨，堪以调署。据藩、臬两司会详前来。

除咨部外，谨附片具陈，伏乞圣鉴。谨奏。

---

①《光绪朝朱批奏折·工业·造船》第101辑第820页，光绪二十年九月十五日。

②《光绪朝朱批奏折·内政·职官》第10辑第157页，光绪二十年十月初六日。

朱批："吏部知道。"①

218. 甲午科乡试年老诸生三场完竣循例开单汇奏折光绪二十年十月初六日

太子少保、头品顶戴闽浙总督臣谭钟麟跪奏，为甲午科乡试年老诸生三场完竣循例开单汇奏，仰祈圣鉴事。

窃照福建省光绪甲午科文闱乡试揭晓后，检阅三场完竣未经中式年老诸生试卷，年届九十岁以上之监生王寿康一名，年届八十岁以上之候选训导陈庆澜、附生陈泽光、增生江文珍三名，文理通顺，字画端楷，经学臣王锡蕃核对考册、年岁及入学捐监年分，均属相符。臣查该生等皓首穷经，青云奋志。未懈编摩于芸案，屡尝艰苦于棘闱。幸际昌期，未预贤书之选。祥征人瑞，宜邀旷典之荣。

除咨部外，谨会同福建学政臣王锡蕃缮具清单，恭折陈明，伏乞皇上圣鉴，敕部核覆施行。谨奏。

朱批："礼部议奏，单并发。"②

219. 恭报晴雨粮价情形折光绪二十年十月初六日

太子少保、头品顶戴闽浙总督臣谭钟麟跪奏，为恭报晴雨粮价情形，仰祈圣鉴事。

窃查福建省城光绪二十年九月分得雨十一次，省外各属禀报略同。所有通省粮价，间有增减。现在晚禾结实，杂粮茂盛，民俗乂安。据藩司黄毓恩具详前来。谨缮清单，恭折具陈，伏乞皇

---

①《光绪朝朱批奏折·内政·职官》第10辑第158页，光绪二十年十月初六日。

②《光绪朝朱批奏折·文教·科举》第104辑第1027—1028页，光绪二十年十月初六日。

上圣鉴。谨奏。

朱批："知道了。"①

220. 外海水师游击员缺紧要恳恩准以前请之员补授折光绪二十年十月初六日

太子少保、头品顶戴闽浙总督臣谭钟麟跪奏，为外海水师游击员缺紧要，恳恩准以前请之员补授，恭折覆陈，仰祈圣鉴事。

窃照福建水师提标右营游击员缺，经臣以花翎游击衔闽安右营都司潘玉泰奏请升补。兹准部咨议覆：拣发班既有杨兴隆、王金扬二员，仍应先行请补，如不胜任，再行拣调。等因。

伏查是缺游击，驻扎厦门双莲池地方，岛屿丛杂，港汊纷歧，巡缉抚绥，均关紧要。必须历练可靠之员，方资得力。部指杨兴隆、王金扬二员，于外海将领既难胜任，若拘泥成例，先补后调，仍恐易地为难。是闽省拣发班内实无可补之员，惟查有前请升补是缺游击之闽安右营都司潘玉泰，年五十岁，浙江余杭县人，由尽先都司补授金门营都司，调补闽安右营都司。该员年力强健，水务熟悉，历署水师提标中军参将、右营游击，措置裕如，于该处洋面情形尤为深悉，以之升补是缺游击，人地实在相需。现当筹办海防，水师人才难得，厦门为闽台要冲，更未便拘泥成例，致滋贻误。溯查从前武职缺出，本班未得其人，过班请补，历经奉准有案。合再据实声明，仰恳天恩，俯念外海水师员缺紧要，准以潘玉泰升补水师提标右营游击，于营伍、洋防均有裨益。如蒙俞允，该员引见未满三年，照例毋庸送部。

除履历另咨外，所遗闽安右营都司员缺，应请留闽拣补。谨会同兼管福建水师提督臣黄少春，合词恭折覆陈，伏乞皇上圣鉴，敕部议覆施行。谨奏。

---

①《光绪朝朱批奏折·农业·雨雪粮价》第95辑第726页，光绪二十年十月初六日。

朱批："兵部议奏。"①

221. 遴员请补省会陆路要缺副将折光绪二十年十月二十八日

太子少保、头品顶戴闽浙总督臣谭钟麟跪奏，为遴员请补省会陆路要缺副将，恭折仰祈圣鉴事。

窃照福建福州城守营副将黄开甲，现经病故。所遗系陆路题补之缺，轮用尽先人员。伏查是缺副将，驻扎福州省城，为各营副参首领，际此防务戒严，非精明干练之员，断难胜任。臣于闽省陆路尽先副将班内详加遴选，其名次在前者，于是缺人地均不相宜。惟有闽浙尽先副将梁鸿盛，年五十四岁，湖南保靖县人。由武童随军著绩，递保花翎留陕尽先补用副将，加总兵衔，投效来闽。奏准改留闽浙补用，咨部注册在案。该员忠勇性成，才具开展，现署是缺，兼带防练各军，甚为得力。于省城营务、民情，亦均熟悉，以之请补是缺，人地实在相需，合无仰恳天恩，俯念福州城守副将员缺紧要，准以现署副将梁鸿盛补授，俾资熟手而重省防。仍俟部覆到日，给咨送部引见。

除履历咨部外，谨会同陆路提督臣黄少春合词恭折具陈，伏乞皇上圣鉴，敕部议覆施行。再，福州将军系臣兼署，合并陈明。谨奏。

朱批："兵部议奏。"②

222. 拣员请补海疆同知要缺折光绪二十年十月二十八日

太子少保、头品顶戴闽浙总督臣谭钟麟跪奏，为拣员请补海

①《光绪朝朱批奏折·军务·人事》第44辑第96—97页，光绪二十年十月初六日。
②《光绪朝朱批奏折·军务·人事》第44辑第125页，光绪二十年十月二十八日。

疆同知要缺，恭折仰祈圣鉴事。

窃查福建福州府福防同知倪惟钦于光绪二十年八月十九日闻讣丁父忧，所遗系冲、繁、难要缺，例应在外拣选升调，该同知分驻南台，有缉匪查船之责，兼办通商，华洋杂处，必须通达大体、熟悉洋务民情之员，方克胜任。臣督同藩、臬两司，于闽省现任人员内逐加遴选，非现居要缺，即人地未宜，一时实难其选。查有记名同知温冠春，年四十八岁，广东博罗县举人，遵例报捐内阁中书，补授实缺，捐免历俸，经吏部截取记名外用。光绪十二年十一月，以截取同知捐指福建。十二月初十日，钦派王大臣验放，堪以发往福建，归候补班补用。十三年二月二十七日到省。十五年七月闻讣丁母忧，服满起复。十八年四月初六日回闽候补。该员年力正强，公事留心，于海疆风土、洋务情形，均为熟悉，以之请补是缺，洵属人地相宜，与例亦符。合无仰恳圣恩，俯念海疆员缺紧要，准以记名同知温冠春补授福州府福防同知，于地方不无裨益。如蒙俞允，该员系由记名同知请补同知，衔缺相当，毋庸送部引见，并免核计参罚。据藩、臬两司会详前来。

除咨部查照外，理合恭折具陈，伏乞皇上圣鉴，敕部议覆施行。谨奏。

朱批："吏部议奏。"①

223. 孙沄委署福建延建邵道片 光绪二十年十月二十八日

再，福建延建邵道司徒绪因病出缺，所遗员缺，应即派员接署。查有候补道孙沄历练稳慎，公事细心，堪以委令署理。

除咨部外，谨附片陈明，伏乞圣鉴。谨奏。

朱批："吏部知道。"②

---

①《光绪朝朱批奏折·内政·职官》第10辑第204—205页，光绪二十年十月二十八日。
②《光绪朝朱批奏折·内政·职官》第10辑第205页，光绪二十年十月二十八日。

224. 委员起解盐课京饷折光绪二十年十一月初九日

太子少保、头品顶戴闽浙总督臣谭钟麟跪奏，为委员起解盐课京饷，恭折仰祈圣鉴事。

窃准部咨：奏拨光绪二十年分福建盐课京饷一十五万两，嗣准电拨课银凑还洋款。各等因。遵经饬据福建盐法道龙锡庆筹借银五万两，作为二十年第一批京饷，依限解沪，备还洋款。其第二批京饷银五万两，委令补用知县郭承桂督同号商兑解，赴部投纳。先后奏报在案。兹据该道龙锡庆详称，设法腾挪银五万两，作为奉拨本年第三批京饷，委令候补盐大使金家杰督同号商汇解，赴京投纳，所有本年奉拨银两，业经两次解京，一次解沪，共银十五万两，已全数解清。详请奏咨前来。

除分咨外，谨缮折具陈，伏乞皇上圣鉴。谨奏。

朱批："户部知道。"①

225. 恭报晴雨粮价情形折光绪二十年十一月初九日

太子少保、头品顶戴闽浙总督臣谭钟麟跪奏，为恭报晴雨粮价情形，仰祈圣鉴事。

窃查福建省城光绪二十年十月分仅得雨一次，颇形旱象。省外各属禀报略同。所有通省粮价，间有增减。现在二麦播种，杂粮亟盼雨泽。据藩司黄毓恩具详前来。谨缮清单，恭折具陈，伏乞皇上圣鉴。谨奏。

朱批："知道了。"②

---

①《光绪朝朱批奏折·财政·经费》第87辑第794页，光绪二十年十一月初九日。
②《光绪朝朱批奏折·农业·雨雪粮价》第95辑第742页，光绪二十年十一月初九日。

226. 布置防营片光绪二十年十一月二十日

再，各省防营，如有更换管带员弁，或移扎他处，前于光绪十五年十月间钦奉谕旨，饬令随时奏闻。等因。历经遵办在案。兹查福靖轮船管驾官都司杨永年，另有差遣，改委补用参将李田接管。又内河水师右营炮船管带官候补副将梁有胜病故，改委候补都司黄得陞接带。又署陆路提督福宁镇总兵曹志忠所统擢胜军卸交，陆路提督黄少春接统，该总兵回任，仍接统福州口长门一带事务，兼带电光山炮勇。又达字中营管带官补用副将梁鸿盛卸交，陆路提督黄少春兼带，该副将委带新募鸿字正营。又新募达字左营弁勇，饬委闽浙补用总兵胡泰林管带。达字右营弁勇，饬委尽先补用游击杨洪彪管带。又长门炮台，饬委补用副将刘万顺管带。金牌獭石炮台，饬委补用参将廖洪光管带。射马炮台，饬委补用副将曹云胜管带。又寿字营管带官尽先千总吴春廷回籍修墓，所遗该营勇丁，饬委尽先把总戴全胜接带。据福建善后局司道具详请奏前来。

除分咨查照外，谨附片具陈，伏乞圣鉴。谨奏。

朱批：“兵部知道。”①

①《光绪朝朱批奏折·军务·人事》第44辑第166页，光绪二十年十一月二十日。

四、两广总督部分

001. 裁革节寿规礼门包片 光绪二十一年三月十九日

再，光绪十五年间，前督臣张之洞议给道、府、州、县津贴，裁革节寿、规礼、门包，以清治本。曾经奏明办理在案。道府乃监司大员，尤应正己率属。乃臣抵粤后，访查各道府中，尚有收受节寿、规礼、门包之处，自处于贪，何以责人之廉？臣仰蒙圣训，谆谆以吏治为言。粤东吏治之坏，皆自贪始。大吏之贪，自节寿、规礼、门包始，臣已申明奏案，严饬遵守。倘有复蹈此弊，容臣据实劾参。其廉洁称职之员，无论道、府、州、县，亦拟奏请奖励，以期转移风气。

臣为整饬吏治起见，是否有当，理合附片陈明，伏祈圣鉴训示。谨奏。

朱批："知道了。"①

002. 黄江税厂第八次征收加倍照案请奖折 光绪二十一年闰五月初六日

太子少保、头品顶戴两广总督臣谭钟麟，头品顶戴广东巡抚臣马丕瑶跪奏，为黄江税厂第八次征收加倍，照案请奖，恭折仰祈圣鉴事。

窃照肇庆府黄江税厂无闰之年，应征正税银一万二千八百八

---

①《光绪朝朱批奏折·内政·其它》第33辑第469页，光绪二十一年三月十九日。

十六两六钱九分五厘，院司养廉银三百八十六两六钱一厘，羡余银一万五千九百六十七两六钱九分六厘，加征盈余银二万两，桥羡银一万两，共额解银五万九千二百四十两九钱九分二厘。兹据广东藩司觉罗成允会同善后局司道详称，光绪十九年五月二十二日起至二十年五月二十一日止，第八次无闰一年期满，征收税银十一万一百二十六两六钱七分六厘。又由罗定桂皮地税项下，划还该厂税银八千四百五十二两五钱八分，共征银十一万八千五百七十九两二钱五分六厘。除支销厂用，不及一成银八千二百七十七两一钱七分二厘外，实解司库银五万九千二百四十两九钱九分二厘，系归额征之数。又解善后局银五万一千六十一两九分二厘，即属长征之数。又桥羡及加征盈余项下，解足一万二千两，照案归入。并计共溢解银六万三千六十一两九分二厘，已多于新增六万二千两之数，造具收支清册，详请咨部。并请将该厂委员试用知府陈望曾照章奏奖前来。臣等伏查该厂第八次征收税银加倍，核与第五次奏销请奖之案相符。合无仰恳天恩，俯准将广东试用知府陈望曾，俟补缺后以道员用，以示鼓励。

除将清册履历咨部外，谨合词恭折具陈，伏乞皇上圣鉴训示。谨奏。

朱批："该部议奏。"①

003. 英启应即饬回本任片 光绪二十一年闰五月初六日

再，两广盐运使英启，前因感患湿热，禀请开缺调理。经前督臣李瀚章奏明，给假两月，专心调治。其运司印务，委督粮道魁元暂行兼署在案。该运司英启，廉明朴质，不忮不求。臣与同官翰林时即知之，抵粤后，讲求盐务，该运司洞澈根源，言之凿

---

①《光绪朝朱批奏折·财政·关税》第73辑第283页，光绪二十一年闰五月初六日。

凿。深喜其病渐就痊，得收指臂之助。兹据禀请销假前来，应即饬回本任，以重职守。

除檄饬遵照外，谨会同广东巡抚臣马丕瑶附片具陈，伏乞圣鉴训示。谨奏。

朱批："知道了。"①

004. 报解本年京饷及内务府经费第三批盐课银两数目起程日期折光绪二十一年闰五月初六日

太子少保、头品顶戴两广总督臣谭钟麟，头品顶戴广东巡抚臣马丕瑶跪奏，为报解本年京饷及内务府经费第三批盐课银两数目起程日期，恭折仰祈圣鉴事。

案照光绪二十一年分，京饷奉拨广东盐课银二十万两，已解过十万两。又拨内务府经费盐课银五万两，已解过三万两，经两次奏报在案。兹复于盐课项下筹银五万两，随解加平饭食银一千五百两，作为本年第三批京饷。又筹银一万两，以五千两批解部库归垫，以五千两径解内务府应用。各随解平余抬费等银一百六十五两，共银一万三百三十两，作为本年第三批内务府经费。饬交商号协同庆、百川通、新泰厚、蔚泰厚、日昇昌、源丰润汇解，并委试用通判荣勋、试用从九品陶在藻领赍汇单。于本年闰五月初八日起程，航海进京，支取足色纹银，分赴户部、内务府投纳。据兼署两广盐运使魁元详请奏咨前来。

臣等覆核无异，除分咨户部、内务府外，理合恭折具陈，伏乞皇上圣鉴。谨奏。

朱批："该衙门知道。"②

---

①《光绪朝朱批奏折·内政·职官》第10辑第674页，光绪二十一年闰五月初六日。

②《光绪朝朱批奏折·财政·经费》第87辑第909页，光绪二十一年闰五月初六日。

005. 筹拨经费改解部库片 光绪二十一年闰五月初六日

再，户部奏准铁路暂停，将各省筹拨经费改解部库，以供军需。咨粤转行遵照。兹据广东藩司觉罗成允，会同兼署盐运司魁元、厘务局司道详称，光绪十六年起至二十年止，按年应解铁路经费银五万两，奏解清款在案。今光绪二十一年分，应解前项银五万两，先行筹拨三万两。于本年五月十六日，发交商号源丰润、协同庆汇解。并委准补阳江同知田明曜、试用通判文海领赍汇单，进京支取银两，赴部投纳。等情前来。

臣等覆核无异，除分别咨行外，谨附片具陈，伏乞圣鉴。谨奏。

朱批："户部知道。"①

006. 筹备饷需银两片 光绪二十一年闰五月初六日

再，广东省奉拨乙未年筹备饷需银二十万两，已先后解过十万两，奏报在案。兹由藩库凑拨银五万两，作为乙未年第三批筹备饷需。又西征洋款改为加复俸饷一款，光绪二十一年分应解银二十万两，除奉文划拨云南铜本银十万两另行筹解外。现由藩库筹银二万五千两，运库筹银二万五千两，共银五万两，作为二十一年第一批加复俸饷。照案交商号日昇昌、百川通、蔚泰厚、新泰厚、源丰润，汇兑至京。并遴委准补阳江同知田明曜、试用通判文海、试用县主簿朱惠领赍汇单。于光绪二十一年五月十六日起程，航海进京，支取银两，赴部投纳。据广东藩司觉罗成允详请奏咨前来。

---

①《光绪朝朱批奏折·财政·经费》第87辑第910页，光绪二十一年闰五月初六日。

臣等覆核无异，除咨部外，谨合词附片陈明，伏乞圣鉴。谨奏。

朱批：“户部知道。”①

007. 修造添改各轮船暨勇粮数目片光绪二十一年闰五月初六日

再，各省增裁勇数、饷数，应随时奏咨立案。兹据广东海防善后局司道详称，前有永济、小海、东雄等轮船，历年过久，损坏滋甚。经广东水师提督臣郑绍忠派员前赴香港召匠购料，装造轮船二号。一名安济，顶补永济轮船旧额。光绪二十年三月工竣，四月初一日起，配足人额，开支薪粮，即日将永济轮船裁撤。一名安平，顶补小海、东雄船额。二十年十二月工竣，二十一年二月初一日，将小海、东雄轮船原配弁勇，移拨循旧，接支薪粮。其小海、东雄旧船，即日拨交水师提标后营游击，自行修整巡缉。上年，海防戒严，又经制造局将旧存广济轮船炉机配制船身，二十年十二月工竣，命名“苇杭”。二十一年二月初六日，配足人额，起支薪粮。又旧有精捷轮船一号，于二十年八月改名“瑞祥”，薪粮公费，均接旧案开支。所有修造添改各轮船丈尺、马力、机器什物暨弁勇薪粮数目列册，详请奏咨立案前来。

臣覆核无异，除册送部查核外，谨会同广东巡抚臣马丕瑶附片具陈，伏祈圣鉴，敕部立案施行。谨奏。

朱批：“该部知道。”②

①《光绪朝朱批奏折·财政·经费》第87辑第910页，光绪二十一年闰五月初六日。

②《光绪朝朱批奏折·工业·造船》第101辑第821页，光绪二十一年闰五月初六日。

008. 奏报征收光绪二十年上忙钱粮银两数目折光绪二十一年闰五月十五日

太子少保、头品顶戴两广总督臣谭钟麟，头品顶戴广东巡抚臣马丕瑶跪奏，为奏报征收光绪二十年上忙钱粮银两数目，恭折仰祈圣鉴事。

案准部咨，州县每年应征钱粮银两，除例准留支及实欠在民外，尽数提解司库。下忙限十二月底，截清解司，银数造册详报督抚。于二十日内，专折具奏，将原册送部。又准部咨，上、下忙钱粮，以额征数目按八分计算，上忙匀为三分，下忙匀为五分征收。其余二分，归奏销前征完。分别藩司功过，责令督催。又各省上、下两忙钱粮，于截止后，上忙限十一月底，下忙限次年五月底，分晰成数报部。等因。均经转行遵照在案，兹据广东布政使觉罗成允详称，广东省光绪二十年分应征地丁杂税、屯丁等项，共银一百九万三千三百七两三钱七分七厘，自光绪二十年正月初一日起，至十一月底上忙期满止。各属起解司道库及存留等项，共银三十五万七千五百九十六两二钱九分二丝，又额征耗羡银一十七万七千五百七十四两八钱六分三厘。截至十一月底，上忙期满止，各属完解司库银四万八千四百四十一两九钱五分二厘六毫。统计额征正、耗二项分数，上忙匀为三分计算，已督征全完。除各厅、州、县应行留支外，均据批解司道各库，检查各属实征底簿，核算相符。未完之数，委系实欠在民，并无捏饰等情前来。

臣等覆查无异，除行司严催各属，迅将未完银两上紧催征，务于奏销前扫数完解，毋许稍有延欠。并将已未完数目各册，咨送吏、户二部查核外，所有广东省征收光绪二十年分上忙钱粮数目，谨循例合词恭折具陈，伏乞皇上圣鉴。谨奏。

朱批："户部知道。"①

009. 筹解指拨税银片 光绪二十一年闰五月十五日

再，准户部咨，光绪二十一年分，京饷指拨广东太平关常税银五万两。等因。当经转饬遵照筹解。兹据广东布政使觉罗成允详称，查太平关税，向由南韶连道征解，现尚未准移解到司。兹向殷实银号日昇昌、百川通、蔚泰厚、新泰厚、源丰润，先行借垫银三万两，作为第一批太平关常税京饷。即由该商号汇兑赴京，仍俟太平关税收有银两，发还归款。饬委准补阳江同知田明曜等领赍汇单，于光绪二十一年五月十六日起程，由海道进京，支取银两，解赴户部投纳。等情具详请奏前来。

除咨户部查照外，理合附片陈明，伏祈圣鉴。谨奏。

朱批："户部知道。"②

010. 筹解常税银两片 光绪二十一年闰五月十五日

再，准户部咨，添拨内务府光绪二十一年经费案内，指拨广东太平关常税银十万两，声明以五万两批解部库归垫，以五万两径解内务府应用。等因。当经转饬分别筹解，兹据广东布政使觉罗成允详称，查太平关税，向由南韶连道征解，现尚未准移解到司。除应解部库归垫银五万两另行筹解外，兹向殷实银号日昇昌、百川通、蔚泰厚、新泰厚、源丰润先行借垫银五万两，随解加平抬费银一千六百五十两，作为第一批太平关常税，拨解内务府经费。即由该商号汇兑赴京，仍俟太平关税收有银两，发还归款。饬委准补阳江同知田明曜等领赍汇单，于光绪二十一年五月十六

①《光绪朝朱批奏折·财政·田赋地丁》第67辑第390页，光绪二十一年闰五月十五日。

②《光绪朝朱批奏折·财政·经费》第87辑第913页，光绪二十一年闰五月十五日。

日起程，由海道进京，支取银两，径解内务府投纳等情，具详请奏前来。

除分咨户部、内务府查照外，理合附片具陈，伏乞圣鉴。谨奏。

朱批："该衙门知道。"①

011. 添修炮台等工用款报明立案折 光绪二十一年闰五月十九日

太子少保、头品顶戴两广总督臣谭钟麟跪奏，为添修炮台等工用款，报明立案，恭折仰祈圣鉴事。

窃照光绪十八年以前广东海防案内，修建各处炮台、炮棚等项工程，动用银数，经前督臣先后奏咨报销在案。粤省滨海多风，一切炮台、炮棚、药库、兵房，遇有损坏，不得不随时整理。比值倭人肇衅，沿海戒严，各处工程尤多酌量添改。计自光绪十九年起至二十年止，陆续动用银八万二千余两。据广东海防善后局布政使觉罗成允等照章造册，详请奏咨立案前来。

臣覆查无异，除册送部外，谨会同广东巡抚臣马丕瑶恭折具陈，伏乞皇上圣鉴，敕部立案施行。谨奏。

朱批："该部知道。"②

012. 起解河工银两片 光绪二十一年六月

再，广东省每年应解河工银一万两，按年解清在案。兹据两广盐运使英启于库存本年课饷项下，支出银一万两，作为光绪二十一年分河工银两，发交商号日昇昌、协同庆。于六月初九日起

①《光绪朝朱批奏折·财政·经费》第87辑第914页，光绪二十一年闰五月十五日。

②《光绪朝朱批奏折·军务·军事工程》第64辑第717页，光绪二十一年闰五月十九日。

程，解赴漕运督臣衙门投纳。仍列入本年奏销册内造报。

除咨明户、工二部外，谨附片陈明，伏乞圣鉴。谨奏。

朱批："该部知道。"①

013. 汇奏广东省半年内咨结交代各案折

光绪二十一年六月初十日

太子少保、头品顶戴两广总督臣谭钟麟，头品顶戴广东巡抚臣马丕瑶跪奏，为汇奏广东省光绪二十年十一月起，至二十一年四月止，半年内咨结交代各案，恭折仰祈圣鉴事。

窃准户部咨，具奏申明州县交代例限，并请严定藩司处分一折。钦奉谕旨：行令将交代各案，分别已、未完结，半年汇奏一次，并将有无未解银两，于何月日提解司库，逐案声叙。等因。即经钦遵办理，并将光绪十一年十一月起至二十年十月底止，咨结各案开单奏报。兹据广东布政使觉罗成允详称，自光绪二十年十一月起至二十一年四月底止，半年届满，陆续咨结各属交代，共三十三案。均系新案交代，内二十八案，应征正、杂钱粮银米，扫数解清，并无未解之款。其余五案，征存银米未据清解，业经另案参追。等情前来。

臣等覆核无异，除饬司将此外未结交代，严催结报外，谨缮清单，合词恭折具奏，伏祈皇上圣鉴。谨奏。

朱批："户部知道，单并发。"②

---

①《光绪朝朱批奏折·水利·河湖·海塘·渠堰工程》第99辑第554页，光绪二十一年六月。

②《光绪朝朱批奏折·财政·库储》第82辑第337—338页，光绪二十一年六月初十日。

014. 卢秉政奉旨即行革职片光绪二十一年六月二十二日

再，臣等承准军机大臣字寄光绪二十一年四月二十一日奉上谕："广东惠州府知府卢秉政，着谭钟麟、马丕瑶悉心察看。如竟不能胜任，即行据实参奏，毋稍迁就。将此谕令知之。钦此！"遵旨寄信前来。查惠州府知府卢秉政，经臣丕瑶于甄别案内，以该员平庸贪污，嗜好更深奏参。奉旨即行革职在案，自毋庸再行查参。

理合附片陈明，伏乞圣鉴。谨奏。

朱批："知道了。"①

015. 遵旨查明武职被参冤抑各情据实复陈折光绪二十一年六月二十二日

太子少保、头品顶戴两广总督臣谭钟麟，头品顶戴广东巡抚臣马丕瑶跪奏，为遵旨查明武职被参冤抑各情，据实复陈，仰祈圣鉴事。

窃臣等于本年四月二十八日承准军机大臣字寄光绪二十一年四月初四日奉上谕："都察院奏，已革参将吴世恩，以串官霸产、妄参无辜等词，赴该衙门呈递。据称，该革员于咸丰十年契典吴奂记庄田一所，经在籍总兵林宜华等，利诱吴奂记之子捏契霸田，复贿串道员杨文骏，诬伊抢割田禾，不守营规，妄禀参革。等语。案关武职被参冤抑，虚实均应澈究，着谭钟麟、马丕瑶按照原奏各节，确切查明，据实具奏。原折呈均着钞给阅看，将此各谕令知之。钦此！"遵旨寄信前来。当经转饬现署雷琼道林贺峒，确切

①《光绪朝朱批奏折·内政·职官》第10辑第766页，光绪二十一年六月二十二日。

查复。兹据该道复称，查吴世恩籍隶琼山县，系捐纳试用参将，于同治五年正月到琼州镇标，十三年七月请假回籍。吴世恩先于咸丰十年，典得吴家文之父吴奂如等庄田一所，价银五千圆，又借与洋银五百两，立有字据，即以所典庄田作抵，议定利息。光绪十八年，吴家文等将此田转卖与印金局。该局绅董梁开樘等，议定买价银四千四百五十两。除原典价五千圆、借款五百两划还吴世恩外，实找付吴家文等现银四百圆。其划还吴世恩之款，谓取悦来当铺凭单，交吴家文自行向赎。究竟有无凭单，曾否向赎，殊不可知。旋有梁璘镳等霸耕吴世恩佃丁周英浮之田，吴世恩节次控县，该县张士锃未经传讯被告，梁璘镳亦无诉词。十九年十一月，局董李景崧等，请饬吴世恩领价缴契。该县批驳不准，吴家文控吴世恩措赎，该县又批自行料理。该局董遂招耕吴世恩所典之田，世恩不依。叠控林宜华、李景崧、梁开樘等强占税业，主使霸耕，县未讯究。而吴世恩各田，已被袁家位等占耕。二十年五月，田禾将熟，袁家位等赴道控吴世恩主使家人抢割伊禾，挑存张熊璋祖祠内。吴家文、梁开樘等分控其措赎翻约各节，吴世恩诉称，佃户争割未可知，伊实无主使家人情事。前雷琼道杨文骏知吴世恩家富，即有禀革严办之批。并云：如敢抗传，即督军围拿。闻者骇诧。嗣勒传吴世恩，张熊璋畏惧不出，杨文骏遂以吴世恩久不在营当差，被控屡传不到，禀经前督臣李瀚章奏准，革职归案讯办。此系本案始末、原委等语。臣等查此案，吴家文出典之田，未向吴世恩赎回，辄先卖与印金局，本属不合。该局董梁开樘等不待吴家文赎回，辄即招佃霸耕，仅付现银四百圆之断价，而占原典五千圆并借五百两之田业，即非有心串谋，亦属不明事理。袁家位等本系吴世恩旧佃，明知此田未赎，控案未息，竟敢挺身受耕，纵无主使，亦属冒昧。种稻被割，咎由自取。事隔旬日，始控吴世恩主使家人抢割，原呈无家人姓名。又隔旬日始控家丁吴之美、颜来让等。该家丁均未到案，无从究其虚实，且并未控县，辄先赴道越诉。该道杨文骏即日批发，雷厉风行，如捕巨盗。盖其意在苛罚，无怪吴世恩等不敢赴质，知县张士锃于李景崧等先后呈控，延不准理，致酿事端，与杨文骏均有不合。张士锃查已病故，杨文骏已另案参革，永不叙用，应毋庸议。在籍记名总兵林宜华，有无贿串杨文骏，无从究出实据。惟林贺峒查复，该总兵出入衙门，干预公事，行为霸道，实属恃符纵恣，有玷官常。相应请旨，将林宜华即行革职。已革试用参将吴世恩因契典之田被原主未赎先卖，以致涉讼，由道传讯未到，系畏苛罚所致，情均可原。至候补武职请假回籍，本无限期。原参谓其久不到营当差，近于罗织，未免冤抑。应请旨准予开复原官，以昭平允。局董梁开樘等于已典未赎之田，遽行谋买，佃户袁家位等从而霸耕，均有不合，恭逢光绪二十年八月十六日恩诏，应予宽免。该处庄田，现应如何秉公定断，饬由署雷琼道提集讯明，分别办理。

是否有当，臣等谨合词据实复奏，伏乞皇上圣鉴训示。谨奏。

朱批："另有旨。"①

016. 拣员请补外海水师都司折光绪二十一年六月二十三日

太子少保、头品顶戴两广总督臣谭钟麟跪奏，为拣员请补外海水师都司，恭折仰祈圣鉴事。

窃照广东赤溪协中军都司缺，应用尽先人员。经前督臣李瀚章以都司宋文翙、李西扬先后奏补，均经部驳，令另拣员请补。等因。兹于尽先都司班内，详加拣选，除杨树嘉、张连陞、陈声扬、张煜良、郑兆宏、王泽喜、李炳超、黄麟瑞、赵希祖、郑廷宗籍隶本府不计外。其名次在前之徐桂田，已据报病故。刘华青告假离营。吴嘉法、梅文炳行查保案未据查覆。均未便请补。查

①《光绪朝朱批奏折·军务·人事》第44辑第653—655页，光绪二十一年六月二十二日。

有阳江营尽先都司杨连陞，年四十八岁，广东电白县人。由勇目递保守备，嗣于全黔肃清案内保准免补守备，以都司尽先补用。回粤改用外海水师，饬发阳江营效力，咨部覆准。该员年强技练，久历风涛。前在外省军营，并无参革、朦保情弊。惟改用水师，尚未保题，与例稍有未符，谨随折声明。合无仰恳天恩，俯准以杨连陞补授赤溪协中军都司。俟部覆到日，并案给咨送部引见，以符定制。

谨会同广东水师提督臣郑绍忠合词缮折具陈，伏乞皇上圣鉴，敕部核覆施行。谨奏。

朱批："兵部议奏。"①

017. 拣员请补外海水师都司折 光绪二十一年六月二十三日

太子少保、头品顶戴两广总督臣谭钟麟跪奏，为拣员请补外海水师都司，恭折仰祈圣鉴事。

窃准兵部咨，广东碣石镇右营都司武永泰升补遗缺，轮用应补人员，经前督臣李瀚章以尽先都司郑廷宗请补。兹经部驳，应补班内，既无可补之员，应以应升人员抵补，令另拣员升补。等因。查定例：外海水师缺出，先尽历俸一年以上者保题实授。等语。兹会同广东水师提臣郑绍忠，在于应升班内遴选。查有碣石镇右营守备黄炳麟，年六十四岁，广东香山县人。由勇目递补今职，光绪十四年三月在京接札。该员久在水营，沙线熟悉。并无在外省军营参革、朦保情弊。合无仰恳天恩，俯准以黄炳麟升补碣石镇右营都司。俟部覆到日，再行给咨送部引见，以符定制。

谨会同广东水师提督臣郑绍忠缮折具陈，伏乞皇上圣鉴，敕部核覆施行。谨奏。

---

①《光绪朝朱批奏折·军务·人事》第44辑第655—656页，光绪二十一年六月二十三日。

朱批："兵部议奏。"①

018. 提臣郑绍忠暂缓北上片 光绪二十一年六月二十三日

再，广东水师提督郑绍忠，于光绪十七年调补是缺，计至二十年十月三年期满，例应入都陛见。时值海防戒严，未敢陈请。兹该提督以情殷展觐，函商委员接替前来。伏念此时和议虽定，防务仍严。该提督久统粤军，声威卓著，查办土匪，亦极认真。臣履任以来，为惩前毖后之计，整顿武备，遇事筹商。该提督亦倾诚相辅，裨益良多。合无仰恳天恩，俯准提臣郑绍忠暂缓北上，俾臣得收指臂之助。

谨附片陈请，伏乞圣鉴训示。谨奏。

朱批："着照所请。"②

019. 陈殿翔升补崖州协水师守备片 光绪二十一年六月二十三日

再，广东崖州协水师守备曾显鲁遗缺，系外海水师题调缺。经前督臣李瀚章查明无员可调，以千总萧翰、许瑞邦先后奏请升补，均经部驳。令拣俸满引见回任候升人员，先尽升补。等因。兹查有水师提标中营右哨千总陈殿翔，年五十一岁，广东新安县人。由左营兵递拔今职，光绪十年七月十七日接札。十六年俸满，豫保守备。晋京引见，奉朱批圈出："着准其豫保注册，回任照例候升。钦此！"该员年力强健，熟悉水务，并无在外省军营参革、朦保情弊。合无仰恳天恩，俯准以陈殿翔升补崖州协水师守备，

①《光绪朝朱批奏折·军务·人事》第44辑第656—657页，光绪二十一年六月二十三日。

②《光绪朝朱批奏折·军务·人事》第44辑第657页，光绪二十一年六月二十三日。

敕部发给札付，令其赴任。

谨会同广东水师提督臣郑绍忠附片具陈，伏乞圣鉴，敕部核覆施行。谨奏。

朱批："兵部议奏。"①

020. 粤东需次人员过多拟请援案暂停分发逐渐疏通折光绪二十一年七月二十一日

太子少保、头品顶戴两广总督臣谭钟麟，头品顶戴广东巡抚臣马丕瑶跪奏，为粤东需次人员过多，拟请援案暂停分发，逐渐疏通，恭折具陈，仰祈圣鉴事。

窃据广东布政使觉罗成允、署按察使吴仲翔、两广盐运使英启会详称，粤省捐纳、劳绩两项，地方盐务官员，前因人数太多，于光绪六、七年间先后详奏，经部议准，停止分发各一年在案。自是稍望疏通，乃近年分发来粤者益众，几于无日无之。检查官册，候补、试用两项，道府共六十余员，同通州县共三百六十余员。佐杂共一千四百八十余员。盐运同大使等官，共三百六十余员。地方盐务，合共二千二百八十余员。而应补者，道府只有三缺，同通州县，只有一百零三缺，佐杂只有二百九十缺，盐务只有一十八缺，合共四百一十四缺。人数、缺数相去倍蓰，拥挤不堪。近又钦奉谕旨，裁减营局各员，差使愈见减少，非特补署无期，差委亦难轮逮。日久坐困，流弊滋多。拟请援照前案，除正途即用大挑及馆班议叙京员截取等项，例应签分人员，仍照旧办理外，所有报捐指省、劳绩保留，凡未分发之道府，以至未入流并盐务等官，一律暂请停止分发三年。俟三年届满，仕路稍通，再请照旧分发等由，具详请奏前来。臣等伏查粤省人多缺少，补署非易。当此度支告匮、裁汰冗费之际，薪水既减，差委愈稀。

①《光绪朝朱批奏折·军务·人事》第44辑第658页，光绪二十一年六月二十三日。

该司等所详冗员坐困，流弊滋多，系属实在情形。且查粤省吏治窳惰，流品溷杂，以致奔竞钻营，寖成风气。水积则腐，物积则蠹。今粤官积久矣，求不腐不蠹，非设法疏通不可。合无仰恳天恩，俯如臣等所请，将捐纳、劳绩两项道府以下，并盐务官员，停止分发三年。其已经捐指保留，尚未验放、验看到省者，一律停止。至分发佐杂人员，候缺需时，资斧不继，定章本准暂行告假回籍。臣等亦拟申明定章，谕饬遵照，俾得自便而免向隅。

是否有当，谨合词恭折具奏，伏乞皇上圣鉴，敕部施行。谨奏。

朱批：“吏部议奏。”①

021. 海疆要缺拣调乏人请以遗缺道员补授以重地方折光绪二十一年七月二十一日

太子少保、头品顶戴两广总督臣谭钟麟，头品顶戴广东巡抚臣马丕瑶跪奏，为海疆要缺拣调乏人，圣恩简放，请以遗缺道员补授，以重地方，奏祈圣鉴事。

窃臣等于光绪二十一年四月二十二日接准部咨，三月二十一日钦奉上谕：“广东雷琼道员缺紧要，该督抚于通省道员内，拣员调补。所遗员缺，着冯光遹补授。钦此！”伏查雷琼道一缺，管辖两府十六州县，驻札琼州。该处民黎杂处，四面环海，邻近越南，抚驭巡防，均关紧要。非才识明练、实心任事之员，不足以资治理。臣等率同藩、臬两司，于通省道员及正途出身人员内，逐加遴选。非现居要缺，即人地未宜，实无堪调之员。查新授雷琼遗缺道冯光遹，年五十八岁，江苏常州府阳湖县人。甲戌进士，改翰林院庶吉士。光绪二年，散馆授职编修。八年充福建学政，十四年充湖北乡试正考官，十六年充会试同考官，二十年京察一等。

①《光绪朝朱批奏折·内政·职官》第10辑第816—817页，光绪二十一年七月二十一日。

引见，记名以道府用。三月充会试同考官，五月方略馆全书告成。奉旨："着俟得知府后在任以道员补用，得道员后赏加二品衔。钦此！"二十一年三月二十一日，简放广东雷琼遗缺道。七月十六日到省。该员品端学邃，才识优长，以之请补雷琼道，洵堪胜任。合无仰恳天恩，俯准以冯光遹补授雷琼道，实于海疆要缺有裨。

臣等谨合词恭折具奏，伏乞皇上圣鉴训示。谨奏。

朱批："另有旨。"①

022. 筹解常税银两片 光绪二十一年七月二十一日

再，准户部咨，光绪二十一年分京饷，指拨广东太平关常税银五万两。等因。当经筹解第一批银三万两，派委准补阳江同知田明曜等，解部投纳，附片奏报在案。兹据广东布政使觉罗成允详称，再向殷实银号日昇昌、百川通、新泰厚、蔚泰厚、源丰润、协同庆、蔚长厚借垫银二万两，作为第二批太平关常税京饷。即由该商号汇兑赴京，仍俟太平关税收有银两，发还归款。饬委试用通判金鼎等领赍汇单，于光绪二十一年七月十六日起程，由海道进京，支取银两，解赴户部投纳。所有太平关常税奉拨光绪二十一年京饷银五万两，现已如数解清等情，具详请奏前来。

除咨户部查照外，理合附片陈明，伏祈圣鉴。谨奏。

朱批："户部知道。"②

023. 审明逆伦重犯按律办理折 光绪二十一年七月二十四日

太子少保头品顶戴两广总督臣谭钟麟、头品顶戴广东巡抚臣

---

①《光绪朝朱批奏折·内政·职官》第10辑第817—818页，光绪二十一年七月二十一日。

②《光绪朝朱批奏折·财政·经费》第87辑第950页，光绪二十一年七月二十一日。

马丕瑶跪奏，为审明逆伦重犯，按律办理，恭折仰祈圣鉴事。

窃据海阳县知县杜友白详报，民人潘耀明因疯刀伤亲父潘亚择身死一案，当以案情重大，批司转饬该县押犯解省，发委广州府督同审办去后。兹据广州府知府周开铭审明拟议，由署臬司吴仲翔覆审解勘前来。臣等亲提研鞫，缘潘耀明籍隶海阳县，小贩营生，与已死亲父潘亚择同居，平时孝顺。光绪二十一年正月间，潘耀明忽患疯病，时发时愈。每遇发时不省人事，潘亚择因其并不滋事，嘱伊长子潘耀炳、次子潘耀泉，并央允族长潘长宜、邻佑黄嘓均未报官，锁锢空房关禁，自行看管。闰五月十五日，潘耀明之母潘许氏在房卧病，潘耀炳、潘耀泉俱出外工作。午牌时分，潘耀明疯病复发，撬开房门，走出厅上，即携菜刀跳舞。潘亚择看见向夺，被潘耀明用刀砍伤右耳窍，相连右腮颊上下唇吻，右胐瞅、左手腕，潘亚择喊跌倒地。当经潘许氏闻声趋视，见潘耀明仍持刀子乱舞，出门跑走。潘许氏立即喊同潘长宜、黄嘓向潘亚择询悉情由，扶起医治。通知潘耀炳等回家看明，将潘耀明寻获捆住。凶刀已不知撩弃何处，讵潘亚择伤重，移时殒命，报县验讯。潘耀明目瞪口呆，语无伦次，带案收禁。医痊讯供通详，批饬押犯进省，发委广州府督审明确，由司覆审解勘。据供前情不讳，诘无装疯捏饰情事，案无遁饰。查律载：子殴父杀者，凌迟处死。又例载：子杀父之案，无论是否因疯，悉照本律问拟。于审明后，恭请王命。若距省在三百里以外，即在省垣正法。仍将首级解回犯事地方枭示。又疯病之人亲属、邻佑人等容隐不报，致杀人者，照知人谋害他人，不即阻当首报律杖一百。又律载：不应为而为，事理重者杖八十。各等语。此案潘耀明因疯病复发，用刀砍伤亲父潘亚择身死，实属形同枭獍，自应按律问拟。潘耀明合依子殴父杀者凌迟处死律，拟凌迟处死。查海阳县距省在三百里以外，应即在省办理。臣等于审明后，督同署臬司吴仲翔、抚标中军参将凤鸣，恭请王命，将该犯潘耀明绑赴市曹，凌迟处死。仍将首级解赴犯事地方，悬竿示众，以昭炯戒。族长潘长宜、邻佑黄啯，明知潘耀明染患疯病，容隐不报，致潘耀明杀死其父，亦应按例问拟。潘长宜、黄啯均合依疯病之人亲属邻佑人等，容隐不报，致杀人者，照知人谋害他人，不即阻当首报律杖一百例，拟杖一百。该族长等均已年逾七十，照律收赎，追取赎银入官册报。犯兄潘耀炳等容隐不报，虽由听从父命所致，惟不小心看守，究有不合。潘耀炳、潘耀泉均应酌照不应为而为事理重者杖八十律，俱拟杖八十。折责发落，案已讯明。未到之犯母潘许氏，年老患病，免传省累。凶刀供弃免起，尸棺饬埋。

除供册咨部外，所有审办缘由，臣等谨合词恭折具陈伏乞皇上圣鉴。谨奏。

朱批："刑部知道。"①

024. 查明知县被参各节折 光绪二十一年七月二十八日

太子少保、头品顶戴两广总督臣谭钟麟，头品顶戴广东巡抚臣马丕瑶跪奏，为查明知县被参各节，恭折覆陈，仰祈圣鉴事。

窃臣等承准军机大臣字寄光绪二十一年五月初十日奉上谕："有人奏，广东高州土匪滋事，请饬严拿匪首，并将酿乱之知县参办一折，着谭钟麟、马丕瑶饬属严拿匪首庞癞渣尾等务获，毋任漏网。并将李之藩、王承彦被参各节确切查明，据实参办，毋稍隐徇。原折片均着钞给阅看。等因。钦此！"遵旨寄信前来。当饬高州道府查明李之藩、王承彦被参各节，逐款声覆。兹据高廉钦道雷其达、署高州府知府李士彬覆称，原奏匪首庞癞渣尾结党拜会，稔恶日久，旧岁劫案数十起，李之藩置之不理。往往县城昼闭，有黄济光呈控，李之藩欲陷以诬良之罪及勒缴花红，并未悬缉一节。查庞癞渣尾系吴川县人，上年八月间与庞杀人得、杨允

①《光绪朝朱批奏折·法律·命案》第107辑第73—75页，光绪二十一年七月二十四日。

揿、彭田保等，结党拜会。该县李之藩访缉未获，将匪屋焚毁。嗣闻匪至塘埮墟树旗打单，即禀商署镇潘瀛派拨防军，会同化州李光高驰往剿捕，毙匪陈业盛等四名，拿获庞亚养等五名，余匪窜散。勒令匪族捆交，该族绅愿缴花红钱二千八百串，悬赏购线。先后获匪五十八名，赏钱三千二百余串，尚属不敷，何有入己？黄济光素与庞癞渣尾有嫌，虑其扰害，赴县密报。李之藩曾令设法帮捕，安得以诬良之罪罪之？上年，有林窦氏等报劫七起，均已破获，并非置之不理。匪未近城，必无县城昼闭之事。

原奏又称，匪攻黄济光焚屋杀人后直趋梅菉墟，按户打单。是时，电白匪徒屯踞沙琅墟，被击溃散，未究匪踪一节。查庞癞渣尾等于本年二月间潜回纠党，先往中塘村，焚毁黄济光祠屋，毙一雇工。旋至塘埮等处搜掠军火，抢毙兵丁一名，伤外委覃恩荣等多人。窜踞梅菉，按户打单，勒索军械、钱米。李之藩督带团勇，会合大兵驰往剿散，杀毙、淹毙匪犯三四百名。匪首杨允揿当经格杀，获伪军师杨炳章，匪首庞杀人得等多名，石城县亦获彭田保等七名，先后审明正法。惟庞癞渣尾在逃，悬赏千二百圆购缉未获。谓李之藩有心纵匪，殊无确据。电白县沙琅墟匪首吴亚扬，结党数百人同时滋事。现任电白县李滋然亲督团勇剿办，追至望夫地方，毙匪彭什妹等十余名，拿获首匪吴亚扬。究其党与，多系羊角墟人，已获者悉行正法，余匪逃至阳江，被该厅格毙多名，首要业已翦除，办理尚称妥速。并非纵贼往来，毫无觉察。

又原奏李之藩乡征择肥而噬一节。查李之藩抵吴川任，因催科短绌，于自封投柜外，携带印串下乡，听民就近输纳，人皆称便。未闻有上控者。

又原奏电白县王承彦贪庸纵盗，卸任时，监狱盗匪卖放净尽一节。查王承彦在任年余，尚无贪污实迹。交卸之先，曾保释羁犯卓亚权等九名，或被控为匪，查无实据，或讯不认供，由绅结保。检查月报，卸任时尚有监犯二十二名，羁犯二十八名，移交接署县乌尔兴额收办。其非卖放净尽，确有明征，具禀前来。臣等查高州土匪滋事，击散拿办情形，经前督臣李瀚章与臣丕瑶奏报有案。覆加查察，情事相同。现署信宜县事本任吴川县知县李之藩被参各节，据该道府查覆，均无不合。惟匪首庞癞渣尾未获，究属缉捕不力，应行撤任。察看前署电白县王承彦被参贿纵盗犯一节，查无其事。惟该员庸劣不检，难膺民社。相应请旨，将同知衔广东分缺先用知县王承彦即行革职。

再，查粤省群盗如毛，杀之不止。聚则为盗，散则为民。向来查办匪乡，每向族房、绅耆勒缴花红银钱，为悬赏购缉之费，相沿已久，流弊实多。业经臣等通饬各属，并出示严行禁革，此风少息，良善获安。

除饬属严拿匪首庞癞渣尾等，务获报办外。所有遵旨查覆议拟缘由，谨合词恭折具陈，伏乞皇上圣鉴训示。谨奏。

朱批："另有旨。"①

025. 广东省光绪二十年下半年收解厘金数目开单具陈折光绪二十一年七月二十八日

太子少保、头品顶戴两广总督臣谭钟麟，头品顶戴广东巡抚臣马丕瑶跪奏，为广东省光绪二十年下半年收解厘金数目，开单具陈，仰祈圣鉴事。

窃照广东省厘金收解各数目，向系半年奏报一次，截至光绪二十年六月底止在案。兹查光绪二十年七月初一日起，至十二月底止，共收原设东、西、北三江及续设廉州并高州、雷州两属水东、北海等厂货厘洋银四十三万九千七十二两二钱七分四厘二毫，补抽省城省河、佛山、江门、陈村暨九龙、拱北两关等处货厘洋银四十七万五千七百五两五钱六分五厘六毫一丝。又收盐厘洋银

①《光绪朝朱批奏折·反清斗争·其它》第119辑第312—313页，光绪二十一年七月二十八日。

四万五千三百八十八两八钱五分二厘。据广东藩司觉罗成允，会同厘务局司道造册，详请奏咨前来。

臣等覆查无异，除册送部外，谨缮清单，恭折具陈。至盐厘一项，已改归运司按引抽收。是以清单内不列各厂名目，伏乞皇上圣鉴，敕部查照施行。谨奏。

朱批："户部知道，单并发。"①

026. 报解筹备饷需及加复俸饷银数日期折光绪二十一年七月二十八日

太子少保、头品顶戴两广总督臣谭钟麟，头品顶戴广东巡抚臣马丕瑶跪奏，为报解筹备饷需及加复俸饷银数日期，恭折仰祈圣鉴事。

窃照广东省奉拨乙未年筹备饷需银二十万两，已先后解过十五万两，奏报在案。兹由藩库凑拨银五万两，作为乙未年第四批筹备饷需。又西征洋款改为加复俸饷，光绪二十一年分，应解银二十万两。除奉文划拨云南铜本银十万两，另行筹解外。尚应解银十万两，已解过五万两。兹由藩库筹银二万五千两，运库筹银二万五千两，共银五万两，作为二十一年第二批加复俸饷，交商号日昇昌等汇兑至京，并委试用通判金鼎等领赍汇单，于光绪二十一年七月十六日起程，航海进京，支取银两，赴部投纳。所有筹备饷需、加复俸饷两款，均已全数解清。据广东藩司觉罗成允详请奏咨前来。

臣等覆核无异，除咨部外，谨合词恭折具陈，伏乞皇上圣鉴。谨奏。

朱批："户部知道。"②

---

①《光绪朝朱批奏折·财政·杂税》第77辑第751—752页，光绪二十一年七月二十八日。

②《光绪朝朱批奏折·财政·经费》第87辑第952页，光绪二十一年七月二十八日。

027. 藩司成允暂缓陛见片 光绪二十一年七月二十八日

再，广东布政使觉罗成允三年任满，循例述职，应行入京陛见。惟目前和议虽成，防务仍不能尽撤。叠准部咨，一切筹饷制械，清理钱粮，整顿厘金，裁汰局员，均应次第举办。该藩司在粤有年，用人理财措施悉当。本年又值举行大计，考核贤否，权衡黜陟，尤赖藩司一手经理。合无仰恳天恩，俯准广东藩司成允，暂缓陛见，俾臣等得收指臂之助。俟诸事就绪，再行请旨北上，恭觐天颜，面聆圣训。

是否可行，臣等谨合词附片陈请，伏乞圣鉴训示。谨奏。

朱批："着照所请。"①

028. 奏报潮州府属地震已饬修复抚恤情形片 光绪二十一年九月初六日

再，据署惠潮嘉道钟懿蓉、潮州府知府李士彬禀称，本年七月十一日酉刻，郡城地震，是夜亥子之交，复震一二次，声若沉雷，随震随息。饬查揭阳县震塌城垣四十九丈六尺，瓦屋一千零五十九间，压毙男妇大小五十五名口，压伤男妇幼孩一十四名口。盐仓房屋震塌多间，存盐毁失。潮阳县震塌民房一百余间，压毙男女五名口。门辟司巡检衙署，概被震塌，官眷亦有压伤。普甯县震塌城垛一十七个，盐仓墙垣全倾。民房一十四间，庙宇间有震塌，压毙男妇老幼十二名口。此外，各属县地震较轻，均无损伤。等语。并据各县禀报相符。

除饬将城垣官屋分别修复，并将震塌民房，压毙人口加意抚

①《光绪朝朱批奏折·军务·人事》第10辑第839页，光绪二十一年七月二十八日。

恤，毋任失所外，谨附片具陈，伏乞圣鉴。谨奏。

朱批："据奏揭阳等县地震情形，殊堪悯恻，城垣官屋，即饬分别修复，震塌民房，压毙人口，着加意抚恤。"①

029. 拣员请补都司折 光绪二十一年九月初六日

太子少保、头品顶戴两广总督臣谭钟麟跪奏，为拣员请补都司，恭折仰祈圣鉴事。

窃准兵部咨，两广督标中军都司陈良傑开缺，归水师参将补用，遗缺系陆路题补第九缺，轮用应补人员，迅拣合例人员请补。查定例，世职期满，发回候题者，归应补班补用。等语。兹查有督标中营骑都尉骆超伦，年四十七岁，广东曲江县人。光绪元年九月十六日到标，于剿办广东灵山、钦州，越南匪徒出力案内保奏。光绪二年三月初三日，奉上谕："着俟学习期满，归骑都尉本班，以都司尽先补用。钦此！"嗣给咨进京引见，奉朱笔圈出：发回本省照例用。该员年强技熟，并无在外省军营参革、朦保情弊。合无仰恳天恩，俯准以骆超伦补授臣标中军都司，敕部发给札付，令其赴任。

谨会同广东陆路提督臣张春发合词恭折具陈，伏乞皇上圣鉴，敕部核覆施行。谨奏。

朱批："兵部议奏。"②

030. 拣员请补都司折 光绪二十一年九月初六日

太子少保、头品顶戴两广总督臣谭钟麟跪奏，为拣员请补都司，恭折仰祈圣鉴事。

---

①《光绪二十一年九月初六日军机处录副奏折》，中国地震局、中国第一历史档案馆编《明清宫藏地震档案》（上卷），地震出版社 2005 年版，第 1232—1233 页。

②《光绪朝朱批奏折·军务·人事》第 44 辑第 758—759 页，光绪二十一年九月初六日。

案准兵部咨，广西镇安协左营都司员缺，准以富贺营都司马麒调补，所遗富贺营都司员缺，应以尽先人员请补。等因。查广西尽先都司，除名次在前之黄焕彩、孔继梅、管正隆均已告假离营。陈其勳、张正国据报丁忧，韦卓承、廖保龄本籍距是缺不及五百里，例应回避不计外。陈新炳、孟太记、孟福葆、曾庆祥、陈河清、秦治廷、吴保元、张云龙、徐景恂、区锡镛、舒懋勳、袁光德、李成德、秦荫桂，及留广东差委未赴广西之王永昌、康嘉斌、王安祥共十七员，均于是缺人地未宜，例得据实声叙。兹查有尽先都司李楙荣，年三十四岁，广西桂林府临桂县人。由武童从军，克复越南广威、不拔等城，剿办猓黑木戛各案，出力保奖。光绪十五年三月二十二日，奉旨："以都司尽先补用。钦此！"该员年力富强，前在军营并无参革、朦保情弊。合无仰恳天恩，俯准以李楙荣补授广西富贺营都司。俟部覆到日，即给咨赴部引见，以符定制。

臣谨会同广西提督臣苏元春合词恭折具陈，伏乞皇上圣鉴，敕部议覆施行。谨奏。

朱批："兵部议奏。"①

031. 汇案请袭世职折 光绪二十一年九月初六日

太子少保、头品顶戴两广总督臣谭钟麟跪奏，为汇案请袭世职，仰祈圣鉴事。

前准兵部咨，袭职发标人员，三月汇奏一次，遵办在案。兹光绪二十一年夏季分据番禺县嘉应州、合浦县，详送承袭云骑尉严紫柏、杨以忠、卜应夔均年已及岁，请袭职发标，经臣逐一验明，发标学习。查定例，承袭世职，令嫡长子孙承袭。如无嫡长子孙，许令弟侄应承继者承袭。又承袭云骑尉年已及岁，免其送

①《光绪朝朱批奏折·军务·人事》第44辑第759—760页，光绪二十一年九月初六日。

部。令该督抚验看具题，俟题准后，就近发标学习，支食全俸。各等语。今请袭云骑尉严紫柏、杨以忠、卜应夔均年已及岁，请袭职发标，核与定例相符，相应汇缮清单，恭呈御览。

除将各该员亲供宗图履历册结咨送部科外，谨缮折具陈，伏祈皇上圣鉴，敕部核覆施行。谨奏。

朱批："兵部议奏，单并发。"①

032. 参将员缺紧要恳准以原拣之员升署折 光绪二十一年九月二十六日

太子少保、头品顶戴两广总督臣谭钟麟跪奏，为参将员缺紧要，恳准以原拣之员升署，恭折仰祈圣鉴事。

窃照广东平海营参将郭显廷遗缺，应用尽先人员。经臣以水师提标右营游击武永泰奏请升署。兹准部驳，武永泰于准补游击案内，尚未引见，今请升署参将，无俸可计，碍难议准。另拣俸满合例应升人员请补。等因。臣与广东水师提督臣郑绍忠覆加查核，阳江营游击梁国桐，历俸虽满一年，于此缺人地不宜，未便迁就。此外并无俸满人员。水师提标右营游击武永泰，年力精强，风涛久历。臣为人地相需起见，合无仰恳天恩，俯准仍以武永泰升署平海营参将。俟部覆到日，并案给咨送部引见，以符定制。

谨会同广东水师提督臣郑绍忠合词恭折覆陈，伏乞皇上圣鉴，敕部核覆施行。谨奏。

朱批："兵部议奏。"②

①《光绪朝朱批奏折·军务·人事》第44辑第760—761页，光绪二十一年九月初六日。
②《光绪朝朱批奏折·军务·人事》第44辑第782页，光绪二十一年九月二十六日。

033. 武职各员留于广东补用片光绪二十一年九月二十六日

再，广东省整顿营务、防务，必须慎选将才。查有陕甘遇缺题奏总兵武万才、闽浙补用总兵陈永隆、湖广遇缺即补副将万友胜、湖北遇缺即补副将戴恒山、尽先补用都司李龙佑。以上五员，皆忠勇朴诚，久历战阵，年力均极精强。合无仰恳天恩，俯准将武万才、陈永隆、万友胜、戴恒山、李龙佑五员，各以原官留于广东，分别差委补用，以期得力。

除饬取各该员履历咨部外，谨附片陈请，伏乞圣鉴训示。谨奏。

朱批："着照所请，兵部知道。"①

034. 张邦福暂缓送部片光绪二十一年九月二十六日

再，改用外海水师尽先副将张邦福，经前督臣李瀚章饬发广东水师提标中营效力，现已试验一年期满，例应保题送部。惟该员现署北海镇总兵篆务，兼带福字营勇，深资得力，未便遽易生手。合无仰恳天恩，俯准副将张邦福暂缓送部。俟补缺时，并案给咨赴部引见，出自逾格鸿施。

谨附片具陈，伏祈圣鉴训示。谨奏。

朱批："着照所请，兵部知道。"②

①《光绪朝朱批奏折·军务·人事》第44辑第783页，光绪二十一年九月二十六日。
②《光绪朝朱批奏折·军务·人事》第44辑第783页，光绪二十一年九月二十六日。

035. 林清丽补授抚标左营守备片光绪二十一年九月二十六日

再，准兵部咨，广东抚标左营守备方记兴调补遗缺，系陆路部推之缺，应用期满差官请补。等因。兹会同广东陆路提督臣张春发，在于分发差官陆路尽先守备班内拣选。查有督标中营分发差官尽先守备林清丽，年三十三岁，福建武平县人。由武举签掣二等当差，三年期满，奉旨以营守备用。留差一年，又办理军报出力保准，俟补营守备后，以都司补用，先换顶戴，呈请分发广东，以营守备尽先即补。光绪十二年五月初二日到标。该员年青技练，以之补授抚标左营守备，洵堪胜任。合无仰恳天恩，俯准以林清丽补授抚标左营守备。俟部覆到日，给咨送部引见，以符定制。

谨会同广东陆路提督臣张春发合词附片具陈，伏乞圣鉴，敕部核覆施行。谨奏。

朱批："兵部议奏。"①

036. 廖其光升补碣石镇左营守备片光绪二十一年九月二十六日

再，广东碣石镇左营守备吴南遗缺，前准部咨，应用应升人员，经臣以水师提标中营左哨千总赖兆恩请升。兹准部驳，赖兆恩历俸未满，碍难议准。另拣俸满回任候升之员请补。等因。兹会同广东水师提督臣郑绍忠，查有海门营左哨千总廖其光，年六十三岁，广东南澳厅人，由行伍递拔今职。光绪四年二月二十三日接札。嗣于办理团防出力案内，保准以守备补用。十六年初二

①《光绪朝朱批奏折・军务・人事》第44辑第784页，光绪二十一年九月二十六日。

次三年期满，并案晋京引见。奉旨：“着准其留任，照例用。钦此！”该员水务熟悉，并无在外省军营参革、朦保情弊。合无仰恳天恩，俯准以廖其光升补碣石镇左营守备，敕部发给札付，令其赴任。

谨会同广东水师提督臣郑绍忠合词附片具陈，伏乞圣鉴，敕部核覆施行。谨奏。

朱批：“兵部议奏。”①

037. 黄俊陞升补思恩营守备片 光绪二十一年九月二十六日

再，广西思恩营守备徐裕后准升新太协中军都司遗缺，系题调之缺，准部咨令拣员请补。等因。查定例，各省题调缺出，先尽现任人员拣选调补，如无合例调补者，准于应升人员内，保题升用。等语。思恩营守备，系烟瘴之缺，广西内地守备，非现居要缺，即人地未宜，实无堪以调补之员。兹会同广西提臣苏元春，查有右江镇右营左哨千总黄俊陞，年四十四岁，广西百色直隶厅人。由行伍递拔今职，光绪十年五月二十七日接札，历俸六年期满，咨部留任，换给札付。该员年强技熟，素习风土，能耐烟瘴。合无仰恳天恩，俯念要缺需员，准以右江镇右营左哨千总黄俊陞升补思恩营守备。俟准部覆，给咨赴部引见，以符定制。

谨会同广西提督臣苏元春合词附片具陈，伏乞圣鉴，敕部核覆施行。谨奏。

朱批：“兵部议奏。”②

①《光绪朝朱批奏折·军务·人事》第44辑第784页，光绪二十一年九月二十六日。
②《光绪朝朱批奏折·军务·人事》第44辑第785页，光绪二十一年九月二十六日。

038. 拣员请补守备缺折光绪二十一年十一月初十日

太子少保、头品顶戴两广总督臣谭钟麟跪奏，为拣员请补守备缺，恭折仰祈圣鉴事。

案准兵部咨，广东肇庆协右营守备何鸿飞遗缺，系陆路部推之缺，应用尽先人员，令拣合例人员请补。等因。查定例，尽先各官，按奉旨先后，挨次补用。如名次在前各员实在不得其人，方准将在后之员请补。等语。兹查陆路尽先守备内，除李贵德、周荣宗、罗开祥告假未回不计外，其名次在前如黄麟翔、马松贵、范兰芳、李树勋、赵兴发、谭复盛、梁承诰、卢策勋、陈国刚、陈占魁、康应龙、何国祥、周胜龙、刘礼庄、郑仓、方成、胡廷煇、王凤鸣、钟金铨，或营伍未熟，或人地未宜，均难请补。兹查有陆路尽先守备陈焕熹，年四十一岁，恩平县人。由军功在甘肃剿匪出力，递保尽先千总，加守备衔。嗣于克复达板城贼巢案内保奏。光绪四年正月二十五日奉上谕："着免补千总，以守备尽先补用，加都司衔。钦此！"销差回粤，饬发顺德协左营效力，准部注册，专归陆路尽先守备班内序补。该员年力正强，营务练习，前在外省军营，并无参革、朦保情弊。合无仰恳天恩，俯准以陈焕熹补授肇庆协右营守备。俟部覆到日，再行给咨送部引见，并拣员对调，以符定制。

谨会同广东陆路提督臣张春发恭折具陈，伏乞皇上圣鉴，敕部核覆施行。谨奏。

朱批："兵部议奏。"①

①《光绪朝朱批奏折·军务·人事》第44辑第837页，光绪二十一年十一月初十日。

039. 汇案请袭世职折 光绪二十一年十一月初十日

太子少保、头品顶戴两广总督臣谭钟麟跪奏，为汇案请袭世职，仰祈圣鉴事。

前准兵部咨，袭职发标人员三月汇奏一次，遵办在案。兹光绪二十一年秋季分，据顺德、合浦、平远、香山等县暨阳江同知，先后详送承袭云骑尉李文英、吴家槐、萧绍纶、韦炯荣、雷乾光，均年已及岁，请袭职发标。韦炯荣、雷乾光二员，声明生长海滨，熟悉水性，情愿改用外海水师。经臣逐一验明，发标学习。查定例：承袭世职，令嫡长子孙承袭。如无嫡长子孙，许令弟侄应承继者承袭。又承袭云骑尉年已及岁，免其送部。令该督抚验看具题，俟题准后，就近发标学习，支食全俸。又云骑尉有愿改外海水师者，于发标学习时豫先呈明，分派外海水师各营，随同出洋巡哨。各等语。今请袭云骑尉李文英、吴家槐、萧绍纶、韦炯荣、雷乾光均年已及岁，请袭职发标，韦炯荣、雷乾光并请改用外海水师，核与定例相符。相应汇缮清单，恭呈御览。

除将各该员亲供宗图、履历册结咨送部科外，谨缮折具陈，伏祈皇上圣鉴，敕部核覆施行。谨奏。

朱批："兵部议奏，单并发。"①

040. 原任硇洲营都司吴国祥即行革职片

光绪二十一年十一月初十日

再，硇洲营都司吴国祥，亏欠该营公款银一千六百九十余两，其前署阳江营中军守备任内，亦亏欠银一千八百八十余两，计共亏银三千五百八十余两。该都司现已病故，交代逾限。其子吴宝

---

①《光绪朝朱批奏折·军务·人事》第44辑第838页，光绪二十一年十一月初十日。

霖，私运衣物回香山县原籍，短款延不清缴。据署高州镇总兵潘瀛并接署都司李龙佑禀请参追前来。相应请旨，将原任硇洲营都司吴国祥即行革职。饬县查提家属，勒限追缴，以重公项。

理合附片具陈，伏乞圣鉴训示。谨奏。

朱批："着照所请，该部知道。"①

041. 陈海平改补硇洲营都司片 光绪二十一年十一月初十日

再，广东香山协右营都司陈海平，籍隶本府，咨准兵部核覆，仍应照章改补拣调。等语。兹查硇洲营都司吴国祥，据报于光绪二十一年九月二十三日病故，所遗系外海水师题缺，未补有人，应请扣留。仰恳天恩，俯准以陈海平改补硇洲营都司，免计缺次。俟部覆到日，给咨送部引见，以符定制。其所遗香山协右营都司缺，容臣另行拣员请补。

谨会同广东水师提督臣郑绍忠合词附片具陈，伏乞圣鉴，敕部核覆施行。谨奏。

朱批："兵部议奏。"②

042. 汤廷相改补平海营守备片 光绪二十一年十一月初十日

再，广东大鹏协左营守备汤廷相，籍隶本府，咨准兵部核覆，仍应照章改补拣调。等语。兹查平海营守备徐桂田，据报于光绪二十年十月初一日病故。所遗系外海水师题缺，未补有人，应请扣留。仰恳天恩，俯准以汤廷相改补平海营守备，免计缺次。俟部覆到日，给咨送部引见，以符定制。其所遗大鹏协左营守备缺，

---

①《光绪朝朱批奏折·军务·人事》第44辑第839页，光绪二十一年十一月初十日。

②《光绪朝朱批奏折·军务·人事》第44辑第839页，光绪二十一年十一月初十日。

容臣另行拣员请补。

谨会同广东水师提督臣郑绍忠合词附片具陈，伏乞圣鉴，敕部核覆施行。谨奏。

朱批："兵部议奏。"①

043. 拣员请补都司折光绪二十一年十二月初八日

太子少保、头品顶戴两广总督臣谭钟麟跪奏，为拣员请补都司，恭折仰祈圣鉴事。

窃准兵部咨，广东三江协中军都司朱焯煌遗缺，系陆路题补第三轮第一缺，应用尽先人员请补。等因。查定例，尽先人员，均按奉旨先后，挨次补用。等语。兹于尽先都司内，详加拣选，除李先璧告假离营，黄言章、游连、谭济泰、古腾芳、梁鼎才、陈健顺、邓定槐、蔡兴隆、吴瑞祥、莫宴祊，或人地未宜，或营伍尚欠历练，均未便请补。查有督标中营尽先都司李万成，年四十六岁，新会县人。由广勇历保守备，于克复安南、普安等城出力案内，奏准免补守备，以都司尽先补用。回粤收标，准部注册序补。该员年力正强，营务熟悉。前在外省军营，并无参革、朦保情弊。合无仰恳天恩，俯准以李万成补授三江协中军都司。俟部覆到日，再行给咨送部引见，以符定制。

谨会同广东陆路提督臣张春发合词缮折具陈，伏乞皇上圣鉴，敕部议覆施行。谨奏。

朱批："兵部议奏。"②

①《光绪朝朱批奏折·军务·人事》第44辑第840页，光绪二十一年十一月初十日。
②《光绪朝朱批奏折·军务·人事》第45辑第8页，光绪二十一年十二月初八日。

044. 粤绅捐助义仓书院经费请旨旌奖折

光绪二十二年正月初八日

太子少保、头品顶戴两广总督臣谭钟麟跪奏，为粤绅捐助义仓、书院经费，请旨旌奖，以昭激劝，恭折仰祈圣鉴事。

窃照广东惠州府属河源县在籍福建补用县丞陈清平，捐助义仓经费洋银五百圆，捐修识字书院洋银四百圆。又捐田一区，店铺一间，归入书院岁收租息，为束修之费，契价洋银一千二百圆。共捐洋银二千一百圆，合库平纹银一千三百余两。系承其祖父陈拔元、祖母刘氏遗志，勉力捐助，核与建坊之例相符。据广东藩司张人骏详请具奏前来，相应请旨，俯准陈清平为其故祖父陈拔元、祖母刘氏合建一坊，给予乐善好施字样，以昭激劝。

除咨部查照外，谨缮折具陈，伏乞皇上圣鉴。谨奏。

朱批："着照所请，礼部知道。"①

045. 拣员请补都司折光绪二十二年正月初八日

太子少保、头品顶戴两广总督臣谭钟麟跪奏，为拣员请补都司，恭折仰祈圣鉴事。

窃照广东赤溪协中军都司缺，应用尽先人员，经前督臣以都司宋文翙、李西扬先后奏补，均经部驳。复经臣以杨连陞请补，兹准议覆。杨连陞改用水师，尚未保题，应毋庸议。是缺前以李西扬请补，因籍隶本府，且名次在后，是以议驳。今在前之徐桂田既已病故，李西扬名次首列，自应先补后调。等因。查水师提标中营尽先都司李西扬，年四十七岁，广东东莞县人。由勇目递保守备，嗣于新疆肃清案内保准免补守备，以都司尽先补用。回

---

①《光绪朝朱批奏折·内政·礼仪·宫廷·陵寝事务》第29辑第97页，光绪二十二年正月初八日。

粤改用外海水师，试验期满保题，给咨送部引见，发回本省照例用。又于粤防案内加游击衔。该员才具稳练，水师明晰，前在外省军营，并无参革、朦保情弊，合无仰恳天恩，俯准以李西扬补授赤溪协中军都司，敕部发给札付，并另行拣员调补，以符定制。

谨会同广东水师提督臣郑绍忠缮折具陈，伏乞皇上圣鉴，敕部核覆施行。谨奏。

朱批："兵部议奏。"①

046. 汇案请袭世职折光绪二十二年正月初八日

太子少保、头品顶戴两广总督臣谭钟麟跪奏，为汇案请袭世职，仰祈圣鉴事。

前准兵部咨，袭职发标人员三月汇奏一次，遵办在案。兹光绪二十一年冬季分，据茂名、潮阳、新会、番禺各县详送承袭云骑尉刘兴全、吴国樑，恩骑尉张炳森、陈文森请袭职发标前来。查定例：承袭世职，令嫡长子孙承袭。如无嫡长子孙，许令弟侄应承继者承袭。又承袭云骑尉、恩骑尉年已及岁，免其送部，令该督抚验看具题。俟题准后，就近发标学习，支食全俸。各等语。今请袭云骑尉刘兴全、吴国樑，恩骑尉张炳森、陈文森年均及岁，请袭职发标，核与定例相符。经臣逐一验明，发标学习，相应汇缮清单，恭呈御览。

除将各该员亲供宗图、履历册结，咨送部科外，谨缮折具陈，伏乞皇上圣鉴，敕部核覆施行。谨奏。

朱批："兵部议奏，单并发。"②

---

①《光绪朝朱批奏折·军务·人事》第45辑第124—125页，光绪二十二年正月初八日。
②《光绪朝朱批奏折·军务·人事》第45辑第125页，光绪二十二年正月初八日。

047. 陈英升补思恩营守备片光绪二十二年正月初八日

再，广西思恩营守备，系题调缺，先经查明内地守备无员可调选，以右江镇右营左哨千总黄俊陞请升。接准兵部议驳，应另拣俸满引见回任候升人员升补。兹查有广西义宁协右营右哨千总陈英，年五十七岁，广西临桂县人。由武童递拔今职，光绪十年四月十四日接札。十三年，军政保荐，因六年俸满，并案给咨引见，准其卓异，回任照例候升。该员人尚老练，熟习风土，能耐烟瘴，合无仰恳天恩，俯准以陈英升补思恩营守备。如蒙俞允，该员系回任候升之员，毋庸再行送部，应请给札，令其赴任。

谨会同广西提督臣苏元春附片具陈，伏乞圣鉴，敕部核覆施行。谨奏。

朱批："兵部议奏。"①

048. 拣员升补参将折光绪二十二年二月初二日

太子少保、头品顶戴两广总督臣谭钟麟跪奏，为拣员升补参将，恭折仰祈圣鉴事。

窃照广东平海营参将郭显廷遗缺，经臣查明历俸已满之游击梁国桐，于此缺人地不宜，仍以水师提标右营游击武永泰奏请升署。兹准部驳，既有历俸已满人员，应照章请补，随时察看，拣员对调。所请以武永泰升署之处，仍毋庸议。等因。咨行前来。伏查水师与陆路不同，宜为缺择人，部臣必欲以梁国桐升补，自应照议办理。查阳江营游击梁国桐，年五十一岁，广东广州府香山县人。由行伍递补水师提标左营游击，调补今职，光绪十八年

---

①《光绪朝朱批奏折·军务·人事》第45辑第126页，光绪二十二年正月初八日。

十月二十二日接札。该员水务久历，并无在外省军营参革、朦保情弊。合无仰恳天恩，俯准以梁国桐升补平海营参将。俟部覆到日，给咨送部引见，并由臣随时察看办理。

谨会同广东水师提督臣郑绍忠合词缮折具陈，伏乞皇上圣鉴。敕部核覆施行。谨奏。

朱批："兵部议奏。"①

049. 拣员请补参将折光绪二十二年二月初二日

太子少保、头品顶戴两广总督臣谭钟麟跪奏，为拣员请补参将，恭折仰祈圣鉴事。

窃准兵部咨，广东新会营参将董正明遗缺，系内河水师题补第三轮第二缺，轮用尽先人员，广东省并无内河水师尽先参将，应以外海人员借补。等因。兹在外海水师尽先参将班内拣选，除周镇邦丁忧、唐玉山籍隶本府不计外，查有水师提标中营尽先参将王孝银，年五十三岁，安徽合肥县人。由武童递保守备，奏留两广补用。嗣于攻克越南谅山等城案内保，准免补都、守、游击各班，以参将留粤尽先补用，改用外海水师。试验期满保题，送部引见，发回原省照例用。该员水务练习，前在外省军营并无参革、朦保情弊，合无仰恳天恩，俯准以王孝银补授新会营参将，敕部发给札付，令其赴任。

谨会同广东水师提督臣郑绍忠合词缮折具陈，伏乞皇上圣鉴，敕部核覆施行。谨奏。

朱批："兵部议奏。"②

---

①《光绪朝朱批奏折·军务·人事》第45辑第151页，光绪二十二年二月初二日。

②《光绪朝朱批奏折·军务·人事》第45辑第152页，光绪二十二年二月初二日。

050. 办理各府属乡匪片光绪二十二年二月初二日

再，广东水师提督臣郑绍忠，历办广州、韶州、肇庆各府属乡匪，并西北江清乡缉匪事宜。水陆各营所获匪犯，由该提臣督同审案，委员讯明确供，就地惩办。叠经前督臣奏报有案，该提臣办理认真，勤劳久著。现因地方安靖，获犯较少，咨请派员，接办积案事宜。臣以此事本属权宜办法，所有该行营审案，委员应即裁撤。以后营获盗匪，凡籍隶外府县者，即解归营务处审办，籍隶首县者，解该地方官审办。有报案者，归案办理。仍由该提臣督饬水陆各营，讲求缉捕，有犯必获，以靖地方。

理合附片陈明，伏乞圣鉴。谨奏。

朱批："着照所请，刑部知道。"①

051. 特参贪劣各员弁请旨分别革究以肃官方折光绪二十二年二月初四日

太子少保、头品顶戴两广总督臣谭钟麟跪奏，为特参贪劣各员弁，请旨分别革究，以肃官方，恭折仰祈圣鉴事。

窃照广东赌风最盛，向恃各衙门得规纵容，而武营为尤甚。上年，奏明严行禁革，入冬渐有私开。臣复出示严禁，查有现任都司杜金衢，纵匪开赌，物议沸腾，业已将其撤任。相应请旨，将花翎副将衔补用参将在任候补游击广东广州协左营都司杜金衢，即行革职。又新兴县桐村汛外委张亮，有诬良为盗、索贿滋扰情事。据肇阳罗道吴仲翔禀揭，当将该外委撤任，提解来省，应先行斥革，发广州府审明拟办。又试用府经历徐乃昌，委办西河口厘卡，违例苛罚，据厘务局司道查实详参，应请一并革职，以肃官方。

---

①《光绪朝朱批奏折・军务・人事》第45辑第153页，光绪二十二年二月初二日。

除咨吏、兵二部外，臣谨缮折具陈，伏乞皇上圣鉴训示。谨奏。

朱批：“另有旨。”①

052. 拣员请补都司折光绪二十二年二月初四日

太子少保、头品顶戴两广总督臣谭钟麟跪奏，为拣员请补都司，恭折仰祈圣鉴事。

窃照广西富贺营都司马麒调补遗缺，应用尽先人员，先以尽先都司李楙荣请补。兹准部覆，该员之前尚有朱衍庆一员，漏未声叙。李楙荣原籍距缺，是否在五百里外，查覆核办。等因。查朱衍庆已于光绪二十一年七月十五日病故，李楙荣原籍距缺，系在五百里外。惟上年八月，檄委该员署理富贺营都司，久未赴任，殊属违延，自应拣员更补。查有尽先都司陈新炳，年五十三岁，广西兴安县人。由武童剿匪，递保守备。嗣于克复来凤县案内保准免补守备，以都司尽先补用。该员营务练习，前在军营并无参革、朦保情弊。本籍距缺，系在五百里以外。合无仰恳天恩，俯准以陈新炳补授富贺营都司。俟部覆到日，给咨赴部引见。至前折声叙，该员于是缺人地未宜，容臣随时察看办理。

谨会同广西提督臣苏元春合词缮折具陈，伏乞皇上圣鉴，敕部核覆施行。谨奏。

朱批：“兵部议奏。”②

053. 提督患病吁恳开缺调理折光绪二十二年二月十四日

太子少保、头品顶戴两广总督臣谭钟麟跪奏，为提督患病，

---

①《光绪朝朱批奏折·军务·人事》第45辑第156页，光绪二十二年二月初四日。

②《光绪朝朱批奏折·军务·人事》第45辑第157—158页，光绪二十二年二月初四日。

吁恳开缺调理，恭折代陈，仰祈圣鉴事。

窃准前办江南防务云南提督臣冯子材[①]咨称，光绪二十一年十二月，准署两江总督张之洞咨行裁撤江南防营，当由镇江防次率勇航海回粤遣散途次，遇风牵动痰喘旧疾。现在两目昏蒙，耳亦时时聋闭，不能任事。惟有吁恳天恩，俯准开去云南提督缺，俾得安心调理。等情。咨请代奏前来。查该提督于本年正月到籍之初，即详陈病状，电请代奏开缺。臣以该提督久历戎行，勤劳卓著。勉令加意调摄，以冀速痊。

兹复接准来咨，理合据情由驿驰奏。伏乞皇上圣鉴训示。谨奏。

朱批："冯子材着赏假一个月，毋庸开缺。"[②]

---

①冯子材（1818—1903），字南干，号萃亭，祖籍博白，生于钦州（今属广西），行伍出身。咸丰元年（1851），参加刘八领导的天地会起义军，旋投降清军，赏补千总。冯子材随向荣、张国梁尾追太平军至南京。1853年协助向荣建立江南大营，围困天京，擢副将、总兵。1860年5月，太平军再破江南大营时，张国梁败死丹阳，冯子材集其残部退守镇江。1875年（光绪元年），冯子材调任贵州提督。1881年回任广西，次年"称疾"回家。1883年12月，法国挑起"中法战争"，清廷和战不定，导致清军在越南北部失败及福建水师覆灭。时滇桂边境紧张，冯子材应两广总督张树声之邀督办广东高、雷、钦、廉四府团练，参加抗法战争。1885年初，督办广东军务大臣彭玉麟、新任两广总督张之洞推荐为广西关外军务帮办，出任前敌统帅。冯子材目睹战局危殆，积极备战，亲率士兵于镇南关（今友谊关）内十里战略要地及关前修筑长墙，在东、西两岭设置炮台，严加防守。派王孝祺、王德榜、苏元春所部驻周围各要地，呈纵深梯队阵势。采"先发制敌"之策略，出兵袭扰法军。3月23、24日，指挥将士击溃猛攻长墙的法军主力，歼敌两千余。接着乘胜克服谅山，伤法军司令尼格里，取得"谅山大捷"，法国茹费理内阁因此倒台。正当冯子材筹划攻取河内、收复全越之时，清廷却采用李鸿章"乘胜即收"之方针，下诏停战。冯子材被迫撤军回国，会办广西边防。1886年，授云南提督，以疾未到任。1894年，赏加尚书衔。"中日甲午战争"爆发，奉调驻守镇江，战后仍回广西。1899年，任云南提督。两年后又调为贵州提督。1903年，为会办广西军务大臣。同年农历七月二十七日，于南宁逝世，终年86岁。

②《光绪朝朱批奏折·军务·人事》第45辑第162页，光绪二十二年二月十四日。

054. 总兵患病恳准开缺回籍调理折光绪二十二年二月二十二日

太子少保、头品顶戴两广总督臣谭钟麟跪奏，为总兵患病，恳准开缺回籍调理，恭折仰祈圣鉴事。

窃据署潮州镇总兵本任北海镇总兵王孝祺禀称，光绪十年从军越南，积受瘴疠，遂成痰饮之证。凯撤东来，因水性寒凉，旧恙增剧。上年，倭人启衅，力疾办防，致气血益衰，精神恍惚，未敢恋栈贻误。请委员接署潮州镇篆务，并恳奏开北海镇总兵缺，回籍调理。等情前来。臣查该总兵前统勤军，出关助剿，颇著劳勚。入关后，历署广东提镇诸篆，办理均极得宜。兹以病难速痊，禀请开缺调理。覆查属实，相应据情，吁恳天恩，准其开缺回籍调理。所遗广东北海镇总兵，员缺紧要，请旨迅赐简放，以重职守。至该总兵原署潮州镇篆务，查有留粤遇缺题奏总兵武万才，堪以接署。

除檄饬遵照外，理合恭折具陈，伏乞皇上圣鉴训示。谨奏。

朱批："另有旨。"①

055. 拣员升补游击折光绪二十二年二月二十二日

太子少保、头品顶戴两广总督臣谭钟麟跪奏，为拣员升补游击，恭折仰祈圣鉴事。

窃准兵部咨，广东海安营游击吴良儒遗缺，轮用应升人员，行令拣员请补。等因。查定例，外海水师缺出，先尽历俸一年以上者，保题实授。等语。查有赤溪协右营都司陈尚发，年四十八岁，广东澄海县人。由勇目递补今职，于光绪二十年六月，在京

---

①《光绪朝朱批奏折·军务·人事》第45辑第173页，光绪二十二年二月二十二日。

接札。该员久隶水军，营务熟悉。并无在外省军营参革、朦保情弊，合无仰恳天恩，俯准以陈尚发升补海安营游击。俟部覆到日，给咨送部引见，以符定制。

谨会同广东水师提督臣郑绍忠缮折具陈，伏乞皇上圣鉴，敕部核覆施行。谨奏。

朱批："兵部议奏。"①

056. 冯英华仍归广东本标候补片 光绪二十二年二月二十二日

再，前广东赤溪协副将冯英华，因籍隶本省，与福建闽安协副将王世明对调，尚未到任，丁降服忧。兹届服阕，自应仍归广东本标候补。

除咨部外，谨附片陈明，伏乞圣鉴。谨奏。

朱批："兵部知道。"②

057. 委署武职员弁片 光绪二十二年三月初九日

再，水师提督郑绍忠原统安勇，亟应拣员接统，查有署广东南韶连镇总兵本任广西宾州营参将朱国安，系该提督旧部。现经臣檄饬来省，与游击郑润材分统安勇，以期得力。所遗南韶连镇篆，查有记名总兵莫善喜堪以署理。又署广东高阳罗镇总兵记名提督潘瀛，现经奏委署理水师提督篆务，所遗高阳罗镇篆，查有留粤记名提督吴次汉，堪以署理。

除分檄饬遵外，谨附片具陈，伏乞圣鉴。谨奏。

朱批："知道了。"③

---

①《光绪朝朱批奏折·军务·人事》第45辑第174页，光绪二十二年二月二十二日。
②《光绪朝朱批奏折·军务·人事》第45辑第175页，光绪二十二年二月二十二日。
③《光绪朝朱批奏折·军务·人事》第45辑第202页，光绪二十二年三月初九日。

058. 拣员请补守备缺折 光绪二十二年三月十六日

太子少保、头品顶戴两广总督臣谭钟麟跪奏，为拣员请补守备缺，恭折仰祈圣鉴事。

窃照广东肇庆协右营守备缺，应用尽先人员，经臣以尽先守备陈焕熹请补，兹准部驳，该员籍隶本府，应另拣名次在前人员请补。等因。复查陆路尽先守备班内，如黄麟翔、马松贵、范兰芳、李树勋、赵兴发、刘登瀛、梁承诰、卢策勋、陈国刚、陈占魁，或营伍未熟，或人地未宜，不合请补。查有督标中营尽先守备谭复盛，年四十七岁，罗定州人，由武童在黔剿匪，递保千总。嗣于克复安南、普安等城出力，奏准免补千总，以守备尽先补用，并加都司衔，回粤归标，准部注册序补。该员年强技娴，前在外省军营，并无参革、朦保情弊，合无仰恳天恩，俯准以谭复盛补授肇庆协右营守备，俟部覆到日，给咨送部引见，以符定制。谨会同广东陆路提督臣张春发恭折具陈，伏乞皇上圣鉴，敕部核覆施行。谨奏。

朱批：“兵部议奏。”①

059. 延祉饬赴新任片 光绪二十二年三月十六日

再，新授广东督粮道延祉，现已到省，应饬赴新任，以专责成。

除檄饬遵照外，谨附片陈明，伏乞圣鉴。谨奏。

朱批：“知道了。”②

---

①《光绪朝朱批奏折·军务·人事》第45辑第208页，光绪二十二年三月十六日。

②《光绪朝朱批奏折·内政·职官》第11辑第438页，光绪二十二年三月十六日。

060. 拣员请补都司折光绪二十二年四月十二日

太子少保、头品顶戴两广总督臣谭钟麟跪奏，为拣员请补都司，恭折仰祈圣鉴事。

窃准兵部咨，广东香山协右营都司陈海平，调补硇洲营都司。遗缺应用尽先人员，令即拣员请补。等因。兹在外海水师尽先都司班内拣选，除籍隶本府各员不计外，查有督标中营水陆尽先补用都司刘纪贤，年五十五岁，江南江浦县人。由军功递保尽先守备，奉差来粤。随同剿办琼州黎匪，保准免补守备，以都司留粤，遇有水陆缺出，尽先补用。收标效力，准部注册序补。该员营务讲求，前在外省军营并无参革、朦保情弊，合无仰恳天恩，俯准以刘纪贤补授香山协右营都司。俟部覆到日，给咨送部引见，以符定制。

谨会同署广东水师提督臣潘瀛合词缮折具陈，伏乞皇上圣鉴，敕部核覆施行。谨奏。

朱批："兵部议奏。"①

061. 汇案请袭世职折光绪二十二年四月十二日

太子少保、头品顶戴两广总督臣谭钟麟跪奏，为汇案请袭世职，仰祈圣鉴事。

案准兵部咨，袭职发标人员，三月汇奏一次，遵办在案。兹光绪二十二年春季分，据顺德、合浦、镇平、嘉应、花县各州县，详送承袭云骑尉马应铿、何迺彪、曾繁琪、萧殿扬，恩骑尉宋绍常请袭职发标前来。查定例，承袭世职，令嫡长子孙承袭。如无嫡长子孙，许令弟侄应承继者承袭。又承袭云骑尉、恩骑尉年已

---

①《光绪朝朱批奏折·军务·人事》第45辑第232页，光绪二十二年四月十二日。

及岁，免其送部。令该督抚验看具题，俟题准后，就近发标学习，支食全俸。各等语。今请袭云骑尉马应铿、何迺彪、曾繁琪、萧殿扬，恩骑尉宋绍常，年均及岁，请袭职发标，核与定例相符。经臣逐一验明，发标学习。相应汇缮清单，恭呈御览。

除将各该员亲供宗图、履历册结咨送部科外，谨缮折具陈，伏乞皇上圣鉴，敕部核覆施行。谨〔奏〕。

朱批："兵部议奏，单并发。"①

062. 郑绍忠因病出缺片 光绪二十二年四月十二日

再，广东水师提督郑绍忠因病出缺，经臣由驿驰奏，兹恭阅电钞，钦奉上谕："加恩着照提督军营立功后积劳病故例，从优议恤。该故提督子嗣几人，着谭钟麟查明具奏。候旨施恩，以彰劳勚。等因。钦此！"仰见圣主轸念盖臣有加无已之至意。遵查故提督郑绍忠，有子四人。长润煇，应承正二品荫生。次润深，应承从一品荫生。均未入京考荫。三附生润樑，四润濂。孙五人，应韬、应麟、应元、应桑、应奎，均幼。应如何施恩之处，出自逾格鸿慈。

谨查明附片具陈，伏乞圣鉴训示。谨奏。

朱批："另有旨。"②

063. 方桂东补授大鹏协左营守备片 光绪二十二年四月十二日

再，准兵部咨，广东大鹏协左营守备汤廷相，调补平海营守备。遗缺应用尽先人员，令即拣员请补。等因。兹在外海水师尽

---

①《光绪朝朱批奏折·军务·人事》第45辑第233页，光绪二十二年四月十二日。

②《光绪朝朱批奏折·军务·人事》第45辑第234页，光绪二十二年四月十二日。

先守备班内拣选，除籍隶本府各员不计外，其名次在前之周荣宗告假离营，萧锦云人地未宜。查有水师提标中营尽先守备方桂东，年四十二岁，广东惠来县人。由武举递保尽先守备，嗣于剿办稔山会匪出力案内，奏准补守备后，以都司不论水陆补用。改用外海水师，试验期满保题，送部引见，发回本省照例用。上年，剿办惠州一带土匪出力，经臣奏准，以都司尽先补用，尚未咨送履历，归都司班。该员人极勇往，营务熟悉，并无在外省军营参革、朦保情弊。合无仰恳天恩，俯准以方桂东补授大鹏协左营守备，敕部给札，令其赴任。

谨会同署广东水师提〔督〕臣潘瀛合词附片具陈，伏乞圣鉴，敕部核覆施行。谨奏。

朱批："兵部议奏。"①

064. 已故大埔县知县聂大昇原参革职之案准予开复片 光绪二十二年四月十二日

再，已故大埔县知县聂大昇，征存正、杂款银一千二百余两，迭催未解。经前抚臣刚毅会同前督臣李瀚章奏请革职，勒限严追。钦奉谕旨，转行遵照。兹据布政使张人骏会同交代局司道详称，该故员家属于参追后，陆续将欠解银两完解清楚，请将原参革职之案具奏开复。等情前来。臣覆核无异，相应请旨将已故大埔县知县聂大昇原参革职之案，准予开复。

臣谨附片陈明，伏乞圣鉴。谨奏。

朱批："着照所请，该部知道。"②

---

①《光绪朝朱批奏折·军务·人事》第45辑第235页，光绪二十二年四月十二日。

②《光绪朝朱批奏折·财政·库储》第82辑第420页，光绪二十二年四月十二日。

065. 恭报微臣交卸兼署抚篆日期折光绪二十二年四月二十日

太子少保、头品顶戴两广总督臣谭钟麟跪奏，为恭报微臣交卸兼署抚篆日期，仰祈圣鉴事。

窃臣仰荷天恩，兼署广东巡抚。于光绪二十一年九月十一日接印任事，兹新任抚臣许振祎，已抵粤省。臣谨将广东巡抚关防、太平桥监督关防并王命旗牌、文卷等项，于光绪二十二年四月二十日，派员赍送抚臣接收任事，臣即于是日交卸署任。

除恭疏题报外，谨缮折具陈，伏乞皇上圣鉴。谨奏。

朱批："知道了。"①

066. 拣员请补副将折光绪二十二年四月二十日

太子少保、头品顶戴两广总督臣谭钟麟跪奏，为拣员请补副将，恭折仰祈圣鉴事。

窃准兵部咨，广东赤溪协副将王世明，调补崖州协副将，遗缺应用尽先人员，迅即拣员请补。等因。兹在外海水师尽先副将班内拣选，除陈锦涛现未在营，应行开除，刘干清、刘盛濯、张邦福均未保题引见外，查有奏留广东补用前福建闽安协副将冯英华，年四十七岁，广东归善县人。由勇目递保尽先副将，准补广东赤溪协副将。调补福建闽安协副将，尚未到任，丁忧开缺。现已服阕，经臣奏留广东，仍归本标候补。奉朱批："兵部知道。钦此！"该员年强技娴，水务熟习，并无在外省军营参革、朦保情弊。合无仰恳天恩，俯准以冯英华补授赤溪协副将。俟部覆到日，会商闽省，拣员对调。并给咨赴部引见，以符定制。

①《光绪朝朱批奏折·内政·职官》第11辑第510页，光绪二十二年四月二十日。

谨会同署广东水师提督臣潘瀛恭折具陈，伏乞皇上圣鉴，敕部核覆施行。谨奏。

朱批："兵部议奏。"①

067. 拣员请补都司折光绪二十二年四月二十日

太子少保、头品顶戴两广总督臣谭钟麟跪奏，为拣员请补都司，恭折仰祈圣鉴事。

窃准兵部咨，广东龙门协右营都司王龙章遗缺，应用尽先人员，迅拣合例人员请补。等因。兹在外海水师尽先都司班内拣选，除杨树嘉未准注册不计外，查有龙门协右营左哨千总尽先都司黄伦苏，年三十六岁，广东南海县人。由水师学生递保补千总后，以守备用，旋拔今职。又于救护触礁商轮出力，保准免补守备，以都司留粤尽先补用，并加游击衔，准部注册序补。该员水务熟习，前在外省军营并无参革、朦保情弊。合无仰恳天恩，俯准以黄伦苏补授龙门协右营都司。俟部覆到日，给咨送部引见，以符定制。

谨会同署广东水师提督臣潘瀛，合词缮折具陈，伏乞皇上圣鉴，敕部核覆施行。谨奏。

朱批："兵部议奏。"②

068. 刘泽榕补授潮州镇右营守备片光绪二十二年四月二十日

再，准兵部咨，广东潮州镇右营守备谈广泽勒休，遗缺系陆路部推之缺，本部掣定应用武进士请补。等因。兹在陆路期满营用武进士内，详加拣选，除赵时光告假离营，潘广霖现充驻京提

①《光绪朝朱批奏折·军务·人事》第45辑第246页，光绪二十二年四月二十日。

②《光绪朝朱批奏折·军务·人事》第45辑第247页，光绪二十二年四月二十日。

塘，赵念祖、伍子忠、吴兆祥，均丁忧不计外，其名次在前之叶国昌、马定邦、林汝扬、许炳霖，营伍均欠历练，未便请补。查有督标中营效力期满营用武进士刘泽榕，年三十八岁，湖南善化县人。由武生应光绪壬午科本省乡试，中式武举。丙戌科会试，中式武进士。奉旨："以营守备用。钦此！"分发广东。光绪十三年六月十四日到标效力。五年期满，咨准部覆注册。该员年强技熟，合无仰恳天恩，俯准以刘泽榕补授潮州镇右营守备，敕部发给札付，令其赴任。

谨会同广东陆路提督臣张春发合词附片具陈，伏乞圣鉴，敕部核覆施行。谨奏。

朱批："兵部议奏。"①

069. 周福昌饬委就近接署两广盐运司片

光绪二十二年五月二十四日

再，两广盐运司运同瑞诰丁忧开缺，所遗运同篆务，查有尽先补用知府周福昌，现办潮桥官运事宜，廉干勤明，综核精审，堪以饬委就近接署。据藩、运两司会详请奏前来。

除批饬遵照外，臣等谨附片具陈，伏乞圣鉴。再，运同一缺，粤省现有应补人员，应请留归外补，合并陈明。谨奏。

朱批："吏部知道。"②

070. 毛荣陞、万友胜呈请更名片 光绪二十二年五月二十四日

再，据署广东崖州协副将毛荣陞禀称，籍隶湖南平江县，由武童剿匪出力，递保花翎副将，留粤尽先补用。光绪十二年二月

---

①《光绪朝朱批奏折·军务·人事》第45辑第248页，光绪二十二年四月二十日。

②《光绪朝朱批奏折·内政·职官》第11辑第580页，光绪二十二年五月二十四日。

到标，委署今职。兹由原籍函寄族谱，查悉原名荣陞，与三世伯祖讳相同，请奏明改为名德。又据署万州营游击候补副将万友胜禀称，籍隶湖南长沙县，由武童剿匪出力，递保花翎遇缺即补副将，留粤补用。光绪二十一年十一月委署今职。兹接户族函知，现修族谱，查悉友胜原名误同族内祖讳，拟请改名邦宪。各等情前来。臣查该员毛荣陞、万友胜均系留省归标候补之员，呈请更名，核与例章相符。理合据情奏明更改，以笃宗谊。

除饬取各员履历册结，分送部科查照外，谨附片具陈，伏乞圣鉴训示。谨奏。

朱批："兵部知道。"①

071. 广东省光绪二十一年下半年收解厘金数目折 光绪二十二年五月二十四日

太子少保、头品顶戴两广总督臣谭钟麟，头品顶戴广东巡抚臣许振祎跪奏，为广东省光绪二十一年下半年收解厘金数目，开单具陈，仰祈圣鉴事。

窃照广东省厘金收解各数目，向系半年奏报一次。兹查光绪二十一年七月初一日起至十二月底止，各厂关共收货厘洋银九十七万九千五百一十一两二钱三分六厘八毫，又收盐厘洋银四万六千六百四十六两六钱二分八厘。据广东藩司张人骏会同厘务局司道造册，详请奏咨前来。

臣等覆查无异，除册送部外，谨缮清单，恭折具陈，至盐厘一项，已改归运司按引抽收，是以清单内不列各厂名目，伏乞皇上圣鉴，敕部查照施行。谨奏。

朱批："户部知道，单并发。"②

---

①《光绪朝朱批奏折·军务·人事》第45辑第290页，光绪二十二年五月二十四日。
②《光绪朝朱批奏折·财政·杂税》第77辑第828页，光绪二十二年五月二十四日。

072. 审明谋杀胞叔一家六命重犯先行正法折光绪二十二年五月二十五日

太子少保、两广总督臣谭钟麟，头品顶戴广东巡抚臣许振祎跪奏，为审明谋杀胞叔一家六命重犯，先行正法，恭折仰祈圣鉴事。

窃据石城县知县向东森详报，县民吴家绍等谋杀胞叔吴庭惠等一家六命一案，当以情节重大，批饬解省审办。兹据广州府知府周开铭提集审明拟议，详由臬司覆审解勘前来。臣等亲提研鞫，缘吴家绍、吴耀洸、吴炳洸及已获病故之吴家让，均籍隶石城县。吴耀洸、吴炳洸系吴家绍之子。已死吴庭惠，系吴家绍、吴家让期亲服叔，均已分居各爨。老吴彭氏，系吴庭惠之妻。吴家谦，系吴庭惠之子。小吴彭氏，系吴庭惠已故长孙吴焕洸之妇。吴辉洸，系吴庭惠次孙。吴境生，系吴庭惠曾孙。吴家绍与子吴耀洸、吴炳洸，平日交结匪类，吴庭惠时加训斥。吴家绍等心中不服，又时向吴庭惠及其子吴家谦借贷不遂，益加忿恨。吴家让亦因争放田水与吴家谦挟有夙嫌。光绪二十一年十月内，吴家让与吴家绍各谈前情，吴家绍忆及吴庭惠父子相待刻薄，并以吴庭惠家无近邻，起意将其父子杀害泄忿。邀令吴家让帮助，吴家让亦因前嫌忿恨，当即允从，约俟遇便行事。是年十二月二十一日，吴家绍探知吴庭惠父子在家，即带同伊子吴耀洸、吴炳洸，并约吴家让及其子在逃之吴积洸、吴亚土一共六人，各怀利刃。傍晚时分，先后齐至吴庭惠门首，吴家绍嘱吴积洸在门外看守，自与吴耀洸、吴炳洸、吴家让、吴亚土同进屋内，吴庭惠正与吴家谦、吴辉洸、吴境生在厅堂同食晚饭。吴家绍等拔刀上前，向吴庭惠、吴家谦扑砍。吴家让、吴亚土砍伤吴庭惠顶心咽喉，左右额角等处。吴家绍砍伤吴家谦左太阳额角，上下唇吻等处。均各登时毙命。吴辉洸、吴境生拢护，吴耀洸乘势砍伤吴境生腮颊、咽喉等处，吴炳洸砍伤吴辉洸腮颊臂膊。吴辉洸跑出门外，吴积洸赶拢，砍伤吴辉洸额角偏左等处，并各身死。吴积洸随进屋内，适值小吴彭氏闻声走至瞥见，喊捕揪住吴耀洸发辫不放。吴积洸上前，用刀砍伤小吴彭氏腮胦、咽喉、左右胳肘等处，松手倒地身死。吴家绍嘱令吴炳洸、吴亚土入室寻杀，遇见老吴彭氏跪地求饶，吴炳洸用绳将其颈项套住，与吴亚土各执绳头狠勒，老吴彭氏亦即气绝殒命。吴辉洸之妻吴邓氏，乘间由后门逃出。吴家绍等并未携取什物，随各走散。即经该县访闻并据尸亲吴邓氏报验，获犯讯详，批饬提省审办。行据该县亲身押犯解省。案犯吴家让行至化州白藤上地方，猝患吐泻，医治不效病故。就近移请化州验报，将现犯吴家绍、吴炳洸、吴耀洸并尸亲卷宗解省，发委广州府督审明确，由司覆审解勘。据各供认前情不讳，究无起衅别故及另有同谋加功之人，案无遁饰。查律载：谋杀期亲尊长，已杀者，凌迟处死。又谋杀缌麻以上尊长，已杀者皆斩。又杀一家非死罪三人者，凌迟处死，财产断付死者之家。为从加功者，斩。又例载：杀一家三命以上凶犯，审明后依律定罪。一面即行奏闻，一面恭请王命，先行正法。又杀一家非死罪三四命以上，查明被杀之家，未至绝嗣者。凶犯之子，年在十六岁以上，改发极边，足四千里安置。年在十五岁以下，与凶犯之妻，俱改发附近充军地方安置。若被杀之家，实系绝嗣，将凶犯之子年未及岁者，送交内务府阉割，奏明请旨分赏，十六岁以上者，仍照前例发极边，足四千里安置。各等语。此案吴家绍因胞叔吴庭惠时加训斥，又因借贷不遂，心怀忿恨。辄敢起意，商同伊子吴耀洸、吴炳洸并已获病故之吴家让，在逃之吴积洸、吴亚土等，谋杀吴庭惠等一家六命，实属凶残已极。查谋杀期亲尊长与杀死一家非死罪三命以上，罪均凌迟。吴家绍合依谋杀一家非死罪三人为首凌迟处死律，凌迟处死，该犯两犯凌迟，于处决时，加割刀数。吴炳洸勒毙小功服叔祖母老吴彭氏，罪应拟斩，与杀一家三命为从，罪名相等，自应从一科断。吴耀洸除杀死缌麻堂侄吴境生应绞，轻罪不议外，吴炳洸、吴耀洸，均合依杀一家三命为从加功者斩立决律，拟斩立决。臣等于审明后，恭请王命，饬委臬司魁元、署抚标中军参将张记廷，将该犯吴家绍绑赴市曹，凌迟处死。仍将首级解回犯事地方，悬竿示众，以昭炯戒。并将该犯吴炳洸、吴耀洸先行正法，吴家让同谋杀死胞叔吴庭惠等一家六命，应照谋杀期亲尊长，不分首从律，拟以凌迟。该犯业已在途病故，饬县照例锉尸，枭首示众。该犯吴家绍之妻陈氏及子吴郁洸、吴灿洸、吴亚七、吴亚八、吴亚十虽无知情同谋及在场加功，均应照例缘坐。被杀之家，现虽绝嗣。惟吴辉洸之妻邓氏身怀有孕，应将该犯之妻子陈氏等，先行拘禁。俟吴邓氏产后，再行分别办理。仍查明该犯吴家绍名下财产，断付尸亲收领，以资养赡。逸犯吴积洸等，缉获另结。凶刀供弃免起，尸棺饬埋，无干省释。宗图饬取另送。

除供招咨部外，所有审办缘由，臣等谨合词恭折具陈，伏乞皇上圣鉴。谨奏。

朱批："刑部知道。"①

073. 总兵呈请代奏叩谢天恩吁恳陛见事

光绪二十二年六月十八日

太子少保、头品顶戴两广总督臣谭钟麟跪奏，为总兵呈请代奏，叩谢天恩，吁恳陛见事。

窃据新授广东北海镇总兵刘邦盛呈称，接奉行知，光绪二十二年三月十九日内阁奉上谕："广东北海镇总兵员缺，着刘邦盛补授。钦此！"当即恭设香案，望阙叩头谢恩。伏念邦盛昔隶淮军，从征发捻。光绪六年，以参将奏准留粤，递补惠州协副将。愧涓埃之未报，荷简命之荣颁。跪聆之余，莫名悚感。查北海地属要冲，总兵职司专阃，自维梼昧，深惧弗胜。

①《光绪朝朱批奏折·法律·命案》第107辑第130—132页，光绪二十二年五月二十五日。

理合呈请代奏，叩谢天恩，吁恳进京陛见，俾得跪聆圣训，有所遵循等情到臣，谨缮折代奏，伏乞皇上圣鉴训示。谨奏。

朱批：“着来见。”①

074. 拣员请补都司折光绪二十二年六月十八日

太子少保、头品顶戴两广总督臣谭钟麟跪奏，为拣员请补都司，恭折仰祈圣鉴事。

窃准兵部咨，广东黄冈协左营都司黄楚一遗缺，轮用豫保，广东省豫保无人，应过班以拣发人员请补。等因。兹在拣发都司班内拣选，除何元凤、符日初告假离营，张时有已故，丁惠良、林陞贵、林飞鸿、杨元乾籍隶本府不计外。其名次在前之邓孔思、熊瑸、黄如山、张兴邦、梁锡振，均于此缺人地不宜，未便请补。查有抚标左营守备拣发都司林清丽，年三十四岁，福建武平县人。由武举充补差官，以守备用。又于办理军报出力，保准补守备后，以都司补用。光绪二十一年十二月二十二日，奉旨准补今职。部咨归入广东陆路都司拣发班内，注册序补。该员年力精壮，营务讲求。并无在外省军营参革、朦保情弊。合无仰恳天恩，俯准以林清丽补授黄冈协左营都司。俟部覆到日，给咨送部引见，以符定制。

谨会同广东陆路提督臣张春发合词恭折具陈，伏乞皇上圣鉴，敕部核覆施行。谨奏。

朱批：“兵部议奏。”②

075. 拣员请补参将折光绪二十二年六月十八日

太子少保、头品顶戴两广总督臣谭钟麟跪奏，为拣员请补参

---

①《光绪朝朱批奏折·军务·人事》第45辑第327页，光绪二十二年六月十八日。

②《光绪朝朱批奏折·军务·人事》第45辑第328页，光绪二十二年六月十八日。

将，恭折仰祈圣鉴事。

窃准兵部咨，广西提标中军参将蔡瑞祥遗缺，系题调缺，行令拣员请补。等因。查定例，题调缺出，先尽现任人员题请调补。如无合例堪调者，准于应升人员内保题升用。等语。广西宾州营参将朱国安，现留东省带勇，郁林营参将解兆鼎，全州营参将连泰，均未到任，不合调补。兹于应升班内，查有龙州城守营游击伍起祥，年五十一岁，广西灵川县人。由勇目剿匪出力，拟补梧州协右营守备，递升今职。光绪十五年十二月十九日，接札赴任。嗣于广西边防出力案内，保准以参将在任补用。该员年力精强，戎务熟习，能耐烟瘴。合无仰恳天恩，俯准以伍起祥升补广西提标中军参将。俟接准部覆，给咨送部引见。并于东省拣员对调，以符定制。

谨会同广西提督臣苏元春合词恭折具陈，伏乞皇上圣鉴，敕部核覆施行。谨奏。

朱批："兵部议奏。"①

076. 请将刘保生、龙福康一并革职分别归案审办片光绪二十二年六月十八日

再，署广西右江镇右营游击尽先补用游击刘保生，剿办土匪畏葸不前，并闻有勒索私押情事。又署广东龙门协右营都司尽先补用游击龙福康，私挪公款，不服盘查。据该管上司先后禀揭前来，除檄饬撤任，委员接署外。相应请旨，将署广西右江镇标右营游击刘保生、署广东龙门协右营都司龙福康，一并革职，分别归案审办，以肃戎行。

谨附片具陈，伏乞圣鉴训示。谨奏。

朱批："着照所请，该部知道。"②

①《光绪朝朱批奏折·军务·人事》第45辑第329页，光绪二十二年六月十八日。
②《光绪朝朱批奏折·军务·人事》第45辑第330页，光绪二十二年六月十八日。

077. 冒险救出华洋官商人等官员请奖片

光绪二十二年六月十八日

再，本年二月二十五日，法国益得利商轮，由北海驶至澄迈县属洋面，遇雾触礁。署海口营参将陈良傑闻报，立乘广玉兵轮，率师船二号，冒险驶往。见该船半已浸水，势将沉没。督同广玉船管驾姚河清，将货物及搭客水手三十二人，拨运海口安置，酌留师船在洋保护。至五月初五日，该船行始运到机器，将坏船拖带出险。又本年五月初七日，法国河内商轮运米搭客，由香港驶至文昌县属木栏头洋面搁浅，势甚危急。参将陈良傑复率弁勇，乘坐师船驶往，将船内米石及华洋官商人等共一百二十一名口，分次拨运海口安置。船身轻浮，乘潮出险。据广东雷琼道冯光遹禀报，请将出力人员奏奖前来。臣查前准总理各国事务衙门咨行，嗣后中外船只在洋遭风触礁，瞬将沉没者，文武汛官及外海水师管驾人等，果能奋身冒险，救出至三十人以上，准照异常劳绩奏奖。等因。今署海口营参将陈良傑，两次在洋冒险救出华洋官商人等，共计一百数十人之多。管驾广玉兵轮尽先守备姚河清，于惊涛骇浪之中，往来装运客货，均属异常出力，核与请奖定章相符。合无仰恳天恩，俯准将署海口营参将广东外海水师尽先补用参将陈良傑，免补参将，以副将仍留广东尽先补用，先换顶戴。管驾广玉兵轮尽先补用守备姚河清，免补守备，以都司留广东尽先补用，以示鼓励。出自鸿施。

除饬取该员履历册分咨查照及出力稍次人员，另行咨奖外，谨会同广东巡抚臣许振祎合词附片具陈，伏乞圣鉴训示。谨奏。

朱批：“该衙门议奏。”①

---

①《光绪朝朱批奏折·军务·人事》第45辑第331页，光绪二十二年六月十八日。

078. 莫善喜交卸署篆就近驰赴新任片光绪二十二年六月十八日

再，调补广东南韶连镇总兵任祖文，现已到省，应饬赴任，以专责成。原署总兵莫善喜，已奉旨补授广西左江镇总兵。查左江毗连东省，近有土匪林癞渣六在博白、石城交界地方，纠众滋扰，派兵击散，匪首尚未就擒。办理正当吃紧，原任总兵董履高不能得力。应饬莫善喜交卸署篆，就近驰赴新任，迅速妥办。

除分檄饬遵外，理合附片具陈，伏乞圣鉴。谨奏。

朱批："知道了。"①

079. 石玉山留于广东按班补用片光绪二十二年七月

再，副将衔尽先补用参将石玉山，系河南人。由军功剿办捻、回各匪，递保今职。上年，经前抚臣马丕瑶奏调来粤，委带广毅营勇。臣察其勤慎操防，历久不懈，洵为得力之员。合无仰恳天恩，俯准将石玉山留于广东，按班补用。出自鸿慈。

除饬取履历咨部外，谨附片具陈，伏乞圣鉴训示。谨奏。

朱批："着照所请，兵部知道。"②

080. 文斌开缺片光绪二十二年七月

再，据准补广东清远营游击世袭骑都尉文斌禀称，现年五十岁，京城镶白旗汉军庆英佐领下人。由马甲承袭骑都尉世职，补授永安营都司，准升今职。尚未请咨引见。兹接家信，本生继母

---

①《光绪朝朱批奏折·军务·人事》第45辑第332页，光绪二十二年六月十八日。

②《光绪朝朱批奏折·军务·人事》第45辑第387页，光绪二十二年七月。

郭氏，在京染患腿疾，病势增剧。幼弟无知，乏人侍奉，恳请开缺，仍以骑都尉世职回旗当差，就近侍养等由前来。合无仰恳天恩，俯准文斌开缺，仍以骑都尉世职回旗当差，俾遂孝养之忱。所遗清远营游击缺及永安营都司底缺，俟部覆到时，分别拣员请补。

谨附片具陈，伏祈圣鉴，敕部核覆施行。谨奏。

朱批：“着照所请，兵部知道。”①

081. 光绪二十二年春季分广东省委署州县各缺折 光绪二十二年七月二十四日

太子少保、头品顶戴两广总督臣谭钟麟，头品顶戴广东巡抚臣许振祎跪奏，为光绪二十二年春季分广东省委署州县各缺，遵照章程，恭折具奏，仰祈圣鉴事。

窃照各省州县，无论奏调、委署、代理，钦奉上谕：“着每届三个月汇奏一次。等因。钦此！”由部转行，钦遵在案。兹据广东布政使张人骏详称，光绪二十二年春季分，出有嘉应直隶州知州沈麟书交卸就医，遗缺以试用同知吴国章署理。又署从化县知县葆椿调省，遗缺以候补知县刘本镜署理。又新兴县知县刘盛芳因案解任，遗缺以候补知县郑业崇署理。又归善县知县邹之麟在任病故，遗缺以试用知县葛肇兰署理。又化州知州李光高先赴钦州直隶州知州升任，遗缺以候补直隶州知州雷发声署理。详请具奏前来。

臣等覆查无异，理合会同恭折具陈，伏祈皇上圣鉴。谨奏。

朱批：“吏部知道。”②

---

①《光绪朝朱批奏折·军务·人事》第45辑第387页，光绪二十二年七月。

②《光绪朝朱批奏折·内政·职官》第11辑第694—695页，光绪二十二年七月二十四日。

082. 直隶州知州员缺紧要仍拟以前请之员补授折光绪二十二年七月二十七日

太子少保、头品顶戴两广总督臣谭钟麟，头品顶戴广东巡抚臣许振祎跪奏，为直隶州知州员缺紧要，仍拟以前请之员补授，恭折仰祈圣鉴事。

窃查罗定直隶州知州关广槐，回避留省另补遗缺，臣谭钟麟前经奏请，以香山县知县史继泽补授。兹光绪二十二年四月十九日，接准吏部咨覆，以史继泽任内有疏防县民罗连光被劫一案，例有展参，将来四参到部，例关降调。核与奏定新章不符，所请毋庸议，应令另行拣选。等因。转行遵照。本应遵照办理，惟查定例，保题升调官员，其任内有承审案件、承缉盗案、征解钱粮已起降调革职参限者，概不准其升调各缺。如因缺系繁要，人地实在相需，为地择人者，应令据实陈明吏部，仍查明其余并无别项不合例事故，亦即议准。此外，一切因公处分，仍毋庸核计。等语。是繁要缺分为地择人所补之员，任内虽有承缉盗案、已起降革参限，例准据实陈明，免其核计。今罗定直隶州知州，系繁、疲、难题要缺，民瑶杂处，政务殷繁，非得精明干练之员，不足以资治理。兹于应升、应调、应补人员内，逐加遴选。非现居要缺，即人地未宜。查有在任候补直隶州知州香山县知县史继泽，年三十九岁，贵州贵阳府人。由进士奉旨以知县即用，签掣广东。光绪十二年八月三十日到省，因全琼肃清案内出力，保准补缺后，以直隶州知州尽先补用，准补香山县知县。二十年二月十二日到任。该员年力正强，办事结实，以之补授罗定直隶州知州要缺，人地实在相需。虽任内有疏防县民罗连光被劫一案，惟现尚未起四参，核与例关降调者不同。且细绎新章，系指大概升缺而言。若缺系繁要，人地实在相需，自不在扣补之列。该州既属繁、疲、难题要缺，所有该员任内一切因公处分，应请邀免核计。据藩、臬两司会详前来，合无仰恳圣恩，俯念员缺紧要，准仍以史继泽补授罗定直隶州知州，俾资治理。如蒙俞允，俟部覆到日，照例给咨送部引见。所遗香山县知县，系沿海繁、疲、难调要缺，例应由外拣调。俟准部覆，拣员请调。粤东省补缺，例限九十日，此缺准部驳回另补，系坐本年三月初五日行文，按照限减半计算，应以四月十九接到部文之日起限办理。今于六月初四日详补，系在限内，合并陈明。

臣等谨合词恭折具奏，伏乞皇上圣鉴训示。谨奏。

朱批："吏部议奏。"①

083. 直隶州知州员缺紧要仍拟以前请之员升补折光绪二十二年七月二十七日

太子少保、头品顶戴两广总督臣谭钟麟，头品顶戴广东巡抚臣许振祎跪奏，为直隶州知州员缺紧要，仍拟以前请之员升补，恭折仰祈圣鉴事。

窃查南雄直隶州知州曹椿江革职遗缺，臣谭钟麟前经奏请，以卓异候升番禺县知县惠登甲升补。光绪二十二年四月十九日，接准吏部咨覆，以惠登甲任内有疏防县民关扬生等被劫十一案，俱系例有展参。将来到部，例关降调，核与奏定新章不符，所请毋庸议。应令另行拣选。等因。转行遵照。本应遵照办理。惟查定例：州县以上应升缺出，应将卓异引见回任候升之员，先尽升用。又保题升调官员，其任内有承审案件、承缉盗案、征解钱粮、已起降调革职参限者，概不准其升调各缺。如因缺系紧要，人地实在相需，为地择人者，应令据实陈明吏部，仍查明其余并无别项不合例事故，亦即议准。此外一切因公处分，仍毋庸核计。又各项著有劳绩人员，并保荐卓异以及例应归于卓异班内升用人员，任内如有盗案、正项钱粮等案处分，遇即升卓异轮升到班时，仍

①《光绪朝朱批奏折·内政·职官》第11辑第704—705页，光绪二十二年七月二十七日。

准升用。将降革参罚之案，带于新任。各等语。是卓异班内升用人员，任内虽有盗案处分，遇缺仍准升用。其应得降革参罚之案，例只带于新任，并不停其升转。至若紧要缺分，为地择人者，则所升之员，任内如有承缉盗案，已起降革参限，亦准据实陈明，免其核计。今南雄直隶州知州，系冲、繁、疲题要缺，地当省北冲途，政务繁剧，治理綦难，非得精明干练之员，不克胜任。兹于应调、应升、应补人员内，逐加遴选，非现居要缺，即人地未宜。查有卓异候升番禺县知县惠登甲，年五十八岁，甘肃安化县人。由进士奉旨以知县即用，签掣广东。光绪三年三月十九日到省，准补饶平县知县，调补海阳县知县，再调番禺县知县。十二、十六等年两次大计，荐举卓异。二十年，请咨赴部，由吏部带领引见，奉旨："着回任，准其每次卓异，加一级，仍注册候升，钦此！"十一月十五日回省，二十一年正月二十五日到番禺县任，调署罗定直隶州知州。该员惠登甲才具稳练，有守有为，以之升补南雄直隶州知州要缺，人地实在相需。虽任内有疏防县民关扬生等被劫各案，惟现尚未起四参，核与例关降调者不同。该员系因卓异请升，照例仍准升用。且细绎新章，系指大概升缺而言，若缺关紧要，卓异应升，且系为地择人，例得据实陈请。该州既属冲、繁、疲题要缺，所有该员任内一切因公处分，应请邀免核计。据藩、臬两司会详前来。合无仰恳圣恩，俯念员缺紧要，准仍以惠登甲升补南雄直隶州知州，俾资治理。如蒙俞允，该员引见回任，未满三年，毋庸送部引见。再，所遗番禺县知县，系冲、繁、疲、难最要缺，例应在外拣调。俟接准部覆，再请调补。该员惠登甲参罚案件，先经造册送部，现仍请升，请免重造。粤东省补缺，例限九十日，此缺准部驳回另补，系坐本年三月初五日行文，按照限减半计算，应以四月十九接到部文之日起限办理，今于六月初一日详补，系在限内，合并陈明。

臣等谨合词恭折具奏，伏乞皇上圣鉴训示。谨奏。

朱批："吏部议奏。"①

084. 知县补缺在驻防处所五百里以内遵例回避折 光绪二十二年七月二十七日

太子少保、头品顶戴两广总督臣谭钟麟，头品顶戴广东巡抚臣许振祎跪奏，为知县补缺在驻防处所五百里以内，遵例回避，选员对调，恭折（奏）〔仰〕祈圣鉴事。

窃查定例：各省驻防旗员，其驻防处所五百里以内员缺，亦照旗员回避直隶之例办理。等因。兹有准署从化县知县樊淙，年四十四岁，京城正白旗汉军翻译举人。广州驻防，在同文馆当差，保准县丞，复保以知县用。光绪十八年，遵例捐指广东，归原保班补用。是年十月初五日到省，当经题署从化县知县。兹由吏部核覆，准以樊淙署理从化县知县缺。查从化县距广州驻防在五百里以内，例应回避。应照例以别府相当之缺，拣员对调。臣等督同两司，于相当各缺内，详加遴选。查有茂名县知县甘美棠，年五十三岁，广西容县人。由贡生应同治三年甲子科，并补行辛酉科本省乡试，中式第十七名举人。光绪十五年，己丑科会试，大挑一等引见，奉旨以知县用。遵例捐指广东。是年六月二十七日到省，题署今职。二十二年四月二十日到任，该员甘美棠，心地朴诚，才具稳慎，任内并无参罚案件，堪以调署从化县知县。所遗茂名县知县缺，距省在五百里以外。该员樊淙，才具明练，吏事通晓，亦堪调署，与例均属相符。合无仰恳天恩，俯准以茂名县知县甘美棠与准署从化县知县樊淙互相对调，以资治理。均俟试署一年期满，另请实授。如蒙俞允，该员等系现任知县，遵例对调，衔缺相当，毋庸送部引见。据藩、臬两司会详前来。

臣等谨合词恭折具奏，伏祈皇上圣鉴，敕部核覆施行。谨奏。

---

①《光绪朝朱批奏折·内政·职官》第11辑第706—707页，光绪二十二年七月二十七日。

朱批："吏部议奏。"①

085. 知府知县以本班序补片 光绪二十二年七月二十七日

再，捐纳保举府县，到省一年期满，例应甄别具奏，历经遵办在案。查有试用知府多龄，老成练达。候补知府黄儒荃，人极稳慎。新海防试用知县杨本楫，明白安详。均堪以本班序补。据藩、臬两司会详前来。

除将各该员详细履历咨部外，臣等谨附片具陈，伏祈圣鉴。谨奏。

朱批："吏部知道。"②

086. 汇奏广东省半年内咨结交代各案折

光绪二十二年七月二十七日

太子少保、头品顶戴两广总督臣谭钟麟，头品顶戴广东巡抚臣许振祎跪奏，为汇奏广东省光绪二十一年十一月起至二十二年四月底止，半年内咨结交代各案，恭折仰祈圣鉴事。

窃准户部咨，具奏申明州县交代例限，并请严定藩司处分一折。钦奉谕旨，行令将交代各案，分别已、未完结，半年汇奏一次。并将有无未解银两，于何月日提解司库，逐案声叙。等因。即经钦遵办理。并将光绪十一年十一月起至二十一年十月底止咨结各案，开单具奏。兹据广东布政使张人骏详称，自光绪二十一年十一月起至二十二年四月底止，半年届满，陆续咨结各属交代，共二十案。均系新案交代，内一十九案，应征正、杂钱粮银米扫数解清，并无未解之款。其余一案征存银米，未据清解，业经另

---

①《光绪朝朱批奏折·内政·职官》第 11 辑第 708 页，光绪二十二年七月二十七日。
②《光绪朝朱批奏折·内政·职官》第 11 辑第 709 页，光绪二十二年七月二十七日。

案参追。等情前来。

臣等覆核无异，除饬司将此外未结交代，严催结报外，谨缮清单，合词恭折具奏，伏乞皇上圣鉴。谨奏。

朱批："户部知道，单并发。"①

087. 广东省筹解本年六月应还洋款数目折光绪二十二年七月二十八日

太子少保、头品顶戴两广总督臣谭钟麟，头品顶戴广东巡抚臣许振祎跪奏，为广东省筹解本年六月应还洋款数目，恭折仰祈圣鉴事。

窃本年六月初九日，准户部咨，应还俄、法、英、德两款本息，每年指拨广东省关银二百一十八万两。内英、德一款，指拨盐斤加价银五万两，加放俸饷银五万两，闱姓二十四万两，地丁、盐课、盐厘、货厘杂税银三十八万两，六月先解一半，赴江海关道兑收。等因。当经转行司局，迅速筹解去后。兹据广东布政使张人骏、两广盐运使英启、广东善后局司道先后详称，户部指拨之盐斤加价、加放俸饷，虽系专款，向多借垫起解。其地丁、盐课、盐厘、货厘杂税各项款目，虽极繁多，而每岁出入相衡，实虞不足。骤提巨款，无可腾挪。至闱姓旧饷，支用无存。新商尚未承充，更属无款可提。惟甫接部文，期限甚迫，事关大局，不得不勉应急需。因就司局各库，无论何款，先尽挪凑。并令各号商借垫足数，作为盐斤加价银二万五千两，加放俸饷银二万五千两，地丁等项银十九万两，闱姓银十二万两。于六月十九、二十三等日由商号协同庆等，汇解江海关道，兑收清楚。以后解款，尚无把握。容俟设法通筹，再行详办等情，详请奏咨前来。

臣等覆核无异，除粤海关应解各款，另由监督筹解并咨部查

①《光绪朝朱批奏折·财政·库储》第82辑第470—471页，光绪二十二年七月二十七日。

照外，谨合词缮折具陈，伏乞皇上圣鉴，敕部查照施行。谨奏。

朱批：“户部知道。”①

088. 拣员请补都司折光绪二十二年七月二十八日

太子少保、头品顶戴两广总督臣谭钟麟跪奏，为拣员请补都司，恭折仰祈圣鉴事。

窃准兵部咨，广东南韶连镇右营都司颜金遗缺，系陆路部推之缺，应用尽先人员请补。等因。兹于尽先都司班内拣选，除周廷彪告假离营，黄言章、游连、谭济泰、古腾芳、梁鼎才、陈健顺、邓定槐、蔡兴隆、吴瑞祥、莫宴祊、黄友元、胡有才、林逢熙、朱梅，或人地未宜，或营伍尚欠历练，均未便请补。查有雷州营右营右哨千总尽先补用都司莫善积，年五十二岁，茂名县人。由军功剿匪递保千总，拔补今职。嗣于剿办儋临客匪出力案内，奏准免补守备，以都司尽先补用，准部注册序补。该员年力精强，办事稳慎，前在外省军营，并无参革、朦保情弊。合无仰恳天恩，俯准以莫善积补授南韶连镇右营都司。俟部覆到日，给咨送部引见，以符定制。

谨会同广东陆路提督臣张春发合词缮折具陈，伏乞皇上圣鉴，敕部议覆施行。谨奏。

朱批：“兵部议奏。”②

089. 区锡镛补授香山协右营都司片光绪二十二年七月二十八日

再，广东香山协右营都司缺，应用尽先人员，前经臣以水陆

①《光绪朝朱批奏折·财政·库储》第82辑第472页，光绪二十二年七月二十八日。

②《光绪朝朱批奏折·军务·人事》第45辑第379—380页，光绪二十二年七月二十八日。

补用都司刘纪贤奏补。兹准部驳，该员应专归陆路候补，不得兼补水师，令另拣本班名次在前之员请补。等因。兹复于尽先都司班内，详加拣选，除黄伦苏已请补龙门协右营都司，其名次在前之郑廷宗，于此缺人地不宜，未便请补。查有水师提标中营尽先都司区锡镛，年四十岁，广东高明县人。寄籍广西临桂县，由武举挑取二等，以营千总用。嗣于克复越南文渊州各城出力，保准免补千总、守备，以都司尽先补用，并戴蓝翎。回粤改用外海水师，饬发水师提标中营效力。业已试验一年期满，该员水务熟悉，前在外省军营，并无参革、朦保情弊。合无仰恳天恩，俯准以区锡镛补授香山协右营都司。俟部覆到日，并案给咨，送部引见，以符定制。

谨会同署广东水师提督臣潘瀛合词附片具陈，伏乞圣鉴，敕部核覆施行。谨奏。

朱批："兵部议奏。"①

090. 汇案请袭世职折光绪二十二年八月二十八日

太子少保、头品顶戴两广总督臣谭钟麟跪奏，为汇案请袭世职，仰祈圣鉴事。

案准兵部咨，袭职发标人员三月汇奏一次，遵办在案。兹光绪二十二年夏季分，据博罗、嘉应、新会、信宜、阳江、潮阳各州县，详送承袭云骑尉姚景云、宋维科、林溥庆、陈天年、梁钰，恩骑尉黄河澄，请袭职发标，声明梁钰愿改外海水师前来。查定例：承袭世职，令嫡长子孙承袭。如无嫡长子孙，许令弟侄应承继者承袭。又承袭云骑尉、恩骑尉，年已及岁，免其送部，令该督抚验看具题。俟题准后，就近发标学习，支食全俸。又云骑尉有愿改外海水师者，豫先呈明，分派外海水师各营，随同出洋巡

①《光绪朝朱批奏折·军务·人事》第45辑第380—381页，光绪二十二年七月二十八日。

哨。各等语。今请袭云骑尉姚景云、宋维科、林溥庆、陈天年、梁钰，恩骑尉黄河澄年均及岁，请袭职发标，梁钰并请改用外海水师，核与定例相符。经臣逐一验明，发标学习。相应汇缮清单，恭呈御览。

除将各该员亲供宗图、履历册结，咨送部科外，谨缮折具陈，伏祈皇上圣鉴，敕部核覆施行。谨奏。

朱批："兵部议奏，单并发。"①

091. 拣员请补副将折光绪二十二年八月二十八日

太子少保、头品顶戴两广总督臣谭钟麟跪奏，为拣员请补副将，恭折仰祈圣鉴事。

窃准兵部咨，广东赤溪协副将缺，应用尽先人员，经臣以副将冯英华奏补。兹准部驳，冯英华丁忧服阕，照章应赴部引见。今请补赤溪协副将，核与定章不符，应另拣员请补。等因。兹复于外海水师尽先副将班内拣选。查有水师提标中营尽先副将刘盛濯，年四十八岁，安徽合肥县人。由军功递保参将。光绪十年，由粤调赴台湾。于基沪获胜案内，保准免补参将，以副将仍留两广尽先题补。回粤改用外海水师，试验期满保题，送部引见，发回原省补用。该员熟悉沙线，并无在外省军营参革、朦保情弊。惟保题在见缺之后，与例稍有未符，谨随折声明。合无仰恳天恩，俯准以刘盛濯补授赤溪协副将，敕部给札，令其赴任。

谨会同署广东水师提臣潘瀛恭折具陈，伏乞皇上圣鉴，敕部核覆施行。谨奏。

朱批："兵部议奏。"②

①《光绪朝朱批奏折·军务·人事》第45辑第416—417页，光绪二十二年八月二十八日。

②《光绪朝朱批奏折·军务·人事》第45辑第417—418页，光绪二十二年八月二十八日。

092. 卢辉邦方如意一并革职片光绪二十二年八月二十八日

再，武职交代结报，例有定限。兹查有前署龙门协右营都司卢辉邦，亏欠公款银一千四百二十余两，卸篆三年，叠催罔应。又前署平海营中军守备方如意，交代册内，款多无着，离营一年，并不结算清楚，显有侵挪、隐匿情弊。据各该营官禀揭前来。相应请旨，将前署龙门协右营都司水师提标中营尽先守备卢辉邦、前署平海营中军守备惠来营把总方如意，一并革职，勒限追缴清结，分别办理。

除咨部查照外，谨附片具陈，伏乞圣鉴训示。谨奏。

朱批："着照所请，该部知道。"①

093. 马定邦补授潮州镇右营守备片光绪二十二年八月二十八日

再，广东潮州镇右营守备缺，应用武进士请补，前经臣以武进士刘泽榕奏补。兹准部覆，刘泽榕到标期满在后，应另拣到标在前之员请补。等因。兹复于期满营用武进士内拣选，其名次在前之叶国昌，据报丁忧。查有督标中营效力期满营用武进士马定邦，年四十岁，广东顺德县人。由兵生中式武举。光绪丁丑科会试，中式武进士，奉旨："以营守备用。钦此!"发回原营效力。光绪四年七月十二日到标，效力五年期满，咨准部覆注册。该员年强技娴，合无仰恳天恩，俯准以马定邦补授潮州镇右营守备，敕部发给札付，令其赴任。

谨会同广东陆路提督臣张春发合词附片具陈，伏乞圣鉴，敕

---

①《光绪朝朱批奏折·军务·人事》第45辑第418页，光绪二十二年八月二十八日。

部核覆施行。谨奏。

朱批："兵部议奏。"①

094. 查明广东省光绪二十一年分奏销征收钱粮银米未完一分以上各员先行开单折光绪二十二年九月二十日

太子少保、头品顶戴两广总督臣谭钟麟，头品顶戴广东巡抚臣许振祎跪奏，为查明广东省光绪二十一年分，奏销征收钱粮银米未完一分以上各员，先行开单具奏，仰祈圣鉴事。

窃准部咨，地丁、盐课各奏销，有关处分者，一面具题，一面开单专折奏报。又准部咨，原奏内开钱粮奏销，将具题之限，作为奏报未完分数之限。凡此项阁钞到部，由部核明出奏日期。傥例限已逾，始据出奏。臣部即于覆奏时，随折附参。如奏报逾限，实系司、道、府、州、县、卫等官承办迟延者，应令该督抚于折内据实声明，由部将承办之员，奏请议处。等因。均经转行遵照去后。兹据广东布政使张人骏详称，遵查粤东省地丁奏销，前经奏请于次年五月底截数后，仍照盐务奏销办法，以六、七、八三个月为司道汇造限期，奉旨允准。转饬遵照在案。兹届造报之期，理合将光绪二十一年分地丁奏销查明，经督征地丁银米未完一分以上各员，开单具详，请奏前来。

臣等覆核无异，除咨部外，谨合词缮折具陈，并缮清单，恭呈御览，伏祈皇上圣鉴，敕部核覆施行。再，此次奏销，该司于九月十七日具详，臣即于是月二十日具奏，并未逾限，合并陈明。谨奏。

朱批："该部议奏，单并发。"②

①《光绪朝朱批奏折·军务·人事》第45辑第419页，光绪二十二年八月二十八日。

②《光绪朝朱批奏折·财政·田赋地丁》第67辑第651—652页，光绪二十二年九月二十日。

095. 报解广东省本年八九两月应还洋款数目折光绪二十二年九月二十日

太子少保、头品顶戴两广总督臣谭钟麟，头品顶戴广东巡抚臣许振祎跪奏，为报解广东省本年八、九两月应还洋款数目，恭折仰祈圣鉴事。

案准户部咨，应还英、德一款本息，每年指拨广东省盐斤加价银五万两，加放俸饷银五万两，闱姓银二十四万两，地丁等项银三十八万两。六月先解一半，其余一半八月、十月分解。又俄、法一款，每年指拨广东盐斤加价银五万两，加放俸饷银五万两，闱姓银二十四万两，地丁等项银二十四万两，各按四成之数，于九月内解交。等因。业将英、德一款指拨之数，六月先解一半，奏报在案。兹据广东布政使张人骏、两广盐运使英启、广东善后局司道先后详称，奉拨各款内均难如数筹提，只可随时设法挪凑，并令各号商借垫，作为盐斤加价银一万二千五百两，加放俸饷银一万二千五百两，地丁等项银九万五千两，闱姓银六万两，共银十八万两。于八月十九、二十三等日，解还英、德之款。嗣复凑借如数，作为盐斤加价银二万两，加放俸饷银二万两，地丁等项银九万六千两，闱姓银九万六千两，共银二十三万二千两。于九月十九、二十三等日，解还俄、法之款。由号商协成乾、百川通等，先后汇解江海关兑收清楚。详请奏咨前来。

臣等覆核无异，除咨部查照外，谨合词缮折具陈，伏乞皇上圣鉴，敕部查照施行。谨奏。

朱批："户部知道。"①

①《光绪朝朱批奏折·财政·库储》第82辑第506—507页，光绪二十二年九月二十日。

096. 备还俄法之款片 光绪二十二年九月二十六日

再，准部咨，应还俄、法一款，每年指拨广东盐斤加价银五万两，加放俸饷银五万两，闱姓银二十四万两，地丁等项银二十四万两，各按四成之数，于九月内解交。兹据广东布政使张人骏、两广盐运使英启、广东善后局司道先后详称，应解银两，现经如数挪凑，作为盐斤加价银二万两，加放俸饷银二万两，地丁等项银九万六千两，闱姓银九万六千两，共银二十三万二千两。于九月初九、十三等日由号商百川通、协成乾等，先后汇解江海关，限二十日以前投纳，备还俄、法之款，详请奏咨前来。

臣等覆查无异，除咨部查照外，谨会同广东巡抚臣许振祎附片具陈，伏乞圣鉴。谨奏。

朱批："户部知道。"①

097. 查明旧欠钱粮催提征解已未完数目折 光绪二十二年九月二十八日

太子少保、头品顶戴两广总督臣谭钟麟，头品顶戴广东巡抚臣许振祎跪奏，为查明广东省各年旧欠钱粮，光绪二十一年催提征解已未完数目，恭折仰祈圣鉴事。

窃照各省奏销，应将征收旧欠正、杂钱粮数目及未完分数考成，专折奏报。现届办理光绪二十一年分奏销之期，除是年应征新赋银米已未完数目另行具奏外。兹据广东布政使张人骏详称，查自光绪六年起至光绪二十年止，旧欠地丁备支经费，除续完外，尚应征银一百八十三万五千二百六十两零，内已完银五万九千八百七十九两零，未完银一百七十七万五千三百八十六两零。又光

①《光绪朝朱批奏折·财政·库储》第82辑第690页，光绪二十二年九月二十六日。

绪五年以前，商欠杂税银二千一百三十八两零，全未完解。又从前各州县征存地丁备支经费，共银五万七千二百三十六两零，全未完解。又旧欠耗羡银三十二万二千五百八十七两零，内已完银一万六千二百二十四两零，未完银三十万六千三百六十二两零。另从前各州县征存耗羡银九千八百九十二两零，全未完解。又自道光三十年起至光绪二十年止，旧欠民米，除豁免及续完外，尚未完米六十七万六千四百五石零，内已完米一万九百六石零，未完米六十六万五千四百九十八石零。另从前各州县征存米四万九千六百三十三石零，全未完解。以上各属征存未解地丁、备支、耗羡等银，业于交代案内参追。其未完米石，系由历年各路办理军务就近提支军需。现经严饬各属领解清款，分别收支等情，详请具奏前来。

臣等覆核无异，所有光绪二十一年分征收旧赋完欠数目，谨循例合词恭折具奏，并缮清单，敬呈御览，伏祈皇上圣鉴，敕部查照施行。谨奏。

朱批："户部知道，单并发。"①

098. 广东省征收光绪二十一年分钱粮比较上三年完欠分数折光绪二十二年九月二十八日

太子少保、头品顶戴两广总督臣谭钟麟，头品顶戴广东巡抚臣许振祎跪奏，为广东省征收光绪二十一年分钱粮，比较上三年完欠分数，恭折仰祈圣鉴事。

案准部咨，各省征收钱粮，比较限期，统以年底截数，次年二月造报。春拨之时，即将新赋项下额征若干、蠲缓若干、已未完若干、旧赋项下带征若干、应征若干，比之上三年或多或少，一一注明，另行开单奏报。即以道光五年春拨为始，一律遵办。

①《光绪朝朱批奏折·财政·田赋地丁》第67辑第657页，光绪二十二年九月二十八日。

嗣又准部咨，仍以奏销截数，开单具奏，比较更为周匝。各等因。转行遵照在案。兹办理光绪二十一年分奏销，除循例题报外。据广东布政使张人骏将光绪二十一年分征收钱粮，比较上三年完欠数目，注明入季解道留支各数，并查明已征未解一项，于现办二十一年奏销遵照定例，归入未完项下，开列专案，咨部开单。请奏前来。

臣等覆核无异，谨合词恭折缮单，敬呈御览，伏祈皇上圣鉴，敕部查照施行。谨奏。

朱批："户部知道，单并发。"①

099. 盘验广东藩库银数及通省征收钱粮银米完欠各数目折 光绪二十二年九月二十八日

太子少保、头品顶戴两广总督臣谭钟麟，头品顶戴广东巡抚臣许振祎跪奏，为盘验广东藩库银数及通省征收钱粮、银米完欠各数目，恭折仰祈圣鉴事。

窃照每年奏销时，例应将藩库实存正、杂银两及应征银米完欠数目，分晰盘查具奏。兹届光绪二十一年分奏销之期，经臣等督同司道各官赴库盘查，计捐贡监等款正项银三十三万七千二十九两零，耗羡银五十四万六千九百八十五两零，杂项银六十八万七千七百四十四两零。因正项钱粮银两不敷支放，将以上正、杂各款，全行借垫。应俟征解还款，逐加查验，均属相符，并无亏短情弊。其应征地丁、民屯粮米，据布政使张人骏、督粮道延祉将完欠数目，分晰开报前来。臣等覆查光绪二十一年分额征地丁等项，共银一百一十三万四千五百一十六两零，内已完银九十四万三千六百七十两零，尚未完银一十九万八百四十六两零，计完八分以上，未完一分有余。又额征米石，实应征米三十四万四千

①《光绪朝朱批奏折·财政·田赋地丁》第67辑第658—659页，光绪二十二年九月二十八日。

八百四十六石零，内已完米二十八万五百一十九石零，尚未完米六万四千三百二十六石零，计完八分以上，未完一分有余。现经督同藩司、粮道，将未征民欠银米，勒限征完。如有逾延，即行查参。除将司库实存银数及各属现年征收已未完分数，造册题咨外，所有盘验司库银数及光绪二十一年分通省征收钱粮、银米完欠数目各缘由，谨循例合词恭折具陈，伏祈皇上圣鉴。谨奏。

朱批："户部知道。"①

100. 盘验广东藩库银数及通省征收钱粮银米完欠各数目折光绪二十二年九月三十日

太子少保、两广总督臣谭钟麟，头品顶戴广东巡抚臣许振祎跪奏，为盘验广东藩库银数及通省征收钱粮、银米完欠各数目，恭折仰祈圣鉴事。

窃照每年奏销时，例应将藩库实存正、杂银两及应征银米完欠数目，分晰盘查具奏。兹届光绪二十二年分奏销之期，经臣等督同司道各官，赴库盘查，计捐贡监等款正项银三十三万七千二十九两零，耗羡银五十三万八千五百二十一两零，杂项银六十一万四千二百四十三两零，因正项钱粮银两不敷支放，将以上正、杂各款全行借垫，应俟征解还款，逐加查验，均属相符，并无亏短情弊。其应征地丁、民屯粮米，据布政使张人骏、督粮道延祉将完欠数目，分晰开报前来。臣等覆查光绪二十二年分额征地丁等项，共银一百一十万八千四百六十二两零，内已完银九十三万七千三百三十七两零，尚未完银一十七万一千一百二十五两零，计完八分以上，未完一分有余。又额征米石，实应征米三十四万四千六百八十一石零，内已完米二十八万二百二十石零，尚未完米六万四千四百六十石零，计完八分以上，未完一分有余。现经

①《光绪朝朱批奏折·财政·库储》第82辑第509—510页，光绪二十二年九月二十八日。

督同藩司、粮道，将未征民欠银米，勒限征完。如有逾延，即行查参。

除将司库实存银数及各属现年征收已未完分数，造册题咨外，所有盘验司库银数及光绪二十二年分通省征收钱粮、银米完欠数目各缘由，谨循例合词恭折具陈，伏祈皇上圣鉴。谨奏。

朱批："户部知道。"①

101. 补用守备钟广明即行革职归案审办片 光绪二十二年十月

再，两广督标中营补用守备钟广明，系番禺县罗冈乡人。其族众前往增城县东洲乡帮斗，由县谕令交匪。该守备阳奉阴违，仍暗纠多人越境帮斗，实属胆大妄为，现已拿获。据署番禺县知县裴景福详请革审前来。相应请旨，将补用守备钟广明即行革职，归案审办。

谨附片具陈，伏祈圣鉴训示。谨奏。

朱批："着照所请，该部知道。"②

102. 报解广东省本年十月应还洋款数目折 光绪二十二年十月十八日

太子少保、头品顶戴两广总督臣谭钟麟，头品顶戴广东巡抚臣许振祎跪奏，为报解广东省本年十月应还洋款数目，恭折仰祈圣鉴事。

案准户部咨，应还英、德一款本息，每年指拨广东省盐斤加价银五万两，加放俸饷银五万两，闱姓银二十四万两，地丁等项银三十八万两。本年六月先解一半，其余一半，八月、十月分解。

①《光绪朝朱批奏折·财政·库储》第82辑第691—692页，光绪二十二年九月三十日。
②《光绪朝朱批奏折·军务·人事》第45辑第492页，光绪二十二年十月。

等因。业经两次报解在案。兹据广东布政使张人骏、两广盐运使英启、广东善后局司道先后详称，现复设法挪凑，并令各号商借垫如数，作为盐斤加价银一万二千五百两，加放俸饷银一万二千五百两，闱姓银六万两，地丁等项银九万五千两，共银十八万两。定于十月十九、二十三等日，由号商百川通等汇解江海关兑收，备还英、德之款，详请奏咨前来。

臣等覆核无异，除咨部查照外，谨合词缮折具陈，伏乞皇上圣鉴，敕部查照施行。谨奏。

朱批："户部知道。"①

103. 拣员升补参将折 光绪二十二年十月十八日

太子少保、头品顶戴两广总督臣谭钟麟跪奏，为拣员升补参将，恭折仰祈圣鉴事。

窃照广西提标中军参将员缺，前以龙州城守营游击伍起祥奏补。接准部咨，该员籍隶本省，碍难议准。令另拣合例人员请升。等因。兹复于应升之游击班内遴选，查有右江镇中军游击陈世林，年四十一岁，河南光山县人。由武进士花翎侍卫，选补广西桂林营游击。光绪十九年八月十三日接札，十二月初一日到任，续调今职。该员年力正强，营务练习，能耐烟瘴。合无仰恳天恩，俯准以陈世林升补广西提标中军参将。俟准部覆，给咨赴部引见，以符定制。

谨会同广西提督臣苏元春合词缮折具陈，伏乞皇上圣鉴，敕部核覆施行。谨奏。

朱批："兵部议奏。"②

---

①《光绪朝朱批奏折·财政·库储》第 82 辑第 526—527 页，光绪二十二年十月十八日。
②《光绪朝朱批奏折·军务·人事》第 45 辑第 460 页，光绪二十二年十月十八日。

104. 拣员升补游击折光绪二十二年十月十八日

太子少保、头品顶戴两广总督臣谭钟麟跪奏，为拣员升补游击，恭折仰祈圣鉴事。

窃准兵部咨，广东清远营游击文斌，丁忧退回。永安营都司遗缺，系陆路题调之缺，令拣合例人员升调。等因。兹查现任游击回任候升历俸较深各都司，均于此缺人地不宜，未便请补。查有石城营都司关在田，年三十二岁，直隶通州人。由武进士签掣今职，光绪十九年四月在京接札。该员年富技练，历俸三年以上，以之升补清远营游击，洵堪胜任。合无仰恳天恩，俯准以关在田升补清远营游击。俟部覆到，给咨送部引见，以符定制。

谨会同广东陆路提督臣张春发合词恭折具陈，伏乞皇上圣鉴，敕部核覆施行。谨奏。

朱批："兵部议奏。"①

105. 姜璜补授抚标左营守备片光绪二十二年十月十八日

再，准兵部咨，广东抚标左营守备林清丽升补都司，遗缺系陆路部推之缺，应用期满差官人员请补。等因。兹在分发差官陆路尽先守备班内拣选，其到标在前之徐凯，据报病故。徐为标、许桂芳，人地未宜。查有督标中营分发差官尽先守备姜璜，年三十一岁，浙江江山县人。由武举充补差官，三年期满引见，奉朱笔圈出：着以营守备用，留差一年。又办理军报出力，保准俟补守备后以都司本班补用，先换顶戴，呈请分发广东补用。光绪十九年十月初七日到标。该员年壮技娴，合无仰恳天恩，俯准以姜

①《光绪朝朱批奏折·军务·人事》第45辑第461页，光绪二十二年十月十八日。

璜补授抚标左营守备，敕部给札，令其赴任。

谨会同广东巡抚臣许振祎、广东陆路提督臣张春发附片具陈，伏乞圣鉴，敕部核覆施行。谨奏。

朱批："兵部议奏。"①

106. 梁振光照例议恤片 光绪二十二年十月十八日

再，管驾南图轮船广东大鹏协右营五品蓝翎尽先千总梁振光，出洋巡缉。于光绪二十二年六月十九夜，在赤溪黄茅岭洋面陡遇飓风，将船击沉，该千总梁振光与舵工胡苏、水手梁晚、伙勇卢胜同时漂没身故。据署大鹏协副将王世明报由善后局司道造册，详请奏恤前来。查千总梁振光与舵工胡苏等，因公殒命，殊堪悯恻。合无仰恳天恩，俯准敕部照例议恤，以昭激励。

除册送部外，谨附片具陈，伏乞圣鉴训示。谨奏。

朱批："着照所请，该部知道。"②

107. 都司暂免查缺对调片 光绪二十二年十月十八日

再，准补赤溪协中军都司李西扬、掣补赤溪协右营都司潘斯洛，均系广州府人，两缺均驻扎广州府，例应回避，准部咨行，拣员对调。等因。当经转行遵照。查广东外海水师都司十员，除赤溪协中军都司右营都司系李西扬、潘斯洛本缺外。其香山协中军都司、香山协右营都司、大鹏协中军都司，均驻扎广州府属，应毋庸议。吴川营都司陈元杰、硇洲营都司陈海平、龙门协中军都司梁鼎勋、龙门协右营都司黄伦苏、碣石镇右营都司黄炳麟，

---

①《光绪朝朱批奏折·军务·人事》第45辑第462页，光绪二十二年十月十八日。

②《光绪朝朱批奏折·军务·人事》第45辑第463页，光绪二十二年十月十八日。

又均系广州府人，不合对调。此外，并无可调之员。合无仰恳天恩，俯准将赤溪协中军都司李西扬、赤溪协右营都司潘斯洛，暂免查缺对调，敕部先行给札赴任。俟有隔府合例人员，再行拣调，以符定制。

谨会同署广东水师提督臣潘瀛附片具陈，伏乞圣鉴训示。谨奏。

朱批："着照所请，兵部知道。"①

108. 奏报征收光绪二十一年下忙钱粮银两数目折光绪二十二年十月二十九日

太子少保、头品顶戴两广总督臣谭钟麟，头品顶戴广东巡抚臣许振祎跪奏，为奏报征收光绪二十一年下忙钱粮银两数目，恭折仰祈圣鉴事。

案准部咨，州县每年应征钱粮银两，除例准留支及实欠在民外，尽数提解司库，下忙限十二月底截清解司。银数造册，详报督抚，于二十日内专折具奏，将原册送部。又准部咨，上、下忙钱粮，以额征数目，按八分计算，上忙匀为三分、下忙匀为五分征收，其余二分，归奏销前征完，分别藩司功过，责令督催。又各省上、下两忙钱粮，于截止后，上忙限十一月底，下忙限次年五月底，分晰成数报部。等因。均经转行遵办在案。兹据广东布政使张人骏详称，广东省光绪二十一年分应征地丁杂税、屯丁等项，共银一百一十一万八千九百三十两一钱七分六厘，除上忙期内已征完银三十六万七千五百三十二两二钱三分八厘，自光绪二十一年十二月初一日起至光绪二十二年五月底下忙期满止，续完银五十万二千一十三两一钱八厘六毫六丝二忽一微九佥。又额征耗羡银一十八万一千八百八十两五钱四分五厘，除上忙期内已征

①《光绪朝朱批奏折·军务·人事》第45辑第463页，光绪二十二年十月十八日。

完银四万八千七百九两二钱七分七厘。今下忙期满，续完银六万一千三百九十五两三钱六厘二毫八丝。正耗二项统计分数，下忙匀为五分计算，已完四分三厘三毫一丝二忽，未完六厘六毫八丝八忽。所有已完银两，除各厅州县应行留支外，均据批解司道各库检查各属实征底簿，核算相符未完之数，委系实欠在民，并无捏饰。等情前来。

臣等覆查无异，除行司严催各属，迅将未完银两上紧催征，务于奏销前扫数完解，毋许稍有延欠。并将已未完数目各册，咨送吏、户二部查核外。所有广东省征收光绪二十一年分下忙钱粮数目，谨循例合词恭折具陈，伏乞皇上圣鉴。谨奏。

朱批："户部知道。"①

109. 清丈沙田厘正经界以定赋则而除积弊折光绪二十二年十月二十九日

太子少保、头品顶戴两广总督臣谭钟麟，头品顶戴广东巡抚臣许振祎跪奏，为清丈沙田，厘正经界，以定赋则而除积弊，免苛派而厚民生，恭折会陈，仰祈圣鉴事。

窃惟粤东濒海各县，地密人稠，生事日艰，以至盗贼充斥。其外尚沿地大物博之名，其内已处民穷财尽之势。为疆吏者，不得不从而矜念也。幸而历年沿海多出沙田，稍资民食。此自皇仁远被，可以度地供赋。向年或派沙捐，或请部照，或称清查，或定变价，委员相望于道，豪富坐视不理，反造加取之谣，而忘应征之赋。近年则控告隐瞒，溢出及妒利争夺之案，层见叠出。若不破除积弊，重整经界，则是朝廷本有恤民之心，而臣等竟不能推行恤民之政，朦混苟简，正赋将亏。夫治丝理棼，必得其绪，明知事烦而不敢惮烦也。治民保富，必得其平，明知有争而自可

①《光绪朝朱批奏折·财政·田赋地丁》第67辑第683—684页，光绪二十二年十月二十九日。

息争也。凡沙田之弊，厥有四端：一由沙棍把持，恃有绅衿气势，地方官不敢认真，得以诬排庸懦，自占便宜。一由地方官不耐烦劳，委权胥吏，因而朦蔽影射，弊窦难查。一由委员不谙算法，临丈茫然，但办沙捐可以塞责。一由劣绅广为隐占，勒索乡愚，串同贪员，分润中饱，小民既饮恨难言，上司亦畏难莫问，土豪则坐拥膏腴，漏税更无从查验，此皆不行清丈之弊也。夫以二三田亩混称一亩，即领有部照，愈为护短之资，以海潮涸出谓是相生，则新出膏腴，永无完粮之日。私佃则积亩收租，国课则万顷隐匿。揆之情理，自问亦难逃罪矣。今臣等蒿目时艰，日处困迫。既不敢以有事加派不筹款而违部章，亦何敢设法横征，竭脂膏而朘民力？惟有本自然之地亩，责本分之正供，不办沙捐，但清沙地。于富民则无损秋毫，于贫民则永杜侵占。于一时则似无大利，于他日则常保输。将会商于抚署，设一清佃总局，札委廉勤自矢，通知算法之守倅、牧令等十数人，亲驰各县，会同地方印官，计亩丈量。有一亩则定一亩之赋，坍一亩则免一亩之征。宽其既往，不为罚责，保其将来不加诛求，此亦仰体国家宽大之恩，第行田赋核实之政，当亦民间乐从称便之事。惟清丈必趁冬令水涸之时，为期太迫，趋事必急。若待春水发生，则无从下手。该委员及印官等奔走泥涂，日犯瘴雾，未尝不极任烦苦。若清丈有效，臣等拟请从优奏乞恩奖，其抗违舞弊官绅，亦拟严办一二，以儆其余。一俟逐处号亩查明，即由臣等会印发给亩单，以为执据。其从前所领部照，既多虚冒，应即缴销。应以此次清丈为凭，再由臣等造册报部。沙田向查肥瘠，课分三等。今仍照旧办理，以免敛怨。但求剔尽弊端，则侵冒隐瞒之款，或可悉数清出，于公家似非无补。然此时臣等不敢遽言，惟有殚竭愚诚，举行田赋，当修之政，并非无故改作或类诛求无艺之为。

所有臣等会商清丈沙田、厘正经界、设局委员开办缘由，是否有当，谨合词恭折具陈，伏乞皇上圣鉴训示。钦遵。谨奏。

朱批："该部知道。"①

110. 冯光遹就近兼摄琼州府知府片光绪二十二年十月二十九日

再，琼州府知府鹿学良，据报于光绪二十二年九月二十六日丁母忧，例应回籍守制。查该府孤悬海外，政务繁重，未便悬旷。所遗琼州府知府篆务，即经檄委雷琼道冯光遹就近兼摄。

除将该府鹿学良丁母忧缘由，另行具疏题报外。所有琼州府知府，系请旨缺，相应请旨迅赐简放，以重职守。臣等谨附片具奏，伏祈圣鉴。谨奏。

朱批："另有旨。"②

111. 尹恭保署理韶州府知府片光绪二十二年十月二十九日

再，韶州府知府张赓飏，现据禀报丁父忧开缺。所遗韶州府知府篆务，应行委员接署。查有候补知府尹恭保，才识练达，留心吏治，堪以署理。据藩、臬两司会详前来。

除檄饬遵照，并将该府张赓飏丁忧缘由，另行循例恭疏题报外，所出韶州府知府缺，系选缺。粤省现有应补人员，应请扣留外补。臣等谨附片陈明，伏祈圣鉴。谨奏。

朱批："吏部知道。"③

---

①《光绪朝朱批奏折·财政·田赋地丁》第67辑第684—686页，光绪二十二年十月二十九日。

②《光绪朝朱批奏折·内政·职官》第11辑第889页，光绪二十二年十月二十九日。

③《光绪朝朱批奏折·内政·职官》第11辑第890页，光绪二十二年十月二十九日。

112. 李之藩调署从化县知县片光绪二十二年十月二十九日

再，署从化县知县刘本镜，调省差委。所遗从化县知县篆务，应行委员接署。查有卸吴川县知县李之藩，心地朴诚，讲求抚字，堪以调署。该员吴川县任内，并无盗劫已起四参之案，据藩、臬两司会详前来。

除檄饬遵照外，臣等谨合词循例附片具陈，伏祈圣鉴。谨奏。

朱批："吏部知道。"①

113. 大挑知县试用已满例应甄别片光绪二十二年十一月

再，前准部咨，无论何项出身，凡系补缺应行具题者，试用期满，由督抚详加甄别，专折具奏。等因。历经遵办在案。兹查大挑知县张光铣，河南内乡县增生，应光绪元年乙亥恩科本省乡试，中式第九十七名举人。己丑科大挑一等，以知县用，签分广东，回籍候咨。因探亲措资来粤，适已咨取到班。光绪二十一年十一月十八日，就近缴照到省。试用已满一年，例应甄别。据藩、臬两司详加察看，具详请奏前来。臣查该员张光铣，性行朴诚，留心吏事，堪膺民社。

除将该员履历册送部外，臣等谨附片具奏，伏祈圣鉴。谨奏。

朱批："吏部知道。"②

---

①《光绪朝朱批奏折·内政·职官》第11辑第890页，光绪二十二年十月二十九日。
②《光绪朝朱批奏折·内政·职官》第12辑第76页，光绪二十二年十一月。

114. 委署知县员缺片光绪二十二年十一月

再，准部咨，疏通正途案内，嗣后各省州县缺出，令将轮委班次并出缺日期，每届三月奏报。等因。历经遵照办理。兹光绪二十二年夏季分，出有署饶平县知县刘孚京调署揭阳县知县遗缺，系挨委简缺，例应按班轮委。今因该县地方紧要，酌委试用知县林禧征署理。不入班次，积缺计算。又丰顺县知县邓衍意调省差委遗缺，轮用委用试用班，以试用知县俞煐署理。又遂溪县知县严崇德调署顺德县知县遗缺，轮用正途班，以教习分发试用知县葛长春署理。据广东布政使张人骏列册详请具奏前来。

除册送部外，臣等谨合词附片具陈，伏祈圣鉴。谨奏。

朱批："吏部知道。"①

115. 总兵因病出缺请旨简放恭折由驿驰陈折光绪二十二年十一月初四日

太子少保、头品顶戴两广总督臣谭钟麟跪奏，为总兵因病出缺，请旨简放，恭折由驿驰陈，仰祈圣鉴事。

窃据代办广东南韶连镇中军游击署右营都司常林呈报，广东南韶连镇总兵任祖文，由安徽寿春镇总兵调补今职，本年七月间到任。因感冒风寒，转成泄泻，服药罔效。于光绪二十二年十月十九日，在任病故。据家属禀报，转呈前来。臣查任祖文，由行伍从军有年，战功卓著，历保总兵。曾任湖南永州镇、安徽寿春镇。本年赴南韶连镇，调任不数月，遽至不起，殊堪悯惜。所遗南韶连镇总兵员缺紧要。相应请旨，迅赐简放，以重职守。

所有总兵因病出缺缘由，谨循例恭折驰陈，伏乞皇上圣鉴。

---

①《光绪朝朱批奏折·内政·职官》第12辑第76页，光绪二十二年十一月。

谨奏。

朱批："另有旨。"①

116. 曾维成署理南韶连镇篆片 光绪二十二年十一月初四日

再，南韶连镇界连郴州等处，水陆交冲，为盐枭土匪出没之区，防范最关紧要。非干练勤明之员，不足以资镇慑。查有记名提督曾维成，从戎三十余年，阅历较深。本年五月，入都引见。奉旨发往广东差委，人极稳慎，营务熟悉。现委署理南韶连镇篆，必能得力。

除檄委分咨外，谨附片具陈，伏乞圣鉴。谨奏。

朱批："知道了。"②

117. 刘邦盛暂缓陛见片 光绪二十二年十一月初四日

再，广东北海地方，时有大伙洋盗登岸行劫，此拿彼窜，贻害无穷。现值冬防，更关紧要。非责成专阃大员，不足以资整顿。查新授北海镇总兵刘邦盛，在惠州协任内，带勇剿匪，素称得力。应饬交卸惠州协副将，先赴北海镇总兵新任，督率弁兵，严加捕治，务期匪戢良安。一俟办有就绪，即行遵旨入都陛见。所遗惠州协篆务，应饬补授是缺副将朱荣春即赴新任。

除分檄饬遵外，谨附片具陈，伏乞圣鉴。谨奏。

朱批："知道了。"③

①《光绪朝朱批奏折·军务·人事》第45辑第503页，光绪二十二年十一月初四日。
②《光绪朝朱批奏折·军务·人事》第45辑第504页，光绪二十二年十一月初四日。
③《光绪朝朱批奏折·军务·人事》第45辑第504页，光绪二十二年十一月初四日。

118. 查明广东广州等府厅属被风均经分别抚恤折光绪二十二年十一月初九日

太子少保、头品顶戴两广总督臣谭钟麟，头品顶戴广东巡抚臣许振祎跪奏，为查明广东广州等府厅属被风，均经分别抚恤，来春无须接济，恭折由驿覆陈，仰祈圣鉴事。

窃承准军机大臣字寄光绪二十二年十月初三日奉上谕："广东高州、广州、肇庆各府属被风，经该督抚查勘，抚恤小民，谅不致失所。惟念来春青黄不接之时，民力未免拮据。着体察情形，如有应行接济之处。即查明据实覆奏，候旨施恩。将此谕令知之。等因。钦此！"仰见圣主轸念民依、有加无已至意，钦感莫名。即经恭录行司，确查详办去后。伏查广东省本年六月十九、六月二十五、七月初一等日，广州、肇庆、高州、阳江等府厅属，先后三次被风，以高州府受害最烈。当经饬司派员分往查勘，并饬高州府就近于厘局拨银九千两，先办急赈。臣等已于本年七月二十八日，会同附片奏报在案。嗣据各委员会同地方官，查明被风贫民，酌量轻重，分别妥为抚恤，俾免流离失所。坍塌民房，先经酌给津贴，修葺完固。惟摧折之炮台、望楼、药库、兵房以及倾圮之城垣、坛庙、仓廨、监狱等项工程，需款颇巨，亦经权衡缓急，或就地筹款，或设法借给，陆续兴修举办。现在晚禾登场，尚称中稔。民情静谧，察看情形，小民均已照常安业，不致拮据。来春青黄不接之时，尚可无须接济。据藩、臬两司会详请奏前来。

臣等覆查无异，所有遵旨查明广东广州等府厅属被风，均经分别抚恤，来春无须接济缘由，谨合词恭折覆陈，伏祈皇上圣鉴。谨奏。

朱批："知道了。"①

---

①《光绪朝朱批奏折·内政·赈济》第31辑第646—647页，光绪二十二年十一月初九日。

119. 汇案请袭世职折光绪二十二年十一月十四日

太子少保、头品顶戴两广总督臣谭钟麟跪奏，为汇案请袭世职，仰祈圣鉴事。

案准兵部咨，袭职发标人员，三月汇奏一次，遵办在案。兹光绪二十二年秋季分，据连州、高要、平远各州县，详送承袭云骑尉张凤仪、黄庆徽、冯廷勋请袭职发标前来。查定例：承袭世职，令嫡长子孙承袭。如无嫡长子孙，许令弟侄应承继者承袭。又承袭云骑尉年已及岁，免其送部。令该督抚验看具题，俟题准后，就近发标学习，支食全俸。各等语。今请袭云骑尉张凤仪、黄庆徽、冯廷勋，年均及岁，请袭职发标，核与定例相符。经臣逐一验明，发标学习，相应汇缮清单，恭呈御览。

除将各该员亲供宗图、履历册结，咨送部科外，谨缮折具陈，伏乞皇上圣鉴。敕部核覆施行。谨奏。

朱批："兵部议奏，单并发。"①

120. 都司文上贵开除广西抚标右营守备底缺片光绪二十二年十一月十四日

再，广西抚标右营守备员缺，系部推之缺，经前督臣李瀚章奏准，以尽先都司文上贵借补，尚未赴部引见。兹准广西提督臣苏元春咨称，该员文上贵，历奉管带毅新各营勇，在镇南关一带防守，距缺较远，碍难兼顾。禀请开除守备底缺，专力防务。等情前来。

臣覆核无异，合无仰恳天恩，俯准尽先都司文上贵，开除广西抚标右营守备底缺，俾免悬旷。所遗之缺，广西现有尽先应补

①《光绪朝朱批奏折·军务·人事》第45辑第509页，光绪二十二年十一月十四日。

人员，请扣留外补。谨会同广西提督臣苏元春合词附片具陈，伏乞圣鉴，敕部核覆施行。谨奏。

朱批：“兵部知道。”①

121. 广东省光绪二十二年上半年收解厘金数目折光绪二十二年十一月十四日

太子少保、头品顶戴两广总督臣谭钟麟，头品顶戴广东巡抚臣许振祎跪奏，为广东省光绪二十二年上半年收解厘金数目，开单具陈，仰祈圣鉴事。

窃照广东省厘金收解各数目，向系半年奏报一次。兹查光绪二十二年正月初一日起至六月底止，各厂关共收货厘洋银八十一万三千九百一十二两四钱九分二厘三毫，又收盐厘洋银三万二千二百七十五两五钱三分二厘。据广东藩司张人骏会同厘务局司道造册，详请奏咨前来。

臣等覆查无异，除册送部外，谨缮清单，恭折具陈。其盐厘一项，因改归运司按引抽收，是以清单内不列各厂名目，伏乞皇上圣鉴，敕部查照施行。谨奏。

朱批：“户部知道，单并发。”②

122. 马进祥署理镇篆片光绪二十二年十一月二十四日

再，准广西抚臣史念祖电称，署柳庆镇总兵巴彦布，于十一月初一日病故。其本任总兵马盛治现管提督臣苏元春营务，未能到任，亟应委员署理。臣查柳庆为边隅重地，非干练之员，不足

---

①《光绪朝朱批奏折·军务·人事》第45辑第510页，光绪二十二年十一月十四日。

②《光绪朝朱批奏折·财政·杂税》第77辑第879—880页，光绪二十二年十一月十四日。

以资镇慑。查现署平乐协副将马进祥，稳练精细，办事认真，堪以署理镇篆。所遗平乐协副将缺，查有留粤总兵唐有贵，老练勤明，营务熟悉，堪以署理。

除分檄遵照外，谨附片陈明，伏乞圣鉴。谨奏。

朱批："兵部知道。"①

123. 光绪二十二年夏季分广东省委署知县各缺遵照章程折光绪二十二年十一月二十九日

太子少保、头品顶戴两广总督臣谭钟麟，头品顶戴广东巡抚臣许振祎跪奏，为光绪二十二年夏季分广东省委署知县各缺，遵照章程，恭折具奏，仰祈圣鉴事。

窃照各省州县，无论奏调、委署、代理，钦奉上谕："着每届三个月汇奏一次。等因。钦此!"由部转行，钦遵在案。兹据广东布政使张人骏详称，光绪二十二年夏季分，出有昌化县知县李瑞杰，烟瘴俸满遗缺，以试用知县赵承炳署理。又丰顺县知县邓衍熹调省差委遗缺，以试用知县俞煐署理。又顺德县知县胡鑑撤任遗缺，以遂溪县知县严崇德调署。严崇德所遗遂溪县知县缺，以教习试用知县葛长春署理。又揭阳县知县张问崇，禀请开缺回籍修墓。遗缺以署饶平县事河源县知县刘孚京调署。刘孚京所遗署饶平县知县缺，以试用知县林禧征署理。又琼山县知县邓炳春据报丁忧，遗缺以候补知县邱宝森署理。又增城县知县杜森宝病故，遗缺以候补知县王崧署理。详请具奏前来。

臣等覆查无异，理合会同恭折具陈，伏祈皇上圣鉴。谨奏。

朱批："吏部知道。"②

---

①《光绪朝朱批奏折·军务·人事》第45辑第525页，光绪二十二年十一月二十四日。
②《光绪朝朱批奏折·内政·职官》第12辑第67页，光绪二十二年十一月二十九日。

124. 蔡珠补授永安营都司片 光绪二十二年十二月

再，准兵部咨，广东永安营都司文斌，开缺回旗。遗缺系陆路部推之缺，应用尽先人员请补。等因。兹于尽先都司班内拣选，除陈健顺据报病故，游连、梁鼎才籍隶本府，周廷彪告假离营不计外。其名次在前之王有福、谭济泰、古腾芳、邓定槐、钟福田、蔡兴隆、吴瑞祥、莫宴祊、黄友元、胡有才、林逢熙、朱梅、宋展玲、康达琛、吴恩，或人地未宜，或营伍尚欠历练，均未便请补。查有罗定协左营守备尽先都司蔡珠，年五十九岁，广西怀集县人。由勇目递保尽先守备，嗣于剿办儋临客匪出力案内，奏准免补守备，以都司留于广东尽先补用，借补今职。光绪十六年四月二十六日接札，又随同清乡缉匪出力，保准俟补都司后，以游击补用。该员长于缉捕，办事精详，前在外省军营，并无参革、朦保情弊。合无仰恳天恩，俯准以蔡珠补授永安营都司。俟部覆到日，给咨送部引见，以符定制。

谨会同广东陆路提督臣张春发附片具陈，伏乞圣鉴，敕部议覆施行。谨奏。

朱批："兵部议奏。"①

125. 万国本给假回籍修墓片 光绪二十二年十二月

再，据新授广东南澳镇总兵万国本呈称，光绪二十一年十一月，蒙恩补授广东南澳镇总兵员缺。旋即禀请直隶督臣王文韶代奏，叩谢天恩，恭请入都陛见。钦奉朱批："毋庸来见。钦此！"

---

①《光绪朝朱批奏折·军务·人事》第45辑第601页，光绪二十二年十二月。

钦遵在案。现在行抵江宁，接得家信。知祖茔年久失修，伏念国本自从军、服官以来，迄今三十余年，未能回籍料理，瞻望松楸，难安寝馈。恳请给假三个月，俾得回籍修墓等情，呈请具奏前来。

谨附片陈请，伏乞圣鉴训示。谨奏。

朱批："着照所请。"①

126. 拣员请补副将折 光绪二十二年十二月二十日

太子少保、头品顶戴两广总督臣谭钟麟跪奏，为拣员请补副将，恭折仰祈圣鉴事。

窃准兵部咨，广东黄冈协副将黄才广遗缺，系陆路题补第二轮第一缺，应用尽先人员，令拣员请补。等因。兹在陆路尽先副将班内拣选，除黄云高籍隶本省不计外，其名次在前之毛名德、国樑、陈桂林、刘先科、罗三元、朱心源，均于此缺人地不宜，未便请补。查有奏留广东尽先副将梁鸿盛，年五十六岁，湖南保靖县人。由武童从军，历保总兵衔尽先副将。借补陕西延绥镇中营游击。开缺回籍修墓，事竣投效。光绪二十一年奏准，留于广东差委补用。准部咨覆，注册序补。该员资深才卓，明干有为。前在外省军营，并无参革、朦保情弊。合无仰恳天恩，俯准以梁鸿盛补授黄冈协副将。俟部覆到日，给咨送部引见。以符定制。

谨会同广东陆路提督臣张春发合词缮折具陈，伏乞皇上圣鉴，敕部核覆施行。谨奏。

朱批："兵部议奏。"②

---

①《光绪朝朱批奏折·军务·人事》第45辑第602页，光绪二十二年十二月。

②《光绪朝朱批奏折·军务·人事》第45辑第581—582页，光绪二十二年十二月二十日。

127. 拣员请补副将折光绪二十二年十二月二十日

太子少保、头品顶戴两广总督臣谭钟麟跪奏，为拣员请补副将，恭折仰祈圣鉴事。

窃广东赤溪协副将缺，应用尽先人员，前以冯英华、刘盛濯先后奏补，经部议驳，行令另拣请补。等因。兹查有水师提标中营尽先副将张邦福，年五十七岁，安徽合肥县人。由勇目递保尽先参将，于陕省防剿出力案内，奏保免补本班，以副将尽先补用，并加总兵衔。部议改为俟补本班后，再按原保官阶尽先补用，奏留两广差委。旋补广西全州营参将，调补广西抚标中军参将。开缺以尽先副将，改发广东水师提标中营效力。试验期满，例应保题。因署北海镇总兵兼带福字营勇，经臣奏请暂缓送部。俟补缺时，并案给咨，赴部引见。光绪二十一年十月二十一日奉朱批："着照所请，兵部知道。钦此！"准部咨覆注册。该员熟谙水务，任事勤能。前在外省军营，并无参革、朦保情弊，合无仰恳天恩，俯准以张邦福补授赤溪协副将。俟接准部覆，并案给咨，送部引见，以符定制。

谨会同广东水师提督臣何长清缮折具陈，伏乞皇上圣鉴，敕部核覆施行。谨奏。

朱批："兵部议奏。"①

128. 拣员请补游击折光绪二十二年十二月二十日

太子少保、头品顶戴两广总督臣谭钟麟跪奏，为拣员请补游击，恭折仰祈圣鉴事。

窃准兵部咨，广东儋州营游击卢满江遗缺，系陆路题补第二

①《光绪朝朱批奏折·军务·人事》第45辑第582—583页，光绪二十二年十二月二十日。

轮第五缺，应用尽先人员，令拣员请补。等因。兹在陆路尽先游击班内拣选，其名次在前之曾德铭、黄玉祥、吴佳春、冯殿旺、方杜、郑继忠、龙胜、张国荣、陈之瑞、李应时、郭继禄，均于此缺人地不宜，未便请补。查有督标中营尽先游击孟祥麟，年四十七岁，江苏无锡县人。由勇目递保尽先守备，于克复越南文渊谅山出力保奏。光绪十一年八月二十一日奉上谕："着免补都司，以游击留粤尽先补用，钦此！"咨送履历，准部注册序补。该员年力正强，营务历练。前在外省军营，并无参革、朦保情弊。合无仰恳天恩，俯准以孟祥麟补授儋州营游击。俟部覆到日，给咨送部引见，以符定制。

谨会同广东陆路提督臣张春发合词恭折具陈，伏乞皇上圣鉴，敕部核覆施行。谨奏。

朱批："兵部议奏。"①

129. 凌兴笔何炳山因公殒命照例议恤片

光绪二十二年十二月二十日

再，广安水军左营左哨首领花翎游击衔尽先都司凌兴笔，管带炮船，驻防高要县属金利墟。光绪二十二年四月二十日，回营领饷。驶至该县羚羊峡河面，遇风翻覆。该都司凌兴笔及头勇何炳山，同时溺毙，余勇遇救得生。据统领广安水军记名提督张拔萃，禀由善后局司道核议，详请奏恤前来。查都司凌兴笔、头勇何炳山，因公殒命，殊堪悯恻。合无仰恳天恩，俯准敕部照例议恤，以昭激励。

除册送部外，谨附片具陈，伏乞圣鉴训示。谨奏。

朱批："该部议奏。"②

①《光绪朝朱批奏折·军务·人事》第45辑第583—584页，光绪二十二年十二月二十日。

②《光绪朝朱批奏折·军务·人事》第45辑第584页，光绪二十二年十二月二十日。

130. 郑廷宗补授香山协右营都司片光绪二十二年十二月二十日

再，广东香山协右营都司缺，应用尽先人员，前以刘纪贤奏补，随准驳回，复以区锡镛请补。兹准议覆，区锡镛改用外海水师，尚未保题，所请应毋庸议。广东水师尽先都司班内，只有郑廷宗一员，籍隶本府，自应先行请补，拣员对调。等因。查水师提标中营尽先都司郑廷宗，年五十三岁，广东番禺县人。由捐纳营千总递保补守备后，以都司留粤尽先补用。又于剿办儋临客匪出力，保准补都司后，以游击改拨水师尽先补用。光绪七年，准补督标右营守备，部咨归入尽先都司班内序补。丁忧退回，改用外海水师，试验期满保题，给咨送部引见，发回本省照例用。该员营务留心，并无在外省军营参革、朦保情弊。合无仰恳天恩，俯准以郑廷宗补授香山协右营都司，敕部发给札付。并由臣随时察看，拣员对调。

谨会同广东水师提督臣何长清附片具奏，伏乞圣鉴，敕部核覆施行。谨奏。

朱批："兵部议奏。"①

131. 林堂补授督标后营守备片光绪二十二年十二月二十日

再，准兵部咨，两广督标后营守备方光仪，准调广州协右营守备，遗缺系陆路部推之缺，应用尽先人员请补。等因。兹于尽先守备班内拣选，除叶贵据报病故，陈焕熹籍隶本府，周有余、陈雄、苏刚标、李癸贤、吴得望告假离营不计外。其名次在前之

---

①《光绪朝朱批奏折·军务·人事》第45辑第585页，光绪二十二年十二月二十日。

范兰芳、李树勋、赵兴发、刘登瀛、梁承诰、卢策勋、陈国刚、陈占魁、康应龙、何国祥、周胜龙、刘礼庄、方成、胡廷煇、王凤鸣、钟金铨、方华，或人地未宜，或营伍尚欠历练，均未便请补。查有饶平营左哨千总尽先守备林堂，年五十二岁，广东揭阳县人。由勇目递保尽先千总，于查办潮州府属积案出力保奏，请以守备尽先补用。部驳改为俟补千总后，以守备尽先补用。拔补今职，光绪五年四月初一接札。又于粤防出力案内保准，俟补守备后，以都司补用。该员营务熟谙，前在外省军营，并无参革、朦保情弊。合无仰恳天恩，俯准以林堂补授督标后营守备。俟部覆到日，给咨送部引见，以符定制。

谨会同广东陆路提督臣张春发附片具陈，伏乞圣鉴，敕部议覆施行。谨奏。

朱批："兵部议奏。"①

132. 联益以本班留省补用片 光绪二十二年十二月二十日

再，广东试用盐大使联益，于光绪二十一年五月十五日到省，试用已满一年，例应甄别。据两广盐运使英启会同广东布政使张人骏，具详前来。臣查该员联益，年壮才明，堪以本班留省，照章补用。

除咨部外，谨附片具奏，伏乞圣鉴。谨奏。

朱批："吏部知道。"②

133. 调署知县员缺片 光绪二十三年

再，署河源县知县董元度，调省差委。所遗河源县知县篆务，

①《光绪朝朱批奏折·军务·人事》第45辑第586页，光绪二十二年十二月二十日。
②《光绪朝朱批奏折·内政·职官》第12辑第129页，光绪二十二年十二月二十日。

应行委员接署。查有前卸丰顺县知县邓衍憙，朴实不浮，勤于吏事，堪以调署。又灵山县知县阮萃恩调省，所遗灵山县知县篆务，查有部选琼山县知县叶士模，廉静自矢，讲求吏治，堪以署理。该员邓衍憙丰顺县任内，并无盗劫已起四参之案，据藩、臬两司会详前来。

除檄饬遵照外，臣等谨循例附片具陈，伏祈圣鉴。谨奏。

朱批："吏部知道。"①

134. 捐纳保举候补试用知县期满甄别片

光绪二十三年

再，捐纳保举候补试用知县到省一年期满，例应分别考察，面试甄别具奏，历经遵办在案。兹查有候补知县夏锡爵，守洁行端，谙练公事。候补知县宋均平，才具宏裕，练习吏能。候补知县王之翰，自守谨慎，勤于趋公。候补知县吴懋勋，行止安详，奉公不苟。试用知县彭家禄，年力强富，稳练有为。均经详加考察，分别照章考试，堪以各按本班序补。据藩、臬两司会详前来。

除将各该员详细履历，开单咨明吏部外，臣等谨附片具陈，伏祈圣鉴。谨奏。

朱批："吏部知道。"②

135. 已故知县邱宝森革职片 光绪二十三年

再，据广东布政使张人骏、督粮道延祉，会同交代总局司道详称，查有已故前署琼山县知县邱宝森，征存正、杂款谷价银一千一百余两，米四百余石，叠催未解，详请参追前来。相应请旨，将已故前署琼山县知县邱宝森革职，勒限该家属，于四个月内，

---

①《光绪朝朱批奏折 · 内政 · 职官》第12辑第863页，光绪二十三年。

②《光绪朝朱批奏折 · 内政 · 职官》第12辑第864页，光绪二十三年。

将欠解银米，扫数完解。倘逾限不完，或解不足数，再行从严参办。

所有参追已故知县欠解银米缘由，谨合词附片具陈，伏乞圣鉴。谨奏。

朱批："着照所请，该部知道。"①

136. 光绪二十二年秋季分广东省委署州县各缺折 光绪二十三年正月二十八日

太子少保、头品顶戴两广总督臣谭钟麟，头品顶戴广东巡抚臣许振祎跪奏，为光绪二十二年秋季分广东省委署州县各缺，遵照章程，恭折具奏，仰祈圣鉴事。

窃照各省州县，无论奏调、委署、代理，钦奉上谕："着每届三个月汇奏一次。等因。钦此！"由部转行，钦遵在案。兹据广东布政使张人骏详称，光绪二十二年秋季分，出有署南雄直隶州知州富纯期满，遗缺以试用知府颜守基署理。又调署揭阳县知县刘孚京病故，遗缺以高明县知县蔡逢恩调署。蔡逢恩所遗高明县知县缺，以候补知县何斌署理。又署潮阳县知县邓景临期满，遗缺以候补同知庄允懿署理。又署澄海县知县陈廷蔚期满，遗缺以候补知县左新前署理。又署陵水县知县杨自明期满，遗缺以即用知县阳颛署理。又澄迈县知县薛贺图病故，遗缺以现代斯缺之试用知县李之鼎署理。又海丰县知县王全纲调省差委，遗缺以试用知县左学易署理。又署吴川县知县敖式槱饬回信宜县知县本任，所遗吴川县知县缺，以候补知县贾培业署理。又海康县知县吴朝昌丁忧，遗缺以孝廉方正知县张励行署理。又署镇平县知县茹庆铨禀求交卸，遗缺以试用知县祥林署理。详请具奏前来。

臣等覆查无异，理合会同恭折具陈，伏祈皇上圣鉴。谨奏。

---

①《光绪朝朱批奏折·内政·职官》第12辑第864页，光绪二十三年。

朱批："吏部知道。"①

137. 黄江税厂第十次征收加倍照案请奖折光绪二十三年二月初八日

太子少保、头品顶戴两广总督臣谭钟麟，头品顶戴广东巡抚臣许振祎跪奏，为黄江税厂第十次征收加倍，照案请奖，恭折仰祈圣鉴事。

窃照肇庆府黄江税厂有闰之年，应征正税银一万二千八百八十六两六钱九分五厘，院司养廉银三百八十六两六钱一厘，羡余银一万七千六百六十六两三钱一分一厘，加征盈余银二万两，桥羡银一万两，共额解银六万九百三十九两六钱七厘。兹据广东藩司张人骏会同善后局司道详称，光绪二十一年五月二十二日起至二十二年五月二十一日止，第十次有闰一年期满，征收税银十一万五千三百一十两二钱一厘。又由罗定桂皮地税项下，划还该厂税银八千一百三十六两七钱五分，共征银十二万三千四百四十六两九钱五分一厘。除支销厂用，不及一成银一万二百三十九两七分外，实解司库银六万九百三十九两六钱七厘，系归额征之数。又解善后局银五万二千二百六十八两二钱七分四厘，即属长征之数。又桥羡及加征盈余项下，解足一万二千两，照案归入。并计共溢解银六万四千二百六十八两二钱七分四厘，已多于新增六万二千两之数，造具收支清册，详请咨部。并请将该厂委员候补知府沈秉模，照章奏奖前来。臣等伏查该厂第十次征收税银加倍，核与历次奏销请奖之案相符，合无仰恳天恩，俯准将广东候补知府沈秉模俟补缺后以道员用，以示鼓励。

除将清册履历咨部外，谨合词恭折具陈，伏乞皇上圣鉴训示。谨奏。

---

①《光绪朝朱批奏折·内政·职官》第12辑第232页，光绪二十三年正月二十八日。

朱批："该部议奏。"①

138. 已故知县刘孚京革职片 光绪二十三年二月二十九日

再，据布政使张人骏、督粮道延祉会详称，已故前署饶平县知县刘孚京，征存正、杂款谷价银一万二千余两，米一千五百余石，叠催未据完解，详请参追前来。相应请旨，将已故前署饶平县事本任河源县知县刘孚京革职，勒限该家属，于四个月内，将欠解银米扫数完解。傥逾限不完，或完不足数，再行从严参办。

所有参追已故知县欠解银米缘由，谨合词附片具陈，伏乞圣鉴。谨奏。

朱批："着照所请，该部知道。"②

139. 汇案请袭世职折 光绪二十三年三月十二日

太子少保、头品顶戴两广总督臣谭钟麟跪奏，为汇案请袭世职，仰祈圣鉴事。

案准兵部咨，袭职发标人员三月汇奏一次，遵办在案。兹光绪二十二年冬季分，据香山、合浦、从化各县详送承袭云骑尉何若富、蒋桂芳、高凤绍、江承恩请袭职发标前来。查定例：承袭世职，令嫡长子孙承袭，如无嫡长子孙，许令弟侄应承继者承袭。又承袭云骑尉年已及岁，免其送部，令该督抚验看具题。俟题准后，就近发标学习，支食全俸。各等语。今请袭云骑尉何若富、蒋桂芳、高凤绍、江承恩年均及岁，请袭职发标，核与定例相符。经臣逐一验明，发标学习，相应汇缮清单，恭呈御览。

除将各该员亲供宗图、履历册结咨送部科外，谨缮折具陈，

①《光绪朝朱批奏折·财政·关税》第73辑第520—521页，光绪二十三年二月初八日。
②《光绪朝朱批奏折·财政·库储》第82辑第588页，光绪二十三年二月二十九日。

伏祈皇上圣鉴，敕部核覆施行。谨奏。

朱批："兵部议奏。单并发。"①

140. 广东龙门协副将李庆云暂免查缺对调片 光绪二十三年三月十二日

再，准兵部咨，广东龙门协副将李庆云，籍隶本省，应会商闽浙总督，拣选福建实任人员对调。俟调准后，再行送部引见给札。等因。当经转行遵照，并迭次咨商闽浙督臣查调去后。兹准覆称，闽省额设水师副将三员内，闽安协副将钟紫云升补建宁镇总兵，遗缺尚未补人。金门协副将谢遇奇籍隶广东，海坛协副将余致廷，已请调补广东大鹏协副将。现无合例堪调之员。等因前来。合无仰恳天恩，俯准将广东龙门协副将李庆云，暂免查缺对调，仍咨明闽省，俟有合例对调人员，再行拣调，以符定制。

谨会同广东水师提督臣何长清附片具陈，伏乞圣鉴训示。谨奏。

朱批："兵部知道。"②

141. 都司各员留于广东补用片 光绪二十三年三月十二日

再，副将衔广西游击用尽先都司吴祥达，前经广东陆路提督臣张春发札调来东，委带哲字营勇，历办惠州各属土匪。上年，该都司侦悉连平州著匪吴南斗在江西信丰县地方潜匿，当派弁勇跟踪会拿，将吴南斗擒获。因伤毙命，著有微劳。又尽先补用游击刘利安，前随钦差大臣彭玉麟来粤，历带水师轮扒各船十有余年，情形极为熟悉。又尽先补用守备韦宗洪，前随总兵王孝祺在

①《光绪朝朱批奏折·军务·人事》第45辑第703页，光绪二十三年三月十二日。
②《光绪朝朱批奏折·军务·人事》第45辑第704页，光绪二十三年三月十二日。

越南立功，得保今职，来粤投效，办匪亦称得力。合无仰恳天恩，俯准将广西游击用尽先都司吴祥达、尽先补用游击刘利安、尽先补用守备韦宗洪三员，留于广东，各按原保官阶补用，刘利安并请改发水师标营效力，出自鸿慈。

除饬取履历咨部外，谨附片陈请，伏乞圣鉴训示。谨奏。

朱批："着照所请，兵部知道。"①

142. 审明放枪误伤亲母身死并另枪伤邻妇越日毙命重犯按律定拟折光绪二十三年三月十六日

太子少保、头品顶戴两广总督臣谭钟麟，头品顶戴广东巡抚臣许振祎跪奏，为审明放枪误伤亲母身死，并另枪伤邻妇，越日毙命重犯，按律定拟。恭折仰祈圣鉴事。

窃据连平州知州王屋详报，州民邹亚六，放枪误伤亲母邹张氏身死，并另枪伤邻人之妻刘黄氏，越二日毙命一案。当以案情重大，批饬解省审办。兹据广州府知府周开铭提集审明拟议，详由臬司覆审，解勘前来。臣等亲提研鞫，缘邹亚六籍隶连平州，向在乡间充当更练，已死邹张氏系邹亚六亲母。刘黄氏系刘亚喜之妻。邹亚六平日事母孝顺，并无违犯。与刘亚喜对门居住，素识无嫌。邹亚六有黎屋角岭地，与刘亚喜山场毗连。光绪二十二年五月二十八日午候，刘亚喜赴山割草，走近邹亚六岭地。适邹张氏路过看见，心疑刘亚喜越界割草，向其村斥。刘亚喜答称，系在自己界内，用言分辩，争论各散。旋值邹亚六由外回家，邹张氏向其告知。邹亚六素性暴躁，即往寻刘亚喜理论，互相争斗。邹亚六举拳向刘亚喜扑殴，刘亚喜闪避，正欲回殴。邹亚六跑回家内，拾取柴棍走出。邹张氏瞥见，因虑酿祸，夺取邹亚六柴棍，

①《光绪朝朱批奏折·军务·人事》第45辑第704页，光绪二十三年三月十二日。

将其推进房内。并将房门关闭，由外锁扣。邹亚六住房临街，由窗内窥见刘亚喜在街嚷骂，气忿莫遏。顺取房内存放巡更洋枪，装就子药，由窗孔向刘亚喜施放。时值刘黄氏走出门前，被枪子中伤左胁倒地。刘亚喜看见伊妻受伤，走入邹亚六屋内，声言定要邀人将其捆缚解究。邹亚六一时情急，再由门缝施放洋枪，向刘亚喜轰击。不期伊母邹张氏趋向刘亚喜拦劝，适被枪子中伤脊背，左穿透右乳旁倒地。维时，邹亚六之妻邹刘氏，由后院闻声出视，救阻不及，邹张氏旋即殒命。邹刘氏当将房门开放，告知前情。邹亚六自知罪重，随即赴案投首。刘亚喜走回，将伊妻刘黄氏扶起，医治不效。越二日，因伤身死。当经该州据报，分别讯验，通详批饬提省审办。行据该州亲身将犯并犯妻卷宗解省。惟刘亚喜于报案后，旋即外出。又经饬传到案，发委广州府讯究明确，由司覆审解勘。据供前情不讳，诘非有心干犯，亦无另有起衅纠殴别故，案无遁饰。查律载，子殴母杀者，凌迟处死。又例载，子误伤母致死，律应凌迟处死者，仍照本律定拟。援引白鹏鹤案内，钦奉谕旨，恭候钦定。各等语。又查嘉庆十八年三月二十一日奉旨："此案白鹏鹤，因向伊嫂白葛氏借取灯油不给，出街嚷骂。白葛氏赶出门首理论，白鹏鹤拾取土块，向白葛氏掷殴，不期伊母白王氏出劝，以致误伤殒命。刑部引子殴父母杀者，凌迟处死律。又因斗殴误杀旁人，以斗杀论律比拟，问以凌迟处死。核其情节，白鹏鹤遥掷土块，误杀其母，非其思虑所及，与斗殴误杀者究属有间，白鹏鹤着改为斩立决。嗣后有案情似此者，即照此问拟。余依议。钦此！"钦遵在案。此案邹亚六与刘亚喜口角争闹，施放洋枪，误伤刘黄氏越二日毙命。复因刘亚喜声言将其解案，再放洋枪轰击。不期伊母邹张氏趋向刘亚喜拦劝，以致误伤伊母身死。虽据自首，惟伦纪攸关，自应按律问拟。邹亚六除放枪误伤刘黄氏毙命，依故杀而误杀其人之妻，照故杀律，罪止斩候，轻罪不议外。合依子殴母杀者，凌迟处死律，拟凌迟处死。照例先行刺字，该犯因放枪向刘亚喜轰击，误伤伊母身死，并非有心干犯，核与白鹏鹤一案，情节相同。遵例援案，恭候钦定。洋枪供弃免起。犯妻邹刘氏救阻不及，应毋庸议。刘亚喜赴山割草，讯系在自己界内，尚无肇衅别情，亦毋庸议。该处岭地，饬州勘明立界，以杜衅端。尸棺分饬领埋，无干省释。

除供招咨部外，所有审明定拟缘由，臣等谨合词恭折具奏，伏乞皇上圣鉴训示。谨奏。

朱批："刑部速议具奏。"①

143. 已故知县邹之麟革职片 光绪二十三年三月十六日

再，据广东布政使张人骏、督粮道延祉，会同交代总局司道详称，查有已故前任归善县知县邹之麟，征存杂款银五千三十余两，米一百九十余石，叠催未据完解，详请参追前来。相应请旨，将已故前任归善县知县邹之麟革职，勒限该家属，于四个月内，将欠解银米扫数完解。傥逾限不完，或完不足数，再行从严参办。

所有参追已故知县欠解交代银米缘由，谨合词附片具陈，伏乞圣鉴。谨奏。

朱批："着照所请，该部知道。"②

144. 汇解备还俄法之款片 光绪二十三年四月二十日

再，案准户部咨，应还俄、法一款，每年指拨广东盐斤加价银五万两，加放俸饷银五万两，闱姓银二十四万两，地丁等项银二十四万两，各按六成之数，于三月内解交。等因。兹据广东布

①《光绪朝朱批奏折·法律·命案》第107辑第175—177页，光绪二十三年三月十六日。

②《光绪朝朱批奏折·财政·库储》第82辑第607页，光绪二十三年三月十六日。

政使张人骏、两广盐运使英启、广东善后局司道先后详称，应解前项银两，现经如数挪凑，作为盐斤加价银三万两，加放俸饷银三万两，地丁等项银一十四万四千两，闱姓银一十四万四千两，共银三十四万八千两。于三月十九、二十三及四月初五等日，由号商百川通、协成乾等，先后汇解江海关兑收，备还俄、法之款，详请奏咨前来。

臣等覆查无异，除咨部查照外，谨合词附片具陈，伏乞圣鉴。谨奏。

朱批：“户部知道。”①

145. 汇案请袭世职折光绪二十三年四月二十日

太子少保、头品顶戴两广总督臣谭钟麟跪奏，为汇案请袭世职，仰祈圣鉴事。

案准兵部咨，袭职发标人员，三月汇奏一次，遵办在案。兹光绪二十三年春季分，据合浦、新兴、归善、嘉应各州县，详送承袭云骑尉李学瀛、甘梦超，恩骑尉黄培勋、黄世荣请袭职发标前来。查定例：承袭世职，令嫡长子孙承袭。如无嫡长子孙，许令弟侄应承继者承袭。又承袭云骑尉、恩骑尉年已及岁，免其送部。令该督抚验看具题，俟题准后，就近发标学习，支食全俸。各等语。今请袭云骑尉李学瀛、甘梦超，恩骑尉黄培勋、黄世荣年均及岁，请袭职发标，核与定例相符。经臣验明发标学习，相应汇缮清单，恭呈御览。

除将各该员亲供宗图、履历册结咨送部科外，谨缮折具陈，伏乞皇上圣鉴，敕部核覆施行。谨奏。

朱批：“兵部议奏，单并发。”②

---

①《光绪朝朱批奏折·财政·库储》第82辑第620页，光绪二十三年四月二十日。

②《光绪朝朱批奏折·军务·人事》第45辑第742页，光绪二十三年四月二十日。

146. 仍以梁鸿盛补授黄冈协副将片光绪二十三年四月二十日

再，广东黄冈协副将缺，应用尽先人员，经臣以奏留广东尽先副将梁鸿盛请补。兹准部覆，梁鸿盛尽先名次在后，尚有潘炳文、朱廷栋、何玉隆、唐有贵、张拔萃五员，漏未声叙，令查明声覆，再行核办。等因。伏查潘炳文、何玉隆二员，曾准部咨，均归广西省补用，先后告假离营，朱廷栋奉差病故。光绪十三年，经前督臣张之洞奏明请恤在案。唐有贵、张拔萃二员，查于此缺均有未宜。尽先补用副将梁鸿盛，才识练达，人地相需。合无仰恳天恩，俯准仍以梁鸿盛补授黄冈协副将。俟部覆到日，并案给咨送部引见，以符定制。

谨会同广东陆路提督臣张春发附片覆陈，伏乞圣鉴，敕部核覆施行。谨奏。

朱批："兵部议奏。"①

147. 谢瑞麟补授东山营守备片光绪二十三年四月二十日

再，准兵部咨，广东东山营守备梁春革职，遗缺系外海水师题补第八轮第六缺，应用拣发人员请补。等因。兹于拣发班内遴选，除李国清丁忧不计外。其名次在前之陈存泽、张翼鹏、谭建勳、何世昌、刘忠、冯宝琚、罗寿崇、林莹、冯荣学，均于此缺人地不宜，未便请补。查有水师提标中营武进士拣发守备谢瑞麟，年三十七岁，肇庆府开平县人。由兵生中式武举，光绪己丑科会试，中式武进士。奉旨以营守备用，改发水师提标中营效力。试

①《光绪朝朱批奏折·军务·人事》第45辑第743页，光绪二十三年四月二十日。

验一年期满保题，送部引见。奉朱批圈出："着发回本省照例用。钦此！"接准部咨，归入广东外海水师拣发守备班补用。该员年壮技娴，合无仰恳天恩，俯准以谢瑞麟补授东山营守备，敕部发给札付，令其赴任。

谨会同广东水师提督臣何长清附片具陈，伏乞圣鉴，敕部核覆施行。谨奏。

朱批："兵部议奏。"①

148. 练兵加饷片 光绪二十三年四月二十日

再，广东旧设轮扒各船，由水师各营分拨兵丁，配充各船舵工水勇，在省城内外各河道常川巡缉。上年裁兵案内，各营将领，以就地兵不敷用，请将原拨各船之兵，调回归伍。而船勇之巡缉，万不可无，爰饬募水勇补额应用。又署北海镇张邦福，添募正副炮目六十二名。尽先外委杨洪标，添设小三板船二号，招募水勇一十四名。均经列册，报部有案。练兵加饷一项，现已通饬酌减三成，将扣存银数，抵支船勇薪粮等项，可免添支正饷。据善后局司道造册详请奏咨前来。

除册送部外，臣谨会同广东巡抚臣许振祎附片具陈，伏乞圣鉴，敕部查照立案。谨奏。

朱批："该部知道。"②

149. 知府同知照章面试序补片 光绪二十三年四月二十七日

再，捐纳补用知府试用同知，到省一年期满，例应分别考察，面试甄别具奏。历经遵办在案。兹查有遇缺先补用知府胡恭辰，

---

①《光绪朝朱批奏折·军务·人事》第45辑第743—744页，光绪二十三年四月二十日。

②《光绪朝朱批奏折·军务·人事》第45辑第744页，光绪二十三年四月二十日。

植品不苟，办事克勤。试用同知孙家翼，年力正盛，趋向殊端。均经详加考察，分别照章面试，堪以各按本班序补。据藩、臬两司具详前来。

除将各该员详细履历开单咨明吏部外，臣等谨附片具陈，伏祈圣鉴。谨奏。

朱批："吏部知道。"①

150. 知州知县分别照章面试序补片 光绪二十三年四月二十七日

再，保举捐纳候补试用直隶州知州、同知、通判、知县，到省一年期满，例应分别考察、面试，甄别具奏。历经遵办在案。兹查有候补直隶州知州徐儁声才具开展，谙练吏治。试用同知王秉必才识兼裕，明达有为。试用通判屈承栻品粹学优，通达吏事。试用知县张式恭志趣不苟，明练有用。试用知县陈翼钟年力有为，趋向亦正。试用知县程璟光材具宏达，深谙治体。均经详加考察，分别照章面试，堪以各按本班序补。据藩、臬两司具详前来。

除将各该员详细履历，开单咨明吏部外，臣等谨附片具陈，伏祈圣鉴。谨奏。

朱批："吏部知道。"②

151. 杨文春试用已满例应甄别片 光绪二十三年四月二十七日

再，试用知县到省，一年期满。例应甄别具奏，历经遵办在案。兹查截取进士试用知县杨文春，广西苍梧县举人。中式光绪丙戌科进士，以主事签分刑部行走。光绪二十一年，呈请以知县

---

①《光绪朝朱批奏折·内政·职官》第12辑第373页，光绪二十三年四月二十七日。
②《光绪朝朱批奏折·内政·职官》第12辑第374页，光绪二十三年四月二十七日。

截取分发，遵新海防例，捐指广东。二十二年三月二十三日到省，试用已满一年，例应甄别。据藩、臬两司详加察看，会详请奏前来。

臣等覆加察核，该员杨文春材具可造，堪膺民社。谨合词附片具陈，伏祈圣鉴。谨奏。

朱批："吏部知道。"①

152. 胡鑑薛贺图一并革职片 光绪二十三年四月二十七日

再，据广东布政使张人骏、督粮道延祉，会同交代总局司道详称，查有已故前任顺德县知县胡鑑，征存杂款银七千一百余两，米四百余石。又已故前任澄迈县知县薛贺图，征存正、杂款银一千九百余两，米一百余石。叠催均未完解，详请参追前来。相应请旨，将已故前任顺德县知县胡鑑，已故前任澄迈县知县薛贺图，一并革职。勒限各该家属，于四个月内，将欠解银米扫数完解。傥逾限不完，或解不足数，再行从严参办。

所有参追已故知县欠解银米缘由，谨合词附片具陈，伏乞圣鉴。谨奏。

朱批："着照所请，该部知道。"②

153. 范兰芳补授南韶连镇标左营左军守备片 光绪二十三年五月初十日

再，准兵部咨，广东南韶连镇标左营左军守备缺，系陆路部推之缺，应用尽先人员请补。等因。兹于尽先守备班内拣选，除

---

①《光绪朝朱批奏折·内政·职官》第12辑第374页，光绪二十三年四月二十七日。

②《光绪朝朱批奏折·财政·田赋地丁》第67辑第825页，光绪二十三年四月二十七日。

徐寿松、宁瑞周、林正栋、林愈祥、李宏恩、彭俊英未报回营，叶明耀未准注册不计外。查有潮州镇标尽先守备范兰芳，年五十八岁，广东大埔县人。由勇目递保把总，于克复云南腾越厅城出力，保准以守备尽先补用。回粤收标，准部注册序补。该员营务练习，前在外省军营，并无参革、朦保情弊。合无仰恳天恩，俯准以范兰芳补授南韶连镇标左营左军守备。俟部覆到日，给咨送部引见，以符定制。

谨会同广东陆路提督臣张春发附片具陈，伏乞圣鉴，敕部议覆施行。谨奏。

朱批："兵部议奏。"①

154. 广东商人承办闱捐事宜折 光绪二十三年五月十二日

太子少保、头品顶戴两广总督臣谭钟麟，头品顶戴广东巡抚臣许振祎跪奏，为广东商人承办闱捐事宜，恭折具陈，仰祈圣鉴事。

窃照广东闱捐，已办两届。上年，值三届换商之期。因上届欠缴数巨，经臣钟麟饬令，先缴报效银一百六十万两，方准承充。嗣商人蔡绍德、郑锦福具禀认办，至本年正月底，缴款不足，即行革退。将已缴之款充公，缕晰奏明在案。户部来电，饬传在部具呈之何启光等，勒限缴饷。而该商不名一钱。嗣复屡传不到，其在局递禀之韦崧、卢元杰，又因所请年限与旧案不符，未准承充。旋接部电，闱捐关系要需，可勒限缴足百万，再给谕帖。等因。即据韦崧等具禀，缴报效洋银一百万两，余六十万两，来年分四期缴清，请自丁酉年文乡试接办起，至癸卯年武乡试止，认捐正饷洋银四百四十万圆，另加缴银四十五万圆。如期内恭逢恩

①《光绪朝朱批奏折·军务·人事》第45辑第767页，光绪二十三年五月初十日。

科文、武、乡、会四场，另加捐洋银七十万圆，捐项每圆七钱，按场分缴。所集资本，并无洋款等情。经广东善后局司道公同查核，场期年限，虽稍有变通，于额捐四百四十万圆之外，另加捐银四十五万圆。饷项不无小补，应准给谕开办，详请奏咨前来。

臣等覆查无异，谨合词恭折具陈，伏乞皇上圣鉴。谨奏。

朱批："户部知道。"①

155. 顺德协左营都司严大翎暂免查调片

光绪二十三年五月十二日

再，准部咨，掣补广东顺德协左营都司严大翎，系广州府人，是缺驻扎广州府，例应回避。前据咨称，该员宜于外海迅拣外海人员对调。俟调准后，再行给札赴任。等因。当经转行遵照。查广东外海水师都司十员，除赤溪协中军都司、右营都司，香山协中军都司、右营都司，大鹏协中军都司五缺，均驻扎广州府属，应毋庸议外，其碣石镇右营都司缺，现请以赤溪协中军都司李西扬改补。吴川营都司陈元杰，硇洲营都司陈海平，龙门协中军都司梁鼎勋，龙门协右营都司黄伦苏，又均系广州府人，不合对调，此外并无可调之员。合无仰恳天恩，俯准将顺德协左营都司严大翎暂免查调，敕部先行给札，令其赴任。俟有隔府合例人员，再行拣调，以符定制。

谨会同广东水师提督臣何长清附片具陈，伏乞圣鉴训示。谨奏。

朱批："着照所请，兵部知道。"②

①《光绪朝朱批奏折·财政·捐输》第80辑第521—522页，光绪二十三年五月十二日。
②《光绪朝朱批奏折·军务·人事》第45辑第766页，光绪二十三年五月十二日。

156. 拣员调补省会首邑要缺知县以资治理折光绪二十三年六月初九日

太子少保、头品顶戴两广总督臣谭钟麟，头品顶戴广东巡抚臣许振祎跪奏，为拣员调补省会首邑要缺知县，以资治理，恭折仰祈圣鉴事。

窃照番禺县知县惠登甲升补南雄直隶州知州，已准吏部核覆。所遗番禺县知县，系冲、繁、疲、难最要缺，例应在外拣员题补。查番禺县为省会首邑，政务殷繁，时有发审要案。且华洋杂处，事多交涉。必须听断明敏，尤贵操纵得宜。非精明干练、才识俱优之员，不足以胜烦剧。臣等与藩、臬两司，于通省现任各员内逐加遴选。兹查有东莞县知县刘秉奎，年四十八岁，江西信丰县人。由廪贡生考选癸酉科拔贡。甲戌科朝考二等第三名引见，奉旨："以知县用。钦此！"旋遵例报捐，指分广东试用。光绪元年五月初八日到省，复遵海防例，加捐本班尽先补用，题署翁源县知县。二十年，调补东莞县知县。于光绪二十一年五月十一日到任。该员实心任事，治具能张，以之调补番禺县知县，洵堪胜任。查番禺县系属题缺，今请调补，与例稍有未符。惟番禺县缺，最为繁要，人地实在相需，例得据实陈明，专折奏请。据藩、臬两司会详前来。合无仰恳天恩，俯念省会首邑员缺紧要。准以该员刘秉奎调补番禺县知县，实于地方有裨。如蒙俞允，该员系现任知县请调知县，衔缺相当，毋庸送部引见。所遗东莞县知县，系海疆冲、繁、疲、难最要缺，例应在外拣选调补。俟接准部覆，另行选员请调。

臣等谨恭折具奏，伏乞皇上圣鉴训示。再，该员系再调之员，参罚案由另造清册送部，又该员东莞县任内并无欠解钱粮，又无承审案件及承缉未获盗案已起降调革职参限，合并陈明。谨奏。

朱批："吏部议奏。"①

157. 知县试用已满例应甄别片 光绪二十三年六月初九日

再，查定例内开，期满教习、俸满教职知县，分发各省试用者，到省二年后，令该督抚照例甄别，按班序补。又准部咨，嗣后无论何项出身，凡系补缺应行具题者，试用期满，由该督抚详加甄别，专折具奏。各等因。历经遵办在案。兹查教习期满，分发知县杨昭秾，江西南昌县举人。由觉罗官学汉教习，三年期满引见。奉旨："着以知县用。钦此！"呈请分发，签掣广东。光绪二十一年二月十五日到省。试用已满二年，例应甄别。据藩、臬两司详加察看，具详请奏前来。

臣等覆加察核，该员杨昭秾年力正盛，听断勤能，堪膺民社。谨附片具陈，伏祈圣鉴。谨奏。

朱批："吏部知道。"②

158. 顾元勋署理南韶连道片 光绪二十三年六月初九日

再，署南韶连道罗麓森，于光绪二十三年六月初五日病故。所遗南韶连道篆务，应即委员接署。查有候补道顾元勋，品端才裕，资望较深，堪以署理。

除檄饬遵照外，臣等谨附片具陈，伏乞圣鉴。谨奏。

朱批："吏部知道。"③

①《光绪朝朱批奏折·内政·职官》第12辑第445页，光绪二十三年六月初九日。
②《光绪朝朱批奏折·内政·职官》第12辑第446页，光绪二十三年六月初九日。
③《光绪朝朱批奏折·内政·职官》第12辑第447页，光绪二十三年六月初九日。

159. 奏报征收光绪二十二年上忙钱粮银两数目折光绪二十三年六月初十日

太子少保、头品顶戴两广总督臣谭钟麟，头品顶戴广东巡抚臣许振祎跪奏，为奏报征收光绪二十二年上忙钱粮，银两数目，恭折仰祈圣鉴事。

案准部咨，州县每年应征钱粮银两，除例准留支及实欠在民外，尽数提解司库，下忙限十二月底截清解司，银数造册详报督抚，于二十日内专折具奏，将原册送部。又准部咨，上下忙钱粮，以额征数目，按八分计算，上忙匀为三分，下忙匀为五分征收，其余二分，归奏销前征完，分别藩司功过，责令督催。又各省上、下两忙钱粮，于截止后，上忙限十一月底，下忙限次年五月底，分晰成数报部。等因。均经转行，遵办在案。兹据广东布政使张人骏详称，广东省光绪二十二年分应征地丁杂税、屯丁等项，共银一百一十万八千六百五十三两二钱七分八厘，光绪二十二年正月初一日起，至十一月底上忙期满止，各属起解司道库及存留等项，共银三十五万五千二百七十三两九钱五厘五毫五丝。又额征耗羡银一十八万一百六十九两一钱八分七厘，截至十一月底上忙期满止，各属完解司库银五万二千二百七两二钱九分五厘。统计额征正、耗二项分数，上忙匀为三分计算，已有盈无绌。除各厅、州、县应行留支外，均据批解司道各库，检查各属实征底簿，核算相符。未完之数，委系实欠在民，并无捏饰。等情前来。

臣等覆查无异，除行司严催各属，迅将未完银两上紧催征，务于奏销前扫数完解，毋许稍有延欠。并将已未完数目各册，咨送吏、户二部查核外，所有广东省征收光绪二十二年分上忙钱粮数目，谨循例合词恭折具陈，伏乞皇上圣鉴。谨奏。

朱批："户部知道。"①

160. 拣员请补副将折光绪二十三年七月十四日

太子少保、头品顶戴两广总督臣谭钟麟跪奏，为拣员请补副将，恭折仰祈圣鉴事。

窃准兵部咨，广东三江协副将缺，系陆路题补第二轮第二缺，应用尽先人员，令拣员请补。等因。兹在陆路尽先副将班内拣选，除郑润材保准以总兵补用，周炳林业已革职，应请开除。黄云高、符坚高籍隶本省，高朝谱告假回籍不计外，其名次在前之毛名德、国樑、陈桂林、刘先科、唐有贵、张拔萃、罗三元、朱心源，均于此缺人地不宜。查有奏留广东遇缺即补副将戴恒山，年五十二岁，湖北咸宁县人。由武童从军，历保尽先参将。嗣于湖北剿办捻匪案内，保准免补参将，以副将遇缺即补，并加总兵衔。光绪二十一年，经臣奏准，留于广东遇缺即补，已咨送履历。该员营务练达，办事勤能。前在外省军营，并无参革、朦保情弊。合无仰恳天恩，俯准以戴恒山补授三江协副将。俟部覆到日，给咨送部引见，以符定制。

谨会同广东陆路提督臣张春发合词缮折具陈，伏乞皇上圣鉴，敕部核覆施行。谨奏。

朱批："兵部议奏。"②

161. 拣员升署参将折光绪二十三年七月十四日

太子少保、头品顶戴两广总督臣谭钟麟跪奏，为拣员升署参将，恭折仰祈圣鉴事。

---

①《光绪朝朱批奏折·财政·田赋地丁》第67辑第837—838页，光绪二十三年六月初十日。

②《光绪朝朱批奏折·军务·人事》第45辑第833—834页，光绪二十三年七月十四日。

窃准兵部咨，广东新会营参将缺，系内河水师题补之缺，行令以外海应升人员抵补。等因。兹于外海水师游击应升班内遴选，查有水师提标右营游击武永泰，年五十三岁，直隶天津县人。由勇目递补今职，光绪二十二年九月十一日接札。又于全琼肃清案内，保加参将衔。该员年力正强，熟谙船务，历俸虽未满一年，惟水师人材难得，向准题请升署。合无仰恳天恩，俯准以武永泰升署新会营参将，敕部发给署札，令其赴任。俟扣满年限，再请实授，以符定制。

谨会同广东水师提督臣何长清合词缮折具陈，伏乞皇上圣鉴，敕部核覆施行。谨奏。

朱批：“兵部议奏。”①

162. 拣员升补守备折光绪二十三年七月十四日

太子少保、头品顶戴两广总督臣谭钟麟跪奏，为拣员升补守备，恭折仰祈圣鉴事。

窃准兵部咨，广东那扶营守备缺，轮用应升人员，迅即拣员请补。等因。兹在陆路应升守备各千总内拣选，除籍隶本府各员不计外，其军政荐举卓异、曾经保送回任候题历俸较深各员，或人地未宜，或有盗案未结，均未便请补。查有惠州协左营左哨千总补用守备林茂芳，年三十五岁，广东惠州府归善县人。由行伍递拔把总。于剿办稔山会匪案内，保准俟补千总后以守备补用，拔补今职，光绪十九年十二月初七日接札。该员年壮才明，历俸三年以上，以之升补那扶营守备，洵堪胜任。合无仰恳天恩，俯准以林茂芳升补那扶营守备缺。俟部覆到日，给咨送部引见，以符定制。

谨会同广东陆路提督臣张春发缮折具陈，伏乞皇上圣鉴，敕

①《光绪朝朱批奏折·军务·人事》第45辑第834页，光绪二十三年七月十四日。

部核覆施行。谨奏。

朱批："兵部议奏。"①

163. 拣员请补守备折光绪二十三年七月十四日

太子少保、头品顶戴两广总督臣谭钟麟跪奏，为拣员请补守备，恭折仰祈圣鉴事。

窃准兵部咨，广东海口营中军守备缺，应用尽先人员，迅即拣员请补。等因。兹在外海水师守备班内拣选，除黄鸿恩、曾佑、罗新全、卢明陞未送履历，方喜恩、张泽锦，咨查保案，尚未声覆不计外，其名次在前之何国贤、叶宗德、冯荣学，均于此缺人地未宜。查有水师提标中营尽先守备李殿骧，年四十八岁，广东东莞县人。由武举于克复越南文渊州各城案内，奏准免补千把总，以守备尽先补用，并赏戴花翎。改用外海水师，试验期满，保题送部引见，发回本省照例用。该员熟悉师船，并无在外省军营参革、朦保情弊。合无仰恳天恩，俯准以李殿骧补授海口营中军守备，敕部给札，令其赴任。

谨会同广东水师提督臣何长清合词缮折具陈，伏乞皇上圣鉴，敕部核覆施行。谨奏。

朱批："兵部议奏。"②

164. 黄顺德暂署琼州总兵篆务片光绪二十三年七月十四日

再，新授南韶连镇总兵黄顺德，应行入京陛见，跪聆圣训。近因署琼州镇总兵武万才，在石城剿匪，感受暑湿，因病请假。所遗琼州总兵缺，远隔海岛，伏莽未清。弹压绥戢，极为紧要。

①《光绪朝朱批奏折·军务·人事》第45辑第835—836页，光绪二十三年七月十四日。

②《光绪朝朱批奏折·军务·人事》第45辑第836—837页，光绪二十三年七月十四日。

黄顺德交卸雷州参将，因令就近前往，暂署琼州总兵篆务。俟实缺到任，即行北上入觐天颜，以申眷恋之忱。

除檄饬遵照外，理合附片陈明，伏乞圣鉴。谨奏。

朱批："知道了。"①

165. 潘瀛调署高州镇篆片 光绪二十三年七月十四日

再，高州一带会匪，甫经办竣，安定绥（辑）〔戢〕，胥关紧要。现署高州镇总兵事记名提督吴次汉，人地不宜，应饬卸署。所遗篆务，查有闽粤南澳镇总兵潘瀛，现已陛见旋粤。该总兵曾署高州镇篆，情形熟悉，堪以调署。饬令督同现扎营勇搜缉余匪，镇抚地方，以期得力。

除檄饬遵照外，谨附片具陈，伏乞圣鉴。谨奏。

朱批："知道了。"②

166. 钟兆清补授新会营右营守备片 光绪二十三年八月

再，准兵部咨，广东新会营右营守备缺，系内河水师题补第二轮第五缺，轮用尽先人员，应即拣员请补。等因。兹在内河水师尽先守备班内拣选，除覃承汇据报病故，邓胜川服阕在出缺之后，不合请补外，查有名次在前之水师提标前营左哨千总尽先守备钟兆清，年五十四岁，广东增城县人。由营兵递补今职，光绪九年二月二十三日接札。嗣于关外各军迭次克城破垒案内保准，以守备尽先补用，加都司衔。咨送履历，经部覆准，注册序补。该员船务讲求，并无在外省军营参革、朦保情弊。惟籍隶本府，

①《光绪朝朱批奏折·军务·人事》第45辑第837页，光绪二十三年七月十四日。

②《光绪朝朱批奏折·军务·人事》第45辑第838页，光绪二十三年七月十四日。

例应回避。合无仰恳天恩，俯准以钟兆清补授新会营右营守备。俟部覆到日，再行照章查明改补，送部引见，以符定制。

谨会同广东水师提督臣何长清附片具陈，伏乞圣鉴，敕部核覆施行。谨奏。

朱批：“兵部议奏。”①

167. 军营打仗受伤人员免予骑射改习枪炮片 光绪二十三年八月

再，军营打仗受伤人员，历经奏免骑射，照章改习枪炮在案。兹查北海镇左营守备黎玉麟，上年四月，在增城捕盗，被贼拒伤右手臂及右腿等处。留粤尽先补用参将程先超，前在军营打仗，两手受伤，筋骨掣痛。阳春营千总周密，被贼砍断左手四指，并伤左脚。均经该管官委验属实，不便弓马，取结禀缴前来。

臣覆查无异，合无仰恳天恩，俯准将黎玉麟、程先超、周密三员，免予骑射，仍饬改习枪炮，以符定章。理合附片陈请，伏乞圣鉴。谨奏。

朱批：“着照所请，兵部知道。”②

168. 黄日光暂免查缺对调片 光绪二十三年八月

再，准兵部咨，拟补广东顺德协左营守备黄日光，系广州府人。是缺驻扎广州府，例应回避。行令拣员对调后，送部引见给札。等因。当经转行遵照。伏查广东内河水师守备，共六缺，除顺德协左营守备系黄日光本缺外，顺德协右营，新会左、右二营，水师提标后营各守备，俱驻广州府属。其驻肇庆府之督标水师营

---

①《光绪朝朱批奏折·军务·人事》第45辑第917页，光绪二十三年八月。
②《光绪朝朱批奏折·军务·人事》第45辑第917页，光绪二十三年八月。

守备梁锡侯，亦籍隶广州府，均不合对调。合无仰恳天恩，俯准将顺德协左营守备黄日光，暂免查缺对调，恭候命下遵行。

谨会同广东水师提督臣何长清合词附片具陈，伏祈圣鉴训示。谨奏。

朱批："兵部议奏。"①

169. 备还英德之款片 光绪二十三年八月

再，案准户部咨，应还英、德一款，每年指拨广东省盐斤加价银五万两，地丁等项银三十八万两，加放俸饷银五万两，闱捐银二十四万两，每年匀分二、五、八、冬四个月，解赴江海关道交纳。等因。兹据广东布政使张人骏、两广盐运使英启、广东善后局司道先后详称，本年八月分应解前项银两，现经设法挪凑，作为盐斤加价银一万二千五百两，地丁等项银九万五千两，加放俸饷银一万二千五百两，闱捐银六万两。于八月初六、十三、十四等日，先后交商号日昇昌等领汇，限令八月二十日以前，解交江海关道兑收，备还英、德之款，详请奏咨前来。

臣等覆查无异，除咨部查照外，谨合词附片具陈，伏乞圣鉴。谨奏。

朱批："户部知道。"②

170. 光绪二十二年冬季分广东省委署知县各缺折 光绪二十三年八月二十八日

太子少保、头品顶戴两广总督臣谭钟麟，头品顶戴广东巡抚臣许振祎跪奏，为光绪二十二年冬季分广东省委署知县各缺，遵照章程，恭折具奏，仰祈圣鉴事。

---

①《光绪朝朱批奏折·军务·人事》第45辑第918页，光绪二十三年八月。

②《光绪朝朱批奏折·财政·库储》第82辑第679页，光绪二十三年八月。

窃照各省州县，无论奏调委署代理，钦奉上谕："着每届三个月汇奏一次。等因。钦此！"由部转行，钦遵在案。兹据广东布政使张人骏详称，光绪二十二年冬季分，出有署仁化县知县王其恒期满，遗缺以烟瘴俸满知县李瑞杰署理。又开平县知县刘盛堂撤任，遗缺以试用知县承勋署理。又署琼山县知县邱宝森病故，遗缺以候补知县曾瑞祺署理。又署从化县知县刘本镜调省差委，遗缺以卸吴川县知县李之藩调署。又委署镇平县知县祥林禀报患病，遗缺以试用通判古树勋署理。又署翁源县知县彭骢孙期满，遗缺以试用知县方大甡署理。又署陆丰县知县张广权期满，遗缺以拔贡知县钱振逵署理。又信宜县知县敖式槱，饬令先赴普宁县知县任事，遗缺以候补知县文博署理。又阳山县知县孙之瀛禀请开缺给假，回籍修墓，遗缺以候补知县蒋希曾署理。又署河源县知县董元度，调省另有差委，遗缺以卸丰顺县知县邓衍憙调署。又灵山县知县阮萃恩调省，遗缺以部选琼山县知县叶士模调署。详请具奏前来。

臣等覆查无异，理合会同恭折具陈，伏祈皇上圣鉴。谨奏。

朱批："吏部知道。"①

171. 委署知县员缺片 光绪二十三年八月二十八日

再，准部咨，疏通正途案内，嗣后各省州县缺出，令将轮委班次，并出缺日期，每届三月奏报。等因。历经遵照办理。兹光绪二十二年冬季分，出有开平县知县刘盛堂撤任，遗缺以试用知县承勋署理。又署从化县知县刘本镜调省差委，遗缺以卸吴川县知县李之藩调署。又署河源县知县董元度调省另有差委，遗缺以卸丰顺县知县邓衍憙调署。又灵山县知县阮萃恩调省，遗缺以部选琼山县知县叶士模调署。以上四缺，俱系挨委简缺，因各该地

①《光绪朝朱批奏折·内政·职官》第12辑第595页，光绪二十三年八月二十八日。

方紧要，酌委承勋等署理，均不入班次积缺计算。又署仁化县知县王其恒期满，遗缺轮用劳绩班，以烟瘴俸满知县李瑞杰署理。又委署镇平县知县祥林禀报患病，遗缺轮用各项同通班，以试用通判古树勋署理。又署翁源县知县彭璁孙期满，遗缺轮用委用试用班，以试用知县方大牲署理。又署陆丰县知县张广权期满，遗缺轮用正途班，以拔贡知县钱振逵署理。又信宜县知县敖式槱，饬令先赴普宁县知县任事，遗缺轮用劳绩班，以候补知县文博署理。又阳山县知县孙之瀛禀请开缺给假回籍修墓，遗缺轮用委用试用班，以候补知县蒋希曾署理。

据广东布政使张人骏列册详请具奏前来，除册咨送吏部外，臣等谨合词附片具陈，伏祈圣鉴。谨奏。

朱批："吏部知道。"①

172. 广东钦廉防务十年期满择尤保奖折

光绪二十三年八月二十二日

太子少保、头品顶戴两广总督臣谭钟麟跪奏，为广东钦廉防务十年期满，援照广西章程，择尤保奖，恭折具陈，仰祈圣鉴事。

窃照广东钦州、廉州两属，均与越南接界。游匪阑入，则须防剿搜擒。内匪外窜，则须追截购缉。法人越界，则须按约妥办。无时不与洋人交涉，较之别省边防仅办土匪者迥不相同，实与军营洋务劳绩无异。查广西边防，系五年列保一次。前抚臣马丕瑶会同提臣苏元春，奏奖文武二百余员。经部议覆，核准在案。广东自云南提督臣冯子材，萃军驻防，已历七年。潘培楷接带以来，又逾三稔。统计已及十年，应两次列保。兹据统带防军道员潘培楷开列应保员弁清折呈核，并据禀称，广西二次保奖，又将届期。广东经前督臣李瀚章列保十四名，吏、兵两部仍归清乡获匪案内

①《光绪朝朱批奏折·内政·职官》第12辑第596页，光绪二十三年八月二十八日。

核办，是边防并未保过一次。情形劳绩，与广西同。除培楷委任办防，分所当为，不敢仰邀奖叙。等情前来。臣查该道所禀，均系实情。将折内所开文武各员弁劳绩稍次、在防未久者，均与核删。尚应奖文武员弁，共计四十九人，分别缮单，恭呈御览。伏乞圣慈，俯念钦、廉边防紧要，与广西情事相同。敕部核准给奖，出自鸿施逾格。至道员潘培楷，虽据称不敢邀奖，但办理防务，始终妥慎，实属异常劳苦。可否仰恳天恩，饬部从优议叙。再，在防各员衔名及到防日期，均经咨部有案。各员弁履历，此次随案咨部。

所有边防十年期满择尤请奖缘由，谨缮折具陈，伏乞皇上圣鉴训示。谨奏。

朱批："该部议奏，单二件并发。"①

173. 汇案请袭世职折光绪二十三年八月二十二日

太子少保、头品顶戴两广总督臣谭钟麟跪奏，为汇案请袭世职，仰祈圣鉴事。

案准兵部咨，袭职发标人员，三月汇奏一次，遵办在案。兹光绪二十三年夏季分，据合浦、新兴、兴宁、潮阳、归善各县，详送承袭云骑尉李观光、李德蓬、陈邦祚、林惠春、梁廷耀、李浩年、李绍曾、王国枢、林树德、叶树藩、骆克昌、廖步阶，恩骑尉刘光耀请袭职发标，声明王国枢愿改外海水师前来。查定例：承袭世职，令嫡长子孙承袭。如无嫡长子孙，许令弟侄应承继者承袭。又承袭云骑尉、恩骑尉年已及岁，免其送部。令该督抚验看具题，俟题准后，就近发标学习，支食全俸。又云骑尉有愿改外海水师者，豫先呈明，分派外海水师各营，随同出洋巡哨。各等语。今请袭云骑尉李观光、李德蓬、陈邦祚、林惠春、梁廷耀、

---

①《光绪朝朱批奏折·军务·人事》第45辑第885页，光绪二十三年八月二十二日。

李浩年、李绍曾、王国枢、林树德、叶树藩、骆克昌、廖步阶，恩骑尉刘光耀年均及岁，请袭职发标。王国枢并请改用外海水师，核与定例相符。经臣逐一验明，发标学习。相应汇缮清单，恭呈御览。

除将各该员亲供宗图、履历册结，咨送部科外，谨缮折具陈，伏祈皇上圣鉴，敕部核覆施行。谨奏。

朱批："兵部议奏，单并发。"①

174. 拣员请补游击折光绪二十三年八月二十二日

太子少保、头品顶戴两广总督臣谭钟麟跪奏，为拣员请补游击，恭折仰祈圣鉴事。

窃准兵部咨，广东阳江营游击梁国桐升补参将，遗缺系外海水师题补第四轮第一缺，轮用尽先人员，应拣合例人员请补。等因。兹在外海尽先游击班内拣选，除封养未准注册不计外，其名次在前之郑麟功，于此缺人地不宜。查有水师提标中营尽先游击张殿琦，年四十四岁，江苏仪征县人。由武进士补授连平营守备，调补增城营左营守备，于克复越南文渊州等城案内，保准以游击尽先补用，开除底缺，改发水师营效力。嗣因剿办稔山会匪，保准俟补游击后，以参将补用。又于广州府属缉匪出力案内，保加副将衔。试验期满保题，送部引见，发回原省照例用。该员年力强盛，谙练水师，并无在外省军营参革、朦保情弊。合无仰恳天恩，俯准以张殿琦补授阳江营游击，敕部给札，令其赴任。

谨会同广东水师提臣何长清恭折具陈，伏乞皇上圣鉴，敕部核覆施行。谨奏。

---

①《光绪朝朱批奏折·军务·人事》第45辑第886—887页，光绪二十三年八月二十二日。

朱批："兵部议奏。"①

175. 光绪二十三年春季分广东省委署知县各缺折 光绪二十三年九月初一日

太子少保、头品顶戴两广总督臣谭钟麟，头品顶戴广东巡抚臣许振祎跪奏，为光绪二十三年春季分广东省委署知县各缺，遵照章程，恭折具奏，仰祈圣鉴事。

窃照各省州县，无论奏调委署代理，钦奉上谕："着每届三个月汇奏一次。等因。钦此！"由部转行，钦遵在案。兹据广东布政使张人骏详称，光绪二十三年春季分，出有石城县知县向东森准补化州知州，饬令请咨引见，遗缺以截取知县王寿培署理。又英德县知县朱治和，开缺另补，遗缺以候补知县邹翼清署理。又署南海县知县黄恩，饬赴饶平县知县新任，遗缺以试用知县董元度署理。又三水县知县林兆镛调省，遗缺以署增城县事候补知县王崧署理。又西宁县知县清安开缺另补，遗缺以试用知县吕椿培署理。又署揭阳县知县蔡逢恩调省，遗缺以恩平县知县钱莹调署。钱莹所遗恩平县知县缺，以三水县知县林兆镛调署。详请具奏前来。

臣等覆查无异，理合会同恭折具陈，伏祈皇上圣鉴。谨奏。

朱批："吏部知道。"②

176. 委署知县员缺片 光绪二十三年九月初一日

再，准部咨，疏通正途案内，嗣后各省州县缺出，令将轮委班次，并出缺日期，每届三月奏报。等因。历经遵照办理。兹光

①《光绪朝朱批奏折·军务·人事》第45辑第887—888页，光绪二十三年八月二十二日。

②《光绪朝朱批奏折·内政·职官》第12辑第601页，光绪二十三年九月初一日。

绪二十三年春季分，出有三水县知县林兆镛调省，遗缺以候补知县王崧署理。此缺系挨委缺，因地方紧要，酌委该员署理。不入班次，积缺计算。又石城县知县向东森，准补化州知州，饬令请咨引见，遗缺轮用正途班，以截取知县王寿培署理。又英德县知县朱治和，开缺另补，遗缺轮用劳绩班，以候补知县邹翼清署理。又西宁县知县清安，开缺另补，遗缺轮用委用试用班，以试用知县吕椿培署理。兹据广东布政使张人骏列册详请具奏前来。

除册咨送吏部外，臣等谨合词附片具陈，伏祈圣鉴。谨奏。

朱批："吏部知道。"①

177. 光绪二十二年分奏销征收钱粮银米未完一分以上各员先行开单具奏折光绪二十三年九月二十日

太子少保、头品顶戴两广总督臣谭钟麟，头品顶戴广东巡抚臣许振祎跪奏，为查明广东省光绪二十二年分奏销征收钱粮银米未完一分以上各员，先行开单具奏，仰祈圣鉴事。

窃准部咨，地丁、盐课各奏销，有关处分者，一面具题，一面开单，专折奏报。又准部咨，原奏内开钱粮奏销，将具题之限，作为奏报未完分数之限。凡此项阁钞到部，由部核明出奏日期。傥例限已逾，始据出奏，臣部即于覆奏时，随折附参，如奏报逾限，实系司、道、府、州、县、卫等官承办迟延者，应令该督抚于折内据实声明，由部将承办之员奏请议处。等因。均经转行，遵照去后。兹据广东布政使张人骏详称，遵查粤东省地丁奏销，前经奏请，于次年五月底截数后，仍照盐务奏销办法，以六、七、八三个月为司道汇造限期，奉旨允准。转饬遵照在案。兹届造报之期，理合将光绪二十二年分地丁奏销查明，经督征地丁银米未

①《光绪朝朱批奏折·内政·职官》第12辑第602页，光绪二十三年九月初一日。

完一分以上各员，开单具详，请奏前来。

臣等覆核无异，除咨部外。谨合词缮折具陈，并缮清单，恭呈御览。伏祈皇上圣鉴，敕部核覆施行。再，此次奏销，该司于九月十七日具详，臣即于是月二十日具奏，并未逾限，合并陈明。谨奏。

朱批："户部议奏，单并发。"①

178. 拣员请补都司折光绪二十三年九月二十六日

太子少保、头品顶戴两广总督臣谭钟麟跪奏，为拣员请补都司，恭折仰祈圣鉴事。

窃准兵部咨，广东前山营都司缺，应用尽先人员，迅即拣员请补。等因。兹查内河水师尽先都司，只有潘璘一员，年已六旬，籍隶本府，且人地不宜，未便请补。应在外海水师尽先都司班内遴选，除赵希祖、陈怡龙籍隶本府外。查有水师提标中营尽先都司区锡镛，年四十一岁，广东高明县人。寄籍广西临桂县，由武举挑取二等，以营千总用。嗣于克复越南文渊州各城出力，保准免补千总守备，以都司尽先补用，并戴蓝翎。回粤改用外海水师，饬发水师提标中营效力。业已试验一年期满，该员船炮讲求，前在外省军营，并无参革、朦保情弊。合无仰恳天恩，俯准以区锡镛补授前山营都司。俟部覆到日，并案给咨送部引见，以符定制。

谨会同广东水师提督臣何长清合词缮折具陈，伏乞皇上圣鉴，敕部核覆施行。谨奏。

朱批："兵部议奏。"②

---

①《光绪朝朱批奏折·财政·田赋地丁》第67辑第859—860页，光绪二十三年九月二十日。

②《光绪朝朱批奏折·军务·人事》第45辑第938—939页，光绪二十三年九月二十六日。

179. 赵念祖补授两广督标前营守备片光绪二十三年九月二十六日

再，准兵部咨，两广督标前营守备陈增福降调，遗缺系陆路部推之缺，轮用期满武进士，令即拣员请补。等因。兹在陆路期满营用武进士内，详加拣选。除赵时光告假离营，叶国昌丁忧，林汝扬现充驻省提塘，未便请补外，查有督标中营效力期满营用武进士赵念祖，年四十二岁，广东香山县人。由兵生应光绪己卯科本省乡试，中式武举。庚辰科会试，中式武进士。奉旨："以营守备用，钦此！"发回原营效力。光绪七年九月十六日，到标效力。五年期满，咨准部覆注册。该员年强技练，合无仰恳天恩，俯准以赵念祖补授两广督标前营守备，敕部发给札付，令其赴任。

谨会同广东陆路提督臣张春发合词附片具陈，伏祈圣鉴，敕部核覆施行。谨奏。

朱批："兵部议奏。"①

180. 刘登瀛补授南韶连镇标左营左军守备片光绪二十三年九月二十六日

再，广东南韶连镇标左营左军守备缺，应用尽先人员，前经臣以潮州镇标尽先守备范兰芳请补。准部覆称，范兰芳已由部拟补陆路提标前营守备，应另拣尽先人员请补。等因。兹复在尽先守备班内拣选，除徐寿松、宁瑞周、林正栋、林愈祥、李宏恩、彭俊英未报回营，曹庆芳、张宏基、陈瑞焕、江有恒、林春元、叶明耀、保洪寿未准注册不计外。其名次在前之吴锦、赵兴发、梁承诰、卢策勋、陈国刚、陈占魁，或人地未宜，或营伍尚欠历

---

①《光绪朝朱批奏折·军务·人事》第45辑第939页，光绪二十三年九月二十六日。

练，均未便请补。查有督标中营尽先守备刘登瀛，年四十七岁，广东香山县人。由武童投军，递保尽先千总，于克复贵州安南等城出力案内，保准以守备尽先补用。回粤收标，准部注册序补。该员年力正强，前在外省军营，并无参革、朦保情弊。合无仰恳天恩，俯准以刘登瀛补授南韶连镇标左营左军守备。俟部覆到日，给咨送部引见，以符定制。

谨会同广东陆路提督臣张春发附片具陈，伏乞圣鉴，敕部议覆施行。谨奏。

朱批："兵部议奏。"①

181. 张毓松补授怀集营守备片 光绪二十三年九月二十六日

再，准兵部咨，广西怀集营守备缺，系部推之缺，轮用期满武进士人员，迅拣员请补。等因。兹查有期满武进士营用守备张毓松，年二十九岁，贵州安化县人。由武生应光绪己丑科乡试，中式武举。庚寅科会试，中式武进士。奉旨："以营守备用。钦此！"原名廷松，在部呈请更名毓松，签掣广西。光绪十七年七月初八日到标效力，五年期满，咨准部覆，注册序补。该员年力富盛，合无仰恳天恩，俯准以张毓松补授怀集营守备，敕部给札，令其赴任。

谨会同广西提督臣苏元春附片具陈，伏乞圣鉴，敕部核覆施行。谨奏。

朱批："兵部议奏。"②

①《光绪朝朱批奏折·军务·人事》第45辑第940页，光绪二十三年九月二十六日。
②《光绪朝朱批奏折·军务·人事》第45辑第941页，光绪二十三年九月二十六日。

182. 审明逆伦犯妇按律惩办折光绪二十三年九月二十七日

太子少保、头品顶戴两广总督臣谭钟麟，头品顶戴广东巡抚臣许振祎跪奏，为审明逆伦犯妇，按律惩办，恭折仰祈圣鉴事。

窃据署从化县知县李之藩详报，县民妇何毛氏谋毒伊夫亲父何明经身死，并误毒伊夫何中广平复一案。当以案情重大，批饬确审解办。嗣据该县亲身押解人犯、见证卷宗到省，由广州府知府周开铭提集，审明拟议。详经臬司覆审，据报验明该犯妇何毛氏，身已怀孕，照例俟产后一月期满，按律惩办。兹据臬司魁元以该犯妇在监生子，九月二十六日期满，解勘前来。臣等亲提研鞫，缘何毛氏籍隶从化县，系民人何中广之妻，何中广系已死何明经长子。何明经向与长子何中广及长媳何毛氏在县属大□岭脚田寮，同居共爨，就近耕种度活。其次子何中润分居该县属塘肚村地方。何毛氏平日懒于耕作，屡被何明经斥骂，并常令何中广责打，何毛氏心怀忿恨。光绪二十三年五月间，何毛氏逃往外家不返。六月十二日，何明经令何中广携带草绳，往唤何毛氏回家。声称如不肯回，即用草绳捆缚。何毛氏畏惧转回，何中广随即赴田工作。何明经复向何毛氏斥骂，并称俟何中广回家，饬令痛责儆戒。何毛氏触起前嫌，愈加气忿。并恐丈夫回家痛打，稔知附近山上出产断肠毒草，起意将何明经毒死泄忿，日后可以安居。即潜往山上采取毒草回家。是日傍晚时分，何毛氏煮熟晚饭，暗将毒草掺入豆叶煮熟，连饭盛与何明经吃食，自即乘间出外。适何中广由田转回，遂与何明经共食，旋各毒发腹痛，倒地滚喊。经邻人罗亚芬闻喊趋视，询悉食饭腹痛情由。查看菜内尚有毒草，料系中毒。即将何毛氏寻获，并用油将何明经等灌救，何中广呕吐平复。讵何明经受毒较重，灌救不效，即于是夜殒命。罗亚芬通知何明经之次子何中润赶到看明，与何中广同向何毛氏盘悉谋毒实情。正拟捆送，即经该县访闻，饬差将何毛氏拿获，何中润赴案报验。讯详批饬审解，随据该县将犯证卷宗，亲身押解到省，由广州府讯究明确，详司覆审。查明该犯妇何毛氏，怀孕生子，产后期满。照例解勘提鞫，据供前情不讳，诘无起衅别故，亦无同谋加功之人，案无遁饰。查律载：妻谋杀夫之父，已杀者凌迟处死。又例载：审办逆伦之案，如距省在三百里以内，无江河阻隔者，于审明后，恭请王命。委员会同该地方官，押赴犯事地方，即行正法枭示。各等语。此案何毛氏因挟伊翁常饬伊夫责打之嫌，并因逃往外家不返，经伊翁饬令伊夫勒令转回，复向斥骂。诚恐伊夫痛责，辄忿恨起意将伊翁何明经毒死，并误毒伊夫何中广平复。实属有心肆逆，罪大恶极，自应按律问拟。何毛氏除误毒伊夫何中广平复，轻罪不议外，合依妻谋杀夫之父已杀者，凌迟处死律，凌迟处死。查从化县距省，虽在三百里以内。惟有江河阻隔，应即在省垣正法。臣等于审明后，恭请王命。饬委臬司魁元、署抚标中军参将张记廷将该犯妇何毛氏，绑赴市曹，凌迟处死。系妇女，照例免其枭示。该犯妇之夫何中广平日讯无纵妻不孝，此次复与其父一同被毒，灌救得生，应与当时灌救之邻人罗亚芬，均毋庸议。所剩毒菜，由县起出毁弃，出产毒草处所，亦已铲除净尽。所生之子，先经病故。尸棺饬属领埋，无干省释。

除供册咨部外，所有审办缘由，谨合词恭折具陈，伏乞皇上圣鉴。谨奏。

朱批："刑部知道。"①

183. 奏报征收光绪二十二年下忙钱粮银两数目折 光绪二十三年九月二十八日

太子少保、头品顶戴两广总督臣谭钟麟，头品顶戴广东巡抚臣许振祎跪奏，为奏报征收光绪二十二年下忙钱粮银两数目，恭

---

①《光绪朝朱批奏折·法律·命案》第107辑第203—204页，光绪二十三年九月二十七日。

折仰祈圣鉴事。

案准部咨，州县每年应征钱粮银两，除例准留支，及实欠在民外，尽数提解司库。下忙限十二月底截清解司，银数造册详报督抚，于二十日内专折具奏，将原册送部。又准部咨，上、下忙钱粮，以额征数目，按八分计算。上忙匀为三分，下忙匀为五分，征收其余二分，归奏销前征完。分别藩司功过，责令督催。又各省上、下两忙钱粮，于截止后，上忙限十一月底，下忙限次年五月底，分晰成数报部。等因。均经转行，遵办在案。兹据广东布政使张人骏详称，广东省光绪二十二年分，应征地丁杂税、屯丁等项，共银一百一十万八千六百五十三两二钱七分八厘。除上忙期内已征完银三十五万五千二百七十三两九钱五厘五毫五丝，自光绪二十二年十二月初一日起，至光绪二十三年五月下忙期满止，续完银四十九万七千一百六十四两八钱四厘八毫。又额征耗羡银一十八万一百六十九两一钱八分七厘，除上忙期内已征完银五万二千二百七两二钱九分五厘，今下忙期满，续完银六万五千四百七十两二钱三分九厘五毫八丝三忽。正、耗二项统计分数，下忙匀为五分计算，已完四分三厘六毫五丝五忽，未完六厘三毫四丝五忽。所有已完银两，除各厅、州、县应行留支外。均据批解司道各库，检查各属实征底簿，核算相符。未完之数，委系实欠在民，并无捏饰等情前来。

臣等覆查无异，除行司严催各属，迅将未完银两上紧催征，务于奏销前扫数完解，毋许稍有延欠。并将已未完数目各册，咨送吏、户二部查核外。所有广东省征收光绪二十二年分下忙钱粮数目，谨循例合词恭折具陈，伏乞皇上圣鉴。谨奏。

朱批："户部知道。"①

①《光绪朝朱批奏折·财政·田赋地丁》第67辑第865—866页，光绪二十三年九月二十八日。

184. 刘福姚赏假回籍修墓片 光绪二十三年九月二十八日

再，准广东副考官刘福姚函称，窃福姚奉命典试广东，于八月初一日到粤，初六日入闱，将试卷悉心校阅，取中如额。九月十二日揭晓，现已事毕，应即回京。惟昨接广西家电，内称祖墓日久未修，近多颓坏，瞻望松楸，理应奔往修理。因思两粤邻省，趋途亦便，函请代奏。吁恳天恩，赏假一月。自备资斧，回籍修墓。一俟假满，即当迅速回京，恭覆恩命。不敢稍事耽延等情。

准此理合据情附片代陈，伏乞圣鉴。谨奏。

朱批：刘福姚着赏假一个月。①

185. 周炳勳署理高廉钦道片 光绪二十三年九月二十八日

再，现据高州府知府惠昌申报，现任高廉钦道雷其达，于光绪二十三年八月二十三日，因病出缺，已将关防封存府库等情前来。臣等伏查高廉钦道分巡各属，政务殷繁，未便悬旷。查有候补班前补用道周炳勳，才稳资深，堪以署理。

除檄饬遵照，并将该道雷其达出缺缘由，另行恭疏题报外，所遗高廉钦道缺，相应请旨，迅赐简放，以重职守。谨附片具陈，伏祈圣鉴训示。谨奏。

朱批："另有旨。"②

---

①《光绪朝朱批奏折·内政·职官》第12辑第646页，光绪二十三年九月二十八日。
②《光绪朝朱批奏折·内政·职官》第12辑第647页，光绪二十三年九月二十八日。

186. 广东省征收光绪二十二年分钱粮完欠分数折光绪二十三年九月三十日

太子少保、头品顶戴两广总督臣谭钟麟，头品顶戴广东巡抚臣许振祎跪奏，为广东省征收光绪二十二年分钱粮，比较上三年完欠分数，恭折仰祈圣鉴事。

案准部咨，各省征收钱粮，比较限期，统以年底截数，次年二月造报。春拨之时，即将新赋项下额征若干，蠲缓若干，已未完若干，旧赋项下带征若干，应征若干，比之上三年或多或少，一一注明。另行开单奏报，即以道光五年春拨为始，一律遵办。嗣又准部咨，仍以奏销截数开单具奏，比较更为周匝。各等因。转行遵照在案。兹办理光绪二十二年分奏销，除循例题报外，据广东布政使张人骏将光绪二十二年分征收钱粮，比较上三年完欠数目，注明入季、解道、留支各数。并查明已征未解一项，于现办二十二年奏销，遵照定例，归入未完项下开列专案，咨部开单，请奏前来。

臣等覆核无异，谨合词恭折缮单，敬呈御览。伏祈皇上圣鉴，敕部查照施行。谨奏。

朱批："户部知道，单并发。"①

187. 查明广东省各年旧欠钱粮光绪二十二年催提征解已未完数目折光绪二十三年九月三十日

太子少保、两广总督臣谭钟麟，头品顶戴广东巡抚臣许振祎跪奏，为查明广东省各年旧欠钱粮光绪二十二年催提征解已未完

①《光绪朝朱批奏折·财政·田赋地丁》第67辑第867页，光绪二十三年九月三十日。

数目，恭折仰祈圣鉴事。

窃照各省奏销，应将征收旧欠正杂钱粮数目，及未完分数考成，专折奏报。现届办理光绪二十二年分奏销之期，除是年应征新赋银米已未完数目另行具奏外，兹据广东布政使张人骏详称，查自光绪六年起至光绪二十一年止，旧欠地丁备支经费，除续完外，尚应征银一百九十六万六千二百三十三两零，内已完银六万三千七百三十二两零，未完银一百九十万二千五百两零。又光绪五年以前，商欠杂税银二千一百三十八两零，全未完解。又从前各州县征存地丁、备支经费，共银五万七千二百三十六两零，全未完解。又旧欠耗羡银三十四万八千三百三十两零，内已完银二万四千七百七十五两零，未完银三十二万三千五百五十四两零。另从前各州县征存耗羡银九千八百九十二两零，全未完解。又自道光三十年起至光绪二十一年止，旧欠民米，除豁免及续完外，尚未完米七十二万九千八百二十五石零。内已完米一万一千五百一十四石零，未完米七十一万八千三百一十石零。另从前各州县征存米四万九千六百三十三石零，全未完解。以上各属征存未解地丁、备支、耗羡等银，业于交代案内参追。其未完米石，系由历年各路办理军务，就近提支军需。现经严饬各属，领解清款，分别收支等情。请奏前来。

臣等覆核无异，所有光绪二十二年分征收旧赋完欠数目，谨循例合词恭折具奏，并缮清单，敬呈御览。伏祈皇上圣鉴，敕部查照施行。谨奏。

朱批："户部知道，单并发。"①

188. 广东藩运粮三库照新章减平每年约扣银数折光绪二十三年十月二十六日

太子少保、头品顶戴两广总督臣谭钟麟，头品顶戴广东巡抚

①《光绪朝朱批奏折·财政·田赋地丁》第67辑第868页，光绪二十三年九月三十日。

臣许振祎跪奏，为广东藩运粮三库，照新章减平，每年约扣银数，恭折陈明，仰祈圣鉴事。

窃准户部咨，议覆御史宋伯鲁①奏请添扣各项减平，行令自本年七月起，无论藩运道库，及各局处所额支正、杂各款，凡向支库平者，每两核扣六分专款存储，并将一年约扣数目，先行奏报。等因。光绪二十三年五月十二日具奏，奉旨："依议。钦此！"咨行到粤，当经分饬钦遵办理。兹据广东布政使张人骏详称，旗、绿各营官弁俸薪，于道光二十二年减平案内，业已扣平支放。现将藩库应支旗、绿各营饷、干米折、养赡及杂支等款，每两一律扣平六分，每年约扣银三万六七千两，另有祭品、廪膳、囚粮、孤贫口粮等项，岁支无多，应请免扣。又据两广盐运使英启详称，运库支放养廉、杂支等项，道光、咸丰年间已先后减平，现将向支库平之潮桥官运局薪费及外销款动支之杂费，递年需银四千数百两，一律扣平六分，每年约扣银二百八十余两。又据广东督粮道延祉详称，道库应支旗、绿各营兵马粮料、米折、养赡口粮等项，岁需库平银六万数千两，每年约扣银四千两。另有收养老废、民妇等项，岁需银二万数千两，按日散给无告穷嫠，应请免扣，以示矜恤。等情。先后详请奏咨前来。

臣等覆查无异，所有该司道库应扣银两，均令自本年七月起一律核扣，专款存储候拨。除咨户部查照，并行催各局，将应扣数目详报，另行奏咨外，谨合词缮折具陈，伏祈皇上圣鉴，敕部查照施行。谨奏。

---

①宋伯鲁（1854—1932），陕西醴泉（今礼泉）人，字芝栋。清光绪进士，授山东道监察御史。中日甲午战争后，以国势日衰，乃上疏条陈新政。1898 年（光绪二十四年），联络杨深秀等在北京发起关西学会。与康有为、梁启超交往，代康有为递呈变法奏章。百日维新期间，上疏请废八股改试策论，开经济特科以网罗通才，皆诏准。还奏请改《时务报》为官报。与杨深秀合劾礼部尚书许应骙阻挠新政，支持康有为开懋勤殿以议制度的主张。戊戌政变后，被革职通缉，避逃上海。后回陕西，晚年主持修撰《新疆省志》和《续修陕西通志》。有《海棠仙馆诗集》。

朱批："户部知道。"①

189. 查明广东省抽收盐厘情形覆陈折光绪二十三年十月二十六日

太子少保、头品顶戴两广总督臣谭钟麟跪奏，为查明广东省抽收盐厘情形，恭折覆陈，仰祈圣鉴事。

案准户部咨，本部具奏广东各埠验过引盐，经征盐厘参差不同，难保非任意开造，请饬两广总督转饬运司及厘金总局查明光绪十九至二十二年北江等埠，验过某纲盐引若干，及每引应征盐厘若干，分年、分埠造报。并开报北江等埠，是否即《盐法志》所载之北柜、西柜、东柜，各埠坐落何处，行销某属盐引，中柜、南柜、潮桥三处，有无征收盐厘，一并查明声覆。等因。奉旨："依议。钦此！"咨行前来，当经转行遵照。兹据广东厘务局司道，会同两广盐运使英启详称，查省河盐引，向系按包拆配，分设东、南、西、北、中、平六柜，行销共一百五十九埠，坐落广东、广西、湖南、江西、贵州等省各厅、州、县。东江、北江即属东柜，北柜、中柜各埠，间有经由西江运道者，又名西江。咸丰年间，军需浩繁，奉行抽厘，系按埠地之远近，成本之重轻，每包约抽银一钱至二钱余不等。有因埠地毗连场灶疲难尤甚，向免抽收者，有归广西省收报者。潮桥近年竭力整顿，仅复奏销正饷，实难遽加。此抽收盐厘向办之情形也。省河引课，历系次年岁底奏销课饷，乃维正之供。无论其引曾否拆销，须先按额清完抽厘，系权宜之举。盐未配运，即难强令照额引豫缴，故配销一包之盐，乃收一包之厘。销市旺淡不一，配盐迟速难齐，厘即因之见多见少。递年厘数参差，良由于此。第按有厘各埠引数匀算，总在八九万左右，收数固不致亏短，此又抽收盐厘各年不同之实情也。至造报清册，曾于同治年间奉准部行，饬令照两淮盐厘格式，历年循

---

①《光绪朝朱批奏折·财政·库储》第82辑第704页，光绪二十三年十月二十六日。

照办理，并非任意开报。所有十九至二十二等年验收盐厘，请免另造，以省案牍。等情。详请奏咨前来。

臣覆核无异，除咨户部外，谨缮折覆陈，伏乞皇上圣鉴，敕部查照施行。谨奏。

朱批："户部知道。"①

190. 汇案请袭世职折 光绪二十三年十月二十六日

太子少保、头品顶戴两广总督臣谭钟麟跪奏，为汇案请袭世职，仰祈圣鉴事。

案准兵部咨，袭职发标人员三月汇奏一次，遵办在案。兹光绪二十三年秋季分，据归善、新兴、长乐、高明、茂名各县，详送承袭云骑尉张国鑫、彭贵清、吴涛、蔡居贤、刘瑞彬，请袭职发标前来。查定例：承袭世职，令嫡长子孙承袭。如无嫡长子孙，许令弟侄应承继者承袭。又承袭云骑尉年已及岁，免其送部。令该督抚验看具题，俟题准后，就近发标学习，支食全俸。各等语。今请袭云骑尉张国鑫、彭贵清、吴涛、蔡居贤、刘瑞彬年均及岁，请袭职发标，核与定例相符。经臣验明，发标学习。相应汇缮清单，恭呈御览。

除将各该员亲供宗图、履历册结咨送部科外，谨缮折具陈，伏祈皇上圣鉴，敕部核覆施行。谨奏。

朱批："兵部议奏，单并发。"②

---

①《光绪朝朱批奏折·财政·盐务》第75辑第902—903页，光绪二十三年十月二十六日。

②《光绪朝朱批奏折·军务·人事》第45辑第955页，光绪二十三年十月二十六日。

191. 吉瑞委令暂署广东潮州镇总兵片光绪二十三年十月二十六日

再，广东潮州镇总兵刘世俊，因病禀请回省医调。所遗潮州镇篆务，查有两广督标中军副将吉瑞，在潮有年，情形熟悉，堪以委令暂署。递遗中军副将篆务，查有署新会营参将本任钦州营参将黄培松，堪以署理。

除分檄饬遵外，谨附片陈明，伏乞圣鉴。谨奏。

朱批："兵部知道。"①

192. 卢策勋补授雷州营中军守备片光绪二十三年十月二十六日

再，准兵部咨，广东雷州营中军守备缺，系陆路题补第六轮第二缺，应用尽先人员请补。等因。兹在尽先守备班内拣选。其名次在前之吴锦、赵兴发、梁承诰、陈国刚、陈占魁，或人地未宜，或营伍尚欠历练，均未便请补。查有督标中营尽先守备卢策勋，年四十七岁，广东新会县人。由军功在贵州剿匪，递保尽先千总。嗣于克复安南等城出力案内，保准以守备尽先补用。回粤收标，准部注册序补。该员年力正强，前在外省军营，并无参革、朦保情弊。合无仰恳天恩，俯准以卢策勋补授雷州营中军守备。俟部覆到日，给咨送部引见，以符定制。

谨会同广东陆路提督臣张春发附片具陈，伏乞圣鉴，敕部议覆施行。谨奏。

朱批："兵部议奏。"②

---

①《光绪朝朱批奏折·军务·人事》第45辑第956页，光绪二十三年十月二十六日。

②《光绪朝朱批奏折·军务·人事》第45辑第956页，光绪二十三年十月二十六日。

193. 陈焕熹补授万州营守备片光绪二十三年十月二十六日

再，准兵部咨，广东万州营守备缺，系陆路题补第六轮第一缺，应用尽先人员。等因。兹在尽先守备班内拣选，除刘登瀛、卢策勋已另折请补，王凤鸣、钟金铨籍隶本府，徐寿松、宁瑞周、林正栋、林愈祥、李宏恩、彭俊英未报回营，曹庆芳、张宏基、陈瑞焕、江有恒、林养元、叶明耀、保洪寿、胡仁和、陆凤岗、吴清善未准注册不计外。其名次在前之吴锦、赵兴发、梁承诰、陈国刚、陈占魁、康应龙、何国祥、周胜龙、刘礼庄、方成、胡廷煇，或人地未宜，或营伍尚欠历练，均未便请补。查有陆路尽先守备陈焕熹，年四十三岁，广东恩平县人。由军功在甘肃剿匪，递保尽先千总，加守备衔。嗣于克复达板城贼巢出力案内，保准以守备尽先补用，加都司衔。销差回粤，饬发顺德协左营效力，准部注册，专归陆路尽先守备班序补。该员营务稳练，前在外省军营，并无参革、朦保情弊。合无仰恳天恩，俯准以陈焕熹补授万州营守备。俟部覆到日，给咨送部引见，以符定制。

谨会同广东陆路提督臣张春发附片具陈，伏乞圣鉴，敕部议覆施行。谨奏。

朱批："兵部议奏。"①

194. 已故知府战功政绩遗爱在民据情吁恳天恩准其建立专祠并将事迹宣付史馆立传折光绪二十三年十月二十八日

太子少保、头品顶戴两广总督臣谭钟麟，头品顶戴广东巡抚

①《光绪朝朱批奏折·军务·人事》第45辑第957页，光绪二十三年十月二十六日。

臣许振祎跪奏，为已故知府战功、政绩，遗爱在民，据情吁恳天恩，准其建立专祠，并将事迹宣付史馆立传，恭折具陈，仰祈圣鉴事。

窃据惠潮嘉道联元、潮州府知府李士彬会详，据在籍绅士前云南提督黄武贤等联名呈称，窃查入祀名宦追赠太仆寺卿、原任潮州府知府吴均，浙江钱塘县人。由举人大挑知县，到粤升任知府，治潮最久。道光二十四年，会匪乱潮阳、揭阳二县。咸丰二年，贼扰惠州，均赖该故守平之，嗣逆首陈娘康围攻潮阳县城，分扰惠来、普宁等县。该故守督师败贼，乃解城围。海阳逆贼吴中庶等逼攻郡城，澄海逆贼王兴顺纠众窥取澄城，乃饬潮阳县知县汪政击贼大胜。复自移军攻外砂贼巢，破之，全潮赖以得安。溯其始宰潮阳也，开渠筑堤，建仓储谷。重修书院，拓广学舍，增给诸生膏伙。特筑义冢，瘗埋停柩。任海阳县时，以郡城西南之三利溪时虞旱涝，捐资疏浚。并将北堤加修完固，后擢郡守，因广济桥被水冲溃，工费浩繁，捐五千金以为之倡。附郭有西湖山，为潮城要隘。山上旧有城垣，年久倾圮。筹资添筑新城，将山围入城内。设水关以泄水，建公廨以驻兵。因其地利先占，卒能保城灭贼。是善政既著于居常，伟略尤足以济变。虽经大吏入告，仰荷恩纶，优加恤典。惟感念生成，益图报享，拟请在于潮州府城建立专祠，列入祀典。并将战功政绩，宣付史馆立传。等情转详到臣。饬据藩、臬二司，善后总局司道核明，详请具奏前来。臣等查该故员治潮二十余年，由县令荐擢郡守，功绩昭著，民怀遗爱。馨香之报，出于至诚。合无仰恳天恩，俯准将已故追赠太仆寺卿、原任潮州府知府吴均，于潮州府城建立专祠，由地方官春秋致祭。并将事迹宣付史馆立传，以彰荩绩而顺舆情。出自鸿施。

除咨吏、礼二部查照外，谨合词恭折具陈，伏祈皇上圣鉴训示。谨奏。

朱批："另有旨。"①

195. 备还英德之款片 光绪二十三年十一月二十二日

再，案准户部咨，应还英、德一款，每年指拨广东省盐斤加价银五万两，地丁等项银三十八万两，加放俸饷银五万两，闱捐银二十四万两，每年匀分二、五、八、冬四个月，解赴江海关道交纳。等因。兹据广东布政使张人骏、两广盐运使英启、广东善后局司道先后详称，本年十一月分应解前项银两，现经设法挪凑，作为盐斤加价银一万二千五百两，地丁等项银九万五千两，加放俸饷银一万二千五百两，闱捐银六万两，于十一月初七、初九等日，先后交号商协成乾等领汇，限于十一月二十日以前解交江海关道兑收，备还英、德之款。详请奏咨前来。

臣覆查无异，除咨部查照外，谨会同广东抚臣许振祎附片具陈，伏乞圣鉴。谨奏。

朱批："户部知道。"②

196. 拣员请补守备折 光绪二十三年十一月二十二日

太子少保、头品顶戴两广总督臣谭钟麟跪奏，为拣员请补守备，恭折仰祈圣鉴事。

窃照广东那扶营守备缺，轮用应升人员，前经臣以惠州协左营左哨千总林茂芳奏补。兹准部覆，林茂芳历俸未满六年，碍难议准。应先尽俸满回任候升之员请补。等因。兹于陆路俸满回任

---

①《光绪朝朱批奏折·内政·礼仪·宫廷·陵寝事务》第29辑第277—278页，光绪二十三年十月二十八日。

②《光绪朝朱批奏折·财政·库储》第82辑第724页，光绪二十三年十一月二十二日。

候升各千总内拣选，除籍隶本府各员不计外。查有南雄协左哨头司千总赖钦，年五十七岁，广东翁源县人。由武童递拔今职，同治九年十月十二日接札，历俸六年期满，送部引见。奉旨回任候升，初、二次甄别。咨准部覆，改为即用注册。该员资深才稳，合无仰恳天恩，俯准以赖钦升补那扶营守备缺，敕部发给札付，令其赴任。

谨会同广东陆路提督臣张春发缮折具陈，伏乞皇上圣鉴，敕部核覆施行。谨奏。

朱批："兵部议奏。"①

197. 黄武贤在籍病故赐恤片 光绪二十三年十一月二十二日

再，在籍食俸前任云南提督黄武贤，因触发旧伤，于光绪二十三年八月十八日，在广东潮阳县原籍病故。由其子廪生黄锡畴，呈县详司，转报前来。伏查已故前任云南提督黄武贤，壮岁从军，历随前大学士左宗棠等剿办发逆，转战两江、皖、浙等省。时发逆数犯镇江，该提督驻军堵剿，叠解重围，斩俘要逆，厥功尤伟，递保记名提督。曾任甘肃西宁镇、云南临元镇总兵，升授云南提督。光绪十三年，以伤疾复发，奏奉谕旨，着以原品休致，并蒙赏食全俸。该提督忠勇性成，战功卓著，早在圣明洞鉴之中。兹因触发旧伤，在籍病故，殊堪悼惜。可否加恩赐恤之处，出自鸿慈逾格。

除饬取该故提督履历咨部外，谨附片具陈，伏乞圣鉴训示。谨奏。

朱批："兵部议奏。"②

---

①《光绪朝朱批奏折·军务·人事》第45辑第991页，光绪二十三年十一月二十二日。

②《光绪朝朱批奏折·军务·人事》第45辑第992页，光绪二十三年十一月二十二日。

198. 仍以李殿骧补授海口营中军守备片

光绪二十三年十一月二十二日

再，广东海口营中军守备缺，应用尽先人员，前经臣以水师提标中营尽先守备李殿骧奏补。兹准部覆，查尽先名次在前，尚有萧翰一员，漏未声叙，应令查覆到日，再行核办。光绪二十三年九月十八日覆奏，奉旨："依议。钦此！"咨行前来。伏查海口营守备，驻扎琼州府属滨海要区，营务繁重。尽先守备萧翰，人地不宜，未便迁就请补。合无仰恳天恩，俯准仍以李殿骧补授海口营中军守备，敕部给札，令其赴任。

谨会同广东水师提督臣何长清附片具陈，伏乞圣鉴，敕部核覆施行。谨奏。

朱批："兵部议奏。"①

199. 查明广东嘉应州属及惠州等府属被水被风均经拨款分别赈恤折

光绪二十三年十一月二十八日

太子少保、头品顶戴两广总督臣谭钟麟，头品顶戴广东巡抚臣许振祎跪奏，为查明广东嘉应州属及惠州等府属被水被风，均经拨款，分别抚恤，来春无须接济，恭折由驿覆陈，仰祈圣鉴事。

窃承准军机大臣字寄光绪二十三年九月三十日奉上谕："广东嘉应州属五、六月间叠遭大雨，山水涨发。准许振祎奏请拨银五千两抚恤，灾区小民谅可不至失所。惟念来春青黄不接之时，民力未免拮据。着体察情形，如有应行接济之处，即查明据实覆奏。此外有无被灾地方，应行调剂抚恤之处，一并查奏，候旨施恩。

①《光绪朝朱批奏折·军务·人事》第45辑第992页，光绪二十三年十一月二十二日。

将此谕令知之。等因。钦此！”仰见圣主轸念民依、有加无已之至意，钦感莫名。遵经恭录行司，确查详办。伏查广东省本年五月间，嘉应州及所属之兴宁、镇平二县被水，当经拨银五千两，委员解往勘赈。六月间，惠州府属之龙川、河源、和平三县被水，又经拨银四千两，饬交惠州府分别赈抚。又七月间，廉州府属之合浦县叠遭大雨，山水涨发。八月间，雷州府属之海康、遂溪二县，琼州府属之琼山县，高州府属之吴川、电白二县，同遭飓风，海潮随涨。各有吹塌房屋、覆溺船艘、淹毙人口情事。其海、遂二县滨海一带，土名东南洋，田为咸潮溃堤淹浸，不能补种晚禾，其情尤为困苦。先已拨银五千两，办理急赈。旋又动用本年备荒经费银一万二千两，为助修堤岸，以工代赈，并买米平粜，以免荐饥，饬属妥为办理，已会片奏明在案。至合浦一县，先经委员往勘，会商该府拨款赈恤。琼山赈务，已由雷琼道督属妥办。高属之吴川、电白及雷属之徐闻等县，虽系同时被风，而情形较轻，均由地方官酌量抚恤，小民不致失所。此外各属，收成均称中稔，并无被灾之处。现在地方静谧，民情安堵。察看情形，来春青黄不接之时，似可无须接济。据藩、臬两司会详请奏前来。

臣等覆查无异，所有遵旨查明广东嘉应州属及惠州等府属被水被风，均经分别拨款抚恤，来春无须接济缘由，谨合词恭折覆陈，伏祈皇上圣鉴。谨奏。

朱批：“知道了。”①

200. 广东海防善后局库每年扣平银数折

光绪二十三年十二月初四日

太子少保、头品顶戴两广总督臣谭钟麟跪奏，为广东海防善后局库每年扣平银数，恭折陈明，仰祈圣鉴事。

---

①《光绪朝朱批奏折·内政·赈济》第31辑第719—720页，光绪二十三年十一月二十八日。

案准户部咨，令自本年七月起，各省额支正、杂各款及旗、绿挑练，兵饷凡向支库平者，每两核扣六分，勇饷开支库平者，核扣四分，专款存储。等因。咨行前来，先经臣等查明广东司道各库一年扣平银数，奏报在案。兹据广东海防善后局司道张人骏等详称，局库需用银两，向按库平支发。现查应支水陆防勇薪粮等项，每年约银一百一十余万，每两扣平四分，约扣银四万余两。又旗营习练洋操官兵及一切杂款，每年约支银五十余万，每两扣平六分，约扣银三万余两。等情。详请奏咨前来。

臣覆查无异，除饬令自本年七月起随支随扣，专款存储候拨外，谨会同广东巡抚臣许振祎缮折具陈，伏乞皇上圣鉴，敕部查照施行。谨奏。

朱批："户部知道。"①

201. 光绪二十三年夏季分广东省委署代理知县各缺折光绪二十三年十二月初七日

太子少保、两广总督臣谭钟麟，头品顶戴广东巡抚臣许振祎跪奏，为光绪二十三年夏季分广东省委署代理知县各缺，遵照章程，恭折具奏，仰祈圣鉴事。

窃照各省州县，无论奏调、委署、代理，钦奉上谕："着每届三个月汇奏一次。等因，钦此！"由部转行，钦遵在案。兹据广东布政使张人骏详称，光绪二十三年夏季分，出有清远县知县和廷彪丁忧，遗缺以优贡试用知县陈廷蔚署理。又东莞县知县刘秉奎调帘，遗缺以候补直隶州知州徐儁声代理。又新安县知县赵新调帘，遗缺以试用知县刘骏声代理。又香山县知县史继泽调帘，遗缺以候补知县彭骢孙代理。又新会县知县崔增瑞调帘，遗缺以试用通判蒋文英代理。又海阳县知县杜友白调帘，遗缺以试用通判

①《光绪朝朱批奏折·财政·库储》第82辑第734页，光绪二十三年十二月初四日。

刘宗琨代理。详请具奏前来。

臣等覆查无异，理合会同恭折具陈，伏祈皇上圣鉴。谨奏。

朱批："吏部知道。"①

202. 陈廷蔚署理清远县知县片光绪二十三年十二月初七日

再，准部咨，疏通正途案内，嗣后各省州县缺出，令将轮委班次，并出缺日期，每届三月奏报。等因，历经遵照办理。兹光绪二十三年夏季分，出有清远县知县和廷彪丁忧，遗缺轮用正途班，以优贡试用知县陈廷蔚署理，据广东布政使张人骏列册详请具奏前来。

除册咨送吏部外，臣等谨合词附片具陈，伏祈圣鉴。谨奏。

朱批："吏部知道。"②

203. 南海顺德两县属桑园围基段卸裂请拨岁修息银修筑折光绪二十三年十二月初七日

太子少保、两广总督臣谭钟麟，头品顶戴广东巡抚臣许振祎跪奏，为南海、顺德两县属桑园围基段卸裂，请拨岁修息银修筑，恭折仰祈圣鉴事。

窃照南海、顺德两县所属桑园围，分东、西两基，共长一万四千七百余丈，当西北两江之冲。光绪十八年，该围基段被水冲激卸陷，曾经动支岁修息银八千两给发，修筑工竣。无如堤身绵长，频年江潦盛涨，水势冲激，阅今五载。以致东西各基段，复多卸裂渗漏。据南海、顺德两县绅士郭乃心等呈请拨给岁修银两，借资修筑等情。经臣等饬司委员，会县查勘。随据委员补用知府

①《光绪朝朱批奏折·内政·职官》第12辑第776页，光绪二十三年十二月初七日。

②《光绪朝朱批奏折·内政·职官》第12辑第777页，光绪二十三年十二月初七日。

陈文塀，会同南海、顺德二县，前往履勘。该围东基，计应修者一十四段，以吉赞、窦简、村堡、江浦司、韦驮庙等处工程为最要。西基计应修者一十四段，以五岳庙、海舟天后庙、铁牛、南村、铜鼓滩等处为最要。均有卸裂渗漏，亟应培筑坚固，以资捍卫。惟应修段落过多，工费较巨。体察民力，实有未逮。议请动拨该围岁修息银一万四千五百八十两，转给该围绅士，领会兴修。由司核明详请具奏前来。臣等伏查桑园围基，本有岁修息银专款。光绪十八年，因该围基段被水冲激卸陷，当经前抚臣刚毅，会同前督臣李瀚章奏明援案，动拨岁修息银八千两，修筑完固。奉旨允准造册，题销在案。现在又阅五年，常被江水冲激，以致东基吉赞、窦简、村堡、江浦司、韦驮庙等处，西基五岳庙、海舟天后庙、铁牛、南村、铜鼓滩等处各基段，单薄浮松，渐至卸裂渗漏。饬司委员会县勘明，实系刻不可缓之工。惟需费过巨，民力委有未逮。据请拨给岁修银两，自应援案动支。查本款息银，先已按季报拨及收入筹备堤岸项内存储。现无息银动支，而各处基段，该绅等现已兴工，经费急需支应。查司库筹备堤岸一项，尚堪拨给，当经饬于筹备堤岸项内，拨给银一万四千五百八十两，发给该围绅士领回，由县督饬赶紧修筑。其余不敷银两，即由围内殷实业户捐足支用。除俟工竣，核实验收，将动拨银两，造册报销。仍俟续收桑园围岁修息银，尽数归补还款外。

所有桑园围基段卸裂，援案拨给岁修息银修筑缘由，臣等谨合词恭折具奏，伏乞皇上圣鉴训示，敕部知照。谨奏。

朱批："该部知道。"①

---

①《光绪朝朱批奏折·水利·河湖海塘渠堰工程》第100辑第39—40页，光绪二十三年十二月初七日。

204. 汇奏广东省半年内咨结交代各案折

光绪二十三年十二月二十日

太子少保、头品顶戴两广总督臣谭钟麟，头品顶戴广东巡抚臣许振祎跪奏，为汇奏广东省光绪二十三年五月起至十月底止，半年内咨结交代各案，恭折仰祈圣鉴事。

窃准户部咨，具奏申明州县交代例限，并请严定藩司处分一折。钦奉谕旨：行令将交代各案，分别已未完结，半年汇奏一次，并将有无未解银两，于何月日提解司库，逐案声叙。等因。即经钦遵办理，并将光绪十一年十一月起至二十三年四月底止，咨结各案，开单具奏。兹据广东布政使张人骏详称，自光绪二十三年五月起至十月底止，半年届满，陆续咨结。各属交代共三十四案，均系新案交代，内三十一案，应征正、杂钱粮银米扫数解清，并无未解之款。其余三案征存银米，未据解清，业经另案参追。等情前来。

臣等覆核无异，除饬司将此外未结交代，严催结报外，谨缮清单，合词恭折具奏，伏祈皇上圣鉴。谨奏。

朱批："户部知道，单并发。"①

205. 署理各员缺片 光绪二十三年十二月二十日

再，准部咨，疏通正途案内，嗣后各省州县缺出，令将轮委班次并出缺日期，每届三月奏报。等因。历经遵照办理。兹光绪二十三年秋季分，出有阳春县知县任燕誉病故，遗缺以卸雷州府同知刘汝霖署理。化州知州向东森因案解任，遗缺以候补知县周经樾署理。以上二缺，俱系挨委缺。今因地方紧要，酌委刘汝霖

①《光绪朝朱批奏折·财政·库储》第82辑第744—745页，光绪二十三年十二月二十日。

等署理，均不入班次积缺计算。又署丰顺县知县俞煐署事期满，遗缺轮用插用同通班，以候补同知刘钰德署理。据广东布政使张人骏列册详请具奏前来。

除册咨送吏部外，臣等谨合词附片具陈，伏祈圣鉴。谨奏。

朱批："吏部知道。"①

206. 甄别教杂各官劾不及数折 光绪二十三年十二月二十日

太子少保、头品顶戴两广总督臣谭钟麟，头品顶戴广东巡抚臣许振祎跪奏，为甄别教、杂各官劾不及数，恭折仰祈圣鉴事。

窃照定例，教职、杂职年终汇咨，甄别不及百之二三，令该督抚等专折具奏。等因。伏查广东省教职一百八十二员，每年应劾四员，佐杂三百八员，每年应劾六员，本年教职参劾署连州学正事委用教职金福绅一员，佐杂参劾博罗县善政里司巡检王汉、灵山县典史汪朝傑、候补府经历曾寿荣三员，核计参劾教、杂均未足额。此外，现无应行甄别之员，据藩司张人骏会同臬司魁元详请具奏前来。

臣等覆查无异，除督率司道转饬该管府、州、厅再行严密查察，如有年老庸劣应劾之员，随时据实办理，另行咨部外。所有光绪二十三年分，广东省甄别教、杂各官劾不及数缘由，臣等谨会同广东学政臣张百熙恭折具奏，伏乞皇上圣鉴。谨奏。

朱批："吏部知道。"②

---

①《光绪朝朱批奏折·内政·职官》第12辑第829页，光绪二十三年十二月二十日。
②《光绪朝朱批奏折·内政·职官》第12辑第827页，光绪二十三年十二月二十日。

207. 光绪二十三年秋季分广东省委署代理州县各缺折光绪二十三年十二月二十日

太子少保、头品顶戴两广总督臣谭钟麟，头品顶戴广东巡抚臣许振祎跪奏，为光绪二十三年秋季分广东省委署代理州县各缺，遵照章程，恭折具奏，仰祈圣鉴事。

窃照各省州县，无论奏调、委署、代理，钦奉上谕："着每届三个月汇奏一次。等因。钦此！"由部转行，钦遵在案。兹据广东布政使张人骏详称，光绪二十三年秋季分，出有阳春县知县任燕誉病故，遗缺以卸雷州府同知刘汝霖署理。又署丰顺县知县俞焕署事期满，遗缺以候补同知刘钰德署理。又化州知州向东森因案解任，遗缺以候补知县周经楸署理。又署顺德县知县严崇德病故，遗缺以候补同知直隶州知州李家焯代理。详请具奏前来。

臣等覆查无异，理合会同恭折具陈，伏祈皇上圣鉴。谨奏。

朱批："吏部知道。"①

208. 省会首邑要缺需员恳恩俯准拣员调补以资治理折光绪二十四年正月二十八日

太子少保、头品顶戴两广总督臣谭钟麟，头品顶戴广东巡抚臣许振祎跪奏，为省会首邑要缺需员，恳恩俯准拣员调补，以资治理，恭折奏祈圣鉴事。

窃照准部咨行缺单内开南海县知县李征庸降〔革〕，所遗南海县知县系冲、繁、疲、难四项最要缺，例应在外拣选题补。该县为省会首邑，政务殷繁，时有发审要案及交涉洋务。非精明干练、才识兼优之员，不足以资治理。臣等与藩、臬两司，于本省候补

①《光绪朝朱批奏折·内政·职官》第12辑第828页，光绪二十三年十二月二十日。

即用及应升各员内，逐加遴选。非现居要缺，即人地未宜，实无合例堪胜斯缺之员。兹查有海阳县知县杜友白，年五十五岁，系河南孟县人。由拔贡中式光绪乙酉科本省乡试第六十名举人。丙戌科会试，中式第三甲八十六名进士，引见以知县即用。签掣广东，光绪十二年十一月初二日到省，题补海阳县知县。十八年四月十三日到任，历俸已满三年。该员朴实习勤，谙练体要，现莅三项要缺。任内并无承审积案及承缉盗案、已起降调革职参限，虽有经征未完光绪十八、二十、二十一、二十二等年钱粮。查系实欠在民，并非征存未解因公处分，例免核计。以之调补南海县知县，洵堪胜任。惟南海县本属题缺，今请调补，与例稍有未符，而人地实在相需，例得据实陈明，专折奏请。据藩、臬两司会详前来。合无仰恳圣恩，俯念省会首邑员缺紧要。准以该员杜友白调补南海县知县，实于要缺有裨。如蒙俞允，该员系现任知县请调知县，衔缺相当，毋庸送部引见。所遗海阳县知县，系海疆冲、繁、难三项要缺，例应在外拣调。俟接准部覆，另行选员请调。

臣等谨合词恭折具奏，伏乞皇上圣鉴训示。再，该员参罚案件，另造清册送部，合并陈明。谨奏。

朱批："吏部议奏。"①

209. 拣员请补都司折 光绪二十四年正月二十日

太子少保、头品顶戴两广总督臣谭钟麟跪奏，为拣员请补都司，恭折仰祈圣鉴事。

窃照广东前山营都司缺，应用尽先人员，先经臣以都司区锡镛奏补。兹准部覆，区锡镛改用水师，尚未保题，碍难议准。令另拣合例人员请补。等因。查内河水师尽先都司，只有潘璘一员，年已六旬，人地不宜，未便请补。应在外海水师尽先都司班内遴

①《光绪朝朱批奏折·内政·职官》第13辑第34—35页，光绪二十四年正月二十八日。

选，查有电白营守备尽先都司赵希祖，年四十五岁，广东新会县人。由武举充补差官，期满以营守备尽先补用。又因驰递文报无误，保准俟补缺后以都司尽先即补，准补今职。光绪二十年二月二十五日接札，准部咨归入外海水师尽先都司班内序补。该员水师熟悉，合无仰恳天恩，俯准以赵希祖补授前山营都司。俟部覆到日，给咨送部引见，并拣员调补，以符定制。

谨会同广东水师提督臣何长清合词缮折具陈，伏乞皇上圣鉴，敕部核覆施行。谨奏。

朱批："兵部议奏。"①

210. 拣员升补副将折光绪二十四年正月二十日

太子少保、头品顶戴两广总督臣谭钟麟跪奏，为拣员升补副将，恭折仰祈圣鉴事。

窃准兵部咨，广东顺德协副将缺，系内河水师题补第一轮第三缺。因豫保、拣发均无人，以第九缺应升人员抵补，即拣员请补。等因。查内河水师参将武永泰，甫接署札。钟成全尚未引见，应以外海应升人员借补。兹查有请调水师提标中军参将、海口营参将丁志德，年五十二岁，广东丰顺县人，由军功递补今职。光绪二十年七月三十日接札，该员才具明练，熟悉师船。合无仰恳天恩，俯准以丁志德升补顺德协副将。该员籍隶本省，俟部覆到日，再行照章，咨商两江督臣，拣员对调。并给咨赴部引见，以符定制。

谨会同广东水师提督臣何长清恭折具陈。伏乞皇上圣鉴，敕部核覆施行。谨奏。

朱批："兵部议奏。"②

---

①《光绪朝朱批奏折·军务·人事》第46辑第68页，光绪二十四年正月二十日。
②《光绪朝朱批奏折·军务·人事》第46辑第67页，光绪二十四年正月二十日。

211. 请敕部更正武职名字片光绪二十四年正月二十日

再，准兵部咨，查两广督标中营补用游击赵定国，保奖千总蓝翎及守备官阶二案。先经行据督标中军副将吉瑞查覆，赵定国前于肃清镇江出力案内保奏。同治二年六月二十五日奉上谕：“着免补外委把总，以千总拔补，并赏戴蓝翎。钦此！”又于克复金陵出力案内汇保，同治三年八月二十一日奉上谕：“着免补千总，以守备尽先拔补。钦此！”当时列保均误缮赵镇国名字，咨部更正注册。兹准兵部咨称，查系五品以上人员，应令奏明办理。等因前来。相应请旨，敕部将两广督标中营补用游击赵定国，前保千总、守备二案赵镇国名字，一并更正赵定国，以符全案。

谨附片具陈，伏乞圣鉴训示。谨奏。

朱批：“兵部知道。”①

212. 林汝扬补授两广督标前营守备片光绪二十四年正月二十日

再，两广督标前营守备缺，轮用期满武进士。先经臣以期满营用武进士赵念祖请补。兹准部覆，赵念祖名次在后，令拣名次在前之员请补。等因。兹复于期满营用武进士内遴选，除在前之叶国昌丁忧不计外，查有督标右营效力期满营用武进士林汝扬，年五十三岁，广东香山县人。由兵生应光绪已卯科本省乡试，中式武举。庚辰科会试，中式武进士。奉旨：“以营守备用。钦此！”回粤收标，饬发督标右营效力。光绪七年八月二十二日到标效力，五年期满，咨准部覆注册。该员年健力强，合无仰恳天恩，俯准

①《光绪朝朱批奏折·军务·人事》第46辑第69页，光绪二十四年正月二十日。

以林汝扬补授两广督标前营守备，敕部发给札付，令其赴任。

谨会同广东陆路提督臣张春发，合词附片具陈，伏乞圣鉴，敕部核覆施行。谨奏。

朱批："兵部议奏。"①

213. 许桂芳补授增城营右营守备片 光绪二十四年正月二十日

再，准兵部咨，广东增城营右营守备缺，应用期满差官拣员请补。等因。兹在期满分发差官陆路尽先守备班内拣选，查有督标中营分发差官尽先守备许桂芳，年三十九岁，浙江天台县人。由武举充补差官，三年期满，奉旨以营守备用，留差一年。又办理军报出力，保准俟补守备后以都司补用，先换顶戴，呈请分发广东补用。光绪十九年九月初二日到标，该员年力正强，且名次在前，与例相符。合无仰恳天恩，俯准以许桂芳补授增城营右营守备，敕部给札，令其赴任。

谨会同广东陆路提督臣张春发，附片具陈，伏乞圣鉴，敕部核覆施行。谨奏。

朱批："兵部议奏。"②

214. 谭得贵升补右江镇右营中军守备片 光绪二十四年正月二十日

再，准兵部咨，广西右江镇右营中军守备缺，系题调之缺，迅拣合例人员请补。等因。查广西内地守备，非现居要缺，即人地未宜，实无堪以调补之员。兹于现任应升人员内详加拣选，查有提标中营左哨千总谭得贵，年四十三岁，广西马平县人。由行

---

①《光绪朝朱批奏折·军务·人事》第46辑第69页，光绪二十四年正月二十日。

②《光绪朝朱批奏折·军务·人事》第46辑第70页，光绪二十四年正月二十日。

伍递拔今职，光绪十五年二月初十日接札。十八年，军政保举卓异，并六年俸满，给咨赴部引见。奉朱笔圈出："着准其卓异，加一级注册，回任照例用。钦此!"换给札付回营。该员年强力裕，能耐烟瘴。合无仰恳天恩，俯准以谭得贵升补右江镇右营中军守备，敕部给札，令其赴任。

谨会同广西提督臣苏元春附片具陈，伏乞圣鉴，敕部核覆施行。谨奏。

朱批："兵部议奏。"①

215. 恭谢天恩折光绪二十四年正月二十八日

太子少保、头品顶戴两广总督臣谭钟麟跪奏，为恭谢天恩，仰祈圣鉴事。

光绪二十四年正月二十八日，赍折差弁回粤，奉到御赐"福"字一方。臣当即恭设香案，望阙叩头祗领。钦惟皇上缉熙典学，浚哲敷文。羲画腾辉，河洛灿图书之瑞。禹畴锡羡，星云瞻纠缦之祥。恩波偕墨彩常新，宸翰与春祺并锡。龙章捧出，凫藻欢腾。臣职奉南疆，心依北阙。荷宠褒于一字，伏地滋惭。祝祜集于三多，普天同庆。

所有微臣感激荣幸下忱，谨缮折恭谢天恩，伏乞皇上圣鉴。谨奏。

朱批："知道了。"②

①《光绪朝朱批奏折·军务·人事》第46辑第70页，光绪二十四年正月二十日。
②《光绪朝朱批奏折·内政·礼仪·宫廷·陵寝事务》第29辑第310—311页，光绪二十四年正月二十八日。

216. 广州旗营洋操各员五年届满择尤开单请奖折光绪二十四年二月十七日

太子少保、头品顶戴两广总督臣谭钟麟跪奏，为广州旗营洋操各员，五年届满，择尤开单请奖，恭折仰祈圣鉴事。

窃照驻防广州旗兵，自光绪元年起，陆续添练洋枪队，改设之步军营，亦一律操演洋枪。上年，臣奉旨查阅营伍，会同将军臣保年等逐一校阅，放枪灵捷，整锐可观，先于覆陈查阅广东营伍折内奏明在案。良由历任将军臣悉心讲求，而管带、教习各员，认真训练，历久弥勤，不无微劳足录。查洋枪队步军营统带、管带、教习各员，历经前督臣于查阅营伍案内附奏保奖。嗣准部咨，各营保奖，以五年为限。前督臣李瀚章于光绪十七年奏奖一次，现届五年期满，应由臣会商将军、副都统照章，将尤为出力各员，分别拟奖，缮具清单，恭呈御览。合无仰恳天恩，俯准将单开各员，一并给奖，出自鸿施逾格。

除饬取各该员履历咨部，并将出力稍次各员弁由将军、副都统酌给奖叙外，谨缮折陈请，伏乞皇上圣鉴训示。谨奏。

朱批："兵部议奏，单并发。"①

217. 拣员请补守备折光绪二十四年二月十七日

太子少保、头品顶戴两广总督臣谭钟麟跪奏，为拣员请补守备，恭折仰祈圣鉴事。

窃准兵部咨，广西宾州营守备缺，系部推之缺，轮用期满差官，迅即拣员请补。等因。兹查有期满差官、尽先补用守备黎镇淮，年三十三岁，广西岑溪县人。由武举充补差官，期满以营守

①《光绪朝朱批奏折·军务·人事》第46辑第102—103页，光绪二十四年二月十七日。

备用。又经捷报处保准，俟补守备后，以都司补用，呈请分发原省候补。光绪二十年十一月二十九日到标。该员年力富盛，且名次在前，与例相符。合无仰恳天恩，俯准以黎镇淮补授宾州营守备，敕部给札，令其赴任。

谨会同广西提督臣苏元春缮折具陈，伏乞皇上圣鉴，敕部核覆施行。谨奏。

朱批："兵部议奏。"①

218. 惠州协副将朱荣春开缺回籍修墓片

光绪二十四年二月十七日

再，准广东陆路提臣张春发咨，据惠州协副将朱荣春禀称，迭接江苏本籍亲友来信，上年山水涨发，祖父坟茔冲塌，亟宜修理，恳请开缺回籍修墓等情，转咨前来。臣覆查属实，合无仰恳天恩，俯准将惠州协副将朱荣春开缺，俾得回籍修墓，以遂孝思。所遗员缺，系部推之缺。粤省现有应补人员，请归外补。

除咨部外，谨会同广东陆路提督臣张春发，附片具陈。伏乞圣鉴训示。谨奏。

朱批："兵部知道。"②

219. 秦声泰补授广西梧州协右营守备片

光绪二十四年二月十七日

再，准兵部咨，广西梧州协右营守备缺，系部推之缺，应用尽先人员，即拣员请补。等因。兹于广西尽先守备班内遴选，除刘新定、黄应煜、叶友顺、李振平、尹占恩，均告假离营，白溶已报病故外，其名次在前之冯秉原、孔庆养、邱泰、陈德发、白国

---

①《光绪朝朱批奏折·军务·人事》第46辑第103页，光绪二十四年二月十七日。
②《光绪朝朱批奏折·军务·人事》第46辑第104页，光绪二十四年二月十七日。

庆、欧月中、梁锡荣、冯绍瑛、唐朝元、金焕龙、梁世业、蒙盛德、王家驹、周又兴、封俊、张华书等十六员，或营伍尚欠历练，或于此缺人地未宜，未便迁就请补。查有尽先守备秦声泰，年三十七岁，广西临桂县人。由军功赴滇，随剿出力，递保守备衔尽先千总。又于克复广威等处出力，保准免补千总，以守备尽先补用，并戴花翎。回粤收标，准部注册序补。该员年力富强，前在外省军营，并无参革朦保情弊。合无仰恳天恩，俯准以秦声泰补授广西梧州协右营守备。俟部覆到日，再行给咨，送部引见，以符定制。

谨会同广西提督臣苏元春附片具陈，伏祈圣鉴，敕部议覆施行。谨奏。

朱批："兵部议奏。"①

220. 李承荫升补东兰营守备片 光绪二十四年二月十七日

再，准兵部咨，广西东兰营守备，系题调之缺，迅拣合例人员请补。等因。查广西内地守备，非现居要缺，即人地未宜，实无堪以调补之员。兹于现任应升人员内详加拣选，查有柳庆镇左营左哨千总李承荫，年四十七岁，广西马平县人。由承袭云骑尉世职，告降千总，拔补今职。光绪九年三月初十日接札，六年俸满及初次三年期满，均经考验，咨部留任。该员年强力裕，能耐烟瘴。合无仰恳天恩，俯准以李承荫升补东兰营守备。俟准部覆，再行给咨，送部引见，以符定制。

谨会同广西提督臣苏元春附片具陈，伏乞圣鉴，敕部核覆施行。谨奏。

朱批："兵部议奏。"②

---

①《光绪朝朱批奏折·军务·人事》第46辑第105页，光绪二十四年二月十七日。
②《光绪朝朱批奏折·军务·人事》第46辑第106页，光绪二十四年二月十七日。

221. 盘验司库银数及征收钱粮银米完欠各数目片 光绪二十四年二月十八日

再，现届光绪二十三年分奏销之期，经臣督同司道各官赴库盘查，计捐贡监等款正项银三十三万七千二十九两零，耗羡银五十六万二千五百八十二两零，杂项银七十万九千七百六十七两零，因正项钱粮银两不敷支放，将以上正、杂各款，悉行借垫。俟征解还款，逐加查验，均属相符，并无亏短情弊。其应征地丁、民屯粮米，据广东布政使岑春煊、署督粮道蒋武琛，将完欠数目分晰开报前来。臣覆查光绪二十三年分额征地丁等项，共银一百一十万三千七百六十七两零，内已完银九十三万九千五百九十两零，尚未完银一十六万四千一百七十六两零，计完八分以上，未完一分有余。又额征米石，实应征米三十四万四千三百九十石零，内已完米二十八万六千四十三石零，尚未完米五万八千三百四十六石零，计完八分以上，未完一分有余。现经督同藩司、粮道，将未征民欠银米，勒限征完。如有逾延，即行查参。

除将司库实存银数及各属现年征收已未完分数造册另行题咨外，所有盘验司库银数及光绪二十三年分通省征收钱粮银米完欠各数目，谨循例附片具陈，伏乞圣鉴。谨奏。

朱批："户部知道。"①

222. 备还俄法之款片 光绪二十四年三月

再，案准户部咨，应还俄、法一款，每年指拨广东盐斤加价银五万两，加放俸饷银五万两，闱捐银二十四万两，地丁等项银二十四万两，各按六成之数，于三月内解交。等因。兹据广东布

---

①《光绪朝朱批奏折·财政·库储》第82辑第778页，光绪二十四年二月十八日。

政使张人骏、两广盐运使英启、广东善后局司道先后详称，应解前项银两，现经如数挪凑，作为盐斤加价银三万两，加放俸饷银三万两，地丁等项银一十四万四千两，闱捐银一十四万四千两。于三月初九、十三等日，先后交号商蔚泰厚等领汇。依限解交江海关道兑收，备还俄、法之款，详请奏咨前来。

臣覆查无异，除咨部查照外，谨会同广东抚臣许振祎附片具陈，伏乞圣鉴。谨奏。

朱批："户部知道。"①

223. 总兵患病恳准开缺回籍调理折 光绪二十四年三月初四日

太子少保、头品顶戴两广总督臣谭钟麟跪奏，为总兵患病，恳准开缺回籍调理，恭折仰祈圣鉴事。

窃据记名提督、卸任潮州镇总兵刘世俊禀称，潮州地处海滨，水土不宜，屡患湿证。上年秋间，请假回省调理。讵入春以来，病复举发，四肢酸痛，精神渐觉委顿，未敢恋栈贻误，禀恳奏请开缺回籍调理。等情前来。臣查该总兵前因在潮水土不服，交卸篆务后回省医调。兹据禀称病久未愈，查系实情。相应据情吁恳天恩，准其开缺回籍调理。所遗广东潮州镇总兵，员缺紧要，请旨迅赐简放，以重职守。

理合缮折具奏，伏乞皇上圣鉴训示。谨奏。

朱批："另有旨。"②

---

①《光绪朝朱批奏折·财政·库储》第82辑第811页，光绪二十四年三月。

②《光绪朝朱批奏折·军务·人事》第46辑第127页，光绪二十四年三月初四日。

224. 特参庸劣武职各员折光绪二十四年三月初四日

太子少保、头品顶戴两广总督臣谭钟麟跪奏，为特参庸劣武职各员，恭折仰祈圣鉴事。

窃维讲求武备，全赖各营官振刷精神，认真整顿。其庸劣不职者，亟应从严参劾，以警其余。查有广东罗定协副将海禄，捕务懈弛，难期振作。潮州镇标中军游击宝瑞，纵兵滋事，纪律毫无。哲字营哨弁尽先守备黄友朝，营务废弛，科敛规费。精选营哨弁守备邓荣诲，不守营规。以上各员，经臣先后撤任撤差，相应请旨，将罗定协副将海禄，潮州镇标中军游击宝瑞，守备黄友朝、邓荣诲一并革职，以肃戎行。黄友朝于撤差后，押回安徽合肥县原籍，中途脱逃。除饬属查拿递籍管束外，所有特参庸劣武职各员缘由，理合缮折具陈，伏乞皇上圣鉴训示。再，罗定协副将、潮州镇标中军游击二缺，粤省尚有应补人员，应请留归外补，合并陈明。谨奏。

朱批："另有旨。"①

225. 汇案请袭世职折光绪二十四年三月初四日

太子少保、头品顶戴两广总督臣谭钟麟跪奏，为汇案请袭世职，仰祈圣鉴事。

案准兵部咨，袭职发标人员三月汇奏一次，遵办在案。兹光绪二十三年冬季分，据合浦县申送承袭云骑尉李应员、刘祖经、吴锡忠，请袭职发标前来。查定例：承袭世职，令嫡长子孙承袭。如无嫡长子孙，许令弟侄应承继者承袭。又承袭云骑尉年已及岁，

---

①《光绪朝朱批奏折·军务·人事》第46辑第128页，光绪二十四年三月初四日。

免其送部，令该督抚验看具题。俟题准后，就近发标学习，支食全俸。各等语。今请袭云骑尉李应员、刘祖经、吴锡忠年均及岁，请袭职发标，核与定例相符。经臣验明，发标学习，相应汇缮清单，恭呈御览。

除将各该员亲供宗图、履历册结咨送部科外，谨缮折具陈，伏祈皇上圣鉴，敕部核覆施行。谨奏。

朱批："兵部议奏，单并发。"①

226. 陈焕熹补授万州营守备片 光绪二十四年三月初四日

再，广东万州营守备缺，经臣以陆路尽先守备陈焕熹奏补。兹准部覆，名次在前之保洪寿现经注册，归班序补。应令查看于此缺是否相宜，声覆核办。等因。咨行前来。伏查万州营守备驻扎琼州府，万州城烟瘴要区，营务繁重，查看保洪寿于此缺人地不宜，未便请补。合无仰恳天恩，俯准仍以陈焕熹补授万州营守备。俟部覆到日，给咨送部引见，以符定制。

谨会同广东陆路提督臣张春发附片具陈，伏乞圣鉴，敕部议覆施行。谨奏。

朱批："兵部议奏。"②

227. 吴锦补授抚标左营守备片 光绪二十四年三月初四日

再，准兵部咨，广东抚标左营守备缺，系陆路部推之缺，应用尽先人员，令拣员请补。等因。兹在尽先守备班内拣选，查有督标尽先守备吴锦，年六十一岁，广东东莞县人。由勇目递保尽

---

①《光绪朝朱批奏折·军务·人事》第46辑第129页，光绪二十四年三月初四日。

②《光绪朝朱批奏折·军务·人事》第46辑第130页，光绪二十四年三月初四日。

先守备，加都司衔，拟补陆路提标前营守备，因请咨逾限开缺，仍归尽先原班名次序补。该员营务老练，前在外省军营，并无参革、朦保情弊，合无仰恳天恩，俯准以吴锦补授抚标左营守备，俟部覆到日，给咨送部引见。并拣员调补，以符定制。

谨会同广东巡抚臣许振祎、陆路提督臣张春发附片具陈，伏乞圣鉴，敕部核覆施行。谨奏。

朱批："兵部议奏。"①

228. 保洪寿补授抚标右营守备片 光绪二十四年三月初四日

再，准兵部咨，广东抚标右营守备缺，系陆路部推之缺，应用尽先人员，令拣员请补。等因。兹在尽先守备班内拣选，除吴锦已另折请补外，其名次在前之赵兴发、梁承诰、陈国刚、陈占魁，均人地未宜，未便请补。查有督标中营尽先守备保洪寿，年四十七岁，广东南海县人。由武生递保尽先千总，嗣于贵州克复安南等城出力案内，保准以守备尽先补用。回粤收标，准部注册序补。该员年力俱强，并无在外省军营参革、朦保情弊。合无仰恳天恩，俯准以保洪寿补授抚标右营守备。俟部覆到日，给咨送部引见，并拣员调补，以符定制。

谨会同广东巡抚臣许振祎、广东陆路提督臣张春发附片具陈，伏乞圣鉴，敕部核覆施行。谨奏。

朱批："兵部议奏。"②

229. 备还英德之款片 光绪二十四年三月初四日

再，案准户部咨，应还英、德一款，每年指拨广东省盐斤加

---

①《光绪朝朱批奏折·军务·人事》第46辑第131页，光绪二十四年三月初四日。

②《光绪朝朱批奏折·军务·人事》第46辑第131页，光绪二十四年三月初四日。

价银五万两，地丁等项银三十八万两，加放俸饷银五万两，闱捐银二十四万两，每年匀分二、五、八、冬四个月，解赴江海关道交纳。等因。兹据广东布政使张人骏、两广盐运使英启、广东善后局司道先后详称，本年二月分应解前项银两，现经设法挪凑，作为盐斤加价银一万二千五百两，地丁等项银九万五千两，加放俸饷银一万二千五百两，闱捐银六万两。于二月初八、十三、十六等日，先后交号商协同庆等领汇，依限解交江海关道兑收，备还英、德之款，详请奏咨前来。

臣覆查无异，除咨部查照外，谨会同广东抚臣许振祎附片具陈，伏乞圣鉴。谨奏。

朱批："户部知道。"①

230. 拣员请补游击折光绪二十四年闰三月初四日

太子少保、头品顶戴两广总督臣谭钟麟跪奏，为拣员请补游击，恭折仰祈圣鉴事。

窃准兵部咨，广东南韶连镇标左营游击，系陆路题补第二轮第六缺，轮用拣发人员，令拣员请补。等因。兹于拣发班内遴选，除常林年已七旬，应行开除。方〔如〕意未据到标，赵定国、刘泮、蔡珠、梁义忠未准注册不计外，其名次在前之黄灼，于此缺人地不宜，未便请补。查有督标中营补用游击林天骥，年四十八岁，福建诏安县人。由监生中式武举，光绪丁丑科会试，中式贡士。殿试二甲，钦点三等侍卫，当差期满，奉旨："以游击用。钦此！"照章捐指广东省补用。光绪二十三年十二月十五日到省，饬发督标中营效力。接准部咨，以到省之日，归入拣发班补用。该员年强才裕，合无仰恳天恩，俯准以林天骥补授南韶连镇左营游击，敕部发给札付，令其赴任。

---

①《光绪朝朱批奏折·财政·库储》第82辑第790页，光绪二十四年三月初四日。

谨会同广东陆路提督臣张春发缮折具陈，伏乞皇上圣鉴，敕部核覆施行。谨奏。

朱批：“兵部议奏。”①

231. 周镇邦开去儋州营水师中军守备底缺片光绪二十四年闰三月初四日

再，留粤水师尽先参将准补广东儋州营水师中军守备周镇邦，籍隶广东南海县，由行伍准补今职，两次救护轮船出力，递保免补游击，以参将仍留广东水师，在任尽先补用，造送履历，准部注册。今请开除守备底缺，归参将班尽先补用，禀由琼州镇总兵转请核办前来。查周镇邦守备任内，并无经手未完事件，合无仰恳天恩，俯准将周镇邦开去儋州营水师中军守备底缺，归外海水师参将班尽先补用。所遗守备缺，系外海水师题补之缺。粤省现有应补人员，请留外补。

理合附片具陈，伏乞圣鉴，敕部核覆施行。谨奏。

朱批：“兵部知道。”②

232. 方如意开复把总原官片光绪二十四年闰三月初四日

再，已革广东惠来营把总方如意，前署平海营中军守备，任内交代不清，经臣奏参，革职勒追。旋据方如意到营，会同核算，将各款筹缴清楚，移交现署守备方成接收册报。由该营参将核明加结，禀由广东水师提〔督〕臣何长清转咨奏恳开复前来。臣覆核无异，合无仰恳天恩，俯准将方如意开复把总原官，出自逾格鸿慈。

①《光绪朝朱批奏折·军务·人事》第46辑第161页，光绪二十四年闰三月初四日。

②《光绪朝朱批奏折·军务·人事》第46辑第162页，光绪二十四年闰三月初四日。

除交代册结咨部外，理合附片具陈，伏乞圣鉴训示。谨奏。

朱批："该部知道。"①

233. 查明广东海康遂溪二县被灾村乡民力拮据请免钱粮折光绪二十四年闰三月二十八日

太子少保、头品顶戴两广总督臣谭钟麟，头品顶戴广东巡抚臣许振祎跪奏，为查明广东海康、遂溪二县被灾村乡民力拮据，请将光绪二十三年分钱粮银米，吁恳天恩，俯准全数蠲免，以苏民困。恭折仰祈圣鉴事。

窃照上年八月间，广东雷州、琼州两府属，同遭飓风，田亩被淹。而海康、遂溪二县被灾尤重。堤岸多被冲决，咸潮灌注田亩，一时不能种植，民情极形困苦。业经臣等将该二县被灾及赈抚情形，于上年十一月覆奏，查明各属被灾均经妥为抚恤，来春无须接济折内，先行陈明在案。兹据广东布政使张人骏、督粮道延祉移行该管道、府、县，会同委员，查明海康、遂溪二县被灾各村乡，除受灾尚轻及未成灾各田亩，仍照常征收钱粮外。惟海康县属东南洋之图阁等村乡，田地共五百五十二顷四十三亩二分八厘。又遂溪县属东洋及湛川东海之通明港等村，田地共七百三十八顷八十三亩六分八厘七毫。均因飓风吹塌堤岸，咸潮灌入，田禾全行失收。现虽涸复，而咸性未除，尚难种植，民情困苦。委系受灾极重，应将光绪二十三年应征钱粮银米，查开数目，详请具奏蠲免等情前来。臣等覆加访察，上年海康、遂溪二县被灾各村乡，不特禾稻全行失收。现虽咸潮涸退，而一时尚难种植。小民困苦异常，所有应征钱粮，实在无力完纳。除饬令将被冲决堤岸赶紧修复外。合无仰恳天恩，俯准将海康县被灾村乡，应征光绪二十三年分地丁正银一千九百九十九两七钱五分五厘，耗羡

①《光绪朝朱批奏折·财政·库储》第82辑第812页，光绪二十四年闰三月初四日。

银三百三十七两九钱五分九厘，色米二百三十一石三斗八升八合九勺七钞。又遂溪县被灾村乡，应征光绪二十三年分地丁正银二千七百三两九钱八分九厘，耗羡银四百五十七两八钱一分九厘，色米五十九石四斗九升二合一勺四钞，全数蠲免，并免其分年带征，以纾民力而广皇仁。

臣等谨合词恭折具奏，伏乞皇上圣鉴训示。谨奏。

朱批："着照所请，户部知道。"①

234. 裁减兵勇数目片 光绪二十四年四月初六日

再，广东省节次裁减兵勇数目，均经奏报在案。其随时添改勇目人等，照章应奏咨立案。查光绪二十三年分，因附省地方盗风尚炽，饬南海、番禺二县，各募壮勇二百名，派弁管带，分赴各乡巡缉。又北海镇所辖之白龙尾港地方，经前督臣李瀚章奏明筑台置炮，派员驻守，共募炮目、炮勇人等四十四名。又水师提督臣何长清，以虎门等处炮台原有副炮目，不敷分布，议裁炮勇八十九名，改募副炮目五十九名，以资操防。又各炮台旧设炮位，间有布置未周，已择要添设钢炮，月给擦油修费，并雇募教习及机器工匠讲求操演，俾免锈坏。所有薪粮、修费等项数目暨先后起支日期，据善后局司道分晰造册，具详前来。

除册咨部外，臣谨会同广东巡抚臣许振祎附片具陈，伏乞圣鉴，敕部立案施行。谨奏。

朱批："该部知道。"②

---

①《光绪朝朱批奏折·财政·田赋地丁》第68辑第105—106页，光绪二十四年闰三月二十八日。

②《光绪朝朱批奏折·军务·营制》第34辑第614页，光绪二十四年四月初六日。

235. 拣员请补守备折光绪二十四年四月初六日

太子少保、头品顶戴两广总督臣谭钟麟跪奏，为拣员请补守备，恭折仰祈圣鉴事。

窃准兵部咨，广东达濠营守备郑麟功，拟补水师提标右营游击。遗缺系外海水师题补第八轮第九缺，轮用应补人员，行令拣员请补。等因。兹于应补班内遴选，除傅从龙丁忧不计外，其名次在前之胡鹤龄、刘瑞芳、李祐章、黎宗濂、严道长、卢定邦、何国镇、许世恩、邝承恩，均于此缺人地不宜，未便请补。查有水师提标中营云骑尉候补守备麦国栋，年三十七岁，广东鹤山县人。光绪十二年四月二十六日，袭职收标。学习三年期满，给咨送部引见。奉旨："发回本省照例用。钦此！"该员年力壮盛，合无仰恳天恩，俯准以麦国栋补授达濠营守备，敕部发给札付，令其赴任。

谨会同广东水师提督臣何长清合词缮折具陈，伏乞皇上圣鉴，敕部核覆施行。谨奏。

朱批："兵部议奏。"①

236. 汇案请袭世职折光绪二十四年四月初六日

太子少保、头品顶戴两广总督臣谭钟麟跪奏，为汇案请袭世职，仰祈圣鉴事。

案准兵部咨，袭职发标人员三月汇奏一次，遵办在案。兹光绪二十四年春季分，据海阳、归善、嘉应各州县详送承袭云骑尉许耀光、钟树标、张朝恩、熊澄，请袭职发标前来。查定例：承袭世职，令嫡长子孙承袭。如无嫡长子孙，许令弟侄应承继者承

①《光绪朝朱批奏折·军务·人事》第46辑第197页，光绪二十四年四月初六日。

袭。又承袭云骑尉年已及岁，免其送部。令该督抚验看具题，俟题准后，就近发标学习，支食全俸。各等语。今请袭云骑尉许耀光、钟树标、张朝恩、熊澄，年均及岁，请袭职发标，核与定例相符。经臣验明，发标学习，相应汇缮清单，恭呈御览。

除将各该员亲供宗图、履历册结，咨送部科外，谨缮折具陈，伏祈皇上圣鉴，敕部核覆施行。谨奏。

朱批："兵部议奏，单并发。"①

237. 遵旨查明覆陈折 光绪二十四年四月初六日

太子少保、头品顶戴两广总督臣谭钟麟，头品顶戴广东巡抚臣许振祎跪奏，为遵旨查明覆陈，仰祈圣鉴事。

窃臣等于本年闰三月初七日承准军机大臣字寄光绪二十四年三月十三日奉上谕："广东雷州府系属海疆，地方紧要，知府郅馨是否胜任，抑或人地未宜。着谭钟麟、许振祎悉心察看，据实具奏，毋稍迁就。将此谕令知之。钦此！"钦遵寄信前来。臣等伏查知府郅馨，曾任浙江湖州府、广东雷州府，两次开缺，送部引见。光绪二十一年五月，复选授雷州府知府，十二月抵任，阅今两年有余，公事尚无贻误，操守亦属谨严。惟察看才具稍欠开展，雷州为海疆要地，现复交涉事繁，似宜酌量拣调。查有现任肇庆府知府文康，心地明白，办事勤能。臣等悉心商酌，合无仰恳天恩，俯准将雷州府知府郅馨、肇庆府知府文康互相调补，俾人地各得其宜，出自鸿施逾格。

所有遵旨查明缘由，谨合词恭折覆陈，伏乞皇上圣鉴训示。谨奏。

朱批："吏部议奏。"②

---

①《光绪朝朱批奏折·军务·人事》第46辑第198页，光绪二十四年四月初六日。

②《光绪朝朱批奏折·内政·职官》第13辑第176—177页，光绪二十四年四月初六日。

238. 据情代奏吁恳陛见折光绪二十四年四月二十四日

太子少保、头品顶戴两广总督臣谭钟麟跪奏，为据情代奏，吁恳陛见，恭折仰祈圣鉴事。

现据广西左江镇总兵莫善喜呈称，窃善喜仰荷天恩，补授广西左江镇总兵员缺。适值博白一带土匪滋扰，奉饬迅赴新任。当于光绪二十二年八月初七日接篆任事，题报在案。惟是抵任两年，情殷恋阙。呈请代奏，吁恳进京陛见，跪聆圣训，俾有遵循。等情前来。臣查上年广西博白、南宁一带土匪蜂起，当饬莫善喜迅赴左江镇本任，以靖地方。现在尚称静谧，理合据情代奏，伏乞皇上圣鉴训示。谨奏。

朱批："毋庸来见。"①

239. 投效武职各员分别留省补用折光绪二十四年四月二十四日

太子少保、头品顶戴两广总督臣谭钟麟跪奏，为投效武职各员，分别留省补用，恭折仰祈圣鉴事。

窃整顿营伍，必须慎选将领。粤省候补武职虽多，而办事得力者甚少。兹查有尽先补用副将雷镇谷，久随前大学士左宗棠转战浙江、关陇各省。嗣在越南攻战出力，递保今职。凯撤来粤有年，察系老于军事。又游击衔尽先补用都司杨廷辅、周盛鼎、王业清三员，在粤管带防勇，或管驾轮船巡船，均称得力。又都司衔升用守备郧阳镇标左营千总马德新，经广东水师提督何长清调粤差遣，熟悉沙线风涛。合无仰恳天恩，俯准将雷镇谷、杨廷辅、

---

①《光绪朝朱批奏折·军务·人事》第46辑第211页，光绪二十四年四月二十四日。

周盛鼎、王业清、马德新，各以原官留于广东，分别补用。周盛鼎拨归内河水师，王业清、马德新均归外海水师，以期各尽所长。

除饬取各该员履历咨部外，谨缮折陈请，伏乞皇上圣鉴训示。谨奏。

朱批：“着照所请，兵部知道。”①

240. 高明县衙署监狱被劫派勇拿办折光绪二十四年四月二十四日

太子少保、头品顶戴两广总督臣谭钟麟，头品顶戴广东巡抚臣许振祎跪奏，为高明县衙署监狱被劫，派勇拿办，将专管文武撤任留缉，并请旨交部议处，恭折仰祈圣鉴事。

窃照广东肇庆府属高明县地方，向多盗匪，已故知县蔡逢恩先经捕获著匪陆幅溃、黄亚如二名，讯供收禁，未及解办。蔡逢恩于光绪二十四年三月二十五日，因病出缺。据典史报经知府文康，委间用知县杨本楫前往代理，尚未抵任。讵闰三月初六夜四更时分，盗匪结众逾城，直破县监，大呼陆幅溃之名，即将陆幅溃、黄亚如及另案人犯陈亚汰、曾亚桔、陈亚柱三名一并纵放，并入署搜劫征存地丁正、杂各项钱粮及首饰衣物，蔡逢恩之侄蔡紫珩与家丁李开、更夫刘发，均被拒伤，携赃逃逸。杨本楫在途闻信，趱程前进。于初七日抵任，勘验禀报，并先据该管道府电禀前来。臣等即饬派阳江罗定所驻安勇，就近驰往，会同拿办。旋据营县报获谢亚妹一犯，讯认听从逸犯杜亚相等，纠劫不讳，案情重大。已严催缉拿首伙各逸盗暨被劫陆幅溃等五犯，按名悉获，追赃严办，以警将来，断不容敷衍塞责。

所有署高明县典史孔宪邦、城守把总何容德，均应撤任留缉，并请旨交部照例议处。其不同城兼统辖各官，另行查参。除咨部

---

①《光绪朝朱批奏折·军务·人事》第46辑第212页，光绪二十四年四月二十四日。

查照外，谨先将大概情形合词缮折具陈，伏乞皇上圣鉴训示。谨奏。

朱批："该部知道。"①

241. 奏报光绪二十三年上忙钱粮银两数目折光绪二十四年四月二十六日

太子少保、头品顶戴两广总督臣谭钟麟，头品顶戴广东巡抚臣许振祎跪奏，为奏报征收光绪二十三年上忙钱粮银两数目，恭折仰祈圣鉴事。

案准部咨，州县每年应征钱粮银两，除例准留支，及实欠在民外，尽数提解司库，下忙限十二月底截清。解司银数造册详报，督抚于二十日内，专折具奏，将原册送部。又准部咨，更定藩司督征钱粮分数考成，自光绪二十三年起上忙匀为四分，下忙匀为五分征收，其余归奏销前扫数全完。又各省上、下两忙钱粮，于截止后，上忙限十一月底，下忙限次年五月底，分晰成数报部。等因。均经转行遵办在案。兹据广东布政使张人骏详称，广东省光绪二十三年分，应征地丁、杂税、屯丁等项，共银一百一十万八千六百六十二两七钱八分五厘，光绪二十三年正月初一日起至十一月底上忙期满止，各属起解司道库及存留等项银四十五万五千六百七十九两七钱七分八厘三毫九丝五忽六微。又额征耗羡银一十八万一百六十九两九钱二分七厘。截至十一月底上忙期满止，各属完解司道库银六万一千四百二十三两五钱七分二厘四毫。统计额征正、耗二项分数，上忙匀为四分计算，已有盈无绌。除各厅州县应行留支外，均据批解司道各库，检查各属实征底簿，核算相符。未完之数，委系实欠在民，并无捏饰等情前来。臣等覆查无异，除行司严催各属，迅将未完银两上紧催征，务于奏销前

①《光绪朝朱批奏折·法律·监狱解护》第110辑第354—355页，光绪二十四年四月二十四日。

扫数完解，毋许稍有延欠。并将已未完数目各册，咨送吏、户二部查核外，所有广东省征收光绪二十三年分上忙钱粮数目，谨循例合词恭折具陈，伏乞皇上圣鉴。谨奏。

朱批：“户部知道。”①

242. 王本华补授海安营守备片 光绪二十四年五月二十四日

再，准兵部咨，广东海安营守备缺，系外海水师题补第九轮第一缺，应用尽先人员，令拣员请补。等因。兹在外海水师尽先守备班内拣选，除黄鸿恩、曾佑、罗新全、卢明陞、曾瑞璠未送履历，方喜恩、张泽锦咨查保案尚未声覆不计外。其名次在前之何国贤、冯荣学、萧翰、萧锦云、杨廷槐、陈广德、梁国卿，均于此缺人地未宜。查有水师提标中营尽先守备王本华，年四十四岁，安徽合肥县人。由武童递保尽先把总，于克复越南谅山、文渊州等城出力，保准免补千把总，以守备尽先补用，并加都司衔，改用外海水师。试验期满保题，送部引见，发回原省照例用。该员水师练习，并无在外省军营参革、朦保情弊。合无仰恳天恩，俯准以王本华补授海安营守备，敕部给札，令其赴任。

谨会同广东水师提督臣何长清附片具奏，伏乞圣鉴，敕部核覆施行。谨奏。

朱批：“兵部议奏。”②

243. 拣员请补副将折 光绪二十四年五月二十四日

太子少保、头品顶戴两广总督臣谭钟麟跪奏，为拣员请补副

---

①《光绪朝朱批奏折·财政·田赋地丁》第68辑第110—111页，光绪二十四年四月二十六日。

②《光绪朝朱批奏折·军务·人事》第46辑第254页，光绪二十四年五月二十四日。

将，恭折仰祈圣鉴事。

窃准兵部咨，广东罗定协副将海禄革职，遗缺系陆路部推之缺，应用尽先人员，令拣员请补。等因。兹在陆路尽先副将班内拣选，除朱鸿胜未准注册，黄义德、黄才贵未请咨赴部不计外，其名次在前之毛名德、国檪均于此缺人地不宜。查有补用总兵尽先副将南韶连镇中军游击郑润材，年五十三岁，广东三水县人。由勇目递保尽先游击，于剿办广东琼州、儋临客匪案内，保准以副将尽先补用，借补今职。光绪十六年十一月二十日接札，嗣于剿捕韶州等处匪徒吴观就等案内，保准以总兵补用。接准部咨，未送履历，仍归副将班序补。该员久历戎行，才具稳练，并无在外省军营参革、朦保情弊。合无仰恳天恩，俯准以郑润材补授罗定协副将。俟部覆到日，给咨送部引见。并在广西省副将内拣员对调，以符定制。所遗南韶连镇中军游击，系部推之缺。粤省现有应补人员，请留外补，合并陈明。

谨会同广东陆路提督臣张春发合词缮折具陈，伏乞皇上圣鉴，敕部核覆施行。谨奏。

朱批："兵部议奏。"①

244. 拣员请补参将折 光绪二十四年五月二十四日

太子少保、头品顶戴两广总督臣谭钟麟跪奏，为拣员请补参将，恭折仰祈圣鉴事。

窃准兵部咨，广东澄海营参将缺，系外海水师题补第六轮第一缺，应用尽先人员，令拣员请补。等因。兹在外海水师尽先参将班内拣选，其名次在前之周镇邦、唐玉山，均于此缺人地不宜。查有外海水师尽先参将陈良傑，年五十二岁，浙江镇海县人。由勇目递补两广督标中军都司，因救护外洋遭风轮船出力，保准免

---

①《光绪朝朱批奏折·军务·人事》第46辑第248页，光绪二十四年五月二十四日。

补游击，以参将仍留广东外海水师在任尽先补用。旋奏开底缺，归尽先参将班出洋，试验一年期满。该员熟谙船炮，办事勤能，并无在外省参革、朦保情弊。合无仰恳天恩，俯准以陈良傑补授澄海营参将。俟部覆到日，并案给咨送部引见，以符定制。

谨会同广东水师提督臣何长清缮折具陈，伏乞皇上圣鉴，敕部核覆施行。谨奏。

朱批："兵部议奏。"①

245. 拣员升补参将折光绪二十四年五月二十四日

太子少保、头品顶戴两广总督臣谭钟麟跪奏，为拣员升补参将，恭折仰祈圣鉴事。

窃准兵部咨，广东钦州营参将黄培松，准调抚标中军参将，遗缺系陆路题补第二轮第九缺，令拣应升人员请补。等因。兹于陆路游击应升班内遴选。查有陆路提标右营游击丁学诗，年六十岁，广东丰顺县人。由军功递保游击，准补今职。光绪八年十月二十一日接札，九年三月初五日到任。该员年健资深，营务老练。合无仰恳天恩，俯准以丁学诗升补钦州营参将。俟部覆到日，给咨送部引见。并在西省参将内，查缺对调，以符定制。

谨会同广东陆路提督臣张春发合词缮折具陈，伏乞皇上圣鉴，敕部核覆施行。谨奏。

朱批："兵部议奏。"②

246. 拣员请补游击折光绪二十四年五月二十四日

太子少保、头品顶戴两广总督臣谭钟麟跪奏，为拣员请补游击，恭折仰祈圣鉴事。

---

①《光绪朝朱批奏折·军务·人事》第46辑第249页，光绪二十四年五月二十四日。
②《光绪朝朱批奏折·军务·人事》第46辑第250页，光绪二十四年五月二十四日。

窃准兵部咨，广东潮州镇标中军游击宝瑞革职，遗缺系陆路题补第二轮第七缺，应用尽先人员，令拣员请补。等因。兹在陆路尽先游击班内拣选，除方杜原籍距缺在五百里内，邓新檠、吴彪未准注册不计外，其名次在前之曾德铭、黄玉祥、吴佳春、冯殿旺、郑继忠、龙胜、张国荣、陈之瑞、李应时，均于此缺人地不宜，未便请补。查有奏留广东差委补用尽先游击方绥德，年四十五岁，湖南长沙县人。由武童投军，递保尽先都司加游击衔。于克复越南谅山、文渊州各城出力保奏。光绪十一年八月二十一日奉上谕："着免补都司，以游击尽先补用。钦此！"奏留广东差委补用，咨送履历，准部注册序补。该员年力正强，营务老练，前在外省军营，并无参革、朦保情弊。合无仰恳天恩，俯准以方绥德补授潮州镇标中军游击。俟部覆到日，给咨送部引见，以符定制。

谨会同广东陆路提督臣张春发合词缮折具陈，伏乞皇上圣鉴，敕部核覆施行。谨奏。

朱批："兵部议奏。"①

247. 王光耀署理总兵片 光绪二十四年五月二十四日

再，署广东南韶连镇总兵记名提督曾维成，署事日久，应令交卸。所遗总兵篆务，查有留粤记名提督王光耀，稳练老成，于北江水陆情形，尤为熟悉，堪以署理。

除饬遵外，谨附片具陈，伏乞圣鉴。谨奏。

朱批："兵部知道。"②

①《光绪朝朱批奏折·军务·人事》第46辑第251页，光绪二十四年五月二十四日。
②《光绪朝朱批奏折·军务·人事》第46辑第252页，光绪二十四年五月二十四日。

248. 叶有才升补东兰营守备片光绪二十四年五月二十四日

再，广西东兰营守备系题调缺，先经查明，内地守备无员可调，请以柳庆镇左营左哨千总李承荫升补。接准兵部议驳，令拣俸满引见回任候升人员升补。等因。兹查有广西抚标右营右哨千总叶有才，年四十七岁，广西临桂县人。由武童递拔今职，光绪十七年八月初五日接札。二十三年，历俸六年期满，给咨引见，准其回任照例候升。该员营务谙练，且熟习风土，能耐烟瘴。合无仰恳天恩，俯准以叶有才升补东兰营守备，敕部给札，令其赴任。

谨会同广西提督臣苏元春附片具陈，伏乞圣鉴，敕部核覆施行。谨奏。

朱批："兵部议奏。"①

249. 仍以秦声泰补授广西梧州协右营守备片光绪二十四年五月二十四日

再，广西梧州协右营守备缺，前经选以尽先守备秦声泰请补。兹准部覆，该员之前尚有李焕武、徐寿生、余福田、唐明得、唐国衡、周祚长、赖进陞、蔡龙光、刘瑞祥、李启芳等十员，漏未声叙。核计秦声泰名次在二十名后，碍难议准。令另拣合例人员请补。等因。咨行前来。查唐明得、周祚长、刘瑞祥均已病故，赖进陞现丁母忧，先经咨部有案。李焕武册报，现未在营，徐寿生经广西抚臣咨明革标，均应开除。余福田未奉覆准，注册序补。蔡龙光于咨送都司履历案内，行查外委，保案不符，未据声覆，

---

①《光绪朝朱批奏折·军务·人事》第46辑第252页，光绪二十四年五月二十四日。

照章不合请补。唐国衡、李启芳，于此缺人地未宜，又未便稍涉迁就。秦声泰年力正富，核计名次在二十名以内，合无仰恳天恩，俯准仍以秦声泰补授广西梧州协右营守备。俟部覆到日，再行给咨送部引见，以符定制。

除咨部外，谨会同广西提督臣苏元春合词附片具奏，伏乞圣鉴，敕部议覆施行。谨奏。

朱批："兵部议奏。"①

250. 拣员请补守备折光绪二十四年五月二十六日

太子少保、头品顶戴两广总督臣谭钟麟跪奏，为拣员请补守备，恭折仰祈圣鉴事。

窃准兵部咨，广东电白营守备赵希祖准补前山营都司，遗缺系外海水师题补第九轮第三缺，轮用豫保无人，行令以第六缺拣发人员抵补。等因。兹于外海水师拣发班内遴选，除陈存泽告假离营不计外，查有水师提标中营效力武进士补用守备张翼鹏，年五十七岁，广州府新会县人。由兵生中式武举，同治戊辰科会试，中式武进士。奉旨以营守备用，改发水师提标中营效力。试验一年期满，保题送部。经钦派王大臣验放，发回原省照例用。接准部咨，以外海水师守备候补。该员熟悉师船，合无仰恳天恩，俯准以张翼鹏补授电白营守备，敕部发给札付，令其赴任。

谨会同广东水师提督臣何长清缮折具陈，伏祈皇上圣鉴，敕部核覆施行。谨奏。

朱批："兵部议奏。"②

---

①《光绪朝朱批奏折·军务·人事》第46辑第253页，光绪二十四年五月二十四日。
②《光绪朝朱批奏折·军务·人事》第46辑第256页，光绪二十四年五月二十六日。

251. 查明广东省造报盐厘收数并无弊窦据实覆陈折光绪二十四年五月二十六日

太子少保、头品顶戴两广总督臣谭钟麟跪奏，为查明广东省造报盐厘收数并无弊窦据实覆陈，仰祈圣鉴事。

案准户部咨，广东造报盐厘收数，弊窦滋多。应令详细查覆，认真整顿一折。于光绪二十四年三月二十六日具奏，奉旨："依议。钦此！"咨行前来，当经转行遵照，兹据两广盐运使英启，会同广东厘务局司道详称，查省河共一百五十九埠，隶广东者七十五，隶广西者六十六，隶湖南、江西、贵州者十有八，设东南西北中平六柜。各柜埠坐落各厅州县，备载《盐法志》内，有籍可稽。前奉部行，盐厘册报之北江、东江、西江是否即北柜、东柜、西柜，当查东柜、北柜即属东江、北江，其中柜各埠，间有经西江运道者，又名西江，明晰声覆，并无含混。六柜盐引额共六十万九千一百余道，内行广东三十二万七千余道，广西十六万二千六百四十余道，湖南、江西、贵州共十一万九千四百九十余道，每引有二百三十五斤为一道者，有二百六十四斤及三百二十二斤为一道者，部中有籍可稽。各埠配运，皆以包计，每包一百五十斤，厘亦按包抽收，前谓收厘，照有厘各埠额引核算，并未短少。即指以包斤核引斤言之，初非按引道征收也。粤盐向有合柜通销、融销之法，广西为行盐省分，西柜盐船上至梧州，平柜盐船上至横州，官给照票，各厅客贩辗转售销。是以西省分设厂卡，按盐抽厘，收数较旺。如谓此柜之盐，必销于此埠，境内疆界无伸缩，数目无参差，微独广西不能，凡行盐地方，悉难如是。所以西省历议抽收盐厘，总不外核计包斤，而递年收数，亦不一律也。广东系产盐省分，三面濒海，处处逼近场漏，本省行盐，苦在官不敌私，非轻其成本，不能疏销。是以南柜及东柜之海丰、陆丰，中柜之神安等埠，额引十四万九千四百余道，并潮桥所属潮嘉各埠，向免抽厘。其东柜各埠，厘由商人包缴。平柜距省较远，委员稽征，该处商贩行盐，皆用船装，有成包装船者，有散盐装船者，按照额引统计包斤，每包抽银二钱四分。省河盐厘，所恃者惟北柜及中柜，道经西江之罗定、东安、西宁、高要、德庆、封川、开建、四会等埠，三水属之丰宁子埠，共引盐三十八万三千余包，北柜每包抽厘二钱一分，中柜每包抽厘一钱五厘，向章拆配一包之盐，乃缴一包之厘，销盐有旺淡，配盐即有迟速，厘遂因之见多见少。本省不敢以少收之年为定准，户部亦难以多收之年为定衡。且盐厘开收之初，原与货厘并办，嗣裁厂节费，改归省城抽收，并未另设厂卡，厘不完纳，盐不放关，无从绕越偷漏。随配随抽，最为扼要。此广东与广西不能一律之实在情形也。盐厘办法，非始于近年，无所用其回护，详稽向章，实绝弊端，以故历来照办。至免厘各埠，概议抽收一节，通盘筹画，窒碍难行。溯查盐厘始自咸丰年间，维时军需浩繁，正期多多益善，然犹不一概抽收者，良因各埠资本微薄，地邻场漏。若加一分之厘，即增一分成本，成本愈重，销盐愈难，纵勉强加抽，而商力不支，势必拖欠正饷，少拆引盐，是厘无益而饷有损。即将埠商按名斥革，尽法监追，亦复于事无济。迩来捐借频仍，又岁增防饷十万，以抵加价，商力已难支持，此明知弊多利少，而不敢强为之也。造报盐厘一节，同治年间奉部奏准，以两淮盐厘款式，止开收支总数，不开细数，最为简明。饬令照式开报。嗣两江督臣将式样录送来粤，查核只开收某岸盐厘若干，并无注明验过引数及某岸某引厘数，粤省历年册报收某江某柜盐厘若干总数，系与两淮之式相符，并无违背。至户部所称两淮造报盐厘，均将各岸引数声明。此种册式，并未另奉颁发，无从悬拟。且粤省盐引奏销，向系年压一年，故商人办盐，有当年销竣者，有至奏限始能销竣者，或奏销届期尚有欠完者。东江、平柜，均远在省外，厘银解省，动须逾月。若欲以某埠某年之引合某埠某年之厘，责令半年造册一次，则厘数或多或少，埠柜名目或有或无，而年限引目，亦必越后挽前，无裨综核之实。拟恳免于更张，除收支数目，仍照两准向办格式半年造报外，傥须将拆过引盐包数声注，应俟颁到册式，分别核办等情。详请奏咨前来。臣查该运司英启办事认真，廉明素著，历任督臣悉倚赖之，所详委系实情，并无含混隐匿。

除咨户部外，谨缮折覆陈，伏乞皇上圣鉴，敕部查照施行。谨奏。

朱批："户部知道。"①

252. 审明放枪误伤亲母身死重犯按律定拟折光绪二十四年五月二十七日

太子少保、两广总督臣谭钟麟，头品顶戴广东巡抚臣许振祎跪奏，为审明放枪误伤亲母身死重犯，按律定拟，恭折仰祈圣鉴事。

窃据连州知州秦福和详报，州民刘观生向江观石吓放洋枪，误伤亲母刘何氏身死一案。当以案情重大，批饬解省审办。兹据广州府知府周开铭提集审明拟议，详由臬司覆审解勘前来。臣等亲提研鞫，缘刘观生籍隶连州，已死刘何氏，系刘观生亲母。刘观生平日事母孝顺，并无违犯。与江观石邻居，素识无嫌。光绪二十四年二月初二日，刘观生家失去套裤一对。初四日，途遇江观石，见其身穿套裤，与失物相似，疑其偷窃，当向盘问。江观石分辩，争吵各散。傍晚时候，江观石被诬不甘，邀同乡族刘明光、王新润，至刘观生家理论。欲要刘观生指出赃证，刘观生因羞成怒。走入房内，顺取装就防夜洋枪，出向江观石吓放。江观石闪避，讵刘何氏适自外边走回，瞥见向阻。刘观生一时收手不及，枪子骤发。适伤刘何氏右乳旁，穿过右脊背，仰跌倒地，并在地上擦伤右腿肚。江观石畏惧走回，刘观生乘间逃逸。维时，刘观生之父刘亚英病卧在床，闻声出视，随同刘明光等，将刘何

①《光绪朝朱批奏折·财政·盐务》第75辑第936—938页，光绪二十四年五月二十六日。

氏扶起看明伤痕，医治不效，即于是夜因伤殒命。该处向无地保，刘亚英因年老患病，不能赴州报案。又因刘观生在逃，骤难寻获捆送，并不忍伊妻尸身再遭翻检，自行殓埋。当经该州访闻，饬差协同该乡族刘明光等，将刘观生拿获，并起获凶器解州。即据尸夫刘亚英赴州补报，呈明刘何氏尸已殓埋，具结求免启检。经州提讯取结，并勘明刘何氏受伤身死及埋葬处所录供，通详批饬提省审办。行据该州亲身将犯并尸夫乡族案证人等连凶器、卷宗解省，发委广州府讯究明确，由司覆审解勘。据供前情不讳，诘非有心干犯，亦无另有起衅别故，案无遁饰。查律载：子殴母杀者，凌迟处死。又例载：子误伤母致死，律应凌迟处死者，仍照本律定拟。援引白鹏鹤案内，钦奉谕旨："恭候钦定。"各等语。又恭查嘉庆十八年三月二十一日奉旨："此案白鹏鹤因向伊嫂白葛氏借取灯油不给，出街嚷骂，白葛氏赶出门首理论。白鹏鹤拾取土块，向白葛氏掷殴。不期伊母白王氏出劝，以致误伤殒命。刑部引子殴父母杀者，凌迟处死律。又因斗殴误杀旁人，以斗杀论律比拟，问以凌迟处死。核其情节，白鹏鹤遥掷土块，误杀其母，非其思虑所及，与斗殴误杀者，究属有间。白鹏鹤着改为斩立决。嗣后有案情似此者，即照此问拟。余依议。钦此！"钦遵在案，此案刘观生因诬指江观石行窃套裤，迨江观石邀同乡族人等往向理论，欲令还出赃证。辄敢变羞成怒，携取洋枪，向江观石吓放，以致误伤亲母刘何氏身死。自应按律问拟，刘观生合依子殴母杀者，凌迟处死律，拟凌迟处死，照例先行刺字。该犯因开枪向江观石吓放，误伤亲母毙命，并非有心干犯，核与白鹏鹤一案情节相同，遵例援案，恭候钦定。刘亚英因伊妻被子误杀，不将伊子刘观生寻获送案，又不赴州报验，自行殓埋，本有不合。惟系律得容隐，应毋庸议。江观石因被诬窃不甘，邀人理论，尚非无故肇衅，应与在场劝阻不及之乡族刘明光、王新润，均毋庸议。案经讯明，供证确凿。刘何氏尸埋日久，既经尸夫结求免验，应免启检。凶器洋枪案结饬毁。无干省释。行窃刘观生家套裤正贼，饬缉获日另结。

除供招咨部外，所有审明定拟缘由，臣等谨合词恭折具奏，伏乞皇上圣鉴训示。谨奏。

朱批：“刑部速议具奏。”①

253. 光绪二十三年冬季分广东省委署州县各缺折光绪二十四年五月二十七日

太子少保、头品顶戴两广总督臣谭钟麟，头品顶戴广东巡抚臣许振祎跪奏，为光绪二十三年冬季分，广东省委署州县各缺，遵照章程，恭折具奏仰祈圣鉴事。

窃照各省州县，无论奏调委署代理，钦奉上谕：“着每届三个月汇奏一次。等因。钦此！”由部转行，钦遵在案。兹据广东布政使张人骏详称，光绪二十三年冬季分，出有儋州知州贾敦忭病故，遗缺以即用尽先补用知县罗栋材署理。又长乐县知县蒋鸣庆，饬先赴香山县知县调任，遗缺以委用知县张向辰署理。又临高县知县张延病故，遗缺以候补知县刘朴署理。又署陆丰县知县钱振逵禀求交卸，遗缺以试用知县蒋星熙署理。又徐闻县知县叶叔亮请假修墓，遗缺以即用知县王克鼎署理。又东安县知县李锡庚请假修墓，遗缺以候补知县郭寿鋆署理，详请具奏前来。臣等覆查无异，理合会同恭折具陈，伏祈皇上圣鉴。谨奏。

朱批：“吏部知道。”②

254. 委署知县员缺片光绪二十四年五月二十七日

再，准部咨，疏通正途案内，嗣后各省州县缺出，令将轮委

①《光绪朝朱批奏折·法律·命案》第107辑第231—233页，光绪二十四年五月二十七日。

②《光绪朝朱批奏折·内政·职官》第13辑第261—262页，光绪二十四年五月二十七日。

班次并出缺日期，每届三个月奏报。等因。历经遵照办理。兹光绪二十三年冬季分，出有长乐县知县蒋鸣庆饬先赴香山县知县调任，遗缺以委用知县张向辰署理。此缺系挨委缺，今因地方紧要，酌委该员署理，不入班次积缺计算。又临高县知县张延病故，遗缺轮用劳绩班，以候补知县刘朴署理。又署陆丰县知县钱振逵禀求交卸，遗缺轮用委用试用班，以试用知县蒋星熙署理。又徐闻县知县叶叔亮请假修墓，遗缺轮用正途班，以即用知县王克鼎署理。又东安县知县李锡庚请假修墓，遗缺轮用劳绩班，以候补知县郭寿鋆署理。据广东布政使张人骏列册详请具奏前来。

除册咨送吏部外，臣等谨合词附片具陈，伏祈圣鉴。谨奏。

朱批："吏部知道。"①

255. 参追已故知县欠解谷价银米片光绪二十四年六月初九日

再，据广东布政使张人骏、督粮道延祉，会同交代总局司道详称，查有已故前署从化县事吴川县知县李之藩，征存正、杂款谷价银三千六百八十余两，米六百二十余石，叠催未据完解，详请参追前来。相应请旨，将已故前署从化县事吴川县知县李之藩革职。勒限该家属，于四个月内，将欠解谷价、银米扫数完解。傥逾限不完，或解不足数，再行从严参办。

所有参追已故知县欠解谷价、银米缘由，谨合词附片具陈，伏乞圣鉴。谨奏。

朱批："着照所请，该部知道。"②

---

①《光绪朝朱批奏折·内政·职官》第13辑第262—263页，光绪二十四年五月二十七日。

②《光绪朝朱批奏折·财政·库储》第82辑第855页，光绪二十四年六月初九日。

256. 特参疏脱囚犯之管狱官请旨先行革职拿问折光绪二十四年六月初九日

太子少保、头品顶戴两广总督臣谭钟麟，头品顶戴广东巡抚臣许振祎跪奏，为特参疏脱囚犯之管狱官，请旨先行革职拿问，恭折仰祈圣鉴事。

窃照监狱重地，管狱有狱各官，自应严密防范，不容稍有疏虞。据翁源县知县刘永椿禀称，光绪二十四年三月三十日，奉府委赴英德县青塘等处，会拿匪徒公出。闰三月初三日，据典史华棣驰禀。本月初二日寅牌时候，风雨交作，更夫进屋避雨，与禁卒人等，均各困倦睡熟。讵该犯吴亚瀣，乘间扭断镣铐，复扭落栊锁，抽出活柱，钻出栊外。由围墙挖穿一洞，越狱脱逃。报经驰回，会营勘缉无获。等情。臣等伏查该犯吴亚瀣，系砍伤杨育英越日身死，审拟绞候。已入光绪二十三年秋审缓决一次。该管狱官，于印官奉委公出期内，并不督率刑禁人等小心防范，致被越狱脱逃。实非寻常疏忽可比，且刑禁人等，有无松刑贿纵情弊，亟应严参审办。据藩、臬二司转据韶州府知府施典章揭报前来。除饬将该典史华棣撤任，委员接署，并勒限严缉逃犯吴亚瀣，务获究办外，相应请旨，将管狱官翁源县典史华棣，先行革职拿问。并将刑禁人等，提省研讯，有无松刑贿纵情弊，按拟详办。其有狱官翁源县知县刘永椿，据报先期奉委公出。应俟限满，逃犯有无弋获，分别照例办理。

臣等谨合词恭折具奏，伏乞皇上圣鉴训示。谨奏。

朱批："另有旨。"①

①《光绪朝朱批奏折·法律·监狱解护》第110辑第357—358页，光绪二十四年六月初九日。

257. 拣员调补都司折 光绪二十四年六月十四日

太子少保、头品顶戴两广总督臣谭钟麟跪奏，为拣员调补都司，恭折仰祈圣鉴事。

窃准兵部咨，准补广东前山营都司赵希祖，籍隶广州府，例应回避，行令拣员对调。等因。查广东省内河水师都司四缺，除前山营都司系赵希祖本缺外，其顺德协左、右营都司，水师提标前营都司，均驻广州府属，不合对调。赵希祖本由外海水师人员借补，应在外海水师都司内拣调。查有碣石镇标右营都司方桂东，年四十四岁，广东惠来县人。由武举递保尽先都司，拟补今职，光绪二十三年六月二十五日接札。该员营务练达，任内并无事故。于前山营都司，亦系隔府，堪以调补。所遗碣石镇标右营都司缺，驻扎惠州府属，即请以前山营都司赵希祖调补，与例均属相符。合无仰恳天恩，俯准以方桂东调补前山营都司，赵希祖调补碣石镇标右营都司。俟准部覆，再将赵希祖送部引见，以符定制。

谨会同广东水师提督臣何长清合词缮折具陈，伏乞皇上圣鉴，敕部核覆施行。谨奏。

朱批："兵部议奏。"①

258. 李癸贤补授抚标右营守备片 光绪二十四年六月十四日

再，广东抚标右营守备缺，应用尽先人员，经臣以尽先守备保洪寿奏补。接准部覆，保洪寿籍隶本府，例应回避。另行拣员请补。等因。兹复在尽先守备班内拣选，除赵兴发、梁承诰、陈占魁、康应龙、何国祥、胡廷煇、冼镇邦、康鸿、张国华、何凤

---

①《光绪朝朱批奏折·军务·人事》第46辑第273—274页，光绪二十四年六月十四日。

书、梁材栋、陈汝樑籍隶本府，叶明耀、吴清善、黄万程未准注册不计外。其名次在前之陈国刚、刘礼庄、方成、王凤鸣、钟金铨、方华、黄东胜、郑海林、桂荣、陈仁昌、黄光梅、梁义忠、梁广清，均人地未宜，未便请补。查有督标中营尽先守备李癸贤，年四十二岁，广东钦州人。由军功递保把总，于克复越南文渊州、谅山各城出力，保准免补千把总，以守备尽先补用。回粤收标，准部注册序补。前经告假离营，现已回标。该员熟悉营务，并无在外省军营参革、朦保情弊，合无仰恳天恩，俯准以李癸贤补授抚标右营守备。俟部覆到日，给咨送部引见，以符定制。

谨会同广东巡抚臣许振祎、广东陆路提督臣张春发附片具陈，伏乞圣鉴，敕部核覆施行。谨奏。

朱批："兵部议奏。"①

259. 萧翰补授儋州营中军守备片 光绪二十四年六月十四日

再，准兵部咨，广东儋州营中军守备周镇邦开缺，归尽先参将班补用。遗缺系外海水师题补第九轮第二缺，应用尽先人员，令拣员请补。等因。兹在外海水师尽先守备班内拣选，除黄鸿恩、曾佑、罗新全、卢明陞未送履历，方喜恩、张泽锦咨查保案尚未声覆不计外。其名次在前之何国贤、冯荣学，于此缺人地未宜。查有水师提标右营右哨千总尽先守备萧翰，年四十三岁，广东新会县人。由勇目递补今职，光绪十五年正月初六日接札，于剿办归善县稔山及阳江厅大仁山会匪出力，保准以守备尽先补用。又于缉捕南海等县盗匪出力，保加都司衔。该员缉捕勤能，并无在外省军营参革、朦保情弊。合无仰恳天恩，俯准以萧翰补授儋州营中军守备。俟部覆到日，给咨送部引见，以符定制。

---

①《光绪朝朱批奏折·军务·人事》第46辑第274—275页，光绪二十四年六月十四日。

谨会同广东水师提督臣何长清附片具陈，伏乞圣鉴，敕部核覆施行。谨奏。

朱批："兵部议奏。"①

260. 黎汝怀等以本班留省补用片光绪二十四年六月十四日

再，广东试用盐大使黎汝怀，贵州举人。遵新海防例捐盐大使，分发广东，于光绪十九年七月二十七日到省。又试用盐大使支恒昌，江苏附监。议叙盐大使，捐指广东，于光绪二十二年三月十四日到省。均已试用一年期满，例应甄别。据两广盐运使英启，会同广东布政使张人骏具详前来。臣查黎汝怀留心公事，支恒昌人甚明白。均堪以本班留省，照章补用。

除咨部外，谨附片具陈，伏乞圣鉴。谨奏。

朱批："吏部知道。"②

261. 报解昭信股票银数日期折光绪二十四年六月十四日

太子少保、头品顶戴两广总督臣谭钟麟，头品顶戴广东巡抚臣许振祎跪奏，为报解昭信股票银数日期，恭折仰祈圣鉴事。

窃臣等钦奉谕旨，办理昭信股票。广东省文员，自督抚、学政、监督、司道至现任知府止，武职提、镇、副、参、游止，并将军、都统，共捐银十三万余两。均不领股票，并不敢仰邀议叙。候补知府同通州县以及协领、佐领、佐杂、都守等，共借银十六万余两，准其领票。盐商共借银四十万两。本省存储生息款内，提借银三十万两，共凑集银一百万两。绅士、商民人等已派员劝

---

①《光绪朝朱批奏折·军务·人事》第46辑第275页，光绪二十四年六月十四日。

②《光绪朝朱批奏折·内政·职官》第13辑第292页，光绪二十四年六月十四日。

借，俟有成数，另行报明。业经电达户部在案。惟部照未到，咸观望不前。兹就官捐已缴到者，先行提银三十万两，发交商号协同庆等兑收。饬委广东候补直隶州知州谢树熿、补用知县蔡维藩管解，于本年六月二十日起程，航海入京，赴部投纳。据省局司道具详请奏前来，臣等覆核无异，所有不领票各员捐数，另缮清单，恭呈御览。其照章给票者，另行造册报部。再，接顺天府尹臣胡燏棻①电称，户部奏拨广东昭信股票银二十二万两，作锦州铁路工款，务即速解。等因。臣等尚未接准部文，且捐款亦未收齐，故未能起解，现提捐款先行解部，听部核拨。

除分咨查照外，臣等谨缮折具奏，伏乞皇上圣鉴。谨奏。

朱批："着归入昭信股票一律办理，户部知道，单并发。"②

262. 省会首邑要缺需员恳恩俯准拣员调补以资治理折光绪二十四年六月十七日

太子少保、两广总督臣谭钟麟，头品顶戴广东巡抚臣许振祎跪奏，为省会首邑要缺需员，恳恩俯准拣员调补，以资治理，恭折仰祈圣鉴事。

窃照前准部咨缺单内开，南海县知县李徵庸降，所遗南海县知县，系冲、繁、疲、难四项最要缺，例应在外拣选题补。先经请以海阳县知县杜友白调补，尚未接准部覆。据报该员杜友白，于光绪二十四年三月十四日在任病故。所有南海县知县一缺，照例应按从前原出缺日期，另行拣调。该县为省会首邑，政务殷繁，

①胡燏棻（？—1906），安徽泗州（治今泗县）人，祖籍浙江萧山（今杭州市萧山区），字芸楣。同治进士。1891 年（光绪十七年）任广西按察使。1894 年中日甲午战争起，受命留驻天津办理东征粮台。11 月，在天津小站练兵。编成十营，号定武军。1895 年上疏，主张兴办实业、整训军队。旋充芦津铁路督办，授顺天府尹。1898 年 11 月迁总理各国事务衙门大臣仅 7 日，便因不顾外国公使反对，主张董福祥军留驻近畿而去职。1900 年任关内外铁路会办，后历任刑部、礼部、邮传部侍郎。

②《光绪朝朱批奏折·财政·库储》第 82 辑第 856 页，光绪二十四年六月十四日。

时有发审要案及交涉洋务。非精明干练、才识兼优之员，不足以资治理。臣等与藩、臬两司，于本省正途应补、应升、应调各员内，逐加遴选。非现居要缺，即人地未宜，实无合例堪胜斯缺之员。惟于现任知县各项出身人员内，查有曲江县知县杨镇荣，年三十岁，系湖南善化县人。原籍乾州直隶厅，由监生报捐候选县丞。嗣因祖父原任陕甘总督杨岳斌，于光绪十五年六月二十七日在籍病故，由湖南抚臣代递遗疏。是年八月二十八日奉上谕："原任陕甘总督杨岳斌，忠勇性成，勋劳卓著，伊孙候选县丞杨镇荣，着以知县用。钦此！"十九年，由籍请咨赴部投供。二十年五月分，选授曲江县知县。二十一年三月十七日到任，毋庸试俸。该员守洁才裕，勤心民事，任内并无承审积案及承缉盗案已起降调革职参限。虽有经征未完光绪二十一、二十二等年钱粮，查系实欠在民，并非征存未解因公处分，例免核计。以之调补南海县知县，洵堪升任。惟南海县出缺之日，该员历俸未满三年，且系题缺请调，与例稍有未符，而人地实在相需，为地择人，例得据实陈明，专折奏请。据藩、臬两司会详前来，合无仰恳圣恩，俯念省会首邑员缺紧要，准以该员杨镇荣调补南海县知县，实于要缺有裨。如蒙俞允，该员系现任知县请调知县，衔缺相当，毋庸送部引见。所遗曲江县知县系选缺，粤省现有应补人员，应请扣留在外，俟接准部覆，另行选员请补。

臣等谨合词恭折具奏，伏乞皇上圣鉴训示。再，该员参罚案件，另造清册送部，合并陈明。谨奏。

朱批："吏部议奏。"①

---

①《光绪朝朱批奏折·内政·职官》第13辑第293—294页，光绪二十四年六月十七日。

263. 遵旨查明广东省光绪九年以前各州县民欠地丁钱粮本折米石各数折光绪二十四年七月十一日

太子少保、两广总督臣谭钟麟，头品顶戴广东巡抚臣许振祎跪奏，为遵旨查明广东省光绪九年以前各州县民欠地丁钱粮、本折米石各数，开列简明清单，恭折具奏，仰祈圣鉴事。

窃照光绪十五年正月二十七日，大婚礼成。钦奉恩诏：各直省查明光绪九年以前民欠钱粮等项，开单奏请蠲免。由部咨行到粤，当经前督抚臣敬谨誊黄，先行颁发各属，遍贴晓谕。务使城乡僻壤，无不周知，以杜影射、侵欺等弊。并饬行司道通饬各属，赶紧查明民欠实数，造册核办。嗣据陆续开报到省，因查核数目，舛错甚多。均经司道驳饬查改，且各州县尚有垫解银两，虽为数不及历届之多，饬令据实开报，不准以垫解在前，稍存迁就，仍令出具并无朦混情弊切结缴司。至各员征存未解银米，已归交代案内澈查参追。一面由司委员会同该管道、府、州，调齐红簿串根，确切核明，加结造册送司。各在案。兹据布政使张人骏、督粮道延祉，将各州县缴到历年民欠银米实数，覆核明确，并将垫解民欠地丁正耗银米，各州县详请免予参处。等情前来。臣等伏查广东省额征正、杂钱粮，并无漕项芦课及借给口粮、牛具等项名目，其学租则由绅士捐置。岁收租谷，除纳正赋外，余为贫生灯油之资，与别省官设学田不同，向不归案请豁。计应循历届查办者，只有地丁、本折米石两款。今查得自光绪六年起至光绪九年止，民欠未完地丁、驿传备支等项正银四十一万九千四百六十六两零，又民欠未完耗羡银七万八百八十九两零。又民欠未完本折米一十七万二千五百四十三石零，未完耗米二万七千五石零。以上未完民欠地丁、驿传、备支、正耗银两及本折正耗米石，委系实欠在民。饬据各该道、府、州，会同委员调核红簿串根，均属纤细相符，并无将完作欠情弊，由藩司、粮道造册详缴。臣等覆核无异，除将各册分送部科查核，一面另缮清单，呈送军机处备查外。谨合词恭折具陈，并缮清单，敬呈御览。再，官垫民欠，本有处分。惟粤东征收钱粮，民间实多延欠。各州县虽勤于催科，总不能如数清完。而奏销届期，兵饷孔亟，催提紧迫，各牧令不能不先为筹垫，随后陆续征还。藩司历年办理奏销，即不能不按其完解数目，入册造报。前届查办豁免同治六年以前民欠案内，曾经陈明各州县垫解民欠。其情究属急公，援照嘉庆年间成案，奏请免予参处。由部议准，嗣于查办同治十年及光绪五年以前豁免案内，又经附案陈明。此次查办光绪九年以前民欠钱粮，既饬将民欠确数据实开报，似应宽其既往之咎，免启掩饰弥缝之弊。合无仰恳天恩，俯准将此次豁免案内垫解民欠地丁、正耗等银，各州县仍照同治六年成案，免予参处，以示体恤。

伏乞皇上圣鉴，敕部核覆施行。谨奏。

朱批：“户部议奏，单并发。”①

264. 甄别试用期满人员折光绪二十四年七月十一日

太子少保、头品顶戴两广总督臣谭钟麟，头品顶戴广东巡抚臣许振祎跪奏，为甄别试用期满人员，恭折仰祈圣鉴事。

窃查定例内开，期满教习，俸满教职、知县分发各省试用者，到省二年后，令该督抚照例甄别，按班序补。又准部咨，嗣后无论何项出身，凡系补缺应行具题者，试用期满，由该督抚详加甄别，专折具奏。各等因。咨行遵照在案。兹查教职俸满、分发知县谢裕棠，陕西安康县举人。由长安县教谕俸满保荐，赴部引见。奉旨：“着以知县用。钦此！”呈请分发签掣广东试用，光绪二十二年四月二十六日到省，试用已满二年，例应甄别。据藩、臬两

①《光绪朝朱批奏折·财政·田赋地丁》第68辑第133—135页，光绪二十四年七月十一日。

司详加察看，具详请奏前来。臣等覆加察核，该员谢裕棠性行端谨，留心民务，堪膺民社。

所有甄别试用期满人员缘由，理合会同恭折具奏，伏祈皇上圣鉴。谨奏。

朱批："吏部知道。"①

265. 张端本饬赴新任片 光绪二十四年七月十一日

再，新授南韶连道张端本，现已到省，应即饬赴新任，以专责成。

除檄饬遵照外，臣等谨合词附片具陈，伏祈圣鉴。谨奏。

朱批："知道了。"②

266. 知县征存正杂款银米参后全完请注销折 光绪二十四年七月十一日

太子少保、两广总督臣谭钟麟，头品顶戴广东巡抚臣许振祎跪奏，为知县征存正、杂款银米参后全完，请注销，恭折仰祈圣鉴事。

窃已革徐闻县知县童凤池，征存正、杂款银二千一百二十余两，米一千一十余石，叠催未解。经臣谭钟麟于兼署巡抚任内，附片奏请勒限严追。钦奉谕旨，转行遵照去后。兹据布政使张人骏、督粮道延祉，会同交代总局司道详称，该员参追后，陆续将欠解银米完解清楚，请将原参勒追之案注销。等情前来。

臣等覆核无异，相应请旨，将已革前任徐闻县知县童凤池原参勒追之案，准予注销，谨合词恭折具奏，伏乞皇上圣鉴。谨奏。

---

①《光绪朝朱批奏折·内政·职官》第13辑第342—343页，光绪二十四年七月十一日。
②《光绪朝朱批奏折·内政·职官》第13辑第343页，光绪二十四年七月十一日。

朱批："着照所请，该部知道。"①

267. 已故前任儋州知州贾敦忭革职片光绪二十四年七月十一日

再，据广东布政使张人骏、督粮道延祉，会同交代总局司道详称，查有已故前任儋州知州贾敦忭，征存正、杂款银二千七百余两，米七百九十余石，叠催未解，详请参追前来。相应请旨，将已故前任儋州知州贾敦忭革职，勒限该家属，于四个月内，将欠解正、杂银米，如数完解。倘逾限不完，或完不足数，再行从严参办。

所有勒追知县欠解征存银米缘由，臣等谨合词附片具奏，伏乞圣鉴。谨奏。

朱批："着照所请，该部知道。"②

268. 广东连平州土匪劫狱滋事派营拿办折光绪二十四年七月二十三日

太子少保、头品顶戴两广总督臣谭钟麟，头品顶戴广东巡抚臣许振祎跪奏，为广东连平州土匪劫狱滋事，派营拿办，将疏防文武据实纠参，恭折仰祈圣鉴事。

窃照本年四月间，广东连平州匪众劫狱焚署，伤官掳眷，并四出抢掠。经臣等将派营拿办大概情形，于奏请添募防营折内，陈明在案。连平素称盗薮，颜姓尤为悍族，动辄纠众滋事。颜有章向不安分，本年闰三月间，被民妇彭冯氏等呈控主殴，经知州王屋密拿到案，讯供收禁。颜姓房族，屡请保释未准。颜有章之子颜亚荫，纠集匪众千余人，于四月初六夜三更时分，逾城而入，

---

①《光绪朝朱批奏折·财政·库储》第82辑第860页，光绪二十四年七月十一日。
②《光绪朝朱批奏折·财政·库储》第82辑第861页，光绪二十四年七月十一日。

直劫州监。分党至知州及吏目署内，搜劫衣物，遗火焚署。王屋出外督捕，被砍多伤。并将王屋婢妾人等，掳捉而去。守备祁国勳赶至，将火扑灭。计烧毁州署二堂内宅及兵、刑、工各科房，知州印信遗失。监内劫去已入秋审绞犯吴日禾、周樽彝二名，已准部覆尚未起解军犯谢亦炤一名，及未定罪名人犯十余名。匪众推颜有章父子为首，屯踞附城之阮坑地方，四出抢掠。焚毁忠信墟铺户二百余间，及该墟巡检司署，居民纷纷迁避。臣等闻信后，即咨陆路提臣张春发迅带哲字营勇，并由省派都司方桂东等，各率营勇先后驰往，将颜姓匪屋平毁，匪众窜散。营勇四面兜拿。五月初七日，在增坝地方擒获匪首颜有章，讯明正法。颜亚荫在逃病故，验明戮尸示众。陆续拿获著匪叶陈苟等七十五名，就地惩办，城乡一律乂安。印信、眷口先后起回，绞犯周樽彝，旋亦捕获监禁。伏查此案当颜有章收禁之时，颜亚荫四处招匪，众情汹汹。该管文武漫无觉察防范，致酿重案，实属荒谬。据广东藩、臬两司会详揭参前来。相应请旨，将四品衔连平州知州王屋、连平州吏目傅明良、连平营守备祁国勳，一并革职，以示惩儆。除分别遴员接署，饬令缉拿逸犯，并将城署监狱修复外，臣等谨合词缮折具奏，伏乞皇上圣鉴训示。再，连平州知州、吏目、守备三缺，均请扣归外补，合并陈明。谨奏。

朱批：“王屋等均着即行革职，余依议。该部知道。”①

269. 拣员升署副将折光绪二十四年七月二十三日

太子少保、头品顶戴两广总督臣谭钟麟跪奏，为拣员升署副将，恭折仰祈圣鉴事。

窃准兵部咨，广东大鹏协副将余致廷病故，遗缺系外海水师题补之缺，轮用豫保拣发两班均无人，行令以应升、应补人员请

①《光绪朝朱批奏折·法律·监狱解护》第110辑第361—362页，光绪二十四年七月二十三日。

补。等因。兹查外海水师参将五员内，并无军政荐举卓异、保送回任候题及世职期满发回以副将候题人员。其历俸一年以上及未满年限各员，又均籍隶本省，例应回避，不合请补。查有澄海营参将陈良傑，年五十二岁，浙江镇海县人。由勇目递补两广督标中军都司，因救护外洋遭风轮船出力，保准免补游击，以参将仍留广东外海水师，在任尽先补用。旋开缺，归尽先参将班。出洋试验一年期满，请补斯缺，未准部覆。该员年健才长，水师谙练。虽未接札历俸，惟人材难得，例准破格录用。合无仰恳天恩，俯准以陈良傑升署大鹏协副将。俟部覆到日，并案给咨，送部引见。以符定制。

谨会同广东水师提督臣何长清缮折具陈，伏乞皇上圣鉴，敕部核覆施行。谨奏。

朱批：“兵部议奏。”①

270. 国樑开缺回旗修墓片 光绪二十四年七月二十三日

再，广西梧州一带，邻匪未平，营伍地方，均关紧要。已饬实任梧州协副将江志远赴本任，以专责成。兹据卸署梧州协副将本任广东雷州营参将国樑禀称，年六十四岁，汉军正白旗人。由公中佐领递补广东雷州营参将，调署广西梧州协副将。近接家信，知先人茔墓荒芜，祭扫无人。现值交卸署篆，恳请开去雷州营参将缺，回旗修墓。等情前来。合无仰恳天恩，俯准该参将国樑开缺回旗修墓，以遂孝思。所遗雷州营参将，系题补之缺，广东现有应补人员，请归外补。

理合附片具陈，伏乞圣鉴，敕部核覆施行。谨奏。

---

①《光绪朝朱批奏折·军务·人事》第46辑第311—312页，光绪二十四年七月二十三日。

朱批："着照所请，兵部知道。"①

271. 查明贪劣不职文武各官据实纠参折

光绪二十四年七月二十三日

太子少保、头品顶戴两广总督臣谭钟麟，头品顶戴广东巡抚臣许振祎跪奏，为查明贪劣不职文武各官，据实纠参，仰祈圣鉴事。

窃臣等于所属文武各官，悉心考察。其贪劣不职者，自应随时参办，未便姑容。查有前署广东信宜县知县文博，于张明典呈控张家隆等开设花会一案，将原告扣留，勒交被告。经该管道府叠饬保候，置若罔闻。迨需索已罄，交卸在即，始行禀请释放，官声甚劣，此其一端。南海县县丞张锡藩，庇赌增索规费，被赌徒毁轿撵逐，伤毙人命。代理琼州府经历王河屏，声名平常。韶州府司狱文从周，不明事理。又前署清远营游击冯骅到任后，地方叠出劫案，当经摘顶勒缉，仍复不知振作，所带船勇亦有缺额。署广州协西关汛千总李祥辉，纵令谢应桢等聚赌，赌匪互斗，致毙路人何恩一命。达濠营效力千总吴家兆，初得保奖，敛喜钱百余千。到标后，行为乖谬，物议沸腾。据各该上司先后禀揭前来。相应请旨，将前署信宜县事候补知县文博、南海县县丞张锡藩、代理琼州府经历候补巡检王河屏、韶州府司狱文从周、前署清远营游击尽先参将冯骅、署广州协西关汛千总永靖营右哨把总李祥辉、达濠营效力尽先千总吴家兆，一并革职，以肃官常。

除咨部查照外，臣等谨合词恭折具陈，伏乞皇上圣鉴训示，至南海县县丞、韶州府司狱二缺，应请扣留外补，合并陈明。谨奏。

---

①《光绪朝朱批奏折·军务·人事》第46辑第312页，光绪二十四年七月二十三日。

朱批："另有旨。"①

272. 高州府属叠次遭风妥为抚恤片光绪二十四年七月二十三日

再，本年六月十八九等日，高州府属滨海一带，风雨连宵达旦，海潮骤涨丈余，府城冲塌十余丈。据茂名县报，南、北二乡民房倒塌甚多，淹毙七人。电白县报，城乡民房倒塌十余间，幸未伤人。电茂盐场于七月初一二日，复遭风雨扫毁，盐漏一百七十余区，损坏者三百余区，漂失盐斤一千余包。此外，遭风情形，未据具报。除饬催查覆，分别妥为抚恤，并将城垣盐漏设法赶修外。

所有高州府属叠次遭风缘由，谨合词附片陈明，伏乞圣鉴。谨奏。

朱批："知道了。即着饬属认真抚恤，毋令失所。"②

273. 广东省半年内咨结交代各案折光绪二十四年八月初十日

太子少保、头品顶戴两广总督臣谭钟麟跪奏，为广东省光绪二十三年十一月起至二十四年四月底止，半年内咨结交代各案，恭折仰祈圣鉴事。

案准户部咨，州县交代各案，分别已未完结，半年汇奏一次，并将有无未解银两，逐案声叙。等因。广东省自光绪十一年十一月起至二十三年十月底止，咨结交代，节经开单具奏在案。兹据广东布政使张人骏详称，光绪二十三年十一月起至二十四年四月

①《光绪朝朱批奏折·内政·职官》第13辑第376—377页，光绪二十四年七月二十三日。

②《光绪朝朱批奏折·内政·赈济》第31辑第756页，光绪二十四年七月二十三日。

底止，半年届满，陆续咨结。各属交代共二十七案，内有二十六案应征正、杂钱粮银米，扫数解清，并无未解之款。又一案征存银两，未据解清，业经另案参追。等情前来。

臣覆核无异，除饬司将未结交代严催结报外，谨缮清单，恭折具奏。伏祈皇太后、皇上圣鉴。谨奏。

朱批："户部知道，单并发。"①

274. 拣员借补副将折光绪二十四年八月初十日

太子少保、头品顶戴两广总督臣谭钟麟跪奏，为拣员借补副将，恭折仰祈圣鉴事。

窃照广东顺德协副将缺，因豫保、拣发，两班均无人。经臣以调补水师提标中军参将丁志德升补。兹准部覆，丁志德籍隶本省，碍难议准。应升班内既无员可补，应拣外海水师尽先人员借补。等因。兹于外海水师尽先副将班内拣选，查有水师提标中营尽先副将刘盛濯，年五十岁，安徽合肥县人。由军功递保参将。光绪十年，于台湾基沪获胜案内，保准免补参将，以副将仍留两广尽先题补。回粤改用外海水师，试验期满保题，送部引见，发回原省补用。该员年健才明，水师熟悉，并无在外省军营参革、朦保情弊。合无仰恳天恩，俯准以刘盛濯借补顺德协副将，敕部给札，令其赴任。

谨会同广东水师提督臣何长清恭折具陈，伏乞皇太后、皇上圣鉴，敕部核覆施行。谨奏。

朱批："兵部议奏。"②

①《光绪朝朱批奏折·财政·库储》第82辑第876页，光绪二十四年八月初十日。
②《光绪朝朱批奏折·军务·人事》第46辑第335—336页，光绪二十四年八月初十日。

275. 拣员请补副将折 光绪二十四年八月初十日

太子少保、头品顶戴两广总督臣谭钟麟跪奏，为拣员请补副将，恭折仰祈圣鉴事。

窃准兵部咨，广东惠州协副将缺，系陆路部推之缺。应用尽先人员，令拣员请补。等因。兹在陆路尽先副将班内拣选，除朱鸿胜、袁学祥未准注册，黄义德、黄才贵未请咨赴部，黄云高籍隶本省，郑润材已请补罗定协副将，国樑开缺回旗不计外。其名次在前之毛名德、陈桂林、刘先科、张拔萃、罗三元、朱心源，均于此缺人地不宜。查有奏留广东尽先补用副将雷镇谷，年五十四岁，湖南善化县人。由武童递保尽先参将，于克复越南文渊州等城出力保奏。光绪十一年八月二十一日奉上谕："着免补参将，以副将尽先补用。钦此！"奏留广东补用，咨送履历。该员久历戎行，办事老练。前在外省军营，并无参革、朦保情弊。合无仰恳天恩，俯准以雷镇谷补授惠州协副将。俟部覆到日，给咨送部引见，以符定制。

谨会同广东陆路提督臣张春发合词缮折具陈，伏乞皇太后、皇上圣鉴，敕部核覆施行。谨奏。

朱批："兵部议奏。"①

276. 马维骐暂缓陛见片 光绪二十四年八月二十八日

再，广东潮州府属民强好斗，伏莽滋多。近复斗案叠出，各县纷纷请兵，查新授潮州镇总兵马维骐，现由云南驰抵粤省，入京陛见。该总兵老于军事，练达有为。现饬先赴潮州新任，会督

---

①《光绪朝朱批奏折·军务·人事》第46辑第336—337页，光绪二十四年八月初十日。

地方文武严加捕治，务期匪戢良安。一俟办理就绪，再令起程北上。

除檄饬遵照外，谨附片具陈，伏乞圣鉴。谨奏。

朱批："知道了。"①

277. 曾庆祥补授南宁城守营都司片 光绪二十四年八月二十八日

再，准兵部咨，广西南宁城守营都司张骏烈调补，遗缺系部推之缺，应用尽先人员，行令迅拣合例人员请补。等因。兹在广西尽先都司班内遴选，查有尽先都司曾庆祥，年五十二岁，广西柳州府马平县人。由承袭云骑尉世职，随赴越南剿匪出力保奖。同治九年十一月初九日奉上谕："着免补守备，以都司尽先补用。钦此！"该员年健力强，前在军营并无参革、朦保情弊。合无仰恳天恩，俯准以曾庆祥补授南宁城守营都司。俟部覆到日，给咨赴部引见，以符定制。

谨会同广西提督臣苏元春合词附片具陈，伏乞圣鉴，敕部核覆施行。谨奏。

朱批："兵部议奏。"②

278. 已故花翎道衔邓廷简赏赠四品卿衔片 光绪二十四年八月二十八日

再，据广东香山县生员邓焕章等禀称，伊故父花翎道衔邓廷简，身受国恩，情殷报效，迭捐振款，蒙给"乐善好施"字样，准予建坊。于筹借华款案内，曾备万金。兹闻增勇购械，需款甚急。伊等仰承先志，禀商母命，筹缴纹银二万两，借伸报效。等

①《光绪朝朱批奏折·军务·人事》第46辑第355页，光绪二十四年八月二十八日。
②《光绪朝朱批奏折·军务·人事》第46辑第355页，光绪二十四年八月二十八日。

情。由香山县知县蒋鸣庆转禀前来。臣查该故绅邓廷简，好义急公，曾邀恩奖。伊子邓焕章等善继父志，复捐巨款，洵属孝义可风。查广西候选郎中左宗蕃，报效银二万两，仰蒙赏给四品卿衔。合无吁恳天恩，俯准将已故花翎道衔邓廷简，赏赠四品卿衔，以昭激劝。出自逾格鸿慈。

除将捐款饬局收存，并取邓廷简生前履历咨部外，谨附片陈请。伏乞圣鉴训示。谨奏。

朱批："着照所请，该部知道。"①

279. 运司请开缺回旗修墓折 光绪二十四年八月二十八日

太子少保、头品顶戴两广总督臣谭钟麟奏，为运司请开缺回旗修墓，恭折具陈，仰祈圣鉴事。

窃据两广盐运使英启禀称，英启籍隶镶白旗汉军，由翰林院编修出守黄州，洊升今职，阅今二十余年。昨接家信，知祖墓失修，坍损甚重，禀恳奏咨开缺，给假回旗修墓。一俟事竣，即当赴部销假，力图报称。等情前来。伏查该运司英启，公正廉明，体用兼备，为司道中不可多得之员。臣来粤三年，深资臂助。兹以松楸念切，禀请给假修理，委系出自至情。合无仰恳天恩，俯准该运司开缺回旗修墓，俾遂孝思。如蒙俞允，所遗两广盐运使缺，应请旨迅赐简放，以重职守。

谨缮折具陈，伏乞皇太后、皇上圣鉴训示。谨奏。

朱批："另有旨。"②

①《光绪朝朱批奏折·财政·捐输》第80辑第563页，光绪二十四年八月二十八日。
②《光绪朝朱批奏折·内政·职官》第13辑第451页，光绪二十四年八月二十八日。

280. 委署雷琼道片光绪二十四年八月二十八日

再，两广盐运使英启，现请开缺回旗修墓。所遗篆务，查有雷琼道冯光遹，堪以署理。并委广东候补道周炳勳，接署雷琼道篆务。

除分檄饬遵外，理合附片陈明，伏乞圣鉴。谨奏。

朱批："吏部知道。"①

281. 光绪二十四年春季分广东省委署知县各缺折光绪二十四年八月二十八日

太子少保、头品顶戴两广总督臣谭钟麟跪奏，为光绪二十四年春季分，广东省委署知县各缺，循例恭折具陈，仰祈圣鉴事。

窃照各省州县，无论奏调、委署、代理，钦奉上谕："着每届三个月汇奏一次。等因。钦此！"钦遵在案。兹据广东布政使张人骏详称，光绪二十四年春季分，出有长宁县知县吕道象患病请假，遗缺以试用知县程基署理。又高要县知县魏邦翰病故，遗缺以即用知县冯如衡署理。又新宁县知县张叙宾调省，遗缺以试用知县张允武署理。又署灵山县知县叶士模饬赴琼山县本任，遗缺以拔贡分发知县萧开启署理。又海康县知县徐仁傑丁忧，遗缺以教习知县汪士仪署理。又海阳县知县杜友白病故，遗缺以惠来县知县池伯炜调署。递遗惠来县缺，以试用知县陶祖培署理。又署临高县知县刘朴禀求交卸，遗缺以试用通判常国簬署理。详请具奏前来。

臣覆查无异，理合恭折具陈，伏乞皇太后、皇上圣鉴。谨奏。

①《光绪朝朱批奏折·内政·职官》第13辑第452页，光绪二十四年八月二十八日。

朱批：“吏部知道。”①

282. 岑春煊应即饬赴新任片光绪二十四年八月二十八日

再，新授广东布政使岑春煊，现已到省，应即饬赴新任。又惠潮嘉道联元，已升授安徽按察使，应交卸赴任。所遗道篆，查有潮州府知府李士彬堪以暂行兼护。

除分饬外，谨附片陈明，伏乞圣鉴。谨奏。

朱批：“吏部知道。”②

283. 已故知县方大甡革职片光绪二十四年八月二十八日

再，据广东布政使张人骏、署督粮道蒋武琛，会同交代局司道详称，查有已故前署翁源县知县方大甡，征存正、杂款谷价银三千八百余两，米四十余石，叠催未解，请参追前来。相应请旨，将已故前署翁源县事试用知县方大甡革职，勒限该家属，于四个月内，将欠解银米，扫数完解。倘逾限不完，或解不足数，再行从严参办。

所有参追已故知县欠解银米缘由，谨附片具奏，伏乞圣鉴。谨奏。

朱批：“着照所请，该部知道。”③

①《光绪朝朱批奏折·内政·职官》第13辑第452—453页，光绪二十四年八月二十八日。

②《光绪朝朱批奏折·内政·职官》第13辑第453页，光绪二十四年八月二十八日。

③《光绪朝朱批奏折·财政·库储》第82辑第883页，光绪二十四年八月二十八日。

284. 备还英德之款片 光绪二十四年八月二十八日

再，案准户部咨，应还英、德一款，每年指拨广东省盐斤加价银五万两，地丁等项银三十八万两，加放俸饷银五万两，闱捐银二十四万两，每年匀分二、五、八、冬四个月，解赴江海关道交纳。等因。兹据广东布政使张人骏、两广盐运使英启、广东善后局司道先后详称，本年八月分应解前项银两，现经设法挪凑，作为盐斤加价银一万二千五百两，地丁等项银九万五千两，加放俸饷银一万二千五百两，闱捐银六万两。于八月初九、十三等日，先后交号商蔚泰厚等汇解江海关道兑收，备还英、德之款，详请奏咨前来。

臣覆核无异，除咨部查照外，理合附片陈明，伏乞圣鉴。谨奏。

朱批："该衙门知道。"①

285. 派还俄法本息银两片 光绪二十四年八月二十八日

再，前准户部咨，广西省每年应派拨还俄、法本息银七万两，分作两次，于三月解交六成，九月解交四成。又每年应派拨还英、德本息银八万两，匀分四次，于二、五、八、冬四个月，解赴江海关道交纳，不得稍有延欠。等因。业经前抚臣史念祖暨臣，将二十二三两年及本年二、三、五、八四个月分应解银两，按期如数，分别解清，奏明在案。兹值光绪二十四年九月分应解拨还俄、法本息银二万八千两，业已届期。饬据藩司详称，现于库储地丁项下，照数提出，于八月初八日，发交商号百川通，汇解江海关

---

①《光绪朝朱批奏折·财政·库储》第82辑第884页，光绪二十四年八月二十八日。

道投纳。详请奏报前来。

臣覆核无异，除咨江苏巡抚即饬江海关道兑收，并咨户部查照外，所有按期如数筹解九月分派还俄、法本息银两缘由，谨附片具陈，伏乞圣鉴。谨奏。

朱批："户部知道。"①

286. 查明七月分雨水田禾粮价情形折光绪二十四年八月二十八日

太子少保、头品顶戴两广总督臣谭钟麟跪奏，为查明七月分雨水、田禾、粮价情形，恭折具陈，仰祈圣鉴事。

窃照广东省光绪二十（五）〔四〕年六月分，雨水、田禾、粮价，业经前抚臣许振祎奏报在案。兹查广东省城光绪二十四年七月分上、中、下三旬，得有大小雨泽数次，田亩一律均沾，晚禾秀发。园蔬杂粮，亦皆畅茂。各属禀报，与省城大略相同。粮价较上月稍减，民情静谧。堪以仰慰圣怀。

所有光绪二十四年七月分雨水、田禾、粮价，臣谨缮清单，恭折具奏，伏祈皇太后、皇上圣鉴。谨奏。

朱批："知道了。"②

287. 汇案请袭世职折光绪二十四年九月初八日

太子少保、头品顶戴两广总督臣谭钟麟跪奏，为汇案请袭世职，仰祈圣鉴事。

案准兵部咨，袭职发标人员三月汇奏一次，遵办在案。兹光绪二十四年夏季分，据新宁、东莞、归善、惠来、顺德、信宜、

---

①《光绪朝朱批奏折·财政·库储》第82辑第884页，光绪二十四年八月二十八日。

②《光绪朝朱批奏折·农业·雨雪粮价》第96辑第424页，光绪二十四年八月二十八日。

高要各县，详送承袭云骑尉陈国雄、谭家猷、伍景勳、陈承先、关鋈鎏、谢宝森，承袭恩骑尉张国炜、穆占华，请袭职发标。声明谭家猷愿改外海水师，谢宝森改作文生员应试前来。查定例：承袭世职，令嫡长子孙承袭。如无嫡长子孙，许令弟侄应承继者承袭。又承袭云骑尉年已及岁，免其送部。令该督抚验看具题，俟题准后，就近发标学习，支食全俸。又云骑尉有愿改外海水师者，豫先呈明，分派外海水师各营，随同出洋巡哨。又承袭云骑尉，于未经发标学习之前，呈请考试者，准以世职顶戴应试，毋庸给予世职、俸银。各等语。今请袭云骑尉陈国雄、谭家猷、伍景勳、陈承先，年均及岁，请袭职发标。谭家猷并请改用外海水师，关鋈鎏年未及岁，谢宝森年已及岁，愿将云骑尉改作文生员应试，请袭恩骑尉张国炜、穆占华，年均及岁，请袭职发标。均与定例相符，经臣验明，分别发标学习。相应汇缮清单，恭呈御览。

除将各该员亲供宗图、履历册结咨送部科外，谨缮折具奏，伏乞皇太后、皇上圣鉴，敕部核覆施行。谨奏。

朱批："兵部议奏，单并发。"①

288. 光绪二十四年夏季分广东省委署州县各缺折光绪二十四年九月初八日

太子少保、头品顶戴两广总督臣谭钟麟跪奏，为光绪二十四年夏季分广东省委署州县各缺，循例恭折具陈，仰祈圣鉴事。

窃照各省州县，无论奏调、委署、代理。钦奉上谕："着每届三个月汇奏一次。等因。钦此！"钦遵在案。兹据广东布政使张人骏详称，光绪二十四年夏季分，出有崖州知州李怀清撤任，遗缺以候补知县李洪毓署理。又署澄海县知县左新前调省，遗缺以即

①《光绪朝朱批奏折·军务·人事》第46辑第374—375页，光绪二十四年九月初八日。

用知县许克家署理。又高明县知县蔡逢恩病故，遗缺以即用知县安荫甲署理。又始兴县知县胡良铨撤任，遗缺以试用知县鲍鸿图署理。又署潮阳县知县庄允懿期满，遗缺以试用知县张广权署理。又连平州知州王屋因案撤任，遗缺以候补知县冯灼孝署理。详请具奏前来。

臣覆查无异，理合恭折具陈，伏乞皇太后、皇上圣鉴。谨奏。

朱批："吏部知道。"①

289. 庾祖培革职片 光绪二十四年九月初八日

再，据广东布政使张人骏、署督粮道蒋武琛，会同交代总局司道详称，查有前代理石城县知县庾祖培，征存杂款银六百余两，米一千六百余石，叠催未解，请参追前来。相应请旨，将前代理石城县事高州府经历庾祖培革职，勒限四个月内，将欠解银米如数完解。傥逾限不完，或解不足数，再行从严参办。

所有参追代理知县欠解征存银米缘由，谨附片具陈，伏乞圣鉴训示。谨奏。

朱批："着照所请，该部知道。"②

290. 请饬盛宣怀带同洋匠来粤查勘片 光绪二十四年九月初八日

再，广东九龙关至广州铁路，钦奉谕旨：着臣派员照料勘路。查粤省并无熟悉铁路工程之员，应请旨饬盛宣怀带同洋匠来粤查勘。臣亦派员照料，如购买民地，则出示均照时价，不得抬价居奇。

理合附片陈明，伏乞圣鉴。谨奏。

---

①《光绪朝朱批奏折·内政·职官》第13辑第477—478页，光绪二十四年九月初八日。

②《光绪朝朱批奏折·内政·职官》第13辑第478页，光绪二十四年九月初八日。

朱批："该衙门知道。"①

291. 拣员请补副将折光绪二十四年九月初十日

太子少保、头品顶戴两广总督臣谭钟麟跪奏，为拣员请补副将，恭折仰祈圣鉴事。

窃照广东罗定协副将缺，应用尽先人员，先经臣以补用总兵尽先副将南韶连镇中军游击郑润材请补。兹准部覆，郑润材籍隶本省，令另拣合例人员请补。等因。兹于陆路尽先副将班内拣选，除黄云高籍隶本省，朱鸿胜未准注册，黄义德、黄才贵未请咨赴部不计外，其名次在前之毛名德、陈桂林、刘先科，均于此缺人地不宜。查有奏留广东陆路尽先副将张拔萃，年六十一岁，湖南醴陵县人。由武童递保总兵，于荡平甘肃金积堡贼巢案内，保准记名提督，奏留广东补用。接准部咨，改为以副将专归陆路尽先班内候补。该员年健才明，情形熟悉，并无在外省军营参革、朦保情弊。合无仰恳天恩，俯准以张拔萃补授罗定协副将。俟部覆到日，给咨送部引见，以符定制。

谨会同广东陆路提督臣张春发合词缮折具陈，伏乞皇太后、皇上圣鉴，敕部核覆施行。谨奏。

朱批："兵部议奏。"②

292. 拣员请补参将折光绪二十四年九月初十日

太子少保、头品顶戴两广总督臣谭钟麟跪奏，为拣员请补参将，恭折仰祈圣鉴事。

窃照广东澄海营参将缺，应用尽先人员，先经臣以外海水师尽先参将陈良傑请补。兹准部覆，陈良傑改用外海水师，尚未保

①《光绪朝朱批奏折·交通运输·铁路》第102辑798页，光绪二十四年九月初八日。
②《光绪朝朱批奏折·军务·人事》第46辑第377—378页，光绪二十四年九月初十日。

题，应毋庸议。另拣合例人员请补。等因。兹在外海水师尽先参将班内拣选，除蒋志亮咨查保案未准注册不计外。查有外海水师尽先参将周镇邦，年四十七岁，广东南海县人。由勇目准补儋州营水师守备，续保尽先游击。于救护轮船出力案内，保准以参将在任尽先补用，咨送履历，准部注册。旋开守备底缺，归参将班候补。该员年力正强，熟谙水务，并无在外省参革、朦保情弊。合无仰恳天恩，俯准以周镇邦补授澄海营参将。俟部覆到日，给咨送部引见，以符定制。

谨会同广东水师提督臣何长清缮折具陈，伏乞皇太后、皇上圣鉴，敕部核覆施行。谨奏。

朱批："兵部议奏。"①

293. 仍以李癸贤补授抚标右营守备片光绪二十四年九月二十八日

再，广东抚标右营守备缺，经臣以陆路尽先守备李癸贤奏补。兹准部覆，李癸贤名次在后，尚有吴凤友一员，漏未声叙。令查明声覆，再行核办。等因前来。伏查抚标右营守备，驻扎广州府城内省会要区，营务繁重，吴凤友于此缺人地不宜，未便请补。合无仰恳天恩，俯准仍以李癸贤补授抚标右营守备。俟部覆到日，给咨送部引见，以符定制。

谨会同广东陆路提督臣张春发附片具陈，伏乞圣鉴，敕部核覆施行。谨奏。

朱批："兵部议奏。"②

---

①《光绪朝朱批奏折·军务·人事》第46辑第378—379页，光绪二十四年九月初十日。

②《光绪朝朱批奏折·军务·人事》第46辑第398页，光绪二十四年九月二十八日。

294. 延祉应即饬回本任片光绪二十四年九月二十八日

再，广东督粮道延祉，遵旨晋京召见。现已旋粤，应即饬回本任，以专责成。

除檄饬遵照外，谨附片陈明，伏乞圣鉴。谨奏。

朱批："延祉已简放河南臬司矣！着即来京陛见。"①

295. 刘思谦开缺回籍修墓片光绪二十四年九月二十八日

再，据广东佛冈同知刘思谦禀称，籍隶湖南新宁县。由二品荫生蒙恩擢用，选授今职，委署龙川、三水等县篆务。近接家信，知祖坟多有毁坏，寝馈难安。恳请开缺，回籍修理。等情。由广东藩司岑春煊、臬司魁元会详前来。臣查刘思谦，系前任直隶督臣刘长佑②之子。人极安详，留心吏治。兹据请开缺回籍修墓，自系至情。

除饬将历任交代结算清楚，再行给咨起程外，合无仰恳天恩，俯准该员刘思谦开缺，回籍修墓，俾遂孝思。所遗佛冈同知一缺，请留归外补，理合附片具陈，伏乞圣鉴训示。谨奏。

朱批："着照所请，吏部知道。"③

---

①《光绪朝朱批奏折·内政·职官》第13辑第525页，光绪二十四年九月二十八日。

②刘长佑（1818—1887），字子默，号荫渠，湖南新宁人。拔贡出身。1852年（咸丰二年）在湖南办团练，后编入湘军。屡随江忠源在江西、安徽进攻太平军。1856年援江西，攻陷袁州（治今宜春）、临江（治今樟树西南），后溃败。1859年与石达开作战，占柳州。次年任广西巡抚。1862年（同治元年）由两广总督调直隶总督，与捻军作战。1867年因沧州盐民起义事被革职。1871年起授广东、广西巡抚，1875年（光绪元年）擢云贵总督，1882年病免。有《刘武慎公遗书》。

③《光绪朝朱批奏折·内政·职官》第13辑第525页，光绪二十四年九月二十八日。

296. 拣员请补参将折光绪二十四年十月十五日

太子少保、头品顶戴两广总督臣谭钟麟跪奏，为拣员请补参将，恭折仰祈圣鉴事。

窃准兵部咨，广东雷州营参将缺，系陆路题补缺。轮用捐输无人，以第三轮第一缺尽先人员请补。等因。兹在陆路尽先参将班内拣选，除叶良籍隶本省，李煇垣咨查保案未准注册不计外，其名次在前之张正履、方承猷，均于此缺人地未宜。查有督标中营尽先参将吴凤典，年五十四岁，广西上思州人。由武监生加捐守备衔，随刘永福在越南立功，递保尽先游击。又于福军入关，历年出力案内，奏准以参将归两广督标尽先补用。来粤收标，准部注册序补。该员久历戎行，办事勤谨，并无在外省参革、朦保情弊。合无仰恳天恩，俯准以吴凤典补授雷州营参将。俟部覆到日，给咨送部引见，以符定制。

谨会同广东陆路提督臣张春发缮折具陈，伏乞皇太后、皇上圣鉴，敕部核覆施行。谨奏。

朱批："兵部议奏。"①

297. 汇案请袭世职折光绪二十四年十月十五日

太子少保、头品顶戴两广总督臣谭钟麟跪奏，为汇案请袭世职，仰祈圣鉴事。

案准兵部咨，袭职发标人员三月汇奏一次，遵办在案。兹光绪二十四年秋季分，据兴宁、四会县申送承袭云骑尉何渭源，请袭职发标。陈深泉请以文生员兼袭，照旧考试前来。查定例：承袭世职，令嫡长子孙承袭。如无嫡长子孙，许令弟侄应承继者承

---

①《光绪朝朱批奏折·军务·人事》第46辑第412—413页，光绪二十四年十月十五日。

袭。又承袭云骑尉年已及岁，免其送部。令该督抚验看具题，俟题准后，就近发标学习，支食全俸。又承袭云骑尉人员，如本系文武生员兼袭，不愿废弃旧业，照旧考试者，给予世职、俸银。各等语。今请袭云骑尉何渭源，年已及岁，请袭职发标。陈深泉系文生员，年已及岁，呈请兼袭，照旧考试。均与定例相符，经臣验明，分别发标学习。相应汇缮清单，恭呈御览。

除将各该员亲供宗图、履历册结，咨送部科外，谨缮折具奏，伏乞皇太后、皇上圣鉴，敕部核覆施行。谨奏。

朱批："兵部议奏，单并发。"①

298. 查明九月分雨水田禾粮价情形折光绪二十四年十月十五日

太子少保、头品顶戴两广总督臣谭钟麟跪奏，为查明九月分雨水、田禾、粮价情形，恭折具陈，仰祈圣鉴事。

窃照广东省光绪二十四年八月分雨水、田禾、粮价，业经臣恭折奏报在案。兹查广东省城光绪二十四年九月分，上旬晴霁，中旬得有微雨，下旬亢旱极热。幸晚禾俱已成熟，园蔬杂粮，望泽颇殷。省外各属禀报，与省城大略相同，粮价较上月稍减。民情安谧，堪以仰慰圣怀。

所有光绪二十四年九月分雨水、田禾、粮价，臣谨缮清单，恭折具奏，伏祈皇太后、皇上圣鉴。谨奏。

朱批："知道了。"②

299. 拣员升署副将折光绪二十四年十一月初一日

太子少保、头品顶戴两广总督臣谭钟麟跪奏，为拣员升署副

①《光绪朝朱批奏折·军务·人事》第46辑第413—414页，光绪二十四年十月十五日。
②《光绪朝朱批奏折·农业·雨雪粮价》第96辑第446页，光绪二十四年十月十五日。

将，恭折仰祈圣鉴事。

窃照广东大鹏协副将缺，经臣以参将陈良傑请升。兹准部覆，陈良傑尚未准补澄海营参将，令于外海水师现任参将内，另行拣选请补。等因。查外海水师参将各员，均籍隶本省，例应回避。且大鹏协驻札新安，逼近香港，时有洋人交涉事件。非干练之员，不克胜任。查有内河新会营参将武永泰，年五十四岁，直隶天津县人。由勇目递补今职，光绪二十三年十二月二十一日接领升署札付。该员熟悉水师，办事勤慎。虽历俸未满，惟水师人材难得，向准破格录用。合无仰恳天恩，俯准以武永泰升署大鹏协副将，敕部发给署札，令其赴任。俟接续扣满年限，再请实授，以符定制。

谨会同广东水师提督臣何长清缮折具陈，伏乞皇太后、皇上圣鉴，敕部核覆施行。谨奏。

朱批："兵部议奏。"①

300. 拣员请补副将折 光绪二十四年十一月初一日

太子少保、头品顶戴两广总督臣谭钟麟跪奏，为拣员请补副将，恭折仰祈圣鉴事。

窃照广东惠州协副将缺，应用尽先人员，先以奏留广东尽先补用副将雷镇谷请补。兹准部覆，雷镇谷留省日期，在见缺之后，令另拣合例人员请补。等因。兹于陆路尽先副将班内拣选，除郑润材籍隶本省，朱鸿胜未准注册，黄义德、黄才贵未请咨赴部不计外，其名次在前之毛名德，于此缺人地不宜。查有奏留两广尽先补用副将陈桂林，年四十九岁，福建浦城县人。由武童递保尽先游击，于援剿越南叠获大胜出力，保准免补参将，以副将改留两广尽先补用。又克复文渊州等城出力，保准俟副将补缺后，以

---

①《光绪朝朱批奏折·军务·人事》第46辑第433页，光绪二十四年十一月初一日。

总兵记名，并加提督衔。咨送履历，准部注册序补。该员营务老练，办事奋勤，前在外省军营，并无参革、朦保情弊。合无仰恳天恩，俯准以陈桂林补授惠州协副将。俟部覆到日，给咨送部引见，以符定制。

谨会同广东陆路提督臣张春发合词缮折具陈，伏乞皇太后、皇上圣鉴，敕部核覆施行。谨奏。

朱批："兵部议奏。"①

301. 陈桂林委署广西右江镇总兵片 光绪二十四年十一月初一日

再，据署广西右江镇中军游击杜遇琳电禀，署右江镇总兵梁效贤，于本年十月十八日病故等由前来。查实任是缺总兵李永芳，现未到省，亟应委员接署。查有提督衔记名总兵留粤尽先补用副将陈桂林，勤慎耐劳，办事认真，于地方情形甚为熟悉，堪以委署。

除檄饬遵照外，理合附片具陈，伏乞圣鉴。谨奏。

朱批："兵部知道。"②

302. 王起鸿开除广西隆林营守备底缺片
光绪二十四年十一月初一日

再，调补广西隆林营守备王起鸿，于剿办广西柳州府马平县会匪出力，经抚臣黄槐森会保，准部核准。俟离守备任后，免补都司，以游击尽先补用。光绪二十四年五月二十四日，奉旨："依议。钦此！"兹据该员禀请开除隆林营守备底缺，归游击班候补，由抚臣咨请核办前来。臣覆核无异，合无仰恳天恩，俯准王起鸿

①《光绪朝朱批奏折·军务·人事》第46辑第434页，光绪二十四年十一月初一日。
②《光绪朝朱批奏折·军务·人事》第46辑第435页，光绪二十四年十一月初一日。

开除广西隆林营守备底缺，归游击班，收入抚标左营候补。所遗隆林营守备，系烟瘴题调之缺。俟准部覆，另行拣员请补。

理合会同广西提督臣苏元春合词附片具陈，伏乞圣鉴，敕部核覆施行。谨奏。

朱批："兵部议奏。"①

303. 保洪寿补授和平营分防连平守备片

光绪二十四年十一月初一日

再，准兵部咨，广东和平营分防连平守备缺，系陆路题补第六轮第四缺，应用尽先人员，令拣员请补。等因。兹在尽先守备班内拣选，除林养元业已病故，叶明耀、张宏基、江有恒、何杰荣、陈瑞焕、曹庆芳未准注册不计外。其名次在前之赵兴发、陈国刚、陈占魁，均现未在标。查有督标中营尽先守备保洪寿，年四十七岁，广东南海县人。由武生递保尽先千总。嗣于贵州克复安南等城出力案内，保准以守备尽先补用。回粤收标，准部注册序补。该员年强才稳，并无在外省军营参革、朦保情弊。合无仰恳天恩，俯准以保洪寿补授和平营分防连平守备。俟部覆到日，给咨送部引见，以符定制。

谨会同广东陆路提督臣张春发附片具陈，伏乞圣鉴，敕部核覆施行。谨奏。

朱批："兵部议奏。"②

304. 疏防武职各员革职撤任查办片光绪二十四年十一月初一日

再，本年五月间，广西梧州府属之容县，郁林州属之陆川、

---

①《光绪朝朱批奏折·军务·人事》第46辑第435页，光绪二十四年十一月初一日。

②《光绪朝朱批奏折·军务·人事》第46辑第436页，光绪二十四年十一月初一日。

北流、兴业三县，先后被匪攻陷。所有剿办收复情形，并查明失守文职各员，由抚臣黄槐森会臣奏报参革在案。兹查容县城守把总陈英扬，陆川县城守把总陈启光、外委冯俊扬，兴业县城守把总梁万里，均系专城武职。虽据禀旋集团勇，随同克复。惟事前毫无防范，实属咎无可辞。相应请旨，将梧州左营把总陈英扬，郁林营把总陈启光、外委冯俊扬，把总梁万里，一并革职，分别查办。北流县令金佐基死难甚惨，据报城守千总黎仁宝现无下落，存亡未明，应俟查确再办。至陆川、兴业、北流三县，均系郁林营管辖。该营参将解兆鼎、守备叶锦标，均应撤任，并请旨交部，照例议处。所遗各缺，另委接署。饬令整顿营伍，联络团绅，妥办善后，以靖地方。

臣谨会同广西抚臣黄槐森、提臣苏元春附片具陈，伏乞圣鉴训示。再，署梧州协副将国梁已另案参革，合并陈明。谨奏。

朱批：“着照所请，兵部知道。”①

305. 查明广东高州风灾业经抚恤折光绪二十四年十一月初一日

太子少保、头品顶戴两广总督臣谭钟麟跪奏，为查明广东高州风灾业经抚恤，来春无须接济，恭折覆陈，仰祈圣鉴事。

窃准军机大臣字寄光绪二十四年十月初三日奉上谕：“广东高州府属被风，经该督抚等查勘抚恤，小民谅可不至失所。惟念来春青黄不接之时，民力未免拮据。着体察情形，如有应行接济，即查明据实覆奏。此外，有无被灾地方，应行调剂抚恤，着该督抚等，一并查奏，候旨施恩。将此谕令知之。等因。钦此！”寄信前来。仰见圣主轸念民依、有加无已至意。伏查本年六月间，高州府属茂名、电白等县被风，倒塌城垣、民房，淹毙人口，业饬

①《光绪朝朱批奏折·军务·人事》第46辑第436—437页，光绪二十四年十一月初一日。

府县加意抚恤，电、茂等场盐漏毁坏，亦经运司筹拨银两，次第修复，奏报在案。此外，各属均无被灾之处，晚禾收成，尚称中稔，闾阎安谧。体察通省情形，民力不致拮据。来春青黄不接之时，似可无须接济。

臣与各司道查核无异，谨缮折覆陈，伏乞皇太后、皇上圣鉴。谨奏。

朱批："知道了。"①

306. 广东省本年大计请展缓两个月办理折光绪二十四年十一月初一日

太子少保、头品顶戴两广总督臣谭钟麟跪奏，为广东省本年大计，请展缓两个月办理，恭折仰祈圣鉴事。

窃查向例，三年举行计典，应于本年封印以前具题。等因。历经遵办在案。兹值本年戊戌举行大计，除藩、臬考语例送部核办，其余举劾人员，应由藩、臬先期考核，密陈督抚，酌度办理。现广东藩司岑春煊，到任未及三月，于属员贤否，恐未能周知。而惠潮嘉道沈守廉久不到省，高廉钦道吉顺已报病故，雷琼道冯光遹调署运司，南韶连道张端本抵任甫经半年。粮道延祉升河南臬司，应即离任。惟肇阳罗道吴仲翔、按察使魁元，久在粤中。第黜陟攸关，非灼见真知，不能权衡悉当。臣于各道、府、州、县，随时留心，其行能卓著者，固众所共知，即不堪造就者，亦难逃众论。惟教职佐杂人多，而品类不齐，非悉心考察，无由觇其底蕴。

拟请将本届计典，展缓两个月。俟明年二月具题，是否可行。伏乞皇太后、皇上圣鉴训示。谨奏。

朱批："着照所请，吏部知道。"②

---

①《光绪朝朱批奏折·内政·赈济》第31辑第779页，光绪二十四年十一月初一日。

②《光绪朝朱批奏折·内政·职官》第13辑第593页，光绪二十四年十一月初一日。

307. 考察营勇强弱片光绪二十四年十一月十六日

再，营勇强弱，全在训练得人。臣于各营中，时加考察。查有福建补用游击张来，由营兵递补台湾城守营守备、台东协中营都司，开缺归游击班候补。又游击衔福建水师尽先补用都司柯壬贵，由船政轮船炮目，随赴台湾，剿抚番社，递保今职。先后来粤投效，管带营勇，尚称得力。又参将衔尽先补用游击王振清，由楚军援剿发逆，递保今职。在粤管带防勇，将及十年，情形熟悉。合无仰恳天恩，俯准将张来、柯壬贵、王振清三员，各以原官留于广东补用，柯壬贵仍请归外海水师班候补，俾尽所长。

除饬取各该员履历咨部外，谨附片具陈，伏乞圣鉴训示。谨奏。

朱批："着照所请，兵部知道。"①

308. 查明革绅刘学询参案遵旨覆陈折光绪二十四年十一月十六日

太子少保、头品顶戴两广总督臣谭钟麟跪奏，为查明革绅刘学询参案，遵旨覆陈，仰祈圣鉴事。

窃臣承准军机大臣字寄光绪二十四年八月二十一日奉上谕："许振祎奏查办革绅刘学询参案，请勒罚巨款一折。前因有人奏参，广东已革在籍候选道刘学询，结匪充差各款，牵涉两广总督谭钟麟之子谭宝箴。当经谕令许振祎，确切查覆。兹据奏称，刘学询抗不到案，该抚再四访查，如吞直赈、占河道、专赌利，刘学询均有确据。若必待对质，则此案永无了期。谭宝箴从未干预闱姓之事，请饬督臣勒罚刘学询银一百万两，即传闱商韦崧，具

①《光绪朝朱批奏折·军务·人事》第46辑第451页，光绪二十四年十一月十六日。

限分缴。等语。刘学询被参各节，既与谭宝箴不相干涉，则谭钟麟自无所用其回护。许振祎所查该革员各款，均属确有实据。其所拟勒罚巨款，是否平允。着谭钟麟再行详晰查明，核议具奏，毋稍徇纵，原折着钞给阅看。将此谕令知之。钦此!”寄信到臣。查光绪二十一年故抚臣马丕瑶任内，绅士陶济福等控刘学询吞赈款、占官沟、专赌利等情，经马丕瑶饬署臬司吴仲翔查明禀覆。未及审结，吴仲翔卸事。嗣有人奏参刘学询各款，与陶济福所呈无异，奉旨交臣查办。当饬藩司张人骏、臬司魁元提案质讯，据实详覆，经臣于十二月奏结在案。二十三年七月，又有参刘学询者，仍与陶济福控词相同。前抚臣许振祎奉查办之旨，已及一年。初令刘学询出银百万，即为了案，继减至五十万。而刘学询分厘不与，许振祎恨极，于交卸时抹煞前次奏结之案，专以吴仲翔前禀为据。奏请饬臣勒罚刘学询银百万，令韦崧缴银，而原稿内有刘学询、刘学诠毁厂酿毙两命之事。臣因案情重大，电请饬许振祎自行审办。兹复奉旨，饬臣再行详晰查明，核议具奏。臣即委藩司岑春煊、臬司魁元、署运司冯光遹、粮道延祉，并调吴仲翔来省，会同秉公讯办。兹据该司道覆称，查刘学询吞赈一款，先于光绪二十一年五月，吴仲翔委知县李钟珏、陈廷蔚查覆，刘学询初缴顺直赈银五万圆，另缴江苏赈银一万圆，与抽彩之数不符。是年八月，刘学询又缴善后局银六万圆，在查覆之后，是其前后缴过银十二万圆，合银八万四千两，核之癸巳、甲午乡、会四场闱彩，共银一千万余两。按每百两七钱算，应抽赈银七万余两，实系有盈无绌。许抚臣原奏未将续缴之六万圆并计，疑有中饱。现经覆核数目，委无侵吞情弊。又原参占河道一款，以刘学询广造戏园，经绅士关杰、孀妇何陈氏等连呈，谓对岸刘园新筑，占至河心，此即从前绅民控告之词。二十一年间，曾委知府叶庆垣、知县刘能勘覆，刘学询家有园，在柳波涌之上。其南枕近官濠，查无侵占。其西为戏商李昇平戏院故址，卖与刘学询建立家庙。前原有小涌一道，刘学询因原涌狭窄，移出外面数丈。自己税地，另锹新涌，以便行舟而免水患。当时未经禀官勘定，实系私自改易，尚非越占官河。又原参专赌利一款，系指刘学询暗充闱商而言。查刘学询二十一年冬退出闱商之后。二十二年系蔡绍德等接办，蔡绍德等因无力缴捐，奏明革退。其毁厂屋，是二十三年二月间事。先经广州府知府周开铭转据署南海县董元度、署番禺县裴景福查覆，以前商蔡绍德等革退后，闱姓各子厂标贴声明，二月二十八日派还归博场本银，而所欠潮府一场彩银，尚未派清。是日辰刻，第七、八甫地方，有投买闱姓多人，向各子厂索讨本银欠彩，各厂东伙先已走避。众情忿恨，遂将永如意等四厂、永连元等五厂门窗拆毁，并未损及墙壁瓦面，经县营弹压解散。其水脚街丝行会馆与第八甫永忠信子厂两屋相背，有门可通。当时索欠之人，误推门板拥进，即被兵役喝退。该县等在场目击，实无争斗酿命，亦未见刘学询、刘学诠、韦崧等在内。现经传到刘学诠、韦崧详加讯问，据称，是时刘学询已赴上海，伊等事不干己，并未前往。亦不闻有致毙人命之事。至韦崧承充闱商，并无刘学询暗入股分，日后查出，如有欺饰，情甘重办，各具切结。又许振祎原奏，有去岁革退闱商认股之百数十家愁急自尽者，恐尚不止林、虞二人之语。复经博访舆论，佥称前商蔡绍德等因误饷奉革，与他人无涉。据府县确查，林姓、虞姓自尽案，并无其事。经司道等会同禀覆请奏前来。臣思此案，许振祎查办一年之久，如果确有两命重案，何以不饬县严办，乃于去任时，忽作莫须有之词，谓恐不止林、虞两命，其意欲重刘学询之罪以泄忿，而不知此等诳语，岂可形诸奏牍耶！原奏以吴仲翔前禀为凭，今调省会查，吴仲翔禀覆各情，与二十一年奏结之案吻合，借案科罚，本干例禁，既不能定刘学询罪案，似未便勒罚巨款。且刘姓罚款，亦无令韦姓缴银之理。刘学询擅改水沟，本有不合。臣前奏请旨交部议处，业经革职，应免再议。

所有遵旨详查核议缘由，谨缮折覆陈，伏乞皇太后、皇上圣鉴训示。谨奏。

朱批："知道了。"①

309. 知县革职片 光绪二十四年十一月十六日

再，据广东布政使岑春煊，会同督粮道延祉详称，查有丁忧前任澄迈县知县申显会，征存正、杂款银二千六百七十余两，米三百一十余石。已故前任高明县知县另案降调教职蔡逢恩，征存正、杂款银三千四百五十余两。叠催均未完解，请参追前来。相应请旨，将丁忧前任澄迈县知县申显会、已故前任高明县知县另案降调教职蔡逢恩，一并革职。并令该员及该家属，勒限四个月内，各将欠解银米，扫数完解。傥逾限不完，或完不足数，再行从严参办。

所有参追知县欠解银米缘由，谨附片具陈，伏乞圣鉴训示。谨奏。

朱批："着照所请，该部知道。"②

310. 恭报晚稻收成分数折 光绪二十四年十一月十八日

太子少保、头品顶戴两广总督臣谭钟麟跪奏，为恭报晚稻收成分数，仰祈圣鉴事。

窃照广东省光绪二十四年，晚稻登场，据广东布政使岑春煊，将各属收成分数查明汇报前来。臣覆加查核，广州府属收成七分有余，韶州府属收成七分，惠州府属收成七分，潮州府属并南澳厅所属隆、深二澳收成七分有余，肇庆府属收成七分，高州府属收成六分有余，雷州府属收成六分，廉州府属收成七分，琼州府

①《光绪朝朱批奏折·内政·职官》第13辑第620—622页，光绪二十四年十一月十六日。

②《光绪朝朱批奏折·财政·库储》第82辑第928页，光绪二十四年十一月十六日。

属收成七分，罗定州属收成七分有余，连州属收成七分，南雄州属收成八分，嘉应州属收成七分，钦州属收成七分有余，佛冈厅收成七分，连山厅收成七分有余，阳江厅收成六分，赤溪厅收成六分有余。

合计通省晚稻收成实有七分，臣谨循例具陈，伏祈皇太后、皇上圣鉴。谨奏。

朱批："知道了。"①

311. 查明广东省各年旧欠钱粮光绪二十三年催提征解已未完数目折光绪二十四年十一月十八日

太子少保、头品顶戴两广总督臣谭钟麟跪奏，为查明广东省各年旧欠钱粮，光绪二十三年催提征解已未完数目，恭折仰祈圣鉴事。

窃照各省奏销，应将征收旧欠正、杂钱粮数目，及未完分数考成，专折奏报。现届办理光绪二十三年分奏销之期，除是年应征新赋银米已未完数目，另行具奏外。兹据广东布政使岑春煊详称，查自光绪六年起至光绪二十二年止，旧欠地丁备支经费，除续完外，尚应征银二百七万三千六百两零，内已完银四万九千六百八两零，豁免民欠银三十九万七千五百两零，征存未解银四万七千三百二十两零，未完银一百四十七万九千一百九十六两零。又光绪五年以前商欠杂税银二千一百三十八两零，又从前历年各州县征存未解地丁备支经费共银五万七千二百三十六两零，全未完解。又旧欠耗羡银三十五万五千七百八十六两零，已完银一十万九百一十二两零，豁免民欠银六万二千三百四十二两零，征存未解银五千四十六两零，未完银二十七万七千四百八十五两零，

①《光绪朝朱批奏折·农业·屯垦耕作》第93辑第264—265页，光绪二十四年十一月十八日。

另从前各州县征存未解耗羡银九千八百九十二两零，全未完解。又自道光三十年起至光绪二十二年止，旧欠米除豁免及续完外，尚未完米七十八万二千七百七十一石零，已完米一万三千二百一十八石零，豁免民欠米一十七万二千五百四十三石零，征存未解米一万六千四百五十九石零，未完米五十一万五千六百四十石零，另从前各州县征存未解米五万四千四百九十七石零，全未完解。以上各属征存地丁、备支、耗羡等银，业于交代案内参追。其未完米石，系由历年各路办理军务，就近提支军需。现经严饬各属领解清款，分别收支。等情。请奏前来。

臣覆核无异，所有光绪二十三年分征收旧赋完欠数目，谨循例恭折具奏，并缮清单，敬呈御览，伏祈皇太后、皇上圣鉴，敕部查照施行。谨奏。

朱批：“户部知道，单并发。”①

312. 广东省征收光绪二十三年分钱粮比较上三年完欠分数折 光绪二十四年十一月十八日

太子少保、头品顶戴两广总督臣谭钟麟跪奏，为广东省征收光绪二十三年分钱粮比较上三年完欠分数，恭折仰祈圣鉴事。

案准部咨，各省征收钱粮，比较限期，统以年底截数，次年二月造报。春拨之时，即将新赋项下额征若干，蠲缓若干，已未完若干，旧赋项下带征若干，应征若干，比之上三年或多或少，一一注明。另行开单奏报。即以道光五年春拨为始，一律遵办。嗣又准部咨，仍以奏销截数，开单具奏比较。各等因。转行遵照在案。兹办理光绪二十三年分奏销，除循例题报外，据广东布政使岑春煊将光绪二十三年分征收钱粮，比较上三年完欠数目，注明入季解道留支各数，并查明已征未解一项，于现办二十三年奏

①《光绪朝朱批奏折·财政·田赋地丁》第68辑第197—198页，光绪二十四年十一月十八日。

销，遵照定例，归入未完项下开列专案，咨部开单。请奏前来。

臣覆核无异，谨缮清单，恭呈御览，伏乞皇太后、皇上圣鉴，敕部查照施行。谨奏。

朱批：“户部知道，单并发。”①

313. 广东省光绪二十三年分奏销征收钱粮银米未完一分以上各员先行开单具奏折光绪二十四年十一月十八日

太子少保、头品顶戴两广总督臣谭钟麟跪奏，为广东省光绪二十三年分奏销征收钱粮银米未完一分以上各员，先行开单具奏，仰祈圣鉴事。

案准部咨，地丁奏销有关处分者，一面具题，一面开单，专折奏报。又准部咨，钱粮奏销，将具题之限，作为奏报未完分数之限。等因。转行遵照在案。兹据广东布政使岑春煊将光绪二十三年分地丁奏销查明，经督征地丁银米未完一分以上各员，开单具详，请奏前来。

臣覆核无异，除咨部外，谨循例专折具陈，并缮清单，恭呈御览，伏乞皇太后、皇上圣鉴，敕部核覆施行。再，此项奏销，照章于九月内由司具详，因藩司、粮道各于八月、十月交替，以致核详稍稽，委非无故迟延，合并陈明。谨奏。

朱批：“户部议奏，单并发。”②

①《光绪朝朱批奏折·财政·田赋地丁》第68辑第198—199页，光绪二十四年十一月十八日。

②《光绪朝朱批奏折·财政·田赋地丁》第68辑第199—200页，光绪二十四年十一月十八日。

314. 遵旨覆陈折 光绪二十四年十一月十八日

太子少保、头品顶戴两广总督臣谭钟麟跪奏，为遵旨覆陈，仰祈圣鉴事。

窃臣准军机大臣字寄光绪二十四年十月十五日奉上谕："广东布政使岑春煊，着该督传知来京，预备召见。将此谕令知之。钦此！"当即行知该藩司，钦遵北上。兹据岑春煊面禀，于十一月十五日交卸藩篆，二十日即束装起程。臣已委按察使魁元接署藩司印务。所遗臬司缺，查有肇阳罗道吴仲翔，现在省审案，堪以署理。

除分饬遵照外，所有藩司遵旨入都预备召见缘由，谨缮折由驿驰陈，伏乞皇太后、皇上圣鉴。谨奏。

朱批："已有旨，令岑春煊即赴甘肃布政使新任矣。"①

315. 周开铭接署粮道篆务片 光绪二十四年十一月十八日

再，臣片奏广东督粮道延祉回任，钦奉朱批："延祉已简放河南臬司矣。着即来京陛见。钦此！"遵即檄委广州府知府周开铭，接署粮道篆务，以便延祉交卸北上。所遗广州府知府缺，由藩、臬两司详委候补知府陈望曾署理，各专责成。

谨附片具奏，伏乞圣鉴。谨奏。

朱批："吏部知道。"②

---

①《光绪朝朱批奏折·内政·职官》第13辑第629页，光绪二十四年十一月十八日。

②《光绪朝朱批奏折·内政·职官》第13辑第630页，光绪二十四年十一月十八日。

316. 钟懿蓉署理肇阳罗道片光绪二十四年十一月十八日

再，广东肇阳罗道吴仲翔，现委署臬司篆务，所遗肇阳罗道缺，查有候补道钟懿蓉堪以署理。

除饬遵外，谨附片陈明，伏乞圣鉴。谨奏。

朱批："吏部知道。"①

317. 备还英德之款片光绪二十四年十一月十八日

再，案准户部咨，应还英、德一款，每年指拨广东省盐斤加价银五万两，地丁等项银三十八万两，加放俸饷银五万两，闱捐银二十四万两，每年匀分二、五、八、冬四个月，解赴江海关道交纳。等因。兹据广东布政使岑春煊、署两广盐运使冯光遹、广东善后局司道先后详称，本年十一月分应解前项银两，现经设法挪凑，共银十八万两，于十一月初九、十三、十七等日先后交号商蔚泰厚等，汇解江海关道兑收，备还英、德之款。详请奏咨前来。

臣覆核无异，除咨部查照外，理合附片陈明，伏乞圣鉴。谨奏。

朱批："户部知道。"②

318. 广东广西提镇司道知府等年终密考折光绪二十四年十二月十九日

太子少保、头品顶戴两广总督臣谭钟麟跪奏，为广东、广西

①《光绪朝朱批奏折·内政·职官》第13辑第630页，光绪二十四年十一月十八日。
②《光绪朝朱批奏折·财政·库储》第82辑第928页，光绪二十四年十一月十八日。

提镇、司道、知府等官年终密考，分缮清单，恭折仰祈圣鉴事。

窃照定例，各省提镇、司道、知府等官，责成督抚，于年终出具切实考语密奏。历经遵照办理。臣督粤已逾三年，广东文武员弁时常接见。其心术、性情、品行高下，皆已洞悉。至西省各员，相距辽远，见面者稀。然阅其禀牍，可觇才具之短长。访察舆论，以证官声之优劣。亦自昭然莫掩。除两省提镇内，有统带防营未经履任，以及署任人员，例不注考外，谨将现任文武员弁出具切实考语，密缮清单，恭呈御览。伏乞皇太后、皇上圣鉴。谨奏。

朱批："知道了，单二件，片一件留中。"①

319. 拣员请补都司折 光绪二十四年十二月十九日

太子少保、头品顶戴两广总督臣谭钟麟跪奏，为拣员请补都司，恭折仰祈圣鉴事。

窃准兵部咨，广东赤溪协右营都司缺，系外海水师题补第五轮第五缺，应用尽先人员，即拣员请补。等因。兹在外海水师尽先都司班内拣选，除杨树嘉、吴嘉法、梅文炳未准注册不计外，查有广东外海水师尽先都司姚河清，年五十一岁，江苏华亭县人。由军功递保尽先守备，于救护法国商轮出力，保准免补守备，以都司留广东尽先补用。咨送履历，准归入广东外海水师尽先都司班内，注册序补。该员年力正强，风涛练习。前在外省军营，并无参革、朦保情弊。合无仰恳天恩，俯准以姚河清补授赤溪协右营都司。俟部覆到日，给咨送部引见，以符定制。

谨会同广东水师提督臣何长清合词缮折具陈，伏乞皇太后、皇上圣鉴，敕部核覆施行。谨奏。

朱批："兵部议奏。"②

---

①《光绪朝朱批奏折·军务·人事》第46辑第493页，光绪二十四年十二月十九日。
②《光绪朝朱批奏折·军务·人事》第46辑第494页，光绪二十四年十二月十九日。

320. 张春发遵旨陛见片光绪二十四年十二月十九日

再，广东陆路提督张春发，三年任满，遵旨入都陛见。所有提督印务，查有潮州镇总兵马维骐，堪以署理。递遗潮州镇总兵篆务，查有现署大鹏协副将王世明，堪以委署。递遗大鹏协副将事务，查有香山协副将李思经，堪以署理。

除分别咨行遵照外，理合附片具陈，伏乞圣鉴。谨奏。

朱批："兵部知道。"①

321. 仍以张拔萃补授罗定协副将片光绪二十四年十二月十九日

再，广东罗定协副将缺，经臣以奏留广东陆路尽先副将张拔萃请补。现准部咨，名次在前之毛名德等三员，虽据声称人地不宜，惟尚有唐有贵一名，漏未声叙。应令查明声覆，再行核办。等因前来。伏查唐有贵，于本年五月初五日病故。六月间咨部有案，谨查明声覆。合无仰恳天恩，俯准仍以张拔萃补授罗定协副将。俟部覆到日，给咨送部引见，以符定制。

谨附片具陈，伏乞圣鉴，敕部核覆施行。谨奏。

朱批："兵部议奏。"②

322. 何国贤补授闽粤南澳镇右营守备片

光绪二十四年十二月十九日

再，准兵部咨，闽粤南澳镇右营守备缺，系外海水师题补第

①《光绪朝朱批奏折·军务·人事》第46辑第494页，光绪二十四年十二月十九日。
②《光绪朝朱批奏折·军务·人事》第46辑第495页，光绪二十四年十二月十九日。

九轮第七缺，应用尽先人员，即拣员请补。等因。兹在外海水师尽先守备班内拣选，除冯荣学不入轮缺计算，陈明安、黄鸿恩、苏雄、李强云、陈思聪、方喜恩均据报病故，曾佑、罗新全未送履历，张泽锦咨查保案不计外，查有香山协左营尽先守备何国贤，年四十九岁，广东顺德县人。由香山协左营兵递保尽先把总，于克复越南文渊州、谅山各城出力，保准免补千把总，以守备仍留原标尽先补用，并戴蓝翎，咨送履历，准部注册序补。该员水师谙练，并无在外省军营参革、朦保情弊。合无仰恳天恩，俯准以何国贤补授闽粤南澳镇右营守备。俟部覆到日，给咨送部引见，以符定制。

谨会同广东水师提督臣何长清合词附片具陈，伏乞圣鉴，敕部核覆施行。谨奏。

朱批："兵部议奏。"①

323. 匡翼之接办潮桥官运局务片 光绪二十四年十二月十九日

再，总办潮桥官运局务试用同知章廷纶，应行调省。所遗局务，查有广东候补直隶州知州匡翼之，事理通达，为守兼优，堪以派委接办。据署两广盐运使冯光遹详请具奏前来。

除批饬遵照并咨部查照外，谨附片具奏，伏乞圣鉴。谨奏。

朱批："该部知道。"②

324. 调署知县员缺片 光绪二十五年

再，钦州直隶州知州李光高，请咨引见。所遗钦州直隶州知州篆务，应行委员接署。查有嘉应直隶州知州关广槐，稳练老成，

---

①《光绪朝朱批奏折·军务·人事》第46辑第496页，光绪二十四年十二月十九日。
②《光绪朝朱批奏折·内政·职官》第13辑第728页，光绪二十四年十二月十九日。

任事勤慎，堪以调署。又署罗定直隶州知州李象辰，署事期满，准补斯缺之史继泽应行引见。所遗罗定直隶州知州篆务，查有南海县知县杨镇荣，年强才稳，办事实心，堪以署理。又潮阳县知县裴景福调署南海县知县，所遗潮阳县知县篆务，查有番禺县知县刘秉奎，才识练达，明干有为，堪以调署。该员关广槐、杨镇荣、刘秉奎各任内，并无盗劫已起四参之案。据藩、臬两司会详前来。

除檄饬遵照外，臣等谨合词循例附片具陈，伏乞圣鉴。谨奏。

朱批："吏部知道。"①

325. 池伯炜调署东莞县知县片 光绪二十五年

再，东莞县知县刘德恒，调省察看。所遗东莞县知县篆务，应行委员接署。查有惠来县知县池伯炜，精明干练，器识宏远，堪以调署。该员惠来县任内，并无盗劫已起四参之案，据藩、臬两司会详前来。

除檄饬遵照外，臣等谨合词循例附片具陈，伏乞圣鉴。再，臣德寿到任未及三月，考语系臣谭钟麟填注，合并陈明。谨奏。

朱批："吏部知道。"②

326. 调署知县员缺片 光绪二十五年

再，署文昌县知县阮萃恩，署事期满。所遗文昌县知县篆务，查有电白县知县李滋然，精明强干，办事稳练。递遗电白县知县篆务，查有新兴县知县刘盛芳，朴实老成，办事克勤。递遗新兴县知县篆务，查有卸澄海县知县王耀曾，心地明白，供职勤奋。均堪调署。该员李滋然、刘盛芳、王耀曾各任内，并无盗劫已起

①《光绪朝朱批奏折·内政·职官》第14辑第821页，光绪二十五年。

②《光绪朝朱批奏折·内政·职官》第14辑第821页，光绪二十五年。

四参之案。据藩、臬两司会详前来。

除檄饬遵照外，臣等谨合词循例附片具陈，伏乞圣鉴。谨奏。

朱批："吏部知道。"①

327. 捐纳劳绩试用候补期满分别考察片

光绪二十五年

再，查捐纳、劳绩、试用、候补直隶州知州、同知、通判、知县到省，过班一年期满，例应分别考察，面试甄别具奏，历经遵办在案。兹查有新海防试用直隶州知州黄榜书稳练勤慎，新海防试用同知裕仁晓畅政体，试用通判吴增瑞事理通达，新海防试用知县劳鼎勋留心吏治，新海防试用知县姚绍书奉职克勤，新海防试用知县黄培埮稳慎安详，截取进士知县张树桢才识宏深，候补班前补用知县陈朗山明练笃诚，候补班尽先补用知县蔡维藩心精力果。均经详加考察，分别照章面试，堪以各按本班序补。据藩、臬两司具详前来。

除将各该员详细履历开单咨明吏部外，臣等谨附片具陈，伏乞圣鉴。谨奏。

朱批："吏部知道。"②

328. 拣员升补副将折 光绪二十五年二月初六日

太子少保、头品顶戴两广总督臣谭钟麟跪奏，为拣员升补副将，恭折仰祈圣鉴事。

窃准兵部咨，广西镇安协副将王世清开缺，归直隶候补，所遗镇安协副将缺，系题调之缺，令拣合例人员请补。等因。查广西内地各副将，非现居要缺，即人地未宜，实无堪以调补之员。

①《光绪朝朱批奏折·内政·职官》第14辑第822页，光绪二十五年。
②《光绪朝朱批奏折·内政·职官》第14辑第822页，光绪二十五年。

应于应升人员内，拣选升补，查有广西融怀营参将刘鲲，年五十二岁，广东香山县人。由蓝翎侍卫，选补广西抚标右营守备，递升今职。光绪二十年九月十二日，接札到任。该员年力正强，营务稳练，且熟悉边情，能耐烟瘴。合无仰恳天恩，俯准以广西融怀营参将刘鲲升补镇安协副将。俟准部覆，再行给咨赴部引见，以符定制。

谨会同广西提督臣苏元春缮折具陈，伏乞皇太后、皇上圣鉴，敕部核覆施行。谨奏。

朱批："兵部议奏。"①

329. 拣员升补副将折光绪二十五年二月初六日

太子少保、头品顶戴两广总督臣谭钟麟跪奏，为拣员升补副将，恭折仰祈圣鉴事。

窃照广东大鹏协副将缺，经臣以参将武永泰请升。兹准部覆，武永泰前升新会营参将，尚未实授，应毋庸议。令于籍隶本省历俸已满之实缺参将中拣员请升。奏准后，照章与福建对调。等因。查有水师提标中军参将丁志德，年五十三岁，广东丰顺县人。由军功递补海口营参将。光绪二十年七月三十日接札，调补今职。该员年健才明，水师熟悉。合无仰恳天恩，俯准以丁志德升补大鹏协副将。该员籍隶本省，俟部覆到日，再行咨商闽浙督臣，拣员对调。并给咨赴部引见，以符定制。

谨会同广东水师提督臣何长清缮折具陈，伏乞皇太后、皇上圣鉴，敕部核覆施行。谨奏。

朱批："兵部议奏。"②

①《光绪朝朱批奏折·军务·人事》第46辑第557页，光绪二十五年二月初六日。
②《光绪朝朱批奏折·军务·人事》第46辑第558页，光绪二十五年二月初六日。

330. 恭谢天恩折光绪二十五年正月十六日

太子少保、头品顶戴两广总督臣谭钟麟跪奏，为恭谢天恩，仰祈圣鉴事。

光绪二十五年正月十三日，赍折差弁回粤，奉到御赐“福”字一方。臣当即恭设香案，望阙叩头祇领。钦维皇太后、皇上演畴锡五，景运登三。龙章腾奎璧之光，牺画阐苞符之蕴。璇题璀璨，启金泥玉检之祥。宝墨辉煌，焕铜柱珠崖之色。鸿文有耀，凫藻胪欢。臣樗栎向荣，幸饮和于天府。琳瑯捧出，愿永护夫云章。

所有微臣感激荣幸下忱，谨恭折叩谢天恩，伏乞皇太后、皇上圣鉴。谨奏。

朱批：“知道了。”①

331. 汇案请袭世职折光绪二十五年正月十九日

太子少保、头品顶戴两广总督臣谭钟麟跪奏，为汇案请袭世职，仰祈圣鉴事。

案准兵部咨，袭职发标人员，三月汇奏一次，遵办在案。兹光绪二十四年冬季分，据香山、开建、兴宁、合浦、曲江、嘉应、普宁、揭阳、镇平各州县，详送承袭云骑尉林禄荣、梁锡恩、邓维藩、陈承宪、涂绍贤、曾昭宣、李镇藩、林国恩，承袭恩骑尉黄用章、利腾云，请袭职发标前来。查定例：承袭世职，令嫡长子孙承袭。如无嫡长子孙，许令弟侄应承继者承袭。又承袭云骑尉年已及岁，免其送部，令该督抚验看具题，俟题准后，就近发标学习，支食全俸。各等语。今请袭云骑尉林禄荣、梁锡恩、邓

①《光绪朝朱批奏折·内政·职官》第13辑第774页，光绪二十五年正月十六日。

维藩、陈承宪、涂绍贤、曾昭宣、李镇藩年均及岁，林国恩年未及岁。请袭恩骑尉黄用章年已及岁，利腾云年未及岁。请袭职发标，均与定例相符。经臣验明，分别发标学习。相应汇缮清单，恭呈御览。

除将各该员亲供宗图、履历册结咨送部科外，谨缮折具奏，伏乞皇太后、皇上圣鉴，敕部核覆施行。谨奏。

朱批："兵部议奏，单并发。"①

332. 甄别庸劣各员请旨降革折光绪二十五年二月十八日

太子少保、头品顶戴两广总督臣谭钟麟跪奏，为甄别庸劣各员，请旨降革，恭折仰祈圣鉴事。

窃以近来仕途杂进，流品混淆，常苦人不易知，安能用之悉当。惟有随时汰黜，以示惩儆而已。查广东潮州运同葛延龄，人本暗弱，公事颟顸，妄意干求，不知检束。石城县知县李瑞杰，精力衰颓，难期振作。遂溪县知县熊全萼，派领股票，被人上控擅动仓谷价银，供支局费，误听奸商包厘，致酿命案。委办省河厘卡候补盐大使张鋆藩、候补县丞傅克谐、候补巡检王佐、候补县丞刘家彦，办事糊涂，索取规费。迨传司事、巡役质证，尤复狡辩，万难姑容。相应请旨，将运同葛延龄以盐经历降补，石城县知县李瑞杰以县丞降补，遂溪县知县熊全萼即行革职。盐大使张鋆藩、县丞傅克谐、巡检王佐、县丞刘家彦，均行革职，以肃官方。

所有甄别庸劣各员缘由，谨缮折陈明，伏乞皇太后、皇上圣鉴训示。谨奏。

朱批："另有旨。"②

---

①《光绪朝朱批奏折·军务·人事》第46辑第521页，光绪二十五年正月十九日。

②《光绪朝朱批奏折·内政·职官》第13辑第875—876页，光绪二十五年二月十八日。

333. 备还俄法之款片 光绪二十五年三月二十一日

再，案准户部咨，应还俄、法一款，每年指拨广东盐斤加价银五万两，加放俸饷银五万两，闱捐银二十四万两，地丁等项银二十四万两，各按六成之数，于三月内解交。等因。节经遵照，筹解在案。兹据署广东布政使魁元、署两广盐运使冯光遹、广东善后局司道先后详称，本年三月分应解前项银两，现经设法挪凑，共银三十四万八千两。于三月初九日，由号商协同庆等，汇解江海关道兑收，备还俄、法之款。详请奏咨前来。

臣覆查无异，除咨部查照外，谨会同广东巡抚臣鹿传霖附片具陈，伏乞圣鉴。谨奏。

朱批："户部知道。"①

334. 秦声泰请补梧州协右营守备片 光绪二十五年三月二十四日

再，广西梧州协右营守备缺，经臣两次以尽先守备秦声泰奏补。准部咨覆，尽先名次在前之余福田一员，该督声叙，未奉覆准注册。查该员保奖守备，于光绪五年经部核准，并归班注册，行知在案。今称未准注册，因何歧误。令查明声覆，再行核办。等因。咨行前来。遵即饬承细查档卷，并无接到余福田注册明文，咨查广西巡抚、提督两衙门，亦无案卷。究系何处遗失，年久无从查询。梧州守备员缺紧要，秦声泰人地实属相宜，名次亦在二十名以内。合无仰恳天恩，敕部将秦声泰请补梧州协右营守备之案，先行议覆。一面查明尽先守备余福田注册名次，照案补行来粤，再行归班序补，俾要缺不致久悬。

①《光绪朝朱批奏折·财政·库储》第83辑第50页，光绪二十五年三月二十一日。

除咨部查照外，谨会同广西提督臣苏元春附片具陈，伏乞圣鉴，敕部核覆施行。谨奏。

朱批："兵部议奏。"①

335. 黄江厂第十二次征收税银数目折光绪二十五年三月二十四日

太子少保、头品顶戴两广总督臣谭钟麟跪奏，为黄江厂第十二次征收税银数目，恭折具陈，仰祈圣鉴事。

案照广东肇庆府黄江税厂有闰之年，应征正税银一万二千八百八十六两六钱九分五厘，院司养廉银三百八十六两六钱一厘，羡余银一万七千六百六十六两三钱一分一厘，加征盈余银二万两，桥羡银一万两，共额解银六万九百三十九两六钱七厘。兹据署广东藩司魁元会同善后局司道详称，光绪二十三年五月二十二日起至二十四年五月二十一日止，第十二次有闰一年期满，该厂征收银九万八千三百三十七两五钱七分四厘。又由罗定桂皮地税项下，划还该厂税银九千七百八十三两五钱五分八厘，共征银一十万八千一百二十一两一钱三分二厘，除支销一成厂用银九千八百三十三两七钱五分七厘四毫，实解司库银六万九百三十九两六钱七厘。又解善后局银三万七千三百四十七两七钱六分七厘六毫，共解缴司局银九万八千二百八十七两三钱七分四厘六毫。又桥羡加征盈余项下，解足一万二千两。照案归入并计，共溢解银四万九千三百四十七两七钱六分七厘六毫。再罗定桂税，划还该厂正税项下，向不提一成厂用。造具收支清册，详请奏咨前来。

臣覆查无异，除册咨部外，谨会同广东抚臣鹿传霖缮折具陈，伏乞皇太后、皇上圣鉴训示。谨奏。

朱批："户部知道。"②

---

①《光绪朝朱批奏折·军务·人事》第46辑第622页，光绪二十五年三月二十四日。

②《光绪朝朱批奏折·财政·关税》第73辑第857页，光绪二十五年三月二十四日。

336. 两广总督谭钟麟广东巡抚鹿传霖奏报办理九龙租界情形由 光绪二十五年四月初九日

太子少保、头品顶戴两广总督臣谭钟麟，头品顶戴广东巡抚臣鹿传霖跪奏，为广州九龙关租界先后办理情形，恭折密陈，仰祈圣鉴事。

窃广州府新安县属九龙地方，英国展拓租界。上年，经总理衙门与英使议立约章，抄录原奏及界图，咨行到粤。去冬，九龙税务司义理迩来见，言租界一定，则税关必须挪移。当以租章内并无挪税关之文，严行申饬。本年二月，港官请会勘界址，即派知府王存善前往。札内声明：如欲移关，则租界暂不必定。王存善以札示港督，亦无异词。乃立合同，电陈总理衙门定案。不图港督翻悔，电致英使：如照现定立界，不将深圳等村划归租界，则税关即须移出。幸总理衙门告以仍由粤议，港督于二月二十二日来省见臣钟麟。未提深圳等处，但欲移关。臣以原约无挪关之文，万不可移，反复辩论。临行钉问港督，答云：移关事可不再提。乃去后，又背前言，仍电英使在总理衙门哓渎。因内外力持，不稍迁就。始由赫德转称接沙相电，展缓半年。洋情反复无常，义理迩复与华商串通一气，必欲挟制移关而后已。且妄报土民穿有官兵号衣，意图挑衅。请旨饬下总理衙门，坚持原议，饬令赫德将义理迩撤去，更换税司，以重税务而顾饷源。初，港督在省，面订三月初八日交收租地，请派兵保护。臣钟麟许以三月内，即派兵六百名驰往九龙，会同大鹏协副将，择要驻扎，以资弹压。惟新安民风强悍，租界内村庄，不下万户，食毛倚土，二百余年，一（但）〔旦〕闻租与英国管辖，咸怀义愤，不愿归英管。乃港官未交收租界之前，两次遣兵，径至租界内大埔墟搭棚，亦不去告知地方官员，派兵同往，自与土民口角争闹，毁其棚席，先肇衅端。于是租界内各乡聚众，扬言集资备械，专与洋人为难，众情汹汹，不可复遏。臣等两次出示晓谕，各安生业，不得滋事。飞饬该县会同营员妥为开导、弹压，一面令王存善驰赴香港，与港督商议。而港督反委咎官兵保护不力，照会索赔。且以土民有穿号衣者，疑系官兵助民与斗。复告以官兵欲斗则斗耳，何必杂入土民队中。并谓暗遣官兵助民，则决无穿号衣之理。此事由英官先往搭棚，口角激成民变，与中国无干。三月初六日，土民数千聚集大埔墟山坡，开挖坑堑，拒阻英兵。英派印度兵及雇在港华人往逐，开放枪炮，互有伤亡。初七日，复与土民相攻，附近居民纷纷逃避，迁徙一空。即于是乘民不备，升竖英旗，作为接收管理。土民纠约壮丁出斗，固结莫解。更恐会匪乘机勾结，其祸尤烈。臣等曾照会领事，转告港督：新附之民，当加体恤，不可太苛，不可用威。今界未交收，辅政司骆檄霆出示，令居民呈验印契，且欲加税，于是激成事变。目前固嚣然不靖，日久恐终难相安。港督亦未回复。初八日后，闻英官不再发兵，或可渐期安靖。前派保护之兵勇，已一律撤回。租界内逃出老弱良民，饬县设法安抚，勿使失所，以靖地方。

除将详细界图分咨军机处、总理衙门备查外，所有九龙租界先后筹办情形，谨合同恭折具陈，伏乞皇太后、皇上圣鉴。谨奏。

朱批：“该衙门知道。钦此。”①

337. 已故前任知县知州革职片光绪二十五年四月十五日

再，据署广东布政司新授广西布政使魁元会同督粮道周开铭详称，查有已故前任新会县知县崔增瑞征存正、杂款银二千三百余两，前任连平州知州王屋征存正、杂款银一千五百余两，米四百余石。迭经严催，未据完解，请奏参前来。相应请旨，将已故

①舒国雄：《明清两朝深圳档案文献演绎·第4卷》，花城出版社2000年，第1717—1719页，光绪二十五年四月初九日。

前任新会县知县崔增瑞革职，前任连平州知州另案参革，王屋严行着追。均勒限该家属及该员，于四个月内各将征存银米，分别扫数完解。倘逾限不解，或解不足数，再行查明，从严参办。

所有参追州县征存银米、延不完解缘由，谨合词附片具陈，伏乞皇太后、皇上圣鉴。谨奏。

朱批："着照所请，该部知道。"①

338. 省会知府员缺紧要遵旨拣员调补折

光绪二十五年四月十五日

太子少保、头品顶戴两广总督臣谭钟麟，头品顶戴广东巡抚臣鹿传霖跪奏，为省会知府员缺紧要，遵旨拣员调补，恭折奏闻，仰祈圣鉴事。

窃于光绪二十四年十二月初二日准吏部咨，钦奉上谕："广东广州府知府员缺紧要，着该督抚于通省知府内，拣员调补。所遗员缺，着刘尚伦补授。钦此！"查广东广州府，为省会首郡，管辖一十四县，地方辽阔，政务殷繁。时有紧要案件，饬发审办。且省城系通商口岸，华洋杂处，抚驭一切，尤须操纵得宜。非熟悉情形、才猷卓著之员，不足以资治理。臣等与藩、臬两司于通省现任知府逐加遴选，查有琼州府知府施典章，年四十三岁，四川泸州直隶州人。由附生中式光绪元年乙亥恩科举人。二年，丙子恩科进士，改翰林院庶吉士。三年，散馆以主事用，签分户部。十二年正月，补主事。三月，升员外郎。十四年，京察一等，记名以道府用。四月，升郎中。十五年二月，因襄办庆典礼成保奏，奉旨赏加随带二级。俟升四品后，赏加三品衔。二月二十二日，奉旨补授陕西榆林府知府。七月十三日到任。十九年十月，在任闻讣，丁忧。二十二年正月起复。十二月十八日奉旨补授广东琼

①《光绪朝朱批奏折·财政·库储》第83辑第74页，光绪二十五年四月十五日。

州府知府。二十三年四月二十六日到任，现调署韶州府知府。该员年强才裕，明练勤能，以之调补广州府知府，洵堪胜任，与例亦符。据藩、臬两司会详请奏前来。合无仰恳天恩，俯准以琼州府知府施典章调补广州府知府，实于省会要缺有裨。如蒙俞允，所遗琼州府知府员缺，遵旨即以刘尚伦补授。再，该员施典章系现任知府拣调广州府，衔缺相当，毋庸送部引见，亦毋庸核计参罚，合并声明。

所有拣员调补广州府知府缘由，谨合词恭折具奏，伏乞皇太后、皇上圣鉴训示。谨奏。

朱批："吏部议奏。"①

339. 广西布政使魁元遵旨赴京陛见片光绪二十五年四月十五日

再，现署广东布政使升授广西布政使魁元，遵旨赴京陛见。所遗广东藩司篆务，应即委员接署，以便魁元交卸起程。惟新任布政使丁体常、按察使吴引孙、盐运使国钧，均未到粤。臣等公同会商，查有现署两广盐运司本任雷琼道冯光遹，器识深沉，才长心细，堪以署理。递遗之两广运司篆务，查有督粮道周开铭，老成稳练，堪以委署。再遗之督粮道篆务，查有新授高廉钦道叶大遒，才识明达，堪以委署。

除分饬遵照外，臣等谨附片具陈，伏乞圣鉴。谨奏。

朱批："吏部知道。"②

①《光绪朝朱批奏折·内政·职官》第14辑第127—128页，光绪二十五年四月十五日。
②《光绪朝朱批奏折·内政·职官》第14辑第129页，光绪二十五年四月十五日。

340. 朱念祖暂行留省委赴发审局学习片

光绪二十五年四月十五日

再，新选海康县知县朱念祖，于光绪二十五年二月二十四日领凭到省，本应饬赴新任。惟查海康县为沿海要区，素称难治。该员初膺外任，于地方一切情形，未能谙悉，若遽饬赴任，深恐措置失宜，致有贻误，未便稍涉迁就。拟将该员朱念祖暂行留省，委赴发审局学习。俾资历练，一俟情形熟悉，再饬赴任。据藩、臬二司会详前来。

臣等谨附片陈明，伏乞圣鉴。谨奏。

朱批："吏部知道。"①

341. 委署知县员缺片 光绪二十五年四月十五日

再，各省州县，无论奏调、委署、代理，钦奉上谕："着每届三个月汇奏一次。等因。钦此！"历经遵办在案，兹据署广东布政使魁元详称，光绪二十四年冬季分，罗定直隶州知州史继泽引见，遗缺以记名候补直隶州知州李象辰署理。又署连平州知州冯灼孝撤任，遗缺以教习试用知县柴廷淦署理。又署长宁县知县程基病故，遗缺以候补知县蔡简梁署理。又信宜县知县翟绍恕撤任，遗缺以截取同知冯文星署理。又遂溪县知县熊全萼撤任，遗缺以优贡分发知县李钟珏署理，详请具奏。等情前来。

臣等覆查无异，理合附片具陈，伏乞圣鉴。谨奏。

朱批："吏部知道。"②

①《光绪朝朱批奏折·内政·职官》第14辑第129页，光绪二十五年四月十五日。
②《光绪朝朱批奏折·内政·职官》第14辑第130页，光绪二十五年四月十五日。

342. 查明广东库款入不敷出情形折光绪二十五年四月十五日

太子少保、头品顶戴两广总督臣谭钟麟，头品顶戴广东巡抚臣鹿传霖跪奏，为查明广东库款入不敷出情形，恭折仰祈圣鉴事。

窃照粤东素称繁富，而近年入款日绌，出款日增，不敷甚巨。不能不通盘稽核，先事筹维。当饬司局详查各库匮绌之由，积累之重。敬为皇太后、皇上陈之。查光绪二十二年，户部摊还俄、法、英、德洋款，粤省奉派银六十二万两，又奉提闱捐银四十八万两，连汇费纹水并计，共新增银一百二十余万。虽裁兵裁勇，竭力撙节，而所省之银，不及二十余万，远不敌所增之巨。尚有光绪二十二年冬及二十三年春，为粤海关代还华款，约银五十万两，此出款之骤增者也。每年旗、绿营兵饷十七万，本省海防经费十二万，向由粤海关拨交藩库支解。乃乙未、丙申两年，屡催未解，计短银五十余万两。又前因认还华款案内奏明，自光绪二十三年起，暂行停解四年，计每年又短收二十九万四千两，是数年内共短一百六七十万两矣。再，洋药厘金，向系解交藩库，每年约八十余万。自改章并征后，又移入关库，此入款之大减者也。所有司局各库收支，通盘会计，大抵本省入款，以厘金为大宗，地丁正杂次之，闱捐台炮费又次之。出款以京协各饷洋款为大宗，兵勇粮饷次之，廉俸杂支又次之。综计入款，每年约共收银四百四十余万，出款每年约共支银五百五十余万。以收抵支，不敷已逾百万。收款中，地丁正、杂，递年无甚盈绌。厘金一宗，洋单盛行，已形减色。近复西江通商，内河行轮，将来收数，势必更绌。出款中，京、协各饷，催解綦严。洋款关系大局，兵勇粮饷一日不发，则有哗溃之虞。各款皆系实用，无一可缓须臾。凡此皆系常年之支销，其他赈抚偏灾、添购枪械例外之需，尚不在内。出入悬殊，不敷甚巨。广东素有富庶之名，是以奉拨之款，每较他省为多，而不知今日情形，迥非昔比。物力雕攰，民生艰难。

商利久为外人侵夺，厘税因之逐渐短绌。夫理财之道，不外开源节流，今则欲开源而无巨款可筹，欲节流亦复锱铢无补。公私交困，乏术点金。臣等深知时事艰难，部库各省同一支绌，苟可设法，自当力任其难，何敢以艰窘情形，上渎睿虑。惟是一省财赋所入，只有此数，徒恃腾挪借垫，勉顾目前。恐年复一年，挪借俱穷，势难为继。傥再有加拨要款，意外急需，筹措无从，更滋贻误。思维再四，惟有将各库收支及不敷数目，据实直陈，庶户部得以考察盈虚，通盘筹画。现据司局查明常年出入各款列折，会详请奏前来。

臣等覆加确核，委系实在情形。除咨部外，谨合词具陈，并缮清单，恭呈御览。伏乞皇太后、皇上圣鉴，敕部查照施行。谨奏。

朱批："户部知道，单并发。"①

343. 拨补各省厘金抵借洋款片 光绪二十五年四月二十四日

再，准户部咨，拨补各省厘金抵借洋款一案。淞沪货厘作抵银一百二十万两，内拨广东减平银八万两，当税银九万九千三百两。又浙东货厘作抵银一百万两，内拨广东裁勇节饷银二十万两。等因。当经转行遵照。兹据署广东布政使冯光遹等详称，查广东裁勇节饷一项，前已凑还英、德、俄、法洋款，并无余存，附片奏明在案。减平一项，广东历经凑解固本兵饷。其新增减平一项，自光绪二十三年起善后局扣存之银，已拨解山东河工，现存藩库新增减平银六万两，又当税自改章加征后，实存银六万两，共银十二万两。已于本年四月二十三日尽数兑交协成乾等号汇解江苏藩司衙门投纳，抵补淞沪货厘。详请奏咨前来。

①《光绪朝朱批奏折·财政·库储》第83辑第72—73页，光绪二十五年四月十五日。

臣覆核无异，除分咨外，谨会同广东巡抚臣鹿传霖附片具陈，伏乞圣鉴。谨奏。

朱批："户部知道。"①

344. 拣员借补副将折光绪二十五年四月二十四日

太子少保、头品顶戴两广总督臣谭钟麟跪奏，为拣员借补副将，恭折仰祈圣鉴事。

窃照广东罗定协副将，系部推缺，应用尽先人员，先经臣以奏留广东陆路尽先副将张拔萃请补，准部议准。咨覆到粤，该员旋即病故。自应拣员更补，以免悬旷。兹在陆路尽先副将内拣选，非籍隶本省，即人地未宜。查有奏留广东差委补用记名总兵陈永隆，年五十六岁，湖南善化县人。由武生递保尽先副将，于台湾基沪等处获胜出力，保准记名总兵。光绪二十一年，奏留广东差委补用，咨送履历，准部核准注册。该员年健才明，办事勤恳，并无在外省军营参革、朦保情弊。核与部定借补章程，亦属相符。合无仰恳天恩，俯准以记名总兵陈永隆借补罗定协副将。俟部覆到日，再行给咨送部引见，以符定制。

谨会同署广东陆路提督臣马维骐缮折具陈，伏乞皇太后、皇上圣鉴，敕部议覆施行。谨奏。

朱批："兵部议奏。"②

345. 拣员请补守备折光绪二十五年四月二十四日

太子少保、头品顶戴两广总督臣谭钟麟跪奏，为拣员请补守备，恭折仰祈圣鉴事。

---

①《光绪朝朱批奏折·财政·库储》第83辑第76页，光绪二十五年四月二十四日。

②《光绪朝朱批奏折·军务·人事》第46辑第657—658页，光绪二十五年四月二十四日。

窃准兵部咨，广东肇庆协右营守备缺，系陆路部推之缺，轮用期满武进士，令拣到标期满在前之员请补。等因。兹在期满营用武进士内遴选，除在前之叶国昌、伍子忠、赵念祖丁忧未报服阕不计外，查有督标左营效力期满武进士许炳霖，年四十四岁，广东新宁县人。由兵生应光绪壬午科本省乡试，中式武举。癸未科会试，中式武进士。奉旨："以营守备用。钦此！"回粤收标。光绪十年三月初九日到督标左营效力，五年期满，咨准部覆注册。该员年力正强，合无仰恳天恩，俯准以许炳霖补授肇庆协右营守备，敕部给札，令其赴任。

谨会同署广东陆路提督臣马维骐合词缮折具陈，伏乞皇太后、皇上圣鉴，敕部核覆施行。谨奏。

朱批："兵部议奏。"①

346. 汇案请袭世职折光绪二十五年四月二十四日

太子少保、头品顶戴两广总督臣谭钟麟跪奏，为汇案请袭世职，仰祈圣鉴事。

案准兵部咨，袭职发标人员三月汇奏一次，遵办在案。兹光绪二十五年春季分，据高明、曲江、翁源、合浦、东莞各县，详送承袭云骑尉何廷干、彭俊芳、赖济滔、刘荫亭、何芬请袭职发标，声明何芬愿改外海水师前来。查定例：承袭世职，令嫡长子孙承袭。如无嫡长子孙，许令弟侄应承继者承袭。又承袭云骑尉年已及岁，免其送部，令该督抚验看具题，俟题准后，就近发标学习，支食全俸。又云骑尉有愿改外海水师者，豫先呈明，分派外海水师各营，随同出洋巡哨。各等语。今请袭云骑尉何廷干、彭俊芳、赖济滔、刘荫亭、何芬，年均及岁，请袭职发标，何芬并请改用外海水师，均与定例相符。经臣验明，发标学习，相应

---

①《光绪朝朱批奏折·军务·人事》第46辑第658—659页，光绪二十五年四月二十四日。

汇缮清单，恭呈御览。

除将各该员亲供宗图、履历册结咨送部科外，谨缮折具奏，伏乞皇太后、皇上圣鉴，敕部核覆施行。谨奏。

朱批："兵部议奏，单并发。"①

347. 关贵昌开除琼州镇右营都司底缺片

光绪二十五年四月二十四日

再，据广东尽先游击、琼州镇右营都司关贵昌禀称，都司系广东新兴县人，由勇目随赴江南等省剿匪出力，递保补用都司，续保补都司后，以游击尽先补用。准补琼州镇右营都司，接准部咨，归入陆路尽先游击班序补。现委带勇查办匪乡，未能赴任，情愿开除都司底缺，以游击仍留广东陆路尽先补用。等情前来。臣查该员关贵昌，历年办理缉捕，获匪甚多。自补授琼州镇右营都司，仍委带勇，借资熟手。兹据禀请开除都司底缺，俾免悬旷。合无仰恳天恩，俯准关贵昌开除琼州镇右营都司底缺，以游击仍归广东陆路尽先补用。如蒙俞允，其所遗琼州镇右营都司，系陆路题补之缺。粤省现有应补人员，请留外补。

谨附片具陈，伏乞圣鉴，敕部核覆施行。谨奏。

朱批："兵部议奏。"②

348. 马盛治暂行署理广西提督篆务片

光绪二十五年四月二十四日

再，准广西提督苏元春电称，钦奉电旨："着迅速来京陛见。钦此！"边防事宜，已奏请以总兵马盛治代办提篆，请电委接护。

①《光绪朝朱批奏折·军务·人事》第46辑第659—660页，光绪二十五年四月二十四日。

②《光绪朝朱批奏折·军务·人事》第46辑第660页，光绪二十五年四月二十四日。

等因前来。臣查实任广西柳庆镇总兵马盛治，久历戎行，情形熟悉，堪以暂行署理广西提督篆务。

除饬遵外，理合附片陈明，伏乞圣鉴。谨奏。

朱批："知道了。"①

349. 报解广东省应还洋款数目折光绪二十五年五月十六日

太子少保、头品顶戴两广总督臣谭钟麟跪奏，为报解广东省应还洋款数目，恭折仰祈圣鉴事。

案准户部咨，应还英、德一款，每年指拨广东省盐斤加价银五万两，地丁等项银三十八万两，加放俸饷银五万两，闱捐银二十四万两，每年匀分二、五、八、冬四个月解赴江海关道交纳。等因。兹据署广东布政使冯光遹、署两广盐运使周开铭、广东善后局司道先后详称，本年五月分应解前项银两，现经设法挪凑，共银一十八万两。于五月初六、十三等日交商号蔚泰厚等，限二十日以前，汇解江海关道兑收，备还英、德之款。详请奏咨前来。

臣覆核无异，除咨部查照外，谨会同广东巡抚臣鹿传霖恭折具陈，伏乞皇太后、皇上圣鉴。谨奏。

朱批："户部知道。"②

350. 裁停小机各轮船分别修改片光绪二十五年五月十六日

再，广东省外海内江港汊纷杂，盗匪出没靡常，现值西江通商，华洋商舶往来如织，尤须整顿缉捕，以靖河道。当将裁停小机各轮船，分别修改五号，酌配弁勇，拨往各处，认真巡缉。所

---

①《光绪朝朱批奏折・军务・人事》第46辑第661页，光绪二十五年四月二十四日。

②《光绪朝朱批奏折・财政・库储》第83辑第91页，光绪二十五年五月十六日。

有各轮弁勇薪粮数目起支月日，据善后局司道造册详请奏咨前来。

除册咨部外，臣谨会同广东巡抚臣鹿传霖附片陈明，伏乞圣鉴，敕部查照立案。谨奏。

朱批：“该部知道。”①

351. 拣员升补参将折光绪二十五年六月十六日

太子少保、头品顶戴两广总督臣谭钟麟跪奏，为拣员升补参将，恭折仰祈圣鉴事。

窃准兵部咨，广西融怀营参将，系题调之缺，迅即拣员请补。等因。查融怀营参将驻扎柳州府属，系苗疆烟瘴要缺，广西内地参将三员，或尚未到任，或请补未经覆准，实无堪以调补之员，应于实缺游击内拣员请升。兹查有右江镇右营游击王建松，年四十七岁，广州驻防镶蓝旗汉军，由蓝翎侍卫补授广西梧州协中军都司，递升今职。光绪二十年十月初九日接札，十二月十八日到任。该员年力正强，营务稳练，且熟悉风土，能耐烟瘴。合无仰恳天恩，俯准以王建松升补融怀营参将。俟准部覆，再行给咨送部引见，以符定制。

谨会同署广西提督臣马盛治合词缮折具陈，伏乞皇太后、皇上圣鉴，敕部核覆施行。谨奏。

朱批：“兵部议奏。”②

352. 秦声泰补授梧州协右营守备片光绪二十五年六月十六日

再，广西梧州协右营守备缺，前经臣以尽先守备秦声泰请补。

---

①《光绪朝朱批奏折·军务·水师·海军》第65辑第340页，光绪二十五年五月十六日。

②《光绪朝朱批奏折·军务·人事》第46辑第722—723页，光绪二十五年六月十六日。

兹准部覆，尽先名次在前之余福田，是否与此缺人地不宜，令查明声覆，再行核办。等因。查余福田现甫准部行知归班，该员于梧州守备缺，人地未宜，未便迁就请补。合无仰恳天恩，俯准仍以秦声泰补授梧州协右营守备。俟准部覆，再行给咨送部引见，以符定制。

除咨部查照外，谨会同署广西提督臣马盛治附片具陈，伏乞圣鉴，敕部核覆施行。谨奏。

朱批："兵部议奏。"①

353. 广西藩司丁忧开缺请旨简放以重职守折 光绪二十五年七月初三日

太子少保、头品顶戴两广总督臣谭钟麟跪奏，为广西藩司丁忧开缺，请旨简放，以重职守，恭折由驿驰陈，仰祈圣鉴事。

窃照新授广西布政使魁元，陛见京旋。于本年六月初十日抵广东省城。适因母病，尚未能起程。其母那拉氏于六月二十六日病故，魁元例应丁忧。据署广州府知府陈望曾禀报前来，所遗广西藩司员缺，相应请旨，迅赐简放，以重职守。

谨循例由驿驰陈，伏乞皇太后、皇上圣鉴。谨奏。

朱批："另有旨。"②

354. 国钧请给假调理片 光绪二十五年七月二十四日

再，新授两广盐运使国钧，业已到省。自应饬赴本任，兹据禀称，沿途感受暑湿，寒热交作，延医调治，寒热虽渐轻减，而精神疲困，手足发麻，请给假一个月调理。等情前来。

---

①《光绪朝朱批奏折·军务·人事》第46辑第722—723页，光绪二十五年六月十六日。
②《光绪朝朱批奏折·内政·职官》第14辑第276页，光绪二十五年七月初三日。

臣覆查属实，除饬俟医治稍愈，即行赴任外，谨会同广东巡抚臣鹿传霖附片陈明，伏乞圣鉴。谨奏。

朱批：“知道了。”①

355. 拣员请补都司折光绪二十五年七月二十四日

太子少保、头品顶戴两广总督臣谭钟麟跪奏，为拣员请补都司，恭折仰祈圣鉴事。

窃准兵部咨，广东琼州镇右营都司关贵昌开缺，归游击班，遗缺系陆路题补第三轮第七缺，用尽先人员请补。等因。兹于尽先都司班内拣选，除古腾芳、莫宴礽、周德元、丁勤贵、王永昌、张德星据报病故，邓定槐已成废疾，张贵、詹奇胜、刘荩忠、谭作明未准注册，黄楚藩、罗灿章、覃玉昇、黄顺昌行查保案未复，王有复、梁鼎才、蔡兴隆、钟福田、黄友元、林逢熙查未在营不计外，其名次在前之游连、谭济泰、吴瑞祥三员，人地不宜，未便请补。查有督标中营尽先都司胡有才，年四十七岁，广东南海县人。由军功在贵州剿匪，递保尽先守备。嗣于攻拔兴义府各城出力，保准免补守备，以都司尽先补用。咨送履历，准部注册序补。该员营务稳练，前在外省军营，并无参革、朦保情弊。合无仰恳天恩，俯准以胡有才补授琼州镇右营都司。俟部覆到日，给咨送部引见，以符定制。

谨会同广东陆路提督臣张春发缮折具陈，伏乞皇太后、皇上圣鉴，敕部议覆施行。谨奏。

朱批：“兵部议奏。”②

---

①《光绪朝朱批奏折·内政·职官》第14辑第331页，光绪二十五年七月二十四日。

②《光绪朝朱批奏折·军务·人事》第46辑第775—776页，光绪二十五年七月二十四日。

356. 特参庸劣武职请旨分别革职勒休折

光绪二十五年七月二十四日

太子少保、头品顶戴两广总督臣谭钟麟跪奏，为特参庸劣武职，请旨分别革职勒休，恭折仰祈圣鉴事。

窃照武职流品甚杂，庸劣各员，叠经臣查明奏参在案。兹查碣石镇左营守备徐敬衡，春间陆丰土匪滋事，饬令拨兵防守，饰词推宕，恇怯无能。新会右营守备钟兆清，遇事取巧，难期得力。新会左营左哨千总戴显章，纵赌酿命，捕务废弛。雷州左营右哨千总梁文光，乘守备张桂生身故，肆意欺陵，且有勒派各汛纸张费情事。署广州协左营千总罗笙庇赌收规，被控有案。万州营把总许赞庭，擅挪公项放债图利，该管游击郑鹏飞巧为弥缝，有心徇庇。吴川营都司陈元杰，年老多病，精力衰颓。清远左营守备陈国保，两耳重听，难期振作。均未便姑容，相应请旨，将游击郑鹏飞，守备徐敬衡、钟兆清，千总戴显章、梁文光、罗笙，把总许赞庭，一并革职。都司陈元杰，守备陈国保，均勒令休致。所遗万州营游击、碣石左营守备、新会右营守备、吴川营都司、清远左营守备各缺，均请留归外补。

所有特参庸劣武职各员缘由，谨缮折具陈，伏乞皇太后、皇上圣鉴训示。谨奏。

朱批："另有旨。"①

357. 汇案请袭世职折 光绪二十五年七月二十四日

太子少保、头品顶戴两广总督臣谭钟麟跪奏，为汇案请袭世职，仰祈圣鉴事。

---

①《光绪朝朱批奏折·军务·人事》第46辑第776—777页，光绪二十五年七月二十四日。

案准兵部咨，袭职发标人员，三月汇奏一次，遵办在案。兹光绪二十五年夏季分，据番禺、鹤山、长乐、镇平各县详送承袭云骑尉王万清、吕曰民、徐锡恩、陈国材、孙锦珍、林缵，请袭职发标前来。查定例，承袭世职，令嫡长子孙承袭。如无嫡长子孙，许令弟侄应承继者承袭。又承袭云骑尉年已及岁，免其送部。令该督抚验看具题，俟题准后，就近发标学习，支食全俸。各等语。今请袭云骑尉王万清、吕曰民、徐锡恩、陈国材、孙锦珍、林缵年均及岁，请袭职发标，均与定例相符。经臣验明，发标学习，相应汇缮清单，恭呈御览。

除将各该员亲供宗图、履历册结，咨送部科外，谨缮折具奏，伏乞皇太后、皇上圣鉴，敕部核覆施行。谨奏。

朱批："兵部议奏，单并发。"①

358. 调署总兵各员缺片 光绪二十五年七月二十四日

再，署广东琼州镇总兵黄顺德，应饬赴南韶连镇总兵本任，所遗琼州镇总兵篆务，查有现署高州镇篆南澳镇总兵潘瀛，堪以调署。递遗高州镇总兵篆务，兹广东陆路提督张春发，京旋回任。查有卸署陆路提督潮州镇总兵马维骐，堪以调署。

除咨行遵照外，谨附片具陈，伏乞圣鉴。谨奏。

朱批："兵部知道。"②

359. 杨发贵署理柳庆镇总兵篆务片 光绪二十五年七月二十四日

再，署广西柳庆镇篆义宁协副将马进祥，办事可靠。经臣行

---

①《光绪朝朱批奏折·军务·人事》第46辑第777—778页，光绪二十五年七月二十四日。

②《光绪朝朱批奏折·军务·人事》第46辑第778页，光绪二十五年七月二十四日。

调来东，具奏在案。所遗柳庆镇总兵篆务，查有记名总兵杨发贵，堪以署理。

除饬遵外，谨附片陈明，伏乞圣鉴。谨奏。

朱批："兵部知道。"①

360. 报解广东省应还洋款数目折 光绪二十五年八月二十六日

太子少保、头品顶戴两广总督臣谭钟麟跪奏，为报解广东省应还洋款数目，恭折仰祈圣鉴事。

案准户部咨，应还英、德一款，每年指拨广东省盐斤加价银五万两，地丁等项银三十八万两，加放俸饷银五万两，闱捐银二十四万两，每年匀分二、五、八、冬四个月，解赴江海关道交纳。等因。兹据广东布政使丁体常、署两广盐运使周开铭、广东善后局司道先后详称，本年八月分应解前项银两，现经设法挪凑，共银一十八万两。于八月初八、初九、十三等日，交商号日昇昌等，限二十日以前，汇解江海关道兑收，备还英、德之款。详请奏咨前来。

臣覆核无异，除咨部查照外，谨恭折具陈，伏乞皇太后、皇上圣鉴。谨奏。

朱批："户部知道。"②

361. 解还英德洋款本息片 光绪二十五年八月二十六日

再，准户部咨，应还英、德本息，由各海关洋税、洋药税厘项下，摊派粤海关五十二万两，每年匀分二、五、八、冬四个月

---

①《光绪朝朱批奏折·军务·人事》第46辑第779页，光绪二十五年七月二十四日。

②《光绪朝朱批奏折·财政·库储》第83辑第123页，光绪二十五年八月二十六日。

解交。等因。叠经遵解在案。兹准粤海关监督庄山咨称，本年八月应解英、德还款，兹分作两次筹拨，共银十三万两，先后备文，发交西商志成信、协成乾银号，汇解江海关道衙门投纳。等因前来。

除咨户部查照外，谨会同粤海关监督臣庄山附片陈明，伏乞圣鉴。谨奏。

朱批："户部知道。"①

362. 广东采米以实京仓片 光绪二十五年八月二十六日

再，前奉寄谕：饬广东采米，以实京仓。经臣与前抚臣鹿传霖商酌，以广东产米无多，势难采办。湖南米价较贱，拟挪京饷二十万两，向号商借银二十万两，兑湘购运，电请总理衙门代奏。兹准户部议覆，京仓现在尚敷支放，京饷断难挪动。号商借银如何归还，令臣详慎区画，据实声覆。等因。遵即饬司，将三批京饷赶紧起解，商号无须借贷。既准部咨，京仓尚敷支放，似可从缓办理。

除咨部外，谨据实覆陈，伏乞圣鉴。谨奏。

朱批："户部知道。"②

363. 新授藩臬二司各赴新任片 光绪二十五年八月二十六日

再，新授广东按察使吴引孙、广东布政使丁体常，已先后到省，应饬各赴新任，以重职守。

除分檄饬遵外，谨附片具陈，伏祈圣鉴。谨奏。

---

①《光绪朝朱批奏折·财政·库储》第83辑第124页，光绪二十五年八月二十六日。

②《光绪朝朱批奏折·财政·仓储》第91辑第305页，光绪二十五年八月二十六日。

朱批："知道了。"①

364. 陈维开缺回籍修墓片光绪二十五年八月二十六日

再，卸惠州府知府陈维，因先茔被水冲塌，禀恳给假，回籍修理。经藩、臬两司会查，该员陈维在粤并无经手未完事件，请准其开缺等情。到前抚臣鹿传霖未及核办，移交前来。臣查现任官员，例准开缺修墓。相应请旨，俯准开缺，俾遂孝思。所遗惠州府知府，系冲、繁、难要缺，并恳迅赐简放，以重职守。

除咨部外，理合附片具陈，伏乞圣鉴训示。谨奏。

朱批："吏部知道。"②

365. 试用人员一年期满循例甄别折光绪二十五年八月二十八日

太子少保、头品顶戴两广总督臣谭钟麟跪奏，为试用人员一年期满，循例甄别，恭折仰祈圣鉴事。

案照各项试用人员到省一年期满，由督抚详加甄别，专折具奏，历经遵办在案。兹据广东藩、臬两司详请，将试用一年期满大挑知县李益源、李学泮、张涤源、唐咨夔、海洪、蓝光第、贺伦修、冯秉经及试用直隶州知州储世铎等，请详加甄别，具奏前来。臣查大挑知县李益源品度安详，李学泮年富才明，张涤源勤慎耐劳，唐咨夔事理通达，海洪办事勤敏，蓝光第处事精详，贺伦修才具稳练，冯秉经年壮识优。均属堪膺民社。又新海防试用直隶州知州储世铎年壮才明，新海防试用通判陶仁寿人甚稳练，新海防试用通判吴毓熽才具明练，新海防试用知县华承谟才明心

---

①《光绪朝朱批奏折・内政・职官》第 14 辑第 404 页，光绪二十五年八月二十六日。

②《光绪朝朱批奏折・内政・职官》第 14 辑第 405 页，光绪二十五年八月二十六日。

细，新海防试用知县陈永煇年青识优，新海防试用知县冯汝梅留心公事，新海防试用知县邓盛钧心地明白。均堪各按本班序补。

除将各该员详细履历开单，咨明吏部外，谨循例缮折具陈，伏乞皇太后、皇上圣鉴。谨奏。

朱批："吏部知道。"①

366. 知州知县各按本班序补片 光绪二十五年八月二十八日

再，保举捐纳候补试用州县到省，过班一年期满，例应考察，甄别具奏，历经遵办在案。兹查有候补直隶州知州周经樾，老练稳慎，心细才长，堪以不论繁简补用。新海防试用直隶州知州沈琬庆，才具优长，留心吏事。新海防试用知县薛铨忠，年强才裕，办事安详。堪以各按本班序补。据署藩司兼署臬司冯光遹具详前来。

除将各该员详细履历，咨明吏部外，谨附片具奏，伏乞圣鉴。谨奏。

朱批："吏部知道。"②

367. 拣员请补游击折 光绪二十五年八月二十八日

太子少保、头品顶戴两广总督臣谭钟麟跪奏，为拣员请补游击，恭折仰祈圣鉴事。

窃准兵部咨，广东碣石镇左营游击缺，应用拣发人员请补。等因。兹查有龙门协中军都司补用游击梁鼎勳，年六十八岁，广东香山县人。由世职递补大鹏协中军都司，调补今职，光绪十年三月十二日接札。嗣因剿办狗头山洋匪出力，保准以游击补用，

①《光绪朝朱批奏折·内政·职官》第14辑第411页，光绪二十五年八月二十八日。
②《光绪朝朱批奏折·内政·职官》第14辑第412页，光绪二十五年八月二十八日。

咨送履历，准部核准注册。该员年力尚健，熟悉师船，并无在外省军营参革、朦保情弊。合无仰恳天恩，俯准以梁鼎勳补授碣石镇左营游击。俟部覆到日，给咨送部引见，以符定制。

谨会同广东水师提督臣何长清缮折具陈，伏乞皇太后、皇上圣鉴，敕部核覆施行。谨奏。

朱批：“兵部议奏。”①

368. 守备员缺紧要拣员对缺调补折光绪二十五年八月二十八日

太子少保、头品顶戴两广总督臣谭钟麟跪奏，为守备员缺紧要，拣员对缺调补，恭折仰祈圣鉴事。

窃照广东雷州营辖地辽阔，逼近广州湾一带。该营守备巡防弹压，在在均关紧要。兹据北海镇总兵刘邦盛，转据署雷州营参将吴次汉禀称，现署雷州营中军守备本任徐闻营守备许逢源，自上年十月调署到任，办事勤慎，军民相洽。且于雷州地方情形熟悉，现当交涉事繁，未便遽易生手。准补雷州营中军守备吴陈权，年力正健，以之调补徐闻营守备，人地亦甚相宜。拟请对缺调补前来。

臣覆查无异，合无仰恳天恩，俯准将广东徐闻营守备许逢源与雷州营中军守备吴陈权对缺调补。如蒙俞允，该员等系对品调补，毋庸送部引见。并请敕部给札，令其赴任。谨会同广东陆路提督臣张春发缮折具陈，伏乞皇太后、皇上圣鉴训示。谨奏。

朱批：“兵部议奏。”②

---

①《光绪朝朱批奏折·军务·人事》第46辑第820页，光绪二十五年八月二十八日。

②《光绪朝朱批奏折·军务·人事》第46辑第821页，光绪二十五年八月二十八日。

369. 周又兴补授广西全州营守备片光绪二十五年八月二十八日

再，准兵部咨，广西全州营守备，系部推之缺，迅拣尽先合例人员请补。等因。兹于广西尽先守备班内遴选，除孔庆养、白国庆、唐朝元、金焕龙、王家驹、李启芳、秦顺籍隶本府，陈德发、欧月中、梁世业、蒙盛德现未在标，刘金兰未准注册不计外。名次在前之冯秉原、邱泰、余福田、唐国衡、梁锡荣、赖进陞、封俊、张华书、冯绍瑛、罗秋华，均于此缺人地未宜。查有尽先守备周又兴，年四十六岁，贵州平越直隶州人。由武童递保千总，于克复越南文渊谅山案内，保准以守备尽先补用，奏留广西，准部注册序补。该员年强才稳，前在军营，并无参革、朦保情弊。合无仰恳天恩，俯准以周又兴补授广西全州营守备。俟部覆到日，即行给咨赴部引见，以符定制。

谨会同署广西提督臣马盛治附片具陈，伏乞圣鉴，敕部议覆施行。谨奏。

朱批："兵部议奏。"①

370. 查明广东省光绪二十四年分奏销征收钱粮银米折光绪二十五年九月二十二日

太子少保、头品顶戴两广总督臣谭钟麟，头品顶戴广东巡抚臣德寿跪奏，为查明广东省光绪二十四年分奏销征收钱粮银米未完一分以上各员，先行开单具奏，仰祈圣鉴事。

窃准部咨，地丁盐课各奏销，有关处分者，一面具题，一面开单，专折奏报。又准部咨，原奏内开钱粮奏销，将具题之限，

①《光绪朝朱批奏折·军务·人事》第46辑第822页，光绪二十五年八月二十八日。

作为奏报未完分数之限。等因。转行遵照在案。兹据广东布政使丁体常，将光绪二十四年分地丁奏销查明，经督征地丁银米未完一分以上各员，开单具详，请奏前来。

臣等覆核无异，除咨部外，谨合词缮折具陈，并缮清单，恭呈御览。伏祈皇太后、皇上圣鉴，敕部核覆施行。再，此次奏销，该司于九月十七日具详，臣即于是月二十二日具奏，并未逾限，合并陈明。谨奏。

朱批："户部议奏，单并发。"①

371. 选员请补道缺折光绪二十五年九月二十四日

太子少保、头品顶戴两广总督臣谭钟麟，头品顶戴广东巡抚臣德寿跪奏，为选员请补道缺，以资治理，仰祈圣鉴事。

窃照署广东臬司本任肇阳罗道吴仲翔，于光绪二十五年六月十三日，因病出缺。先经臣钟麟会同前抚臣鹿传霖，于奏报委署臬司篆务片内声明。所遗肇阳罗道缺，自同治十二年部行二留一咨新章后，系第二次开缺。粤东现有应补人员，请扣留外补在案。查定例，道员病故，所遗选缺，应先尽候补班前酌补一人次，将候补正班酌补一人，先尽科甲出身人员。如科甲出身人员不合例，或人地不宜，应令详细声明，方准以别项出身人员请补。等语。同治三年，肇阳罗道出缺，已用候补正班道员王澍补。光绪十八年，再出肇阳罗道缺，以特用道吴仲翔补，不入班次，积缺计算。今吴仲翔病故，遗缺轮用各班道员均无人，应以劳绩保举班前人员酌补。查此班内，并无科甲出身之道员。兹会选有各项出身劳绩保举候补班前补用道周炳勳，现年六十二岁，系湖南益阳县人。由廪贡生报捐京府通判。同治六年，丁卯科乡试，中式副贡。捐升郎中，签分工部虞衡司行走。九年，闻讣丁亲母忧，回籍守制。

①《光绪朝朱批奏折·财政·田赋地丁》第68辑第361页，光绪二十五年九月二十二日。

十一年，服阕，在湖南援防局加捐道员，双月选用。十三年九月，因剿办龙、益等县会匪肃清案内出力保奏。奉旨：“周炳勳着以道员分发省分，归候补班前补用。钦此！”光绪元年，遵例捐指广东，并以筹解军饷，奉旨赏戴花翎。是年十一月初十日，蒙钦派王大臣验放。十一日覆奏，堪以照例发往。奉旨：“依议。钦此！”二十一日，领照起程。二年五月初七日到省。四年，甄别，堪以繁简道员补用。六年四月，因剿办琼州客匪案内出力保奏，奉旨：“周炳勳着加按察使衔。钦此！”嗣因筹解关外协饷保奏，奉旨：“周炳勳着赏加二品顶戴。钦此！”因办顺直赈捐，并筹款报效保奏，奉旨：“周炳勳着交军机处存记。钦此！”十九年三月，因办理水师缉捕出力保奏，奉朱批：“周炳勳着交吏部带领引见。钦此！”旋请咨赴部。二十年五月二十四日，经吏部带领引见，奉旨：“着仍交军机处存记。钦此！”六月初二日，由吏部给发执照。于七月十三日回省，历署督粮道、高廉钦道、雷琼道、肇阳罗道。现复署理雷琼道篆。二十四年九月初十日到任，臣德寿与藩、臬二司到任，均未及三月，例不出考。臣钟麟查得该员才识兼优，公事练达，以之补授肇阳罗道，洵堪胜任，与例亦属相符。据藩、臬二司会详前来，合无仰恳天恩，准以候补班前补用道周炳勳补授肇阳罗道缺。如蒙俞允，该员系候补班前补用道员请补选缺道员，衔缺相当，毋庸送部引见。

臣等谨合词恭折具陈，伏乞皇太后、皇上圣鉴训示。谨奏。

朱批：“吏部议奏。”①

372. 特参被劫囚犯之管狱有狱各官请旨分别革职折光绪二十五年九月二十五日

太子少保、头品顶戴两广总督臣谭钟麟，头品顶戴广东巡抚

①《光绪朝朱批奏折·内政·职官》第14辑第469—470页，光绪二十五年九月二十四日。

臣德寿跪奏，为特参被劫囚犯之管狱、有狱各官，请旨分别革职，交部议处，恭折仰祈圣鉴事。

窃据番禺县知县刘秉奎禀称，光绪二十五年八月二十八日二更时候，忽有匪徒三十余人，各持洋枪刀械，拥至监狱门首，兵役看见喝拿，被匪用枪械吓禁。正喧嚷间，监犯伍亚鑅、廖大鸡、谭亚炽、苏亚波、苏亚结、黄亚杰、吴亚昆、梁亚全、何亚乔、何亚五、姚大、马洪、李均海、谢亚彬、陈亚有等十四名，乘机拧断镣鐣，扭毁笼锁，打开监门，与接应匪徒一同逃走。禁卒人等拦阻不及，该县闻警，一面知会营弁，一面督同典史朱炎，带领兵役禁卒，追捕截拿。当场格杀逃犯李均海一名，被匪放枪拒伤禁卒朱高倒地，登时殒命。并拒伤禁卒张胜、梁炽，兵役力不能敌，致被逃逸。卷查该犯伍亚鑅，系与无服族人伍亚银，口角争闹，放枪误伤其女伍亚容身死，审拟斩候，已入秋审缓决二次之犯。廖大鸡、谭亚炽、苏亚波、苏亚结即苏滐结、黄亚杰，均系讯认行劫得赃，吴亚昆、梁亚全、何亚乔均系讯认从劫，在途看艇，事后分赃。何亚五系供认从劫，并未上盗，事后亦未分受赃物。姚大、马洪系供认听从结伙三人，抢夺得赃。以上各犯，均因旋认旋翻，未定罪名。李均海、谢亚彬、陈亚有，均系盗案拿获讯不认供之犯，现已悬赏勒缉，理合禀报。等情。臣等伏查管狱官番禺县典史朱炎，专司狱务，宜如何小心防范，乃竟被劫囚犯多名，实非寻常疏忽可比。有狱官番禺县知县刘秉奎，未能督饬预防，亦难辞咎。且刑禁人等，有无松刑贿纵情弊，亟应严参审办。据藩、臬两司转据该管道府揭报前来。

除饬将该典史朱炎撤任，委员接署，并通饬各属暨该县会营，勒限严缉各匪及各逃犯，务获究报外。相应请旨，将管狱官番禺县典史朱炎革职，提同刑禁人等严审，有无松刑贿纵情弊，分别究办。并将有狱官番禺县知县刘秉奎，交部议处。俟限满能否弋获，再行分别办理。臣等谨合词恭折具奏，伏乞皇太后、皇上圣鉴训示。谨奏。

朱批："另有旨。"①

373. 盘验广东藩库银数及通省征收钱粮银米完欠各数目折光绪二十五年九月二十八日

太子少保、头品顶戴两广总督臣谭钟麟，头品顶戴广东巡抚臣德寿跪奏，为盘验广东藩库银数及通省征收钱粮银米完欠各数目，恭折仰祈圣鉴事。

窃照每年奏销时，例应将藩库实存正、杂银两及应征银米完欠数目，分晰盘查具奏。兹届光绪二十四年分奏销之期，经臣等督同司道各官，赴库盘查。惟藩库正杂钱粮，先经大学士刚毅到粤查明历年不敷银八百余万两，业已奏明，将光绪二十四年十一月十五以前，挪借部杂等项一律就款开除，以后收支核实造报。所有开除各款，除俟办理拨册时，另行按款造册报部外，计现在司库应存正项钱粮银三十三万五千二百五十五两零，应存杂项各款共银一十八万九千八百二十八两零，经臣亲加盘验，委系实存在库，并无亏空及挪新掩旧等弊。其应征地丁、民屯粮米，据布政使丁体常、督粮道周开铭将完欠数目，分晰开报前来。臣等覆查光绪二十四年分额征地丁等项，连闰共银一百一十三万四千五百二十九两零，内已完银九十五万二千五百三十二两零，尚未完银一十八万一千九百九十七两零，计完八分以上，未完一分有余。又额征米石实在应征米三十四万四千八百四十六石零，内已完米二十九万三千七百八石零，尚未完米五万一千一百三十七石零，计完八分以上，未完一分有余。现经督同藩司、粮道，将未完民欠银米，勒限征完。如有逾限，即行查参。

除将司库实存银数及各属现年征收已未完分数，造册题咨外。所有盘验司库银数及光绪二十四年分通省征收钱粮银米完欠数目

---

①《光绪朝朱批奏折·法律·监狱解护》第110辑第388—389页，光绪二十五年九月二十五日。

各缘由，谨循例合词恭折具陈，伏乞皇太后、皇上圣鉴。谨奏。

朱批："户部知道。"①

374. 广东省征收光绪二十四年分钱粮比较上三年完欠分数折光绪二十五年九月二十八日

太子少保、头品顶戴两广总督臣谭钟麟，头品顶戴广东巡抚臣德寿跪奏，为广东省征收光绪二十四年分钱粮，比较上三年完欠分数，恭折仰祈圣鉴事。

案准部咨，各省征收钱粮，比较限期，统以年底截数，次年二月造报。春拨之时，即将新赋项下额征若干，蠲缓若干，已未完若干，旧赋项下带征若干，应征若干，比之上三年或多或少，一一注明，另行开单奏报，即以道光五年春拨为始，一律遵办。嗣又准部咨，仍以奏销截数，开单具奏，比较更为周匝。各等因。转行遵照在案。兹办理光绪二十四年分奏销，除循例题报外，据广东布政使丁体常，将光绪二十四年分征收钱粮，比较上三年完欠数目，注明入季解道留支各数，并查明已征未解一项，于现办二十四年奏销，遵照定例，归入未完项下开列，专案咨部开单，请奏前来。

臣等覆核无异，谨合词恭折缮单，敬呈御览，伏祈皇太后、皇上圣鉴，敕部查照施行。谨奏。

朱批："户部知道。单并发。"②

①《光绪朝朱批奏折·财政·库储》第83辑第136—137页，光绪二十五年九月二十八日。

②《光绪朝朱批奏折·财政·田赋地丁》第68辑第365—366页，光绪二十五年九月二十八日。

375. 查明广东省各年旧欠钱粮催提征解已未完数目折光绪二十五年九月二十八日

太子少保、头品顶戴两广总督臣谭钟麟，头品顶戴广东巡抚臣德寿跪奏，为查明广东省各年旧欠钱粮，光绪二十四年催提征解已未完数目，恭折仰祈圣鉴事。

窃照各省奏销，应将征收旧欠正、杂钱粮数目及未完分数考成，专折奏报。现届办理光绪二十四年分奏销之期，除是年应征新赋银米已未完数目另行具奏外，兹据广东布政使丁体常详称，查自光绪六年起至光绪二十四年止，旧欠地丁备支经费，除续完外，尚应征银一百六十四万三千三百七十三两零，内已完银五万九千一十二两零，未完银一百五十八万四千三百六十两零。又光绪九年以前，商欠杂税银二千一百三十八两，全未完解。另，从前各州县征存地丁备支经费，共银一十万四千五百五十六两零，全未完解。又旧欠未完耗羡银三十一万一千六百一十七两零，内已完银一万五千一百九十七两零，未完银二十九万六千四百一十九两零。另，从前各州县征存耗羡银一万四千九百三十八两零，全未完解。又自道光三十年起至光绪二十三年止，旧欠民米，除豁免及续完外，尚未完米六十三万六千二百九十六石零，内已完米一万九百六石零，未完米六十二万五千三百九十石零。另，从前各州县征存米七万九百四十九石零，全未完解。以上各属征存未解地丁备支、耗羡等银，业于交代案内参追。其未完米石，系由历年各路办理军务，就近提支军需。现经严饬各属，领解清款，分别收支等情，请奏前来。

臣等覆核无异，所有光绪二十四年分征收旧赋完欠数目，谨循例合词恭折具奏，并缮清单，敬呈御览。伏乞皇太后、皇上圣鉴，敕部查照施行。谨奏。

朱批："户部知道。单并发。"①

376. 国钧应即饬赴新任片 光绪二十五年九月二十八日

再，新授两广盐运使国钧到省后，因病请假一月调理，附片陈明在案。兹据禀报，病痊销假，应即饬赴新任，以重职守。

除檄行遵照外，臣谨会同广东巡抚臣德寿附片具陈，伏乞圣鉴。谨奏。

朱批："知道了。"②

377. 报解光绪二十五年分另筹内务府经费银两折 光绪二十五年十月二十九日

太子少保、头品顶戴两广总督臣谭钟麟，头品顶戴广东巡抚臣德寿跪奏，为报解光绪二十五年分另筹内务府经费银两，恭折具陈，仰祈圣鉴事。

窃准部咨，另筹内务府光绪二十五年分经费银五十万两，内拨广东省银二万两，当经转行去后。兹据布政使丁体常详称，在于厘金项内筹拨银二万两，随解加平抬费银六百六十两，作为起解另筹内务府二十五年经费银两。其应搭解一成银元，已在东北边防经费银内，全数搭解清楚。所有此项经费银两，仍交殷实商号新泰厚等汇兑至京，饬委试用知县徐元英等领赍汇单文批，于光绪二十五年十月十九日起程，由海道进京，支取银两，赴内务府投纳。等情请奏前来。

臣等覆核无异，除咨明户部及内务府查照外，谨合词恭折具

---

①《光绪朝朱批奏折·财政·田赋地丁》第68辑第366—367页，光绪二十五年九月二十八日。

②《光绪朝朱批奏折·内政·职官》第14辑第486页，光绪二十五年九月二十八日。

陈。伏乞皇太后、皇上圣鉴。谨奏。

朱批："该衙门知道。"①

378. 报解光绪二十五年分奉拨银两片光绪二十五年十月二十九日

再，准户部咨，光绪二十五年分京饷，指拨广东太平关常税银五万两。等因。已解银三万两，奏报在案。兹据广东布政使丁体常再在司库各款内，挪借银二万两，仍发交商号新泰厚等领汇，派委试用知县徐元英等领赍汇单，于本年十月十九日起程，航海进京，解赴户部投纳。此款应搭一成银元，已在东北边防经费银内搭解。又奉拨银两，已全数解清。详请奏咨前来。

臣等覆核无异，除咨户部查照外，理合附片陈明，伏乞圣鉴。谨奏。

朱批："户部知道。"②

379. 谭钟麟德寿苏元春等奏报广州湾勘界事竣折

两广总督谭钟麟、广东巡抚德寿、广西提督苏元春奏，为广州湾勘界事竣，仰祈圣鉴事。

窃奴才苏元春，于本年七月初五日承总理衙门奏准，奉旨派往广州湾会勘界务。于九月初十日行抵广东省城，与督抚会商，均谓硇、东两岛为五郡门户，必当力争。嗣闻广州湾地方土法开衅，奴才元春星夜驰往，晤商法提督高礼睿。劝令从容商议界址，反复辩论，迄无定议。奴才元春固争不已，始允将原议租界图内退出遂溪县属之麻章、黄略、新埠，吴川县属之黄坡、石门、三

---

①《光绪朝朱批奏折·财政·经费》第89辑第16页，光绪二十五年十月二十九日。

②《光绪朝朱批奏折·财政·经费》第89辑第17页，光绪二十五年十月二十九日。

柏等村，东西八九十里，南北二三十里。此时接遂溪县知县李钟珏说帖，有可租海外两岛，愿存内地各村，以安生灵等语。奴才元春揆情度势，不能不如此结束。况劫杀案件迭起，法人因之欲启兵端，事处万难。钦奉谕旨："熟权利害，可了则了。硇、东两岛，虽为我所必争，诚非口舌所能为力。等因。钦此！"当即往复电商，于十月十四日，与法提督酌议条约七款，彼此画押签字。法人攻黄、麻之兵，亦于是日撤还。惟地方未了之案，尚须随后议结。臣钟麟、德寿当即饬高、廉二府，赶紧驰赴广州湾。随同奴才元春，于十月二十六日会同法员到界，先立界址标记，传集绅民开导。此臣等会同办理情形也。谨奏。

光绪二十五年十二月二十日奉朱批："该衙门知道。"①

①《清季外交史料》第6册，湖南师范大学出版社2015年版，第2723页。

附录　谭钟麟收发军机处电报

001. 收闽浙总督谭钟麟电：为借银解沪作为京饷事光绪二十年二月初十日

同日代户部译收闽浙总督电，户部电悉，贴赔磅价，司道库搜括殆尽，兹向号商借银五万解沪，作为盐库二十年头批京饷。麟，佳。①

002. 发闽浙总督谭钟麟电：为盐课京饷紧要不准作抵事光绪二十年二月十二日

同日代户部发闽浙总督电，查覆电向商借五万解沪，惟盐课京饷紧要，不准作抵，俟收有项，速筹还。户部。文。②

003. 收闽浙总督谭钟麟电：为日舰来闽并陈应对日本之策事光绪二十年六月初一日

同日收闽浙总督电，顷北洋电称，准贵署沁电，访各口妥筹防范等因。查四月中出使日本往来行搜，日本海军中将伊东祐亨面称，以兵舰六艘往闽粤游历，由香港赴厦门至福州晋谒，嘱待以礼。廿九来三舰，一泊长门外，二舰至马尾，持信请期相晤，已约次日十一钟来署。次早信来云，本国电传速归，不能趋谒，

①《清代军机处电报档汇编》第8册，第257页。
②《清代军机处电报档汇编》第8册，第261页。

即展轮去。闽防易守，有事沈石塞口，巨舰不能入，上岸则击，不难制胜。台湾吃重，急则调刘永福前往。愚谓暂由南洋拨两轮，粤东拨两轮，闽浙两轮，先行知会公使，告其外部，中国将以六舰游历长崎，不赴神户。今六舰循环往来于长崎、台湾之间，倭知有备，势将反顾，则韩事自松。是否可行，请钧裁。此意当出自贵署，勿谓闽有是说也。麟。艳。①

004. 发闽浙总督谭钟麟电：为奉旨着令刘永福前往台湾随办防务事光绪二十年六月十五日

□□发闽浙总督电，本日奉旨："南澳镇总兵刘永福着谭钟麟饬令酌带兵勇前往台湾，随同邵友濂办理防务。钦此。"②

005. 收闽浙总督谭钟麟电：为借款筹办福建海防等事光绪二十年六月二十五日

收闽浙总督电（六月二十五日　二十六日缮递）密奉养电，即传知杨岐珍、邵友濂遵照。岐珍所部只一千七百人，电询友濂能否拨给数营。据复称，基隆八营，沪尾十营，外无可拨。且火药军械甚缺，务须多带，福州火药亦缺，拟请旨饬金陵制造局措十万磅，以资接济。福防添募勇丁，修理炮台，塞港需用木石，费无可筹，向上海德华银行借规平银五十万两，分作五年十期归还，周年八厘起息。借银还银，不论磅价，由藩司出票，按期交还。初年还本十万，加息四万，次年还本十万，加息三万二千，以此类推，较借洋款为省，但须奏明立案，务望尊处代奏，更请照会各国公使，无论何国兵船，不准入福口，恐倭假他国旗号混

①《清代军机处电报档汇编》第9册，第3—4页。
②《清代军机处电报档汇编》第9册，第220页。

进，所有商船必须查验始入。希元、钟麟。敩。[①]

006. 收福州将军希元、闽浙总督谭钟麟电：为请照会德使德华洋行借款事光绪二十年七月初七日

收福州将军等电，德华银行借五十万一事，该商恳贵署照会德国公使电知德华行，闽省借银已经奏准。希元、钟麟。阳。[②]

007. 收福州将军希元、闽浙总督谭钟麟电：为请饬黄少春办理厦门防务事光绪二十年七月初八日

同日收福州将军电，杨岐珍本日带印渡台，黄少春先已到厦，请旨饬下黄少春办理厦防兼管水提衙门事，乞代奏。希元、钟麟。庚。[③]

008. 收闽浙总督谭钟麟电：为福州将军希元因病出缺请旨派员暂署事光绪二十年七月十九日

同日收闽浙总督等电，福州将军希元于七月十九日丑时因病出缺，印信封存库内，烦代奏请旨派员暂署。钟麟、绰哈布。皓。[④]

---

①《清代军机处电报档汇编》第9册，第229—231页。
②《清代军机处电报档汇编》第9册，第372页。
③《清代军机处电报档汇编》第9册，第387页。
④《清代军机处电报档汇编》第9册，第506页。

009. 发闽浙总督谭钟麟电：为奉旨着谭钟麟暂署福州将军事光绪二十年七月二十日

发闽浙总督电，本日奉旨："谭钟麟等电奏已悉，福州将军着谭钟麟暂行兼署，钦此。"号。①

010. 奉旨着谭钟麟暂兼署福州将军事光绪二十年七月二十日

奉旨："谭钟麟等电奏已悉，福州将军着谭钟麟暂行兼署。钦此。"七月二十日，摘钞交吏、兵部。②

011. 发闽浙总督谭钟麟电：为再借德华银行银两事光绪二十年八月初八日

同日代户部发闽督电，德华银行借银还银，能否再借一二百万，速电复。户部。□。③

012. 收闽浙总督谭钟麟电：为香港借银还银事光绪二十年八月十九日

收闽督电，八月十九日丑，总署鉴，户部十七日篠电悉，上海非镑不行，商之香港二百万八厘息，借银还银，现须凑集，约旬日再复。麟。巧。④

---

①《清代军机处电报档汇编》第9册，第526页。
②《清代军机处电报档汇编》第1册，第225页。
③《清代军机处电报档汇编》第10册，第53页。
④《清代军机处电报档汇编》第10册，第141页。

013. 收闽浙总督谭钟麟电：为香港可借银还银事光绪二十年八月十九日

收闽浙总督电，八月十九日，（此件十九日缮递）总署鉴，户部篠电悉，上海非磅不行，商之香港二百万八厘息，借银还银，现须凑集，约旬日再复。麟。巧。①

014. 发闽浙总督谭钟麟电：为即与香港妥定借银还银事光绪二十年八月十九日

□□发闽浙总督电，来电香港可定二百万八厘息，以银还银，旬日可定议等语。此款甚济急需，希即与定妥，迟恐别生枝节，仍电覆户部。效。午。②

015. 奉旨着谭钟麟饬廖得胜、佘致廷迅速渡台事光绪二十年九月初五日

奉旨：“邵友濂电奏，统将需人，请调福建候补总兵廖得胜、海坛协副将佘致廷二员赴台等语。着谭钟麟饬令该二员迅速渡台，俾资臂助。钦此。”九月初五日。③

016. 收闽浙总督谭钟麟电：为闽口封港并照会各国公使事光绪二十年九月初五日

收闽浙督电，同日密查江防于闽口，封港留五虎门、壶江背

---

①《清代军机处电报档汇编》第 10 册，第 144 页。
②《清代军机处电报档汇编》第 10 册，第 145 页。
③《清代军机处电报档汇编》第 1 册，第 264—265 页。

后芭蕉尾山下，准中外轮船停泊，卸载货物，用海关编号，驳船运货，由南黾山之南边进出，黑夜仍不准行走，以免误击。电经尊处照行有案。现在防务日紧，拟封港后照前办理，请照会各国公使及总税司转行各口领事、税司照办，并望电复。麟。征。①

017. 奉旨着谭钟麟查明台湾藩抚意见不合事光绪二十年九月十三日

奉旨："据唐景崧电奏，杨岐珍总统基沪各军，以刘永福径赴台南，现调总兵廖得胜、副将（余）〔佘〕致廷，抚臣于事前皆不使知。又称，南洋惟澎湖可泊数十艘，澎不失则敌轮无处停顿。镇臣周振邦请增四营，抚臣只准两营，实未完密，抚臣于军务缓急定见毫无，事多反覆等语。现当防务吃紧之时，抚藩同办一事，唐景崧语多激切，显与邵友濂意见不合，恐致误事。即着谭钟麟将该藩司所陈各节，据实查明，迅速覆奏，毋稍偏徇。台湾孤悬海外，久为敌人垂涎，防守各事亟关紧要，究竟邵友濂、唐景崧二人筹办台事孰能得力。并着谭钟麟就近秉公察度，一并具奏，钦此。"九月十三日。②

018. 收闽浙总督谭钟麟电：为台防紧要请饬抚藩以防务为重不可稍存意见事光绪二十年九月十五日

新法无电谨悉。邵友濂本不知兵，师心自用。朝令夕改，文武啧有烦言，唐景崧帮办防务，布置略有头绪，迹近张皇。且帮办仍是藩司，自宜委婉就商，只求公事有济。乃以意见之私，辄行讦奏，亦属不顾大体。倭奴不得逞志于东北，必扰台湾以泄忿，

---

①《清代军机处电报档汇编》第10册，第338页。

②《清代军机处电报档汇编》第1册，第277页。

事机甚迫，此时求一实心实力者拣替，颇难其人，且来不及。应请严旨申饬该抚、藩，以防务为重，调和将士，化其偏私，不可稍存意见。麟亦致书婉劝，毋误戎机，谨据实密陈，乞代奏。澎湖无险可扼，无米无煤，兵多罔济，必得兵轮数艘，方可拒敌，刻难骤谋。麟。盐。①

019. 奉旨着谭钟麟将所存大炮二尊借给江南应用事光绪二十年十月二十三日

奉旨："张之洞电，江阴为长江门户，并无后膛大炮，难资攻击。福建前有卞宝第购存四尊，除安设长门二尊外，尚有二尊，原拟安设厦门炮台。现炮台未成，请先借与江南应用，当设法雇洋船妥运，以后照式定购还闽等语。江阴关系长江数省全局，且为敌所注意，自较厦防为急，着谭钟麟即将所存大炮二尊，借给应用。惟海道运送不易，并着该督勿先泄露，密电张之洞设法妥办为要。钦此。"十月二十三日。②

020. 收闽浙总督谭钟麟电：为张其光任官情形事光绪二十年十一月十二日

真电谨据实复陈，乞代奏。张其光久于军事，麟在浙抚，其练兵颇严整，同往温台炮台，指陈浙洋沙线甚悉，颇器之。此次办防，布置尚周密。惟时以增兵为请，麟以浙防四五十营不为少，要在简练精严，若汉港皆须重兵，饷无从出。前闻定海外见有日轮停泊，则张皇请咨调南洋兵轮相助，当函抚始静镇以觇虚实。昨又以兵少为言，则其情怀其气不振，未能确有把握。宽厚是其

①《清代军机处电报档汇编》第10册，第442—443页。

②《清代军机处电报档汇编》第1册，第328页。

本性，若缺额侵饷，谅不至此也。麟。文。①

021. 奉旨着谭钟麟妥办运解台湾饷项事

光绪二十一年正月二十九日

奉旨："昨闻澎湖见有倭艘，台湾水线已断，业经电令谭钟麟传谕唐景崧严备。台湾孤悬海中，饷需不继，关系匪轻。户部所拨银一百万，设台湾不能汇兑，只能汇至福建，应如何设法运解，着谭钟麟妥筹办理，刻下贼情如何，着即电覆。钦此。"正月二十九日钞交督办军务处。②

022. 奉旨澎湖电断无信能否募渔船往探着谭钟麟等酌办事

光绪二十一年三月初一日

奉旨："谭钟麟、唐景崧电奏均悉。澎湖电断无信，又无兵轮接应，将士被困，殊堪悯念，能否募渔船往探情形，着谭钟麟、唐景崧酌量办理。澎如不守，必将犯台。该省布置能否周密，如兵力不敷，或就地添募，或由闽省添派设法渡往助剿之处，并着该督等妥商筹办。钦此。"三月初一日钞交督办军务处。③

023. 奉旨着谭钟麟等密筹办理援济澎湖军火等事

光绪二十一年三月初二日

奉旨："谭钟麟、唐景崧电奏均悉，倭攻澎湖，经我军击伤百余人，逐贼下船，在防将士勇敢善战，甚属可嘉。惟孤立无援，军火易罄，恐难久支，实深廑念，应如何暗渡接济之处，着谭钟

①《清代军机处电报档汇编》第12册，第119—120页。
②《清代军机处电报档汇编》第1册，第443页。
③《清代军机处电报档汇编》第1册，第479页。

麟、唐景崧密筹办理，并着张之洞一并设法筹办，以救眉急。元丰顺借款，已由户部、总理衙门饬办，并由户部先拨汇丰洋行借款五十万，交沪局委员赖鹤年转解矣！钦此。”三月初二日摘钞交督办军务处。[①]

024. 收闽浙总督谭钟麟电：为日船于澎湖掠米给价事光绪二十一年三月初二日

据台湾道报，有民船过澎被掠，后继又一米船被掠，留米给价。见廿八晨战，倭伤百余人，退回船。廿九，澎犹固守，闻煤米可支三四月，惟军火缺。麟。东。[②]

025. 收闽浙总督谭钟麟电：为募勇情形事光绪二十一年三月初二日

奉电谕，谨悉。台勇近百营，布置应密，特忧多而不精，闽前敌十余营，前数日派两营赴厦助防，泉州只三营，今将募一营。茶务方兴，骤增数万众，处处宜防。已饬徐万福等赴江西募勇四五营，填扎北路。挑出防营旧勇来省听调。顷台电云有英轮，辽澎之倭已进，澎无倭轮。卯刻，厦电，昨申来兵船一，在口外挂黑旗，见鼓浪山未升旗，不准进口，改挂法旗进大担，口外尚有七轮。午前闻炮数声，殊叵测。有土人由澎来云，贼已去，澎未失。恳代奏。麟。冬。[③]

---

①《清代军机处电报档汇编》第 1 册，第 480 页。
②《清代军机处电报档汇编》第 14 册，第 5 页。
③《清代军机处电报档汇编》第 14 册，第 19—20 页。

026. 奉旨澎湖倭船已尽窜去着设法多解子药接济等事光绪二十一年三月初三日

奉旨："谭钟麟、唐景崧电奏均悉，据探，澎湖倭船已尽窜去，受创自必不轻，守澎将士，甚为得力，着该督等速即确探，如倭船果已远遁，即应亟趁此时设法多解子药，以资接济，不可稍有延误。厦门口外之兵轮，何以先挂黑旗，又改法旗，是否实系法船，可询明领事，以防假冒。此外，七轮又系何国之船，并着随时确探严防为要。钦此。"三月初三日钞交督办军务处。①

027. 收闽浙总督谭钟麟电：为台湾南北电线俱断事光绪二十一年三月初四日

未刻，厦门电云，大担圩外数艘都已开去，惟法旗一艘，买食物开出口，浪大复回，或谓系受倭雇买。同时台抚唐冬电云，台南电报，澎弁勇带伤逃渡，皆称廿七八日，水陆并战，击沈倭船三艘，岸贼驱走，我炮台被毁。廿九下午，倭由他处登岸，我军分御血战，互有伤亡。午刻，倭入城等语。该弁勇所述语多支离，未敢入告，聊以奉闻。正电寄间，闻台南北电线俱断，消息不通，奈何。麟。江。②

028. 收闽浙总督谭钟麟电：为台湾南北水线复通及续拨台饷事光绪二十一年三月初五日

台南北水线昨午后始通，前奉豪电传知，已谨遵转递续拨台饷五十万，现商洋行包险，由沪运台厦，口外无倭寇。台南电称，

---

①《清代军机处电报档汇编》第1册，第481页。

②《清代军机处电报档汇编》第14册，第45—46页。

日内常有倭兵船来往，刘永福驻凤山防旗后口，万国本驻安平口，此台南军也。杨岐珍十营驻基隆，兼顾沪尾，张兆连八营亦驻基隆，廖得胜、余致廷十余营驻沪尾，其余小港正多，各派二三营不等。福州、厦门民情尚定，祈代奏。麟。征。①

029. 收闽浙总督谭钟麟电：为拨枪弹运台事光绪二十一年三月初九日

接台南鱼电云，倭据澎，此示在凤攻台南，又虞电云倭据澎未动，防不敢懈。台缺枪弹，闽存亦无多，派杨岐珍、刘永福随带百余勇渡台外，现复拨毛瑟弹三十万运台，部拨台饷五十万，已饬沪局商洋行包运。惟各处停战，彼得专力于台，深为可虑。恳代奏。②

030. 收闽浙总督谭钟麟电：为澎湖日军瘟疫盛行事光绪二十一年三月二十一日

倭据澎疫甚，仅剩二千余人，兼旬未动。台南北无事，福厦晏然，惟漳州民心惶惑，现饬侯名贵回漳州镇任，委总兵徐万福率两营驻泉州，游击许承礼一营驻兴化。乞代奏。麟。个。③

031. 收闽浙总督谭钟麟电：为澎湖日军瘟疫未息事光绪二十一年三月二十二日

顷据台南陈道电，据探役自澎回，称贼瘟未息，死者尚多，船只留九只，顺载死者回国。刻在澎抽兵，欲得四千人口粮八两

①《清代军机处电报档汇编》第 14 册，第 55—56 页。
②《清代军机处电报档汇编》第 14 册，第 85 页。
③《清代军机处电报档汇编》第 14 册，第 156 页。

四钱，并出示略云。天灾流行，兵心勿慌。俟奏请国旨，或停或战，再听号令云。谨奉闻。麟。养。①

032. 收两广总督谭钟麟电：为调补两广总督应否入京事光绪二十一年三月二十六日

钟麟交卸闽篆，已乘轮船赴沪入川，忽接直督王电抄三月二十二日奉上谕："谭钟麟调补两广总督，钦此。"除另具折叩谢天恩外，应否入京请训，抑即赴粤任之处，恳代奏，请旨遵行。钟麟。宥。②

033. 奉旨谭钟麟着即赴两广新任事光绪二十一年三月二十七日

奉旨："谭钟麟电奏，现已赴上海，应否入京请训等语。谭钟麟着即赴两广总督新任，毋庸来京请训。钦此。"三月二十七日。③

034. 收两广总督谭钟麟等电：为擒获已革记名提督黄仕林并派员解赴刑部事光绪二十一年五月初十日

南海县访获奉旨拿解之已革记名提督黄仕林，派员审实，现委候补知府何汇仁等赍文解赴刑部收审，请代奏。钟麟、丕瑶同肃。蒸。④

---

①《清代军机处电报档汇编》第14册，第165页。
②《清代军机处电报档汇编》第14册，第194页。
③《清代军机处电报档汇编》第1册，第500页。
④《清代军机处电报档汇编》第15册，第58页。

035. 收谭钟麟、马丕瑶电：为佛山医馆闹事地方文武弹压事光绪二十一年六月二十三日

号电悉，佛山有医馆医士自外归，见两孩在门外言台南打番鬼，医士呵扑之，两孩跑走。有卖布者言：此小孩语，何必计较。医仍怒其帮护，往拿，卖布者弃布担逃。医士将布舁入馆中，旁观谓其抢布，号于众，愈聚愈多，医士闭馆门。众以石投窗中，打碎药瓶。地方文武驰至解散，南海县商医士退布，以五百元为买药瓶费，事遂寝，非闹教堂也。十九明发未见。俟奉到通饬。麟、瑶。祃。[1]

036. 收两广总督谭钟麟电：为李约德眷属被越匪掠走我军不便越界往拿事光绪二十一年六月二十九日

沁电悉。李约德眷属被越匪掠至马头山，地属越南，我兵不便逾界往拿，但饬营勇严防越匪窜入粤境，惟越匪以李约德为奇货，意在勒购。闻法兵攻马头山，两次败回。而越匪掠李约德，或水或陆无定所，此探报中语。钦州萃营现派潘守培楷接带，培楷向充苏提督营哨，经此次派统萃营，亦冀与苏营通气，苏如到东边，决无呼应不灵之虞。法请苏提督暂辖钦州防军，自无不可。然非兼辖，法军、越军亦恐未能得手。已饬潘守遵照。麟。□。[2]

---

①《清代军机处电报档汇编》第15册，第288—289页。

②《清代军机处电报档汇编》第15册，第307—308页。

037. 收两广总督谭钟麟电：为中法各派兵搜捕越匪事光绪二十一年七月二十六日

法兵攻破马头山，闻越匪携李约德眷藏匿铜摩岭。十九日，苏提督至东兴，与法督互商。法谓匪窜两国交界之北仑地方，彼此擒执。现定二十九苏提督率八百人、潘培楷率六百人赴北仑土洞田一带搜捕，法兵往铜摩岭里火一带围拿。如在粤界内，即时获送。若在越南境，法自往捕。两粤地方官各悬重赏，凡可代为设法之处，必出力相助，俟有续报再电达。麟。径。①

038. 奉旨着谭钟麟传旨嘉奖苏元春办理越边措置合宜等事光绪二十一年八月二十六日

奉旨："苏元春办理越边土匪措置合宜，着谭钟麟传旨嘉奖，所有在事出力员弁，着准其择尤酌奖，钦此。"八月二十六日。②

039. 收两广总督谭钟麟电：为广东巡抚马丕瑶因病开缺事光绪二十一年九月初九日

广东巡抚马，上月二十二偶感风寒，触发呃逆旧症，因求速效，医药杂投，日甚一日，竟于九月初八日戌时出缺，关防封存。乞代奏。钟麟。庚。③

---

①《清代军机处电报档汇编》第15册，第444—445页。
②《清代军机处电报档汇编》第1册，第583页。
③《清代军机处电报档汇编》第16册，第105页。

040. 奉旨广东巡抚着谭钟麟暂兼署事光绪二十一年九月初十日

奉旨："谭钟麟电悉，广东巡抚着谭钟麟暂行兼署。钦此。"九月初十日摘钞交吏部。①

041. 收边宝泉、谭钟麟电：为派员赴新旧金山劝商集股创办机器等局事光绪二十一年九月十六日

前奉寄谕，闽粤督抚派员赴新旧金山等处劝中国商于外洋者集股，创办船械、军火、机器等局厂，叠经物色，难得其人。兹查福建候补道延年才识稳练，曾历外洋，其父现抚江西，人亦见信。钟麟函商宝泉，询该道自愿效力，恳贵署代奏，请旨遵行。宝泉、钟麟。铣。②

042. 收两广总督谭钟麟电：为德国兵船到汕头保护教堂事光绪二十一年九月二十三日

顷据钟道电，汕头有德兵船五艘，为保护教堂而来，领事意在恫喝赔赃，现令地方官不与理论。俟其动静，如何再行酌办。匪徒现经方桂东等，四处搜捕。俟拿获，再电闻。麟。漾。③

①《清代军机处电报档汇编》第1册，第586页。
②《清代军机处电报档汇编》第16册，第131页。
③《清代军机处电报档汇编》第16册，第147页。

043. 收两广总督谭钟麟电：为刘永福调署南韶镇事光绪二十一年十月初六日

南澳镇刘永福回粤，细询情形。因倭人在台北杀戮甚惨，台南民坚留不放。此次潜遁得归，勇丁欠饷万余未清。查南澳与澎湖对照，令其回任，恐生枝节。可否调署南韶镇之处，恳代奏，请旨遵行。麟。鱼。①

044. 奉旨南澳镇总兵员缺着谭钟麟与边宝泉妥商事光绪二十一年十月初七日

奉旨："谭钟麟电悉，南澳镇总兵员缺，着该督与边宝泉妥商，俟奏到时，再降谕旨，钦此。"十月初七日。②

045. 收两广总督谭钟麟电：为广东巡抚及布政使开缺事光绪二十一年十一月初三日

广东布政使成允奉旨署理广东巡抚，尚未接印。十月二十九日偶感风寒，医药罔效，遂于十一月初三日丑时出缺。除将印加封存库，另委接署藩篆，照例具奏外，所有广东巡抚、布政使缺，请旨迅赐简放，伏恳代奏。麟。江。③

---

①《清代军机处电报档汇编》第16册，第181页。
②《清代军机处电报档汇编》第1册，第595页。
③《清代军机处电报档汇编》第16册，第249页。

046. 奉旨广东巡抚着谭钟麟暂署事光绪二十一年十一月初四日

奉旨："谭钟麟电悉，广东巡抚着谭钟麟暂行兼署。钦此。"十一月初四日。另抄交吏部。①

047. 收谭钟麟、边宝泉电：为请准闽粤南澳镇总兵刘永福开缺回籍调理事光绪二十一年十一月十五日

据闽粤南澳镇总兵刘永福称九月间由台内渡，因积受瘴湿，久病未痊，恳请开缺回籍调理。一俟病痊，即当请咨入都求赏差使等情。钟麟等查明属实，应请旨准予开缺，迅赐简放，以重职守，乞代奏。钟麟、宝泉同肃。咸。②

048. 收两广总督谭钟麟电：为广东水师提督郑绍忠因病出缺事光绪二十二年三月初六日

徽电谨悉，广东水师提督郑绍忠于初四亥刻出缺，其因病身故，遗缺另折由驿驰奏，请旨简放。现饬署高州镇总兵潘瀛暂署。麟。鱼。③

①《清代军机处电报档汇编》第1册，第603页。
②《清代军机处电报档汇编》第16册，第284页。
③《清代军机处电报档汇编》第17册，第115页。

049. 收两广总督谭钟麟电：为云南提督冯子材病痊销假接办钦防事光绪二十二年五月三十日

勘电悉。云南冯提督子材前因病请代奏开缺，奉旨赏假一月。嗣准两江总督张之洞咨称，具奏冯子材可否留办广东边防，奉旨允其留办。嗣据冯子材电请辞差，当因其假期未满，不便代奏。五月廿日，潘培楷电称冯子材云奉旨留办钦州边防，定廿二日接办，令潘培楷即日交卸，不敢不遵。冯子材来电，谓病已全愈，接办边防。查冯子材病痊销假，或赴本任接办钦防，应请旨遵行。乃先期未经电商，遽称遵旨办防，饬令潘培楷卸事。钟麟接潘培楷电，当复以俟请旨定夺，不谓冯已接办矣！法人饶舌，早在意中。三月初一电已略言之，潘培楷乃冯子材饬令交卸，非另有差委也。①

050. 发两广总督谭钟麟电：为美使所言与副领事往来及教案事光绪二十二年十月初三日

美使称，驻粤喜领事患病，派区富为副领事，请电该省与之往来等语。如查非华人，希照章接待。再，潮阳古溪教案，该使频催出示并希查案饬办。统电复。江。②

051. 发两广总督谭钟麟电：为仍照前电速办古溪教案事光绪二十二年十月初八日

鱼电悉。古溪案五月勘电所拟办法，只有三端，一请严禁百

①《清代军机处电报档汇编》第17册，第316—318页。
②《清代军机处电报档汇编》第25册，第4页。

姓难为浸理，二请实力弹压，三请剀切晓谕。并非七端，想系译误，希仍照前电速办电复。庚。[1]

052. 收两广总督谭钟麟、广东巡抚许振祎电：为四川盐茶道玉铭并未逃匿香港事光绪二十二年十月初八日

前奉电旨，已革四川盐茶道玉铭逃匿香港，着该督抚设法捕获等因。香港系洋界，即照约密致领事转电港官查明提解。顷据复称，遍查玉铭，并未来港等语。请代奏。钟麟、振祎。庚。[2]

053. 发两广总督谭钟麟、广东巡抚许振祎电：为奉旨着派员前往香港查访事光绪二十二年十月初九日

奉旨："谭钟麟等电悉。仍着随时认真躧缉。香港虽系洋界，亦当派员至港查访，毋任洋官包庇藏匿。钦此。"佳。[3]

054. 发两广总督谭钟麟电：为查明越南亲藩阮福说等人现在踪迹事光绪二十二年十月十八日

越南亲藩阮福说等光绪十五年安置罗定、连州之间，现踪迹何如？希查明电复。巧。[4]

---

①《清代军机处电报档汇编》第 25 册，第 6 页。
②《清代军机处电报档汇编》第 35 册，第 242 页。
③《清代军机处电报档汇编》第 25 册，第 7 页。
④《清代军机处电报档汇编》第 25 册，第 10 页。

055. 发两广总督谭钟麟电：为照派法使所屡请集益公司官员事光绪二十二年十月二十一日

集益公司法使屡请北海另派道员，琼州由雷琼道各与领事商办，均希照派，并倩各该关税司评论，仍电复。马。[①]

056. 发两广总督谭钟麟电：为望电谕小吕宋华商听从日本保护事光绪二十二年十月二十七日

敬电悉。原托英国保护。顷日使来言，奉外部电，伊国水陆全军已到小吕宋，力认保护华民，无需转托他国。因撤销英使照会，并电杨使索保护文。据希电谕，华商听日保护，勿惊骇，华商不助乱党，日国甚感。感。[②]

057. 收两广总督谭钟麟、广东巡抚许振祎电：为函知港督查拿玉铭等事光绪二十二年十一月初一日

玉铭未曾来港，据文报局委员梁耀曾禀，密访并无认识玉铭之人，由省派守备冯占魁前往会拿，遍查亦无消息。托英领事函知港督，言此奉旨饬拿之犯，不得容隐。据覆称，并无其人。孙逆尚在英都，龚使自能设法解粤甚好，否则重赏博浪沙壮士，不必令生还也。港督云，派洋巡捕严查，来港即行驱逐，不准住界内，若在界外，听中国自拿。该犯闻此信，恐不回港矣。西贡、

---

①《清代军机处电报档汇编》第25册，第11页。
②《清代军机处电报档汇编》第25册，第15页。

新嘉坡无从办理也。麟、祎。卅。①

058. 发两广总督谭钟麟电：为望查明潮阳教民陈阿明别案事光绪二十二年十一月初七日

法使函称，潮阳教民陈阿明案已寝复翻，请电粤，照本署五月勘电办法作罢。查六月豪电，有陈阿明别案，俟将来另办语。究竟是何别案，应否作罢。希查明电复。阳。②

059. 收两广总督谭钟麟电：为潮阳陈阿明拜会聚众与教案无涉事光绪二十二年十一月初九日

阳电谨悉。陈阿明拜会聚众与教案无涉，前据道府县禀，均言事后须查办，虽非教士保领，然曾具结定案后，交出听办。近更寻仇报复，欲害耶苏教民，县禀函致教士交出，一面饬拿，领事来说情，已驳复，并咨呈矣。麟。庚。③

060. 收两广总督谭钟麟电：为县传陈阿明实为免民教再起争斗非偏护事光绪二十二年十一月初九日

美领事函，云陈阿明在潮阳率党图杀耶苏教民李阿益，为李进凤抵命。此案已两造具结，今欲杀无辜相抵，请弹压保护等语。可见县传陈阿明实为保全两教免致再斗起见，非偏护也。钟

①《清代军机处电报档汇编》第35册，第246页。
②《清代军机处电报档汇编》第25册，第22页。
③《清代军机处电报档汇编》第35册，第472页。

麟。佳。①

061. 收两广总督谭钟麟、广东巡抚许振祎电：为金山党众事光绪二十二年十一月初十日

顷接杨子通青电，金山党徒益肆，咨到请会抚院严办等因。金山是否孙逆，无从揣测，其贵署有无确信，请详示。麟、祎。蒸。②

062. 收两广总督谭钟麟电：为已电桂抚妥办龙州教案事光绪二十二年十一月十二日

奉鱼电，已电桂抚速照妥办。顷接复电，云事关全省利权，容俟通盘筹办，咨函详达，请先代覆总署等语。俟接咨函，再详陈。钟麟。真。③

063. 发两广总督谭钟麟电：为候咨到办理金山会党等事光绪二十二年十一月十二日

蒸电悉。金山会党不尽，孙党向惧，使者咨粤拿办户。族子通青电，当指此。希候咨到办理。文。④

---

①《清代军机处电报档汇编》第35册，第472页。
②《清代军机处电报档汇编》第35册，第473页。
③《清代军机处电报档汇编》第35册，第475页。
④《清代军机处电报档汇编》第25册，第26页。

064. 发两广总督谭钟麟电：为准开梧州、三水两处口岸不日画押等事光绪二十二年十一月十八日

英使奉其外部训条，议结缅约。去冬允添西江口岸。该使以梧州一处为未足，必于西江内添开三口。本署与之磋磨数月，今始定议，准开梧州三水两处口岸，不日画押。除饬总税司预筹办法外，务望迅速筹商，梧州三水各应派何员管关，经理通商事宜，克期电复。至半税单货，较沿途纳厘货有另外多征情事，梧州出示含混。英使屡来饶舌，祈饬属恪遵约章，勿令补完。沿途应免之厘，分别妥办，赶紧出示晓谕，毋任违约，致有责言为要。即转电西抚一体知照。巧。①

065. 发两广总督谭钟麟电：为英使所欲添开口岸事光绪二十二年十一月二十五日

英使要三水县属西南墟并对岸计三处，择一处开设码头，余二处均准洋商开设行栈，并谓三处相连甚近，只隔小河。本署只允一处，伊不允，势将决裂。该县既准添开口岸，希速查明。该三处情形，若并允，有无妨碍，能否将就。速电复。径。②

066. 收两广总督谭钟麟电：为委员经理并请示何时开办事光绪二十二年十一月二十四日

巧电谨悉，当即知会西抚。顷接回电，拟委桂平梧道管关，督同梧州府并候补知府谭国恩经理。东省拟委就近之肇罗道管关，

---

①《清代军机处电报档汇编》第25册，第28页。
②《清代军机处电报档汇编》第25册，第31页。

并添委候补道府经理，约在何时开办，请电示。钟麟。敬。①

067. 发两广总督谭钟麟电：为日本选派士族长来华教习之费用事光绪二十二年十一月二十七日

裕大臣电，尊处延东文教习现选得士族长非川雄太郎，外部次官担保人品颇好，能通华语。原定月薪百两，外部拟改一百五十元，去时盘费与治装，拟共给洋二百元；回国时，仍照原订给一百元，皆可照准。订明三礼拜为期，俟广东回信，即动身云。希速核覆。沁。②

068. 收两广总督谭钟麟电：为教习盘费寄往何处事光绪二十二年十一月二十九日

沁电谨悉。教习照办盘费治装二百元，应寄何处，乞电示。钟麟。勘。③

069. 收闽浙总督边宝泉、两广总督谭钟麟电：为延年赴新旧金山集股无成请准回闽销差事光绪二十二年十二月初一日

去秋会衔请委福建候补道延年赴新旧金山各处劝华商集股等因。现已经年迄无成议，应作罢论。仍请贵署代陈，准延年回闽销差。宝泉、钟麟。先。④

---

①《清代军机处电报档汇编》第35册，第485页。
②《清代军机处电报档汇编》第25册，第33页。
③《清代军机处电报档汇编》第35册，第491页。
④《清代军机处电报档汇编》第35册，第493页。

070. 收两广总督谭钟麟电：为老沙设有汛地尚可将就允准事光绪二十二年十二月初一日

径电谨悉。据三水县绘图详审情形，英使所云三处，一名西南，一名老沙，一名沙头。西南民居铺户栉比，无隙地可购，沙头民居庐墓田园亦多。惟老沙设有汛地，尚可将就允准。钟麟。艳。①

071. 发两广总督谭钟麟电：为美使称滋阳教案现有反覆情形希查事光绪二十二年十二月初一日

据美使称，滋阳教案办结，现有反覆情形，希电该省勿再滋事等语。该使所称是否属实，希饬查理。速复。东。②

072. 发两广总督谭钟麟电：为已电请裕大臣垫发来华教习费用事光绪二十二年十二月初一日

勘电悉。教习盘费治装已电裕大臣垫发，由尊处汇还。东。③

①《清代军机处电报档汇编》第35册，第494页。
②《清代军机处电报档汇编》第25册，第34页。
③《清代军机处电报档汇编》第25册，第34页。

073. 发两广总督谭钟麟电：为望查复英使所索广东三水县开埠地区里数事光绪二十二年十二月初二日

三水县城外西南墟、江根墟，皆英使所索开埠之地，未提老沙及沙头，究竟江根墟距县城若干里，西南墟距县城若干里，江根距西南又若干里，速查明确电复，以便酌办。冬。①

074. 发南洋大臣刘坤一、两广总督谭钟麟电：为荷兵船游历中国各海口事光绪二十二年十二月初二日

和国现有兵船一艘，名铁带，游历中国各海口，希饬属和衷酬应，并电复。冬。②

075. 发两广总督谭钟麟电：为勘误电文事光绪二十二年十二月初二日

东电潮阳误滋阳，祈查照。冬。③

076. 收两广总督谭钟麟电：为已饬属酬应荷兰兵船等事光绪二十二年十二月初四日

径冬两电均谨悉。江根在西南之上，县城对河，距县城三里，河西南十三里，西南距县城八里，和国兵船已电饬各属酬应。钟

---

①《清代军机处电报档汇编》第25册，第34页。
②《清代军机处电报档汇编》第25册，第35页。
③《清代军机处电报档汇编》第25册，第35页。

麟。豪。[1]

077. 收两广总督谭钟麟电：为荷兵船初二抵琼现闻赴香港事光绪二十二年十二月初六日

和国总兵德入司乘兵船名高米格司楷理美纳初二抵琼，镇道相待如礼，欢欣而去，闻赴香港。麟。鱼。[2]

078. 发两广总督谭钟麟电：为广东揭阳县令割去入教华民发辫事光绪二十二年十二月初七日

英使言，汕头领事电称，揭阳县蔡令将该县涉讼原告入教华民二人发辫于冬月初十割去，使与不入教之民有别等语。殊违条约，希饬查了结，免滋口舌，并复。阳。[3]

079. 收两广总督谭钟麟电：为法商马地一案请告总税司速办事光绪二十二年十二月十二日

法商马地一案，钧署电饬该处道府与税司向领事商论，北海税司云，须奉总税司电饬，方可会议，请告总税司速电北海税司，与道府会办。钟麟。真。[4]

---

①《清代军机处电报档汇编》第35册，第494页。
②《清代军机处电报档汇编》第35册，第499页。
③《清代军机处电报档汇编》第25册，第37页。
④《清代军机处电报档汇编》第35册，第504页。

080. 发两广总督谭钟麟电：为裕大臣称东文教习赴粤薪水等事光绪二十二年十二月十四日

顷裕大臣电，东文教习单身赴粤，恐无知之徒生事，求保护。俟搭何船赴香港，即电粤预为招呼。此次薪水，与西教习数目不同，如该教习问及，须明告以东西本自不同，系章程如此，求先密电等语。祈查照。寒。①

081. 收两广总督谭钟麟电：为北海法领索赔一节万难结案事光绪二十二年十二月二十日

据高廉道电禀，北海法领事马地洋商与该道会议索赔一事，不肯请税司，不准府县与议，云亏本三十二万四千余元，加赔三十五万元，共六十七万余元。限一月办妥，迟则加索，不讲情理，不听商量，万难结案等语。似此强横无理，惟有听之该道饬回高州，谨电达。钟麟。效。②

082. 发两广总督谭钟麟、广西巡抚史念祖电：为西江通商本日画押望预筹开办事光绪二十三年正月初三日

西江通商，本日遵旨画押订定，画押日起四个月内开办。所有应办事宜，希豫筹备，梧关即派桂平梧道管理。三水关应派广东粮道管理，已有详函在途，到时统希察照。江。③

---

①《清代军机处电报档汇编》第 25 册，第 41 页。
②《清代军机处电报档汇编》第 35 册，第 512 页。
③《清代军机处电报档汇编》第 25 册，第 52 页。

083. 发两广总督谭钟麟电：为望即饬员前往与法领事会商事光绪二十三年正月初六日

效电悉。旋据法使钞领事来电称，委员不肯协商遽归。顷该使至署催结，仍答以由外议办，希即饬该道前往会商，通融速结，勿负气再延，仍电复。鱼。①

084. 发两广总督谭钟麟电：为分札各属依法使所称办理领事归属事光绪二十三年正月初七日

法使照称，广东钦琼交涉事件，分归东兴副领事甘司东商办，日内即赴琼，请电达其高廉雷仍归北海领事德儒等语。希分别札行各属照办。阳。②

085. 收两广总督谭钟麟电：为高廉道与领事洋行会议数次未能妥商事光绪二十三年正月初九日

鱼电敬悉。高廉道与领事洋行会议数次，末次税司亦在坐，领事不容讲理，硬要赔钱，实非华官不肯妥商，再议无益，已详细咨呈。俟到后，由钧署与法使辩论，是祷。钟麟。庚。③

①《清代军机处电报档汇编》第25册，第52页。
②《清代军机处电报档汇编》第25册，第54页。
③《清代军机处电报档汇编》第35册，第527页。

086. 发两广总督谭钟麟、广东巡抚许振祎电：为速觅购粤中绣货以祝英君在位六十年事光绪二十三年正月二十七日

英君五月间在位六十年，应送贺礼，粤中绣货精工，请速觅购细绣山水花卉或仙佛式样围屏十幅，或十二幅，格外工致，装紫檀木边，加铜扣，结实联缀，可作屏风用。并用箱装塞坚固，于三月中旬寄上海招商局，候饬赍交。用费据实报销。沁。①

087. 发两广总督谭钟麟电：为法使复照催饬依北海领事查明确数赔地事光绪二十三年正月二十九日

庚电悉。法使昨复照催，饬照北海领事官查明确数，赔给孖地行，早为完案。并称，高廉道忽然回去，不知何故，请速办结等语。查此案集益公司原定章程，实系违约，应否赔偿，或应赔多少，碍难在京凭空辩论，应由贵处自行议结。高廉道既回，领事又与龃龉，应改派妥员速往再偕税司与领事妥议，以期悬案早结，免借端生衅，仍电复。艳。②

088. 收两广总督谭钟麟电：为派雷琼道与税司领事速议等事光绪二十三年二月初二日

艳电谨悉。现派雷琼道与税司领事速议，潘道培楷向与法官联络，委赴琼州会办，以期速结。钟麟。冬。③

---

①《清代军机处电报档汇编》第25册，第63页。
②《清代军机处电报档汇编》第25册，第64页。
③《清代军机处电报档汇编》第35册，第544—545页。

089. 收两广总督谭钟麟电：为置办围屏事光绪二十三年二月初三日

沁电敬悉。围屏已定十二幅，绣工坚称三月底始成，现严催赶办，约须五十日也。紫檀久不可得，即用紫榆照前届式较宽大。麟。江。①

090. 发两广总督谭钟麟电：为西江通商约本已钞寄等事光绪二十三年二月初六日

西江通商约本已钞寄，应办事宜，并详正月江电及客腊密函，刻已逾月，未准答复作何办法，速电为盼。鱼。②

091. 收两广总督谭钟麟电：为西江通商俟领事税司到后商办设关划界事光绪二十三年二月初七日

西江通商一电，两函均谨悉。已札粮道布置，一切设关划界等事，须领事税司到后会商开办，谨先电复。麟。阳。③

092. 发两广总督谭钟麟电：为广东三水设关事光绪二十三年二月初八日

阳电悉。三水设关，要在勘定泊船码头，新关公所，指定领事住居，总与互市相宜为准，毋庸划给租界，更不必候领事会商，

①《清代军机处电报档汇编》第35册，第546页。
②《清代军机处电报档汇编》第25册，第67页。
③《清代军机处电报档汇编》第35册，第550页。

既令粮道布置一切，本署当札赫德选派该关税司，与粮道筹商办法。该关税司未到以前，或就近与粤海税司酌议，当可粗定规模，希察照饬行。庚。①

093. 发两广总督谭钟麟电：为三水关收税毋庸粮道经管事光绪二十三年二月初十日

三水设关，前议由粮道征税，今粤海监督禀称，该关向在三水设有号口，若另派道员经管，事出两歧。每年省关所收常洋各税，势必减色。解还各款，更难应付等语。所论甚关紧要，即希尊处会商监督妥办，毋庸粮道经管。蒸。②

094. 发粤海关监督电：为三水关收税毋庸粮道经管事光绪二十三年二月初十日

三水初设，关务较繁，因粮道事简，故拟令暂行会办。兹接来函，已电文卿径商尊处，不必令粮道兼办。新派税司，计日可到，即希会同妥商为要。蒸。③

095. 发两广总督谭钟麟电：为望与粤海监督会商筹商三水通商事光绪二十三年二月十三日

三水通商，不仅征税一事，开办之始，地方交涉事繁，不派粮道，仍应妥筹办法，三水只一县令，与琼潮廉情形不同，希与

---

①《清代军机处电报档汇编》第25册，第67—68页。
②《清代军机处电报档汇编》第25册，第68页。
③《清代军机处电报档汇编》第25册，第68页。

粤海监督筹商电复。元。①

096. 收两广总督谭钟麟电：为监督兼管洋务恐有窒碍事光绪二十三年二月十三日

蒸电谨悉。监督所电，自系实情。惟关碍监督者，不在洋税而在常税，为数无多。九龙、拱北两关，只管税务，故归监督。三水设口通商，交涉事繁，粮道系地方官，管理较便，故各口多用关道，如监督兼管该处洋务，恐有窒碍，请钧署裁夺，奏明办理。麟。文。②

097. 发两广总督谭钟麟电：为三水梧州设关事宜应会同两抚具奏事光绪二十三年二月十四日

文电悉。三水梧州设关情形办法，应由尊处会同东西两抚具奏。候旨遵行。寒。③

098. 收两广总督谭钟麟电：为派人经理三水通商交涉事光绪二十三年二月十六日

三水通商交涉事繁，必有一人经理。贵署庚电，令粮道先事筹办。蒸电又云不派粮道。麟文电请奏明办理者，以各省皆有关道，今不派关道而派监督，似近更制。粤中同僚皆不以为然，谓通商后厘金必减色，应解之款无着情形，与粤关同。如不派粮道经理关务，将来谣言纷起，必疑总督与监督有私，此麟所不受也。

---

①《清代军机处电报档汇编》第25册，第70页。
②《清代军机处电报档汇编》第35册，第556页。
③《清代军机处电报档汇编》第25册，第70—71页。

应请贵署部会同具奏，如派监督，则以后交涉事件，令其一手经理，庶有责成。俟奉旨行知遵办。麟。谏。①

099. 发两广总督谭钟麟电：为应否仍派粮道经理地方交涉等事光绪二十三年二月十七日

谏电悉。前蒸电商令监督管理三水关税务，毋庸粮道经管，系专指税务而言，至于交涉事件，本应由地方官筹画妥办。如琼州、北海、汕头之例，应否仍派粮道经理该地方交涉，希即酌核，分别奏办勘定。现泊船码头新关公所，应令该道会同税司酌议，告知监督。篠。②

100. 收粤海关监督电：为三水关税及通商交涉不能专归监督办理事光绪二十三年二月十八日

奉蒸电谨悉。致粤督元电，亦悉细译，两电意在三水设关，常洋税务归监督办理，通商事务，则归地方，以便弹压。当赴督署会商。督云另有覆电，电内云，如派监督，则以后交涉事件，令其一手经理等语。不知通商事务，监督非不能办理，但有地方之责者尚不易弹压，若无地方之责者，又何以措手？总之珮前禀只为三水，若归地方收税，监督关税必日见其减，更难应付解还各款，则一时之贻误犹小，日久恐监督应解还各款，归于无着矣。应如何办理之处，悉请钧署裁定。文珮。铣。③

---

①《清代军机处电报档汇编》第 35 册，第 559—560 页。
②《清代军机处电报档汇编》第 25 册，第 71 页。
③《清代军机处电报档汇编》第 35 册，第 562 页。

101. 发两广总督谭钟麟电：为如期制成赠送英主绣屏并寄英事光绪二十三年二月十八日

江电。绣屏十二幅，三月底可成，望饬如期制就，即交粤关税司径寄伦顿金登干收，呈专使张大臣，限端节前寄到，勿误。巧。[①]

102. 发两广总督谭钟麟电：为允准法国遵照商约于广东查看矿务等事光绪二十三年二月二十六日

法因英通商西江，有碍越南商务，来署强索利益，多方辩驳两月，仅准照商约第五款，于广东等省查看矿务，如果需人，准延法矿师襄助。希即察看各属，如有美利之矿，可集股开办，据实电复，再商法延匠师陆续举行，即电复。滇桂已另致电矣！宥。[②]

103. 发两广总督谭钟麟电：为葡国在小横琴岛筑兵房粤省派员往查被阻事光绪二十三年二月二十七日

顷赫德来言，接拱北税司电，现因葡国在小横琴岛建造兵房，粤省派员往查被阻，遂有派兵前往禁止之意，恐滋事端，已电税司劝阻，并电金登干向该国订约使臣罗沙辩论，未勘界以前，应遵条约，彼此不得改变等语。应候金回电，万勿派兵为要。感。[③]

---

①《清代军机处电报档汇编》第25册，第72页。
②《清代军机处电报档汇编》第25册，第75—76页。
③《清代军机处电报档汇编》第25册，第76—77页。

104. 发两广总督谭钟麟电：为望与法领事切商减少孖地赔款等事光绪二十三年三月初七日

法使顷来言，潘道已到琼孖地，赔款须趁此速结，不可再延。本处与之再三辩论，令饬领事减少，施仅允公道商结。希饬该道就近切商，能减少固妙，否亦不宜过宕，致生枝节。并电复。阳。①

105. 发两广总督谭钟麟、广东巡抚许振祎电：为望妥速议结孖地赔款事光绪二十三年三月十三日

庚电悉。集益公司与孖地争挤生意，原系恒情。法使因该公司刊印章程，显违条约，有伤法国体面。孖地亏赔甚巨，坚欲集益众商赔偿，并谓该外部以粤如不理，即另行设法自办。本署两年以来与之理论，几至管秃唇焦，应仍由外妥速议结，酌量减少赔款，解此纷难。他国别案，当不至援引。潘道等禀电，有无头绪，仍电复。元。②

106. 发两广总督谭钟麟、广西巡抚史念祖电：为务饬地方照料英国测量水道之兵船事光绪二十三年三月十五日

英使以西江准开通商口岸，拟派英兵船一只，溯江上驶，测

①《清代军机处电报档汇编》第25册，第82页。
②《清代军机处电报档汇编》第25册，第84页。

量水道。此系条约所不禁，务饬地方文武照料弹压。咸。①

107. 发两广总督谭钟麟电：为俄东二馆经费已行总税司核议等事光绪二十三年三月十八日

俄东二馆经费，已行赫德核议。俟复到电，知琼关史税司，即饬暂留。集益公司案，应与商办。啸。②

108. 发两广总督谭钟麟、闽浙总督边宝泉电：为英使即往汕头及福州望饬接待事光绪二十三年三月十九日

英宝使即往汕头、福州，希饬属妥为接待。效。③

109. 发两广总督谭钟麟电：为法使催办集益公司赔款事光绪二十三年三月二十九日

宥电悉。法使又来署催办集益公司赔款，当照来电大意，与之争辩。属其转电领事，通融商办。该使请定期定数完结，彼将交卸回国，望饬潘道等速商妥结。艳。④

110. 发两广总督谭钟麟电：为望速饬办结法使所言孖地赔款事光绪二十三年四月初五日

法使来称，潘道忽已回去，系贵督密令勿办孖地案，贵督向

①《清代军机处电报档汇编》第25册，第85—86页。
②《清代军机处电报档汇编》第25册，第88页。
③《清代军机处电报档汇编》第25册，第88页。
④《清代军机处电报档汇编》第25册，第97页。

人言，如法要打仗，我不怕。此语确有凭证，报知法廷，必不甘休。告以已允廿一年九月至十一月应赔之数，并非不办。集益系廿一年十一月撤去，施云虽声言已撤，实在未撤。至今抢跌生意，使孖地受亏。琼州道并未出示潘因何忽去，俾伊借口。此事远在海角，非本署所能遥度。贵督身任地方，未便诿诸本署，致开衅端。希速饬商办结电复。歌。[①]

111. 发粤海关监督电：为三水关税务及交涉事件管理归属事光绪二十三年四月十一日

本署遵议三水关税务，归监督管理，交涉事件，归粮道管理。本日覆奏，奉旨：依议。希即钦遵会商，克期开办。真。[②]

112. 发两广总督谭钟麟、广东巡抚许振祎电：为三水关税务及交涉事件管理归属事光绪二十三年四月十一日

本署遵议，三水关税务，归监督管理，交涉事件，归粮道管理。本日覆奏，奉旨：依议。希转行钦遵，克期开办，勿稍迟误。真。[③]

113. 发两广总督谭钟麟电：为美使照称潮州古溪法美两教教民仍不相安事光绪二十三年四月十一日

上年，因潮州古溪地方法美教民互哄，咨行妥办在案。顷美

---

①《清代军机处电报档汇编》第25册，第99页。
②《清代军机处电报档汇编》第25册，第103页。
③《清代军机处电报档汇编》第25册，第103页。

使照称，该两教教民仍不相安，若不设法弹压保护，恐酿重案。请饬该地方官加意严防。除钞咨外，先电闻。真。①

114. 收两广总督谭钟麟电：为集益公司已撤可请法德互相照会即知等事 光绪二十三年四月十四日

歌电昨晚始到，谨悉。潘道在琼一月，与冯道向甘领事互商，甘领事总以未接法公使回电为辞。潘道初八自琼来电，言钦州有砍伐教堂树木、炮伤兵丁之事，何以初五以前法使有总督密令潘道回去勿办之语？此可见领事造谣生事之一端。又谓集益公司实未撤去，致孖地受亏一节。查北海口岸，只有孖地及德国之船来往。去年法领事面称，此船确系德国洋行之船，曾与香港法国领事商定，知会各口，有公文可凭，并非受公司之愿。是集益公司自廿一年十一月业已撤去，可请法公使照会德公使，电询德领事便可明白。至十一月以后，生意抢跌，孖地受亏，当问德船，于已撤之公司何涉也。赔款一节，各国领事皆云无此情理，闻甘领事与潘道初言五十万，后又云至少须三十万元。而北海法领事坚持不允，故甘亦不敢明言数目。潘道身任边防，两次电禀回钦，均电饬此事未了，不可离琼。而甘领事一味推延，事何日了？至打仗一说，因此辈动以如不照赔，必派兵船来粤办理之言相恐吓。我谓兵船是来打仗耶？而我不怕，若因此语遂开衅端，想法廷大臣讲道理者，必不至此。倘因空言吓呼，遽偿巨款，此后他处效尤，中国将何以应付？麟并无推诿之意，所以电贵署主持者，请与法公使细商，以一言恝之。自廿一年九月至十一月，查各行运货数目，孖地船较廿年三个月少收三千七百元，应饬公司赔缴。即公司三个月所收一万二千元，亦向公司追取，以偿孖地。可谓

①《清代军机处电报档汇编》第25册，第103页。

仁至义尽，另索巨款，则集益商人，皆无赖之徒，固无所出。即广东司局各库，亦无从搜索，麟未尝不欲速了，若数万金尚可勉凑，数至二三十万，实无计筹措也。麟。文。①

115. 收粤海关监督电：为三水拟照潮琼北三关添设常关事光绪二十三年四月十七日

三水设立洋关，拟照潮琼北三关办法添设常关，所有华船，照案仍归常关经理，即将三水原设思贤窖号口改为常关，饷号并收，不另改建，庶节经费。再，三关均有钤记，今拟照案刊刻，不另请颁发关防。其单票仍盖大关关防寄往，以符旧案。监督文珮现拟亲诣该处察看，一切情形随时电禀，请代奏赐复。文珮。铣。②

116. 发两广总督谭钟麟电：为美使面称古溪两教内讧日甚事光绪二十三年四月十九日

古溪两教内讧，前据美使照会，电咨妥办。顷美使面称，接古溪教士禀，该处情形不好，日甚一日，请电饬认真弹压保护，免酿重案。希饬属妥办，并将现办情形电复。效。③

117. 发两广总督谭钟麟电：为英使请展限运军火进中国禁期等事光绪二十三年四月二十三日

英使来文，准港督电称，粤督以由港运军火进中国禁期，请

①《清代军机处电报档汇编》第35册，第594—595页。
②《清代军机处电报档汇编》第35册，第600页。
③《清代军机处电报档汇编》第25册，第106页。

为展限。又称，非粤省半税单整顿妥善，以隆交谊。则于允照粤督之请，非所甘心等语。本处去岁行令整顿粤省半税单事，希饬遵照行无改，免贻口实，并电复。漾。①

118. 收两广总督谭钟麟电：为潮州法美教民因抢鹅起衅事光绪二十三年四月二十四日

效电谨悉。昨据潮州道府电复，法美教民因抢鹅起衅，已解散。惟彼此寻仇，难免滋事，饬地方官妥为弹压保护。如需兵勇，即行派往等语。顷复遵电饬令妥办。麟。漾。②

119. 收两广总督谭钟麟电：为关税联单事光绪二十三年四月二十五日

漾电谨悉。领事来文，言港督以此次粤海关与领事另立三联单章程，总督阻止不能，另立有碍英商，不愿再禀英使。麟云，半税单事，当派委员与领事妥商，联单自应准领。章程不能另立。领事复来文，已允废去前章，声明办法，照上海镇江章程办理，彼此允肯，并告港督。不日领事即禀英使，此事已了。梧州通商，广东全省皆在境外，毋庸请半税单，洋商意在请半税运土货出口，以后联单日多，税单日少，厘金无着，自在意中。麟。敬。③

120. 发两广总督谭钟麟电：为法使称集益公司名撤实存等事光绪二十三年四月二十六日

文电已节录致施使，讵该使坚称集益名撤实存，且皆巨商联

①《清代军机处电报档汇编》第25册，第108页。
②《清代军机处电报档汇编》第35册，第612页。
③《清代军机处电报档汇编》第35册，第612—613页。

情另雇商船，包揽洋面生意，府县壹意庇护，以此耸动法廷，非全赔不止。究竟集益撤否，当查出确证，贵督既称孖地受亏，系由德船，曷不早饬关道行文德领事查覆作据。施使谓该外部催办严急，若四五日不办结，定行自办，要封廉琼各口，岂能空言抵塞？该使又谓定罚赔二十万两，若自办尚不止此数。希严饬克期议结电覆。法使狡横，勿再大意，致开边衅。宥。[①]

121. 发两广总督谭钟麟电：为领事粤关所订试办章程事光绪二十三年四月二十九日

敬电悉。昨窦使照称，此次领事粤关所订试办章程，系照上海镇江旧章变通损益，并非另立。至光绪八年之章，经当昔署使驳复，今决不能遵照。如粤督不允将现拟之章试办，惟有按通商善后章程第七款办理，意不如电咨粤省，仍照拟章暂行试办等语。查联单章程，以镇江为妥，本处于十七年间回闽省领单龃龉，曾照会各使，援镇章定限，惟英不允，故中止。尊电既云联单自应准领章程，不能另立。领事复文已允废去。又云，声明办法，照上海镇江章程办理云云。语意未能明晰，若照窦意，仍按善后第七款，更觉含混。究应如何办法，希详细速复，以便复窦。艳。[②]

122. 收两广总督谭钟麟电：为德香港捷成行商轮于北海开行等事光绪二十三年四月二十九日

宥电谨悉。集益公司撤后，北海海口只有法商孖地、德商捷成轮船来往，并无别船。廿一年十二月十九日，德领事印文云，据本国香港捷成行禀，北海华商开船之事，已作罢论。以后本行

①《清代军机处电报档汇编》第25册，第109页。
②《清代军机处电报档汇编》第25册，第111页。

即遣提棍、库佛两轮，并有别船自行开往北海海口等埠，即此便是德商自开之确证。又廿二年二月廿一日，德领事电致冯道，查捷成行来往之船，只系捷成之船，与华商无涉，又是关道行文查明之确据。屡与领事言明，乃一味讹诈，置之不理。二十万巨款从何筹付，从前领事等屡言赔款在至十万为止，今年忽有数十万之说，请商法使，巨商联情集船，系属何船，若仍是捷成之船，则文电具在，即使受亏，应问德国。现饬雷琼冯道、潘道等再与集议，仍照原索之数，允给十万两，请钧署再与法使磨磋，以期结局。麟。勘。①

123. 发两广总督谭钟麟电：为望再与法使磋磨速结孖地赔款事光绪二十三年五月初三日

勘电悉。法使坚称集益撤后，该商与德船订立密约，包揽生意，致孖地受亏。该使觅有合同底稿，可为确证，必欲罚赔二十万，告以允给十万，已属格外通融，望再与磋磨，以期速结。江。②

124. 发两广总督谭钟麟等电：为望速筹西江开关事光绪二十三年五月初三日

西江通商约日内互换，已届开办之期，英使谓香港已有商船开往三水，若何布置，尚未据报。希速筹办开关，勿稍迟误。江。③

①《清代军机处电报档汇编》第35册，第616页。
②《清代军机处电报档汇编》第25册，第113页。
③《清代军机处电报档汇编》第25册，第113页。

125. 发两广总督谭钟麟电：为望妥办德国教士被劫一案事光绪二十三年五月十三日

德教士茂嘉礼被劫一案，业经咨办。顷据德使将尊处与该国领事往来文件送阅，并添列各案，备言尊处及东莞刘令一概坐视不理，请严催速办。如仍不办结，应报明国家，谓粤省不能保护德民各等语。该教士前报被劫之款无多，该令苟认真缉犯追赃，本易了结，乃竟以犯供赃数参差宕延，遂致枝节横生，案外添案。该使喜遇事生风，地方官岂可授伊口实，希作速妥弭衅端，勿任滋蔓为要。元。①

126. 发两广总督谭钟麟电：为法使请仍留东兴巡官张懋德事光绪二十三年五月十七日

法使函称，东兴巡官张懋德办事妥慎，请仍留东兴，勿更换等语。希酌核电复。巧。②

127. 发两广总督谭钟麟电：为暂留琼关史税司事光绪二十三年五月二十一日

暂留琼关史税司已告赫德，允留一年。马。③

---

①《清代军机处电报档汇编》第 25 册，第 116 页。
②《清代军机处电报档汇编》第 25 册，第 118 页。
③《清代军机处电报档汇编》第 25 册，第 119 页。

128. 发粤海关监督电：为三水设关事光绪二十三年五月二十三日

个电悉。上月铣电所拟三水设关，照潮琼北办法添设常关，经理华船。就思贤窖号口改为常关，饷号并收。照案刊刻钤记各节，即照所拟试办。漾。①

129. 发两广总督谭钟麟、广西巡抚史念祖电：为英使所言扣留英商货物案事光绪二十三年六月初一日

英使言，正月间有英商在广州请领半税单，运煤油五百箱往梧州，被濛江塘厘局委员扣留两月余。迨释放后，油价跌落，致该商亏折数百元。经领事向粤督索赔，迟延未结，请电催速了等语。半税单久奉饬通行，何以尚有扣留之事，亟应查议，酌赔示惩，未便延宕失信。又梧州扣留英商屈士货物旧案，亦应查追速结，免因小故滋衅，希速分别办结电覆。东。②

130. 发两广总督谭钟麟电：为总税务司所称交付孖地偿款等事光绪二十三年六月初一日

总税司称，孖地偿款廿万，如不即交，须续索赔。现应于何地何时由何人交何人，请即饬遵。又琼关十八电报，廿八始到京，中途因何耽延，致要案复翻，并请查究等语。希查照分晰妥办，速电复。东。③

---

①《清代军机处电报档汇编》第25册，第120页。

②《清代军机处电报档汇编》第25册，第123页。

③《清代军机处电报档汇编》第25册，第124页。

131. 收两广总督谭钟麟电：为琼州等处大水电线中断等事光绪二十三年六月初四日

东电敬悉。闽省建宁、浦城，浙江兰溪一带大水，电线中断，七八日不通，不独琼关也。孖地一款，琼无票号，起运现银甚不放心。饬由汇丰洋行兑交赫总税司转兑法使。顷闻甘领事起程来省，或交甘领事何如？麟。江。①

132. 发两广总督谭钟麟电：为望按照法使所请办结孖地偿款事光绪二十三年六月十二日

孖地款，法使请交广东领事会同甘领事办结，希照办电复。文。②

133. 收两广总督谭钟麟、广西巡抚史念祖电：为濛江、梧州两案并结事光绪二十三年六月十六日

东电所言濛江、梧州两案，与领事面商给银一千六百元，两案并结，领事照收，已电英使销案。钟麟、念祖。谏。③

134. 收两广总督谭钟麟电：为孖地赔款事光绪二十三年七月初二日

孖地赔款合约内写明洋银二十万两，合洋二十七万七千七百

---

①《清代军机处电报档汇编》第35册，第620页。
②《清代军机处电报档汇编》第25册，第127页。
③《清代军机处电报档汇编》第35册，第633—634页。

七十七元八角，系关平兑等语。合约五月十八咨呈在案，照约付给，领事已收。现接来文云，查税司贸易册开，关平一两，合洋一元五十三仙照算，须银三十万零六千元等语。当令委员告以各省关税均用纹银，所谓一元五十三仙者，乃换纹银之数。今法使自定洋银，即无如此之多，贸易册系关平纹银，合约系关平洋银，两者悬殊。当照合约二十七万余元，用关平之码照兑。另补平银一千余两，方与合约相符。领事蛮横不理，甫经立约，即翻悔多索，后患无穷，不仅为争二万余元之纹水，请告法使饬领事照合约数目，用关平兑收，不足补平兑足。勿照贸易册内纹银数目索取，并请饬总税司令杜税司向法领事言明洋银并无每两一元五十三仙之多，以符合约。至盼！至感！麟。勘。①

135. 发两广总督谭钟麟电：为与法领事争论孖地偿款情形事光绪二十三年七月初三日

勘电。孖地赔款，与领事争论。法使昨亦来署饶舌，当查合同正文，写明银二十万两，合洋廿七万七千七百七十七元八角，本甚明晰，乃末尾又添注“法钦差令照关平兑”字样，未免自生枝节。本署谓施使令照关平兑，并未商知，碍难悬断。该使称，只好请示外部作何办法，今姑据来电饬总税司转行，惟关平较库平实大，该税司未必谓然。江。②

136. 收两广总督谭钟麟电：为收取关平银事光绪二十三年七月初七日

江电悉。关平大于库平，每百两应补七毫二仙，前照合同洋数之外，已另补一千四百余元，实与合同关平洋银之数相符，杜

---

①《清代军机处电报档汇编》第35册，第646页。

②《清代军机处电报档汇编》第25册，第135页。

税司极不以法领事为然。昨申覆云，关平纹银每两合洋一元五十三仙，关平洋银每两合洋一元三十九仙，本极分明，已备文详告法领事等语。此事与法外部无涉，法使亦知领事之论，与合同不符，推外部作难耳。请告法使饬领事照税司所查每两一元三十九仙之数收取，不可违约索纹银。粤拟即饬税司交领事照收可否？请电示。麟。歌。①

137. 发两广总督谭钟麟电：为望仍与法领事妥商兑收偿款事光绪二十三年七月十三日

歌电节行总税司转饬杜税司兑交法领事，据复，领事须俟公使饬收。昨吕署使函催交银，即照来电复，以关平洋银每两合洋一元三十九仙作收，正与合约相符，不可违约多索，尚未接覆。希仍与领事妥商兑收，及早办结电知。元。②

138. 发两广总督谭钟麟、广东巡抚许振祎电：为驻英罗大臣电告孙汶行踪事光绪二十三年七月十四日

伦敦罗使电，粤犯孙汶于本月初五由万库屋搭印度皇后船赴横滨云。计海程十二日可到，若赴香港，又须四日。希查探酌办。盐。③

①《清代军机处电报档汇编》第35册，第652页。
②《清代军机处电报档汇编》第25册，第138页。
③《清代军机处电报档汇编》第25册，第138页。

139. 发两广总督谭钟麟电：为法使照称交收孖地偿款事光绪二十三年七月十八日

法吕使照称，孖地赔款，由汇丰银行交给善后局存票一纸，写明“二十万关平银两”字样，领事饬汇丰将此款交与孖地。该银行未收二十万关平银，但收二十七万九千二百二十二洋元廿二仙，请查照贸易册关平银两核付，此案方可了结等语。汇丰交局存票，是否系局员饬办，何以前后参差。法使谓报明外部交兑此款，又生为难，似不值因此久搁，仍电复。啸。①

140. 收两广总督谭钟麟电：为乞坚持照约以洋银饬法领照收事光绪二十三年七月十八日

尤电谨悉。领事昨来文，云须用纹银，折合洋银等语。合约明言洋银且有数目可稽，何得违约婪索，已驳复。伏乞坚持切告法使，照钧署复文，每两合洋一元三十九仙，饬领事照收，以昭大信。麟。咸。②

141. 发两广总督谭钟麟电：为孙文行踪事光绪二十三年七月二十四日

朗西星使来电，孙文十九卯到横滨，有印字馆入英籍之粤人陈少白附搭威仁亲款之小轮接其上岸。仍有一同伴，均西装。陈本会匪，亦久改装。探闻孙有暂住之说，印度船客单所开西人堪囊，或即孙改名，亦未可定。此等行径，按公法不能明问，已派妥员密侦动静，如其动身，亦即搭其船一路探看。广督谭有电来

①《清代军机处电报档汇编》第25册，第139页。
②《清代军机处电报档汇编》第35册，第660页。

问，请先转粤，余俟续陈庚号云。希查照。敬。①

142. 发两广总督谭钟麟电：为孖地偿款事光绪二十三年七月二十八日

法使照称，孖地款上月廿七汇丰领事并函开准善后局达知，合库平二十万两。粤督所达情形内有错误，请认明法国国家之意，用关平银两支交等因。查此案叠经本署照驳，迄未就范。希即酌核办理，以期早结。勘。②

143. 收两广总督谭钟麟电：为密约港员如查获孙文酬以万金等事光绪二十三年八月初一日

盐敬两电均悉。印度皇后船廿七到港，孙逆在横滨未动，与裕使电同。此间密约港员查探，能获此逆，酬以万金。又云该逆有赴台湾之说，未知确否，容查明再复。麟。卅。③

144. 发两广总督谭钟麟电：为孖地偿款事光绪二十三年八月初四日

孖地赔款，饬总税司查。据税司云，画押十日后，道台照会法领事内称，何地何时交付赔款洋银叁拾万元等语。是已授人以柄，似辩论银数有误，于事无济。希即酌办。支。④

---

①《清代军机处电报档汇编》第25册，第140页。
②《清代军机处电报档汇编》第25册，第140页。
③《清代军机处电报档汇编》第36册，第1页。
④《清代军机处电报档汇编》第25册，第141页。

145. 发云贵总督崧蕃、两广总督谭钟麟、广西巡抚黄槐森电：为望速绘备寄中越边界新图事光绪二十三年八月二十日

法使言，三省中越边界已勘定，并持勘定新图，两国委员画押，节略来署校对，即备文照会本署完案。两国定界，我亦应有新图并节略底稿，希速绘寄备核，将来遇有交涉，庶有依据。咿。①

146. 发两广总督谭钟麟电：为望速了法使所催孖地偿款事光绪二十三年八月二十二日

昨据法使催询孖地赔款至今未付，希查照署电，速了为要。法视商务甚重，洋报有觊觎海南之说，一切当留意。养。②

147. 收两广总督谭钟麟电：为孙汶去向等事光绪二十三年八月二十二日

接裕使电，复奉篠电，当由号电请总署转达计邀鉴，孙汶上岸后，日易一地，居无定所。有云将同日本人往台湾，又云候径开香港之轮船回港。如其经上海，当派人搭船到沪觇所向。如搭座往香港之船，则中间无停顿，当将船名行期人数电达，不再派人等语。此电裕使用印寄至上海，上海因线断，将原印电码寄至广东。麟。个。③

---

①《清代军机处电报档汇编》第 25 册，第 145 页。
②《清代军机处电报档汇编》第 25 册，第 147 页。
③《清代军机处电报档汇编》第 35 册，第 285 页。

148. 发两广总督谭钟麟电：为英使称广东佛山扣留英商货物事光绪二十三年八月二十五日

英使来言，接广州领事电称，有英商领半税单运火油数百箱至佛山。该处地方官谓应收落地税，将货物扣留入官，殊与条约不符等语。希即查明妥办电复。有。①

149. 收两广总督谭钟麟电：为孖地赔款事光绪二十三年八月二十七日

孖地赔款，前月已交汇丰。据云已收入孖地帐内，只以纹银、洋银辩论未定。昨又迁就允给关平纹银二十万，孖地复索息银，法领事亦云孖地无理。中国银早存汇丰，领事不往领，并非中国迟延，于领事亦言此次中国并未耽搁，候与孖地商之。琼海、越南遥对，觊觎自在意中也。麟。宥。②

150. 发两广总督谭钟麟、广西巡抚黄槐森电：为英使称广西又有阻挠半税单之案事光绪二十三年八月二十八日

英窦使照称，中国政府议定半税单之货，运至所指之地，沿途概免税厘，乃广西又有阻挠半税单两案。三月十四，英商安渡领有半税单，将一千箱火油运往怀集县之凹载，厘卡仍索每箱厘金二分一厘。四月廿六日，该商又运火油一千四百箱至凹载，厘卡仍索每箱二分一厘。均经领事报明总督，愿认赔补。但外省违

---

①《清代军机处电报档汇编》第 25 册，第 147 页。

②《清代军机处电报档汇编》第 36 册，第 19 页。

约，视为故常。仅令赔偿不足示惩等语。希即查明，认真究办具复。勘。①

151. 发两广总督谭钟麟电：为已告知法使孖地偿款了结事光绪二十三年九月初七日

孖地款既允给关平纹银廿万，即算了结，已告知法使，断无另给息银之理，该使谓然，应取于领事复文备案。阳。②

152. 发两广总督谭钟麟电：为英使称潮洲府扣留入英籍华人事光绪二十三年十月初四日

英使称，现有在新嘉坡入英籍之华人被潮洲府拿去，领事照请释放，代为管束，候会讯，惠潮道不允，并加责押等语。既入英籍，不应责押。窦求释甚急，希饬先释，取保会讯，并电复。支。③

153. 发两广总督谭钟麟电：为英使所催释放李奉爱事光绪二十三年十月初七日

鱼电悉。顷英使又来催将李奉爱释放，谓在押被殴病重。如监毙，必滋口舌，希速饬该道遵照支电办理。何时释放，即电复。虞。④

①《清代军机处电报档汇编》第25册，第149—150页。
②《清代军机处电报档汇编》第25册，第152页。
③《清代军机处电报档汇编》第25册，第160页。
④《清代军机处电报档汇编》第25册，第161页。

154. 收两广总督谭钟麟电：为英领请释方入英籍花会赌匪事光绪二十三年十月初七日

支电悉。初三，据惠潮道电，揭阳李奉爱系著名花会赌匪，九月始获，领事文电三次请释。查系闻拿方入英籍，所开花会厂最大等语。旋答以中国人入他国籍，不应禁止。惟闻拿方入英籍，与先入籍者不同。即已入英籍，不应在内地开赌害人，应复该领事妥办去后，现已电饬遵照钧电办理。麟。鱼。①

155. 收两广总督谭钟麟电：为花会赌匪业已释放请告英使事光绪二十三年十月初九日

初七，惠潮道电遵，已先释取保，电请领事会讯。是业已释放，请告英使。麟。庚。②

156. 奉旨着谭钟麟派员至香港访查事光绪二十三年十月初九日

奉旨："谭钟麟等电悉，仍着随时认真躧缉，香港虽系洋界，亦当派员至港查访，毋任洋官包庇藏匿。钦此。"十月初九日。③

①《清代军机处电报档汇编》第36册，第56—57页。
②《清代军机处电报档汇编》第36册，第59页。
③《清代军机处电报档汇编》第2册，第52页。

157. 发两广总督谭钟麟电：为望即饬速拿伪造荷国银元之人事光绪二十三年十一月初七日

广东嘉应州鸡鸭巷梁采金铺内梁姓伪造和兰国银五十九元，与和馆翻译施达阿眉伦处兑换，经翻译在州控告，并经领事照会惠潮嘉道。和使来照请查办。查伪造银元大干例禁，希即迅电惠潮嘉道，饬嘉应州速拿梁姓，严究伪造根由，从重惩办，以顾商务，并即电复。阳。[1]

158. 发两广总督谭钟麟电：为佛山扣留英商火油等事光绪二十三年十一月初十日

佛山扣留火油，务须即日放行，电复英使，谓已电政府如何办法，免因细故启衅。至正半税外，另有何项税厘名目，是否约章所有，并复。蒸二。[2]

159. 发两广总督谭钟麟电：为佛山扣留英商火油事光绪二十三年十一月初十日

八月廿五电询佛山扣留火油事未复，英使频催，究竟已否放行，英商既完正半税货，又未落华商之手，而以漏厘扣留，能否自圆其说，统希电复。蒸。[3]

---

①《清代军机处电报档汇编》第25册，第180页。
②《清代军机处电报档汇编》第25册，第182页。
③《清代军机处电报档汇编》第25册，第182页。

160. 收两广总督谭钟麟电：为佛山火油案事光绪二十三年十一月十二日

蒸二电均谨悉。佛山火油一案，系华商未完坐厘，缉获在内地普君塘华商李姓正昌栈内，并非在洋商船内缉获，且洋商货止三百五十箱，现缉四百八十余箱，显系华商请洋商代认。详细情形十月十六业已咨呈。此事甚微，窦公使既与贵署关说，即饬局给还华商，亦可照行。正半税外，本无厘金，惟有坐厘。英使领事均允向华商收取，并非违约，此后仍须照办。麟。真。①

161. 发两广总督谭钟麟电：为着即饬给还所扣英商火油等事光绪二十三年十一月十三日

真电悉。佛山所扣火油四百八十余箱，即饬局给还，并照会英领事销案，仍电复。元。②

162. 收两广总督谭钟麟电：为请英使饬知领事议结佛山火水一案事光绪二十三年十一月十八日

佛山火水一案，遵即饬局交还，并照会领事销案。领事云未奉英使文电，请告英使饬知领事，便可结案。麟。巧。③

---

①《清代军机处电报档汇编》第 36 册，第 110 页。
②《清代军机处电报档汇编》第 25 册，第 185 页。
③《清代军机处电报档汇编》第 36 册，第 124 页。

163. 发两广总督谭钟麟电：为望查复广东德国教堂被抢情形事光绪二十三年十一月二十四日

顷闻广东德国教堂有被抢两案，一系汕头，一为何地名，德使未详言。德领事已否照会，究系如何情形，即希查明电报。敬。①

164. 发两广总督谭钟麟电：为广东长乐县绅民诋毁德教士等事光绪二十三年十一月二十五日

德国教案，系长乐县绅民讪诋教士，雷俄纳教士禀县不复。民教不和，归过知县。又梅林教民刘亚元因盗案被逮，被巡役殴毙道中。领事照会惠潮嘉道，亦不复。希即查理，严饬道县认真查禁，无滋事端，仍电复。昨电汕头抢案，德使来文，无其事。(有)〔宥〕。②

165. 发两广总督谭钟麟电：为请革职仁化县县令等事光绪二十三年十一月二十六日

德使文称，本年四月，德教士何迈贤由仁化县属城口地方拟往扶溪，行至猢狸凹遇贼劫，行李一空，随从华人被石击伤，所失书籍极紧要。赴县禀办，县获匪，不究即释。只起回洋毡一条交领，风闻余外物烧毁。教士叠禀，县置不理。应将该令革职，并赔银壹千两等语。希将赔款交德领事收领。该令如何处分，仍

①《清代军机处电报档汇编》第25册，第193页。
②《清代军机处电报档汇编》第25册，第193页。

望酌裁电复，勿延为要。宥。西。[1]

166. 发南洋大臣刘坤一、两广总督谭钟麟电：为李家鏊电告俄总督游历行程事

光绪二十三年十一月二十六日

海参崴委员李家鏊电，俄东海滨杜总督游中国，拟腊月初四到沪，住五日。十三到香港，游广东。请转饬地方官以礼接待，稍尽地主之谊。俟其过境，仍电知。宥。[2]

167. 收两广总督谭钟麟电：为仁化县教案已饬严缉速结等事

光绪二十三年十一月二十六日

敬电谨悉。教士被抢，并非教堂。东莞一案，早已了结。汕头未见照会到省，只有仁化县一案，计赃二百一十两零，已饬严缉并妥速结案，领事并无间言。麟。有。[3]

168. 收两广总督谭钟麟电：为嘉应州属教案已饬刻日了结事

光绪二十三年十一月二十六日

嘉应州属两案，领事仅有一电，并无照会，现已严饬道州刻日了结，认真严办。麟。宥。[4]

---

①《清代军机处电报档汇编》第25册，第194页。
②《清代军机处电报档汇编》第25册，第195页。
③《清代军机处电报档汇编》第36册，第138页。
④《清代军机处电报档汇编》第36册，第139页。

169. 收两广总督谭钟麟电：为何迈贤仁化县被抢案事光绪二十三年十一月二十八日

何迈贤仁化县被抢案，德领事十月来文，连书籍等物只要追赔二百一十六两二钱，处分县官，便可了结，并无一千两之说。赔款不照原赃任意加多，此端一开，后累更大。现饬照领事数目赔给，该令处分，行司核议，照来详办。俄督来当加礼接待。麟。感。①

170. 发两广总督谭钟麟电：为望速办集益堂扣留火油一案事光绪二十三年十一月二十八日

集益堂扣留火油一案，既经释放，英使来文以奉政府电，不允结案，须罚集益堂银壹万元。顷来晤，详与辩论，该使深以半税单货不得照约畅行，归怨王存善。若复如此阻难，则货入华商手后仍不让抽厘，其词甚决。半税单章程，载在条约，势难阻其不行。本署允告税司照约办理，令电领事晤询税司有无窒碍，再告台端。至集益罚款，英使坚不肯减，望饬厘局勿与半税单货作难，以保货入华商之厘，并将罚款取交领事结案，希速办电复。勘。戌。②

171. 收两广总督谭钟麟电：为佛山水火厘金事光绪二十三年十二月初一日

勘电敬悉。佛山水火水，实系抽厘在华商之手，领事两次来

①《清代军机处电报档汇编》第36册，第142页。
②《清代军机处电报档汇编》第25册，第196页。

文，均自认卖典广昌，后始归华商等语，原文可据。英使明是不让抽入华商手后之厘，何理可讲？运照联单已盛行年余，海关运照已发至数千号，何从阻难，亦不能阻难。现饬照给并案。但以后厘金全不能收，京协各饷、本省用款无着，必误大局，不胜焦灼。麟。卅。①

172. 发两广总督谭钟麟电：为望速办英使所催集益堂罚款事光绪二十三年十二月初三日

勘电罚集益堂壹万元，尚未据覆。顷英使催索甚急，谓不如此，不足以示惩创。仍俟该国政府示行等语。希速办电覆。江。②

173. 发两广总督谭钟麟电：为望迅饬查办德使所称南海县禁运事光绪二十三年十二月初三日

顷德使照称，德商向运洋遮骨柄，南海县现禁止售卖，显违条约。请咨粤督严饬该县，将本案判结情形撤销等语。希迅饬查明，照约妥办。并照会德领事，以免饶舌，仍电复。江。③

174. 发两广总督谭钟麟电：为着迅速发还佛山所扣英商煤油等事光绪二十三年十二月初三日

顷英使照称，英商煤油六百桶，领有半税单。上月廿三在途被集益堂扣留，并将税单索去，请电饬发还。至如何惩办该堂，

①《清代军机处电报档汇编》第36册，第149页。
②《清代军机处电报档汇编》第25册，第201页。
③《清代军机处电报档汇编》第25册，第201页。

俟政府示行等语。查佛山案索赔未结，此次单货未离，又复扣留，实足滋事。应速发还，并将佛山一案速复。江二。①

175. 发两广总督谭钟麟电：为速结佛山扣留英商煤油案事光绪二十三年十二月初四日

英使以佛山煤油案粤中搁置三月始允将煤油放回，照会领事结案，显为集益腾挪时日，纵其横征。但罚该堂作结，本已通融，现复有扣留单税未离之事，英使益以请示政府为词，甚虑借端生衅，务将现扣煤油释放，并速与领事商结为要。半税单系条约所准，万难绕越，设法措阻，望饬厘局妥筹办法，统电复。支。②

176. 收两广总督谭钟麟电：为已照交集益案罚款等事光绪二十三年十二月初四日

集益罚款一万元已照交领事完案，德领事洋遮案已撤销改办，旗昌行火水三百箱即六百桶，因单指东安、西宁，而在沿途分售，向其收厘，行伙弃货而去，只可带回。未接钧电之先，已饬交迈领事矣。麟。豪。③

177. 收两广总督谭钟麟电：为集益堂火水佛山及旗昌两案事光绪二十三年十二月初七日

支电谨悉。集益堂火水佛山一案一万元已交，火水亦交还领事，已禀英使领事销案。旗昌一案火水交还，领事不收，云须再罚商人，愿罚二千元。领事云须英使文复，方可办理。似不至生

---

①《清代军机处电报档汇编》第 25 册，第 201 页。
②《清代军机处电报档汇编》第 25 册，第 202 页。
③《清代军机处电报档汇编》第 36 册，第 151 页。

衅也。麟。鱼。①

178. 收两广总督谭钟麟电：为法使函称海防有聚众滋事并肆扰乱党事光绪二十三年十二月初九日

据潘道来电，初一，据法使函称，有莫姓伪号天君，聚众滋事。日伏夜出海防，烧毁两村，杀死百余人。现派兵轮两艘、陆兵九百剿办乱党。初四，又据探报，安南乱民约有数千，在海防河内等处肆扰。惟军械甚少，屡与法战，各有死伤等语。查海防距东兴不远，现加意巡防，合电闻。麟。庚。②

179. 发两广总督谭钟麟电：为闻英国改订香港交犯例及孙汶在港等事光绪二十三年十二月十八日

咨悉。英改订香港交犯例，足纫睦谊。顷闻孙汶在港，宜自筹备，勿令勾结内匪。至如何索交，望设法妥办。仍电复。啸。③

180. 收两广总督谭钟麟电：为法兵轮泊海口事光绪二十三年十二月十八日

雷琼道密函云，初五，法国来兵轮一号，泊海口外。初六日，又来一小者。初七，小轮往香港税司与管驾谈及，云为平安起见，保无战事。初十，法领事同船主见该道云，恐日本窥伺，派来保护洋行。目下人心安定，法轮仍在口外，惟有镇静等语。查兵轮

---

①《清代军机处电报档汇编》第36册，第156页。
②《清代军机处电报档汇编》第36册，第158—159页。
③《清代军机处电报档汇编》第25册，第213页。

护商，外国常来。现在胶事未定，各有割地窃据之心。若德国不得寸土，则各国觊觎之念亦暂息矣。此是一大关键，但内地一切教案，严饬速结，免致借口，防不胜防，临机应变耳。谨电闻。麟。筱。①

181. 发两广总督谭钟麟电：为法使称琼州地方官煽惑民人事光绪二十三年十二月十九日

筱电悉。胶案已结，各口自应镇静。顷法使照称，琼州地方官所出告示，煽惑民人，致洋人教士汹汹，请严行禁阻。若无力制服，则各国自行设法等语。该道府如出告示，总以安民心、照约保护洋人为要。其他疑虑，只可密筹，万不可榜示（召）〔招〕衅，希饬查电复。效。②

182. 发两广总督谭钟麟电：为嘉应州鸡鸭巷民人伪造荷兰银元等事光绪二十三年十二月十九日

嘉应州鸡鸭巷梁金采伪造和国银元一事，十一月初七日本署电属查办，久未据复。现克使使催问，并云有万春堂一铺，存伪银若干，若一询问，不难水落石出，希即查办，速电复。效。③

183. 收两广总督谭钟麟电：为琼州未闻有与教士为难事光绪二十三年十二月二十一日

效电谨悉。琼州未闻有与洋人教士为难之说，现已电饬该道

①《清代军机处电报档汇编》第36册，第169页。
②《清代军机处电报档汇编》第25册，第214页。
③《清代军机处电报档汇编》第25册，第214页。

遵办，并速查电复。麟。号。①

184. 收两广总督谭钟麟电：为嘉应州并未私铸荷国银元事光绪二十三年十二月二十一日

嘉应州查得梁采金并未私铸和兰银元，系从药铺得来，饬传当店司事，供称，均系好银，系和兰真银，并非伪造等语。现已饬该州再查。麟。号。②

185. 发两广总督谭钟麟电：为德使称广东南雄州教士被抢事光绪二十三年十二月二十六日

顷德使照称，住南雄州德教士何迈贤近又被抢，究是如何情形，希即迅查电复。宥。③

186. 收两广总督谭钟麟电：为琼州并未出示善堂运米来琼赈饥事光绪二十三年十二月二十六日

据雷琼道电禀，琼州并未出示。善堂运米来琼赈饥，海口穷民籴米嚣杂，现已暂停。各州县亦无出示之事等语。不知法使所云系何地方，如何措词也。麟。有。④

①《清代军机处电报档汇编》第36册，第173页。
②《清代军机处电报档汇编》第36册，第173页。
③《清代军机处电报档汇编》第25册，第220页。
④《清代军机处电报档汇编》第36册，第184页。

187. 收两广总督谭钟麟电：为德教士何迈贤被抢现被送回南雄事光绪二十三年十二月二十八日

德教士何迈贤自南雄、始兴、仁化至曲江，并未知会地方官，行至中途，被三人拦路用棍击伤腿首，并不甚重，抢去布被、洋毡各一件，衣服四件，洋银五元，仁化县验明，送回南雄。已饬属抚恤追赔，严捕抢匪，并告领事请复德使。麟。感。[①]

188. 发两广总督谭钟麟电：为办理何迈贤抢案事光绪二十四年正月初九日

何迈贤抢案，德使怂恿德廷小题大做，现已获犯追赃，偿给医药否？曾与领事商结否？速电复。青。[②]

189. 发两广总督谭钟麟电：为请速筹何迈贤抢案事光绪二十四年正月十一日

青电何迈贤案，祈速筹复。真。[③]

190. 收两广总督谭钟麟电：为何迈贤案赔款缓定事光绪二十四年正月十三日

何迈贤案，缉犯追赃，处分地方官，并补医药，又赔款共八十九元五毫，均与教士商妥。领事惟于赔款一节，云须俟教士来

---

①《清代军机处电报档汇编》第36册，第189页。
②《清代军机处电报档汇编》第25册，第230页。
③《清代军机处电报档汇编》第25册，第231页。

省面谘后再定多少数目，其余称均属妥善，教士轻伤已愈，闻已动身来省，业饬沿途保护，船资官给。麟。文。[①]

191. 收两广总督谭钟麟电：为何迈贤案五万赔款万不能允事光绪二十四年正月十四日

青真两电均谨悉。何迈贤案，本已派员与领事、教士商妥，追赔失赃，补给医药，缉拿匪犯，处分官员，教士已允收银，领事亦称妥善。昨忽来文，云须始兴、仁化、南雄各买地建教堂一所，并须赐银五万元赎罪云。当复以办事必按条约，买地建堂，事属可行，赔款教士肖开只要八十九元，业已付交。因领事之言重复退回，条约实无地方官给银赎罪之条，当饬三县公给教士银两，以为抚恤。五万之说，万不能允。麟。元。[②]

192. 发两广总督谭钟麟电：为望速结教堂买地等事光绪二十四年正月十五日

元电悉。翻覆婪索，德事类然。教堂买地，地方官应助相助，指拨地价，应由教士自给，教士微伤，索赔巨款。或借此抵制地价，此中伸缩腾挪，望饬属统筹速结，教士已到省否？咸。[③]

193. 发两广总督谭钟麟电：为瑞使称外部催办宋埠教务等事光绪二十四年正月十七日

瑞柏使电称，外部催办宋埠教务，颁发告示，购买房舍，保

---

①《清代军机处电报档汇编》第 36 册，第 212 页。
②《清代军机处电报档汇编》第 36 册，第 214 页。
③《清代军机处电报档汇编》第 25 册，第 235 页。

护教士各节，希饬属妥办，并电复。洽。①

194. 收两广总督谭钟麟电：为法轮游弋现泊广洲湾事光绪二十四年正月十七日

高州镇道府会电禀称，吴川贾令禀称，法国兵轮游弋脑洲，退泊广洲湾。经该令访之土人，均称法兵百余名，拟在广洲湾建楼。俟雷州物料运至，即兴工等语。惟未奉文行，亦未准洋官照会，殊违条约，且法兵上岸，遇妇女追捉调奸，恐滋事端。请诘法领事饬禁，余详会禀等语。法人此举，殊违约章，已告领事转致。但领事无管兵轮之权，请告法使速电统兵官阻止弗建，并即退兵，以免滋事。麟。谏。②

195. 发两广总督谭钟麟电：为已照会法使禁止法兵登岸建楼等事光绪二十四年正月十八日

谏电悉。已照会法使禁止法兵登岸建楼，希饬该管官约束民人，毋与角口斗殴，致滋衅端。切要。篠。巧。③

196. 发两广总督谭钟麟电：为法提督电称法兵并无登岸占地事光绪二十四年正月二十二日

法使照称，据毕提督电，法兵无登岸事，并无占地意。惟有雪贝斯兵轮一只沿海测量等语。希饬属慎密防护，勿张皇生事。养。④

---

①《清代军机处电报档汇编》第25册，第236页。
②《清代军机处电报档汇编》第36册，第219页。
③《清代军机处电报档汇编》第25册，第238页。
④《清代军机处电报档汇编》第25册，第242—243页。

197. 发两广总督谭钟麟电：为即复粤省所解户部之大小银圆数目事光绪二十四年正月二十六日

粤解户部银圆三十万，大小各若干，即电复。宥。①

198. 发两广总督谭钟麟电：为望照章妥办英使所称往来行文事光绪二十四年正月二十七日

英窦使函，该国驻三水雷领事去年十一月廿一日照会，又十二月底电报，贵督均未见复。嗣仅由广州领事转到第二次复文，与往来仪节成案不符，似属有心简慢等语。希仍照章妥办，免其借口。沁。②

199. 收两广总督谭钟麟电：为所解银圆由粤展轮赴津不知是否解冻事光绪二十四年正月二十七日

所解银圆七钱二分者，十万两。一钱四分四厘者，十四万两。七分二厘者，六万两。念五。由粤展轮，径赴天津，不知冻解否？麟。沁。③

---

①《清代军机处电报档汇编》第25册，第245页。
②《清代军机处电报档汇编》第25册，第246页。
③《清代军机处电报档汇编》第36册，第237页。

200. 收两广总督谭钟麟电：为何迈贤案事光绪二十四年二月初五日

何迈贤案，迭次与领事商办，让至一万元，买地价教士自出，立索照会允行。当因何迈贤自索止八十九元，已经收讫。领事令其退还，欲在省议结，即索至百倍有余。以后各案如何办理，未与照会答覆。前日面见领事，允给三千元，地价由官出。领事坚执不从，并告以如此多索，三县均系苦缺，谁能出此。不独粤不能办，即钧署亦必不允。乃领事云，如不给，即电公使，外部照五万索赔，事并未允，何云翻悔？教士已收复退，系领事饬还，则诚翻悔也。倘向钧署哓渎，务请坚持力驳。麟。豪。①

201. 发两广总督谭钟麟电：为望查复英使所称来电未复等事光绪二十四年二月初六日

艳电悉。已复英使。兹据称，雷领事腊正两次文已照复。惟初次文系冬月廿一发，未复，与来电不符。如有复文，何处送去等语。仍希查明电复。鱼。②

202. 发两广总督谭钟麟电：为何迈贤抢案赔款数目事光绪二十四年二月初六日

豪电悉。何迈贤案，领事让至壹万元，教士自给地价，究竟租地几何？地价几何？曾订明否？既面允三千元，若教士自给地价，略如未允之数，即照领事所让数目结案，亦省葛藤，德最翻

①《清代军机处电报档汇编》第36册，第248页。

②《清代军机处电报档汇编》第25册，第254页。

复，宜与领事确订，勿任再翻为要。鱼。①

203. 收两广总督谭钟麟电：为雷领事以简慢为由在省并未来见事光绪二十四年二月初八日

鱼电谨悉。雷领事冬月文，系报到任，并无公事。总领事又为代报，已告璧领事转致，他日来省再见，故未再复。如以璧领事代转为简慢，则雷在省并未来见，岂谓简慢乎？两国交涉事繁，以此等小节相责，甚无谓也。麟。阳。②

204. 发两广总督谭钟麟电：为英使照称须调任李嗪嗳案件官员事光绪二十四年二月初十日

李嗪嗳案，英使照称，惠潮道须调任李其韡当科罪，失物当照偿等语。本署按尊处去腊来文，逐条驳复。俟该使文复再达。蒸。③

205. 发两广总督谭钟麟电：为英使催办英商控追吴筱兰欠款事光绪二十四年二月十六日

英商德记控追吴筱兰欠款一事，客腊咨达在案。顷英使来催，希查照前咨，速结电复。谏。④

①《清代军机处电报档汇编》第25册，第255页。
②《清代军机处电报档汇编》第36册，第251页。
③《清代军机处电报档汇编》第25册，第259页。
④《清代军机处电报档汇编》第25册，第265页。

206. 发两广总督谭钟麟电：为着派员探查孙文踪迹事光绪二十四年二月十七日

传闻孙文有倡乱琼州、回袭省城之谣，近阅各处新闻，粤闽之交及琼州，均有乱耗。粤中已派兵往捕之说，不识情形如何？孙文作祟非虚，亟宜筹备，并派妥员往香港、汕头、北海等埠，探查孙文踪迹为要。洽。①

207. 发两广总督谭钟麟电：为望电复商结何迈贤之案情形等事光绪二十四年二月十七日

山东德案已结，胶即两城德兵即日撤入胶澳租界内。德使云，接广东领事电，何迈贤案亦经商结，究系如何办结，希电复。洽。②

208. 发两广总督谭钟麟电：为德亲王拟往广州游历事光绪二十四年二月十八日

顷海靖照称，德亲王已抵香港，拟往广州游历，请咨尊处迎接，按照亲王礼节。该省预备合宜公馆，以备居住，该使已饬领事商办详细各节。查粤前督李曾接待俄太子，似可仿照旧章，从优酌备，免该使挑衅。仍将如何接待情形，电复代奏。啸。③

---

①《清代军机处电报档汇编》第25册，第266页。
②《清代军机处电报档汇编》第25册，第266页。
③《清代军机处电报档汇编》第25册，第267—268页。

209. 发两广总督谭钟麟电：为英使所称办理集益堂罚款事光绪二十四年二月十八日

英使称，集益堂扣留英商煤油六百箱一事，接政府训条，该堂有意阻滞半税单，应罚一万五千元，以示儆。否则将该堂裁撤，本署告以议罚恐不能多，该堂应撤与否，当电询再议。此事屡滋轇轕，该堂能即裁撤为妥。或另有妥当办法，希速核酌电复为要。巧。①

210. 收两广总督谭钟麟电：为德案给银万元三处地基由教士自行价买等事光绪二十四年二月十八日

两洽电悉。德案给银万元，三处地基，由教士自行价买，领事已照复了案。孙文逃日本后，毫无影响。闽粤之交无事，黎匪与土人斗，已经安抚，亦土人盘剥太甚之故，现仍派兵查拿，均安靖。麟。巧。②

211. 发两广总督谭钟麟、广东巡抚许振祎电：为粤商贩米出洋事光绪二十四年二月二十日

闻粤商贩米出洋，民恐绝食，阖省鼓噪，东莞、增城抢米毙命。设有孙文等出而煽惑，祸将燎原。务请重申严禁，以安民心。如能援照光绪乙酉、丙戌各埠贩粜免税成案，由粤电商两江、安

---

①《清代军机处电报档汇编》第25册，第268页。
②《清代军机处电报档汇编》第36册，第265—266页。

徽大吏，暂免厘金，并准绅商持照贩米救急尤妙。希酌办。号。[①]

212. 发两广总督谭钟麟电：为望查办英使所称集益堂或赔或撤事光绪二十四年二月二十日

巧电当达。顷英使照称，英商煤油六百桶，领有税单，中途有集益堂小轮追赶，扣留货物。旋经该董事往见领事，自认违约，愿赔二千元，未允。政府来电，饬向该堂索赔二万元，以儆效尤。该使拟减五千元，或将迭违约章之集益堂撤革，可劝政府免缴赔款。倘不早结，必应仍赔二万元等语。希速查照酌办。或赔或撤，即速电复。号。[②]

213. 收两广总督谭钟麟电：为德王弟二十五日到省等事光绪二十四年二月二十一日

啸电谨悉。德王介弟二十五来省，已与领事商订，照俄储礼节优待款。接领事云，即住领事署，毋须另备公馆，反致不便。麟。个。[③]

214. 收两广总督谭钟麟电：为德王弟在粤事光绪二十四年二月二十二日

德王介弟廿五未刻来粤，自言只到督署，亦不烦大码头迎接。廿六忌辰，自谓在书局一谈，皆便服，不升炮。廿七早即赴港，渠意决如此，亦不便挽留。麟。[④]

---

①《清代军机处电报档汇编》第 25 册，第 270 页。
②《清代军机处电报档汇编》第 25 册，第 271 页。
③《清代军机处电报档汇编》第 35 册，第 370 页。
④《清代军机处电报档汇编》第 36 册，第 275 页。

215. 收两广总督谭钟麟电：为截获贩米出洋及令各善堂往桂湘买米平粜事光绪二十四年二月二十二日

贩米出洋，早经派轮分四路截缉，解回省城平粜。迭据广庚等截获十余船，已有效验。现令各善堂往广西并湖南分途买米平粜，而江南厘税仍不能免，近日南洋米价日涨，因东洋在各处收买过多也。麟。养。①

216. 收两广总督谭钟麟电：为集益堂捐饷裁撤坐厘归官带收事光绪二十四年二月二十二日

巧号两电均悉。集益堂捐饷二十万，是坐厘一大宗，英使屡次遇罚不受。该堂无法，只好裁撤，坐厘归官带收。麟。养。②

217. 收两广总督谭钟麟电：为德亲王二十五日到省于衙署款待事光绪二十四年二月二十五日

德王介弟廿五到省，是日来拜，即在本衙门以酒食款待，忌辰多不便，渠亦知之，故改期也。麟。敬。③

---

①《清代军机处电报档汇编》第36册，第275页。
②《清代军机处电报档汇编》第36册，第276页。
③《清代军机处电报档汇编》第36册，第283页。

218. 发两广总督谭钟麟电：为务饬妥筹办结李唪嗳案件事光绪二十四年二月二十六日

李唪嗳案，英使文覆，并面称，该道不知华民入英籍，不应刑讯。有电致领事为凭，文内竟自抹煞，应请移调李唪嗳失物，受凌虐须偿七百四十九元零。李其韡诬告，应科罪。该使争执不休，务饬妥筹办法，结案电复。宥。①

219. 发两广总督谭钟麟电：为德使告知德亲王行程等事光绪二十四年二月二十六日

海使称，德亲王于本月二十九乘给飞恩兵船往汕头游历，次日折回，请转饬该道往兵船迎接等语。希速电饬惠潮道届时前往为要。宥。②

220. 收两广总督谭钟麟电：为法官员送修好物应否照收事光绪二十四年二月二十九日

顷钦防潘道电禀，谅山法提督黎飞照称，奉法国皇谕，广东、越南两国边防，三年安静，足见办理妥善。寄来日月星辰大金表一个，饬亲送职道手收，以酬辛劳等情。惟人臣无私交，职道不敢擅收，理合电请宪台，速赐电示遵行，应否仰乞转咨总署请示等语。法官修好，送物应否收受，乞请电复。麟。艳。③

①《清代军机处电报档汇编》第 25 册，第 276 页。
②《清代军机处电报档汇编》第 25 册，第 277 页。
③《清代军机处电报档汇编》第 36 册，第 288 页。

221. 发两广总督谭钟麟电：为英为保护香港拟借九龙之地事光绪二十四年三月二十六日

英为保护香港，拟假九龙山地，英使言，英领事上年曾与台端商订。有无图说，是否就九龙英界接展取足，屏蔽港澳，抑别有所谋，希电复。宥。①

222. 发两广总督谭钟麟电：为广州湾已允租法国等事光绪二十四年三月二十七日

广州湾本署租与法国，界至未定，须两国派员会勘，已抄稿另函知照。兹据法使照称，闰月初二，法水师提督带铁甲二艘，炮船二只，前往该湾，请电饬地方官等因。希饬属照料。如该提督即欲勘界，须派妥员会勘，先将到湾情形及地方官接晤后如何商办，随时电闻。感。②

223. 收两广总督谭钟麟电：为英假九龙山地事光绪二十四年三月二十七日

英假九龙山地，璧领事屡见，从未提及。前领事与委员亦有商订之说，如在英界地面，中国自可不管，如系华地，则尺寸皆王土，疆吏不敢擅专，应由钧署酌复。麟。感。③

---

①《清代军机处电报档汇编》第 25 册，第 303 页。
②《清代军机处电报档汇编》第 25 册，第 304 页。
③《清代军机处电报档汇编》第 36 册，第 345 页。

224. 收两广总督谭钟麟电：为勘界必俟总署文到始能会勘事光绪二十四年三月三十日

咸电悉。稿函未到，不知如何分界，已饬潘培楷率高州府县前往广州湾弹压保护。该提督至，告以勘界必俟总署文到，始能会勘，否则延袤广狭，委员不能悬揣也。麟。艳。①

225. 收两广总督谭钟麟电：为法云刘永福在边界招勇恐酿事端事光绪二十四年三月三十日

法领事云，奉法使电谕，刘永福在边界招勇，恐酿事端等语。当告以上年冬间闻越南内乱滋事，正因刘镇向住钦州边界，恐滋口实，故饬回内地，免生疑窦。该镇到省后，适南宁各属土匪滋扰，广东交界处亦须设法，因令赴左江招募两营回东，如马平等县匪未击散，亦可攻剿，以助西军之不及。该镇旧部人多，招成三营，一并带回省城小北门外旧营驻扎训练，以成劲旅。此举原为调护边界免伤睦谊起见，并非该镇自行招剿，领事已释然。如法使来询，请详告以释其疑。麟。勘。②

226. 发两广总督谭钟麟电：为法使请派委员会同勘界事光绪二十四年闰三月初一日

艳电悉。顷法使来文，请电派委员会同毕提督勘定广州湾界，即查原照会声明，作为停船趸煤之所，彼此商订租界，至租价另议等因。希电饬潘培楷率高州府县与毕提督履勘四至，绘图贴说，

①《清代军机处电报档汇编》第36册，第351页。
②《清代军机处电报档汇编》第36册，第351—352页。

寄署核定，仍将办理情形随时电闻。东。①

227. 发两广总督谭钟麟、广东巡抚许振祎电：为粤汉铁路借款及勘路购地等事

光绪二十四年闰三月初二日

奉旨："谭钟麟等所奏已悉。粤汉铁路前经议准，兹据王文韶等奏，由总公司借定美国款项，已立合同。粤省绅商既难集股，即着暂缓劝办。至此路形势，南北绾毂，不能因集股较难，遽议缓办。所有勘路购地等事，仍着督饬地方官协力襄助，以期有成。钦此。"萧。②

228. 发两广总督谭钟麟电：为法外部所言广州湾划界等事

光绪二十四年闰三月初二日

顷庆使电述法外部，言已电法提督，但察看广湾，其划界等事，派领事与华官和商，勿扰民勿作难等语。祈转电潘道知照。冬。③

229. 发两广总督谭钟麟电：为抄寄所有往来照会事

光绪二十四年闰三月初二日

勘电悉。刘镇事，法使并未来言，惟前年日本使曾贻文诘难，所有往来照会，即钞寄。萧。④

---

①《清代军机处电报档汇编》第25册，第309页。
②《清代军机处电报档汇编》第25册，第310页。
③《清代军机处电报档汇编》第25册，第310页。
④《清代军机处电报档汇编》第25册，第311页。

230. 收两广总督谭钟麟电：为请妥商英使代保吕宋华民事光绪二十四年闰三月初四日

据善堂绅董禀，旅居小吕宋华民皆粤籍，不下数万。本年宿务埠土人作乱，华民悉被劫掠，西班牙派船剿匪，炮毁华店，几致一空。现在西美失和，必遭兵革，中国无领事兵船保护，照公法可请他国代保，请电达钧署设法等情。上年曾电请保护吕宋人民，钧署已与英使商妥，现日国愿自保，此次务请向英使妥商代保，粤民幸甚。麟。豪。①

231. 发两广总督谭钟麟电：为托英政府电驻小吕宋领事代保侨民事光绪二十四年闰三月初六日

豪电悉。已电罗大臣托英政府电驻小吕宋领事代保侨民，希饬善堂知照。鱼。②

232. 收两广总督谭钟麟电：为办理杀毙法国主教及教民事件事光绪二十四年闰三月初八日

顷接西抚电，法教士苏安宁在永（安）州地方带领教民六人，见墙上贴有不宜从教说帖，遂拿人。激动民忿，致将教士及教民二人杀死，已将该州县撤任，委员驰往知会领事妥办等语。教士固不应拿人，愚民生事，贻害官长，尤为可恨。法正寻事，深恐借题。永安向为土匪出没之区，教民尚有四人，更恐寻仇报复。

①《清代军机处电报档汇编》第36册，第357页。
②《清代军机处电报档汇编》第25册，第313页。

已电西抚飞速妥结。谨电闻。麟。阳。①

233. 收两广总督谭钟麟电：为已电桂抚速结永安州教案事光绪二十四年闰三月初八日

顷接西抚电，法教士苏安宁在永安州地方带领教民六人，见墙上贴有不宜从教说帖，遂拿人。激动民忿，致将教士及教民二人杀死，已将该州撤任。委员驰往知会领事妥办等语。教士固不应拿人，愚民生事，贻害官长，尤为可恨。法正寻事，深恐借题。永安向为土匪出没之区，教民尚有四人，更恐寻仇报复。已电西抚飞速妥结。谨电闻。麟。阳。②

234. 发两广总督谭钟麟电：为英外部已允代保护小吕宋中国侨民事光绪二十四年闰三月初九日

罗使电复英外部，允代保护小吕宋中国侨（氓）〔民〕，希告善堂转电小吕宋商董。佳。③

235. 发两广总督谭钟麟电：为望电复法船驶到广州湾等情形事光绪二十四年闰三月十二日

法船到广湾，如何情形，潘道已否与法提督会（看）〔勘〕地址，有无图说，希电复。文。④

---

①《清代军机处电报档汇编》第 19 册，第 245—246 页。
②《清代军机处电报档汇编》第 35 册，第 406—407 页。
③《清代军机处电报档汇编》第 25 册，第 317 页。
④《清代军机处电报档汇编》第 25 册，第 320 页。

236. 发两广总督谭钟麟、广东巡抚许振祎电：为法使请将雷州电线接至广州湾事光绪二十四年闰三月十三日

法使请将雷州电线接至广州湾，据盛京卿覆称，雷州、高州均属粤省，官线已饬粤电局速查。顷又接该使照催，希饬局赶办电复。元。①

237. 发两广总督谭钟麟电：为望英领事晤商保护小吕宋华侨办法事光绪二十四年闰三月十四日

英允代保小吕宋华民，宜谕粤省善堂，转电该埠商董陈谦善晤商英领事保护办法，如须添用巡捕等费，应由商董凑还，毋令赔钱办事，庶能得力。希察照饬行。盐。②

238. 发两广总督谭钟麟电：为法欲在雷州遂溪县霞山地方挖煤等事光绪二十四年闰三月十四日

文元两电均悉。法提督至广湾无动静，潘道患痢，已饬力疾前往候轮即发。初九，雷州府电禀，甘领事函称，法提欲在雷州遂溪县霞山地方挖煤，当复以广湾是高州吴川地，岂能跨两府之界。总署并无明文，万难准未便行，请尊处照会法使。电线已饬局查，何处近即接往。麟。寒。③

---

①《清代军机处电报档汇编》第25册，第321页。
②《清代军机处电报档汇编》第25册，第322页。
③《清代军机处电报档汇编》第36册，第379页。

239. 收两广总督谭钟麟电：为请告法使未定界之前兵轮勿至他处登岸生事事光绪二十四年闰三月十六日

顷据雷州府电禀，法兵轮三艘，泊海头营，登岸在炮台竖旗，水内下桩，左近大小村甚多，每日有兵数十入村，放枪打鸟，不分昼夜，直入民居。妇女惊慌，民情强蛮，恐致生事等语。法租高州广湾，乃跨至雷州海头，又生事扰民，请告法使，未奉明文定界之前，兵轮万勿至他处登岸生事，如有事端，中国不任保护，已电复该守一面弹压，一面婉告移轮他往。麟。咸。①

240. 发两广总督谭钟麟电：为法使照称雷州知府挑唆民情等事光绪二十四年闰三月十六日

法使照称，水师提督来电，雷州知府情形汹汹，挑唆民情，不欲与法水师官员有来往，请设法消灭此事端，否则应另设妥策弹压，保守我国理权等语。务饬该守妥与联络，勿致酿出事端，并饬潘道会（看）〔勘〕界至为要。谏。②

241. 发两广总督谭钟麟、广东巡抚许振祎电：为法国外部索要五条等事光绪二十四年闰三月十八日

法使来称，外部训条索五款，一、拿凶犯正法；一、地方官如有纵容应治罪；一、议偿恤十万佛郎；一、在北海给地建教堂；

---

①《清代军机处电报档汇编》第36册，第381页。

②《清代军机处电报档汇编》第25册，第323页。

一、准法公司造铁路，由北海口至广西，尚未定至何处。本署已分别准驳，但凶犯已否拿获，如何严办，永安牧是否有纵容实迹，仍酌量奏参。龙州领事与苏提督等商办若何，务须速结电复，免其借端生衅为要。啸。[1]

242. 收两广总督谭钟麟电：为法驻雷州领事催往开导绅民不得越境事光绪二十四年闰三月十九日

雷州府电禀，甘领事来催，卑府往广湾，告以各有疆界，不能越境。领事力劝速往，恐海头土民惊疑生事，已会同海口陈参将往该处传绅开导弹压等语。钧电已饬该府务须和衷商办，悉心弹压，免致借口矣！麟。啸。[2]

243. 收两广总督谭钟麟电：为已加电广西巡抚催办铁路事光绪二十四年闰三月二十日

啸电谨悉。已加电西抚催速办铁路，万不可允，请坚驳。麟。号。[3]

244. 收两广总督谭钟麟电：为广州湾电线需工料银事光绪二十四年闰三月二十二日

电报局禀，广州湾电线须由岸步分局，经遂溪、赤坎接往，约一百九十里为最近，须工料银九千两左右，物料须至沪分购，一个月可齐。该湾四面皆水，又须至新加坡购水线，每中国三里

①《清代军机处电报档汇编》第25册，第324—325页。

②《清代军机处电报档汇编》第25册，第326页。

③《清代军机处电报档汇编》第36册，第394页。

三分，须银一千余两，待勘明海面宽窄，方能定价等语。已饬速办。麟。个。①

245. 收两广总督谭钟麟电：为雷州禀法人不践前言暨筑炮台又驻陆兵事光绪二十四年闰三月二十六日

回电刚发，又据雷州郅守委员来面禀，法三船泊海头汛，竖旗炮台，将中国铁炮三尊埋地下，修理炮台，有法兵五百六名上岸，村庄绅民来者数千，将毁其炮台。府县劝谕绅士开导百姓，幸未生事。初，遂溪熊令往见毕提，留之船上，不准上岸。郅守到，请提督上炮台商议。毕提约其上船，众绅皆阻之。毕提见人聚愈多，亦未议及租界事，但嘱府县妥为保护。郅守言此间三点会匪最多，万一生事，保全为难。现毕提已去，三船尚在修台架桥，应如何办理，请示下云云。昨奉钧函，有不筑炮台、不驻陆兵两语，今乃不践前言，明系挑衅。现令府县约束乡民，不得轻举妄动。然分界一事，究竟租地若干里，请贵署与法使商之，即祈电复。麟。敬。②

246. 收两广总督谭钟麟电：为与法定界仅租洋面及岸上屯煤之所事光绪二十四年闰三月二十六日

据潘道面禀，廿日，见法国毕提督云已在吴川麻斜、遂溪海头两炮台插旗定界之事，未奉法廷明文，若在粤定则至快亦须半年，须俟头等提督来方能定夺。毕现已回越南，职道在彼无事，已嘱吴川县照料，并分致雷州道府县赶紧保护弹压。查该湾海面

---

①《清代军机处电报档汇编》第36册，第398页。
②《清代军机处电报档汇编》第36册，第410页。

阔数十里，北界海头，东界麻斜，麻斜水浅，海头水深，故法人欲跨两府而有之。其不肯定界者，可为将来渐侵渐进地步等语。昨奉钧函，抄件内有不筑炮台、不驻陆兵两语，须守定此说，仅租洋面及岸上屯煤之所，不租地上村庄，庶村民相安无事，又少枝节，或可稍补大局。麟。回。[①]

247. 发两广总督谭钟麟电：为法使称雷州民情汹汹系知府所为事 光绪二十四年闰三月二十六日

法兵于雷属海头营登岸一事，本署得咸电，即照会法使，并电庆大臣，请外部电阻。兹法使复称，雷州民情汹汹，系知府所为，请即速消灭。又粤督现派刘永福在广西防御，西人本国断难甘忍云。刘永福招勇事本月初三已函达，此等无益有损之事，务望相机结束，并饬雷州守善为因应，毋激事端。仍电复。宥。[②]

248. 发两广总督谭钟麟电：为望速与法外部商订广州湾订界等事 光绪二十四年闰三月二十七日

回敬电悉。广州湾订界事，庆使前电外部，云由尊处与领事商订。吕署使则请派员与水师提督议订，今毕提督已回越，潘道又他往，此事岂能久搁？法新使毕盛初到，情形不熟，尚未议及此事，拟仍电庆使，催询外部。该国究派定何员会勘商订，再电尊处，酌派会商此事，碍难（田）〔由〕京遥度。至吕使初次开议，本署曾有不筑炮台、不驻陆兵之说，吕云法国不能说这话。三月十三问答内载明，嗣后彼此照会定案，吕不肯遵允添入。彼

---

①《清代军机处电报档汇编》第36册，第411页。
②《清代军机处电报档汇编》第25册，第332页。

意盖欲仿照德租胶澳、俄租旅顺办法，驻兵筑台，势难强阻。务祈督属相机联络，弹压乡愚，勿任聚众滋事，是为至要。沁。①

249. 收两广总督谭钟麟电：为中法广州湾定界事光绪二十四年闰三月二十九日

宥沁电谨悉。中法定界初止言广州湾，因饬高州府县前往晓谕居民，故安静无事。法兵忽至雷州、遂溪之海头汛，竖旗筑台，又有数十人赴村打鸟，擅入民间，追逐妇女，故乡民鼓噪。幸邱守、邓令至劝谕绅耆，约束子弟，始能相安。法使反诬指雷州知府所为，岂不甚冤。此间民情强悍，不若直东之驯良，弹压保护，却不易易。请法外部电知法兵，毋滋事端，徒咎中国也。究竟租界在高州，抑在雷州，必指定一府之地，潘道因愿山会匪肆扰，饬令星速回钦，派兵往剿。俟会勘有期，再行知会。麟。艳。②

250. 发两广总督谭钟麟电：为广州湾划界事光绪二十四年四月初一日

回敬电悉。已告法使电外部，派定画界之员，以便会勘。总须界址画定，始免葛藤。潘道既回省，应饬将广湾水口形势、水道深浅、该湾四至县分、湾内村庄户口数目详绘图说寄署，希饬办。东。③

---

①《清代军机处电报档汇编》第25册，第333—334页。
②《清代军机处电报档汇编》第36册，第416—417页。
③《清代军机处电报档汇编》第25册，第337页。

251. 收两广总督谭钟麟电：为刘永福募军事 光绪二十四年四月初二日

奉闰月初三钧函，谨聆壹是，刘永福家住钦州，与越南近。去冬，河内海防土匪滋扰，窃料法人必疑永福助乱，因调其在省城内住。本年二月柳浔梧会匪蠢动，奉谕旨于交界处设防，遂派永福赴左江，与莫善喜招募二三营助剿。嗣粤西匪散，即带回东省，驻扎小北门外营盘，朝夕训练。时法福领事来询，告以此笼络之，以便约束，俾免谣言之意。领事近在咫尺，一举一动，皆得见闻。福领事释然，谓有制台作主，当复何疑。务请贵署照覆法公使，勿以为念，必不至别生事端也。麟。东。①

252. 收两广总督谭钟麟、广西巡抚黄槐森电：为电复永安州教案办结情形等事

光绪二十四年四月初八日

永安州教案，关系紧要，法外部坚索办犯、劾官、赔偿、建堂。又北海至西江铁路，毕使屡来催逼，而广西自发廿一艒电后，久无拿凶正法续报，亦未参劾地方官，是岂空言所能搪塞？顷毕使又来议教案与铁路并办，本署面为驳斥，毕悻悻而去。谓将派兵船至北海，并派兵至广西自办。虽意存恫喝，不可不防，仍将办结情形电复。庚。②

①《清代军机处电报档汇编》第36册，第418—419页。

②《清代军机处电报档汇编》第35册，第430页。

253. 发两广总督谭钟麟、广西巡抚黄槐森电：为奉旨着黄槐森严缉拿办永安教案凶犯事光绪二十四年四月初九日

奉旨："前谕黄槐森将永安州教案迅速了结，迟至一月未据拿获凶犯，亦未将该州查参，实属玩泄。法使正在要挟，此等事适足为借口之资，着黄槐森上紧缉犯严办，并着谭钟麟一体督催，随时电覆，毋再因循误事，钦此。"青。①

254. 发两广总督谭钟麟电：为法使函称广州湾民情汹汹事光绪二十四年四月十二日

法使函称，德提督甘领事电报，广州湾民情仍汹汹，恐滋事由。雷高两府，遂溪、吴川两县未善开导，请电饬该处文武妥速弹压，勿生衅云。希切实电饬遵办，并电复。文。②

255. 收两广总督谭钟麟电：为已饬高雷府县照文电办理并请告法使约束兵丁事

光绪二十四年四月十五日

文电谨悉。已严饬高雷府县加意妥办，惟界未勘定，法兵屡登岸捉人至船，请告法使转饬约束，以免生事。麟。寒。③

---

①《清代军机处电报档汇编》第 25 册，第 344 页。
②《清代军机处电报档汇编》第 25 册，第 350 页。
③《清代军机处电报档汇编》第 36 册，第 445 页。

256. 发两广总督谭钟麟电：为派兵弹压乱民滋闹事 光绪二十四年四月十八日

顷总税司函称，据潮海关税司电称，十五日有本地乱民至潮州府城英施医院滋闹，刻未知情形如何等语。希迅饬派兵弹压，免滋事端。并查明起衅缘由，缉凶惩办为要，并电复。巧。①

257. 发两广总督谭钟麟、广东巡抚许振祎电：为香港展拓九龙界事 光绪二十四年四月二十日

香港展拓九龙界址，本署与英使议订租章，于中历五月十三日开办，已奏准画押。除租章地图另达外，希饬先期布置，预筹妥员勘界。号。②

258. 发两广总督谭钟麟电：为英施医院被扰事 光绪二十四年四月二十二日

巧电计达潮州，英施医院被扰情形若何，速电复为要。养。③

259. 发湖广总督张之洞、两广总督谭钟麟电：为日称可选派学生赴日学习事 光绪二十四年四月二十三日

前日本矢野使函称，接政府电，拟向中国倍敦友谊，可选派

①《清代军机处电报档汇编》第25册，第355页。
②《清代军机处电报档汇编》第25册，第356页。
③《清代军机处电报档汇编》第25册，赴359页。

学生前往该国学堂学习，代支经费。并准面称，轮流陆续派往，约以二百人为限等语。湖北广东自强学堂、同文馆内东文学生，有无年少颖悟堪以派往之人约若干名，希查明拟议章程，电复核办。漾。[①]

260. 发两广总督谭钟麟电：为派员会勘广州湾界址事光绪二十四年四月二十三日

法使照称，广州湾勘界，法国派定水师提督德博孟，会同中国官员勘办，并由德提督行令驻琼领事官甘司东代与尊处派委之潘道面为商办等语。希饬潘道迅速前往详细勘商，应否由省添派妥干大员和衷会商勘办，以昭慎重，即筹覆。漾。[②]

261. 收两广总督谭钟麟电：为惠潮道禀报民教冲突英领欲拿办民人事光绪二十四年四月二十四日

顷据惠潮道电复，英医院附近农民因旱挖河，引水院中，教民出阻，医士闭门，用药水激伤三十余人，地方官弁带勇弹压，请洋人将受伤者教以敷治之法，人心始定。现在相安如常，惟领事必欲拿办民人，不能不与辨论，洋人怒不可激，民怒尤不可激等语。已饬该道妥为弹压保护，合电闻。麟。漾。[③]

①《清代军机处电报档汇编》第25册，第361页。
②《清代军机处电报档汇编》第25册，第361页。
③《清代军机处电报档汇编》第35册，第439页。

262. 收两广总督谭钟麟电：为法提督到广州湾尚需时日届时派员前往等事光绪二十四年四月二十五日

漾电谨悉。前因潘道剿办土匪，未能分身，已委高廉吉道及雷州府会商勘办，法提到广湾闻尚需时日。届时如潘道办匪未竣，或高雷道府未能商妥，再由省派员前往。麟。有。①

263. 发两广总督谭钟麟电：为潮州关役抽德商落地税等事光绪二十四年四月二十八日

德海使照称，据汕头领事禀，德商泰兴行运棉纱至兴宁，被潮州府关役向买货之华商抽落地税，每包三洋元。又广州领事禀，德商美最时行两次领单运火油至所指之地，厘局将货扣留，每箱重征厘金三毫，致该两行受亏六千九百余元，应赔偿。并请申明约章，凡领单之货，不得违约重征，将落地税名目（华）〔划〕除等语。希查明速了，免滋口舌，即电复另咨达。勘。②

264. 发两广总督谭钟麟电：为美使称开平县美学堂被匪焚毁事光绪二十四年四月二十九日

美使函称，开平县美学堂被匪焚毁，希转饬拿犯迅办，仍切实保护，勿滋他衅，即电复。艳。③

---

①《清代军机处电报档汇编》第 36 册，第 457 页。
②《清代军机处电报档汇编》第 25 册，第 367—368 页。
③《清代军机处电报档汇编》第 35 册，第 445 页。

265. 收两广总督谭钟麟电：为请复德使单货分离抽税须照英一律办理事光绪二十四年五月初三日

勘电谨悉。据潮州府电禀，洋纱向俟单货相离后，向华商收税，与洋商无涉。本年，纱行不遵，至今分文未收。又据厘局查复，美最时两次火水，均系到地单货相离转卖后，向华商收取，与谭大臣所定章程相符等语。此案领事来文索赔，业已驳复。嗣请收回货价，已允照行。而洋行延宕不肯收回，意在多搁一日，多赔一日。总之，地税坐厘，借资补救之法，德使意欲破此两关，使内地厘税丝毫无着，非仅为此两案。况英国及各国均许于单货相离后抽收，照约一体均沾，德岂能独异。如德不能收，则英及各国皆不能收。大局所关，请切复德使，此二案易商，以后必须照英一律以符约章一体相待、一律均沾之义。麟。东。①

266. 发两广总督谭钟麟电：为德提督言广州湾地方官不可切实弹压事光绪二十四年五月初六日

法使言，德提督电称，广州湾地方官不肯切实弹压，致海头营法兵被攻，回击杀毙乱党数名。现乱党禁教民接济法兵，教士亦危险。若不切实弹压，必成两国衅端云。希饬潘培楷赶紧到彼，与甘领事商办，并严饬府县官切实弹压，勿酿衅端，即电复。鱼。②

①《清代军机处电报档汇编》第36册，第474页。

②《清代军机处电报档汇编》第25册，第373页。

267. 发两广总督谭钟麟电：为美准小吕宋华民雇船出口避兵事光绪二十四年五月初八日

顷准伍大臣复电，美廷已电美兵船官，准小吕宋华民雇船出口避兵，希电商董陈谦善，传谕侨民知照。齐。①

268. 发两广总督谭钟麟电：为德商运棉纱火油被扣收厘索赔事光绪二十四年五月初九日

德商运棉纱、火油被扣收厘索赔事，已据尊处本月东电切复德使，俟文复再达。青。②

269. 收两广总督谭钟麟电：为雷州禀报法人强捉土民事光绪二十四年五月初九日

初四，雷州府县禀，法人强捉土民潘德一等二十三名上船，局绅多方调处，出钱交法官交与教民，方得放归。复将林钟凤捉去，勒银始释等情。谓是法人失枪，故登岸逐家搜寻。不思兵不登岸，枪在船中，何由失去？即登岸不滋事，枪在兵手，华民何从偷窃？虚捏可知。现据委绅陈庆焘自遂溪回，云法人居海头炮台，欲食鲜牛肉，强买村民耕牛，又复吝价。居民不服理论，法人以为乱民，枪死三人，伤五人。已饬洋务委员告省城法领事转致法弁，界未勘定，法兵不应占踞炮台，登岸自向村内捉人上船，强买耕牛，又复短价，彼此口角，遂致杀伤华人八名，反谓死者为乱民。中国乱民应告华官拿办，法兵何得擅杀。该处村民不下数万众，非地方文武极力弹压，早经变乱。法兵数百人，何能尚

①《清代军机处电报档汇编》第25册，第376页。

②《清代军机处电报档汇编》第25册，第376页。

存。请告法使，如法兵再登岸杀人，滋出事端，倘彼此互有死伤，中国地方官不任保护之责。麟。庚。①

270. 发两广总督谭钟麟电：为广州湾法兵登岸滋闹事光绪二十四年五月十二日

广州湾法兵登岸滋闹一事，前据来电，函告法使。兹法使照称，粤督转据雷州府县电报各节，明系颠倒是非，辞气不可容受，即应报知国家，并转告德提督。至广州湾一带或启衅端，必以中国国家是问等语。查法使所称，措词固多笼统，惟弹压匪类，绥靖地方，该府县必当实力奉行。法外部每怪中国地方官朦蔽捏饰，不得以互有死伤，不任保护为词，致酿衅端为要。文。②

271. 发两广总督谭钟麟电：为德商棉纱火油被扣案事光绪二十四年五月十四日

德使来署辨论德商棉纱火油两案，粤局不应收厘，当力持货入华商之手，洋商单据利益已了。粤局并非抽德商厘金，德使不再矫辨，惟以美最时火油并未离船，未入华商铺内。粤局误收，应索赔。究系如何情形，希与领事商结。愿。③

272. 收两广总督谭钟麟等电：为会匪肆劫粤西郁林等处告急并派营剿办事光绪二十四年五月十六日

初十日，容县失守，藤县被围，浔梧告急。十一夜，陆川失

①《清代军机处电报档汇编》第36册，第489—490页。
②《清代军机处电报档汇编》第25册，第379页。
③《清代军机处电报档汇编》第25册，第380页。

守，博白被围，郁林岌岌可危，请发兵救援。已派署高镇潘瀛率方准、莫善积两营星速前往郁林，并饬潘道培楷自云山拨一营驰赴交界处防剿。另派朱国安、蔡珠两营赴梧州攻容县，解藤围。两月来接南宁、思恩、庆远、柳州府县禀各属土匪，拜会肆劫者不下数十起，或二三百、四五百不等。粤西兵勇单弱，不敷分布，甚属可虑。广东防勇，向有三万余名，三四年间奉命裁撤，只存八千五百人，无事尚可相安。不虞入春以后，崖州黎匪、灵山会匪，高明、连平劫狱焚署，伤官之案迭出，兵勇四处奔驰，幸皆击破。灵山、连平首匪均已擒获，而余党逃匿，尚须搜捕，勇难骤撤。前月底，会奏请添募五营为本省防守计，初不料西省事变如此之速也。明知际此饷艰，安能增益，而事势紧迫，不能不通筹兼顾。折弁十七八计可到京，敬恳贵署将近日情形先行代奏，代乞恩准添勇数营，以资防剿而固边圉。麟、祎。咸。①

273. 发两广总督谭钟麟、广西巡抚黄槐森电：为容县失守着派营速剿事光绪二十四年五月十七日

奉旨："谭钟麟等电悉。容县等处失守被围，亟应迅即扑灭，着谭钟麟饬令派出各营，星速剿办，毋任蔓延。如兵力不敷，准即添募数营，以资防剿。广西会匪蠢动，既据谭钟麟等电称，业经两月，何以黄槐森尚未奏报，着传旨申饬，仍赶即派兵前往会同剿办，以靖地方。钦此。"篠。②

①《清代军机处电报档汇编》第19册，第439—441页。

②《清代军机处电报档汇编》第25册，第382页。

274. 发两广总督谭钟麟电：为广州湾聚众攻击法弁阻挠分界事光绪二十四年五月十七日

谏电悉。庆使昨电述法外部云广湾聚众攻击法弁阻挠分界，法提督欲用兵，外部请严饬弹压，速定界，否则听提督办理等语。愚民聚众攻击法弁，万一决裂，从何结束。希切实严禁，出示晓谕，并饬勘界官速与法员定界电复，法兵登岸伤人情形，已电庆使诘外部。篠。①

275. 收两广总督谭钟麟电：为法兵强蛮事光绪二十四年五月十七日

文电谨悉。海头法兵登岸修炮台占踞，乃万目共睹之事，杀一人伤五人，亦人人皆知。地方官何能蒙蔽捏饰？现已严饬地方官不许生衅，伊如此强蛮无理，如何相处。法外部前电界事，由领事与华官和商，勿扰民，勿作难，今竟如何耶？麟。谏。②

276. 发两广总督谭钟麟、广西巡抚黄槐森电：为奉旨容县北流失守着派营会剿毋任蔓延事光绪二十四年五月十八日

奉旨："昨据谭钟麟等奏容县等处失守被围，已谕令该督抚迅即派兵会剿矣。兹据黄槐森电奏北流又复失守，是此起会匪蕴孽已久，黄槐森未能先事防维，随时奏报，殊属疏忽。着谭钟麟、黄槐森仍遵昨日谕旨，迅速会剿，克期扑灭，毋任蔓延，致酿巨

---

①《清代军机处电报档汇编》第25册，第383页。
②《清代军机处电报档汇编》第36册，第506页。

患。钦此。”巧。[1]

277. 发两广总督谭钟麟电：为义使称派香港义领事护理两广领事事光绪二十四年五月十八日

义使照称，现派香港义领事那魏雅护理两广领事，请饬属照例接待。除咨达外，先电闻。啸。[2]

278. 发两广总督谭钟麟电：为法兵华民互伤等事光绪二十四年五月二十三日

庆使告外部，以法兵在广湾杀伤华民，非华民阻挠。外部谓法兵亦多被伤，允严斥法弁，电领事和商分界，保全民业，彼此防范滋事云。现在已否勘界，务饬委员妥慎办理，粤西剿匪情形，并希电知。漾。[3]

279. 发两广总督谭钟麟电：为筹布广东边防等事光绪二十四年五月二十六日

漾电计达冰案。郁围解否？地近高州、化州，广东边防当已筹布，派援广西各军，何日到防会剿？统电复。宥。[4]

---

①《清代军机处电报档汇编》第 25 册，第 385 页。
②《清代军机处电报档汇编》第 25 册，第 385 页。
③《清代军机处电报档汇编》第 25 册，第 391 页。
④《清代军机处电报档汇编》第 25 册，第 394 页。

280. 收两广总督谭钟麟、广东巡抚许振祎电：为各路营军粤西剿办情形等事光绪二十四年六月初五日

梧郁土匪迭扰，省派四营援梧，六营援郁，梧州、容县旋失旋复，蔡珠、朱国安两营分攻藤县，岑溪贼皆逃遁。郑润材、江志与梧守张璧封商分投搜捕余匪，梧境已清。该两营由藤、容驰赴北流攻剿，郁林之兴业已复，刘镇邦盛及潘培楷所派两营至博白会合，各团勇奋击，城围立解。贼败窜郁林，潘培楷两营尾进，已入郁城。刘邦盛率营继追，贼众万余悍党多游勇，颇死战，方桂东、莫善积两营计亦快到，内外夹攻，不难患类扑灭。潘镇瀛与方准两营攻陆川、北流，尚无来信。此次所调各营，皆在七八百里外，不能刻期齐集，电杆被匪砍断，营信专员绕道驰递，到必须日，故未能克期飞报。贵县匪首赵大寿已获得，浔境少安，广湾本派潘培楷会勘，现在前敌亦未接法员照会，准定何日？界图已于月底交折弁，递贵署无？麟、祎。江。[1]

281. 奉旨北流陆川尚无消息着谭钟麟等催军迅进事光绪二十四年六月初六日

奉旨："谭钟麟等电悉，据奏，剿办情形尚称得手，匪势穷蹙，不难克日歼除。现惟北流、陆川尚无消息，着该督等督催方桂东、莫善积各军乘机迅进，并力夹攻，以期一鼓荡平，毋任他窜。即转电黄槐森一体遵照。钦此。"六月初六日。[2]

---

①《清代军机处电报档汇编》第20册，第44—46页。
②《清代军机处电报档汇编》第2册，第79页。

282. 收两广总督谭钟麟电：为转电发外部持平办理华民与法兵冲突等事光绪二十四年六月初八日

据高廉道、高州府、雷州府电禀，海头村民与法兵争闹，被法放枪毙十余人。次日，法人开炮，遥击焚毁房屋不少。会匪借题煽惑，乘机蠢动等语。当即电派琼勇五百，即刻至海头保护法人，弹压土民，惟法兵如此强横，如何相处，两次被法杀村民，倘杀死法人，彼恐不言是非曲直，无理要求。彼时再与辩论，亦必不听。因告领事电法提督严办，请电庆使告法外部，必须持平重办，以敦睦谊。西省自东勇云集，博郁解围，容县、兴业、陆川均复，连获胜仗，生擒匪首，余匪溃退。现惟搜捕，当可安静。麟。鱼。[1]

283. 奉旨广西剿办得手着谭钟麟务饬各军合力扫荡等事光绪二十四年六月初九日

奉旨："西省剿匪情形尚属得手，谭钟麟务饬各军合力节节扫荡，以期克日肃清。至海头村民与法人争闹，致会匪蠢动，更须严密防范，切实弹压，毋任别滋事端，致饶口舌。钦此。"六月初九日。[2]

284. 收两广总督谭钟麟、广东巡抚许振祎电：为各路营军剿办并郁林及梧州获胜情形事光绪二十四年六月初九日

粤西梧州、郁林土匪初起，其势正张，梧之容县旋失旋复，

①《清代军机处电报档汇编》第20册，第52—53页。
②《清代军机处电报档汇编》第2册，第80页。

岑溪、藤县告急，郁林之兴业、北流、陆川相继失陷，博白、郁林被围，西省勇少，道远莫致。东省五月十三得西抚臣电，当即分调十营，以四营援梧，六营援郁。二十日，朱国安、蔡珠两营到梧，攻克岑溪、藤县，郑润材、江志两营继至，搜捕余匪，梧境已清。即赴北流助剿，援郁之营，均在数百里外，电线中断，营信皆专勇传递。幸将士用命，日冒暑雨驰百数十里。廿六，潘道培楷所派绥远两营，与北海镇刘邦盛督同乡练解博白之围，贼败窜郁林，众尚数万，绥远军尾追入城。迨刘邦盛到时，已三更，冲突贼围。内外夹攻，贼匪亦有枪炮，要皆旧式。我军皆新式快枪，勇丁苦战，毙匪七八百名。绥远营管带谢允中手受炮伤，尚勇往直前，战至天明，贼不能支，纷纷逃溃，贼围立解。兴业、北流亦于廿七八克复。署高州镇潘瀛率方准联合团勇卅日收复陆川，方桂东、莫善积两营行至石城，适有败匪窜踞岗头，迎头截剿，均已散逸，遂赶赴郁林同剿杨村贼巢，不难扑灭。是役也，事起仓卒，蔓延两府州，人情汹汹，仰仗天威，兼旬之内，收复三县，解四城之围，实出望外。西军至贵县拿获匪首赵大寿，浔境少安。其余各府属，具报皆有会匪滋扰，西抚臣已分派各营协剿，提督苏元春亦派马盛治率五营沿途搜剿，不难次第荡平。所有广东派营援剿梧州郁林先后获胜，人心大定缘由，敬恳贵署代奏，以慰宸廑。谭钟麟、许振祎。鱼。①

285. 收两广总督谭钟麟电：为办理粤东海头村民被法兵毙命事光绪二十四年六月十三日

海头村民，因前次法兵枪毙三人，死者之家不服，至炮台理论争闹，以致又炮毙十余人。现经府县带同绅民与法兵议明，以后法兵不得入村民之家，村民亦不得至台相扰，彼此相安。静候

①《清代军机处电报档汇编》第20册，第69—72页。

钧署与外部议定办法。会匪一节，先一次村民鸣锣聚众千余，后一次至台争闹，群集纷纭。法兵遂以为匪，其实聚则为匪，散则为民，该府现称琼州参将带勇到雷，人心已定。麟。具。①

286. 奉旨悉法占炮台着谭钟麟谆饬地方官安抚村民事 光绪二十四年六月二十五日

奉旨："谭钟麟电悉，法占炮台，借炮位，固属无理取闹，已由总署电庆常诘法外部。惟村民众多，恐启衅端，该督务当谆饬地方官加意安抚，勿令生事。钦此。"六月二十五日。②

287. 奉旨近闻信宜失守着谭钟麟等督催各军搜剿等事 光绪二十四年七月初十日

奉旨："广西匪徒滋事，迭据该督抚等电奏剿办情形，惟首匪迄未弋获。近闻信宜失守，并有广东大盗接济军火，意图分股窜扰，何以该督抚奏报一字未及。着谭钟麟、黄槐森迅即督催各军搜拿匪首务获，一面将现办情形即行电奏。钦此。"七月初十日。③

288. 奉旨开办学堂广东无只字复奏着谭钟麟立即妥筹开办事 光绪二十四年七月十二日

奉旨："前有旨饬令各省开办学堂，复经降旨电催，已据各省陆续奏报开办，而广东迄无只字覆奏，岂借口于部文未到耶？着谭钟麟、许振祎立即妥筹开报，并将办理情形即日电奏，毋再任

①《清代军机处电报档汇编》第20册，第96—97页。
②《清代军机处电报档汇编》第2册，第83页。
③《清代军机处电报档汇编》第2册，第87页。

意迟延干咎！钦此。”七月十二日。①

289. 收两广总督谭钟麟等电：为广州将军保年因病出缺事光绪二十四年七月十二日

蒸电奉到，另覆，广州将军保年忽于七月十一日酉时因病出缺，其印信封固存库，恳贵署代奏请旨简放广州将军，并派员暂摄将军篆务，以重职守。钟麟、振祎、兴存、春龄。真。②

290. 奉旨广州将军着兴存暂护事光绪二十五年七月十三日

奉旨：“谭钟麟等电悉，广州将军着兴存暂行护理。钦此。”七月十三日。另钞交兵部。③

291. 收两广总督谭钟麟、广东巡抚许振祎电：为遵查信宜并无失守及近日剿办情形事光绪二十四年七月十三日

奉蒸电谕旨，钦遵查信宜并无失守之事，信宜距北流界二三十里。六月中，有北流匪数百逃入侠宛□，经防营击散，窜至县城。潘瀛分截，方桂东、莫善积驰往剿捕，匪即逃遁，并未入城，此种会匪，其初不过敛钱聚众，拜会结盟，勾引土匪至数百人，即为一股，各有头目。据各营禀报，拿获匪犯，不下数十名，皆竖旗立会，四出抢劫，讯供为首不讳，惟北流李立亭一股为最悍。昨据马盛治擒获李逆伪军师卢七，先锋廖轼角、六戴大、王四，

---

①《清代军机处电报档汇编》第2册，第87—88页。
②《清代军机处电报档汇编》第20册，第166页。
③《清代军机处电报档汇编》第2册，第88页。

又兴业匪首钟亚连等，讯以李立亭何在，则击败后不知所往。又有已革副将田福志父子，会匪因其官阶较大，推之为首。郁林击破后，亦无踪迹可指。现悬重赏购拿，令各营穷搜，务期必获。郁林四属，现有马盛治所统三千余人，分军搜剿，不难尽除。惟匪被击散后，三五十人或百余人，分往乡村肆劫，村民不胜其扰。前与西抚臣黄槐森商，慎选牧令，联络正绅，力固团练，匪少以团勇击之，大股则派勇驰剿，东勇各有防守之地，酌留二三营于博白、陆川、北流交界处驻扎，不分畛域，有匪则剿，东西可以兼顾。所有近日情形，请代奏。①

292. 奉旨革员田福志倡乱着严饬各军搜剿等事光绪二十四年七月十四日

奉旨：“谭钟麟等电悉，已革副将田福志胆敢倡乱，罪不容诛，李立亭尤为剽悍，迄今均未拿获，着即会商黄槐森严饬各军，分路搜剿，务期必获，以绝根株。其击散余匪，零星肆劫乡村，不胜其扰，并着黄槐森慎选牧令，联络团绅，实力搜剿，以除民害，毋再迁延贻误。钦此。”七月十四日。②

293. 奉旨催办学堂无切实办法着确筹开办事光绪二十四年七月十六日

奉旨：“前经降旨催办各省学堂。据谭钟麟、德寿电覆，均尚无切实办法，着该督抚振刷精神，确筹开办事宜，认真举办，总期多设小学堂，以广作育。不准敷衍延宕，仍将筹办情形即行电奏。钦此。”七月十六日。③

---

①《清代军机处电报档汇编》第20册，第167—169页。
②《清代军机处电报档汇编》第2册，第88页。
③《清代军机处电报档汇编》第2册，第89页。

294. 奉旨孙文自海外潜归着严密访查等事光绪二十四年七月十八日

奉旨："前因广西匪徒滋事，恐其日久滋蔓，责成苏元春认真督办，现在著名匪首李立亭、田福志等均尚未拿获，并闻逸匪孙文自海外潜归，为之区画接济，是否属实，着苏元春严密访查，如在中国界内，务期设法弋获，以杜隐患。一面仍会商谭钟麟、黄槐森督饬各营，分路搜捕，务将首要悉数歼除，勿留余孽。所有办理情形，即着随时电奏，毋稍迁延，致劳廑系。钦此。"七月十八日。①

295. 奉旨李立亭进入东界着谭钟麟迅派兵掩捕等事光绪二十四年七月二十日

奉旨："谭钟麟电悉，贵县天平寨虽无匪徒窃据之事，然广西匪首李立亭现由东西交界之东华墟窜匿东界，尚未弋获，各属余匪亦复抢掠时闻，岂可以探报不实稍涉大意，着谭钟麟、黄槐森仍遵迭次谕旨，认真搜捕，务期巨魁授首，零匪肃清，方为至计。钦此。"七月二十日。②

296. 奉旨李立亭入东界着谭钟麟认真搜捕事光绪二十四年七月二十二日

奉旨："广西匪徒滋事，深系朕怀。地方一日不靖，朕心一日不安。着谭钟麟、黄槐森懔遵连日谕旨，迅速办理，务将如何办

①《清代军机处电报档汇编》第2册，第89页。
②《清代军机处电报档汇编》第2册，第90页。

理情形，随时电奏，钦此。”[①]

297. 奉旨区金铎附轮入都着严催起程北上事光绪二十四年七月二十五日

奉旨：“前据谭钟麟奏，南海生员区金铎七月初附轮入都，现尚未据报到。着该督再行严催该生迅速起程北上，毋稍刻延。钦此。”七月二十五日。[②]

298. 奉旨着谭钟麟迅拨兵搜剿郁林等事

光绪二十四年七月二十七日

奉旨：“谭钟麟、黄槐森电奏均悉，郁林州匪徒，虽无大股屯聚，而余匪肆出劫掠，实为地方大害，既据黄槐森奏请督兵出省，即着迅速起程，前赴郁林州督饬在事各营及地方文武分投搜剿，务绝根株。仍慎选牧令，上紧将团练保甲切实举办，其被扰灾黎，一体妥为抚恤，各营将弁及各地方官有怠玩不力、庸懦无能者，即着择尤参办，毋稍瞻徇。本日据王毓藻奏称，广西南丹州匪徒钟二等窜入贵州八达汛一带，横行抢劫，当经派兵剿退，请饬广西迅派得力将弁会剿等语。可见广西匪徒随处窃发，业已扰及邻疆，着谭钟麟、黄槐森速即会商王毓藻，将此起股匪合力剿除，毋任蔓延。又据岑春煊奏，族人居乡不法恐与土匪勾串为害乡里等语，副将衔游击岑盛霭着即行革职，交黄槐森密拿到案，严行审讯，分别情节轻重，奏明办理。钦此。”[③]

---

①《清代军机处电报档汇编》第2册，第91页。
②《清代军机处电报档汇编》第2册，第92页。
③《清代军机处电报档汇编》第2册，第93页。

299. 奉旨着谭钟麟等严饬防军合力兜围等事光绪二十四年八月二十四日

奉旨："粤西土匪滋扰，前经谕令该省布置边防，现尚余孽未清，负隅悍党，难保不复蔓延，着该督抚严饬防军密探贼踪所向，不分畛域，合力兜围，务在剪除净尽，毋任潜窜，并将防剿情形，随时电奏。钦此。"八月二十四日。[①]

300. 奉旨广九铁路事难中止着谭钟麟派员照料勘路事光绪二十四年九月初二日

奉旨："自广州至九龙铁路续经总理衙门与英使议定，由盛宣怀与英商妥订章程，事难中止。勘路之事，着谭钟麟派员妥为照料，剀切开导，不得借词阻格，致启衅端。钦此。"九月初二日。[②]

301. 奉旨博罗教民互斗戕毙教士着将张从禹革职等事光绪二十四年九月初三日

奉旨："谭钟麟电悉。博罗教民互斗，该县令辄轻听教士之言，派勇拘拿，以致拒捕戕毙教士，实属冒昧，张从禹着即行革职，勒限缉获正凶惩办，并着该督派员将抚恤一切事宜，与领事迅速妥商完结，毋任稽延，致生枝节。钦此。"九月初三日。[③]

---

①《清代军机处电报档汇编》第2册，第104页。
②《清代军机处电报档汇编》第2册，第107—108页。
③《清代军机处电报档汇编》第2册，第108页。

302. 奉旨钟水养煽乱着饬催严拿等事光绪二十四年九月十五日

奉旨："谭钟麟电悉。钟水养煽乱潜逃，业经悬赏购缉，着即饬催严拿，务获惩办。其胁从党与，已否解散净尽，亟应督饬地方文武传集绅耆，整顿保甲，查乡清匪，务期消患未萌。其有洋人教堂处所，尤须加意保护防范，毋任匪徒勾结，借端滋事。钦此。"九月十五日。[1]

303. 奉旨谭钟麟来京陛见总督由李鸿章署理事光绪二十四年十一月十七日

奉旨："本日已有旨，令谭钟麟迅速来京陛见，两广总督着李鸿章署理。未到任以前，令德寿暂行兼署矣！谭钟麟着遵旨刻日束装起程，并将起程日期先行电奏。钦此。"十一月十七日。[2]

①《清代军机处电报档汇编》第 2 册，第 111 页。

②《清代军机处电报档汇编》第 2 册，第 163—164 页。

后记

《谭钟麟奏稿校注》从点校、整理，前后历时五年，始得顺利完稿。因本人拙于目前先进的文字识别技术，故在整理过程中，采取最原始的文献整理方法，即一边对照原文献，一边逐字逐句录入、标点的方式，其工作量之巨大，耗费精力之多，实可谓不无微劳足录。但心有所喜的是，如此原始的文献整理方式，一方面使本人在通读文献的过程中获益良多，进一步加深了对谭钟麟这一历史人物的认知，同时也相对减少了电脑文字识别中的错误。在此期间，我的硕士研究生（现为南开大学博士研究生）许飞同学助力甚多，除了帮我查阅、对照档案资料外，还补充了不少相关资料，在此表示感谢！

书稿完成后，承蒙岳麓书社编辑部主任刘文先生不弃，积极申报国家古籍项目资助，得以成功立项。先生学识渊博，待人忠厚诚朴，我虽与先生素未谋面，但在电话交流的过程中，深刻感受到了先生的无私和真诚，与之合作的过程，其乐融融。书稿编校责任綦重，出版社同仁为此付出了巨大的心血。值此书稿付梓之际，谨致谢忱与敬意！

图书在版编目(CIP)数据

谭钟麟奏稿校注/(清)谭钟麟撰;赵维玺标点、校注.—长沙:岳麓书社,2023.10

ISBN 978-7-5538-1686-9

Ⅰ.①谭… Ⅱ.①谭…②赵… Ⅲ.①奏议—汇编—中国—清代 Ⅳ.①K249.065

中国版本图书馆 CIP 数据核字(2022)第 221199 号

TAN ZHONGLIN ZOUGAO JIAOZHU

谭钟麟奏稿校注

作　　者:〔清〕谭钟麟

标点校注:赵维玺

出 版 人:崔　灿

出版统筹:马美著

责任编辑:刘　文　张丽琴　刘小敏　冷金成

责任校对:舒　舍

封面设计:罗志义

岳麓书社出版发行

地址:湖南省长沙市爱民路 47 号

直销电话:0731-88804152　0731-88885616

邮编:410006

版次:2023 年 10 月第 1 版

印次:2023 年 10 月第 1 次印刷

开本:640mm×960mm　1/16

印张:76.75

字数:1032 千字

ISBN 978-7-5538-1686-9

定价:368.00 元

承印:湖南省众鑫印务有限公司

如有印装质量问题,请与本社印务部联系

电话:0731-88884129